KB232017

교회사전집5

중세시대

그레고리우스 7세부터
보니파키우스 8세까지

Philip Schaff

교회사전집
HISTORY OF THE CHRISTIAN CHURCH

5

필립 샤프

중세시대 〉 A.D. 1049-1294

그레고리우스 7세부터
보니파키우스 8세까지

SINCE 1984

크리스천
다이제스트

† 서문

「기독교 교회사」의 저자 필립 샤프 박사는 진작에 써놓은 600-1050년의 역사에 이어서 중세사를 완성할 수 있다면 좋겠다고 평소에 입버릇처럼 말했다. "이 과업을 완수한다면 그동안 집필해온 「기독교 교회사」가 완성되는 셈인데, 그렇게 하고서 펜을 놓게 될 수만 있다면 여한이 없겠다"고, 말년에 들어서 그는 자주 말했다. 그리고는 그 작업을 시작하여 교황 그레고리우스 7세와 알렉산더 3세의 재위 기간을 모두 다룬 뒤 1893년 10월 20일에 펜을 놓고서 자신에게 엄습해온 죽음을 맞이했다. 그의 서재에는 그가 숨을 거두기 전에 읽던 책 두 권이 펼쳐져 있었다. 한 권은 제레미 테일러(Jeremy Tayor)의 「거룩한 삶과 거룩한 죽음」(*Holy Living and Holy Dying*)이고, 다른 한 권은 허틀러(Hurtler)의 「인노켄티우스 3세의 생애」(*Life of Innocent III*)로서, 그가 어떤 생각을 하면서 이생에서 마지막 시간을 보냈을는지 짐작케 한다.

샤프 박사가 교회사 저자로서 두각을 나타낸 것은 「사도 교회사」(*History of the Apostolic Church*)를 펴낸 1851년이었다. (이 책은 1853년에 펜실베이니아 머서즈버그와 독일 라이프치히에서 독일어판으로, 1853년과 1854년에 뉴욕과 스코틀랜드 에든버러에서 영어판으로 각각 출판되었다.) 이 책을 펴내기 전에도 샤프 박사는 「교회사란 무엇인가?」(*What is Church History*)라는 소책자(Dr. John W. Nevin 영역, 필라델피아, 1846, pp. 128)와 1844년에 머서즈버그 신학교 교수 취임 때 행한 "개신교의 원리"(*Principle of Protestantism*)라는 연설로써 사학에 관한 자신의 견해를 밝힌 바 있다. 그 연설문은 독일어로 출판되었고, 네빈 박사의 번역으로 영어권 독자들에게도 알려졌다(챔버스버그, 1845).

샤프 박사는 이 분야에서 노력을 계속한 결과 「기독교 교회사」(*History of the*

Christian Church, 1-600년, 2권, 뉴욕, 1858-1867)를 펴냈다. 그 과정에서 성경 문학과 해석학이라는 주제들에도 관심을 기울여 랑게(Lange)의 주석(25권)과 그 밖의 저서들의 미국판을 펴냈다. 1887년에는 「기독교 세계의 신조들」(*Creeds of Christendom*)을 세 권으로 펴냈다. 시간이 갈수록 교회사 집필을 자신의 본업으로 느낀 그는 「기독교 교회사」를 계속 집필할 수 있는 여가를 갖게 되면서, 시대의 흐름에 뒤지지 않으면서 항상 신선한 관점을 제시하기 위해서는 연구를 처음부터 다시 시작할 수밖에 없음을 절감했으며, 그 결과 이 책(제5권)이 포함된 「기독교 교회사」는 앞서 펴낸 저서들과 사뭇 다른 새로운 형태를 띠게 되었다. 예를 들면, 사도 시대를 다룬 첫 권은 사도적 저자들과 저작 연대 문제를 폭넓게 다루는데 반해, 1851년의 「사도 교회사」와 1858-1867년의 「기독교 교회사」는 그 문제에 지면을 할애하지 않는다. 이러한 변화는 사도 시대에 관한 질문들을 새로운 관점에서 다루기 시작한 당대의 연구 방향을 반영한 것이었다.

샤프 박사는 이 새 저서의 여섯 권을 쓸 때까지 살았는데, 처음 세 권은 초기 기독교, 한 권은 중세 기독교, 나중 두 권은 개신교 종교개혁을 다룬다. 샤프 박사가 남긴 마지막 저서가 기독교 세계의 재통일 문제를 다룬 소책자(71쪽 분량)라는 점이 흥미롭다. 그는 이 주제를 실제적이면서도 따뜻한 공감과 역사 연구에서 비롯된 자료들을 가지고 다룬다. 이 소책자의 내용은 시카고 컬럼비아 박람회에서 열린 종교회의에서 낭독되었다. 1840-1841년에 베를린 대학교에서 공부하고, 1854년에 그 대학교에서 박사학위를 받은 샤프 박사는 자신의 교수 취임 50주년을 맞이하여 그 대학교 교수회로부터 받은 축하 서신에서 자신의 "기독교 교회사가 네안더 학파가 내놓은 가장 유력한 세계사 지식의 기념비"라는 극찬을 받는 영광을 누렸다(「필립 샤프의 생애」, p. 467).

샤프 박사는 중세의 나머지 기간을 다루는 과업을 이 책의 저자인 자신의 아들에게 남겼다. 이 책의 저자는 샤프 박사가 앞의 네 권을 쓸 때 사용했던 자료들을 토대로 책을 새로 시작하는 것이 가장 좋은 방법이라고 판단했다.

제5권의 출판이 지연된 이유는 우선은 더 연구해야 할 점들이 많았고, 또한 필요한 참고문헌을 모두 확보하는 데 어려움을 겪었기 때문이기도 하다. 저자는 이 책을 본인의 역량이 닿는 데까지 철저한 연구서로 집필하지 못한다면 굳이 펴낼 이유가 없다고 느꼈다. 그러기 위해서 중세의 저서들 자체를 정독해야 했을 뿐 아니라, 지난 1/4세기 이상 중세와 관련하여 발표된 방대한 분량의 연구서들까지도 꼼꼼히 읽어야 했다. 참고문헌에 관한 한 그 중 적지 않은 분량이 이 나라의 학생들에게는 최근까지도 접근할 수 없는 것들이었다. 저자는 레인 신학교(Lane seminary)에서 교수로 재직하는 동안 그 신학교의 두 교수 캘빈 스토우(Calvin E. Stowe)와 고(故) 조지 데이(George E. Day)가 50년 전에 장서 수집을 위해 유럽을 두루 여행하면서 선정해 놓은 탁월한 중세 관련 저서 모음집을 도서관에서 발견했다. 또한 일정 기간 그 신학교의 교수와 도서관장을 지내면서 저자에게 중세 분야의 저서들을 보충하도록 충분한 기금을 제공해 준 헨리 구드윈 스미스 목사 · 박사(Rev. Dr. Henry Goodwin Smith)에게도 신세를 졌다. 신시내티 공립 도서관의 역할도 빼놓을 수 없다. 이 도서관은 반 세기 전에 신학 저서 구입을 위해서 마련한 거액의 기금과, 조지 데이 교수 같은 분들의 현명한 도서 선정에 힘입어 역사 학도들에게 매우 풍부한 자료를 제공하고 있으며, 그 중에는 미국의 다른 도서관들에서 구할 수 없는 자료들도 있다.

저자는 웨스턴 신학교(the Western Theological seminary)로 자리를 옮긴 뒤에, 중세 분야의 저서들을 충분히 확보하려는 도서관장 제임스 켈소(James A. Kelso) 교수의 적극적인 의지에 힘입어 원서들과 사본들 양 분야에 걸쳐서 매우 중요한 저서들을 소장하게 되었다. 신시내티에 소재한 두 개의 로마 가톨릭 도서관의 도서관장들과 그 밖의 도서관장들도 저자가 장서를 자유롭게 사용할 수 있도록 배려해 주었다.

필립 샤프 박사의 의도는 중세의 제2기인 1050-1294년과 제3기인 1294-1517년을 한 권으로 묶는 것이었는데, 이렇게 중세 제2기를 따로 한 권으로 펴내게 된 이유에 대해서는 약간 설명이 필요하다. 샤프 박사라도 과연 연구를 계속한 뒤에 처음 의도했던 대로 실천하는 것이 지혜롭다고 생각하지는 않았을 것이다. 혹시 그렇게 생각했을지라도 500년의 세월을 한 권에 담아낸다는 것은 그 자체로도 그다지 정당하지 않았을 것이고, 최근에 이루어진 연구의 폭과 분량을 감안할 때 부적절했을 것이다. 샤프 박사는 처음 600년인 1-590년에 대해서 「기독교 교회사」의 세 권을 할애했다. 그리고 개신교 종교개혁에 대해서도 세 권을 할애할 계획을 세웠고, 그 중 두 권을 집필했다. 그렇다면 그 사이에 끼여 있는 900년의 세월도 공평한 지면을 할애받을 자격이 있다.

이 책[제5권]이 다루는 시기는 대단히 중요하다. 십자군 전쟁들, 탁발 수도회들을 통한 수도원주의의 회복, 교회법의 발전, 대학교들의 등장, 교황과 황제의 치열한 투쟁, 종교재판소의 발달, 성례 체계의 정착이 이 시기에 이루어졌으며, 몇몇 유력한 인물들을 기독교 교회가 이 시기에 배출했다. 이 시기를 모르고는 로마 교회의 정신과 교리 체계를 제대로 이해할 수 없다. 또한 이 시기를 모르고는 개신교 종교개혁의 의미도 충분히 이해할 수 없다. 종교개혁은 중세의 신학과 제도들에 대한 항거였기 때문이다. 이 말의 진실성을 가장 훌륭하게 뒷받침해 주는 증거는 박식한 도미니쿠스회 수사 데니플레(Denifle)의 「루터와 루터교」(*Luther und Lutherthum*)와, 그의 공격에 대한 개신교 학자들의 논박서들에서 찾아볼 수 있다.

비교적 최근에 나온 저서들을 일부분만 살펴봐도 오늘날 학자들이 이 시기에 대해서 해놓은 연구의 분량이 얼마나 방대한가를 알 수 있다. 중세의 문헌들을 집대성해놓은 저서들 가운데는 마비용(Mabillon)·무라토리(Muratori)·미뉴(Migne)의 저서들 외에도 중세 독일 저자들의 저서들을 빠짐없이 수집한 「독일의 기념비들」(*Monumenta Germaniae*), 교황청 문서들을 정리해 놓은 「일람표」(*Regesta*, Jaffe, Potthast, Auvray, Berger 외 편집), 데니플레와 카텔라인(Chatelain)이 편집한 대학교 제도 연구에 대단히 중요한 문서집인 「파리 대학교 연대사」(*Chartularium Universitatis Parisiensis*), 드레브(Dreves)와 블룸(Blume)이 15권으로 편집한 중세 종교시집 「십자군 역사 모음」(*Recueil des Historiens des Croisades*), 뵈머-프리드베르크(Boehmer-Friedberg)가 편집한 교회법, 중세 영국 저자들의 작품을 수록한 롤스 시리즈(the Rolls Series)가 있다. 이런 문헌들 외에도 최근에 나온 스콜라 학자들의 새 편집본들을 덧붙일 수 있다. 보르고네트(Borgonet)의 알베르투스 마그누스, 펠티에(Peltier)의 보나벤투라, 둔스 스코투스와 토마스 아퀴나스, 하이스터바흐의 카이사르(Caesar of Heisterbach), 야콥 데 보라진(Jacob de Voragine), 살림베네(Salimbene), 에티엔 드 부르봉(Etienne de Bourbon) 같은 저자들의 편집본들.

이 시기를 전공한 최근의 학자들 가운데는 기제브레히트(Giesebrecht), 그레고로비우스(Gregorovius), 셰퍼-보이코라스트(Scheffer-Boichorast), 카를 뮐러(Karl Müller), 하우크(Hauck), 도이치(Deutch), 렘프(Lempp), 그리고 그 밖의 독일 개신교 학자들이 있고, 독일 가톨릭 학자들 가운데는 될링거(Döllinger), 데니플레(Denifle) 신부, 에를레(Ehrle), 크뇌플러(Knöpfler), 슈바네(Schwane), 슐테(Schulte), 푼크(Funk), 펠더(Felder)가 있다. 프랑스에는 레뮈사(Remusat), 호레오(Haureau), 슈발리에(Chevalier), 바캉다르(Vacandard), 사바티에(Sabatier), 알팡데리(Alphandery)가 있다. 영국과 미국에는 가장 먼저 소개해야 할 헨리 찰스 리 박사(Dr. Henry Charles Lea)와, 고(故) 스텁스(Bp. Stubbs), 풀(R. L. Poole), 래쉬덜(Rashdall), 브리지스(Bridges), '롤 시리즈'(the Roll Series)의 편집자들인 브류어(Brewer)와 러아르드(Luard), 먼로(D. C. Munro) 교수, 태처(O. T. Thatcher), 셰일러 매튜스(Shailer Mathews)가 있다.

몇 가지 아주 예외적인 경우를 제외하고는 중세에 기록된 글이든 현대에 논의된 내용이든 원서를 인용했다. 그레고로비우스(Gregorovius)의 「로마 시의 역사」(*History of the City of Rome*)는 예외에 해당한다. 특히 성례 제도와 스콜라 학자들에 관한 장들에서는 각주를 상세하게 기술하려는 의욕이 지나쳐 과도한 분량이 되지 않도록 자제할 필요가 있었다. 참고문헌을 소개할 때는 좀 더 중요한 현대 저서들에 가끔 *표를 했다.

이 책을 출판하기까지 웨스턴 신학교의 특별연구원이자 개인 지도교수인 데이비드 컬리 목사(Rev. David E. Culley)가 큰 도움을 주셨다. 그의 문학과 역사에 대한 식견과 근실한 판단은 유학 과정에서 다져진 것이다.

보니파키우스 8세부터 종교개혁까지 다루는 이 책의 후반은 후기에 집필한 것이다.

글을 맺으면서, 필자는 (부친인) 필립 샤프 박사의 관용 정신이 이 책에서도 곳곳에 스며 있기를 바라며, 이 책에 제시된 전반적인 역사적 평가들이 샤프 박사와 같은 맥락에서 이루어졌기를 기대한다.

데이비드 S. 샤프
웨스턴 신학교
펜실베이니아 앨러게니

† 차례

제 5 기
중세 시대
그레고리우스 7세부터 보니파키우스 8세까지
A. D. 1049-1294

제1장 힐데브란트 계열 교황들(1049-1073)

제2장 그레고리우스 7세(1073-1085)

세속 권력과 충돌한 교황의 신정정치

그레고리우스 7세부터 보니파키우스 8세까지
A. D. 1049-1294

1. 총괄적 참고문헌

SOURCES: J. P. MIGNE : *Patrologiæ cursus completus*, etc. The Latin series containing the writings of the "Fathers, Doctors, and Writers of the Latin Church from Tertullian to Innocent III.," 221 vols. Paris, 1844–1864. Indispensable. The writers of the 11th century begin with vol. 139. — PHILIP LABBÆUS, S.J., d. 1667 : *Sacrosancta concilia ad regiam editionem exacta*, 18 vols. Paris, 1662 sqq. Labbæus lived to see vol. IX. in print. Completed by Gabriel Cossart. This collection has been used in places in this volume. — JOHN D. MANSI, abp. of Lucca, d. 1769 : *Sacrorum conciliorum nova et amplissima collectio*, 31 vols., Florence and Venice, 1759–1798. Extends to the Council of Florence, 1439. New facsimile ed. with continuation. Paris, 1901 sqq. Thus far 38 vols., 0–37, reaching to 1735. — L. A. MURATORI, d. 1750 : *Rerum Italicarum scriptores*, 500–1600, 25 vols. Milan, 1723–1751, with supplemental vols., Florence, 1748, 1770, Venice, 1771, in all 31 parts. Repub. and ed. by G. Carducci et V. Fiorini, Citta di Castello 1902 sqq. — *Monumenta Germaniæ historica*, ed. by G. H. PERTZ, d. 1870, and his coeditors and successors, WATTENBACH, BÖHMER, etc. More than 50 vols. Han., 1826 sqq. They cover the whole history of the empire and papacy. — *Scriptores rerum Germanicarum* for use in schools and drawn from the preceding, ed. by PERTZ, 42 vols. Han., 1840–1894. — *Die Geschichtschreiber der deutschen Vorzeit*, ed. by PERTZ, etc., in German trans, 92 vols. Berlin and Leipzig, 1849–1892. — *The Rolls Series, Rerum Britannicarum medii ævi scriptores*, 97 vols., London, 1858–1891, contains splendid edd. of William of Malmesbury, Roger of Wendover, Ralph of Coggeshall, Richard of Hoveden, Matthew Paris (7 vols.), Grosseteste, and other English mediæval writers. — Bohn's Antiq. Library, 41 vols. London, 1848–1864 sqq., gives translations of M. Paris, Richard of Hoveden, etc. — J. F. BÖHMER : *Regesta imperii*, 1198–1254. New ed. by J. Ficker and Winkelmann, Innsbruck, 1881–1894. — *Regesta pontificum romanorum* from St. Peter to Innocent III., ed. by Jaffé, d. 1878, Berlin, 1851, pp. 951 ; 2d ed. by WATTENBACH, LÖWENTHAL, KALTENBRUNNER, and EWALD, vol. I. Lips., 1885, from Peter to Innocent II., 64–1143 ; vol. II. Lips., 1888 from Cœlestin II. to Innocent III., 1143–1198. — Continuation by Aug. Potthast, from Innocent III., to Benedict XI., 1198–1304, 2 vols. pp. 2157, Berlin, 1873, 1875. — J. VON PFLUGK HARTTUNG : *Acta pontificum rom. inedita*, 3 vols. Tübing. 1881–1888. — CARL MIRBT : *Quellen zur Geschichte des Papsttums und des röm.*

Katholizismus, 2d ed. Tübing. 1901, pp. 482. Very convenient and valuable, giving the original Latin documents. — SHAILER MATHEWS: *Select Mediæval Docts. etc., illustr. the Hist. of the Church and Empire, 754– 1254*, N. Y. 1892. — HEINRICH DENIFLE, O.P., archivarius of the Vatican Library, d. 1905, and FRANZ EHRLE, S.J.: *Archiv für Literatur- und Kirchengeschichte des Mittelalters*, Freib. im Br. 1885 sqq. Many important documents were published here for the first time. — *Quellen und Forschungen aus italienischen Archiven und Bibliotheken herausgegeben vom Koenigl-Preussichen Historischen Institut in Rom.*, thus far 8 vols. 1897–1905.

SECONDARY WORKS : *Histoire Littéraire de la France*, 1733 sqq. *Dicty. of Natl. Biogr.*, ed. by LESLIE STEPHEN, 63 vols. with Supplem., London, 1885–1903. — WETZER–WELTE : *Kirchen Lexikon*, 2d ed. 12 vols. Freib. im Br. 1882–1901. — HERZOG : *Realencyklopaedia für protestantische Theologie und Kirche*, ed. by A. HAUCK, 3d ed. 1896 sqq. Thus far 18 vols. — W. GIESEBRECHT : *Gesch. der deutschen Kaiserzeit*, 3 vols. 5th ed. Leipzig, 1890. — DÖLLINGER–FRIEDRICH : *Das Papstthum*, Munich, 1892. A revision of Döllinger's *The Pope and the Council*, which appeared in 1869 under the pseudonym JANUS, as a protest against the doctrine of Papal Infallibility about to be taken up at the Vatican Council. — FERDINAND GREGOROVIUS : *Geschichte der Stadt Rom. im Mittelalter*, Engl. trans. from the 4th German, ed. 1886–1893, Stuttg., by Annie Hamilton, 8 vols. (13 parts), London, 1894–1902. The most valuable general work on the Middle Ages. — JAMES BRYCE : *The Holy Roman Empire,* new ed. London, 1904, pp. 575. Thorough and lucid. — CARL J. VON HEFELE, Bishop of Rottenburg, d. 1893 : *Conciliengeschichte* to 1536, 2d ed. 9 vols. Freib. im Br. 1873–1890. Vols. V.–VII. in 2d ed. by A. KNÖPFLER. Vols. VIII. IX. were prepared by CARDINAL HERGENRÖTHER. — A. HAUCK : *Kirchengeschichte Deutschlands*, 4 vols. Leipzig, 1887–1903 ; vols. I. II. 4th ed. 1904. — GIBBON : *Decline and Fall of Rome*, ed. by J. B. BURY, 7 vols. London, 1897–1900. — LEOPOLD VON RANKE : *Weltgeschichte* to 1453, 9 vols. Leipzig, 1883–1888. — The Church Histories of NEANDER, GIESELER, BAUR, *Die christl. Kirche des Mittelalters*, 1861, MILMAN, HAGENBACH, K. HASE, RICH. C. TRENCH : *Med. Ch. History*, 1877. The Manuals of Church History of HEFELE-KNÖPFLER, 3d ed. 1902, F. X. FUNK, 4th ed. 1902, W. MOELLER Engl. trans. 3 vols. 1898–1900, KARL MÜLLER, 2 vols. 1892–1902, HERGENRÖTHER, rev. by J. P. KIRSCH, 4th ed. 1902 sqq. LOOFS, 1901, HANS VON SCHUBERT, 1904, GEO. P. FISHER, 1887, H. C. SHELDON, 5 vols. N. Y. 1890, A. C. ZENOS, Phil. 1899, A. H. NEWMAN, 2 vols. 1900 sqq. The Histories of Christian Doctrine, of HARNACK Engl. trans. from 3d Ger. ed. 7 vols. Boston, 1897–1900. LOOFS, 3d ed. 1893, GEO. P. FISHER, 1896, SEEBERG, 2 vols. 1895, H. C. SHELDON, 2 vols. 4th ed. 1905. — HALLAM : *Hist. of the Middle Ages.* — GUIZOT : *Hist. of Civilization from the Fall of the Rom. Emp. to the French Revolution.* — LECKY : *Hist. of Rationalism in Europe* and *European Morals.* — H. WEINGARTEN : *Zeittafeln und Ueberblicke zur Kirchengeschichte*, 6th ed. by Arnold, Leipzig, 1905.

FOR LITERATURE : A. POTTHAST : *Bibliotheca Historica medii aevi, Wegweiser durch die Geschichtswerke des europäischen Mittelalters bis 1500*, 2 vols.

Berlin, 1864–1868, 2d ed. Berlin, 1896. A work of great industry and value.— U. CHEVALIER : *Répertoire des sources historiques du moyen âge*, Paris, 1877–1886, Supplem. 1888. — W. WATTENBACH : *Deutsche Geschichtsquellen im Mittelalter*, to 1250, 2 vols. Berlin, 1858, 6th ed. 1893 sq.

2. 서론적 개관

교회사 제5기 곧 중세사 제2기는 힐데브란트(Hildebrand)가 등장한 1049년부터 시작하여 보니파키우스가 교황좌에 오른 1294년에 마친다.

이 시기에 교회와 교황제는 무능과 부패를 맴돌던 상태를 벗어나 유럽 나라들을 좌우하는 권력의 절정에 올랐다. 라틴 기독교의 고전 시대에 해당하는 이 시기에 교황청 신정정치는 독일 제국과 프랑스·스페인·잉글랜드 왕국들을 통치하고자 했다. 이 시기에 대규모 탁발 수도회(Mendicant order)들이 조직되었고, 그들에 힘입어 신앙 부흥이 일어났다. 기사제도가 활짝 꽃핀 일과, 십자군 원정들이 감행되어 맹렬한 기세로 성지를 정복했다가 결국 상실하고 만 일이 이 시기에 있었다. 볼로냐·파리·옥스퍼드 같은 대학교들이 이 시기에 설립되었다. 스콜라 철학과 신학의 시대이기도 했던 이 시기에는 인식 가능한 모든 문제들을 해결하려는 노력과, 신조의 모든 조항을 이성으로 증명하려는 시도가 이루어진 시대였다. 이 시기가 무르익어 가는 동안 노르만 건축과 고딕 건축 양식의 대성당들이 건축되기 시작했다. 모든 예술 장르들이 종교의 시녀들이 되었고, 전설적인 시와 로맨스가 성행했다. 종교재판소(Inquisition)가 설립되면서 신적 권리에 의해 유대인과 이단을 박해했으며, 고문과 처형으로 얼룩진 살벌한 무대를 연출했다. 따라서 이 시기는 찬란한 빛과 깊은 어둠, 강한 믿음과 더 강한 미신, 숭고한 영웅주의와 거친 열정, 금욕적 자기 부인과 육체적 탐닉, 기독교적 경건과 야만적인 만행이 뒤섞인 시대였다.[1] 단테(Dante)는 '하늘과 땅'을 합하여 이루어낸 「신곡」(*Divina Commedia*)에서, 로마 교회가 권력의 정점에 선 일과, 그런데도 권력 남용과 세속성 때문에 거센 항거에 부닥친 일, 그리고 서방 기독교

---

1) Dean Stanley(*Sermons and Address in America*, p. 220)는 "중세의 기품과 참혹하고 잔인한 면들"에 관해서 말한다.

세계 전역에서 철저한 종교개혁의 필요를 절실하게 불러일으킨 13세기와 14세기 초의 기독교와 문화를 시(詩)의 형식으로 거울처럼 비쳐준다.

중세의 현저한 특징은 수도원주의로 표출된 극단적 자기 부인과 교황제로 표출된 극단적 세속 권력욕이 한편으로는 서로 대치하고 다른 한편으로는 서로 협력한 점이다.[2] 수도원주의는 교황제를 도덕적으로 뒷받침해주었고, 교황제는 수도원주의를 현실적으로 이용했다. 수사들은 교황의 상비군이었으며, 교황을 위해서 서유럽의 세속 군주들에게 대립했다.

우리가 이 책에서 다루는 시기의 가장 중요한 화두를 꼽으라면 아무래도 교황제를 주축으로 한 신정(神政) 체제가 세속 권력을 딛고 권력의 정점에 올라선 것이라고 할 수 있다. 900-1046년에 재위한 교황들이 무능하고 부패한 자들이었다면, 이 시기의 교황들은 지적 능력뿐 아니라 도덕적 역량까지 겸비한 열정적인 사람들이었다. 세계사를 통틀어 보더라도 그레고리우스 7세(1073-1085 재위), 알렉산더 3세(1159-1181 재위), 인노켄티우스 3세(1198-1216 재위) 같은 교황들만큼 통치력과 원대한 목표가 걸출한 정치 지도자는 얼마 되지 않는다. 교황제는 야만 시대에 폭력을 억제하고 도덕을 배양하는 세력으로서 꼭 필요했던 제도이자 복이었다. 교황들은 세속 군주들보다 월등한 지위에 서 있었다. 원래 정신이 육체를 지배하고 지적 · 도덕적 관심사가 물질적 · 정치적 관심사보다 앞서는 것이 당연한 법이다. 그러나 교황제가 추진한 신정 체제는 그 안에 세속화로 치달으려는 유혹이 담겨 있었다. 그 유혹을 이기지 못한 채 기회를 남용해 버린 교황제는 결국 순수한 신앙과 도덕을 저해하는 걸림돌이 되고 말았다. 그리스도께서는 베드로에게 천국의 열쇠들을 주셨지만, 동시에 "내 나라는 이 세상에 속하지 않았다"고도 말씀하셨다. 두 왕국을 탐하던 교황은 마침내 자신이 탐하던 것을 소유했다. 하지만 국가에 대한 통치권을 주장은 했으나 실제로 보유하지는 못했고, 세속 권력을 탐하다가 영적 권위마저 상실해 버렸다. 보니파키우스 8세는 교황권의 쇠퇴와 몰락의 시발점이었다. 이 쇠퇴와 몰락의 씨앗이 뿌려진 시기란 다름 아닌 성직위계제도(hierarchy)가 세속 권력과 영광을 자랑하던 때였다.

---

2) 그 개념들이 Weltentsagung과 Weltbeherrschung이라는 독일어 단어들로 표현된다.

한편 이 시기에는 주로 십자군 원정들로 인한 결과로 동방 교회와 서방 교회의 분열이 고착되었다. 교황과 공의회가 분열을 해소하기 위해서 다각도로 노력을 기울였으나 오히려 분열의 간격만 더 넓혀놓고 말았다.

중세를 이끌어간 민족들은 고대 로마의 혈통을 물려받았으면서도 야만족의 피와 열정이 혼합된 모습을 드러낸 라틴족과 튜턴족이었다. 이탈리아인들과 프랑스인들은 학문과 문화에서 가장 앞서 나갔다. 정치에서는 독일인들이 황제의 권력과 교황청과의 연계 덕분에 가장 강력했으며, 특히 호엔슈타우펜 가문의 재위 기간에 권력의 절정을 누렸다. 잉글랜드는 대륙과 동떨어진 섬이라는 지정학적 입지에 힘입어 자치 역량과 민족적 독립을 키워나갔으며, 교황청과의 외교에서 두각을 나타내기 시작했다. 서유럽은 지적·교회적·정치적으로 매우 중요한 의미를 지닌 무대였으나, 군사와 신앙 분야에서 서유럽의 가장 현저한 무대는 팔레스타인과 동방이었다.

마지막으로, 두 세기 반에 걸친 이 시기는 탁월한 인물들이 배출된 시기였다. 그레고리우스 7세·알렉산더 3세·인노켄티우스 3세 같은 위대한 교황들의 이름이 언급되었다. 정복자 윌리엄·프리드리히 바르바로사·프리드리히 2세·프랑스의 성 루이 같은 저명한 군주들도 이 시기 사람들이다. 시인 단테는 이 시기의 후반을 장식한다. 성 베르나르·아시시의 프란체스코·스페인 사람 도미니쿠스가 저명한 수사들의 긴 대열 위로 우뚝 솟아 있다. 이 시기에 활약한 스콜라 학자들의 전열에는 안셀무스·아벨라르·알베르투스 마그누스·토마스 아퀴나스·보나벤투라·둔스 스코투스가 서 있다. 토머스 아 베켓과 그로스테스트는 대표적인 교회 정치가들이었다. 이러한 위인들과 거대한 사건들이 결합하여 기독교 역사와 인류 역사를 통틀어 보더라도 찾아보기 힘든 다양한 흥밋거리들을 이 시기에 일으켰다.

제 1 장

힐데브란트 계열 교황들(1049-1073)

3. 제1장과 2장에 대한 자료와 참고문헌

I. Sources

Migne : *Patrol. Lat.*, vols. 140–148. — Damiani : *Epistolæ*, in Migne, vol. 144. — Bonizo or Bonitho (Bishop of Sutri, 1091; prisoner of Henry IV., 1082; a great admirer of Gregory VII.): *Liber ad amicum, sive de persecutione ecclesiæ* (in Jaffé's *Monum. Gregor.*, p. 628 sqq., where he is charged with falsehood; but see Giesebrecht and Hefele, IV. 707). — Phil. Jaffé (d. 1870): *Regesta Pontif. Rom.*, pp. 366–443, 2d ed. I. 529–649. — Jaffé : *Monumenta Gregoriana* (see below). — K. Francke : *Libelli de lite imperatorum et Pontificum Sæculi XI. et XII. conscripti*, 3 vols. Hannov. 1891–1897, contains the tractarian lit. of the Hildebrandian age. On other sources, see Wattenbach : *Deutschlands Geschichtsquellen im Mittelalter*, II. 220 sqq. and Mirbt : *Publizistik*, 6–95.

II. Works on the Whole Period from 1049 to 1085 : —

Höfler: *Deutsche Päpste*, Regensb., 1839 sqq., 3 vols. — C. Will : *Anfänge der Restauration der Kirche im 11ten Jahrh.*, Marburg, 1859–1862, 2 parts. — Ths. Greenwood : *Cathedra Petri*, books X. and XI. London, 1861. — Giesebrecht : *Gesch. der deutschen Kaizerzeit*, vols. II. and III. (Braunschweig, 5th ed. 1881). — Rud. Baxmann : *Die Politik der Päpste von Gregor I. bis auf Gregor VII.*, Elberfeld, 1868, 1869. 2 vols. vol. II. 186–434. — Wattenbach : *Geschichte des röm. Papstthums*, Berlin, 1876 (pp. 97–136). — Gregorovius : *Hist. of the City of Rome.* — Hefele : *Conciliengeschichte*, IV. 716–900, and V. 1–185. — L. v. Ranke : *Weltgeschichte*, vol. VII. — Bryce : *Holy Roman Empire.* — Freeman : *Hist. of Norman Conq. of England*, vol. IV. Oxford, 1871, and *Hist. of Sicily.* — F. Neukirch : *Das Leben des Petrus Damiani bis 1059*, Gött., 1875. — J. Langen : *Geschichte der röm. Kirche von Gregor VII. bis Innocent III.*, Bonn, 1893. — Hauck : *Kirchengeschichte Deutschlands*, vols. III. IV. — W. F. Barry : *The Papal Monarchy from 590–1303*, N. Y. 1902.

III. SPECIAL SOURCES AND WORKS ON HILDEBRAND : —

His letters (359), the so-called *Registrum*, in MIGNE, vol. 148, MANSI, XX.
60–391, and best in JAFFÉ, *Monumenta Gregoriana*, Berol., 1865, 712
pp. (in " Bibliotheca Rerum Germanicarum," vol. II.). The first critical
edition. Jaffé gives the *Registrum* in eight books, with fifty-one addi-
tional letters collected from MSS., and *Bonithonis episcopi Sutrini
ad amicum*. Gregory's biographies by Cardinal Petrus of Pisa, Bernried,
Amalric, Lambert, etc., in MURATORI : *Rerum Italicarum Scriptores*,
vol. III.; and WATTERICH : *Pontif. Rom. Vitæ*, Lips., 1862, I. 293 sqq.;
Acta Sanct. Maii, die 25, VI. 102–159.

Modern works : JOH. VOIGT (Prof. of Hist. in Königsberg, d. 1863): *Hilde-
brand als Papst Gregorius VII. und sein Zeitalter*, 1815, 2d ed. Weimar,
1846, pp. 625. The first attempt at an impartial estimate of Gregory
from the Protestant historical standpoint. The first edition was trans-
lated into French and Italian, and gave rise to a remarkable Latin corre-
spondence with Clemens Villecourt, bishop of La Rochelle, which is
printed in the preface to the second edition. The bishop tried to
convert Voigt to the Catholic Church, but in vain. — SIR ROGER
GREISLY : *The Life and Pontificate of Gregory VII.*, London, 1832, pp.
372. Impartial, but unimportant. — J. W. BOWDEN : *The Life and Pon-
tificate of Gregory VII.* London, 1840, 2 vols. pp. 374 and 411. — CARD.
NEWMAN : *Hist. Essays, II.* 249–336. — SIR JAMES STEPHEN : *Hildebrand*,
in "Essays on Ecclesiastical Biography," 1849, 4th ed. London, 1860,
pp. 1–58. He calls " Hildebrand the very impersonation of papal arro-
gance and of spiritual despotism." — SÖLTL : *Gregor VII.*, Leipzig, 1847.
— FLOTO : *Kaiser Heinrich IV. und sein Zeitalter.* Stuttg., 1855, 1856, 2
vols. Sides with Henry IV. — HELFENSTEIN : *Gregor VII. Bestrebungen
nach den Streitschriften seiner Zeit.*, Frankfurt, 1856. — A. F. GFRÖRER
(first a rationalist, then a convert to Rome, 1853 ; d. 1861): *Papst Greg.
VII. und sein Zeitalter.* 7 vols. Schaffhausen, 1859–1861. — GIESEBRECHT :
l.c., vol. III. — A. F. VILLEMAIN: *Hist. de Grégoire VII.* 2 vols. Paris, 1873.
Engl. trans. by *J. B. Brockley*, 2 vols. London, 1874. — S. BARING-GOULD,
in " The Lives of the Saints" for May 25, London, 1873. — W. MARTENS:
*Die Besetzung des päpstlichen Stuhls unter den Kaisern Heinrich III.
und Heinrich IV.* 1887 ; *Gregor VII., sein Leben und Wirken*, 2 vols.
Leipzig, 1894. — W. R. W. STEPHENS: *Hildebrand and his Times*, London,
1888. — O. DELARC : *S. Gregoire VII. et la réforme de l'église au XI.
siècle*, 3 vols. Paris, 1889. — C. MIRBT (Prof. in Marburg) : *Die Stellung
Augustins in der Publizistik des Gregorianischen Kirchenstreits*, Leipzig,
1888. Shows the influence of St. Augustine on both parties in the Grego-
rian controversy over the relation of Church and State ; *Die Wahl
Gregors VII.*, Marburg, 1892; *Die Publizistik im Zeitalter Gregors
VII.*, Leipzig, 1894, pp. 629. An exhaustive treatment of the copious
tractarian lit. of the Hildebrandian age and its attitude on the various
objects of Gregory's policy ; art. *Gregor VII.*, in Herzog, VII. 96–113. —
MARVIN R. VINCENT : *The Age of Hildebrand*, N. Y. 1896. — Also J.
GREVING : *Paul von Bernried's Vita Gregorii VII.*, Berlin, 1893, pp. 172.

4. 힐데브란트와 그의 훈련

이 시기의 역사를 서방 기독교 세계의 지배 권력을 제공한 교황제를 개관하는 것으로 시작하고자 한다. 이 시기는 여섯 단계로 이루어진다. 1. 힐데브란트 계열 교황들(1049-1073). 2. 그레고리우스 7세(1073-1085) ― 교황이 세속 사회에 대해서 수위권(首位權)을 주장한 시기. 3. 그레고리우스의 죽음부터 보름스 정교조약(政敎條約, Concordat)의 체결로 서임권(敍任權) 논쟁이 막을 내린 1122년까지. 4. 보름스 정교조약부터 인노켄티우스 3세(1198)까지. 5. 인노켄티우스 3세의 교황 재위 기간(1198-1216) 곧 교황제의 전성기. 6. 인노켄티우스 3세부터 보니파키우스 8세까지(1216-1294). 즉 교황청이 프리드리히 2세와 투쟁하고, 교황청과 제국 사이에 평화가 회복된 시기.

교황제가 무능과 타락의 나락으로 가장 깊이 굴러 떨어진 것은 1046년에 수트리 교회회의에서 하인리히 3세의 영향으로 두 교황이 폐위되고 세 번째 교황이 강제 사직을 당한 때였다.[1] 그러나 마치 우상숭배에 찌든 왕들이 유대인 군주제를, 악한 황제들이 로마 제국을 뒤엎을 수 없었던 것과 마찬가지로, 10세기와 11세기 초반에 배임(背任)을 일삼아 기독교 세계의 정서를 격노케 했던 무자격한 교황들은 교황제를 뒤엎고 새 질서를 수립할 수 없었다. 유럽의 일반 여론은 교황제가 여전히 그리스도께서 교회의 감독과 운영을 위해 베드로의 수위권을 토대로 수립해 놓으신, 필요한 제도라고 보았다. 교황제를 대체할 만한 제도가 없었다. 상부에서 철저한 개혁이 이루어져야만 하부의 지체들 사이에서도 개혁이 이루어지는 형국이었다. 유럽 전역의 양식 있는 사람들은 하나님께서 섭리로써 개입하시어 베드로의 권좌를 도둑들과 강도들의 손에서 건지시고 그것을 다시 한 번 축복의 기관으로 삼아주시기를 간절히 소원했다. 당시 그리스도인들에게는 교황제를 폐지한다는 생각이 가능하지도 않고 바람직하지도 않았다.

그러던 중 마침내 섭리라고 밖에 생각할 수 없게 만드는 인물이 등장하여 이 절실한 개혁을 이루어냈는데, 그가 바로 힐데브란트이다. 그는 24년간(1049-1073) 다섯 명의 교황을 차례로 보좌하면서 교황청 정책을 주관했고, 그 뒤에는 직접 교황이 되어 12년을 재위했으며(1073-1085), 은퇴한 뒤에도 같은 성향의 교

---

1) 제4권, 66.

황들이 그의 정책을 뒤이었다. 그는 비록 가장 위대한 교황은 아닐지라도 위대한 교황들 가운데 한 사람이자 역사상 유력한 인물들 가운데 한 사람으로 꼽힌다. 그는 당대에 극진한 존경과 치열한 증오를 한 몸에 받았다. 그가 표방한 원칙들과 정책에 관해서는 지금도 평가가 엇갈린다. 하지만 그의 능력과 열정과 진실함과 업적은 아무도 부정할 수 없다.

힐데브란트는 미천한 가정에서 태어났으나 교회의 제왕이 되도록 예정된 인물이었다. 키가 작았고 그래서 반대파에게 '힐데브란델루스'(Hildebrandellus)라 불렸으나, 지성과 인격에서는 거인이었다. 용모가 볼품 없었고 음성도 가늘었으나 눈은 총기와 광채가 있었으며, 정신은 투철하고 행동은 근면했다. 그의 생애 초기는 베일에 가려져 있다. 이 시기에 관해서는 본인 자신도 말년에 쓴 서신들에서 어쩌다 한 번 언급할 뿐이며, 그 시기를 성 베드로와 성모의 초자연적 보호와 관련짓기를 좋아한다. 수사답게 세상의 인간 관계들을 정리한 까닭에 가족에 관해서 언급하는 일이 없다. 출생 연도도 알려지지 않는다. 친구들의 존경과 원수들의 비방이 전설과 허위로써 그의 소년기를 둘러싸고 있다. 그는 농부 혹은 염소지기 보니초(Bonizo)의 아들이었고, 어릴 때 그가 살던 집은 토스카나 습지에 자리잡은 소아나 근처 마을로서, 오르비텔로에서 몇 km 떨어진 곳이었다. 그가 목수의 아들이었다는 자주 반복되는 전승은 그와 나사렛 예수를 되도록 가깝게 묘사하고 싶은 심정에서 비롯된 것인 듯하다. 그의 어머니에 관해서는 알려진 바가 없다. 그의 이름은 그가 롬바르디아나 독일 태생임을 암시하며, 동시대인들은 그 뜻을 '지옥의 횃불' 혹은 '타다 남은 나무'로 설명했다.[2] 클뤼니의 대수도원장 오딜로(Odilo)는 그의 의복에서 불꽃이 튀는 것을 보고서, 그가 장차 세례 요한처럼 "주 앞에서 큰 자"가 될 것임을 예고했다.

힐데브란트는 외삼촌이 대수도원장으로 있던 로마 아벤티노 언덕의 베네딕투스회 성 마리아 수도원에 들어갔다. 그곳에서 그 영원한 도성을 내려다보면서 장엄한 인상을 쌓아갔다. 이곳에서 로마의 상류계급 자녀들과 함께 교육을 받았다. 당시 그 수도원은 클뤼니회의 개혁 정신에 영향을 받고 있었으며, 각처에서

---

2) 당대에 표기된 철자들은 다음과 같다. Yldibrandus, Heldebrandus, Illdebrandus, Oldeprandus. William of Malmesbury은 그를 "작은 체격의 난쟁이" (homuncio exilis staturae)라고 부른다.

순례차 로마를 방문한 대수도원장들에게 숙소를 제공했다. 이곳에서 힐데브란트는 자신을 엄격히 훈련했고, 금욕 생활과 강직한 인격을 지닌 채 평생 수사의 신분으로 남았다. 성모 마리아에 대한 열정적인 신앙을 키워갔다. 당시에 세 명의 경쟁 교황들이 나서서 진흙탕 싸움을 벌이고, 기독교 세계의 수도라는 곳이 도덕적으로 대단히 부패해 있었던 정황이 그의 진실한 영혼에 뿌리깊은 혐오감을 심어놓았을 것이다. 그가 성직위계제도 개혁을 준비하던 세력에 합류한 것은 자연스러운 결과였다.

그는 여러 면에서 자신의 스승이자 벗인 그레고리우스 6세의 노선에 동의했다. 이 교황은 비열한 교황 베네딕투스 9세에게 돈을 갖다 바치고 교황직을 얻었지만 교회의 유익을 위해서 그런 행동을 취한 것이었으며, 1046년의 수트리 교회회의에 하인리히가 참석했을 때 자진해서 직위를 반납했다. 성직매매를 끔찍이 싫어하던 힐데브란트가 돈으로 직위를 산 교황을 위해 봉사하는 것으로 공적 생활을 시작했다는 것은 이상한 일이다. 그러나 그는 그레고리우스를 세 명의 교황 경쟁자들 가운데서 유일하게 합법적인 교황으로 간주했으며, 그가 독일로 망명을 떠날 때도 그의 전속 사제로서 그를 따라갔다.

"Victrix causa Deis placuit, sed victa Catoni."[3]
(이긴 편은 신들을 기쁘게 했고, 진 편은 카토를 기쁘게 했다.)

그는 제국의 유서 깊은 도시들인 보름스·슈파이어·쾰른·엑스라샤펠을 방문했고, 하인리히 3세의 궁전에서 오래 머물면서 그에게 극진한 환대를 받았다. 1048년에 쾰른에서 그레고리우스 6세가 숨을 거두었을 때, 힐데브란트는 수도원주의의 도덕 개혁 운동의 온상인 클뤼니로 갔다. 몇몇 보고에 따르면 그는 예전에 이미 그곳에 다녀간 적이 있다고 한다. 그곳에서 위그(Hugo)라는 걸출한 대수도원장 밑에서 금욕 생활에 힘쓰면서 교회에 관련된 공부를 했으며, 그 수도원의 부수도원장이 되었다. 훗날 그는 이 성스러운 구역 안에 머물면서 기도와 명상으로 인생을 보내고 싶었노라고 자주 회고했다.

---

3) 독일 사가 Otto von Freisingen은 루카누스의 이 구절을 두 교황들의 관계에 적절히 적용함으로써 힐데브란트를 카토에 비교한다.

그러나 하인리히 3세의 사촌, 툴의 주교 브루노(Bruno)가 보름스 제국의회에서 교황으로 선출되면서 그도 공적인 무대로 이끌려 나갔다. "나는 마지못해서 알프스 산맥을 넘었다. 로마로 돌아가기란 더욱 싫었다"고 그는 말했다. 그는 브루노에게 조언하기를 (클뤼니 혹은 브장송에서) 황제에게 직접 삼중관[교황관]을 받지 말고, 교회법대로 로마의 성직자들과 주민들의 선출을 기다리라고 했다. 이로써 처음으로 교회가 국가보다 우월하다는 자신의 원리를 천명했다.

브루노는 힐데브란트의 수행을 받아 순례자 신분으로 로마로 가서 맨발로 입성하면서 열렬한 환영을 받았으며, 교회법 절차에 따라 교황에 선출되어 1049년 2월 12일에 레오 9세라는 이름으로 교황좌에 올랐다.

이때부터 힐데브란트는 교황제를 뒷받침해나간 정신적 지주가 되었다. 그는 다른 사람들에게 자기들이 통치한다고 느끼게 하면서 실제로는 그들을 통해서 자신이 통치하는 기술을 터득했다. 그리고 페트루스 다미아니를 보좌관으로 활용했다. 당대의 부도덕상을 가차없이 비판한 엄격한 수사로서 내면 세계를 정복했던 다미아니는 힐데브란트가 성직매매와 성직자 축첩 관행에 대한 전쟁에서 외부 세계를 정복하도록 도왔으나, 힐데브란트가 교황이 되기 한 해 전인 1072년에 숨을 거두었다.

5. 힐데브란트와 레오 9세(1049-1054)

교황청의 도덕 개혁은 힐데브란트가 앞장서서 시작했다. 그는 황제 하인리히 3세가 벌였던 작업을 재개하되, 그것을 성직위계제도에 유익한 방향으로 추진해 나갔다. 추기경 차부제로 임명받은 것을 시작으로 로마 교회의 재무관과 성 바울 수도원의 대수도원장을 지냈다. 외국 여러 나라들에 자주 사절로 파견되면서 현실에 대한 폭넓은 식견을 쌓았다. 고갈된 교황청 재정을 보충했으며, 그리스도인으로 세례를 받은 유대인 베네딕투스 크리스티아누스(Benedictus Christianus)와 은행가로 성공한 아들 레오의 도움으로 본인 스스로도 부자가 되었다. 하지만 돈이 그에게는 교회의 위상을 드높이는 방편에 지나지 않았다. 그의 가장 큰 목적은 당시에 만연해 있던 두 가지 악인 성직매매(참조. 행 8:18)와 니골라주의(참조. 계 2:6, 15) 곧 사제들의 축첩(蓄妾) 행위를 타파함으로써 성직자 사회를 개혁하려는 것이었다. 두 가지 점에서 그는 신임 교황과 전적으로 견해가 같았으며, 교회의 각종 법률에 의해서도 뒷받침을 받았다. 이로써 개혁이 교황의 개인적 지도하에 교회회의의 입법이라는 정규적인 방법으로 이루어지게 되었다.

레오는 힐데브란트의 보좌를 받아 이탈리아·프랑스·독일에서 여러 번 교회회의를 주재했다. 여러 지역의 교회를 두루 순방했으며, 교황으로서의 위엄과 권위를 지키면서도 수사로서 순수하게 살아갈 줄을 알았다. 민중은 그가 가는 곳마다 기적을 일으키며, 새들과 짐승들을 부리는 마술적 능력이 있다고 믿었다.

그가 처음 소집한 교회회의는 1049년 부활절에 로마에서 열린 교회회의였다. 이 회의에서 그는 성직매매를 파문의 벌로써 금했고, 처벌 대상에 성직매매로 임명된 주교들과 사제들을 포함시켰다. 그러나 실태를 파악해 보니 법을 엄격히 적용하자면 교회들, 특히 로마 시의 교회들이 목자들을 다 잃게 생겼다는 사실이 확인되었다. 그러므로 돈을 주고 사제가 된 사람들에 대해서 사십일간의 참회로 면직을 대체했다. 같은 교회회의는 이미 오래 전에 법령으로 발표되었던 성직자들의 성생활 금지법을 재확인했으며, 로마 시에 거주하던 사제들의 첩들을 라테란 궁전의 시녀들로 삼았다. 거의 잊혀졌던 십일조 의무가 모든 그리스도인들에게 부과되었다.

그해에는 파비아·랭스·마인츠에서도 개혁적 교회회의가 열려 위에 언급한 폐습들을 금지하는 입법이 이루어졌고, 고리대금과 일정 촌수내의 결혼, 성직자의 전투 참여도 금지되었다. 이 회의들은 성직매매와 성직자들의 불륜이 경악할 만큼 만연해 있음을 밝혀냈다. 그 결과 여러 주교들이 면직되었다. 랭스 대주교 비도(Wido)는 성직매매 죄로 고소되었으나 면직을 가까스로 피했다. 레오는 이탈리아로 돌아온 직후에 이탈리아 남부와 로마에서 교회회의들을 소집했다. 1052년에는 알프스 산맥을 두 번째로 넘어 부르고뉴·로렌·독일을 순방했으며, 자신의 친구인 황제를 방문했다. 레겐스부르크·밤부르크·마인츠·보름스에서도 이 해에 그가 다녀간 자취를 발견하게 된다. 순방을 마치고 로마로 돌아온 그는 1053년 4월에 네 번째 부활절 교회회의를 소집했다. 교회 개혁 외에도 베렌가리우스(Berengar) 소송건과 그리스 교회와의 관계 문제가 여러 회로 나누어 열린 이 회의의 주요 안건들이었다. 베렌가리우스는 1050년에 화체설 교리를 부정한 이유로 단죄되었다. 여기서 주목할 점은 힐데브란트가 베렌가리우스와 그의 성찬관을 교황의 단죄에도 불구하고 매우 관대하게 대했다는 사실이다. 하지만 힐데브란트는 박식한 신학자는 아니었다. 그리스 교회와의 협상은 분열만 심화시켜놓은 채 끝났다.[4]

레오는 자신의 개혁을 지원하는 추기경 회의를 곁에 두었다. 재위 말기에 노르만족의 침략을 당한 그는 교회 재산을 지키기 위해서 전투에 가담함으로써 스스로 모순을 범했다. 하지만 베네벤토에서 노르만족에게 패하여 포로로 잡혔으며, 그들이 정복한 아풀리아·칼라브리아·시칠리아를 성 베드로의 이름으로 그들에게 하사함으로써 풀려났다. 노르만족은 그의 발에 입을 맞추었고, 그의 사면과 강복을 간청했다. 레오는 이 행위로 인하여 강경 개혁파로부터 비판을 받았다. 다미아니는 교회 재산을 지키는 일이 아무리 중요할지라도 그런 명분으로도 성직자가 무기를 잡아서는 안 되며, 그리스도의 본을 받아 세상의 분노에 대해서 끝까지 인내로 맞서야 한다고 주장했다.

레오는 노르만족에게 당한 패배를 아파하면서 말년을 보냈다. 결국 1054년 4월 19일에 로마에서 하나님 앞에 겸손히 사임을 아뢰고 자기 영혼을 의탁함으로써 쉬흔셋의 인생을 마감했고, 그레고리우스 1세의 무덤 곁에 묻혔다. 그는 교회 개혁을 단행한데다 기적들을 일으켰다는 보고에 힘입어 로마 교회 성인력에 등재되었다. 훗날 교황 빅토르 3세가 된 데시데리우스(Desiderius)는 "교회의 모든 분야가 레오에 의해 개혁되었고, 그로 인해서 세상에 새로운 해가 떠올랐다"고 썼다.

6. 빅토르 2세와 스테파누스 9(10)세(1055-1058)

힐데브란트는 레오가 죽을 때 외유 중이었던 까닭에 서둘러 로마로 돌아갔다. 그는 이탈리아에서 적절한 후임자를 찾을 수 없었으며, 자신이 직접 교황직의

---

4) 베렌가리우스와의 논쟁은 제4권, p. 489에서 다루며, 그리스 교회와의 논쟁은 *ibid*. p. 296에서 다룬다. 레오 9세의 재위 기간에 열린 교회회의들에 대해서는 다음을 참조하라. Jaffe, *Reg.*, 529-549, Hefele, IV. 716-777, Mirbt, *Quellen*, 95 sq.

짐을 질 마음도 없었다. 그래서 눈길을 돌린 사람이 독일 아이히슈태트의 주교 게파르트(Gebhard)였다. 그는 당시 독일에서 가장 유능하고 부유하고 유력한 고위 성직자로서, 황제를 충직하게 모시고 있었다. 힐데브란트는 성직자들과 민중이 지명한 대표단을 이끌고 독일 궁전으로 가서 황제에게 게파르트를 교황좌에 오르도록 해달라고 간청했다. 시간이 오래 지체된 뒤에 1055년 3월에 독일 레겐스부르크에서 열린 공의회에서 게파르트가 교황으로 선출되었고, 결국 4월 13일에 빅토르 2세라는 이름으로 교황이 되었다. 그는 전임자의 정책을 이어받아 교회회의를 통해 성직매매를 근절하는 전쟁을 지속했으나, 1057년 7월 28일에 이탈리아 아레초에서 열병으로 숨을 거두었다. 그가 독일계 교황들 가운데 마지막 인물이었다.

1057년 8월 3일에 몬테 카시노의 추기경 대수도원장이 로마의 성직자단과 민중에 의하여 (황실에 자문을 구하지 않은 채) 스테파누스 9(10)세로 교황에 선출되어 축성되었다. 하지만 그는 1058년 3월 29일에 죽고 말았다.

그러는 동안 독일에서는 거대한 변화가 발생했다. 1056년 10월 5일에 하인리히 3세가 정치가로서 한창인 나이에 죽고, 섭정을 맡게 된 그의 과부와 여섯 살난 아들인 불행한 하인리히 4세만 남게 된 것이다. 이 어린 황제의 긴 재위 기간이 교회의 개혁파에게는 교황청을 황제의 권력으로부터 독립시키는 데 유리한 기회를 제공했다. 하인리히 3세도 교회의 유익을 위해서 나름대로 지혜롭게 노력했으나 교회를 자유롭게 놓아주지는 않았다.

힐데브란트가 독일로 떠나고 없는 틈을 타서, 투스쿨룸의 백작들을 앞세운 로마 귀족들이 베네딕투스 10세(1058-1060 재위)를 교황으로 선출함으로써 한때 자신들이 교황청에 대해서 휘둘렀던 권력을 다시 행사하고 나섰다. 힐데브란트는 귀국하자마자 공작 고드프루아(Godfrey)의 도움으로 교황직 찬탈자를 쫓아내고, 황후의 동의를 받아 피렌체의 주교 게르하르두스(Gerhardus)를 교황으로 선출했다. 개혁을 강력히 지지하던 인물로서 학식이 깊고 인격이 흠잡을 데 없었던 게르하르두스는 1059년 1월 25일에 니콜라우스 2세라는 이름으로 교황직에 올랐다. 베네딕투스는 폐위된 뒤에 굴복하는 대가로 사면을 받았으며, 성 아그네스 교회에 연금된 채 20년을 더 살다가 죽었다.

7. 니콜라우스 2세와 추기경들(1059-1061)

니콜라우스 2세는 철저히 힐데브란트의 주도하에 교황직을 수행했다. 힐데브란트는 1059년 8월 혹은 9월에 로마 교회의 대부제[부주교]와 재무관이 되었다. 그의 정적들은 그가 니콜라우스를 마치 구유의 노새처럼 자기 일을 위해서 먹이고 있다고 말했다. 페트루스 다미아니는 그를 교황의 주군(主君)이라고 부르면서, 차라리 교황 자신보다 교황의 주군에게 복종하고 싶다고 말했다.[5] 더 나아가 힐데브란트를 어두운 어조로 자신의 '거룩한 사탄'이라고 불렀다.[6] 이렇게 한 것은, 예를 들어 오스티아 주교구를 사임하고 수도원으로 은퇴하고 싶었는데 허락해주지 않는 등, 내키지 않는 데도 그의 뜻에 복종해야 하는 때가 가끔 있었기 때문이다. 다미아니는 힐데브란트가 자신의 금욕 원칙들을 저버리고 복장과 생활 방식에서 세상의 영화를 조금씩 과시하기 시작하던 태도가 못마땅했다.

힐데브란트가 실권을 장악하고 있던 이 시기에 성직위계제도의 발달에 두 가지 중요한 조치가 이루어졌다. 하나는 교황 선거 방식에 변화가 생긴 것이었고, 다른 하나는 교황의 세속적 보호를 위해 노르만족과 동맹을 맺은 것이었다.

니콜라우스는 1059년 4월에 라테란 공의회를 소집했다. 이 회의가 당대까지 로마에서 열린 교회회의들 가운데 가장 규모가 큰 것이었다. 130명의 주교와 다수의 성직자들이 참석했다. 하지만 고위 성직자의 2/3가 이탈리아인들이었고, 나머지가 부르고뉴와 프랑스에서 왔다. 독일은 대표를 한 사람도 보내지 않았다. 이 회의에서 베렌가리우스는 철회서에 서명하지 않을 수 없었다(하지만 그는 프랑스로 돌아가는 길에 이 행위를 다시 취소했다). 그는 주교들을 '야수들'이라 부르면서, 그들이 도통 자신이 말하려는 영적 사귐에 관해서는 들으려 하지 않고, 그리스도의 몸을 입으로 먹는 가버나움파적 견해만 고집한다고 비난했다.[7]

먼 후대까지 영향을 끼친 이 공의회의 법령은 교황 선출권을 '추기경 주교들'(cardinal-bishops)과 '추기경 성직자들'(cardinal-clergy)에게 위임하는 것이었

---

5) 참조. 그가 힐데브란트에 관해서 남긴 풍자시들(*Opera*, II, 961, 967).

6) *Ep.* 1:16.

7) 참조. vol. IV, 557 sq.

다[8] 교황이 죽으면 추기경 주교들이 사태를 주도적으로 장악하도록 했다. 그들이 합의를 도출하면 추기경 성직자들을 소집하여 의견을 묻도록 했다. 양 집단이 합의에 이르면 교황 후보자를 로마의 성직자들과 주민들에게 공시하여 재가를 받도록 했다. 이렇게 교황 선출에서 추기경 주교들에게 무게가 실린 것이 새로운 점인데, 이로 보건대 추기경회가 과거에 누리지 못한 중요한 지위와 권위를 갖게 되었음이 분명하다. '추기경회'의 역사는 이 법령과 더불어 시작했다고 할 수 있다. 이때부터 교황 선출은 이 집단의 특권이 되었다. 더 나아가 라테란 공의회는 로마 성직자단 내부에서 적절한 후보자를 찾을 수 있는 것을 전제 조건으로, 교황은 로마 성직자단에서 선출해야 한다고 규정했다. 일반적인 경우에는 로마가 선출 장소로 지명되었다. 하지만 추기경들에게는 다른 곳에서 교황을 선출해도 되는 자유를 부여했다. 이 법령은 선출된 교황을 재가하는 행위에 황제의 권한이 어떠한 것인지 명시해 놓지 않았다. 황제의 이름을 존경스럽게 언급하긴 하지만, 황제가 새 교황 선출을 제때 통보받아야 한다는 것이 법령의 의도 전부가 아니었나 싶다. 그러므로 교황 선출 문제가 황제의 손에서 완전히 떠나 추기경회에게 위임되었다. 하인리히가 아직 어려서 황제의 존엄을 부여받지 못한 때였으므로, 교황 진영에게는 이때가 교황직을 로마인들과 로마 성직자들에게 유리한 방향으로 영구히 주도해 나갈 수 있는 유리한 기회였다. 교황청의 아비뇽 유수 기간 같은 소수의 예외 경우를 제외하고는 이때부터 교황 선출권이 항상 로마인들의 손에 남게 되었다.

니콜라우스가 1059년에 이탈리아 남부의 노르만족과 맺은 동맹이 교황청 역사에서 두 번째로 항구적이고 중요한 조치였다. 11세기 초에 오트빌(Hauteville) 가문의 네 형제가 노르망디를 출발하여 이탈리아와 시칠리아에 대해 원정을 감행했다. 이들은 기독교 주민들을 사라센족의 지배와 그들의 세력 확장의 우려로부터 해방시키는 십자군들로 환영을 받았다. 그들이 무력으로 수립한 왕국은 교황의 재가를 받았고, 원래의 왕조와 후대에는 앙주 가(家)의 지배하에 3백년 동

---

8) 그 법령들은 Mirbt, *Quellen*, 97 sqq.에 수록되어 있다. 두 부류의 추기경들은 cardinales episcopi와 cardinales clerici라 불렸다. Langen은 후자를 '로마의 성직자들'로 규명하려고 했으나 뒷받침할 만한 근거가 충분하지 않다. 특수 집단으로서의 성직자 곧 clerus가 교회회의 법령들에 명시적으로 언급된다.

안 노르만계 잉글랜드와 정복자 윌리엄의 계승자들보다 교황제의 운명에 더 큰 영향을 끼쳤다. 레오 9세의 군대에게 패배를 안기고 그를 아홉 달 동안 포로로 잡았던 로베르 귀스카르(Robert Guiscard)가 니콜라우스에게 아풀리아와 칼라브리아의 공작으로 임명되었다. 그의 공작령은 매년 소 한 겨리 당 12디나르(dinar)를 바치고 교황청을 모든 권위에 대한 도전으로부터 보호하는 의무를 지닌 로마의 봉토(封土)가 되었다. 로베르의 형제 로저(Roger, 1101 죽음)는 1060년에 메시나를 탈취함으로써 시칠리아 정복을 착실하게 시작하여 1071년에 팔레르모를 장악하고 1085년에는 시라쿠사를 점령했다. 이로 인하여 시칠리아의 왕과 교황의 영구 특사라 불렸다. 그의 계승자들 가운데 한 사람인 로저 2세(1105-1154 재위)는 팔레르모에서 대립교황 아나클레투스 2세(Anacletus II)의 권위에 의해서 시칠리아 왕으로 즉위했다. 반 세기 뒤에 이 가문의 혈통은 대 프리드리히 2세로 인하여 호엔슈타우펜 가문의 혈통과 섞이게 되었다. 앞으로 살펴보게 되겠지만, 이 노르만족 제후들은 자신들이 차지한 유력한 지위에 따라 어느 때는 교황청의 계획을 지원하고, 다른 때는 방해하는 자리에 서게 된다.

오트빌 가문을 비롯하여 약탈을 일삼던 노르만족이 이탈리아 남부에 발판을 확보하던 때와 거의 같은 시기에, 정복자 윌리엄(William the Conqueror)이 지휘하던 노르만족은 1066년에 잉글랜드를 정복하고 있었다. 잉글랜드는 이들 덕분에 유럽 민족들의 가문과 관계를 맺게 되면서 민족적 고립을 면하게 되었다.

8. 성직자 결혼 관행에 대한 전쟁

앞서 언급한 1059년의 라테란 공의회논 성직매매와 니골라주의라는 두 이단을 금하는 여러 법령을 통과시켰다. 아내 혹은 첩을 포기할 뜻이 없던 모든 사제들에게 성직록과 미사 집례권 박탈이라는 조치로 위협했으며, 평신도들에게도 그들이 집례하는 미사에 참석하지 말도록 경고했다. 이 공의회 법령 제13조는 "자의적으로 첩 곧 '몰래 끌어들인 여자'(subintroducta mulier)를 거느리는 사제의 미사에는 누구도 참석해서는 안 된다"고 규정한다.

이런 가혹한 조치들이 이탈리아 북부, 특히 밀라노 교구에 심각한 문제를 일으켰다. 이곳에서는 최하위직부터 최상위직까지 모든 성직이 매매되었고, 심지어 대주교를 비롯하여 모든 계급의 성직자들이 공통적으로 결혼을 하거나 첩을 두고 지냈기 때문이다. 로마로부터 일정한 정도의 독립을 견지하고, 부유하고 수도 많은 성직자들을 보유하고 있던 암브로시우스의 교회[밀라노 교회]에게는 성직자 결혼이 몇 가지 그 교회의 자유 가운데 하나로 간주되었다. 밀라노인들은 성경 본문과 암브로시우스가 내렸다고 하는 판결(하지만 정작 그는 열정적인 성직자 독신주의자였다)에 의하여 그러한 결혼을 변호했다. 밀라노 교구는 성직 후보자들이 미혼일 경우 독신으로 지낼 능력이 있는지를 물었고, 그럴 능력이 없다고 대답하면 법적으로 결혼할 수 있었다. 하지만 재혼은 금지했고, 신부가 처녀여야 한다는 레위기의 법도 준수했다. 독신으로 남은 성직자들은 의심의 대상이 된 반면에, 하나님을 경외하는 분위기에서 가정을 세워가는 성직자들은 존경을 받았고 주교직의 적임자로 간주되었다. 축첩은 가증한 범죄이자 승진의 장애 요인으로 간주되었다.

그러나 로마 교회와 힐데브란트파는 그러한 관계를 뒤엎고서 성직자 결혼을 불법적 축첩 행위로 규정했다. 롬바르디아에서 이 파벌의 지도자는 바조(밀라노 서부)의 안셀무스(Anselm)였다. 열정과 웅변에 뛰어난 젊은 사제였던 그는 훗날 루카의 주교가 되었고, 그 뒤에는 교황(알렉산더 2세)이 되었다. 그는 성직자들의 불륜을 비판했고, '파타리아파'(Pataria 혹은 Patarines) 곧 '잡류'(雜類)라 불린 최하층민들로부터 지지를 받았다. 교회당들과 거리들에서 폭력과 유혈 사태가 발생했다. 금욕적 성결을 열렬히 주장하던 페트루스 다미아니가 교황 특사로 밀라노에 파견되었다. 그는 목숨을 걸고서 파타리아파를 옹호하면서 로마 교구의 수위권을 선포했으며, 모든 이단적 관습들을 버릴 것을 요구했다.

다미아니를 앞세운 로마 교회의 승리는 롬바르디아 전역에 대단한 영향을 끼쳤다. 그러나 다음 교황과 그레고리우스 7세 때에 투쟁이 재개되었고, 훗날 1093년에 우르바누스가 피아첸차에서 열린 대규모 공의회에서 성직자 결혼 제도에 대해서 항구적인 승리를 거두게 될 때까지 투쟁이 지속되었다.

9. 알렉산더 2세와 카달루스 분열(1061-1073)

교황 니콜라우스 2세는 1061년 7월 27일에 죽었다. 추기경들은 1061년 9월 30

일에 로마 외곽의 알려지지 않은 장소에서 루카의 주교 안셀무스를 새 교황으로 선출했다. 그는 그날 밤에 노르만족 병사들의 호위를 받으며 로마로 입성하여 10월 1일에 알렉산더 2세로 축성되었다. 그가 교황이 되어 처음 취한 조치는 노르만족 지도자 리처드(Richard)에게 충성 서약을 한 것이었다.

　로마 귀족들 가운데 갈레리아의 백작 기라드두스(Girard, 파문을 당한 강도)가 이끄는 힐데브란트 반대파가 불만에 가득 찬 롬바르드 성직자들과 어린 황제 하인리히 4세의 지원을 받아 파르마의 주교 칼두스(Caldus. 혹은 카달루스〈Cadalous〉)를 대립교황으로 선출했다. 그는 1061년 10월 28일에 호노리우스 2세로 축성되었으며, 10년간 분열을 유지했다. 그는 전부터 거듭 성직매매 죄로 고소를 당해온 인물로서, 결혼을 하거나 첩을 거느린 성직자들과 성직을 돈 받고 팔아 넘긴 평신도들로부터 동정과 지원을 받았다. 그들은 그가 권력을 장악하여 성직자 결혼에 관한 규율과 법이 수정될 것을 기대했던 것이다. 이렇게 해서 형성된 반대가 조직적인 파벌로 규합되었으며, 육체적 죄악보다 더 무서운 죄로 간주되던 이단죄로 몰리기 쉬운 위치에 놓이게 되었다. 다미아니와 훔베르트는 돈으로 성직을 매입했거나 첩을 거느리고 있으면서도 스스로 무죄하다고 여기는 사제가 죄책을 느끼는 사제보다 더 큰 죄인이라는 원칙을 옹호했다. 다미아니는 대립교황에 대해서 구약의 선지자를 연상시키는 격렬한 어조로 비판을 가하였다. 카달루스는 병력을 이끌고 로마에 입성하여 2년간 성 안젤로 성에 머물렀으나, 결국에는 단 한 사람의 추종자도 없이 목숨을 건지기 위해 로마를 도망쳐 나와 파르마로 갔다. 그는 1072년에 죽었고, 그의 파벌도 와해되었다.

　알렉산더는 1064년 5월 31일에 만투아에서 공의회를 소집했고, 합법적인 교황으로 보편적인 승인을 받았다. 반면에 카달루스는 저주를 받고 역사의 뒤켠으로 사라졌다.

　알렉산더가 교황으로 재위하는 동안 성직매매와 성직자 결혼에 대한 전쟁이 힐데브란트와 다미아니의 주도로 치열하게 전개되어 지역에 따라 각기 다른 정도의 승리를 거두었다. 롬바르디아에서는 다시 분쟁이 발생했다. 밀라노 대주교 비도가 카달루스 편에 섰다가 파문을 당했고, 그 뒤에 사과를 하고 고행을 한 뒤에 복직되었다. 1071년에 그가 죽은 뒤에 다시 투쟁이 발생하여 폭력으로 얼룩진 불명예스러운 광경들을 연출했다. 카달루스가 죽은 뒤 교황에 의해 매수된 파타리아파가 권력을 장악했다. 노르만족은 무슬림의 침공을 막아내고 이탈리아 남부와 시칠리아를 로마 교회에 안겨주었다.

　이 훌륭한 봉사에 감동한 힐데브란트는 잉글랜드 왕권을 주장하던 노르망디의 윌리엄을 지지하는 쪽으로 기울게 되었는데, 힐데브란트가 내린 이 결정이 그의 정책 가운데 대단히 돋보이는 것이었다. 이 결정으로 인하여 잉글랜드가 로마와 더욱 긴밀하게 되었고, 세속 군주를 폐위할 수 있는 교황의 권한을 강화했기 때문이다. 윌리엄은 교황이 축복한 깃발을 앞세워 전투를 벌였고, 1066년에 잉글랜드에 노르만 왕조를 수립했다. 그의 정복 사업은 1070년 부활절에 윈체스터에서 세 명의 교황 특사를 통해 거행된 엄숙한 대관식으로써 완료되었다.

　그러나 독일에서는 강력한 반발이 일어났다. 그것은 모든 파벌의 공통된 근거였던 교황제에 대한 것이 아니라, 힐데브란트의 정책에 관한 것이었다. 이 반발이 그레고리우스 7세와 하인리히 4세간의 투쟁으로 이어졌다. 알렉산더는 하인리히에게 만약 왕비 베르타와 이혼을 고집할 경우 그를 파문에 처하겠다고 경고했다.

제 2 장

그레고리우스 7세(1073-1085)

10. 교황에 선출된 힐데브란트. 당시 상황에 대한 그의 인식

알렉산더 2세는 1073년 4월 21일에 죽어 다음 날 라테란의 성 요한 바실리카에 묻혔다. 그 도시는 교황이 죽으면 허둥대고 소란스러운 것이 상례였으나 이번만큼은 평온했다. 힐데브란트는 죽은 자를 위해 사흘간 금식하고 기도할 것을 명했고, 추기경들은 새 교황 선출 작업에 착수했다. 그런데 장례식이 끝나기 전에 민중이 "힐데브란트가 교황이 되어야 한다!"고 외쳤다. 힐데브란트는 연단에 올라가 민중을 진정시키려고 했으나, 추기경 휴고 칸디두스(Hugo Candidus)가 앞질러 단상을 차지하고는 다음과 같이 연설하기 시작했다. "부형들이여, 여러분은 레오 9세의 시절부터 힐데브란트가 거룩한 로마 교회를 어떻게 세워오셨고, 우리 도성의 자유를 수호해 오셨는지를 잘 아실 것입니다. 우리는 지금 교황좌를 놓고 그보다 더 훌륭한 사람은 고사하고 그와 견줄 만한 사람조차 찾기 어려우므로, 우리 교회의 성직자로서 우리 사이에 이미 잘 알려져 있고 충분히 검증된 그를 교황으로 선출합시다." 추기경들과 성직자들은 일상적인 문구를 따라 "성 베드로께서 그레고리우스(힐데브란트)를 교황으로 선출하셨습니다" 하고 외쳤다.[1]

---

1) 최초의 기록은 그레고리우스 자신이 1073년 4월 24일에 라벤나의 Wibert에게 쓴 두 통의 서신과 4월 26일에 세 번째 서신에 실려 있다(*Reg.*, I, 1-3). Bonizo가 그 내용을 사실로 확인한다. 그레고리우스는 자신이 원치 않는 가운데 교황으로 선출되었다고 거듭 말했다. 그레고리우스의 반대파는 그가 권력과 뇌물로 교황직을 차지했다고

이러한 전격적인 선출을 추기경들이 즉각 법으로 추인했다. 민중이 힐데브란 트를 에워싼 채 빈쿨라 근처의 성 베드로 교회로 개선 행진과 방불한 행렬을 지 어 갔고, 그에게 자색 옷과 삼중관을 씌워주는 의식이 거행되었으며, 다음과 같 은 문서가 낭독됨으로써 그의 선출을 확정했다. "[그는] 경건과 학식이 출중한 사람이요, 공평과 공의를 사랑하고, 역경에 굴하지 않고, 넉넉할 때 절제할 줄 알고, 사도의 계율(딤전 3:2)에 따라 '책망할 것이 없으며 …… 절제하며 근신하 며 아담하며 나그네를 대접하며 가르치기를 잘하며 …… 자기 집을 잘 다스리는 자'로서, 이미 이 어머니 교회의 품에서 훌륭하게 양육과 교육을 잘 받아 대부제 직에 오를 만큼 공적을 쌓았던 바, 따라서 이제부터 우리는 그를 교황이자 사도 적 수도대주교 그레고리우스라 부를 것이다."[2]

거의 1/4세기 동안 권좌의 배후에서 실세 역할을 해온 인물이 마침내 명실상 부한 교황이 된다는 것은 지극히 온당한 일이었다. 그는 만약 마음만 먹었다면 오래 전에 그 직위에 오르고도 남았을 것이다. 당시 그의 나이 예순이었다. 숨가 쁘게 일생을 달려온 사람이면 안식을 갈망하기 시작할 그런 나이였다. 그는 자 신이 전속사제로서 유배지까지 함께 모시고 따라간, 이미 고인이 된 벗을 기념 하여 그레고리우스라는 이름을 택했다. 이렇게 한 것은 제국이 교회 문제에 간 섭하는 데 대한 항의 표시이기도 했다.[3] 그는 황제 하인리히 4세에게 사전 재가 를 요구하지 않았으나 선출 사실을 통보했으며, 황제에게서 재가가 오기까지 축 성(祝聖)을 오랫동안 연기했다. 한편 하인리히 4세는 그동안 황제로 즉위해 있었 다. 이것이 황제가 교황 선출을 재가한 마지막 사례였다.[4]

비판하지만, 이런 비판은 그와 하인리히 4세의 투쟁이 발생하기 전에는 제기되지 않 았다.

2) 바울이 디모데에게 보낸 서신을 인용한 대목에서 "한 아내의 남편"과 "자기 집을 잘 다스려 자녀들로 모든 공손함으로 복종하게"라는 구절은 삭제되었다. 두 구절을 그대로 인용한다면 교황이 내세운 성직자 독신주의 이론이 치명적인 타격을 입었을 것이다.

3) Bonizo의 기록을 보면 추기경들이 그에게 그 이름을 부여한 것처럼 되어 있다. 그러나 추기경들이 사전에 그의 바람을 알고 있었거나 예상하고 있었을 가능성이 크 다. Wattenbach(p. 130)는 그레고리우스라는 이름을 택한 것을 제국과 수트리 교회회 의(헨리 3세가 그레고리우스 6세를 포함하여 세 명의 교황에 대해 폐위를 선언했던 회의)에 대한 노골적인 모욕으로 간주한다.

힐데브란트는 5월 22일에 사제 임명을 받았고, 6월 29일에 아무런 반대도 없이 교황으로 축성을 받았다. 독일인으로 교황청 상서국장(尚書局長)으로 재직하던 베르첼리의 주교 그레고리우스가 축성식을 거행했다. 교황은 자신의 친구들과 저명한 대수도원장들과 주교들, 제후들에게 자신의 선출 사실을 알리면서 자신이 맡게 된 막중한 지위에 대한 소견과 정견을 피력했고, 그들의 지지와 기도를 부탁했다.

그는 로렌의 공작 고드프루아(Godfrey)에게 쓴 서신(1073년 5월 6일)에서 자기 앞에 놓인 막중한 책무에 압도되어 있던 심정을 솔직하게 털어놓았다. 앞에 놓인 위기들을 헤쳐나가며 사느니 차라리 눈을 감는 게 편할 것 같다고 했고, 하나님을 온전히 신뢰하고 선량한 이들이 기도로 뒷받침해 주는 것만이 절망에 떨어지지 않게 해줄 것이라고 했다. 이는 온 세상이 악한 자의 팔에 누워 있으며, 교회의 고위직들조차 재물과 영광을 갈망하여 신앙과 공의의 벗들이 아니라 오히려 원수들이기 때문이라고 했다. 그는 교황 재위 제2년에 자신의 친구 클뤼니의 위그(Hugo)에게 쓴 서신(1075년 1월 22일)에서, 자신이 하나님 앞에 이생의 고역에서 풀어주시거나 아니면 어머니 교회의 유익을 위해 자신을 써달라고 자주 기도한다고 말한 다음, 개탄스러운 당시의 상황을 다음과 같이 진술해 나간다:

"동방 교회는 믿음에서 떨어져 나갔고, 외부에서는 불신자들이 공격을 해오고 있습니다. 유럽은 서부나 남부나 북부나 가릴 것 없이 주교들 가운데 정규적인 방법으로 직위에 오른 사람들이나, 품행이 소명과 일치하는 사람들, 그리고 세상의 야망보다 그리스도의 사랑에 강권함을 받는 사람들을 찾아볼 수 없습니다. 제후들 가운데서도 자신의 명예보다 하나님의 명예를, 이득보다 공의를 우선시하는 자들을 찾기 힘듭니다. 내 주위에 사는 로마인들과 롱고바르드인들과 노르만인들도 내가 그들에게 늘 말하듯이 유대인들과 이교도들보다 나을 게 전혀 없습니다. 그리고 나 자신을

4) 이것은 Mirbt의 견해이다. 그레고리우스 반대파 저자들은 하인리히 4세의 정책을 반영하여, 그레고리우스가 황제의 동의를 받지 못했다고 주장했다. 황제는 1080년에 브릭슨에서 황제의 동의를 받지 않고 교황이 된 자는 배교자라는 이론을 주장했다. 참조. Mirt, *Die Wahl*, etc, pp. 29-38.

돌아보더라도 죄에 너무 짓눌려 있어서, 그리스도의 자비 아니면 도무지 구원의 소
망을 찾을 수 없는 형편입니다."[5]

서신에 묘사된 정황은 사실이며, 따라서 그가 자주 수도원으로 은퇴하여 조용
히 살고 싶다고 자주 토로한 것이 조금도 이상한 일이 아니다. 그는 같은 서신에
서 덧붙이기를, 만약 거룩한 교회를 섬기고자 하는 열망이 아니었다면 20년 동
안이나 마음을 추슬러 가며 로마에 남아 있지 않았을 것이라고 했다. 이처럼 그
는 슬픔과 소망 사이에 끼여 있었고, 늘 죽음을 염두에 두고 살면서 무수히 많은
격랑에 휩싸였다. 그는 자신이 캄캄한 망망대해를 항해하는 선원과 같다고 말했
다. 정복자 윌리엄에게는, 자신이 뜻하지 않게 큰 놀이 이는 바다를 지나는 배에
오르게 되었다고 말하면서, 사방에서 거친 풍랑이 일고 밑에는 보이지 않는 암
초가 도사리고 있으며, 저 먼 하늘에서는 또 다른 위험들이 일고 있다고 말한
다.[6]

그리고리우스의 활동을 특징짓는 두 가지는 교황 절대주의를 옹호한 것과 도
덕 개혁을 주창한 것이었다. 두 가지 점에서 그레고리우스는 라틴 기독교 세계
의 사상과 관습에 항구적인 영향을 남겼다. 우리가 그의 견해에 동조하지 못하
는 분야에서조차 우리는 그의 도덕적 역량과 불굴의 용기에 경탄을 금할 수 없
다.

11. 그레고리우스의 신정(神政)

힐데브란트 곧 그리고리우스의 이상적 교회관은 모세의 전거와 교회법에 토
대를 둔 신정(神政, theocracy)이다. 그것은 교회의 도덕적 순결과 금욕적 경건
으로 존경과 순종을 이끌어내는, 교회가 이 세상에서 발휘하는 절대 주권이다.
여기서 말하는 교회란 교황이 그리스도의 대리인으로서 수장(首長)이 되는 로마
가톨릭 조직으로서, 이 성직위계제도적(hierarchical) 조직이 하나님 나라와 동일

---

5) *Ep.*, II. 49를 정리함.
6) *Reg.*, I. 70.

하며, 이 나라 안에서 인간들이 죄와 사망으로부터 구원을 받고, 이곳을 떠나서는 구원이 없다. 교회와 하나님 나라가 구별되지 않으며, 가시적 교회와 불가시적 교회 사이에도 구분이 없다. 거룩하고 보편적이고 사도적인 로마 교회는 대대로 교황들에게 독일 제국이나 프랑스 왕국 혹은 베네치아 공국(公國)과 다름없이 가시적이고 만질 수 있는 것이었다. 이 교회 외에는 심지어 그리스 교회조차 로마에서 갈라져 나간 분지(分枝) 외에 달리 인정되지 않는다.

이 이상은 오랜 세월에 걸쳐 발전한 것이다. 9세기에 위(僞) 이시도루스가, 5세기에 아우구스티누스가 그 토대를 마련했다.

중세에 가장 큰 신학적 권위를 행사한 아우구스티누스는 초기에는 가시적인 가톨릭 교회를 하나님의 도성 곧 왕국과 동일시했다. 자신의 가장 위대한 변증서인 「신국론」(De Civitate Dei)에서 그는 이 왕국이 이 세상의 가변적이고 지나가는 왕국들과 맺고 있는 관계를 추적하며, 이론상으로는 오늘날까지 로마 교회가 고수하고 있는 중세 신정(神政) 프로그램을 제공했다.[7] 그러나 아우구스티누스는 키프리아누스와 교황들과 같은 교회 정치가가 아니었다. 교회 정치보다는 신학에 더 관심이 많았다. 교황제에 관해서 말하지 않았고, '그리스도의 참된 몸'과 '그리스도의 혼합된 몸'을 암시적으로 구분했으며, 이 구분이 개신교의 가시적 교회와 불가시적 교회의 구분에 길을 열어주었다.[8] 힐데브란트 논쟁에서 그는 양 진영에 의해서 다른 교부들보다 훨씬 자주 인용되었다. 그러나 그레고리우스든 그의 가장 열정적인 지지자들이든 교황이 세속 군주를 폐위할 수 있다는 성직위계제도적 이론을 뒷받침하기 위해서 아우구스티누스를 인용할 수 없었다.

위(僞) 이시도루스 교령집은 한 걸음 더 나아갔다. 이 문헌은 가톨릭 교회를 교황 중심적 성직위계제도의 통치와 동일시했으며, 위조 교령들에 의해서 이 체

---

7) 교황 레오 13세는 기독교 국가 헌법에 관한 회칙(Immortale Dei, 1885년 11월 1일)에서 중세의 교회와 국가 이론을 변호하며, 성 아우구스티누스의 「신국론」이 만대의 사람들에게 이 주제에 관한 참된 원리들을 명쾌하게 제시했다고 하면서 그의 권위에 호소한다.

8) 아우구스티누스의 이론이 위클리프와 후스 그리고 종교개혁자들에게 큰 영향을 끼쳤다.

제의 기원을 2세기에 두었다. 이것은 동방 교회가 평등한 총대주교들 가운데 단지 명예상의 수위권을 넘어서는 권위를 내세운 로마 주교들의 주장을 한 번도 승인한 적이 없었던 사실과 크게 배치된다.

그레고리우스 7세는 역대 어느 교황보다도, 그리고 인간의 열정과 지혜가 허락하는 범위 안에서 이 정치적-교회적 체제를 충분히 구현했다. 교회의 영광이 그의 생애 전체를 이끌어간 열정이었다. 그는 가장 암울한 시기에 이 열정을 고수했으며, 역경 가운데 가장 위대한 면모를 과시했다. 전임 교황들 가운데 니콜라우스 1세와 레오 1세가 숭고한 주장을 펼친 점에서 그에게 가장 근접했다고 할 수 있다. 그러나 그에게서는 교황 절대주의가 살과 피를 얻었다. 그는 철두철미한 교황이었다. 1870년의 바티칸 체제를 예기한 인물로서, 한 가지 점에서는 그 체제에 미치지 못했으나, 다른 한 가지 점에서는 그 체제를 능가했다. 그는 교황 무류설(無謬說)을 사실상 견지하긴 했으나 그것을 명시적으로 주장하지는 않았다. 하지만 기독교 세계의 세속 권력들에 대해서 자신의 능력이 닿는 데까지 교황의 절대권을 주장하고 행사했다. 그것은 교황들이 오래 전에 상실한 것이었고, 그 뒤에도 결코 되찾은 적이 없는 것이었다.

힐데브란트는 자신이 비록 결함이 많은 인간일지라도 공인으로서는 베드로의 계승자이고, 그런 의미에서 전투의 교회(the militant Church)에서 그리스도의 대리자라는 점을 확신했다.[9] 자신이 사도들의 수장이자 천국 열쇠 관리자로서 베드로와 동등한 지위에 있다고 여겼다. 하지만 베드로가 세속 문제에서는 적대적 정부의 겸손한 신민이었다는 점과, 네로가 권좌에 앉아 있을 당시에 그리스도인들에게 왕을 공경하라고 권면했던 점(참조. 벧전 2:17)을 기억하지 못했다. 일관되게 마태복음 16:18, 19에 기록된 그리스도의 유명한 말씀을 근거로 삼았고, 그것을 마치 그리스도께서 자신에게 직접 하신 말씀으로 여겼다. 교황은 베드로의 숭고한 지위를 계승한 것이라고 생각했다. 그러므로 교황은 교회의 반석이다. 교황은 보편적 주교이다(이 칭호는 그레고리우스 1세가 반기독교적 주장이라 비판한 것이다). 교황은 기독교 세계 전체(그를 한 번도 인정한 적이 없는 그리스 교회를 포함하여)를 보살피는 임무를 부여받는다. 그는 절대적이고 최종

---

9) 그레고리우스는 거듭해서 자신이 교황 자격이 없다는 느낌을 밝혔다. 참조. *Reg.*, I. 18, 70 etc.; Migne, 300, 344, etc.

적인 관할권을 지니며, 오직 하나님에게만 책임을 질 뿐 지상의 어떠한 관원에게도 책임을 지지 않는다. 오직 그만 주교들을 폐위할 수도 있고 다시 세울 수도 있으며, 그의 특사들은 모든 주교들보다 서열이 높다. 교황은 모든 기독교 세계에서 옳고 그름에 관한 문제들을 판결하는 최고 결정자이다. 교황은 지상의 모든 군주들 위에 선다. 그는 황제의 기장(記章)을 지닐 수 있다. 왕들과 황제들을 폐위할 수 있으며, 백성들을 불의한 군주들에게 행한 충성 서약에서 풀어줄 수 있다.

이상의 주장들과 이와 유사한 주장들이 27개의 간단한 명제 문서와 — 그레고리우스의 서신들에 보존된 이 문서는 비록 진정성이 의심을 받긴 하지만 그의 견해를 정확하게 표현한다 — 메츠의 주교 헤르만에게 보낸 유명한 편지에 잘 제시되어 있다.

그가 애용하던 성구들 가운데는 베드로에 관한 예언(마 16:18, 19) 외에도 구약성경의 두 단락이 있다. 하나는 선지자 사무엘이 사울에게 전한 말로서, 그가 반역적인 왕들을 대하던 태도와 잘 부합한다(삼상 15:23): "이는 거역하는 것은 사술의 죄와 같고 완고한 것은 사신 우상에게 절하는 죄와 같음이라. 왕이 여호와의 말씀을 버렸으므로 여호와께서도 왕을 버려 왕이 되지 못하게 하셨나이다." 다른 하나는 선지자 예레미야의 말이다(48:10): "여호와의 일을 태만히 하는 자는 저주를 받을 것이요 자기 칼을 금하여 피를 흘리지 아니하는 자도 저주를 당할 것이로다." 그는 주로 영적 칼을 의미한 것이지만, 필요하면 세속적 칼도 가리켰다. 그는 성 베드로의 군대를 이끌고 성지를 정복하고, 반역적인 모든 군주들을 굴복시키고 싶어했다. 최초로 십자군 원정을 기획했으며, 그의 기획을 그의 둘째 계승자가 실천했다.

여기서 교회와 국가의 관계에 관한 힐데브란트의 견해를 좀 더 구체적으로 살펴볼 필요가 있다. 중세의 공적 견해는 두 권력의 협력도 분리도 믿지 않고, 다만 일치를 근거로 한쪽이 다른 한쪽에 종속된다고 믿었다. 교회와 국가는 샤를마뉴 시대와 심지어 콘스탄티누스 시대부터 서로 뗄 수 없이 결합하였고, 그 둘이 함께 기독교 국가(republica Christiana)를 형성했다. 더 나아가 교회가 영적 권력이고, 국가는 세속적 권력이라는 일반적인 합의가 있었다.

그러나 양 진영은 구체적인 경계선 문제를 놓고 나뉘었다. 교황 진영은 국가에 대한 교회의 신정적 우월성을 주장했고, 황제 진영은 황제교황주의

(caesaropapism)에 입각한 국가의 우월성 내지 적어도 두 권력의 동등성을 주장했다. 그것은 사제 정치와 관료 정치, 사제직(sacerdotium)과 황제직(imperium), 성직자들과 평신도들 간의 대립이었다. 황제 진영은 세속 국가의 신적 기원과 뿌리깊은 역사를 강조하면서, 그리스도와 사도들조차 국가에 종속되었던 사실을 내세운 반면에, 교황 진영은 국가의 지위를 낮게 평가하면서, 심지어 세속 문제라 해도 영적 권위와 상충될 때는 교회의 지도를 받아야 한다고 주장했다. 오토 1세와 하인리히 3세 같은 황제들은 교황들을 폐하기도 하고 세우기도 한 반면에, 그레고리우스 7세와 인노켄티우스 3세 같은 교황들은 황제들을 폐하기도 하고 세우기도 했다.

그레고리우스는 교회를 태양에, 국가를 달에 비유하면서, 달은 태양에게서 빛을 빌려오는 것이라고 주장한다.[10] 주교의 권위는 마치 하늘이 땅보다 높듯이 왕과 황제의 권위보다 높다고 한다. 그는 현세에서 인간들을 다스리기 위해서 국가가 필요하다고 인정하지만, 정작 세속 권력과 투쟁할 때에는 국가가 강도질과 살인과 온갖 범죄의 산물이며, 원래의 평등한 상태를 교란한 것으로서 사제의 권력으로 그 상태를 반드시 다시 회복해야 한다고 주장했다. 교회와 교황제의 가장 높은 견해를 국가와 황제의 가장 낮은 견해와 결합시켰다.

그가 자신의 교황권 이론을 가장 명확하게 진술한 내용은 아라곤의 왕 산초(Sancho)에게 쓴 서신에서, 영광의 왕 예수께서 베드로를 세상 나라들을 다스리는 주로 세우셨다고 한 대목이다. 이 원리를 그는 일관되게 행동에 옮겼다.[11] 독일의 하인리히 4세를 두 번 폐위하고, 그의 백성을 그에 대한 충성 서약에서 면제해 주었다. 1080년 3월 7일 사순절에 열린 교회회의에서 다음과 같은 대범한 연설로써 하인리히 4세에 대한 두 번째 파문을 매듭지었다:

"여러분 주교들과 사제들이여, 지극히 거룩하신 사도들인 베드로와 바울께서 우리와 함께 여러분을 대하시되, 여러분이 하늘에서 매고 푸는 권세를 갖고 있으므로 땅

---

10) 1080년 5월 8일에 영국의 윌리엄에게 쓴 편지. Migne, 148, 569. 그레고리우스는 사제직을 금에, 왕직을 납에 비유하기도 했다. *Reg.*, IV. 2.

11) Petrum dominus Jesus Christus, rex gloriae, principem super regna mundi constituit, Reg., I. 63; Migne, 148, 339.

에서도 제국들과 왕국들과 공국들과 공작령들과 백작령들과 후작령들과 온갖 인간의 권리와 재산을 폐할 권세도 갖고 있음을 온 세상이 알도록 대하십니다 …… 영적인 일들에 그런 강한 권세를 갖고 있는데, 하물며 땅에서 벌어지는 세상 일들에서 여러분의 권위를 능가할 만한 것이 무엇이겠습니까? 여러분이 세상에서 가장 당당한 군주들보다 훨씬 높은 천사들을 판단하는 사람들일진대, 그들 밑에 있는 자들에게 여러분이 하지 못할 일이 무엇이겠습니까? 세상의 왕들과 제후들에게 여러분이 얼마나 위대한 존재들이며 여러분의 권세가 얼마나 큰가를 알게 해야 합니다! 그들로 여러분의 교회의 명령을 거역하기를 무서워할 줄 알게 해야 합니다!

"하지만 앞서 말씀드린 하인리히에 대해서는 속히 판결을 내려서, 만민으로 하여금 그가 실각한 것이 우연이나 재수 때문이 아니라 여러분의 권세 때문임을 알게 해야 합니다. 그리하여 그가 크게 당황하여 회개함으로써 그의 영혼이 주의 날에 구원을 받을 수 있게 해야 합니다!"

이것은 성직위계제도의 오만과 신랄함이 어디까지 미칠 수 있는가를 보여주는 단적인 예다. 그레고리우스는 주교들과 대수도원장들뿐 아니라 왕들과 귀족들에게도 언제나 고압적인 자세를 취했으며, 그들에게 절대 복종을 기대했다.

사르디니아와 코르시카를 그는 영주가 자신의 봉토(封土) 대하듯 대했다.[12] 1073년에 스페인의 제후들에게는 옛날부터 스페인이 성 베드로에게 속했고, 지금도 어떤 사멸적(死滅的) 인간이 아닌 사도 교구에 속했다고 썼다. 그 이유로, 교황청이 에불루스(Evulus)라는 사람에게 이교도의 손에서 스페인 영토를 정복하는 조건으로 그에게 그 땅을 하사하지 않았느냐고 물었다.[13] 카스티야의 알폰소(Alfonso)와 아라곤의 산초에게 그는 사도 바울이 스페인까지 갔던 사실과, 바울과 베드로가 파견한 일곱 감독이 스페인에 기독교 교회를 세웠던 사실을 상기시켰다.[14] 프랑스 왕 필립 1세에게는 그의 왕국에 속한 모든 세대가 베드로의 은전(Peter's Pence)을 내야 한다고 냉정하게 말했으며, 또한 성직매매를 단념하지 않으면 그의 영토에 성무중지령을 내리겠다고 경고했다.[15] 몇 달 뒤에 랭스의 대

---

12) *Reg.*, I. 29, VII 10; Migne, 148, 312, 584.

13) *Reg.*, I. 7; Migne, 289.

14) *Reg.*, I 64; Migne, 339.

주교 마나세(Masasses)에게 쓴 편지에서는 프랑스 왕을 사나운 이리이자 하나님과 신앙의 원수라고 불렀다.[16] 덴마크 왕 수에노(Sueno)에 대해서는 그의 왕국이 로마에 속해 있음을 인정할 것과, 그의 아들을 로마로 보내 하나님의 원수들에 대항하여 칼을 뺄 수 있도록 하라고 당부하면서, 만약 그를 보낼 경우 이탈리아의 부유한 지방을 내주어 활동하게 해주겠다고 약속했다.[17] 폴란드의 공작 볼레슬라프(Boleslav)에게는 러시아 왕에게 일정 금액을 바치라고 조언했다. (다른 서신에 나타나 있듯이, 당시에 볼레슬라프의 아들이 교황에게 권력 이양을 추인받기 위해서 로마에 와 있었다.[18]) 헝가리 왕 솔로몬(Solomon)에게는 과거에 왕 스테파누스가 그의 왕국을 성 베드로에게 바쳤던 사실과, 그 왕국이 로마의 권한에 속해 있다는 사실을 상기시켰으며,[19] 그가 왕권을 로마에게 청구하지 않고 독일인들의 왕에게 봉토로 받은 사실을 책망했다. 달마티아의 공작 데메트리우스(Demetrius)에 대해서는 매년 은 이백 개를 자신과 자신의 계승자들에게 바치는 조건으로 그에게 왕의 칭호를 수여했다. 비잔틴 황제 미카엘리스(Michael)에게는 참된 딸인 콘스탄티노플 교회가 어머니인 로마 교회와 화해하면 좋겠다는 소망을 표현했다.[20] 황제에게 보낸 다른 서신들에서는 성지를 구출하기 위해 십자군 원정을 감행하자는 제안을 했다.

그레고리우스는 잉글랜드의 정복자 윌리엄에 대해서 큰 애정을 표시하면서, 그에게 '가장 사랑하는'(carissime)이라는 호칭을 사용하지만, 그가 잉글랜드의 권좌에 앉게 된 것이 로마 교구의 호의 덕분임을 잊지 말라고 엄숙히 환기시키면서, 그러니 속히 베드로의 은전을 바치라고 당부한다.[21] 이에 대해 그 콧대높은 잉글랜드 왕은 자신이 왕이 된 것은 하나님과 자신의 칼 덕분이지, 교황 덕분이 아니라고 대답했다. 그는 선왕들이 바쳤던 베드로의 은전을 바칠 용의가 있었지만, 선왕들이 바치기를 거부했던 충성은 그 역시 바치기를 거부했다.[22]

---

15) *Reg.*, II. 5, 18, 32.

16) *Lupus rapax*, etc.

17) *Reg.*, II. 51, 75; Migne, 403, 426.

18) *Reg.*, II. 73, 74; Migne, 423 sq.

19) *Reg.*, II. 13; Migne, 373.

20) *Reg.*, I. 18; Migne, 300.

21) *Reg.*, I. 70, VII. 23; Migne, 345, 565 sqq., etc.

힐데브란트의 교황 절대주의가 항구적으로 유효한 이론이 될 만큼 성경적 근거도 없고 관용성도 결여되어 있긴 했으나, 중세로서는 교황이 지배하는 것이 더 나았다. 물론 그의 체제가 영적 독재였던 것이 사실이지만, 그 체제의 유일한 대안이자 훨씬 더 상황을 악한 데로 이끌고 갔을 군사 독재를 견제한 것도 사실이다. 결국 교회는 거친 폭력과 격정을 억제하면서 도덕적이고 지적인 이해를 대변했다. 교회는 자유와 독립을 누리지 않고서는 자신의 의무를 충실히 수행할 수 없었다. 중세의 군주들은 대부분 무지하고 방탕한 독재자들이었던 반면에, 교황들은 학문의 대의와 결혼의 신성함과 백성의 인권을 옹호했다. 그것은 도덕적 권력과 물리적 권력의, 혹은 지성과 무지의, 혹은 종교와 악의 투쟁이었다.

신정(神政) 체제가 종교를 중세 유럽의 지배 요인으로 만들었으며, 가톨릭 교회에게 자신의 최선을 발휘할 기회를 제공했다. 교회의 영향은 대체로 건전하고 유익했다. 신앙을 향한 열정이 십자군 원정들을 고취했고, 이교도 야만인들에게 기독교를 전달했고, 주교좌성당들과 무수히 많은 교회당들을 건립했고, 대학교들과 스콜라 신학을 세웠고, 수도회들과 자선 단체들이 증가하게 했고, 야만적인 열정을 제어하고 품행을 온건하게 누그러뜨렸고, 각종 발견과 발명을 자극했고, 고대 고전과 기독교 학문을 보존했으며, 문명을 촉진했다. 교황제는 과거에, 심지어 2세기로 거슬러 올라가는 시기에 뿌리를 깊이 박았다. 그러나 부분적으로는 위(僞) 이시도루스 교령집과 콘스탄티누스 증여문서 같은 경건을 빙자한 사기(詐欺)들에 토대를 두었다.

중세의 신정은 이 세상의 모든 왕국들이 그리스도의 평화로운 통치에 복종하게 될 천년왕국을 향한 현세적 기대를 벗어나지 못했다. 교황제는 갈수록 세속

---

22) "당신의 특사 허버트가 당신을 대신하여 내게 당신과 당신의 계승자들에게 충성을 맹세하도록 강요했고, 내 전임자들이 로마 교회에 바쳐온 돈 문제에 대해서도 잘 생각해 볼 것을 당부했습니다. 나는 한 가지에는 동의했지만 다른 한 가지에는 동의하지 않았습니다. 과거에도 그랬듯이 앞으로도 나는 충성은 바치지 않을 것이며, 내 전임자들도 당신의 전임자들에게 충성을 바친 사례를 발견하지 못했습니다." 이것은 정복자 윌리엄이 1076년에 그레고리우스에게 쓴 서신으로서, 구체적인 날짜는 밝혀져 있지 않다. 참조. Gee and Hardy, *Documents of Eng. Ch. Hist.*, p. 57. 그레고리우스는 하인리히 4세와 논쟁을 벌일 때 윌리엄의 지원을 받아내려고 했으나 뜻을 이루지 못했다. 참조. *Reg.*, VI. 30, VII. 1; Migne, 535, 545.

적 제도로 변질되었고, 조금도 관용이 없이 인간의 마음과 정신을 억압하는 독재로 타락해 갔다. 인간 본성은 독재로는 도저히 지배할 수 없는 숭고한 것이면서도, 다른 한편으로는 너무나 약하여서 독재의 유혹에 쉽게 굴복한다. 국가는 교회와 마찬가지로 신적 권위를 지니며, 평신도는 성직자와 마찬가지로 권리들을 지닌다. 그런데 문화가 발전하고 다른 한편으로 성직위계제도가 권력을 남용함에 따라 이 권리들이 전면에 나서게 되었다. 이렇게 사제의 권한을 남용하여 인간들을 예속하고, 교회가 세속화하고, 면죄부를 판매함으로 종교가 타락하고 더럽혀짐으로써 종교개혁의 심판을 당하게 되었다.

12. 도덕 개혁자로서의 그레고리우스 7세. 성직매매와 성직자 결혼

그레고리우스 7세를 바라볼 때는 교황 절대주의를 주창한 인물로만 봐서는 안 되고 도덕 개혁자로도 봐야 한다. 두 성격이 긴밀히 결합함으로써 그를 역사에서 그토록 걸출한 인물로 세웠으며, 그를 진정으로 존경받을 자격을 갖게 하는 것은 도덕 개혁을 향한 그의 열망이다. 반면에 그가 절대 권력을 주창한 것은 지극히 무가치한 교황들과 다를 바 없다.

그가 표방한 교회 이상은 당시 교회가 처했던 상황과 크게 달랐으며, 만약 그가 성직자들을 부도덕의 깊은 침체에서 순결하고 숭고한 지평으로 일으켜 올리지 못했더라면 그 이상을 실현할 수 없었을 것이다.

그가 단행한 개혁들은 성직매매와 성직자들의 성적 부패를 겨냥했다. 그는 과거에 힐데브란트로서 조언의 방식으로 수행했던 과업을 이제는 교황의 공적 권위에 힘입어 수행해 나갔다.

그가 성직매매에 대해 전쟁을 치른 것은 로마 가톨릭 교회의 윤리뿐 아니라 개신교의 관점에서도 지극히 정당한 조치였다. 성직을 돈 주고 팔고 사는 행위가 조금도 수그러들지 않는 폐습이었으며, 그것이 만약에 주교들과 교황들의 차원에서 이루어질 경우에는 그로 인한 폐해가 훨씬 더 컸다.

성직자들의 성적 부패에 대해 전쟁을 벌일 때, 그레고리우스는 로마 교회의 고대 법률을 토대로 삼았을 뿐, 진정한 기독교 정신을 토대로 삼지는 않았다. 성직자에게 독신을 강요하는 행위는 성경에 아무런 근거도 없으며, 그것이 증진하고자 하는 이상적인 성직자 상을 오히려 무너뜨리기 십상이다. 성직자의 진정한 능력과 유용성은 도덕적 순결에 근거하며, 도덕적 순결은 하나님께서 제정하신 가장 오래된 제도인 합법적 결혼으로 보호되고 촉진된다.

그레고리우스가 성직자 독신제도를 그토록 확립하고자 했던 동기는 절반은 수도원주의에, 나머지 절반은 성직위계제도에 뿌리를 두었다. 독신제도야말로 그가 하나님의 사제에 대해서 수립한 금욕적 이상형의 본질적인 부분이었다. 사제는 육체의 욕망과 연약함을 극복하여 교회를 위해 전심으로 헌신하고, 세상의 일에 마음이 빼앗기지 않고, 동료 인간들과 초연히 구별되고, 천사적 순결로서 그들에게 존경을 받아야 한다고 그는 생각했다. 더 나아가 독신제도는 성직위계제도의 자유를 확립하는 데 없어서는 안 될 조건이었다. 그레고리우스는 사제들을 그들의 아내들에게서 해방시키지 않고서는 교회를 평신도들의 지배에서 해방시킬 수 없다고 선언했다. 결혼한 성직자는 사회적 유대 관계에 의해 세상과 연결되며, 가족을 부양하는 데 마음을 빼앗기는 데 반하여, 결혼하지 않은 성직자는 독립된 상태를 유지하고, 가정 없이 다만 교회에 마음을 두며, 상비군처럼 교황을 보호한다고 보았다.

그가 성직자의 결혼에 반대한 또 다른 동기는 그로 인하여 세습적 계급이 형성되어 교회 재산을 사적으로 유용하고 교회 재정을 약하게 하는 위험을 방지하고자 함이었다. 성직위계제도의 계급들은 심지어 성 베드로의 권좌조차 스스로 자격을 갖추어 일어선 겸손한 여러 계층 사람들에게 열려 있어야 하며, 세습적 권한을 주장하는 자들에게는 닫혀야 한다고 그는 생각했다. 이것은 중세의 귀족적 봉건주의와 대조되는 민주적 원칙을 사실상 인정한 것과 다름없었다. 힐데브란트 자신이 후원자의 도움 없이 가장 비천한 계층에서 교황좌에 오른 사람이었으므로, 이러한 민주적 성직위계제도의 가장 훌륭한 사례였다.

사제제도를 떠받친 기둥들 가운데 하나인 고해성사가 성직자 독신제도에 이롭게 작용했다. 여성들은 다른 여성의 남편이자 한 가족의 아버지인 사제에게 안심하고 비밀을 털어놓기를 주저하게 마련인 것이다.

결혼한 사제들은 구약의 사제들을 예로 제시했다. 이에 대해서 다미아니는 히브리의 사제들이 제단에서 제사를 드리기 전에 제물을 먹을 수 없었던 점을 지적함으로써 답변했다. 하물며 새로운 질서의 사제가 하나님 앞에 성사들을 바치기 전에 육체적으로 자신을 더럽힌다는 것이 가당치 않은 일이라는 것이 그의 지론이었다. 새 질서는 모든 시간을 오로지 직무에 바칠 것을 요구하며, 결혼과 가정 생활을 위한 시간을 남기지 않는다고 주장했다(참조. 고전 7:32). 육체의 정욕을 만족시키기를 거부하는 미혼자만이 하나님의 전이 되라는, 그리고 성령을 소멸하지 말라는 명령을 이행할 수 있다(참조. 엡 4:30; 살전 5:19).

이러한 동기들이 그레고리우스의 추종자들과 성직위계제도 전체를 지배했으며, 성직자 독신제도의 궁극적 승리를 이끌었다. 때때로 이 제도를 폐지하는 문제가 대두했고, 마론파(Maronites)와 연합 그리스 교회(United Greeks)라는 예외적인 경우들에 교황들은 그들의 유서 깊은 관습을 존중하는 것을 비롯한 몇 가지 현명한 이유에서 단회 결혼을 허용했다. 교황 피우스 2세(Pius II, 1458-1464 재위)는 교황좌에 오르기 전에, 성직자의 결혼을 금하는 데도 좋은 이유들이 필요하지만, 그것을 회복시키려면 더 좋은 이유들이 필요하다고 말했다. 하지만 성직위계제도에 대한 관심이 항상 이런 더 좋은 이유들을 뒤엎었다. 성직자 독신제도가 어떤 유익들을 끼칠 수 있었든간에 그 폐해는 훨씬 더 컸다. 무엇보다도 성직자들의 성적 불륜이 그들에 대한 평신도들의 신망을 저해했으며, 종교개혁이 일어나게 한 중요한 요인들 가운데 하나가 되었다. 종교개혁은 성직자들의 존귀한 결혼을 회복함으로써 많은 복을 끼치는 목회자의 가정이 생기게 했으며, 성직위계제도적 야심보다 양심을 더 우월하게 만들었다.

그레고리우스와 같은 열정적인 개혁자의 관점에서 볼 때, 성직자들의 도덕 수준은 확실히 저급한 상태에 있었다. 그는 사제들이 공식적으로 결혼하거나 사실상 아내인 여성과 은밀히 동거하는 행위만큼 격렬히 단죄한 행위도 없었다. 당대의 저자들, 예를 들면 다미아니(1072 죽음)는 「고모리아누스」(*Gomorrbianus*)라는 저서에서 사제들의 생활상을 어둡게 묘사한다. 그가 엄격한 금욕주의자들을 묘사한 내용을 신중하게 받아들여야 하지만, 실제로 라틴 기독교 세계 전역에서 사제의 독신법이 무시된 증거를 얼마든지 찾아볼 수 있다.[23] 헤펠레(Hefele)와 푼크(Funk) 같은 현대 가톨릭 사가들은 이러한 상황을 뒷받침하는 증거들을 제시하는 데 주저하지 않는다. 우호적인 증언에 따르면, 교황 베네딕투

---

23) Mirbt(*Publizistik*, 259)는 당시 서유럽에서 성직자 독신주의를 보편적으로 준수한 일은 없었다고 말한다.

스 9세는 아내를 공식적으로 취하는 문제를 고려했다고 한다.[24] 그레고리우스 7세는 1049년에 레오 9세가 소집한 로마 교회회의의 법령들로써 시작하고, 1059년에 니콜라우스 2세의 주재로 열린 로마 교회회의에서 강조된 법률을 크게 강조하되, 교회의 존립 자체가 성직자 독신제도의 강행에 달려 있는 게 아니냐고 생각할 만큼 강조했다. 심지어 이탈리아에는 토리노의 쿠니베르투스(Kunibert)의 경우처럼 사제들의 결혼을 공식적으로 허용한 주교들이 있었다.[25] 독일에서는 툴의 주교 포포(Poppo)가 그레고리우스에 의해 음행으로 단죄된 준(準) 결혼관계를 감추지 않았으며,[26] 슈파이어와 로잔의 주교들은 같은 문제로 고소를 당한 뒤 교회회의 앞에서 결백을 입증하느라 애를 먹었다. 결혼한 사제들은 교회회의들과 그레고리우스 7세에 의해서 '자제력이 없는' 혹은 '첩을 둔 사제들'이라고 불렸다.[27] 그레고리우스는 독일이 '성직자들의 음행이라는 고질병'으로 신음하고 있다고 말했다.[28] 그리고 잉글랜드의 상황도 이탈리아와 독일과 다르지 않았다.

13. 성직자 독신제도 강요

그레고리우스는 꺼질 줄 모르는 에너지와 공적인 권위의 무게로 성직자 사회의 도덕 개혁을 완수했고, 그 힘을 토대로 교회의 자유와 권력을 확립했다. 끊임없이 교회회의를 열어서 성직매매와 성직자의 결혼을 금하는 법을 통과시키도록 했으며, 아무리 법에 저촉되지 않을지라도 사제들이 여성과 육체의 관계를 맺는 것을 죄악이자 수치스러운 축첩 행위로 비난하도록 했다. 교회회의의 입법으로도 성이 차지 않자, 직접 여러 나라에 서신을 쓰고 특사를 보내어 두 분야의 법률을 시행하도록 당부했다. 1074년 3월에 로마에서 열린 교회회의는 전쟁을 촉발했다. 이 교회회의는 돈으로 성직이나 성직록(聖職祿)을 사들인 사제들을

---

24) Bonizo of Sutri가 그렇게 전한다. *ad amicum*, lib. V.
25) Damiani가 그렇게 전한다.
26) Gregory, *Reg.*, II. 10.
27) Incontinentes sacerdotes et levitae····sacerdotes concubinati.
28) *Reg.*, II. 30.

면직 조치하고, 성직자의 결혼을 금하고, 결혼한 사제들에게는 아내를 내보내거나 미사 집례를 중단할 것을 요구하고, 평신도들에게는 그들의 미사에 참석하지 말도록 명령했다. 동일한 내용의 법령들이 니콜라우스 2세와 알렉산더 2세 때에도 통과된 바 있지만, 이렇게 강요된 적은 없었다. 평신도들에게 결혼한 사제가 집례하는 미사에 참석하지 못하도록 금한 조치는 대단히 위험하고 독단적인 조치로서, 정당성을 뒷받침할 만한 선례가 없었다. 이탈리아와 독일 전역에 공포된 1079년의 회칙에서, 그레고리우스는 다음과 같은 과격한 표현들을 사용했다. "만약 음행의 죄를 범한(즉, 아내를 두고 사는) 사제들이나 부제들이나 차부제들이 있다면, 우리는 전능하신 하나님의 이름과 성 베드로의 권위에 힘입어 그들이 회개하고 행실을 고치기 전까지는 교회에 들어오는 것(introitum ecclesiae)을 금하노라."

이러한 법령들은 거센 반발을 일으켰다. 허스펠트의 람베르투스(Lambert)가 보고하듯이, 독일의 여러 성직자들이 그레고리우스를 미친 자와 이단으로 비난했다. 그가 그리스도의 말씀(마 19:11)과 사도의 교훈(고전 7:9)을 망각한 것이라고 했으며, 사람들을 천사처럼 살도록 강요하기를 원하고, 자연법을 무리하게 거스름으로써 무절제한 방종에 문을 열어놓았다고 주장했다. 그들은 아내를 버리느니 차라리 소명을 포기하고자 했으며, 자신들을 대신할 만한 천사들을 찾아보는 게 낫지 않겠느냐고 조소했다. 상황이 이쯤 되자 주교들의 처지가 참으로 난처하게 되었다. 주교들 가운데 더러는 콘스탄츠의 오토처럼 결혼한 성직자들을 동정했다. 오토는 적극적으로 자신의 성직자들에게 결혼하라고 명령하기까지 했던 것이다[29] 다른 이들은 파사우의 성 알트만(St. Altmann)처럼 성직자 독신제도를 열렬히 지지했다. 그런가 하면 마인츠의 지그프리트(Siegfrid)처럼 이중적인 태도를 취한 주교들도 있었다.[30] 쾰른의 대주교 아노(Anno)는 힐데브란트의 원리에 동조하긴 했으나 그것이 당대로서는 실천 불가능하거나 시의적절하지 못하다고 여겼다.

---

29) Sicardus에게 쓴 서신(1074. 1. 24)에서 그레고리우스는 교회를 마치 시녀처럼 다루는 제후들에 대해 불만을 표시했다. *Reg.*, I. 42; Migne, 148, 322.

30) Gregory(*Reg.*, II. 29, III. 4)는 그에게 '성직자들의 음행'을 뿌리뽑으라고 명령했다.

이렇게 주교들이 열심을 내지 않자, 그레고리우스는 평신도들을 자극하여 성직을 매입하고 결혼 생활을 하는 사제들을 반대하도록 했다. 일례로 알베르투스라는 백작에게 교황의 법령을 집행하도록 권고했고(1074년 10월), 슈바벤의 공작 루돌프와 카린티아의 공작 베르톨프에게는 필요할 경우 주교들이 아무리 적극적인 협조를 하지 않을지라도 불복종하는 사제들을 직무 정지에 처하도록 하라고 명령했다(1075년 1월). 이로써 그는 성직위계제도의 절대적 통치라는 자신의 근본 원리와 상반되게, 성직자들에 대한 평신도들의 반란을 노골적으로 자극했다. 그는 목적이 수단을 거룩하게 한다는 공리에 입각하여 행동했다. 베르됭의 주교 테오도릭(Theodoric)은 처음에는 대체로 그레고리우스 편에 섰다가 후에 협박을 못 이겨 반대파에 선 뒤에는 그레고리우스가 취한 이런 극단적인 조치들이 교회의 평화를 저해하고, 성직자 사회의 질서를 뒤흔들고, 심지어 기독교 신앙까지 교란하는 위험한 것이라고 하면서 공개적으로 그를 비판했다. 슈파이어의 주교 하인리히는 그가 주교의 권위를 무너뜨리고 교회를 민중의 광기에 노출시켰다고 비판했다. 1076년 1월에 보름스 제국의회에서 주교들이 그에 대해 폐위를 결정했을 때, 여러 가지 이유 가운데 하나는 교회를 평신도들에게 넘겨주었다는 것이었다. 그러나 하인리히 4세에게 반대하여 트리부르에서 그에 대해 폐위를 선언한(1076) 제후들은 로마 교회와 도덕 개혁을 열렬히 지지했다. 그들은 밀라노인들과 마찬가지로 파타리니파(Patarini)라는 별명을 얻었다. 심지어 돈으로 성직자가 되고 아내를 둔 성직자들을 암묵적으로 보호해주고, 그들로부터 지원을 받은 하인리히 4세조차 감히 공개적으로 그들을 변호하지 못했다. 뿐만 아니라 그가 1080년에 선출한 대립교황 클레멘스 3세도 비록 부도덕한 사제들에게 성사 받기를 거부하지 않는 평신도들을 파문에 처하겠다고 위협하긴 했으나, 거의 힐데브란트파에 버금가는 엄격함으로 성직자 결혼에 대한 혐오감을 표시했다. 가장 열렬한 황제파였던 주교 벤초(Benzo)도 니골라파 이단과 동일시되는 것을 원치 않았다.

트레브[트리어]의 사제로 추정되는 당대의 어느 작가는 자신이 원칙상 동의했던 이 개혁의 직접적인 결과들을 두렵게 묘사한다. 노예들이 주인들을, 주인들이 노예들을 배신하여 내주었고, 친구들이 서로를 밀고했으며, 신의와 진실이 짓밟혔고, 신앙의 직분들이 무시되었으며, 사회가 거의 해체될 지경에 이르렀다. 죄를 범한 사제들은 평신도들에게 조소와 경멸을 당하고 극한 가난에 떨어지거나 심지어 폭도에게 붙잡혀 사지를 절단당했으며, 고문을 당한 뒤 추방당했다. 반지와 종교 의식을 통해 합법적으로 결혼을 한 그들의 아내들은 매춘부들로 모욕을 당했으며, 그들의 자녀들은 사생아 취급을 받았다. 이 불행한 여성들 가운데 많은 수가 굶주림이나 슬픔으로 인해 죽거나, 절망에 빠져 스스로 목숨을 끊었으며, 축성받지 못한 땅에 묻혔다. 농부들은 십일조가 불순종하는 사제들의 손에 들어가지 못하도록 불태우고, 성체[성찬의 빵]을 짓밟았으며, 자녀들에게 직접 세례를 주었다.

잉글랜드에서는 캔터베리 대주교 성 둔스탄(St. Dunstan, 988 죽음)이 힐데브란트를 연상케 하는 개혁을 벌였으나 일시적으로 성공하는 데 그쳤다. 정복자 윌리엄은 성직자의 결혼에 대한 비난이 앵글로색슨족 고위 성직자들을 제거하고서 노르만족 경쟁자들에게 자리를 만들어 주는 구실로 자유롭게 사용되지 않는 한에는 성직자 독신제도를 굳이 강요하지 않았다. 캔터베리의 란프랑쿠스는 힐데브란트파였으나, 1076년에 윈체스터에서 열린 개혁적 공의회가 결혼한 사제들에게 아내와 그냥 살도록 허용하는 것을 막지 못했다. 이 공의회는 미혼 사제들에 대해서만 새로 결혼하는 것을 금지했을 뿐이다. 이 금지 조치가 1102년에, 그러니까 안셀무스가 캔터베리 교구를 차지하고 있던 때에 런던에서 열린 공의회에서 재확인되었다. 이때는 기혼 사제들에게 아내를 버리도록 요구했고, 자녀들에 대해서는 아버지가 담임하던 교회를 상속하지 못하도록 규정했다. 차부제직 이상의 성직 임명 때는 정절 서약이 의무화되었다. 그러나 이런 규율들을 어긴 데 대해서 아무런 처벌 조항을 따로 두지는 않았다. 안셀무스는 유배되기 전과 후에 그 규율들을 열정적으로 견지했다.

안셀무스가 죽기 1년 전인 1108년에 런던에서 왕 헨리가 소집한 새 공의회는 성직자 결혼을 엄격히 규제하는 법안들을 통과시켰고, 범법에 대해서는 면직과 교회에서의 추방, 재산 몰수, 범법 사실 공고 등의 처벌 규정을 두었다. 그러나 안셀무스의 전기작가 이드머(Eadmer)는 슬픈 어조로 암시하기를, 그 법률들로 인하여 사제들이 근족과 충격적인 범죄를 저지르는 행위가 증가했고, 안셀무스가 자신의 성직자들이 지키도록 그토록 노력했던 정절을 실제로는 성직자 사회에서 찾아볼 수 없었다고 진술한다.

잉글랜드가 바다로 격리되어 있듯이, 피레네 산맥에 의해 대륙과 크게 격리되어 있던 스페인에서는 성직자 독신제도가 이 시기 이전에는 강행된 적이 없었다. 사라센족의 침공과 그에 따라 그리스도인들이 벌인 투쟁이 권징에 결코 유리하게 작용하지 않았다. 훗날 몬도네고의 주교가 된 콤포스텔라(Compostella)의 교회법은 11세기 말인 당대의 성직자들을 어떤 죄라도 저지를 수 있고, 툭하면 다투고, 가끔 서로 죽이기까지 하는 무모하고 거친 사람들로 묘사한다. 하급 성직자들은 대체로 결혼을 했으나, 주교들과 수사들은 1056년의 콤포스텔라 공의회에 의해서 수녀복을 입은 어머니, 아주머니, 누이들을 제외한 모든 여성과의 접촉을 금지당했다. 1077년에 그레고리우스 7세는 주교 아만두스(Amandus)로 추정되는 특사를 스페인으로 보내 자신의 개혁을 소개하도록 했다. 1078년에 히로나에서 열린 공의회는 사제 아들의 성직 임명과 성직록 세습을 금지했다. 1080년의 부르고스 공의회는 기혼 사제들에게 아내를 버리라고 명령했다. 그러나 이 명령은 13세기까지 사문(死文)으로 존재하다가, 지혜자 알폰소(Alfonso the Wise)가 작성한 법전(Las Siete Partidas)에 의해서 기혼 성직자가 직위와 성직록을 박탈당하게 되었고, 고위 성직자들은 세속 권력의 지원을 받아 이 법을 집행할 권한을 갖게 되었다. "이 일이 있은 뒤에는 성직자가 정식으로 결혼했다는 이야기를 들을 수 없게 되었으며, 성직자의 결혼이 난잡한 축첩이나 항구적인 비정상적 결합으로 대체되었다."[31]

프랑스에서는 그레고리우스의 전임자들이 쏟아 부은 개혁을 위한 노력들이 별다른 성과를 거두지 못했다. 1074년에 파리에서 열린 교회회의는 그레고리우스의 법령들을 실천할 수 없는 비합리적인 것으로 규정했다. 그 여파로 1078년에 푸아티에에서 열린 교회회의에서는 그레고리우스의 특사가 성직매매나 결혼의 죄를 범한 것이 알려진 사제의 미사에 참석하는 자들에게 파문의 벌로 경고하는 법령을 채택했다. 그러나 주교들은 공권력의 도움 없이는 그 법령을 집행할 수 없었다. 1072년에 노르만족 성직자들은 루앙의 대주교에게 돌팔매질을 가하여 공의회장 밖으로 쫓아냈다. 1080년에는 정복자 윌리엄이 그를 돕기 위해서 리유본 교회회의에 참석했으며, 이 회의는 집에 여성을 두고 사는 사람을 성직자로 임명하는 행위를 금했다. 그러나 성직자의 결혼 관행은 지속되었고, 성직자의 결혼이 공개리에 거행되었으며, 성직자의 아들들이 공인된 장자권에 의하여 성직록을 계승했다. 노르망디에서 이 분야의 개혁을 지원했다가 성공을 거두

---

31) Lea, p. 309.

지 못한 정복자 윌리엄은 자신의 영토인 브리타니아에서 성직자의 결혼과 성직자의 성직록 세습 행위를 금지했다. 이 지역에서는 교황 파스칼리스 2세가 12세기 초반에 평가했듯이 성직자들이 그 교회법을 무시하고, 하나님과 인간에게 혐오스러운 죄악에 탐닉하고 있었던 것이다.

이상과 같은 우여곡절을 겪은 끝에, 성직자 독신제도를 강행한 그레고리우스의 정책은 로마 교회 전체에서 마침내 승리를 거두었으나, 이렇게 성직자들의 정절을 확립하느라 크나큰 희생을 치르지 않으면 안 되었다. 사제의 사적인 도덕이 성직위계제도의 야심에 의해서 희생되었다. 은밀한 축첩과 방탕이 신성한 결혼 생활을 대체했다. 그 결과 공의회들의 법령들에는 성직자들의 성적 불륜과 과음(過飲)을 비판하는 내용이 많이 실리게 되었다. "중세의 기록들은 성직위계제도의 모든 계급에 만연했던 지극히 저급한 방종을 보여주는 증거들로 가득하다."[32] 이 분야의 부패는 세월이 가면서 다시금 교황청에까지 파급되었고, 이러한 현상은 15세기에 특히 두드러졌다. 요한 23세와 알렉산더 6세는 악행과 불륜에서 10, 11세기의 악한 교황들에 결코 뒤지지 않았다.

14. 서임권 투쟁

그레고리우스가 추진한 또 하나의 거대한 개혁 구도는 교회를 세속 권력으로부터 완전히 해방시키는 데 목표를 두었다. 그가 품었던 교회의 자유라는 개념은 국가를 교회의 시녀로 삼는 것을 뜻했다. 국가는 교회의 직분들을 판매하고, 주교들과 대수도원장들에게 지팡이와 반지를 하사하여 임명함으로써 교회에 대해 권력을 행사했다. 지팡이와 반지는 교회 권위의 기장(記章)이었다. 지팡이 곧 목장(牧杖)은 주교의 영적 통치의 상징이었고, 반지는 그가 교회와 맺은 신비스러운 결혼의 상징이었다.

중세의 봉건제도는 샤를마뉴 때부터 유럽의 새로운 민족들 사이에서 발전해가면서 토지 보유와 주군(主君)과 봉신(封臣)의 상호 의무에 토대를 두었는데, 그 상호 의무에 의해서 위로는 왕에서부터 아래로는 지주에 이르기까지 주군은 자

---

32) *Ibid*, p. 341.

신의 봉신을 보호할 의무를 짊어졌고, 봉신은 자신의 주군을 섬길 의무를 짊어졌다. 그런데 여러 나라들에서 교회가 전체 토지의 절반 가량을 소유하고 있었고, 그에 따른 조세와 인두세와 주화 발행권 등의 권리를 보유했으며, 다른 한편으로 토지 보유에 따른 의무를 당연히 짊어지고 있었다. 세속 군주들은 스스로 교회의 후원자들로 간주했으며, 교회의 직분자들을 지명하고 임명하고, 그들에게 세속적 권리(temporalia)뿐 아니라 영적 권세의 기장(記章)까지 부여할 권리를 주장했다. 이것이 성직자들에게는 극히 거슬리는 것이었다. 영주에게 서임(敍任, 성직 임명)을 받은 주교는 그의 봉신이 되면서 그에게 복종을 맹세해야 했는데, 그 맹세에는 궁전에서 섬기고, 국방을 위해서 군대를 제공해야 할 의무까지 포함되었다. 때로는 주교가 제단에서 막 나오자마자 주군이 무장을 갖추라고 명령하곤 했다. 주교가 죽으면 후임자가 선출될 때까지 왕이나 영주가 교구 수입을 사용했으며, 금전상의 이득을 목적으로 부당하게 선출을 연기하여 교회와 가난한 사람들에게 해를 입히는 경우가 적지 않았다. 성직자들을 임명할 때, 왕은 정치적·사회적·금전적 고려에 영향을 받았으며, 지적·도덕적 자격을 고려하지 않은 채 가장 높은 가격을 제시하는 자에게 성직을 판매하는 경우가 많았다. 이렇게 서임권이 성직매매의 폐습과 밀접히 연결되어 있었으며, 그 폐습의 주된 요인이었다.

따라서 그레고리우스가 평신도 서임권을 사력을 다해 반대했던 것은 이상한 일이 아니다. 추기경 훔베르투스(Humbert)는 교황 빅토르 2세 때 쓴 저서(1057)에서 평신도 서임 행위를 비판했으며, 평신도들, 그 중에서도 특히 여성들이 주교의 반지와 지팡이를 수여하는 행위를 몹시 수치스러운 일로 규정했다. 그는 성직 임명이 순전히 영적 기능이며, 세속 군주들이 성례적 의미를 지니는 기능들을 수행할 자리에 있지 않다고 주장했다. 심지어 그들이 사제의 복장에 손을 댐으로써 신성을 모독하고 있다고 했다. 교회를 올바로 보호해야 할 군주들이 서임권을 행사함으로써 교회의 주인과 군주가 되었다고 했다. 크고 많은 악들이 이 관행에서 파생했다. 이탈리아에서 이런 현상이 특히 심각했는데, 이 나라에서는 정치적 야심을 품은 사제들이 궁정의 대기실 주위를 배회하면서 권력자의 비위를 맞추는 짓들을 했다.

평신도 서임 행위를 금하는 법은 1049년에 레오 9세가 주선하여 열린 랭스 공의회에서 처음 제정되었다. 이 법은 성직자와 민중의 선출을 떠나서는 누구도 사제가 될 수 없다고 공포했다. 10년 뒤인 1059년에 로마 교회회의는 평신도가 사제를 성직록에 임명하는 행위를 무효로 규정했다. 다음 해인 1060년에 프랑스의 투르와 비엔에서 열린 교회회의들은 그 금령의 범위를 주교들에게까지 확대했다. 따라서 그레고리우스로서는 유럽 전역을 선동하여 누가 서임권을 갖는가 하는 쟁점을 부각시키는 일만 남아 있었다.

그레고리우스는 내심 평신도 서임권 관습을 폐지함으로써 성직자들을 국가의 봉신 상태에서, 교회 재산을 영주의 봉건적 감독에서 해방시키고, 거기에 덧붙여 주교들을 교황의 충직한 신하들로 만들 수 있기를 기대했다.

서임권을 둘러싼 투쟁은 차기 교황들 대에도 계속되다가, 마침내 보름스 정교조약(政敎條約)의 절충으로 해결되었다(1122). 이 조약으로 황제가 양보한 것은 일부분에 지나지 않았다. 교회 재산 전부를 교황의 절대 권력에 넘길 경우 세속 정부는 허수아비로 전락하게 될 것이기 때문이었다. 반면에 교황제가 거둔 부분적인 승리는 교회의 세속화에 대단히 크게 이바지했다.

15. 그레고리우스 7세와 하인리히 4세

서임권 투쟁은 1075년의 사순절(2월 24-28일)에 로마 교회회의에서 시작하여, 사제 권력과 왕 권력이 주도권을 놓고 벌인 하인리히 4세와의 저 유명한 충돌을 일으켰다. 교황은 나이와 지혜와 도덕적 인품에서 이 불행한 군주보다 우월했다. 하인리히는 여섯 살에 훌륭한 아버지 하인리히 3세를 여의고(1056), 신앙심은 깊지만 성격이 유약한 어머니 아그네스에게서 떨어져 지내는 바람에 인성 교육을 제대로 받지 못했다. 하인리히는 생동적인 정신과 고상한 정서를 지니고 있었지만, 성격이 독재적이었고 생활도 문란했다. 유복한 환경이 그를 교만하고 위압적인 사람으로 만들었다면 역경이 그를 추락하게 만들었다. 그의 생애는 기복이 대단히 심했다. 영화와 굴욕이라는 천칭저울을 두 번이나 오르내렸다. 먼저는 교황을 모욕했다가 결국 그의 용서를 구걸하는 처지로 전락했고, 다음에 다시 그를 반역했다가 잠시 승리하는 듯했으나 재차 파문과 폐위를 당했으며, 마침내 자기 아들에게 버림과 박해를 받아 비참한 죽음을 당하고, 축성받지 못한 땅에 묻혔다. 그의 백성들 가운데서도 양질의 계층은 그가 교황과 논쟁을 벌일 때 그의 반대편에 섰다. 힐데브란트가 교황으로 축성을 받던 날(1073년 6월 29일)에 작센족이 하인리히의 독재에 대항하여 공개적으로 반란을 일으켰다.

1075년의 교회회의는 왕과 모든 평신도들이 주교 임명에 간여하는 행위, 즉 서임권을 행사하는 것을 금했다.[33] 1075년 11월에 열린 교회회의는 주교들과 대수도원장들, 그리고 그 밖의 교직자들이 왕을 비롯한 여느 세속 군주에게 성직을 받는 행위를 단호하게 금했다. 같은 교회회의에서 그레고리우스는 하인리히의 고문 5인을 성직매매 죄로 파문했다.

반란을 일으킨 작센족에게 심하게 몰리던 왕은 처음에는 그들에게 굴복하여 5인의 고문을 해임했다. 그러나 반란을 진압하게 되자(1075년 6월 5일) 그들을 다시 불러들인 뒤 수치스러운 성직매매를 계속 시행했다. 교회의 재정으로 자기 군인들의 봉급을 지급했고, 교회의 의식용 그릇들에서 빼어낸 다이아몬드들로 정부(情婦)들을 치장하게 했다. 교황은 서신과 대표단을 보내어 그에게 회개를 권고하고, 순응하지 않을 경우 파문하겠다고 경고했다. 하지만 왕은 그의 특사들을 대단히 무례하게 영접하고 노골적으로 그들을 경멸했다. 황제가 로마에 파견한 총독의 사촌인 켄키우스(Cencius)라는 사람은 아마도 황제와 미리 교감을 나눈 상태에서 교황을 홀대하다가, 1075년의 성탄절 전야에 제단에서 그를 체포하여 탑에 감금했다. 하지만 민중이 들고일어나 교황을 풀어주었고, 켄키우스는 도주했다.

하인리히는 제국의 주교들과 대수도원장들을 보름스 공의회에 초대했다. 1076년 1월 24일에 마인츠의 대주교 지그프리트의 주재하에 열린 이 회의는 그레고리우스에게 한 번의 해명 기회도 주지 않은 채 반역을 기도하고, 마술을 행하고, 마귀와 계약을 체결하고, 생활이 불순하다는 중상모략적인 죄목으로 그에게 폐위를 선언했다. 이 고소는 폐위된 추기경 휴고 블랑쿠스(Hugo Blancus, Hugh Leblanc)가 제기한 것이었다. 공의회는 심지어 그레고리우스가 토스카나의 마틸다(Matilda)와 황제의 어머니 아그네스로 이루어진 여성들의 회의체에 의해서 교회를 지배했다고까지 주장했다. 주교 2인만 감연히 일어나 그 불법적인 회의에 항의했을 뿐이다. 과거에 오토 가(家) 황제들과 하인리히 3세도 교황들

---

33) 이 진술은 밀라노의 아르눌프의 증언에 토대를 둔 것이다. 법령 자체는 유실되었다.

을 폐위한 적이 있으나, 그런 식으로는 하지 않았다.

하인리히는 피아첸차 공의회에서 이탈리아 북부의 불만에 찬 주교들을 대상으로 서명을 받았다. 그리고는 다음과 같은 모욕적인 서신으로 보름스 공의회 법령을 그레고리우스에게 통보했다.

"찬탈이 아닌 하나님의 거룩한 규례에 힘입어 왕이 된 하인리히는 교황이 아닌 사이비 수사인 힐데브란트에게 편지하노라. 그대는 잔꾀와 아첨과 뇌물과 폭력으로 권력을 쥐었으면서도 어찌하여 참된 교황 성 베드로의 '하나님을 경외하고 왕을 두려워하라'는 명령을 멸시한 채 주의 기름부음 받은 자에게 감히 손을 대는가? 그대는 하나님을 경외하지 않기에 하나님이 임명하신 짐의 명예를 훼손한다. 그대는 우리의 모든 주교들의 이구동성에 의해 단죄를 받았으므로 이제 사도좌에서 내려오고, 성 베드로의 건실한 교리를 가르치고 종교의 외투를 입고 폭력을 자행하지 않을 다른 사람을 그 자리에 앉히도록 하라. 하나님의 은혜로 왕이 된 나 하인리히는 나의 모든 주교들과 함께 그대에게 명하노니, 당장 내려올지어다!"[34]

이와 동시에 하인리히는 추기경들과 로마 주민들에게 자신을 도와서 새 교황을 선출하도록 하라고 썼다. 파르마의 주교 롤란드(Roland)는 그레고리우스가 110명의 주교들이 참석한 교회회의를 주재하고 있던 2월 말에 로마에 서신을 보냈는데, 그 서신의 말미에서 "형제 여러분, 왕이 교황이자 신부를 영접하게 될 오순절에 반드시 왕림하셔야 합니다"라고 썼다. 추기경들과 로마 주민들은 이 서신을 받아보고서 격분했다. 고위 성직자들이 칼을 소지한 채 어느 지점에서든 그를 죽일 태세를 갖추고 기다렸다. 그러나 그레고리우스는 평정을 잃지 않았으며, 그를 폭력으로부터 보호해 주었다.

다음 날(2월 22일) 교황은 성 베드로의 이름으로 하인리히에게 파문과 폐위를 언도하고, 그의 백성들을 황제에 대한 충성 서약 의무에서 벗겨주었다. 모든 그리스도인들에게 보내는 서신에서 금령을 공포했다. 폐위를 선언한 문구는 다음과 같다.

---

34) "Descende(내려올지어다)." Bruno, *De bello Saxonico*, in Pertz, VII. 352 sq. 하인리히의 서신은 다양한 형태로 존재하지만, 제왕적인 도전과 비판의 어조에서는 한결 같다.

"사도들의 군주인 복되신 베드로여, 어려서부터 친히 양육하시고 이날까지 악한 자들에게서 보호해 주신 당신의 종에게 귀를 기울이시사 나의 간구를 들으시옵소서. 당신과 성모와 당신의 형제 성 바울은 거룩한 로마 교회가 나를 억지로 지도자로 삼았다는 것과, 내가 강도처럼 당신의 권좌에 오르지 않았다는 것을 입증해 줄 증인들입니다. 나는 일시적 영광과 세상 정신에 이끌려 당신의 권좌를 가로채느니 차라리 평생토록 순례자가 되었을 것입니다 …… 당신의 대도(代禱)에 의해서 하나님이 제게 땅과 하늘에서 매고 풀 권세를 부여하셨습니다.

"그러므로 전능하신 아버지와 아들과 성령의 이름으로 교회의 명예와 안전을 위해서 이것을 굳게 신뢰한 터에서, 나는 황제 하인리히의 아들 하인리히 왕에 대해서 튜턴족 왕국과 이탈리아를 통치하는 것을 금하는 바입니다. 왜냐하면 그는 들어보지 못한 교만으로 교회를 짓밟아 가며 자신을 드높였기 때문입니다. 그리고 나는 모든 그리스도인들에게 그들이 하인리히에게 바쳤거나 앞으로 바치게 될 충성 서약의 짐을 벗겨주며, 누구든 그를 왕으로 섬기는 것을 금하는 바입니다. 교회의 권위에 해를 입히려 한 자는 자신의 권위를 상실하게 되는 것이 합당하기 때문입니다. 그리고 그가 파문당한 자들과 교제를 나누고, 숱한 죄악을 저지르고, 내가 그의 유익을 위해서 발했던 경고를 무시함으로써 순종을 멸시했으므로, 나는 그를 아나테마의 띠로 결박합니다. 이는 지상의 모든 민족들로 하여금 당신이 베드로임과, 당신의 바위 위에 살아 계시는 하나님의 아들이 당신의 교회를 세우셨고 음부의 문들이 교회를 이기지 못한다는 것을 알도록 하기 위함입니다."[35]

황태후는 자기 아들에게 아나테마가 선포될 때에 그 자리에 배석해 있었다. 동시에 교황은 보름스와 피아첸차에서 자신에 대해 폐위를 결정했던 모든 독일과 이탈리아 주교들을 파문에 처했다.

이것이 가장 중대한 순간이었으며, 기독교 세계에서 가장 큰 두 권력 사이의 사생결단의 시작을 알리는 신호탄이었다. 과거에는 세속 군주에게 이런 엄청난 판결이 내려진 적이 없었다. 교황 자카리아스가 킬데릭을 폐위한 적이 있었지만, 그것은 피핀의 실권을 재가하기 위한 것일 뿐이었다. 그레고리우스는 이전에 프랑스 왕 필립에게도 폐위의 경고를 발한 적이 있으나 그것을 실행에 옮기

---

35) Bernried, *Vita Greg.*, c. 68 sq. (in Migne, 148, p. 74).

지는 않았다. 그런데 이제 샤를마뉴의 왕관이 갈릴리 어부의 계승자에 의해 법익 박탈자로 선언되었고, 유럽 전체가 그 판결을 받아들인 것이다. 물론 엄숙한 서약의 파기를 정당화하는 그런 판결의 유효성을 놓고 불만과 불안의 여론도 없지 않았다. 모두가 교황에게 파문할 권리가 있음을 인정했으나 폐위할 권위에 대해서는 그렇지 않았다. 만약 하인리히가 자기 백성에게 존경과 사랑을 받을 만하게 처신했다면 이런 상황을 당해서 그레고리우스를 무시할 수 있었을 것이다. 하지만 당시의 종교적 정조는 교황의 판결을 지지하는 쪽이었으며, 세속 군주가 교황을 폐위하는 것보다 교황이 세속 군주를 파문하고 폐위하는 것을 훨씬 덜 충격적으로 받아들였다. 당대 사람들은 교황이 샤를마뉴에게 황제의 관을 씌워준 사실을 결코 잊지 않았으며, 이렇게 교황이 베푸는 권세도 있었으니 거두거나 빼앗을 권세도 있다고 자연스럽게 생각했다.

그레고리우스는 한순간도 자신의 행동의 정당성을 의심하지 않았다. 신자들에게 기도를 부탁했으며, 세속 지식인들의 조언을 청취하는 데 게으르지 않았다. 그는 로마에 주둔하고 있던 자신의 군대를 강화했고, 로베르 귀스카르(Robert Guiscard) 및 로저(Roger)와 협상을 재개했다. 이탈리아 북부에서는 마틸다(Matilda) 백작부인이라는 강력한 지원자를 두고 있었다. 얼마 전에 남편과 어머니를 잃은 이 여성은 광활한 영토를 독차지하게 되면서 그레고리우스 편에서서 교황청에 불만을 품은 롬바르디아의 성직자들과 귀족들, 그리고 독일 군대에 대항하여 보루가 되어 주었다.[36]

---

36) 1076년과 1080년에 하인리히를 파문에 처한 사건은 그레고리우스가 성직매매와 성직자 독신제도에 대해 취한 태도와 마찬가지로 상당한 논쟁을 불러일으켰다. 그레고리우스의 반대파는 그 파문이 부당하다고 주장했고, 더 나아가 과연 교황이 왕을 파문에 처할 권리가 있는가 하는 질문을 제기했다. 그레고리우스가 작성한 서신들은 이런 비판들을 언급한다. 메츠의 헤르만에게 쓴 서신(Reg., IV. 2)에서 그레고리우스는 왕을 파문에 처해서는 안 된다고 공공연히 주장하는 자들이 있다고 말했다. 그는 왕이 파문을 당한 자들과 교류를 나누고, 범죄에 대해 회개하기를 거부하고, 교회와의 일치를 저해한 점을 들어서 자신이 내린 조치의 정당성을 주장했다(Reg., IV. 1, etc.). 트리부르 공의회(1076. 10. 16)는 과연 교황이 왕을 파문할 수 있는지, 그레고리우스가 하인리히를 파문한 것이 정당했는지 등의 질문들을 다루었다. 공의회는 두 질문에 긍정적인 대답을 내놓았다. 백년 뒤에 프라이징의 오토는 *Gesta Friderici*, I.에서 그런 판결은 전례가 없는 것이었다고 주장했다.

하인리히는 자신이 파문과 폐위를 당했다는 소식을 받고서 대노하여 그레고리우스를 위선자·이단·살인자·위증자·간음자로 몰아붙였으며, 그의 머리에 아나테마를 되갚아 주겠다고 경고했다. 위트레흐트의 주교 빌헬름은 아무런 주저 없이 왕의 뜻에 동조한 채 자신의 주교좌성당 강단에서 그레고리우스를 "주의 기름 부음받은 자에 대해 감히 고개를 치켜든 사이비 수사"라고 욕설을 해댔다. 하인리히는 하나님께서 갈라놓으신 두 자루의 검을 한 손에 거머쥐려고 하는 그레고리우스의 시도를 분쇄하기 위해서 성령강림절(5월 15일)에 보름스에서 전국 공의회를 소집했다.[37]

두 자루의 검, 이것이 훗날 교황들이 자주 사용한 영적·세속적 권력의 표상이 되었다. 그들은 하나님께서 교회에 두 자루의 검을 주셨는데, 한 자루는 영적인 검으로서 교회가 지니도록 하시고, 다른 한 자루는 세속적인 검으로서 국가가 교회를 위해서, 즉 교회에 복종하도록 하기 위해서 사용하도록 하셨다고 주장했던 것이다.

보름스 공의회는 주교들이 거의 참석하지 않은 관계로 실패로 끝났다. 6월 29일에 마인츠에서도 공의회가 열렸으나 그 결과 역시 신통치 않았으며, 따라서 하인리히는 협상의 필요를 느끼게 되었다. 작센이 그에게서 떨어져 나갔다. 고위 성직자들과 귀족들이 황제에게 등을 돌렸던 것이다. 마인츠 근처에 황제가 거하던 성읍 트리부르에서 1076년 10월 16일에 열린 제국의회는 황제가 교황에게 복종하고, 파문된 날짜로부터 열두 달 안에 그에게 사면을 구하고, 교황의 뜻이면 제관도 벗을 각오를 하라고 요구했다. 회의 결과에 따라서 그는 1077년 2월 2일에 아우크스부르크에서 교황이 임석한 가운데 열릴 제국의회에 출두해야 했다. 그리고 대기하는 동안에는 슈파이어에서 아내와 베르됭의 주교, 그리고 귀족들이 선정한 소수의 하인들만 거느린 채 매우 단출하게 지내야 했다. 그레고리우스의 특사들은 지나치다 싶을 만큼 환대를 받았으며, 교황에게 굴복한 마인츠 주교 지그프리트를 포함하여 일전에 파문을 당했던 주교들에게 사면을 베풀었다. 하인리히는 교회 의식과 국사(國事)로부터 배제된 채 슈파이어에서 두 달을 근신하며 지내는 참담한 신세를 면치 못했다. 마침내 그는 교황에게 사면을 간청하는 것만이 제위를 지킬 수 있는 유일한 길이라고 판단했다. 이제는 더

---

37) *Reg.*, IV. 2; Migne, 148, 455.

이상 지체할 시간이 없었다. 자신의 운명을 결정하게 될 아우크스부르크 제국의 회가 열릴 때까지는 불과 몇 주밖에 남지 않았다.

16. 카노사(1077)

1076-1077년의 겨울은 인간들의 기억에서 가장 춥고 긴 겨울이었고(이 겨울에는 라인 강이 11월부터 4월까지 오랫동안 꽁꽁 얼어붙었다), 역사에서 가장 기억에 남을 만한 시기였다(매우 큰 상징적인 의미를 지닌 사건이 이 기간에 발생했다). 카노사에서 독일 제국의 수장이 로마 주교의 발 앞에 머리를 조아린다는 것은 국가가 교회에 굴복한다는 것과 힐데브란트파의 정책이 승리한다는 것을 의미한다.

하인리히 4세는 성탄절을 며칠 앞두고서 슈파이어를 나섰다. 교황에게 사면을 구하기 위해서 참회자의 신분으로 알프스를 넘기로 작정한 것이다. 아내와 어린 아들 콘라트(1071년 8월 출생), 그리고 충직한 하인 한 사람이 그와 동행했다. 토리노의 후작 오도와 수사(Susa)의 아델하이트(Adelheid) 사이에서 난 딸 베르타(Bertha)는 1055년에 취리히에서 하인리히와 약혼했고, 1066년 7월 13일에 그와 결혼했다. 젊고 아름답고 정숙하고 상냥한 여성이었다. 그러나 하인리히는 정부들과 지내기를 더 좋아했다. 결혼한 뒤 3년을 그렇게 지내더니 결국 이혼할 결심을 했고, 아무 소신도 없는 마인츠의 대주교 지그프리트의 도움을 받아 이혼을 추진했다. 교황은 매우 정당하게 그의 이혼을 승인하지 않았다. 그러자 하인리히는 악한 뜻을 포기하고서 베르타에게 충실하게 되었다. 베르타는 평생 사랑하고 그로 인해 고통을 당하는 운명을 겪게 되었으며, 남편이 무수한 불행에 부닥칠 때마다 위로하는 천사로서 끝까지 곁에 있어 주었다.

황제 부부는 백작 빌헬름과 베르타의 어머니의 보호를 받아가며 부르고뉴와 수사를 지나 몽스니(프랑스 남동부와 이탈리아 사이에 있는 알프스의 산길-역자주)를 넘었다. 황후와 아들이 조야한 쇠가죽 썰매에 실려 눈 덮인 고개를 오르내렸다. 노중에 말들이 여러 마리 죽었으나 인명 손실은 없었다. 하인리히는 롬바르디아 평야에 도착했을 때 힐데브란트 반대파에게 열렬한 환영을 받았다. 하지만 그들 틈에서 안주할 여유가 없었다. 유일하게 자신을 사면해 줄 수 있는 베드로의 계승자를 한시바삐 만나야 했던 것이다.

그는 레조에서 아내와 아들을 놔둔 채 장모와 소수의 친구들을 데리고 가파른 고개를 올라가 카노사에 당도했다. 그곳에는 그레고리우스가 아우크스부르크 제국의회에 참석하러 가는 길에 날씨가 풀려 알프스 산맥을 안전히 넘을 수 있기를 기다리고 있었다.

오늘날은 폐허가 된 카노사는 아펜니노 산맥 북쪽 기슭, 레조 남부에 자리잡은 마틸라 백작부인의 견고한 요새로서, 세 면이 성벽으로 둘러싸여 있었고, 성채(城砦)와 예배당과 수도원이 있었다.[38]

교황은 파문을 당했던 여러 주교들과 귀족들에게 이미 굴복을 받아낸 상태였고, 그들을 이미 사면했거나 아니면 성 베드로의 위엄을 거스른 대역죄인에 대한 재판이 끝나면 사면해 주기로 약속해 놓고 있었다.

하인리히는 1077년 1월 21일에 성곽 기슭에 당도했다. 살을 에일 듯이 추운 날씨였고, 땅은 눈으로 덮여 있었다. 그는 마틸다와 자신의 대부(代父) 클뤼니 대수도원장 위그를 접견했고, 그 자리에서 만약 교황이 성무중지령을 해제해 준다면 그에게 복종할 용의가 있음을 밝혔다. 그러나 그레고리우스는 하인리히가 자신에게 제관을 이양하고 제위를 영원히 물러날 경우에만 그를 사면해 줄 생각이었다. 하인리히는 교황의 자비를 구하기 위해서 마지막 조치를 취했다. 교회가 죄인에게 요구하는 가장 엄격한 고행들을 사면의 가장 확실한 방편으로 여겨 실행하고 나선 것이다. 1월 25일부터 28일까지 사흘동안 성곽의 외벽과 내벽 사이에 있는 안뜰에서 죄를 자백하는 참회자로서, 맨머리에 맨발로 거친 양털옷을 입은 채 추위에 덜덜 떨면서 성문을 연신 두드렸다. 오늘날 유적지로 남아 있는 이 성문에는 이 사건을 기념하여 '참회자의 문'(Porta di penitenza)이라는 명패가 붙어 있다.

그 늙고 고집 센 교황은 마틸다와 위그의 거듭된 간청에도 불구하고 굴욕의 잔이 찌끼까지 다 부어질 때까지, 혹은 더 거절했다가 오히려 졸렬하다는 인상

---

38) 이 성채는 1255년에 레조의 주민들이 파괴했다. 그 성터에서 바라보면 남으로 아펜니노 산맥이 웅장하게 내닫고 있고, 북으로는 포 강의 평원이 펼쳐져 있으며, 평원에 파르마 · 레조 · 모데나 같은 도시들이 자리잡고 있다. 레조에서 카노사까지 걸어 갔다가 돌아오는 데 8시간이 걸린다. 그레고리우스 자신이 기록으로 남긴 그 회동에 관해서는 *Reg.*, IV. 2(in Migne, 148, 465)를 참조하라.

을 줄 우려가 있을 때까지 바위처럼 단단하고 눈처럼 차갑게 하인리히를 내치어 안으로 들이지 않았다. 그는 먼저 사면의 조건으로 하인리히에게 교황이 의장을 맡게 될 독일 귀족 회의에서 자신의 결정에 복종하겠으며, 교황과 그의 대표단이 독일로 여행하는 동안 안전을 보장하겠다는 약속을 받아냈다. 회의가 열릴 때까지 왕의 직무를 보류한다는 것도 조건이었다.[39]

왕은 그렇게 하기로 약속했고, 주교 2인과 여러 귀족들이 그를 대신하여 그가 간직하게 될 성유물에 대고서 맹세했다. 위그는 수사였으므로 맹세를 하지는 못했으나, 모든 것을 감찰하시는 하나님 앞에서 자신의 말이 참됨을 주장했다. 위그와 주교들, 귀족들, 백작부인 마틸다, 그리고 아델하이트가 합의문에 서명했고, 이 문서가 지금도 남아 있다.

이러한 사전 정지 작업이 있은 뒤에 성의 안쪽 문이 열렸다. 인생의 절정기에 있던, 그리고 수많은 군주들의 계승자요 귀족다운 풍모를 지닌 왕이 가문도 미천하고 키도 작고 풍모도 보잘것없는, 하지만 말로써 제국을 무장 해제시킨 백발 성성한 교황의 발 앞에 엎드렸다. 눈물을 흘리면서 "거룩한 아버지시여, 제발 저를 살려주십시오, 저를 살려주십시오!" 하고 애원했다. 주위에 섰던 사람들이 그의 눈물을 보고서 가슴이 녹아내렸다. 바늘 끝조차 들어가지 않을 것 같던 교황의 표정에도 연민의 기색이 스쳤다. 그는 하인리히에게 죄의 자백을 듣고 그를 일으켜 세운 뒤 그에게 사면과 사도의 강복을 내렸으며, 그를 데리고 예배당으로 가서 미사를 거행함으로써 화해의 도장을 찍어주었다.

몇몇 연대기 저자들은 다음과 같은 사건을 부기(附記)하는데, 이 내용이 후대의 많은 저서들에서 인용되지만 개연성은 희박하다. 그레고리우스는 성사를 거행하기 전에 만약 자신이 자신에게 가해진 고소들과 같은 죄를 범했다면 자신을

---

39) 마지막 항목은 Bertold에 의해 삭제되었으나 Lambert of Hersfeld가 분명하게 언급하며, 그레고리우스가 확증한다. 그는 독일 고위 성직자들과 제후들에게 카노사 사건을 설명한 서신에서, 자신은 하인리히를 교회의 사귐에 받아들였을 뿐 그의 통치권을 다시 인정한 적은 없고, 신자들에게 그에게 충성 맹세를 하도록 한 적이 없으며, 이 일을 나중에 결정할 문제로 보류해 두었었다고 말한다. 두 번째 파문 선고문에도 같은 견해가 묻어난다. 이런 사실들을 감안할 때 Giesebrecht(III. 403)가 Lambert의 보고를 불신하고서 하인리히가 사면을 받을 때 통치권까지 되찾았다고 주장한 것은 이상한 일이다.

쳐서 귀머거리가 되게 해달라고 하나님께 구했으며, 축성된 제병의 절반을 먹은 뒤에도 아무 탈이 없자 나머지 절반을 하인리히에게 내밀면서, 자신이 받았던 것과 똑같은 두려운 시죄법을 받으라고 했다. 그러나 왕은 받기를 거부했으며, 모든 문제를 총공의회의 결정에 위임하겠다고 밝혔다.[40]

미사가 끝나자 교황은 왕에게 정중히 만찬을 제공했으며, 아버지처럼 몇 가지 경고와 조언을 하고 사도적 강복을 다시 해준 다음 그를 돌려보냈다.

하인리히는 소기의 목적을 달성한 셈이었으나 그 대신 왕의 권위를 상실했다. 자진해서 비하함으로써 교황이 왕과 제위 상속자를 폐하고, 백성들을 충성 서약으로부터 풀어줄 권한이 있음을 자인한 것이다. 국가의 수장이 교회의 수위권을 인정했다. 카노사는 국가에게는 가장 깊은 골짜기였고 교회에게는 가장 높은 봉우리였다. 물론 여기서 말하는 교회란 그리스도의 영적 교회가 아니라 정치적인 로마의 교황 교회이다. 그리스도께서는 이 세상에서 가시면류관을 쓰셨고, 십자가에서 자신을 죽이려 하는 자들을 위해서 기도하신 분이다.

이 순간에 그레고리우스를 움직인 동기는 성직위계제도에 대한 고려뿐이었다. 그가 독일인들에게 보낸 글에서 확인되듯이, 그의 친구들은 그의 행동을 "사도적 엄격함보다는 독재적 잔혹함"으로 여겼다. 그는 하인리히를 교회 권력에 대립해 있는 세속 권력의 구현으로 보았으며, 그에게 상징적인 승리를 거두었으나 그 승리는 오래가지 못했다. 과녁을 향해 화살을 쏘았으나 너무 힘이 들어간 나머지 과녁을 넘겨버렸으며, 결국 자신이 문을 닫아걸었던 바로 그 사람에 의해서 로마에서 쫓겨나는 수모를 당하게 되었다.

그레고리우스와 마틸다의 관계는 정치적이기도 하고 교회적이기도 했다. 그

---

40) 이 이야기는 그레고리우스의 진영에 서서 하인리히와 대치한 헤르스펠트의 람베르트가 최초로 전한 것으로서, Giesebrecht에 의해 불신을 당했다(III. 401). 가톨릭 사가들인 될링거와 헤펠레(V. 98)은 그것을 날조라고 일축한다. 교황은 그의 무죄 주장에 이의를 제기할 필요가 없었으므로 왕에게 가해진 고소들을 독일 법정에 회부했다. 왕은 이미 교황에게 법정에 출두하겠다는 의사를 밝힌 바 있다. 이 순간 그가 이렇게 처신한 목적은 성무중지령을 면하여 자유롭게 행동하기 위함이었다. 그는 시죄법을 거절함으로써 그는 자신의 죄를 시인하고 교황의 정당성을 인정하고 독일 법정의 판결을 불필요하게 만든 셈이었다. 그레고로비우스는 그 이야기를 사실로 간주하여 다시 소개한다.

가 마틸다와 육체 관계를 나누었다는 정적들의 비난은 그의 지긋한 나이와 그가 사제 결혼 관행에 대항하여 벌인 치열한 투쟁을 고려할 때 기괴하고 신뢰성이 없다.[41] 그 백작부인은 이탈리아 북부에서 가장 유력한 권력자였으며, 북부에서 밀고 내려올지 모를 군대에 대해서 교황에게 가장 훌륭한 보호를 제공해 주었다. 이 여성은 힐데브란트를 교회의 가시적 머리로 알고서 그에게 헌신했으며, 그를 지원하는 데서 자부심과 행복을 느꼈다. 1077년에 이 여성이 자신의 영토를 베드로의 유증에 기증했으며, 이로써 훗날 단테가 교회의 여러 해악들의 근원으로 지목한 콘스탄티누스의 치명적인 증여(贈與)를 증가시켰다. 마틸다는 하인리히와 계속해서 전쟁을 벌였으며, 콘라트와 하인리히 5세가 자기들의 아버지에게 반기를 들었을 때 그들을 지원했다. 교황제의 정치적 이익을 고려하여 쉰다섯의 나이에 하인리히 4세의 가장 강력한 대적으로서 불과 열여덟 살밖에 되지 않은 바이에른 공작의 아들 겔프(Guelph)와 재혼했다. 하지만 이 결혼은 오래가지 못하고 몇 년 뒤(1095)에 파경을 맞은 것으로 추측된다. 마틸다는 1115년에 죽었다. 많은 사람들은 단테가 묘사한 마틸다(레테 강을 건너 그를 베아트리체에게 안내해준)가 그 유명한 백작부인이라고 추정한다.[42] 하지만 단테는 그레고리우스 7세를 한 번도 언급하지 않는다. 아마도 그가 황제와 투쟁했기 때문인 듯하다.

카노사는 사제의 권력이 왕의 권력을 눌렀음을 상징하는 유명한 이름이 되었다.[43] 하인리히가 힐데브란트 앞에서 당한 굴욕을 씻기 위해서 피가 강처럼 흘렀다. 카노사에서 벌어진 장면이 1870-1877년에 프로이센 국가와 바티칸 사이에

---

41) 람베르트는 이러한 비방을 일축한다(*M. G.*, V. 257). 가톨릭과 개신교를 망라하여 현대의 역량 있는 사가들도 같은 견해를 취한다.

42) 「신곡」의 연옥편 28장 40, 32장 92, 32장 28, 82, 33장 119, 121.

43) Mirbt는 *Publizistik*, 181-200에서 하인리히가 카노사에서 취한 행동을 당대 사람들이 굴욕이 아닌 겸손으로 받아들였음을 입증하려고 한다. 당대의 저자들은 그 사건을 전례 없는 큰 겸손의 행위로 평가한다. 당시에 교회가 깊은 존경을 받던 상황을 감안할 때 민중이 그 사건을 겸손한 경건의 행위로 간주했을 가능성이 크다. 그러나 하인리히에게는 그렇지 않았다. Mirbt도 수긍하듯이, 하인리히는 깊은 종교적 동기에 의해 움직이지 않고 자신의 왕권에 관한 일념에 의해 움직였다. 그에게는 카노사가 굴욕이었으며, 국가 권력이 교황의 발 앞에 무릎을 꿇은 그 사건은 역사의 법정에서 굴욕이라는 판결을 받아 마땅하다.

벌어진 문화투쟁(Kulturkampf)으로 재현되었다. 투쟁 초반에 비스마르크 공 (Prince Bismarck)는 프로이센 각료회의에서 "카노사에 가는 일은 절대로 없을 것이오"라고 말했다. 그러나 10년 뒤에 그는 그 방향으로 처신하는 것이 정치적으로 현명하다고 판단하고서 자신과 견줄 수 있는 외교 수완가임이 입증된 교황 레오 13세에게 타협의 손을 내밀었다. 교황을 견제하기 위해 제정된 오월법 (May laws)의 조항들이 하나씩 철회되었고, 마침내 서임권에 해당하는 현대의 용어라 할 수 있는 '고지(告知)의 의무'(Anzeigepflicht)를 제외하고는 하나도 남지 않게 되었다. 로마 교회는 프로이센과 독일에서 법률적 박해를 받음으로써 새로 기력을 얻었고, 이제는 예전보다 더 큰 자유와 독립을 누리되, 오월법의 시행으로 무고하게 수난을 당한 개신교 교회보다 더욱 광범위하게 누리고 있다.

17. 투쟁의 재개. 두 왕과 두 교황

카노사는 독일과 이탈리아에서 내전으로 이어졌다. 왕이 왕을, 교황이 교황을, 귀족들이 귀족들을, 주교들이 주교들을, 아버지가 아들을, 아들이 아버지를 대적했다. 내전은 여러 해 지속되었다. 그레고리우스와 하인리히는 유배지에서 죽었다. 그레고리우스는 하인리히에 의해서, 하인리히는 반란을 일으킨 친아들에 의해서 각각 그러한 운명에 처해졌다. 겔프파(Guelphs, 교황파)와 기벨린파 (Ghibellines, 황제파)가 장기간에 걸쳐 벌인 전쟁도 이 시기에 시작한 것이다. 바이에른의 공작 겔프 4세는 하인리히가 폐위될 때 포르크하임에 있었다. 교황들은 호엔슈타우펜가 황제들과 기벨린파에 대항하여 겔프파의 진영에 섰다.

롬바르디아와 독일에 있던 하인리히의 친구들과 지지자들은 카노사 사건에 불만을 나타냈고, 그의 굴욕을 비겁한 행위로 평가하지 않고 독일 민족과 왕위에 대한 교황의 모욕으로 평가했다. 하인리히의 대적들인 작센과 슈바벤의 소수 귀족들과 주교들은 1077년 3월 13일에 포르크하임에 모였으며, 교황특사 2인이 임석한 가운데 하지만 교황의 권위에 힘입지 않은 상태에서 독일의 왕관을 하인리히의 이복형제인 슈바벤의 공작 루돌프(Rudolf)에게 하사했다. 하지만 왕관을 하사하면서 두 가지 중요한 조건을 제시했다(아마도 교황특사의 사주를 받은 결과인 듯하다). 하나는 왕위 세습권을 포기한다는 것이었고, 다른 하나는 교회가 성직자들을 자유롭게 임명할 수 있도록 보장한다는 것이었다. 그는 5월 26일에 마인츠에서 대주교 지그프리트에 의해서 왕관을 받았는데, 받을 때 불길한 징조들이 나타났다. 축성용 기름이 떨어졌고, 복음 낭독자가 돈 주고 성직자가 된 부제였으며, 시민들이 폭동을 일으킨 것이다. 루돌프는 지그프리트와 함께 밤을 타서 도망치지 않을 수 없었고, 그렇게 도망한 뒤로 다시는 돌아오지 못했다. 독일 남부에서 변변한 지지를 받지 못한 그는 작센 지방에 있는 하인리히의 대적들에게로 갔다.

하인리히는 교황에게 자기 왕관을 강탈해 간 자에게 금령을 내리라고 요구했으나 성과를 거두지 못했다. 그러자 그는 과거에 약속했던 독일에 대한 안전 통행권 이행을 거부하고서 왕으로 행세하면서 알프스 산맥을 넘었고, 1078년 8월 7일에 프랑코니아 지방의 멜리히슈타트 전투에서 루돌프를 물리쳤으나, 1080년 1월 27일에 튀링겐 지방 뮐하임 근처에서 다시 벌어진 전투에서 그에게 패배했다. 이 결정적인 전투를 루돌프는 하나님의 판결로 간주했으며, 이 전투 결과를 보고서 교황의 마음은 루돌프에게 기울었다.

그레고리우스는 오래 망설인 끝에 1080년 3월 7일에 열린 로마 교회회의에서 가장 지위가 높은 사람에 대해서까지 대단히 비범한 조치를 취했다. 성 베드로와 성 바울에게 도움을 청하는 기도를 드린 그는 하인리히와 그의 모든 지지자들에 대해서 두 번째이자 이전보다 더 준엄한 금령을 내리고, 그에게서 다시 독일과 이탈리아 왕국들을 박탈하고, 모든 신자들에게 그를 복종하지 말도록 금하고, 독일(이탈리아가 아닌)의 왕관을 루돌프에게 하사했다. 이때 행한 연설은 기도문이기도 했고 이야기이기도 했고 판결문이기도 했으며 종교적 열정이 겸비된 냉정한 소견이었다. 교황이 베드로와 바울의 대표자로서 교회뿐 아니라 세상에 대해서까지도 최고의 권위를 지니고 있다는 확신이 그의 연설의 바탕에 깔려 있었다.

그레고리우스는 성 베드로와 성 바울 축일(6월 29일)이 되기 전에 하인리히가 목숨을 잃거나 권좌를 잃게 될 것이라고 예언하는 모험을 감행했다(하지만 이 예언은 이루어지지 않았다). 교회회의가 끝난 뒤 그는 루돌프에게 다음과 같은 글귀가 새겨진 왕관(샤를마뉴의 쇠 왕관이 아니다 — 그것은 하인리히가 소지하고 있었다)을 보냈다:

"Petra dedit Petro, Petrus diadema Rudolpho."[44]

이제는 타협할 여지가 없어졌다. 하인리히는 교황의 금령에 대해서 대립교황을 선출하는 것으로 응수했다. 독일과 이탈리아에서 온 주교들 30인으로 구성된 공의회가 1080년 6월 26일에 티롤 지방(오스트리아 서부와 이탈리아 북부에 걸쳐 있는 알프스 산맥 지방: 역자주)의 브릭센에서 모여 그레고리우스를 야심·탐욕·성직매매·마술·베렌가리우스파 이단 등의 경박한 죄목으로 폐위했다. 추기경 휴고 칸디두스와 27인의 주교들(브릭센·밤베르크·쿠아르·프라이징겐·로잔 등지의)이 공의회 판결문에 서명했다. 동시에 이들은 파문에 처해졌던 라벤나 대주교 비베르트(Wibert)를 클레멘스 3세라는 이름의 교황으로 선출했다. 그는 재능과 기품과 무흠한 인격을 갖춘 인물이었으나, 성직매매자들과 개혁 반대파의 수중에 떨어졌다. 하인리히는 한쪽 무릎을 꿇는 일상적인 경의 표시로 그를 인정하고서, 다음 해 봄에 로마를 방문하여 그에게서 황제관을 받겠다고 약속했다. 비베르트는 교황의 기장과 성대한 의식을 갖춰 라벤나로 돌아갔다.

이것이 경쟁 교황들과 경쟁 왕들이 지극히 공포스러운 상황을 빚어내면서 벌인 이중 내전의 발단이었다. 그레고리우스는 독일 작센 지방 사람들과 이탈리아 북부의 백작부인 마틸다, 그리고 이탈리아 남부의 노르만족을 의지했다.

하인리히는 1080년 10월 15일에 나움부르크 근처를 흐르는 엘스터 강 유역에서 벌어진 전투에서 패하였다. 그러나 루돌프도 예루살렘을 탈환한 영웅 부용의 고드프루아(Godfrey)에게 치명상을 입었고,[45] 또 다른 적군에 의해 오른손을 잃었다. 이야기에 따르면 그는 그날 밤에 죽으면서 "이것이 내가 내 주군인 왕 하인리히에게 충성을 맹세했던 손이다" 하고 말했다고 한다. 그러나 또 다른 보고에 따르면 그는 자기 군대가 승리했다는 소식을 들었을 때 "이제는 주께서 내게 정해주신 운명을 담담히 견딜 수 있겠다"고 말했다고 한다. 그의 시신은 절단된

---

44) 반석(the Rock)은 베드로에게 왕관을 주었고, 베드로는 그것을 루돌프에게 주었다.

45) 이 사실은 트루아 퐁텐의 알베리쿠스가 전하지만, Sybel(*Gesch des ersten Kreuzzugs*, p. 218)은 의문을 제기한다.

손과 함께 메르세부르크 주교좌성당에 안장되었다.

루돌프의 죽음은 그의 승리를 패배로 바꾸어 놓았다. 당시에는 그의 죽음이 그와 그의 대립교황에 대한 하나님의 심판으로 간주되었다. 루돌프의 친구들은 다음 해 여름까지 후임 왕을 정하지 못하고 지체하다가 룩셈부르크의 백작 헤르만(Hermann)을 선출했는데 그는 기대에 훨씬 못미치는 무능력자였다. 1081년 봄에 하인리히는 그레고리우스를 폐위할 목적으로 소규모 부대를 이끌고 알프스를 넘었다. 그 길은 그가 몇 년 전에 참회자의 신분으로 카노사로 갈 때 걸었던 길이었다. 그는 롬바르디아에서 환영을 받았고, 마틸다의 부대를 격퇴했으며, 오순절 전인 5월 21일에 로마의 성문에 도착했다. 위험에 에워싸이게 된 그레고리우스는 바위처럼 요지부동하지 않은 채 일절 타협을 거부했다. 그가 주재한 마지막 사순절 교회회의(1081년 2월 말)에서, 그는 과거에 자신이 공포했던 아나테마들을 재확인하고, 소환에 불응한 주교들에 대해서 성무중지령을 내렸다. 이 교회회의에 관해서는 형벌을 언도한 내용 외에는 알려지지 않는다. 그레고리우스는 1081년 3월 15일에 메츠의 주교 헤르만에게 보낸 서신에서 자신이 하인리히에게 취한 행동을 정당화했고, 4월 8일에는 베네치아인들에게 그와 그의 지지자들과 일절 소통하지 말라고 경고했다. "나는 악인들의 협박을 두려워하지 않으며, 악에 동의하느니 차라리 목숨을 내놓겠다"고 말했다.

하인리히는 로마 주민들에게 가로막혀 입성을 하지 못하게 되자 딱히 성을 공격할 준비도 갖추지 못한 까닭에 이탈리아 북부에서 여름을 보냈으나, 1082년 사순절에 로마로 돌아갔고, 1083년 부활절에는 더 큰 규모의 병력을 이끌고 다시 가서 6월에 도성과 성 베드로 교회를 정복했다. 그레고리우스는 성 안젤로 성에 들어가 버티면서 하인리히와 그의 추종자들에 대해서 아나테마를 다시 공포했다(6월 24일). 이에 하인리히는 비베르트를 성 베드로의 권좌에 앉히는 방식으로 응수했으나(6월 28일), 다시 돌아오겠다는 말을 남긴 채 비베르트를 데리고 곧 로마를 떠났다(7월 1일). 아마도 로마 귀족들과 함께 사실상 그레고리우스와 평화적으로 절충하기로 내락한 듯하다. 하지만 교황은 요지부동이었다. 1084년 봄에 하인리히는 다시 돌아와 교회회의를 소집했고, 이 회의는 그레고리우스를 폐위하고 파문했다. 비베르트가 종려주일에 라테란에서 두 명의 폐위된 주교들인 모데나(Modena)와 아레초(Arrezo)에 의해서(오스티아의 주교들인 알바노〈Albano〉와 포르토〈Porto〉 대신) 교황 클레멘스 3세로 축성되었다. 하인리히와 그의 아내 베르타는 1084년 3월 31일 부활절에 성 베드로 교회에서 비베르트에게 황제관을 받았다. 그리고는 로마의 방어를 로마인들의 손에 맡긴 채 비베르트와 함께 로마를 떠났다(5월 21일).

그러는 동안 그레고리우스는 노르만족 지도자 로베르 귀스카르 혹은 비스카르(Wiscard)에게 도움을 청했다. 이 대범한 모험가는 노르만족·롬바르드족·아풀리아족·사라센족으로 구성된 대규모 부대를 이끌고 남부에서 로마로 올라왔다. 보병 3만에 기병 6천을 헤아린 이들은 5월 27일에 로마에 도착하여 교황을 구출하고 그와 함께 라테란 궁으로 들어갔다. 그리고는 야만족들도 자행한 적이 없는 규모의 약탈과 살육을 자행했다. 도시의 절반이 폐허로 변했다. 많은 교회당들이 무너졌고, 더러는 요새들로 개조되었다. 부인들과 여성들, 심지어 수녀들까지도 폭행을 당했으며, 수천 명의 시민들이 노예로 팔려갔다. 생존자들은 교황과 그의 구원자를 저주했다. 당대 사람들의 말에 따르면 노르만족의 잔인한 행동이 수십만 개의 금을 주고 얻을 수 있는 것보다 더 큰 민심을 하인리히에게 돌아서게 했다고 한다. 로마는 유령 도시가 되었다. 십년이 넘은 뒤에 투르의 일데베르(Hildebert)가 로마를 방문했을 때 그의 눈에 들어온 것은 온통 폐허뿐이었다.[46] 물론 이것은 두려운 심판이었지만, 몇 년 전에 그레고리우스가 하인리히를 향해 빌었던 것과는 사뭇 다른 심판이었다.

그레고리우스 7세의 운명에 관해서는 혼란스러운 보고들이 많이 떠돌아다녔다. 그의 충직한 친구인 토스카나의 백작부인은 군대를 모집하고, 사방에 사절들을 파견하고, 독일의 하인리히에 대해서 불신과 증오를 선동했다. 다음 서신은 그가 그레고리우스를 향해 품었던 단심의 일면을 보여준다.

"하나님의 은혜로 오늘에 이른 마틸다는 튜턴 왕국에 거하는 모든 신자들에게 문안합니다.

"우리는 여러분에게 사이비 왕 하인리히가 주군(主君)인 교황 그레고리우스의 인장을 훔쳤다는 사실을 알려드리는 바입니다. 그러므로 우리 사절들이 여러분에게 전하는 말과 다른 말을 듣게 되면 그것이 거짓인 줄 아시고 하인리히의 속임수에 넘어가지 마시기 바랍니다. 더욱이 하인리히는 포르토의 주교를 그가 한때 주군인 교황과

---

46) 일데베르가 로마의 폐허를 보고 애도한 시는 Migne, 171, 1441 sq.에 실려 있다.

친했다는 이유로 데려가 버렸습니다. 만약 하인리히가 그의 도움을 받아 여러분에게 유리하거나 불리한 조치를 취하더라도, 이 주교가 거짓 증인이라는 것을 분명히 아시고, 여러분에게 상반된 이야기를 전하는 자들을 신뢰하지 마시기 바랍니다. 주군인 교황이 이미 수트리와 테피를 정복했다는 사실을 아십시오. 강도 바라바, 즉 하인리히가 세운 교황은 도주했습니다. 안녕히 계십시오. 부디 하인리히의 덫을 주의하시기 바랍니다."

18. 그레고리우스 7세의 죽음

그레고리우스는 라테란 궁을 되찾았으나, 귀스카르와 몇몇 추기경들, 그리고 로마 귀족들을 데리고 그 황량한 곳을 떠났다. 먼저 몬테 카시노로 간 그는 얼마 후에 살레르노로 갔다. 카노사에서 살레르노로 내려갔다는 것은 실로 비아 돌로로사(via dolorosa, 고난의 길)였다. 그러나 늙은 교황은 비록 육신이 쇠할 대로 쇠했으나 정신은 여전했다.

그레고리우스는 1084년말에 하인리히와 대립교황에 대해서 금령을 다시 선포하고, 독일의 신자들에게 서신을 보내어 시편 저자의 "어찌하여 열방이 분노하며"(Quare fremuerunt gentes, 시 2:1, 2)라는 문구가 성취되었으며, 세상의 군왕들이 그리스도와 그의 사도 베드로에게 반란을 일으켜 기독교를 멸하려고 했으나 하나님을 의뢰하는 자들을 유혹할 수 없었다고 말했다. 만약 죄 사함을 받고 영원한 구원을 얻으려면 와서 교회를 구출하라고 당부했다.

그의 정신은 끝까지 맑고 확고했다. 몬테 카시노의 추기경 데시데리우스(Desiderius, 빅토르 3세)를 자신의 후임자로 지명했고, 그 다음에는 오스티아의 주교 오토(우르바누스 2세)를 지명했다. 자신의 모든 원수들에게 사면을 베풀었으나, '사도 교구 찬탈자'인 하인리히와 비베르트에게는 관용을 베풀지 않았다. 그는 1085년 5월 25일에 죽었는데, 숨을 거두기 전에 "나는 의를 사랑했고 죄악을 미워했다. 그러므로 유배지에서 죽는다"는 한 마디 말로 자신의 공적 생애와 인격을 잘 요약했다. 주교들 가운데 한 사람은 이렇게 말했다. "그리스도와 그분의 사도들의 대리자로서 모든 민족들을 당신의 유업으로 물려받고 세상의 가장 좋은 지역들을 당신의 소유로 삼으신 당신이 유배지에서 죽을 수는 없는 일입니다"(참조. 시 2:8).

그레고리우스의 보호자 로베르 귀스카르도 그를 따라 몇 주 뒤에 숨을 거두었다(1085년 7월 17일).

그레고리우스의 시신은 교황의 성직복에 싸인 채 살레르노의 성 마태 교회에 묻혔다. 그가 죽기 직전에 축성했던 교회였다. 그의 무덤에는 평범한 비석만 서 있다가, 프로키다의 요한이 열렬한 기벨린파였음에도 불구하고 그곳에 웅장한 예배당을 세웠다. 그의 이름은 1584년 5월 25일에 그레고리우스 13세에 의해서 공식적인 시성 없이 교회력에 성인으로 올랐다. 1609년에 파울리누스 5세는 새로운 성인을 위한 축일 거행을 명령했고, 1728년에 베네딕투스 13세는 이 축일을 모든 로마 가톨릭 교회에서 거행하도록 명령했다. 독일 황제와 프랑스 왕, 그리고 그 밖의 군주들은 그의 축일을 거행하는 데 반대했다. 그러나 교황 중심의 신정에 이바지한 공로로 시성을 받을 자격이 있는 교황이 있다면 그가 바로 힐데브란트였다. 그의 서거 8백 주년 기념식이 1885년 5월 25일에 로마 교회에서 거행되었다.

그레고리우스는 그의 시대뿐 아니라 이후에도 늘 극찬과 혹평을 한몸에 받았다. 현대의 사가들은 그가 정직하고 소신을 굽히지 않는 용기 있는 인물이었다는 데 일치하며, 그의 동기와 목표가 순수하고 고상했음을 인정한다. 그는 황제 절대주의에 대립한 중세의 교황 절대주의를 대표하는 전형적인 인물이다. 그는 성실한 인격과 정치가로서의 완숙한 자질, 세상에 대한 수도원적 경멸을 두루 갖추었다. 구약적 신정(神政) 사상 속에서 살며 활동했으며, 복음의 자유로운 정신은 그의 개념에 없었다. 로마 성직위계제도의 수장으로서 공적 직무를 수행할 때는 열정적이고 강직한 사람이었고, 엄격한 수사였고, 여린 정서가 통하지 않은 인물이었으나, 그럼에도 불구하고 베렌가리우스를 대하는 과정에서 매우 관대한 태도를 보여주었고, 공권력이 고문을 사용하는 데 반대했다. 그의 경건은 성직위계제도와 성 베드로, 그리고 성모 마리아에 대한 헌신에 초점이 맞춰졌다. 목표를 성취하기 위해 수단을 가리지 않았으며, 로마 교회에게 승리를 안겨주기 위해서는 내전도 불사했다.

그는 자신이 옹호한 숭고한 원리들을 위해서는 목숨을 내놓을 각오가 되어 있었다. 어떠한 교황도 '의'(義)라는 표현을 그만큼 많이 사용하지 않았다. 어떠한 교황도 자신이 벌이던 투쟁을 묘사하는 데 전쟁의 비유를 그만큼 많이 사용하지 않았다. 그만큼 자신의 대의명분에 투철한 소신을 가진 사람도 없었다. 그는 성경에서 자신의 권위를 발견했으며, 그것을 남들에게 납득시키는 데 자유롭게 사용했다. 그 목적으로 특정 성구들을 거듭 인용했는데, 예를 들어 사무엘상 15:23 같은 구절은 자신의 저서들에서 열아홉 번이나 인용한다.[47] 마태복음 16:18을 교황 수위권을 뒷받침하는 확고한 근거로 사용했으며, 베드로의 계승자들의 관할권에서 어떠한 사람도 제외시키지 않았다. 교황 절대주의 옹호자이자 도덕 개혁자로서, 로마 기독교 세계의 사상과 관습에 항구적인 흔적을 남겨놓았다. 심지어 우리 개신교의 견해와 가장 거리가 먼 분야에서조차 그의 담대한 용기와 도덕적 확신에 대해서만큼은 찬탄을 아낄 수 없다.

그의 정신은 신정(神政)을 실천할 능력이 없이 이론만 고수하고 있는 교황청에 여전히 살아 숨쉬고 있다. 1864년의 교황 유론표(謬論表, Syllabus)는 "로마 교황들이 자신들의 권한의 한계를 넘었다"는 주장을 부정하고(V. 23), "관할권에 관한 쟁점들에서" 국가에 대한 교회의 수위성을 주장한다(VI. 54). 레오 13세의 정치적·교회적 회칙들(*Immortale Dei*, 1885년 11월 1일; *Libertas praestantissimum naturae donum*, 1888년 6월 20일)은 비록 온건하고 세심하긴 하지만 사실상 그레고리우스의 교회와 국가 이론을 재강조했다.

랑케(Ranke)는 말년에 그레고리우스에 관해서 다음과 같이 평가했다: "그가 추구한 성직위계제도는 성직자 사회를 모든 인간 존재의 근간으로 삼으려는 노력에 토대를 둔다. 이러한 노력이 그 두 가지 전형적이고 근본적인 원리들인 의무적 독신제도와 평신도 서임권 금지를 이해할 수 있게 한다. 첫 번째 원리로써 의도한 것은 하급 성직자부터 인간 사회의 모든 개인적이고 가정적인 관계에서 격리된 집단을 수립하려는 것이었다. 두 번째 원리로써 의도한 것은 고위 성직자들에게 세속 권력에 개입하지 못하도록 하려는 것이었다. 그 위대한 고위 성직자는 자신이 딛고 서야 할 발판을 잘 알았다. 그는 사제를 더 높은 계급에 속한 존재로 바라보라는 시대의 요구에 부응했다. 그가 내놓은 모든 말에는 위엄과 설득력과 논리적 일관성이 있었으며 …… 모든 분야를 두루 섭렵한 그의 행동은 매우 인간적이면서도 종교적 이상들을 포괄했다. 성직위계제도의 원리가

---

47) 메츠의 헤르만에게 보낸 한 편의 서신(*Reg.*, IV. 2)에서 그레고리우스는 성경을 적어도 아홉 구절이나 인용한다.

그의 실제 생활을 구성했다."[48]

그레고리우스와 나폴레옹을 일관되게 비교한 그레고로비우스(Gregorovius)는 그레고리우스의 재능과 도덕적 열정을 격찬한다. 그는 이렇게 말한다. "그레고리우스는 유서 깊은 교황제의 이상을 물려받은 상속자였다. 그러나 군주이자 정치가로서 그가 지닌 전례 없는 재능은 그 자신의 것이었으며, 고대 로마와 현대 로마를 통틀어 그의 혁명적 용기에 근접한 교황은 없었다 …… 그가 임종 때에 남긴 말은 위대하고 당당했던 그의 인품의 근본적 토대를 드러낸다. 견줄 대상이 거의 없는 그의 위대한 정신에 힘입어 그는 과격하지만 유익한 방향으로 세상을 움직여간 지상의 군주들 가운데 한 자리를 차지한다. 하지만 종교적인 요소가 그를 세속 군주들이 속해 있는 영역보다 훨씬 더 높은 영역으로 끌어올렸다. 그레고리우스에 비하면 나폴레옹은 사상이 너무나 일천한 인물이었다."[49]

그레고리우스는 메츠의 대주교 헤르만에게 보낸 서신들 가운데 한 편을 그리스도인다운 사랑과 온유를 품기를 권고하는 내용으로 마치는데, 그가 내놓은 교황 절대주의에 관한 가장 철저한 표현인 이 내용을 그가 마음으로 느꼈기를 기대해 본다. "사랑의 덕을 소홀히 여기면 어떤 선행을 하든 구원의 열매를 아예 맺지 못한 것이나 다름없습니다. 이런 일들을 겸손한 태도로, 하나님과 이웃을 사랑하는 심정으로 행하려면 '나는 마음이 온유하고 겸손하니 내게 배우라'고

---

48) *Weltgesch.* VII. 34 sqq.

49) *Hist. of City of Rome*, IV. 256. 카노사에 대해서 이 저자는 다음과 같이 평가했다(IV. 207): "수사 그레고리우스가 무기 한 자루 없이 거둔 승리는 알렉산더나 카이사르나 나폴레옹 같은 정복자들이 거둔 모든 승리들보다 세계의 탄복을 받을 자격이 있다." 그는 독일의 다른 개신교 사가들과 마찬가지로 그레고리우스가 추구한 교황 절대주의에 동조하지 않지만, Mirbt와 Hauck 같은 독일의 대다수 교회사가들은 하인리히의 용기와 남자다운 기개, 그의 주장의 정당성을 부각시키며, 황제와 투쟁을 벌인 그레고리우스의 도덕적 자질과 카노사 사건으로 그가 거둔 결과에 대해서 그 의미를 낮게 평가하거나 의문을 제기한다. Hauck(III. 805)은 이 유명한 사건을 다루는 부분에서 이 이야기는 독일인들에게 너무나 잘 알려져 있어서 다시 소개할 필요가 없다고 간단히 언급하고 지나간다. 그는 그레고리우스의 지적 재능이 지나치게 높게 평가되었다고 주장하며, '대'(Great)라는 칭호가 그레고리우스 1세에게 부합할 뿐 그 이름을 취한 일곱 번째 교황에게는 어울리지 않는다고 말한다. 힐데브란트가 확신은 강했으나 그것을 뒷받침할 만한 저력은 부족했다고 평가했다(p. 832 sq.)

하신 분의 자비가 먼저 있어야 합니다. 누구든 그분을 겸손히 따르는 사람은 사라져 버릴 예속의 나라에서 영원히 있을 참 자유의 나라로 옮겨갈 것입니다."[50]

---

50) 1081년 3월 15일자로 표기됨. *Reg.*, VIII. 21; Migne, 148, 594-604.

제 3 장
그레고리우스 7세의 죽음부터
보름스 정교조약까지의 교황제(1085-1122)

19. 빅토르 3세와 우르바누스 2세(1086-1099)

그레고리우스가 죽을 당시에 그의 대적인 독일 황제는 승기를 잡고 있었고, 이미 작센의 일부 지역을 회복한 상태였다. 롬바르디아는 제국에 충직하게 남았고, 마틸다는 슬픔과 질병에 굴복했고, 대립교황 비베르트(클레멘스 3세, 1080-1100 재위)는 계속해서 로마의 한 부분(라테란 궁과 성 안젤로 성)을 차지했으며, 노르만족의 새 공작 로저(Roger)는 자기 형제 보헤문트(Bohemund)에 맞서서 칼라브리아와 아풀리아를 독점하기 위해서 총력을 쏟고 있었다. 교황직은 열두 달 동안 공석으로 남았다.

그러던 중 마침내 몬테 카시노 수도원을 전성기에 올려놓은 탁월한 대수도원장 데시데리우스(Desiderius)가 1086년 5월 24일에 친구 그레고리우스의 계승자로 선출되었다. 그는 오래 망설이다가 교황직을 수락했지만, 빅토르 3세라는 이름으로 불과 열여덟 달밖에 재위하지 못했다. 그는 교황으로 재직하는 동안에도 수도원의 은둔 생활을 그리워하다가 1087년 9월 16일에 숨을 거두었다.

그의 뒤를 이은 사람은 오스티아의 추기경 주교 오토(Otto, Odo)로서, 과거에 클뤼니의 부수도원장을 지낸 프랑스인이자, 힐데브란트의 내밀한 고문들 가운데 한 사람이었다. 그는 우르바누스 2세(Urban II)라는 이름을 취하고서 1088년 3월 12일부터 1099년 7월 29일까지 재위했다. 그레고리우스의 노선을 계승했으나, 현실을 감안하여 행동하는 신중한 태도를 취했다. 교황직을 대부분 로마 바깥에서 수행했으나 도덕적 감화력은 갈수록 더했다. 그는 초승달[이슬람교]에 대항하여 뜨겁게 달아오르던 십자가 성전(聖戰)의 열기를 주도했다. 그 비범한 운동이 끼친 모든 혜택과 유익을 거둬들인 것이 교황제에는 엄청난 이득이었다.

우르바누스 2세는, 1092년에 합법적인 아내 베르타를 내보내고, 앙주의 사나운 백작 풀코(Fulco)에게서 도망친 그의 아내 몽포르의 베르트라다를 취한 프랑스의 방탕한 왕 필립 1세를 단호히 비판하면서 결혼의 신성함을 천명했다. 이러한 공적인 추문으로 인하여 교회회의가 여러 번 열렸다. 왕은 결국 1094년 10월 16일에 부르고뉴의 오툉에서 열린 교회회의와 1095년 클레르몽에서 열린 교회회의에서 파문을 당했다. 훗날 그는 베르트라다를 버리고서야 교황에게 사면을 받았다.

우르바누스는 하인리히와 전쟁을 계속 치르되 수단과 방법에 개의치 않았다. 유약하고 온순한 하인리히의 장남 콘라트를 부추겨 아버지에게 반란을 일으키게 했으며, 콘라트는 반란에 실패하여 당시에 백작부인 마틸다에게 도피하여 보호를 받다가 몬차에서 이탈리아 왕으로 임명을 받았으며, 크레모나에서 교황이 말을 타려 할 때 등자를 붙들어 줌으로써(officium stratoris) 그에게 충성을 바쳤다(1095). 로마 바깥에서 교황으로 축성을 받은 우르바누스는 1088년에 노르만족의 지원을 받아 로마 시로 입성할 수 있었고, 입성한 뒤에는 비베르트의 추종자들이 차지하고 있던 성 안젤로 성을 제외한 모든 지역을 장악했다. 이전에 비베르트는 성 베드로 교회를 차지하고서 그곳을 빅토르 3세의 공격을 막기 위한 요새로 삼은 바 있었다. 교황 도성의 거리들은 두 교황의 군대가 내지르는 전쟁의 함성으로 울려퍼졌으며, 그러는 동안 교황과 대립교황은 서로에게 아나테마를 선포했다. 우르바누스는 1101년에 피렌체에서 죽었다.

이 교황은 과부가 된 백작부인과 바이에른의 젊은 겔프(그의 아버지가 독일의 반황제파를 이끄는 강력한 지도자였다) 사이에서 부자연스러운 결혼을 주선했다. 이 결혼은 순전히 정략적인 결합이었던 까닭에 두 사람 모두에게 행복을 주지 못하고서 결국 이혼으로 끝났다(1095). 그러나 이 결혼이 교황파에게는 정치적 조직을 제공했으며, 겔프당과 기벨린당 사이에 오래 전개될 전쟁을 시작시켰다. 장기간에 걸친 이 전쟁이 이탈리아의 모든 도시들을 혼란에 빠뜨렸으며, 전하는 바로는 이탈리아에서 7천2백 회의 혁명과 7백 건이 넘는 처참한 살해를 유발했다고 한다.[1] 모든 이탈리아인이 증오와 복수심을 물려받은 채 태어났으며,

소소한 전제군주들이 이끄는 파벌간의 투쟁에 휘말리지 않을 수 없었다. 겔프당은 황제에 맞서서 교황을 변호했고, 아울러 시 정치에서 귀족정에 맞서서 민주정을 옹호했다. 이들은 무너뜨리는 데는 능했으나 새 국가를 창출하는 데는 무력했다. 기벨린파는 교황제의 월권 행위에 맞서서 세속 분야의 모든 일에서 국가의 신적 기원과 독립된 권위를 주장했다. 이러한 파벌 투쟁은 독일 황제가 권력을 상실한 뒤에도 이탈리아에서는 오랫동안 지속되었다. 단테는 처음에는 겔프파였으나 장년이 되었을 때는 기벨린파에 가입했고, 교황 보니파키우스 8세의 가장 강력한 대적이 되었다.

우르바누스는 롬바르디아의 피아첸차에서 교회회의를 열 수 있었다. 이곳은 1095년의 사순절 기간에 하인리히 4세가 큰 지원을 받은 곳이었다. 이 회의에는 4천 명의 사제들과 수사들, 3만 명이 넘는 평신도들이 참석했으며, 따라서 회의가 야외에서 열릴 수밖에 없었다. 교황은 하인리히 4세의 둘째 아내 프락세디스(Praxedis, 아델하이트)가 남편에게 당했던 온갖 불결한 행위들을 낱낱이 고하도록 허용했고, 이 여성이 부끄러워하지 않고 진술한 이야기를 사실로 인정했고, 그녀를 모든 불결에서 사면해 주었으며, "무고히 범한 죄를 부끄러워하지 않고 공개적이고 자발적으로 자백했기 때문에" 모든 고해 의무를 면제해 주었다.[2] 이러한 방식으로 하인리히를 저주한 뒤, 회의는 성직매매와 성직자 결혼을 금지하는 법안들을 다시 통과시켰다. 대립교황 비베르트를 아나테마에 처했고, 그가 받았던 축성들을 무효로 선언했다. 성찬에 그리스도의 살과 피가 참되고 실제적으로 임재한다는 가톨릭 신앙을 천명함으로써 베렌가리우스의 견해를 이단으로 규정했다.

더 중요했던 것은 1095년 11월 18-28일에 프랑스의 클레르몽에서 열린 교회회의였다. 이것이 제1차 십자군 원정을 출범시킨 회의이다. 이 회의에서 우르바누

---

1) Guelfi, Welfen은 Welf, Wolf에서 유래한 것으로서, 바이에른 공작들의 가문 이름이다. Ghibellini, Ghibellinen은 Waiblingen에서 유래한 것으로서, 슈바벤에 있는 호엔슈타우펜의 콘라트가 조상 대대로 물려받은 성이다. 겔프당에게서 브룬스비크와 하노버 가문들이 유래했으며, 조지 1세(1714) 이래로 영국 왕가로 이어졌다.

2) Praxedis 혹은 Eupraxia 혹은 (독일인들이 그녀를 부르는 대로) Adelheid는 러시아의 공주로서 베르타가 죽은 지 2년 뒤인 1089년에 하인리히와 결혼했다. 그녀는 1094년의 콘스탄스 교회회의 앞에서도 똑같이 두려운 고소장을 제출했다.

스는 기록으로 남은 가장 효과적인 설교를 했으며, 이 설교로써 영향력의 절정에 이르렀다.

그는 영주들과 고위 성직자들의 옹위를 받은 채 프랑스와 이탈리아에서 개선 행렬을 벌였다. 곳곳의 주민들에게 자신들의 죄를 회개하고, 칼을 들어 십자가의 원수들을 될 수 있는 대로 많이 죽임으로써 회개의 진실성을 입증하라고 독려했다. 그가 로마에 도착했을 때 대립교황은 이미 십자군에 의해 쫓겨난 상태였다. 그는 1096년의 성탄절을 전례 없이 성대하게 거행할 수 있었으며, 1097년 1월과 1099년 4월에 라테란 궁에서 두 번의 교회회의를 주재했다. 그는 1099년 7월 29일에 숨을 거두었다. 십자군이 예루살렘을 점령한 지(7월 15일) 두 주 후의 일이었다.

20. 파스칼리스 2세와 하인리히 5세(1099-1118)

파스칼리스 2세(Pascal II)는 클뤼니 수도원의 수사이자 힐데브란트의 제자로서 다소 우유부단하고 줏대가 부족한 인물이었다. 그는 1099년 7월에 교황이 선출되어 1118년까지 재위했다. 대립교황 클레멘스 3세는 1100년에 삶에 염증을 느낀 채 숨을 거두었으며, 성실하고 점잖고 덕망이 높다는 명성을 남겼다. 로마의 황제파 성직자들은 또 다른 대립교황인 실베스터 4세를 선출했는데, 그는 곧 소리 없이 무대에서 사라졌다.

파스칼리스는 하인리히의 차남이자 살릭(Salic) 혹은 프랑코니아 계열의 황제들 가운데 마지막 인물인 하인리히 5세(1104-1125 재위)의 사악한 반란을 지원함으로써 하인리히 4세에게 완전한 승리를 거두었다.

그 불행한 아버지는 1106년 8월 7일에 리에주(뤼티히)에서 아나테마의 짐을 짊어진 채 비참하게 죽어갔다. 그에게 끝까지 충성한 리에주 시의 주민들은 그의 죽음을 애도했다. 그러나 교황의 대리인들이 리에주 주교에게 시신을 축성된 묘지에서 마스 강(네덜란드 남동부를 흐르는 강: 역자주)의 외딴 섬으로 이장하도록 명령했다. 하인리히 5세는 아버지에 대한 정이 완전히 사라지지 않은 까닭에, 자신이 죽으면 슈파이어의 황실 무덤에 묻어달라는 아버지의 유언을 들어주었다. 그의 시신이 성모 마리아 주교좌성당으로 운구될 때 성직자들과 주민들이 행렬을 지어 따라갔다. 그곳은 고인이 직접 후한 기부금을 내어 건축하게 한 교회당이었다. 이곳에서 그는 극진한 예를 갖추어 안장되었다. 그러나 생전에 그를 철저히 박해했던 세력 가운데 한 사람인 주교 게파르트(Gebhard)가 다른 곳에 가 있다가 그 소식을 듣고는 그의 시신을 즉시 파내어 다른 곳으로 이장하라고 명령한 뒤, 그 교회당의 오염을 철저히 제거할 때까지 모든 의식을 중지시켰다. 결국 그의 시신은 축성되지 않은 예배당으로 이장되었는데, 하지만 그렇게 모욕을 당한 자신들의 군주이자 후원자가 안치된 그곳을 찾는 주민들의 발길이 끊이지 않았다. 마침내 교황은 하인리히 5세로부터 자기 아버지가 죽기 전에 진실하게 회개했다는 확언을 듣고는 금령을 철회하고 1117년 8월 7일에 그의 시신을 다시 주교좌성당에 안장하도록 허용했다. 하인리히 4세는 도덕적 결함들과 카노사에서 보인 굴욕 때문에 교황 중심의 성직위계제도의 위신을 크게 높여 놓았으나, 그 사건이 있은 뒤에 끊임없이 교황을 대적함으로써 성직위계제도가 완전한 승리를 거두지 못하도록 만들었다. 그가 죽은 직후에 익명의 저자가 자신의 주군인 황제를 잃은 슬픔을 절절한 웅변으로 표현해 놓았는데, 이 글에서 그는 황제를 자신의 소망과 위안·로마의 자랑·제국의 훈장·세상의 등불·과부들과 고아들을 살린 은인·가난한 자들의 아버지라고 부른다.[3]

파스칼리스는 파렴치한 정책을 펼친 데 대한 대가를 치러야 했다. 하인리히 5세가 권력을 완전히 장악했을 때 제국 내의 모든 교회들에 대한 서임권을 주장하고, 로마에서 대관식을 거행하겠다고 나선 것이다. 교황은 투옥된 채 하인리히에게 워낙 심한 탄압을 받은 까닭에 교회의 세속적 재산을 내놓고(베드로의 유증을 제외하고) 교회의 영적 자유를 지킬 결심을 했다. 그와 황제 사이에 체결된 이런 성격의 조약문이 1111년 4월에 잠정적으로 서명되었다. 하인리히는 성 베드로 교회에서 로마인들의 황제로 제관을 받았다. 그러나 그가 독일로 돌아간 뒤인 1112년 3월에 라테란에서 열린 교회회의는 그 조약을 거부했다. 교황은 교회회의에서 주장하기를, 황제에게 구금을 당하고 있는 동안 자신이 여러 주교들과 추기경들과 함께 상의한 결과, 더 큰 악을 막기 위해서 서임권을 황제에게 양도했고, 파문에서 면제해 주기로 약속했다고 말했다. 그렇게 양도한 것이 잘못된 조치였다고 시인했고, 그 상황을 타개할 임무를 교회회의에 위임했다. 그는

---

3) 이 글은 정확하기보다 웅변적이다.

6차 회기(3월 23일)에서 구약과 신약 성경, 사도교령, 네 번의 공의회들인 니케아·콘스탄티노플·에베소·칼케돈의 법령들, 평신도 서임권과 그 밖의 죄악들을 금한 그레고리우스 7세와 우르바누스 2세의 법령들에 대한 가톨릭 신앙을 엄숙히 고백했다. 그런 뒤에 교회회의는 교황이 침묵을 지키고 있는 가운데 그가 왕 하인리히와 어쩔 수 없이 체결해야 했던 조약을 무효화하기로 결의했다. 모든 참석자들이 "아멘, 아멘"(fiat, fiat) 하고 외쳤다. 열두 명의 대주교들과 114명의 주교들, 15명의 추기경 사제들, 8명의 추기경 부제들이 결의서에 서명했다.

열정적인 그레고리우스파는 거기서 한 걸음 더 나아가 평신도 서임권을 이단으로 규정하기를 원했다(그렇게 되면 교황 파스칼리스가 이단이 되는 셈이었다). 1112년 9월 16일에 프랑스 비엔에서 열린 교회회의는 다음 세 가지 법령을 통과시켰다. 1) 평신도에 의한 서임은 이단이다; 2) 파스칼리스와 하인리히 간에 체결된 강제 조약은 무효이다; 3) 평화의 구실로 로마에 와서 교황에게 유다의 입맞춤을 한 왕 하인리히는 보속을 남김없이 치를 때까지는 거룩한 교회에서 잘려 나간다. 이 결의안이 교황에게 보고되었고, 교황은 분열을 막기 위해서 같은 해 10월 20일에 결의안을 재가했다. 교황특사들이 주재한 프랑스의 다른 지역 교회회의들은 '독일의 전제군주'에 대해서 아나테마를 선언했다.

그러나 하인리히는 교황에게 냉소적인 반응을 나타냈다. 교황은 서임권 때문에 자신을 파문하겠다고 공언한 적이 없었던 것이다. 1115년 7월 24일에 백작부인 마틸다가 죽은 뒤에 하인리히는 서둘러 세 번째로 이탈리아로 진격하여 마틸다가 성 베드로의 권좌에 유증(遺贈)한 풍부한 재산을 무력으로 가로챘다. 파스칼리스는 베네벤토로 도주한 뒤 그레고리우스 7세가 그랬던 것처럼 노르만족에게 지원을 요청했다. 하인리히는 1117년에 로마에서 부활절을 성대하게 거행하고, 자기 아내에게 제관을 씌워주고, 자신은 황제의 복장을 갖춘 채 민중 앞에 나타났으며, 각종 쇼와 행렬로 그들을 즐겁게 해주었다. 그러나 교황과 수 차례 협상을 벌이다가 성과를 거두지 못하자 그해 여름에 독일로 돌아갔다. 그곳에서 보름스 정교조약이 체결될 때까지 살았다. 그는 열정적이었으나 완고하고 독재적이고 인기 없는 군주였다.

파스칼리스는 1118년 1월 21일에 성 안젤로 성에서 죽어 라테란 궁에 있는 성 요한 교회에 묻혔다. 그는 이단과 분열의 죄목으로 고소당하는 운명을 가까스로 면했다. 그는 평신도 서임을 사적으로는 단죄했으나 공식적으로는 지지했으며,

자기 양심과 자신이 교황제에 대해서 지니고 있는 공적 의무를 다 만족시키려고 노력했다. 강경파는 그가 베드로의 죄를 범했다고 비난하면서 회개할 것을 촉구했다. 샤르트르의 이보(Ivo)와 르망의 일데베르 같은 중도파는 힐데브란트의 교회 자유 원칙을 변호하면서도, 그가 더 좋은 때가 오기를 기다리고, 또한 수감된 추기경들을 구출하고 유혈 사태를 막으려는 숭고한 심정으로 잠시 굴복한 것이라는 근거로 그를 너그러이 평가했다. 그들은 바울이 디모데에게 할례를 시행한 예를 언급하면서, 예루살렘에서 유대 그리스도인들을 달래고자 했던 야고보의 노선을 따랐다.

21. 보름스 정교조약(1122)

그레고리우스파는 나이가 아주 많이 든 추기경 부제 겔라시우스(Gelasius)를 교황으로 선출했다. 하지만 불행하게도 일년 나흘에 걸친 그의 짧은 재위 기간에 악재가 속출했다. 교황이 되자마자 켄키우스 프랑기파니(Cencius Frangipani)가 이끄는 폭도에게 온갖 수모를 겪은 뒤에 지하감옥에 던져졌다. 변덕스러운 로마인들에 의해 감옥에서 풀려난 다음에는 하인리히 5세가 갑자기 로마에 밀어닥치는 바람에 바다쪽으로 도피해야겠다는 생각으로 경황 없이 도성을 도망쳐 나갔다. 그를 구조하기 위해서 올라온 노르만족 덕분에 다시 로마로 들어간 그는 성 베드로의 권좌가 대립교황의 수중에 들어가 있는 것을 발견했다. 얼마 후에 과격한 폭동이 다시 발생한 까닭에 다시 로마 시를 도망쳐 나왔는데, 나와서 성 바울 성당 근처의 들판에 앉아 숨을 돌리고 보니 자신을 위로해 주러 온 몇몇 여성들 외에는 아무도 자기 곁에 있지 않았다. 그 뒤에 피사로 피신했고, 제노바를 거쳐 프랑스로 갔으며, 1119년에 클뤼니 수도원에서 숨을 거두었다.

한편 황제파는 대립교황 그레고리우스 8세를 선출했다. 그는 하인리히 5세가 참석한 가운데 로마에서 축성받고서 1121년까지 다스렸으나 결국 노르만족에게 포로로 잡히고 말았다. 노르만족은 그를 낙타에 태워 로마 군중의 모욕과 조롱이 난무하는 가운데 칼릭스투스 앞에서 행렬을 벌이게 했으며, 먼지와 오물로 범벅을 만든 뒤 지하감옥에 던져 넣었다. 그는 1125년에 이름 없는 수도원에서 "여전히 반란을 고수한 채" 숨을 거두었다. 이러한 것이 당시 로마 사회가 처한 상황이었다.

겔라시우스의 계승자 칼릭스투스 2세(Calixtus II, 1119-1124 재위)는 클뤼니에서 교황으로 선출되어 비엔에서 축성을 받았다. 그는 하인리히에 대한 파문을 재개하는 것으로 재위를 시작했으며, 황제는 그를 적으로 삼았다. 그는 평신도 서임 금지를 재가한 랭스 교회회의를 주재한 뒤에 1120년에 로마에 당도했다. 황제와 교황 양측은 50년에 걸친 긴 투쟁에 지친 상태였다. 이 투쟁은 다섯 세기 뒤에 벌어진 삼십년 전쟁과 마찬가지로 유럽 중부를 격동과 전쟁 상태에 몰아넣었다. 1121년의 뷔르츠부르크 제국의회에서는 다수를 점한 온건파가 투쟁 종식과 공의회 선포를 요구했다.

칼릭스투스는 비록 내키지는 않으나 독일 제국의회의 결의안에 동조하는 것을 차선책으로 판단했고, 교황청과 제국 사이의 화합을 회복할 목적으로 자신의 특사들에게 프랑스와 독일의 모든 주교들이 참석하는 총공의회를 마인츠에서 소집하도록 지시했다. 총공의회는 마인츠에서 열렸으나 장소를 보름스로 바꾸었다. 그곳은 훗날 루터의 항거로 인하여 크게 유명하게 될 도시였다. 허다한 인파가 평화 회복의 현장을 직접 보기 위해서 보름스로 몰려들었다. 회기들은 한 주간 이상 지속되었고, 오스티아의 추기경 주교가 집례한 엄숙한 미사와 테 데움으로 폐회했다. 그 추기경 주교는 황제에게 평화의 입맞춤을 했다.

보름스 정교조약(政教條約, Concordat)은 1122년 9월 23일에 서명되었다. 이것은 오래 대치해온 파벌들이 도출해낸 타협안이었다. 이것이 그때 이래로 교황들이 다양한 군주들과 정부들을 대상으로 체결한 여러 정교조약들의 효시였으며, 이후에 체결된 조약들은 대체로 세속 권력에게 일정한 부분을 양보하는 성격을 띠었다. 정교조약이 양측의 원리를 관철하지 못할 경우에는 생활 양식(modus vivendi)을 따랐다.

교황은 반지와 목장(牧杖: 영적 권한의 상징들)을 제국의 모든 교회들에게 나누어줌으로써 가장 중요한 목적 곧 서임권을 획득했으며, 지난 시대에 내전들을 치르는 동안 상실한 교황청의 재산과 세속 권력까지 되찾았다.

반면에 교황이 황제에게 양보한 것은, 제국 내에서 모든 주교와 대수도원장을 선출할 때 반드시 황제가 임석한 상태에서 하도록 하되 성직매매나 여타의 부패 없이 하도록 한 것과, 분쟁이 발생할 경우 황제가 자신의 판단에 적임자로 여긴 사람을 임의로 결정하도록 한 것, 그리고 그렇게 선출된 후보자가 황제한테서 지팡이 혹은 홀(笏)(세속 권력의 상징)을 받음으로써 자기 교구나 대수도원의 세속적 권한들을 받되, 흥정이나 심의 없이 받도록 하고, 그 후로는 군주에게 법으로 규정된 모든 의무와 봉사를 바치도록 한 것이다. 하지만 로마 교구에 속한 세속 권력들은 이런 규정들에서 제외되었다.

훗날의 분쟁에 길을 터놓은 이 조약에는 애매하고 불확실한 대목이 몇 가지 있다. 황제는 서임권(반지와 목장으로 대표되는)을 포기하는 대신에 비교적 온건한 형태로 그 권리를 돌려받았다(笏로써). 하지만 축성(祝聖)이 서임(敍任)에 앞서는가 뒤따르는가 하는 질문은 결정되지 않았고, 다만 독일 바깥, 즉 이탈리아와 부르고뉴에서는 군주가 홀(笏)로써 세속적 권한을 부여하는 의식이 축성 이후 여섯 달 내에 거행되도록 규정했다. 상속자들과 계승자들에 관해서는 아무런 언급도 없다. 따라서 정교조약은 교회와 국가 사이에 반 세기 동안이나 불화를 겪은 끝에 칼릭스투스와 하인리히 사이에 체결된 조약이자 일시적인 미봉책이자 휴전에 불과했다. 두 사람이 죽은 뒤에 교황의 삼중관과 황제의 제관이 다시 불화의 근원이 되었다.

보름스 정교조약은 1123년 3월 18일부터 4월 6일까지 라테란에서 열린 제9차 에큐메니컬 공의회(로마 교회의 계산에 따른) 혹은 서방의 제1차 에큐메니컬 공의회에 의해 재가되었다. 이 회의는 제1차 라테란 공의회라고도 불린다. 3백 명이 넘는 주교들과 대수도원장들이 회의에 참석했다. 다른 보고들에 따르면 참석자가 5백 명 혹은 997명이나 되었다고 한다. 회의에서는 보름스 조약 문서가 낭독되어 만장일치로 재가되었고, 그 문서는 로마 교회의 공문서 보관소에 보관되었다.

22. 잉글랜드에서 벌어진 성직위계제도의 투쟁. 정복자 윌리엄과 란프랑쿠스

교황과 황제 사이의 수위권 분쟁은 잉글랜드에서도 비록 대륙에 비해 작은 규모로나마 캔터베리 대주교와 왕 사이에서 발생했으며, 보름스 정교조약이 체결되기 몇 년 전에 성직위계제도에 유리한 방향으로 일시적으로 해소되었다. 교회의 자유를 위한 투쟁은 간접적으로는 왕의 전제로부터 자유를 얻으려는 국가와 민중의 투쟁이기도 했다. 사제 권력이 왕의 권력에 승리를 거둔 다음에는 귀족 권력이 마그나 카르타로써 절대 왕조에게 승리를 거두었으며, 마침내 민중이 사제 권력과 절대 왕조 모두에게 승리를 거두었다.

앵글로색슨 왕들과 귀족들은 잉글랜드의 전체 토지 1/3에 해당하는 막대한 토지 재산을 교회에 기부했으며, 그 위에 거대한 정치적 영향력을 하사했다. 주교들이 귀족들과, 대주교들이 영주들과, 그 다음에는 왕과 같은 계급에 해당했다. 왕의 부재중에는 캔터베리 대주교가 섭정의 역할을 맡는 것이 보통이었다.

그러나 여러 왕조 출신의 잉글랜드 군주들은 바로 이런 이유 때문에 주교들을 선출하고 서임권을 행사함으로써 교회를 종속 상태에 두려고 노력했다. 그들은 자신들의 전속사제들로 공석이 된 주교구들을 채움으로써 왕실이 고위 성직자들의 산실이 되도록 만들었으며, 경우에 따라서는 "목자들을 보살피는 목자"와 심지어는 "그리스도의 대리자"라는 칭호들을 사용했다. 한 마디로 그들은 헨리 8세가 오래 전에 불경하게도 자신을 "잉글랜드 교회의 최고 수장"이라고 부르기 오래 전에 잉글랜드의 교황들이 되고자 열망했다.

색슨족 계열의 후기 왕들 때에 교회는 크게 타락하여 대륙의 교회들과 마찬가지로 개혁이 절실한 상태에 있었다. 둔스탄(Dunstan)이 금욕적 개혁 조치들을 취했으나 뿌리를 깊이 내리지 못한 채 곧 시들어 버렸다. 고백자 에드워드 (Eadward the Confessor, 1042-1066 재위)는 수도원적인 성인이었으나, 어렸을 때의 고향인 노르망디를 사모하며 잉글랜드에서 나그네와 그림자처럼 지냈다. 고대 색슨족의 문학은 잊혀졌고, 성직자들은 무지한 상태로 떨어졌다.[4] 성직자들의 회의가 숱하게 열렸으나 이 잠을 깨우지 못했다. 사제들은 결혼을 하거나 첩을 두고 살았다. 성직매매가 자유롭게 시행되었다.

노르만족의 정복이 잉글랜드를 새 생명과 활력으로 깨어나게 했다. 그 사건이 앵글로색슨족의 정복 이래로 잉글랜드 역사에서 가장 큰 변화를 일으켰다. 그것이 그 나라의 언어와 학문과 건축과 법률과 제도들에 연속성을 파괴하지 않은 채 큰 흔적을 남겨놓았다. 노르만족은 비록 외국인들이었음에도 불구하고 프랑스에서 로마화와 갈리아화를 겪은 튜턴 계열의 유사 민족이었다. 원래 야만적인

---

4) 후대의 앵글로색슨족 성직자들에 관해서는 그들이 전례(典禮)조차 제대로 읽지 못했고, '문법'을 아는 사람은 천재 대접을 받았다.

해적들이었던 이들은 반(半) 문명화한 그리스도인들로 탈바꿈했으며, 그 과정에서 용기와 모험심을 잃지 않아 십자군 원정과 잉글랜드 정복으로 자신들의 모습을 과시했다. 이들은 앵글로색슨족의 줄기에 프랑스의 언어와 관습을 접목시켰으며, 민주적인 토대 위에 귀족적인 요소를 덧붙였다. 두 민족과 언어가 하나로 녹아드는 데는 오랜 시간이 걸렸다.

그 융합은 비옥과 융성의 밑거름이 되었다. 색슨족의 저력과 인내가 노르만족의 모험심과 용기가 한데 섞이고, 거기에다 섬이라는 지정학적 위치와 그로 인해 쌓인 자치 능력이 유리하게 작용하여 잉글랜드 민족이 해양을 지배하고 모든 대륙에서 융성한 식민지들을 건설할 수 있도록 해주었다.[5]

노르만족 왕들은 독일 황제들 못지않게 자신들의 권리에 집착했고, 교황 수위설에 대해서 강하게 반대했다. 이들의 본능과 관심사는 황제교황주의적 곧 에라스투스주의적인 것이었다. 그러나 교회는 그들을 끊임없이 견제했다. 힐데브란트의 개혁 이상들은 당대의 가장 유력한 학자들과 수사들 가운데 두 사람인 란프랑쿠스(Lanfranc, 1005-1089)와 안셀무스(Anselm, 1033-1109)에 의해 옹호되고 수행되었는데, 이들이 캔터베리 교구를 차례로 맡았다. 두 사람 다 이탈리아 태생으로서 — 한 사람은 롬바르디아의 성읍 파비아, 다른 한 사람은 아오스타 — 프랑스 루앙 교구의 유명한 베크 수도원에서 대수도원장직과 교사직을 차례로 지냈다.

'정복자'라는 별명을 지닌 노르망디의 윌리엄 1세는 '마귀 로버트'(Robert the Devil)와 가죽 노동자의 딸 사이에 태어난 아들로서, 노르만족 왕조의 첫 왕이었다(1066-1087 재위). 그는 교황 알렉산더 2세가 축성해준 깃발을 들고 1066년 10월 14일에 헤이스팅스 근처의 센락 산에서 하롤드의 군대를 무찌름으로써 잉글랜드의 왕을 자임했다. 5년 뒤에 그는 란프랑쿠스를 캔터베리 대주교로 세웠다. 한때 그는 자신이 플랑드르의 마틸다와 결혼하려 했을 때 란프랑쿠스가 금혼 촌수라는 이유로 결혼을 반대하자 그를 노르망디에서 추방한 적이 있었다. 이 대수도원장을 수도원에서 쫓아낼 때 절름발이 말에 태운 뒤 속히 떠나도록

---

5) 노르만 정복이 끼친 영향에 관해서는 Freeman의 위대한 저서 제5권을 참조하라. 영어의 사해동포적 성격과 임무에 관한 Schaff의 논문 *Literature and Poetry*, New York, 1890, pp. 1-62.

다그쳤는데, 대수도원장은 "좀 좋은 말을 주시면 좀 더 빨리 갈 수 있겠습니다" 하고 말했다. 이 침착한 요구가 왕의 분노를 웃음과 호의로 바꾸어 놓았다. 왕은 그와 화해한 뒤 교황에게 파견하여, 자신의 결혼에 대한 재가를 받고, 자기 영토에 내려진 성무중지령에 대한 철회 조치를 받아오도록 했다.

란프랑쿠스는 온건한 힐데브란트파였다. 베렌가리우스 논쟁이 벌어졌을 때는 화체설 교리를 앞장서서 주장했으며, 힐데브란트는 자신의 역량을 다 동원하여 베렌가리우스를 보호해 주었다.[6] 란프랑쿠스는 성직자 독신제도를 확고히 지지했고, 주교좌성당에서 근무하던 재속 참사회원들을 수사들로 대체했으며, 1076년의 원체스터 공의회를 통해서 결혼한 사제들의 임명을 금하되 농촌 성직자들에게는 아내를 그대로 두도록 허용했다. 그는 교황의 세속권 주장을 충분히 견지하지 못했으며, 로마에 출두하라는 잦은 소환령에 복종하지 않았다. 비록 왕의 뜻을 거슬러 가며 어떤 일을 이루어내지 못했을지라도 전반적으로 왕과 좋은 관계를 유지하고 살았다. 왕을 도와 잉글랜드 교회를 노르만화하는 데 힘썼다. 왕이 대륙으로 가고 없는 동안에는 섭정 역할을 위임받았다. 학문을 숭상했고, 화재로 무너져내린 캔터베리 주교좌성당을 재건했다.

윌리엄은 교회와 국가에서 독재자였으며, 말년에는 갈수록 흉포해져서 인간의 고통에 개의치 않았다. 그의 뜻이 곧 그 나라의 법이었다. 프리먼(Freeman)은 그를 "가장 위대한 인물들의 반열"에도 올려놓고, "가장 악한 인간들의 반열"에도 올려놓는다.[7] 그의 군사적 재능과 정치적 수완은 이론의 여지 없이 탁월했다. 하지만 목적을 이루기 위해서 수단과 방법을 가리지 않았다. 종교 의식이 강했고 교회에 대한 경외심이 있었으며, 성직자들을 후하게 대했다. 자기 아들과는 달리 성직록들을 고의로 공석으로 방치하거나 그 세입을 가로채는 일이 없었다. 성직매매를 시행하지 않았고, 그런 점에서는 힐데브란트 개혁파로 분류할 수 있다.[8] 그러나 군주로서 자신의 서임권을 확고히 주장했다. 단 한 자루의 주

---

6) 란프랑쿠스와 베렌가리우스 논쟁의 관계에 관해서는 Schaff, 제4권, p. 490 를 참조하라.

7) *Norman Conquest*, II. 165.

8) Freeman, V. 169. "그는 그 시대에서 성직매매의 죄에 전혀 손대지 않은 소수의 군주들 가운데 한 사람이었다. 그가 임명한 성직자들은 대부분 그에게 명예를 안겨주었다. 그가 란프랑쿠스와 안셀무스를 임명한 일을 존경심 없이 언급할 수 없다."

교 지팡이도 자기 손을 거치지 않고 내주는 일이 결단코 없을 것이라고 천명했다. 심지어 힐데브란트에 대해서까지도 자신의 뜻을 굽히지 않았다. 자신의 왕위가 오로지 하나님과 자신의 칼에서 나온다고 느꼈다. 교황에게 베드로의 은전을 연보로 낼 용의는 있었으나, 조공으로 바칠 생각은 없었고, 그레고리우스 7세에게 충성을 맹세하기를 거부했다.

그는 정복자의 권리를 십분 활용했다. 교회의 토지들을 다른 토지들과 마찬가지로 봉건적 의무에 귀속시켰다. 수도원들을 약탈했다. 대주교 스티건드(Stigand)와 그 밖의 색슨족 주교들을 면직시킴으로써 자신이 총애하던, 하지만 잉글랜드인들의 언어조차 이해하지 못하던 노르만족 성직자들에게 자리를 마련해 주었다. 이러한 변화들은 스티건드가, 윌리엄의 머리에 왕관을 씌워주었던 교황특사들 앞에서 재판을 받은 1070년에야 비로소 시작되었다. 그를 법정에 세운 주요 죄목들은 성직매매와, 그가 교황직을 찬탈한 베네딕투스 10세로부터 영대를 받았다는 것이었다. 윌리엄은 잉글랜드의 성직자들 가운데서는 사람이 단순한 우스터의 울프스탄(Wulfstan) 한 사람만 주교로 남겨놓았다. 이러한 체제를 점차 대수도원장들과 하위 성직자들에게로 확대 적용해 나갔다. 자신의 사전 승인과 사후 재가 없이는 공의회의 소집과 입법을 금했고, 자신의 의지 없이는 잉글랜드에서 어떠한 교황도 인정하지 못하게 했으며, 자신의 동의 없이는 어떠한 교황 서신도 수납하거나 발행하지 못하게 했다. 주교가 자신의 허가 없이 나라 밖으로 나가지 못하게 했으며, 왕의 사전 동의가 없이는 주교가 귀족을 아첨이나 그 밖의 대죄에 대해서 파문을 내릴 수 없도록 했다. 이런 식으로 성직자들의 권한을 제한했으며, 잉글랜드 교회에 대한 로마의 수위권 주장에 제동을 걸었다. 란프랑쿠스는 이러한 조치들에 충분히 동조한 듯하다. 베크 수도원에서 자신에게 배웠던 교황 알렉산더 2세가 죽은 뒤에 교황들, 특히 그레고리우스 7세를 냉랭하게 대한 인상을 준 데에서 그런 추정을 할 수 있다. 그레고리우스는 로마에서 열린 교회회의들에 참석하지 않는다는 이유로 란프랑쿠스에 대해서 성직을 중지시키겠다고 경고하는 서신을 여러 통 보냈다.[9]

반면에 윌리엄의 재위 기간 동안 교회 관련 소송을 별도의 법정에서 다루도록 하는 법안이 통과되었는데, 이 법률은 훗날 큰 논쟁의 불씨가 되었다. 이후로 주

---

9) *Reg. Greg.*, VI. 30, IX. 20; Migne, 148, 621, 643.

교 법정에서는 주(州) 법정에서 사용하던 잉글랜드 관습법 대신에 교회법이 사용되었다. 윌리엄이 재위 기간에 교회회의의 재가를 받은 또 한 가지 중요한 운동은 주교좌들을 좀 더 규모가 큰 도시들로 이전함으로써 교회가 지도상의 변화에 스스로 적응한 것이었다. 치체스터는 셀시를 대체했고, 솔즈베리는 셔본을, 체스터는 리치필드를, 링컨은 도체스터를(1085), 바스는 웰스를(1088), 노리치는 엘햄을 대체했던 테트퍼드를 대체했다(1094). 정복자의 조카 솔즈베리의 주교 오스문드(Osmund)는 사룸 전례(Sarum use)라고 하는 예규서를 작성했는데, 이것은 그 자신의 교구보다 다른 교구들에서 채택되었으며, 훗날 공동기도서의 주요 자료들 가운데 하나가 되었다.

23. 윌리엄 루푸스와 안셀무스

윌리엄 루푸스(William Rufus) 혹은 빨간머리 윌리엄(William the Red)이라고 불리는 경우가 더 많은 윌리엄 2세는 정복자 윌리엄의 셋째 아들이자 첫째 계승자로서, 1087-1100년에 재위했다. 그는 자신의 형제 로베르가 십자군을 일으킬 수 있도록 하기 위해서 그에게서 노르망디를 매입했다. 이것이 안셀무스를 잉글랜드의 수석 성직자로 임명한 것 외에 그가 남긴 유일한 업적이다. 그는 아버지한테서 나쁜 점만 물려받고 선한 점은 하나도 물려받지 않았다. 성직자들을 경시하고 혐오했다. 전하는 바로는 "그가 하나님은 약간 두려워했고, 사람은 아예 두려워하지 않았다"고 한다. 어떤 사람들은 그가 회의주의자 혹은 불신자였다고 주장하지만 이것은 사실이 아니다. 그는 다만 속되고 불경스러운 인물이었을 뿐이다. 그는 귀신들과 마찬가지로 하나님을 믿었으나 두려워 떨지는 않았다. 그는 전능자를 무시했다. 중병에서 회복했을 때도 "하나님은 나를 절대로 선한 사람으로 여기지 않으실 거야. 나는 그분의 손에서 너무나 많은 고통을 당했어" 하고 말했다. 그는 하나님의 공의를 의심했으며 시죄법을 비웃었다.

성 베드로도 여타의 성인도 하나님에게 영향을 끼치지 못하며, 따라서 자신은 그들에게 도움을 구할 생각이 없다고 공개적으로 주장했다. "루카의 거룩한 얼굴에 힘입어"라고 자주 맹세했다.[10] 결혼을 하지 않았으나 노골적으로 심한 방종에 탐닉했다. 사람들은 그가 아침에 악인으로 깨어나 밤에는 훨씬 악인이 된 채 자리에 눕는다고 말했다.

윌리엄 2세는 대관식 때 란프랑쿠스에게 공의와 자비를 실천하고 교회의 자유를 보호하겠다고 서약했으나, 그것을 곧 잊어버리고 조직적으로 교회 재산을 가로채고 성직자들을 탄압하기 시작했다. 주교구들과 대수도원들을 공석으로 놔두거나 가장 높은 경매값에 팔아넘김으로써 수입을 챙겼다. 즉위한 지 4년만에 사냥 욕구를 충족시키기 위해서 서른 곳의 공동묘지를 국왕의 정원으로 개조했으며, 결국 이 일로 인하여 목숨을 잃게 된다. 그는 입버릇처럼 이렇게 말하곤 했다. "그리스도의 빵은 풍부하다. 그런데도 왕들은 자신들의 수입의 절반을 교회에 바쳐왔다. 내가 어찌 그것을 도로 거둬들이지 않겠는가?"

그는 캔터베리 교구를 거의 4년 동안(1089-1093)이나 공석으로 놔두었다. 하지만 마침내 중병에 걸린 상태에서 양식 있는 주교들과 귀족들의 압력에 굴복하여 깊이 있는 신학자이자 거룩한 인격자로서 명망이 높던 안셀무스(Anselm)를 캔터베리 주교로 선출했다(안셀무스는 당시에 잉글랜드에 거주하고 있었다). 왕과 캔터베리 대주교가 이 두 사람처럼 더 크게 대조되는 경우란 상상하기 어렵다. 윌리엄 루푸스가 무고한 백성들과 짐승들이 고문을 당하는 모습을 보고 즐기던 사람이었다면, 안셀무스는 매우 다감한 사람이었다. 그는 사냥꾼들에게 쫓기다가 자기 말 아래로 피신한 산토끼의 목숨을 구해주었고, 새 한 마리가 철 없는 아이에게 잡혀 고통을 당하는 모습을 보고서 기도를 드리던 그런 사람이었다.[11] 하지만 이렇게 심성이 고우면서도 진리와 의를 지키는 데는 결연하고 확고했다.

안셀무스는 한사코 고사했는데도 불구하고 잉글랜드 수석 성직자의 직위를 떠맡았다. 그는 자신의 앞길이 순탄치 않을 것을 내다보았다. 자신은 늙고 힘없는 양과 같은데, 왕은 젊고 거친 황소 같았다. 이렇게 멍에를 짊어지게 된 그는 사나운 황소에게 갈가리 찢길 것을 예상하면서 잉글랜드 교회의 쟁기를 끌어야 했다. 그는 캔터베리에 도착하여 성직자들과 수사들과 민중에게 뜨거운 환영을 받았으며, 1093년 대림절 둘째 주일에 축성을 받았다. 그리고 취임하자마자 다

---

10) Per sanctum vultum de Luca. 이것은 니고데모가 나무에 새겼다고 전해지는 구주의 수난상으로서, 루카의 주교좌성당에 보관되어 있었다.

11) 이런 보기드문 성품을 Eadmer가 *Vita Anselmi*에 소개한다. Freeman, V. 25.

소 온건하고 점잖은 방법이긴 하나 힐데브란트의 원칙들에 따라 교회의 기강을 회복하는 작업에 착수했다.

얼마 가지 않아 왕과 대주교의 관계가 경색되기 시작했다. 안셀무스는 우르바누스 2세를 지지한 반면에, 윌리엄은 대립교황 클레멘스 3세에게 기울었다. 팔리움[영대]으로 대주교를 임명하는 문제가 당장 쟁점이 되었다. 왕은 처음에는 안셀무스가 클레멘스에게 팔리움을 받아야 한다고 고집하다가, 나중에는 자신이 직접 그것을 하사할 권한이 있다고 주장했다. 안셀무스는 왕의 요구에 굴복하지 않고 1095년에 은상자에 성직복을 담아 가지고 잉글랜드로 건너온 우르바누스의 특사에게 팔리움을 받았다. 대주교는 그 밖에도 왕에 대한 봉건적 의무를 수행하는 과정에서 인색한 태도를 보임으로써 왕의 비위를 더욱 거슬렸다.[12] 결국 윌리엄은 안셀무스를 자신의 법정에 세우기로 작정했다. 안셀무스는 물론 이러한 무례한 조치에 굴복하지 않았다. 잉글랜드의 성직자가 가장 먼저 충성을 바칠 대상이 과연 교황인가 국왕인가 하는 것은 해묵은 질문이었다.[13]

대주교는 1097년에 달가워하지 않는 국왕의 승인을 받아 로마 방문 길에 올랐다. 하지만 윌리엄은 졸렬한 근성을 버리지 못하고서 사람들을 보내 그를 추적하게 했고, 도버 항구에서 그의 짐을 검사하도록 했다. 그가 떠난 뒤에는 캔터베리의 수입을 가로챘으며, 그의 부재(不在)를 망명과 동일시했다. 이드머(Eadmer)는 안셀무스가 떠나기 전의 정경을 인상깊게 전한다.[14] 그는 윌리엄을 마지막으로 접견한 자리에서 자신이 왕에게 축복하지 않고는 왕의 곁을 떠나지 않겠다고 말했다. "아들을 대하는 영적 아버지로서, 잉글랜드 국왕을 대하는 캔터베리 대주교로서, 저는 떠나기 전에 전하에게 하나님의 복을 기꺼이 베풀어드리고 싶습니다" 하고 그는 말했다. 왕은 사제의 축복을 거절하지 않겠노라고 대답했다. 이것이 두 사람간의 마지막 만남이었다.

---

12) 안셀무스는 대주교가 된 직후에 왕에게 500파운드를 보냈는데, 그것은 왕의 기대에 크게 못 미치는 액수였다. 또 한 번은 왕이 웨일스 정벌에 나설 때 안셀무스가 기사단을 보냈는데, 왕이 보기에 그들은 제대로 훈련되지 않은 형편없는 거지 떼 같았다.

13) 쟁론이 된 문제들은 로킹엄에서 안셀무스가 주재한 귀족들과 주교들의 회의에서 논의되었다. 참조. Freeman, *W. Rufus*, I. 476 sqq.

14) *Hist. Nov.*, Ⅱ., Migne's ed. 159, 402.

안셀무스는 교황에게 극진한 영접을 받았다. 교황은 이미 잉글랜드 왕을 파문에 처하고, 서임권을 행사하는 모든 평신도들과 평신도에게 서임을 받은 모든 성직자들에게 아나테마를 선포한 상태였다.[15]

빨간머리 왕은 화살에 맞아 죽었다. 1100년 8월 2일에 뉴포레스트(잉글랜드 남부 햄프셔 남서부의 삼림지대: 역자주)에서 사냥을 하던 중 당한 일인데, 사냥꾼에 의한 우발적인 사건이었는지 자객의 암살이었는지는 아무도 모른다. "임종 고해도 없이 회개도 없이 비명에 횡사한 그는 윈체스터의 올드 민스터 교회의 묘지에 묻힐 예정이었다. 하지만 성직자들과 민중이 한 목소리로 로마조차 선포하기를 두려워하던 선고를 그에게 내렸다. 민중의 파문이라는 매우 독특한 낙인을 받은 것이다. 그의 장례식에는 종소리 하나 울려 퍼지지 않았고, 기도문 하나 낭송되지 않았고, 세례를 받고 기름부음을 받은 군주의 영혼을 위해 연보도 드려지지 않았으며, 그가 영원히 멸망을 당했다는 것이 만인에 의하여 의심의 여지 없는 사실로 받아들여졌다."[16]

24. 안셀무스와 헨리 1세

빨간머리 왕이 죽을 당시에 대주교구 한 곳, 주교구 네 곳, 대수도원 네 곳이 목자 없이 방치되어 있었다. 선왕의 동생으로서 보클렉(Beauclerc)이라는 별명을 지닌 헨리 1세가 권좌에 올랐다(1100-1135 재위). 그는 자기 딸 마틸다를 하인리히 5세에게 시집보내어 노르만족의 혈통을 독일 황제 가문에 섞었다. 황제가 죽은 뒤 마틸다는 은밀히 앙주의 백작 제프리 플랜태저넷(Geoffrey Plantagenet)과 결혼했으며(1128), 훗날 플랜태저넷 왕조 창시자 헨리 2세의 어머니가 되었다.

왕 헨리 1세는 법을 엄격히 집행한 왕으로 좋게 알려져 있다. 그는 유배 상태에 있던 안셀무스를 불러들임으로서 성직자들과 화해했으나, 얼마 가지 않아 곧

---

15) Eadmer의 *Hist. Nov.*, Migne's ed. 159, 414에 따르면 우르바누스가 윌리엄 루푸스에게 내렸던 아나테마를 거둔 것은 안셀무스의 중재 때문이었다고 한다.

16) Freeman, *Norm. Conq.*, V. 147.

서임권 논쟁을 다시 촉발시켰다. 자기 손으로 주교들과 대수도원장들을 선출하고서 안셀무스를 불러 그들에게 축성하도록 지시했으나, 안셀무스는 한사코 거부했다. 그리하여 안셀무스는 두 번째 망명 생활을 시작하게 되었다(1103-1106).[17] 왕비인 선량자 모드(Maud the Good)는 대주교를 각별히 존경하던 여성으로서, 그와 자기 남편 사이에서 중재에 힘썼으며, 안셀무스에게 사도 바울이 디모데에게 할례를 베푼 일과, 성전에 들어가서 유대인 형제들의 마음을 돌리려고 노력했던 일을 상기시키면서, 작은 세속 권력을 희생하게 될지라도 귀국하라고 간청했다.

교황 파스칼리스 2세는 헨리에게 서임을 받은 주교들을 파문에 처했다. 그러나 왕은 안셀무스에게 적대적인 태도를 견지할 의향이 없었다. 결국 두 사람은 노르망디에서 접견한 뒤 교황에게 호소했으며, 교황은 왕이 앞으로 서임권을 포기하는 것을 조건으로 과거에 시행한 서임들을 추인해 주었다. 이 결정이 1106년 8월 26일에 베크에서 비준되었다. 왕은 안셀무스가 부재중일 동안 교구에 쌓인 수입을 그에게 돌려주고, 공석으로 남아 있는 주교구들과 대수도원들로부터 세입을 받지 않고, 성직자들에게 모든 벌금을 면제해 주겠다고 약속했다. 하지만 공석이 된 교구들에 후보자를 지명하여 보내는 권리(conge d'elire)는 그대로 유지했다. 안셀무스는 주교들을 축성하기 위해서 귀국 길에 올랐다. 축성받을 주교들 가운데 솔즈베리의 로저(Roger)는 "기도를 시원스럽게 시작하여 빨리 끝내기" 때문에 헨리의 첫 번째 지명자가 되었다.[18]

안셀무스는 당당하게 잉글랜드에 귀국하여 수사들과 성직자들 앞에서 대기하고 있던 왕비의 영접을 받았다. 1107년에 웨스트민스터에서 열린 공의회에서 왕은 서임권을 공식적으로 포기했고, 대주교는 (우르바누스 2세가 금지했던) 군주

---

17) 안셀무스는 잉글랜드에 있을 때 헨리와 스코틀랜드 왕 말콤의 딸 마틸다 혹은 이드기스(Eadgyth, 영국식 이름)의 결혼을 주례한 바 있다. 롬지의 수녀였던 그녀의 숙모는 이드기스가 어렸을 때 폭행을 당하지 않도록 수녀의 베일을 쓰게 했다. 이것이 수도 서약이었는지의 여부를 놓고 견해 차이가 있었다. 안셀무스는 이드기스가 자유롭다고 선언했다. 노르만 정복기의 여성들은 정절을 지키기 위해서 일시적으로 베일을 쓰는 일이 있었다. 훗날 란프랑쿠스는 그들에 대해서 결혼해도 좋다고 선언했다.

18) 참조. Fuller, *Ch. Hist. of Britain*, I, 340.

앞에서 충성을 맹세하는 의식을 관용하기로 약속했다. 성직자 결혼을 금지하는 교회회의의 법령들이 재확인되면서 더욱 강경한 성격을 띠었으나(1102, 1107, 1108), 교황은 사제들의 아들들이 성직자가 되는 것을 한시적으로 허용했다. 그렇게 한 이유는 "잉글랜드 성직자들 가운데 상당수의 우수한 인물들이" 이 계층 출신이기 때문이었다고 이드머는 보고한다.[19]

안셀무스는 남은 생애 동안 왕과 우정과 존경을 나누었으며, 1108년에 왕이 대륙으로 건너가 자리를 비운 동안 섭정과 왕실 보호를 위임받았다. 그는 교황이 공식적으로 시성하기 오래 전에 잉글랜드인들의 여론에 의하여 성인의 반열에 올랐다.[20]

1109년 4월에 그가 죽은 뒤에 캔터베리 대주교직은 1114년까지 공석으로 남아 있다가, 그 기간 동안 서리로서 활동한 로체스터 주교 에스쿠레스의 랄프(Ralph)가 그 직위를 계승했다. 안셀무스는 박식하고 쾌활하고 정중하고 유머 감각이 뛰어나고 익살스러운 고위 성직자로 묘사된다. 생시에 '익살꾼'(nugax)이라고 불렸으나, 구체적으로 어떤 장난과 농담을 했는지는 기록으로 남지 않았다. 그와 그를 계승한 두 명의 노르만계 성직자 코르뵈유의 윌리엄(1123-1136 재위)과 시어볼드(Theobald, 1139-1161 재위)는 왕과 그의 계승자 스티븐과 우호적인 관계를 맺고 살았다. 1162년에 영국인 토머스 베켓(Thomas Becket)이 교황과 국왕 사이에 전보다 더 뜨거운 논쟁이 벌어지게 했으나, 논쟁 중에 처신한 태도에서 안셀무스보다 지혜가 부족한 모습을 드러냈다.

---

19) Feeman, V. 223: "새로 도입된 엄격한 조치는 그것이 막으려고 했던 더 심한 방종을 조장했을 뿐이다. 그러나 어쨌든 이제서야 비로소 성직자 독신 규율이 최초로 영국 교회의 보편적 법률로 확정되었다. 안셀무스가 1102년의 웨스트민스터 회의에서 제시한 권고가 이로써 우리가 다루는 교회사에 새로운 획을 그은 셈이다."

20) 알렉산더 3세가 그를 시성하려고 추진하다가 무산되었고, 알렉산더 6세가 그 일을 성사시켰다.

제 4 장
보름스 정교조약에서부터 인노켄티우스 3세까지의 교황제(1122-1198)

25. 인노켄티우스 2세(1130-1143)와 유게니우스 3세(1145-1153)

교황 칼릭스투스 2세의 뒤를 이은 사람은 호노리우스 2세(Honorius II)로서, 그는 6년의 재위 기간(1124-1130) 동안 별다른 사건 없이 교황직을 수행했다. 그가 죽은 뒤에 인노켄티우스 2세(1130-1143 재위)와 아나클레투스 2세(Anacletus II, 1130-1138 재위) 사이에 위험한 분열이 발생했다. 두 사람은 로마의 유력한 가문들인 프란지파니(Frangipani, 제빵업자들) 가문과 피에르레오니(Pierleoni) 가문을 대표하는 사람들이었다.

인노켄티우스는 우르바누스 2세의 추기경 특사를 지내고, 보름스 정교조약을 이끌어낸 인물로서, 해박한 학문과 경건으로 명성을 얻었고, 이 점에 대해서는 정적들조차 부인할 수 없었다. 게다가 그는 교황으로 사전에 선출된 이점도 가지고 있었다. 물론 그것은 소수의 추기경들이 경쟁 후보자가 나타날 것을 예상하고서 알려지지 않은 장소에 급히 모여서 결정한 것이므로 법적 유효성을 의심받는다.[1]

---

1) Mühlbacher의 철저한 조사 결과는 그레고리우스(인노켄티우스 2세)의 선출의 정당성에 의문을 갖게 만들며, Deutsch도 그의 견해에 동의하면서 그가 순전히 도덕적 근거에서만 교황의 권리를 지닐 수 있었다고 말한다.

아나클레투스는 원명이 페트루스 레오니스(Petrus Leonis)로서, 피에르레오네 (Pierleone)의 아들이자 기독교로 개종한 유대인 은행가 레오의 손자였다. 레오 는 힐데브란트 계열 교황들 밑에서 재정적·사회적·정치적으로 대단한 영향력 을 행사한 사람이다. 티베르 강에 떠 있는 섬 트라스테베레와 그 섬 주변 지대에 서는 수백 명의 유대인 공동체가 기독교의 진리를 입증하는 기념비적 증거로서 관용을 받으며 존재하면서 우수한 의사들과 부유한 은행가들을 더러 배출했으 며, 이들이 재정난에 허덕이던 귀족들과 교황들에게 도움을 주었다. 아나클레 투스는 외모에서 셈족다운 면모를 지녔으며, 도덕적 인품에서는 인노켄티우스 보다 못하였다. 하지만 추기경회의 다수에 의하여 교황에 선출되었으며, 주요 귀족 가문들과 로마 사회의 지지를 받았다. 노르만족의 도움을 받아 로마를 차 지한 뒤 자신의 대적을 추방하고 적대적인 추기경들을 면직시켰으며, 우호적인 인사들로 추기경회를 채웠다.

인노켄티우스는 프랑스로 도피한 뒤 그 나라에서 당대의 가장 위대한 수사들 이자 현자들인 클뤼니의 페트루스와 클레르보의 베르나르에게 강력한 지원을 받았다. 모든 수도회들과 프랑스 및 잉글랜드 왕들에게 합법적인 교황으로 인정 을 받았다.

양 진영으로부터 지원 요청을 받은 작센의 왕 로타르 2세(Lothaire II, 혹은 3 세, 1125-1137 재위)는 인노켄티우스 편을 들기로 작정하고서 군대를 이끌고 그 와 성 베르나르와 함께 로마로 진입했고, 그 대가로 그에게 황제 제관을 받았다 (1133년 6월 4일).

그러나 로타르가 떠난 뒤 아나클레투스는 노르만족 공작 로저와 경쟁 황제인 콘라트 3세의 파벌로부터 도움을 받아 로마를 다시 차지했다. 로저 2세를 시칠 리아 왕으로 세웠고, 그 덕분에 세워진 왕국이 730년을 존속하다가 1860년에 이 탈리아 왕국에 합병되었다. 인노켄티우스는 피사로 물러갔다(1135). 그 뒤 로타 르가 두 번째로 이탈리아에 원정을 감행하여 로저 2세를 물리쳤다. 그리고는 베 르나르가 다시 로마를 방문하여 인노켄티우스의 입지를 탄탄히 다져놓았다. 이 무렵(1138) 아나클레투스는 세상을 떠났다. 1139년에 열린 제2차 라테란 공의회 는 분열이 치유되었음을 엄숙히 선언했다. 그 직후에 인노켄티우스와 로저 사이 에 전쟁이 발생했고, 인노켄티우스가 포로로 붙잡혔다. 그는 풀려나는 대가로 로저를 시칠리아 왕으로 추인해 주었다. 로타르는 독일로 돌아간 뒤에 1137년에 죽었다. 그가 죽기 전에 인노켄티우스는 그에게 마틸다의 영지들을 주고서 연례 조공을 바치게 했다. 이 계약을 근거로 후대의 교황들은 황제가 교황의 봉신(封臣)이라고 주장하게 되었다.

교황 켈레스티누스 2세(Coelestin Ⅱ, 1143-1144 재위)와 루키우스 2세(Lucius Ⅱ, 1144-1145 재위)의 짧은 재위 기간이 끝난 뒤, 성 베르나르의 제자이자 친구인 유게니우스 3세(Eugene Ⅲ)가 1145년 2월 15일에 교황에 선출되어 1153년 7월 8일까지 다스렸다. 그는 자색 옷 밑에 시토회 수사들의 거친 내의를 입었다. 브레시아의 아르놀드(Arnold)가 일으킨 소요 사태로 인하여 로마를 도망쳐 나올 수밖에 없었던 그는 이후 대부분의 시간을 유배지에서 보냈다. 그가 재위하는 동안 에데사가 떨어져나갔고, 제2차 십자군 원정이 감행되었다. 유게니우스는 자신의 지혜롭고 충직한 고문인 성 베르나르와의 관계에 가장 큰 관심을 기울였으며, 베르나르는 그에게 교황제를 다룬 「숙의론」(*De consideratione*)이라는 유명한 논문을 써주었다.[2]

26. 브레시아의 아르놀드

인노켄티우스 2세와 유게니우스 3세, 하드리아누스 4세(Adrian Ⅳ)의 교황 재위 기간 동안에 브레시아의 아르놀드에 관한 흥미로운 사건이 발생했다. 성공하지 못한 성직자이자 정치 선동가였던 아르놀드는 교회의 세속화에 항거하고, 교회를 사도적 가난과 사도적 순결로 회복하려고 시도했다. 이 두 가지 이념이 그의 마음에 긴밀히 연결되었다. 그는 수사들뿐 아니라 교회와 성직자들도 그리스도와 사도들과 마찬가지로 세속 재산을 소유해서는 안 되며, 신자들이 내는 십일조와 자발적 예물만 받아 살아야 한다고 주장했다. 이들의 소명은 순전히 영적이라고 했다. 이 세상의 모든 소유는 평신도들과 세속 정부의 것이라고 했다.

그는 자신이 가르친 바대로 실천했고, 매일 집집마다 다니면서 밥을 얻어먹었다. 엄격한 금욕적 경건, 열정적 기질, 대중의 마음을 사로잡는 웅변, 해박한 성경 지식, 부단하고 급진적이고 두려워할 줄 모르는 정신을 소유한 수사였다. 그

---

2) 참조. 제2차 십자군 원정과 성 베르나르에 관한 장들.

는 화체설과 유아세례에 관한 교리를 제외하고는 가톨릭 정통신앙에 동의했다. 그러나 그가 어떠한 성례관을 가르쳤는지는 알려지지 않는다.

그는 이러한 교회관을 정치관과 결부시켰다. 교황의 권위에서 스스로 해방시키고 고대 로마 공화국을 회복하는 데 목표를 둔 로마인들의 운동에 편승했다. 모든 세속 권력을 평신도들에게 이양함으로써 그는 평신도들에게는 호의를 얻었지만 성직자 사회에서는 신망을 잃었다. 그를 파멸로 밀어 넣은 것은 정치적 연루였다.

아르놀드는 롬바르디아 지방의 브레시아 태생으로서 그곳 교회의 독서자로 임명받았다. 아벨라르(Abaelard)의 제자였으며, '이 골리앗의 병기 드는 자'라 불렸다. 아벨라르의 독립 정신과 교회 권위에 대한 적대감에 동조했으며, (네안더가 추정하듯이) 그 매력 있는 교사의 윤리적 원칙들에도 영향을 받았다. 후기에 확실히 아벨라르의 철저한 적이 된 성 베르나르에 대항하여 아벨라르 편에 섰다. 그러나 두 사람은 성직위계제도를 한 목소리로 반대한 것 외에는 서로 크게 달랐다. 아벨라르가 철학자였던 반면에 아르놀드는 정치가였고, 아벨라르가 사변적 사상가였던 반면에 아르놀드는 실천적 설교가였으며, 아벨라르가 합리주의자였던 반면에 아르놀드는 열정가였다. 전자가 전통적인 정통신학을 공격했다면, 후자는 성직자들의 도덕과 교회의 세속 권력을 공격했다. 아르놀드는 지적 재능에서 아벨라르에 현저히 못 미쳤으나, 교회를 빈궁하게 만들고 사회에 혁명을 조장한 실천적 가르침으로 인하여 아벨라르보다 훨씬 위험한 인물이었다. 바로니우스는 그를 가리켜 "정치적 이단들의 아버지"라 부른다.

아르놀드는 성직자들의 도덕 개혁을 위한 금욕적 열정에서 힐데브란트파에 동조했으나, 교황의 세속 권력에 관한 견해에서는 정반대 극단으로 치달았다. 힐데브란트가 국가에 대한 교회의 신정적 수위권에 목표를 두었다면, 아르놀드는 교회가 국가로부터, 성직자가 세속의 일들로부터 완전히 분리되는 데서 교회의 안녕을 구했다. 이 이론은 이미 파스칼리스 2세가 서임권을 황제에게 넘길 의사를 나타냈을 때 길을 닦았다고 할 수 있다. 이렇게 해서 힐데브란트의 개혁이 거의 소멸해 가던 상황에서 과거의 부패들이 다시 고개를 들기 시작했다. 교회의 세속 권력은 성직자들의 세속성을 촉진했다. 「교황들의 역사」(*Historia Pontificalis*)를 쓴 저자는 아르놀드의 교리가 복음과 일치하지만, 현실과는 크게 대조된다고 말한다. 그의 정적 성 베르나르도 그에 못지않게 주교들의 외화와 사치, 교황들의 세속적 관심을 비판하고, "교회가 옛 시대처럼 돈이 아닌 영혼을 낚으려고 그물을 던지는" 시대를 보기를 갈망했다.[3] 모든 수도회들이 교회의 세속성을 비판했고, 수도원 담장 안에서 사도적 가난의 원리를 실천했다. 그러나 아르놀드는 그것을 재속 성직자들에게까지 확대했으며, 심지어 사제들과 수사들에게는 가난을 구원의 조건으로 규정하는 데까지 나아갔다.

아르놀드의 설교들은 롬바르디아에서 민중의 큰 갈채를 받았으며, 브레시아의 민중과 주교 사이에 치열한 분쟁을 일으켰다. 그는 1139년의 라테란 교회회의에서 평신도들을 선동하여 성직자들을 적대시한 죄로 고소를 당했고, 분리주의자(이단이 아닌)로 면직을 당했고, 침묵하도록 명령받았으며, 이탈리아에서 추방당했다.

그는 다시 프랑스로 갔으며, 그곳에서 아벨라르와 베르나르의 논쟁에 휘말렸다. 교황 인노켄티우스는 아벨라르와 아르놀드에게 침묵을 명한 뒤 1140년에 수도원에서 나오지 못하도록 했다. 아벨라르는 투쟁과 세상살이에 지친 나머지 교황에게 굴복하고 클뤼니 수도원으로 은퇴한 뒤 2년 뒤에 그곳에서 숨을 거두었다.[4] 그러나 아르놀드는 파리에서 성직자들의 세속성과 부도덕성을 비판하는 연속 강의를 시작했다. 그가 특히 비판한 것은 주교들의 탐욕이었다. 그는 성 베르나르에 대해서도 속된 야심을 품고 학자들을 시기한다고 비판했다. 베르나르는 그에 대해서, 그의 연설은 꿀과 같은데 교리는 독이라고 했다. 그의 요청으로 왕은 아르놀드를 프랑스에서 추방했다.

아르놀드는 취리히로 피신한 뒤 과거에 파리에서 함께 수학했던 교황특사 추기경 귀도(Guido)에게 따뜻한 영접과 보호를 받았다.[5] 그러나 베르나르는 그곳

---

3) *Epist.*, 238 ad Eugen. III.

4) Tosti는 *Storia de Abelardo*, Naples, 1851에서 아벨라르가 사고(思考)의 용기는 있었으나 행동의 용기는 없었다고 말한다.

5) 이 귀도라는 인물은 과거에는, 교황 켈레스티누스 2세가 되어(1143년 9월 26일) 다섯 달 동안 재위한 카스텔로의 귀도와 동일인으로 간주되었다. 그러나 Giesebrecht와 Gregorovius(IV. 455)는 두 사람을 구분한다. Francke는 아르놀드가 취리히에 머무는 동안 스위스의 자유 신장에 영향을 주었다고 강조한다. Milman은 그가 성직위계 제도에 반대한 츠빙글리의 선구자였다고 평가한다. 그러나 츠빙글리는 아르놀드에 관해서 전혀 혹은 거의 몰랐으며, 교회를 가난하게 만들 생각도 없었고 교회와 국가를 분리할 생각도 없었다.

까지 그를 추적하여 콘스탄츠 주교에게 그를 고소했다.

어디인지 알려지지 않은 곳에서 몇 년 동안 유배 생활을 한 그는 정치 운동의
지도자가 되어서 로마에 나타났다. 인노켄티우스 2세가 그에게 이탈리아로 돌
아오도록 허용했고, 유게니우스 3세가 로마의 성소들에서 고행을 하는 조건으
로 그를 사면해 주었다. 그러나 이 교황이 프랑스로 도피한 뒤에 아르놀드는 다
시 사도적 가난 교리를 외치면서, 교황들과 추기경들을 바리새인들과 서기관들
이라고 불렀으며, 그들의 교회를 장사꾼의 집과 강도의 굴혈이라고 불렀다. 그
는 로마 원로원의 보호를 받았으며, 민중의 우상이 되었다. 로마인들은 교황의
권위를 부정하고, 교황을 쫓아내고, 고대의 양식을 따서 순전히 세속 정부를 세
우고, 콘라트 3세에게 콘스탄티누스 1세나 유스티니아누스의 역할을 맡아달라
고 부탁했다. 그들은 정부에 관한 꿈들 속에 스스로 함몰되었다. 고대 로마의 통
치 전통이 다양한 형태로 중세를 지배했다. 독일 제국에서는 보편적 군주제로,
교황제 안에서는 보편적 신정(神政)으로, 로마 민중 안에서는 잠시 대두했다가
사라진 공화국으로 살아남았다. 교황의 세속 권력에 반대하는 현대 이탈리아인
들이 좀 더 지각이 있는 사람들이다. 그들은 단지 이탈리아인들로서 스스로 다
스릴 수 있는 생득권을 주장하며, 로마의 영역을 이탈리아로 한정한다.

아르놀드는 교회를 걸어나와 정치 영역으로 들어갔으며, 새 공화국에 종교의
후광을 씌웠다. 그는 폐허가 된 카피톨리누스 신전에서 수사복을 입고서 원로원
의원들(patres conscripti)에게 설교했으며, 그들에게 카피톨리누스 신전을 재건
하고, 원로원 의원들과 기사들의 옛 질서를 회복하라고 조언했다. 그의 수척한
얼굴이 유령 같은 인상을 주어 웅변이 듣는 이들의 마음에 깊이 파고들게 했다.

그러나 공화국을 지향한 실험은 실패로 끝났다. 민중이 마침내 교황 하드리아
누스 4세의 성무중지령에 굴복한 것이다. 아르놀드는 1154년에 로마에서 추방
되었고, 민주정과 공화주의를 혐오하던 황제 프리드리히 1세의 지시로 교수형
에 처해졌다. 그의 시신은 불태워졌고 그 재가 추종자들의 유골 숭배를 막기 위
해 1155년에 티베르 강에 뿌려졌다.[6]

아르놀드는 교황제의 세속 지향성과 성직자들의 세속성에 항거한 인물이며,

---

6) 브레시아의 어느 시인에 따르면 아르놀드는 사상을 철회하기를 거부했으며, 죽
기 전에 기도할 시간을 달라고 청한 것이 고작이었다. 그레고로비우스, IV. 545.

오늘날도 그의 항거를 지지하는 사람들이 있다. 그레고로비우스(Gregorovius)는 이렇게 말한다. "오늘날도 로마가 여전히 고수하고 있는 중세의 금령은 워낙 완고했던 까닭에 12세기에 단죄를 받아 죽은 이단이 영혼이 쉴 곳을 찾지 못하고 여전히 로마를 배회하고 있음에 틀림없다." 가톨릭 주교 헤펠레(Hefele)는 아르놀드를 '진정한 이단들'에 분류하기를 거부했다. 1883년에 브레시아는 그곳에서 배출된 유명한 아들 아르놀드를 기리는 기념비를 세웠다.

아르놀드파는 한동안 지도자의 교리들을 변호하다가 1184년에 베로나 공의회에 의해 이단으로 단죄를 받은 뒤에는 자취를 감추었다.

하지만 사도적 가난을 주창하고 교황제의 세속 권력을 반대한 정신은 프란체스코회 신령파(the Spirituals)에 의하여 되살아났다. 로마 공화정을 되살리려 했던 아르놀드의 정치 계획은 2백년 뒤에 콜라 디 리엔치(Cola di Rienzi)에 의해 다시 시도되었으나(1347), 별다른 성과를 거두지 못했다. 리엔치 역시 살해된 뒤 화장되고 재는 바람에 날아갔던 것이다(1354).

27. 교황들과 호엔슈타우펜 가

콘라트 3세와 더불어 호엔슈타우펜(Hohenstaufen)이라는 막강한 가문이 황제의 권좌를 차지하여 1138년부터 1254년까지 유지했다. 이 가문의 이름은 슈바벤 지방 괴핑겐(Göppingen) 근처에 솟은 러프 알프 산의 언덕에 세워진 '호엔슈타우펜'이라는 가문의 성채(城砦)에서 유래했다. 이들은 11세기의 프리드리히 폰 뷔렌(Friedrich von Büren)이라는 기사와, 황제 하인리히 4세의 충직한 지지자였던 그의 아들 프리드리히 폰 슈타우펜(Friedrich von Staufen)에게서 유래했다. 하인리히 4세는 슈타우펜을 슈바벤의 공작으로 삼고(1079), 그에게 자기 딸 아그네스를 주었다. 이로써 호엔슈타우펜 가문은 교황 힐데브란트의 대적과 혈연 관계를 맺었으며, 기벨린파와 젤프파가 독일과 이탈리아에서 피의 대결을 벌일 때 기벨린파 진영에 섰다. 하인리히 6세(1190-1197 재위)는 결혼에 의하여 나폴리와 시칠리아 왕국을 얻었다. 그의 아들 프리드리히 2세는 자신의 가문을 절정에 올려놓았으나, 문화와 취향에서는 독일 군주라기보다 이탈리아 군주였으며, 대부분의 시간을 이탈리아에서 보냈다.

호엔슈타우펜 혹은 슈바벤 가문의 황제들은 황제주의를 견지했다. 한편으로는 교황 중심의 사제주의에 대립하여 군주의 존엄과 독립을 신적 제도로 강조하고, 다른 한편으로는 민중의 자유에 반대했다.

이들은 십자군 원정에 대해서 교황들과 공동의 보조를 맞추고 그들의 목적을 도왔다. 이들 가운데 세 사람, 콘라트 3세와 프리드리히 1세, 프리드리히 2세는 사라센족에 대항하여 십자군 원정을 감행했다. 콘라트 3세는 제2차 십자군 원정을 이끌었다가 실패를 맛보았고, 프리드리히 1세는 시리아에서 목숨을 잃었다. 프리드리히 2세는 예루살렘을 점령했다. 호엔슈타우펜 가문은 정치적·교리적 이탈에 대해서도 교황들과 공동의 보조를 맞추었다. 바르바로사는 브레시아의 아르놀드를 위험한 선동가로 규정짓고 그를 죽음으로 다스렸고, 프리드리히 2세는 추측하건대 본인도 이단이었으면서 이단들을 박해했다.

그러나 권력의 수위권 문제에 대해서는 항상 내밀하게든 공공연히든 교황들과 전쟁을 벌였으며, 결국 교황들에게 패배를 당했다. 교황과의 분쟁은 프리드리히 바르바로사 때에 발생했는데, 그는 오랜 투쟁 끝에 교회와 화해한 뒤 죽었다. 그의 손자 프리드리히 2세 때에 다시 분쟁이 발생했는데, 그는 교황에게 파문과 폐위를 당한 상태로 죽었다. 왕조는 콘라트 계열 황제들 대에 급속히 힘을 잃어가다가, 마지막 남자 대표자가 1268년에 대역죄로 참수형을 당했다. 호엔슈타우펜 가문이 교황들과 벌인 분쟁은 하인리히 4세가 그레고리우스와 그의 계승자들과 벌인 분쟁보다 더 인상적이었다. 왜냐하면 투쟁이 좀 더 높은 차원에서 벌어졌고, 황제 진영에서 투쟁에 더 큰 힘을 쏟아부었기 때문이다. 백년 이상 지속된 이 투쟁은 중세에 전개된 장엄한 광경들 가운데 하나에 속하며, 왕들이 등장한 가장 극적인 무대들 가운데 몇 장면을 제공한다. 역사가 그레고로비우스는 "중세에 치러진 이 거대한 전쟁은 수백 년을 채우며 전개되면서 만대에 가장 장엄한 장관을 이루었다"고 자신있게 말했다.

호엔슈타우펜 가문이 몰락한 뒤에 독일 제국은 1806년에 문패를 완전히 떼어 낼 때까지 명목상 교황과 관계를 유지했으나, 종교개혁 시대의 카를 5세(1519-1558 재위) 때를 제외하고는 유럽의 중앙 정치 권력으로서의 위상을 상실했다. (카를 5세 때 그 가문은 오스트리아와 저지의 국가들, 스페인, 새로 발견된 아메리카 대륙을 하나로 아울렀으며, 그 강력한 군주는 자신이 물려받은 오스트리아와 스페인의 혈통에 충실하게 민족 독립과 종교 자유를 향한 개신교 운동을 방해했다.) 옛 독일 제국 위에 그리고 프랑스의 패배 위에 수립된 새 독일 제국 (1870)은 제위를 세습한 개신교 황제의 지배를 받았다.

연대표

A.D.	POPES.	THE HOHENSTAUFEN.	A.D.
1130–1143	Innocent II.	Conrad III.	1138–1152
1143–1144	Cœlestine II.	Crowned emperor at Aix la Chapelle	
1144–1145	Lucius II.	by the papal legates.	
1145–1153	Eugene III.	Frederick I. (Barbarossa).	1152–1190
1153–1154	Anastasius IV.	(Nephew of Conrad.)	
1154–1159	Adrian IV.	Crowned emperor by Adrian IV.	1155
1159–1181	Alexander III.		
1181–1185	Lucius III.		
1185–1187	Urban III.		
1187	Gregory VIII.		
1187–1191	Clement III.	Henry VI.	1190–1197
1191–1198	Cœlestine III.	(Son of Barbarossa.)	
		Crowned emperor by Cœlestine III.	1191
		King of Sicily.	1194
1198–1216	Innocent III.	Otto IV.	1209–1215
		Crowned by Innocent III.	1209
		Deposed by the Lateran Council.	1215
1216–1227	Honorius III.	Frederick II.	
1227–1241	Gregory IX.	(Son of Henry VI. and Constance of	
1241	Cœlestine IV.	Sicily.)	
		Crowned emperor by Honorius III.	1220
1241–1254	Innocent IV.	Conrad, IV.	1250–1254
		(Second son of Frederick II.)	
		Crowned king of the Romans.	1237
		Excommunicated, 1252, and again, 1254.	
1254–1261	Alexander IV.	Interregnum.	1254–1273
1261–1264	Urban IV.	Conradin.	
1265–1268	Clement IV.	(Son of Conrad, the last of the Hohenstaufen, b. 1252.)	
		Beheaded.	1268

28. 하드리아누스 4세와 프리드리히 바르바로사

유게니우스 3세를 이어 교황이 된 인물은 아나스타시우스 4세(Anastasius IV)로서, 그의 재위는 불과 16개월밖에 되지 않았다.

그의 계승자는 니콜라우스 브레익스피어(Nicolas Breakspear)로서, (지금까지) 삼중관을 쓴 최초이자 유일한 영국인이다. 그는 세인트 올번스 교회에서 사역하던 가난한 사제의 아들로 태어났다. 빵과 학문을 구하기 위해 프랑스로 건너간 그는 아를과 아비뇽 사이에 있던 성 루푸스 수도원의 수사와 소수도원장과 대수도원장을 차례로 지냈다. 신학과 교회법을 전공했다. 교황 유게니우스 3세는 그를 알바노의 추기경 주교로 임명했고, 그를 노르웨이와 스웨덴에 자신의 특사로 파견했으며, 그는 그곳에서 교회를 조직하고 그 교회를 로마와 밀접히 연결시켰다.

그는 1154-1159년에 하드리아누스 4세로서 대단한 역량과 재능을 발휘해 가면서 교황으로 재위했다. 입에 풀칠하기도 어렵던 자가 기독교 세계의 가장 높은 지위에 오른 것이다! 너무나 상반된 운명을 이 영국인은 두루 맛보았다. 하지만 그는 권좌에 있을 때보다 가난하던 시절이 더 행복했다. 그래서 축성을 받은 직후에 "교황좌가 온통 가시로 가득하며, 교황의 의복은 구멍이 가득하고 너무 무거워서 장사라도 주저앉힐 정도"라고 말했다. 그리고 그 높은 지위를 얼마간 겪은 뒤에는 "세상에 교황처럼 불쌍한 사람이 있을까? 나는 성 베드로의 권좌에 앉아 너무나 많은 고통을 겪으면서 예전의 삶이 얼마나 행복했던가를 깨달았다"고 말했다.[7]

로마인들은 아르놀드의 사주를 받아 그에게 모든 세속적 통치권을 포기하도록 요구했다. 그러나 그는 그들의 요구를 거절했고, 아르놀드파의 일원이 대로에서 추기경들 가운데 한 사람에게 테러를 가하는 역사상 초유의 사건이 벌어지자, 그 도시에 대해서 성무중지령을 내렸다. 비록 피는 흘리지 않았으나 더 두렵고 효과적이었던 이 무기에 힘입어 그는 민중을 굴복시켰다. 그는 공화정 정부를 해산시키고, 아르놀드와 그의 지지자들을 추방한 다음 라테란 궁을 차지했다.

이 시기에 턱수염 색깔 때문에 이탈리아인들에게 바르바로사('붉은 수염'이라는 뜻)라 불린 프리드리히 1세가 롬바르드족으로부터 충성의 뜻이 담긴 쇠 왕

---

7) John of Salisbury, *Polycraticus*, VIII. 23; Migne, 199, 814.

관을 받고, 교황으로부터 황금 제관을 받기 위해서 강력한 군대를 이끌고 이탈리아에 첫 원정을 감행했다(1154). (그는 독일 황제들 가운데 가장 용감하고 강하고 독재적인 인물로 꼽힌다.)

교황은 대관식을 치러주는 첫째 조건으로 아르놀드를 제거할 것을 요구했다. 이 요구를 바르바로사는 흔쾌히 받아들이고서 그 민중 선동가를 처형하도록 지시했다. 바르바로사는 하드리아누스를 대면한 첫 자리에서 교황의 발에 입을 맞추었으나, 교황이 말에서 내릴 때 등자를 잡아주는 의식을 빠뜨렸다. 하드리아누스는 모멸감을 느끼고서 그에게 평화의 입맞춤을 해주기를 거부했다. 이것이 오래된 관습이라는 사실을 보고받은 바르바로사는 다음 날 그 관습에 순응하였으나, 오른쪽 등자 대신에 왼쪽 등자를 잡아주는 교묘한 방식을 취했다. 그는 트라스테베레를 무력으로 강점하고, 성 베드로 교회에서 원로원 의원들과 성직자들과 군대의 환호 속에 미리 정해진 의식에 따라 임명과 기름부음과 제관을 받았다(1155년 6월 13일). 로마 주민의 폭동은 신속하게 진압되었고, 황제는 반란군을 향해 진격했다. 하지만 다음 날 아침에 교황과 함께 티부르[티볼리] 산지로 돌아갔다. 그 뒤 보급품이 떨어진데다 롬바르디아가 반란을 일으켰다는 소문이 퍼지자 마지못해서 군대를 이끌고 귀국길에 올랐다. 교황은 로마 입성을 거부당한 채 외국과 국내를 통틀어 지원 세력이 전혀 없는 상태에서 베네벤토로 퇴각했다가 그곳에서 시칠리아 왕 윌리엄(로저 2세의 아들 겸 계승자)에게 포위를 당했으며, 병사들의 탈주와 기근을 이기지 못한 채 시칠리아 왕국과 아풀리아 공국, 카푸아 공국을 윌리엄에게 양도하는 것을 조건으로 그와 협정을 체결했다. 이 일로 인하여 교황은 아풀리아와 카푸아를 제국의 일부로 간주하던 황제와 갈등을 겪게 되었다. 교황은 황제가 첫째 아내를 버리고 1156년에 둘째 아내와 재혼한 것을 비판했다.

이렇게 연거푸 황제의 비위를 거스른 하드리아누스는 그가 감내하지 못할 또 다른 모욕을 안겨주었다. 사건은 룬트의 대주교가 로마를 방문하고서 독일을 지나 자신의 스칸디나비아 교구로 돌아가는 길에 강도들에게 폭행을 당한 일이 계기가 되었다.[8] 하드리아누스는 프리드리히의 제국을 성직록(beneficium)으로 표

---

8) 룬트의 에스킬은 고위 성직자들의 권한을 상당히 높게 여긴 듯하다. 그는 왕들에게 복종하지 않고 오히려 그들에게 명령하곤 했다고 자랑했다. 황제는 그가 유폐된

현했다. 그것은 그 땅이 봉토(封土) 내지는 선물이라는 뜻이었다. 어떤 경우든 독일인들에게 몹시 불쾌한 표현이었는데, 독일인들은 그것을 황제가 자신의 제국을 사도 교구의 봉토로 받아 간직하고 있다는 주장으로 해석하는 쪽을 택했다. 하드리아누스가 파견한 두 명의 교황특사들은 그 부적절한 표현의 의미를 누그러뜨리려고 노력했다.

교황은 지나치게 성직위계제도의 우월감에 젖어 있었고, 프리드리히는 황제로서의 권위 의식이 지나치게 컸기 때문에 두 사람은 평화롭게 공존하기가 어려웠다. 1158년에 프리드리히는 군대를 끌고 알프스를 넘어 밀라노를 비롯한 롬바르디아의 난공불락의 도시들을 점령했다. 그리고는 피아첸차 근처의 론칼리아 평원에서 제국의회를 소집했다. 이 회의는 황제가 교황의 뜻에 의하지 않고 독립적인 신적 권위에 의하여 제국을 다스린다는, 볼로냐의 법률가들이 내린 판결로 기억에 남겨둘 만하다. 이것이 하인리히 4세와 더불어 교황과의 투쟁이 시작된 이래로 제국이 거둔 가장 결정적인 승리였다. 그러나 법학 교수들의 판결이 교황청 정책을 바꾸어 놓지는 못했다.

하드리아누스는 황제가 군사적 목적으로 교황이 보유한 토지들에 세금을 부과할 수 없다고 주장하고, 마틸다가 교황에게 증여한 사르디니아·코르시카·페라라·스폴레토 공국에 대한 교황의 봉건적 권리를 인정할 것을 요구함으로써 다시금 황제의 비위를 거슬렸다. 프리드리히는 황제가 교황에게 충성의 의무를 지니는 것이 아니라 교황들이 황제에게 충성의 의무를 지니며, 그것은 황제 콘스탄티누스의 증여에 의하여 교황 실베스터가 로마를 차지하게 되었기 때문이라고 당당하게 되받아쳤다. 이로써 글을 통한 전쟁이 시작되었다. 그리고 하드리아누스는 자신의 원수인 황제를 파문으로써 처벌할 계획을 세우고 있던 차에 아나니에서 숨을 거두었다. 그리고는 성 베드로 교회 묘지의 고색창연한 붉은 화강암 석관에 안장되었다. 이로써 도덕적 인품과 개인적 친화력에 힘입어 가난한 성직자의 아들에서 기독교 세계의 가장 높은 자리에 오른, 그리고 대단히 노회한 군주에게 감히 도전하고 황제의 면류관을 교황의 은전(beneficium)이라고 불렀던 한 인간의 인생이 막을 내렸다.[9]

_____

것을 내심 흡족하게 여겼을 가능성이 매우 크다.
  9) 그레고로비우스(IV. 560)는 하드리아누스의 여러 가지 공적을 칭송한 뒤에 "그는

로마 시에 성무중지령을 내린, 이탈리아나 독일 출신의 어떠한 교황도 감히 엄두를 내지 못한 이 엄청난 조치를 감행한 이 잉글랜드 출신의 교황은 기독교 세계의 모든 섬이 콘스탄티누스의 증여에 의하여 교황에게 속한다는 근거로 아일랜드를 잉글랜드 왕에게 하사했다. 그가 헨리 2세에게 아일랜드를 침공하여 병합하여 영구히 소유하라고 권장한 「찬사」(*Laudabiliter*)라는 기묘한 교서는 진정성이 크게 의심되지만, 솔즈베리의 존이 1159년경에 쓴 글에서 주장하듯이 하드리아누스가 그에게 권위를 위임했음에 틀림없으며, 이 교서가 훗날 알렉산더 3세에 의해 다시 발행되어 1171년에 실행되었다.[10] 아일랜드의 왕들로서는 두 번 다시 잉글랜드 출신의 교황이 배출되는 것을 원치 않았을 법하다.

29. 알렉산더 3세와 바르바로사의 투쟁

알렉산더 3세(1159-1181 재위)와 더불어 하드리아누스 때 시작한 황제주의와 교황주의 사이의 투쟁이 한층 심각한 양상을 띠었다 그것은 파괴를 위한 전쟁이 아니라, 한편으로는 수위권을 쟁취하고 다른 한편으로는 상대를 굴복시키기 위한 전쟁이었다. "누가 더 크냐?"는 것이 쟁점이었다. 교회와 국가의 해묵은 분쟁이 새로운 양상으로 표출된 것이었다. 카이사르와 교황은 그들이 신앙을 가지고 있는 한에는 다 같이 가톨릭 신자들이었다. 두 사람은 서로에게 없어서는 안 될 존재들이었다. 황제나 왕은 자기 백성들의 양심을 통제하는 데 필요한 수석 전속사제와 신부로서 교황이 필요했고, 교황은 교회의 재산과 권리를 보호하고

앵글로색슨족답게 빈틈없고 실제적이고 고집이 셌다. 그의 성격은 그의 무덤의 화강암처럼 확고하고 강인했다"고 말한다.

10) 솔즈베리의 존(*Polycr*. VI. 24; Migne, 199, 623)은 하드리아누스가 그의 청원을 듣고서 아일랜드를 헨리와 그의 계승자들에게 양도하되, 모든 섬들이 고대의 법과 콘스탄티누스의 증여에 의해 교회에 귀속된다는 근거로 그렇게 했다고 분명히 말한다. 교황은 존을 통해서 영국 왕에게 보석을 박은 금반지를 서임(敍任) 반지로 하사했다. 하지만 아일랜드 저자들은 연구와 애국심에 힘입어 그 교서가 위조 문서이며 그와 관련된 전승이 허구임을 논증했다. 개신교 학자들은 교황이 실수할 수도 있다고 주장함으로써 난제를 조금 더 수월하게 피해간다.

이단들을 제재하는 데 황제의 공권력이 필요했다. 황제들은 대립교황들을 선출했고, 교황들은 경쟁 황제들을 지원했다. 그런데 독일과 이탈리아를 통일하는 것이 호엔슈타우펜 가문의 야심이었던 반면에, 두 나라를 분리하고, "분할하여 다스리라"(Divide et impera)는 공식에 따라서 독일과 이탈리아 안에 분열을 고착시키는 것이 교황들의 관심사였다.

1159년 9월 7일에 로마 교황청의 상서국장 겸 저명한 교회법 학자였던 추기경 롤란드(Roland)가 알렉산더 3세로서 교황좌에 올랐다. 그는 볼로냐 대학교 교수를 지냈고, 「그라티아누스 교령집」(*Decretum Gratiani*)으로 그라티아누스의 교령들에 관한 첫 저서를 썼다. 그는 과거에 "황제가 교황 외에 누구에게 권위를 받는가?"라는 질문으로 바르바로사의 비위를 거스른 적이 있다. 또한 하드리아누스에게 황제를 파문에 처하라고 조언한 적도 있다. 그는 학자요 정치가이자, 힐데브란트가 주창한 신정(神政)의 열렬한 옹호자였다. 교황이 된 뒤에 아주 드물게 21년이라는 긴 세월을 재위했으며, 그레고리우스 7세와 인노켄티우스 3세 사이에 재위한 교황들 가운데 가장 명석했다. 그는 황제와 네 명의 대립 교황들과 투쟁을 벌이는 가운데 승리하기도 하고 패배하기도 하는 기복을 겪었으나, 끝까지 일관된 소신을 지켰으며, 마침내 도덕적 능력과 남부의 노르만족, 북부의 롬바르드족의 도움에 힘입어 대적들을 제압할 수 있었다.

롤란드가 14인의 추기경에 의하여 선출된 직후에 황제가 선출한 대립교황인 산타 체칠리아의 추기경 옥타비아누스(Octavian)가 빅토르 4세라는 이름으로 선출되면서 즉시 바티칸을 장악했다. 롤란드는 닌파에서, 옥타비아누스는 파르파 수도원에서 각각 축성을 받았다. 이들은 로마 시 주변의 캄파니아 평원에서 서로 불과 몇 km 거리를 둔 채 상대방의 선출을 모욕하고 헐뜯는 내용의 글들을 발행했다.[11]

당시 크레모나 시를 공격하고 있던 황제는 양 진영으로부터 지원 요청을 받고는(비록 각기 정서는 달랐으나), 콘스탄티누스 · 테오도시우스 · 유스티니아누스 · 샤를마뉴 · 오토가 행사한 권한을 사용하여 1160년에 파비아에서 그 문제를

---

11) 옥타비아누스는 그의 반대파의 보고에 따르면 롤란드의 어깨에서 교황의 외투를 벗겨내어 자신이 걸쳤는데, 워낙 다급하게 서두르다가 외투를 뒤집어 입었다고 한다. 이러한 실수에 사방에서 조소의 웃음이 터져나왔으며, 사람들은 그것을 하나님의 심판으로 해석했다.

조사하여 판결할 공의회를 소환했다. 황제의 사절들은 두 사람에게 따로 공의회에 출두해달라고 요청했다. 항상 황제파였던 옥타비아누스는 그 초대를 받아들였다. 하지만 롤란드는 황제를 불신한 까닭에, 황제가 자신의 허락을 받지 않고 공의회를 소환한 것이 월권이라고 항의했다. 자신은 황제를 여느 군주와 구별되는 교회의 특별한 보호자로 존경을 하지만, 하나님께서 교황을 왕들 위에 세우셨다고 지적했다.

주로 독일과 이탈리아 북부의 주교들로 구성된 이 파벌 공의회는 엄숙한 토론 끝에 1160년 2월 11일에 만장일치로 옥타비아누스를 교황으로 결정하고 롤란드에 대해서는 파문을 언도했다. 황제는 관례대로 빅토르 4세에게 경의를 표한 뒤 그의 등자를 잡고 그의 발에 입을 맞추었다. 알렉산더는 1160년 3월 24일에 대립교황과 황제에게 파문을 선포했다. 이로써 롬바르디아에서 폭동이, 독일에서 분열이 일어나도록 조장했다. 또 한 번의 이 분열로 교회가 둘로 갈라졌다.

두 경쟁 교황들은 유럽 전역에 자신의 특사들을 파견했다. 프랑스·스페인·잉글랜드는 알렉산더 편에 섰다. 그는 3년간 프랑스로 망명했는데(1162-1165), 그가 그 나라에 도착했을 때 뜨거운 영접을 받았다. 프랑스의 루이 7세와 잉글랜드의 헨리 2세는 그가 탄 말 좌우 편에 서서 고삐를 잡고서 그를 루아르 강변의 쿠르시로 안내했다. 독일·헝가리·보헤미아·노르웨이·스웨덴은 빅토르를 지지했다. 이탈리아는 두 편으로 나뉘었다. 로마와 토스카나는 황제의 수하에 들어갔고, 시칠리아는 그레고리우스 계열의 교황을 지지했다. 상공업이 발달한 롬바르디아의 도시들은 바르바로사를 '도시들의 파괴자'라 부르면서 그의 독재에 잔뜩 불만을 품고 있었다. 황제는 철권으로 반란을 진압했다. 밀라노를 장기간 철저히 포위 공격한 끝에 그 도시를 잿더미로 만들고, 주민들을 사방으로 흩어버리고, 1162년 3월에 동방박사들의 성유물을 쾰른 주교좌성당으로 옮기게 했다.

빅토르 4세는 1164년 4월에 죽었다. 파스칼리스 3세(Paschal III)가 교회법 규정과 상관 없이 그의 계승자로 선출되었다. 그는 황제의 요청으로 샤를마뉴를 시성(諡聖)했다(1165).

알렉산더 3세는 황제에 반기를 든 롬바르디아 동맹의 수장을 자임했다. 그 지방 도시들이 앞다투어 그에 대한 지지를 선포했다. 1165년 9월에 그는 시칠리아와 프랑스, 잉글랜드의 자금 지원을 받아 이탈리아로 돌아가 로마를 차지했다.

1166년 11월에 프리드리히는 막강한 군대를 이끌고 네 번째로 알프스 산맥을 넘어 로마로 진격한 뒤 레오의 구역(Leonine City, 교황 레오 4세가 바티칸 궁전 둘레에 성벽을 쌓아 조성한 로마 시내의 한 구획: 역자주)을 점령하고 파스칼리스 3세를 성 베드로의 권좌에 앉히고, 1167년 8월 1일에 다시 대관식을 치렀다. 알렉산더는 로마 시의 티베르 강 맞은 편 구역을 방어했으나 곧 베네벤토로 철수했다. 이렇게 전쟁에서 승리를 거둔 황제는, 하지만 군대보다 더 가공할 적인 '로마인 열병'에 부닥쳤다. 그의 주교들과 귀족들과 병사들 사이에 열병이 무서운 기세로 번졌다. 그 전염병 탓에 불과 몇 주도 되지 않아 가장 용감한 기사들과 수천 명의 병력을 상실했다. 그는 황급히 주둔지를 정리한 뒤 파비아로 이동했다(1167년 9월).[12] 그곳에 도착한 그는 롬바르디아 전체가 자신에게 반기를 들었다는 사실을 발견하고는 목숨을 건지기 위해서 혼자서 거의 도망자처럼 알프스를 다시 넘었으나, 마음에는 다시 돌아와 반드시 응징하고 말겠다는 결의가 뜨겁게 타올랐다.

두 번째 대립교황은 1168년 9월 20일에 죽었고, 그가 죽음으로써 분열의 기세도 크게 꺾였다. 칼리스투스 3세가 그의 계승자로 선출되었으나, 그는 꼭두각시에 지나지 않았다(1168-1178 재위).[13]

바르바로사는 1174년에 이탈리아를 향해 다섯 번째 원정을 감행했다. 수사라는 도시를 잿더미로 만든 그는 피에몬테(이탈리아 북서부 지방)를 지나 남하하여 알레산드리아라는 새 도시를 포위했다. 알렉산더 3세를 기념하여 건설된 이 도시는 강력한 요새였다. 이곳에서 그는 단호한 저항을 받았다. 그의 전력은 혹독한 추위에 몹시 약해져 있었다. 게다가 그의 가장 강력한 동맹자였던 작센의 공작 사자 하인리히(Henry the Lion)에게 버림을 받았다. 그는 1176년 5월 29일에 레냐노 근처에서 롬바르드족과 대치하여 힘겨운 전투를 벌였다. 평소와 마찬가지로 가장 치열한 접전이 벌어지고 있는 현장으로 돌진해 들어간 그는 피비린

12) 토머스 아 베켓은 알렉산더에게 보낸 축하 서신에서 프리드리히가 전염병에 의해 패주한 사건을 산헤립이 예루살렘에서 패주한 사건(대하 32:21)에 비유했다.

13) 그가 남긴 얼마 되지 않는 행적은 Kaffe-Wattenbach, *Regesta*, pp. 429-430에 기록되어 있다. 그는 알렉산더에게 굴복했으며, 베네벤토의 대주교가 되었다. 네 번째 대립교황 란도 시티노(본인은 인노켄티우스 3세라고 부름, 1179-1180)에 관해서는 선출과 투옥 사실을 제외하고는 기록이 남아 있지 않다(*ibid.*, p. 431).

내 나는 처참한 전투 끝에 패한 뒤에 방패와 군기와 십자가와 창과 금은을 실은 궤짝들을 빼앗겼다. 그는 잔여 병력들을 이끌고 파비아로 철수했다. 이제는 그에게 단 하나의 동맹자도 남지 않았으며, 독일에서조차 사자 하인리히의 위험한 경쟁으로 인해 위협을 당했다. 상황이 이쯤 되자 그는 이제 적 진영의 영적 수장인 알렉산더에게 타협하기 위한 중대한 조치를 취하게 되었다.

황제는 마인츠의 대주교 크리스티안(Christian, 그의 종교법 고문이자 가장 유능한 장군과 외교관), 마그데부르크의 대주교 비크만(Wichmann), 보름스의 주교 콘라트(Conrad), 수석 서기관 보르트빈(Wortwin)에게 교황과 협상할 전권을 위임하여 그들을 아나니로 보냈다(1176년 10월). 알렉산더는 각별히 예를 갖추어 사절단을 영접했고, 보름간 비밀 회담을 가지면서 평화조약안을 마련한 뒤 그것을 향후에 베네치아에서 황제와 회동하게 될 때 비준하기로 약조했다.

교황은 황제가 발행해 준 안전 통행권을 가지고 1176년 성탄절에 추기경들과 시칠리아 왕국이 사절로 보낸 살레르노의 대주교 로무알드(Romuald)와 안드리아의 백작 로저(Roger)를 데리고 아나니를 출발하여 1177년 3월 24일에 베네치아에 도착했다. 황제는 7월 23일까지 베네치아 근처 초지아에서 느긋하게 기다리고 있었다. 교황과 황제 사절단이 벌인 평화 협상은 5월부터 시작하여 7월까지 계속되었다. 협상은 아나니에서 체결했던 협상안을 토대로 진행되었다.

30. 베네치아 평화조약(1177)

협상 결과 28개조로 이루어진 베네치아 평화조약이 체결되었다. 조약 내용을 간략히 소개하자면 다음과 같다. 알렉산더는 합법적인 교황으로 인정을 받았다. 대립교황 칼릭스투스는 대수도원으로 돌아가도록 했고, 그의 추기경들은 교황청으로 임명을 받기 전에 갖고 있던 직위로 복귀하도록 했다. 베아트리체를 프리드리히의 합법적 아내로 인정했고, 그의 아들 하인리히를 로마인들의 왕으로 인정했다. 로마와 교황령(Patrimonium)은 교황에게 되돌려졌고, 스폴레토는 로마의 영토로 귀속되었으며, 안코나는 제국의 일부로 인정되었다.

평화조약은 중세 역사에서도 엄숙하기로 손꼽히는 의식에 의하여 비준되었다. 성무중지령에서 풀려나고 18년간의 투쟁을 청산하게 된 황제는 1177년 7월

24일에 성 마가 교회 앞에서 교황을 만났다. 허다한 인파가 광장을 꽉 메웠다. 의관을 갖춘 채 주교좌성당 현관 앞에 마련한 권좌에 앉은 교황은 자신이 삼중관을 처음 쓰던 날부터 걸어온 순탄치 않았던 세월을 회고하며 만족감에 젖어들었을 것이다. 추기경들과 대주교들과 주교들과 그 밖의 귀인들이 서열에 따라 아래에 마련된 좌석에 앉았다.

황제는 총독이 타는 화려한 곤돌라를 타고서 고위 성직자들과 귀족들을 대동하고 도착하여 각종 깃발들과 십자가들을 든 기수단에 의해 영접을 받았다. 군중의 환호가 사위를 뒤덮었다. 황제는 천천히 주교좌성당으로 걸어갔다. 존경스러운 교황에 대한 경외감에 압도된 그는 외투를 벗고서 그의 발 앞에 엎드렸다. 알렉산더는 눈물을 흘리며 그를 일으켜 세운 뒤 평화와 축복의 입맞춤을 해주었다. 테 데움을 부르는 찬송 소리가 사방에 울려퍼졌다.

그런 뒤 황제가 교황의 손을 잡고서 그와 총독과 나란히 교회로 들어갔고, 제단에 후한 예물을 바친 뒤 무릎을 꿇고 다시금 교황의 축복을 받았다.

다음 날(25일) 성 야고보의 축일에 교황은 황제의 요청에 따라 장엄미사를 집례하면서 설교를 했는데, 설교 내용을 아퀼라의 총대주교에게 부탁하여 독일어로 통역하도록 했다. 미사가 끝난 뒤 황제는 교황을 따라 제단에서 문까지 나와서는 관례에 따라 그의 말 등자를 잡아줌으로써 존경을 표시했다. 그리고는 교황이 탄 말의 고삐를 직접 잡고 광장을 지나 항구까지 모시겠다고 제의했다. 하지만 교황은 호의에 감사를 표하면서 정중하게 거절한 뒤 다시 황제에게 축복했다.

이것이 당대의 저자들과 목격자들이 남긴 권위 있는 보고이다. 그들은 황제가 교황에게 "제가 이러한 경의를 바치는 분은 베드로이지, 당신이 아닙니다" 하고 말하자, 교황이 황급히 "베드로와 저한테이지요" 하고 대답했다는 이야기는 언급하지 않는다.

성직자 사회는 이 회동을 제2의 카노사로 평가해왔다. 베네치아에 있는 그림들에는 교황이 권좌에 앉아 자기 앞에 엎드린 황제의 목에 발을 얹어놓고서 시편 91:3의 말씀을 언급하는 모습이 묘사되어 있다:

"네가 사자와 독사를 밟으며 젊은 사자와 뱀을 발로 누르리로다."

베네치아와 카노사 사이에는 바르바로사와 하인리히 4세의 인물 차이에 해당하는 만큼의 큰 차이가 있다. 바르바로사는 살리족(프랑크족의 일족) 전임자[하인리히 4세]보다 지적으로 뿐 아니라 도덕적으로도 훨씬 우월했고, 심지어 패배했을 때조차 적들에게까지 존경을 받았던 것이다. 그는 자신의 위엄을 견지했고, 한 번 한 말을 명예롭게 지켰다.

회동이 끝난 뒤 사절들과 서신들이 평화의 기쁜 소식을 가지고 기독교 세계 전역에 보내졌다. 황제는 9월 말에 베네치아를 출발하여 우회로를 이용하여 독일로 향했고, 교황은 10월 15일에 아나니를 향해 길을 나섰다. 1178년 3월 12일에 알렉산더는 십 년의 유배 생활을 청산하고서 당당하게 로마에 입성했다.

알렉산더는 황제와 합의한 대로 기독교 세계의 화해를 재가하고, 분열 기간 동안 가중되었던 특정 악들을 제거하기 위한 교회회의를 소집했다. 이리하여 제3차 라테란 공의회 혹은 제11차 에큐메니컬 공의회가 1179년 사순절에 로마의 콘스탄티누스 바실리카에서 열렸다. 여러 대수도원장들과 대주교들 외에도 3백 명 가량의 주교들이 참석함으로써 로마 성직위계제도의 영광을 과시했다. (하지만 이 회의도 1215년의 제4차 라테란 공의회에 의하여 빛이 가려지게 된다.) 공의회가 결의한 구체적인 사항들은 알려지지 않고, 다만 세 번째이자 마지막 회기에서 채택한 27개 장들만 알려질 뿐이다.

공의회는 대립교황 선출의 폐해를 막기 위해서 교황 선출 권한을 추기경들에게로 한정했고, 결정도 2/3의 찬성을 조건으로 했으며, 그 이하의 표결로 선출된 자를 교황으로 받아들이는 자에 대해서는 파문으로 경고했다. 대립교황들(옥타비아누스·귀도·스트루마의 요한)의 재직은 무효로 선언했다. 나이가 적어도 서른이 되지 않았거나 적법하게 출생하지 않은 사람은 주교로 선출될 수 없었다. 고위 성직자들이 교구를 순방할 때 지나친 사치를 막기 위해서 대주교들이 그 경우에 동원할 수 있는 말의 수를 40-50필, 추기경 25필, 주교 20-30필, 대부제[부주교] 5-7필로 제한했다. 성직에 임명되면 반드시 첩을 버려야 했고, 그렇지 않을 경우 성직록을 포기해야 했다. 천륜을 거스르는 행위는 사제직을 박탈하고 수도원에 감금하는 벌로 다스리도록 했다. 공의회는 프랑스 남부의 이단들을 진압하기 위한 십자군 원정을 예비했고, 원정에 참여하는 사람들에게 과거 무슬림에 대한 십자군 원정에 참여했던 사람들과 똑같이 2년 기간의 대사(大赦)를 약속했다.

공의회가 끝난 직후에 알렉산더는 로마 공화정파에 의하여 다시 추방되었으며, 1181년 8월 30일에 치비타 성채에서 숨을 거두었다. 역대 교황을 통틀어 그보다 오래 재위한 교황들은 실베스터 1세(314-335), 하드리아누스 1세(772-795), 피우스 7세(1800-1823), 피우스 9세(1846-1878), 그리고 레오 13세(1878-1903)뿐이다. 알렉산더의 유해가 장례를 위해 로마로 운구될 때, 주민들은 관에 돌과 진흙을 던지면서 그의 기억에 모욕을 가했다.[14] 알렉산더는 시종일관 그레고리우스의 원칙들에 충실한 까닭에 바르바로사와 끊임없이 대치 국면을 유지했다. 토머스 아 베켓이 헨리 2세와 결연히 투쟁할 때도 그런 이유로 그를 지원했다. 1181년에 스코틀랜드에 성무중지령을 내린 것도 왕 윌리엄이 존을 교회법 절차에 따라 세인트 앤드루스 주교로 선출한 것을 인정하지 않았기 때문이다. 그는 재위 초반의 망명기에 자신을 지원해 준 프랑스의 루이 7세에게 붉은 장미(the Red Rose)를 하사했다. 제3차 라테란 공의회를 주재했고, 카타리파(Cathari)와 알비파(Albigenses)를 진압하기 위한 십자군 원정의 길을 닦았다.

그의 후임으로 나이 지긋하고 허약한 루키우스 3세(Lucius III)가 1181년 9월 1일에 추기경들에 의해서만 선출되었다. 과거에 교황 선출에 간여했다가 자신들의 몫을 박탈당한 로마 주민들은 그를 야만적으로 대했다. 투스쿨룸에서 그의 파벌 가운데 20명 내지 26명을 붙잡아 그 중 한 사람을 제외하고는 전부 눈을 빼고, 그 한 사람에게는 추기경들의 이름을 적은 종이 삼중관을 씌웠으며, 그들을 나귀들에 태운 뒤 눈을 성하게 남겨둔 사제에게 그들을 데리고 "사악한 성직매매자 루키우스"에게 가도록 했다. 루키우스 3세는 자신이 중요한 교회회의를 열었던 베로나로 망명한 뒤 그곳에서 죽었다.

눈여겨봐야 할 대목은, 역대 교황들 가운데 위대한 인물들로 꼽히는 이들 — 그레고리우스 7세·우르바누스 2세·인노켄티우스 2세·유게니우스 3세·하드리아누스 4세·알렉산더 3세·그의 계승자들 가운데 세 명 — 이 자기 백성들에게 충성을 받지 못하고, 로마에서 포위 공격을 당하거나 도망칠 수밖에 없었다는 사실이다. 하드리아누스 4세는 자신의 동족이자 친구인 솔즈베리의 존에게 "로마는 교회의 어머니가 아니라 계모일세" 하고 말했다. 로마인들은 항상 옛

---

14) Reuter, III. 495-499. 로마 주민들은 피우스 9세의 관이 밤에 바티칸에서 매장지인 산 로렌초 바실리카로 운구될 때도 그와 유사한 모욕을 가했다.

공화정에 대한 기억과 제국에 대한 향수에서 흔들렸다. 그래서 어떤 때는 집정관과 원로원 의원과 호민관을 세우기도 했고, 어떤 때는 독일 황제를 진정한 아우구스투스 카이사르로 간주하여 그를 환영하기도 했고, 교황에게 충성을 바치다가 쫓아내 망명길에 오르게 하는 등 항상 자신들을 더 높은 값에 팔았다. 교황청은 자체의 원칙과 목표를 항상 일관되게 견지했으나, 목적을 달성하기 위해서는 로마에서든 유배지에서든 탐욕과 뇌물 수수를 마다하지 않았다. 알렉산더 3세를 가장 확고하게 지지했던 토머스 베켓조차 추기경들을 향해 돈을 좋아하는 자들이라고 준열하게 꾸짖었다.

황제 프리드리히는 자신의 위대한 경쟁자보다 거의 10년을 더 살다가 1190년에 제3차 십자군 원정대를 이끌고 소아시아의 작은 강을 건너던 중 익사했다.

프리드리히 바르바로사는 중키에 표정이 밝고 피부가 곱고 머리색이 노랗고 턱수염이 붉은 용모에다 좋은 친구이자 너그러운 대적이었다. 매사에 공명정대했으나, 지나치다 싶을 정도로 자주 후한 연보를 냈고, 신앙 의무들을 철저히 이행했고, 두 번째 결혼 생활에 행복해했고, 중세 기사도의 가장 고상한 유형이었고, 12세기의 가장 위대한 군주였으며, 현실에서도 용사였고 로맨스에서도 용사였다. 그는 한 손에는 독일의 칼을, 다른 손에는 유스티니아누스의 법전을 가지고 이탈리아에 들어왔으나, 롬바르디아 도시들의 정치적 독립을 진압하는 데 실패했고, 알렉산더의 교권에 대한 투쟁에서도 승리를 거두지 못했다. 독일인들의 상상력은 그를 로마의 황제들 가운데 샤를마뉴에 버금가는 위치에 두고, 그의 인품을 과장하여 예찬하고, 시대의 한계를 벗어나지 못한 그의 과오들을 묵인하고, 그가 다시 도래하여 독일의 통일과 권력을 되찾아주기를 고대하는 등 그의 기억을 노래와 이야기로 보존했다.

31. 토머스 베켓과 잉글랜드의 헨리 2세

알렉산더 3세의 재위 기간 동안 교황 중심의 성직위계제도는 독일 황제에 대해 거둔 승리에 비해 더 이르고 큰 승리를 잉글랜드 왕에게 거두었다.

토머스 베켓(Thomas Becket) 혹은 토머스 아 베켓(Thomas à Becket) 혹은 캔터베리의 성 토머스는 알렉산더와 바르바로사 다음으로 12세기의 가장 유명한 인물이며, 잉글랜드 역사에서 전율을 일으킬 만큼 흥미로운 장을 채운다. 그는 안셀무스가 왕에 대해서 벌였던 투쟁을 재개했고, 순교로써 중세 후기의 가장 유명한 성인이 되었다.

그의 전기 자료는 그가 런던에서 출생한 것부터 시작하여 왕실이 보낸 기사 네 명의 손에 자신의 주교좌성당에서 살해된 것에 이르기까지 매우 풍부하다. 당대에 저술된 예닐곱 편의 전기 외에도, 단편들, 전설들, '수난기'들, 국가 문서들, 개인적인 편지들, 라틴 교회 전체를 대상으로 한 서신이 현존한다. 그러나 그의 생애는 로맨스적 전설들과 신학 논쟁들로 감싸여 있다. 그는 당대에 보샴의 허버트(Herbert) 같은 열정적인 지지자들과 길버트 폴리엇(Gilbert Foliot) 같은 치열한 대적들도 있었다. 그리고 현대의 전기 작가들도 자신들의 신조와 교회와 국가 문제에 관한 견해에 따라서 견해가 엇갈려서, 더러는 그를 영웅과 성인으로 보고, 더러는 위선자와 배반자로 평가한다. 우리는 그를 12세기의 관점에서 평가해야 할 것이다.

베켓은 1118년 12월 21일에 헨리 1세의 재위 기간에 런던에서 태어났다. 아버지는 프랑스 루앙에서 살다가 잉글랜드 칩사이드에 정착한 상인 길버트 베켓이었고, 어머니는 노르망디 카엥에서 태어나 자란 마틸다 혹은 로즈였다.[15]

후대의 전설에서 그의 아버지는 용감한 십자군 병사로, 어머니는 아버지가 동방에서 만나 사랑에 빠진 사라센 공주로 등장한다. 마틸다는 포로로 잡힌 길버트가 도망치도록 도와주고, 홀몸으로 그의 뒤를 따라 잉글랜드로 온다. 영어라곤 '런던'과 '길버트', 이 두 단어만 알았던 여인은 도시의 거리들을 배회하다가 마침내 기적에 의해 칩사이드에서 사랑하는 그를 발견하고는 세인트 폴 교회에서 세례를 받고 성대한 결혼식을 올린다. 결혼한 뒤 자기 아들이 장차 위대하게 장성하여 캔터베리 대주교가 되는 꿈을 꾼다.

---

15) 베켓이 노르만족 출신이라는 견해는 당대의 증언에 근거한 것이며, Giles · Lingard · Robertson · Milman · Hook · Freeman · Reuter · Hefele가 이 견해를 받아들인다. 런던은 상업에 유리한 도시였기 때문에 노르망디에서 많은 사람들을 끌어들였다. Lord Lyttleton · Thierry · Campbell · J. A. Froude는 베켓이 색슨족이라고 생각하지만 뒷받침할 만한 그거가 없다. 베켓이라는 이름은 별명이며, 아마도 색슨어일 가능성도 있고 노르만어일 가능성도 있다. 아(à)라는 접두사는 후대에 붙은 듯하며, 일반적인 구어체에서 유래한 것으로 추정된다(Robertson과 Hook에 따르면).

베켓은 서리의 머튼 대수도원과 런던의 몇몇 학교들에서 교육을 받았다. 후에 그는 파리·볼로냐·오세르 대학교들에서 주로 민법과 교회법을 공부했으나, 특별히 학문적 재능은 발휘하지 못했다. 그는 학자가 아니라 정치가와 성직자였던 것이다.

그는 흡인력이 매우 강한 인격으로 세상과 교회에 흔적을 남겼다. 용모가 준수하고 키가 크고 풍채가 당당했고, 대화에 임할 때는 논리 정연하고 밝고 유쾌하고 정중했고, 논쟁할 때는 빈틈이 없이 웅변을 토해냈고, 사냥을 좋아했으며, 중세 기사가 즐기던 모든 스포츠에 능숙했다. 아무리 강한 성도 날려버릴 수 있었고 아무리 강한 기사도 말에서 떨어뜨릴 수 있었다.

캔터베리 대주교 시어볼드(Theobald, 1139-1161 재위)는 1142년에 그를 자신의 측근으로 기용하고서 당시 그라티아누스가 교회법을 가르치던 볼로냐 대학교로 보냈고, 교황청과 미묘한 문제들이 발생할 때 그를 활용했고, 그를 대부제[부주교]로 임명했으며(1154), 그 외에도 비벌리의 참사회장직과 여러 교회들, 여러 참사회들 같은 수입이 좋은 성직록들을 하사했다. 훗날 베켓은 대주교가 되어서 자신을 '가난'에서 이끌어 세워준 국왕에게 배은망덕하다는 비판을 받았을 때 자신이 대주교가 되기 전부터 지니고 있던 이런 많은 성직록들을 당당하게 제시했으며, 종교개혁 시대까지 계속된 복수 성직 겸임의 폐습을 폐지하려는 시도를 하지 않았다. 많은 부자 성직자들이 자신의 소교구들을 수입원으로만 간주했으며, 쥐꼬리만한 급여를 줘도 괜찮은 배우지 못한 사제들을 대리자로 세워 자신의 의무를 수행했다.

왕 헨리 2세(1154-1189 재위)는 재위 2년에 시어볼드의 권유를 받아들여 당시 서른일곱밖에 되지 않은 베켓을 시어볼드의 후임으로 잉글랜드의 대법관에 임명했다. 대법관은 국왕 다음으로 가장 높은 세속 관리로서, 공석중인 대주교구들과 대수도원들과 전속사제들과 그 밖의 성직록들을 포함한 왕의 거의 모든 하사와 은전을 관장했다.

콧대 높은 플랜태저넷 가문의 첫 왕인 헨리는 유능하고 쾌활하고 정력적인 군주였다. 아침부터 저녁까지 부지런히 걸어다녔고, 어지간해서는 의자에 앉는 일이 없었다. 법과 엄격한 정의로 나라를 다스림으로써, 불행했던 스티븐 왕의 재위 기간을 혼란의 궁지에 몰아넣었던 폭력과 무정부 상태를 말끔히 정리했다.[16] 그러나 그는 격정적이고 복수심이 강하고 방탕했다. 분노를 참지 못해 발작을 자주 일으켰는데, 그럴 때는 미친 사람과 다를 바 없었다. 그는 서유럽에서 가장 강력한 군주였다. 그가 대륙에 확보한 영토는 마인과 노르망디, 앙주와 아키텐을 포함하고, 플랑드르에서부터 피레네 산맥 자락까지 닿는 등 프랑스 왕의 영토보다 넓었다. 훗날(1171) 그는 교황 하드리아누스 4세와 알렉산더 3세의 승낙을 받아 아일랜드를 정복했다. 불륜으로 인하여 프랑스 왕 루이 7세에게 이혼을 당한 아키텐의 여왕 엘레오노르(Eleanor)와 결혼하여 영토를 더욱 확장했다. 하지만 이 결혼 때문에 프랑스와 장기간에 걸친 전쟁에 휘말렸으며, 국내에서도 많은 어려운 문제를 겪었다. 엘레오노르는 자신의 경쟁자들을 질투한 끝에 자신의 아들들인 제프리와 리처드를 시켜 아버지에게 반란을 일으키게 했다가 1173년에 그 일로 투옥되었으며, 1189년에 헨리가 자신의 후계자 사자심왕(獅子心王, Caeur de Lion) 리처드 1세(Richard I)의 손에 죽은 뒤에 풀려났다. 리처드는 성지를 향해 떠나면서 엘레오노르를 섭정으로 세웠다. 훗날 엘레오노르는 퐁트브로 수도원으로 은퇴한 뒤 1203년경에 그곳에서 죽었다.

베켓은 7년간(1155-1162) 대법관으로 재직하면서 왕을 도와 질서와 평화를 회복하는 데 힘썼다. 법 집행을 개선했다. 열정과 공정성을 견지했으며, 성직자들보다 국왕을 더 챙겼음에도 불구하고 교회로부터 원성을 듣지 않았다. 국왕에게 철저히 충성했으며, 과거에 시어볼드를 섬겼던 것만큼이나, 그리고 훗날 교황을 섬겼던 것만큼이나 충직하게 그를 섬겼다. 공적인 의무에 최선을 다하는 모습이 그의 생애 모든 국면에서 돋보이는 대목이다.

그는 대법관직을 일찍이 유례가 없을 만큼 유력하고 중후한 차원에 올려놓았다. 헨리 8세를 섬긴 울지(Wolsey) 못지않게 격조 있고 유능한 인물이었다. 왕의 직함만 없었을 뿐 사실상 왕의 역할을 수행했으며, 헨리가 자주 자리를 비우고 대륙으로 건너가 있는 동안 섭정직을 수행했다. 항상 좋은 의상으로 차려입었고 기사 140명의 수행을 받았고 후하게 베풀었으며 가문과 국가의 잔치에 막

---

16) 테니슨은 스티븐의 재위를 다음과 같이 묘사한다.
  "통치가 없었던 재위.
  그때는 아무도 집에서 느긋하게 쉴 수 없었고,
  살인이 자연사처럼 흔하고,
  애굽에 내린 재앙처럼 만물을 피로 붉게 물들였다."

대한 비용을 사용했는데, 그 일부 금액은 양심의 가책 없이 보유하고 있던 다양한 성직록들에서 나오는 수입으로 충당했다. 웨스트민스터 홀에서 열린 국왕의 연회들을 주관했다. 그의 식탁에는 늘 금 그릇들과 산해진미와 고급 포도주가 올려져 있었다. 그는 잉글랜드와 외국 귀족들과 어린 왕자 헨리의 교육을 감독했다. 국왕과 군대와 귀족들과 성직자들과 민중이 모두 그를 좋아했다.

대법관은 국왕의 상속자(당시 일곱 살 소년)와 프랑스 왕의 딸 사이의 결혼 동맹을 직접 주선했다(이 협상은 3년에 걸쳐 타결되었다). 그 일을 위해서 2백 명의 기사들, 사제들, 기수단을 동원했는데, 모두 새 옷을 입게 하여 잔치 분위기를 띄우고, 스물네 번이나 옷을 갈아입게 하고, 사냥에 사용할 온갖 종류의 개들과 새들을 준비하고, 각각 말 다섯 필이 끄는 마차 여덟 대를 마련했는데, 말은 새 옷으로 차려입은 건장한 청년이 한 마리씩 담당하도록 했다. 궤짝들과 상자들에 대법관이 준비한 돈과 예물을 가득 담았다. 말 한 필을 다른 말들보다 앞서 가도록 하고, 그 말에는 자신의 예배당에 있던 거룩한 그릇들과 거룩한 책들, 제단의 장식품들을 싣게 했다. 프랑스인들은 이 행렬을 보고서 "대법관이 이만한 정도의 위세로 여행을 하다니, 잉글랜드 왕은 대체 얼마나 훌륭하겠는가!" 하고 탄복했다. 파리에서 베켓은 자신이 가져온 금은 접시와 각종 의류를 공짜로 나누어주었다. 이로써 소기의 목적도 달성하고 폭넓은 인기도 얻었다.

평화를 유지하기 위해서 그가 쏟아 부은 노력에도 불구하고 프랑스와 영국 사이에 전쟁이 발생했을 때, 대법관은 사재를 털어서 고용한 7백 명의 기사들을 직접 이끌고 나섰으며, 툴루즈를 포위하여 프랑스 왕 루이가 봉쇄되었을 때는 선봉을 자처하고 나섰으나, 헨리가 주저하는 바람에 직접 프랑스 왕을 공격하는 사태를 면했다. 그 뒤 난공불락으로 간주되던 성채 세 곳을 점령한 뒤 개선가를 부르며 잉글랜드로 돌아갔다. 그의 송덕문 작가들 가운데 한 사람은 이렇게 예찬한다. "그가 강력한 군대를 이끌고 가서 적군을 섬멸하고 적진을 파괴한 일을 누가 술회할 수 있으랴? 그는 일말의 동정심도 없이 성들을 공격하고, 읍들과 도시들을 잿더미로 만들고, 가옥과 농장을 파괴하고, 자기 주군(主君)의 권위에 대항하는 자에게는 한치의 긍휼도 베풀지 않았다." 이렇게 잔혹한 태도는 십자군 원정사가 잘 보여주듯이 중세의 경건과 자선 개념과 잘 부합한 것이었다.

베켓은 궁정과 군대에 잘 어울리는 사람이었다. 이렇게 그의 인생이 순전히 세속의 범위에서만 맴돌았지만, 그럴지라도 결코 부도덕하게 살지는 않았다.

그는 왕의 기분 전환을 위한 자리에는 참석했지만 유흥과 환락에는 끼지 않았다. 부제라는 성직을 지니고 있었던 까닭에 결혼을 할 수 없었으나, 문란한 궁정에서 정절을 지켰다. 이 점이 그의 장점으로 특별히 언급된다. 중세에는 정절이 희귀한 덕목이었던 것이다.

어쨌든 그의 대법관 생활은 명예롭고 탁월했으며, 그로 인해 잉글랜드의 대표적인 정치가들의 반열에 오르게 되었다. 하지만 훨씬 더 중요한 생애가 그를 기다리고 있었다.[17]

32. 대주교와 왕

시어볼드가 죽고 1년이 지난 뒤인 1161년 4월 18일에, 베켓은 국왕에 의해 캔터베리 대주교로 임명되었다. 그는 이 직위를 마지못해서 수락했으며, 국왕에게 미소를 지으면서 그가 신하 겸 친구를 잃게 될 것이라고 경고했다.[18] 학식이 깊고 열정적인 헤리퍼드의 주교 폴리엇(Foliot, 훗날 런던의 주교가 됨)은 야심이 좌절되어서 그랬는지, "국왕이 평신도를 대주교로, 군인을 성인으로 바꿔놓는 기적을 일으켰다"고 비아냥거렸다.

베켓은 오순절 이후의 주일에 사제 임명을 받고, 다음 날인 1162년 6월 3일에 웨스트민스터 대수도원에서 성대하게 대주교로 축성되었다. 그가 대주교직에 오른 뒤에 맨 처음 취한 행동은 성령강림절 이후의 주일을 잉글랜드 교회의 성삼위일체 축일로 정한 것이었다. 그는 알렉산더 3세를 합법적인 교황으로 인정했고, 친구인 솔즈베리의 존을 통해서 교황에게 팔리움을 받았다.

베켓은 노르만 정복 이래로 캔터베리 대주교직에 오른 최초의 잉글랜드 본토

---

17) Freeman은 그를 대법관으로서는 높게 평가하지만 대주교로서는 실패했다고 평가한다. 하지만 그는 순교로써 큰 승리를 거두었다.

18) 테니슨은 헨리와 베켓이 체스 게임을 벌이는 내용의 희곡을 썼다. 게임 중에 왕이 대법관에게 시어볼드의 중병 사실을 알리면서 범죄한 성직자들을 처벌할 더 강력한 후계자가 필요하다고 말한다. 한참 말하고 있는 동안 대법관이 조용히 체스 판의 주교를 움직여 왕을 곤경에 몰아넣자, 왕은 체스판을 걷어차면서 "거기서 왜 주교와 왕을 함께 죽이냐"라고 말한다.

인이었다. 란프랑쿠스와 안셀무스는 이탈리아인들이었고, 에스쿠레스의 랄프와 코르뵈일의 윌리엄, 베크의 시어볼드는 노르만인이거나 프랑스인이었기 때문이다. 하지만 베켓이 노르만족에 대항하여 색슨족의 편을 들었다는 것은 티에리(Thierry)의 근거 없는 그릇된 것이다. 그가 왕과 대립한 것은 두 민족간의 대립이 아니라 교회와 국가간의 대립이었다. 그는 이 문제에 대해서 자신의 노르만족 출신의 전임자들과 동일한 입장을 취하되, 다만 열정과 활력에서 그들을 능가했을 뿐이다. 그는 철저한 잉글랜드인이었다. 당시에 두 민족은 통혼(通婚)과 사회적 · 경제적 교류를 통해서 매우 잘 뒤섞여 있었으며, 특히 그가 속했던 중류층은 더욱 그러했다.

직위가 바뀌면서 베켓은 급격하고도 거의 돌연한 변화를 겪었다. 왕정을 앞장서서 옹호하던 자가 이제는 신정을 강력히 주장하게 되었고, 왕의 가장 헌신적인 친구가 이제는 가장 위험한 경쟁자와 원수가 되었으며, 탁월한 대법관이 이제는 엄숙하고 궁상스러운 수사가 되었다. 그는 화려한 궁정복을 벗고 해충과 기름때가 붙은 마모직(馬毛織)을 입었으며, 늘 물만 마셨다. 겸손과 정절의 표시로 매일 13명의 거지를 데려다가 발을 씻기고 그들 각각에게 은 네 조각을 주었다. 시어볼드가 전임자의 갑절이나 자선에 힘썼듯이, 그도 시어볼드의 갑절이나 자선에 힘썼다. 자신의 거처가 있는 수도원 경내를 배회하면서 과거에 지은 죄들로 인하여 눈물을 흘리고, 맨등에 자주 채찍질을 하고, 많은 시간을 기도와 성경 읽기에 보냈다. 성직자로서의 강한 자부심과 인격적 겸손, 풍부한 자선, 금욕적 고행이 결합된 중세적 주교의 이상을 그는 실현하려고 각고면려했고 실제로 성공을 거두었다. 그는 위선자는 아니었으나 그의 거룩성은 성경적 · 개신교적 관점에서 바라볼 때 인위적이고 부자연스러웠다.

그와 국왕의 관계는 교황과 황제의 관계와 비슷했다. 그럴지라도 대법관 시절에 국왕을 능가했듯이, 대주교로서도 교황을 능가했다. 교황이 세속적인 정책을 펼칠 때 그를 비판했다. 대법관 시절에 헨리를 위해서 칼을 휘둘렀을 때와 같은 용맹을 발휘하여 헨리에게 영적인 칼을 휘둘렀다. 안셀무스가 윌리엄 루푸스와 대립했을 때 안셀무스를, 그레고리우스 7세가 하인리히 4세와 대립했을 때 그레고리우스 7세를 각각 옹호했으나, 그가 힐데브란트와 안셀무스와 달리 교회의 도덕적 개혁에 열정을 쏟지 않고 다만 교회의 세속 권력과 성직자들의 권리 및 면책에만 관심을 기울였다는 큰 차이가 있다. 그는 자신이 대부제와 대법관으로 여러 성직을 겸직한 데 대한 비판에 아랑곳하지 않았으며, 헨리가 하나님 앞에서 저지른 많은 죄들에 대해서도 그를 책망하지 않고 다만 그가 성직위계제도의 수위권에 대해서 거스른 죄들에 대해서만 책망했을 뿐이다.

새 대주교는 프랑스 투르에서 열린 공의회에서 교황 알렉산더 3세에게 소환되어 매우 각별한 대접을 받았다(1163년 5월). 공의회는 17명의 추기경들과 124명의 주교들, 414명의 대수도원장들로 구성되었고, 교황이 직접 주재했다. 베켓은 교황의 우편에, 요크의 주교 로저는 좌편에 앉았다. 노르망디 리지외의 주교 아르놀프(Arnolf)가 당시의 뜨거운 쟁점들이었던 교회의 통일과 자유에 관하여 개막 설교를 했다. 공의회는 알렉산더의 주장들을 만장일치로 승인했고, 성직자들의 권리들과 특권들을 주장했으며, 교회 재산을 침해하는 일체의 행위를 엄히 단죄했다.

이것이 잉글랜드의 홀(笏)과 목장(牧杖) 사이의 분쟁에 불을 붙인 쟁점이었다. 공의회가 천명한 바대로는, 국왕은 왕으로서 존엄을 지키는 것이 유일한 목표이고, 대주교의 유일한 목표는 교회의 존엄을 지키는 것이었다. 첫 번째 균열은 국가의 조세 문제를 놓고 발생했다.

헨리는 모든 토지의 1하이드(hide. 옛날 영국에서 한 가족을 부양하기에 족한 것으로 삼은 60-120에이커의 면적: 역자주)마다 관습대로 2실링의 세금을 부과하기로 작정했다. 베켓은 그 세금이 자발적인 것일 뿐 국왕의 권리가 아니라는 점을 근거로 그것을 법으로 제정하는 데 반대했다. 그러자 헨리는 분노하여 "하나님이 보시는 앞에서 그것을 법으로 제정해야 하오!" 하고 외쳤고, 베켓은 "내가 살아 있는 동안에는 하나님이 보시는 앞에서 그것이 결단코 내 토지에서 징수되지 않을 것입니다!" 하고 대답했다.

두 사람이 분쟁하게 된 또 다른 원인은 교회 법원들의 관할권 문제였다. 왕은 중대한 비행(非行)으로 고소당한 성직자는 세속 법정에서 재판을 받아야 한다고 주장했다. 살인을 저지른 브로이의 필립이라는 성직자가 주교의 법정에서 무죄 판결을 받은 사건이 그 주장을 하게 된 계기였다. 왕은 분개했으나, 필립은 세속 법정에 서기를 거부했다. 그 사건이 대주교에게 회부되었으나, 가벼운 처벌이 언도되는 데 그쳤다.

왕은 웨스트민스터에서 의회를 소집하고서 공평한 정의의 이름으로 그리고 '고대 관습들'(노르만 왕들의)에 따라서 극악한 범죄로 고소를 당한 성직자들을 예외 없이 면직 처분하고, 그들의 직위가 방패가 되는 일이 없도록 법에 따라 다뤄져야 한다고 요구했다. 이것은 사제가 자신의 상급자인 주교의 법정에서만 재판을 받을 수 있고, 죄질에 따라 채찍질과 투옥과 면직의 처벌을 받되 극형은 당하지 않는 권리에 위배되는 것이었다.

베켓과 주교들은 왕의 요구가 교회법을 침해한 것이라는 데 의견을 같이하고, 성경에 기록된 사례를 근거로 제시했다. 요압과 제사장 아비아달이 아도니야를 죽이는 죄를 범했다. 요압은 처벌을 받았으나 제사장은 직무를 박탈당하는 것 외에 다른 처벌을 받지 않았다. 성직자들을 이중으로 법정에 세워서는 안 되는 근거로 나훔 1:9도 인용했다. 칠십인역에 따르면 이 구절은 하나님께서 동일한 사건에 대해서 두 번 심판하시지 않는다고 선포한다.

왕은 서둘러 의회를 해산하고서 베켓한테서 국왕의 성들에서 보호받을 자격과 자신의 아들을 가르칠 자격을 박탈했다. 이에 주교들이 대주교에게 굴복하라고 조언했다. 처음에 베켓은 하늘에서 내려온 천사가 그렇게 조언했을지라도 거절했을 것이다. 하지만 마침내 우드스톡에서 왕에게 양보하고서 왕국의 관습에 순응하겠다고 약속했다. 그는 교황의 구제 사업 담당관인 필립 드 엘레오모시나(Philip de Eleeomosyna)의 설득을 받고 굴복한 것인데, 엘레오모시나는 영국 왕에게 뇌물을 받고 그런 일을 했던 것이다.

왕은 그 양보에 대한 재가를 받기 위해서 솔즈베리에서 몇 km 떨어진 곳에 있는 왕궁인 클래런던에서 잉글랜드 전국 공의회를 소집했다(1164년 1월 25일). 2명의 대주교, 12명의 주교, 39명의 평신도 남작이 공의회에 참석했다. 회의 결과 16개 조항의 유명한 법령이 클래런던 법전(The Clarendon Constitution)이라는 이름으로 잉글랜드 법으로 공포되었다. 그 내용은 다음과 같다:[19]

클래런던 법전

I. 평신도 권력자와 성직자들의 성직 추천권에 관하여(de advocatione et presentatione): 평신도들 사이에 혹은 성직자들과 평신도들 사이에 혹은 성직자들 사이에 분쟁이 발생하면 그것을 국왕의 법정에서 심리하여 판결한다.

II. 국왕으로부터 재정 지원을 받는(de feudo domini Regis) 교회들에게는 국

---

19) 매튜 패리스의 *ad ann.* 1164에 그 내용이 실려 있다.

왕의 동의와 허가 없이는 항구적으로 성직 추천권을 부여하지 않는다.

Ⅲ. 어떠한 범죄 혐의로든 고소된 성직자들은 국왕의 법관들에 의해 국왕의 법정에 소환되어 국왕의 법정이 제시하는 질문에 답변해야 한다. 그리고 교회 법정에 출두하여 교회 법정이 제시하는 질문에 답변해야 한다. 하지만 이때에도 국왕의 법률가들이 교회 법정에 파견되어 재판 진행 상황을 참관한다. 만약 고소당한 성직자가 죄를 자백하거나 심리 결과 유죄 사실이 드러나면 교회는 이후로 그를 보호하지 못한다.[20]

Ⅳ. 대주교와 주교 혹은 그 밖의 고위 성직자는 국왕의 허가 없이는 왕국을 떠날 수 없다. 만약 그들이 국왕의 허가를 받아 국외로 나가고자 할 경우에는 국외로 나가든 국외에 남아 있든 귀국하든 국왕이나 왕국에 아무런 해를 끼치지 않겠다고 국왕에게 보증해야 한다.

Ⅴ. 파문을 당한 사람들은 무기한(ad remanentiam) 보증이나 서약을 할 수 없고, 다만 교회의 사면이 내릴 때까지 대기해야 한다.

Ⅵ. 평신도들은 법적 자격을 갖춘 고소인들과 증인들이 주교 앞에서 고소하기 전에는 고소를 당할 수 없으며, 이로써 대부제가 그의 권리들이나 그에게 속한 어떤 것도 잃지 않게 해야 한다. 범죄 혐의가 있는 평신도들에 대해서 아무도 그들을 고소할 의지가 없거나 두려워 감히 고소하지 못할 경우에는 지역 사법 집행관(sheriff)이 주교의 명을 받아 지역의 정직한 증인 12인을 선정하여 주교 앞에서 양심에 따라 서약하게 한 뒤 양심에 따라 그 문제에 대해 진실을 증언하도록 한다.

Ⅶ. 국왕의 대신이나 국왕의 가신(家臣)들 가운데 누구라도 국왕이 국내에 있을 경우 국왕에게 자문을 구하지 않은 채 파문을 하거나 그의 토지에 성무중지령을 내려서는 안 된다. 국왕이 국외에 있을 경우에는 그의 법적 대리인에게 자문을 구하여 그가 그 문제를 올바로 처리할 수 있도록 해야 한다. 이로써 국왕의 법정에 속한 것이 그 안에서 해결되도록 하고, 교회 법정에 속한 것은 교회 법정

---

20) Maitland(p. 135 sqq.)는 이 조항을 다음과 같이 해석한다. 즉, 범죄 혐의가 있는 성직자를 먼저 세속 법정에 고소하고 거기서 심의한 다음 교회 법정으로 이관하여 거기서 재판을 받게 하고, 유죄 사실이 밝혀지면 세속 법정으로 다시 이관하여 평신도 법관에게 언도를 받아야 한다. 이 절차는 강도·강간·살인 같은 일반 사회적 범죄에 해당되었다.

에서 해결되도록 해야 한다.

VIII. 항소를 할 경우에는 반드시 대부제를 통해서 주교에게, 그 다음에는 주교를 통해서 대주교에게 하도록 해야 하며, 만약 대주교가 판결하지 못할 경우에는 소송 당사자들이 우리 주군(主君)이신 국왕에게 항소하도록 하여, 대주교의 법정에서 국왕의 판결로 분쟁을 해결하도록 하며, 그로써 우리 주군이신 국왕의 동의 없이 재판이 진행되는 일이 없도록 해야 한다.

IX. 만약 부동산 소유권을 놓고 성직자가 자선의 목적으로 기부된 재산으로 주장하고 평신도가 법적 소유권을 주장하여 분쟁이 발생할 경우에는 국왕의 법적 대리인이 나서서 자격을 갖춘 12인을 통해서 국왕의 법관들 앞에서 그 부동산이 기부 재산인지 평신도의 재산인지를 결정하도록 한다. 만약 기부 재산으로 판결이 나면 그 문제를 교회 법정에서 심의하도록 하지만, 평신도의 재산으로 판결이 나면 양측이 동일 주교나 영주의 관할 하에서 소송을 하지 않을 경우 국왕의 법정에서 그 문제를 심의하도록 한다. 그러나 만약 양측이 동일 주교나 영주의 관할 하에서 소송을 할 경우에는 그의 법정에서 심의하도록 한다. 그럴지라도 먼저 소유했던 자가 소송에 의해서 권리를 박탈당하기 전까지는 위에 언급한 결정에 의해 소유권을 박탈당하는 일이 없게 해야 한다.

X. 만약 도시나 성읍이나 자치 시나 국왕의 장원에 속한 사람이 범죄 혐의에 대해 답변하도록 대부제나 주교에게 소환을 받아놓고도 소환에 응하지 않는다면 그에게 성무중지령을 내리는 것이 적법하지만, 그 지역의 국왕 수석 관리가 그 사실을 통보받고 소환의 타당성에 관하여 결정하기 전까지는 범죄 혐의자를 파문에 처해서는 안 된다. 만약 왕의 관리가 그 문제에 대해 판단을 내리지 못하면 왕의 자문을 구해야 하며, 그런 뒤에 주교가 교회법에 의해 고소된 자를 강제 처분할 수 있다.

XI. 대주교들과 주교들을 비롯하여 국왕을 섬기는 모든 대신들은 영주의 자격으로 국왕의 재산을 보유하고, 국왕의 법관들과 관리들에게 대답해야 하며, 국왕의 모든 관습과 판단을 따르고 준수해야 한다. 그리고 국왕의 법정에서 재판이 거행될 때 사지 절단형이나 사형이 언도되는 경우를 제외하고는 다른 영주들과 함께 참석해야 한다.

XII. 국왕의 영토에서 대주교·주교·대수도원장·수도원장의 직위에 공석이 생길 때는 그 직위가 국왕의 관할로 들어가며, 그가 자신의 여느 영토와 다름없이 그곳에서도 수입과 산물을 받는다. 그 교회를 배려할 때가 오면 우리 주군이신 국왕이 최선의 사람들을 그 교회에 추천하며, 선출은 국왕의 예배당에서 국왕의 동의와 국왕이 그 목적으로 소집한 국내 인사들의 조언을 받아 시행해야 한다. 선출된 사람은 축성을 받기 전에 그곳에서 우리의 주군이신 국왕에게 그의 가신으로서 자신의 직위(orders)를 제외한 생명과 신체, 지상의 명예를 걸고 존경과 충성을 맹세해야 한다.

XIII. 국왕의 귀족들 가운데 어떤 이가 자신이나 자기 사람들의 이익을 위해서 대주교나 주교나 대부제에게 법을 공정하게 적용하지 않을 경우, 우리의 주군이신 국왕이 그들을 공정하게 처리한다. 만약 어떤 이가 무심코 우리의 주군이신 국왕의 권한을 침해하는 일이 생기면, 대주교들과 주교들과 대부제들이 그를 올바로 처리하여 국왕에게 배상하도록 한다.

XIV. 국왕에게 재산을 박탈당한 자의 동산(動産)은 국왕의 조치와 반하여 교회나 묘지에 두어서는 안 된다. 그것은 교회 안이나 밖에서 발견될지라도 국왕의 소유이기 때문이다.

XV. 부채에 관한 청원은 그것이 신앙을 담보로 한 것이든 아니든 국왕의 법정에서 다뤄야 한다.

XIV. 농노의 아들은 그가 태어난 것으로 알려진 지역에서는 영주의 동의 없이는 성직에 임명할 수 없다.

이 법전은 왕의 교시하에 요크 대주교 로저(Roger)와 런던 주교 폴리엇(Foliot)(베켓의 주된 원수들), 솔즈베리 주교 조슬린(Joceline), 리처드 드 루치(Richard de Luci, 국왕의 수석 법률 고문), 베일리얼의 조슬린이 봉건제의 정신과 언어로 작성했다. 이 법전을 한 마디로 평가하자면 성직자들의 면책 특권을 제한한 것이다. 마지막 조항은 민중의 권리들을 침해한 것이지만, 노예가 주인의 승낙 없이는 성직자가 될 수 없도록 한 교회법의 규정에 토대를 두었다. 법전의 조항들은 성직자들을 평신도들과 동등하게 국왕과 그 나라의 법에 복종시킨다. 교회를 구별되고 독립된 권력 주체(imperium)로 인정하는 대신에, '권력 내의 권력'(imperium in imperio)으로 격하시킨다. 법전은 법령의 형식으로 정복자 윌리엄 시대부터 유래하고 란프랑쿠스가 양해한 '고대의 관습들'(consuetudines)을 체계화한다. 하지만 여러 대목에서 교회의 유서 깊은 특권들을 침해하며, 성직자를 세속 법정에 세우지 않는다는 성직위계제도의 원리에 위배된다. 그리고 바로 이 점이 왕과 대주교 사이의 주요 쟁점이었다.

오늘날의 문화 현실에서는 성직자들이 평신도들과 동일한 법에 복종해야 하고 동일한 법의 규제를 받는 것이 상식으로 통한다. 그러나 중세에는 성직자의 면책이 성직위계제도의 특징이었을 뿐 아니라 인도주의적인 특징이기도 했으며, 하나님의 형상으로 지음을 받은 인간의 신체를 절단하는 야만적인 형벌에 항의하는 뜻도 담겨 있었다. 클래런던 법전은 성직자뿐 아니라 평신도도 포함하는 백성 전체에 유익을 끼치는 쪽으로 형법을 완화하는 길을 닦았다. 이 점이 많은 수의 민중이 베켓의 견해에 공감했던 이유를 설명해 준다.

베켓은 몇 가지 단서를 붙여 클래런던 법전에 동의했다. 그는 캔터베리에 돌아가자마자 마음을 바꾸어 스스로 가혹한 고해를 한 뒤 자신이 국왕 앞에서 행한 서약에 대하여 교황의 사면을 받았다. 그러나 교황 알렉산더는 바르바로사와 대립교황에게 심한 압박을 받던 처지였던지라 어떻게든 헨리의 선의를 붙잡아 둘 필요가 있었기 때문에 양측의 비위를 맞추려고 했다. 따라서 헨리의 요청을 받아들여 잉글랜드 전체에 대한 교황의 위임권을 캔터베리 대주교와 경쟁 관계에 있던 요크 대주교 로저에게 넘겼다. 그리고 후에는 웨스트민스터 대수도원에서 요크 대주교가 헨리의 장남에게 치러준 대관식(1170년 6월 18일)을 승인했다. 물론 대관식은 캔터베리 대주교의 독점권이었다. 교황의 이런 조치가 베켓과 국왕의 관계를 더욱 경색시켰고, 결국에는 회복할 수 없는 파국으로 몰아갔다.

한편 클래런던 법전은 그대로 단행되었다. 국왕의 법정에서 유죄 판결을 받은 성직자들이 평신도들과 똑같이 단죄와 처벌을 받았다.

베켓은 교황에게 도피할 생각으로 대륙으로 가는 배에 올라탔으나, 역풍을 우려한 선원들에 의해 되돌아왔다. 베켓의 이러한 행동은 주교가 국왕의 허락 없이 나라를 떠날 수 없도록 규정한 법을 어긴 행위였다.

그는 1164년 가을에 노샘프턴에 위치한 국왕의 성에서 주교들과 귀족들이 모인 대규모 공의회에 소환되어, 대법관과 대주교로 재직하는 동안 세속 업무들에서 비위를 저지른 혐의로 고소되었다. 하지만 위험 앞에서 그는 용기를 냈다. 그는 답변을 거부하고는 교황에게 항소했다. 공의회는 그가 클래런던에서 거짓으로 서약한 죄와 자신의 관구관하 주교들에게 클래런던 법전을 무시하도록 지시한 죄를 교황에게 밝히라고 명령했다. 주교들은 그에게 사직을 종용했으나 그는 냉담하게 거절했다. 그는 체포되어야 할 상황이었으나, 동료들을 향해서 만약 유죄 판결을 내리면 파문에 처하겠다고 위협했다. 그리고는 한밤중에 수사 두 명과 하인 한 사람을 데리고 수사로 변장한 채 영대와 인장을 지참하고서 대륙으로 도피하는 과감한 모험을 감행했다.

왕은 대주교의 재산을 압류하고, 공예배에서 그를 위해 기도하지 말도록 금하고, 그에 대해 왕국에서 추방하는 포고령을 내리고, 남녀를 망라하여 4백 명이나 되는 그의 모든 친척과 친구에 대해서도 추방령을 내리고, 교황에게 바쳐오던 베드로의 은전을 보류시켰다.

베켓은 1164년 10월부터 1170년 12월까지 6년 동안 망명 생활을 했다. 헨리의 원수로서 베켓을 존경하던 프랑스 왕 루이가 그를 각별히 영접한 뒤 역시 망명자의 처지에서 상스에 거주하고 있던 교황에게 그를 천거해 주었다. 베켓은 알렉산더를 만나 그에게 클래런던 법전을 제출하면서 사임의 뜻을 비쳤다. 교황은 법전 가운데 10개 조항을 성직자의 특권에 대한 침해로 규정하여 단죄하고 6개 조항은 묵인했다. 베켓에 대해서는 그 법전에 서약하는 약한 모습을 보인 행위를 가볍게 나무랐으나, 그동안 겪은 고생으로 벌써 잘못의 대가를 다 치른 셈이라고 위로해 주었다. 그리고는 대주교 반지를 다시 줌으로써 그의 직위를 재가하고, 그를 보호해 주겠다고 약속하고, 상스에서 약 12리그(약 58km) 떨어진 거리에 있는 시토회 퐁티니 수도원에서 편안히 지낼 수 있도록 주선해 주었다. 베켓은 이곳에서 1166년까지 다른 수사와 마찬가지로 엄격한 생활을 하면서 콩죽과 오트밀죽으로 끼니를 잇고, 밀짚 침대에서 자고, 한밤중에는 자신의 전속사제를 시켜 채찍질을 당했으나, 가끔씩은 좋은 식사를 즐겼고, 수행원들과 함께 하면서 과거의 세도를 드러내기도 했다. 그의 근실한 친구인 솔즈베리의 존은 그의 과다한 경비 지출에 항의했다.

베켓은 1166년의 성령강림절에 베젤레 교회에서 클래런던 법전을 입안한 자들과 옹호하는 모든 자들을 파문에 처하는 극단적인 조치를 취했다. 왕은 당시에 중병을 앓고 있었기 때문에 그를 파문에서 제외했고, 그 대신에 눈물로 목이 메인 어조로 하나님께서 반드시 응징하실 것이며, 이대로 가면 그의 영토에 성무중지령이 내려질 것이라고 경고했다. 교황과 잉글랜드의 모든 성직자들에게 성명서를 발표하면서, 후자를 향해서는 "하나님의 사제들이 왕들과 제후들과 모든 신자들의 아버지들이요 주군들임을 누가 감히 의심하겠습니까?" 하고 말했다.

이에 대한 헨리의 분노는 극에 달했다. 그는 파문령이 실린 문서를 소지한 자들에 대해서 잉글랜드의 항구들을 봉쇄했고, 만약 잉글랜드 땅에 발을 들여놓으면 치욕스러운 신체 절단과 교수형과 화형으로 값을 치러주겠다고 협박했다. 왕이 베켓을 퐁티니에서 추방되도록 사주한 까닭에, 베켓은 대주교좌 도시인 상스 근처의 수도원으로 거처를 옮겼다. 그는 자신의 대사들을 통해서 당시 베네벤토에서 망명 생활을 하던 알렉산더로부터 여러 가지 양보를 받아냈다. 어떻게든 왕의 지원을 받아야 할 형편이었던 교황은 베켓에게 여러 통의 편지를 보내 그를 다독거리면서, 그 양보가 일시적인 것밖에 되지 않는다는 것을 주지시켜 주었다. 이에 베켓은 분개한 채 교황청이 뇌물과 탐욕에 젖어 있다고 비난했다. 추기경들에게 쓴 서신에서 "여러분의 재물이 주의 진노의 날에 여러분을 구원하지 못할 것입니다" 하고 썼다.

이러한 상황에서 잉글랜드 왕은 여러 해 전에 교황에게 받았다가 후에 철회당한 인가를 활용하기로 작정하고서, 요크 대주교 로저를 시켜 자기 아들의 대관식을 치렀다. 수석 대주교 권한을 침범한 이 무례한 행위에 베켓의 피가 다시 끓어올랐다. 그는 다시 파문을 선포했다. 그레고리우스 7세와 마찬가지로 "피 보는 것이 두려워 칼을 빼지 않는 자에게는 저주가 임할 것이다"라는 말을 자신의 영적 무기에 적용했다. 심지어 잉글랜드의 주교들에게 명령하기를, 만약 왕이 1170년 11월 2일 성작(聖爵) 정화 축일(미사 후에 성작에 포도주를 부어 씻은 것을 사제가 마시는 축일: 역자주)까지 제대로 보속을 이행하지 않으면 왕국 전체에 성무중지령을 내리고 종교적 의무를 중단하라고 했다.[21]

이 극단적 조치들이 적지 않은 효과를 발휘했다. 여러 주교들의 마음이 흔들리기 시작하면서 왕의 진영에서 대주교의 진영으로 넘어왔다. 왕 자신도 성무중지령의 위협에 크게 긴장했다. 교황은 관망 정책을 견지하면서 양측에 대해서 서로 조금씩 양보하라고 권고했다.

---

21) 1169년에 헨리는 롬바르디아 동맹 도시들이 만약 알렉산더에게 영향력을 행사하여 베켓을 면직시키거나 다른 교구로 전임시킬 경우 자기 딸들 가운데 한 명을 시칠리아의 젊은 왕과 결혼시키고, 요새들을 건축할 만한 막대한 자금을 제공하겠다고 제안했다.

그러던 중 1170년 7월 22일에 투르와 샤르트르 중간에 있던 성읍인 프레테빌(프레테발)에서 왕과 대주교가 전격 회동하게 되었다. 헨리는 클래런던 법전에 관해서는 한 마디도 하지 않은 채 베켓에게 자신의 며느리(프랑스 왕의 딸)에게 면류관을 씌워줄 것과, 그때 자기 아들의 대관식을 집례해 줄 것을 부탁했다. 베켓은 비판의 화살을 헨리의 고문단에게 돌림으로써 온건하고 사려 깊은 행보를 취했다. 왕은 평화의 입맞춤을 해주지도 않았고, 대주교도 그것을 요구하지 않았다.

그러나 베켓은 왕을 용서해 줄 뜻을 굳히고 있는 동안에도 그의 악한 고문들, 특히 요크 대주교와 런던과 솔즈베리의 주교들에게는 자신의 영적 무기를 반드시 휘두르기로 작정했다. 이 고위 성직자들이 얼마 전에 헨리의 아들의 대관식을 집례했던 것이다. 그리고 바로 이 대관식이 성직자의 면책 특권을 놓고 애당초 벌어진 더 중요한 분쟁보다 훨씬 더 심각한 재앙으로 사태를 몰아갔다.

교황청과 왕 사이에 질질 끌던 협상이 타결된 뒤에, 베켓은 1170년 12월 1일에 자신이 너무나 오랫동안 방치해 두었던 양떼에게 돌아갔다. (도착 예정지였던 도버 항 대신에) 샌드위치 항에 상륙한 그는 자신의 정적들에게 기습을 받았다. 그들은 그의 짐을 샅샅이 뒤졌고, 그 무렵 도버 항에 대기하고 있던 주교들에게 그가 내린 파문령을 철회하라고 요구했다. 그는 거절했다. 캔터베리로 돌아가는 길에 시골 교구의 성직자들과 민중이 그를 보고서 겉옷을 벗어 던지고는 "복되도다, 주의 이름으로 오시는 자여!"라는 찬송을 불렀다. 그는 다수의 인파가 참여한 행렬을 뒤로 한 채 주교좌성당으로 올라갔고, 종소리가 울려 퍼지는 가운데 "이곳에는 우리에게 영구한 도성이 없고"라는 본문을 가지고 말씀을 전했다.

파문을 당했던 요크와 런던, 솔즈베리의 고위 성직자들은 당시 노르망디 베이유 근처의 성에 있던 왕에게 보호를 요청했다. 이에 대해서 왕은 "만약 내 아들의 대관식을 집례한 모든 분들이 파문을 당한다면, 하나님이 잘 아시듯이 나 역시 죄인인 셈이오"라고 대답했다. 고위 성직자들 가운데 한 사람(아마도 요크의 로저)은 "토머스가 살아 있는 동안에는 전하께서 결코 평화롭지 못하실 것입니다" 하고 말했다. 헨리는 자신의 기질대로 버럭 화를 내면서 다음과 같은 치명적인 발언을 해버렸다. "내 상에서 떡을 먹던 자가 내게 발꿈치를 들었다. 내게 그토록 많은 것을 받은 자가 감히 왕을 모욕하고 있다. 절름발이 말을 타고 안장에나 쓸 천을 걸치고 궁정에 왔던 자가 감히 권좌에 올라가 앉아 있다. 하나님 앞에서 맹세컨대, 나의 배은망덕하고 비겁한 신료들 중에서 나를 이 천민 출신의 불온한 사제의 모욕에서 건져줄 자가 없단 말인가?" 왕은 이 말을 내뱉고는 문을 박차고 나가버렸다.

33. 토머스 베켓의 순교(1170년 12월 29일)

베켓의 살해에 관해서는 다섯 명의 목격자가 남긴 증언이 있다. 에드워드 그림(Edward Grim, 케임브리지의 색슨족 수사), 윌리엄 피츠-스티븐(William Fitz Stephen, 베켓의 전속사제), 솔즈베리의 존(그의 충직한 벗), 캔터베리의 윌리엄, 그리고 램버스 사본을 작성한 익명의 저자가 그들이다. 다른 두 전기작가들인 보샘의 허버트(Herbert)와 퐁티니의 로저(Roger)는 당시에 잉글랜드에 없긴 했으나 베켓과 친한 사이였고, 그의 살해에 관한 구체적인 정황을 확인하기 위해 많은 공을 들였다.

국왕의 시종들로서 가문도 좋고 토지 재산도 많은 기사 네 명 — 레지널드 피츠 어스 경(Sir Reginald Fitz-Urse, '곰의 아들'. 베켓의 소개로 궁정에 들어온 자), 윌리엄 드 트레이시 경(Sir William de Tracy, 왕족), 휴 드 모레빌(Hugh de Moreville, 노섬벌랜드와 컴벌랜드의 법관), 리처드 르 브렛(Richard le Bret, 브르타뉴 출신 리처드) 혹은 브레튼(Breton, 대개는 브리토〈Brito〉로 알려짐[22]) — 은 왕의 의중을 확실히 파악하고서 목숨을 걸고 충성을 다 바치기로 결심하고, 투옥이든 추방이든 혹시는 필요하다면 살해든 모든 방법을 다 동원하기로 결의했다. 이들은 누가 먼저 응징을 가하면 그것을 신호탄으로 삼는다는 정도 외에는 사전에 거사를 모의하지 않은 듯하다. 이들은 국왕의 지시를 기다리지 않은 채 각자 다른 길을 취하여 잉글랜드를 향해 즉시 출발하여 솔트우드 성에서 결집했다. 이 성은 캔터베리 교구에 속해 있었지만, 당시에는 브록의 란둘프

---

22) 전기작가들은 그를 '브루트'(the Brute, 야수)라고 부르는 게 차라리 적합하다고 말한다.

(Randulf)가 장악하고 있었다. 이들은 수십 명의 무장 병력을 규합한 뒤 12월 29
일 이른 아침에 캔터베리 성벽 외곽에 자리잡은 세인트 어거스틴 대수도원에 도
착했다. 그 날이 화요일이었다.

그 운명의 아침에 베켓은 자신의 죽음을 예감하고서 성직자들에게 해 지기 전
에 샌드위치로 도망치라고 당부했다. 그리고는 주교좌성당에서 미사를 드렸고,
두 명의 수사에게 죄를 자백한 뒤 평소 습관대로 세 번 채찍질을 당했다. 연회
자리에서 평소보다 넉넉하게 술을 마신 그는 시중을 드는 이에게 "흘릴 피가 많
은 사람은 마시기도 많이 하는 법이네"라고 말했다. 연회가 끝난 뒤 그는 자기
방으로 돌아가 침대에 걸터앉은 채 친구들인 솔즈베리의 존, 윌리엄 피츠-스티
븐, 에드워드 그림과 담소를 나누었다. 당시 나이 쉰셋이었던 그는 여전히 활
력이 넘치고 기품이 있었으며 커다란 눈에는 총기가 빛났다.

오후 네 시쯤에 기사들이 대주교 궁으로 갔다. 저마다 무기를 놔둔 채 속에 쇠
미늘 갑옷을 입고 평상복으로 위장했다. 이들은 파문된 주교들과 궁정인들을 사
면해 줄 것을 국왕의 이름으로 그에게 요구했다. 베켓은 거절하면서, 사면권은
오직 교황에게 있으니 교황에게 부탁하라고 대답했다. 그러면서 이렇게 단언했
다. "나는 로마의 교회법이나 교회의 권리를 침범하는 사람을 용서하지 않을 것
입니다. 나는 나의 영적 권한들을 하나님과 교황에게 받았고, 세속적 권한들을
국왕에게 받았습니다. 가이사의 것은 가이사에게 돌리고, 하나님의 것은 하나
님에게 돌려야 합니다." 그러자 기사들은 "그렇게 말하다니 목숨이 둘이나 되는
모양이군요" 하고 말했다. 베켓은 이렇게 대답했다. "당신들은 나를 살해하려고
내 집에 왔소? 나는 이미 죽을 각오가 된 몸이오. 내게 협박을 해봐야 부질없는
짓이오. 잉글랜드의 모든 칼을 가지고 와서 내 목을 겨누더라도, 당신들은 내가
나의 하나님과 내 주군(主君)이신 교황을 순종하는 것을 막지 못할 것이오. 주
하나님의 전투에서 나는 당신들과 당당하게 싸울 것이오." 격론을 벌이는 동안
베켓은 불 같은 성격을 자제하지 못했다. 그의 벗 솔즈베리의 존이 곁에서 그의
격한 어조를 점잖게 나무랐다. 기사들은 방을 나와서 대기하고 있던 군인들에게
무장을 갖추게 했다.

다섯 시 몇 분 전에 저녁기도 시간을 알리는 종소리가 울려 퍼졌다. 대주교는
친구들의 강권을 못이긴 채 십자가를 앞세우고 수도원 봉쇄구역을 지나 주교좌
성당으로 갔다. 의식이 벌써 시작되어서 수사들이 성가대석에서 시편 찬송을 부

르고 있었고 교회에는 신도들로 가득 차 있었는데, 갑자기 소년 둘이 회중석으로 뛰어들어오더니 숨 넘어가는 소리로 무장한 사람들이 수도원에 쳐들어왔다고 소리를 질렀다. 이미 교회에 들어온 베켓의 수행원들은 교회 문을 닫고 베켓에게 성가대석으로 몸을 피하라고 강권했다. 그러자 베켓은 이렇게 말했다. "비겁한 사람들, 저리 비키시오! 명령하건대, 교회 문을 닫지 마시오. 교회를 성채로 만들어서는 안 됩니다." 그는 분명히 순교할 준비가 되어 있었고 또 그것을 열망하고 있었다. 직접 문을 열고는 밖에 있던 수사들을 건물 안으로 끌어들이면서 "자, 들어오시오, 어서 속히!" 하고 다그쳤다. 수사들과 사제들은 겁에 질린 채 사방으로 도망쳐 후진으로 측랑으로 지붕으로 지하묘지로 들어가 숨었다. 오직 세 사람만 충직하게 남았다. 머튼의 참사회원 로버트, 전속사제 윌리엄 피츠-스티븐, 사제 에드워드 그림이 그들이었다.[23] 어떤 수사는 자신이 손을 움켜쥔 채 숨이 턱에 닿도록 계단을 타고 도망쳤다고 고백했다.

베켓은 대제단과 대주교 좌석으로 걸어갔다. 그곳은 자신을 비롯하여 기억할 수 없는 과거부터 자신의 전임자들이 좌정하던 곳이었다. 그곳에서 순교의 면류관을 쓰고 싶었던 것이다. 겨울 저녁 다섯 시쯤 된 때였다. 어스름 밤 기운이 깔리고 있었고, 제단들 위에 켜둔 등불들만 어두침침한 주교좌성당 내부를 희미하게 밝히고 있었다. 그 뒤에 이어진 비극은 단 몇 분만에 끝났다.

그동안 기사들은 머리 끝부터 발 끝까지 쇠미늘 갑옷으로 무장하고 칼을 빼어든 뒤 전투용 도끼를 든 깡패들을 이끌고 주교좌성당으로 뛰어들어와서는 "반역자는 어디 있는가? 대주교는 어디 있는가?" 하고 소리쳤다. 베켓은 제단의 계단을 걸어 내려오면서 원수들을 바라보며 "나를 보시오. 나는 반역자가 아니라 하나님의 사제요!" 하고 대답했다. 그들은 다시금 주교들을 사면할 것과 왕의 법에 굴복할 것을 요구했다. "나는 지난 번 말한 대로밖에 할 수 없소" 하고 입을 뗀 베켓은, 칼과 도끼를 들고 서 있던 피츠-어스를 바라보면서 "레지널드, 자네는 내게 많은 호의를 받았지. 그런데 흉기를 들고서 나와 내 교회에 들어왔단 말인가?" 하고 말했다. 기사들은 그를 성소 밖으로 끌어내리려고 했다. 그곳에서 그를 죽이고 싶지 않았던 것이다. 그러나 그는 자신이 각별한 수호자로 모셔온 성

---

23) 현대의 작가들은 에드워드 그림을 종종 수사라고 부르며, 실제로 그가 수사였을 가능성이 있다. 당대의 기록들에는 그가 단지 '성직자'(clerk)라고 불릴 뿐이다.

모의 제단과, 수도회칙으로 자신에게 지침을 준 성 베네딕투스의 제단 사이에 있는 기둥을 끌어안고서 "나는 죽을 준비가 되어 있다. 교회가 내 피를 통해서 평화와 자유를 얻게 된다면 여한이 없다! 나는 자네들이 다른 곳이 아닌 바로 이곳에서 내게 해를 가한 사실을 전능하신 하나님의 이름으로 고소하노라" 하고 말했다. 실랑이를 벌이는 도중에 그는 드 트레이시를 붙들고는 바닥에 쓰러뜨렸다. 그 사이에 가련한 철면피 피츠-어스가 베켓의 긴 외투 깃을 잡고 있었는데, 베켓은 그의 손에서 외투를 잡아 빼면서 "놔라, 이 뚜쟁이 같은 자야!" 하고 소리쳤다.[24] 이런 욕설에 흥분한 군인이 칼로 베켓의 머리를 내리쳐 모자가 굴러 떨어지게 했다. 바닥에서 몸을 일으킨 트레이시가 그의 머리를 노렸다. 하지만 곁에 있던 에드워드 그림이 그의 팔목을 낚아채고서 거의 부러질 정도로 비튼 다음 벽으로 밀어 주저앉혔다.

베켓은 기도하는 자세로 연거푸 칼을 맞았다. 피가 얼굴을 타고 주르르 흘러내리는 것을 느낀 그는 손을 모은 채 단칼에 자신을 죽이도록 고개를 숙이고는 나직한 음성으로 이렇게 말했다. "저의 대의와 교회의 대의를 하나님과 프랑스 순교자 성 드니와 성 알피즈(St. Alfege)와 교회의 모든 성인들에게 의탁합니다. 그리스도의 이름으로 그분 교회를 보호하기 위해서 저는 죽을 준비가 되어 있습니다. 주님, 저의 영혼을 받아주옵소서."

이것이 그가 남긴 마지막 말이었다. 다음 번 가격이 그의 무릎을 꿇렸고, 마지막 가격이 그를 성 베네딕투스 제단 앞 바닥에 쓰러뜨렸다. 그의 두 손은 여전히 기도하는 듯이 마주잡은 상태로 있었다. 부르타뉴 출신 리처드가 그의 정수리 부분을 베어냈다. 성유(聖油)를 받은 곳이라는 이유에서였다. 차부제 호시아의 휴는 그의 목을 질끈 밟고는 흉칙한 환부에 칼을 찔렀다. 피와 살점들이 사방으로 튀었다. 그런 뒤 그는 말했다. "자, 다들 갑시다, 갑시다. 반역자가 죽었소. 다시는 살아나지 못할 거요."

교회에서 뛰어나간 살인자들은 수도원 봉쇄구역을 지나 주교궁으로 가서 닥치는 대로 약탈했다. 그러는 동안 주교좌성당에는 심한 벼락이 내리쳤다. 그들은 금은으로 된 2천 점 가량의 물품들을 훔치고, 베켓의 좋은 말들을 타고는 밤

---

24) 베켓은 말을 험하게 하곤 했다. 캔터베리의 대부제 제프리 리델을 가리켜 '큰 마귀'라고 불렀다. 베켓이 죽은 지 3년 뒤에 리델은 일리의 주교가 되었다.

의 짙은 어둠 속으로 사라졌다.

토머스의 시신은 지하묘지에 매장되었다. 그가 남긴 피와 살점들은 신성하게 보존되었다. 그를 존경하던 수사들은 자주색 옷과 고급 린넨을 입은 채로 죽었던 그가 여러 겹의 옷 속에 해충이 득실거리는 거친 마모직(馬毛織)을 입고 있는 것을 발견하고는 크게 놀라기도 하고 기뻐하기도 했다. 이 모습은 그가 중세적 개념에 따른 금욕적 성결의 완성의 경지에 도달했음을 드러내는 듯했다.[25] 그가 '순교한' 지점은 여전히 수도원에서 주교좌성당으로 들어가는 입구 곁에 표시되어 있다.

34. 베켓의 살해가 끼친 결과

그 잔학한 살인은 기독교 세계 전역을 공포로 떨게 했다. 베켓은 죽는 순간에 승리를 거두었다. 그의 높은 지위, 그의 고매한 인품, 신성한 교회당에서 그런 성직자를 죽인 신성모독적 행위가 한데 얽혀서 모든 유럽인들의 뇌리에 지울 수 없는 인상을 새겨놓았다. 처음에는 여론이 양분되었다. 그는 캔터베리에조차 철저한 원수들을 두고 있었기 때문이다. 어떤 수사는 베켓이 쓸데없이 고집을 피우다가 정당한 대가를 치른 것이라고 주장했다. "그는 왕이 되고 싶었고, 왕보다 높이 되고 싶었다"고 말하는 자들도 있었다. 요크 대주교는 강단에서 베켓이 "바로처럼 강퍅하게 굴다가 멸망했다"고 감히 설교했다.

그러나 베켓을 향한 민중의 열화와 같은 존경심이 모든 반대 의견을 잠재워 버렸다. 그의 무덤에서 기적들이 발생했으며, 그로써 그를 성인과 순교자로 숭배해야 한다는 주장을 확고히 뒷받침했다. "소경이 보고, 귀머거리가 듣고, 벙어리가 말하고, 절름발이가 걷고, 문둥이가 깨끗해지고, 귀신들이 쫓겨나가고, 심지어 죽은 자들이 살아난다." 이렇게 그의 친구 솔즈베리의 존이 썼다.[26] 치유 사례들이 발생한 것이 분명한 사실이지만, 경신(輕信)과 날조가 그런 사례들을

---

25) 다른 목격자들도 동의하듯이, Grim은 베켓의 상반신과 하반신을 덮고 있던 이 마모직 옷을 본 사람들은 모든 의심을 버리고 그를 순교자로 인정했다고 말한다.

26) 참조. 그의 *Vita S. Th.* in the "Materials" II. 322.

과장하고 부풀렸다. 살인 사건이 발생한 지 불과 몇 년 내에 기적 사례들을 수집한 두 권의 저서가 발행되었다. 한 권은 캔터베리 부수도원장 베네딕트(훗날 피터버러의 대수도원장이 됨)가, 다른 한 권은 캔터베리의 수사 윌리엄이 발행했다.[27] 이 보고들에 따르면 기적들은 대주교가 죽던 날부터 발생하기 시작했다고 한다. 그의 피가 그것을 마시는 자들에게 기적의 효험을 발휘했다.[28]

베켓은 죽은 지 2년 후인 1173년 2월 21일에 알렉산더 3세에 의해 엄숙히 시성되었다. 생전에 그가 왕과 대립할 때는 참으로 미약한 지지밖에 하지 않던 교황이었다. 그런데 이번에 그를 시성할 때만큼 전격적이고 흔쾌한 시성은 유례를 찾기 힘들다. 웨스트민스터에서 열린 공의회에서 시성의 결정이 담긴 교황의 서신이 낭독되었다. 베켓을 반대했던 모든 주교들이 참석하여 자신들의 죄를 사해 달라고 빌었으며 교황의 결정에 순응했다. 12월 29일이 '캔터베리의 성 토머스

---

27) William의 긴 *Vita et Passio S. Th.*는 "Materials," vol. I. 173-546에 인쇄되어 있다. 남의 말을 경솔히 믿는 Alban Butler는 *Lives of the Saints*에서 스스로 목격자로 자처하는 저자의 고대 영어 사본의 내용을 인용하는데, 그 저자는 성 토머스의 대도(代禱)로 263가지 기적이 발생했다고 기록한다. 이는 성경 전체를 통틀어 기록된 기적보다 많은 수이다.

28) Dr. Abbott는 자신의 저서 주요 부분(I:224 sqq., II)을 할애하여 그 기적들을 소상하게 소개하고 논한다. 결론부(II. 307-314)에서는 이 기적들을 그리스도께서 행하신 기적들과 비교한다. 그는 인간에게 행해진 기적들과 빵과 물과 나무 등 인간이 아닌 것들에 행해진 기적들을 구분한다. 전자에 대해서 비록 초자연적 성격은 부정하지만 기적의 실재는 인정한다. 후자에 대해서는 "역사적인 사건들로 받아들여서는 안 되고, 다만 시를 산문으로 취하거나 언어상의 오류이거나 아니면 그 둘의 조합으로 설명할 수 있는 전설들로 받아들여야 한다"고 주장한다. 더 나아가 그리스도와 토머스의 차이에 대해서, "성 토머스의 정신은 영원히 살아 있는 메시지를 인간의 마음에 불어넣을 수 있는 능력이 없었다. 우리가 믿는 그리스도의 정신에는 그러한 능력과 메시지가 동시에 있다"고 말한다. 이 자리에서 신약성경의 기적들을 변증하는 것이 적절하지 않겠지만, 신약성경의 기적들과 성 토머스의 기적들을 서로 다른 범주로 구분할 수밖에 없는 두 가지 이유만 제시하고자 한다. 그리스도의 기적들은 그분이 세상의 구주로서 지니신 사명을 입증하는 목적과 가치가 있었고, 독창적이었다. 중세인들로서는 그리스도의 기적들이 선례로 있었기 때문에 초자연 세계에 대한 특유의 두려움과 사랑을 성인들과 기적들을 연관짓는 방법으로 표현할 수 있었다. 그러나 중세인들이 믿은 기적들 가운데 중세만의 독창적인 것들은 대부분 기괴한 것들이었다.

축일'로 제정되었다.

국왕 헨리 2세는 그 추악한 죄악을 저지른 장본인으로 지목되어 민중으로부터 파문의 낙인을 받았다. 그는 베켓이 살해되었다는 소식을 처음 접했을 때 사흘간 방에 들어가 문을 닫아걸고는 베옷을 입은 채 재 위에 앉아서 음식과 위로를 완강히 거부했다. 다섯 주 동안이나 은거하면서 "아, 그런 일이 일어나고야 말다니!" 하고 거듭 탄식했다. 살인자들을 체포하라고 지시하고, 교황에게 사절단을 보내 자신의 결백을 호소하고, 파문과 성무중지령을 당하는 재앙을 막아보려고 힘썼다. 그런 상태로 오래 지체하다가 1172년 5월 22일에 노르망디 아브랑셰의 주교좌성당에서 교황특사들과 루앙의 대주교, 그리고 많은 주교들과 귀족들이 참석한 가운데 영국 왕과 교황 사이에 화해가 이루어졌다.[29] 헨리는 복음서들에 손을 얹고서 맹세하기를, 자신은 베켓을 죽이라고 지시하지 않았고 죽일 생각도 없었으며, 그의 죽음이 자신의 부모를 여읠 때보다 더 슬프며, 어떤 보속이 내려지든 충분히 치를 준비가 되어 있다고 말했다. 그런 뒤에 공약하기를, 클래런던 법전을 폐기하겠고, 캔터베리 교회에 기존의 모든 권리와 재산을 돌려주겠고, 교황이 요구할 경우 예루살렘이나 스페인에 3년 기간의 십자군 원정을 감행하겠으며, 성지에 가 있는 2백 명의 기사들을 지원하겠다고 했다. 이렇게 공약한 뒤에 큰 소리로 다음과 같이 말했다. "보십시오, 교황특사님들, 저의 몸은 여러분의 수중에 있습니다. 무엇을 명령하시든, 예루살렘에 가라고 하시든 로마로 가라고 하시든 성 야고보 교회[스페인의 콤포스텔라에 소재함]에 가라고 하시든 기꺼이 복종할 각오가 되어 있습니다." 그는 주교들에게 이끌려 교회에 들어가 사죄를 받았다. 그 자리에 참석했던 그의 아들은 추기경 알베르트에게 아버지의 공약을 충실히 지키겠다고 약속했다. 이렇게 참회한 뒤에 국왕은 캔터베리에서 깊은 굴욕을 표시하는 의식을 거행했다.

2년 뒤인 1174년 7월 12일에 왕은 거듭되는 불행과 아내와 아들들의 반란에 크게 상심한 나머지 심지어 베켓의 무덤을 참배하기까지 했다. 그의 무덤으로 가는 길에 캔터베리의 탑들이 눈에 들어오자 말에서 내려 참회의 순례자로서 예를 갖추었다. 양모 셔츠를 입었고, 맨발에 피를 흘려가며 거리를 지나 주교좌성

---

29) 아브랑셰의 노르만 대성당에 서 있는 화강암 기둥에는 그 사건을 기념하는 비문이 새겨져 있다.

당 현관에서 무릎을 꿇었고, 대주교가 쓰러졌던 성스러운 돌에 입을 맞추었고, 지하묘지의 무덤 앞에서 엎드렸다. 그 앞에 서 있던 주교들에게 신음하고 눈물을 흘리면서, 자신이 경솔하게 내뱉은 말이 살인으로 이어졌다고 깊이 뉘우치면서 자백했다. 베켓의 경쟁자이자 원수였던 런던 주교 길버트 폴리엇(Gilbert Foliot)은 수사들과 곁에 서 있던 사람들에게 국왕이 진심으로 참회를 했고, 캔터베리 교회에 기존의 권리들과 재산을 회복시켜 줄 뜻을 표시했으며, 순교자의 무덤에 항상 등을 켜둘 수 있도록 수도원에 매년 40 마르크를 지불하겠다고 약속했다고 알렸다. 왕은 머리와 어깨를 무덤으로 향한 채 채찍질을 당하는 굴욕을 감수했는데, 주교 각 사람과 대수도원장에게 각각 다섯 대씩, 80명의 수사들에게 각각 세 대씩 맞았다. 이렇게 해서 완전히 사면을 받은 그는 지하묘지의 맨 바닥에서 눈물과 기도로 밤을 지새우면서, 자신이 땅에서 박해한 그 성인이 하늘에서 자신을 용서해 주기를 탄원했다.

역사상 왕이 사제 앞에서 이보다 더 깊은 굴욕을 나타낸 사례는 없다. 이 사건 앞에서는 테오도시우스가 암브로시우스에게, 에드거가 둔스탄에게, 바르바로사가 알렉산더에게 굴복한 사건들이 희미한 배경으로 물러나며, 심지어 카노사의 정경조차 부각되지 않는다.

순교가 발생한 지 50년 뒤에 베켓의 성유물이 성대한 의식을 갖추어 지하묘지에서, 재건한 캔터베리 주교좌성당에 금과 보석들로 화려하게 꾸며 마련한 베켓의 성소로 이장되었다(1220). 그 뒤로 이곳을 향한 대규모의 순례 행렬이 끊이지 않았으며, 이로 인해 캔터베리는 서방 기독교 세계에서 예루살렘과 로마에 버금가는 성소가 되었다. 이곳은 이탈리아의 로레토와 스위스의 아인지델른보다 더 많은 인파가 찾는 명소였다. 1420년 한 해만도 캔터베리에 등록한 순례자 수가 십만 명이 넘었다. 잉글랜드와 스코틀랜드, 웨일스와 아일랜드의 전역에서, 프랑스와 북유럽에서 사제들과 수사들, 제후들과 기사들, 학자들과 법률가들과 상공인들과 농민들 등 무수한 남녀들이 이 성소로 몰려들었다. 헨리 2세부터 헨리 8세에 이르기까지 경건의 동기로든 정치적 목적으로든 이 성인에게 경의를 표하지 않은 영국 왕은 한 사람도 없었다. 후기에 이곳을 방문한 저명 인사들 가운데는 1511-1513년에 이곳을 함께 방문한 세인트 폴 주교좌성당의 주임사제 존 콜릿(John Colet)과 에라스무스(Erasmus), 1520년에 거행된 마지막 희년(禧年, 대사〈大赦〉의 해)에 참석한 왕 헨리 8세와 황제 카를 5세가 포함된다. 이곳을 방문한 순례자들에게는 완전 면죄가 부여되었다. 더러는 그 성인이 순교한 12월에 갔고, 많은 수는 그의 성유물이 이장된 달인 7월에 갔다. 50년마다 희년이 선포되어 보름동안 그를 기념했다. 1270년, 1320년, 1370년, 1420년, 1470년, 1520년에 그러한 희년을 지켰다. 순례자들이 성 토머스에게 바친 예물의 액수는 다른 성인들, 심지어 성모에게 바친 예물의 액수를 능가했다.

베켓의 순교가 발생한 지 200년 뒤에 활동한 영국 시의 아버지 제프리 초서(Geoffrey Chaucer)는 그 성인의 성소를 대상으로 행해지던 순례 행위들을 자신의 「캔터베리 이야기」(The Canterbury Tales)에 담아 영원히 살아남게 했으며, 당시의 영국 사회를 우리에게 너무나 훌륭하게 소개해 준다.

순례는 경건과 사회적 교류와 미신과 게으름과 경솔과 부도덕을 조장했고, 사려 깊고 영적인 많은 사람들을 도덕적으로 분개하게 만들었다.

성 토머스에 대한 미신적 우상 숭배는 그 뒤로도 계속되다가 종교개혁 시대에 이르러서 비록 거친 방법이 동원되긴 했지만 영구히 진압되었다. 헨리 8세는 베켓을 궁정으로 소환하여 모반과 반란 혐의에 대해서 답변하도록 했다. 그 사건이 웨스트민스터에서 공식적으로 논의되었다. 결국 그의 유죄가 입증되었고, 1538년 6월 10일에 성 토머스는 '자신의 군주를 반역한 자'로 단죄를 받았다. 부유한 캔터베리의 성소는 약탈되었고, 두 개의 튼튼한 상자에 보관된 금과 보석들, 그리고 나머지 보물들이 마차 스물여섯 대에 실려 나갔다. 보석들은 헨리 8세의 수중에 들어갔다. 그는 그 중 가장 값진 '프랑스의 산해진미'라는 이름이 붙은 다이아몬드를 반지에 붙여 끼고 다녔다. 훗날 이것은 그의 딸인 완고한 여왕 메리의 황금 '깃'에 달려 번쩍거렸다. 왕실은 베켓이 죽은 원인과 방식, 그리고 그가 그런 비참한 운명을 맞이하게 된 이유들을 설명했다. 그의 이름으로 유지되어 오던 모든 축제와 관직과 기도가 금지되었다. 그의 성소가 마련되었던 자리는 오늘날 빈 채로 남아 있다.

종교개혁은 하나님께 좀 더 영적으로 예배드리고, 토머스 베켓의 공과를 그가 살다가 죽은 시대보다 오히려 더 정당하게 평가할 수 있는 길을 열어주었다. 한 마디로 그는 교황 성직위계제도의 영웅이자 순교자였지만, 신약성경에 기록된 대로의 순수한 기독교의 영웅과 순교자는 아니었다. 대부분의 영국인들에게 그의 이름은 사제의 자부심과 자만의 동의어로, 국가 재산권에 대한 오만한 침공을 뜻하는 단어로 남았다. 영국 고교회파의 특정 계층에게는 그가 후대의 대주교 로드(Laud)와 마찬가지로 순교로써 성직자의 특권을 지키고, 교회의 권리를 사심 없이 지켜낸 인물로 남아 있다. 그가 잔인하게 살해되었다는 사실을 부정할 사람은 아무도 없을 것이다. 그러나 그가 고위 성직자로서 드러낸 거만한 태도는 상대의 분노와 폭력을 자극하기에 충분했다. 사제복이 한동안은 교만을 감추고 심지어 폭력을 막아줄 수는 있겠지만, 오래 가지 않아 정당한 응분을 받게 마련이다. 베켓이 즐겨 사용하던 "내 지위의 영광을 지키기 위해"라는 표현에는 고위 성직자로서의 우월감이 짙게 배어 있는데, 이것은 자주적 혈통을 지닌 왕이 감내할 수 있는 정도를 넘어선 것이었다.

영국 역사의 이 드라마틱한 장은 토머스 베켓의 몰락을 초래한 인격적 자질을 묘사하는 테니슨 경의 비극시 한 대목으로 마감하는 것이 적절할 것이다.[30]

솔즈베리의 존

토머스, 이 세상의 현명한 군주들이 전쟁터에서 돌아올 때처럼
고국의 정적들에게 줄 더 많은 감람나무 가지와 사면을 가지고
잉글랜드로 귀국하기를 바랐는데,
당신은 온 세상을 대적으로 만들어 놓았군요.

베켓

왜요, 존, 내 왕국은 이 세상에 속해 있지 않습니다.

솔즈베리의 존

그것이 좀 더 이 세상에 속한다면, 내세에서는
더욱 그럴 것입니다. 지혜로운 사면 정책이
내세뿐 아니라 현세에서도 승리합니다.
부디 당신의 원수들을 축복하십시오.

베켓

아, 내가 축복할지라도 하늘은 그렇지 않을 겁니다.

---

30) 영국의 저명한 배우 Sir Henry Irving은 자신의 마지막 무대가 된 이 연극을 공연하고서 7일 뒤인 1905년 10월 20일에 세상을 떠났다.

솔즈베리의 존

그런데 거룩한 교회의 권리를 천둥치듯 외치면서
가련하게 자신의 권리도 끼워 주장함으로써
이 세상의 누룩 같은 것이
당신 안에 있게 되지 않기를 바랍니다.
아, 토머스여, 우리가 생각하는 번개는 하늘의 것입니다.
간혹 땅에서 하늘에 대고 섬광을 비춰대는 일이 있습니다.
병사는 제 마음대로 하도록 방치할 경우
공동의 선에서 벗어나 공동의 악으로 치닫습니다.
자아를 확실하게 통솔해야 합니다.
진심으로 용서를 구합니다. 말해도 괜찮다는 당신의 허락이
아직도 제게는 유효하기 때문입니다.
당신은 국왕에 대해서 하나님의 전쟁을 치렀습니다.
그런데도 우리는 스스로 확신할 수 없는 존재들이며,
우리는 부지중에 마음에서 치솟는 원한과 사적 미움을
하늘을 지키기 위한 투쟁과 혼동할 수 있습니다.

제 5 장

인노켄티우스 3세와 그의 시대(1198-1216)

35. 참고문헌

SOURCES: *Innocentii III. Opp. omnia*, in Migne, 4 vols. 214-217; three vols. contain Innocent's official letters ; a 4th, his sermons, the *de contemptu mundi*, and other works. — S. BALUZIUS : *Epistolarum Inn. III. libri undecim*, 2 vols. Paris, 1682. — BÖHMER : *Regesta imperii 1198-1254*, new ed. by J. FICKER, Innsbruck, 1881. — POTTHAST : *Regesta*, pp. 1-467, 2041-2056 — *Gesta Innoc. III. auctore anonymo sed coævo* (a contemporary Life, about 1220), in Migne, 214, pp. xvii-ccxxviii, and BALUZIUS. — MANSI, XXII. — MIRBT : *Quellen*, 125-136, gives some of the characteristic passages. For the older edd. of Inn.'s letters and other works, see POTTHAST, *Bibliotheca med. ævi*, I. 520, 650.

MODERN WORKS : FRIEDRICH VON HURTER (1787-1886) : *Geschichte Papst Innocenz des Dritten und seiner Zeitgenossen*, 2 vols. Hamburg, 1833-1835 ; 3d ed. 4 vols. 1841-1844 (trans. into French and Italian). The last two volumes are devoted to the monastic orders and the eccles. and social conditions of the thirteenth century. An exhaustive work full of enthusiastic admiration for Innocent and his age. Hurter wrote it while antistes or pastor of the Reformed Church in Schaffhausen, Switzerland, and was led by his studies to enter, with his family, the Roman Catholic communion in 1844 and became imperial counsellor and historiographer of Austria. Gfrörer, likewise a Protestant, dazzled by the splendor of the Gregorian papacy in the preparation of his *Life of Gregory VII.*, was also led to join the Roman communion. — JORRY : *Hist. du pape Inn. III.* ; Paris, 1853. — F. F. REINLEIN : *Papst Inn. III. und seine Schrift de contemptu mundi*, Erlangen, 1871 ; also *Inn. III. nach s. Beziehung zur Unfehlbarkeitsfrage*, Erlangen, 1872. — H. ELKAN : *Die Gesta Inn. III. im Verhältniss zu d. Regesten desselben Papstes*, Heidelberg, 1876. — FR. DEUTSCH : *Papst Inn. III. und s. Einfluss auf d. Kirche*, Bresl., 1876. — LEOP. DELISLE : *Mémoire sur les actes d'Inn.*

III, suivi de l'itinéraire de ce pontife, Paris, 1877. — J. N. BRISCHAR, Roman Catholic: *Papst Inn. III. und s. Zeit*, Freib. im Br. 1883. — J. LANGEN: *Gesch. d. röm. Kirche von Gregor. VII. bis Inn. III.*, Bonn, 1893; also HEFELE-KNÖPFLER, vol. V. — the Works on the Hohenstaufen and the Crusades. — RANKE: *Weltgesch.*, VIII. 274 sqq. — the Histories of Rome by REUMONT, BRYCE, and GREGOROVIUS. — HAUCK: *Kirchengeschichte Deutschlands*, IV. 658-745. — T. F. TOUT: *The Empire and the Papacy*, 918-1272, N.Y. 1898. — H. FISHER: *The Med. Empire*, 2 vols. London, 1898. — For fuller lit., see CHEVALIER; *Répertoire*, pp. 1114 sq. and Suppl. 2659, and art. *Inn. III.*, by ZÖPFFEL-MIRBT, in Herzog, IX. 112-122.

36. 인노켄티우스의 훈련과 선출

인노켄티우스 3세의 빛나는 교황 재위 기간(1198-1216)은 다섯 명의 전임자들의 평온한 재위 기간을 합한 것만큼 길게 지속되었다. (루키우스 3세가 1181-1185년, 우르바누스 3세가 1185-1187년을 재위했고, 그레고리우스 8세가 두 달도 못되는 기간을, 클레멘스 3세가 1187-1191년, 켈레스티누스 3세가 1191-1198년에 각각 재위했다.) 인노켄티우스 3세의 재위 기간은 중세 교황제의 황금기이자 가톨릭 교회사에서 가장 중요한 시대의 하나를 기록한다. 인간으로서 그만큼 방대한 권력을 휘두른 예는 전에도 후에도 없었다. 라틴 기독교 세계의 영적 군주로서, 그는 경쟁자가 아무도 없었다. 동시에 그는 콘스탄티노플에서부터 스코틀랜드에 이르기까지 유럽의 크고 작은 정치적 운명들을 조정한 인물이었다. 교황 신정(神政)에 관한 가장 대담한 이론을 실천에 옮겨 성공을 거두었고, 그로써 바티칸의 교황 절대주의와 무류성 교의들을 예기했다. '그리스도의 대리자'라는 교황 칭호에, 인노켄티우스는 최초로 '하나님의 대리자' 라는 칭호를 덧붙였다. 주교들과 지역 공의회들의 결정들을 뒤엎었고, 왕들을 세우기도 하고 폐하기도 했다. 서방 교회에서 열린 공의회들 가운데 대단히 중요한 것으로 손꼽히는 제4차 라테란 공의회를 소집하고 주재하여서, 공의회로 하여금 종교재판소를 설치하고 화체설을 교의로 확정하도록 했다. 제4차 십자군 원정을 일으켰고, 죽기 전에 다음 번 원정을 준비해 놓았다. 반면에 기독교 진영을 서로 반목하게 만들었고, 종교적 반대파를 무력으로 뿌리뽑기 위해서 유럽의 일부 지역들을 그리스도인들의 피로 적셨다.

인노켄티우스 3세는 원명이 로타리오(Lothario)로서, 1160년경에 교황들이 하계 휴양지로 애용하던 아나니에서 태어났다. 라티움(로마 시 동남쪽에 있었던 고대의 나라: 역자주)의 지배 가문들 가운데 하나인 콘티 드 세니(Conti de Segni) 가문의 백작 트라스몬도(Trasmondo)의 아들이었다.[1] 이 가문은 교황을 아홉 명이나 배출했는데, 그 가운데 인노켄티우스 13세가 마지막이었다. 로타리오는 파리와 볼로냐에서 신학과 교회법을 공부한 뒤 스콜라 학문에 능통하게 되었다. 추기경들이던 세 명의 삼촌들의 위세를 등에 업고 고속 승진을 하다가, 1190년에 스물아홉의 나이로 삼촌인 교황 클레멘스 3세에 의해 추기경 부제로 임명되었다. 교황청에서 가장 어린 사람이었지만 책임 있는 부서를 맡았다.

콘티 가와 사이가 좋지 못했던 오르시니 가(the Orsini) 출신의 켈레스티누스 3세가 교황으로 재위하는 동안, 로타리오는 은퇴하여 학문에 몰두했다. 이때의 칩거 생활로 거둔 최대의 수확이 「세상에 대한 경멸」(The Contempt of the World) 혹은 「인간의 비참한 상태」(Misery of the Mortal Estate)라는 저서이다.[2] 저자가 서문에서 밝히듯이 인간의 존엄성을 다룬 두 번째 책이 나올 수도 있었다. 미사 제사에 관한 저서도 이 시기에 쓴 것이다. 그는 교황좌에 오른 뒤에 일곱 편의 참회 시편에 관한 강해를 썼다. 교황으로 재직하면서는 로마와 방문지들에서 자주 설교했다. 그의 설교들은 신비적이고 알레고리적인 비유들로 가득하다. 서신들은 5백 통이 현존한다.

「세상에 대한 경멸」은 죄와 재앙으로 덮인 현세의 삶을 금욕적 관점에서 비탄하는 내용이다. 아우구스티누스의 전적 타락 이론이 이 책의 토대를 이룬다. 인간의 비참한 상태를 유아기의 절대 의존성과 노년기의 쇠약, 사후의 고통의 관점에서 묘사한다. 염세적인 단락들은 예레미야서·전도서·욥기, 그리고 호라티우스·오비디우스·유베날리스에서 인용한다. 탐욕과 욕정과 야심, 이 세 가지 큰 열정이 끊임없이 인간을 괴롭히며, 거기에다 헤아릴 수 없이 많은 육체의 병과 영혼의 번민이 덧붙는다. 저자는 주인들과 종들, 결혼한 자들과 결혼하지

---

1) 인노켄티우스는 힐데브란트와 마찬가지로 독일과 이탈리아의 혈통을 모두 가지고 있었을 가능성이 있다. 그레고로비우스는 콘티 가문 가운데 로테르와 리샤르 같은 가문명들에 기초하여 그가 롬바르드족의 후예라고 주장한다.

2) 이 책은 1448년에 울름에서 최초로 출판된 이래로 1473년에 리옹에서, 1477년에 뉘른베르크에서 출판되었다. 참조. Migne, 217, 701-746.

못한 자들, 선인들과 악인들, 부자들과 가난한 자들의 운명을 비탄한다. "악인들이 고통을 당하는 것이 정당하고 자연스럽다. 그러나 의인들의 형편이 악인들보다 나을 게 있는가? 이곳 아래 세상은 그들의 감옥이지, 그들의 고향도 최종 목적지도 아니다. 인간은 저마다 존엄한 지위에 오르기를 바라지만, 일단 그 지위에 오르자마자 온갖 근심과 고통이 증가하고, 금식이 줄어들고, 밤에 깨어 있는 시간이 늘어나고, 건강이 훼손되고, 수면과 식욕이 감퇴되며, 슬픔으로 한 많은 인생을 마감하게 된다."[3] 참회하지 않는 자들은 이생의 고통과 번민이 영원한 저주로 영원히 지속된다. 이 책은 그러한 고통과 번민들을 묘사하는 것으로써 매듭을 지으면서, 독자에게 토마스 첼라노(Thomas Celano)의 「진노의 날」(*Dies Irae*)과 단테의 「신곡」 가운데 지옥편의 숙연한 운율을 연상하게 한다.[4]

칩거 생활을 하다가 기독교 세계의 가장 중요한 지위로 부름을 받은 인노켄티우스는 그야말로 철권(鐵拳)으로 세상을 지배함으로써 세상에 대한 경멸을 나낼 기회를 가졌다. 중세의 훌륭한 교황들뿐 아니라 클레르보의 베르나르와 캔터베리의 토머스 같은 성직자들의 생애를 살펴보면 성직위계제도의 경향과 금욕주의적 경향이 밀접히 연계되었음을 알게 된다. 인노켄티우스도 이 두 가지 경향을 드러냈다. 미사에 관한 논문에서, 그는 반석 위에 세워진 베드로의 수위권을 기초로 한 교황제의 거만한 주장을 예기했으며, 후에 교황으로서 그러한 주장을 구현했다.

켈레스티누스가 죽던 날 추기경회는 로타리오를 만장일치로 교황으로 선출했다. 그레고리우스 1세, 그레고리우스 7세, 알렉산더 3세, 그리고 그 밖의 교황들과 마찬가지로, 로타리오는 마지못해서 선출에 순응하는 태도를 취했다. 그는 사제 임명을 받고 다음 날인 2월 22일에 주교로 축성을 받은 뒤 공식적으로 성 베드로의 권좌에 올랐다.

즉위식은 성대하게 치러졌다. 그러나 그 행사를 고대 로마에서 벌어졌던 장엄한 의식들과 비교하려 할 때는 당시 주민수가 3만5천 명을 넘지 않았을 로마 시의 규모를 감안해야 하다.[5] 성 베드로 성당에서 거행된 즉위식에는 콘스탄티누

---

3) II. 29.
4) *Dies Irae*는 인노켄티우스가 지은 것으로 간주된다.
5) 참조. Gregorovius, V. 7.

스가 실베스터에게 선물했다고 전해지는 삼중관이 사용되었으며, 새 교황에게 삼중관을 씌울 때 다음과 같은 발언이 이루어졌다. "삼중관을 받으시오. 그리고 그대가 제후들과 왕들의 아버지이고, 세상의 통치자이며, 그 존귀와 영광이 세세무궁토록 빛나실 우리 구주 예수 그리스도를 땅에서 대신하는 대리자라는 사실을 명심하십시오." 그런 뒤에 로마 시내를 거쳐 라테란 궁까지 행렬을 벌였다. 교황은 백마를 타고 갔고, 도시장관과 원로원 의원들과 시 관리들, 귀족들, 추기경들, 대주교들, 그 밖의 고위 성직자들, 하급 성직자들, 민중이 뒤를 따랐다. 행렬을 벌이는 동안 종소리가 울려 퍼지고 찬송이 연주되고 민중의 환호와 갈채가 끊이지 않았다. 라테란 궁까지 가는 길에 특이한 장면이 연출되었는데, 유대인 강제 거주지역을 지날 때 한 무리의 유대인들이 랍비를 앞세우고 찾아와 자신들의 새 군주에게 모세오경이 기록된 두루마리를 선물하면서 인사를 드렸다. 그가 자기들에게 호의를 베푸는가 불쾌하게 대하는가에 따라서 민중으로부터 보호를 받을 수 있는지, 아니 자기들이 살아남을 수 있는지의 여부가 달려 있던 것이다. 라테란에 도착한 교황은 군중들에게 구리 동전을 한 움쿰 던지면서 "금과 은은 내게 없으나 내가 가진 이것들을 여러분에게 드립니다" 하고 말했다. 궁전의 은열쇠와 대성당의 금열쇠가 그에게 전달되었고, 원로원은 그에게 경의를 표했다. 이어진 연회에서 교황은 식탁에 홀로 앉았다. 이렇게 세속 권력을 한껏 과시한 행사를 가난하게 살았던 사도들이 보고, 그 중앙에 앉아 있는 자가 기독교 세계의 대표자라는 설명을 들었다면 참 기이하게 여겼을 것이다.

인노켄티우스는 어부의 권좌에 오를 때 불과 서른일곱에 지나지 않았다. 당시까지 재위한 교황들 가운데서는 가장 적은 나이에 권좌에 오른 것이다. 발터 폰 데어 포겔바이데(Walter von der Vogelweide)는 "아, 교황이 너무 젊구나. 주님, 당신의 기독교 세계를 도와주옵소서"라고 쓰면서 교황이 어리다는 사실로 인해 엄습해온 두려움을 표시했다. 새 교황은 외모가 준수하고 키가 적절하고 습관이 두루 잘 갖춰졌으며, 사태 파악이 분명하고, 의지가 강인하고, 행동에 거침이 없었다. 지도자로서의 타고난 역량과 인간 마음을 꿰뚫어 볼 줄 아는 능력을 갖춘 그는 자기 뜻에 무조건 복종할 것을 요구하면서도 일단 복종을 받아낸 뒤에는 힘의 사용에 신중했다. 한 마디로 그는 도덕적 능력과, 세계를 지배하려는 원대한 목표에서 당대의 군주들을 월등히 능가하는 제왕적 인물이었다.

37. 인노켄티우스의 교황제 이론

인노켄티우스와 자연스럽게 대비되는 교황은 힐데브란트이다. 두 사람은 도덕적 능력과 지적 에너지, 고위 성직자로서의 특권을 당당하게 주장한 점에서 똑같이 유명했다. 인노켄티우스는 학문과 외교 수완, 행정상의 성공에서 힐데브란트보다 한 수 위였으나, 창의력과 영웅적 인품에서는 그보다 못하였다. 그는 힐데브란트가 세운 숭고한 프로그램의 상속자로서, 그가 투쟁하여 거둔 열매들을 누렸다. 두 사람의 개인적 운명은 사뭇 달랐다. 그레고리우스는 로마에서 추방당한 뒤 유배지에서 죽었다. 인노켄티우스의 행운에는 끝이 없을 것 같았으며, 죽을 때도 아무도 자신의 권위에 이견을 제시하지 않은 상태에서 교황의 지위를 유지했다.

인노켄티우스는 교황좌에 오르자마자 자신의 숭고한 교황 사상을 피력하기 시작했고, 재위 기간 내내 공적인 자부심과 개인적인 겸손이 혼합된 어조로 강하고도 명확하게 자신의 이념을 설명했다. 즉위식 때 그는 충성스럽고 지혜로운 종들에 관해서 설교했다. "주님께서 자기 백성 위에 어떠한 종을 세우셨는지 여러분은 잘 아십니다. 그는 다름 아닌 그리스도의 대리인이요 베드로의 계승자입니다. 그는 하나님과 사람들 사이에, 하나님 아래 사람들 위에, 하나님보다 못하고 사람들보다 낮게 서 있습니다. 그는 만민을 판단하되 아무에게도 판단을 받지 않습니다. 그러나 세상의 관원들이 높이는 그가 실은 섬기는 자로 부르심을 받은 까닭에 겸손은 높이고 교만은 버려야 합니다. 하나님은 교만한 자를 버리시고 겸손한 자에게 자비를 베푸시기 때문입니다. 그리고 자신을 높이는 자는 낮아지게 될 것입니다."

과연 인노켄티우스에게는 교황 중심의 신정(神政)이 모든 것을 포괄하는 이념이었다. 그는 교황제가 하나님께서 교회의 유익과 세상 구원을 위해 세우신 제도임을 확고히 인식했다. 하나님께서 그리스도에게 하늘과 땅의 모든 권세를 주셨듯이, 그리스도께서는 베드로와 그의 계승자들에게 동일한 권세를 주셨다고 이해했다. 인간이 아닌 하나님이 사도 교구를 설립하셨다고 했다. 1199년 11월 12일에 콘스탄티노플 총대주교에게 보낸 유명한 서신에서, 그는 베드로가 받은 사명을 상세하게 설명했다.[6] 오직 그에게만 "내 양을 먹이라"는 명령이 부여되었다. 오직 그에게만 "내가 내 교회를 세우리니" 하고 말씀하셨다. 교황은 그리스도의 대리자요, 더 나아가 하나님의 대리자이다. 그는 교회를 다스릴 권세뿐 아니라 온 세상을 다스릴 권세도 부여받았다. 멜기세덱처럼 그는 왕인 동시에 사제이다. 하늘과 땅, 그리고 지옥에 있는 모든 것이 그리스도에게 속해 있다. 따라서 그것들은 그리스도의 대리자에게도 속해 있다. 교황은 군주들을 폐할 수도 있고, 백성들을 군주에 대한 충성 서약에서 풀어줄 수도 있다. 모든 민족들에게 성무중지령을 내림으로써 그들의 복종을 강요할 수도 있다. 바다에 풍랑이 일었을 때 오직 베드로만 바다에 뛰어들어 예수님에게 갔으며, 그렇게 함으로써 온 땅을 지배할 교황제의 유일한 특권이 무엇인가를 예시했다. 다른 제자들은 배에 남았고, 따라서 그들은 개별 지역들만 다스릴 권한이 부여되었다. 그리고 베드로가 걸었던 바다가 넓었던 것처럼, 바다가 상징하는 수많은 회중들과 민족들이 베드로의 권세에 할당되었다. 참으로 어느 민족도 예외 없이 모두 그에게 주어졌다. 이 서신에서 인노켄티우스는 교황 무류성도 분명히 주장하고, 베드로의 계승자가 어떤 경우에도 가톨릭 신앙에서 이탈할 수 없다고 주장한다.

그레고리우스 7세는 사제의 권한(sacerdotium)을 태양에, 세속 군주의 권한(regnum 혹은 imperium)을 달에 비유했는데, 인노켄티우스는 그것을 확대하고 강조했다. 하나님께서 두 개의 큰 광명을 궁창에 두셨는데, 이 두 광명에 "교황의 권세와 군주의 권세"가 각각 해당하여, 전자가 마치 태양이 낮을 주관하듯이 영혼들을 다스리는 반면에, 후자는 마치 달이 밤을 주관하듯이 인간들의 육체들을 다스린다고 그는 말했다. 그리고 달이 태양한테서 빛을 받고, 규모와 밝기에서 다 태양에 미치지 못하듯이, 군주의 권세는 좀 더 본질적 성격을 지닌 교황의 권세로부터 위엄과 광채를 얻는다고 했다. 사제가 왕에게 기름을 붓는 것이지, 왕이 사제에게 붓는 것이 아니며, 기름을 붓는 쪽이 받는 쪽보다 우월하다.[7] 군주들은 각각 할당된 영토에서 권세를 갖지만, 교황은 모든 땅에 대해서 권세를 갖는다. 사제는 하나님이 세우시는 직분이지만, 왕권은 인간의 조정과 권력으로 말미암는다. 인노켄티우스는 잉글랜드의 존에게 쓴 서신에서 이렇게 말한다. "하나님의 언약궤 안에 지팡이와 만나가 율법을 기록한 돌판들 곁에 놓였듯이,

---

6) *Reg.*, II. 209; Migne, 214, 758-765.

7) Migne, 216, 1012, 1179.

교황의 가슴에 자리잡은 율법 지식의 곁에는 두려운 파괴의 권세와 은혜의 온화함이 함께 자리잡고 있습니다." 그는 존에게, 만약 교회 문제에서 손을 떼지 않는다면 형벌과 멸망을 면치 못할 것임을 상기시켰다.[8] 유럽 전역의 군주들이 인노켄티우스의 설명을 청종했다. 그의 서간집에는 황제와 헝가리·보헤미아·시칠리아·프랑스·잉글랜드·데인족·아라곤 등의 왕들에게 그들의 의무를 가르치고 복종할 것을 요구하는 서신들로 가득하다.

인노켄티우스의 지배하에 전체 기독교 세계가 로마 교황에게 종속되는 것이 거의 실현되는 듯이 보였다. 그러나 1204년에 라틴 세계가 콘스탄티노플을 정복하는 과정에서 사용한 무력이 의도했던 것과 정반대의 결과를 초래했다. 비잔틴 제국이 전복되고 그 대신 라틴 제국이 들어서면서 콘스탄티노플에 새로운 성직 위계제도가 수립됨으로써 오히려 그리스 교회와 라틴 교회가 완전히 결별하게 되는 결과를 맞게 되었다. 인노켄티우스 3세가 기독교 세계의 확장에 깊은 관심이 있었다는 것은 부인할 수 없는 사실이다. 그러나 그가 출범시킨 엄격한 종교 재판소 체제가 성직위계제도와 기독교 분파 사이에, 그리고 기독교와 이슬람교 사이에 치열한 투쟁과 전쟁을 낳았다. 인노켄티우스와 그의 정책을 이어간 후임 교황들의 재위 기간 동안에 교회는 유난히 많은 피를 흐르게 했다. 16-17세기 반동 종교개혁 때를 제외하고 교회가 이렇게 많은 피를 흐르게 한 시대는 없었다. 교황이 제국주의를 이렇게 대놓고 주장한 뻔뻔한 태도는 그 자신과 그의 후임자들이 인간들의 영혼과 육체, 세상의 정부들에 대해 권한을 확립하려 할 때 사용한 정책에 의해서 수정을 겪었다.[9]

38. 인노켄티우스와 독일 제국

8) *Ibid.*, 217, 922. 그레고로비우스는 이것이 "아마도 교황권을 가장 지고하게 천명한 문서"였을 것이라고 주장한다.

9) Hauck(IV. 743)은 인노켄티우스의 비범한 재능을 인정하면서도 다음과 같이 다소 낮게 평가한다. "그는 신학자라기보다 수사학자였으며, 정치가라기보다 법률가와 행정가였다." 독일의 많은 개신교 저자들은 그레고리우스 7세와 인노켄티우스 3세를 폄하함으로써 민족성을 드러낸다.

유럽의 정치 상황은 인노켄티우스가 권력을 주장하기에 유리하게 형성되어 있었다. 하인리히 6세가 1197년 9월 28일에 서른둘의 이른 나이에 갑자기 죽으면서 독일 제국에 권력의 공백이 생겼다. 황제의 외아들 프리드리히는 아직 어린이에 지나지 않았다. 이탈리아 전역에서는 하인리히가 펼쳤던 강압적인 지배에 저항하는 기류가 형성되었다. 민족 자유의 정신이 나타나기 시작했고, 독일의 영주들과 백작들을 이탈리아 땅에서 쫓아내기 위한 광범위한 노력이 이루어졌다.

랑케(Ranke)는 인노켄티우스 3세를 하인리히의 진정한 계승자로 평가했다.[10] 이탈리아의 민족 정서가 대두하는 상황에 편승하여, 교황은 이탈리아 중부와 남부를 제국에서 분리하는 정책을 펼쳤고, 그로써 사실상 반도를 외국의 대리 통치자들과 상인들로부터 구원해낸 자가 되었다. 그는 즉위하자마자 로마 시에 남아 있는 제국 권위의 흔적들을 제거하는 작업에 착수했다. 황제를 대신하여 통치하던 도시 장관이 교황에게 충성 서약을 했고, 교황은 그에게 외투와 은잔을 하사했다. 원로원도 인노켄티우스의 권위를 인정하고, 로마 교구와 성 베드로의 권세를 보호하기로 서약했다.

교황은 신속히 자신의 권위를 로마의 울타리 밖으로 확산시켰다. 6세기 동안 독일의 공작들에게 지배를 받았던 스폴레토와 아시시, 페루자가 교황에게 복종했다. 하인리히 6세의 강력한 지휘관 안바일러의 마르크도 인노켄티우스의 외교술과 군사력을 견디지 못했고, 그 결과 라벤나를 중심으로 한 로마냐가 교황의 수중에 들어갔다. 교황권을 지지하는 토스카나 동맹이 결성되었다. 피렌체·시에나·피사 등의 도시들이 저마다 자유를 견지하면서도 교황에게 특권들을 이양했다. 인노켄티우스는 모든 지역에 자신의 특사들을 배치했다. 이렇게 교황령에 대해 교황이 충분한 권력을 행사한 것은 전례 없는 일이었다.

프리드리히의 어머니는 시칠리아 왕권을 아들에게 확실히 물려주기 위해서 그 왕국을 교황에게 봉토로 넘겨주었다. 이 여성은 남편보다 1년보다 더 살지 못했으며, 세상을 떠나면서 인노켄티우스를 자기 아들의 후견인으로 삼는다는 유언을 남겼다. 이로써 호엔슈타우펜 가 상속자의 지적 훈련과 정치적 운명이 대대로 그 위엄 있는 가문의 대적이었던 교황에게 맡겨지게 되었다. 그는 자신

---

10) *Weltgeschichte*, VIII. 274.

에게 위탁된 자를 자기 마음대로 할 수 있는 재량을 갖게 되었다.[11]

독일에서는 인노켄티우스가 황제 선출의 심판관이 되었다. 당시 선제후들은 권좌에 오르기를 열망하는 두 사람을 놓고 양분되어 있었다. 한 사람은 하인리히 6세의 형제 슈바벤의 필립으로서, 마인츠에서 대관식을 치렀고, 다른 한 사람은 사자 하인리히(Henry the Lion)의 아들 오토로서, 그는 쾰른 대주교 아돌프에 의해 아헨에서 대관식을 치렀다. 오토는 잉글랜드의 사자심왕 리처드와 존의 조카로서, 두 사람은 자금과 외교로 자신들의 조카를 지원했다. 이에 양 진영이 로마에 호소하기에 이르렀는데, 인노켄티우스가 호엔슈타우펜 가문보다 겔프파인 오토의 손을 들어주었다는 것은 의아한 일이 아니다. 더욱이 필립은 토스카나 공작으로서 마틸다의 영지를 차지함으로써 교황의 심기를 건드린 적이 있었다.

인노켄티우스는 독일의 권좌에 오를 사람이 "처음부터 영원히" 교황청의 결정에 달려 있다고, 고압적인 주장을 했다. 교회가 제국을 동방에서 서방으로 이전하지 않았던가? 그리고 교회가 프리드리히의 주장을 무시하고, 또 필립을 '제국을 다스리기에 부적격한 자'로 평가함으로써 황제의 제관을 직접 수여하지 않았던가? 이것이 그의 논거였다. 인노켄티우스는 1201년에 "교회에 헌신했고, 양친 모두에게서 경건한 혈통을 이어받은, 그리스도 안에서 자신의 가장 소중한 아들"인 오토를 황제로 결정했다. 그리고 이 결정이 로마에 유익을 끼쳤다. 노이스에서 체결된 약정서에서, 오토는 교황에게 복종할 것과, 교황령과 나폴리, 시칠리아에 대한 권리를 모두 포기하겠다고 약속했다(이 약정서는 1209년에 슈파이어에서 다시 체결된다). 이 문서는 콘스탄티누스와 피핀 때부터 내려온 교황청의 영토 소유권을 비준하는 위험한 것이었다.

이로 인해 내전이 발생했고, 전세가 필립에게 유리한 쪽으로 기울자 교황은 그에게 내렸던 파문령을 철회하고 그를 황제로 인정하는 쪽으로 방침을 정했다.[12] 하지만 바로 그 시점인 1208년에 비텔스바흐의 오토가 찌른 칼에 필립의

---

11) 프리드리히가 재위 초반에 수행한 일 가운데 하나는 유산의 일부를 교황의 형제인 Richard 백작에게 양도한 것이다. 훗날 호노리우스 때 프리드리히는 그것을 환수했다.

12) 오토에게 대관식을 치러주었던 장본인인 쾰른의 대주교가 이제는 필립의 머리에 황제관을 씌워주었다.

생애가 비극적으로 막을 내리게 되었다. 그 해에 오토는 성 베드로 성당에서 대관식을 치렀으나, 교황에게 한 약속을 잊어버린 채 경쟁 가문인 호엔슈타우펜 가와 독립 정책을 추진했다.[13] 그는 이탈리아 중부를 몹시 압박하면서, 그곳의 비옥한 토지들을 자신의 봉신들에게 배분하고, 성직자들의 수입을 압류했다. 그런 다음 프리드리히의 영토인 이탈리아 남부로 진격하여 나폴리로부터 항복을 받았다.

인노켄티우스가 얻었다고 생각한 모든 것이 물거품이 될 위기에 처했다. 이런 절박한 상황 앞에서 그는 신속하게 움직였다. 자신이 모퉁잇돌로 세웠던 돌이 거침돌이 되었다고 썼다. 라헬처럼, 자신이 왕으로 세운 아들을 위해서 애도했다. 그는 오토를 파문에 처하고, 1211년에 뉘른베르크에서 열린 고관들의 회의에서 그를 폐위한 뒤 프리드리히에 대한 지지를 선언하고, 그 사실을 그에게 전하기 위해서 사절단을 팔레르모로 파견했다. 오토는 자신의 권력을 되찾기 위해서 알프스를 넘었으나 때가 너무 늦었다. 프리드리히는 북쪽으로 기수를 돌려 올라가다가 로마에서 멈추었는데, 그곳에서 1212년 4월에 처음이자 마지막으로 인노켄티우스를 보았다. 그는 귀국하여 1212년 12월에 프랑크푸르트에서 왕으로 선출되어 왕관을 썼으며, 다음 해에 에게르에서 거의 모든 제후들에게 승인을 받았다. 그러기 전에 이탈리아를 떠날 때 시칠리아를 로마의 봉토로 다시 인정했었다. 그는 에게르에서 교황령에 대한 제국의 권한을 모두 부정해 버렸다.[14]

오토는 잉글랜드의 존과, 프랑스의 필립 아우구스투스(Philip Augustus)에게 반기를 든 플랑드르의 제후들과 동맹을 맺었다. 그러나 그의 소망은 1214년에 벨기에의 부빈에서 벌어진 전투에서 산산조각 나고 말았다. 그때부터 그의 권세는 조상 때부터 물려받은 영토에 국한되었다. 그는 1218년에 죽었다. 인노켄티우스는 천하를 장악했다. 하지만 그의 계승자들은 거의 반 세기 동안 젊은 왕 프리드리히에게 무시와 도전을 받게 된다.

인노켄티우스는 세속 군주들과 똑같은 정신과 결단으로 유럽 다른 나라들의

---

13) 오토는 필립의 딸 베아트리체와 결혼함으로써 두 가문의 운명을 합쳐보려고 했으나, 베아트리체가 결혼 직후에 세상을 떠나고 말았다.

14) 이것이 이른바 에게르의 황금 대칙서(1212. 7. 12)였다. 프리드리히는 그 문서에서 자신을 "로마인들과 시칠리아의 왕"이라고 표현했다. 그는 로마 교회를 위해서 "충직한 아들과 가톨릭 군주"로서 시칠리아를 보호해 주겠다고 약속했다.

문제에 개입했다. 프랑스에서 결혼 서약의 신성함에 관해 논쟁이 벌어졌다. 필립 아우구스투스가 덴마크 공주였던 둘째 아내를 결혼한 지 몇 달도 안 된 상태에서 버리고 메랑의 아그네스라는 아름다운 여성을 취했다.[15] 프랑스 주교들은 왕의 둘째 아내가 먼 친족이라는 이유로 이혼을 정당화했다. 그러나 잉게보르그의 항소를 청취한 인노켄티우스는 프랑스에 성무중지령을 내림으로써 왕에게 둘째 아내를 도로 거두도록 만들었다.[16]

스페인 반도에 있는 기독교 국가들도 교황의 강력한 영향력을 느꼈다. 레온 왕국(스페인 북서부: 역자주)은 왕 알폰소 9세(Alfonso IX)가 혈족 관계인 아내를 내보내기로 동의할 때까지 5년간 성무중지 상태에 처해 있었다. 스페인 기사도의 모델인 아라곤(스페인 북동부) 왕 페드로(Pedro)는 1204년에 로마에서 왕관을 받았고, 자신의 영토를 사도 교구의 봉토로 만들었다. 당시 갓 설립된 포르투갈 왕국의 왕 산초(Sancho)는 교황의 종주권에서 벗어나려고 하다가 실패했다.

북부에서는 스웨덴이 슈베르커 가문을 지지하기로 한 인노켄티우스의 결정을 받아들였으며, 발트해 연안의 부족들을 기독교권으로 끌어들이려고 하던 덴마크 왕에 대해서는 그의 영토를 괴롭히는 모든 세력에게 성무중지령을 내리겠다고 위협함으로써 보호해주었다. 잉글랜드 왕은 인노켄티우스의 말 한 마디에 땅에 엎드렸다. 스코틀랜드 왕에게 교황은 특사와 보검을 보냈다. 심지어 아이슬란드조차 인노켄티우스의 사고와 행동의 주제가 되었다고 한다.

남동부에서는 불가리아의 요하니티우스(Johannitius)가 인노켄티우스한테, 어찌 감히 슈바벤의 필립에게 왕관을 받았느냐는 질책을 받고는 그 앞에 굴복한 뒤 그에게 왕관을 받았다. 보헤미아의 제후 오토케르(Ottoker)는 교황 특사에게 왕관을 받았고, 헝가리의 에메릭(Emmeric)은 십자군 원정을 이끌겠다고 서약했으며, 그 서약을 그의 형제 안드류가 실천했다. 이처럼 러시아 서부의 유럽 모든 나라들이 교황권의 수위권을 체감했다. 앞으로 살펴보겠지만, 콘스탄티노플과 성지의 정복도 이 지칠 줄 모르고 장악력이 강한 군주에게 동일한 관심사였으며, 1205년에 콘스탄티노플에 라틴 제국이 수립된 사건은 교황청 정책의 승리를

---

15) Migne, 215, 1493, etc.

16) 교황은 아그네스의 자녀들을 적자들로 인정했다. 아그네스는 1201년에 죽었다.

알리는 신호탄으로 간주되었다.

39. 인노켄티우스와 잉글랜드 왕 존

"왕들의 이 권좌, 홀(笏)의 지휘를 받는 이 섬,

이 위엄의 땅, 이 군신(軍神)의 터전,

이 제2의 에덴, 반(半) 낙원;

전염병과 전쟁의 마수가 넘보지 못하는

이 천혜의 요새;

이 행복한 민족, 이 작은 세계,

집의 담장 역할을 하기도 하고,

성의 해자(垓字) 역할도 하여

덜 행복한 나라들의 질투를 막아주는

은빛 바다에 박힌 이 귀금속;

이 복된 구역, 이 땅, 이 영역, 이 잉글랜드,

백성들에게 경외를 받고 출생으로 유명한

왕들을 생산해낸 이 모태, 그들을 길러낸 이 유모.

— 셰익스피어, 「리처드 2세」, 제2막 1장

인노켄티우스의 치하에서 잉글랜드는 한 세대 전인 알렉산더 3세의 재위 기간에 벌어진 논쟁 때보다 교황제의 역사에서 훨씬 더 중요하게 부각된다. 당시에 무대에 오른 잉글랜드의 배우들은 헨리 2세와 토머스 베켓이었다. 이번에는 헨리의 아들 존과 베켓의 계승자 스티븐 랭턴(Stephen Langton)이었다. 당시에는 교황이 잉글랜드 왕에게 이루 말할 수 없는 굴욕을 안겨줌으로써 승리를 거두었다. 하지만 그 뒤 교황은 존이 자신의 귀족들과 대립할 때 존을 지원하고, 또한 잉글랜드인들의 인권을 천명한 마그나 카르타를 비난함으로써 과거에 얻었던 유리한 입지를 상실했다. 이 논쟁은 영국 역사에서 가장 흥미로운 일화들 가운데 하나이다.

'땅을 잃은 자'(Sansterre 혹은 Lackland)라는 별명을 지닌 존(1167-1216)은

1199년에 자신의 형제 리처드 1세를 계승하여 왕위에 올랐다. 능력이 뛰어나고 행동이 민첩하되 정신이 비열하고 도덕 수준이 낮고 독재적 기질이 있던 그는 자신의 나라에 전무후무한 수치를 안겨주었다. 그의 재위는 영국 국민들과 영국 교회를 상대로 한 실정과 모욕의 연속이었다.

존은 리처드가 아버지에게 반란을 일으킬 때 동참했고, 형이 제3차 십자군 원정 후에 포로로 잡힌 동안 권좌에서 끌어내리려고 했으며, 만약 장자상속법을 따랐다면 리처드의 계승자가 되었을 자신의 형 제프리의 아들 부르타뉴의 아서(Arthur)를 죽였다는 것이 당대의 많은 사람들이 가지고 있던 생각이었다. 그는 노르망디·앙주·마인·아키텐을 상실했다. 그는 계획을 달성하기 위해서 약속을 밥먹듯이 어기는 그런 사람이었다. 한 여자와 결혼했다가 버리고, 재혼한 여자에게도 신실하지 않았다. 그의 구애를 거부해도 될 만큼 안전한 여성은 없었다. 그는 빚을 갚고 탐욕을 채우기 위해서 교회들과 수도원들을 약탈했으나, 그럼에도 불구하고 여행에 나설 때는 반드시 목에 부적을 둘렀다.[17]

인노켄티우스는 1205년에 죽은 캔터베리 대주교 허버트(Hubert)의 후임자를 선정하는 문제를 놓고 존과 갈등을 빚었다.[18] 오래 전부터 캔터베리 대주교 선출에 권한을 행사해 오던 그 교구의 수사들은 자신들의 구성원인 레지널드(Reginald)를 선출했다. 하지만 왕의 지원을 받은 소수파가 왕이 지명한 노리치의 주교 존 드 그레이(John de Grey)를 선출했다. 존은 관구관하 주교들에게 승인을 받았고, 왕에게 장악되었다.

양 진영은 로마에 항소하되, 레지널드는 직접 로마를 찾아갔다. 일년이 지난 뒤에 인노켄티우스는 양 진영이 선출한 인물들을 모두 거부하고 당시에 로마에 와 있던 캔터베리의 수사들에게 다른 후보자를 선출하라고 지시했다. 그렇게 해

---

17) 당대의 연대기 저자들은 존의 성격을 묘사할 때 대단히 험악한 단어들을 사용한다. Lingard는 이렇게 말한다. "존은 천박함과 잔인함과 위증과 살인과 고삐 풀린 방탕으로 잔뜩 오염된 모습으로 우리 앞에 서 있다." Green은 "지옥이 더러운 곳이지만 존이 그곳에 감으로써 훨씬 더 오염되었다"는 말을 인용한 다음에 다음과 같이 말한다. "존은 영혼 내면부터 앙주 가(家)의 극악한 소산이었다 …… 그러나 그는 가문의 악과 함께 가문의 여러 심오한 역량들까지도 물려받았다." III. chap. 1.

18) 그는 과거에 더블린 대주교를 가혹하게 대한 일을 놓고 존과 갈등을 겪은 적이 있었다. 참조. 인노켄티우스의 전집 III. *Reg.*, VI. 63; Migne, 215, 61; Pottast, 167.

서 크리소고누스의 추기경 스티븐 랭턴이 선출되었다. 잉글랜드에서 태어난 스티븐은 학문과 인품을 확실하게 겸비한 사람이었다. 그는 파리에서 공부했고, 공로를 인정받아 파리와 요크의 주교좌성당들에서 성직록을 받았다. 그만큼 캔터베리 대주교직에 합당한 인물이 당시에는 없었다.[19] 그는 베켓처럼 성인의 직함도 없고 안셀무스처럼 신학적 재능도 없지만, 잉글랜드의 수석 대주교들 가운데 충직한 행정가이자 영국인들의 자유를 옹호한 인물로 항상 중요한 자리를 차지할 것이다.

새 대주교는 1207년 6월 17일에 교황에게 직접 축성을 받은 뒤 1228년에 숨을 거두는 날까지 직무를 수행했다.[20] 잉글랜드 왕은 랭턴이 선출되었다는 소식을 받고는 불같이 화를 내면서 캔터베리 참사회의 재산을 몰수하고, 수사들을 반역자들로 몰아 추방했다. 인노켄티우스는 성무중지령의 위협으로 대응했다. 왕은 '하나님의 이'를 걸고서,[21] 만약 성무중지령이 선포된다면 인노켄티우스의 임명을 받고 잉글랜드에서 활동하는 모든 이탈리아인들의 사지를 절단하겠고, 모든 고위 성직자들과 사제들을 추방하겠다고 맹세했다. 결국 1208년 3월 22일에 교황은 런던·일리·우스터의 주교들의 입을 통해 성무중지령을 공포했다.[22] 주교들은 교황의 영을 공포한 즉시 왕국을 떠났다.

성무중지령은 즉각 효력을 나타내어 잉글랜드 전국을 깊은 시름에 몰아넣었다. 교회의 종들이 울리는 일이 없었다. 교회 건물들은 모두 닫혔다. 사제들의 일상적인 업무도 중단되었다. 수도원들의 대문들도 굳게 잠겼고, 예배자들은 비밀 통로로만 들어갈 수 있었다. 잘못을 범한 자들뿐 아니라 무고한 자들에게도 고해가 매겨졌다. 여성들은 출산 후에 정결 의식을 거행하러 교회에 찾아가도 담장 밖에서 돌아가야 했다. 사람이 죽어도 축성된 땅에 묻힐 수 없었고, 사

---

19) 그의 학자로서의 역량은 설교들과 시들, 성경 주석들에서 확인할 수 있는데, 이 자료들이 옥스퍼드·케임브리지·램버스·파리의 도서관들에 사본으로 현존한다. 그는 성경전서를 장별로 구분한 최초의 인물로 그릇된 평가를 받는다.

20) 인노켄티우스는 1207년 5월 26일에 존에게 보낸 서신에서 그 선거를 재가하는 데 좌고우면하지 않겠다는 뜻을 확고히 밝혔다.

21) 이것과 '하나님의 발'이라는 표현은 존이 상대를 비난할 때 즐겨 사용한 것이다.

22) 참조. Migne, 217, 190; Pottast, 286.

제의 업무도 정지되었다.

존은 비록 필립 아우구스투스가 이와 유사한 징계에 굴복하는 모습을 보았는데도 불구하고 눈 하나 깜짝하지 않았다. 오히려 고위 성직자들과 수도원들의 재산을 몰수하고, 수사들을 옷가지도 변변히 갖추지 못한 상태로 수도원 밖으로 쫓아냈다. 사제들의 첩들을 강제로 떼어냈으며, 그들의 속전을 아주 무겁게 매겼다. 사제를 살해한 죄로 고소된 웨일스인에 대해서 "그 사람을 풀어주라. 그는 나의 원수를 죽였느니라"고 하면서 석방해 주었다. 도주한 주교들의 가족들을 붙잡아 옥에 가두었다.

1209년에 인노켄티우스는 성무중지령에다 왕에 대한 개인적 아나테마를 덧붙여 엄숙히 공포했다. 잉글랜드에 남아 있던 주교들은 그 포고문을 감히 발표할수 없어서 "무서워 짖지 못하는 벙어리 개처럼" 되고 말았다.[23] 존은 반항적인 태도를 버리지 않은 채 무고한 자들에게 계속해서 보복을 가했으며, 백성들의 관심을 스코틀랜드·아일랜드·웨일스와의 협상과 전쟁으로 돌리기 위해 힘썼다. 늘 그의 곁에서 그를 섬기다가 이제는 더 이상 남아 있을 수 없겠다고 느낀 노리치의 대부제 제프리(Geoffrey)는 결국 옥에 갇혔고, 그곳에서 어깨에서 발끝까지 납 덮개를 쓴 채 기력이 쇠해서 죽었다.[24]

하지만 교황에게는 한 가지 무기가 더 있었다. 1212년에 교황은 존이 왕의 자격이 없으므로 폐위한다고 선언했던 것이다. 그의 백성들에게 왕에 대한 충성 서약을 면제해 주었고, 기독교 제후들에게는 그 선언을 단행하여 왕관을 빼앗으라고 명령했다. 과거에 그레고리우스 7세는 하인리히 4세에게 이런 모험이 따르는 방법을 사용했다가 실패했었다. 교황의 대칙서는 수아송에서 랭턴과 망명한 주교들에 의하여 발행되었다. 프랑스의 필립은 교황의 명령을 즉시 받들고서 군대를 모집했다. 그러나 잉글랜드 함대가 확고히 버티고 있었던 까닭에 그 영토

---

23) 이것은 매튜 패리스가 즐겨 사용하는 표현이다.

24) 존의 잔학성을 보여주는 또 다른 사례는 그가 1만 마르크를 요구했던 브리스톨의 부유한 유대인을 다룬 태도이다. 유대인이 돈을 내기를 거부하자, 존은 그의 치아를 하루에 한 개씩 뽑도록 명령했다. 형 집행을 맡은 치과의사는 어금니부터 뽑기 시작했다. 유대인은 치아를 일곱 개 뽑힐 때까지 버티다가 결국에 포기하고서 돈을 내놓고 말았는데, 매튜 패리스는 진작에 돈을 내놓았다면 처음부터 고통을 면했을 것이라고 말한다. Luard's ed., II. 528.

가 곧 침공을 당하는 일은 면했다.

하지만 잉글랜드 백성들의 불안이 더 이상 인내할 수 없는 지점에 이르게 되었다. 국왕이 자기 마음대로 세금을 부과하고, 사생활에서도 아내를 여럿 두고 귀족들의 딸들을 취하여 연애 행각을 벌임으로써 극도의 반감을 자극했다. 이로써 사면초가에 몰리게 된 존은 도버에서 교황의 특별 사절 차부제 판둘프(Pandulf)를 서둘러 만났다.[25] 그 전에 은수자 웨이크필드의 피터가 승천 축일부터 사흘 안에 왕이 지위를 잃을 것이라고 예언했었다. 아마도 그 예언이 두려웠던지, 그리고 프랑스 왕의 계획을 저지하려고 그랬든지 존은 교황의 사절에게 굴복했고, 1213년 5월 15일에 무릎을 꿇은 채 판둘프에게 자기 왕국을 넘겨주고 그것을 교황의 봉토로 돌려받기로 합의했다. 다섯 달 뒤에 교황특사 자격으로 잉글랜드에 파견되어 온 투스쿨룸의 추기경 대주교 니콜라우스 앞에서 정식 조약이 체결되었다. 존은 자신이 서명하고 반드시 지키겠다고 맹세한 이 문서에서, 참으로 뻔뻔하게도 자기가 "죽기까지 우리를 위해서 자신을 낮추신" 분을 닮으려고 힘쓰는 자라고 소개했다. 이 악명 높은 문서는 다음과 같이 이어진다:

> "짐은 하나님과 거룩한 사도들인 베드로와 바울, 짐의 어머니인 거룩한 로마 교회, 그리고 짐의 주군이신 교황 인노켄티우스와 그의 가톨릭 계승자들에게 잉글랜드의 영토 전부와 아일랜드의 영토 전부, 그리고 그에 따른 모든 권리들을 짐과 짐의 모든 백성의 조속한 사죄를 위해서 조건 없이 바치노라. 그리고 이제부터는 봉건적 가신으로서 이 영토들과 권리들을 하나님과 로마 교회로부터 받으며, 우리 주군이신 교황 인노켄티우스와 그의 가톨릭 계승자들과 로마 교회에게 그것들을 놓고서 충성을 맹세하노라."[26]

존은 평소에 바쳐온 베드로의 은전 외에도 잉글랜드의 몫으로 700마르크, 아

---

25) 판둘프가 추기경으로 널리 알려져 있는 것은 셰익스피어 때문이다. 참조. *King John*, 3막 1장. 그는 잉글랜드에서 교황특사를 지냈다(1217-1221). 공문에는 그가 "우리 주군 교황 인노켄티우스를 잘 아는 차부제"로 소개되어 있다.

26) Potthast, 416. 매튜 패리스 글에 라틴어로 인용됨(Luard's ed. II. 541-546). Gee와 Hardy가 영어로 번역함(75-79).

일랜드의 몫으로 300마르크 해서 매년 1000마르크를 무기한 바치겠다고 서약했다. 왕이 서명할 때 더블린 대주교와 노리치 주교, 그리고 11명의 귀족들이 입회했다. 존은 자신이 면직 처분했던 주교들에게 배상을 해줄 것도 약속했는데, 최종적으로 결정된 배상액은 40,000마르크였다.

매튜 패리스(Matthew Paris)는 이것을 가리켜 "가증스럽고 유감스러운 조약문"이라고 올바로 평가한다. 그러나 이렇게 민족 자존심이 철저히 구겨졌을지라도, 후 세대들이 존의 행위에 대해서 지니는 수치감을 당대의 잉글랜드인들은 그다지 심각하게 느끼지 않았을 가능성이 높다.[27] 이 조약은 정치적 조치로서는 성공을 거두어서, 프랑스의 호전적인 왕에게 큰 좌절을 안겨주었다. 1214년에 6년이 넘도록 효력을 발휘해온 성무중지령이 철회되었다.

인노켄티우스가 거둔 승리는 완벽한 것이었다. 그러나 세월이 흐르면서 그 부끄러운 조약에 대한 기억이 잉글랜드에서 교황의 지배에 대한 완강한 저항을 자극했다. 로버트 그로스테스트(Robert Grosseteste, 1175?-1253, 영국의 신학자, 링컨의 주교: 역자주)가 이 조약을 비판했고, 위클리프(Wycliff, 1320?-1384)가 존의 서약을 준수하기를 거부한 국왕을 옹호했다. 황제 프리드리히 2세는 존의 계승자들 가운데 한 사람에게 쓴 서신에서, 그의 전임자 존이 당했던 굴욕을 상기하고서 다른 기독교 군주들과 연대하여 교황청의 안하무인격의 권리 침해에 저항하라고 독려했다.

40. 인노켄티우스와 마그나 카르타

마그나 카르타의 원본은 세월이 풍화와 화재로 인하여 제 모습을 상당 부분 잃었으나 여전히 왕의 직인을 간직한 채 대영박물관에 보관되어 있다. 왕국 법전의 공식 판본에 모사본이 실려 있다. 스텁스(Stubbs)는 헌장 선집(Selected

---

27) 일찍이 헨리 2세는 교황 알렉산더의 봉신(封臣)이 된 바 있었고, 리처드 1세는 왕관을 황제에게 넘긴 뒤 1년 단위로 왕관을 임대한 바 있다. Lingard는 존의 이 양도 행위에 대해서 정상을 참작하려고 노력하지만, 그럼에도 불구하고 "확실히 수치스러운 행위"로 규정한다.

Charters)에 라틴어 본문을 싣는다(296-306).

피 속에 군주의 본능이 흘렀던 인노켄티우스는 영국인들의 인권 신장에 크게 이바지한 마그나 카르타(Magna Charta〈the Great Charter〉, 대헌장)를 대할 때 민중의 자유를 주장하는 진영에 등을 돌리고 존의 편에 섰다. 존을 파문에서 풀어준 스티븐 랭턴은 민중 진영을 두둔했고, 그로 인해 교황의 비위를 거슬러 단죄를 받았다. 귀족들이 왕의 독재를 막기 위해 체결한 그 합의문을 교황은 시간을 끌고 이런저런 핑계를 대는 방식으로 대했다. 반란과 내전이 뒤따랐다. 과거에 잉글랜드 교회를 그렇게 모질게 대했던 그가 이제는 그 교회의 지원을 받을 목적으로 지킬 의도도 없으면서 후안무치한 종교적 공약을 남발했다. 성직자들에게 모든 고위 성직자들을 자유롭게 선출할 권한을 부여했다. 십자군 원정을 이끌겠다는 공언도 했다. 한편 부빈 전투가 끝난 뒤 존은 형편상 잉글랜드로 돌아갈 수밖에 없었고, 돌아갔다가 윈저 근처를 흐르는 템스 강의 섬 러니미드에서 자신을 기다리고 있던 귀족들의 조직된 세력에 밀려 마그나 카르타에 서명하고 그것을 준수하겠다고 맹세했다(1215년 6월 15일).

이 문서는 미국의 독립선언문과 함께 영어권 세계의 세속사에서 가장 중요한 계약서로서, 모호한 전통과 군주의 가변적 의지를 확고한 법으로써 제재하는 데 그 뜻이 있었다. 이것이 영국의 민중과 귀족들과 교회가 하나로 결집하여 국왕을 상대한 최초의 행동이었다. 이 문서로써 군주는 어떤 사람에게도 정의를 부정하거나 지연하지 않으며, 재판은 피고를 관할하는 귀족들이 담당한다는 원칙에 합의했다. 왕국의 다자간 협의회의 투표를 거치지 않고는 어떠한 세금도 징수할 수 없으며, 그러한 협의회를 정례화하기로 했다. 교회에 직접 관련된 조항은 하나뿐인데, 성직자 선출의 자유를 규정하는 내용이다.

예기치 않은 황당한 사건을 겪은 존은 처음에는 분노를 이기지 못해 발작 증세를 보이다가, 결국 자신이 강압적인 상황에서 도장을 찍었다는 근거로 인노켄티우스에게 도움을 요청했다. 실제로 존은 맹세를 지킬 의도가 없이 귀족들에게 굴복했었다. 교황은 영국민들의 합리적인 요구를 일축하고 거짓 충성에 넘어가는 치명적인 실수를 범했다. 그는 두 번의 대칙서를 통해서 "인류의 원수는 간교한 계략에 의해서 귀족들이 국왕에게 대립하도록 선동했다"고 주장하면서, 엄숙하게 존을 맹세로부터 풀어주었다.[28] "귀족들의 사악 무도함이 교황청을 업신

여기고, 왕의 권한을 침해하고, 잉글랜드의 명예를 더럽히고, 십자가를 위태로운 지경에 떨어뜨리고 있다"고 그는 주장했다. 존에 대해서는 그리스도인답게 기독교 세계의 수장의 뜻에 복종하고, 연례 조공을 서약하고, 십자군 원정을 이끌겠다고 맹세한 점을 들어 찬사를 아끼지 않았다. 문서 자체에 대해서는 "특히 국왕의 동의가 강제에 의해 이루어졌기 때문에 모두에게 배격되어 마땅한 천하고 저급하고 악한 문서"로 평가한 뒤 "철저히 배척하고 단죄했다."[29]

인노켄티우스가 고분고분하지 않는 귀족들에게 감정적으로 선포한 파문령을 랭턴은 발행하기를 거부했다. 교황은 불순종에 대한 벌로써 1215년 11월 4일에 그에게 직무 정지 처분을 내렸고, 인노켄티우스가 무덤에 들어간 지 3년이 지난 1219년까지 랭턴은 직무에 복귀하지 못했다. 인노켄티우스는 민중 진영을 지지한 런던에 성무중지령을 내리고, 민중 편을 든 잉글랜드의 고위 성직자들에 대해서는 "사라센족보다 더 나쁘고, 그들보다 더 악한 십자가의 원수들"이라고 비난했다.[30]

귀족들은 자위 수단으로 프랑스의 왕자에게 자신들의 왕이 되어달라고 청했다. 그는 잉글랜드에 상륙했으나 교황에게 파문을 당했다. 이 투쟁 과정에서 인노켄티우스는 숨을 거두었다. 하지만 그의 정책은 후임자에 의해서 지속되었다. 그가 죽은 지 석 달 뒤인 1216년 10월 19일에 존은 워시 만(灣)을 건너다가 재산을 잃는 아픔을 겪은 뒤 뉴어크에서 숨을 거두었다. 죽기 전에 열병을 앓은 것이 사실이지만, 진정한 사인은 과식과 과음이었던 것으로 추정된다.[31] 그는 자신의 유언에 따라 우스터의 주교좌성당에 묻혔다. 임종시에 성사를 받았고, 마지막 투쟁 때 곁에 있어 준 교황에게 자식들의 앞날을 위탁했다.

---

28) 1215년 8월 24일자. Potthast, 435.

29) M. Paris, Luard's ed. II. 619 sq. 인노켄티우스가 그 문서를 무효라고 선언하게 된 또 다른 근거는 자신이 잉글랜드의 주군임에도 불구하고 왕의 서명이 이루어지기 전에 자문을 요청받지 못했다는 것이다.

30) Potthast, 437; M. Paris, in Luard, II. 627. 인노켄티우스는 존의 요청이 있자마자 스티븐의 형제 사이먼 랭턴이 요크 대주교로 선출된 것을 무효화했다.

31) 웬도버의 로저는 그가 복숭아와 사과주를 너무 많이 먹고 마셨다고 말한다. M. Paris, Luard's ed. II. 667. 셰익스피어는 후대의 전승을 따라서 그가 어느 수사에 의해 독살되었다고 묘사한다.

41. 제4차 라테란 공의회(1215)

제12차 에큐메니컬 공의회로도 알려지는 제4차 라테란 공의회는 인노켄티우스의 교황 재위의 마지막 장과 교황 중심의 신정(神政)의 절정에 해당한다. 공의회 소집을 알리는 서신에서, 교황은 회의 목적을 팔레스타인 재정복과 교회 개혁으로 밝혔다.[32] 공의회는 라테란에서 1215년 11월 11일, 20일, 30일에 걸쳐 세 번 열렸다. 이 회의가 당시까지 서방에서 열렸던 모든 교회회의들을 통틀어 참석자 수가 가장 많았다. 주교들 412명, 대수도원장들과 소수도원장들 800명, 그 밖에도 공석으로 비어 있는 고위 성직자들의 직무를 대행하던 대리인들이 다수 참석했다. 황제 프리드리히 2세와 콘스탄티노플의 황제 헨리, 잉글랜드·프랑스·아라곤·헝가리·예루살렘 등 여러 나라의 왕들도 대표단을 파견했다.[33]

공의회는 교황이 누가복음 22:15("내가 고난을 받기 전에 너희와 함께 이 유월절 먹기를 원하고 원하였노라")을 본문으로 설교함으로써 개회되었다. 그의 설교는 '유월절'(passover, '넘어감')이라는 단어를 공상적으로 풀어낸 내용으로서, 그 단어에 세 가지 의미가 있다고 그는 해석했다. 첫째는 포로 상태에서 예루살렘을 통과하여 자유의 상태로 넘어가는 것을 가리키는 육체적 의미였고, 둘째는 그리스도께서 어떤 상태에서 더 나은 상태로 넘어가신 것을 가리키는 영적인 의미였으며, 셋째는 현세에서 영원한 영광으로 넘어가는 것을 가리키는 천상적 의미였다. 의제는 일흔 가지 주제로 분류되었으며, 예루살렘 수복 문제가 각별히 중요한 의제로 부각되었다. 의제들은 교리와 교회 의식과 도덕 관습에 관련되었다. 공의회가 처리한 두 가지 두드러진 조치는 화체설 교의를 정의한 것과, 이단들을 진압하기 위한 종교재판소 설치를 승낙한 것이었다.

처음 두 장에 포함된 교리적 결정들은 하나님의 본성·성육신·교회의 통일성·두 가지 큰 성사에 관련된 것들이므로 정통 신앙을 포괄적으로 진술한다고 할 수 있다. 화체설을 보편 교회의 성찬 교리로 정의하며, "이 교회를 떠나서는 구원의 가능성이 없다"고 밝힌다.[34]

---

32) 1213년 4월 19일.

33) 초대받은 대상에는 동방과 서방의 고위성직자들, 기독교 황제들과 왕들, 기사 수도회들의 단장들, 수도회 총장들이 포함되었다.

34) Mansi, XXII. 982; Mirbt, *Quellen*, 133.

공의회는 피오레의 요아킴(Joachim)의 교리, 즉 성부·성자·성령의 본질이 진정한 실체가 아니라, 인간들의 집합을 하나의 민족이라고 하고, 신자들의 집합을 하나의 교회라고 하는 의미에서 집합적 실체라는 주장을 분명히 단죄했다. 그리고 요아킴이 신성 내부의 삼위일체를 사위일체로 바꿀 우려가 있다는 근거로 반대한 페트루스 롬바르두스의 견해를 인정했다.[35]

범신론을 가르쳤다는 이유로 고소를 당한 파리의 교사 베나의 아모리(Amaury)는 나쁜 평판으로도 단죄를 당했다. 고소를 당한 결과 1204년에 로마에서 교황 앞에 출두하여 사람들이 이단이라고 하던 자신의 사상을 철회했다. 그 혹은 그의 제자들은 하나님의 성령이 거하시는 사람은 누구나 그리스도의 몸과 연합되며 죄를 지을 수 없다고 가르쳤다.

이단을 대하는 문제도 중요한 세 번째 법령에서 상세히 다루었다.[36] 교회 행정과 도덕에 관련된 규율들이 67개 법령의 주제였다. 총대주교구들의 지위를 확정하고, 로마를 그 중에서 첫 번째 지위에 올려놓았다. 인노켄티우스가 동방 총대주교들 가운데서 라틴의 서열을 확립해 놓았듯이, 그 고위 성직자들의 서열을 정해 놓을 좋은 기회였다. 다양한 수도회칙들로 인하여 생길 혼란을 피하기 위해서 이후로는 수도회 설립을 금했다.[37] 성직자들에게는 무절제와 음행을 경고하고, 사냥과 극장 출입, 사형과 결투 관람, 선술집 출입을 금했다. 성직자들의 복장에 대한 규정도 마련했다. 고해성사를 적어도 일년에 한 번 의무적으로 하도록 규정했고, 사제가 고해자의 비밀을 누설할 경우 징역을 살도록 했다. 교황이 하사한 성직록을 제외하고는 성직록을 두 개 이상 보유하는 것을 금지했다. 새로운 성유물은 교황이 승인한 것을 제외하고는 숭배 대상으로 삼지 못하도록 했다. 의사들에게는 환자의 영혼의 안전이 육체의 건강보다 더 귀하므로 환자들에게 먼저 사제를 부르도록 권하도록 했고, 이 규정을 어길 경우 파문에 처하도록 했다. 유대인들과 사라센족은 그리스도인들과 식별되는 의복을 입도록 했고, 그로써 부지불식간에 그들 사이에 신체 접촉이 일어나지 않도록 했다. 수난 주간 동안에는 유대인들을 집안에 들이지 못하게 했고, 그들을 공직에서 배제했

---

35) 롬바르두스는 세 위격의 본질을 하나의 실체(quaedam summa res)로 정의한 바 있다.

36) 참조. Hauck, art. *Amalrich*, in Herzog, I, 432 sq.

37) 참조. 종교재판소와 카타리파에 관한 장들.

다.[38]

십자군 원정을 새로 감행하겠다는 약속이 공의회의 마지막 조항이었으며, 1217년에 원정을 감행하도록 했다. 원정 개시일로부터 4년 동안 그리스도인들에게 사라센족과 모든 교역을 중단하도록 명령했다. 십자군 원정에 참여하는 행위는 물론이고 자금을 기부하는 행위에 대해서도 완전 면죄를 약속했고, 거기에다 영원한 복락을 덧붙였다. 공의회 회의실에서 해결해야 했던 또 한 가지 중요한 문제는 시몽 드 몽포르(Simon de Monntfort)가 프랑스 남부에서 십자군을 이끌고 알비파를 정벌할 때 무자비하게 강탈한 데 따른 손해를 배상하라고 툴루즈의 백작 레몽 4세(Raymund IV)가 청구한 소송건이었다.

공의회의 교리 진술들과 교회 관련 규율들은, 동방에 라틴 총대주교들이 즉위하고, 이단이 프랑스 남부를 비롯한 서방의 여러 지역들에서 통일을 위협하던 것과 같은 새로운 상황들에 진입했음을 증거한다.

인노켄티우스 3세는 공의회가 끝난 뒤 불과 석 달을 더 살다가 권위나 명예에 손상을 입지 않은 채 쉰여섯이 채 못되는 나이에 숨을 거두었다. 그는 교황으로 재위하면서 수행한 모든 일들에서 이렇다 할 돌발적 상황을 겪지 않았다. 유럽을 그의 발 아래 꿇게 한 그의 정치 수완은 라테란 공의회에서 사제들을 극진히 배려한 마지막 대목에서 절정에 달했다. 그는 자신의 계승자들에게 교리 통일로 더욱 탄력을 받은 교황청과 교회에 대한 충성으로 통일을 이룬 대륙을 유산으로 물려주었다. 하지만 인노켄티우스가 참으로 많은 업적을 남겼음에도 불구하고, 교회는 그를 성인의 반열에 올려놓지 않았다.

다음은 그의 위대함을 증언한 몇몇 글들이다.

그레고로비우스는 이렇게 평가한다.

"[비록 그는] 그레고리우스 1세와 그레고리우스 7세처럼 창의력이 왕성한 인물이 아니었지만, 중세에서 가장 중요한 인물들 가운데 한 사람이자, 진실하고 순수하고 근엄하고 이지적이고 유능한 군주요, 판단력이 예리한 정치가이자 신앙 열정으로 꽉 차 있으면서도 야심이 끝이 없고 의지력도 대단한 자부심 강한 사제였으며, 교황권

---

38) 이것은 581년의 톨레도 교회회의 법령을 반복한 것이다.

에 대한 이상론자였으면서도 현실을 철저히 중시한 군주이자 냉철한 법률가였다 …… 교황들 가운데 황제들과 왕들을 세우기도 하고 폐하기도 한 인노켄티우스 3세만큼 그렇게 숭고하면서도 자신의 권력을 현실적으로 잘 파악한 사람은 없다."

랑케(Ranke)는 이렇게 말한다:

"프리드리히 후르터(Friedrich Hurter)가 자신의 비범한 저서에서 그[인노켄티우스 3세]에게 바친 미신에 가까운 존경을 나는 인정할 수 없다. 하지만 그가 그만큼 위대한 인물이었던 것은 확실하다. 그는 범세계적인 의의를 지닌 인물로서, 교황들 가운데 맨 앞 서열에 선다. 그의 앞에 놓였던 과업에 대해서 그는 과연 수행하고도 남을 능력이 있었다. 몇 가지 미묘한 쟁점들을 제외하면, 그는 시시한 면모를 조금도 드러내지 않았다. 그 안에서 시대의 전환이 이루어졌다."

바우어(Baur)는 다음과 같은 견해를 제시한다:

"인노켄티우스 3세와 더불어 교황제는 절정에 올랐으며, 교황제의 긴 역사에서 다른 어떤 시기도 그렇게 장구한 평화와 그렇게 영화롭고 찬란한 권력을 누린 적이 없다. 그는 이 높은 지위에 올랐던 모든 사람들 가운데 군주로서의 모든 자질뿐 아니라 개인의 인품으로써, 그리고 좋은 가문과 정신력과 교양과 학식으로써 가장 두드러진다."

하겐바흐(Hagenbach)는 이렇게 평가한다:

"교황제의 표준으로 평가하자면, 인노켄티우스는 이론의 여지 없이 교황들 가운데 가장 위대한 인물이다. 하지만 예수 그리스도의 복음의 영원한 법으로 평가하자면, 현세에서 세상의 눈에는 위대하고 강하게 보이는 것이 천국에서는 작게 보이며, 경이로움과 탄복을 불러일으키는 것들 중에서, 오직 성령만이 교회에서 완전히 떠나시는 법이 없으신 바 하나님의 성령께서 그의 영혼에 역사하신 것만 남을 것이다. 그런 역사가 어디까지 진행되었고 그것으로 어떤 결과가 나타났는가 하는 것을 하나님 외에 누가 알겠는가? 오직 하나님께서만 재판장이시다."

제 6 장
인노켄티우스 3세의 죽음부터 보니파키우스 8세까지(1216-1294)

42. 교황과 프리드리히 2세의 투쟁이 시작됨

인노켄티우스 3세가 죽은 뒤로부터 보니파키우스 8세가 선출될 때까지 80년의 기간 동안 16명의 교황들이 즉위했고, 그 중 상당수가 위대한 교황들의 계승자라 할 만한 사람들이었다. 그 시기의 초반에 해당하는 1216-1250년은 교황과, 독일 황제이자 시칠리아 왕 프리드리히 2세의 대 투쟁으로 채워졌다. 후반에 해당하는 1250-1294년은 교황청과 제국 사이에 평화 조약이 체결된 일과, 프랑스 혹은 노르만족이 교황청을 지배한 일이 두드러졌다.

인노켄티우스가 눈을 감기 전에, 프리드리히 2세가 큰 세력으로 떠오르면서 교황청을 제국과의 마지막 대 투쟁으로 몰아넣었다. 그것은 결국 제국이 완전히 무릎을 꿇는 것으로 결정이 난 필사적인 투쟁이었다. 그 투쟁이 유럽을 거의 40년간 격동으로 몰아넣었으며, 세 명의 교황 — 호노리우스 3세·그레고리우스 9세·인노켄티우스 4세 — 에게 가장 큰 현안이 되었다(뒤의 두 사람은 역량이 매우 뛰어난 인물들이었다). 이 기간 내내 프리드리히는 기독교 세계에서 가장 현저하게 부각된 인물이었다. 투쟁은 외교와 무력이라는 일상적인 방법으로만 전개되지 않고, 유럽인들의 여론이라는 법정에 글로써 호소하는 방법으로도 전개되었다.

프리드리히 2세는 프리드리히 바르바로사의 손자로서 1194년 아코나 근처에서 태어났다. 그의 아버지 하인리히 6세는 노르만족의 공주 콘스탄스(Constance)와 결혼함으로써 시칠리아를 제국에 귀속시켰으며, 프리드리히는 어머니를 통해서 남유럽의 따뜻한 피를 물려받았다. 그는 출생뿐 아니라 기호와 훈련에서도 철저히 이탈리아인이었다. 그럼에도 권력의 기반을 확고히 다지고 자기 아들의 반란을 진압하느라 독일 땅에 오래 머물렀다.[1] 팔레르모에 거점을 두고 다스리기를 좋아했으며, 서신들에서 그곳을 '행복한 도성'이라고 썼다. 로마인들은 1196년에 그를 왕으로 선출했고, 일년 뒤 그의 아버지가 죽을 때 그는 시칠리아의 왕이 되었다. 어머니도 곧 아버지의 뒤를 따랐는데, 어머니의 유언에 의해 당시 네 살 소년이던 '아풀리아의 아이'(프리드리히가 어릴 때 그렇게 불렸다)는 인노켄티우스 3세의 후견을 받게 되었다. 오토의 별이 진 뒤 1212년에 그는 프랑크푸르트에서 왕관을 썼으며, 1215년에는 아헨에서 대관식을 치렀다. 인노켄티우스가 활동을 마칠 무렵에 프리드리히는 스무살도 채 되지 않았다.

호노리우스 3세(Honorius III, 1216-1227 재위)는 전임자 인노켄티우스 3세와 같은 야심이나 재능이 없었다. 그는 전임자가 다져놓은 통치 기반을 다지고, 성 프란체스코회와 성 도미니쿠스회라는 두 개의 거대 탁발수도회의 눈부신 성장을 지켜보았다. 비잔틴 제국 황제 쿠테나이의 페트루스에게 제관을 씌워주었다 (로마에서 제관을 쓴 비잔틴 황제는 페트루스 한 사람뿐이다).[2] 교황의 일념은 예루살렘을 탈환하는 것이었다. 이 일을 이루기 위해서 그는 프리드리히에게 손을 내밀지 않을 수 없었다. 프리드리히가 1215년의 대관식 때 서약한 대로 십자군 원정을 이끌도록 설득한 것이 그가 교황으로 재위하면서 기울인 가장 큰 노력이었다. 십자군 원정을 감행하기로 약조된 해인 1217년이 지나갔다. 호노리우스는 프리드리히와 거듭 날짜를 고쳐 정했지만, 황제는 다른 계획들을 가지고 있었던 까닭에 이런저런 핑계를 대면서 연기했다. 1220년에 프리드리히는 아내 콘스탄티아(Constantia)와 함께 로마에서 교황에게 제관을 받아썼다.[3] 이로써 프리드리히는 교황에게 두 번째로 십자가를 졌다. 또한 그는 교회의 특권들을 재

---

1) Ranke(VIII. 337)는 그를 독일 땅에서 자란 외국인이라고 부른다.

2) 대관식은 성곽 바깥에서 거행되었다. 페트루스는 콘스탄티노플로 돌아간 직후에 체포된 뒤 결국 옥에서 죽었다.

3) 대관식과 부대 행사들은 로마 주민들의 대체적인 호의 가운데 진행되었고, 소란은 피렌체 대사와 피사 대사가 개 한 마리를 놓고 설전을 벌인 것이 전부였다. 두 사람의 설전이 결국에는 두 도시간의 전쟁으로 비화했다. Villani, VI. 2.

가하고, 이단을 뿌리뽑겠다는 의지를 천명하고, 교회들과 성직자들에게 세금을 면제해 줌으로써 경건의 증거를 드러내는 듯했다. 한편 그의 아들 하인리히는 진작에 로마인들이 왕으로 선출되었고, 그 행위와 교황의 추후 재가로써 과거에 인노켄티우스가 예방하기 위해서 치밀하게 추진했던 정책이 결실을 보게 되었다. 그것은 제국이 시칠리아 왕국과 다시 재결합하지 못하게 하는 것이었다. 프리드리히는 자신의 노선을 추구했으나, 호노리우스를 달래기 위해서 시칠리아를 교황청의 봉토로 남겨두겠다는 서약을 재확인한 것이다.

1221년에 다미에타가 함락되는 사건이 발생하자 십자군에 대한 열정이 진지하게 타오르기 시작했다.[4] 그러나 프리드리히는 쾌락에 깊이 빠져 지낸 데다 이탈리아에서 자신의 권력을 확대하기 위한 계획에 몰입해 있기 때문에 성지를 구출하는 일에 신경을 쓸 겨를이 없었다. 호노리우스는 황제를 독려하여 십자군 원정에 서둘러 착수하도록 하기 위하여 예루살렘 왕 브리엔의 요한의 딸이자 왕위 계승자 이올란테(Iolante)와 결혼하도록 권장했다.[5] 프리드리히가 예루살렘 왕이라는 칭호를 받기만 하면 결혼이 자동적으로 성립되는 상황이었다. 하지만 그는 여전히 서두를 기색을 보이지 않았다. 이렇게 지체하며 상대를 바짝 조바심 내게 하는 태도 앞에서 호노리우스 같은 온화한 사람도 인내의 한계가 바닥나고 말았다. 결국 1225년에 두 사람은 계약을 체결하게 되었다. 계약 내용은 교황이 황제에게 2년 말미를 더 준다는 것과, 황제는 1227년 10월에 십자군 원정을 감행하지 않으면 파문의 벌을 달게 받겠다는 것이었다. 약정한 날짜가 넉 달 앞으로 다가왔을 때 호노리우스는 숨을 거두고 말았다.

호노리우스의 재위 마지막 해에 프리드리히는 교황청과 이탈리아 북부의 도시들을 상대로 거듭 전쟁을 벌이지 않을 수 없게 하는 그런 정책을 추진했다. 그는 롬바르디아의 도시들에 대한 제국의 권리를 주장했다. 이 주장에 대해서 교황청은 흡족하게 바라만 볼 수가 없었다. 만약 그 주장이 실현된다면 프리드리히가 이탈리아의 군주가 되어 제한된 지역에서나마 교황청의 세속 권력을 짓밟게 될 것이기 때문이었다.

---

4) 다미에타는 이집트의 중요한 항구로서, 십자군이 이곳을 예루살렘 정복을 위한 전초 기지로 삼은 바 있다.

5) 이올란테가 어머니를 통해 직계 왕위 계승자라는 것이 그 근거였다.

43. 그레고리우스 9세와 프리드리히 2세(1227-1241)

그레고리우스 9세(1227-1241 재위)는 프리드리히 2세에 대해서 호노리우스와 는 사뭇 다른 상대였다. 그의 삼촌 인노켄티우스 3세가 그 안에서 되살아난 듯 했다. 그레고리우스는 나이에서는 황제보다 곱절이나 많았으나, 정신력과 패기 에서는 그의 호적수였으며, 도덕 면에서는 그보다 한참 높은 수준에 올라 있었 다. 그는 교황제의 권위를 과도히 주장한 점에서 여느 교황에 뒤지지 않았다. 웅 변으로 유명했으며, 교회법에 능숙했다.

프리드리히가 십자군 원정을 지연하기 위해 꾸며내던 핑계들을 일축해 버린 그레고리우스는, 교황에 즉위하던 첫날부터 프리드리히가 1215년과 1220년에 대관식을 치르면서 했던 두 가지 서약을 이행하라고 주장했다.[6] 마침내 프리드 리히가 순응할 태세를 취하는 듯했다. 십자군 병력이 브린디시에 집결했고, 프 리드리히는 교황의 기도를 받은 뒤 선단을 이끌고 출항했다. 하지만 항구를 떠 난 원정대가 사흘만에 되돌아왔다. 프리드리히의 주장에 따르면 전염병이 돌았 기 때문이라고 했고, 그레고리우스의 주장에 따르면 그가 쾌락에 대한 미련을 버리지 못했기 때문이라고 했다.

교황의 실망은 이만저만이 아니었다. 그는 호노리우스가 경고했던 대로 프리 드리히에게 파문을 선포했다.[7] 아나니 교회에서 파문령이 낭독되는 동안 성직자 들은 불을 켠 양초를 일제히 바닥에 내던짐으로써 황제가 어둠으로 들어갔음을 부각시켰다. 그레고리우스는 기독교 군주들에게 보낸 서신에서 자신의 행위를 정당화하면서, 프리드리히에 대해서 다음과 같이 말했다. "[그는] 교황청이 각 별히 공을 들여 가르치고, 품에 안아 젖을 먹이고, 무등 태워 기르고, 그의 목숨 을 노리는 자들에게서 자주 구출해주고, 큰 수고와 대가를 지불해 가며 온전한 성인으로 양육하고, 왕의 존엄을 갖추게 하고, 마침내 황제의 지위에 오르게 하

---

6) 그의 정확한 나이는 알려지지 않는다. M. Parris(Luard's ed., IV. 162; Giles's trans., I. 383)는 그가 죽을 당시에 거의 백살이 다 되었다고 말한다.

7) 영국의 그 연대기 저자는 교황의 조치에 관해 언급하면서 자신이 즐겨 사용하는 표현을 동원하여 그가 짖지 못하는 개처럼 되지 않을 수도 있었다고 말한다. Luard'd ed., M. Paris, III. 145; Giles's trans. of Roger of Wendover, II. 499.

여 우리의 유구한 역사를 지키고 보호하는 막대기와 지팡이를 쥐어준 사람입니다." 그는 전염병 때문에 회군(回軍)할 수밖에 없었다는 프리드리히의 주장을 경박한 핑계로 일축하고는, 그가 약속을 어기고 하나님에 대한 경외도 저버리고 예수 그리스도에 대한 일말의 존경심도 갖고 있지 않다고 비판했다. 하지만 교회의 견책에 무관심한 채 자기 왕국에서 일상적으로 누리던 쾌락에 젖어 살던 그는 기독교 군대를 포기하고 성지를 불신자들의 노략에 방치해 두었다.

프리드리히는 교황의 비난에 대응하여 기독교 세계를 향해 호소하면서, 교황제라는 참을 수 없는 권력 참칭을 과감하게 비판했고, 유럽의 제후들도 잉글랜드의 존과 같이 되지 말라는 보장이 없다고 경고했다. "자칭 나의 어머니라고 하는 자가 나를 계모처럼 대한다"고 그는 썼다. 교회의 세속화를 비판하고, 주교들과 성직자들에게 사도들이 가르치고 본을 보인 자기 부인의 삶을 연마해야 할 것을 당부했다.

1228년에 교황은 다시 프리드리히를 파문에 처하고, 황제가 있을 수 있는 곳에 대해서 성무중지령을 내렸다. 그레고리우스도 로마에서 나름대로 여러 가지 어려운 상황에 처해 있었고, 결국 로마를 빠져나와 페루자로 도피하지 않으면 안 되었다.

같은 해에 황제는 마치 자신이 교황의 지시로부터 독립해 있다는 것과, 동시에 십자군의 대의에 충실하다는 것을 입증하려는 듯이 실제로 십자군 원정을 감행했다. 이것을 가리켜 대체로 제5차 십자군 원정이라고 한다. 원정 소식을 전해들은 교황은 세 번째로 그를 파문에 처하고, 예루살렘 총대주교와 그곳에 가 있던 군대 수도회들에 대해서 그를 지원하지 말라고 명령했다. 교황의 저주에도 불구하고 원정은 성공을 거두었으며, 프리드리히는 예루살렘에 입성한 뒤 성묘(聖墓) 교회에서 스스로 대관식을 치렀다. 이로써 기독교 세계의 주요 군주가 세 번째 엄숙한 금령을 당한 상태에서 두 명의 교황에게 서약한 대로 십자군 원정을 감행한 아주 독특한 상황이 연출되었다. 거룩한 도성에 정복자로 입성한 두 번째이자 마지막 십자군이 당시에 삼중 금령에 처해 있었을 뿐 아니라 원정을 마치고 유럽으로 돌아갔을 때 네 번째로 파문을 당한 것이다. 그는 가지 않는다는 이유로 파문을 당했고, 갔다는 이유로 파문을 당했고, 돌아왔다는 이유로 파문을 당했다. 비록 수치스럽게 돌아온 것이 아니라 개선을 했지만 말이다.

황제의 군대가 십자가를 든 채 유럽으로 돌아왔을 때 그들을 기다리고 있던 것은 열쇠들이 그려진 깃발들을 든 교황의 군대였다. 양 진영 사이에 벌어진 전투에서 프리드리히의 군대가 승리를 거두었다. 하지만 최종 승리를 거둔 것은 외교였으며, 황제와 교황은 아나니에서 함께 만찬을 나누었고(1230년 9월 1일), 조약을 체결했다.

휴전은 4년간 계속되었다. 그동안 그레고리우스는 황제의 도움을 받아 로마 시로 인해 겪고 있던 어려운 문제들을 해결했다. 이번에는 프리드리히를 '그리스도 안에서 사랑하는 자신의 아들'이라고 불렀다. 그러나 친근한 칭호를 공식적으로 사용했다고 해서 투쟁을 하지 않게 된 것은 아니었다. 이번에는 프리드리히가 롬바르디아의 도시들에 자신의 권위를 단단히 강요하고 나선 것이 투쟁의 원인이 되었다. 이 투쟁으로 인하여 그(프리드리히)는 그때부터 자신이 죽을 때까지(1235-1250) 그와 전쟁을 벌이게 되었다. 황제는 북부에서 자기 아들 하인리히의 반란을 진압하고, 둘째 아들 콘라트가 왕관을 쓰도록 한 다음, 롬바르디아를 굴복시키기 위해서 서둘러 남쪽으로 내려갔다.[8] 그는 1236년에 교황의 항의에 대하여 "이탈리아는 본인의 유산이며, 이것은 온 세상이 잘 아는 사실입니다" 하고 답장을 썼다. 1237년의 코르테누오바 전투로써 그의 군대가 완전한 승리를 거두는 듯했다. 그러나 그레고리우스는 반대의 기세를 누그러뜨리지 않았다. "사제들은 왕들과 제후들의 신부들이자 주군(主君)들이며, 그들에게는 인간들의 영혼뿐 아니라 육체까지도 다스릴 권위가 부여되었습니다" 하고 그는 썼다. 교황의 정책은 이탈리아 북부를 손아귀에 넣으려는 프리드리히의 계획을 어떠한 위험을 무릅쓰고라도 저지하는 것이었다. 그는 그 지역을 시칠리아로부터 독립을 유지하게 하여 교황령의 완충 지대로 놔두고 싶었던 것이다. 그런데 황제가 총애하던 아들 엔초(Enzio)가 공주 아델라시아(Adelasia)와 결혼하여 사르디니아 왕이 되자 그레고리우스로서는 여간 당혹스럽지 않았다. 그도 그럴 것이 사르디니아가 교황청의 봉토로 간주되었었고, 게다가 교황이 그 결혼에 아무런 자문도 요청받지 않았던 것이다. 그리하여 1239년에 그레고리우스는 황제에게 다섯 번째로 아나테마를 선언했다.[9] 아나테마의 죄목은 기벨린파와 겔프파

---

8) 하인리히는 이탈리아의 감옥에서 최후를 마쳤다. 이올란테의 아들인 콘라트는 즉위할 때 아홉 살이었다. 1235년에 프리드리히는 세 번째로 영국 왕 헨리의 누이 이사벨라와 결혼했다. 프리드리히가 영국의 성직자들과 민중에게 거듭 호소한 것은 바로 이 결혼 때문이었다.

사이에 투쟁을 자극하여 로마 교회를 분란에 빠뜨리고 그로 인해 그레고리우스를 도피할 수밖에 없게 만든 죄와, 교황청에 속한 영토를 강탈한 죄, 그리고 고위 성직자들과 성직록들에 폭력을 행사한 죄였다.

아나테마에 이은 지상(紙上) 투쟁이 교황청 역사에서 독특한 자리를 차지한다. 양 진영이 여론에 지지를 호소했는데, 이것은 전에 볼 수 없었던 진기한 현상이었다. 교황은 황제를 계시록에 등장하는 짐승, 즉 참람된 이름들이 가득하고, 발은 곰, 입은 사자, 다른 부분들은 표범과 비슷하고, 입을 벌려 하나님의 이름과 그분의 장막과 하늘에 있는 성도들을 훼방하며, 쇠 턱과 이빨로 모든 것을 빻아 가루로 만들고 발로 세상을 짓밟으려고 하는 짐승에 비유했다. 그는 프리드리히가 거짓말과 위증을 일삼는다고 비난하고, 그를 가리켜 "거짓에 거짓을 쌓는 거짓의 아들, 강도, 신성모독자, 양의 가죽을 쓴 이리, 입에서 박해의 물을 강처럼 토해내는 용"이라고 불렀다. 그는 다음과 같은 유명한 선언을 했다. "프리드리히는 전염병의 왕으로서, 세상이 세 명의 사기꾼 ─ 예수, 모세, 마호메트 ─ 에 의해서 미혹을 당해왔는데, 이 세 사람 중 둘은 영광 중에 죽었고, 예수는 십자가에 달렸다고 공개적으로 주장했다. 더 나아가 그는 하나님이 동정녀를 통해서 육신이 되셨다는 것이 당치 않은 말이라고 주장했다."

이 광범위한 문서는 당연히 로마에서 나온 가장 격렬한 개인적 비난임에 틀림없다. 이 문서에 쓰인 것보다 더 심한 비난과 저주가 담긴 형용사들을 동원하기란 불가능했다. 하지만 황제가 모든 사람들에게 완전히 따돌림을 당하지 않았고, 이러한 두려운 단죄들에도 짓눌리지 않았다는 것은 프리드리히의 인격의 어떠함을 말해 줄 뿐 아니라 이탈리아의 도시들에서 민주적 정신이 점차 자라고 있었다는 증거이다.

교황의 독설에 대해서, 성경 인용 능력에서 대적에 못지않은 수완이 있었던 프리드리히는 그레고리우스를 땅의 평화를 말살하는 붉은 말을 탄 자에 비유했다. 교황이 자신을 베스티아(bestia) 곧 짐승이라고 불렀듯이, 그는 교황을 벨루아(belua) 곧 야수, 적그리스도, 그리고 축복의 권세를 돈 버는 데 사용하려고

---

9) 아나테마가 이렇게 거듭 공포된 사실을 감안할 때 교황특사 보헤미아의 알베르트가 바이에른에서 성직자들이 파문령에 조금도 개의치 않는다고 썼던 것이 조금도 이상하지 않다. Huillard-Breholles, V. 1032; Potthast, 908.

한 제2의 발람이라고 불렀다. 하나님께서 하늘에 큰 광명들과 작은 광명들을 두셨듯이, 지상에 사제단(sacerdotium)과 제국을 두셨다고 주장했다. 그러나 교황은 프리드리히의 신앙의 순수성을 부정하고 그를 바다에서 올라오는 짐승에 비유함으로써 둘째 광명을 쇠잔하게 만들려고 노력했다. 그는 세 명의 사기꾼에 관한 비난을 격렬히 부정하면서, 자신은 "하나님이 독생자께서 성부와 성령과 동등이시고, 태초에 낳음을 입으셨음"을 믿으며, "마호메트의 시신은 공중에 걸려 있으나, 그의 영혼은 지옥의 고통에 넘겨졌음을" 믿는다고 주장했다.

그레고리우스는 말로 그치지 않고 아르투아의 백작에게 황제 면류관을 씌워 주겠다고 제안했다. 하지만 백작은 자신의 형제인 프랑스 왕 루이 9세의 조언을 받고는 이 제안을 거부했다. 독일 주교들은 프리드리히의 주장을 옹호했다. 반면에 탁발수사들은 교황의 충직한 동맹자들임을 입증했다. 황제는 교황의 군대를 로마의 성벽 밖으로 몰아냈다. 하지만 나이 지긋한 교황은 적군이 도시를 장악하고 있음에도 불구하고 라테란 궁에서 모든 사제들의 수행을 받은 채 사도 베드로와 바울의 머리들을 들고서 엄숙한 행렬을 벌이면서 구원을 간절히 빌었다. 그런 상황에서 프리드리히가 철수했을 때 도시가 기적에 의해 구원을 받은 것처럼 보였다. 이런 정황을 놓고 생각할 때, 교황청의 외람된 주장들이 도무지 성립하기 어려운 것이긴 하나, 이 용감한 노(老) 교황에 대해서 경탄을 금할 수 없다.

그레고리우스로서는 그 난국을 타개할 수 있는 방법이 딱 하나 있었다. 그 방법이란 온 교회를 대상으로 공의회를 소집하는 것이었다. 그리고 실제로 이러한 공의회가 1241년에 로마에서 소집되었다. 이에 위기감을 느낀 프리드리히는 아들 엔초의 지원을 받아 교황의 전략을 저지했는데, 그때 사용한 전략은 생각이 깊지 않은 자들에게 먹혀들지 않을 수 없는 것으로서, 그레고리우스에게는 대단히 심각한 것이었다. 고위 성직자들을 태운 제노바의 함대가 ─ 그들 대부분이 프랑스와 이탈리아 북부, 스페인 출신이었다 ─ 엔초에게 나포되었다. 교황특사인 추기경 오토를 포함하여 공의회에 참석하러 가던 백명 가량 되던 이 고위 성직자들을 엔초는 나폴리로 데려간 뒤 감옥에 가두었다. 교황은 투옥된 성직자들에게 쓴 애도의 서신에서 그들을 새 파라오에게 형 언도를 대기하고 있는 사람들로 묘사한다.[10] 이 전격적인 기습은 눈부신 것이었던 만큼 그것을 계획한 자에게 고통을 되돌려 주게 되어 있었다. 그리고 프리드리히가 고위 성직자들에게 가한 모욕적 행위가 훗날 부메랑이 되어 돌아와 그를 겨누게 된다.

그레고리우스는 1241년 여름에 레오 13세보다 더 지긋한 나이로 숨을 거두었다. 그러나 그는 숨을 거둘 때 실제로 갑옷을 착용한 상태였으며, 얼굴은 자신의 대적 황제를 향하고 있었다. (당시에 황제의 군대가 로마 시에서 불과 몇 시간 거리에 주둔하고 있었다.) 그는 중세에서 손꼽히는 치열한 투쟁을 벌였다. 맹렬하게 타오르던 용기가 마지막 순간까지 조금도 사위지 않았다. 그는 죽기 몇 주 전에 교황의 특권에 대한 지고한 확신에 사로잡힌 채 다음과 같은 글을 남겼다. "여러분 신자들이여, 하나님을 신뢰하고 인내로써 그분의 섭리들에 귀 기울이십시오. 베드로의 배가 한동안 폭풍에 밀리고 암초 지대를 지나게 될 것이지만, 곧 예기치 못한 때에 다시 파도 위로 솟아올라 고요한 바다를 유유히 항해할 것입니다."

로마 가톨릭 교회는 그레고리우스 9세 덕택에 훗날 그 교회의 법률 교과서의 일부가 된 법령집을 갖게 되었다. 그는 종교재판소를 항구적 기관으로 만들고, 로마 시에 그 기관의 활동을 강행했다. 그는 탁발수도회들의 설립자들인 아시시의 성 프란체스코와 스페인의 도미니쿠스에게 성인의 영예를 안겨주었다.

44. 제1차 리옹 공의회와 프리드리히의 죽음(1241-1250)

그레고리우스의 계승자 켈레스티누스 4세(Coelestin IV)는 교황으로 선출된 지 석 주도 못 가서 세상을 떠났다. 이렇게 해서 비게 된 교황직이 전례 없이 열두 달씩이나 계속되었다. 다음 교황 인노켄티우스 4세는 제노바 사람으로서 교회법 전문가였고, 예리한 통찰력과 민첩한 행동에서 프리드리히를 능가했다. 그가 선출되자 황제는 추기경들 가운데 친구 하나를 잃고 교황을 적으로 얻게 되었다고 외쳤다고 한다. 프리드리히는 자신에게 내려진 금령이 철회되기까지는 평화 조약을 목표로 협상을 벌이지 않겠다고 고집했다. 인노켄티우스는 총력을 기울여 프리드리히와 투쟁할 준비를 했다. 교황이 사용할 수 있는 모든 무기

---

10) Breholles, V. 1120-1138; G. C. Macaulay는 다음 저서에서 그 재판 과정을 생생하게 소개한다. *Capture of a General Council*, *Engl. Hist.* Rev., 1891, pp. 1-17.

들을 동원했다. 파문, 총공의회를 통한 입법, 폐위, 경쟁 황제 선출, 그리고 프리드리히의 영토에 대한 반란 선동이 그것이었다. 이러한 엄청난 짐을 짊어지게 된 프리드리히는 거인처럼 버텨보려고 했으나 허사였다.[11]

서방 기독교 세계 전체가 투쟁에 휘말릴 지경에 놓였다. 인노켄티우스의 첫 번째 조치는 비밀리에 로마를 떠남으로써 적을 교란하는 것이었다. 일찍이 알렉산더 3세가 도주하는 방식으로 스스로 구한 선례가 있었다. 인노켄티우스 4세는 기사로 변장하고는 치비타 베키아로 간 뒤 그곳에 준비된 제노바의 갤리선을 타고서 제노바로 갔다. 제노바인들은 일제히 종을 울리면서 "우리 영혼이 사냥꾼의 올무에서 벗어난 새처럼 해방되었다"고 환호했다. 그 도시에서 추기경들과 합류한 교황은 리옹을 향해 여행을 계속했다. 리옹은 명목상으로는 제국에 속한 도시였으나 프랑스에 인접했으므로 안전한 피신 장소였다.

교황의 정책은 황제에게 엄청난 타격을 입혔다. 최고 성직자가 유배당하는 모습을 연출함으로써 기독교 세계에 깊은 동정심을 유발했던 것이다.[12] 당시 유럽의 여론이 어떻게 분열되었는가 하는 것은 인노켄티우스가 황제에 대해 파문을 공포했을 때 파리의 어떤 사제가 취한 태도에 고스란히 드러난다. "나는 황제와 교황 사이에서 발생한 심각한 논쟁과 꺼지지 않는 증오에 관해서 무지하지 않다. 또한 나는 한 쪽이 다른 한 쪽에게 해를 입혀 왔다는 것도 잘 아는데, 하지만 어느 쪽이 가해자인지 나는 알지 못한다. 그러나 나는 내 권위의 한도 안에서 둘 중 누가 가해자이든 그를 비난하고 탄핵하며, 기독교 세계 진영에 크게 해악을 끼친 상해의 피해자를 사면한다."

인노켄티우스는 프리드리히가 강압적으로 로마에서 소집하지 못하도록 해놓은 공의회를 이제는 마음놓고 소집할 수 있었다. 이렇게 해서 1245년 리옹에서 열린 회의가 제1차 리옹 공의회 혹은 제13차 에큐메니컬 공의회로 알려진다. 교황이 공의회에 통보한 주요 의제는 성지 회복 방안, 헝가리까지 밀고 들어온 몽고족 퇴치 방안, 교황청과 황제 사이의 분쟁을 일으킨 쟁점들의 해결 등이었다.

---

11) M. Paris는 자신이 인노켄티우스 4세와 프리드리히의 반목과 같은 심한 불화를 들어본 적이 없다고 말한다. Luard's ed., V. 193.

12) 그때까지 프리드리히 편을 들었던 M. Paris는 이 순간에는 태도를 확실하게 바꾸었다. 구체적 사례는 Luard's ed., IV. 478을 참조하라.

140명의 고위 성직자들이 공의회에 참석했다. 잉글랜드에서 온 소수의 대표단과 독일에서 온 한두 명의 주교를 제외하면 대부분 유럽 남부에서 온 성직자들이었다.[13] 콘스탄티노플의 황제 볼드윈(Baldwin)도 자신의 절박한 처지를 호소하기 위해서 참석했다. 프리드리히는 자신의 유능한 고문인 수에사의 타데우스(Thaddeus)를 파견했다.

타데우스는 자신의 주군을 대신하여 그리스를 로마 교회로 회복시키고, 직접 성지로 가겠다고 약속했다. 인노켄티우스는 그의 약속이 공의회를 무산시키려는 속임수라고 평가하고는 배격했다. 이미 도끼가 나무 밑둥에 겨누고 있고, 도끼날이 지체 없이 밑둥을 가격할 것이라고 그는 말했다. 타데우스가 잉글랜드와 프랑스의 왕들에게 황제가 반드시 약속을 지킬 것이라고 다짐을 하자, 교황은 만약 그렇게 된다면 자신이 세 명의 군주를 적으로 두는 위험에 빠지게 될 것이라고 기민하게 응수했다. 인노켄티우스는 상황 대처 능력이 매우 탁월한 사람이었다. 공의회는 그를 지지했다. 참석자들 가운데 상당수가 프리드리히에게 밉보여 체포와 투옥을 당했던 일을 털어놓으며 그를 비난했다.

초반의 한 회기에서 교황은 "지나가는 모든 사람들이여 너희에게는 관계가 없는가 나의 고통과 같은 고통이 있는가 볼지어다"라는 본문으로 설교했다. 그는 자신이 그리스도의 다섯 가지 상처에 해당하는 교회의 다섯 가지 슬픔을 안고 산다고 말했다. 몽고족 혹은 타타르족의 만행, 그리스인들의 이탈, 이단의 증가, 예루살렘의 황폐화, 황제가 교회에 적극적으로 가하는 박해가 그것이었다. 타데우스는 황제 진영이 이단이란 비판에 대해서, 그 질문은 오직 프리드리히만 직접 답변할 수 있으며, 황제가 직접 나올 수 있도록 두 주 동안만 말미를 달라고 했다. 두 주가 지났는데도 황제가 나타나지 않자, 인노켄티우스는 그에게 금령을 내리고, 그를 제위에서 폐위한다고 선언했다.

그가 근거로 제시한 것은 다음 네 가지 대죄였다: 교회와 평화를 유지하겠다는 맹세를 어긴 죄, 공의회에 참석하러 가던 고위 성직자들을 체포한 모독적인 죄, 이단 죄, 그리고 시칠리아가 교황의 봉토로서 바쳐야 할 공물을 바치지 않은 죄. 이단 죄의 근거로는 프리드리히가 교회의 열쇠의 대권을 업신여긴 것, 십자

---

13) 독일에서는 주교 두 명이 참석한 듯하다. Hefele, V. 982 sq. 가톨릭 사가들은 북유럽에서 참석한 고위 성직자들의 수를 부풀리는 데 관심을 기울였다.

군 원정길에 술탄과 조약을 체결하면서 마호메트의 이름이 밤낮 성전에서 공식적으로 선포되도록 허용하고, 사라센족과 접촉을 갖고, 내시들을 두어 자신의 여자들을 관장하게 하고, 자기 딸을 파문당한 제후 바타키우스(Battacius)와 결혼시킨 것을 제시했다. 파문 포고문은 다음과 같이 맹렬하게 전개된다:

"우리는 비록 자격이 없는 자들이지만 성 베드로 안에서 우리에게 '네가 땅에서 무엇이든지 매면 하늘에서도 매일 것이요' 라고 말씀하신 우리 주 예수 그리스도의 권세를 땅에서 지니고 있는 까닭에, 이제 군주로서 합당치 못한 모습을 드러내고 그 죄로 인하여 하나님에 의해 권좌에서 내침을 당한 프리드리히에게 그의 죄들로 인해 결박되어 주님에게 버림을 받을 것을 선언하며, 그의 유죄와 함께 폐위 사실을 통보하노라. 그리고 충성 서약으로 어떤 방식으로든 그에게 예속된 모든 사람들을 이제 우리는 영원히 풀어주며 맹세의 의무를 면제해 주노라. 그리고 우리가 지닌 사도적 권위로서 누구도 그에게 복종하지 말도록 엄히 금하노라. 그를 황제나 왕으로 여겨 그를 지원하는 자는 파문에 처해질 것이다. 제국에서 황제 선출을 맡은 자들에게 이제 우리는 후임자를 선출할 온전한 자유를 부여하노라."[14]

타데우스는 그 결정에 불복하여 다른 공의회에 항소했다.[15] 그의 주군인 프리드리히는 공의회의 결정을 전해 듣고는 자신의 왕관을 가져오라고 한 다음 단단히 썼다고 전해진다. 프랑스 왕은 클뤼니에서 인노켄티우스를 만나 황제를 용서해 주라고 간청했으나, 잉글랜드의 연대기 저자가 전하는 바에 따르면 "자신이 하나님의 종들을 섬기는 그 종에게 기대했던 겸손한 태도는 전혀 발견할 수 없었다"고 한다. 프리드리히는 공의회의 결정에 대응하여 쓴 선언문을 잉글랜드 왕과 그 밖의 군주들에게 보내면서, 고위 성직자들이 본래 출신이 미천한 자들인데도 이렇게 합법적인 군주들에게 대들고 있음을 상기시키고는 교황의 세속권을 부정했다. 그러면서 교황과 같은 운명에 처해지는 일이 없도록 하라고 경고한 다음, 자신을 압제하는 자들과 끝까지 싸울 것이라고 선언했다. 자신의 한

---

14) Mansi, XXIII. 612 sqq., 638; Luard's ed. of M. Paris, IV. 445-456. 그레고로비우스는 이 포고문을 가리켜 "세계사에서 가장 불길한 사건들의 하나"라고 부른다. V. 244.

15) Breholles, VI. 318.

결같은 목표는 성직자들을 사치스러운 생활과 무력 사용에서 불러내 사도들처럼 단순하게 살도록 하는 것이라고 했다. 세상이 이 말에 귀를 기울이면 과거에 발생했던 기적들을 다시 볼 수 있게 될 것이라고 했다. 과연 프리드리히의 이러한 소신은 참된 것이었고 그 자신만큼 대범하고 강력한 것이었으나, 유럽이 그 소신을 지지할 만한 분위기는 아직 무르익지 않았으며, 프리드리히의 인격 자체도 자신의 말을 도덕적으로 뒷받침하기에는 너무나 허술했다.[16]

공의회는 새로운 십자군 원정을 위한 조치들도 논의했으나 딱히 무슨 결론을 내지 못했다. 다만 성직자들에게 3년간 수입의 1/20을 내도록 하는 한편, 유언들에 그 거룩한 원정을 위한 유증(遺贈)이 포함되어 있는지 잘 확인하도록 지시했다.

공의회에서 흥미를 끄는 대목 가운데 하나는 링컨의 주교 로버트 그로스테스트가 외국인 무자격자들을 성직록들에 임명하는 것과, 엄청난 재정을 교황청으로 빼돌리는 것 등 잉글랜드 교회의 부패 사례들을 비판한 것이다. 이에 대해 교황은 아무런 대답도 하지 않았으며, 잉글랜드 주교들에게 국왕 존의 조공 문서에 도장을 찍으라고 명령했다. 리옹 공의회가 남긴 유일한 업적은 프리드리히를 제압한 것이었다. 인노켄티우스는 한번 잡은 승기를 치열한 후속 조치들로 더욱 다져갔다. 프리드리히의 선언문에 대해서 지극히 과도한 주장들을 반복함으로써 대응했다. 로마 주교가 왕들을 재판할 권세를 부여받았다고 했다. 구약성경에서 제사장들이 자격 없는 군주들을 폐위했다면, 그리스도의 대리자는 그런 권세를 얼마나 더 많이 가지겠느냐고 했다. 인노켄티우스는 시칠리아에 반란의 불을 지폈고, 탁발 수도회들을 통해서 독일에 불만의 불이 타오르도록 부채질했다. 교황특사들이 1246년부터 1254년까지 독일 교회의 운영권을 사실상 장악했다. 독일 교구들에 주교들을 선출하는 문제로 벌어진 투쟁에서 인노켄티우스는 대체로 승리를 거두었고, 그 결과 1247-1248년에 그가 지명한 주교 후보자들 가운데 13명이 주교로 선출되었다. 교황의 사주로 1246년에 튀링겐의 영주 하인리히 라스페(Henry Raspe)가 프리드리히 대신에 황제로 선출되었으며, 일년 뒤에

---

16) 프리드리히가 진리를 사랑하고 항구적 원리들을 터득하여 멀리 내다보는 정책을 수립했다는 점을 지나치게 평가해서는 안 된다. 그는 양심의 권리들을 어디에서도 암시하지 않으며, 아마 그것은 꿈조차 꾸지 않았을 것이다.

그가 죽자 홀란드의 빌헬름이 후임 황제로 선출되었다.

이탈리아에서는 내전이 발생했다. 이 지역에서도 탁발 수도회들이 황제에 반기를 들었다. 황제는 이탈리아 남부에서 반란을 일으킨 분자들과 조우하여 그들을 굴복시켰다. 북쪽으로 기수를 돌린 뒤에 처음에는 승리가 그의 진영에 찾아온 듯했으나 곧 그를 떠나갔다. 재앙이 꼬리를 물고 일어났다. 수에사의 타데우스가 1248년에 떨어져 나갔다. 또 다른 예리한 고문인 페테르 드 비네아(Peter de Vinea)도 자신의 주군을 버렸다. 황제가 총애를 베풀던 아들 엔초는 옥에 갇혔다.[17] 파르마 이남은 완전히 교황 진영으로 넘어갔으며, 따라서 황제는 롬바르디아 전 지역을 포기하지 않을 수 없었다. 인노켄티우스는 마치 저주가 그것으로 충분하지 않다는 듯이 1247년에 그에게 다시 한 번 아나테마를 선포했다. 이것으로 프리드리히의 운명이 다하게 되었다. 그는 크게 상심한 채 이탈리아 남부로 은퇴했고, 옛 삼니움족 성읍인 루케라 근처에서 1250년 12월 13일에 눈을 감았다. 그의 무덤은 팔레르모 주교좌성당에 있는 그의 부모 무덤 곁에 자리잡고 있다. 그는 팔레르모 대주교에게 사면을 받고 죽었으며, 시토회의 수도복이 그의 수의(壽衣)로 사용되었다.

'세상의 경이'(stupor mundi), 이것이 매튜 패리스(Matthew Parris)가 프리드리히 2세에게 붙인 칭호이다.[18] 유럽은 일찍이 샤를마뉴 이후로 그와 같은 군주를 본 적이 없었다. 폭넓은 시각, 다양한 재능, 열정과 역량이 뒷받침된 정치 수완에서 그는 위대한 군주들의 반열에 오르기에 손색이 없는 인물이었다. 도덕적으로는 할아버지 바르바로사에 미치지 못했던 프리드리히는 지적인 역량과 교양에서는 할아버지를 능가했다. 그 시대에 가장 두드러지는 정치인이었으며, 중세의 대표적인 사해동포주의자였다. 전사(戰士)이자 입법가이자 정치가이자 문인이었다. 동방에서 몇 가지 양보를 받아냈고, 예루살렘의 마지막 기독교 왕이었다. 혼란에 빠져 있던 시칠리아와 이탈리아 남부에 질서를 회복하고, 교회 법정과 귀족들의 무책임한 재판을 없애고, 시칠리아 헌법으로 법체제를 정비했

---

17) 이 유능한 인물의 비극적 생애와 기사도의 만개(滿開)가 볼로냐의 로맨스와 건축에 깊이 각인되어 있다.

18) "지상에서 가장 위대한 군주이자 세상의 경이, 탁월한 행정가." Luard's M. Paris, V. 190, 196.

다. 그는 중앙집권적 정부 제도를 수립하고, 후기의 군주정들을 위해 길을 닦았다는 평가를 받았다. 그는 기독교 세계의 판단에 호소함으로써 새로운 길을 개척했다. 시대를 앞선 통찰로써 유대인들과 이슬람교도들에게 관용을 베풀었다.

프리드리히는 교황과 투쟁할 때 영적 권력에 대한 적대감에 휘둘리지 않고 영적 권력을 자신의 통치권 아래 가둬두려는 결의를 견지했다. 성직위계제도를 순수하게 이상적인 관점에서 반대했다는 점에서 그는 전임자들을 훨씬 능가했다. 될링거(Döllinger)는 그를 교황제 역사상 가장 위대하고 위험한 적이었다고 평가했다. 그레고리우스와 인노켄티우스 4세는 그를 '큰 용'이라고 불렀고, 그가 압살롬과 같은 운명에 처해져야 마땅하다고 주장했다. 그럴지라도 그는 할아버지처럼 대립교황을 세우는 방식에 의존하지 않았다. 아마도 그렇게 할 가치도 없다고 여겼기에 그렇게 하지 않았던 것 같다.

사람들은 프리드리히가 그리스도인이 아닐 것이라고 추측했다. 그레고리우스는 구체적으로 그가 신성모독의 죄를 범했다고 비난했다. 그러나 프리드리히는 자신이 그리스도를 사기꾼이라고 했다는 비난을 부정하고서 정통 신앙에 충성을 맹세했다.[19] 혹시 그가 비난을 받은 대로 세 사기꾼에 관한 발언을 내뱉었다 할지라도 그것은 분위기에 휩싸여 자제하지 못한 결과로 간주해야 한다.[20] 네안더는 프리드리히가 계시 종교를 부정했다고 평가한다. 슐로서(Schlosser)는 그가 모든 종교적이고 도덕적인 신앙과 거리가 있었다고 주장한다. 랑케(Ranke)와 프리먼(Freeman)은 그의 신앙에 대해서 정식으로 의문을 제기한다. 헤르겐뢰터(Hergenröther)는 그가 일개의 인간으로서는 불신자였고, 군주로서는 엄격한 가톨릭 신자였다고 구분한다. 그레고로비우스(Gregorovius)는 그가 기벨린파 단테가 고백한 것과 같은 진지한 가톨릭 신념들을 간직했다고 주장한다. 피셔(Fisher)는 그가 당대에 성행하던 미신들과 엄격히 거리를 두었음을 강조한다. 윌라르 브레홀레(Huillard-Breholles)는 프리드리히가 취한 행동이 군주적인 교황을 폐하고 평신도 교황을 세우려는, 그리고 자신이 직접 제왕과 교황의 기능

---

19) 그가 동정녀 마리아에 의한 성육신을 부정했다는 고소와 그 밖의 고소들에 관해서는 Breholles, V. 459 sq.를 참조하라; M. Paris, Luard's ed., III. 521.

20) 그런 소문이 떠돌고 있었다. 소문의 진원지는 프리드리히뿐 아니라 파리 대학교 신학교수 Simon Tornacensis(1201 죽음)로도 간주된다.

을 통합해서 수행하려는 시도였다는 색다른 이론을 제시한다.

프리드리히는 고등 교육을 받은 사람으로서, 예술과 학문의 벗이었다. 이탈리아어는 물론이고 헬라어·라틴어·독일어·프랑스어·아랍어에도 능통했다. 르네상스의 선구자였으며, 직접 시를 썼다. 매 사냥에 관한 책을 쓰기도 했다.[21] 그는 1239년에 밀라노를 포위 공격할 때 시칠리아에 전령을 보내서 그곳에 있는 자신의 삼림과 가족을 돌보도록 했는데, 이것은 러시아와 그 밖의 지역을 원정할 때 자신의 수도를 염려한 나폴레옹을 생각나게 하는 프리드리히의 독특한 면모이다. 그는 당대의 다른 사람들과 마찬가지로 점성술 발전에 힘썼다. 미카엘스코트(Michael Scott)가 그가 총애하던 점성술사였다. 이러한 능동적인 면들 외에도 프리드리히는 사치스러운 습관과 동방의 전제군주와 같은 잔인함을 갖고 있었다. 한때 사라센족이 지배하던 섬을 유산으로 물려받은 그는 그들에게 호의를 베풀었고, 그들의 일부 관습을 주저없이 받아들였다. 사라센족 출신의 경호원을 거느리고 사라센족의 관습인 후궁을 두었다.[22]

프리먼은 "단순히 재능과 업적만 놓고 보자면 프리드리히는 왕관을 쓴 자들 가운데 가장 위대한 군주였다"고 평가하는데, 이것은 과도한 평가로 간주해야 마땅하다.[23] 브라이스(Bryce)는 그를 "역사상 가장 위대한 인물의 한 사람"이라고 부른다.[24] 그레고로비우스는 "그는 비록 흠결도 많았지만 당대의 가장 완벽하고 유능한 인물이었다"고 평가한다. 프리드리히가 죽은 뒤 반 세기 뒤에 활동한 단테는 그 위대한 황제를 지옥에 들어간 이단의 괴수들 틈에 배치한다. 그가 죽었다는 소식이 들어오자, 인노켄티우스 4세는 시칠리아인들에게 천국과 지옥

---

21) Ranke는 그것을 중세에 그 주제를 가장 잘 다룬 책으로 평가한다. 프리드리히가 문화와 문학에 끼친 영향에 관해서는 Breholles, I. ch. 9를 참조하라.

22) 이 경호원이 그의 마지막 원정에 동행했다. 프리드리히의 잔인함과 부도덕성에 관해서 사제 연대기 저자들은 제대로 다 글로 적지 못했을 것이다. 그는 정식 결혼만 네 번 했다. Amari는 *History of the Mohammedans in Sicily*에서 그를 "세례받은 술탄"이라고 부른다. 프리드리히와 무슬림들의 관계에 관해서는 Breholles, I. 325-375를 참조하라.

23) *Hist. Essays*, I. 286. 그는 다시 이렇게 말한다. "그렇게 위대한 재능을 타고난 사람은 아마 두 번 다시 없을 것이다"(p. 283).

24) *Holy Rom. Emp.*, ch. XIII.

이 그 소식에 기뻐한다고 썼다. 좀 더 공정한 평가는 "만약 그가 자기 영혼을 사랑했다면 누가 과연 그에게 필적했을까?"라고 기록한 프라이부르크 연대기에 실려 있다.[25)]

45. 호엔슈타우펜 가의 마지막 인물

프리드리히의 죽음은 교황청을 만족시키지 못했다. 그의 죽음으로 호엔슈타우펜 가문은 종언을 고했다. 교황들은 그 가문의 살아남은 자들에게 '독사의 자식들'과 '독을 가득 품은 악한 용의 자식들'이라고 독설을 퍼부었다.

프리드리히는 아들 콘라트에게 남긴 유언에서 교회의 정당한 권리들을 인정할 것과, 자신이 생시에 부당하게 탈취한 것을 모두 교회에게 돌려주되, 교회가 자애롭고 경건한 어머니로서 제국의 권리들을 인정할 때 그렇게 하라고 명령했다. 그는 자신의 서자로서 명석하고 군주다운 면모를 갖춘 만프레트(Manfred)를 콘라트의 부재시 이탈리아에서 자신을 대리할 자로 세웠다.

인노켄티우스는 1251년에 리옹을 떠났다.[26)] 반 세기 뒤에 교황청이 그곳으로 옮겨와서 70년간 유배를 당하게 될 줄을 그는 꿈에도 생각지 못했다. 그는 1253년에 6년간 떠나 있던 로마로 돌아갔다. 그리고는 시칠리아 왕관을 잉글랜드 왕 헨리 3세에게 씌워줌으로써 프리드리히에 대한 전쟁을 계속해 나갔다. 콘라트는 이탈리아로 내려와 나폴리에 입성한 뒤 조상들이 썼던 나폴리의 왕관을 썼다. 하지만 교황은 그를 파문했다. 그런데 공교롭게도 죽음이 교황청과 손을 잡

---

25) Herbert Fisher는 이렇게 말한다. "중세의 모든 황제들 가운데 입법가로서의 진정한 기질을 지닌 사람은 프리드리히 2세뿐이었던 것으로 보인다" *Med. Emp.*, II. 167. Gibbon이 그의 생애를 "교회의 제자였다가 원수가 된 뒤에 희생된" 것으로 평가한 것도 눈여겨 볼 만하다.

26) M. Paris는 어느 추기경이 인노켄티우스의 이름으로 고별 설교를 한 뒤 이렇게 말했다고 전한다. "우리는 이 도시에 도착한 이래로 유익을 많이 끼치고 구제도 많이 했습니다. 우리가 도착할 때만 해도 매음굴이 서너 개나 되었는데, 우리가 떠나려 하는 이 순간에는 하나밖에 남지 않았습니다. 그러나 그것이 도시의 동쪽 문에서부터 서쪽 문에까지 뻗어 있습니다." Luard's ed., V. 237.

고 기울어 가던 독일의 호엔슈타우펜 가문을 치기라도 하듯이 1254년에 스물여섯살의 콘라트를 데리고 갔다. 그가 남긴 자녀라고는 당시 두 살배기 외아들 콘라딘(Conradin)뿐이었다.

인노켄티우스도 1254년에 곧 콘라트의 뒤를 따랐으며, 나폴리에 묻혔다. 그는 종말로 급속히 치닫던 위대한 교황들 시대의 마지막 인물이었다. 역대 교황들 중에서 그의 재위 기간만큼 로마가 잉글랜드에 대해서 과도하고 무리한 세금을 징수한 적이 없었다. 매튜 패리스(Matthew Paris)는 그가 잉글랜드 교회를 종으로 전락시키고, 교황청을 환전상의 탁자로 만들었다고 비난했다. 그는 임종할 때 곁에·둘러서서 우는 친족들에게 "가련한 사람들아, 왜 우는가? 내가 당신들을 다 부자로 만들어 주지 않았던가?" 하고 힐난했다고 한다.

그의 뒤를 이은 알렉산더 4세의 온건한 재위 기간(1254-1261) 동안, 만프레트가 시칠리아의 주인이 되어 1258년에 팔레르모에서 왕위에 올랐다.

우르바누스 4세(1261-1264 재위)는 비테르보에서 축성을 받았고, 교황으로 재직하는 동안 로마에 발을 들여놓지 않았다. 그는 제화공의 아들로서, 160년간 교황직을 유지한 프랑스인들 가운데 첫 인물이다. 그와 더불어 교황청은 프랑스의 지배하에 들어갔고, 중간에 잠깐씩 단절이 있긴 했으나 한 세기가 넘도록 그 상태를 유지했다. 우르바누스는 17인으로 구성된 교황선거 비밀회의(conclave) 가운데 7인을 프랑스 추기경들로 임명했다. 게다가 프랑스 왕 루이 9세의 막내 동생인 앙주의 샤를에게 시칠리아의 왕위를 맡아달라고 권유함으로써 프랑스의 영향력을 더욱 강화했는데, 그렇게 할 때 내세운 근거는 그것이 교황의 고유 권한이라는 점과 시칠리아가 교황의 봉토라는 점이었다. 이후로 앙주 가는 수세기 동안 나폴리를 수도로 삼아 이탈리아뿐 아니라 온 유럽의 질서를 어지럽히는 요소가 된다.[27] 이 가문은 과거에 그들의 조상인 노르만족이 힐데브란트의 시대에 그랬던 것처럼 교황제 역사에서 새로운 동맹 세력이 되었다. 교황제의 지원자와 후견인으로 불린 앙주의 샤를은 교황청 정책을 쥐락펴락하면서 이탈리아의 정세를 주도해 나갔다.

클레멘스 4세(Clement IV, 1265-1268 재위)는 우르바누스에게 추기경으로 임

---

27) 이 시기와 중세 마지막 시기의 교황들에 관해서는 알렉산더 6세와 율리우스 2세를 다룬 장들을 참조하라.

명되었던 프랑스인의 한 사람으로서, 추기경회와 성직자의 길에 발을 들여놓기 전에 가족을 갖고 있었다. 그는 감히 시칠리아의 왕위를 찬탈한 만프레트를 십자군을 동원하여 정벌해야 한다고 설교했고, 1266년에 앙주의 샤를을 시칠리아 왕으로 세웠다. 샤를은 교황청에 매년 조공을 바치기로 약속했다. 그로부터 한 달 뒤인 1266년 2월 26일에 베네벤토에서 시칠리아의 왕위를 놓고 결전이 치러졌고, 이 전투에서 만프레트가 전사했다.

이로써 거만한 독일 왕가의 소망은 프리드리히 2세의 어린 손자 콘라딘에게 걸려 있게 되었다. 콘라딘의 황제로서의 권위는 처음부터 도전을 받았다. 이미 홀란드의 빌헬름을 두 명의 경쟁 황제들이 계승했는데, 한 사람은 헨리 3세의 동생인 콘월의 공작 리처드(Richard)로서 1257년에 선제후들 가운데 4인에 의해 선출되었고, 다른 한 사람은 카스티야의 알폰소(Alfonso)로서 나머지 3인의 선제후에 의해 선출되었다.[28] 콘라딘은 1267년에 자신의 권리를 주장하기 위해서 이탈리아로 진격했다가 교황의 금령을 당했으며, 비록 로마에서 민중의 열정적인 환호를 받았으나, 능력이 검증된 앙주의 샤를에게는 상대가 되지 못했다. 1268년 8월 23일에 탈리아코초에서 벌어진 전투에서 그의 운명은 산산조각 나 버렸다. 그는 포로로 잡힌 채 굴욕적인 재판을 받았다. 볼로냐의 법률가 수자라의 귀도(Guido)는 그 젊은 군주가 이탈리아로 내려온 목적은 약탈하기 위함이 아니라 자신의 유산을 상속받기 위함이라고 주장했으나 별로 반향을 일으키지 못했다. 그럴지라도 대다수의 판사들이 사형에 반대했으나, 샤를은 본래 관용을 모르는 자였던 까닭에 그의 지시에 의해 콘라딘은 1268년 10월 29일에 나폴리에서 처형되었다. 콘라딘이 무릎을 꿇고 형 집행인의 일격을 기다리기 직전에 남긴 마지막 말은 "어머니, 제가 너무나 모진 마음의 고통을 안겨드리게 되었습니다!"라는 것이었다.

콘라딘을 끝으로 호엔슈타우펜 가는 종언을 고했다. 그 가문의 비극적 종말이 이루어진 곳은 독일 군주들에게 항상 치명적인 운명을 안겨주었던 땅이었다. 바르바로사가 그 땅에서 패전을 거듭했고, 하인리히 6세와 프리드리히 2세, 콘라

---

28) 알폰소는 독일을 방문한 적이 없다. 리처드는 말년을 독일에서 보냈으나 정치 권력에서 배제된 상태였다. 선제후들은 파문의 위협 앞에서 콘라딘을 선출하려는 계획을 단념했다.

트, 만프레트, 콘라딘도 모두 수를 누리지 못한 채 이탈리아 남부에 묻혔다.

콘라딘의 장례 때 샤를은 군사적 예우는 해주었으나 종교 의식은 생략했다. 로마의 홀장(笏杖)이 독일의 독수리를 이긴 것이다. 한때 호엔슈타우펜 가문의 거만한 성이 우뚝 서 있던 슈바벤 언덕이 뷔르템베르크의 평화로운 들판을 엄숙한 침묵으로 내려다 보면서, "모든 육체는 풀과 같고 인간의 모든 영광은 들의 꽃과 같다"고 웅변으로 설교하고 있다. 교황제의 거대한 주장들이 한 세기 내내 이 황제 가문에게 연거푸 받은 타격에도 불구하고 살아남았다. 그러느라 이탈리아는 3세대가 넘도록 칼과 약탈과 도시들간의 투쟁에 노출되었다. 유럽은 투쟁에 지쳤다. 당대의 독일 연애 서정시인들과 잉글랜드와 대륙의 연대기 저자들은 사회 저변에 깔려 있던 불안을 생생하게 전한다. 몽고족이 독일 동부의 관문들을 뚫고 들어오려고 위협했던 것도 이렇게 사회가 무정부 상태를 들락날락할 정도로 불안했던 탓도 있다. 과연 격동기라 할 만한 시기였다. 소아시아에서 활약하던 십자군의 마지막 유적인 안디옥이 1268년에 무슬림의 수중에 들어갔다. 그로부터 7년 뒤에 콘스탄티노플의 라틴 제국이 마침내 그 지역의 합법적 주인들인 그리스인들에게로 되돌아갔다.

로마의 마지막 위대한 역사가[그레고로비우스]가 역사상 가장 장엄했던 광경이라 불렀던 대 결투에서 제국이 무릎을 꿇었다. 그러나 이상들은 살아남았고, 해당 지역은 그 지역의 세속 권력이 다스려야 한다는 원리가 이런저런 형태로 유럽인들과 그들의 후손들 사이에 뿌리를 내렸다. 그리고 젊은 콘라딘이 처해야 했던 운명도 망각의 늪에 매몰되지 않았다. 3세기 뒤에 그 기억이 독일 민족에게 되살아났으며, 마르틴 루터의 글에 실려 널리 유포된 그의 처형 장면들이 여전히 기세등등하던 교황청에 결연히 맞선 개신교 종교개혁자의 손을 강하게 하는 데 크게 이바지했다.

46. 제국과 교황청의 평화(1271-1294)

클레멘스 4세가 죽으면서 교황청 역사에서 가장 긴 공백기가 시작되었다. 1268년 11월 29일부터 1271년 9월 1일까지 무려 33개월 동안 교황이 선출되지 못했던 것이다. 이렇게 된 가장 큰 원인은 교황 비밀선거회를 구성하고 있던 프랑스파와 이탈리아파가 권력 투쟁을 벌였기 때문인데, 이 투쟁은 교황 선거를 주관한 비테르보 자치도시 당국이 매우 엄중한 조치를 취했음에도 불구하고 오랫동안 계속되었다. 심지어 추기경들이 투옥되는 일까지 벌어졌다. 그런 우여곡절 끝에 선출된 새 교황 그레고리우스 10세는 프랑스 리에주의 대부제로서 사제 서품을 받지 못한 사람이었다. 그는 성지 순례에 나서 아크레(이스라엘 북서부의 지중해 연안의 항구 도시: 역자주)에 이르렀을 때 자기가 교황으로 선출되었다는 소식을 전달받았다. 평화를 중시하고 유화적이었던 그는 13세기의 교황들을 통틀어 성인의 반열에 오른 두 사람 가운데 한 사람이다. 그는 제국과 이탈리아 남부 왕국을 떼어놓는 정책을 견지하고, 카스티야의 알폰소의 권리 주장들을 일축함으로써 합스부르크 가의 루돌프가 황제의 지위에 오르는 데 적극 개입했다.

루돌프가 제위에 오르면서 교황청과 제국 사이에 평화기가 시작되었다. 그레고리우스 10세가 눈부신 승리를 거둔 것이다. 황제는 1273년 10월 24일에 아헨에서 대관식을 치렀다. 이렇게 해서 호엔슈타우펜 가의 지위를 넘겨받은 오스트리아의 합스부르크 가는 오늘날까지 왕조를 이어오면서 가톨릭 성직위계제도에 충성을 바치고 있다. 하지만 19세기에 들어서면서 이 가문의 지위는 호엔슈타우펜 가의 거점에서 멀리 떨어지지 않은 뷔르템베르크에 고향을 둔 호엔촐레른 가에 의해서 잠식되고 있다.[29] 루돌프가 선출되면서 깃든 평화를 독일 시인 실러(Schiller)는 유명한 시로써 예찬한다:

"그 후로 길고 처참했던 투쟁이 끝났고,
주군으로 모실 황제가 없던 두려운 시대가 마감되었다."[30]

루돌프는 종교심이 깊고 권력을 확대하려는 야심이 없었으며, 공정하고 안전한 통치자가 되었다. 그는 주교좌성당들의 참사회들에게 주교 선출권을 부여하고, 교회의 권리들을 보호하겠다고 약속하고, 시칠리아와 교황령에 대한 모든

---

29) 합스부르크 가의 유서 깊은 거점은 스위스의 아르가우로서, 촐레른에서 160km도 채 떨어져 있지 않다.

30) *Der Graf von Hapsburg.*

권리를 포기하겠다고 선언함으로써 교황청을 만족시켰다. 이에 대해서 그레고리우스는 매우 온건한 어조로 이렇게 썼다. "교회의 자유와 권리를 보호하고 교회에게서 세속 재산을 박탈하지 않는 것이 군주들의 의무입니다. 또한 왕들이 자신들의 권위를 충실히 시행할 수 있도록 뒷받침해주는 것이 영적 통치자의 의무입니다."

황제는 그레고리우스의 후임자들인 프랑스인 인노켄티우스 5세, 취임하지 못한 채 숨을 거둔 제노바인 하드리아누스 5세, 포르투갈 역사상 유일하게 삼중관을 쓴 사제 출신의 요한 21세와 우호적인 관계를 유지했다. 이 교황들의 재위 기간은 다 합쳐도 18개월밖에 되지 않는다. 요한은 비테르보에 있던 자기 궁전 지붕에서 낙상하여 죽었다.

그레고리우스는 제14차 에큐메니컬 공의회로도 알려지는 제2차 리옹 공의회를 소집하고 개막 연설을 했다. 이 공의회는 그리스 교회와 서방 교회의 일치를 모색한 점과 콘스탄티노플 총대주교를 지낸 게르마누스를 포함한 그리스 교회 사절단이 참석한 점으로 유명하다. 게르마누스의 후임자는 양 교회의 일치에 반대 의견을 표명했다가 잠시 구금을 당하기도 했다. 리옹 공의회로써 이제 양 교회 분열의 종식이 초읽기에 들어가는 듯했다. 그리스 사절단은 성령이 성자로부터 발출하셨다는 조항과 로마 주교의 수위권에 관한 조항까지도 포함하여, 라틴 교회의 신조를 충분히 받아들인다는 황제의 의지를 발표했다. 공의회장에서 사도신경이 헬라어와 라틴어 찬송으로 울려퍼졌다. 공의회가 끝나고 교황 사절단이 양 교회의 결합을 완결짓기 위해서 콘스탄티노플로 파견되었다. 그러나 그리스 성직자들이 합의문을 받지 않았다. 그리스 황제 미카엘리스 팔라이올로구스(Michael Palaeologus)로서는 그리스가 콘스탄티노플을 영구히 장악하는 것이 가장 큰 관심사였지, 교황들이 그토록 오랫동안 숙제로 품어온 동방과 서방의 교회적 통합에는 관심이 없었던 것이다.

리옹 공의회에 상정된 그 밖의 중요한 의제들은 교황 선출 규례를 확정하는 것과, 무슬림에 대항하여 동맹을 체결하기를 바라던 몽고족 사절단을 영접하는 것이었다. 사절단의 여러 사람들이 세례를 받았다. 이 공의회는 수도회 신설을 금지한 제4차 라테란 공의회의 법령을 재확인했다.

교황 니콜라우스 3세는 확고한 의지와 정치적 수완으로 그리스의 권좌를 노리던 앙주의 샤를의 야심을 꺾었다. 샤를은 십 년간 차지해온 로마 원로원 의원직을 포기하고, 토스카나의 교황 대리직을 떠나야 했다. 볼로냐는 처음으로 교황의 수위권을 인정했다. 니콜라우스는 교황 족벌주의(nepotism)의 시조라 불렸는데, 이렇게 된 것은 자기 친족들에게 재산과 관직을 후하게 베풀었기 때문이기도 하다. 그로부터 한 세대가 지나기 전에 단테는 그를 지옥에 배치했다:

"나는 내 자식들을 부자로 만들어주기 위해서 내 본무들과,
내가 축적해온 재물, 여기 있는 내 인격을 제쳐두었다."[31]

1281년에는 비천한 태생의 프랑스인 마르티누스 4세에게 교황관이 넘어갔다. 그가 선출될 때에 샤를은 비테르보에 가 있으면서 그의 선출을 위해서 적극 활동했다.[32] 마르티누스는 앙주 가의 구도에 철저히 순응했고, 그로써 샤를이 다시 한 번 로마의 원로원 의원으로 선출되었다. 교황이 그처럼 군주의 수족 노릇한 적은 없었다. 이탈리아 남부에서 프랑스인들이 요직들을 죄다 차지했다. 그러나 이렇게 민족 감정을 크게 모욕함으로써 얼마 후에 대대적인 반격을 당하게 된다.

마침내 프랑스 정권에 강한 반감을 품은 시칠리아인들이 1282년 부활절 주간에 들고 일어나 '시칠리아의 저녁기도 대학살'로 알려진 피비린내 나는 학살을 자행했다. 그 섬에 있던 모든 노르만인들과 그들의 시칠리아인 아내들이 무자비하게 보복을 당했다. 학살로 희생된 사람들의 수가 8천 내지 2만 명으로 추산된다. 그 참극은 시칠리아인들이 저녁기도 종소리가 울려퍼질 때 일을 시작하던 전통에서 그 이름이 붙었다. 그 사건을 끝으로 그 아름다운 섬에 대한 샤를의 통치도 끝이 났다. 만프레트의 딸이자 프리드리히 2세의 손녀인 콘스탄스와 결혼한 아라곤의 페트루스가 시칠리아 왕이 되었다. 그 후 거의 2백 년 동안 시칠리아의 왕관과 나폴리의 왕관은 분리되었다.

마르티누스는 샤를에게 섭섭하지 않게 반역자들에게 아나테마를 선언하고, 아라곤과 시칠리아에 성무중지령을 내리고, 기독교 세계에 대해서 페트루스를 진압하기 위한 십자군 전쟁을 위해 십분의 일 세를 부과했다. 하지만 이런 조치

---

31) 지옥편 19장 72 sqq. '새끼들'은 니콜라우스가 속했던 오르시니 가를 가리킨다.
32) 참조. 크뇌플러가 Wetzer-Welte, VIII. 919 sq.에 기고한 *Matin* 항목.

들은 성과를 거두지 못했고, 샤를의 전함들은 칼라브리아 앞바다에서 섬멸되었다. 샤를과 마르티누스는 1285년에 죽었는데, 후자는 그레고리우스 10세와 마찬가지로 페루자에서 최후를 맞이했다.

열 달의 공백기 끝에 니콜라우스 4세가 교황좌에 올랐다. 프란체스코회 수사로서는 최초로 교황이 된 것이다. 그는 재위 기간 동안 시리아 십자군이 마지막으로 점령하고 있던 프톨레마이스 곧 아크레에서 철수하는 일을 겪었다. 니콜라우스는 성지 수복 계획을 세우다가 숨을 거두었다.

그 뒤 1292년 4월 4일부터 1294년 7월 5일까지 스물일곱 달의 공백기가 뒤따르다가 은수자(隱修者) 피에르 드 뮈롱(Peter de Murrhone)이 켈레스티누스 5세라는 이름으로 교황좌에 올랐는데, 배후에서 나폴리 왕 샤를 2세가 그의 선출에 큰 영향력을 행사했다. 그의 짧은 재위 기간은 교황청 연대기에 호기심을 자극하는 일화를 남겼다. 그의 경력은 산의 외딴 암자에서 유럽 최고의 지위에 이르기까지 양극단을 보여준다. 그는 거룩한 생활을 한다는 평가를 좋아했으며, 성 다미아누스 수도회를 설립했는데, 훗날 이 수도회는 켈레스티누스회라는 이름을 취함으로써 그를 높였다. 전하는 바로는 그가 자신의 수도복을 햇살에 걸어 매달리게 하는 전무후무한 묘기를 행했다고 한다. 그는 교황좌에 올랐을 때 일흔아홉 살이었다.

스테파네스키(Stefaneschi)는 그에게 교황 선출 소식을 전하도록 임명된 주교 3인이 그 은수자의 암자를 찾아간 일을 목격담으로 전한다. 주교들은 그가 살고 있다는 산을 찾아갔다. 마침내 산중에서 얼기설기 지은 오두막집을 발견했는데, 빗장이 하나밖에 질러지지 않은 창문이 나 있는 집이었다. 이곳에서 만난 그의 모습은 빗질하지 않은 텁수룩한 머리에 창백한 안색, 그리고 병약한 몸이었다. 주교들은 자신들이 온 목적을 말한 뒤에 엎드려 절하고 그의 신에 입을 맞추었다. 이때 만약 피에르가, 과거에 암자에서 나와 알렉산드리아를 찾아간 안토니우스처럼 속세를 향해서 회개와 겸손을 외쳤다면 후세대들의 기억에 대대로 유쾌한 장면을 선사했을 것이다. 하지만 실제로는 자신이 맡게 된 높은 직위에 부응하지 못한 채 병약하고 세련되지 못하고 무능력한 모습으로 인해 동정을 사는 데 그쳤다.

피에르는 수사복을 입고 나귀를 탄 채 자신의 나귀 고삐를 잡은 샤를 2세와 그의 아들의 수행을 받아 아퀼라로 가서 교황관을 썼다. 그의 즉위식에는 추기경이 세 명만 참석했을 뿐이다. 이렇게 철저히 왕의 지배를 받게 된 켈레스티누스는 나폴리에 거처를 정했다. 그는 세상과 싸울 능력도, 파벌들의 온갖 음모에 대처할 역량도, 직위를 놓고 벌어지는 탐욕스러운 쟁투를 척결할 힘도 없었다. 다만 남을 쉽게 믿는 순진한 마음으로 이런저런 고문들의 말을 곧이곧대로 믿었고 사람들의 부탁을 쉽게 들어주었을 뿐이다. 그가 샤를에게 맹종했던 사실은 그가 임명한 추기경들의 면면에 잘 드러난다. 그가 임명한 12인의 추기경 가운데 7인이 프랑스인이었고 3인이 나폴리인이었던 것이다. 이런 행위는 마치 그가 교황청의 이기적이고 세속적인 풍토에 좌절한 채 "하나님, 제가 다른 사람들의 영혼들을 다스린다고 하면서 제 영혼의 구원을 놓치고 있나이다" 하고 외친 것 같은 인상을 준다.

그는 교황직을 수행할 만한 역량이 없었던 까닭에 사임의 뜻을 밝혔다. 나폴리 사람들은 수 차례 행렬을 벌여 사임 의사를 철회하도록 설득했으나 아무 소용이 없었다. 과거에 그레고리우스 6세와 클레멘스 1세가 비록 황제의 명령에 따른 것이긴 했으나 자진 사임한 사례가 있었다. 피에르는 사임하는 것이 교황의 권리임을 천명하는 대칙서를 발행했다. 그는 사임의 이유를 "스스로 비천한 자임을 잘 알고, 좀 더 나은 삶과 홀가분한 양심을 얻고자 하는 소원도 있고, 몸도 너무나 약한데다 지식도 짧고, 사람들이 너무나 완악하고, 과거처럼 조용한 환경으로 돌아가고 싶은 마음이 간절해서"라고 밝혔다. 그가 자진해서 사임한 진짜 이유는 분명하지 않다. 전하는 바로는 곧 그의 후임자가 된 추기경 가에타니(Gaëtani)가 배후에서 그렇게 조종했다고 한다. 가에타니는 그 은수자의 맹신을 이용하여, 그의 내실 벽에 갈대를 끼어 넣고서 거기에다 대고 그의 재위 기간이 다 되었다는 것이 하늘의 뜻임을 말했던 것이다.[33] 이탈리아인들은 그 이야기가 비록 사실은 아닐지라도 훌륭하게 고안되었다(si non vero ben trovato)고

---

33) 켈레스티누스에게 사임을 사주한 사람이 누구인가 하는 문제가 오늘날 상당한 쟁점이 되어 있다. 베네딕투스 가에타니(보니파키우스 8세)가 사주했거나, 아니면 늙은 교황 자신이 노망기에서 그렇게 했을 것이다. 개신교 학자 Hans Schulz는 베네딕투스에게 책임을 돌리는 기존의 견해에 의문을 제기하면서, 켈레스티누스가 먼저 사임 의사를 밝혔고, 베네딕투스가 동의했을 것이라고 주장한다. 하지만 그는 그 상황에서 "베네딕투스의 눈은 스스로 교황관을 차지하는 데 있었다"고 말한다. 참조. Herzog's *Enc.*, IV. 203. 켈레스티누스는 1313년에 클레멘스 5세에 의해 시성되었다.

말한다.

교황직을 버리고 길을 나선 교황은 모든 행동의 자유를 박탈당했다. 한번은 아드리아 해를 건너 도망치려고도 해보았으나 실패하고 말았다. 결국 보니파키우스 8세에 의해 아나니 근처의 푸모네 성에 유폐된 채 지내다가 1296년 5월 19일에 숨을 거두었다. 은수자 교황이 다스리던 소박한 시기는 새 시대를 연 첫 교황인 보니파키우스의 난폭하고 야심찬 구도들과 너무나 큰 대조를 이루었다.

켈레스티누스의 취임 6백 주년이 이탈리아의 경건한 숭배자들에 의해 기념되었다. 그에 관해서는 견해가 엇갈렸다. 페트라르카는 그의 겸손을 칭송했다. 단테는 위대한 사임의 결단을 내린 그를 도덕적으로 비겁한 전형적인 예로 가차없이 비난한다.

"보라! 저 비열한 자가 나타났다.
저자는 큰 직위를 거절한 비굴한 영혼이다."
— 단테, 「신곡」, 지옥편 3곡 58.

바야흐로 교황제를 위한 새로운 시대가 눈앞에 다가왔다.

제 7 장

십자군 원정

"옛날에는 그것이 한가한 공상이 아니었나이다.

헤아릴 수 없이 많은 순례자들이 용감하게 바다를 건너고,

군사들이 머나먼 해안에서 전투를 벌였나이다.

그것은 오로지 당신이 누우셨던 무덤 앞에서 기도하고

당신의 발이 밟으셨던 거룩한 땅에

경건히 입맞추기 위함이었나이다."

— 울란트(Uhland), *A n den Unsichtbaren*.

47. 십자군 원정에 관한 참고문헌

SOURCES. — First printed collection of writers on the Crusades by JAC. BON-
GARS : *Gesta Dei* (and it might be added, *et diaboli*) *per Francos, sive
orientalium expeditionum*, etc., 2 vols. Hanover, 1611.　Mostly reports
of the First Crusade and superseded. — The most complete collection,
edited at great expense and in magnificent style, *Recueil des Historiens
des Croisades publié par l' Académie des Inscriptions et Belles-Lettres*, viz.
Historiens Occidentaux, 5 vols. Paris, 1841–1895 ; *Histt. Orientaux*, 4 vols.
1872–1898 ; *Histt. Grecs*, 2 vols. 1875–1881 ; *Documents Arméniens*, 1869.
The first series contains, in vols. I., II., the *Historia rerum in partibus
transmarinis gestarum* of William of Tyre and the free reproduction in
French entitled *L' Estoire de Eracles Empéreur et la Conqueste de la terre
d' Outremer.*　Vol. III. contains the *Gesta Francorum ;* the *Historia de
Hierolosymitano itinere* of PETER TUDEBODUS, *Hist. Francorum qui
ceperunt Jherusalem* of RAYMUND OF AGUILERS or Argiles ; *Hist. Jheru-*

solymitana or *Gesta Francorum Jherusalem perigrinantium 1095–1127*, of FULCHER OF CHARTRES; *Hist. Jherusol.* of ROBERT THE MONK, etc. Vol. IV. contains *Hist. Jherusolem.* of BALDRIC OF DOL (Ranke, VIII. 82, speaks highly of Baldric as an authority); *Gesta Dei per Francos* of GUIBERT OF NOGENT;' *Hist. Hier.* of ALBERT OF AACHEN, etc. Vol. V. contains *Ekkehardi Hierosolymita* and a number of other documents.— Migne's *Latin Patrology* gives a number of these authors, *e.g.*, Fulcher and Petrus Tudebodus, vol. 155; Guibert, vol. 156; Albert of Aachen and Baldric, vol. 166; William of Tyre, vol. 201. — Contemporary Chronicles of ORDERICUS VITALIS, ROGER OF HOVEDEN, ROGER OF WENDOVER, M. PARIS, etc. — Reports of Pilgrimages, *e.g.*, COUNT RIANT : *Expéditions et pèlerinages des Scandinaves en Terre Sainte au temps des Croisades*, Paris, 1865, 1867 ; R. RÖHRICHT : *Die Pilgerfahrten nach d. heil. Lande vor den Kreuzzügen*, 1875 ; *Deutsche Pilgerreisen nach dem heil. Lande*, new ed. Innsbruck, 1900 ; H. SCHRADER : *D. Pilgerfahrten nach. d. heil. Lande im Zeitalter vor den Kreuzzügen*, Merzig, 1897.— JAFFÉ : *Regesta.* — MANSI : *Concilia.* — For criticism of the contemporary writers see SYBEL, *Gesch. des ersten Kreuzzugs*, 2d ed. 1881, pp. 1–143. — H. PRUTZ (Prof. in Nancy, France) : *Quellenbeiträge zur Gesch. der Kreuzzüge*, Danzig, 1876. — R. RÖHRICHT : *Regesta regni Hierosolymitani 1097–1291*, Innsbruck, 1904, an analysis of 900 documents.

MODERN WORKS. — *FRIEDRICH WILKEN (Libr. and Prof. in Berlin, d. 1840) : *Gesch. der Kreuzzüge*, 7 vols. Leipzig, 1807–1832.—J. F. MICHAUD : *Hist. des croisades*, 3 vols. Paris, 1812, 7th ed. 4 vols. 1862. Engl. trans. by W. ROBSON, 3 vols., London, 1854, New York, 1880. — *RÖHRICHT (teacher in one of the Gymnasia of Berlin, d. 1905; he published eight larger works on the Crusades): *Beiträge zur Gesch. der Kreuzzüge*, 2 vols. Berlin, 1874–1878 ; *D. Deutschen im heil. Lande, Innsbruck*, 1894 ; *Gesch. d. Kreuzzüge*, Innsbruck, 1898. — B. KUGLER (Prof. in Tübingen): *Gesch. der Kreuzzüge*, illustrated, Berlin, 1880, 2d ed. 1891.— A. DE LAPORTE : *Les croisades et le pays latin de Jérusalem*, Paris, 1881.— *PRUTZ : *Kulturgesch. der Kreuzzüge*, Berlin, 1883. — Ed. HEYCK : *Die Kreuzzüge und das heilige Land*, Leipzig, 1900. — Histories in English by MILLS, London, 1822, 4th ed. 2 vols. 1828 ; KEIGHTLEY, London. 1847 ; PROCTOR, London, 1858 ; EDGAR, London, 1860 ; W. E. DUTTON, London, 1877 ; G. W. COX, London, 1878 ; J. I. MOMBERT, New York, 1891 ; *ARCHER AND KINGSFORD : *Story of the Crus.*, New York, 1895 ; J. M. LUDLOW : *Age of the Crusades*, New York, 1896 ; Art. *Kreuzzüge* by FUNK in Wetzer-Welte, VII. 1142–1177. — PH. SCHAFF in " Ref. Quarterly Rev.," 1893, pp. 438–459. — J. L. HAHN : *Ursachen und Folgen der Kreuzzüge*, Greifswald, 1859. — CHALANDON : *Essai sur le règne d'Alexis Comnène*, Paris, 1900.—*A. GOTTLOB : *D. päpstlichen Kreuzzugs-Steuren des 13. Jahrhunderts*, Heiligenstadt, 1892, pp. 278 ; *Kreuzablass und Almosenablass*, Stuttgart, 1906, pp. 314. — *Essays on the Crusades* by MUNRO, PRUTZ, DIEHL, Burlington, 1903. — H. C. LEA : *Hist. of Auric. Confession and Indulgences*, vol. III. — See also *GIBBON, LVIII–LIX ; MILMAN ; GIESEBRECHT : *Gesch. d. deutschen Kaiserzeit;* RANKE : *Weltgesch.*, VIII. pp. 88–111, 150–161, 223–262, 280–307 ; IX.

93–98 ; Finlay : *Hist. of the Byznt. and Gr. Empires, 1057–1453 ;* Hopf : *Gesch. Griechenlands vom Beginn des Mittelalters,* etc., Leipzig, 1868 ; Besant and Palmer : *Hist. of Jerusalem,* London, 1890 ; Guy Le Strange : *Palestine under the Moslems,* London, 1890.

The Poetry of the Crusades is represented chiefly by Raoul de Caen in *Gestes de Tancrède ;* Torquato Tasso, the Homer of the Crusades, in *La Jerusalemme liberata ;* Walter Scott : *Tales of the Crusades, Talisman, Quentin Durward,* etc. The older literature is given in full by Michaud ; *Bibliographie des Croisades,* 2 vols. Paris, 1822, which form vols. VI., VII. of his *Histoire des Croisades.*

Sources. — See Literature above. *Gesta Francorum et aliorum Hierosolymitorum* by an anonymous writer who took part in the First Crusade, in Bongars and *Recueil des Croisades.* See above. Also Hagenmeyer's critical edition, *Anonymi Gesta Francorum,* Heidelberg, 1890. — Robertus, a monk of Rheims : *Hist. Hierosolymitana,* in Bongars, *Rec.,* and Migne, vol. 155. — Baldrich, abp. of Dol : *Hist. Hierosol.,* in Bongars, and *Rec.* — Raymund de Aguilers, chaplain to the count of Toulouse : *Hist. Francorum,* 1095–1099, in Bongars, *Rec.,* and Migne, vol. 155. See Clem. Klein : *Raimund von Aguilers,* Berlin, 1892. — Fulcher, chaplain to the count of Chartres and then to Baldwin, second king of Jerusalem : *Gesta Francorum Jerusalem perigrinantium* to 1125, in Bongars, *Rec.,* and Migne, vol. 155. — Guibert, abbot of Nogent : *Gesta Dei per Francos,* to 1110, in Bongars, *Rec.,* Migne, vol. 156. — Albertus of Aachen (Aquensis) : *Hist. Hierosol. expeditionis,* to 1121, in Bongars, *Rec.,* Migne, vol. 166. See B. Kugler : *Albert von Aachen,* Stuttgart, 1885. — William of Tyre, abp. of Tyre, d. after 1184 : *Hist. rerum in partibus transmarinis gestarum,* Basel, 1549, under the title of *belli sacri historia,* in Bongars, *Rec.,* Migne, vol. 201, Engl. trans. by Wm. Caxton, ed. by Mary N. Colvin, London, 1893. — Anna Comnena (1083–1148) : *Alexias,* a biogr. of her father, the Greek emperor, Alexis I., in *Rec.,* Migne, *Pat. Graeca,* vol. 131 ; also 2 vols. Leipzig, 1884, ed. by Reifferscheid ; also in part in Hagenmeyer, *Peter der Eremite,* pp. 303–314. — Ekkehard of Urach : *Hierosolymita seu libellus de oppressione, liberatione ac restauratione sanctae Hierosol.,* 1095–1187, in *Rec.,* and Migne, vol. 154, and Hagenmeyer : *Ekkehard's Hierosolymita,* Tübingen, 1877, also *Das Verhältniss der Gesta Francorum zu der Hiersol. Ekkehards* in "Forschungen zur deutschen Gesch.," Göttingen, 1875, pp. 21–42. — Petrus Tudebodus, of the diocese of Poitiers : *Hist. de Hierosolymitano itinere,* 1095–1099, largely copied from the *Gesta Francorum,* in Migne, vol. 155, and *Recueil.* — Radulphus Cadomensis (Raoul of Caen) : *Gesta Tancredi,* 1099–1108, Migne, vol. 155, and *Recueil.* — Riant : *Inventaire critique des lettres hist. des croisades,* I., II., Paris, 1880. — H. Hagenmeyer : *Epistulæ et chartæ ad historiam primi belli sacri spectantes quæ supersunt,* etc., 1088–1100, Innsbruck, 1901. See the translation of contemporary documents in *Trans. and Reprints,* etc., published by Department of History of Univ. of Penn., 1894.

The Poetry of the First Crusade : *La Chanson d'Antioche,* ed. by Paulin Paris, 2 vols. Paris, 1848. He dates the poem 1125–1138, and *Nouvelle Étude sur la Chanson d'Antioche,* Paris, 1878. — *La Conquête*

de *Jérusalem*, ed. by C. Hippeau, Paris, 1868. — *Roman du Chevalier au Cygne et Godefroi de Bouillon.*
Modern Works. — *H. von Sybel : *Gesch. des ersten Kreuzzugs*, Düsseldorf, 1841, 3d ed. Leipzig, 1900. The Introduction contains a valuable critical estimate of the contemporary accounts. Engl. trans. of the Introd. and four lectures by Sybel in 1858, under the title, *The Hist. and Lit. of the Crusades*, by Lady Duff Gordon, London, 1861. — J. F. A. Peyre : *Hist. de la première croisade*, Paris, 1859. — *Hagenmeyer : *Peter der Eremite*, Leipzig, 1879 ; *Chron. de la première croisade*, 1094-1100, Paris, 1901. — Röhricht : *Gesch. des ersten Kreuzzuges*, Innsbruck, 1901. — F. Chalandon : *Essai sur le règne d'Alexis I. Comnène*, 1081-1118, Paris, 1900. — Paulot : *Un pape Français, Urbain II.*, Paris, 1902. — D. C. Munro : *The Speech of Urban at Clermont*, " Am. Hist. Rev." 1906, pp. 231-242. — Art. in Wetzer-Welte, by Funk, *Petrus von Amiens*, vol. IX.

48. 십자군 원정의 성격과 원인들

" '거룩한 팔머여!' 그녀가 말을 시작했다 —

확실히 그이는 거룩한 사람이었다.

구주의 무덤이 발견된 땅을

그 거룩한 발로 거닐었으니."

— 월터 스콧, 「마르미온」(*Marmion*), V. 21.

십자군들은 십자가 군기를 들고 예루살렘으로 간 무장 순례자들이었다. 이들은 중세의 가장 전형적인 장들의 하나를 형성하며, 종교적·군사적 흥미뿐 아니라 로맨스적·감상적 흥미까지 일으킨다. 그들은 기독교적 상상력이 이뤄낸 최상의 산물이며, 인류 역사에서 보기 드문 한 장을 구성한다. 야만과 이교의 상태를 겨우 면한 서방 신흥 민족들이 연출해낸 역동적인 기독교의 모습을 보여준다. 십자군들은 종교를 전쟁에, 전쟁을 종교에 이용했다. 그들은 수위권을 놓고 각축을 벌인 두 대륙과 두 종교 — 유럽과 아시아, 기독교와 이슬람교 — 사이의 연속적인 대결이었다. 이들이 빚어낸 장관을 세계는 이전에도 이후에도 볼 수 없었고, 앞으로도 결코 볼 수 없을 것이다.[1]

그들이 벌인 원정들이 1095년부터 시작하여 두 세기 동안 유럽의 관심을 이끌었다. 과연 그들은 16세기 초까지 교황들의 끊임없는 관심사였다. 콜럼버스는 1492년 4월 17일에 그리스도의 무덤을 되찾기 위해서 서쪽 바다 너머를 탐험하여 그 결과를 바치겠다는 계약서에 서명했다. 그는 아메리카를 네 번째이자 마지막으로 여행하기 전에 교황 알렉산더 6세에게 편지를 써서, 그 신성한 영역을 회복하기 위해 병력을 제공하기로 서약했던 사실을 잊지 말라고 환기시켰다.[2] 대규모 십자군 원정은 모두 일곱 번 감행되었는데, 처음 원정은 1095년에, 마지막 원정은 1270년에 성 루이의 죽음과 더불어 막을 내렸다. 이 기간과 1270년 이후에는 소소한 군사 원정들이 있었으며, 그 가운데 간과할 수 없는 것이 비극으로 끝난 어린이 십자군이었다.

당대의 가장 유명한 인사들이 이 운동에 가담했다. 황제들과 왕들이 직접 군대를 끌고 가담했다. 콘라트 3세 · 프리드리히 바르바로사 · 잉글랜드의 리처드 1세 · 루이 7세 · 프랑스의 필립 아우구스투스와 루이 9세 · 헝가리의 안드레아스가 그들이었다. 지체 높은 귀부인들도 남편을 따라서 혹은 혼자서 전쟁터로 갔는데, 안디옥의 앨리스 · 프랑스 여왕 엘레오노르 · 오스트리아의 이다 · 리처드의 아내 베렝가리아 · 루이 9세의 아내 마가레트가 그들이었다. 왕자들도 이 모험에 참여했는데, 슈바벤의 프리드리히와 시구르드, 아내 엘리노를 데리고 간 헨리 3세의 아들 에드워드가 그들이었다. 사제들과 대수도원장들과 고위 성직자들도 선봉에 서서 용감하게 싸웠다.[3] 교황들은 국내에 머물렀으나 그 거룩한 사업을 진척시키기 위해서 끊임없이 호소하고 독려했다. 호노리우스 3세와 그레고리우스 10세 같은 출중한 교황들이 십자군을 필생의 과제로 품고 살았다. 은수자 피에르와 성 베르나르와 뇌일리의 풀크 같은 수사들은 웅변으로 십자군

---

1) 십자군 원정을 쓸데없는 종교적 광신의 과시로 폄하하는 Gibbon은 그것을 "세계의 논쟁"이라고 부른다(ch. LIX).

2) John Fiske, *Discovery of America*, I, 318, 419, 505.

3) 「리처드 1세의 여정」은 제3차 십자군 원정을 기록하면서 고위 성직자들과 하위 성직자들이 상당한 전투력을 보유하고 있었던 사실을 강조한다. 어떤 사제는 지칠 줄 모르는 열정으로 물맷돌을 던지는 등 적군에 대항하여 왕성한 전투를 벌였다고 전한다(I, 42). 브장송의 대주교는 아크레 성벽을 무너뜨리기 위한 거대한 기구를 건조하는 작업을 감독하고 비용을 댔다(I, 60). 노쇠한 몸으로 전투에 참가한 캔터베리 대주교 볼드윈은 기사 2백 명과 병사 3백 명을 지휘했으며, "대수도원장들과 주교들이 자신들의 부대를 이끌고서 신앙을 위해서 용감하게 싸웠다"(I, 62).

의 열기에 불을 붙였다. 그러나 십자군 원정에는 이렇게 유럽을 대표할 만한 유능하고 유력한 인물들만 가담한 것이 아니라, 유럽 사회의 저급한 요소들도 가담했다. 베르나르가 전하듯이 도둑들과 살인자들, 위증자들, 유랑자들, 각종 불량배들도 앞다퉈 십자군에 가입했던 것이다. 역사상 모든 전쟁이 다 그랬다.

십자군 부대들에게는 '십자가의', '그리스도의', '주님의', '믿음의' 군대라는 칭호들이 붙었다. 십자가가 십자군 병사들의 배지이자 그들이 가장 좋아하던 이름이었다. 십자군 병사들은 그리스도의 정병들, 순례자들(peregrini), '십자가로 서명한 사람들'(crucisignati 혹은 signatores)이라 불렸다. 십자군에 가담하는 행위를 가리켜 '십자가를 지는' 혹은 '십자가 표를 받는' 것이라고 했다.

그 시대 사람들은 십자군 원정이 신성한 과업이라는 것을 조금도 의심하지 않았으며, 기베르(Guibert)가 남긴 제1차 십자군 원정 기록이 '하나님께서 프랑크인들을 통해서 행하신 일들' (Gesta Dei per Francos)이라고 불렸다.

동방의 하늘 아래서 혹은 동방으로 향하던 길에 스러져 간 사람들은 특별 사죄를 받았고, 민중들에게 순교자로 추앙되었다. 일찍이 이탈리아를 약탈하던 사라센 군대에게 압박을 당하던 교황 요한 8세(872-882 재위)는 이교도들에 맞서서 용감하게 싸우는 병사들에게 영생의 안식과 자신에게 부여된 만큼의 사죄를 약속한 바 있었다. 이러한 선례를 우르바누스 2세가 이어받았다. 그는 예루살렘으로 진군하는 제1차 십자군 병사들에게 원정을 고행으로 간주해 주겠다고 약속했다. 1146년에 교황 유게니우스는 한 걸음 더 나아가 영생을 상으로 주겠다고 약속했다. 상의 범위는 십자군에 가담한 사람들의 부모에게까지 확대되었다. 인노켄티우스 3세는 십자군을 위한 선박을 건조하는 등 어떤 방식으로든 이바지하는 사람들을 완전 사죄 대상에 포함시키고, '영생의 증가'를 약속했다. 제1차 십자군의 연대기 저자인 대수도원장 기베르는 하나님께서 평신도들의 죄를 사해주시고 구원을 얻을 공로를 쌓도록 하시기 위하여 십자군을 창설하셨다고 말했다.[4]

보상은 영적 특권들에 국한되지 않았다. 유게니우스 3세는 제2차 십자군 원정을 독려하면서, 십자군 병사들을 중대한 범죄 사건을 다루기 위해 법정에 선 판사들과 같은 반열에 놓았다.[5] 1188-1270년에 재위한 프랑스의 왕들은 교황청과

---

4) *Gesta*, I. 1; *Rec.*, IV. 124.

손잡고서 십자군 병사들에게 부채 탕감과 세금 면제, 이자 대납 같은 세속적 이익을 부여했다. 하지만 부작용도 적지 않았다. 프랑스 왕들은 십자군 병사들이 교회의 보호하에 큰 죄도 서슴없이 저지른다고 자주 불평을 제기했다. 이런 불평들이 무시할 수 없는 수위에 이르자 1246년에 인노켄티우스 4세와 1260년에 알렉산더 4세가 주교들에게 그런 범죄자들을 보호하지 말라고 지시했다. 두로의 기욤은 제1차 십자군에 관한 자신의 기록에서 — 아마도 후대의 경험을 토대로 삽입하여 — "많은 사람들이 빚쟁이들을 피하기 위해서 십자가를 취했다"고 말한다(제1권 16).[6]

우리의 입장에서 전쟁과 유혈 개념을 순전히 종교적 목적 달성과 일치시키기가 어렵다면, 중세에는 그런 괴리감이 큰 문제가 아니었다는 점을 기억해야 한다. 여호수아와 사사 시대의 전쟁이 여전히 큰 본으로 남아 있었다. 크리소스토무스와 아우구스티누스, 그리고 그 밖의 5세기 교부들은 이집트와 갈리아에서 이교 신전들이 마구 파괴되고 있는 사태에 대해서 비판의 목소리를 높인 바 있다. 마찬가지로 기독교 군대가 사라센족을 공격하여 무참히 살육하는 데 대해서는 기독교 사회가 일말의 가책을 느꼈겠지만, 사라센족이 팔레스타인의 성스러운 터전들을 점령하고 있는 상황에서는 그러한 가책을 느끼지 않았다.

클레르보의 베르나르는 이교도들에 대해서 신자들을 압제하지 못하게 할 다른 방법이 있다면 그들을 죽이지 말아야 한다고 말했다. 그의 주장은 다음과 같이 계속된다. 하지만 악인들의 막대기가 의인들의 명줄을 겨누도록 방치하느니 그들을 죽이는 것이 낫다. 의인들은 그리스도의 원수들을 죽이는 행위를 죄로 여겨 두려워하지 말아야 한다. 그리스도의 병사는 적을 죽이는 일에 확실한 태도로 임할 수 있고, 죽는 일에는 더욱 확실한 태도로 임할 수 있다. 그리스도인이 이교도의 죽음을 반기는 것은 그로써 그리스도가 높임을 받으시기 때문이다. 그러나 그리스도인 자신이 죽을 때는 그로써 복표에 이르게 된다.[7] 베르나르들

5) Lea(*Hist. of Inquis.*, I. 44)는 이렇게 말한다. "십자군 병사들은 성직자들의 범주에 분류되어 오직 영적 법에만 귀속됨으로써 천상의 법뿐 아니라 지상의 법에서도 면제되었다."

6) 참조. Origin of the Temporal Privileges of Crusaders, by Edith C. Bramhall, *A m Jour. of Theol.* 1901, pp. 279-292.

7) *De militibus templi*, II., III., Migne, 182, 923 sq.

비롯한 당대의 사람들은 사라센족을 공격하여 팔레스타인을 정복하는 일을 교황이 주장한 대로 과거에 사도들이 그 지역에 복음을 전했던 사실과 로마 제국이 그 지역을 정복했던 사실을 토대로 합법적 행위로 간주했다.

성직자들이 전쟁에 참여해야 하느냐 하는 문제에 관해서, 토마스 아퀴나스는 그 상이 세속적 이득이 아니라 교회나 가난하고 억눌린 자들을 보호하는 데 있다면 당연히 참여할 수 있다고 대답했다.[8]

당대인들이 십자군에 대해서 품고 있던 인식을 볼 수 있게 하는 증언들이 많이 있는데, 거기에다 매튜 패리스의 증언을 덧붙여 소개할 만하다. 그는 1250년으로 끝난 반 세기의 사건들을 정리하면서 이렇게 말한다. "아주 많은 수의 귀족들이 그리스도를 위해 충성스럽게 싸우기 위해서 고향을 떠났다. 이들은 분명히 순교자들이었으며, 생명책에 지울 수 없는 글자로 그 이름들이 새겨져 있다."[9] 여성들은 남편들에게 십자가를 지도록 강권했다.[10] 그리고 남편을 어떻게든 십자군에서 빼내려고 한 여성들은 그로 인해서 액운을 겪었다.[11] 바다를 건너지 않은 왕들은 성묘(聖墓)를 보고자 하는 열정이 있었다. 에드워드 1세는 자기 아들에게 자기 심장을 가져다가 그곳에 묻어달라고 당부하고는 원정 비용으로 2천 파운드를 내놓았다. 로버트 브루스(Robert Bruce)도 이 땅에서 자기 심장의 최후 안식처를 예루살렘으로 삼고 싶어했다.

십자군 원정들은 프랑스에서 시작하여 프랑스에서 마쳤다. 십자군 원정을 시종 이끌어간 요인은 프랑스적인 것이었으며, 이것은 랭스 근처 샤틸롱 출신인 우르바누스 2세와 아미앵의 피에르부터 시작하여 성 루이에 이르기까지 줄곧 그러했다.[12] 십자군에 관한 당대의 기록들은 대부분 프랑스인들이 남겼다. 노장(Nogent)의 기베르(Guibert)를 비롯한 연대기 저자들은 십자군 원정들을 자기 나라 사람들이 이뤄낸 일로 간주한다. 우트레 메(outre-mer, 바다 건너)라는 프랑

<hr />

8) *Summa*, Ⅱ. (2), 188, 3; Migne, Ⅲ., 1366 sq.

9) Luard's ed., Ⅴ. 196.

10) Baldric of Dol, *Hist. Jerus.*, Ⅰ. 8; *Rec.*, Ⅳ. 17.

11) 하이스터바흐의 카이사르(*Dial.*, Ⅹ. 22)는 출산 때 심한 고통을 겪던 여인이 남편의 십자군 원정 참전에 동의하자마자 쉽게 출산을 했다고 말한다.

12) 프랑크인이라는 이름이 동방에서는 유럽인들이라는 뜻으로 통했으며, 지금도 그런 뜻으로 쓰인다. 독일은 12세기에야 비로소 십자군 열기에 사로잡혔다.

스어 표현이 십자군의 목표를 가리키는 데 사용되었다.[13] 이 운동은 헝가리부터 시작하여 스코틀랜드에 이르기까지 유럽 전역으로 확산되었다.

스페인만 예외로 남았다. 스페인은 무어족과 대치해 있었기 때문에 자체적으로 십자군 전쟁을 벌이고 있었던 것이다. 그리고 성지의 사라센족과 스페인의 무어족에 대한 십자군 원정이 제1차 라테란 공의회인 에큐메니컬 공의회에 의해서 동등하게 중시되었다(공의회 법령 제13조). 무어족은 페르난도와 이사벨라에 의해서 그라나다에서 완전히 축출되었으며, 그 뒤에 원기를 되찾은 스페인은 자국에 거주하는 유대인들과 이단들, 멕시코와 페루에 거주하는 이교도 인디언들을 대상으로 새로운 십자군 원정을 감행했다. 이탈리아와 로마는 그 거룩한 대의에 가장 큰 열성을 보였음직한데 실제로는 이렇다 할 열기가 일어나지 않았다.[14]

십자군의 목표는 성지를 정복하고 이슬람교를 물리치는 것이었다. 그리스도를 위한 열정이 십자군의 주된 원동력이었다. 하지만 거기에 야심과 탐욕과 모험심과 현세와 내세의 상을 바라는 기대 같은 저급한 동기들도 붙어 있었다. 안색이 창백한 수사를 통해 십자군의 필요를 자각하고 힐데브란트 계열의 교황에게 격려를 받은 유럽의 기사들은 무장을 갖추고 동방으로 진격했다. 그것은 무슬림(이슬람교도)들이 기독교 순례자들에게 가한 모욕과 만행을 천벌로써 응징하려는 것이요, 인류의 구주의 무덤을 거짓 예언자의 추종자들의 손아귀에서 되찾으려는 것이었다. 하늘의 기적적인 지원이 자주 나타나 그리스도인들을 돕고 사라센인들을 혼동에 빠뜨렸다.[15]

---

13) 이 표현은 라틴어 ultra mare를 번역한 것으로서 동방을 가리키는 용어로 쓰였으며, 필자가 아는 한에는 그레고리우스 7세가 처음 사용했다(*Reg.* II. 37; Migne, 148, 390).

14) 그레고로비우스(IV. 288)는 로마에 십자군에 대한 열기가 일었던 흔적을 찾을 수 없다고 말한다. "만약 우르바누스가 원로원과 로마 주민들을 대상으로 로마의 유적지를 놔두고 예루살렘을 구출하러 나서라고 촉구했다면 그들은 아마도 냉소적인 반응을 보였을 것이다." 십자군 원정들은 순례자들을 사도들의 무덤에서 구주의 무덤으로 분산시킴으로써 로마에 경제적 손실을 끼쳤다.

15) 그런 기적을 한 가지 소개한다. 1177년의 라믈레 전투에서는 베들레헴의 주교가 짊어진 십자가가 확대되는 기적이 발생했다. 기둥이 하늘까지 닿았고 좌우 날개가 지평선 너머까지 뻗었다. 이것을 본 이교도들은 혼비백산하여 도주했다. Hoveden,

십자군들은 산 자들을 죽은 자들 가운데서 찾았다. 보이지 않는 것들을 붙잡아야 하는데 보이는 것들을 붙잡았고, 지상의 예루살렘과 천상의 예루살렘을 혼동했으며, 결국 몽상에서 깨어난 채 고향으로 발길을 돌렸다. 그들은 (혹은 그들을 통해서 후세대들이) 예루살렘에 가본 뒤 그리스도께서 그곳에 계시지 않는다는 것과, 그분이 부활하시고 승천하셔서 영적 왕국의 수장으로 앉아 계신다는 것을 깨달았다. 그들은 1099년에 예루살렘을 정복한 뒤 1187년에 상실했다. 그리스도께서 십자가에 못 박혀 죽으신 그 도성을 1229년에 다시 정복했다가 1244년에 다시 상실했다. 거짓 종교들은 무력으로는 결코 돌이키게 할 수 없고, 더딜지라도 확실한 도덕적 설득 과정으로만 그렇게 할 수 있는 법이다. 미움은 미움을 낳고, 칼을 쓰는 자는 칼로 망하게 마련이다. 성 베르나르는 제2차 십자군 원정이 실패한 사건을 통해서 예루살렘을 정복하기 위해 싸우는 것보다 죄악된 욕정과 싸우는 것이 훨씬 훌륭한 것임을 깨달았다.

십자군을 일으킨 직접적인 원인들은 예루살렘을 찾아가는 순례자들이 봉변을 당하던 현실과, 터키에게 심하게 몰리던 그리스 황제가 도움을 청해온 일이었다. 그 외에도 이탈리아와 갈리아를 침공한 무슬림들을 격퇴하면서 그들에 대해서 생긴 복수심도 무시할 수 없는 원인이었다. 무슬림들은 841년에 성 베드로 성당을 약탈했고, 846년에는 두 번째로 로마를 위협했으며, 요한 8세 때 세 번째로 로마를 위협했다. 노르만족이 사라센족과 전투를 벌여 1063년에 케라메 전투에서 시칠리아의 일부, 1072년에 팔레르모, 1085년에 시라쿠사, 십 년 뒤에는 시칠리아의 나머지 지역을 되찾았다. 성지를 되찾으려는 뜨거운 소원이 기독교 세계를 휩쓸었다.

> "천사백 년 전에 우리를 위해서
> 십자가에 고통스럽게 못 박히신 분의
> 복되신 발이 거니시던
> 거룩한 땅."

— 셰익스피어

II. 133 sq.

일찍부터 예루살렘은 기독교 순례의 목표였다. 전설에 따르면 콘스탄티누스의 어머니 헬레나가 그 땅에 갔을 때 그곳에서 십자가를 발견했고, 주님이 누이셨던 곳으로 추정되는 무덤 터에 교회를 세웠다고 한다. 제롬은 베들레헴에서 생애의 마지막 시기를 보내면서 성경을 번역하고 영원을 준비했다. 이러한 사례들이 끼친 영향은 경건한 황후와 기독교 학자의 지위와 명성에 못지않았다. 니사의 그레고리우스와 아우구스티누스 같은 교부들과 심지어 제롬조차 신자들이 어디에 있든 하나님이 가까이 계시며, 마음이 성령으로 충만하지 못한 사람은 예루살렘에 간다 한들 하나님을 만나지 못한다고 힘주어 말했으나, 이들의 교훈은 경청되지 않았다.

십자군 운동은 꾸준히 증가했다. 유럽인들의 상상에 성지가 그리스도의 신적 임재로 충만한 기적들의 땅이 되었다. 성지를 방문하고, 예루살렘을 직접 눈으로 보고, 요단 강에서 목욕을 하면 당장이라도 거룩함의 후광을 두르게 될 것만 같았다. 성지에서 돌아온 순례자들의 이야기를 사람들은 수도원에서 거리에서 호기심에 사로잡힌 채 넋 놓고서 들었다. 경건한 정신으로 그런 위험한 여행을 감행하는 것이 죄 사함을 얻는 방편이었다.[16] 순례자들을 위해서 특별법이 제정되었다. 성지로 가는 주요 도로와 예루살렘에 순례자들의 편의를 위해 숙박과 보호를 제공하는 자선 시설들이 건립되었다.

그 밖에도 여러 가지 상황들이 십자군 운동을 자극했는데, 이를테면 팔레스타인과 콘스탄티노플에 많이 보존되어 있는 성유물들을 가져올 수 있다는 기대와, 비단과 종이와 향료 등 동방의 산물들을 가져다가 장사하여 한 밑천 잡으려는 생각이 그런 것이었다.

이런 개인 차원의 순례는 637년에 오마르(Omar)의 다스림을 받는 무슬림들이

---

16) 앙주의 백작 풀크(Fulke the Black, 987-1040)는 신성모독과 그 밖의 죄들을 참회하는 뜻에서 예루살렘을 세 번 여행했다. 그는 자신의 젊은 아내를 아름답게 치장한 상태로 기둥에 달아 태워죽였고, 아들을 노새처럼 꾸민 뒤 자기 발 아래 기어다니게 했다. 예루살렘에 갔을 때 그는 목에 고삐를 매단 채 다님으로써 경건을 과시했다. 주님의 묘비를 입으로 깨물었으며, 사도들의 손가락들, 거룩한 불이 밝혀졌던 등잔 같은 값으로 따질 수 없는 신성한 물품들을 유럽으로 가지고 돌아갔다. 오를레앙의 주교 오돌릭은 금 1파운드를 주고 등잔을 구입한 뒤 그것을 오를레앙 교회에 걸어두었으며, 그것으로 인해 수많은 병자들이 병 고침을 받았다.

예루살렘을 정복한 뒤부터 3세기 뒤에 이집트의 술탄들이 시리아와 팔레스타인을 접수할 때까지 큰 방해를 받지 않고 이루어졌다. 1010년에 하킴(Hakim)의 치하에서 팔레스타인에 살던 기독교 주민들과 순례자들에 대해 참혹한 박해가 자행되었다. 하지만 박해는 잠깐이었고 얼마 후에는 예전보다 더 많은 수의 순례자들이 다시금 줄을 이었다. 순례자들이 애용하던 노정은 로마를 들렀다가 배를 타고 가는 것이었는데, 당시에는 바다에 사라센족 해적들이 들끓었기 때문에 위험이 따랐다. 10세기에 헝가리인들이 기독교로 개종하면서 도나우 강을 따라 이어지는 육로가 열렸다. 귀족들과 왕들과 주교들과 수사들이 앞다투어 순례에 나섰으며, 그들 중 더러는 큰 무리를 지어 갔다. 1035년에는 노르망디의 로베르가 많은 무리의 귀족들을 이끌고서 성지를 향했다. 그는 예루살렘의 관문들에서 통행료로 낼 베잔트 금화가 없어서 막연히 기다리고 있던 많은 사람들을 발견하고는 그들을 대신해서 통행료를 내주었다. 1054년에는 캉브레의 주교 루이트베르(Luitbert)가 3천 명의 순례자들을 이끌었다고 전해진다. 1064년에는 마인츠의 대주교 지크프리트(Siegfried)가 위트레흐트·밤베르크·레겐스부르크의 주교들과 1만2천 명의 순례자들을 거느리고 성지를 향했다. 1092년에는 덴마크의 왕이 그 먼 길을 여행했다. 그러던 차에 1076년에 성지를 점령했던 셀주크 터키족이 순례자들에게 돌연히 제재를 가하기 시작했다. 사납고 야만스러운 부족이었던 그들은 더 많은 사람들을 이슬람교로 개종시키려는 의욕에 불타올라 그리스도인들에게 참을 수 없을 정도의 모욕과 해를 가했다. 많은 순례자들이 투옥되거나 노예로 팔려갔다. 간신히 목숨을 건진 채 유럽으로 돌아온 사람들이 전하는 참혹한 이야기가 모든 계층 사람들의 종교심을 자극했다.

십자군의 또 다른 직접적 원인은 그리스 황제들이 보내온 호소였는데, 이것은 앞의 원인에 비하면 비중이 그리 크지 않았다. 동방 제국은 원래 다스리던 아시아 지역에 대해 장악력을 급속히 잃어가고 있었다. 황제 로마누스 디오게네스(Romanus Diogenes)는 1071년에 투르크족과 벌인 전투에서 패하여 포로로 붙잡혔다. 그의 계승자가 다스리던 시기에 아랍의 왕족이 콘스탄티누스 대제가 공의회를 소집했던 도시인 니케아를 자신의 왕도로 삼고서 멀리 마르모라 연안까지 자신의 판도를 넓혔다. 1081년에 권좌에 오른 동방 황제 알렉시우스 콤네누스(Alexius Comnenus)는 이슬람교의 진격을 더 이상 막을 능력이 없었고, 그 결과 1086년에 안디옥과 에데사를 상실했다. 이렇게 해서 아시아의 대적들에게 압박을 당하게 된 데다 자신의 권좌마저 위협을 느낀 그는 서방을 향해 도움을 청했다. 그는 실제로 예루살렘의 폐허 위에 거했다. 그러나 그것은 기독교 신앙의 명예를 위한 행동이었다기보다는 자신의 제국을 방어하는 데 더 비중이 쏠려 있던 정치적 행위였다.

그의 이러한 양면적인 호소가 결국 반향을 불러일으켜서, 유럽인들의 종교적 정서뿐 아니라 기사들의 호전성까지도 자극했다. 그리고 마침내 기독교 세계에 우르바누스 2세라는 중요한 인물이 등장하여 십자군의 당위성을 역설하게 되었을 때 그의 연설은 마른 잎사귀들에 떨어진 불씨처럼 유럽인들의 민감한 종교심에 불을 붙였다.

십자군들은 성지로 갈 때 세 가지 노정을 취했다. 제1차 십자군은 육로로 도나우 강을 따라서 가다가 콘스탄티노플을 지나 소아시아로 갔다. 제2차 십자군은 지중해를 건너 아크레에 상륙했고, 이 노정은 3차 십자군 원정 때 필립과 리처드가 다시 채택했다. 루이 9세가 이끈 마지막 두 차례의 십자군은 지중해를 건너 이집트에 상륙하는 노정을 취했다. 이집트를 예루살렘 공략을 위한 전진기지로 삼으려는 것이었다.

49. 십자군 소집

"운명이 쏟아붓는 다채로운 삶 중에서
로맨스가 십자군의 주위를 둘렀다."

— 워즈워스, 신앙 소네트집(*Ecclesiastical Sonnets*)

예루살렘 수복을 위한 제1차 원정을 가능케 한 소집 명령은 1095년에 열린 클레르몽 공의회에서 교황 우르바누스에게서 나왔다. 민심을 십자군으로 크게 기울게 한 사람은 은수자 피에르였다.

십자군 운동의 발상은 1095년에 갑자기 생긴 것이 아니다. 이미 1074년에 그레고리우스 7세가 콘스탄티노플의 미카엘리스 7세의 호소를 받고서 발행한 두 번의 회칙에서 모든 그리스도인들에게 십자군의 필요를 역설하면서, 비잔틴 제국의 수도를 구출하러 가자고 독려했다. 그는 기독교 세계를 향해서, 이교도들이 콘스탄티노플의 담장까지 진격해 들어와 무수한 형제들을 가축 도살하듯 학살한 사실을 환기시켰다. 다른 한편으로는 부르고뉴와 푸아티에의 백작들과 하인리히 4세에게 서신을 보내 그 과업을 거듭 상기시켰다. 그의 내심에는 동방의 교회들을 로마 교구의 관할권 아래로 끌어들이려는 소원이 있었다. 1074년에 그는 하인리히 4세에게 통보하기를, 5만 명의 기독교 병력이 무기를 들고 그를 따라 동방으로 갈 준비가 되어 있다고 했으나, 그는 황제와 대립하고 있었던 까닭에 자신의 구도를 실행하지 못했다.

그보다 반 세기 전에 세르기우스 4세(1012년 죽음)가 "예루살렘을 더럽히고 성묘 교회를 파괴한" 무슬림들에 대해서 군사 원정을 감행하는 안을 잠시 내비친 적이 있다. 그리고 그 이전에 실베스터 2세(1003년 죽음)가 같은 계획을 역설했다고 볼 만한 근거가 있다.[17]

프랑스 아미앵의 수사라는 사실 빼고는 알려진 바가 없는 은수자 피에르는 예루살렘 순례를 마치고 돌아와서 그곳에서 목격한 두렵고 참담한 상황을 널리 전했다.[18] 그가 예루살렘에서 총대주교 시므온을 만났는데, 시므온은 온갖 학대를 당하고 있는 그곳 그리스도인들을 와서 구출해달라고 그를 통해서 유럽 사회에 호소했다. 피에르는 기도와 금식을 마친 뒤 성묘 교회에서 잠자고 있는 동안에 꿈을 꾸었는데, 그리스도께서 그에게 나타나시어 속히 가서 성소를 정결케 할 수 있도록 호소하라고 당부하셨다.[19] 그는 시므온의 서신을 간직한 채 서둘러 서

---

17) 참조. Jules Lair, *Etudes crit. sur divers textes des X*^e *et XI*^e *siecles. Bulle du pape Sergius IV.*, etc. Paris, 1899. Lair는 Riant, Pflugk-Harttung에 반대하여 1857년에 발견된 세르기우스의 서신을 진본으로 인정할 만한 이유들을 제시한다.

18) 그가 순례한 시기는 알려지지 않지만, 대체로 1092-1094년으로 볼 수 있다. 피에르는 그에 관한 최초의 기록인 「프랑스인들의 업적」(*Gesta Francorum*)을 비롯한 모든 기록들에서 '은수자'라고 불린다. Albert of Aachen가 분명히 표기하듯이 그가 아미앵 출신임을 의심할 만한 뚜렷한 근거가 없다.

19) 두로의 기욤(Bk. I. 12, *Rec.*, I. 35)은 환상들과 주님이 하신 말씀들을 아주 간략하게 소개한다. 그가 우르바누스를 만난 일을 전하는 내용도 매우 간략하며 뜻이 분명하지 않다. 그의 기록에 따르면, 피에르는 "로마 근처에서 주군이신 교황 우르바누스를 만나 예루살렘의 총대주교와 주민들이 보낸 서신들을 전달했으며, 불결한 인종들이 성지를 강점함으로써 그들이 당하고 있는 비참하고 가증스러운 상황을 전했다. 이처럼 현명하고도 충직하게 그는 자신에게 맡겨진 임무를 수행했다."

쪽으로 길을 나섰고, 로마에 도착하여 우르바누스를 접견했다. 이것이 두로의 기욤과 아헨의 알베르가 전한 이야기이다. 제1차 십자군 원정 때에는 꿈과 환상이 큰 힘을 발휘했는데, 많은 순례자들이 폐허로 변한 예루살렘을 바라보면서 피에르가 상상에서든 꿈에서든 주님께 받은 것과 같은 음성을 내면에서 들었다.

우르바누스가 피에르에게서 들은 보고는 다른 순례자들에게서 들었던 이야기와 맥을 같이하는 것이었다. 그는 예루살렘 주민들과 안디옥에서 쫓겨온 그리스도인들이 폐허로 변한 그 도성의 참상을 애도하면서 구걸하던 모습을 두 눈으로 똑똑히 본 경험이 있었다.[20] 피에르는 이탈리아를 지나면서 그리고 알프스를 넘은 뒤에도 같은 메시지를 퍼뜨렸다. 바야흐로 행동으로 나설 때가 다가왔다.

1095년 봄에 개최된 피아첸차 공의회에서 황제 알렉시우스 콤네누스의 사절단이 참석하여 동방을 터키의 공격으로부터 막아달라고 요청하는 연설을 했다.[21] 그해 11월에 프랑스 남부의 클레르몽에서 개최된 저 유명한 공의회가 마침내 제1차 십자군을 파병하기로 결의했다.

공의회에는 다수의 성직자들과 평신도들이 참석했으며, 특히 프랑스에서 많은 대표를 보냈다. 우르바누스 2세도 직접 참석했다. 개회식 날에 대주교 14인, 주교 250인, 대수도원장 4백인이 참석했다. 수천 개의 텐트가 성 밖에 쳐졌다. 아홉째 날에 교황이 야외에 설치된 연단에 올라가 구름떼처럼 몰려든 군중을 향해 연설을 했다. 우르바누스에게는 더할 나위 없이 좋은 기회였던 이 날을 샤를마뉴가 대관식을 치르던 800년 12월 성탄절과 비교하였다. 그의 설교는 여느 교황이나 다른 인간이 전한 것 중에서 가장 감동적이고 효과적인 것이었다. 그것이 청중을 마음속까지 흔들어 놓았고, 온 유럽에 입에서 입으로 전달되었다.[22]

우르바누스에게 클레르몽은 고국의 도시였으므로 아마 그는 프로방스 방언으로 연설을 한 듯한데, 하지만 우리에게는 라틴어 문헌들로만 전해진다. 그 시대

---

20) 클레르몽 공의회에서 우르바누스는 예루살렘의 파괴에 관하여 들어온 "아주 많은 보고들"을 언급했다. Fulcher, *Rec.*, III. 324.

21) 두로의 기욤은 이 사절단에 관하여 언급하지 않는다. 그것은 아마도 그가 알렉시우스를 교활하고 불성실하다고 비판하는 등 그를 낮게 평가했기 때문이었던 듯하다.

22) 그레고로비우스(IV. 287)는 다음과 같이 정당하게 말한다. "세계사에서 우르바누스의 연설이 지니는 중요성은 데모스테네스와 키케로의 연설을 능가한다."

의 전반적인 특성을 회상하고 모험심과 맹신에 사로잡혀 있던 청중을 머릿속에 그려볼 때, 기독교 세계의 수장이 외친 열정적인 호소가 굉장한 반응을 일으킨 사실을 뜻밖의 일로 여길 수가 없다. 우르바누스는 청중을 향해서 외치기를, 하나님에게 선택을 받은 자신들이 그토록 자주 도움을 간절히 호소해온 동방의 형제들을 이제는 반드시 원조해야 한다고 역설했다. 그의 연설은 다음과 같이 이어졌다: 터키인들 곧 '저주받은 인종인 페르시아인들'이 하나님의 나라를 불과 해적질과 칼로 황폐하게 하더니 마침내 성 게오르그의 팔(헬레스폰트)까지 진격해 들어왔다. 예루살렘은 폐허가 되고 말았다. 한때 사도 베드로가 사역하던 도성 안디옥은 그들의 압제 아래 들어갔다. 기사들은 자기 영혼을 사랑하듯이 이제 자기들의 형제들과 친족들을 처참한 지경에 내려앉게 한 야만족들을 대항하여 싸워야 한다. 그리스도께서 친히 바다와 산맥을 넘어 군대를 지휘하실 것이다. '세계의 중심'이자 세상에서 가장 비옥한 땅이요 복락의 낙원인 예루살렘이 그들을 기다리고 있다.[23] "길은 멀지 않고, 고통 끝에는 시들지 않을 면류관이 있을 것이다."[24]

그 자신이 프랑스인이었던 우르바누스는 프랑스인들이 다수를 이루고 있던 청중을 향해서 자기 민족이 무공(武功)과 용기에서 다른 민족들보다 얼마나 영광스러운 길을 걸어왔는가를 상기시켰다. 샤를마뉴와 그의 아들 루이의 이름을 거론하면서, 그들이 이교 왕국들을 얼마나 확실하게 멸망시키고 교회의 영역을 크게 확장했는가를 역설했다.

이 감동적인 호소를 들은 군중은 목소리를 하나로 합하여 "그것이 하나님의 뜻입니다" 하고 화답했다. 그러자 교황은 이렇게 연설을 이어갔다. "과연 그것이 하나님의 뜻입니다. 여러분이 칼을 빼어들 때 그것이 여러분의 함성이 되기를 바랍니다. 여러분은 십자가 군병들입니다. 가슴이나 어깨에 피 묻은 십자가 표지를 착용하십시오. 다시는 취소할 수 없는 서약의 증표로, 하나님의 도움이

---

23) 수사 로버트(I. 2, *Rec.*, III. 729). 여기서 로버트가 사용한 '세계의 중심'(umbilicus terrarum)이라는 표현은 누구나 예루살렘을 가리킬 때 사용하던 것이었다.

24) Baldric, *Rec.*, IV. 15. 그레고리우스 7세(*Rec.*, II. 37, Migne, 148, 390)도 고린도후서 4:17을 인용하면서, 십자군 병사들이 한순간의 수고로 영원한 상을 얻을 것이라고 똑같은 약속을 했다.

결코 여러분을 버리지 않는다는 표지로 그것을 착용하십시오."[25]

　수천 명의 사람들이 즉시 서약을 하고는 바느질로 옷에 십자가를 붙이거나 맨살에 십자가 낙인을 찍었다. 퓌의 주교 아데마르는 우르바누스의 발 앞에 무릎을 꿇고서 전쟁에 나가도록 허락을 구한 끝에 교황특사로 임명받았다. 다음 날 사절들이 나와서 툴루즈의 레몽이 서약을 했다고 발표했다. 1096년 봄이 원정 감행 시점으로 결정되었다. 우르바누스는 직접 군대를 이끌어달라는 제의를 지혜롭게 고사했다.

　클레르몽에서 있었던 일이 유럽 전역에서 무수한 사람들 사이에서 재현되었다. 설교자들이 격정적인 어조로 우르바누스의 메시지를 전달했다. 그 가운데 대표적인 인물이 은수자 피에르였다. 그는 프랑스 남부 지방을 가로질러 스페인과 로렌의 경계선까지 갔고, 라인 강을 따라 가면서 우르바누스의 메시지를 선포했다. 결과를 놓고 평가하자면 피에르는 가장 큰 성과를 거둔 전도자의 한 사람이었다. 그의 외모는 민중의 상상을 자극하기에 딱 알맞았다. 그는 나귀를 타고 다녔고, 얼굴은 여위고 수척했고, 발에 신발을 신지 않았고, 머리에 고깔을 푹 눌러썼고, 발목까지 내려오는 긴 외투를 입었고, 큰 십자가를 짊어지고 다녔다. 키는 작았다. 예리한 기지, 열정적이고 적극적이면서도 거칠고 세련되지 않은 웅변이 그의 설교를 들으러 모인 군중에게 강렬한 인상을 심어주었다. 그가 전하는 말 한 마디 한 마디가 군중에게는 하나님의 음성으로 들렸다. 그가 나귀를 타고 갈 때는 군중이 몰려들어 말꼬리의 털 하나라도 뽑아 성유물로 간직했다. 하지만 그는 이런 일시적인 신비감보다 더 크고 중요한 영향을 끼쳤다. 그의 설교를 듣고서 불화를 겪거나 별거 중인 부부들이 화해하는 일들이 많이 생겼으며, 반복과 다툼이 있는 곳에 평화와 일치가 깃들었다. 설교자에게 많은 예물이 답지했다. 볼크마르와 고트샬크, 에미히 등 십자군을 주창한 설교자들이 많았으나, 은수자 피에르만큼 웅변과 흡인력으로 대중을 사로잡은 사람은 없었다. 그는 고위 성직자들과 대수도원장들보다 더 존경을 받았다. 노장의 기베르

---

　25) 제1차 십자군 원정 때에는 모든 십자가가 붉은 색이었다. 그 후에 초록색과 흰색이 사용되었다. 우르바누스는 직접 십자가를 나누어주었다. Guibert(II. 5, *Rec.*, IV. 140)와 Fulcher(I. 4)는 우르바누스가 십자군 병사들에게 십자가를 배지로 착용하게 했다고 진술한다.

(Guibert of Nogent)는 그만큼 존경을 받은 사람을 자기는 기억할 수 없다고 말한다.

유럽 역사에 새로운 시대가 시작되었다.[26] 새로운 열정이 유럽인들을 사로잡았다. 새로운 정복의 시대가 열렸다. 이 시대는 호전적인 봉건 군주를 위한 무대였고, 기사와 채무자에게는 모험과 탕감이, 농노에게는 속량의 기회가 기다리고 있는 매혹적인 장이었다. 평신도와 성직자를 막론하고 모든 계층 사람들이 자기들의 신앙의 요람을 향한 원정을 앞두고 사죄의 위안과 기독교적 상상의 충족과 하늘이 정해준 사명 수행의 기대에 부풀었다. 국가와 교황청의 대립과 갈등이 잠시 중단되었다. 유럽 전체가 갑자기 하나의 공통된 거룩한 대의(大義) 앞에서 연합되었으며, 이 상태에서 교황이 최고 지도자가 되었음은 두말할 나위가 없다.

50. 제1차 십자군 원정과 예루살렘 함락

"그분이 섰던 곳을 내 발이 밟지 않는다면,
갈릴리의 거센 파도 소리를 내 귀가 듣지 못한다면,
그분이 구푸려 짊어지셨던 십자가를 내 눈이 보지 못한다면,
겟세마네 기도 동산을 내 무릎으로 누르지 못한다면,

하지만, 아버지의 사랑을 받으신 분이시여, 당신의 성령은
이곳의 온유하고 비천하고 통회하는 자들에게 가까이 계시며,
당신의 사랑의 음성은 베다니의 무덤이나 감람산에서와 같이
지금도 동일하게 울려퍼지나이다."

— 휘티어 (Whittier)

---

26) Hegel(*Philosophie der Gesch.*, p. 444)은 십자군 원정들을 "중세의 정점"이라고 부른다. 노장의 기베르 같은 당대인들은 십자군 원정 같은 영광스러운 다른 운동을 생각할 수 없었다. 오르데리쿠스 비탈리스(III. 458)는 이렇게 언어가 다른 여러 민족들이 한 가지 사업에 힘을 합친 것을 대단히 높게 평가한다.

1096년 8월 15일 승천 축일이 다가왔다. 클레르몽 공의회가 십자군 원정 감행일로 정해놓은 날이 서서히 다가오고 있었다. 사람들이 꾹 참고 기다리기에는 분위기가 너무나 들뜨고 달아올랐다. 아직 3월밖에 안 되었는데도 남녀노소를 막론하고 허다한 인파가 로렌과 트리어로 모여들기 시작했다. 그들은 은수자 피에르와 그 밖의 지도자들에게 당장 자신들을 이끌고 예루살렘으로 가 줄 것을 요구했다.[27] 이들은 제대로 준비도 갖추지 않고서 뜨거운 열정과 한가한 모험심만 가지고 무작정 모인 사람들이었다. 사제는 자신의 암자에서 나왔고, 농부는 쟁기를 버리고 아내와 자녀들을 소달구지에 실은 상태로 터키로 향했다. 집결지로 가는 도중에 여러 마을들을 만날 때마다 달구지에 앉은 아이들이 "여기가 예루살렘인가요?" 하고 흥분한 채 소리쳤다. 맘즈베리의 윌리엄은 이렇게 썼다 (IV. 2). "웨일스인은 사냥을, 스코틀랜드인은 친교(교제)를, 덴마크인은 주연을, 노르웨이인은 생선회를 포기했다. 밭은 하인들에게 맡겼다. 이리하여 온 도시들이 이주에 나섰다. 그들의 눈에는 오직 하나님만 보였다."

거대한 무리가 열정만 앞섰을 뿐 역량은 갖추지 못한 지도자들 수하에 느슨하게 결집했다. 1만2천 내지 2만 명으로 추산되는 첫 번째 무리가 '무일푼자' 발터(Walter the Penniless)의 지휘하에 헝가리까지는 순탄하게 진군했으나, 베오그라드에서 폭풍을 만나 산산이 흩어졌거나 불가리아 숲에서 괴멸을 당했다. 지도자와 패잔병들만 간신히 콘스탄티노플에 당도했다.

4만이 넘게 결집한 두 번째 무리는 은수자 피에르가 직접 지휘했다. 기사들도 적지 않게 가담했고, 성직자들 가운데는 잘츠부르크의 대주교와 쿠르와 스트라스부르의 주교들이 참여했다. 이들은 헝가리를 통과할 때 헝가리 왕의 보호를 받았다. 하지만 이들은 불가리아 접경에 이르렀을 때 선발대가 당했던 것과 마찬가지로 유혈과 방화, 강도와 학살을 당했다. 불과 7천 명만 비참한 몰골로 겨우 살아남아 1096년 7월에 콘스탄티노플에 도착했다. 하지만 이늘은 그곳에서 황제 알렉시우스에게 융숭한 대접을 받았다. 황제는 그들을 보스포루스 해협을 건너 아시아 땅에 이주시킨 다음 그곳에서 정규군이 도착하기를 기다리도록 했

---

27) 이 초기 원정에 관해서 우리는 주로 Albert of Aachen의 기록에 의존한다. Guibert는 원정대들을 구분하지 않으며, 피에르가 콘스탄티노플에 도착하기 전에 이루어진 원정들에 관해서는 대충 언급하고 지나간다.

다. 그러나 그들은 한 곳에 정착하지 못하고 부유한 지역들을 떠돌아다니면서 약탈을 일삼았다. 마침내 이 유랑자들이 소아시아 터키의 수도 니케아를 함락했다는 헛소문이 나돌면서 대다수 무리를 니케아 평야로 끌어들였으며, 이곳에서 그들은 터키 기병대에 의해 포위된 채 학살당했다. 이들의 뼈가 참혹한 피라미드를 이루었는데, 이것이 십자군 최초의 기념비가 되었다. 발터는 전사했고, 은수자 피에르는 병력을 더 이상 통제할 수 없게 되자 전투가 시작되기 전에 콘스탄티노플로 도피했다. 니케아의 패배로 피에르는 명예에 큰 손상을 입었다.

세 번째 무리는 1만 5천 명이 참여했다. 주로 독일인들로서 고트샬크의 지휘를 받은 이들은 헝가리인들에게 학살을 당했다.

라이닝겐의 백작 에미히가 이끈 또 다른 무리가 1096년 5월에 마인츠와 라인 강변의 도시들을 따라 가면서 유대인들을 대상으로 살육과 약탈을 자행함으로써 원정을 시작했다. 그때의 장면을 글로 남긴 아헨의 알베르는 이 무법한 행위에 동조하지 않았다. 오히려 헝가리에서 이들이 완전히 궤멸되는 것에서 하나님의 심판을 바라보았다. 이 무리는 아마도 성령을 지닌 영물들로 간주되던 거위와 염소 모양의 깃발들을 앞세운 2십만이라는 엄청난 규모로 이루어진 본대의 한 부분이었던 것 같다.[28] 몇몇 귀족들이 이끄는 3천 명의 기병들이 그들을 수행하면서 유대인들을 약탈하여 얻은 노략물을 나누어 가졌다. 이들은 헝가리 접경에 이르렀을 때 잘 훈련된 정규군과 대치해야 했다. 공포감이 그들을 사로잡았고, 곧이어 두려운 학살이 자행되었다.

이상의 예비적인 제1차 십자군 원정들로 약 3십만의 인명이 희생된 것으로 추정된다.

정규군은 아무리 낮춰 잡아도 3십만 명이 넘는 병력으로 구성되었다. 이 부대는 유럽을 가로지른 뒤 콘스탄티노플과 니케아에 면해 있는 지역들로 진입했다. 로렌 저지대에서 출발한 고드프루아(Godfrey)는 3만의 보병과 1만의 기병을 지

---

28) 안나 콤네나는 십자군 병력이 마치 강의 지류들처럼 사방에서 합류했다고 말한다. 피에르의 병력수에 관해서, 보병 8만에 기병 십만이었다고 전한다. 퓔셰(Fulcher)는 서방에서 출발한 병력에 관해서 이렇게 말한다. "그것은 굉장한 무리였다. 바다의 섬들과 온 땅이 하나님의 지시에 감동되어 그들을 도왔다. 슬픔은 남은 자들의 몫이었고, 기쁨은 나선 자들의 몫이었다."

휘했다. 도나우 강을 따라서 이동한 그는 소피아와 필리포폴리스를 경유했다. 베르망두아의 위그(Hugh)는 로마를 들러 황금 깃발을 받은 뒤 배를 타고 바리에서 두라조로 갔으며, 1096년 11월에 콘스탄티노플 성벽 밑에서 고드프루아와 합류했다. 보에몽(Bohemund)은 10만의 기병과 3만의 보병이라는 대병력을 이끌고 위그와 같은 경로를 취하여 바리에서 아드리아 해를 건넜다. 툴루즈의 레몽은 백작부인 엘비라와 교황특사인 주교 아데마르를 데리고 이탈리아 북부를 관통한 뒤 동쪽으로 이동했다. 주력 부대 가운데 마지막으로 출발한 부대는 노르망디 공작 로베르와 블루아의 스테판이 이끈 병력으로서, 이들은 알프스를 건너 루카에서 교황의 축복을 받은 뒤 로마를 지나 바리와 브린디시에서 아드리아 해를 건넜다.

부용의 고드프루아는 자신의 형제들인 볼드윈(Baldwin)과 유스타케(Eustace)를 데리고 갔다. 베르망두아의 백작 위그는 프랑스 왕 필립 1세의 형제였다. 노르망디의 로베르는 정복자 윌리엄의 장남이었는데, 자기 형제 윌리엄 루푸스에게 은 1만 마르크에 노르망디를 넘겨주기로 약조함으로서 원정 비용을 조달했다. 툴루즈의 백작 레몽은 전투 경험이 풍부한 전사로서, 기병과 보병을 합쳐서 십만 병력을 이끌었으며, 재산과 지혜와 긍지와 탐욕으로 복잡한 명성을 얻었다. 타렌툼의 공작 보에몽은 로베르 기스카르의 아들이었다. 그의 삼촌 탕크레드(Tancred)는 전형적인 기사였다. 플랑드르의 백작 로베르는 '그리스도인들의 칼과 창'이라는 별명을 얻었다. 샤르트르와 트루아, 블루아의 백작 스테펭은 365채의 성을 보유한 사람이었다. 이상의 인물들과 그 밖의 귀족들은 프랑스와 노르만, 그리고 이탈리아 귀족들의 핵심 분자들이었다.

제1차 십자군 원정의 도덕적 영웅은 부용의 고드프루아였다. 그는 모계로 샤를마뉴의 후손이었으나 독자적인 부대를 거느리고 있지 못했다. 그는 황제 하인리히 4세에게 반기를 든 슈바벤의 루돌프에 맞서서 황제를 위해 싸운 결과 1080년에 뫼슬렌 전투에서 그를 베었다. 그는 힘이 장사였다. 칼을 한 번 휘둘러서 기병을 머리에서 안장까지 두 동강을 냈다. 용감했을 뿐 아니라 경건했으며, 예루살렘을 불신자들의 손에서 구출하려는 일념으로 십자가를 짊어졌다. 그는 자신의 힘과 군사적 재능과 가문의 빛나는 이름을 그 목표를 위해 사용했다. 당대의 사가들은 그를 무구(武具)와 공작의 복장을 갖춘 거룩한 수사라고 부른다. 그가 순결하고 사심 없는 인물이라는 것은 그의 경쟁자들조차 인정했다.

고드프루아의 절친한 친구 탕크레드도 순수한 동기에서 십자군에 참여했다. 그는 제1차 십자군의 시적(詩的)인 영웅으로서, 초서(Chaucer)의 '완벽하고 점잖은 기사'(the parfite gentil knyght)의 표준에 거의 근접했다. 그는 니케아와 도릴라이움, 안디옥에서 두각을 나타냈으며, 십자군이 예루살렘 성을 공격할 때 앞장서서 성벽을 기어올라갔다. 그는 1112년에 안디옥에서 죽었다. 그의 무공(武功)은 라울 드 캉(Raoul de Caen)과 토르카토 타소(Torquato Tasso)가 글로써 예찬했다.[29]

서유럽의 지원을 간절하게 요청하던 황제 알렉시우스는 자기 도시로 대규모 병력이 몰려드는 상황에 크게 당황했다. 그들 때문에 식량이 고갈되고 사회 질서가 문란하게 될 위기에 처했다. 그는 십자군이 맺어놓는 열매만 따먹으려 한 것이었는데, 그 병력에 함몰될지도 모르는 상황에 부닥치자 놀란 것이다. 그의 교활한 정책과 잔뜩 경계하는 태도가 서방의 지휘관들에게 모멸감을 안겨주었다. 그들은 공정한 대우를 원했는데 이중적인 잣대로 취급을 당했던 것이다. 그는 베르망두아의 위그에게 충성 서약을 요구했다가 그것을 받지 못하자 서약을 할 때까지 가벼운 연금에 처했다. 심지어 고드프루아와 탕크레드조차 동일한 서약을 했다. 고드프루아는 황제가 선물을 줄 때 그 안에 독이 들어있을까봐 두려워 받지 않았다.

십자군은 성공을 거두었다. 1097년 6월에 니케아를 함락했고, 몇 주 뒤에 프리기아의 도릴라이움에서는 터키 군대를 격퇴했다. 그러나 일년이 다 지나가게 되었는데도 안디옥을 점령하지 못했으며, 다시 한 해가 지나가게 되었는데도 예루살렘을 함락하지 못하고 있었다. 이렇게 원정이 신속하게 큰 성공을 거두지 못하게 된 이유는 지도자들이 서로 화합하지 못하고 시기와 대립에 빠져들었기 때문인데, 이러한 상황은 안디옥에서 벌어진 불미스러운 투쟁들에서 극에 달하였다. 그로 인하여 십자군 병사들이 겪은 고통과 궁핍은 이루 말할 수 없었다. 십자군 병사들은 말과 낙타와 개를 먹어야 했고, 심하면 쥐까지 먹어야 했다.[30]

---

29) Gibbon: "탕크레드의 완숙한 인격에서 완벽한 기사의 모든 덕목들과 완벽한 기사도 정신을 발견하게 된다. 그것이 당대의 저급했던 철학이나 더 저급했던 종교보다 훨씬 더 우수한 정서와 사회적 책임감을 불어넣었다."

30) Fulcher, I. 13, Rec., III. 336.

목마름의 고통이 굶주림의 고통보다 더 심했다. 이렇게 한심한 상황을 더 견디기 힘들게 만든 것은 니케아가 함락되었을 때 그리스 황제가 드러낸 명백한 배반의 태도였다.[31]

1084년에 셀주크 터키에게 넘어간 안디옥을 포위 공격하는 동안 기근과 전염병과 탈주로 병력이 크게 감소했다. 탈주자들 가운데는 샤르트르의 스테펭과 그의 추종자들이 포함되어 있었다. 은수자 피에르와 카르펜타리우스의 윌리엄은 끝까지 싸워보려고 하던 무리에 들어 있었으나, 도중에 도망치려고 하다가 보에몽에게 신랄한 질책을 당했다.[32] 십자군은 아르메니아인 피루츠(Phirouz)의 반역에 안디옥을 처음으로 재탈환했으나, 그 즉시로 모술의 케르보가(Kerboga)가 이끄는 2십만 병력에게 포위를 당했다. 절망과 공포에 휩싸인 그 상황에서 십자군의 사기를 다시 충천하게 만든 사건이 발생했는데, 그것은 구주의 허리를 찔렀던 거룩한 창을 기적으로 발견한 사건이었다. 이 유명한 도구가 성 베드로 교회 제단 밑에 감춰져 있었다. 창이 감춰진 장소는 툴루즈의 레몽을 보좌하던 전속 사제 피에르 바르텔레미가 꿈에서 보고 알아내게 되었다.[33] 그 신성한 무기를 십자군 원정사를 기록한 사가들 가운데 한 사람인 아질레의 레몽이 적과 대치하고 있던 부대 앞으로 가져갔고, 그것이 십자군의 사기를 충천하게 만들었다. 케르보가는 퇴각했고, 안디옥은 1098년 6월 28일에 다시 십자군의 수중에 들어가게 되었다.[34] 보에몽은 그것을 자신의 전공에 대한 상으로 가졌다. 볼드윈은 니케아

31) Raymund of Agiles는 알렉시우스가 평생 사람들에게 저주를 받고 배반자로 낙인찍힐 정도로 십자군 부대를 철저히 교활하게 다루었다고 말한다.

32) 당대의 권위자들은 카르펜타리우스의 윌리엄이 질책을 받았다고 전한다. Hagenmeyer가 암시하듯이 피에르도 함께 질책을 받았으나 카르펜타리우스의 이름만 언급된 것은 그가 왕족이었기 때문이었다.

33) 창을 파내는 데 일조한 사람들 가운데는 Raymund of Agiles이 포함되어 있었다. 그 진정성을 놓고 쟁론이 벌어졌다. 그 이야기에 의문을 제기한 사람들 가운데는 아데마르가 포함되어 있었다. 바르텔레미는 자기 주장의 진실성을 입증하기 위해서 불의 시죄법을 받았으나 시죄 도중에 받은 상해로 인하여 목숨을 잃었다.

34) 수사 로베르에 따르면(IV., *Rec.*, III. 824), 최후 공격을 감행하기 전날 밤에 서쪽 하늘이 붉게 타오르는 징조가 있었다고 한다. 십자군 시대와 관련된 흥미로운 유물들 가운데는 샤르트르의 백작 Stephen이 아내 아델레에게 쓴 두 통의 편지가 있는데, 한 통은 니케아 앞에서, 다른 한 통은 안디옥을 공격하는 동안 쓴 것이다. 이 편지

가 함락된 뒤에 에데사도 공략하여 함락했고, 그 도시가 십자군의 동쪽 끝 요새가 되었다. 십자군의 다른 지도자들도 이들의 선례를 따라서 독자적으로 정복을 해나갔다. 안디옥에서 전사한 사람들 가운데는 아데마르가 있었다.

제1차 십자군 원정의 절정은 1099년 7월 15일에 예루살렘을 함락한 사건이었다. 안디옥을 함락한 뒤 다음 봄이 되어서야 지도자들은 대립과 반목을 그쳤고, 주력 부대가 다시 이동을 시작할 수 있었다. 이들은 해안을 따라 가이사랴로 간 다음 거기서 남동쪽으로 방향을 돌려 라믈레로 갔다. 예루살렘에는 6월 초에 도착했다. 예루살렘에 도착했을 때는 병력이 2만 명으로 줄어있었다.[35] 카울바흐 (Kaulbach)는 베를린 미술관에 소장된 인류 역사의 여섯 가지 주요 시대를 다룬 프레스코화들의 한 점에서 십자군이 예루살렘 서쪽 산에서 그 도시를 처음으로 바라보는 장면을 매우 감동적으로 묘사했다. 종교적 상상력이 있는 사람들에게는 이것이 중세사에서 가장 엄숙한 순간이었을 뿐 아니라, 역사상 가장 생생하고 감동적인 장면 가운데 하나였다. 산 위에서 예루살렘을 바라본 십자군 병사들이 무릎을 꿇고 그 신성한 땅에 입을 맞추었다고 전하는 후대의 이야기들은 그 안에 진실의 요소를 충분히 담고 있다. 그들은 갑옷과 신발을 벗고 무기를 내려놓은 뒤 하염없이 눈물을 흘리면서 참회의 기도와 찬송을 올렸고, 그런 태도로 거룩한 경내로 접근했다.[36]

십자군은 다섯째 날에 필사적인 공격을 감행했으나 성공을 거두지 못했다. 적군은 펄펄 끓는 물과 기름을 퍼붓고 돌과 그 밖의 물건들을 던짐으로써 십자군을 궁지에 빠뜨렸다. 단번에 성을 함락할 수 없음을 깨달은 십자군은 그런 경우에 맞는 정상적인 방법을 취하기 시작했다. 사닥다리들과 공격용 탑들, 그 밖의 공격 장치들을 건조했다. 하지만 주위에 나무가 없어서 멀리 세겜에서 벌목해 가지고 와야 했다. 예루살렘 주위에도 원래 나무들이 없었던 것은 아니나 12세

들은 Hagenmeyer, *Eistulae*, pp. 138, 149에 실려 있다.

35) 그 숫자는 자료에 따라 조금씩 다르다. 두로의 기욤은 그 수를 2만1천 명이라고 기록하고, 예루살렘을 방어하던 병력수를 4만 명이라고 기록한다.

36) Raymund of Agiles는 십자군 병사들이 여행의 마지막 단계에서는 맨발로 걸으라고 한 Peter Barthelemy의 당부를 잊어버렸다고 전한다. "그들은 자신들이 지쳤다는 사실을 까맣게 잊고서 눈물과 찬송으로 뒤범벅이 된 채 성벽을 향해 서둘러 올라갔다."

기 전에 티투스가 모조리 베어낸 뒤에 다시 심은 일이 없었던 것이다. 결국 툴루즈의 레몽, 고드프루아, 탕크레드, 노르망디의 로베르 등의 지도자들이 이끄는 부대들이 예루살렘 성을 3면에서 포위했다. 한여름의 작열하는 태양과 물 부족으로 인한 고통이 형언할 수 없이 극심했다. 골짜기와 언덕들이 죽어 넘어져 있는 말들로 덮였으며, 그 시체들이 썩는 악취가 고통을 배나 가중시켰다. 십자군 병사들은 혹시나 여리고 성이 여호수아 앞에서 무너졌던 것과 같은 기적이 발생할까 헛된 기대를 품고서, 사제들을 앞세운 채 맨발로 행렬을 지어 성을 돌았다.[37] 하지만 마침내 욥바 항구에 상륙한 제노바 함대를 통해서 지원 병력과 무기와 식량을 얻게 되었다.

그리스도께서 십자가에 달리신 금요일이 최종 공격일로 정해졌다. 금십자가를 설치한 거대한 탑이 성벽에 맞붙게 세워졌고, 탑에서 성으로 진입할 수 있는 다리가 내려졌다. 후대에 전해진 이야기에 따르면, 그 결정적인 순간에 감람산에 찬란히 빛나는 병사 한 사람이 나타났는데, 고드프루아는 성을 공격하던 병사들을 향해서 "저 분은 순교자 성 게오르그님이시다. 그가 우리를 도우러 오셨다" 하고 외쳤다고 한다. 이때의 사건을 다룬 대다수 기록들에 따르면 투르네의 레톨드(Retold)가 성벽으로 기어올라간 첫 병사였다고 한다.[38] 이 빛나는 승리의 순간이 구주께서 돌아가신 시각인 오후 3시였다는 점을 다들 인지했다.

그 뒤에 이어진 대 살육의 장면들은 예루살렘 역사의 많은 어두운 페이지들에 속하며, 그리스도인의 성품인 자비에 비추어 볼 때 십자군 기사들이 온전한 그리스도인의 이상에 얼마나 현저히 못 미쳤는가를 여실히 드러냈다. 거리들마다 시체들이 즐비하게 누워 있었다. 유대인들은 그들의 회당에 가둬놓은 채 태워 죽였다. 가장 큰 학살은 성전 경내에서 자행되었다. 그 광경을 전하는 기록에 따르면 좀처럼 믿기지 않을 정도로 과장되게, 하지만 일말의 후회나 변명이나 가책도 없이, 성전 지역에서 학살당한 사람들의 피가 사람들의 무릎까지, 말의 고삐까지 차올랐다고 한다.[39] "이교도들을 그렇게 학살한 예는 듣도 보도 못한 것

---

37) 이 순간에 은수자 피에르와 훗날 예루살렘 대주교가 된 아르눌프가 십자군 지도자들, 특히 탕크레드와 레몽을 연합시키기 위해서 감람산에서 설교를 했다.

38) Guibert, VII. 7, *Rec.*, IV. 226; Robert the Monk, VII., *Rec.*, III. 867.

39) 그 상황을 목격한 Raymund of Agiles가 그렇게 전한다. XX., *Rec.*, III. 300. 그는 이것을 "하나님의 의로운 심판"이라고 부른다.

이었다. 얼마나 많은 사람들이 죽었는가 하는 것은 오직 하나님만 아신다."[40]

칼로 그렇게 많은 피를 흘린 다음에 너무나도 쉽게 참회 기도가 뒤따랐다. 흰 린넨 옷으로 갈아입은 십자군 병사들은 고드프루아를 따라서 성묘 교회로 행진해 들어간 뒤 기도와 감사를 드렸다. 두로의 기욤은 중도에 전사한 아데마르와 그 밖의 사람들이 나타나 거룩한 장소들로 안내했다고 전한다. 기도가 끝나자 학살이 다시 시작되었다. 여인들의 눈물도, 어린이들의 부르짖음도, 기사의 명예를 걸고 자신이 구해주겠다고 약속한 3백 명을 구해내려고 노력한 탕크레드의 격렬한 항의도 정복자들의 만행을 조금도 누그러뜨리지 못했다.

마치 피도 눈물도 없는 만행의 현장을 더욱 부각시키려는 듯이, 사라센족 포로들을 거리로 끌어내 시체들과 피를 치우게 하여 전염병이 도는 것을 예방했다. "그들은 통분히 울면서 시체들을 예루살렘 밖으로 옮겼다"고 수사 로베르는 비정하게 진술한다.[41]

그러한 것이 십자군의 경건이었다. 중세의 신앙은 자기 부인의 금욕주의에다 불신자들과 유대인들, 이단들에 대한 무자비한 태도가 혼합된 것이었다. 두로의 기욤은 이렇게 말했다. "그들은 예루살렘에서 사람들을 닥치는 대로 찔러 죽이되 한 사람도 남기지 않았다. 정복자들은 머리에서 발끝까지 피로 범벅이 되었다." 그 대주교는 이어서 십자군 병사들의 신앙에 관해 말하면서 다음과 같이 덧붙인다. "군중이 충일한 신앙 열기에 사로잡혀 거룩한 곳들을 밟는 모습은 마음을 거룩한 기쁨으로 가득 채우는 감동적인 광경이었다." 마침내 구주의 무덤에 도달한 십자군들의 눈은 일제히 그곳에 놓인 구주의 십자가 조각에 쏠렸다. 그 나무 조각은 성이 공격받고 있는 동안 몇몇 기독교 주민들이 용케도 숨겨두었던 것이었다.

은수자 피에르는 유럽으로 돌아가기 전에 예루살렘의 기독교 주민들에게 극진한 존경의 표시를 받았다. 그들은 피에르의 방문을 자신들을 위한 순례와 봉사로 기억했다. 이것이 피에르가 십자군과 관련된 마지막 장면이었다.[42] 그는 유

---

40) 전사자 수가 4만 명에서 십만 명에 이르기까지 다양하게 추산된다. Guibert(*Gesta*, VII. 7, *Rec.*, IV. 227)는 성전 일대가 보행자들을 함몰시킬 만큼 피바다를 이루었다고 말한다.

41) IX., *Rec.*, III. 869. 로베르는 절단된 신체들과 피로 뒤얽힌 끔찍한 거리들의 모습을 묘사한다.

럽으로 돌아가서 리에주 교구에 소재한 휘에 수도원을 설립했고, 1115년에 세상을 떠났다. 그는 수사복을 입고 허리에 묵주를 차고 오른손에 십자가를 든 채 제1차 십자군 봉기를 설교하는 모습으로 묘사된다.

우르바누스 2세는 예루살렘이 탈환된 뒤 두 주 후에 아직 그 소식을 듣지 못한 채로 숨을 거두었다.

제1차 십자군은 더할 나위 없이 적절한 시기에 원정을 감행했다. 11세기에 절정에 올랐던 셀주크 터키의 세력이 1092년에 몰릭 샤(Molik Shah)가 죽으면서 경쟁 왕조들과 파벌들로 분열되었다. 십자군은 무슬림의 새로운 정복과 통일의 시대가 개시되기 전에 틈새를 파고든 셈이다.

특주

은수자 피에르와 제1차 십자군의 관계

이 책이 소개한 은수자 피에르의 모습은 오늘날 십자군 주제를 다루는 대다수 저자들의 견해와 일치하지 않는다. 피에르가 순례자로서 예루살렘을 방문했고, 총대주교 시므온과 더불어 예루살렘의 황폐화에 관해 대화를 나누었고, 성묘 교회에서 꿈을 꾸었고, 시므온이 건네준 서신들을 받아 가지고 돌아와 교황에게 전달했고, 그 뒤 이탈리아 전역과 알프스 이북 지역을 두루 다니며 설교했고, 아마도 클레르몽 공의회에 참석했으나 그 회의에서 중요한 역할을 수행하지 못했다는 내용은 제1차 십자군 원정을 사료로 남긴 아헨의 알베르와 두로의 기욤의 기록을 토대로 한 것이다.

새로운 견해는 이런 일들이 모두 허구라는 것이다. 이 견해는 폰 시벨(von Sybel)이 1841년에 쓴 제1차 십자군에 관한 저서에서 처음 제기했다. 십자군 원정들을 다루는 데 새로운 획을 그은 시벨의 저서는 랑케(Ranke)가 1837년에 행한 강의들에서 암시를 받았다.[43] 그는 초기 기록들을 면밀히 비교 검토한 뒤에 피에르

---

42) 두로의 기욤이 이 장면의 목격담을 전하는 최초의 증인이다. 온갖 수식어들을 솎아내더라도 그것이 부자연스럽게 여겨지지 않는다.

43) Sybel, *Gesch. des ersten Kreuzzugs*, p. ii.

가 제1차 십자군의 직접적인 선동자였다는 주장은 신빙성이 없고, 십자군 원정을 가능케 한 공로는 오직 우르바누스 2세에게만 돌아가야 한다고 주장했다. 피에르는 예루살렘을 순례하지 않았고, 다만 우르바누스를 만났거나 혹은 클레르몽 공의회가 소집되기 전에 그 거룩한 성이 겪고 있는 참상에 관해서 설교했다는 것이 그의 견해이다.

하겐마이어(Hagenmeyer)는 은수자 피에르를 다룬 세심하고 학구적인 저서와 제1차 십자군을 다룬 그 밖의 저서들에서 이러한 견해를 약간 보완하여서 내놓았다. 미국에서도 유력한 학자들이 같은 견해를 제시했다. 올리버 태처(Oliver J. Thatcher) 교수는 「제1차 십자군에 관한 라틴어 자료들」(*Latin Sources of the First Crusade*)이라는 논문에서 이렇게 말한다. "은수자 피에르에 관한 이야기, 즉 그가 예루살렘을 순례했고, 그곳에서 환상들을 보았고, 로마로 여행하여 교황을 만났고, 우르바누스에게 호소하여 십자군을 주창하도록 했고, 십자군의 위대한 설교자들과 지도자들의 한 사람으로서 높은 지위를 차지했다는 이야기는 최소한의 사실적 토대도 발견할 수 없다." 대너 먼로(Dana C. Munro) 박사는 최근에 피에르가 제1차 십자군 주창자였다는 신념이 이미 오래 전에 폐기되었다고 주장했다.[44]

그렇다면 이 책이 왜 기존의 견해를 그대로 견지하게 되었는지 그 이유를 간략히 설명하는 것이 온당할 것이다. 필자의 견해는 아처(Archer)가 「십자군 이야기」(*Story of the Crusades*) 27쪽에 제시한, 아헨의 알베르가 남긴 기록이 '큰 골격에서는 틀림없는 사실'이라는 평가와 일치한다.

아헨의 알베르는 1120-1125년에, 그러니까 십자군 원정에 참여하여 1099년의 예루살렘 공격에 직접 가담했던 많은 사람들이 여전히 살아 있던 시기에 예루살렘의 역사를 썼다. 두로의 대주교 기욤은 아마도 1130년경에 예루살렘에서 태어난 듯하다. 그는 학문이 깊은 사람으로서 히브리어 · 헬라어 · 라틴어 · 아랍어에 능통했고, 인용문들에 잘 나타나듯이 성경에 해박했으며, 유럽을 여행한 경험이 있었다. 그는 중세 역사가들 가운데 가장 유능한 인물의 한 사람이었으며, 그의 저서는 예루살렘의 라틴 왕국사에 기념비적인 위치를 차지한다. 그는 살면서 직접 경험한 바에 의해서 팔레스타인 지방을 속속들이 알았다. 따라서 기욤의 역사 기록이 "자기 마음에 드는 것을 쓰지 않고 시대가 내놓는 자료를 기록하는 역사가의 본무"를 충실히 반영했다고 말해도 부당하지 않다(bk. XXIII). 제16권부터 23권까

---

44) The Speech of Urban II. etc., in *A m. Hist, Rev.*, 1906, p. 232.

지 그는 자신이 직접 관찰한 내용을 기록한다. 기욤은 십자군에 관한 초창기 저자들의 맹신에 젖은 열정과 일부 현대 사가들의 냉랭한 회의주의 사이에 서 있다.

새로운 견해는 위의 두 증인들을 배제한 채 철저히 당대의 기록들을 토대로 결론을 내린다. 당대의 기록들에는 피에르가 클레르몽 공의회에 앞서 제1차 십자군으로 이어진 운동에 조금이라도 역할을 수행했다는 내용이 없다. 당대의 기록들은 다음과 같다. (1) 「프랑스인들의 업적」(Gesta Francorum). 십자군을 따라 예루살렘까지 간 무명의 저자가 1099년경에 쓴 것으로서, 원본 혹은 사본을 예루살렘에 남겨놓았다. (2) 예루살렘에 거하던 수사 로베르가 「프랑스인들의 업적」 사본을 보고서 그것을 필사(筆寫)했다. (3) 십자군을 따라 예루살렘까지 갔던 아질레의 참사회원 레몽의 기록. (4) 샤르트르의 퓔셰(Fulcher). 그는 클레르몽 공의회에 참석했고, 역사를 1125년까지 이어서 쓴 사가로서, 십자군을 따라 예루살렘에 갔으며, 거룩한 창을 발견하는 데 크게 이바지했다. (5) 사제 투데보두스(Tudebodus). 그는 1111년 이전에 「프랑스인들의 업적」을 필사했고, 중요한 내용은 조금도 덧붙이지 않았다. (6) 우라크의 에케하르트(Ekkehard). 그는 1101년에 예루살렘을 순례했다. (7) 카엔의 라둘프(Radulph). 1107년에 탕크레드와 합류했고, 그에게 들은 내용을 글로 남겼다. (8) 노장의 기베르(Guibert). 클레르몽 공의회에 참석했고, 1110년경에 글을 썼다. (9) 돌의 발드릭(Baldric). 클레르몽 공의회에 참석했고, 예루살렘에서 「프랑스인들의 업적」을 필사했다.

또 다른 당대 사가인 안나 콤네나(Anna Comnena, 1083 죽음)는 위의 저자들과 달리 피에르가 클레르몽 공의회 이전에 활동했다고 보고하며, 그가 예루살렘으로 순례를 떠났으나 터키인들의 허락을 받지 못해 예루살렘에 들어가지 못했다고 한다. 피에르는 서둘러 유럽으로 돌아갔고, 예루살렘을 다시 방문할 길을 마련하기 위해서 그 도시가 처해 있는 참상에 관해서 설교했다고 그 여류 사가는 전한다. 하겐마이어는 안나의 증언을 무시할 수 없었던 까닭에, 피에르가 실제로 예루살렘을 향해 순례에 나섰으나 그 도시에 도착하지는 못했다는 설충적인 견해를 제시한다.

아홉 명의 당대 저자들이 함구한다는 것은 틀림없이 매우 주목할 만한 점이다. 그들은 사실들을 알 수 있는 방편이 있었다. 그렇다면 왜 우리가 아헨의 알베르와 두로의 기욤 같은 후대 저자들의 진술을 받아들이는 것인가? 몇 가지 이유가 있다.

1. 당대 저자들의 함구는 사건들을 뒤엎을 만한 최종적인 근거가 되지 못한다.

고대 교회의 대표적인 사가 에우세비우스는 카타콤을 철저히 무시한다. 필립 샤프 박사는 십자군 원정들에 관해 언급하면서 침묵이 "최종적인 답이 아니다"라고 말했다(*Reformed Ch. Rev.*, 1893, p. 449). 초기의 기록들에는 피에르가 클레르몽 공의회 이전에 활동했다는 견해를 뒤엎을 만한 내용이 실려 있지 않다. 저자들마다 제1차 십자군에 관한 중요한 사실들을 이런저런 방식으로 빠뜨리지만, 그렇다고 해서 그것이 그 사건들을 허구로 일축하기에 충분한 이유가 되지는 않는 것이다. 「프랑스인들의 업적」에는 우르바누스가 클레르몽 공의회에서 행한 연설 내용이나 연설 사실 자체에 관한 언급이 없다. 기베르와 퓔셰는 우르바누스의 연설 내용을 전하면서 콘스탄티노플 측에서 보내온 호소를 기록하지 않는다. 「프랑스인들의 업적」이 무슨 이유로 피에르가 콘스탄티노플로 갈 때 독일에서 떨어져나간 일을 아주 가볍게 언급하고 지나가는 것일까? 이 저자의 선례를 발드릭(Baldric), 튜데보드(Tudebode), 퓔셰, 그리고 아질레의 레몽이 그대로 답습했다. 이 저자들은 고트샬크·볼크마르·에미히에 관해서는 할 말을 갖고 있지 않았다. 하겐마이어(Hagenmeyer, pp. 129, 157)가 말하듯이, 왜 저자들이 이렇게 함구하는지 그 이유를 파악할 수 없으나, 그런 원정들이 감행되었던 사실과 헝가리에서 당한 참사들은 의심할 여지가 없다.

2. 아헨의 알베르와 두로의 기욤이 남긴 기록은 담담하게 전하는 내용으로서, 본질적인 내용에 불합리한 것이 전혀 없다. 기욤은 피에르가 우르바누스의 선구자였다고 확고하게 말한다. 피에르에 관해서 그는 이렇게 말한다. "[그는] 우리의 주군이신 교황에 대해 강직한 충성심을 갖고 있었고, 교황을 따라서 지체 없이 산맥을 넘을 각오가 되어 있었다. 교황을 위해서 선구자 역할을 수행했으며, 민중의 마음을 미리 준비시켜서 교황의 말이 쉽게 받아들여지도록 만들었다." 그 대주교의 말에는 십자군 모집에서 우르바누스의 역할을 폄하하려는 의도가 조금도 담겨 있지 않다. 우르바누스는 세례 요한의 역할을 수행한 피에르의 뒤를 따랐다. 기욤은 우르바누스를 클레르몽 회집의 중심에 세우고, 그의 연설에 많은 지면을 할애하되, 피에르의 경험들을 소개하는 데 사용한 것보다 여러 배나 많은 지면을 사용하며, 모든 영예를 교황에게 돌린다(제1권 16).

3. 피에르의 행적이 전설로 부풀려졌다는 이론에는 다음과 같은 중대한 난제들이 따른다. (1) 아헨의 알베르는 모든 사건들이 다 끝날 때까지 살아 남아 있었으며, 예루살렘이 함락될 때부터 그가 글을 써낼 때까지는 기껏해야 25년밖에 흐르지 않았다. (2) 십자군 원정 기간에 피에르가 보인 행위에는 그를 영웅으로 떠받드

는 전설이 부풀려졌다는 생각을 입증할 만한 것이 없다. 오히려 현실은 정반대였다. 더욱이 알베르도 기욤도 피에르가 순례를 하기 전에는 그에 관해 아무것도 알지 못했다. 하겐마이어는 다음과 같은 글로써 그 문제를 정당하게 평가한다. "권위 있는 기록들 가운데 피에르가 십자군과 관계를 맺기 전에 큰 명성을 누리고 있었음을 암시하는 것은 하나도 없다. 그와 반대로 그의 이름을 언급하는 저자마다 그것을 십자군과 관련짓는다"(p. 120). (3) 어느 저자가 과연 사실적 근거 없이 십자군의 주창자의 명예를 교황에게서 피에르 같은 일개 수사에게로 옮길 생각을 했으리라고 생각하기 어렵다. 이 점에 관하여 아처(p. 26)는 다음과 같이 적절하게 평가했다. "은수자 피에르의 전설에는 사실일 가능성이 전혀 없는 요소가 없으며, 그 이야기가 십자군 주창자의 명예를 교황에게서 일개 은수자에게로 전설이 옮겨 놓았다고 생각하는 것보다 더 설득력이 있다."

(4) 안나 콤네나는 피에르가 터키인들에게 막혀 돌아갔다고 전하는데, 이는 피에르가 그리스 총대주교 시므온과 대화를 나눈 일을 회피하고 싶었다는 말로 설명할 수 있을 것이다. 그 여류 사가의 목적은 십자군의 가치를 폄하하는 데 있었다. 만약 콤네나가 시므온이 피에르를 통해 교황에게 서신을 전달한 것을 사실로 인정했다면, 십자군 운동이 신적인 승인을 받았다는 강한 논거에 양보하는 셈이 되었을 것이다. 콤네나는 피에르를 어떤 때는 아데마르와, 다른 때는 페트루스 바르텔레미와 혼동하는 실수를 범한다.

(5) 모든 기록들이 피에르를 언급한다. 그는 십자군에 대한 여론을 일으켜 공의회까지 이어지게 만든 장본인이다. 하겐마이어는 거기서 한 걸음 더 나아가, 피에르가 성공을 거둔 원인이 실패로 끝난 자신의 순례를 십분 활용했기 때문이라고 주장한다. 앞서 언급한 대로 피에르는 허다한 군중 앞에서 연설했다. 프랑스 노장의 대수도원장이 밝히듯이, 그 순간에 피에르가 받았던 것만큼 존경과 찬사를 받은 사람은 다시 없었다. 수사 로베르는 "피에르는 고위 성직자들과 대수도원장들보다 더 깊은 존경을 받았다"고 말한다. 이 저자들은 독자에게 과도한 인상이 새겨지는 것을 막기나 하려는 듯이, 피에르가 영향을 끼친 대상이 조야하고 무법한 대중이었음과, 기베르가 말하듯이, 피에르를 따르던 무리는 프랑스 잡류(雜類)였음을 강조한다. 그렇다고 한다면 예루살렘에 가본 적도 없고 클레르몽 공의회에 참석하지도 않은 무명 수사가 유명해지기 전에 과연 어떻게 동방 그리스도인들의 참상과 비탄을 묘사하되, 십자군의 주창자로서 탁월한 명성을 얻을 정도로 그처럼 생생하게 묘사할 수 있었는지 이해하기 어렵게 된다.

(6) 초기의 저자들이 클레르몽 공의회 이전의 피에르의 활동을 생략한 점에 대해서는 납득할 만한 이유를 제시할 수 있다. 십자군은 거룩하고 영웅적인 운동이었다. 저자들은 유럽의 기사들이 수행한 역할을 크게 부각시키는 데 관심이 있었다. 그들 중 더러는 피에르와 같은 진(陣)에 있었는데, 함께 생활하다 보니 그가 고집 세고 광적이고 비현실적인 사람임을 알게 되었다. 피에르는 아마도 백작들과 제후들에게 따돌림을 당했을 가능성이 크다. 많은 저자들은 이 귀족들 ─ 레몽·볼드윈·탕크레드·보에몽 ─ 의 전속 사제들이었다. 그들은 피에르가 이끈 무리가 법과 질서를 지키지 않던 자들이었다는 점을 언급했다.

그 밖에도 피에르는 니케아에서 패전함으로써 만약 승리했더라면 주력 부대가 아시아에 도착했을 때 그들과 함께 누렸을 영광과 지위를 모두 잃어버렸다. 안디옥에서 피에르는 도망치려고 하다가 탕크레드와 보에몽에게 크게 질책을 당하는 수모를 겪었다. 「프랑스인들의 업적」은 이 배반 사건을 상세히 전하며, 기베르는 그의 도주 시도를 천사가 하늘에서 떨어진 일과 비교한다. 에케하르트가 "많은 이들이 그를 가리켜 위선자라고 한다"고 한 것은 아마도 이 사건을 염두에 두고서 한 것인 듯하다. 이상하게도 아헨의 알베르와 두로의 기욤은 이 배반적 도주 사건을 전혀 언급하지 않는다. 아마도 초기의 저자들은 같은 진에서 그 은수자를 겪어본 일들과, 그가 콘스탄티노플과 안디옥을 공격하다가 치욕스럽게 패한 뒤에 제후들에게 당한 모욕을 감안하여 공의회 이전에 그가 수행한 역할들에 관해서 언급할 마음이 들지 않았을 개연성이 없지 않다. 그런 달갑지 않은 기억들을 영원한 망각으로 분류하여 치워버리는 것이 십자군의 대의를 드높이는 데 훨씬 유익했을 것이다.

전설이 그의 기억에 붙게 된 이유가 무엇이었겠는가? 그렇게 많은 실수를 범하고 십자군 주력 부대에서 그토록 떳떳하지 못한 지위에 있었던 그 무명의 수사 대신에 아데마르가 그의 영예를 차지할 인물로 선정되지 않은 이유가 무엇이었겠는가? 출신 배경도 보잘것없고 결함도 많았던 피에르를 십자군 운동을 일으킨 장본인으로 내세움으로써 그렇게 영광스러운 운동에 얼룩이 지게 할 이유가 무엇이었겠는가? 이런 여러 가지 정황을 감안할 때, 저자들이 위대한 십자군의 명예를 실추시킬 만한 요소들을 감안하여 클레르몽 공의회 이전에 피에르가 수행한 역할을 무시하는 쪽으로 가닥을 잡았을 가능성이 커 보인다. 그러다가 세월이 흘러 그의 어리석은 행위에 대한 기억이 흐릿해졌을 때 그가 수행한 진짜 역할들이 다시 인정을 받게 되었을 것이다. 이런 이유들 때문에 피에르에 대한 과거의 평가가 본질적인 면들에서 참된 것으로 인정을 받아왔다.

51. 예루살렘의 라틴 왕국(1099-1187)

십자군이 예루살렘을 함락한 뒤 여드레만에 항구적인 정부가 수립되었는데, 그 정부가 예루살렘 라틴 왕국으로 알려진다. 고드프루아가 왕으로 선출되었으나, 그는 구주께서 가시면류관을 쓰신 곳에서 금 왕관을 쓰는 게 도리가 아니라고 여겨 왕의 직함을 고사했다.[45] 그는 성묘의 봉신(封臣)이자 보호자라는 직함을 취했다. 왕국은 수립될 당시부터 도움이 필요했으며, 일년도 채 못되어 총대주교 다고베르트(Dagobert)가 '부유한' 독일 민족에게 지원을 호소하기에 이르렀다.[46] 이 왕국은 반 세기도 못되는 기간을 불안하게 존재하면서 아홉 명의 군주를 배출했다.

고드프루아는 예루살렘 라틴 왕국의 영토를 확장했으나 그 도시의 함락 후 일년밖에 더 살지 못하고 1100년 7월 18일에 숨을 거두었다. 그는 제1차 십자군의 지도자들 가운데 가장 사심이 없고 경건한 인물로 존경과 애도를 받았다. 그의 시신은 성묘 교회 밖에 묻혔는데, 그곳에 그의 유명한 칼과 박차가 지금도 보존되어 있다. 그의 무덤에는 다음과 같은 글귀가 새겨져 있다. "이곳에 기독교 신

---

45) 이곳에서는 왕들의 공식 직함이 rex Latinorum in Hierusalem이었다. 두로의 기욤에 따르면 고드프루아가 왕관을 거절한 것은 신앙이 있는 군주였기 때문이라고 하며, 그가 지극히 훌륭한 왕이며 다른 모든 왕들을 비추는 등불과 거울이었다고 한다. IX. 9, *Rec.*, I. 377. 성직자들은 예루살렘 세속 정부가 총대주교의 영적 정부에 완전히 종속되기를 꿈꾸었다. 초대 총대주교는 예루살렘과 야파의 영토 1/4을 확보했을 뿐 아니라, 고드프루아에게서 만약 그가 카이로를 비롯한 몇몇 적대적인 도시들을 점령하는 데 성공할 경우 혹 남자 상속자들을 남기지 않은 채 죽을 경우 두 도시를 모두 넘겨주겠다는 약속을 받아냈다.

46) 다고베르트의 호소는 Hagenmeyer, *Epistulae*, 176 sqq.에 실려 있다. 그는 호소문에서 예루살렘을 세상에서 가장 성스러운 장소라고 말하며, 그런 이유로 인해 이교도들과 불신자들에게 압제를 받은 것이라고 주장한다. 퓔셰는 1100년경에 쓴 글에서 예루살렘의 수비 병력으로 기사 3백 명과 그 정도의 보병밖에 남지 않았다고 주장한다.

앙을 위하여 이 모든 영토를 정복한 고드프루아가 눕다. 그의 영혼이 그리스도와 함께 안식하고 있기를."

라틴 왕국과 함께 예루살렘의 라틴 총대주교구가 수립되었다. 노르망디의 로베르의 전속사제 아르눌프(Arnulf)가 초대 총대주교로 선출되었으나 합법성을 인정받지 못했고, 결국 1099년 성탄절에 그 대신 피사의 대주교 다고베르트(Dagobert) 혹은 다임베르트(Daimbert)가 선출되었다.[47] 그 뒤 그 일대에 라틴 교구들이 설치되고 주교들이 선출되었으며, 안디옥의 라틴 총대주교구도 설치되었다. 다고베르트는 고드프루아에게서 그의 왕국을 총대주교의 봉토로 인정하는 것을 비롯하여 많은 양보를 얻어냈다. 1187년에 예루살렘이 함락된 뒤에 예루살렘 총대주교들은 아크레에 거주했다.[48]

새 영토의 국체(國體)와 법 절차는 예루살렘의 아시즈 법령(the Assizes)에 의해서 확정되었다. 이 법령은 봉인된 채 성묘 교회에 보관되었고, 성묘 문서(the Letters of the Holy Sepulchre)라 불린다. 이 법령은 훗날 소실되었으며, 우리가 그 내용에 대해 갖고 있는 지식은 예루살렘 법전에 토대를 둔 키프로스 법전과 콘스탄티노플의 라틴 왕국 법전에서 유추한 것이다.

이 법령은 유럽의 봉건 제도를 재현했다. 정복한 영토는 주군(主君)인 예루살렘 왕의 치하에서 소유권을 지닌 제후들에게 배분하도록 했다. 주요 봉토 네 곳은 야파와 아스칼론, 요단 강 동편의 케라트, 갈릴리, 그리고 시돈이었다. 트리폴리와 에데사의 백작들과 안디옥의 공작은 예루살렘 왕국으로부터 독립된 주권을 행사했다. 법원 체제가 마련되었고, 최고 법원은 왕이 주관했다. 전투에 의한 재판을 인정했다. 제2법원은 자치 도시 시민들의 소송을 다루었다. 제3법원은 원주민들의 소송을 다루었다. 농노들이나 노예들은 주인의 재량에 따라 재산으로 취급되었으나, 법원의 관할을 받는다는 별도의 규정도 있었다. 노예들과 사냥에 쓰이는 매들이 동등한 가치로 평가되었다. 노예 두 명이 말 한 필 값이었고, 노예 세 명은 황소 열두 마리의 값이었다. 남자는 스물다섯 살에, 여자

---

47) 아질레의 레몽(Raymund of Agiles)에 따르면 아르눌프는 방탕한 사람으로서, 그의 불륜 행각이 병사들의 노래 주제가 되었다고 한다.

48) 아크레가 함락된 1291년부터 1848년까지 그곳의 총대주교들은 단 두 사람만 제외하고는 모두 로마에서 살았다. 1848년에 피우스 9세에게 총대주교로 임명된 발레르가는 예루살렘으로 가서 기거했다.

는 열두 살에 성년이 되었다. 유럽의 봉건제도가 자연적인 산물이었다고 한다면, 팔레스타인의 봉건제도는 이식된 것이었다.

기독교가 팔레스타인을 차지했다고 해서 그 지역에 평화가 정착된 것은 아니었다. 예루살렘 왕국은 안으로는 제후들과 성직자들 사이에 치열한 반목과 음모로 분열되었으며, 밖으로는 외세로부터 끊임없이 위협을 당했다. 하지만 국력이 쇠약해진 원인은 아무래도 내부 갈등에 있었다. 수사들이 왕국의 전 지역에 무수히 정착했으며, 프란체스코회가 성소들의 보호자들이 되었다. 십자군 병사들이 무슬림 여성들과 불법적인 관계를 맺어서 낳은 소생들 곧 풀라니(pullani)는 탐욕과 배신과 방탕을 일삼는 타락한 자들이었다.[49]

고드프루아의 지위를 계승한 사람은 그의 형제이자 에데사의 백작인 볼드윈으로서, 그는 베들레헴에서 대관식을 치렀다. 그는 지식인이자, 예루살렘의 역대 왕들 가운데 가장 열정적인 인물이었다. 그는 이집트에서 열병에 걸려 죽었으며, 그의 시신은 예루살렘에 그의 형제 곁에 안치되었다.

볼드윈의 재위 기간인 1100-1118년에 왕국의 경계선이 크게 확장되었다.[50] 가이사랴는 1101년에, 생 장 다크르(프톨레마이스라고도 함)는 1104년에, 베리투스 혹은 베이루트는 1110년에 각각 예루살렘 왕국에게 함락되었다. 시돈은 만 명의 십자군을 이끌고 온 노르웨이의 왕자 시구르(Sigurd)에게 항복했다. 소아시아의 1/3이 굴복했고, 그 중 일부 영토가 그리스 제국에 반환되었다. 다마스쿠스는 유럽인들의 수중에 들어간 적이 없었다. 십자군은 전력이 증강함에 따라 페트라에서부터 북단까지, 그리고 요단 동편까지 강력한 성들을 건축했다. 지금도 남아 있는 그 성들의 잔해들은 십자군이 그 지역을 항구적으로 점령하려 했던 의도를 여실히 보여준다. 샤르트르의 퓔셰는 "서방인들이었던 우리가 이

---

49) Fulani, "아무개들." fulan ibn fulan(아무개의 자식)이란 칭호가 아랍인들에게는 매우 모욕적인 것이다.

50) 화적떼를 소탕하는 데는 다음과 같은 방법이 가장 전형적이었다. 화적떼는 동굴로 들어가 숨었다. 볼드윈은 동굴 입구에 불을 피워 연기가 안으로 들어가게 했다. 연기를 참지 못하고 화적 둘이 뛰어나왔다. 볼드윈은 한 명은 잘 입히고 좋은 약속을 해주어 동굴 안으로 들어가게 하고 다른 한 명은 죽였다. 화적 열 명이 동굴 밖으로 나왔을 때 한 명은 살려 안으로 들여보내고 나머지 아홉 명은 죽였다. 이런 방법으로 230명을 유인하여 처형했다.

제는 동방인들이다"라고 말했다. 그토록 많은 수의 십자군 병사들이 그곳에 항구적으로 정착하고자 했던 사실은 비록 그 땅이 그만한 매력이 있었기 때문은 아닐지라도 대의명분이 그만큼 마음을 사로잡았다는 증거이다. 유럽으로 돌아갔던 많은 사람들이 다시 이곳으로 돌아왔으며, 왕들은 동방에서 오랜 시간을 머물렀다.

볼드윈의 재위 기간에 제1차 십자군의 지도자들이 죽거나 유럽으로 돌아갔다. 그러나 새로운 원정을 자꾸 감행함으로써 병력을 끊임없이 충원했다. 우르바누스 2세의 계승자인 교황 파스칼리스 2세는 사람들에게 십자군에 지원하도록 호소했다. 이탈리아의 도시들은 함대를 제공함으로써 육상 병력들과 연계하여 중요한 기여를 했다. 베네치아와 피사, 제노바는 예루살렘과 아크레와 그 밖의 도시들에 자신들의 구역을 설치했다. 롬바르디아와 프랑스, 독일에서도 무수한 사람들이 십자가를 들고 나서서, 밀라노 대주교 안셀무스, 부르고뉴 공작 스테펭, 아키텐 공작 기욤(William), 오스트리아의 이다(Ida) 등 지도자들의 지휘를 받았다. 유럽으로 돌아갔던 베르망두아의 위그(Hugh)도 팔레스타인으로 돌아왔다. 보에몽도 3만 4천의 병력을 이끌고 돌아왔으며, 그리스 황제와 대립했다. 적어도 두 무리의 기독교 군대가 이슬람교의 본산인 바그다드 요새를 공격하려고 시도했다.

볼드윈 1세의 조카 볼드윈 2세(1118-1131 재위)는 1124년에 두로를 점령했다. 이것이 십자군의 판도와 권력의 절정에 해당하는 사건이었다.

앙주의 풀크의 재위 기간(1131-1143)에 볼드윈 2세의 딸 밀리센트의 남편으로서, 이마데드 딘(Imaded-din, '신앙의 기둥')이라는 별명을 지닌 젱기(Zengi)가 프랑크 왕국의 존립 기반 자체를 위협했다.

볼드윈 3세(1143-1162 재위)는 어린 나이에 즉위했다. 그의 재위 기간인 1114년에 에데사가 젱기의 수중에 넘어가고, 제2차 십자군 원정이 감행되고, 젱기의 아들이자 살라딘의 삼촌인 누레딘(Nureddin)이 등장하여 1154년에 다마스쿠스를 정복했다.

아말릭(Amalric) 혹은 아마우리(Amaury, 1162-1173 재위)는 군사력과 외교를 동원하여 이집트의 내정에 간섭했고, 두 세기 동안 집권해온 파티마 왕조(909-1171)가 몰락하는 상황을 지켜보았다. 그 왕조가 몰락함에 따라 이제 남방의 권력은 화려하고 호전적인 살라딘(Saladin)의 수중에 들어가게 되었는데, 그는 누레딘과 함께 무슬림 진영의 분열들을 치유하고, 바그다드에서부터 카이로에 이르는 지역을 장악했다. 그때부터 예루살렘 왕국은 수세적 입장에 처하게 되었다. 결국 큰 흐름을 놓고 보면 압바스 왕조(750-1258)와 파티마 왕조가 분열한 상황에 힘입어 1099년의 예루살렘 정복이 가능했던 셈이다.

볼드윈 4세(1173-1184 재위)는 즉위할 때 열세살의 소년이었고, 웃시야처럼 문둥병 환자였다. 그의 재위 기간에 왕국의 일을 맡아본 섭정들 가운데는 왕의 누이 시빌라와 결혼한 몬트페라트의 공작이 있었다. 1174년에 살라딘은 누레딘이 죽음으로써 다마스쿠스에서부터 나일강에 이르는 전 지역을 통솔하는 칼리프가 되었고, 신의 길 곧 예루살렘 정복 사업에 착수했다.

볼드윈 5세(1184-1186 재위)는 다섯 살의 어린 아이였고, 시빌라의 아들로서, 시빌라의 둘째 남편인 뤼지난의 구이(Guy)를 계승했다. 살라딘은 티베리우스 위에 솟아 있는 하틴에서 구이와 십자군을 만났다. 그곳은 전설에 따르면 산상수훈이 행해졌던 곳이라고 한다. 성전 기사단과 자선 기사단이 집결했고, 갑옷을 입은 아크레의 주교가 그리스도께서 지셨다고 하는 십자가를 그곳으로 지고 왔다. 1187년 7월 5일에 결정적인 전투가 치러졌다. 이 전투에서 십자군이 완전히 궤멸을 당했는데, 전하는 바로는 3만 명이 전사했다고 한다. 뤼지난의 구이, 성전 기사단과 자선 기사단의 수장들, 케라크의 영주 샤틸롱의 레기날(Reginald)이 적군에게 포로로 잡혔다. 레지날은 살라딘의 막사에서 처형을 당했으나, 왕과 그 밖의 포로들은 관대한 처분을 받았다.[51] 십자가는 적군의 노획물로 접수되었다. 이로써 성지의 운명이 결정되었다.

1187년 10월 2일에 살라딘은 맹렬한 저항을 극복하고서 예루살렘에 입성했다. 항복 조건은 대 지휘관의 기사도에 썩 잘 맞는 것이었다. 90년 전에 십자군이 예루살렘에 입성했을 때와 같은 야만적인 도살 장면은 연출되지 않았다. 주민들에게는 돈을 바치는 조건으로 자유가 부여되었고, 40일 동안 이주 행렬이 끊이지 않았다. 성묘 교회에 보관되었던 성유물들이 5만 베잔트(bezant: 3달러에 해당

---

51) 살라딘은 구이에게 물 한 잔을 내밀었다. 구이가 그것을 받아 레지날에게 주자, 살라딘은 "나는 그렇게 하라고 명령하지 않았다. 그런데 감히 그것을 준단 말이냐" 하면서 직접 혹은 부하를 시켜 레지날을 처형했다. 레지날은 살라딘의 누이가 여행할 때 함께 가던 대상(隊商)을 약탈한 바 있었다. Lane-Poole, *Saladin*, p. 215.

하는 화폐)에 리처드 1세에게 넘겨졌다.

이로써 예루살렘 라틴 왕국은 막을 내리게 되었다. 그 이래로 모리아 산에서는 중단 없이 이슬람교 예배가 드려졌다. 십자군 원정 사업은 십자군들 자체 내의 끊임없는 반목으로 항상 존폐의 위기에 처해 있었으며, 유럽으로부터 병력과 군수품이 끊임없이 지원되었음에도 불구하고 살라딘의 일사불란한 지휘를 받는 이슬람 군대 앞에서 쉽게 무너졌다.

1187년 이후에는 유명무실한 예루살렘 왕들의 계보가 유럽인들의 삶에 전기적(傳奇的)인 상(像)으로 비쳤다. 명실상부한 마지막 왕이었던 뤼지난의 구이는 석방된 뒤 왕도(王都) 없이 왕의 직함만 유지했다. 아말릭의 딸 이사벨라와 결혼한 몬트페라트의 콘라트가 왕위 계승권을 부여받았다. 하지만 그는 즉위하지도 못한 채 살해되었고, 샹파뉴의 앙리가 구이의 키프로스 왕 대관식에 맞춰서 예루살렘 왕이 되었다. 1197년에 키프로스와 예루살렘의 두 왕관이 아말릭 2세 안에서 통합되었다. 그가 죽은 뒤에는 왕위가 몬트페라트의 콘라트의 딸 메리에게 계승되었다. 메리의 남편은 브리앙의 존이었다. 두 사람의 딸 이올란테가 황제 프리드리히 2세에게 시집을 가게 되면서 황제가 예루살렘 왕이라는 직함을 갖게 되었다.

52. 에데사의 함락과 제2차 십자군 원정

제2차 십자군은 황제 콘라트 3세와 프랑스 왕 루이 7세가 이끌었고, 원정을 가능케 한 직접적인 동기는 에데사가 함락된 사건이 유럽 사회에 준 깊은 충격과 성 베르나르의 열정적인 웅변이었다. 십자군 정복 사업의 보루였던 에데사는 1144년 12월에 함락되었다. 조슬랭 1세(Jocelyn I)의 아들 조슬랭 2세는 볼드윈을 계승하여 에데사의 군주가 되었으나, 그는 유약하고 쾌락을 좋아했다. 에데사를 포위한 적들이 성벽의 한 부분을 뚫고 불을 지르자 약 90m나 되는 성벽이 화염에 휩싸이면서 무너져 버렸다. 곧이어 그리스도인들이 인간 백정이라고 부르던 젱기의 지휘를 받는 터키 군대가 성으로 쏟아져 들어갔다.

교황 유게니우스 3세는 젱기의 승리를 팔레스타인에서 프랑크족의 존립 기반을 뒤흔드는 사건으로 정확히 바라보고서, 프랑스 왕에게 그들을 구조하기 위한 병력을 파견하라고 요청했다. 죄를 자백할 경우 사형을 당해야 하는 모든 사람들에게 만약 십자군에 입대하면 완전한 사죄와 영생을 베풀겠다고 약속했다.[52] 교황은 베르나르에게도 수도원에서 나와 십자군의 필요성을 외쳐줄 것을 요청했다. 당대에 가장 두드러진 인물인 베르나르의 명성이 그 무렵 한껏 고조되어 있었다. 그는 교황의 요청을 하나님의 명령으로 간주했고, 결국 십자군의 대의를 유능하게 역설했다.

1146년 부활절에, 비트리의 교회당을 불태워버린 일을 뉘우치는 뜻에서 13만의 병력을 이끌고 십자군 원정에 나서겠다고 약속한 바 있는 프랑스 왕 루이가 베젤레에서 대 공의회를 소집했다. 베르나르도 그 회의에 참석하여 연설했고, 연설은 대단히 감동적이었다. 깊은 감명을 받은 청중이 십자군 자원 입대의 표시인 십자가 표지를 받기 위해서 앞다투어 몰려나왔다. 베르나르 자신이 겉옷을 벗어서 찢어줄 수밖에 없었을 정도로 요구가 쇄도했다. 그는 유게니우스에게 쓴 편지에서 이렇게 술회한다. "[열정이 너무나 고조된 까닭에] 성들과 읍들이 텅 비었습니다. 일곱 여인이 한 남자를 만나기조차 어려웠고, 여인들은 남편들이 버젓이 살아있는데도 도처에서 과부 신세가 되었습니다."

베르나르는 프랑스에서 길을 나서서 바젤과 콘스탄츠, 그리고 라인 강을 따라 쾰른까지 이르는 동안 여러 도시들을 방문했다. 제1차 십자군 때와 마찬가지로 라인 강변에 거주하는 유대인들에게 박해가 자행되었는데, 이번에 박해를 주도한 사람은 라둘프라는 수사였다. 베르나르는 그러한 광신적 행위에 강력히 반대하면서, 교회가 변론을 통해서 유대인들을 얻어야지, 칼로 그들을 멸해서는 안 된다고 썼다.

그의 열정적인 설교를 들으려고 무수한 사람들이 몰려들었다. 게다가 그는 병자들을 고치는 기적을 수 차례 일으켰기 때문에 설교가 훨씬 호소력을 갖게 되었다. 황제 콘라트조차 깊은 감동을 받고 십자군 원성의 뜻을 밝혔다. 베르나르는 성탄절 주간에 슈파이어에서 콘라트 앞에서 감동적인 설교를 했다. 그리스도께서 마지막 날에 심판대에 좌정하신 채 황제를 내려다보시면서 "한 번 말해 보라. 내가 너를 위해서 당연히 해주어야 했는데 해주지 않은 것이 어디 있는가?"

---

52) Gottlob, *Kreuzablass*, 106 sqq. 유게니우스는 우르바누스 2세가 클레르몽 공의회에서 면죄부에 관해 제정한 법령을 인용했다.

라고 말씀하실 것이라고 했다. 그리고는 황제의 무용(武勇)과 부와 명예를 재판
장이신 그리스도께서 인간에 대해 품고 계신 호의와 대조했다. 설교를 듣고 있
던 황제는 눈물을 왈칵 쏟으면서 "하나님의 자비를 받은 몸으로 더 이상 배은망
덕한 자가 되지 않겠습니다. 하나님께서 지금 내게 훈계하신 것을 생각하고서
마음을 다하여 그분을 섬기겠습니다" 하고 말했다. 베르나르가 일으킨 기적들
가운데 황제의 결단을 이끌어낸 것이 가장 큰 기적으로 평가되었다.

콘라트는 즉시 원정을 준비했다. 기사 7천 명을 포함한 7만 병력을 레겐스부
르크에 집결시킨 그는 헝가리를 지나서 보스포루스 해협까지 행군했는데, 노중
에서 십자군의 행렬을 지켜보는 행인들의 시선이 그다지 곱지 않았다. 그리스
황제 마누엘과 콘라트는 처남 매부 사이였으나, 이 관계가 독일인들에게 아무런
보호 장치가 되지 못했다. 그리스 황제 마누엘이 제공한 안내인들 — 두로의 기
욤이 '벨리알의 자식들'이라고 부른 — 은 콘라트를 배신하고서 그의 부대를 엉
뚱하게도 카파도키아의 산지로 안내했다. 기근과 열병과 적군의 공격에 몹시 시
달리던 콘라트의 부대는 마침내 니케아 전투에서 패배했을 때 원 병력의 1/10도
남지 않았다.

프랑스 왕 루이는 1147년 부활절에 생 드니에서 교황 유게니우스에게 붉은 왕
기(王旗)를 직접 받은 뒤 콘라트와 같은 노정을 취해서 원정길에 올랐다. 아름다
운 여성으로 널리 알려진 왕비 엘레오노르와 궁정의 여러 귀부인들이 부대를 따
라나섰다. 루이와 콘라트 두 군주는 니케아에서 만나 에베소로 함께 이동했다.
그곳에서 콘라트는 배편으로 콘스탄티노플로 돌아갔고, 루이는 이탈리아로 이
동한 뒤 부대는 육로로 안디옥으로 행군하도록 하고 자신은 배를 타고 그곳으로
갔다.

안디옥에서 엘레오노르가 비록 결혼 서약을 저버리는 행위까지는 하지 않았
을지라도 매우 경솔한 행위로 구설수에 오르게 되었다. 후에 엘레오노르와 왕은
예루살렘에서 공식적으로 결별했고, 훗날 교황에게 이혼 승낙을 받았다. 그 뒤
엘레오노르는 앙주의 앙리와 합류했고, 훗날 잉글랜드 왕 헨리 2세의 왕비가 되
었다. 배편으로 콘스탄티노플을 출발하여 아크레에 도착한 콘라트는 예루살렘
에서 루이를 만났다. 서방에서 온 두 군주는 예루살렘 왕 볼드윈 3세와 함께 성
묘 교회에서 기도를 드렸다. 아크레 성벽 밑에서 열린 3자 회담에서, 이들은 에
데사로 진격하기에 앞서 가까운 거리에 있는 다마스쿠스를 공격하기로 결정했

다. 그러기 위해서 취한 노선은 티베리아스 호숫가를 지나 헤르몬 산을 넘는 길
이었다. 하지만 이들의 공격은 실패로 끝났다. 병사들은 병사들대로, 지도자들
은 지도자들대로 서로 다투고 반목하는 추태를 보인데다, 이미 동방에 두 번씩
이나 왔던 적이 있는 플랑드르의 백작 티에리가 다마스쿠스 시에 대해서 소유권
을 주장하고 나섰기 때문이다. 콘라트는 1148년 9월에 독일을 향해 발길을 돌렸
다. 루이는 예루살렘에서 겨울을 보낸 뒤에 이듬해 봄에 돌아갔다. 원정이 실패
로 끝났다는 소식을 들은 베르나르는 깊은 굴욕감을 느꼈으며, 십자군들과 기독
교 세계에 만연한 죄를 하나님께서 심판하신 것이라고 해명했다. 그는 이렇게
썼다. "주님의 심판은 공정합니다. 하지만 이번의 심판은 너무나 절망적인 것이
어서, 이 심판에 저촉되지 않은 사람은 복되다고 할 수 있을 정도입니다."[53] 자
신도 원정에 대해서 일말의 책임이 있지 않느냐는 비난에 대해서, 베르나르는
이렇게 대답했다. "이스라엘 자손들이 광야에서 방랑하게 된 것이 그들을 약속
의 땅으로 인도하겠다고 약속한 모세 탓이었습니까? 그들의 여행길을 가로막은
것은 오히려 그들의 죄가 아니었습니까?"

에데사는 십자군의 수중에 들어갔으나, 다마스쿠스는 그들의 지배에 들어가
지 않았다.

53. 제3차 십자군 원정(1189-1192)

제3차 십자군 원정은 1187년에 살라딘에게 함락된 예루살렘을 수복하려는 목
적으로 감행되었다. 서유럽의 가장 강력한 군주 3인 — 황제 프리드리히 바르바
로사·프랑스 왕 필립 아우구스투스·잉글랜드 왕 리처드 1세('사자의 심장'이
란 별명을 지닌) — 이 참전한 대단한 원정이었다.[54] 이번 원정은 절정에 오른 동
방과 서방의 기사 집단을 불러들였고, 살라딘과 리처드라는 불후의 맹장들의 영
웅적 면모를 볼 수 있는 기회를 제공했다. 로맨스[傳奇文學]에서 이번 원정은 다

---

53) *De consideratione*, II. 1.

54) 리처드가 사자를 생포한 뒤 배를 가르고 심장을 꺼냈다는 이야기는 14세기 잉
글랜드 로맨스의 주제였으며, 아마도 13세기 프랑스의 로맨스에서 유래한 듯하다.

른 십자군 원정들에 비해 더욱 폭넓게 기념되는데, 그 범위가 중세 음유시인들의 노래들에서부터 레싱(Lessing, 1729-1782, 독일의 극작가·비평가)의 「지혜자 나단」(Nathan the Wise)과 월터 스콧(Walter Scott, 1771-1832, 스코틀랜드의 시인·작가)의 「부적」(Talisman)에 이른다. 그러나 제3차 십자군은 막강한 병력이 동원되었음에도 불구하고 거의 철저한 실패로 끝났다.

교황 우르바누스 3세는 살라딘이 승리를 거두었다는 비보를 접하고는 화병에 걸려 죽고 말았다고 한다.[55] 제2차 십자군의 패배가 안겨준 충격이 너무나 컸기 때문에 공식적인 모집 선언이 없었는데도 유럽 이 끝에서 저 끝까지 새로운 원정에 대한 열기가 충천했다. 덴마크인들과 스웨덴인들, 프리지아인들이 웨일스인들과 잉글랜드인들과 프랑스인들과 독일인들과 합류하여 새로운 원정을 준비했다. 제1차 십자군 이래로 벌써 백년의 세월이 흘렀고, 그 원정의 지도자들에게는 이미 전설과 영광의 후광이 씌워져 있었다. 두 달밖에 재위하지 못한 노인 교황 그레고리우스 8세는 1187년에 마지막 숨을 몰아쉬면서 유럽의 제후들에게 서로 간의 반목을 중지하라고 호소했다. 두로의 대주교 기욤과 루앙의 대주교의 중재와 설득으로 프랑스 왕 필립 아우구스투스와 잉글랜드 왕 헨리 2세가 대결을 그치고 십자가를 잡았다. 헨리가 죽자 당시 나이 서른둘이던 그의 아들 리처드가 열정에 타오른 채 십자군 원정을 준비하기 시작했다. 리처드는 헨리가 남긴 국고에다 성들과 주교구들을 판매하여 얻은 수입을 보태어 자금을 마련했다.[56] 스코틀랜드의 윌리엄에게 1만 마르크를 받는 대가로 충성 서약에서 풀어주었으며, 혹시 충분한 자금력을 지닌 사람만 나타난다면 런던 시 자체도 팔 생각이 있었다. 캔터베리 대주교 볼드윈은 잉글랜드와 웨일스를 두루 다니며 십자군 모집을 역설함으로써 국왕을 지원했고, 원정에도 함께 따라나섰다.[57] 저 유명

---

55) 배를 타고 아크레에서 마르세유까지 가는 데에는 적어도 보름이 걸렸으며, 예루살렘에서 로마까지 소식을 전하는 데에도 비슷한 시일이 걸렸다. 알렉산더 3세가 살라딘이 이집트를 정복하고 바니아스에서 그리스도인들을 격퇴했다는 소식(1181)을 듣고서 십자군 병사들에게 대사(大赦)를 내린 일은 Gottlob이 인용한다(119 sq.). 알렉산더는 우르바누스 2세와 유게니우스 3세의 전례를 근거로 제시했다.

56) 그는 요크 대주교구를 3천 파운드에 팔았다. 헨리는 금과 은 9만 파운드를 남겼다고 전해진다.

57) Giraldus Cambrensis는 대주교가 교구를 순방할 때 그를 따라다니면서 그의 원

한 살라딘 정벌을 위한 세금이 잉글랜드에, 그리고 아마 프랑스에도 징수되었다. 십자군에 입대하지 않은 모든 사람이 소득의 1/10을 바쳐야 했다.

리처드와 필립은 프랑스 베젤레에서 만났다. 그들과 합류한 영주들 가운데는 부르고뉴의 공작 위그와 샹파뉴의 백작 앙리 2세, 플랑드르의 필립이 있었다. 부대의 기장(記章)으로 프랑스 왕은 붉은 십자가를, 리처드는 흰 십자가를, 플랑드르의 공작은 녹색 십자가를 택했다.

한편 프리드리히 바르바로사는 일흔에 가까운 나이에도 불구하고 직접 부대를 이끌고 보스포루스 해협에 도착해 있었다. 그는 제2차 십자군 원정 때 콘라트 3세와 겪었던 일을 생각하고는, 신체 건장하고 적어도 3마르크를 준비해 올 수 있는 사람들만 입대 자격을 허용함으로써 자기 부대가 예전의 콘라트의 부대처럼 오합지졸이 되는 것을 막았다. 그의 병력은 십만 명에 달했으며, 그 중 5만 명은 말을 타고 이동했다. 슈바벤의 프리드리히도 황제인 자기 아버지를 따라갔다.

1189년 5월에 라티스본을 출발한 독일 군대는 헝가리를 지나서 콘스탄티노플로 이동했다. 그리스 황제 이삭 앙겔루스(Isaac Angelus)는 십자군이 자신의 수도로 진입하는 것을 몹시 못마땅하게 여겼기 때문에 바르바로사의 사절단을 옥에 가두고 살라딘과 조약을 맺었다.[58] 그는 서방 황제를 '독일의 수석 영주'라고 격하하여 불렀다. 상황이 이쯤 되었으므로 프리드리히로서는 다시 한 번 동방과 서방을 통일할 기회를 얻게 된 셈이었다. 왈라키아인들(루마니아인들: 역자주)과 세르비아인들은 바르바로사에게 만약 이삭을 권좌에서 끌어내리고 직접 동방의 정권을 잡을 경우 그를 지원하겠다고 약속했다. 그러나 프리드리히는 이렇게 충분한 명분과 기회가 있었음에도 예루살렘 재탈환이라는 본래의 목적에서 빗겨나가기를 거부하고서, 1190년 3월에 보스포루스 해협을 건너갔다. 이고니움을 취한 그는 길리기아에 도착했다. 그런데 6월 10일에 그곳에서 불현듯 종말을 맞게 되었다. 더위를 피해 칼리카두스 강물에 몸을 담그고 있는데 갑자기 불

───────────────

정 자금을 거두었다.

58) 프리드리히는 살라딘에게 보낸 서신에서 자신의 원정을 선포하면서 "키 큰 바이에른족"에서부터 베네치아와 피사의 선원들에 이르기까지 원정에 참가하는 부족들을 열거했다.

어난 강물에 익사하고 만 것이다.[59] 그의 유해는 안디옥에 묻혔고, 그의 유골은 성묘 교회에 묻을 의도로 일단 두로의 성 베드로 교회에 안치되었다. 이곳은 천하를 호령하던 군주의 유해가 묻히기에는 너무나 고적한 곳이었고, 그의 위대한 전임자 샤를마뉴가 잠들어 있는 아헨과는 너무나 먼 곳이었다! 그렇게 위대한 인물이 이처럼 비참하고 덧없이 스러져간 예는 다시 없었다. 프리드리히는 죽기 전에 황제의 위엄을 갖추어 살라딘에게 미리 사절단을 보내고, 그들을 통해서 살라딘에게 예루살렘을 포기할 것과 참 십자가를 양도할 것을 요구했다. 황제의 죽음으로 사기가 바닥으로 떨어진 부대를 이끌고 슈바벤의 프리드리히는 아크레 성벽에 도착했으나, 1190년 10월에 그곳에서 전염병에 걸려 죽고 말았다.

필립과 리처드는 지중해를 건너 성지에 도착했다. 그러기 전에 두 사람은 1190년에 배편으로 시칠리아를 향해 출발했는데, 필립은 제노바에서, 리처드는 마르세유에서 각각 출발했다. 리처드는 그 섬에서 할 일이 있었다. 시칠리아 왕 윌리엄 2세의 과부인 자기 누이 조안이 윌리엄의 서자 탕크레드에게 빼앗긴 그 왕국의 소유권을 되찾아야 했던 것이다. "사제가 새벽 기도를 해치우는 것보다 더 빨리, 왕 리처드는 메시나를 차지했다."[60] 리처드와 필립은 과거에 서로 전투를 벌인 전력이 있는 사이였음에도 불구하고 십자군 원정길에 서로를 보호해 주기로 약조했다. 이 약조 가운데 호기심을 일으키는 조항의 하나는 기사들과 성직자들만 도박을 할 수 있도록 허용하되, 하루의 도박 자금이 20실링을 넘지 못하도록 규정한 것이다.

필립이 시칠리아를 열하루 전에 떠난 뒤에, 리처드는 시칠리아를 떠나 키프로스로 가서, 순례자들을 학대한 일과 자신의 봉신들을 억류한 일을 명분으로 석 주간의 공략 끝에 이삭 콤네누스에게서 왕국을 탈취했다. 먼 훗날인 1878년에 잉글랜드인들이 키프로스를 점령할 때 아마도 리처드의 이번 정복을 회상했을 것이다. 그 섬에서 리처드는 나바르의 베렝가리아와 결혼했다. 그가 과거에 약혼했던 필립의 누이 앨리스보다 더 연모하던 여성과 마침내 결혼하게 된 것이

---

59) 또 다른 원정 가담자가 남긴 기록은 바르바로사가 군대의 더딘 이동 속도에 짜증이 난 나머지 강에 뛰어들어 헤엄쳐서 가다가 익사했다고 전한다. Ranke(VIII. 249)는 그 견해를 더 타당하게 받아들인다.

60) *Itinerary*, III. 16.

다. 아랍의 역사가 바하에딘(Baha-ed-din)은 이렇게 말한다. "그가 도착한다는 소식에 프랑크인들은 기쁨을 이기지 못하여 환호하면서 자신들의 진영에 밤새 불을 밝혔다. 무수한 무슬림들은 두려움과 근심에 휩싸였다."[61]

갈멜 산 아래에 자리잡은 아크레 곧 프톨레마이스는 성지로 가는 길목에 있었던 까닭에 한때 십자군의 거점 도시였다. 당시의 기독교 세계에 이 도시만큼 쾌활하고 다양한 민족들이 얽혀 지내는 곳이 없었다. 유럽의 큰 시장들에서 상인들이 와 있었다. 전원에 자리잡은 가옥들은 채색 유리로 화사하게 장식되었다. 자선 기사단과 성전 기사단이 이 도시에 대규모 시설들을 설치해 두고 있었다.

이전에 뤼지냥의 구이가 아크레에 대해서 2년간 포위 공격을 벌인 적이 있었다. 한때 살라딘에게 포로로 잡힌 적이 있던 구이는 왕의 모든 권한을 포기하고 해상 통행을 삼간다는 조건으로 풀려난 뒤에 사제로부터 이 엄숙한 맹세를 쉽게 사면받았다. 캔터베리의 볼드윈, 솔즈베리의 주교 허버트 월터, 그랜빌의 최고 법관 라눌프가 리처드보다 먼저 그곳에 와 있었다. 대주교의 전속사제는 이렇게 썼다. "우리가 와서 보니, 우리 군대가 부끄러운 관행에 젖어 있었고, 덕을 권장하기는커녕 안일과 방탕에 탐닉하고 있었다. 주님께서 그들의 진에 계시지 않았다. 정숙함도 엄숙함도 신실함도 자선도 찾아볼 수 없었다. 하나님 앞에서 감히 말하건대, 만약 직접 와서 눈으로 보지 않았다면 도저히 믿지 못했을 상황이었다."[62]

살라딘은 십자군의 동태를 감시하면서 수비를 든든히 보강하고 있었다. 마침내 이루어진 공성(攻城)은 중세사에서 손꼽을 만큼 처참하고 두려운 정황을 빚어냈다.[63] 공격은 육지뿐 아니라 바다 쪽에서도 감행되었다. 터키인들이 사용한 그

---

61) *Itinerary*(III. 2)는 리처드가 도착했을 때 기쁨과 환호와 나팔 소리로 환영을 받았다고 말한다. 그는 마치 만국이 대망해 오던 인물처럼 정중히 헤인스로 영접을 받았으며, 그때가 밤이었는데도 불구하고 밀랍 초와 횃불로 대낮처럼 환하여서 "마치 낮이 다시 임한 것 같았고, 터키인들은 골짜기 전체가 불타고 있다고 생각했다." Richard of Devizes(LXIII)는 "공격 부대의 병사들이 리처드를 얼마나 감격적으로 맞이했는지 마치 그리스도께서 다시 오신 듯했다"고 말한다.

62) *Itinerary*(I., 66)는 볼드윈이 "군대가 철저히 군기를 상실한 채 술과 여자와 도박에 빠져 있는 것"을 보고서 몸져누웠다고 말한다.

63) 십자군은 아크레 전투에서 막대한 손실을 입었다. *Itinerary*(리처드 1세의 여정)은 대주교 6명, 주교 12명, 백작 40명, 기사 500명이 목숨을 잃었다고 전한다(VI. 6).

리스 화약이 대단한 효력을 발휘했다.[64] 남자들뿐 아니라 부녀자들도 전투에 가담했다. 십자군 병사들 가운데 더러는 목숨을 연장하기 위해서 적진으로 투항했다.[65] 하지만 결국 '그리스의 방패막이'(Check Greek)라는 거대한 기구와, 리처드와 필립이 각각 제작한 병기들에 힘입어 1191년 7월에 아크레가 함락되었다. 항복 조건으로 도시의 상점들과 2십만 조각의 금, 천5백 명의 포로들, 참 십자가가 십자군에게 넘어왔다.

이제 남은 과제는 예루살렘을 향해 진격하는 일이었는데, 이 작전은 부대들과 지휘관들 사이의 경쟁과 반목으로 지연되었다. 리처드의 무용(武勇)과 막대한 재산과 인기 앞에서 그늘에 가리게 된 필립은 부르고뉴의 공작을 프랑스 군 지휘관으로 세운 채 곧 프랑스로 돌아갔다. 프랑스 병사들과 독일 병사들도 서로 다투었다. 무엇보다도 큰 불화의 원인은 뤼지난의 구이와 몬트페라트의 콘라트가 예루살렘 왕권을 놓고 서로 반목한 일이었는데, 결국 이 문제는 콘라트가 살해되고, 구이가 키프로스 왕으로 인정되고, 리처드와 필립 아우구스투스 양자의 조카인 샹파뉴의 앙리가 예루살렘 왕이 됨으로써 최종적으로 해결되었다.

리처드에 관한 기억을 얼룩지게 한 사건이 있었다. 2만7천 명의 무슬림 포로들에 대해서 몸값을 지불하지 않는다는 이유로 살라딘의 부대가 훤히 지켜보고 있는 가운데 무참하게 처형한 것이다. 이 사건이 있기 며칠 전에 포로로 잡혔던 기독교 병사들이 학살을 당한 데 대한 보복이라는 설명도 있지만, 혹시 그런 일이 실제로 발생했다고 할지라도 그러한 대 살육을 정당화할 수는 없다.[66]

---

64) *Itinerary*와 그 밖의 문헌들은 그 치명적인 살상력을 자주 언급한다. 양 진영에서 사용한 장비들 중에는 투석기(投石機)도 있었다. *Itinerary*, III. 7, etc. 백병전에 손에 착용한 기구들 가운데는 '고양이'라고 불린 것도 있었다. 파성퇴(波城槌)도 사용했으며, 병사들이 성벽으로 접근할 때는 '호박'이라고 부른 엄폐막을 사용했다. 왕 리처드는 석궁의 명수였다.

65) 빵 한 덩어리의 가격이 1페니에서 40실링으로 뛰었고, 말 한 필에 실을 수 있는 부피의 밀 가격은 60마르크에 거래되었다. 말고기가 불티나게 팔렸으며, 심지어 내장까지도 10솔스에 팔렸다. 허기를 면하려고 풀을 뜯어먹는 사람들도 있었다. 기근으로 고통을 당한 처참한 상황이 *Itinerary*, I. 67–83에 생생하게 묘사되어 있다.

66) 이 구실은 Hoveden, *an*. 1191의 기록에만 근거를 둔다. 하지만 그는 리처드가 위협을 거두고 포로들의 몸값과 참 십자가를 가져올 시간을 연장해 주기를 거절했을 때에야 비로소 살라딘이 기독교 포로들을 처형했다고 말한다. Archer(*Hist. of the*

야파(이스라엘 서부의 항구)와 아스칼론이 십자군의 다음 번 공격 목표가 되었는데, 이 작전은 지루할 정도로 오래 끌었다. 리처드의 힘과 지략이 얼마나 대단했는가 하는 것은 목격자들의 증언으로 뒷받침된다. 전쟁터에서 그의 무용(武勇)을 지켜본 병사들은 그가 적진을 뚫고 들어가면서 마치 추수꾼이 낫으로 곡물을 베듯이 적군들을 쓰러뜨렸다고 전한다. 리처드는 터키의 장군이 완전무장을 갖춘 채 말을 타고 돌진해 올 때 단칼에 그의 목과 한쪽 어깨를 벨 정도로 힘이 워낙 좋았다. 하지만 거침없는 용기뿐 아니라 그런 원정에 걸맞는 지도자로서의 재능까지도 겸비했더라면 좋았을 텐데 그러지를 못했다.[67] "하나님과 성묘가 우리를 도우신다"는 세련되지 못한 그의 전쟁 구호로는 질시와 반목으로 갈라진 부대들을 하나로 결속시키지 못했고, 군대의 기강을 바로잡지도 못했다. 십자군의 진영은 그야말로 혼란의 도가니였다. 리처드의 명령으로 아크레에 남겨두고온 여인들이 뒤늦게 따라와 병사들을 타락시켰으며, 진중(陣中)은 날마다 다양한 죄와 주정과 쾌락으로 얼룩졌다. 리처드는 한 번 혹은 두 번 거룩한 성 예루살렘 가까이 다가가 자신이 그토록 사모하던 성을 내려다보았다.[68] 그러나 필립 아우구스투스와 마찬가지로, 그는 그 성문으로 들어가지 못했고, 욥바에서 상징적인 승리를 거둔 뒤에는 그것으로써 팔레스타인에서의 군사 원정을 마

Crusades, p. 331)는 바하에딘의 기록에 살라딘의 학살이 암시되어 있다고 생각한다. 그러나 Lane-Poole(Life of Saladin, p. 307)은 그와 상반된 견해를 주장한다. Itinerary(IV. 4)는 리처드의 추종자들이 "그의 명령을 받자마자 뛰어나가면서, 창과 활로 죽은 기독교 포로들을 위해서 보복할 수 있도록 허락해 주신 하늘의 은총에 감사했다"고 기록한다. 이 글에는 살라딘이 학살을 했다는 언급이 없다. 살라딘에게 경의를 품게 된 Lane-Poole은 이 대목에서 "십자군 전쟁에서 문명과 아량과 관용과 진정한 기사도와 점잖은 문화의 덕목들이 모두 사라센 진영에 있었다"고 강조한다. 부르고뉴의 공작은 터키의 포로들을 학살하는 데 가담했다.

67) Itinerary, VI. 23.

68) De Joinville(Life of St. Louis, an. 1253)은 부르고뉴 공작의 시기와 배반이 아니었다면 리처드가 예루살렘을 함락했을 것이라고 단언한다. 그는 리처드가 했다고 하는 말을 인용하는데, 그 말은 너무나 선량하여 사실일 가능성이 희박해 보인다. 어느 장교가 "전하, 이리 오십시오. 예루살렘을 보여드리겠습니다"고 말하자, 왕은 갑옷을 벗고 무기를 내려놓고는 하늘을 우러러 "주 하나님, 제가 당신의 원수들에게서 거룩한 성을 구원해 내기 전에는 그 성을 보지 않도록 해주옵소서" 하고 외쳤다는 것이다. Itinerary는 그 주제에 관해서 아무 말도 하지 않는다.

무리했다. 그는 살라딘과 조약을 체결하여, 그리스도인들이 3년간 두로에서 욥바에 이르는 해안 지대에 안전히 살 수 있도록, 그리고 예루살렘 성내와 성으로 가는 길에서 순례자들이 보호받도록 했다. 1192년 10월에 리처드는 자기 형제 존의 배반 소식을 듣고는 귀국길에 올랐다. 아크레에서 뒤에 남은 사람들의 아쉬움과 탄식 속에 배에 오른 그는, 살라딘에게 자신이 돌아와 다시 한 번 대결을 벌이겠다는 전갈을 보내는 일을 잊지 않았다.

잉글랜드 왕의 무공(武功)은 아랍인들에게조차 감탄을 이끌어냈는데, 그들의 역사가는 그가 사라센 진영을 조금도 두려워하지 않고 헤집고 다니는 동안 사라센 병사들이 무서워서 감히 그에게 손을 대지 못했다고 전한다. 그는 살라딘과 선물을 주고받았다.[69] 제3차 십자군 원정에 참전했던 어떤 사람은 리처드가 헥토르(아킬레스에게 살해당한 트로이의 용사: 역자주)의 용기와 아킬레스의 도량, 오디세우스의 지혜, 네스토르의 웅변, 알렉산더에 못지않은 역량이 있었다고 평가한다. 13세기 프랑스 저자들은 사라센족의 어머니들이 리처드가 잉글랜드로 돌아간 오랜 후까지도 자녀들을 복종하게 하거나 조용히 시킬 때 그의 이름을 사용했다고 전하는데, 그가 사라센족에게 끼친 두려움이 그만큼 컸던 것이다. 그에게는 고드프루아와 루이 9세의 신앙적 면모가 없었지만, 그럴지라도 용맹과 힘과 도량에 힘입어 십자군 지도자들의 선두에 서 있다.

리처드는 잉글랜드로 돌아가자마자 과거에 욥바에서 적개심의 빌미를 준 오스트리아의 공작 레오폴트에게 사로잡혔다. 공작은 자신의 포로를 시칠리아 문제로 그에게 원한을 품고 있던 황제 하인리히 6세에게 넘겼다. 리처드는 막대한 금액의 보석금을 지불하고 자신의 왕국을 제국의 봉토로 바치는 굴욕적인 조건으로 풀려났다. 십자군들의 가장 유명한 대적이었던 살라딘은 1193년 3월 4일에 죽었다. 기독교 세계는 그의 기사적 용맹과 교양과 도량에 대해서 아랍의 저자들과 한목소리로 찬사를 보냈다.[70] 두 명의 라틴 사제들을 성묘와 나사렛과 베들

---

69) 그 역사가는 Lane-Poole(p. 354)이 인용하는 Baha-ed-din이다. De Hoveden은 그 선물이 과일이었다고 하고, *Itinerary*는 말이었다고 한다.

70) Vincent de Beauvais가 전하는 서방의 전설은, 살라딘이 죽어가면서 자신의 기수(旗手)에게 전쟁 깃발을 들고 다마스쿠스 거리를 자신의 죽음을 알리는 깃발, 즉 누더기를 꽂은 창을 들고 거리를 다니면서 "보라, 동방의 왕이 죽을 때는 이 옷 외에는 아무것도 가져가지 못한다"고 외치라고 명령했다고 한다.

레헴의 세 교회에 머물게 해달라는 허버트 월터의 부탁을 흔쾌히 들어준 그의 태도란 얼마나 정중한 것이었던가?[71]

아크레 재탈환과 예루살렘으로 가는 순례자들의 보호 요청 수락은 무수한 인명 손실과 십자군 모집을 위해 쏟아 부은 오랜 세월의 노력과, 무수한 경비와, 유럽의 큰 민족들의 결합을 감안할 때 참으로 빈약하기 짝이 없는 업적이다. 다른 십자군 원정들도 마찬가지였지만, 이번 제3차 원정에서도 십자군에게 패배를 안겨준 중요한 원인은 사라센족도 아니고 살라딘의 탁월한 역량도 아니고 다만 십자군 부대의 자중지란이었다. 제3차 십자군 원정을 끝으로 이제 다시는 유럽의 대규모 병력이 십자가를 위해서 시리아 땅에 가서 싸우는 일은 없었다.

54. 어린이 십자군

"부요로운 동방이 우리 앞에 향기롭게 꽃 피어 있다.
모든 아름다운 땅이 우리를 향해 손짓하는데,
북쪽나라의 산과 늪을 떠나 망망대해를 날아가는 학(鶴)을
우리도 따라가야 한다."

— 찰스 킹슬리, 「성인의 비극」(*The Saint's Tragedy*)

십자군의 비극들 가운데 가장 처참했던 것은 어린이 십자군이었다. 이것은 많은 무고한 어린이들을 죽음으로 내몬 사건으로서, 오직 멀고 먼 미래에 가서야 밝혀질 섭리의 비밀들에 속한다.

1212년에 프랑스와 독일의 어린이들 사이에서 십자군 열기가 전염병처럼 크게 퍼졌다. 성직자가 조장한 열기에 사로잡힌 이 운동은 가엾은 재앙으로 귀결

---

71) *Itinerary*는 살라딘과 오늘날까지 성묘 교회에 나타났다고 하는 악명 높은 거룩한 불의 기적 이야기를 전한다. 하루는 살라딘이 공중에서 거룩한 불이 내려와 등불에 붙는 것을 보고는 그것이 사기임을 증명하기 위해서 등불을 불어서 끄라고 명령했다. 그러나 마치 기적에 의한 것처럼 불어도 다시 붙었다. 재차 삼차 불어서 꺼도 다시 붙었다. "보이지 않는 권능을 거역하는 것이 얼마나 허망한 짓인가!" 하고 *Itinerary* 저자는 외친다(V. 16).

되었다.

프랑스 어린이들의 원정은 샤르트르 근처의 클루아에에 사는 열두살 난 목동 스테펭이 이끌었다. 그가 본 환상이 소문으로 나돌았는데, 그리스도께서 순례자의 모습으로 그에게 나타나셔서 성지를 구출해달라고 호소하셨다는 것이었다. 소년은 생 드니로 가서 자신이 본 환상을 알렸다. 어린이들이 그의 주변에 몰려들었다. 열정이 부르타뉴에서부터 피레네 산지까지 확산되었다. 프랑스 왕이 나서서 운동을 막아보려 했지만 소용이 없었다. 이렇게 해서 형성된 수가 3만 명으로, 소년들뿐 아니라 소녀들도 있었고, 어린이들뿐 아니라 어른들도 있었다.[72] 어디로 가려고 하느냐는 질문에, 그들은 "우리는 하나님께로 갑니다. 바다 건너에 있는 성지들을 찾아갑니다" 하고 대답했다. 이들은 마르세유에 도착했으나 그들이 마른 땅을 밟도록 파도가 놔주지 않았다.

독일에서 운동을 일으킨 어린이는 열 살의 니콜라우스와 이름이 밝혀지지 않은 두 번째 어린이 지도자였다. 쾰른이 이들의 집결지였다. 귀족 가문의 자제들도 가담했다. 소년·소녀들과 함께 다양한 부류의 성인 남녀들도 따라갔다.

익명의 지도자가 이끈 이 부대는 스위스 동부를 지나 알프스를 넘어 브린디시에 도착했고 그곳에서 일군의 어린이들이 배를 타고 나섰는데, 이들의 소식은 다시는 들려오지 않았다. 니콜라우스의 부대는 1212년 8월에 제노바에 도착했다. 어린이들은 노래를 부르며 이동했는데, 다음과 같은 옛날 독일 찬송이 그들과 관련된 것으로 오인되어 왔다.

> "지극히 아름다우신 주 예수님,
> 천지만물을 다스리시는 주재이시며,
> 사람과 하나님이시요 아들이신 당신을
> 제가 사모하오며
> 영광을 돌리옵나이다.
> 제 영혼의 영광과 기쁨과 면류관이시여."

고생과 죽음과 도덕적 문란으로 인원이 2만에서 7천으로 줄었다. 제노바에서

---

72) Hurter는 전해져 내려오는 숫자를 크게 과장된 것으로 간주한다.

배를 타고나선 이들에게 파도는 마르세유에서처럼 무자비했다. 어린이들 가운데 일부는 그 도시에 남았는데, 전하는 바로는 훗날 저명한 가문들의 조상들이 되었다고 한다.[73] 나머지는 이탈리아를 관통하여 브린디시로 갔는데, 그곳에서 브린디시의 주교가 그들의 이동을 더 이상 허락하지 않았다. 확인되지 않은 보고에 따르면 어린이들이 교황에게 서약의 의무에서 풀어달라고 호소했으나 교황이 그들의 호소를 거절했다고 한다.

프랑스 어린이들의 운명이 훨씬 더 가련했다. 이들은 마르세유에서 "하나님을 위해 대가 없이" 지중해를 건너게 해주겠다고 제의한 두 노예 상인들의 속임수에 걸려들어 희생되었던 것이다. 그 두 사람의 이름, 위그 페레우스(Hugo Ferreus)와 기욤 포르쿠스(William Porcus)가 잊혀지지 않고 남아 있다. 어린이 십자군을 수송하기 위해 선박 일곱 척이 동원되었으며, 두 척이 사르디니아 북서쪽 해안에서 떨어진 산 피에트로라는 작은 섬에서 좌초했다. 나머지는 아프리카 해안에 도착했고, 어린이들은 노예로 팔렸다.

교황 그레고리우스 9세는 산 피에트로의 '새 무고자들의 예배당'(ecclesia novorum innocentium)에서 어린이 십자군의 재난을 애도하는 집회를 가졌다. 인노켄티우스 3세는 유럽 사회에 새로운 십자군을 소집할 때 어린이들이 당한 참상을 거론했다. "그들이 우리를 부끄럽게 합니다. 그들이 성지 회복을 위해 달려가고 있는 동안 우리는 잠을 자고 있었습니다."[74] 손익 계산이 치밀한 우리 시대의 눈으로 바라볼 때 어린이 십자군 같은 운동이 정말로 있었겠는가 믿기지 않겠지만, 전설의 영역으로 제쳐두기에는 신빙성 있는 증언들이 대단히 많으며, 13세기에 일어난 어린이 십자군의 참극은 앞으로도 계속해서 베들레헴의 어린이들이 헤롯의 손에 처참하게 죽었던 사건과 연관될 것이다.

55. 제4차 십자군 원정과 콘스탄티노플 함락(1200-1204)

73) Wilken은 이 이야기를 뒷받침하기 위해서 *History of the Genoese Senate and People*(by Peter Bizari, Antwerp, 1679)을 인용한다. 그 가문들 가운데 하나가 비발디 가문이었다.

74) 참조. Wilken, VI. 83.

역사에서 제4차 십자군만큼 원래의 목적에서 완전히 빗겨나간 계획은 찾아보기 어려울 것이다. 성지를 장악하고 있는 세력에 일격을 가하기 위해서 출발한 제4차 십자군은 기독교 도시 자라를 파괴하고 콘스탄티노플의 그리스 제국을 전복시켰다. 이번 십자군의 목표는 베네치아의 맹인 총독 헨리 단돌로(Henry Dandolo)에 의해 결정되었다. 제1차 십자군이 예루살렘 라틴 왕국을 수립하는 것으로 끝났다면, 제4차 십자군은 콘스탄티노플 라틴 제국을 수립하는 것으로 귀결되었다.

　인노켄티우스 3세는 교황으로 즉위하면서부터 십자군 정신을 회복하는 데 총력을 기울였다. 잉글랜드·프랑스·헝가리·시칠리아의 왕들에게 서신을 발송했다.[75] 비잔틴 황제에게도 서신을 보내 사라센족을 격퇴할 것과, 그리스 교회를 모교회인 로마 교회에 복종시킬 것을 촉구했다.[76] 이전의 십자군 원정들이 실패로 끝난 이유를 십자군 병사들의 죄악 탓으로 돌렸다. 만약 죄를 짓지 않았다면 십자군이 일당 천 혹은 일당 만의 전과를 올렸을 것이고, 십자가의 원수들이 연기처럼 밀랍처럼 자취를 감추었을 것이라고 했다.

　교황은 새로운 원정 자금으로 자기 수입의 1/10을 내놓았고, 추기경들에게도 그렇게 하라고 지시했다. 성직자들과 모든 그리스도인들에게도 후하게 연보하라고 촉구했다. 십자군 병사들이 남기고 떠날 고향의 재산과 토지는 교황청이 특별히 보호해 주겠다고 약속했다. 영주들에게는 유대인 대금업자들에게 원정을 위한 대출금에 대해서 이자를 받지 못하도록 규제하라고 지시했다. 십자군의 열기를 촉진하기 위해서 제노바와 피사, 베네치아에 자신의 특사들을 파견했고, 이 도시들에 대해서 사라센족에게 무기와 식량 등의 물품을 공급하지 못하도록 금했다. 구약 시대에 이스라엘이 아말렉족과 싸울 때 모세가 이스라엘을 위해서 기도했듯이, 십자군을 위해서 특별히 기도를 드릴 추기경을 따로 세웠다.

　시토회 대수도원장 마르티누스는 독일 각처를 다니며 십자군 원정의 당위성을 역설했고, 뇌일의 웅변가 퓔크는 인노켄티우스 3세의 위임을 받고서 부르고뉴와 플랑드르와 노르망디의 귀족들과 민중들 가운데서 무수히 많은 자원 입대자들을 얻어서 명성을 떨쳤다. 1199년에 그의 설교를 듣고서 샹파뉴의 백작 티

---

75) *Epp. of Innocent*, I. 353, 354, etc., Migne, 214, 329 sqq.
76) *Ep.* I. 353, Migne, 214, 325 sqq.

보(Thibaut), 블루아의 루이, 플랑드르의 볼드윈, 시몽 드 몽포르가 참전 서약을 했다.[77] 샹파뉴의 전례관(典禮官) 빌라르두앵(Villehardouin)도 원정에 참여하여 흥미로운 역사 기록을 남겼다. 제1차 십자군 원정의 경우와 마찬가지로 원정대를 이끈 세력은 군주들이 아닌 귀족들이었다.

1200년에 프랑스 수아송에 집결한 지도자들은 베네치아에 사절단을 보내 병력 수송 대책을 타진했다. 지도자들은 이집트를 상륙 지점과 공격 거점으로 정해두고 있었다. 그곳을 장악하면 나일 강 유역에 거점을 둔 사라센족의 보급로를 차단하여 원정을 쉽게 승리로 이끌 것이라는 주장이 득세했던 것이다.[78]

베네치아 정부는 향사(鄕士, esquire. 기사 다음의 신분) 9천 명, 기사 4천5백 명, 보병 2만 명, 말 4천5백 필을 수송하기 위한 선박들을 제공하고, 9개월간의 식량을 8만5천 마르크(19세기 말의 화폐로 약 백만 달러)에 제공하기로 동의했다.[79] 결의문에는 작전의 목표가 '성지 구출'임을 명시했다. 총독 헨리 단돌로는 이미 아흔을 훌쩍 넘어버린 나이에 시력마저 잃었음에도 불구하고 열정과 결의에 가득 차 있었다.[80]

십자군 병력이 베네치아에 집결했다. 함대가 이미 대기해 있었다. 그런데 십자군이 준비해온 자금이 부족한 관계로 약정 금액 가운데 5만 마르크밖에 지불할 수가 없었다. 단돌로는 십자군이 처한 이러한 곤경을 베네치아의 이기적인

---

77) 당시 스물두 살이던 티보와 스물일곱 살이던 루이는 프랑스 왕의 조카들이었다. Villehardouin, 3; Wailly's ed., p. 5. 티보는 십자군이 프랑스를 출발하기 전에 죽었다.

78) 6인 사절단의 일원이었던 Villehardouin은 "여느 나라보다 그곳에서 터키인들을 쉽게 물리칠 수 있었다"고 말한다. 이집트는 십자군들에 의해 종종 "바빌론 땅"이라 불렸다.

79) Villehardouin의 Wailly 판(p. 452)은 그 금액을 4,420,000프랑으로 표기하며, 1마르크를 52프랑과 같다고 간주한다. 정부는 동맹이 지속되는 동안 베네치아가 정복에 따른 전리품의 절반을 차지하는 조건으로 "하나님을 사랑하여" 50척의 무장 갤리선을 추가했다.

80) 그는 1205년에 아흔일곱의 나이에 숨을 거두었고, 성 소피아 교회에 묻혔다. 총독은 사절단에게 보낸 답장에서 다음과 같은 말로써 십자군의 높은 신분을 인정했다. "우리는 영주들이 왕을 제외하고는 가장 높은 신분이라는 것을 알고 있습니다" (Villehardouin, 16; Wailly's ed., 13).

목표를 이루는 데 이용하기로 작심하고서, 십자군을 수송해 주는 대신에 먼저 자라 시를 함락하는 일을 십자군이 거들어 줄 것을 요구했다. 십자군 지도자들은 그 요구를 수락했다. 달마티아의 수도이자 아드리아 해 동부 연안의 주요 시장인 자라 시는 기독교권 헝가리 왕에게 속해 있었다. 자라 시가 베네치아 선박들을 공격하여 약탈한 사건이 베네치아에 공격의 구실을 주었다.[81] 교황특사가 베네치아를 방문하여 침략에 대해 교황의 파문으로 위협했음에도 불구하고 전쟁 준비를 막지 못했다. 마침내 엄숙한 미사가 거행된 뒤에 함대가 출발했고, 단돌로가 사실상 사령관직을 맡았다.

화려한 외장을 갖춘 480척의 함대가 발진하는 이 광경은 아드리아 해의 여왕 베네치아의 해군 작전사에서 손꼽을 만한 장관으로서 무수한 목격자들이 글로 남겼다.

자라 시는 1202년 11월 24일에 함락되어 무차별 약탈을 당한 뒤 완전히 파괴되었다. 사건을 접한 인노켄티우스는 사탄이 기독교 주민들에게 가해진 이 파괴적인 침공을 사주했다고 규정하고서 침공에 참여한 자들을 파문에 처했는데, 그 조치가 결코 무리한 것이 아니었다.[82]

사라센족을 격퇴하기 위해서 조직되었다가 일개의 약탈 원정으로 전락한 제4차 십자군은 이제 콘스탄티노플로 진격할 참이었다. 합법적인 황제 이삭 앙겔루스(Isaac Angelus)가, 제위를 찬탈한 자기 친형제 알렉시우스 3세(Alexius III)의 손에 두 눈이 뽑힌 채 감옥에서 신음하고 있었다. 그리고 이삭의 아들 알렉시우스가 일전에 인노켄티우스 3세와 슈바벤의 필립을 방문하여 자기 아버지를 도와달라고 호소한 바 있었다. 독일 제위를 요구하던 필립은 이미 그의 누이와 결혼

---

81) 빌라르두앵은 자라를 공격하자는 제안을 언급한다. Robert of Clary와 그 밖의 저자들은 단돌로가, 함대를 이끌고 이슬람 영토를 쳐들어가서 맨 처음에 거둔 전리품으로 십자군의 부채를 갚자는 경박한 제안을 했다고 진술한다. 나중에 그 제안을 포기하고 자라 시를 공격하는 안을 제시했으며, 십자군은 자신들이 처한 상황 때문에 울며 겨자 먹기로 그 제안을 받아들였다. 1202년 5월에 단돌로가 이집트의 술탄과 비밀 조약을 체결했다는 비난은 어느 정도 일리가 있다.

82) 후에 십자군 대표단이 인노켄티우스를 방문하고서 그의 사면을 받아냈다. Villehardouin, 107; Wailly's ed., 61. 십자군이 베네치아를 출발하기 전날 뇌일의 퓔크가 죽었다는 소식이 그들에게 전달되었다.

한 상태였다. 그리스 사절단이 자라 시에 도착하여 단돌로와 십자군에게 이삭의 억울한 사정을 해결해달라고 호소했다. 그 요구는 베네치아의 야심에 너무나 잘 부합하는 것이었다. 베네치아 당국으로서는 보스포루스 해협에서 경쟁 도시들인 피사와 제노바에게 주도권을 빼앗길지도 모를 빠듯한 처지에 있었는데, 이제 두 도시에 대한 우위를 확고히 다질 절호의 기회를 맞이하게 된 것이다.

알렉시우스는 베네치아가 파병해 줄 경우에 대한 보상으로, 은 2십만 마르크를 지불하고, 무슬림의 압박에 대처하기 위해 일년 동안 만 명의 병력을 유지하고, 5백 명의 기사들을 성지로 보내 영구 수비대로 삼고, 동방 교회를 교황에게 복종시키겠다는 아주 솔깃한 제안을 했다. 총독은 즉각 그의 제의를 수락했으나, 십자군 진영으로부터 강한 반발이 터져나왔다. 교황이 십자군의 기수를 콘스탄티노플로 돌릴 경우 파문을 풀지 않겠다고 경고했으나 총독은 귀담아 듣지 않았다. 시몽 드 몽포르 같은 소수의 십자군 지도자들은 사적인 목적에 이용당하기를 거부한 채 원정대에서 철수했다.[83]

함대는 코르푸에 도착하기 전에 알렉시우스와 합류했다. 1203년 6월 말에 함대는 이미 다르다넬스 해협을 통과하여 맞은 편 항구인 골든 혼에 입항했다. 주교들과 성직자들의 기도와 설교가 있은 뒤에 십자군은 갈라타 탑을 공격하여 탈취했다. 알렉시우스 3세는 도주했고, 이삭이 권좌에 복귀했다.

하지만 그리스인들은 알렉시우스가 베네치아인들과 맺은 조약이 실천할 수 없는 것임을 발견했다. 그들은 혼란과 당혹에 휩싸였다. 두 번에 걸친 대 화재가 도시의 상당 부분을 삼켜버렸다. 한 번의 화재는 십자군의 분노를 촉발한 이슬람교 사원에서 시작했다.[84] 조약이 일방적으로 불리하게 체결되었다는 점과 서방 사람들이 와 있다는 점에 불만을 느낀 알렉시우스 두카스(Alexius Dukas, 짙

---

83) Villehardouin, 109. Pears(p. 268)는 십자군이 "그때까지 사납게 밀려오는 무슬림의 침공의 파도가 와서 부닥쳐 분쇄되었던 성채(城砦)를 파괴함으로써 중세의 큰 죄악을 저지를" 위기에 처해 있었다고 비감하게 말한다. 물론 십자군의 동기가 옳았던 것은 아니지만, 그래도 콘스탄티노플과 그리스인들의 운명을 애도할 일만은 아니었다. 라틴인들이 그 도시를 정복함으로써 터키인들에 대한 저항이 더 오래 지속되었던 것이다.

84) 아랍인들이 도시에 거주하면서 자신들의 종교 의식을 거행할 권리를 부여받고 있었다.

은 눈썹 때문에 무르주플로스〈Murzuphlos〉라는 별명이 붙음)는 이삭과 그의 아들을 권좌에서 쫓아내고 정권을 장악했다. 곧 이어 왕자를 처형했으며, 이삭도 곧 아들의 뒤를 따라 무덤으로 들어갔다.

황궁이 혼란에 휩싸인데다 약속된 보상금도 지불되지 않자, 침략자들은 그것을 충분한 구실로 삼고서 1204년 4월 12일에 콘스탄티노플을 공격하여 장악했다. 무자비한 약탈과 난동이 잇달았다. 심지어 수녀원에 거주하는 수녀들조차 고삐 풀린 욕정에 희생되었다. 궁전들뿐 아니라 교회들과 제단들도 파괴되었다. 성찬용 잔들이 술잔으로 천하게 사용되었다. 성 소피아 성당의 총대주교 권좌에 창녀가 앉아 병사들을 위해서 음란한 노래를 부르고 춤을 추었다.[85]

인노켄티우스 3세는 그 도시의 정복에 관해서 기록하면서 다음과 같이 말한다:

> "그대들은 신성한 것들을 아끼지 않았고, 나이와 성별도 가리지 않았다. 온 세상이 보는 앞에서 매춘과 간음과 방탕에 탐닉했다. 죄로 얼룩진 욕정을 채우되 기혼 여성들뿐 아니라 구주께 인생을 바친 부녀들과 처녀들까지도 가리지 않았다. 황실의 보화들과 부자와 가난한 자들의 재물로 만족하지 못하고 교회 재산까지 차지했다. 제단들의 은 탁자들을 약탈했고, 성구실들에 난입했으며, 교회 기물들을 훔쳤다."[86]

후대 사람들은 이러한 광란에다가 문학과 예술에 복원할 수 없을 지경으로 가해진 만행을 덧붙여 소개하면서 크게 애석해했다. 동방 제국이 8백 년간 축적해 온 보물들이 처음으로 약탈자들에게 노출되었다. 이들은 성 소피아 성당 같은 유서 깊은 교회들에 난입하여 제단들을 파괴하고, 거리들과 대로변에 서 있는 귀중한 동상들을 녹여 가지고 갔다.[87]

---

85) Hurter(I. p. 685)는 콘스탄티노플 정복을 예루살렘 함락과 비교하면서 베네치아인들과 전리품에 눈먼 그들의 탐욕에 비해 고드프루아와 제1차 십자군 병사들의 경건이 정말로 탁월한 것이었다고 칭송한다. 예루살렘에서 자행된 참혹한 학살을 망각하고서 한 말이다.

86) *Reg.*, VIII. *Ep.*, 133.

87) 니케타스는 약탈당한 보물들의 목록을 기록한다. 참조. Gibbon, LX., and Hurter.

콘스탄티노플은 성유물들이 가득 보관된 풍성한 곳간임이 입증되었다. 이 사실이 십자군 병사들의 탐욕과 미신을 자극하고 충족시켰다. 이들은 숭배 대상물들을 가로채면서 독실한 숭배와 제8계명을 범하는 행위 사이에 어떠한 괴리도 느끼지 못했다. 어떠한 질문도 하지 않는 맹신의 분위기 속에서 성인들의 유골들과 옷가지들, 그리고 그 밖의 유물들이 쉽게 발견되어 서유럽으로 분주히 운송되었는데, 야곱의 돌베개와 뱀으로 변했던 모세의 지팡이, 참 십자가, 마리아의 의복 조각들이 그렇게 운송된 대표적인 성유물들이다. 캘리포니아가 1849년에 세계에 금을 공급했고, 남아프리카 공화국의 트랜스발이 다이아몬드를 공급했듯이, 십자군에 의해 함락된 콘스탄티노플은 라틴 기독교 세계에 성유물들을 공급했다. 서유럽의 읍들과 도시들이 이 유물들을 반겼으며, 수도원들은 그것들을 보유함으로써 유명하게 되었다.

1205년에 수아송의 주교 니벨롱(Nivelon)은 성 스데반의 머리, 사도 도마가 구주의 허리에 넣었던 손가락, 가시면류관에서 빠진 가시, 성모 마리아의 소매 없는 셔츠의 자락과 허리띠, 주께서 최후의 만찬 때 두르셨던 수건의 일부분, 세례자 요한의 팔, 그 밖의 귀중한 고대의 유물들을 수아송으로 보냈다. 할버슈타트 시와 그 도시의 주교 콘라트는 십자가에 흐른 피, 해면과 갈대와 홍포의 조각들, 의인 야고보의 머리 등을 손에 넣는 행운을 얻었다. 프랑스 상스 시는 가시 면류관을 받았다. 구주께서 흘리신 눈물은 셀리겐쿠르트로 보내져 그것을 보관하게 된 수도원의 명칭을 '거룩한 눈물의 수도원'으로 바꿔놓았다.[88] 아미앵은 세례자 요한의 머리를 받았다. 잉글랜드의 세인트 올번스는 성 마가레트의 손가락 두 개를 받았다. 참 십자가는 주교들의 호의로 귀족들에게 분할 배분되었다. 그 조각 하나를 볼드윈이 교황 인노켄티우스 3세에게 보냈다.

이렇게 성유물들을 주고받은 경우들 중에서 가시 면류관만큼 성대한 의식을 갖춘 경우는 다시 없을 것이다. 이것은 볼드윈 2세가 프랑스 왕에게 은 1만 마르크를 받고 보냈다.[89] 황제 프리드리히 2세의 배려로 자유롭게 독일 땅을 통과한

---

88) 세르기의 달마티우스는 자신이 기도 응답으로 성 클레멘스의 머리를 발견하고서 속임수로 그것을 가로챘다는 호기심을 자극하는 이야기를 전한다.

89) 매튜 패리스는 이렇게 말한다. "금이나 토파즈로 값을 매길 수 없을 만큼 귀중했던 그것이 프랑스 왕국과 사실상 모든 라틴인들에게 명예롭게도 충직한 그리스도의 추종자들의 기도와 종소리가 울려 퍼지는 가운데 성대한 행렬을 갖추어 엄숙하고

이 유물을 프랑스 왕이 파리에서 받아 맨발에 셔츠 바람으로 시내에서 행렬을 벌였다. 참 십자가의 한 조각과 베들레헴에서 아기 구주를 둘렀던 강보가 파리에 추가로 보내졌다.

콘스탄티노플에 수립된 라틴 제국은 도시가 함락된 1204년부터 1261년까지 존속했다. 베네치아를 대표하는 선제후 6인과 십자군을 대표하는 6인이 모여 플랑드르의 볼드윈을 황제로 선출했다.[90] 그는 성 소피아 성당에서 교황특사에 의해 황제관을 받았으며, 그 즉시 라틴 교회 사제들을 받아들이고 그리스 교회를 교황에게 복종시키는 작업에 착수했다.

인노켄티우스 3세는 기독교 군대가 성사시켜 놓은 이 대단한 일을 보고받고서 한편으로는 분개하고, 다른 한편으로는 교황청에 부과된 새로운 임무를 정략적으로 받아들였다.[91] 베네치아 사람 토마스 모로시니(Thomas Morosini)를 대주교로 임명했으며, 그와 더불어 설치된 라틴 총대주교구가 오늘날까지 존속하면서 그리스인들에게 참기 힘든 모멸감을 안겨주고 있다.[92] 만약 인노켄티우스가 볼드윈의 제안을 따랐더라면 콘스탄티노플에서 에큐메니컬 공의회를 소집했을 것이다.

라틴 황제들 가운데 마지막 인물인 볼드윈 3세(1237-1261 재위)는 상당 기간을 유럽에 머물면서 자금 지원을 호소하고 다녔으나 별로 성과를 거두지 못했다. 그리고 1261년에 미카엘리스 팔라이올로구스(Michael Palaeologus)에 의해

도 경건하게 받아들여져 파리의 국왕 예배당에 안치되었다." Luard's ed., IV. 75; Gles's trans., I. 311.

90) 선출 방식은 도시를 함락하기 전에 정해졌다. Villehardouin, 234, 256-261; Wailly's ed., 137, 152 sqq. 선출은 궁전의 내실에서 이루어졌다. 프랑스 부대의 지휘관 몽페라의 보니파키우스는 황제 이삭의 미망인과 결혼하여 살로니카의 왕이 되었다. 인노켄티우스 3세(VIII. 134, Migne, 215, 714)는 이삭의 미망인이 라틴 교회로 개종한 것을 축하했다.

91) 그는 볼드윈에게 편지하기를, 동방 교회를 진압하는 것이 바람직하긴 하지만, 자신은 성지를 구출하는 데 더 큰 관심이 있다고 했다. 그는 볼드윈과 베네치아인들에게 회개의 떡을 먹음으로써 순전한 마음으로 주님의 전투를 수행할 수 있기를 촉구했다.

92) 그리스 총대주교는 그 도시를 사도적 가난의 상태로 전락시켜 놓았는데, 이에 대해서 Gibbon(LXI)은 "만약 그것이 자발적인 것이었다면 훌륭할 뻔했다"고 말한다.

권좌에서 쫓겨난 뒤에는 제후들과 성직자들을 찾아다니며 하소연하는 가련한 모습을 드러냈다. 그리스인들은 그 뒤로 2백 년 동안 보스포루스 해협을 불안한 상태로 지켰다. 그러다가 결국 콘스탄티노플을 잃게 되는데, 그렇게 된 원인은 도덕성과 진취성을 회복하지 못했기 때문이다. 라틴이 그 도시를 정복한 사건은 기이한 일화일 뿐, 동방 문화 발전의 한 단계를 이룩하지는 못했다. 게다가 서유럽 문화에 새로운 시대의 학문을 재촉하지도 못했다. 다만 그리스 교회와 라틴 교회에 분열의 골을 더 깊이 파놓았을 뿐이다. 결국 제4차 십자군 원정에서 실익을 챙긴 유일한 집단은 베네치아인들뿐이었다.

56. 프리드리히 2세와 제5차 십자군(1229)

팔레스타인을 재정복하고 싶어하던 인노켄티우스 3세의 열정은 그가 죽은 뒤에도 식지 않고 지속되었다. 새로운 십자군 원정이 제4차 라테란 공의회의 주요 의제들의 하나가 되었다. 결국 원정 개시일이 1217년 6월 1일로 정해졌고, 이번 원정이 제5차 십자군으로 알려져 있다. 교황은 사비로 3만 파운드를 낼 것과, 십자군을 로마와 그 주변에서 수송할 선박 한 척을 제공할 것을 약속했다. 추기경들도 수입의 1/10을 내기로 약속했으며, 성직자들에 대해서도 이 거룩한 사업을 위해 3년간 수입의 1/20을 내라고 독려했다. 원정에 직접 참여하는 자들뿐 아니라 돈으로 돕는 참회자들에게 완전 사면을 보장했다. 사라센족에게 모든 상품과 전쟁 물자를 판매할 수 없다는 내용의 교황의 교서를 기독교 지역의 항구들에서 안식일과 금식일마다 낭독하도록 하달했다.

인노켄티우스는 십자군이 출발하는 것을 보지 못하고서 죽었다. 후임자 호노리우스 3세도 십자군을 독려하는 일에 마음을 기울였으나 그 역시 십자군의 출발을 보지 못한 채 죽었다.

1217년에 헝가리의 안드레아스가 십자군을 이끌고 시리아로 갔으나 아무런 성과도 거두지 못했다. 1219년에 홀란드의 윌리엄이 독일인들과 노르웨이인들과 덴마크인들을 이끌고 가서 명의상의 예루살렘 왕 요한을 도와 다미에타를 점령했다. 나일 강 어귀에 자리잡은 이 도시는 이집트의 열쇠로 간주되는 교역의 요충지였다. 십자군은 이집트를 팔레스타인으로 진격하기에 적합한 지역으로 간주했던 것이다. 1218년에 이집트의 군주가 된 말리크 알 카멜(Mailk-al-Kameel)은 다미에타를 넘겨 줄 경우 기독교인들에게 케라크를 제외한 예루살렘과 팔레스타인 전역을 주고 기독교 포로들을 석방해 주겠다고 제의했다. 십자군으로서는 지금까지 수 차례에 걸친 원정의 목적을 달성할 절호의 기회였으나, 승리에 지레 도취된 채 황제 프리드리히 2세로부터 지원이 있을 것을 기대한 그들은 그 제의를 거절했다. 1221년에 다미에타가 무슬림들에게 함락되었다.

제5차 십자군은 무력보다는 외교로 결과를 거두었다. 지도자 프리드리히 2세는 십자군 정신과는 거리가 먼 사람이었으며, 선조들인 콘라트와 바르바로사의 행적이 그에게 격려가 되지 못했다. 그는 아헨에서 대관식을 치를 때 십자군 원정을 서약했고, 로마에서 다시 대관식을 치를 때 그 서약을 거듭 천명했으나, 서약에 대한 의무감은 조금도 갖고 있지 않았다. 몬트페라트의 콘라트의 손녀로서 예루살렘 왕위 계승자인 이올란테(Iolanthe)와 결혼했음에도 불구하고 교황 호노리우스 3세가 원정 준비를 촉구했을 때도 서둘러 행동에 나서지 않았다. 그는 1227년에 브린디시를 출항했으나, 앞서 말했듯이 병사들 가운데 환자들이 발생했다는 이유로 사흘만에 항구로 돌아왔다.[93]

이렇게 미온적이던 황제가 마침내 40척의 갤리 선과 600명의 기사를 거느리고 출발하여 1228년 9월 7일에 아크레에 도착했다. 그 무렵 이집트와 다마스쿠스의 술탄들이 서로 치열한 투쟁을 벌이고 있었다. 프리드리히는 이러한 정세를 이용하여 말리크 알 카멜과 조약을 체결했다. 10년간 유효하도록 한 이 조약은 이집트 측이 오마르 사원과 성전 지역을 제외한 예루살렘, 베들레헴, 나사렛, 그리고 아크레에서 예루살렘으로 이어지는 순례자들의 길을 그리스도인들에게 넘겨준다는 내용이었다. 1229년 3월 19일에 황제는 성묘 교회에서 스스로 대관식을 치

---

93) Funk는 Wetzer-Welte, VII. 1166에서 말하기를, 당대의 증언을 감안할 때 프리드리히가 병에 걸렸다는 것을 의심할 수 없다고 한다. 하지만 Roger Wendover(a n. 1227)는 그것을 의심했다. Funk는 그레고리우스가 황제의 태도에 화가 나서 그가 병을 핑계로 무책임하게 돌아왔다고 비난한 것이 1239년 이후의 일이라고 말하는데 그것은 잘못이다. 그레고리우스는 1228년의 파문령에서 프리드리히가 "실제로는 자기 왕국에서 누리던 쾌락이 생각나서 돌아와 놓고 육체적 질병이라는 경박한 핑계를 댔다"고 주장했다. 황제와 교황이 화해한 1235년에 그레고리우스는 예루살렘이 "그리스도 안에서 우리의 사랑하는 아들 프리드리히에게 회복되었다"고 말했다.

렀다. 이에 대한 보복으로 같은 날 가이사랴의 대주교가 예루살렘 총대주교의 명의로 그 도시에 성무중지령을 선포했다.[94]

프리드리히는 아마도 자기 왕국을 위협하던 몇 가지 위험 요인들 때문에 1229년 봄에 유럽으로 돌아갔으나, 때는 이미 자신의 철천지원수인 그레고리우스가 자신에게 네 번째로 금령을 선포해 둔 상태였다. 1235년에 그레고리우스는 기독교 세계를 향해서 또 다른 원정을 준비하도록 호소했고, 1239년의 교서에서 황제를 다섯 번째로 파문하면서, 그를 십자군의 가장 큰 장애로 지목했다.[95]

거룩한 성을 시련과 영웅적 투쟁과 사실이든 가상이든 기적의 개입에 의하지 않고 외교 협상으로 얻는다는 것은 틀림없이 독특한 상황이었다. 더 나아가 그 성스러운 목표를 교회의 재가도 받지 않고, 더욱이 교황의 준엄한 파문을 당한 상태에서 달성한다는 것은 더욱 비범한 일이었다.

프리먼(Freeman)은 프리드리히 2세를 억지로 나선 십자군이라 불렀고, 그가 이룩한 예루살렘 정복을 그의 생애에 벌어진 기이한 사건이라고 했다.[96] 프리드리히는 자기 왕국에서 이슬람교도들과 화목하게 사는 것에 대해서 틀림없이 가책을 느끼지 않았으며, 해외에서 그들에게 칼을 빼듦으로써 국내에서 그들과의 관계를 위태롭게 하는 것을 지혜로운 일로 여기지 않았을 것이다. 그레고리우스가 그토록 혐오했는데도 불구하고 그는 예루살렘의 오마르 사원을 방문했고, 그곳에서 거행되는 의식을 보고도 전혀 반감을 품지 않았다. 아마도 생각이 그만큼 자유로웠기 때문에 팔레스타인을 차지하는 문제를 그다지 가치 있는 일로 여기지 않았던 것 같다. 어쨌든 프리드리히의 신앙은 — 혹시 그가 조금이라도 신앙이 있는 사람이었다면 — 정조(情操)를 앞세운 신앙 사업에 열정을 불태우는 그런 유의 것은 아니었다.

그레고리우스는 1235년과 그 다음 해에도 끊임없이 십자군 원정을 호소한 결과 작은 규모의 원정이 몇 차례 감행되었는데, 그 중 하나는 훗날 독일 황제로

---

94) 게롤두스는 예루살렘 총대주교였는데, 그가 그레고리우스 9세에게 프리드리히가 "이집트의 술탄과 기만적인 조약을 맺은 일"을 알렸다.

95) 1240년에 독일 주교들과 제후들은 그레고리우스에게 보낸 청원서에서 그가 프리드리히와 대립하는 것이 십자군 원정에 장애를 초래하므로 중단해 줄 것을 촉구했다.

96) *Hist. Essays*, I. 283-313.

선출된 콘월의 리처드(Richard of Cornwall)가 이끌었다. 팔레스타인에 거주하던 그리스도인들의 형편은 갈수록 열악해져만 가다가, 1244년 10월 14일에 코라스미아족(the Chorasmians)과 벌인 전투에서 거의 궤멸당하다시피 했으며, 그 뒤로 예루살렘은 그리스도인들에게 봉쇄되었다.

57. 성 루이와 마지막 십자군(1248, 1270)

또 다른 위대한 십자군 지도자가 이번에는 순수한 경건을 앞세워 동방을 향해 얼굴을 들었으나, 병에 걸려 돌연히 원정이 무산되는 바람에 길고 길었던 십자군 드라마에 가장 기억할 만한 정경 하나를 제공했다. 제6차와 제7차 십자군은 보통 성 루이로 알려지는 프랑스 왕 루이 9세의 신앙심에서 비롯되었다. 수사의 경건에 기사도를 겸비한 루이는 만대에 걸친 기독교 군주들 가운데 맨 앞열에 세울 만한 인물이다. 그의 신앙 열정은 고해성사와 미사에 성실한 생활로도 나타났지만, 더 나아가 고문의 협박을 무릅쓰고서 끝까지 신앙을 버리지 않고, 심한 역경 속에서 끝까지 인내하는 것으로도 발휘되었다. 가난한 사람들을 배려하고 자기 백성들을 공정하게 대해준 것이 그의 공적으로 꼽힌다. 그는 걸인들의 발을 씻겨 주었으며, 도미니쿠스회 수사로부터 지나친 겸손에 대해 비판을 받았을 때 "내가 만약 그런 봉사에 쏟는 시간보다 두 배나 되는 시간을 오락과 사냥에 쏟는다 해도 아무도 일어나서 나의 잘못을 책잡을 수 없을 것이오"라고 대답했다.

한번은 주앙빌(Joinville)이라는 청지기에게 문둥병자가 되는 것과 대죄를 짓는 것 중 택일하라면 어느 쪽을 택하겠는가 묻자, 청지기는 "문둥병자가 되느니 차라리 서른 가지 대죄를 짓겠습니다" 하고 대답했다. 다음 날 왕은 그에게 "자네가 어떻게 그렇게 말할 수 있는가? 문둥병자가 대죄를 범하는 상태에 들어가는 일이란 없네. 육체의 문둥병은 죽을 때 없어지지만, 영혼의 문둥병은 영원히 따라붙을 것일세" 하고 말했다.

몽고족에게 쫓겨내려온 코라스미아족은 예루살렘을 점령한 뒤에 가자와 아스칼론까지 함락했다. 에데사가 함락되었다는 소식이 백년만에 유럽 사회를 들끓게 했지만, 유럽인들의 정서는 더 이상 예전과 같지 않았다. 팔레스타인이 참혹한 상태에 떨어졌다는 소식은 어제오늘의 일이 아니었다. 이제는 제후들과 민중들의 양심을 일깨우고 그들의 정서에 방향을 제시해 줄 만한 베르나르 같은 인물이 더 이상 존재하지 않았다. 1245년에 열린 리옹 공의회는 네 가지 주요 의제 가운데 성지 회복을 포함시켰다. 교황과 공의회가 새로운 원정을 선언했고, 원정에 참여하는 사람들에게 예전과 같은 후한 은전들이 제의되었다. 이에 성 루이가 가겠다고 나섰다. 1245년에 심한 병을 앓고 마침내 그가 죽었다고 생각한 신료들이 그의 얼굴을 덮으려 하던 순간에 왕은 의식을 되찾고서 십자가를 자기 가슴에 얹으라고 지시했다.

1248년 6월 12일에 루이는 생 드니에서 교황특사에게서 생 드니의 붉은 깃발[王旗]과 순례자의 전대와 지팡이를 받았다. 그의 친형제 세 명 — 아르투아의 백작 로베르, 푸아티에의 백작 알퐁소, 앙주의 샤를 — 이 그와 합류했다. 왕을 따른 그 밖의 사람들로는 샹파뉴의 청지기 주앙빌이 포함되어 있었는데, 그가 기록한 생생한 연대기가 십자군의 활동상을 잘 보존해 주었다.[97] 원정에 나선 병력수는 3만2천 명이었다. 베네치아와 제노바의 함대들이 그들을 키프로스까지 수송했고, 그 섬에서는 미리부터 병력 주둔을 위한 준비가 대대적으로 진행되어 있었다. 십자군은 키프로스를 떠나 이집트로 항해했다. 그들은 다미에타를 함락했으나, 이 첫 번째 승리를 거둔 뒤에 낙심천만한 재앙이 발생했다. 루이는 자애롭고 솔직한 인물이었으나 지도자로서 군대를 휘어잡을 장악력은 부족했다. 병사들과 어려움을 함께 나눌 마음은 있었으나 그들을 일사불란한 조직으로 엮어낼 역량은 없었다.[98] 그의 경건으로는 병영에서 일상적으로 자행되던 악들을 막

___

97) 주앙빌(Joinville)은 기사 20인을 대동하고서 키프로스 왕과 합류했다. 그는 종교적 열정을 지닌 사람으로서 원정에 나서기 전에 자기 도시 일대의 모든 성소들을 순례했으며, 오랜 여정 동안에 금요일에는 반드시 빵과 물만 먹었다(History, an. 1250). 그가 남긴 글의 한 단락은 수많은 십자군 병사들이 고향을 떠나 동방을 향해 멀고도 불확실한 여행을 나설 때 틀림없이 느꼈을 슬픔을 생생한 통찰로써 기록한다. "주앙빌의 성 근처를 지나갈 때 나는 혹시라도 감당할 수 없는 후회가 밀려와 내가 진심으로 사랑하는 내 아이들과 아름다운 주앙빌 성을 떠나지 못하게 될까봐 두려워서 감히 그쪽으로 눈을 돌리지 못했다."

98) 주앙빌은 루이가 "불행할 때뿐 아니라 평화로울 때도 자기 백성들을 통합하는 데 많은 어려움을 겪었다"고 말한다.

을 수 없었다.

알렉산드리아를 한켠으로 제쳐놓고, 뱀을 죽이려면 먼저 그 대가리를 쳐야 한다고 주장한 아르투아의 백작의 조언을 받아들인 루이는 당시에 바빌론이라 불리던 수도 카이로를 향해서 진격했다. 하지만 그의 부대는 잠들지 않은 적군의 한 병사에게 시달렸고, 열병과 이질로 병력수가 줄어들었다. 이윽고 벌어진 전투로 인하여 나일 강이 썩어가는 시체들로 오염되었다. 만수라에서 터키 군대는 십자군에게 철저한 패배를 안겨주었다. 프랑스 왕과 푸아티에 백작은 퇴각하던 길에 생포되었다. 아르투아의 백작은 전사했다. 십자군 역사상 이렇게 심한 굴욕을 당한 유례가 없었다.

이 불행한 상황에서 왕의 인내와 지조가 빛을 발했다. 고문과 죽음으로 협박을 당하는 상황에서도 그는 신앙을 버리지도 않았고, 팔레스타인의 땅 한 뼘도 양보하지 않았던 것이다. 그는 자기 병력들을 풀어주는 대가로 5십만 리브르를 제공하기로 합의하고, 자신의 석방을 위해서 다미에타를 양도하고 이집트를 포기하기로 합의했다. 술탄은 자신이 제시한 조건을 왕이 흔쾌히 수락하는 모습을 보고서 보석금의 1/5을 감면해 주었다.

술탄이 제공한 의복을 입고 변변한 편의 시설도 제대로 갖추지 못한 선박을 이용하여 왕은 아크레를 향해 항해했다. 선상에서 자기 형제 앙주 백작과 발터 드 느무르가 도박을 하고 있다는 소식을 들은 그는 병든 몸을 간신히 일으켜 도박판으로 가서는 주사위와 탁자와 돈을 빼앗아 바닷물로 집어던지고는, 어찌 형제의 죽음과 이집트에서 당한 그 밖의 재앙들을 그토록 속히 잊고 도박을 벌일 수 있느냐고 꾸짖었다. 아크레에 당도한 루이는 그곳에서 3년을 머물면서 많은 비용을 들여 야파와 시돈, 그리고 그 밖의 지역들을 요새화했다. 그가 왕궁을 비운 사이에 자신을 대신해서 섭정직을 수행한 어머니 블랑셰(Blanche)가 죽었다는 소식을 들은 그는 서둘러 프랑스로 돌아갔다.

사자심왕 리처드와 마찬가지로, 루이는 예루살렘을 마음에 두지 않았다. 다마스쿠스의 술탄이 그에게 예루살렘 입성 기회를 제의한 적이 있었는데, 만약 고문들의 반대가 아니었다면 그는 그 제의를 수락했을 것이다. 그의 고문들은 그가 부대를 떠나면 부대가 위험에 처하게 된다는 점과, 리처드의 예를 들어 점령하지 못한 도시에 들어간다는 것은 왕의 위엄에 어울리지 않는다는 점을 들어 예루살렘 입성 제의에 반대했던 것이다. 루이는 1254년 봄에 배를 타고 아크레를 출발했다. 왕비 마가레트와 동방에서 낳은 세 자녀도 함께 갔다. 한때 화려한 성공을 기약했던 원정치고는 대단히 쓸쓸한 결말이었다.

워낙 철저한 실패였던 까닭에 이제 팔레스타인을 되찾을 수 있다는 희망을 완전히 접어야 할 상황이었다. 그러나 유럽인들의 정신을 사로잡고 있던 십자군의 정신은 여전히 강력했다. 우르바누스 5세와 클레멘스 3세가 기독교 세계를 향해서 다시 십자군 원정을 호소했으며, 루이도 성지를 잊지 못했다. 1267년에 가시면류관을 직접 만져보았던 그는 회집한 고위 성직자들과 귀족들 앞에서 십자군 원정을 다시 감행할 뜻을 밝혔다.

한편 동방에서는 적의 손에 참화가 끊임없이 이어지고 그리스도인들끼리 불화를 일삼는다는 소식들이 들어왔다. 1258년에 40척의 베네치아 함대와 50척의 제노바 함대가 서로 교전을 벌여 1천7백 명이 목숨을 잃는 사건이 발생했다. 일년 뒤에는 성전 기사단과 자선 기사단이 서로 치열한 전투를 벌였다. 1263년에는 이집트의 맘루크 왕조(the Mamluk)의 창건자 비바르스(Bibars)가 군대를 끌고 아크레로 쳐들어왔다. 1268년에는 안디옥이 함락되었다.

루이는 몸이 많이 약해진데다 귀족들이 한사코 반대하는데도 불구하고 1270년에 배를 타고 원정길에 올랐다.[99] 함대는 튀니스를 향했는데, 아마도 나폴리의 왕인 앙주의 샤를의 부탁을 존중했기 때문이었을 것이다. 샤를은 그 도시의 술탄에게 시칠리아에 조공을 바칠 의무를 이행하도록 압력을 가할 생각이었던 것이다.[100] 6만 병력이 원정에 가담했으나, 재앙이 이 원정에 부과된 운명이었다. 전염병이 도는 바람에 카르타고에 막사를 설치하지도 못했다. 희생자들 가운데는 마미에타에서 낳은 왕의 아들 장 트리스탕과 왕 자신도 포함되어 있었다. 루이는 평생 지녀온 경건에 부합하게 그 상황을 현실로 달갑게 받아들이며 죽음을 맞이했다. 자신이 죽으면 시신을 재에 묻으라고 지시했으며, "주님, 저희의 간구를 들으시사 이 세상의 번영을 멸시하고 낙경을 두려워하시 않게 해주옵소서"

---

99) 주앙빌은 자신과 동행해달라는 왕의 부탁을 거절하고서, 왕이 국내에 머물러 있어야 나라가 평안을 유지할 수 있으며, 왕이 허약하기 때문에 장시간 갑옷을 착용하거나 말을 타고 가는 것이 무리라는 이유로 원정에 나서지 말라고 조언했다.

100) 술탄은 로게르 2세에게 연례 조공을 바치기로 합의한 바 있다. 그리고 원정 말미에 체결된 조약에서 그는 밀린 조공을 샤를에게 납부하기로 합의했었다.

라는 기도를 거듭해서 올렸다. 8월 24일 밤에 그는 예루살렘을 생각하다가 열로 인해 의식을 잃어가면서 "예루살렘아! 예루살렘아! 우리가 간다" 하고 말했다. 그의 신하가 전한 말에 따르면, 그가 남긴 마지막 말은 "주님, 제가 당신의 집에 들어가, 당신의 성소에서 경배하고, 당신의 이름을 영화롭게 하리이다"라는 것이었다고 한다.[101] 다음 날 왕은 천상의 예루살렘으로 올라갔다. 그의 시신은 프랑스로 운구되어 생 드니에 묻혔다. 1297년에 이 선한 왕은 성인의 반열에 올랐다. 십자군 원정을 이끈 지도자들 가운데 성 베르나르를 제외하고는 유일하게 성인이 되었다.

58. 팔레스타인에서 십자군의 마지막 보루

루이를 끝으로 기독교가 팔레스타인의 일부분이라도 차지할 수 있다는 소망이 완전히 사라졌다. 그의 죽음으로 프랑스 군대도 해산되었다.

1271년에 잉글랜드 왕 헨리 3세의 아들이자 계승자인 에드워드가 튀니스를 경유하여 아크레에 도착했다. 그가 이끈 원정의 규모는 루이의 절반에 지나지 않았다. 프랑스 왕으로부터 빌린 3만 마르크로 그는 원정을 준비할 수 있었다. 배우자 엘레오노르가 함께 갔으며, 이 부부가 시리아 연안에서 낳은 딸은 아크레의 조앤이라 불렸다. 에드워드는 왕위를 계승하기 위해 잉글랜드로 돌아가기 전에 십년간의 공허한 평화조약을 체결했다.

그 뒤에 한때 맹렬하게 타오르던 십자군 열기의 불씨를 되살리려는 시도가 있었으나 성공을 거두지 못했다. 교황으로 선출될 당시에 성지에 가 있던 그레고리우스 10세는 팔레스타인에서 힘겹게 투쟁하고 있는 라틴 식민지들을 지원해야 한다는 열정적인 대의를 가지고 서방을 돌아왔다. 그는 1272년에 아크레를 떠나기 전에 시편 137:5을 본문으로 설교했다("예루살렘아 내가 너를 잊을진대 내 오른손이 그의 재주를 잊을지로다"). 그는 교황에 즉위하고서 하루나 이틀 뒤에 호소문을 발표했으나 반응은 싸늘했다. 1274년에 그가 소집한 리옹 공의회는 십자군 문제가 주요 의제였다. 하지만 2년 뒤에 그레고리우스가 죽었고, 십자군

---

101) M. Pairs, *a n.* 1271.

사업도 폐기되었다.

1289년에 트리폴리가 떨어져 나갔고, 군대 수도회들(기사단) 사이의 치열한 반목과 대립으로 아크레마저 지레 잃었으며(1291), 그 도시를 상실함으로써 시리아에 대한 기독교의 주권이 완전히 막을 내리게 되었다. 6만의 기독교 인구가 노예로 전락하거나 처형되었다. 150년 동안 아크레는 동방에서 라틴인들의 수도였다. 번번이 서방에서 온 군대에게 막사를 제공했고, 유럽의 주요국들에서 온 왕들과 왕비들의 오고 감을 지켜보았다. 그러나 그 도시는 혼란과 악의 대명사이기도 했다. 니콜라우스 4세는 포위 공격을 당하던 아크레를 지원하기 위해서 선단을 파견하면서 다시 한 번 유럽의 제후들에게 지원을 요청했으나 아무도 귀담아듣지 않았다.

십자군 원정이 수 차례 감행되는 동안 그런 운동의 종교적 정당성과 궁극적 가치에 대한 질문이 여기저기서 제기되었다. 12세기가 끝날 무렵에 대수도원장 요아킴(Joachim)은 교황들이 업적을 쌓기 위해서 자신들을 구실로 이용한다고 불평하면서, 여호수아 6:26, 열왕기상 16:24를 근거로 예루살렘 성을 재건하려는 시도에 저주가 임할 것이라고 예언했다. "교황들은 무너진 예루살렘을 위해서 슬퍼하지 말고, 자신들의 예루살렘을 위해서 슬퍼해야 합니다. 그들의 예루살렘은 손으로 짓지 않고 신적 보혈로 산 보편 교회입니다."[102] 도미니쿠스회 총장 홈베르트 데 로마니스(Humbert de Romanis)는 1274년 리용 공의회에서 다룰 의제를 작성하다가, 십자군에 가해진 적어도 일곱 가지 반론을 논박할 필요를 느꼈다. 일곱 가지 반론은 다음과 같다. 칼로 교세를 확장하는 것은 신약성경의 가르침에 위배된다; 그리스도인들이 자기 방어를 할 수 있지만, 다른 나라를 침공할 권한은 없다; 불신자들과 사라센족의 피를 흘리는 것은 옳지 못하다; 십자군들이 당한 재앙들은 그 운동이 하나님의 뜻이 아니었음을 입증한다.[103]

라이문두스 룰루스(Raymundus Lullus)는 북아프리카 선교를 마치고 돌아온 1308년에 다음과 같이 주장했다. "성지 정복은 그리스도와 사도들이 사용하셨던 방법으로만 시도해야 한다. 그 방법이란 기도와 눈물이요, 우리 목숨을 드리는 것이다. 약속의 땅을 정복할 생각으로 그곳에 간 제후들과 기사들이 많은데,

---

102) *Com. in Jerem.*, 참조. Neander, *Ch. Hist.*, IV. 189 sqq.,

103) Mansi, XXIV. 111-120.

하지만 만약 이 방법이 주님을 기쁘시게 하는 것이었다면 그들이 사라센족에게 그 땅을 빼앗았어야 마땅하다. 따라서 경건한 수사들이 보기에는, 주님께서 그들을 사랑하시므로 행하신 일들을 그들도 주님을 사랑하는 태도로 행하기를 기다리시는 것이 분명하다."[104]

하지만 교황 니콜라우스 4세의 계승자들은 무력으로 성지를 정복하려는 집착을 버리지 않았다. 14, 15세기에 그들은 서유럽의 경건한 신자들과 기사들에게 십자군의 필요를 거듭 호소했으나, 그들의 호소는 지나간 시대의 소리로밖에 들리지 않았다. 칼로 팔레스타인을 구하겠다는 것은 공허하고 무기력한 쟁점에 지나지 않았다. 새로운 문제들이 사람들의 정신을 채우고 있었다. 교황들이 아비뇽으로 쫓겨가 지내기도 하고, 로마에서 사치에 빠져 지내기도 하고, 교황령을 놓고 전쟁을 일삼기도 하던 그러한 권위로는 과거와 마찬가지로 유럽의 정신과 활력을 결집하고 방향을 제시할 역량이 없었다. 교황들은 시대의 징조들을 분변하지 못했다. 당시 기독교 세계에는 동방의 성지 수복보다 더 중요한 과제들이 기다리고 있었다.

에라스무스는 그 핵심을 짚어내면서 후대의 견해를 제시했다. 중세가 막을 내리고 있던 시기에 글을 쓴 그는, 터키인들에 대한 전쟁에 반대하고 전도의 방법으로 복음을 전하는 방식을 호소하면서 다음과 같이 말했다. "확실히 우리는 많은 사람을 죽여가면서 스스로 그리스도인이라고 하는 것은 옳지 못하다. 그리스도인이라면 오히려 많은 사람을 구원해야 한다. 무수한 이교도를 지옥으로 보내지 않고 그들을 그리스도인으로 만들어야 하며, 잔인하게 저주와 파문을 던질 것이 아니라 경건한 기도와 마음으로 그들의 안녕을 빌어야 할 것이며, 그들에게 더 올바른 정신을 주시도록 하나님께 구해야 한다."[105]

59. 십자군이 끼친 영향

---

104) *Contemplations of God.* 참조. Zwemer, *Life of Raymund Lull*, 52, 149.

105) 십자가의 원수들에게는 아무리 심한 칭호도 주저없이 사용되었다. 가장 흔한 것이 개들이었다. 리처드 1세의 전기작가는 사라센족이 보내온 선물들을 한 줄로 언급하고는 곧 이어 아무런 가책도 없이 그들을 개들이라고 불렀다. 참조. *Itin. Ricardi*, etc.

십자군은 세 가지 점에서 실패했다. 첫째로, 성지를 얻지 못했다. 둘째로, 이슬람의 진격을 항구적으로 저지하지 못했다. 셋째로, 동방과 서방의 분열을 치유하지 못했다. 그런데 이 세 가지가 원래 십자군의 목표였다.

십자군은 오히려 큰 악들의 원인이 되었다. 실천적 신앙과 도덕의 학교로서는 대다수 십자군 병사들에게 이루 말할 수 없는 해악을 끼쳤다. 적의 나라에 들어가 체류하면서 전쟁을 치르는 동안 도덕을 해이하게 하는 나쁜 영향에 깊이 물들었다. 십자군 막사들에서 퍼진 악들이 유럽 사회에 깊은 수치를 안겨주었다. 교황들은 그런 현실을 개탄했다. 베르나르는 그들의 악을 들춰냈다. 저자들은 지상의 예루살렘을 정복하는 데 열중하느라 하늘의 도성을 망각하고 지내는 자들의 치명적 오류를 지적했다. "많은 이들이 우리의 예루살렘이 이곳에 있지 않다는 것을 생각지 않고 거룩한 성을 향해 나섰다." 1187년에 살라딘이 승리를 거두는 모습을 보면서 월터 맵(Walter Map)이라는 잉글랜드인이 남긴 말이다.

십자군으로 인해 동방과 서방의 관계가 더욱 멀어진 것은 교황들이 동방에 라틴 총대주교구들을 설치하고, 콘스탄티노플 라틴 제국 수립에 동의하는 오만한 태도를 취했기 때문이다. 그리스 황제들과 성직자들이 크게 모욕당한 기억이 아직도 씻겨지지 않았다.

십자군이 끼친 또 한 가지 해악은 그들로 인해 기독교 교리들에 대한 무슬림들의 경멸과 증오가 더욱 깊어졌다는 것이다. 기독교 군대의 야만성, 몰염치한 재산 약탈, 십자군 부대들간의 치열한 불화와 반목이 동방의 주민들에게 몹시 부끄러운 인상을 남겼다. 십자군 원정이 여전히 감행되고 있는 동안에 서유럽 내부에서 반대 여론이 대두했다. 그것은 십자군이 영적 열매를 내놓지 못하고, 오히려 사라센족이 참 신앙으로 회심하기보다 모독하는 데로 멀어졌다는 것이었다.

또한 십자군은 면죄부 제도를 급속히 발달시켰고, 이것이 결국 중세 신학자들의 교의가 되었다. 십자군 운동이 태동할 당시에 우르바누스 2세가 시작한 이 관행이 갈수록 확대 적용되다가, 마침내 동방에 있는 사라센족과 싸우기 위해 무기를 든 전사들뿐 아니라 서유럽의 기독교 이단들을 뿌리뽑기 위해 싸우러 나서는 자들에게 시행되었다. 면죄부가 고해성사의 핵심에 자리잡게 되었고, 그로 인해 기독교 세계의 도덕 의식에 적잖은 해를 끼쳤다. 그 밖에도 교황들과 그들의 사절단이 유럽 각국에 부과한 과중한 세금도 폐해로 지적할 수 있다. 매튜 패

리스는 십자군 원정 비용 갹출이 그 신성한 대의에 얼룩을 남겼다고 비판한다.[106]

그럼에도 불구하고 십자군이 헛되고 무익한 것만은 아니었다. 두 세기가 넘도록 길고 지리하게 계속되면서 두 대륙의 정예 병력을 끌어들인 이 전쟁을 통해서 섭리가 인류 진보를 위해 중요하고 직접적이고 궁극적인 어떤 목적을 이룬 것이 없다고 생각하기란 불가능하다. 십자군 원정들이 끼친 결과와 이 시기에 다른 동인들이 끼친 결과를 구분하거나, 둘을 대조하기란 쉽지만은 않은 일이다. 그러나 몇 차례에 걸친 십자군 원정이 유럽 사회의 다양한 기관과 제도가 중세 후반에 겪은 거대한 도덕적·종교적·사회적 변화에 심히 크게 이바지했다는 것만큼은 분명하다고 할 수 있다.

첫째로, 십자군은 자기와 자기 가정만 알고 살던 사람들에게 숭고하고 비이기적인 목표를 생각하며 살도록 만들었다. 성묘를 구출한 사건은 성직자의 권위를 내세우느라 벌어진 사소한 교권 투쟁들과, 교황청과 제국간의 격렬한 투쟁과, 스콜라주의와 수도원주의가 벌인 지루한 결의론적(決疑論的) 논쟁에서 눈을 돌린 종교적 열정의 결실이었다.[107] 기번(Gibbon)조차 "대다수 십자군 병사들을 움직인 지배적 정서가 숭고한 이상을 향한 열정이었다는 데는 의문의 여지가 없다"고 인정한다.[108]

십자군이 교황제에 끼친 영향은 교황의 권위 신장에 전례 없이 큰 기회를 제공했다는 점이다. 그러나 뒤집어 놓고 생각하자면, 십자군은 평신도를 교육하고 세속적 관심사를 발전시킴으로써 성직위계제도의 권한을 약화시키는 데도 일조했다.

유럽의 정치 제도를 놓고 보자면, 십자군은 유럽 국가들이 그 뒤에도 거의 변하지 않고 견지해온, 구체적인 형태를 띠게 만든 민족 정서를 불러일으키고 발전시켰다. 십자군 운동이 시작되면서 봉건제도가 무너지기 시작했다. 십자군이 끝났을 때 봉건제도는 유럽 전역에서 시대에 뒤진 제도가 되었고, 일부 지역에

---

106) II. 338, etc.

107) Archer(p. 447)는 이렇게 올바로 지적한다. "십자군 원정들은 인류를 쩨쩨한 야심의 차원에서 탐욕스럽지도 않고 이기적이지도 않은 이상을 추구하도록 끌어올렸다. 인간 본성에 내재해 있는 영웅적인 모든 요소를 끌어냈으며, 세계를 숭고한 사고와 행위로 가득 채웠다."

108) *Decline and Fall*, LVIII.

서는 자취를 감추었다. 이런 변화된 환경에서 기사들과 귀족들이 예전과 같은 규모로 살아가기 위해서는 토지를 저당잡히거나 매각해야 했으며, 외국에 멀리 나가 있는 것이 그들의 권위 신장에 전혀 도움이 되지 않았다. 그리고 시리아에 주둔한 십자군 부대들을 중심으로 독립적인 민족 생활의 관습과 자부심이 싹텄다.

서유럽의 학문과 개인의 지성에 대해서, 십자군은 두말할 나위 없이 강한 영향을 끼쳤다. 위로는 황제로부터 아래로는 극히 빈곤한 농노에 이르기까지 모든 계층 사람들이 행군과 주둔 과정에서 직접 접촉하게 되었다는 것은 대단히 중요한 일이었다. 그들은 공동의 대의에서 평등한 존재들이었으며, 자신들이 인류 보편의 특성들을 공유하고 있다는 것을 깨달았다. 이것은 귀족들이 평민 사회와 고립되어 지내던 상황에서는 도무지 알 수 없던 사실이었다. 그들은 여행을 통해서 얻을 수 있는 해방감을 만끽했다.[109] 사회 관습과 지리에 관한 지식도 확대되었다. 호브든의 리처드는 잉글랜드에서 성지까지 구간구간의 거리를 제시했다. 십자군 원정들로 인하여 제1차 십자군을 다룬 라틴어 연대기들에서부터 프랑스어로 기록한 빌라르두앵과 장 드 주앙빌에 이르기까지 가치있는 역사 기록들도 나왔다. 이야기와 로맨스의 샘이 무수히 생겼고, 기독교 기사도의 이상을 실현한 고드프루아와 탕크레드, 성 루이 같은 위인들이 후손들에게 꿈과 용기를 심어주었다.

상업을 놓고 보자면, 동방과의 교역과 당시에 활기를 띠던 해운업 같은 통상적인 동인들만으로는 이탈리아의 항구들이 발달하지 않았을 것이라고 말하기는 어렵다. 하지만 십자군이 상업에 막대한 자극을 주었다는 것은 의심할 수 없는 사실이다. 마르세유의 선단과 이탈리아의 항구들이 수십만을 헤아리는 십자군 병력을 수송하는 과정에서 크게 발전했다. 피사와 제노바, 베네치아의 선원들이 아크레와 다미에타 등의 항구들을 분주히 왕래했다.[110]

---

109) 이 점은 매튜 패리스와 호브든을 비롯한 영국과 그 밖의 중세 연대기 저자들의 글에 분명히 나타난다.

110) 두 기사 수도회의 선박들만으로도 무수히 많은 순례자들을 실어 날랐다. 1182년에 그 선박들 가운데 한 척이 순례자 1500명을 싣고 가다가 이집트 해안에서 좌초했다. 1180년에도 여러 척의 선박이 같은 운명을 당하여 2500명의 순례자들이 익사하고 1500명이 노예로 팔렸다. 1246년에는 두 수도회의 선박들이 마르세유에서만 6천

이러한 다양한 방법으로 무지와 편견의 주술이 풀렸고, 서유럽인들의 정신에 새로운 사고와 자각의 지평이 열렸으며, 멀리 그 지평 너머에는 현대 유럽 문명의 다양한 제도들과 야망이 기다리고 있었다.

여섯 세기가 넘는 세월이 흐른 뒤에도 십자군은 여전히 지혜와 경고의 교훈을 제공하는데, 이것 역시 십자군이 끼친 적지 않은 결과이다. 일신과 가족의 안위를 넘어서서 공동의 대의를 위해 이렇게 거대한 규모로 신앙을 발휘한 예는 종교사에서 두 번 다시 있지 않았다. 십자군이 연출해낸 이 장관이 여전히 진취적 의지를 불어넣는다. 오늘날은 마치 복음이라는 단어가 모든 좋은 소식을 의미하는 뜻으로 사용되듯이, 십자군이라는 단어 자체가 숭고한 도덕적 혹은 종교적 운동과 동의어로 사용된다.

십자군은 교회가 특정 지역에서 거룩한 만족을 구해서는 안 된다는 점과, 교회가 칼로 승리를 거둘 수 없고 다만 평화의 메시지로 인간의 마음과 양심에 호소함으로써, 기도와 예배의 의무를 가르침으로써 사명을 완수할 수 있다는 점을 항상 일깨워 준다. 성묘 교회에서 무릎을 꿇은 십자군 병사는 "어찌하여 살아 있는 자를 죽은 자 가운데서 찾느냐 여기 계시지 않고 살아나셨느니라"는 말씀의 의미를 깨달았다. 그리고 이후의 모든 세대는 십자군의 순례와 오류로 인하여 이 말씀의 의미를 더욱 잘 알게 되었다.

열정에서는 십자군 못지않되 방법과 아울러 그로 인한 결과에서 동이 서에서 먼 것같이 십자군과 크게 달랐던 것이 개신교의 이교 세계에 대한 선교 운동이었다. 기독교 남녀 사절들의 피를 흘렸을 뿐 이교도들의 피를 흘리지 않은 이 운동의 목표는 영토 정복이 아니라 인류 구속이었다.

60. 군대 수도회들

명의 순례자들을 태우고 떠났다. 참조. Prutz in *Essays*, p. 54. 이 저자는 십자군 원정들이 끼친 경제 효과를 강조하면서 다음과 같이 올바로 지적한다. "[십자군 원정들은] 종교, 특히 교회에 오직 부분적으로만 상관이 있었다"(p. 77). '다마스크'(다마스크 천), '타리프'(관세표), '바자'(시장) 같은 아랍어 단어들이 유럽 나라들의 어휘에 소개되었으며, 사프론, 메이즈, 멜론, 작은 양파 같은 농산물들이 보급되었다. 화폐 운송이 신용장 제도를 발전시켰다.

"그리고 성묘를 가리켜
　나는 내 기사의 검을
　그리스도와 그의 복된 교회와 그녀,
　곧 우리 주님의 모친에게 바쳤다."
　　　　　　— 휘티어(Whittier), 「성 요한 기사단」(Knights of St. John)

　십자군이 남긴 중요한 부산물은 세 개의 대규모 군대 수도회들인 성 요한 기사회, 성전 기사회(the Knight Templars), 튜턴 기사회(the Teutonic Knights)이다. 이들은 군인의 신분으로 수사 서약을 했다. 이들은 전투하는 수사들이자 분배 관리인들이었다. 십자군의 상설 병력이었으며, 거의 두 세기 동안 팔레스타인에서 라틴의 기관들과 제도들을 지키는 수호자들이었다. 성전 기사단과 성 요한 기사단은 팔레스타인과 소아시아에서 펼쳐진 많은 전장에서 용맹을 떨쳤다. 1187년에 그들은 기독교 군대가 거의 궤멸되다시피한 티베리아스 전투에 참전했다. 그 뒤부터 그들의 병력은 아크레에 집중되었다.[111] 두 세기 넘게 남부에서 터키의 공세를 저지하면서 발트해 연안 지역들에 문화를 널리 확산시키던 세 기사 수도회가 마침내 1291년에 아크레가 함락되면서 유럽으로 철수했다. 이들은 그 시대를 풍미한 기사 정신에 부합한 로맨스의 요소와, 그 시대의 종교 정서에 부응한 사해동포주의의 요소를 두루 갖추고 있었다.
　이 수도회들은 급속하게 인기와 부와 권력을 얻어 나갔다. 왕들이 예우를 갖추어 그들을 대했다. 교황들이 앞다투어 그들의 권위와 특권을 신장해 주었다. 그 기사단의 단장들은 기독교 세계의 주요 인물들로 평가받았다. 그러나 부와 인기와 함께 교만과 쇠퇴가 따라왔다. 성 요한 기사단과 성전 기사단은 1241년에 아크레 앞에서 그랬듯이 1243년과 1259년에도 공공연한 반목과 소모적인 투쟁으로 유럽의 비아냥거리가 된 상호 대립으로 인해서도 세력이 쇠퇴했다. 그들의 질시가 큰 원인이 된 아크레 함락 이후에 교황 니콜라우스 4세는 두 수도회의 합병을 모색했다.[112] 성 요한 기사단은 주로 프랑스 기사 수도회였고, 튜턴 기사

---

　111) 티베리아스 전투가 끝난 뒤 성 요한 기사회는 수년 동안 마르가트 요새를 건설하고 그것을 전략 거점으로 삼았다.
　112) 1292년의 잘츠부르크 교회회의는 두 수도회의 합병을 의결했다.

회는 철저히 독일 기사 수도회였다. 성전 기사단은 에큐메니컬적인 구성 형태를 띠었다.

I. 성 요한 기사 수도회 곧 자선 기사회(the Hospitallers)는[113] 예루살렘에 있는 성 세례 요한 교회에서 명칭을 취했다.[114] 아마도 그 도시에 병들거나 여비가 떨어진 순례자들을 보호하기 위해서 세운 보호시설이 모체가 된 듯하다. 일찍이 샤를마뉴 시대부터 예루살렘에는 그런 시설이 있었다. 주후 1000년 이전에 노르만족이 성묘 곁에 병자들을 수용할 수 있는 성 마리아 데 라티나로 알려진 수도원이 설립되어 있었던 것으로 보인다.[115] 1065년 혹은 1070년경에는 아말피에서 온 마우루스라는 상인이 보호 시설을 건립했다.[116] 십자군이 예루살렘을 함락했을 때 제라르(Gerard)가 이 시설들 중 한 곳의 책임자였다. 제라르는 프랑스 남부 출신인 듯하다.[117] 그는 휘하의 수사들에게 흰 십자가를 새겨넣은 검정색 망토를 입도록 규정했다. 부용의 고드프루아는 이 단체에 적지 않은 기금을 희사했고, 볼드윈은 욥바를 공격하여 탈취한 노획물의 1/10을 기부했다. 제라르는 1120년에 죽었고, 레몽 뒤 퓌(Raymund du Puy)가 그 직위를 계승하여 40년 동안 집단을 이끌면서 이름을 크게 빛나게 했다.

이 수도회는 숫자와 영향력과 부에서 눈부신 성장을 거듭했다. 유럽 각처에서 기부가 답지했으며, 기부자들을 위한 기도가 예루살렘에서 드려졌다. 레몽은 수도회칙의 체계를 잡고 집단의 조직을 치밀하게 다진 다음, 1113년에 교황 파스

---

113) Fratres hospitalis S. Johannis, Hospitalarii, Johannitae, milites hospitalis S. Johannis. 14세기부터 이들은 로도스 기사회로도 알려졌고, 16세기부터는 몰타 기사회로도 알려졌다. 이 수도회에 속했던 수녀원들의 목록에 대해서는 Le Roulx, *Les Hospitaliers*, 300 sq.를 참조하라.

114) 1113년의 파스칼리스 2세의 대칙서는 예루살렘의 세례자 요한의 교회에 인접한 곳에 세워진 병원에 관해서 언급한다.

115) William of Tyre, XVIII. 5; de Vitry, *Hist. Jerus.*, 64. 이 수도원의 명칭에 들어가 있는 마리아는 막달라 마리아이다.

116) Le Roulx(*Les Hospitaliers*, 33)는 그 수도회를 마우루스가 설립한 병원과 관련 짓는다.

117) 두로의 기욤(VII. 23)은 그가 예루살렘 공격 기간 중에 결박되어 있었다고 진술한다.

칼리스 2세를 통해서 정규 수도회로서 교황청의 재가를 받았다. 그 무렵에는 프랑스의 생 질, 이탈리아의 아스티, 피사, 오트란토, 타렌툼에 예하 수도원들이 설립되어 있었다.[118] 1122년에 교황 칼릭스투스 2세가 중요한 선언을 했다. 그 내용은 순례자들을 보호해 주는 사람들에게 순례자들과 동등한 보상을 해주겠으며, 지상의 예루살렘에 있는 보호 시설(the Hospital)에 기부하는 사람들이 천상의 기쁨을 누리게 되리라는 것이었다. 성 요한 수도회에 여러 가지 특권을 부여한다는 내용의 대칙서들이 연거푸 발행되었다. 인노켄티우스 3세는 그 수도회 소속 수사들에게 주교들로부터의 파문에서 면제하고, 그 수도회가 오직 교황에게 책임을 지도록 지위를 격상시켰다. 1154년에 아나스타시우스 4세(Anastasius IV)는 그들에게 어느 지역에서든 교회당과 소예배당과 무덤을 건축할 수 있는 권한을 부여했다.[119]

이 조직의 군사적 특성은 불쌍한 순례자들을 간호하고 보살피는 사해동포적 특성에서 자라난 것으로서, 급속히 그 조직의 지배적 특성으로 자리잡았다. 레몽 뒤 퓌는 그 수도회를 성직자 수사들과 평신도 수사들로 엄격히 구분했다. 1130년에 인노켄티우스는 이 수도회의 수사들을 사제들, 기사들, 그리고 서약의 의무가 없는 평수사들로 구분해서 말했다. 완전한 조직을 갖춘 상태에서 이 수도회는 기사들과 전속사제들과 섬기는 형제들이라는 세 계층으로 구분되었다. 기사들과 전속사제들은 정절과 청빈과 복종이라는 세 가지 서약에 매였다.[120] 군인 수사들 곧 기사들은 수도회의 다수를 이루었고, 수도회 관리들은 그들 가운데서 선출되었다. 병원을 겸한 보호시설의 업무도 중단하지 않았다. 1160년에

---

118) Woodhouse(p. 20)는 54개가 넘는 잉글랜드 자선기사회 소속 수도원들의 목록을 열거한다.

119) Mansi, XXI. 780에 기록된 대칙서.

120) 그들은 수사들이었다. 이 수도회는 알렉산더 3세가 사제들과 하위 성직자들을 받아들일 권리를 부여하기 전까지는 사제들을 보유하지 못했다. 사제들에게만 사면권을 허용하는 새로운 관습이 도입됨에 따라 수도회 내에 사제들이 필요하게 되었다. 설립된 지 한 세기 동안 군대 수도회들의 회원들은 총회의 공개석상에서 죄를 자백했고, 단장의 명령에 의해 회초리 등 공개적인 처벌을 시행했다. 고해성사와 사제에 의한 사면에 관한 엄격한 교회법은 훗날 제4차 라테란 공의회와 토마스 아퀴나스에 의해서 비로소 제정되었다. 참조. Lea, *The Absolution Formula of the Templars*.

비츠부르크의 요한은 자신이 직접 답사한 결과를 토대로, 2천 명이 넘는 병자들이 예루살렘 병원에서 치료를 받고 있었는데 하루에 40명이 죽어나갔다고 진술한다. 수도회를 로도스 섬으로 이전한 뒤에도 기사들이 꾸준히 병원 사업을 수행했다.

교황 클레멘스 4세 이후인 1267년에 수석 관리의 칭호가 "예루살렘 병원의 단장과 예수 그리스도의 가난한 자들의 수호자"로 되었다. 수도회의 고유 복장은 1259년 이후에 흰 몰타 십자가를 새긴 붉은 망토로 굳어졌는데, 망토의 왼쪽 가슴 부분에는 "하나님께서 이 표상을 통해서 믿음과 복종의 심정을 주시고, 우리와 우리의 모든 기부자들을 마귀의 권세에서 보호하옵소서"라는 글귀가 새겨졌다. 수도회의 모토는 '신앙을 위하여'(pro fide)였다. 1320년에는 수도회가 일곱 관구들(provinces, langues), 즉 프로방스·프랑스·오베르뉴·이탈리아·독일·아라곤·잉글랜드로 분할되었다. 1464년에는 카스티야가 추가되었다. 유럽과 동방의 소속 수도원들은 수입의 2/3를 예루살렘으로 보냈다.[121] 이 수도회의 수도회칙 가운데 흥미로운 조항의 하나는 기사들이 2인이 1조를 이루어 다녀야 했고, 각자 등불을 소지했다는 점이다.

아크레가 함락된 뒤에 자선 기사회는 키프로스 섬으로 거점을 옮겼고, 1310년에는 로도스 섬으로 이전했다. 그 섬에는 지금도 웅장한 성벽과 토대가 남아 있어서 그들이 요새와 그 밖의 건물 건축에 얼마나 큰 공을 들였는가를 여실히 말해주고 있다. 그들은 로도스 섬을 거점으로 삼아 명예로운 사역을 해나갔다.

단장 라 발레트(La Valette)의 지휘하에 수도회 기사들은 (터키의) 위대한 자 술레이만(Suleymon the Magnificent)의 함대에 맞서서 몰타 섬을 용감하게 방어했으며, 1571년에는 레판토에서 돈 후앙(Don John)이 터키의 함대를 격퇴하는 불후의 전공을 세움으로서 유럽인들로 하여금 안도의 한숨을 내쉬게 했다. 그때부터 자선 수도회는 쇠퇴의 길을 걷기 시작했다.

II. **성전 기사회**(the Knight Templars)는 아크레가 함락되기 전에는 성 요한 기

---

121) 유럽의 여러 수도원들이 보내야 했던 린넨을 비롯한 여러 가지 물품들의 양에 관해서는 Uhlhorn의 저서를 참조하라. 이 수도회에는 수녀원도 한 곳 소속되어 있었으나, 구체적인 사항은 알려지지 않는다.

사회보다 명성에서 앞섰던 듯하다. 그러나 이 수도회는 1312년에 매우 비극적인 종말을 맞이했으며, 대단히 치명적인 도덕적 비난 속에서 해산되었다. 이 수도회는 처음부터 군사 집단이었다. 설립자는 1119년에 말 한 필을 함께 타고 예루살렘에 입성한 위그 드 페앵(Hugo de Payens 혹은 Payns)과 고드프루아(Godfrey, 성 오메〈St. Omer〉)였다. 두 사람에다 다른 여섯 명이 합류하여 예루살렘 총대주교를 찾아가 해안 길로 예루살렘을 오가는 순례자들을 무력으로 보호하겠다고 서약했다.

볼드윈 2세는 모리아 산 솔로몬 성전 터 인근에 있는 자신의 왕궁에 그들의 공간을 내주었으며, 여기서 성전 기사회라는 명칭이 유래했다. 위그는 1128년 트루아 공의회에 출석했고, 프랑스와 잉글랜드, 독일의 정부들에게 매우 설득력 있는 호소를 한 결과 3백 명의 기사가 수도회에 가입했다. 성 베르나르는 신설 부대를 예찬하는 유명한 글을 썼다.[122] 그 글에서 베르나르는 이렇게 말한다. "헛된 말 한 마디도, 무익한 행위 하나도, 혹은 과도한 웃음이나 수근거림도, 비록 그것이 혼잣말이라 할지라도 성전 기사회에서는 처벌받지 않고 넘어가는 일이 없다. 그들은 매사냥으로 시간을 허비하지 않는다. 체스와 주사위 놀음을 그들은 혐오한다. 저속한 노래와 연극을 정신나간 짓으로 일축한다. 그들은 머리를 짧게 자른다. 육중한 무장을 한 채로 뜨거운 대낮에 다니느라 땀과 먼지에 절어 있고 피부가 까맣게 그을러 있다. 화려한 옷은 절대로 입지 않으며, 어지간해서는 목욕을 하지 않는다. 준마(駿馬)들을 얻고자 노력하되 말에 장신구를 달지 않으며, 허세를 부리기보다는 전투에서 이길 일을 생각한다. 그런 사람들을 하느님께서 성묘를 철저히 지키도록 선택하셨다."

성전 기사회는 급속도로 세력을 키워나갔다.[123] 매튜 패리스는 13세기 중엽에 이 수도회 소속 수도원 수를 9천 개로 전하는데, 물론 이것은 크게 과장된 것이다.[124] 그들의 연간 수입은 부려 5천4백만 프랑이었던 것으로 추정된다.[125] 이 수

---

122) *De laude novae militiae.*

123) 잉글랜드에서 이들은 홀본 외곽에 있던 옛 템플에 정착했다가 1185년에 템스 강변에 있는 새 템플로 이전했다. 템플 교회는 1240년에 완공되었다. 매튜 패리스는 성전 기사회가 마련한 봉헌식과 연회를 자세히 소개한다. 1150년경에 스티븐과 그의 왕비는 성전 기사회에게 부지를 여러 곳 하사했다. Woodhouse(p. 260)는 영국 성전 기사회에 소속되었던 27개 수도원들을 열거한다.

도회는 여러 관구들로 구분되었는데, 그중 다섯 관구는 동방에 있었고 — 예루 살렘・트리폴리・안디옥・키프로스・모리아 산 — 열한 관구는 서방에 있었다 — 프랑스・아키텐・프로방스・아라곤・포르투갈・롬바르디아・헝가리・잉글 랜드・독일 남부와 북부・시칠리아・그리고 굳이 열두번째 관구로 잡자면 보헤 미아. 교황들은 호노리우스 2세로부터 시작하여 그들에게 호의를 아낌없이 쏟 아부었다. 그들은 각종 조세 부담을 면제받았다. 성무중지령이 발효중인 지역에 서도 일년에 두 번 교회에서 예배를 드릴 수 있었다. 성지에 있는 그들의 재산은 특별히 보호를 받았다. 1163년에 알렉산더 2세는 그들이 자체적으로 사제들을 보유하도록 허용했다.[126]

자선 기사회와 마찬가지로 성전 기사회도 삼중 서약과 거기에 덧붙여 군복무 에 관한 서약을 했으며, 조직은 세 계급으로 구성되었다. 첫째 계급은 귀족 출신 의 기사들이었고, 둘째 계급은 병사들 혹은 섬기는 형제들(fratres servientes, armigeri)이었으며, 셋째 계급은 교황에게 직접 책임을 지는 전속사제들이었다. 기사들의 복장은 붉은 십자가를 새긴 흰 망토였고, 형제들의 복장은 붉은 십자 가를 새긴 검정 망토였다. 기사들은 머리는 짧게 자르되 턱수염은 길러도 되었 다. 기사들은 말을 세 필 이하로 보유할 수 있었고, 다만 단장은 네 필을 보유하 도록 되어 있었으며, 사냥은 삼킬 자를 두루 찾아다니는 마귀의 상징인 사자에 게 국한되었다(참조. 벧전 5:8). 수도회의 모토는 "주님, 영광을 저희에게 돌리 지 마시고, 당신의 이름에 돌리소서"였다. 수도원에 거주하는 수사들은 정규 기 도 시간을 준수했고, 한 식탁에 둘러앉아 식사했다. 만약 죽은 수사의 소지품에 서 돈이 발견되면 그의 시신에 대해서 기도와 장례를 거부했고, 그를 노예처럼 축성되지 않은 땅에 매장했다. 수사들은 여인들이 입맞추고자 하면 도망치도록 교육을 받았으며, 과부든 처녀든 어머니든 누이든 다른 어떤 여성과도 입맞추어 서는 안 되었다. 가난하게 살기 위해서 두 사람이 한 그릇을 놓고 식사를 했지

---

124) *A n.* 1244.

125) 13세기 말엽의 상황이 그러했다. 이것은 de Chambure의 추산이다. 쇼트뮐러 는 40,000,000프랑으로 추산한다. 두로의 기욤(XII. 7)은 그들의 재산이 "막대하다"고 말한다. 그들의 부와 탐욕은 격언이 될 만큼 유명했다.

126) 풀크는 알렉산더의 대칙서를 그 수도회의 마그나 카르타라고 부른다.

만, 포도주는 각 사람에게 일정량이 분배되었다.

수도회의 수장은 단장(Grand Master)이라 불렸고, 그에게 영주에 해당하는 지위가 부여되었으며, 예를 들어 제4차 라테란 공의회와 제2차 리옹 공의회 같은 에큐메니컬 공의회에 초대되었다. 잉글랜드의 성전 기사회 단장은 의회에 의석을 지닌 귀족이었다.

성전 기사회는 제1차 십자군과 프리드리히 2세가 주도한 십자군을 제외하고는 모든 십자군 원정에 참여했다. 두 원정에서 그들이 빠진 이유는 교황이 참전을 금지했기 때문이다. 그들의 기강은 프랑스 군대가 라오디게아에서 아티카로 이동하면서 궤멸을 당할 때 밝게 빛났고, 그들의 용맹은 가자 앞 하팀과[127] 그 밖의 많은 전장에서 찬란하게 드러났다.[128] 하지만 이 수도회는 부와 성공 때문에 타락했다.[129] 성전 기사회 사람처럼 마셔댄다(bibere templariter)는 말이 방탕한 생활을 비아냥대는 격언이 되었다. 가난해서 말 한 필을 함께 타고 예루살렘에 입성한 두 설립자로 상징되는 그들의 표상이 너무나 일찍 빛이 바랬다.

잉글랜드의 리처드에 관한 역사의 한 페이지는 성전 기사회가 자랑스럽게 누렸던 명성을 소개한다. 뇌일의 필크는 제3차 십자군을 역설하면서, 리처드를 향해 그에게 있는 딸 셋을 시집보내라고 당부했다. 그러자 왕은 "거짓말쟁이, 내게

---

127) 매튜 패리스(Luard's ed., IV. 337 sqq.)는 예루살렘 총대주교와 성전 기사단 부단장의 서신들(1244)을 소개한다. 이 연대기 저자는 이 수도회의 오만한 태도와 자선 수도회를 질시하여 그들과 경쟁한 일을 신랄하게 비판한다. 한 가지 사례를 들자면, 왕 아말릭으로부터 이집트까지 동행해달라는 요청을 받았을 때 그들은 왕이 자선수도회에게 먼저 요청했다는 이유로 거부했다.

128) 그들의 요새들 가운데는 1218년에 건축된 아크레 근처의 '순례자'라는 성이 있었는데, 이 성의 거대한 규모와 웅장함을 James de Vitry가 자세히 묘사한다.

129) 이 수도회 소속 수도원들은 13세기의 프랑스와 영국에서 중요한 재원 조달 창구가 되었으며, 왕들과 주교들과 귀족들에게 화폐와 각종 귀금속들, 중요한 기록들을 안전히 맡겨둘 수 있는 장소를 제공했다. 헨리 3세를 비롯한 영국의 왕들뿐 아니라 프랑스 왕들도 그 수도원들에서 자금을 차입했다. 성전 기사회는 이탈리아 은행들이 대부해 준 자금을 상환해 주는 역할도 수행했으며, 존이 이복누이 베렝가리아에게 해마다 주기로 약속한 1천 마르크 같은 금액들을 맡아 보관해주는 역할도 했다. 존은 런던의 성전 기사회 수도원에 자주 들렀다. 참조. Cunningham, *Growth of English Industries and Commerce*, 3d ed.

는 딸이 없소" 하고 소리질렀다. "아니오, 전하께는 성품이 고약한 세 딸, 프라이드(교만)와 러스트(정욕)와 럭서리(사치)가 있습니다" 하고 사제가 대답했다. 그러자 리처드는 신료들을 돌아보면서 이렇게 응수했다. "저 사람이 나한테 내 세 딸을 결혼시키라네. 좋아, 그러면 그렇게 하지. 성전 기사회에게 맏딸 프라이드를, 시토회에게 둘째 딸 러스트를, 고위 성직자들에게 셋째 딸 럭서리를 줘야지."[130]

성전 기사회는 아크레가 함락된 뒤 적어도 20년을 더 존속했다. 잠깐 키프로스로 피신한 기사들은 프랑스로 철수하여 그곳에서 세력을 규합했다. 그곳에서는 한때 유명했던 그들의 조직이 공정왕 필립(Philip the Fair)과 클레멘스 5세의 난폭한 조치들로 탄압을 받았다. 그 탄압 이야기는 다음 시기에 속한다.

III. 튜턴 기사회(the order of the Teutonic Knights)[131]는 팔레스타인에서 앞의 두 수도회가 누렸던 것만큼의 위상을 누리지 못했다. 설립 첫 세기 동안 그 구성원들은 전쟁터에서 병원을 유지하고 관리하는 데 주력했다. 그렇게 제 모습을 드러내지 않다가, 마침내 그들의 무력과 인도적 노력에 힘입어 다소나마 문화를 받아들인 오늘날 독일 북동부 지역들에서 본연의 역사적 사명을 시작하게 되었다.

이 수도회의 기원은 아크레 성벽 밑에 브레멘과 뤼벡에서 온 순례자들이 텐트를 치고 보호 시설을 운영하기 시작한 1190년으로 거슬러 올라간다.[132] 슈바벤의 프리드리히가 이 사업을 치하했고, 교황 클레멘스 3세는 1191년에 이 단체를 승인했다.[133] 이 단체는 1198년에 교황 인노켄티우스 3세의 대칙서에 의해서 군대 수도회가 되었으며, 1221년에 호노리우스 3세는 이 수도회에 자선 기사회와 성전 기사회가 누리던 특권들을 부여했다. 이 수도회의 인적 구성은 거의 절대적으로 독일인들로 이루어졌다.[134] 구성원들은 삼중 서약을 했다. 이들의 복장은 검

---

130) Charasson이 Richard de Hoveden의 *Vie de Foulques de Neuilly*, 89 sq.를 인용함.

131) Deutscher Orden, Ordo S. Mariae Theutonicorum.

132) 1128년에 예루살렘에서 독일인 병원이 성모 마리아에게 봉헌되었다.

133) 1415년의 콘스탄츠 공의회에서 폴란드 왕은 그들이 주장하던 무력에 의한 강제 개종권을 비판했다.

정 십자가를 새긴 흰 망토였다. 브레멘의 수도원처럼 여성들이 일부 병원들의 사역에 참여했다. 유럽에서 이 수도회의 첫 재산은 1197년에 하인리히 6세가 하사한 팔레르모의 수도원이었다. 독일에 설립된 이 수도회의 첫 수도원은 할레에 있는 성 쿠니군데 수도원이었다. 그 뒤 수도회의 병원들이 브레멘과 뤼벡에서 뉘른베르크와 남부 지역으로 확대되었다. 수도회의 판도는 참사회원 관할구역(bailiwicks, balleyen)으로 구분되었는데, 독일에 그것이 열두 개 있었다. 단장(Grand Master)이라 불린 수석 관리는 제국의 공작에 해당하는 위상을 누렸다.

제4대 단장 헤르만 폰 살차(Hermann von Salza, 1210-1239 재위)의 재직 기간에 튜턴 기사회는 급속한 신장을 기록했다. 폰 살차는 프리드리히의 신임을 받는 고문이었으며, 수도회의 깃발에 검정 독수리를 사용하는 특권을 얻었다. 그는 1226년에 수사 크리스티안과 모라비아의 콘라트로부터 프로이센인들의 공세에서 자신들을 구출해달라는 부탁을 받고는 수도회의 관심과 활동을 동방에서부터 이 새로운 영역으로 전환했다. 이 수도회는 그들을 지원하는 대가로 쿨름란드와 정복으로 얻은 결과의 절반을 주겠다는 약속을 받았다.

아크레가 함락된 뒤 본부가 베네치아로 이전되었고, 1309년에는 웅장한 성이 서 있는 비스툴라 강변의 마리엔부르크로 이전되었다. 그 뒤로 기사들은, 주민들이 여전히 야만 상태를 완전히 벗지 못한 상태로 있던 발트 해 유역과 그 이남의 황량한 지역을 차지했다. 성전 기사회가 탄압을 받던 시기에, 이 수도회는 전성기를 구가하고 있었다. 1237년에는 칼의 형제회(the Brothers of the Sword)를 흡수 통합했다.[135]

한때 튜턴 기사회의 판도는 쿨름 · 마리엔부르크 · 토른 · 쾨니히스베르크 등 50개 도시와, 인구 2백만이 사는 지역들을 포함했다. 이 수도회의 선교 활동은 다음 장에서 다룬다. 하지만 기사회의 세력은 폴란드가 등장하면서 위축되기 시작했고, 1410년의 탄넨베르크 전투를 거치면서 급격히 쇠약해졌다. 1466년에는 마리엔부르크를 포함한 방대한 영토를 폴란드에 내어주었고, 단장이 폴란드 왕에게 충성을 맹세했다. 하지만 여전히 프로이센과 사멜란트를 봉토(封土)로 장

---

134) 바이에른인 루이스와 교황이 대립할 때 튜턴 기사회는 황제의 편을 들었으며, 그에게 중요한 선물과 특권을 받았다.

135) 1202년에 설립된 군대 수도회.

악하고 있었다. 그러나 기강은 갈수록 해이해져갔는데, 그런 현상이 당시 항간에 떠돌던 유명한 말에 잘 나타나 있다. "독일 기사들이 하는 일이란 입고 벗고, 먹고 마시고, 잠자는 것뿐이다."

1511년에 브란덴부르크의 영주 알브레히트(Albrecht)는 단장이 된 뒤에 폴란드의 봉신(封臣)이 되기를 거부했다. 그는 루터의 조언에 따라 기사회의 망토와 십자가를 내려놓고는 1523년에 결혼했고, 프로이센 공국의 기반을 확고히 다졌으며, 그 나라를 자신의 호엔촐레른 가문의 세습 국가로 만들었다.[136] 검정 독수리가 프로이센 문장(紋章)에 새겨지게 되었다.[137]

---

136) 1523년에 루터는 튜턴 기사들에게 그들의 잘못된 독신 규율을 포기하고 진정한 결혼의 정절을 실천하라고 촉구하는 책을 펴냈다. 알브레히트는 브란덴부르크에 종교개혁을 도입했다. 그는 덴마크의 공주 도로테아와 결혼했다.

137) 군사적 서약과 종교적 서약을 결합하여 시행한 여러 수도회들이 스페인과 포르투갈에 존재하면서 무어족을 견제하는 데 이바지했다. 캄포스텔라의 이아고(Iago) 수도회는 1175년에 교황의 재가를 받았으며, 캄포스텔라 성소를 찾아가는 순례자들을 보호했다. 칼라트라바 수도회는 1164년에 교황의 승인을 받았고, 무어족과의 전쟁에 적극 가담했다. 알칸타라 수도회는 1183년에 루키우스에게 승인을 받았다. 마지막두 수도회의 수장직은 '가톨릭 교도'라는 별명을 지닌 페르난도 때 왕권에 귀속되었다.

제 8 장

수도회들

61. 수도원주의의 부흥

수도원주의는 중세에, 그 중에서도 특히 우리가 다루는 시기에 활짝 꽃을 피웠다. 수도원은 어두운 미신의 온상이기도 했지만 순수한 신앙의 중요한 거점이기도 했다. 절대 교황제와 십자군 원정들, 대학교들, 주교좌성당들, 스콜라주의 등 그 시기에 일어난 크고 굵직한 모든 운동들에 수사들이 개입했다. 수사들이 교황들과 더불어 십자군 운동을 촉진한 원동력이었다. 수사들은 위대한 건설자들이었다. 대학교들에서 교편을 잡았고, 스콜라 학자들 가운데 가장 심오한 인물을 배출했다. 중세의 수사들은 자기 시대의 청교도들이요 경건주의자들이요 규칙주의자들이요 복음주의자들이었다.[1] 이 모든 기독교 집단들이 한결같이 공유한 것은 자기들의 신앙에 진실했다는 것과, 신앙을 실천하는 데 열정을 바쳤다는 것이다.

중세 수도원주의를 이전 시대와 비교하자면, 위대한 수사들을 배출한 면에서는 대등했고, 유익한 활동을 내놓은 면에서는 이전 시대를 능가했다고 할 수 있다. 니케아 이후 시대에 수도원주의를 옹호한 저명한 교부들로는 이집트의 성

---

1) 토마스 아퀴나스(*Summa*, II. <2>, 188, 6 sqq., Migne, III. 1372 sqq.)는 누르시아의 베네딕투스와 마찬가지로 수도원 생활의 적극적인 면과 사색적인 면을 결합시키지만, 후자를 좀 더 강조한다. 토마스가 도미니쿠스회 수사였다는 점과, 두 탁발수도회의 실제적 활동을 충분히 경험했다는 점을 기억해야 한다.

안토니우스 · 아타나시우스 · 바실리우스 · 니사의 그레고리우스 · 암브로시우스 · 아우구스티누스 · 제롬 · 누르시아의 베네딕투스를 손꼽을 수 있다. 중세에 들어서면 그 명단에 무게가 더욱 실린다. 스콜라주의자들 가운데서는 안셀무스 · 알베르투스 마그누스 · 보나벤투라 · 토마스 아퀴나스 · 둔스 스코투스, 신비주의자들 가운데서는 성 베르나르 · 위그 드 생 빅토르 · 에크하르트 · 타울러, 예언자들 가운데서는 힐데가르트와 피오레의 요아킴, 찬송가 작가들 가운데서는 "디에스 이라이"(Dies irae, 진노의 날)와 "스타바트 마테르"(Stabat mater, 슬픔의 성모)의 작가들과 아당 드 생 빅토르, 설교자들 가운데서는 파두아의 안토니우스 · 시에나의 베르나르디노 · 레겐스부르크의 베르톨드와 사보나롤라, 그리고 어느 부류에도 넣기 어려울 만큼 독자적인 아시시의 프란체스코가 수도원주의를 옹호했다.

수도원주의 역사에 있었던 다섯 번의 획기적 시기들 가운데 두 번이 중세에 속한다.[2] 은수자(隱修者, hermit)의 등장과 독거(獨居) 형태의 수도 생활의 발전이 이루어진 것은 첫 번째 시기에 해당하는 4세기였다. 6세기에 활동한 누르시아의 베네딕투스와 잘 짜여진 그의 수도회칙이 두 번째 시기에 해당한다. 16세기의 예수회의 약진이 마지막 시기에 속한다. 그 중간에 끼여 있는 세 번째와 네 번째 시기에는 10-11세기에 클뤼니 수도원을 중심으로 시작된 수도원주의의 부흥과, 13세기의 탁발 수도회들의 확산이 이루어졌다. 클뤼니회는 힐데브란트가 등장하기 전까지 거의 한 세기 동안 서유럽의 유일한 개혁 세력이었으며, 힐데브란트 자신도 클뤼니 수도원에서 훈련을 받은 듯하다. 클뤼니는 예하 수도원들과 동맹 수도회들을 통해서 한 세기 더 뜨겁게 타오르는 신앙 열정의 중심지 역할을 했다. 그 뒤 수도원주의가 쇠퇴할 무렵 아시시의 프란체스코와 스페인의 도미니쿠스에 의해 태어난 탁발 수도회들이 유럽을 휩쓸었던 유력한 신앙 부흥운동들 가운데 하나의 원동력이 되었다.

그 밖에도 독일에서 활동한 히르샤우의 빌헬름, 브루노, 노르베르트와, 프랑스에서 활동한 베르나르와 가경자 피에르, 이탈리아의 성 프란체스코도 인류 진

---

2) 이것은 Harnack의 분류에 따른 것이다(*Monasticism*, 44 sqq.). Denifle는 「루터와 루터교」(*Luther und Lutherthum*), I. 199 sqq.에서 하르낙의 견해에 강하게 반대하면서, "예수회를 수도회로 규정하는 것은 오류의 극치이다"라고 말한다.

보에 이바지한 점에서 무시할 수 없는 인물들이다. 우리가 아무리 수도원주의를 고등한 그리스도인의 생활 형태라고 믿기를 주저한다 할지라도, 앞서 소개한 인물들의 업적에 걸맞는 평가를 해야 옳으며, 만약 그렇게 하지 않는다면 수세기에 걸쳐 이루어진 모든 진보와 유익을 송두리째 부정하는 우를 범하게 될 것이다.

우리가 다루는 시기는 수도원 공동체들이 발달하기에 유리한 상황이었다. 현대가 평신도들의 시대라고 한다면, 중세는 수사들의 시대였다. 당시 사회는 불안하고 소란했다. 이런 사회에 수도원이 안식과 명상의 도피처를 제공했다. 베르나르는 자신의 수사들을 '평화로운 자들의 회'라고 불렀다. 바깥 세상은 온통 반목과 전쟁이었다. 영주의 저택들이 한결같이 요새들이었다. 이런 상황에서 수도원은 형제애와 협력의 장을 형성했다. 그 시대에 지상의 신앙 가족의 이상을 제시했다. 수사들의 묘비들에는 그 시대의 정서가 묻어난다. 평화를 추구하는 이들(pacificus), 고요하고 안정된 휴식(tranquilla pace serenus), 형제간 화목을 위해 힘쓴 이(fraternae pacis amicus).

많은 사람들이 세상을 등지고 회심하던, 즉 수도원으로 들어가던 상황을 하이스터바흐의 카이사르(Caesar)가 소개한다. 그러한 결정은 장례식이나 무덤에서 이루어졌다.[3] 그리고 수도원들에서 영위되던 이상적인 생활이 그런 결정에 큰 힘을 실어주었다. 게를라흐(Gerlach)라는 젊은 기사의 경우가 그랬다.[4] 그는 어느 대수도원장이 성읍을 찾아와 수도원 경내에서 어떤 생활이 이루어지는지 설명하는 말을 들었다. 그 뒤에 유학차 파리로 갔으나, 마음에 뿌려진 씨앗을 없애지 못하고 수도원에 들어가 수사가 되었다. 때로는 설교를 듣고서 수사가 되는 일도 있었다.[5] 하이스터바흐의 카이사르 자신도 슈바벤의 필립과 오토 4세 간의 분란으로 세상이 시끄러울 때 하이스터바흐의 대수도원장 발베르베르크의 게라르트(Gerard)와 함께 쾰른으로 가던 길에 대수도원장이 해주는 말을 듣고서 회심했다. 게라르트가 해준 이야기는 성모와 그녀의 어머니 안나와 성 막달라 마리아가 산에서 내려와 추수하고 있던 클레르보의 수사들에 다가와 이마에서 땀

---

3) *Dial.*, I. 21; Stange ed. I. 28.

4) *Dial.*, I. 18.

5) *Dial.*, I. 24.

을 닦아주고 부채질을 해주었다는 내용이었다. 이 이야기를 들은 카이사르는 석 달 내에 하이스터바흐의 수도원에 들어갔다.[6]

중세에는 전문직이 사실상 기사와 수사 둘 뿐이었다. 둘 중 어느 직업이 가장 인기와 보상이 컸는지 말하기가 쉽지 않다. 수사 자신이 군인이었다. 규율이 잘 잡힌 수도원은 매일 규칙적으로 군사 훈련을 시행했다. 적이 들판에 보이는 모습으로 진용을 갖추고 있지 않을지라도 수사들에게는 항존적인 실재였다.[7] 남작들과 백작들과 공작들이 자신들의 구원 문제를 좀 더 확실하게 해결하고 또한 마귀와 싸우기 위해서 영적 군대인 수도원에 들어갔다. 1179년에 열린 제3차 라테란 공의회는 수사가 되는 조건으로 돈을 받는 관행을 금지했는데, 이 결의안은 상류 계층 사람들에게 수도원 생활이 매우 큰 인기를 누렸음과 수사 자격을 상류 계층으로 한정하려고 하던 경향이 존재했음을 증거한다.[8] 수사가 기사보다 강했음이 입증되었고, 기사제도는 수도원제도가 발달하면서 퇴조했다.

수도원들은 당대의 우수한 인재들을 끌어들임으로써 10세기부터 족히 13세기에 이르는 전성기에 경건의 훈련장, 선교와 문화 활동의 중심지가 되었다. 설교를 들을 수 없던 시기에 수도원 공동체는 강력한 설교를 통해서 인간의 사고를 폭력과 유혈에서 형제애와 종교적 성찰로 돌아서게 했다.[9] "십자가와 쟁기로" (aratro et cruce)라는 구호가 그들에게는 현실을 대변했다. 수사는 농지 개간의 선구자였으며, 당시에 알려진 가장 과학적인 방법으로 영농, 포도 재배, 양어, 가축 사육, 양모 산업을 가르쳤다. 도로를 닦고 훌륭한 건물들을 건축했다. 지식

---

6) *Dial.*, I. 17; Strange ed. I. 24.

7) 참조. Church, *Life of St. Anselm*, chap. III., 노르만 수도원의 규율.

8) 잉글랜드에서는 특히 젠트리 계층이 수도원에 많이 소속되었다. 참조. Jessopp, p. 161. 오스트리아 영주의 아들 오토는 젊은 귀족 15명과 함께 모리몬드 수도원에서 하룻밤을 묵게 되었는데, 종소리와 수사들의 기도 소리에 깊은 감화를 받은 결과 자신들을 수사들로 받아들여달라고 청하게 되었다. 루이 6세의 아들 앙리는 클레르보 수도원을 방문했다가 워낙 깊은 감명을 받고는 수사가 되기로 결심했다. 참조. Morison, *Life of St. Bernard*, p. 195.

9) Montalembert는 서방 교회 수도원제도가 수행한 주된 역할을 중보기도로 꼽는다. "그들은 기도를 잘 드리지 못하거나 아예 드리지 않는 사람들을 위해서 많이 그리고 항상 기도했다." *Monks of the West*, Engl. trans., I. 42 sq.

과 예술 분야에서도 수도원은 당대의 주된 학교였다. 건축가들과 화가들과 조각가들을 길러냈다. 신학과 철학의 깊은 문제들을 이곳에서 연구했다. 사본들을 필사했고, 대학교들이 등장하자 처음부터 가장 유명한 교수들을 제공했다. 독일 북동부와 유럽의 그외 지역들, 그리고 아시아에서 수도원은 교회와 교회 활동을 보호하는 외곽 성채였다.

수도원 생활이 워낙 인기가 높았기 때문에 종교가 수도 생활로 흐르고 사회가 수도원들의 집합체가 될 우려가 있다는 여론이 대두했다. 제4차 라테란 공의회는 수도회의 신설을 금지함으로써 이러한 경향에 쐐기를 박고자 했다.[10] 그러나 이 공의회만큼 목전의 현실에 무지한 공의회는 다시 없었다. 공의회를 주재한 인노켄티우스 3세가 채 눈을 감기도 전에 도미니쿠스회와 프란체스코회가 교황청의 온전한 승인을 받았으니 말이다.

11-12세기에 모든 수사들이 사제 서품을 받는 중요한 변화가 발생했다. 그 전에는 수사가 사제가 되는 것이 오히려 예외였다. 종부성사와 면죄도 수도원에서는 사제 서품을 받지 않은 수사가 집례했었다.[11] 엄격한 사제중심주의(sacerdotalism)가 발전하면서 수사들이 그런 기능들을 수행하는 것이 금지되었다. 1123년의 제9차 에큐메니컬 공의회 결의가 대표적인 경우이다. 그보다 30여 년 전인 1096년에 열린 니스메(Nismes) 교회회의는 새로운 관습에 제기된 반론들에 대해서 대 그레고리우스와 투르의 그레고리우스, 아우구스티누스가 각각 사제 서품을 받은 수사들이었던 사실을 지적함으로써 답변했다. 반면에 수사들이 사회 문제에 적극 참여하려는 활발한 운동은 에큐메니컬 공의회들에 의해서 저지되었다. 수사들이 의사나 법률가로 활동하는 것을 금지한 1139년의 제2차 라테란 공의회가 대표적인 경우이다.

수도원 생활이 지상에 존재하는 가장 숭고한 삶의 형태로 예찬되었다. 수도원이 가나안과 비교되었고, 천국으로 가는 가장 짧고 확실한 길로 간주되었다.[12]

---

10) canon 13.

11) 이 점은 Lea의 *Absolution Formula of the Templars*, in Papers of Am. Soc. of Ch. Hist., vol. V에서 충분히 입증되었다.

12) 중세 수도원들의 생활을 직접 겪어보고서 남긴 글만큼 지상의 행복을 매력적으로 묘사한 것을 찾아보기 어려울 것이다. 생 티에리의 기욤이 클레르보 수도원에서 생활하면서 남긴 글이 대표적인 예다. Migne, 185, 248. 참조. Peter de Roya, Migne,

세속 생활, 심지어 재속 사제의 생활조차 애굽에 비유되었다. 수도원에 들어가는 것을 회심이라 불렀고, 수사들을 회심자들(conversi) 혹은 종교인들(the religious)이라 불렀다.[13] 그들은 그리스도인의 이상에 도달한 사람들로 평가받았다. 수도 서약을 저버리는 행위는 멸망한 자들과 사자의 입과 흑암과 죽음의 영역으로 돌아서는 것으로 취급되었다.[14]

프라이징의 주교 오토는 수사들에 관해서 다음과 같이 말한다. '[그들은] 천사들처럼 천상의 순결과 성결로 빛나는 삶을 살고 있다. 마음과 영혼이 하나가 되어 함께 살면서, 한 번의 신호로 함께 잠들고 한 몸처럼 잠자리에서 일어나 기도를 드리며, 한 목소리로 낭송한다 …… 식탁에서 휴식을 취하는 동안에도 성경 낭독에 귀를 기울인다 …… 자기 뜻과 세상의 재물과 부모를 버리고, 복음과 그리스도의 계명에 따라 항상 육체를 죽임으로써 자기 십자가를 지며, 모두가 한결같이 하늘을 사모한다.'[15]

이렇게 수도원주의가 뜨거운 예찬을 받았던 이유는 혼란한 사회에서 안위를 얻으려는 열망과 거룩함에 대한 진지한 성찰이 아닌 다른 것으로는 설명하기 어렵다. 안셀무스가 쓴 서신들에는 수도원 생활의 큰 유익을 옹호하지 않은 경우가 없다. 구원을 받으려면 반드시 수사가 되어야 한다고 생각한 것은 아니지만, 안셀무스가 쓰듯이 "하나님만 사랑하는 사람과, 세상도 사랑하고 하나님도 사랑하는 사람 중에 과연 누가 더 안전하고 숭고한 방법으로 구원을 얻을 수 있겠는

182, 710.

13) 그것이 심지어 사도 바울의 회심과도 비교되었다. 참조. Eicken, 324. 하이스터바흐의 카이사르는 *Dialogus to conversion*의 한 장을 수도 서약의 주제에 할애한다. 제4차 라테란 공의회 법령 제13조(Mansi, XXII, 1002)는 수사들을 가리켜 "종교인들"이라고 하고, 수도회들을 "종교들", 수도원에 들어가는 행위를 "종교에 귀의하는 일"로 표현한다. 1418년의 콘스탄츠 공의회에서 교황 마르티누스 5세도 위클리프가 "모든 종교들" 곧 수도회들이 "마귀에게서 유래했다"고 주장했다고 고소했다. Mirbt, *Quellen*, 158.

14) St. Bernard, *Ep.*, 112; Migne, 182, 255 sq.

15) *Chronicle*, VII. 35. 이 글에서 그는 수사들에 대해서 장문의 찬사를 써 나간다. 수도원의 삶을 이처럼 행복하게 묘사한 또 다른 예는 1091년에 자신의 대수도원 화재 사건을 전하는 크로이란드의 대수도원장 Ingulph의 기록에서 찾아볼 수 있다. 그는 "지하실에 맥주가 가득 담겼던 통들이 모두 타버렸다." 참조. Maitland, 286-292.

가?"[16] 안셀무스는 평신도들에게 수도 서약을 하라고 권하기를 잊지 않는다. 자신의 친척들에게는 성령 안에서 친척이 되라고 호소한다.[17]

베르나르는 친형제들과 결혼한 누이들을 남김없이 수도원과 수녀원으로 불러들여 그 안에서 살게 하기까지는 평안을 누리지 못했다.

오텡의 호노리우스는 수도원 생활에 관한 글에서, 수도원이 주님께서 직접 제정하신 제도라고 공언한 뒤에, 수도원을 가리켜 거친 바다에서 지친 사람들을 위한 해안, 춥고 근심 많은 세상에서 온 나그네를 위한 피난처, 지친 자들을 누이는 침대, 혼란한 사회에서 피해온 자들을 감싸주는 보호소, 그리스도의 규례를 배우는 유아들을 위한 학교, 악에 맞서 싸우기를 원하는 자들을 위한 훈련소, 넓은 길에서 빠져나온 자들에게 하늘의 넓은 집에 들어가게 하는 감옥 같은 길, 온갖 열매가 무르익고 성경이 말하는 희락이 넘치는 낙원이라고 부른다.[18]

수도원 생활은 천사와 같은 삶이었다. "여러분은 결혼 생활을 단절했으므로 이미 하나님의 천사들과 같지 않습니까?" 하고 베르나르는 수사들에게 설교했으며, 이것이 그 시대의 보편적인 정서였다.[19]

왕들과 영주들은 한 번도 밟아보지 못한 길을 지날 때에는 수사복을 입고 싶어했다. 예컨대 프리드리히 2세는 교황청의 세속 권력 주장에 철저히 반대했음에도 불구하고 임종할 때는 시토회 수사복을 입었다고 한다. 1163년에 시칠리아의 로저 2세와 1265년에 로저 3세도 그랬다. 느베르의 기욤은 숨을 거두기 전에 카르투지오회의 수사복을 입었다. 프랑스 왕 루이 6세는 십자가 형태로 뿌려놓은 재 위에 누운 채 숨을 거두었다. 잉글랜드 왕 헨리 2세의 아들 헨리도 1184년에 재로 만든 침대 위에서 죽었다. 정복자 윌리엄은 주교와 대수도원장이 곁에서 지켜보고 있는 가운데 소수도원에서 숨을 거두었다.

---

16) *Ep.*, II. 29; Migne, 158, 1182.

17) *Ep.*, II. 28; Migne, 1180. 하지만 안셀무스는 평신도가 신앙의 일에 온전히 헌신하고 있는 경우에 대해서는 예외를 둘 줄 알았다. 그는 백작부인 마틸다를 죽기 직전에 찾아가 지금까지 수녀원에 들어가서 지내는 것보다 재산을 관리하면서 끼친 유익이 훨씬 더 크므로 굳이 수녀 서약을 하지 않는 편이 좋겠다고 조언했다. 그럴지라도 혹시 수녀복을 얻을 수만 있다면 임종할 때 그것을 구해 입도록 하라고 권고했다.

18) *De vita claustrali*, Migne, 172, 1247.

19) *Sermo de diversis* 37. Migne, 183, 641. 참조. 184, 703 sq.

모든 수도원들이 그런 것은 아니었지만 일부 수도원들은 임종을 앞둔 수사들을 바닥에 눕히되 간혹 바닥에 매트를 깔았다. 바닥에 누운 수사는 먼저 바닥을 톡톡 두드렸다. 죽음이 다가오면 그리스도와 성모와 성인들의 기이한 환상을 보는 경우가 많았다. 그런 상황에서 보는 환상은 너무나 선명했고, 죽음의 고비에서 다시 의식을 회복한 사람들이 전해준 이야기가 널리 받아들여졌다.

기적이 수사들의 일상에 속했다. 그들은 영들에게 둘러싸여 지냈다. 환상과 계시가 밤낮으로 발생했다.[20] 귀신이 혼자서 혹은 무리를 지어서 수도원 공간을 온종일 배회하면서 방심하는 자를 미혹하고, 긴장하고 지내는 자의 믿음을 흔들었다. 이런 유의 이야기들 가운데 가장 상세하고 격조 있는 내용은 기적들에 관한 책을 쓴 가경자 피에르(Peter the Venerable), 하이스터바흐의 카이사르, 야코부스 데 보라진(Jacobus de Voragine)에게서 나온다. 카이사르의 「기적들에 관한 대화」(Dialogue of Miracles)와 보라진의 「황금 전설」(Golden Legend)은 매우 흥미로운 이야기책들이다. 이 책들에는 당대에 사실로 받아들여진 전설들이 가득 실려 있다. 이 전설들은 초자연적 존재들이 항상 곁에 있음을, 특히 악한 자와 그의 사자들이 장난과 못된 짓을 벌이고 있음을 한순간도 의심하지 않던 그 시대의 정서를 고스란히 반영한다.

가경자 피에르는 쉴 줄도 모르는 이 원수들이 잠든 수사들에게서 이불을 끌어내려 먼 곳으로 옮겨놓고는 킬킬거리고, 정숙한 수사가 생리적 요구를 해결할 때 곁에서 장난을 치고, 캄캄한 밤에 수도원 경내를 돌아다니면서 기도 도둑질을 일삼는 중에 신실한 수사들을 넘어뜨리는 정경을 생생하게 묘사한다.

피에르는 어느 가난한 수사가 불현듯 침대 곁에 거대한 몸집의 귀신이 서 있는 것을 보게 되었는데, 비둔한 몸을 날개로 간신히 버티고 있더라는 재미있는 이야기도 전한다. 그때 다른 두 귀신이 나타나 그 비둔한 귀신을 향해 "자네 여기서 무얼 하고 있나?" 하고 물었다. 그러자 비둔한 귀신은 이렇게 말했다. "십자가와 성수와 시편 찬송이 걸어놓은 보호 때문에 꼼짝을 못하겠다네. 밤새 애를 써봤는데 소용이 없어." 그러자 두 귀신이 이렇게 대답했다. "방금 우리는 고프리드라는 자를 유혹하여 간음을 저지르게 하고, 수도원장을 꼬드겨 소년과 음

---

20) Guido는 자기 형제 성 베르나르에 대해서 이렇게 말했다. "내가 알고 경험으로 확신하는 한 가지는 그가 기도로 많은 것을 계시받았다는 것이다." Migne, 185, 262.

행하게 하고 왔는데, 이 게으른 자여, 자네도 무슨 일좀 해보게. 침대 밖으로 삐져나온 이 수사의 발을 잘라버려." 침대 밑에 놓인 곡괭이를 집어든 귀신은 있는 힘을 다해 내리쳤으나, 수사는 그 순간 발을 움츠리고는 돌아눕는 바람에 화를 면했다. 귀신들은 그 자리를 떠났다.[21]

이런 유의 경험들이란 수도원에서 흔히 겪는 소화불량이나 두통으로 인해 생긴 두뇌의 환상일 뿐이라고 생각하는 것이 타당하다.[22]

귀신의 공격들은 특히 수사에게 그의 신성한 서약을 저버리도록 유혹하는 데 집중되었다. 안셀무스는 헬리난드라는 사람에게 쓴 글에서 귀신이 자주 벌이는 네 가지 유형의 공격을 언급한다. 첫째 유형은, 세상의 행복을 얻고 싶은 정욕을 통해서 이루어진다. 수도원에 갓 입회한 수련수사가 은둔 생활의 단조로움을 느끼기 시작할 때 이런 공격이 가해진다. 둘째 유형은, 수사에게 왜 소교구 사제로 지내지 않고 굳이 수도원에 들어와 이 고생을 하느냐는 질문을 일으키는 것이다. 셋째 유형은, 왜 수사 서약을 인생 말년까지 미뤄두고 그동안 마음껏 자유롭게 산 다음 말년에 수사가 되는 데 따르는 유익과 명예를 얻지 않았느냐고 다그치는 것이다. 마지막 유형은, 서약을 하지 않아도 하나님을 훌륭하게 섬길 수 있는 길이 있는데 왜 굳이 서약으로 스스로 얽어매는가 하고 묻는 것이다. 안셀무스는 마지막 공격에 대해서 시편 76:11("너희는 여호와 너희 하나님께 서원하고 갚으라")을 인용함으로써 답변한 뒤, 서약 그 자체가 하나님에게 기쁨을 드리는 것이라고 주장했다.[23]

어떤 제도든 그 제도에 따르는 남용과 폐습에 근거하여 그 공과와 유용성을 판단하는 것은 정당하지 못하다. 모범적인 베네딕투스회와 프란체스코회 수사들은 하루 일과를 신앙의 의무와 실용적인 노동 — 그것이 들에 나가 밭일을 하는 것이든 교실에서 가르치는 것이든 그 밖의 작업장에서 노동을 하든 것이든 — 으로 성실히 배분하여 보냈으리라고 우리는 흔쾌히 믿을 수 있다. 이러한 이상에 부합하게 살다간 훌륭한 사람들이 셀 수 없이 많다는 것은 틀림없는 사실이다. 그러나 또 다른 이상이 있었는데, 그것은 우리 현대인들이 매우 혐오하는

---

21) *De mirac.*, I. 14; Migne, 189, 877.

22) Caesar of Heisterbach, *Dial.*, IV. 30, VII. 24.

23) *Ep.*, II. 12; Migne, 158, 1161 sqq.

것이다. 수도원 생활을 이야기로 전한 보라진(Voragine) 같은 작가들의 책은 당시 사람들이 믿던 혐오스러운 내용으로 가득하며, 그 내용들은 병적인 인생관을 드러낼 뿐 아니라 건전한 도덕성과 전혀 걸맞지 않는다. 한 가지 예로도 충분할 것이다. 대양을 방랑하다가 아메리카에도 갔다 왔다고 하는 아일랜드의 성인 브랜던(Brandon)의 기묘한 전설에는 그가 어떤 섬을 발견했는데, 그 섬에는 스물네 명의 수사가 사는 대수도원이 세워져 있었다는 내용으로 시작하는 이야기가 있다. 그 섬의 수사들은 아일랜드에서 온 사람들로서 성 브랜던과 열두 명의 일행을 영접할 때 그 섬에 80년 동안이나 살고 있었다. 그 80년 세월 동안 그들은 하늘에서 내리는 양식을 먹고 살았는데, 주중에는 열두 덩어리의 빵이 내려왔고, 주일에는 곱절의 양이 내려왔다. 매일 그렇게 내려온 빵과 나물만 먹고 지냈다. 한 사람도 병에 걸린 사람이 없었다. 모두가 금으로 장식한 왕복을 입고서 행렬을 벌였다. 촛불을 켜둔 채 미사를 거행했으며, 저녁 찬송을 불렀다. 그런데 80년의 세월을 한결같이 서로간에 단 한 마디도 주고받지 않았다! 유한한 인간에게 이런 것이 대체 어떻게 이상이 되겠는가! 미사를 드리고 침묵을 지키고 날이면 날마다 왕복을 입고 행렬을 벌이기를 80년 동안 하고, 본성의 정당한 욕구를 그로써 매장하고, 하나님이 주신 선물들을 멸시한 채 그렇게 인생을 나태하고 이기적인 은둔 속에서 보내는 것이다! 그런데도 보라진은 대주교였음에도 불구하고 "브랜던이 그들과 거룩한 대화를 나누다가 감격한 나머지 눈물을 흘렸다"고 전한다.[24]

토지 재산을 수도원에 기부하는 것이 보편적 관행이었고, 이것은 특히 십자군 원정 기간에 두드러졌다. 수도원을 세운 사람은 천국으로 올라가는 사닥다리를 놓은 사람으로 간주되었다. 전투 대수도원(Battle Abbey), 혹은 정식 명칭을 다 소개하자면 '전투 장소의 성 마르틴 대수도원'(the Abbey of St. Martin of the Place of Battle)은 정복자 윌리엄이 전적지(戰跡地)인 헤이스팅스에 건립한 뒤 1094년에 안셀무스에 의해 봉헌되었다. 잉글랜드에 마지막으로 세워진 시토회 수도원인 왕의 골짜기(the Vale Royal)는 에드워드 1세가 팔레스타인에서 귀국하다가 바다에서 위급한 상황을 만났을 때 서약한 것을 이행하여 건립했다. 그는 1277년에 그 수도원의 초석을 놓았고, 수도원에 참 십자가 조각과 그 밖의 성

---

24) Temple Classics ed., vol. VII.

유물들을 보관했다.

이름을 날린 대다수 수도원들은 처음에는 보잘것없는 형편에서 엄격한 규율을 지키며 시작했다. 클레르보·시토·히르샤우·샤르트르가 다 그랬다. 수도원 터는 계곡이나 산꼭대기나 늪지대처럼 접근하기 힘든 고적한 지대에 잡는 것이 보통이었다. 프란체스코회와 도미니쿠스회는 이와 반대로 도시로 들어갔다. 비록 가장 빈한한 지대를 골라서 들어가긴 했으나 사람들의 왕래가 매우 빈번한 곳을 택했던 것이다. 수도원들이 취한 아름다운 명칭들을 보면 수도원을 통해 주변 환경을 어떻게 변화시키고자 하는 열망이 잘 나타나 있다.

클레르보(Clairvaux)는 화사한 계곡이란 뜻이고, 봉 리외(Bon Lieu)는 좋은 터, 레 델리체(Les Delices, 부르주 근처)는 기쁨, 펠릭스 프레(Felix Pre)는 행복한 목장, 힘멜스크로네(Himmelskrone)는 천국의 면류관, 부아 뒤 치엘(Voie du Ciel)은 천국 가는 길이란 뜻이다.[25] 월터 맵(Wlater Map)은 12세기 후반에 관한 부분에서 시토회 수도원들의 아름다운 이름들을 길게 소개하면서, 그 이름들 안에는 "이를테면 하나님의 집, 구원의 문 같은 신적이며 예언적인 요소가 담겨 있다"고 말한다.[26]

수도원 재산이 늘어나면서 당대 최고의 건축을 보여주는 대규모 석재 대수도원들이 세워졌다. 시토·클뤼니·샤르트르와 잉글랜드의 대규모 수도원들이 모두 웅장하고 섬세하게 지어졌다. 수도원을 건축하고 시설을 갖추는 일에 수고나 비용을 아끼지 않았다. 스테인드 글라스, 조각, 자수(刺繡), 화려한 제의(祭衣)를 재정에 구애받지 않고 활용했다.[27] 제대로 지어진 수도원들은 예배당(chapel)·식당(refectory)·난방을 한 방(calefactory, 휴게실)·문서실(scriptorium)·면회실(locutorium)·숙소(dormitory)·시약소(施藥所, infirmary)·병원(hospital) 같은 여러 시설들을 갖추었다.[28] 이런 시설들은 건물 한 채가 아닌 한 동을 이룬 여러 건물들에 들어섰다. 1245년에 클뤼니 수도원은 교황과 프랑스 왕과 콘스탄티

---

25) 참조. Montalembert, I. 66.

26) Casa Dei, 하나님의 집; Vallis Domini, 주님의 골짜기; Fortus Salutis, 구원의 문; Ascende Caelum, 승천; Lucerna, 등잔; Claravallis, etc. Map, I. 24.

27) 클뤼니 수도원의 사치스럽고 화려한 생활은 성 베르나르에게 유명한 비판을 이끌어냈다.

28) 참조. 브리태니커 백과사전의 '대수도원'(Abbey) 항목.

노플 황제와 그들의 수행원들을 한꺼번에 수용할 수 있었다.

매튜 패리스는 스코틀랜드의 던펌라인(Dunfermline) 대수도원이 세 명의 군주를 한꺼번에 영접하여 서로 불편을 느끼지 않도록 하면서도 충분히 대접할 수 있을 만큼 넓었다고 말한다. 이런 수도원들에는 최신의 편의시설이 도입되었고, 최신의 뉴스가 들어왔다. 따라서 수도원이 일반 사회의 복지 관점에서 보더라도 머물기에 매우 쾌적한 곳이었다. 물질적 관점에서만 보자면 중세 수도원은 현대 도시의 클럽 하우스와 크게 다르지 않았다. 부자들이 수도원 물품보관실에 귀중품을 보관했다. 학대당하는 자들이 보호를 받기 위해 그곳으로 피신했다. 웨스트민스터, 생 드니, 던펌라인 같은 대수도원들이 그러하듯이, 왕들과 제후들이 그곳에 묻혔다. 권력자들은 생시에도 그곳을 여정에서 만날 수 있는 가장 안락하고 편안한 곳으로 여겨 즐거이 머물다 가는 경우가 많았다.

수도원은 자급자족이 가능하도록 고안된 시설이었다. 그 안에서 모든 활동이 이루어지고, 모든 물품과 식량이 공급되는 일종의 사회주의적 공동체였다.[29] 수도원이 자체의 과수원과 밭을 가지고 있었고, 가축도 따로 키웠다. 더러는 양봉(養蜂)도 하고, 양어장도 두고, 양을 키워 양털을 얻기도 하고, 자체적으로 포도주를 담그기도 하고, 술을 빚기도 했다. 수도원들이 전성기를 누릴 때에는 수사들이 근검절약의 본을 보여주었다. 수도원에 조리를 관장하는 식료품 담당자와 수사들의 의복을 관장하는 의전관, 성가를 지도하는 선창자, 교회 기구들을 관장하는 성구 보관인 같은 하급직들이 이 시기에 빠짐없이 등장했다. 11세기에는 이런 모든 제도들이 철저히 독립적으로 유지될 수 있도록 수도원이 평수사들(평신도 수사들)을 받아들였다. 게다가 수도원이 가난한 자들에게 항상 무관심하지만은 않았다.[30] 그러나 수도원 바깥 사람들을 거듭나게 하고 잘살게 하는 것보다 수도원 내부의 일에 몰두하려는 경향이 더욱 컸다.

세상의 여느 이상들과 마찬가지로, 평화와 도덕, 행복의 이상이 수도원에 의

---

29) '수도원'(convent)이라는 용어는 주로 사람들의 사회를 뜻한다. 법률 문서들에서 수도원을 가리킨 중세 잉글랜드의 일반적 표현은 " …… 의 수도원장과 수도원"이었다. 참조. Jessopp, p. 119.
30) 한 번은 클뤼니 수도원이 17,000명의 빈민들을 보살핀 적이 있었다. 1117년의 기근 때에 쾰른 근처의 하이스터바흐 수도원은 하루에 1500명을 먹였다. 먹고살기가 힘든 시절에 베르나르는 2000명의 농민들에게 추수 때까지 양식을 공급했다.

해서도 달성되지 못하였고, 혹은 초창기의 열정으로 근접했을지라도 곧 멀어졌다. 이는 수도원주의가 취한 방식이 철저히 잘못되었기 때문이다. 수도원은 곳곳이 하나님의 말씀을 듣는 방이었다. 하지만 수도원 담장이 그 안에 있는 사람들을 거룩하게 하지 않는다는 것은 누구나 다 아는 사실이었다. 과거에 제롬과 니사의 그레고리우스, 아우구스티누스가 증거했듯이, 이제도 다른 목소리들이 제기되고 있었다. 샤르트르의 이보(Ivo, 1116년 죽음)는 금욕 생활에 대한 교만과 자랑의 누룩이 꽉 찬 수사들을 디모데전서 4:8과 로마서 14:17 같은 구절들을 거론하면서 비판했다. 침착한 영혼과 평안한 마음과 숭고한 정신이 없다면 아무리 고적한 산과 숲이라도 거룩하게 해주지 못한다고 그는 말했다. 클뤼니의 피에르는 어느 은수자에게 쓰기를, 마음에서부터 악에 확고히 담을 쌓지 않으면 세상을 등져봐야 소용이 없으며, 그 담은 곧 구주 그리스도이시라고 했다. 이러한 보호가 없다면 속세를 떠나 은거(隱居)하고 육체를 괴롭게 하고 먼 땅을 여행하는 일들이 헛수고일 뿐이며, 오히려 유혹만 더욱 강렬해진다고 했다. 평신도든 성직자든, 수도 생활을 공동으로 하든 혼자 하든 나름대로 유혹이 따르게 마련이라고 했다.

그러나 번영 뒤에는 경쟁과 교만과 나태와 도덕적 해이가 따르게 마련이었다. 프라이징의 오토(Otto)는 수도원 공동체들에 아낌없는 찬사를 보냈지만, 그와 동시대 사람들인 하벨베르크의 안셀무스(Anselm)는 수사들이 수도원 담장 안팎에서 빈둥거리면서 한담이나 일삼는 행위를 비판했다.[31] 쇠나우의 엘리자베트(Elizabeth)와 빙엔의 힐데가르트(Hildegard)는 수도원 생활을 지상에서 가장 숭고한 형태의 삶으로 간주하면서도, 수사들과 수녀들의 구체적인 삶의 모습에서는 이상과 거리가 먼 것을 많이 지켜보았다.[32] 교황청 역사의 도색정치 시대와 중세 말기의 몇몇 교황들의 시대 못지 않은 치부가 수도원 역사에도 있다. 그레스티안 지방의 수교 아르놀프(Arnulf)는 교황 알렉산더 3세에게 그곳 대수도원을 해산해달라고 부탁하기 위해 쓴 편지에서, 그 수도원에서 온갖 부패와 탐욕

---

31) Hauck, IV. 312.

32) Hauck(IV. 401 sqq.)은 독일의 대수도원장들 가운데 힐데가르트와 쇠나우의 엘리자베트 같은 여성이 많지 않았다고 말한다. 부패한 수사들과 수녀들로 인한 불평이 작센·슈바벤·로렌·라인 지대·스위스 등지에서 터져나왔다.

과 다툼과 살인과 방탕이 자행되고 있다고 언급했다. 맘스베리의 윌리엄은 1125년에 쓴 글에서 캔터베리 수사들의 악한 생활상을 묘사한다.[33] 아벨라르(Abaelard)는 자서전에서 자신이 대수도원장으로 재직한 브르타뉴 수도원의 상황을 천박하고 충격적인 것으로 소개한다.

프란체스코회와 도미니쿠스회가 설립되면서 널리 퍼졌던 열기가 식고 난 다음에는 사태가 급속히 악화되었다. 파리 대학교에서 가르친 생 아무르의 기욤(1270 죽음)과 같은 대학교수들은 당시 수사들의 오만하고 방탕한 생활상을 통렬하게 비판했다. (이러한 상황에 대해서는 탁발수도회들을 다룰 때 자세히 소개할 것이다.) 교황청의 아비뇽 유수 기간에 어떤 주교가 나서서 자신이 직접 조사한 결과 수녀들이 한 사람도 남김 없이 귀신들과 육체 관계를 맺은 수녀원을 알고 있다고 공언하지 않았던가? 콘스탄스 공의회와 바젤 공의회가 사실로 확인한 스웨덴의 성 브리젯(St. Briget, 1375 죽음)의 계시들은 수도원 사회의 도덕 수준이 그만큼 저급했음을 입증한다. 클레망제의 니콜라우스(1440 죽음)는 수도회들의 부패를 강력히 비판하는 글을 썼으며, 그들의 낭비와 탐욕과 게으름과 방탕을 어두운 색채로 묘사한다. 소녀가 수도원에 올라가면 그것만으로도 방탕한 여자로 낙인찍힐 수 있었다고 그는 말한다. 이미 수세기 전에 하이스터바흐의 카이사르가 설교한 대로 "종교는 부를 가져왔고, 부는 종교를 파멸시켰다"는 말이 옳았던 것이다[34]

전성기에는 가장 따뜻한 경건과 최고의 지성을 담아냈던 수도원제도가 쇠퇴기에는 미신과 동의어이자 인간 진보에 대한 철저한 원수가 되고 말았다. 이렇게 된 이유는 수도원이 거룩함을 얻기 위해 의존한 방법과 거룩함의 이상으로 설정한 목표에 악하고 그릇된 어떤 것이 있었기 때문이다. 수사들은 이단 분파들을 짓밟았고 르네상스를 증오했다. 열정이 뜨겁게 타오르던 초창기에는 그들의 본이 검약을 촉진했던 반면에, 후기에는 게으름과 방탕을 조장했다. 한때 교

---

33) *Gesta Pontificum*, Rolls Series, p. 70. 윌리엄은 이렇게 말한다. "캔터베리의 수사들은 당시 잉글랜드의 모든 수사들과 마찬가지로 사냥과 매사냥, 경마에 심취했다. 주사위 놀음과 주연과 좋은 옷을 좋아했으며, 종들을 많이 거느려서 수사들이라기보다 세속 귀족들처럼 보였다."

34) Hom. III. 96. Jessopp(*Coming of the Friars*)은 13세기 잉글랜드 수사들이 당시 일반인들보다는 나았다고 말하는데, 그 말을 곧이곧대로 믿기가 쉽지 않다.

육자들로 칭송을 받던 그들이 완고와 무지의 대명사가 되었다. 초서(Chaucer)의 글에서 토머스 아 베켓의 무덤으로 순례의 길에 나선 소수도원장은 14세기 잉글랜드 사회에 퍼져 있던 수사들에 대한 평가를 여실히 보여준다:

"그의 머리는 벗어져 유리같이 번쩍거리고
얼굴은 기름칠을 한 것 같이 번들거렸다.
몸집이 크고 살이 쪄 풍채가 좋았으며
그의 튀어나온 두 눈은 이리저리 굴러다니고
활활타는 화롯불처럼 번쩍거렸다.
발에는 부드러운 신을 신고, 타고 가는 말은 몸집이 크다.
이 모든 것을 보건대 그가 얼마나 유력한 수사인지!
그는 여윈 혼령같이 창백하지도 않았으며
그가 가장 좋아하는 구운 고기는 살찐 백조였으니.
그의 안장달린 말은 장과(漿果) 열매같이 고동색이었다."

하지만 중세의 특정 시기에 수도원이 끼친 이로운 영향들을 잊거나, 설립자들의 숭고한 목적을 부정한다면 그것은 매우 부당한 태도가 될 것이다. 중세의 수사들이 남긴 찬송가들과 전례들과 사본들이 오늘날의 문학과 교회 예배에 계속해서 이바지하고 있는 것이다. 현대와 같은 시대는 스스로 이루어낸 교회 활동 방법들을 치하하면서도, 다른 시대 교회가 사용한 다른 방법들도 나름대로 유용하다는 것을 인정할 수 있다. 우리가 지나간 시대에 일어난 운동들을 공부하는 목적은 그 시대를 이끌어간 사람들의 방법에서 흠결을 찾자는 것이 아니라, 그 시대를 배움으로써 우리 시대의 문제들을 좀 더 잘 해결해 가자는 것이다.

62. 수도원주의와 교황제

수도원주의와 교황제는 한쪽은 세상을 등지는 행위를, 다른 한쪽은 세상을 끌어안고 다스리는 행위를 각각 대표하는 제도임에도 불구하고 이상하게도 매우 밀접하게 결탁한 채 세상에 들어왔다. 수사들은 교황들의 상비군이 되었고, 교황들이 세속 군주들과 대립할 때 그들에게 복종과 용맹을 바쳤다. 몇몇 훌륭한 교황들은 수도원에서 교육을 받았거나 성향이 수도원적이었고, 그 둘을 다 겸비한 경우도 있었다. 그레고리우스 7세는 로마 아벤티누스 언덕에 세워진 베네딕투스회 수도원에서 훈련을 받았고, 빅토르 3세는 몬테 카시노 수도원 출신이었고, 우르바누스 2세와 파스칼리스 2세는 클뤼니회 출신이었으며, 하드리아누스 4세는 세인트 올번스 수도원 출신이었다. 성 베르나르의 제자 유게니우스 3세는 교황이 된 뒤에도 시토회 수사들이 입는 내의를 입고 지냈다. 인노켄티우스 3세는 「세상에 대한 경멸」(*Contempt of the World*)이라는 금욕적 저서를 썼다.[35]

11세기부터 13세기까지 수도회들이 앞다투어 설립되었다. 조직의 본능과 경건의 충동이 갈멜 산에서부터 북쪽으로 스코틀랜드에 이르는 기독교 세계를 새 수도원들로 덮거나 옛 수도원들을 재건했다. 인노켄티우스 3세는 오늘날 개신교가 교단간의 차이를 정당화하는 데 사용하는 것과 같은 방식으로 다양한 수도회들을 동일한 군대에 속해 있으나 서로 다른 군복을 입은 부대들에 비유했다. "그러한 다양성은 그리스도에 대한 충성이 갈리는 것을 뜻하지 않고, 다양한 형태 아래서 정신이 하나임을 뜻한다"고 그는 말했다.[36] 마찬가지로 블루아의 피에르도 에버샹의 대수도원장에게 쓴 편지에서, 하프의 다양한 현들에서 화음이 어우러져 나오듯이, 다양한 수도회들에서 통일된 봉사가 나온다고 말했다. 천사들이나 천체(天體) 못지않게 다양한 수도회들에서도 통일성을 기대할 수 있다고 했다. 포도원에는 검정색 포도와 청백색 포도가 다 같이 열리는 법이라고 했다. 성경도 그리스도인을 묘사할 때 백향목과 장미와 감람나무와 종려나무 등으로 묘사하지만, 주님의 정원에서는 그 식물들이 하나로 무리지어 자라는 것이라고 했다.[37]

교황들은 기민한 지혜를 발휘하여 수도회들을 장려하여 로마의 교권 집중 확립에 이용했다. 각 수도회는 저마다의 수도회칙과 고유 복장을 갖추고 있었다. 이 수도회칙들이 수도회들과 마찬가지로 교황에 의해 설립 허가를 받았으며,

---

35) 1096년의 니스메(Nismes) 교회회의는 수사들이 재속 성직자들보다 다스리는 능력을 더 잘 갖추고 있다고 공언했다. Hefele, V. 244.

36) *Ep.*, III. 38; Migne, 214, 921.

37) *Ep.*, 97; Migne, 207, 304 sq.

직접 간접으로 교황의 관할권에 종속되었다. 프란체스코회와 도미니쿠스회 같은 탁발 수도회들은 교황의 직할 수도회들이었다. 제4차 라테란 공의회가 수도회 신설을 금지하게 된 이유 중 하나는 교회에 다양한 수도회칙들이 혼재함으로써 혼란을 일으키는 상황을 막기 위함이었다. 그 공의회는 수사가 되고자 하는 자들에게 기존 수도회들에 가입하라고 명령했다. 그런데 이러한 규정을 어기고서 설립된 프란체스코회와 도미니쿠스회가 3세기 뒤에 예수회가 등장하기 전까지 교황제의 가장 충직한 지지 세력이 되었다.

교황들이 수도회들에 호의를 보이면서 주교들의 권위가 약해지고, 교황제가 주교제도로부터 독립하는 경향을 띠게 되었다. 둔스 스코투스는 신앙이 세례 자체보다 더 필요하듯이, 수사의 집단이 고위 성직자들의 집단보다 더 중요하다고 말했다. 수사들이 교회의 심장과 본체를 이룬다고 했다. 그들은 설교로써 새 삶을 시작하고, 돈이나 값을 받지 않고 설교하지만, 고위 성직자들은 돈을 받고 사역한다고 했다.[38]

교황들은 수도회들, 특히 탁발 수도회들에게 각종 특권과 면제를 후하게 부여했다. 그들은 교황들의 총애를 받는 존재들이었다. 주교들과 그들의 관할권과 상관없이 어느 지역 어느 시기든 자유롭게 설교하고 성사를 집례할 자유를 얻었다. 그로 인해 끊임없이 발생한 불만과 충돌로 인하여 수도원들이 끊임없이 주교들의 판결에 불복하여 교황청으로 달려가 항소하는 사태를 빚었고, 교황청 사람들은 그들 나름대로 이런 상황을 이용하여 돈을 벌었다.[39] 수도원들은 조직과 재산에 힘입어, 그리고 자유롭게 로마를 찾아가 무한정 체류할 수 있었던 많은 수의 수사들에 힘입어 정적들을 괴롭히고 그들의 인내력을 소진시키거나 그들이 죽을 때까지 소송을 연기할 수 있었다.[40]

규모가 큰 수도원들이 누린 부와 사치와 권력은 대단한 것이었다.[41] 로렌과 유

---

38) Seeberg의 *Duns Scotus*, 478 sq.에 인용된 내용을 참조하라.

39) 매튜 패리스는 영국의 다른 연대기 저자들과 마찬가지로 그러한 사례들을 하나씩 소개한다. Jessopp(*Coming of the Friars*)은 중세 영국 스콜라주의의 역사가 끊임없는 소송으로 이루어져 있다고 말한다. 수도원들이 항상 주교들과 불화를 겪었던 것이다.

40) 주교 스텁스(*Const. Hist.*, III. 329)는 영국의 수도원들이 교구 주교들을 견제하려고 했던 교황에게 보루가 되어 주었다고 말한다. 이런 이유에서 교황들은 영국의

럽의 그 밖의 지역들에서 그런 수도원들이 수도원 사회의 영향력을 대변했다. 대수도원장들이 주교들보다 서열이 앞서는 경우가 많았는데, 이는 유럽 동쪽 끝에서부터 대서양에 이르기까지 파견한 대표들로 구성된 수도원들의 총회들이 교구와 심지어 지역 공의회들보다 더 큰 영향력을 행사했던 것과 같았다.

우리가 다루는 시기보다 약간 이전에 바이센부르크의 대수도원장은 자신이 속한 슈파이어의 주교보다 많은 사람들을 끌어모을 수 있었고, 라이헤나우와 생갈과 켐텐의 대수도원장들은 콘스탄츠라는 방대한 관구를 관할하는 주교보다 더 많은 인원을 모을 수 있었다.[42] 12세기에 풀다의 대수도원장은 쾰른의 대주교보다 더 높은 서열을 주장했다. 교황 요한 18세(1004-1009 재위) 때부터는 대수도원장들이 대주교의 기장(記章)을 받는 경우가 적지 않았다. 세인트 올번스·바드니·웨스트민스터 등 잉글랜드의 대수도원장들과 그 밖의 잉글랜드 대수도원장들은 삼중관을 썼다.[43] 한 마디로 대수도원장들의 세도가 대단했다. 에큐메니컬 공의회들에 참석했고, 그들이 지나가면 종을 울렸고, 사냥을 즐겼고, 말들과 무장 수행원들을 거느렸으며, 치밀하게 격식을 갖춘 환대를 받았다. 세인트 올번스의 대수도원장은 식사 때 은그릇을 사용했으며, 심지어 잉글랜드 대수도원

대수도원장들을 직접 선출하지 않았고, 혹시 어쩌다 한 번 직접 선출하더라도 수사들의 의견을 침해하지 않았다.

41) Dr. Jessopp(p. 155)은 영국의 수사들에 관해서 이렇게 말한다. "결국 13세기 수사들에게 가장 큰 즐거움은 먹고 마시는 것이었다고 시인하지 않을 수 없다. 규모가 큰 대수도원에서 벌어지는 만찬은 그날의 가장 중요한 행사였다. 이 시대의 문학을 상당히 많이 알고 있는 사람들에게도 13세기 수도원 생활의 약점이 폭식이었다는 사실은 충격을 준다." 하지만 그는 수사들이 술을 많이 마셨다는 이야기는 전해지지 않는다고 말한다. 수도원에서 빚는 에일 맥주는 연간 메뉴에서 중요한 품목이었다. 더럼의 주교 마리스코의 리처드는 세인트 올번스 대수도원에 노섬벌랜드 에글링엄의 십일조를 납부했는데, 그 목적이 "술이 부족한 수도원의 사정을 감안하여" 수사들로 하여금 더 좋은 에일 맥주를 빚게 하려는 데 있었다.

42) Hauck, III. 442.

43) 삼중관을 쓴 그 밖의 대수도원장들의 수도원들은 다음과 같다. 베리 세인트 에드먼즈·캔터베리의 세인트 어거스틴·크로일랜드·피터버러·이브샘·글래스턴베리·글로스터. 그러나 글래스턴베리 대수도원장은 하드리아누스 4세가 그것을 세인트 올번스 대수도원장에게 넘길 때까지 우선권을 가지고 있었다.

들에서 열린 식사 자리에는 귀족 가문의 귀부인들이 초대되기도 했다.

이처럼 수도회들은 재산과 조직 그리고 교황의 총애에 힘입어 주교구를 능가하는 지위를 누렸다. 그들은 교황을 등에 업고서 주교들에게 충성을 요구했고, 그 대가로 교황이 주교구들에 대해서 막강한 영향력을 행사할 수 있도록 뒷받침해주었다.

이단 분파들과 투쟁하는 과정에서, 수도회들은 정통신앙을 타협 없이 수호했으며, 교황들이 이단 탄압 정책을 펼 때 가장 효과적인 지원을 제공했다. 종교재판소에서 그들은 교황의 가장 중요한 손발 역할을 했다. 그들은 알비파 진압을 위한 십자군 모집에 앞장섰고, 그렇게 형성된 십자군 부대들에서 중요한 위치를 차지했다. 시토의 아르놀(Arnold of Citeaux)처럼 학살과 파괴를 주도한 경우도 적지 않았다. 독일에서부터 스페인에 이르기까지 곳곳에서 적극적으로 활동한 종교재판관들은 수사들이었다.

또한 교황들이 제후들과 왕들에 맞서서 치열하게 투쟁할 때도 수도회들이 항상 뒤를 받쳐주었다. 이 면에서 그들은 용맹스럽게 교황제를 위해 이바지했다. 대표적인 예가 교황이 황제 프리드리히 2세와 대립할 때였는데, 그때 수사들이 독일과 제국에 속한 그 밖의 지역들에서 선동의 씨앗을 뿌리고 조직적인 반란을 일으켰던 것이다.

더 나아가 수사들은 교황청 재정을 충당하는 요원들로서 교황청을 위해서 크게 이바지했다. 이 점에서 그들은 유럽 전역에서 왕성하게 활동했다. 잉글랜드 연대기 작가들의 자료들에는 그들이 백성의 고혈을 짜내는 데 항의하는 내용이 차고 넘친다.[44] 교황은 수도회들을 잘 대해주었고, 그 대가로 수도회들에게 순전한 충성을 받았다. 그들은 교황에게 큰 총애를 받았고, 그에 대해 배은망덕하지 않았다.

우리가 다루는 시기의 수도회들은 크게 다섯 부류로 구분할 수 있다. 첫째는 베네딕투스의 수도회칙을 따른 수도회들이고, 둘째는 이른바 아우구스티누스의 수도회칙을 따른 수도회들이고, 셋째는 카르투지오회를 주축으로 한 은수자들

---

44) 매튜 패리스와 그 밖의 잉글랜드 연대기 저자들은 탁발수사들이 이렇게 세금을 거두며 돌아다니는 행위를 끊임없이 비판한다. 그들은 일찍이 1234년부터 잉글랜드에서 교황을 위해서 돈을 거두고 있었다.

의 수도회들인 카르멜회이고, 넷째와 다섯째는 최초의 탁발 수도회들인 프란체
스코회와 도미니쿠스회이다.

63. 클뤼니의 수사들

프랑스 마콩에서 약 20km 떨어진 곳에 자리잡은 클뤼니(cluny) 수도원은 11-
12세기에 절정의 영향력을 행사했다. 910년에 아키텐의 공작 기욤이 설립한 뒤
계속해서 슬기로운 대수도원장들의 지도를 받은 이 수도원은 서방의 수도원들
가운데 몬테 카시노에 버금가는 지위를 얻었으며, 아드리아 해부터 스코틀랜드
까지 유럽 전역으로 퍼져나간 수도원 부흥운동의 온상이 되었다.

라틴 교회가 서 있던 지역에서 클뤼니만큼 순수한 영예를 누린 수도원은 다시
없었다. 그 수도회의 대수도원장 네 명 — 오도 · 마욜루스 · 오딜로 · 위그 — 이
성인의 반열에 올랐다. 그 수도회의 수사 출신들인 그레고리우스 7세와 우르바
누스 2세, 파스칼리스 2세가 교황이 되었고, 아나클레투스 2세가 대립교황이 되
었다. 교황 겔라시우스 2세는 1118년에 로마에서 추방되어 이 수도원으로 피신
한 뒤 그곳에서 재에 누워 숨을 거두고 그곳에 묻혔다. 그의 후임자 칼릭스투스
2세를 선출한 추기경들이 클뤼니에서 모였다. 왕들도 교황들과 함께 이 수도회
를 예우했다.

클뤼니회(the cluniacs)는 성 베네딕투스의 수도회칙을 더욱 엄격하게 준수하
는 쪽으로 나아갔다. 클뤼니의 영향이 로렌과 독일에서 나타나기 시작한 때는
10세기에 브로뉴의 대수도원장 게하르트 같은 사람들이 주도한 수도원 개혁 운
동이 충분히 진행된 뒤였다. 디종의 성 베니뉴스 수도원의 대수도원장 기욤과
스타블로와 림부르크의 대수도원장 포포, 히르샤우의 빌헬름 같은 수도원 지도
자들이 베네딕투스회의 수도회칙을 대변했고, 클뤼니에 전적으로 동조했다. 슈
바르츠발트(독일 남서부의 삼림지대)의 히르샤우는 독일 남부에 클뤼니회의 개
혁을 소개했고, 당대의 주요 지식인들의 한 사람이 되었다. 클뤼니 수도원의 대
수도원장 기욤(1069-91)은 엄격한 규율가이자 개혁자로서, 레겐스부르크의 성
에메람 수도원에서 철저한 스콜라 신학으로 교육을 받았다. 그는 안셀무스와 편
지를 주고받았고, 1075년경에는 로마를 방문하여 그레고리우스 7세를 만났다.

클뤼니 수도원은 그 교황이 서임권 논쟁을 벌일 때 그의 요새가 되었다. 기욤은 1077년에 기존에 있던 클뤼니회의 수도회칙과 병행하여 히르샤우를 위해서 그것과 유사한 「히르샤우 헌장」(Constitutiones Hirsaugienses)을 작성했고, 클뤼니회에 흰 수사복을 도입했다. 이로 인해 수사들이 마음은 닦지 않고 세탁에만 분주하다는 비아냥을 받게 했다.[45]

정복자 윌리엄이 잉글랜드를 다스릴 때 클뤼니회는 그 나라의 반스터플에 수도원을 세웠다. 윌리엄은 그들을 좋게 여겨서 그들 중 한 사람인 휴(Hugh)에게 그 지방의 종교 문제를 감독할 수 있는 권한을 부여했다. 잉글랜드에 두 번째로 설립된 클뤼니회 수도원은 1077년에 군드라다(Gundrada)와 국왕의 사위 워렌의 백작이 루이스(잉글랜드 남부 이스트 서섹스 주의 주도: 역자주)에 세운 성 판크라스라는 중요한 수도원이다.[46] 그 뒤에 버몬지, 웬록, 테트퍼드 같은 중요한 수도원들이 세워졌다. 잉글랜드에 세워진 클뤼니회 수도원들은 소수도원(priory)이라 불렸고, 그들의 수장은 소수도원장(prior) 혹은 수도원장 대리(dean)라 불렸다.[47]

클뤼니의 대수도원장직을 60년간(1048-1109) 맡아본 위그(Hugo)는 그레고리우스 7세의 친구였고, 그의 재직 기간에 위그의 제자인 교황 우르바누스 2세가 클레르몽 교회회의에 참석한 뒤에 클뤼니 수도원을 방문했다. 위그는 1089년에 수도원 경내에 대규모 바실리카를 착공했으며, 이 건물은 1131년에 교황 인노켄티우스 2세가 참석한 가운데 봉헌되었다. 이 교회당의 규모는 서방에서 성 베드로 성당에 버금간다.

제7대 대수도원장 폰티우스(Pontius, 1109-1122) 때 쇠퇴의 기류가 깊고 강하

---

45) 윌리엄은 히르샤우에 많은 수의 수사들을 수용할 수 있는 건물들을 신축했고, 문서실과 도서관을 지었다. 그가 남긴 저서들 가운데는 음악에 관한 저서 *de musica et tonis*가 있다. 히르샤우는 1556년에 크리스토프 공작이 개신교 학교로 개조했다. 그 건물들은 루이 14세의 군대에 의해 파괴되었다. 그 폐허가 뷔르템베르크의 가장 귀중한 유적으로 꼽힌다.

46) Gundrada는 클뤼니를 방문한 적이 있었다. 그녀의 묘비에는 "그녀는 잉글랜드 교회들에 선한 행실의 향유를 부었다"는 글귀가 새겨져 있다. 참조. Stephen, p. 254.

47) 수도원들이 헨리 8세에게 탄압을 받을 당시에 잉글랜드에는 32개의 클뤼니회 수도원들이 있었다.

게 흘렀다. 이미 수도원이 막대한 토지와 여타의 재산을 보유하고 있었다. 단촐한 시설이 화려한 시설에, 엄숙한 생활이 분방함에 자리를 내주었다. 폰티우스는 자신의 대부(代父)였던 교황 파스칼리스에게 달마티카를 하사받을 정도로 교황에게 각별한 총애를 받았다.[48] 칼리스투스 2세는 직접 폰티우스에게 반지를 끼워주면서 그에게 추기경에 준한 권한들을 부여하였고, 클뤼니의 수사들에게는 교구에 성무중지령이 내려진 상태에서도 실내에서 의식을 집례할 수 있는 권한을 부여했다.

폰티우스는 철저히 현세적 야심에 빠져들어 총대수도원장(archabbot)이라는 칭호를 취했다. 그것은 몬테 카시노 수도원 원장이 독점적으로 사용하던 것이었다. 그 뒤에 여러 가지 사건이 불거지면서 마콩의 주교가 그를 고소하기에 이르렀고, 폰티우스는 결국 어쩔 수 없이 사임한 뒤 예루살렘을 향해 순례에 나섰다. 순례를 마쳤음에도 전혀 승복하고 싶은 마음이 일지 않은 그는 돌아오자마자 이전의 지위를 되찾기 위해서 노력했다. 수도원 대문을 강제로 열고 들어가 수사들을 모아놓고 자신에게 충성을 맹세하도록 했다. 금은으로 된 의식용 그릇들을 녹여 자신이 데리고 들어온 침입자들에게 나누어주었다. 그의 행패는 수도원 담장 너머 인근 지역들에까지 확대되었다. 결국 교황 호노리우스 2세가 폰티우스를 아나테마에 처한 뒤 로마로 소환하여 감옥에 가두어 버렸다. 그는 그곳에서 회개하지 않은 채 1126년에 죽었다. 이것이 중세의 악명 높은 수도원 독직(瀆職) 사건들 가운데 하나이다.

폰티우스가 동방으로 길을 떠나 자리를 빈 사이에 가경자 피에르가 클뤼니 대수도원장으로 선출되어 1122년부터 1157년까지 거의 40년간 직위를 유지했다. 피에르는, 중세 수사들 가운데 가장 유력한 인물의 한 사람이자 당대에 많은 사람들로부터 존경을 받은 성 베르나르의 친구였다. 프랑스 오베르뉴에서 태어나 시토 수도원에서 교육을 받은 그는 스물여덟 밖에 안 되었을 때 대수도원장이 되었다. 그의 재임 기간 동안 클뤼니회는 옛 명성을 되찾았다. 피에르는 성경 연

---

48) 달마티카는 발까지 내려오는 소매 넓은 겉옷이다. 주교의 신분을 상징하는 주교관을 대수도원장들에게 보내는 경우도 비일비재했다. 알렉산더 2세가 캔터베리 세인트 어거스틴 수도원의 대수도원장에게 그것을 보낸 것이 초창기 사례에 해당한다. 1137년에 풀다 대수도원장은 인노켄티우스 2세에게 주교관과 함께 주교 반지까지 받았다.

구에 힘썼을 뿐 아니라, 고전 연구도 장려했고, 이로 인해 신랄한 비판을 받기도 했다. 그는 잉글랜드와 스페인에 있는 클뤼니회 수도원들을 방문했다.

재위 10주년 기념일에 피에르는 국내외의 클뤼니회 소수도원장 2백 명과 수사 1212명을 영접했다. 클뤼니 모(母) 수도원에만 460명의 수사들이 있었다. 당시에 2천 개가 넘는 수도원들이 클뤼니회의 수도회칙을 채택했다고 전해지는데, 그 중에는 예루살렘 수도원과 다볼 산 수도원도 포함되어 있었다. 1246년에 피에르는 총회를 소집하여 이미 사용하고 있던 베네딕투스의 수도회칙을 보강하고 다듬은 76개 조항의 새로운 규율들을 채택하도록 했다.[49] 새로운 조항들은 병약한 수사들 외에는 고기를 완전히 금했고, 꿀과 향료와 포도주를 사용하여 만든 과자와 사탕류도 금했다.

피에르는 대수도원장으로서 뿐 아니라 저자로서도 왕성하게 활동했다. 유대인들과 이슬람 신도들에게 개종을 권유하는 내용과 이단 피에르 드 브뤼(Peter de Bruys)를 비판하는 내용의 유명한 소책자들을 썼다. 그의 마지막 저서는 기적들을 다룬 것으로서,[50] 수도원들에서 발생했다고 전해지는 매우 진기한 초자연적 이야기들을 소개한다.

이 온건하고 지혜로운 인물이 대수도원장으로 재직하던 시기에 아벨라르(Abelard)가 클뤼니 수도원의 문을 두드리며 가입을 청했고, 대수도원장의 진심 어린 승낙을 받아 수도원 안에서 여생의 미미한 시간을 보냈다.

피에르의 재직 기간 중에, 잘 알려진 대로 성 베르나르가 클뤼니 수사들의 방종을 비판했다. 폰티우스의 재직 시에 베르나르의 젊은 친족 로베르가 수사로서의 적(籍)을 시토회에서 클뤼니회로 옮긴 바 있었는데, 그때 베르나르는 그의 이적(移籍)을 승인하지 말아달라고 폰티우스에게 요청했으나 거절당했었다. 그런데 전임자가 거절했던 것을 피에르는 순순히 허락해 주었다. 아마도 베르나르가 시토회의 단촐한 생활을 클뤼니회의 느슨하고 사치스러운 생활과 비교하는 글

---

49) 참조. Migne, 189, 1026 sqq. 이 권에는 피에르의 전집이 실려 있다.

50) *Liber duo illustrium miraculorum.* 코란 번역도 피에르의 후견 아래서 이루어졌다. Bibliander의 개정판은 1543년에 바젤에서 출판되었다. Migne의 제189권 507-903에 이 저서들이 실려 있으며, 피에르의 서신들과 설교들, 그가 지었다고 전해지는 찬송들도 함께 실려 있다.

51) *Apologia ad Guillelmum.* Migne, 182, 895-918.

을 쓴 것은 폰티우스에 대한 좋지 않은 감정이 있었기 때문이었을 것이다.[51]

수도원 논쟁사에서 유명한 이 소책자에서, 베르나르는 자신이 감독하는 시토회 수사들의 영성 부족을 비판하는 내용으로 시작한다. "우리 배에 밥이 꽉 차 있고 우리 정신에 교만이 꽉 차 있는데, 어떻게 고기가 꽉 차 있는 사람들을 비판할 수 있는가? 그것은 마치 가끔 고기를 조금씩 먹는 것보다 채소를 잔뜩 먹고 트림을 하는 것이 더 나쁘다는 뜻이 아닌가?" 하고 성토했다. 그런 다음에는 식사와 대화와 익살에서 절제하지 못하고 방만하게 행동하는 클뤼니회 수사들을 비판한다. 그들이 식사 시간에 접시를 몇 개씩 사용하고, 다채롭게 요리한 계란을 먹고, 한 자리에서 여러 종류의 포도주를 마신다고 말한다. 그의 비판은 다음과 같이 이어진다. 그들은 성경 읽기보다 대리석 조각 감상을 더 좋아한다. 촛대와 제단보가 화려하고 정교하다. 미술과 건축이 사치스럽다. 겉을 화려하게 장식한다는 것은 그 안에 통회하고 참회하는 마음보다는 탐욕과 과시욕이 자리잡고 있다는 방증이다. 베르나르는 자신이 클뤼니의 수도원장들 가운데 한 사람이 60명의 마부와 말들로 이루어진 수행원을 이끌고 가는 모습을 보았는데, 영혼들을 보살피는 목자의 인상을 그에게서 조금도 찾아볼 수 없었다고 말한다. 클뤼니의 수도원장들이 성들과 저택들과 농민들과 노예들을 예물로 받으며, 정당한 비판에 귀 기울이지 않는다고 말한다.[52]

베르나르한테서 이렇게 신랄한 비판을 받았는데도 피에르는 그와 친밀한 관계를 유지했다. 반박 없이 그의 말에 대답했으며, 그를 가리켜 교회의 빛나는 기둥이라고 말했다. 성 베네딕투스의 수도회칙이 수정되었을 때도 그것을 사랑의 심정으로 이루어진 작업으로 판단하고는 적합하다고 선언했다. 그러나 그는 자신과 베르나르가 한 분이신 주님에게 속해 있고, 한 분이신 왕을 섬기는 군인들이며, 하나의 신앙을 고백하는 사람들이라고 말했다. 같은 동네로 이어지는 두 갈래 길처럼, 서로 다른 관습과 복장도 저변에 사랑이 흐른다면 우리 모든 신자들의 어머니인 하늘의 예루살렘으로 이어질 것이라고 말했다. 클뤼니회와 시토회는 만약 서로에게서 오류를 발견하면 서로 지적하고 훈계해주어야 마땅하다고 했다. 이는 두 수도회가 하나의 유산을 추구하고 하나의 계명을 따르기 때문

---

52) 이 비판에 대해서 피에르는 그러한 재산이 사납고 방탕한 평신도들의 수중에 있는 것보다 수사들의 수중에 있는 것이 훨씬 더 낫다고 대답했다.

이라고 했다. 그는 자신과 베르나르가 "먼저 자비심을 품은 다음 뜻하는 바를 행하라"(habe charitatem et fac quicquid vis)는 아우구스티누스의 귀중한 교훈을 기억해야 한다고 환기시켰다.[53] 참으로 존경할 만한 태도가 아닌가? 기독교 논객들로서 이보다 더 본받아야 할 훌륭한 본이 어디 있겠는가?

피에르가 죽은 뒤에 클뤼니의 영광도 시들어 갔다.[54] 6백 년 뒤인 1790년에 그 수도회는 프랑스 정부에 의해 해산되었다. 한때 대수도원장이 기거하던 파리의 클뤼니회 수도원인 호텔 드 클뤼니(Hotel de Cluny)가 오늘날은 프랑스 정부가 운영하는 중세 미술과 산업 박물관으로 쓰이고 있다.

서방 기독교 세계의 경건은 가경자 피에르와 클레르보의 성 베르나르와 동시대 사람인 클뤼니의 베르나르가 쓴 「세상에 대한 경멸」(de contemptu mundi)에서 취한 "예루살렘 금성아"라는 찬송을 클뤼니회로부터 유산으로 물려받았다.[55]

"예루살렘 금성,
젖과 꿀로 복 받은 곳.
너를 생각할 때
마음이 가라앉고 음성이 잠긴다.
나는 모른다, 정녕 모른다.
어떤 사회적 기쁨이 거기에 있는지
어떤 영광의 광채가 거기에 빛나는지,
어떤 비할 데 없는 빛이 비치는지."

---

53) *Ep.*, I, 28; Migne, 189, 156. 피에르가 베르나르에게 보낸 여러 통의 서신들이 현존하는데, 한결같이 형제 사랑 실천을 강조하는 내용들이다. 그가 유대인들을 모질게 대한 것은 이러한 일관된 온유함과 잘 어울리지 않는다. 참조. 유대인들에 대한 선교를 다루는 77.

54) 대수도원장은 수사들이 선출했다. 아비뇽 유수 시절에 교황들과 후대의 프랑스 왕은 자신들에게 대수도원장의 선출권이 있다고 주장했다. 기즈 가(the Guises)가 거의 백년 동안 대수도원장의 선출권을 행사했다. 1627년에는 리슐리외가 대수도원장으로 임명되었다.

55) 참조. Schaff, *Christ in Song*, and Julian, *Hymnology*.

64. 시토회

시토회(the Cistercians)는 클뤼니회와 더불어 중세에 가장 규모가 컸고 가장 유용했던 수도회라는 명성을 양분한다. 물론 이것은 탁발 수도회들이 등장하여 둘 사이의 간격을 벌려놓기 전까지의 이야기이다. 시토회와 클뤼니회, 두 수도회는 베네딕투스회에서 시작했고, 성 베르나르의 위대한 이름을 앞세웠으며, 그 이유에서 종종 프랑스의 베르나르파라 불린다. 두 교황인 유게니우스 3세와 베네딕투스 12세가 시토회에서 배출되었다. 이 수도회는 문화 수준이 매우 낮은 프랑스 동부와 독일 남부, 그리고 특히 독일 북동부 지역들의 농민 사회에 들어가 신앙과 문화를 보급함으로써 유럽 사회에 크게 이바지했다. 시토회 산하 수도원들은 곡식 재배와 포도원 관리, 양어장 및 과수원 운영, 가축 사육에서 농촌 사회에 앞선 기술을 선보였다.[56]

시토회 설립자 로베르 몰레즘(Robert Molesme)은 1024년에 샹파뉴에서 태어났고, 베네딕투스회 수도원들에 좀 더 엄격한 규율을 도입하려고 하다가 실패한 뒤에 몰레즘의 삼림 지대로 은퇴했으며, 1098년에 동료 스무 명과 함께 디종에서 약 20km 떨어진 시토 근처의 늪지대에 정착했다. 이곳에 부르고뉴의 공작 외데(Eudes)가 건물을 지어주었는데, 처음에는 이 건물에 새 수도원(novum monasterium)이라는 이름이 붙었다.[57]

로베르의 후임자인 알베릭(Alberic)은 교황 파스칼리스 2세에게 새 수도회의 설립 허가를 받았으며, 성모 마리아의 특별한 가호에 의탁했다. 전하는 바로는 성모가 그 수도회 복장인 흰옷을 입고 그에게 나타났다고 한다.[58]

---

56) 잉글랜드에는 전문적인 말 사육사들이 있었으며, 이 나라는 특히 양들과 양모로 유명했다. 이 나라의 양모는 왕실의 세금이 붙는 유명한 품목이었다. 국왕 존은 리처드의 몸값을 지불하기 위해서 일년 생산분의 양모를 징수했다. M. Paris, Luard's ed., II. 399. 헨리 3세는 수사들에게 양모를 판매하는 행위를 금지시켰다. 1257년에 헨리 2세는 양모에 세금을 무겁게 부과했다.

57) 그는 십자군 원정 도중에 죽었다. 그의 요청으로 그의 유해가 본국으로 송환되어 시토에 묻혔으며, 이곳이 그의 계승자들의 매장지가 되었다.

58) 참조. Helyot, V. 404. Hauck(IV. 337)에 따르면 시토회가 최초로 과장된 성모 숭배를 독일에 도입했다고 한다.

제3대 대수도원장인 잉글랜드인 스티븐 하딩(Stephen Harding, 성 스티븐으로 알려짐)이 재직한 25년(1110-1134)이 시토회의 전성기였다. 1113년에 베르나르가 동료 30명과 함께 이 수도원에 가입했으며, 그 뒤에 1113년부터 1115년까지 네 개의 수도원이 설립되었다. 라 페르테 · 포니티 · 클레르보 · 모리몽에 세워진 이 네 수도원은 후대에 세워진 다른 시토회 수도원들보다 높은 지위를 누렸다.

신설 수도원들이 급속히 증가했다. 1130년에 30개이던 시토회 산하 수도원이 1168년에는 288개로 늘어나 있었다. 수도원 신설 금지법도 아랑곳하지 않고 그수는 14세기에 738개로 늘어났다. 시토회는 비록 클뤼니회만큼 많은 특권을 누리지는 못했으나 몇몇 교황들에게 높은 존경을 받았다. 인노켄티우스 3세는 그들에게 총애를 베풀었으며, 로마를 방문하면 누구보다도 우선해서 만나주겠다고 약속했다.[59]

시토회의 수도회칙인 카르타 카리타티스(carta charitatis) 곧 사랑의 규율은 하딩스의 재직 기간에 작성되었고, 1119년에 교황 칼릭스투스 2세에게 승인을 받았다. 이 수도회칙은 베네딕투스의 수도회칙을 엄격히 준수할 것을 명하되, 수도회 전체 집단을 위해서 새로운 조직 방법을 도입했다. 클뤼니회의 느슨한 관습들과 대조적으로 생활을 매우 엄격하고 단촐하게 만들었다. 침묵의 규율을 강조했고, 중환자를 제외하고는 육식을 금했다. 메뉴는 두 접시로 제한했다. 불필요한 교회 장식을 삼감으로써 하나님의 집에 교만과 허영을 부추기는 것이 남아있지 않도록 했다. 십자가 상들은 나무로만 제작하도록 했으며, 이 규정은 1157년에 금 십자가를 허용할 때까지 유지되었다. 노동을 수도 생활의 필수 부분으로 여겨 강조했다. 클레르보 수도원의 어떤 수련수사는 수사들이 노동하는 모습을 열성적으로 적는다. 그는 정원에서 곡괭이를, 목초지에서 쇠스랑과 써레를, 밭에서 낫을, 숲에서 도끼를 발견했다.[60] 일부 지역에서는 수도원들이 큰 지주들이 되면서 소규모 자영농들을 밀어냈다. 후대에는 사본들을 필사하는 데 많은

---

59) Hurter, Ⅳ. 184 sqq.

60) Peter de Roya, *Ep.* St. Bernard, 492; Migne, 182, 711.

61) 1134년 수도회 총회의 결의 사항들 가운데 하나는 문서실에서 침묵을 지키도록 규정한 것이다.

힘을 기울였다.[61] 시토회가 파리와 몽펠리에(1252), 툴루즈(1281), 옥스퍼드 (1282), 메츠 등지에서 운영하던 학교들이 명성을 날렸으나, 베르나르를 제외하고는 탁발 수도회들만큼 저명한 스콜라 학자들이나 저자들을 배출하지 못했다.[62] 시토회 수사들은 대중을 상대로 한 설교 활동이나 그 밖의 영적 활동을 하지 않았다.[63] 1191년에 열린 총회는 시토회 수사들이 소교구 교회들에서 설교하는 행위와 세례를 베푸는 행위를 금지했다. 이 수도회는 교황들에게는 열성적인 하인들이, 이단들에게는 강력한 적이 되었다. 아르놀의 대수도원장은 알비파를 강경하게 진압한 십자군의 지도자였다.

시토회는 히르샤우 수도원이 도입한 관습을 채택하여 콘베르시(conversi) 곧 평신도들[평수사들]의 집단을 별도로 유지했다.[64] 이들은 체발식(剃髮式)을 하지 않았고, 수사가 될 자격이 없었다. 시토회의 수사복은 처음에는 갈색이었다가 나중에 흰색으로 바뀌었으며, 그 색깔에서 회색의 수사들(grisei)이라는 명칭이 유래했다. 수사들은 평상복인 고깔 달린 겉옷을 입은 채 밀짚에서 잠을 잤다.

시토회의 정체(政體)는 클뤼니회와 비교할 때 과두제(寡頭制)의 성격을 띠었다. 클뤼니회의 경우는 대수도원장이 수장이었고, 그가 임명한 수도원장들이 산하 수도원들에 발령을 받았다. 시토회는 각 수도원이 자체적으로 수도원장을 선출했다. 그와 동시에 산하 모든 수도원들은 1119년의 수도회칙을 준수해야 했으며, 쟁점들을 해결할 최고 의결체인 연차 총회의 규제를 받았다. 초창기에 설립된 다섯 수도원들이 산하 수도원들을 순방할 권한을 행사했는데, 이 일은 대수도원장들이 각자에게 속한 다섯 개 군의 수도원들을 방문하는 방식으로 이루어졌다. 총공의회(General Council)는 다섯 명의 대수도원장들과, 다섯 개 군에서 각각 대표로 파견하는 네 명의 대수도원장들을 합하여 모두 25인으로 구성되었다. 총회(General Chapters)는 매년 열렸고, 특정 구역 내의 모든 대수도원장들이 참석했다. 먼 지역에 있는 대수도원장들이 참석하는 예는 거의 없었다. 스페

---

62) 시토회는 최초의 스웨덴어 번역성경을 내놓았다고 전해진다. Hurter, IV. 180.

63) 성 베르나르는 수사의 본무가 설교가 아닌 금욕 생활이며, 수사는 도회지를 감옥처럼, 독방을 낙원처럼 여겨야 한다고 주장했다. 세상으로 들어가는 수사는 이치를 뒤바꾸어 독방을 감옥으로 도회지를 낙원으로 바꿔놓는 것이라고 말했다.

64) 히르샤우 수도원에서는 평수사들이 바르바티 곧 턱수염쟁이들이라 불렸다.

인은 격년 단위로, 스웨덴과 노르웨이는 3년 단위로, 스코틀랜드와 아일랜드, 그 리스는 4년 단위로, 동방은 7년 단위로 참석했다. 이로 인하여 "잿빛 수사들은 항상 걸어다닌다"는 속담이 생겼다.

시토회는 서유럽 전역으로 퍼져나갔다. 스페인에서는 알칸타라회와 칼라트라 바회가 시토회의 수도회칙을 채택했다. 이탈리아 최초의 시토회 수도원은 1120 년에 리구리아 지방의 틸리에토에 세워졌고, 독일은 1123년경에 알텐캄프에 세 워졌다. 잉글랜드에서는 1128년에 윈체스터의 주교 기퍼드(Gifford)가 서리에 웨이벌리 수도원을 세울 때 시토회가 교두보를 확보했다.[65] 그 뒤에 세워진 잉글 랜드의 유력한 시토회 수도원들에는 헨리 3세가 사우샘프턴 근처 네틀리에 세운 수도원과, 잉글랜드 북부에서 가장 규모가 큰 리볼크스 수도원과 파운튼스 수도 원이 있다. 1152년에는 잉글랜드에 50개의 시토회 수도원이 들어서 있었다.[66] 스 코틀랜드의 멜로즈 대수도원도 시토회 소속이었다.

시토회 수도원들을 통틀어 가장 로맨스적 역사를 지닌 곳은 포르 루아얄 수도 원이다. 1204년에 마틸다 드 갈랑드(Mathilda de Garlande)가 남편이 제4차 십자 군 원정에서 무사히 귀환한 것을 기념하여 설립한 이 수도원은 17세기에 유명한 경건과 학문의 중심지가 되었다. 하지만 이 수도원은 얀센파 교리를 받아들인 점과 파스칼이 예수회를 비판한 일로 인하여 비극적인 몰락을 당했다. 만년설이 덮인 스위스 생 고타르 고개에 서 있는 유명한 보호소는 성 베르나르 수도원의 수사들이 관리하고 있다.

13세기에 접어들어서는 시토회의 세력이 성 프란체스코와 성 도미니쿠스가 세운 수도회들의 왕성한 활동의 그늘에 가리게 되었다. 그 결과 시토회 소속 수 도원들이 신설 수도회들로 넘어가는 일이 드물지 않게 발생했다.[67] 1335년에 교

---

65) 하딩이 죽은 직후에 맘스베리의 윌리엄(IV. I, Rolls ed., II. 385)은 그 수도회를 "모든 수사들의 귀감, 근면한 자들의 거울, 게으른 자들의 가시"로 묘사한다. Gasquet(p. 221)은 헨리 8세에게 탄압을 받은 시토회 수도원 백 곳 가운데 3/4이 12세 기에 설립되었다고 말한다.

66) Stephens, *Hist. of Engl. Church*, p. 261.

67) 일찍이 1223년의 시토회 총회는 그러한 수도원들을 가리켜 도망자들이라 불렀 다. 매튜 패리스는 시토회와 도미니쿠스회를 대조하면서, 시토회에 대해서 "그들은 도시들과 읍들을 돌아다니지 않고 수도원 경내에 조용히 머무르면서 상급자들의 지

황 베네딕투스 13세는 시토회에 대해서 좀 더 엄격한 기강을 수립하는 쪽으로 규율들을 제정했고, 1444년에 유게니우스 4세는 엄격한 개혁을 추진하기 위해서 총회를 소집할 필요를 느꼈다. 종교개혁이 발생하면서 잉글랜드와 독일의 많은 수의 수도원들이 시토회를 탈퇴했다. 시토회 내부에서 트라피스트회(Trappists)가 등장하여 좀 더 엄격한 기강을 확립하기 위한 운동을 벌였다. 프랑스 혁명 세력은 1790년에 이 유서 깊은 조직을 탄압했다. 62명의 대수도원장들이 차례로 관장해온 시토의 수도원 건물들은 오늘날 소년원 시설로 사용되고 있다.

65. 클레르보의 성 베르나르

클레르보 수도원의 설립자이자 대수도원장을 지낸 성 베르나르(St. Bernard, 1090-1153)는 중세 수사의 전형이자 당대의 대표적인 유력 인사였으며, 기독교 역사에서 대표적인 위인의 한 사람으로 손꼽힌다. 그는 흡인력을 갖춘 인격과 왕성한 상상력, 풍부한 교양, 하나님과 인간에 대한 뜨거운 사랑을 지닌 인물이었다. 비록 오늘날의 기준으로 근엄한 성직자라 불릴 만한 처지에서 자유롭진 못하지만, 당대인들 가운데 교회와 인간을 위해 그만큼 봉사한 사람이 없었다. 그를 잘 알았던 당대의 전기 작가에 따르면 "그의 용모에서 배어 나오는 순수함은 지상의 것이 아닌 천상의 것이었으며, 그의 눈에는 천사의 맑음과 비둘기의 온유가 있었다"고 한다.[68] 이 세상에는 아무리 성인이라도 흠 없는 사람이 없는 법인데, 베르나르 역시 완전과는 거리가 멀었으나 당대인들 가운데 중세의 금욕적 성결에 가장 근접한 인물이었다.[69]

12세기에는 최상급 지성을 갖춘 성직자가 베르나르 말고도 두 사람 더 있었다. 안셀무스와 인노켄티우스 3세가 그들이었다. 전자는 12세기가 시작되고 나

도에 복종했다"고 말한다(*an.* 1255, Luard's ed., V. 529).

68) *Vita prima*, III. 1; Migne, 185, 303.

69) 이것은 필립 샤프의 평가이다(*Literature and Poetry*, p. 282). 베르나르는 "나는 어린아이가 아닙니까?"라는 표현을 서신들에 드물지 않게 사용했다. *Ep.*, 365; Migne, 182, 570.

서 몇 년 지나지 않아 세상을 떠났다. 인노켄티우스는 12세기가 다 지나가기 전에 두 해를 교황으로 재위했다. 안셀무스는 심오한 신학 사상가이자 변증가였다. 인노켄티우스는 교황으로서 전무후무하게 세상을 다스렸다. 두 사람 중간에서 베르나르가 안셀무스와 인노켄티우스의 자질들을 다소 결합한 채 지적 재능을 발휘하며 활동했다. 신비주의 신학자로서 그는 안셀무스와 동렬에 속하며, 그의 「명상록」(Meditations)은 경건 문학사에 그의 이름을 높이 올려놓았다. 그러면서 그는 정치가이기도 했다. 물론 인노켄티우스만큼 두각을 나타내지는 못했고, 그 위대한 교황과 달리 정치 참여를 두고 몸을 사리긴 했지만 말이다. 그와 동시대에 활동한 피에르 아벨라르는 탁월한 지성으로 교사와 사상가로서 모든 이들의 시샘을 받을 만한 명성을 얻었다. 하지만 아벨라르는 베르나르만큼 당대 사람들의 신뢰를 얻지 못하였으며, 도덕적 위엄에서도 그와 비교가 되지 않았다.

수사라는 지위가 너무나 잘 어울렸던 베르나르는 교황제와 십자군, 신비주의, 수도원주의, 찬송 저작의 역사에서도 그에 못지않은 우수한 면모를 보여주었다. 수도원주의와 설교와 경건 문학의 역사에서, 그는 자연스럽게 앞자리를 차지한다. 그는 꿀이 흐르는 박사(doctor mellifluus)라고 불렸다. 교황 알렉산더 3세는 그는 죽은 지 20년 뒤에 "거룩한 삶과 신앙에 힘입어 인격이 빛났고, 교리와 신앙의 빛에 힘입어 만대의 교회에서 찬란히 빛난" 그를 성인의 반열에 올려놓았다. 1830년에 교황 피우스 3세는 그를 소수의 선별된 교회 박사들에 포함시켰다. 스콜라 학자들을 싸잡아 조롱한 칼빈과 루터도 그에 대해서는 높이 평가했다.[70]

베르나르는 부르고뉴의 귀족 가문 출신으로서, 프랑스 디종 근처의 퐁테느에서 태어났다. 그는 육남일녀 중 하나였다. 알레타(Aletha)는 노나(Nonna)와 모니카(Monica)와 마찬가지로 매우 경건한 여성으로서, 아들에게 신앙의 씨앗을 심어주었다.[71] 한동안 학문에 심취하던 그 아들은 외로운 여행길에서 신앙석 갹성

---

70) 칼빈은 「기독교강요」(Inst. IV. 2, 11)에서 "베르나르는 「심사숙고」(de consideratione)에서 마치 진리 자신이 말하는 것처럼 말한다"고 기록한다. 루터는 슈타우피츠에게 베르나르에 관해 배웠고, 그의 저서들을 공부했으며, 종종 그의 발언들에 호소했다. 루터가 베르나르를 칭송한 이유는 자신의 수사 서약에 의존하지 않고 그리스도께서 값없이 베푸신 구원의 은혜에 의존했기 때문이다.

71) 그녀의 경건은 당대인들로부터 높은 평가를 받았다. 프랑스 디종에 위치한 생

에 압도된 채 예배당에 들어가 자신을 온전히 하나님에게 바치기로 결심했다. 고향으로 돌아온 그는 시토회 수도원에 들어갔고 — 그의 형제 가운데 둘도 즉시 그를 따라 수사가 되었다 — 평생을 수사로서 지냈다.

베르나르가 시토회에 자신의 운명을 맡긴 것이 1113년의 일이었는데, 그 사건이 그 신설 수도회의 역사에 새로운 획을 긋는 것이었음이 후에 입증되었다. 수도원에서 그는 빵과 우유 혹은 야채를 삶은 물을 먹고 지냈다.[72] 거의 유령처럼 보일 정도로 금욕 생활을 혹독하게 했으며, 종일 서서 기도하느라 발이 퉁퉁 부어서 몸을 제대로 가누기조차 힘들었다. 그렇게 여러 해를 지낸 뒤, 베르나르는 자신의 몸을 주님을 제대로 섬기기에 부적합하게 만든 이러한 무절제한 고행을 해온 데 대해서 심각하게 반성했다. 그러나 약해진 몸을 정신력으로 극복했다. 들에 나가 일을 하는 동안에도 그의 정신은 높이 솟아올라 천상의 것들을 생각했다. 그는 성경과 교부들을 연구했다. 그의 저서들은 그가 고전에 해박했음을 보여준다. 세네카 · 오비디우스 · 호라티우스 같은 고전 저자들을 자유롭게 인용하는 것이다. 그는 자연에서도 교훈을 얻었으며, 자연을 정신적 업적의 보조 수단쯤으로 여기는 현대인들의 생각을 그라면 질책하고도 남았을 것이다. 그는 이렇게 썼다. "서적들보다 숲에서 더 위대한 것을 발견하게 될 것입니다. 인간 교사들에게 들을 수 없는 것을 나무들과 바위들이 가르쳐 줄 것입니다. 바위에서 꿀을 빨아먹고, 단단한 돌에서 기름을 짜낼 수 있다고 당신은 생각하지 않는 것입니다!" 하지만 이 말은 그의 전기 작가들 가운데 한 사람이 전하는 내용에 비추어 보면 설득력을 잃는다. 베르나르는 제네바 호숫가를 종일 거닐며 구경했는데, 저녁에 로잔에 도착해서는 낮에 본 정경이 도무지 생각이 나지 않자 여행길에서 대체 우리가 무엇을 보았는지 일행에게 묻지 않을 수 없었던 것이다. 아마도 수사였던 작가가 베르나르의 금욕에 초점을 두고서 글을 썼기 때문에 이런 내용을 수록한 것이 아니었겠는가 싶다[73]

베니뉴스의 대수도원장은 그녀의 유해를 자신의 수도원으로 옮겨오기 위해서 노력했다. 생 티에리의 기욤은 "그녀는 하나님을 경외하는 태도로 가족을 다스렸고, 자비를 베푸는 일에 신속했으며, 자녀들에게 순종을 가르치며 양육했다"고 말한다. *Vita prima*, I. 1.

72) Migen, 185, 250.

73) *Vita prima*, III. 2; Migne, 185, 306. 중세에는 자연의 아름다움을 글로써 묘사

1115년에 베르나르는 열두 명의 동료들과 함께 클레르보를 발견했다. 탁 트인 계곡(Claravallis)이라는 뜻의 이 지역은 과거에는 웜우드(Wormwood, 쓴 쑥)라 불린, 산적들이 출몰하던 곳이었다. 베르나르의 가까운 친구이자 전기 작가인 생 티에리의 기욤은 '쓴 쑥의 계곡'(vallis absinthialis)이라는 이름이 그곳에서 워낙 쑥이 많이 자란 데서 연유한 것인지, 아니면 그곳에 자주 출몰하는 산적들 때문에 많은 사람들이 고통을 당한 데서 연유한 것인지 확답을 하지 못한다. 그 러나 그는 그 지역이 한때 산적들의 행패로 유명한 곳이었다는 사실과 베르나르 와 그의 동료들이 소박한 수도원을 세운 뒤에는 평화로운 고장이 되었다는 사실 을 대비시키기를 잊지 않는다. 그런 다음 그는 이렇게 말한다. "하나님의 은총을 받아 산들이 향기를 발하고 메말랐던 들판이 꽃으로 덮이고 비옥하게 되었다."[74]

이 한적한 곳에 세워진 새 수도원에서 베르나르는 설교를 하고 기적을 일으키 고 헤아릴 수 없이 많은 편지를 쓰고 영주들과 고위 성직자들의 방문을 받았 다.[75] 이곳에서 자기 시대를 위해서 너무나 중요한 봉사를 한 것이다. 클레르보 수도원은 곧 널리 명성을 떨쳤고, 여러 수도원들의 모체가 되었다.[76]

생 티에리의 기욤은 멀리 떨어진 곳에서도 마음을 푸근하게 보듬어 주는 클레 르보의 매력적인 모습을 묘사한다.[77] 그의 말을 들어보자:

하는 일이 퍽 드물었다. 그런데 아시시의 프란체스코가 지은 태양의 아가는 예외이 다. 프라이징의 오토는 프리드리히 바르바로사가 황제 대관식을 받기 위해 로마를 방 문할 때 그를 수행했는데, 그곳에서 독일인들의 군사적 무용을 열정적으로 칭송했으 나 로마의 영광이나 그 기념비들에 관해서는 일언반구도 하지 않았다. 참조. Fisher, *Med. Empire*, II. 229.

74) *Vita prima*, XIII. 61; Migen, 185, 260.

75) 그의 서신들에는 알레고리와 노녁 교훈, 산설한 신눌들이 풍부하게 딤겨 있는 장문의 서신들이 포함되어 있는데, 이런 서신들은 현대의 직설적인 문체로 주제에 접 근한다. 알라누스는 클레르보 수도원이 배출한 고위 성직자들의 명단을 제시한다.

76) Vacandard(vol. II., Apendix)는 베르나르가 설립한 68개 수도원들의 목록을 제 시한다.

77) 기욤은 1085년경에 프랑스 리에주에서 태어나 1149년에 세상을 떠났다. 1119년 에 랭스 근처의 시토회 소속 티에리 수도원의 대수도원장이 되었다. 베르나르의 동료 로, 그리고 아벨라르와 푸아티에의 질베르에 관한 논쟁들과 관련하여 자주 등장한다.

"나는 비록 그럴 자격이 없었으나 그와 함께 며칠간 그곳에 머물게 되었는데, 어디를 둘러보든 내가 새 하늘과 새 땅에 와 있는 것 같은 경이감에 빠져들었고, 우리 아버지들인 이집트 수사들이 닦아놓은 옛 길들에 우리 시대의 사람들이 남긴 새로운 발자국들도 보았다. 옛 황금 시대들이 다시 돌아와 클레르보 그곳에서 세상을 다시 만난 듯했다 …… 산길을 내려와 그곳에 들어서면 첫눈에 하나님께서 그곳에 계신다는 것을 느낄 수 있다. 그 고요한 골짜기가 소박한 건물들을 향해서 그곳에 거주하는 그리스도의 가난한 이들의 순수한 겸손을 칭송했다. 정오의 적막이 자정의 적막과 마찬가지로 수사들이 함께 부르는 찬송 소리와 정원과 들판에서 들리는 연장 소리에 의해서나 깨졌다. 게으르게 시간을 보내는 이가 하나도 없었다. 기도나 취침을 하지 않는 시간에는 수사들이 괭이와 낫과 도끼를 부지런히 놀리고, 황무지를 일구고 숲을 개간하는 데 여념이 없었다. 계곡에 그렇게 많은 이들이 살고 있었는데도 각자가 고적한 은둔자처럼 보였다."[78]

피에르 드 루야(Peter de Roya)라는 수련수사가 클레르보에서 생활하면서 쓴 또 다른 글을 소개한다:[79]

"이곳 수사들은 야곱의 사닥다리를 발견했습니다. 천사들이 이 사닥다리를 타고 내려오면서 수사들이 도중에 지치지 않도록 육체의 필요들을 공급하고, 올라가면서 그들의 육체가 영화롭게 되도록 그들의 정신을 주관해 줍니다. 수사들이 부르는 노랫소리가 천사들에 비하면 못하지만 인간들보다는 훨씬 뛰어납니다 …… 저마다 다른 옷을 입은 채 정원에서 괭이질을 하고, 들판에서 쇠스랑과 갈퀴와 낫을 놀리고, 숲에서 도끼질을 하는 사람들의 모습이 평범한 인간들로 보이지 않고, 말도 못하고 느끼지도 못하는 바보 집단으로 보입니다. 하지만 내 이성은 그들이 하늘에서 그리스도와 함께 살고 있음을 일깨워 줍니다."

은둔 수도 생활을 신앙 생활의 가장 숭고한 이상으로 여긴 베르나르는 친구들에게 수사 서약을 하도록 권유하는 데 많은 공을 들였다. 수도원에서 늘 깨어 지

---

78) *Vita prima*, I. 7; Migne, 182, 268.
79) 이 서신의 진정성은 의심을 받는다. *Ep.*, 492; Migne, 182, 706-713.

내면서 자신을 괴롭게 하는 것이 사랑과 겸손이라는 두 가지 핵심 덕목을 계발하는 가장 좋은 방법이라고 생각했다.[80] 그가 누이 훔블리나(Humblina)에게 수도 생활을 집요하게 권유하는 모습은 신성한 혈연 관계에 대해 우리가 갖고 있는 상식을 뒤엎지만, 성 안토니우스와 누르시아의 베네딕투스가 보인 본들로 충분히 정당화된다. 훔블리나는 높은 자리에 있는 사람과 결혼한, 가정이 있는 여성이었다. 하루는 그녀가 클레르보를 찾아왔는데, 베르나르는 내려가 맞아주지 않았다. 수녀가 되라고 그토록 권유했건만 누이가 한사코 거부했기 때문이었다. 그러자 누이는 마침내 눈물을 터뜨리면서 "비록 오빠가 내 육체를 멸시하더라도, 하나님의 종이 내 영혼을 멸시해서는 안 됩니다" 하고 외쳤다.[81] 그러자 베르나르는 정신을 가다듬고는 누이에게 세상의 허영을 버리고, 사치스러운 의복과 장신구들을 벗어버리라고 당부했다. 훔블리나는 가정으로 돌아갔고, 2년 뒤에 남편의 동의를 받아 윌리 수녀원에 들어가 여생을 보냈다.

베르나르가 클뤼니회의 수도원 시설을 비판한 것은 그릇된 열정에서 비롯되었다. 그 논쟁에서는 그와 가경자 피에르 중에서 피에르가 훨씬 훌륭한 면모를 보여주었지만, 유대인들을 대하는 문제에서는 상황이 달라졌다. 이 문제에서 피에르는 본연의 온유한 정신을 완전히 접은 반면에, 베르나르는 시대를 훨씬 능가하는 인도애와 기독교적 관용을 드러낸다. 다른 장에서 구체적으로 다루게 될, 아벨라르와의 논쟁에서 클레르보의 대수도원장은 교회의 교리 체계에 부합하지 않는 견해를 악으로만 간주하는 성직자의 전형적인 모습을 드러냈다.

베르나르는 수사였을 뿐 아니라 그 시대의 사람이었다. 십자군 원정에 대해서도 그 시대의 정서를 충분히 공감했다. 1128년에 열린 트루아 교회회의에서 그의 주장이 받아들여져 성전 기사단이라는 새로운 부대가 설립 승인을 받았다. 그가 1146년에 그토록 열정적으로 역설했던 제2차 십자군 원정이 너무나 시답지 않게 끝나자, 그는 십자군 병사들의 죄를 통렬하게 비판하며 슬퍼했고, 그러한 그의 모습에서 그의 마음이 얼마나 당혹스럽고 고통스러웠는지 어렴풋하게나마 들여다보게 한다.[82] 그런 불행한 결과가 그의 책임은 아니었다. 그 자신은 백성을

---

80) *Ep.*, 142; Migne, 182, 297.

81) *Vita secunda*, VII. 22; Migne, 185, 482.

82) *De consideratione*, II. 1; Migne, 182, 743.

이끌고 성지로 향했으나 성지로 들어가지는 못한 모세와 같았다. 히브리인들은 목이 곧은 백성들이었다. 그렇다면 마음으로 자꾸만 돌아보고 유럽을 갈망했던 십자군 병사들도 목이 곧고 믿음이 없는 사람들이 아니었던가? 이스라엘 백성과 같은 죄를 범한 사람들이 같은 형벌을 받은 것이 조금이라도 이상한가? 애당초 하나님에게로부터 십자군 모집을 역설하라는 메시지를 받은 것처럼 짐짓 행세했다는 비난에 대해서, 베르나르는 자신으로서는 자기 양심의 증언이 최선의 답변이라고 대답했다. 교황 유게니우스도 자신이 보고들은 바를 진술함으로써 그러한 비난에 대응할 수 있었다. 그러나 모든 해명을 다 접어두더라도, 그리스도와 같은 운명에 처하여 부당하게 비방을 당하는 고초를 겪는 것이 베르나르에게는 대단한 영예였다(참조. 시 69:9).

훗날 베르나르가 샤르트르에서 또 다른 십자군을 이끌 지도자로 선출되었을 때, 그 결의를 교황도 재가했으나 시토회는 끝내 동의하지 않았다.[83]

교황 인노켄티우스 2세와 유게니우스 3세의 재위 기간에, 베르나르는 교황청과 매우 긴밀한 관계를 유지했다. 그는 인노켄티우스 2세가 경쟁자 아나클레투스 2세를 제치고 합법적인 교황으로 널리 인정을 받는 과정에서 어느 누구보다 크게 이바지했다. 프랑스 왕을 권유하여 인노켄티우스를 공개적으로 지지하도록 만들었다. 같은 목적으로 샤르트르에서 잉글랜드의 헨리 1세를 접견했고, 리에주에서 독일 황제를 만났다. 클레르보를 방문한 인노켄티우스에게 환대를 베풀었으며, 그를 수행하여 이탈리아까지 갔다. 이 여행길에 베르나르의 인품과 그로 인하여 나타난 기적들에 깊은 관심을 가진 밀라노 사람들이 그의 발 앞에 엎드려 성 암브로시우스의 권좌에 앉아달라고 간곡히 호소하는 일도 있었다. 1138년에 로마를 세 번째로 여행했을 때, 베르나르는 교황청 분열이 종식된 것을 목격했다. 아나클레투스의 대변인 피사의 페트루스와 벌인 유명한 논쟁에서 그는 교회를 노아의 방주에 비유하는 현란한 화술을 사용하면서, 아나클레투스와 그를 지지하던 두 사람, 시칠리아의 로저와 피사의 페트루스를 제외한 인노켄티우스와 모든 수도회들과 온 유럽이 그 방주에 들어가 있다고 주장했다. 그런데 피사의 페트루스가 또 다른 방주를 건조하려 하고 있다고 그는 말했다. 그

---

83) 베르나르는 교황 유게니우스에게 보낸 서신에서 이 선출에 관해서 언급한다. 그는 이렇게 쓴다. "제가 누구길래 병영을 구축하고 군인들을 지휘한단 말입니까?"

의 주장은 다음과 같이 계속된다. 만약 인노켄티우스의 방주가 참된 방주가 아니라면 그것과 그 안에 타고 있는 모든 이들이 멸망하게 될 것이다. 그러면 동방의 교회와 서방의 교회가 모두 멸망할 것이다. 프랑스와 독일이 멸망할 것이고, 스페인과 잉글랜드가 다 망할 것이다. 그들은 인노켄티우스와 한 배에 타고 있기 때문이다. 그러면 지상의 모든 군주들 가운데 오직 로저만 구원을 받고 나머지는 다 멸망하고 말 것이다.

교황 유게니우스 3세는 클레르보에서 한솥밥을 먹던 사람으로서 베르나르의 각별한 피 후견인이었다. 베르나르가 그 교황의 요청을 받아 교황의 직위와 기능들을 주제로 쓴 「심사숙고」(de consideratione)라는 논문은 독특한 저서로서, 중세에 발표된 논문들 가운데서도 대단히 흥미를 끈다. 바캉다르(Vacandard)는 이 논문을 "사실상 교황의 양심에 대한 시험"이라고 부른다.[84] 이 글에서 베르나르는 자신이 마땅히 지극히 거룩한 아버지라고 불러야 하는, 그리고 자신이 너무나 따뜻하게 사랑한 자신의 영적 아들에게 당부하기를, 가난할 때 그를 거두어 줌으로써 이제 세상에서 가장 높은 지위와 부에 이를 수 있게 해준 자신을 잘 따르면 천국에 이를 것이고 그렇지 않으면 멸망하게 될 것이라고 말한다. 이 글에서 베르나르는 유게니우스의 영혼과 그가 감독하는 교회의 안전을 매우 염려한다. 교황청이 얼마나 분주한 곳임을, 사업과 법률 분쟁에서 헤어날 틈이 한순간도 없는 곳임을 환기시킨 그는 유게니우스에게 기도와 묵상과 교회를 올바로 세우는 일이 전력을 기울여야 할 중요한 과제임을 강조한다. 로마가 야만인들에게 포위공격을 당하고 있는 동안에도 그레고리우스가 경건하게 에스겔서에 관한 글을 쓰지 않았더냐고 묻는다. 교사가 자기보다 더 높은 지위에 있는 학자에게 훈계하는 일이란 없는데, 베르나르는 막중한 책임감을 가지고 이러한 일을 한 것이다.[85]

설교자로서, 베르나르는 활발한 상상력과 뜨거운 열정이 두드러졌다. 루터는 "베르나르가 자신이 설교에 참조하는 모든 박사들 가운데 가장 뛰어나며 심지어 아우구스티누스도 능가하는데, 그 이유는 그가 그리스도를 가장 훌륭하게 전하

---

84) *Vie de S. Bernard*, II. 454.
85) 베르나르가 이해한 교황제의 기능은 교황제에 관한 장에 소개해 놓았다.
86) Bindseil, *Colloquia*, III. 134.

기 때문이다" 하고 말했다.[86] 베르나르의 설교는 그의 다른 저서들과 공통되게 성경을 아주 많이 인용한다. 그의 설교는 세심한 논리적 진술들도 아니고, 양심의 상태를 예리하게 분석한 것도 아니며, 다만 신앙 본성의 숭고한 정서들에 호소한다. 그가 친형제 제라르의 죽음에 관하여 행한 강론이 온화함의 전형이라면, 콘라트 앞에서 행한 연설은 불같이 타오르는 열정의 전형이다. 수도원 경내에서 행한 아가서 강해는 비유적 알레고리가 풍성할 뿐 아니라, 구주에 대한 사랑도 뜨겁게 타오른다. 현대의 대표적인 설교가는 그에 관해서 "영원한 것들의 그림자가 베르나르의 모든 설교에 덮여 있다"고 말했다.[87] 그의 전기작가 고프리(Gaufrid)는 그의 강론들이 청중의 상황과 잘 부합했다고 말한다. 농촌 사람들에게는 마치 자신이 항상 농촌에서 살아온 사람처럼, 그리고 다른 모든 계층 사람들에게는 마치 자신이 그들의 직업들을 매우 깊이 연구한 사람처럼 설교했다. 많이 배운 사람들에게는 학자처럼, 배우지 못한 사람들에게는 평이하게 설교했다. 영성이 깊은 사람들에게는 지혜로운 권고를 풍성히 담아서 전했다. 어떻든 모든 사람을 그리스도의 빛 가운데로 인도하고 싶은 심정에서 모든 사람의 형편에 맞추어 주었다.[88]

베르나르의 기적 능력은 당대인들의 기록이 워낙 충분하고 분명하기 때문에 중세의 모든 기적들이 남의 말을 쉽게 믿던 중세인들의 경신(輕信) 탓이라는 가정을 제외하면 쉽게 부인할 수가 없다. 중세의 신앙인들을 다룬 거의 모든 전기들에는 기적 이야기가 나온다. 독일인의 사도 보니파키우스의 전기작가는 그에 관하여 딱히 소개할 기적이 없는 점을 미안하게 여기는데, 중세의 분위기가 그랬다. 그러나 베르나르의 기적들은 증거 능력 면에서 중세의 여느 기적들보다 앞선다. 그가 일으켰다고 하는 기적들은 매우 많다. 그가 프랑스 툴루즈와 이탈리아를 여행하는 길에, 프랑스의 고향 근처에서, 그리고 바젤에서 라인 강을 따라 북쪽으로 걸어가는 길에 기적들이 발생했다. 생 티에리의 기욤과 고프리, 그리고 그 밖의 당대인들이 베르나르의 기적들을 소상하게 전한다. 그의 친형제들이자 수사들인 제라르와 귀도도 그가 평범한 인간을 넘어서는 능력을 갖고 있다는 주장에 동의한다. 베르나르의 말년과 그 이후에 활동한 잉글랜드인 월터 맵

---

87) Storrs, p. 388.
88) *Vita prima*, III. 13; Migne, 185, 306.

(Walter Map)도 같은 관점에서 베르나르의 기적들과 그의 웅변을 이야기한다.[89] 그러나 그 점 못지않게 중요한 사실은, 베르나르가 자신의 기적들을 언급하고 그렇게 나타난 능력을 경이로워한다는 것이다. 그는 과거에 일어난 기적들을 보면 거룩한 신자들도 일으켰지만 미혹하는 자들도 일으켰는데, 자신이 일으킨 기적이 거룩함에서 나온 것인지 미혹에서 나온 것인지 확신하지 못한다고 말했다.[90] 그는 자신의 능력을 인정하긴 했으나 어지간해서는 발설하지 않았다고 한다.[91] 툴루즈를 방문한 뒤 그 도시 주민들에게 쓴 서신에서, 그는 진리가 자신을 통해서 말뿐 아니라 능력으로도 확연하게 증거된 사실을 환기시켰다.[92] 그리고 자신이 제2차 십자군 원정을 역설할 때 나타난 표적들을 예로 들면서, 그런 일들을 발설하기 어려워하는 자신의 신앙적 조심성을 언급한다.[93]

이 기적들은 베르나르의 생애 여러 시기에 발생했으며, 앞서 말했듯이 발생한 지역도 다양했다. 그의 근족이었던 랑그르의 주교는 자신이 처음 목격한 베르나르의 기적이 발에 종양이 난 소년을 고친 일이었다고 전한다. 소년이 아픈 발을 보이며 고쳐달라고 호소하자 베르나르는 십자가 성호를 그었고 소년은 씻은 듯이 나았다. 어떤 어머니는 손이 마르고 팔이 구부러진 자식을 데리고 왔다. 쓸 수 없었던 아이의 손과 팔이 정상으로 돌아왔고, 아이는 많은 사람들이 둘러서서 보고 있는 가운데 어머니의 품에 안겼다.[94] 샬레트르에 사는 열살 난 소년은 고개를 움직일 수 없어서 베개를 벤 채로 실려왔다가 고침을 받고 4년 뒤에 베르나르를 다시 찾아왔다.

베르나르는 때로는 병자에게 손을 얹었고, 때로는 십자가 성호를 그었고, 때로는 축성된 제병이나 성수를 사용했다. 밀라노에서는 귀신들린 사람들이 그에게 많이 와서 고침을 받았다.[95] 그가 콘스탄츠와 바젤을 출발하여 라인 강변을

89) I. 24, Wright's ed., p. 20.

90) *Vita prima*, III. 7; Migne, 185, 314 sq.

91) *Vita prima*, I. 13; Migne, 185, 262.

92) *Ep.*, 242; Migne, 182, 436.

93) *Verecundia, de consid.* II. 1; Migne, 185, 744.

94) William of St. Thierry, in *Vita prima*, I. 9; Migne, 185, 253.

95) 베르나르의 기적들 가운데 치유에 해당하지 않는 사례는 하나뿐인데, 그것은 푸아니 교회 헌당식 때 회중이 파리떼에게 시달리는 상황에서 발생했다. 베르나르가

따라 쾰른으로 여행하면서 제2차 십자군을 홍보하는 길에 일으킨 기적들에 관해서, 콘스탄츠의 주교 헤르만은 만약 그 일들을 기록하지 않는다면 돌들이 외칠 것이라고 하면서 다른 아홉 사람과 더불어 기록으로 남겼다.[96] 고프리(Gaufrid)가 전하는 내용에 따르면, 베르나르가 바젤에서 설교를 마치자 벙어리인 여성이 찾아나왔는데, 베르나르가 위해서 기도하자 말을 하게 되었다. 걷지 못하던 사람이 걸었고 시력을 잃었던 사람이 광명을 찾았다. 베르나르의 병 고치는 능력에 감동을 받은 건장한 남자 서른 명이 독일에서 프랑스까지 그를 따라와 수사 서약을 했다.[97]

그 시대에 베르나르의 기적들의 진정성에 의문을 던진 사람은 아벨라르와 그의 제자 베렌가리우스뿐이었다. 하지만 그들이 베르나르가 스스로 속았거나 남들을 속였다는 비난을 할 때도 그의 실명을 거론하지는 않았다. 열정이나 경신의 기색이 없고 매우 냉정하고 비평적 상식을 지닌 저자 모리슨(Morrison)은 베르나르의 "기적들을 무작정 사실로 받아들여서도 안 되지만 섣불리 부정해서도 안 된다"고 말한다.[98] 네안더는 그의 기적들에 관한 증언의 우수성을 인정하면서,[99] 그 기적들의 정순성을 부정하기를 거부하며, 특히 귀신들린 사람들을 고친 기적들을 그 시대의 정황들과 베르나르의 중후한 인격으로 설명한다.[100] 그의 기적들에 제기되는 무시할 수 없는 반론은 그런 유의 기적들이 중세 수도원 기록과 노르베르트(Norbert) 같은 유명 인사들의 전기에 흔하게 소개되며, 뿐만 아니

파리떼에게 저주를 선언하자 다음 날 아침에 파리떼가 모두 죽어 있었고, 사람들이 삽으로 그것을 퍼내야 했다.

96) *Vita prima*, VI.; Migne, 185, 374 sqq.

97) 베르나르가 도박꾼과 주사위 도박을 했다는 이상한 이야기가 전해진다. 판돈으로 걸린 것은 베르나르의 말과 도박꾼의 영혼이었다. 베르나르는 도박꾼의 제의를 흔쾌히 받아들였고 결국 도박에서 이겼다. 이후로 도박꾼은 신자답게 거룩한 생활을 했다고 한다.

98) *Life of Bernard*, p. 66.

99) *Der Heilige Bernhard*, I. 135–141; II. 92–95. 참조. Neander, *Ch. Hist.*, Engl. trans. IV. 256 sq.

100) 네안더는 자신의 교회사에서 이렇게 말한다. "그런 일들이 사랑의 정신에서 비롯된 신앙 정서와 관련하여 발생했다면 그리스도께서 인간 본성에 넣어주신 좀 더 숭고한 생명력의 발휘로 간주할 수도 있다."

라 토머스 아 베켓의 성소 같은 성소들에서 일어난 기적들과 성유물과 접촉함으로써 일어난 기적들도 허다하다는 것이다. 반면에 그 시대 사람들 가운데 베르나르만큼 기적과 잘 어울리는 사람은 찾아보기 힘들다.

베르나르의 활동은 인간의 생활에 필요한 것들을 일관되게 고려했다는 점이 두드러지는데, 그의 저서들은 인간의 고단한 현실을 돕고 고통을 덜어주는 데 초점을 맞춘 유익한 조언들로 가득하다. 그는 기질상 학자였으나, 당대에는 그보다 학문적 업적을 더 많이 쌓은 학자들이 있었다. 그럼에도 불구하고 그의 저서들은 사변적이고 논쟁적인 신학 분야에서도 나름대로 가치를 갖는다. 「은혜와 자유의지」(De gratia et libero arbitrio)라는 저서에서 그는 인간이 선을 행할 능력을 죄로 말미암아 상실했고, 의지가 거룩함을 향해 움직이려면 선행적(先行的) 은혜가 필요하다는 견해를 옹호했다. 그는 아벨라르와 논쟁을 벌이는 과정에서 삼위일체와 구속에 관한 자신의 견해들을 제시했다. 몇 가지 견해에서 그는 로마 교회의 신학과 관습에서 벗어났다. 마리아의 무원죄 잉태설을 부정했고,[101] 세족례(洗足禮)를 성사들 가운데 하나로 받아들였다. 세례관에서는 세례받을 기회가 없을 경우 세례가 구원에 절대로 필요한 것은 아니라고 주장함으로써 당대의 가장 자유로운 주장에 근접했다.[102]

성직자로서의 베르나르는 오늘날과 같은 관용의 시대의 관점에서 바라보면 지나치게 경직되었다는 인상을 줄 수 있지만, 그의 도덕성이 그만큼 높았다는 비중있는 증언들은 간단히 제쳐두기 어려운 면이 있다. 베르나르 자신의 저서들이 그의 윤리성에 관해 최종적이고도 풍부한 증거를 제시한다. 그의 윤리는 개인의 경건을 다룬 저서들과, 만대의 신비주의자들 가운데 그를 가장 맨 앞열에 올려놓은 논문들과 설교들에서 환히 빛난다.

생 티에리의 기욤은 자신이 평범하지 않은 신학 저자였음에도 불구하고 베르나르의 수도원 녹방을 방문했을 때 "하나님의 제단에" 와 있는 것 같은 느낌을 받았다. 피오레의 요아킴(Joachim)은 그를 열정적인 언어로 칭송했으며, 그를 수사들의 귀감으로 간주했다.[103] 라인 지방의 여성 예언자 힐데가르트(Hidegard)가

---

101) Ep., 174; Migne, 182, 332.

102) De baptismo aliisque questionibus.

103) Concordia, V. 38.

받은 인상도 다르지 않았다.[104] 베르나르는 「성 말라키 회고록」(*Memoir of St. Malachy*)에서 "자신의 아름답고 뜨거운 영혼의 이미지"를 견지한다.[105] 신앙이 깊지 않은 사람이었다면 그런 전기를 쓸 수 없었을 것이다. 말라키는 아일랜드의 대주교로서, 클레르보를 두 번 방문했고, 두 번째 방문해서는 숨을 거둘 때인 1148년까지 그곳에 남았다. 베르나르는 이렇게 썼다.

> "그는 서쪽 나라에서 온 사람인데도 불구하고 우리에게 새벽 광명과 같은 존재였다. 우리는 시와 찬미와 신령한 노래를 부르며 천성으로 가는 여정에 오른 우리 친구를 따라갔다. 그는 우리 손에서 벗어나 천사들에게 인도되었다. 실로 그는 잠들었다. 모든 이의 시선이 그에게 고정되었으나 그의 영혼이 언제 빠져나갔는지 알 수 없었다. 그가 죽었을 때 우리는 그가 살아 있다고 생각했고, 살아 있을 때는 죽었다고 생각했다. 살아 있을 때나 죽었을 때나 한결같이 그의 표정은 밝고 평온했다. 슬픔이 기쁨으로 바뀌었고, 믿음이 승리를 거두었다. 그는 주님의 복락에 들어갔는데, 내가 누구이기에 그를 위해 애도한단 말인가? 주님, 저희가 간구하오니, 저희의 손님이었던 그가 저희 지도자가 되도록 해주시고, 그로써 저희가 당신과 그와 더불어 영원히 다스리게 해주옵소서. 아멘."[106]

자신이 아무것도 아니고 무자격한 존재라는 자각이 베르나르의 신앙 역정을 이끌어간 요인이었다. 이 점에서 그는 아벨라르의 자신감 및 오만과 현저한 차이를 보인다. 그는 어린이와 같은 태도로 하나님의 은혜를 의지했다. 생을 마감하는 시점에서 쓴 편지에서 그는 친구인 보네발의 대수도원장에게 자기를 위해 죄인들의 구주님께 기도해달라고 간청했다. 베르나르 같은 위인이라고 해서 말년을 우수사려 없이 보낸 것은 아니다. 철석같이 신뢰하던 비서가 자기 도장을 훔쳐 사적인 목적에 사용하는 일이 있었다. 생 티에리의 기욤과 그 밖의 친구들이 떠나버린 일도 있었다. 그의 마지막 여행이 된 메츠 방문도 서로 불화를 겪고

---

104) Hildegard's Works, *Ep.*, 29; Migne, 197, 189.

105) Morison, p. 242.

106) *Vita St. Malachy*, XXXI. 74; Migne, 185, 1116. 베르나르는 자신의 아일랜드인 친구에게 다정했지만, 아일랜드인들에 대해서는 그 시대의 야만인들로 묘사한다.

있던 주교 스테펜과 로렌의 공작을 화해시키기 위한 것이었다. 아마도 오늘날 베르나르에 관한 가장 비중있는 권위자인 도이치(Deutsch)는 "종교적 온화함 (Genialität)이 그의 인격과 은사들 가운데 가장 주된 것이었다"고 말한다.[107] 하르낙(Harnack)은 "그는 12세기의 종교적 천재였고 그 시대의 종교 지도자였다"고 평가한다.[108] 루터는 수사들의 겉으로 드러난 모습에 쉽게 속지 않았던 사람이었음에도 불구하고 "베르나르는 누구보다도 예수를 사랑했다"고 말했다.[109] 레이팔머(Ray Palmer)는 베르나르의 찬송을 번역하면서 원문에 담긴 독창적인 신앙열정을 잘 살려낸다.

"예수, 당신은 사랑 가득한 마음들의 기쁨이고,
  당신은 생명의 샘이며, 당신은 인간들의 빛입니다.
  세상이 주는 가장 큰 복에도 갈증이 가시지 않아
  저희가 다시 당신에게 돌아갑니다."

베르나르의 초기 전기작가 알라누스(Alanus)의 평가는 대단한 극찬이지만, 아마도 사도들 이래 그러한 찬사를 받을 자격이 있는 사람은 없었으리라. "그 이름의 위대함을 능가한 것은 그의 겸손한 마음이었다."[110]

66. 아우구스티누스회, 카르투지오회, 카르멜회, 그리고 그 밖의 수도회들

1200년 이전에 존재했던 대규모 수도회들 가운데는 아우구스티누스회, 프레몽트레회, 카르투지오회, 카르멜회가 있었다.

1. **아우구스티누스회**(Augustinians)는 베네딕투스회에서 갈라져 나온 수도회로

---

107) Herzog, II. 634.

108) *Dogmengeschichte*, III. 301.

109) Bindseil, *Colloquia*, III. 152.

110) *Vita secunda*, XVII; Migne, 185, 498.

서, 성 아우구스티누스의 수도회칙을 따랐고, 훗날 성 아우구스티누스 참사수도회(the canons regular)와 성 아우구스티누스 탁발수도회(the mendicant friars)로 갈라졌다.

참사수도회는 소속 집단이 매우 많았으나 그들의 조직은 엄격한 수도회들처럼 조밀하지는 않았다. 그들은 원래 수도원 공동체들이 아니라 재속(在俗) 곧 교구내 성직자들의 공동체들이었다. 그들의 활동 영역은 엄격한 수도원 생활과 독립된 성직자 생활 중간쯤 해당되었다. 언제 이러한 집단이 등장했는지는 구체적으로 알려진 바가 없다. 일찍이 11세기 초에 성 아우구스티누스가 작성했다고 하는 수도회칙이 여러 형태로 등장했다. 이 수도회칙은 주교좌성당 참사회를 구성한 성직자 집단과, 유력한 그 밖의 교회들에 소속된 사제 집단이 고백했다.[111] 이 수도회칙이 규정한 공동 찬송 같은 다양한 교회 의식들과 독신의 의무를 수행하려면 한 교회에 다수의 성직자들이 있어야 했다.

수도원 공동체를 지향하는 강한 충동에 감화를 받은 이 집단들은 공동 생활을 하면서 몇 가지 공통된 규율을 준수하는 경향을 띠었다. 이 목적을 위해서 그들은 히포의 아우구스티누스를 되돌아보았고, 그가 운영한 대식구를 전범으로 삼았다. 아우구스티누스가 성직자 집단과 함께 생활했다는 것을 우리는 안다. 또한 그가 자기 누이에게 세상의 미련을 버리고 다른 여성들과 함께 공동 생활을 하도록 권한 것과, 몇 가지 조언을 해주었다는 것도 안다. 그러나 알려진 한도 내에서는 아우구스티누스가 자기 가족을 위해서나 다른 공동체를 위해서 훗날 베네딕투스가 작성한 것과 같은 수도회칙을 작성한 일이란 없다.

750년경에 메츠의 주교 크로데강(Chrodegang)은 자신이 불러모아 공동 생활을 하도록 한 자신의 주교좌성당 참사회를 위해 규율서를 작성했고,[112] 그 뒤에 독일의 이곳저곳에서 그러한 개별적인 공동체들이 형성되었다.

12세기에는 성 아우구스티누스의 수도회칙으로 알려지기 시작한 규율서를 채택한 다수의 성직자 집단들이 생겨났다.[113] 인노켄티우스 3세 때 파리 대학교의

---

111) 파리 근처의 캠펠에서는 그러한 사제들이 50명이 활동하고 있었는데, 인노켄티우스 3세가 그 수를 22명으로 감축했다.

112) 크로데강은 자신의 참사회에 속한 성직자들에게 공동의 식사와 공동의 숙소를 제공했다. 1059년과 1063년의 로마 교회회의들은 사제들에게 수입을 공유하도록 권장했다.

기욤 랑글루아(William Langlois)가 그런 성격의 조직들을 결성했고, 그 밖에도 참사수도회라는 이름으로 이 수도회칙에 따라 생활하는 집단들이 생겼다. 인노켄티우스 4세와 알렉산더 4세(1256)는 이 수도회칙을 승인했다.[114]

아우구스티누스의 수도회칙은 재산 공유를 규정했다. 선물조차 공동 기금으로 들어갔다. 성직자들이 한 식탁에서 먹었고, 한 숙소에서 잠을 잤다. 의복조차 공유해서, 옷을 벗어서 옷장에 걸어두면 그것을 다시 찾아 입을 권리가 없었다. 교황이 나서서 이 집단들을 하나의 긴밀한 조직으로 결합시키려고 한 적이 있었으나 성과를 거두지 못했다.[115] 잉글랜드에서는 아우구스티누스 참사수도회가 칼라일 주교좌성당을 관장했다.

아우구스티누스 은수자회(Augustinian hermits) 곧 오스틴 탁발수도회(Austin friars, 잉글랜드에서는 이렇게 부름)는 본격적인 의미에서의 수도원들이었다. 그들은 참사수도회에서 갈라져 나와 성 아우구스티누스의 수도회칙을 채택했고, 구걸을 해서 먹고 살았다.[116] 중세가 끝나갈 무렵에는 설교에 치중했다. 슈타우피츠의 요한과 루터가 속했던 수도회가 바로 이 집단이었다.[117]

프레몽트레회와 잉글랜드의 길버트회(the Gilbertines),[118] 그리고 그 밖의 수도회들이 아우구스티누스의 수도회칙을 수정하여 채택했고, 도미니쿠스는 그것을

---

113) 전승에 따르면 이 규율서는 1139년에 인노켄티우스 2세가 모든 참사수도회들을 위해 작성했다고 한다.

114) 1243년 12월 16일자 대칙서에서 인노켄티우스는 regula S. Augustini et ordo에 관해서 말한다. 프랑스에서 가장 유명한 참사수도회는 생 빅토르 수도원이었다.

115) 브리스톨 주교좌성당은 성 아우구스티누스 대수도원을 모체로 건축되었다. 아우구스티누스 혹은 오스틴 참사회들은 영국에서는 흑(黑) 참사회로도 알려졌다. 영국에서는 그 참사회가 큰 인기를 누렸다. 1100년경에 설립된 콜체스터의 세인트 보톨프 참사회가 영국 최초의 아우구스티누스 참사회였다. 수도원 탄압이 있은 뒤 영국에는 170개의 수도원이 남았고, 아일랜드에 더 많은 수가 남았다.

116) 참조. Hurter, III. 238.

117) 영국에서 수도원이 해산될 당시에 그들은 32개의 탁발 수도원들을 두고 있었다.

118) 샌드링엄의 주임신부 성 길버트가 1140년경에 설립한 길버트회(the Gilbertines)는 영국에만 존재했다. 수도원이 탄압받던 시기에 26개의 수도원이 있었다. 수녀원과 수도원이 공동의 교회를 사용했다.

자신의 첫 번째 수도회칙의 토대로 삼았다.

2. 프레몽트레회(the Premonstrants)는 아우구스티누스의 수도회칙을 채택했고, 복장으로 인해 백의 참사회(White Canons)라 불렸으며, 빠른 속도로 성장했다. 이들은 리브란드부터 팔레스타인까지, 그리고 영국에서부터 스페인에 이르는 광범위한 지역에 수도원들을 두었다. 설립자 노르베르트(Norbert)는 1080년 경에 라인 강 저지대인 크산테스에서 태어나 위대한 설교가이자 당대에 가장 큰 영향을 끼친 인물의 하나가 되었다. 폭풍우 속에서 말을 타고 가다가 낙마하는 사고를 당한 뒤, 그는 일생을 신앙에만 바치기로 결심했다. 쾰른 주교좌성당에서 맡아온 지위를 포기하고 베네딕투스회 소속의 지게베르크 수도원에 들어갔다. 그 뒤 독일과 프랑스를 두루 다니면서 회개를 요구하는 설교를 했는데, 설교를 하기 전에 양들을 모을 때 쓰는 종을 쳐서 사람들을 불러모았다. 1119년에는 뜻이 같은 사람들과 함께 프랑스 랑 근처의 쿠시에 정착하고, 자신이 섭리의 인도로 그곳으로 인도되었음을 나타내기 위하여 그곳에 프레몬스타라툼(Premonstratum) 혹은 프레몽트레(Premontre, 지정된 들판)라는 지명을 붙였다. 교황 인노켄티우스 3세는 시토회에도 그랬듯이 프레몽트레회에도 자신을 위해 특별히 기도해달라고 부탁했다. 이 수도회의 첫번째 규율은 고기와 달걀, 치즈와 우유를 금했다. 시토회와 마찬가지로 이들의 메뉴도 두 접시로 제한되었다. 육식을 금한 규율은 후대에 가서 수정되었다. 평신도 수사들도 받아들여 주방과 그 밖의 노동 일을 맡겼다. 신학 교육은 몇 번의 기도로 국한되었고, 수사들에게는 독서가 금지되었다.[119]

1126년에 노르베르트는 마그데부르크의 주교가 되면서 그 기회를 이용하여 독일 북동부 지역에 자신의 수도회를 소개했다. 베르나르와 손잡고서 대립교황 아나클레투스 2세와 대치하고 있던 인노켄티우스 2세를 지원했다. 노르베르트는 1134년에 마그데부르크에서 죽었고, 1582년에 시성되었다. 가경자 피에르와 클레르보의 베르나르는 그 수도회를 높이 평가하고, 노르베르트를 하나님에게 가까이 다가간 인물로 칭송했다. 그와 관련하여 기적들이 일어났다는 소문이 있었으나, 아벨라르는 그 소문을 조롱했다.

프레몽트레회의 전성기에는 천 개라는 믿기지 않을 만큼 많은 수의 수도원이

---

119) Bernard, *Sermon*, XXII; *Ep.*, 56.

이 수도회에 적(籍)을 두었다. 프레몽트레 수녀회도 있었는데, 이 단체는 노르베르트의 생시에 수녀의 수가 만 명에 달했다고 한다. 잉글랜드 최초의 프레몽트레회 수도원은 1143년에 링컨셔의 뉴하우스에 세워진 수도원이었다. 노르베르트와 브루노, 그리고 카르투지오회가 이 시기에 수도회를 설립한 유일한 독일인들이었다.[120]

3. 좀 더 독창적이고 엄격했던 수도회는 **카르투지오회**(the Carthusians)로서, 이 명칭은 이 수도회의 첫 수도원이 세워졌던 곳인 샤르트뢰즈(라틴어, 카르투지움. 리옹 남동쪽의 그르노블에서 약 22km 떨어진 곳에 위치함)에서 유래했다. 이들은 은수자들이었으며, 엄격함에서 당대의 다른 수도회들을 능가하는 금욕생활을 실천했다.[121] 설립자 성 브루노(St. Bruno)는 쾰른에서 태어났고, 랭스 주교좌성당의 종교법 고문이 되었다. 세상의 허영에 염증을 느낀 그는 몇몇 제자를 데리고 프랑스 랑그르 교구의 세스 퐁텐이라는 고적한 곳으로 갔고, 훗날 장소를 샤르트뢰즈로 바꾸었다.[122] 세스 퐁텐은 접근하기 어려운 산지의 황량한 곳으로서, 상당 부분이 일년 내내 눈으로 덮여 있었다. 브루노는 교황 우르바누스 2세의 부름을 받고 로마로 갔으며, 그곳에서 교황 고문으로 활동하다가 칼라브리아 산맥으로 은퇴하여 그곳에 수도원을 설립했다. 그리고 그곳에서 1101년에 죽었고, 1514년에 시성되었다. 1151년에 카르투지오회 수도원들은 14개였으나, 세월이 흐르면서 168개까지 늘어났다.

---

120) 영국에는 수도원 탄압 때 프레몽트레회 수도원이 30개가 넘었다. 베이엄과 이즐리 수도원들이 가장 잘 보존된 그 수도회의 대수도원들이다.

121) 이 수도회의 문장(紋章)은 사자가 감싸고 있는 지구본으로서 "지구가 돌고 있는 동안 십자가가 굳게 서 있다"는 문구가 적혀 있다.

122) 다음 전설은 브루노의 결정을 설명하기 위해서 고안된 것이다. 1082년에 그는 파리 노트르담 주교좌성당 참사회원인 레이몽의 장례식에 참석했다. "그대는 얼마나 많은 죄와 실수를 범했는가?"라는 말이 울려퍼지자 죽은 자가 일어나서 "나는 하나님의 공의로운 판결에 의해 고소를 당합니다" 하고 대답했다. 다음 날 같은 물음을 반복하자 죽은 자가 다시 일어나 "나는 하나님의 공의로운 판결에 의해 고소를 당합니다" 하고 외쳤다. 사흗날에 죽은 자가 세 번째로 일어나서 "나는 하나님의 공의로운 판결에 의해 정죄를 당합니다" 하고 말했다. 이 이야기가 로마 성무일과서에 실렸으나, 1631년에 우르바누스 8세에 의해 삭제되었다. 헤르겐뢰터는 카르투지오회가 그 전설을 여전히 변호한다고 말한다.

최초의 카르투지오회 수도회칙은 제5대 총장인 귀고(Guigo, 1137 죽음)의 책임하에 작성되었다. 오늘날 사용되고 있는 수도회칙은 1578년에 확정되고 1682년에 인노켄티우스 11세에 의해 재가를 받았다. 수사들은 교회를 중심으로 둘레에 배치된 독방들에서 살았는데, 처음에는 둘씩 짝을 지어 거하다가 나중에는 혼자서 거했다. 일과는 기도와 침묵과 노동으로 구분되었고, 초창기에는 노동시간에 서적들을 필사했다. 교회에서 공동으로 드리는 예배는 저녁기도와 아침기도로 한정되었다. 나머지 기도 시간들은 각각 혼자서 지켰다. 기도는 남들에게 방해를 끼치지 않도록 조용히 혼잣말로 드렸다. 과거 테베의 은수자들을 닮기 위해서 고행을 매우 엄격히 시행했다. 가경자 피에르는 그들이 시행한 혹독한 고행들을 자세히 소개하는 글을 남겼다. 그들의 복장은 다른 수도회들에 비해 얇고 거칠었다. 고기와 지방과 기름은 금지했고, 포도주는 허용했으나 물에 섞어 마시도록 했다. 빵은 콩으로 만든 것만 먹었다. 부활절을 앞두고 50일 동안과 성탄절을 앞두고 30일 동안은 매일 한 차례씩 스스로 채찍질을 했다. 수사가 죽으면 남은 사람들이 각각 두 편의 시편을 낭송했고, 전체가 한자리에 모여 형제를 잃은 데 대해서 서로를 위로하기 위해서 두 끼 식사를 함께 했다.[123] 여성은 수도원 출입을 금했다. 위생상의 이유로 수사들은 일년에 다섯 번 출혈을 했고, 일년에 여섯 번 면도를 했다.[124] 그들은 교회당을 장식하거나 고위 성직자들의 복장을 화려하게 치장하는 것을 피했다.[125] 클뤼니 수도원과 그 밖의 수도원들에서 서적들을 빌려다가 필사했다.[126] 카르투지오회 수도원들의 원장들은 대수도원장(abbot)이라 하지 않고 소수도원장(prior)이라 했다. 초창기에 이 수도회는

---

123) 카르투지오회에서 규율이 비교적 수월한 다른 수도회들로 적(籍)을 옮기는 운동이 일어났을 때 인노켄티우스 3세는 그런 움직임을 단호하게 비판했다.

124) Hurter(IV. 154)가 Guigo의 헌장에서 인용. 위생의 목적으로 일부러 피를 흘리는 일은 당시 수도원들의 일반적 관행이었던 것으로 보인다. 하이스터바흐 수도원에서도 그렇게 했다. Caesar of Heisterbach, *Dial.*, XI. 2.

125) 그럴지라도 그들은 적어도 추기경 4명, 대주교와 주교 70명을 배출했고, 예술적 장식으로 유명한 부유한 교회들을 보유했다. 청금석(靑金石)을 아끼지 않고 사용한 나폴리와 파비아의 교회들이 대표적인 경우이다. 참조. Hurter, IV. 158.

126) Pet. Ven., *Epp.*, I. 24, IV. 38. 피에르는 자신이 보낸 서적들의 목록을 기록으로 남겼다.

인노켄티우스 3세와 가경자 피에르, 베르나르, 그리고 첼레의 피에르에게 대단히 높은 평가를 받았다. 베르나르는 그들의 거룩한 침묵을 깨뜨리지 않기 위해서 편지를 보내기조차 조심스러워했으며, 그들이 하나님께 바치는 헌신을 칭송했다. 후대에 페트라르카(Petrarch)는 파리에 있는 그들의 수도원을 방문한 뒤에 그 수도회에 대한 찬사를 썼다.

잉글랜드에서는 카르투지오회가 인기를 끌지 못했다.[127] 수도원이 다 합쳐봐야 열한 군데밖에 되지 않았다. 잉글랜드 최초의 카르투지오회 수도원은 헨리 2세가 1180년에 위탐에 설립했다. 1137년에 세워진 런던의 유명한 차터하우스(Charterhouse, 프랑스어 샤르트뢰즈가 와전된 발음)는 1611년에 공립학교 건물로 바뀌었다. 이탈리아에 세워진 카르투지오회 수도원들은 피렌체 근처의 체르토사 디 산 카스키아노 수도원, 피사의 체르토사 수도원, 로마의 체르토사 마리아 델리 안젤리 수도원이다.[128]

최근에 카르투지오회 수사들은 샤르트뢰즈 주(酒)(리큐르 술)로 유명하게 되었다. 이 술을 만드는 데는 갓 나온 솔잎이 사용된다.

4. 카르멜회(the Carmelites) 곧 카르멜 산의 성모 마리아 수도회(the Order of the Blessed Mary the Virgin of Mt. Carmel)는 십자군 원정이 진행되던 1156년에 설립되었다.[129] 전설에 따르면 이 수도회는 선지자 엘리야 때로 거슬러 올라가며, 초대 제자들이 요나·미가·오바댜였다고 한다. 오바댜의 아내가 여성 수도원의 초대 대수녀원장이 되었다. 이 수도회의 역사는 내부의 숱한 분열과 다른 수도회들과의 치열한 논쟁들로 얼룩졌다.

이 수도회와 관련된 최초의 신빙성 있는 언급은 1185년에 카르멜 산을 방문했던 그리스 수사 포카스(Phocas)에게서 나왔다. 그 내용은 다음과 같다. 십자군

---

127) "규율이 너무나 엄격하고, 분위기가 두려울 만큼 고적(孤寂)하여서 우리의 취향과 분위기에 맞지 않는다." Jessopp, *The Coming of the Friars*, p. 125.

128) 이 수도회는 종교개혁 때 프랑스에서 탄압을 받았다. 하지만 1816년에 수사들이 정부에 3천 프랑을 내고 샤르트뢰즈 대수도원으로 돌아가도록 허락받았다. 이 수도원은 1903년의 집회법으로 다시 해산되었다. 당시에 그 수도원에는 150명의 수사들이 있었다. 그들이 일부는 피에드몽으로 가고 나머지는 스페인 타라고나로 가서 증류주 제조소를 차렸다.

129) Ordo B. M. V. de Monte Carmelo는 인노켄티우스 4세가 붙인 이름이다.

병사인 칼라브리아의 베르톨드(Berthold)는 안디옥의 성벽 밑에서 서약하기를, 만약 기독교 군대가 젱기에게 승리를 거두면 자신이 수사가 되겠다고 했다. 그 기도가 응답되자 베르톨드는 열 명의 동료와 함께 카르멜 산으로 올라가 그곳에 수도원을 세웠다.[130] 카르멜회의 기원은 카르멜회 수사들과 예수회 수사들 사이에 격렬한 쟁점이 되었다. 1668년에 예수회의 파페브록(Papebrock)은 베르톨드가 설립자였다고 주장함으로써 카르멜회의 위신을 크게 추락시켰다. 카르멜회의 다니엘과 그 밖의 수사들이 나서서 그의 주장을 논박하면서 자신들의 기원이 엘리야라고 주장했다. 이 문제가 결국 인노켄티우스 12세에게 항소되었는데, 그 교황은 1698년의 대칙서(redemptories)를 통해서 교황이 판결하기까지 두 수도회에 대해 침묵을 명했다. 하지만 교황청은 아직까지도 판결을 내리지 않고 있다.[131]

카르멜회는 1208년경에 훗날 콘스탄티노플 대수도원장이 된 알베르트(Albert)에게 수도회칙을 받았다. 이 수도회칙은 1226년에 호노리우스 3세에게 승인을 받았다. 16개 조항으로 된 초기의 수도회칙은 여느 수도회칙들처럼 육식을 금하고, 저녁기도부터 3시까지(오후 6시부터 오전 9시까지) 침묵을 명했으며, 수사들에게 카르투지오회와 마찬가지로 독방에서 은수자 생활을 하도록 배려했다. 복장은 처음에는 흰색과 검정색으로 된 줄무늬 옷이었다가 후에는 갈색 옷으로 바뀌었다.

기독교가 팔레스타인을 상실하면서 카르멜회는 서쪽으로 이주를 시작했다. 1238년에는 키프로스 섬에 거점을 두었고, 13세기 중반 이전에는 멀리 서유럽까지 이동하여 정착했다. 잉글랜드에서는 앨른윅에 첫 수도원을 설립했고, 잉글랜드 총회는 1246년에 알레스퍼드에서 개최되었다.

카르멜회가 성의(聖衣)를 숭배하기 시작한 것은 잉글랜드 출신의 총장 사이먼 스톡(Simon Stock, 1245-1246 재위) 때인데, 그가 그 재킷을 성모 마리아에게 받았다고 한다.[132] 전설에 따르면 이 옷을 입고 죽는 사람은 연옥의 불을 면할 수 있

---

130) 카르멜 산 수도원은 지중해 해안과 나사렛 근방의 산지에서 또렷하게 보인다. 현재의 건물은 1828년에 건축된 것으로서 하이파에서 도보로 한 시간 거리에 있다. 과거의 건물들은 나폴레옹이 시리아 원정 때 병원으로 사용했다.
131) 1725년에 베네딕투스 8세는 성 베드로 성당에 엘리야 조각상을 세우도록 허용함으로써 그 수도회의 주장을 간접적으로 인정해 주었다.

다고 한다. 성모 마리아는 매주 토요일마다 연옥으로 내려가 그 옷을 입었던 사람들을 꺼내주겠다고 약속했다. 그 이야기는 성무일과서에 포함되어 있으며,[133] 교황 베네딕투스 14세에 의해 만인이 믿어야 할 사실로 선포되었다. 1322년에 교황 요한 22세는 자신이 본 환상에 순종하여 사바티나(Sabbatina)라고 하는 유명한 대칙서를 발행했는데, 이 문서는 카르멜회에 가입하기로 서약하는 모든 사람들이 죽은 뒤 첫 토요일에 마리아에 의해 구원받게 된다고 약속하는 내용이다.

프란체스코회와 도미니쿠스회가 성공을 거둔 뒤에 카르멜회는 교황 인노켄티우스 4세의 승인을 받아 1245년에 탁발 행위를 채택했고, 공동 생활을 폐지하고 대신 독방 생활을 규정했다. 의복과 음식에 관한 규율들도 유럽의 기후 조건에 맞도록 완화되었다.

1378년에 카르멜회는 분열을 겪었다. 교황 인노켄티우스 4세에게 승인을 받은 엄격한 수도회칙을 견지하던 파는 고대 엄수파 카르멜회(the Carmelites of the Ancient Observance)로 알려진다. 두 집단은 각각 따로 총장을 두었다. 카르멜회의 경건의 역사에서 가장 유명한 이름은 1533년에 이 수도회에 가입한 스페인의 성인 성 테레사(St. Theresa)이다. 테레사는 17개의 수도원, 14개의 수도원을 설립하는 데 이바지했다. 이렇게 해서 생긴 새로운 지부인 맨발의 카르멜회(the Barefoot Carmelites)는 유럽의 여러 지역들과 카르멜 산, 아프리카, 멕시코, 그리고 그 밖의 나라들로 확산되었다. 수사들은 가죽 샌들을, 수녀들은 가벼운 구두를 신었다.[134]

다른 여러 수도회들 가운데 언급할 만한 단체들은 다음과 같다. **안토니우스회** (the Anthonites) 곧 성 안토니우스 자선 수도회(Brothers of the Hospital of St.

---

132) 카르멜회는 종종 성의 형제회라 불린다. 성의는 가슴과 등을 덮는 소매 없는 짧은 상의로서, 원래는 수사가 일을 할 때 다른 의복 위에 걸쳐 입었다. 이 의복은 1892년의 레오 13세의 법령에 이르기까지 자주 교황 법령들의 주제가 되었다. 1587년부터는 7월 16일이 성의 축일로 지정되었으며, 성모 축제들 가운데 하나이다.

133) Hergenröther-Kirsch(*Kirchengesch.*, II. 362)는 그것이 "신앙적 견해"로 수록되었다고 말한다.

134) 1593년에 클레멘스 8세의 결정으로 맨발의 수사들이 독립 수도회가 되었고, 자신들의 총장을 선출했다.

Antonius)는 이집트의 은수자 성 안토니우스의 이름을 땄다. 설립자 가스톤(Gaston)은 당시에 만연하던 성 안토니우스의 불(morbus sacer)이라 불리던 질병에 걸린 아들을 낫게 해달라고 성 안토니우스에게 기도를 드렸다. 기도 응답을 받은 아버지와 아들은 수사로서 평생을 바치기로 서약했다. 그가 세운 수도회는 1095년에 우르바누스 2세에게 승인을 받았고, 병자들과 빈민들을 위한 사역에 초점을 맞추었다. 1118년에는 교황 칼릭스투스 2세에게 성 디디에 드 모트 교회와 함께 성 안토니우스의 유골을 하사받았다. 1218년에 호노리우스 3세는 수사들에게 회원들에게 수사 서약을 하도록 허용했고, 1296년에 보니파키우스 8세는 그들에게 아우구스티누스의 수도회칙을 부여했다. 이들은 프랑스·독일·헝가리·이탈리아에 수도원을 설립했다. 성 안토니우스의 축일이 되면 로마에 세워진 이들의 수도원 앞으로 말들과 가축들을 끌고 가서 강복(降福)을 받도록 하는 것이 관습이 되었다.[135]

삼위일체회(the Trinitarians, ardo sanctissima Trinitatis de redemptione captivorum, 포로들의 속량을 위한 성 삼위일체회)는 포로로 붙잡힌 그리스도인들을 사라센족과 무어족에게서 속량하는 것을 사명으로 삼았다. 설립자는 마타의 요한(1160-1213)이었다. 이 수도회는 나귀 수도회(ordo asinorum)라고도 불렸다. 회원들이 절대로 말을 타지 않고 나귀만 이용한 사실에서 유래한 이름이다.[136]

퐁 에브로 수도회(the order of Font Evraud, Fontis Ebraldi in Poitiers)는 수사들과 수녀들이 같은 수도원에서 생활하고, 수사들이 대수녀원장의 감독을 받는 독특한 면을 갖고 있었다. 대수녀원장을 성모 마리아의 대표자로 간주했으며, 요한을 마리아의 보호 아래 두신 그리스도의 말씀에 부합하게 그러한 관행을 세웠다. 수사들이 기거하는 건물과 수녀들이 기거하는 건물 중간에 세워진 교회를 공동으로 사용했다. 이 수도회는 로베르 다브리셀(Robert dAbrissel,

---

135) 안토니우스회는 성 안토니우스를 말들의 수호성인으로 간주했으며, 이 견해가 이탈리아에서 널리 성행했다. 이런 민간 신앙의 사례가 *Life of Philip Schaff*, 56 sq. 에 실려 있다.

136) 삼위일체회는 파리의 생 마튀랭의 예배당 근처에 수도원이 있었으므로 마튀랭회라고도 불렸다. 영국에도 소수의 수도원들을 두고 있다.

1117 죽음)이 설립했는데, 교황 우르바누스 2세가 그의 설교를 듣고서 1096년에 그를 설교자로 임명했다. 로베르는 브르타뉴에서 태어나 1095년에 크라옹에 수도원을 설립했다. 그는 대중의 마음을 사로잡는 설교자였다. 그가 세운 수도회의 수녀들은 특히 타락한 여성들의 갱생 사업에 주력했다.[137] 이 수도회의 수도회칙에는 수녀들에게 머리 손질을 금하는 규정과, 일년에 세 번 머리를 자르도록 명하는 규정이 있었다.

프랑스 오베르뉴의 스테펭(Stephen)이 설립한 **그라몽 수도회**(the Order of Grammont)는 한때 프랑스에서 높은 지위를 누렸다는 점에서 언급할 가치가 있다. 이 수도회는 루이 7세와 그 밖의 프랑스 군주들에게 각별한 후원을 받았으며, 프랑스에 60개의 수도원을 두었다. 이 수도회는 은수자들의 수도회였다. 스테판은 순례를 떠났다가 도중에 병에 걸렸고, 요양하는 동안 접한 칼라브리아의 은수자들의 생활을 지켜보면서 자신도 그러한 생활을 하겠다고 서원했다. 이렇게 해서 세워진 그라몽 수도회의 수사들은 연명을 할 수 있는 한도에서 생활에 필요한 것들이 없이 사는 데까지 나아갔으나, 세월이 흐르면서 수사들과 수녀들이 방탕과 매춘으로 크게 빈축을 샀다.[138]

자루 옷 형제회(the Brothers, Fratres saccati, fratres de sacco, saccophori)는 거친 옷감으로 만든 자루 모양의 옷을 입었다. 여러 나라에 수도원들을 세웠는데, 그 중 잉글랜드에서는 국가가 수도원을 탄압할 때까지 존속했다. 그들은 육식을 철저히 피했고, 음료는 물만 마셨다. 프란체스코회는 그들을 조롱하는 뜻에서 부쉬맨들(Bushmen, Boscarioli)이라 불렀다. 그들은 지칠 줄 모르는 걸인들이었다. 프란체스코회의 연대기 저자 살림베네(Salimbene)는 교황 그레고리우스 10세가 신적 영감을 받아 그 수도회를 해산시켰다고 확신하면서, "그 거지떼로 인하여 기독교 주민들이 지치고 시달렸기" 때문이라고 그 이유를 밝힌다.[139]

---

137) 마지막 대수녀원장이 1799년에 죽었다. 1804년 이후로 퐁 에브로 대수도원은 유치장 건물로 사용되었다. 영국의 헨리 2세와 사자심왕 리처드가 퐁 에브로에 묻혔다.

138) Walter, II. 143.

139) 참조. Coulton, p. 301.

67. 수도원 예언자들: 성 힐데가르트와 피오레의 요아킴

수도원들은 저마다 예언자들을 배출했다. 팔레스타인에서 당한 재앙들과 유럽 사회에 이단이 확산되는 현상에 혼란과 자극을 느낀 사람들은 교회와 수도원의 일상적 예배와 의식 저 너머에 성직위계제도도 수도원도 막을 수 없는 새로운 시대가 다가오는 것을 바라보았다. 12세기에 라인 지역과 이탈리아 남부의 수도원들에서 거의 동시다발적으로 예언 정신이 터져 나왔다. 그 대표적인 주창자들이 빙겐의 힐데가르트(Hildegard)와 쇠나우의 엘리자베트, 피오레의 요아킴(Joachim)이었다.[140] 이들은 당시 성직자 사회의 부패를 질타했고, 환상들을 보았으며, 그 중에서 요아킴은 새 시대를 내다본 선견자였다.

힐데가르트(1098-1179)는 라인 강 유역 빙겐 근처의 베네딕투스회 소속 디제보덴베르크 수도원의 대수녀원장으로서, 당대의 교회에서 가장 유력한 여성이었다.[141] 클레르보의 베르나르가 프랑스에서 수행한 역할을, 힐데가르트는 비록 정도는 덜하지만 독일에서 수행했다. 이 여성은 하층민들에게 뿐 아니라, 네 명의 교황들 — 유게니우스·아나스타시우스·하드리아누스·알렉산더 3세 — 과 황제들인 콘라트 3세와 프리드리히 바르바로사, 그리고 베르나르를 비롯한 여러 고위 성직자들에게도 편지를 받았다. 프리드리히와 콘라트, 베르나르에게 간곡한 기도 부탁도 받았다. 먼 지역 사람들도 이 여성의 도움을 얻고자 했는데, 예를 들면 예루살렘 총대주교는 "그 여성 안에 그리고 그 여성을 통해서 발휘되는 신적인 능력"을 전해듣고서 도움을 청했다.[142] 힐데가르트의 수녀원은 디제보덴베르크에서 루퍼츠베르크로 이전했으며, 마침내 이 여성은 아이빙겐 수녀원의

---

140) 천년왕국이 속히 도래하기를 기대한 또 다른 사람인 노르베르트는 성 베르나르에게 쓴 편지에서, 자신이 살고 있는 시대가 적그리스도의 시대라고 말했다.

141) 엘로이즈라는 이름이 널리 알려진 듯한데, 그 이유는 교회에서 벌인 사역 때문이 아니라 아벨라르와의 관계 때문이었다. 힐데가르트의 라틴식 표현은 힐데가르디스이다. 매튜 패리스(Luard's ed., V. 195)는 1200-1250년에 발생한 사건들을 요약하면서 힐데가르트와 튀링겐의 엘리자베트를 그 시대의 가장 유명한 여성 신앙인들로 언급한다. 하지만 힐데가르트는 1177년에 죽었다.

142) *Ep.*, XXII. 반면에 힐데가르트는 베르나르에게 자신을 위해서 기도해달라고 부탁했다.

대수녀원장이 되었다.

힐데가르트는 비록 몸이 약했으나, 본인의 말대로 어릴 적부터 환상을 보았다. 성 베르나르에게 보낸 편지에 밝힌 대로, 그 환상들을 외적인 감각의 눈으로 보지 않고 내면의 눈으로 바라보았다. 성경의 깊은 의미들이 "그 마음을 어루만지고 그 영혼을 뜨겁게 타오르게 했다."[143] 또한 본인이 밝히는 대로, 나이 마흔이 되었을 때 주체할 수 없을 정도로 밝은 빛이 하늘에서 내려와 머리를 가득 채우고, 마치 태양이 가 닿는 모든 곳을 뜨겁게 달구듯이 그 마음과 가슴을 타오르게 했다. 힐데가르트는 그것을 꿈에서 본 것도 아니고 들뜬 상태에서 본 것도 아니고 은밀한 장소에서 본 것도 아니며, 분명히 깨어 있어서 의식이 차분한 상태에서 하나님의 뜻에 따라 속사람의 눈과 귀를 사용하여 보고 들었다.[144] 교황 유게니우스 3세는 1148년에 트레브[트리어]를 방문했을 때 힐데가르트가 받았다는 계시들을 조사해 보고는 그 기적들의 진정성을 인정하고, 그녀에게 계속해서 그 일에 힘쓰라고 격려해 주었다.[145] 베르나르는 성령의 조명을 통해서 천상의 비밀을 알림으로써 그녀가 얻은 명성에 관해서 말했다.

이 거룩한 여성과 같은 시대를 살았던 사람들이 전하는 바에 따르면, 병자가 그녀를 찾아와서 고침을 받지 못하고 돌아간 예가 없었다고 한다.[146] 힐데가르트의 영향력은 수녀원 안팎과 남녀의 무리들에게 발휘되었다. 사람들이 병고침을 받기 위해서 스웨덴처럼 먼 곳에서 찾아왔다. 병을 고칠 때 때로는 기도를 사용했고, 때로는 간단한 명령을 사용했고, 때로는 성찬의 제병을 사용하여 혀를 사용하지 못하는 사람을 고쳐주었다. 교회의 상태를 늘 예의 주시하던 힐데가르트는 성직자들의 저급한 상태를 개탄하고, 카타리파의 준동을 오히려 기독교 세계를 정화하는 데 이용할 수 있다고 주장했고, 성경과 가톨릭 신앙을 가장 높은 권위의 원천으로 부각시켰으며, 구원을 받기 위해 사제들을 의지하지 말고 그리스

---

143) Migne, 197, 190. 성 베르나르는 힐데가르트에게 쓴 편지에서 그녀의 "거룩한 사랑의 감미로움"에 관해서 말하며, 힐데가르트는 클레르보의 대수도원장을 독수리에 비유하면서 너무나 온유한 신부라고 부른다.

144) Scivias. 참조. Migne, 197, 93. 이것이 그녀가 본 환상들을 모아놓은 주요 자료이다.

145) *Ep.*, I; Migne, 197, 146.

146) Migne, 197, 117.

도를 의지하라고 당부했다.

힐데가르트는 자연을 열심히 탐구하는 학도이기도 했다. 그녀가 풀들과 나무들과 어류에 관해서 쓴 논문들은 중세에 나온 자연에 관한 글들 가운데 가장 우수한 편에 속한다. 213종이 넘는 풀들 혹은 그 씨앗이나 열매들의 특징을 소개하고, 더위와 추위를 식물의 생장에 매우 중요한 요인들로 간주한다. 그리고 약으로서의 가치에 관점을 두고서 식물들을 관찰한다. 버터가 허약한 체질과 고혈압에 좋다고 말하며, 특히 젖소의 버터는 양과 염소의 버터보다 건강에 좋다고 말한다. 감초는 중불에서 익히면 목소리를 맑게 하고, 정신을 가라앉히고, 눈을 밝게 하고, 위의 기능을 강화해준다고 한다. 바실리스카(basilisca)는 차가운 것을 혀 밑에 두면 중풍병자에게 말하는 힘을 회복시켜 주며, 포도주와 꿀에 넣어 조리하여 밤에 수시로 마시면 열이 내린다고 한다.[147]

힐데가르트와 같은 정신을 가지고 활동한 여성이, 1165년에 서른여섯의 나이로 죽은 쇠나우의 엘리자베트였다.[148] 이 여성은 빙겐에서 그리 멀지 않은 쇠나우의 수녀원에 소속된 수녀였는데, 간질과 유사한 상태에서 환상을 보았다. 환상에서 스데반과 라우렌티우스를 비롯한 여러 성인들을 만났다. 그들 가운데는 대개 "동정녀들의 동정녀, 하나님의 지극히 영광스러운 어머니인 마리아"가 서 있었다.[149] 성 베네딕투스를 만났을 때에는 그가 자신의 수사들의 무리(monachalis turba) 가운데 있었다. 엘리자베트는 자신이 "육체에서 벗어나 활홀경에 들어갔다"고 말한다. 순결한 생활에 대한 관심이 지대했던 이 여성은 심지어 트리어의 대주교를 조금도 위축됨 없이 질책했으며, 교황이 교만에 사로잡혀 있고 부정과 불경건으로 가득하다고 비판하기를 마지않았다. 한 번은 그리스도께서 심판대에 좌정해 계신 환상을 보았는데, 그 앞에는 빌라도와 유다, 그리고 주님을 십자가에 못 박은 자들이 있었고, 놀랍게도 자기가 알고 있던 자기 수도회 소속의 남자와 여자들의 허다한 무리들이 그들과 함께 있었다.[150] 힐데가르트와 엘리자베트는 독일 신비주의 역사에서 한 자리를 차지한다.

---

147) Migne, 197, 1210.
148) 그녀가 남긴 글들은 Migne, 195, 119-196에 수록되어 있다.
149) Migne, 195, 146.
150) Migne, 195, 146.

피오레[Fiore]의 요아킴(Joachim, 1202 죽음)은 유럽 남부의 수도원 예언자로서, 저서들을 통해서, 특히 프란체스코회의 신령파가 자신의 견해를 채택한 데 힘입어 폭넓은 영향력을 행사했다. 그는 칼라브리아 지방 코라차의 시토회 수도원의 초대 대수도원장을 지냈고, 그 뒤에 피오레의 성 요한 수도원을 설립하고 대수도원장이 되었다. 그는 이 수도원에 시토회보다 더 엄격한 수도회칙을 도입했다. 이 수도원은 1196년에 교황 켈레스티누스 3세에게 승인을 받은 새 수도회의 본부가 되었다.

요아킴은 생시에 예언자로서 명성을 날렸다.[151] 하인리히 6세에게 존경을 받았고, 루키우스 3세를 비롯한 다른 교황들에게 해석학 연구에 대한 치하를 받았다. 그가 죽은 뒤에 그의 견해는 공의회와 교황의 조사 대상이 되었다. 제4차 라테란 공의회는 그가 해설한 삼위일체론을 페트루스 롬바르두스가 정의한 것과 같다고 하여 단죄했다. 일찍이 페트루스는 성부와 성자와 성령께서 어떤 최상의 본질(Quaedam summa res)을 이루신다고 주장한 바 있는데, 요아킴은 이 주장이 삼위일체 대신에 사위일체를 내포한 것이라고 했다. 요아킴의 견해를 받아들인 사람들은 이단으로 단죄되었으나, 요아킴과 피오레 수도원은 이 단죄에서 제외되었다.[152]

요아킴의 삼위일체관은 이렇다 할 영향을 끼치지 못했다. 이 대수도원장이 역사에서 한 자리를 차지하게 된 것은 역사 발전 이론과 종말론 때문이다. 그는 진정성을 의심할 여지가 없는 세 권의 저서들에서 시편 강해, 계시록 강해, 그리고 구약과 신약의 통일성을 제시한다.

요아킴의 예언들과 결부된 것이 그의 역사 발전 이론이다. 구약 시대는 나름대로 시작과 개화(開花)의 시기가 있다. 신약 시대도 마찬가지이다. 그러나 제3의 시기가 이어진다. 역사를 이렇게 세 시기로 구분하는 이론의 근거는 구약과 신약을 비교하는 데서, 그리고 이스라엘사의 주요 시기들을 기독교 역사의 주요

---

151) 사자심왕 리처드는 1190년에 팔레스타인으로 가는 길에 시칠리아에 들렀을 때 요아킴의 명성에 감동하여 사람을 보내 그를 오도록 했다. 대수도원장은 그에게 적그리스도에 관한 요한의 예언을 해석해 주었으며, 적그리스도가 이미 태어났고, 때가 되면 교황좌에 올라 하나님에 속한 모든 것을 대적할 것이라고 일러주었다. *De Hoveden*, Engl. trans., II. pp. 177 sqq.

152) 요아킴은 롬바르두스를 비판한 논문을 앞서 언급한 공의회에 보냈다.

시기들과 비교하는 데서 발견된다. 어느 부활절 밤에 불현듯 깨닫게 된 이러한 구도를 요아킴은 대낮처럼 환하게 설명했다.

세 시대 가운데 첫째는 성부의 시대이고, 둘째는 성자와 복음과 성사들의 시대, 셋째는 성령의 시대로서 아직 임하지 않았다. 세 시대는 각각 베드로와 바울, 요한을 대표된다. 첫째는 율법 시대, 둘째는 은혜 시대, 셋째는 좀 더 큰 은혜의 시대이다. 첫째 시대의 특징은 두려움이고, 둘째 시대의 특징은 믿음이고, 셋째 시대의 특징은 사랑이다. 첫째는 종들의 시대, 둘째는 자유민들의 시대, 셋째는 친구들의 시대이다. 첫째 시대는 물을, 둘째 시대는 포도주를, 셋째 시대는 기름을 내놓는다. 첫째 시대는 별들만큼 밝고, 둘째 시대는 새벽만큼 밝고, 셋째 시대는 대낮처럼 밝다. 첫째는 결혼한 사람들의 시대로서 육체에 해당하고, 둘째는 사제[제사장]들의 시대로서 육체와 성령이 결합된 요소들에 해당하고, 셋째는 수사들의 시대로서 온전히 신령하게 될 것이다. 세 시대 각각은 시작과 완숙과 끝이 있다. 첫째 시대는 아담과 더불어 시작하여 아브라함에게서 완숙기에 들어갔다. 둘째 시대는 엘리야 시대에 시작하여 그리스도와 더불어 완숙의 경지에 들어갔다. 셋째 시대는 6세기의 성 베네딕투스 시대에 시작했다. 이 셋째 시대는 이미 요아킴 자신의 시기에 완숙의 경지에 접어들었다. 절정은 1260년에 시작될 것이다.

문자로 기록된 복음은 영원하지 않고 일시적이며, 셋째 시기에 올 영원한 복음(참조. 계 14:6)에 자리를 내줄 것이다. 그때가 오면 복음의 영적인 의미가 온전히 밝혀질 것이다. 요아킴이 셋째 시기에 구약과 신약의 영적 의미가 온전하게 밝혀질 것이고, 그 교훈들이 삶과 행위로 남김없이 구현될 것이라고 주장했다고 해서 구약과 신약의 항구적 권위를 부정하려는 것은 아니었다. 그가 말하는 영원한 복음이란 새로 기록될 계시가 아니라, 문자의 표면 아래 감춰져 있는 그리스도의 복음의 영적이고도 항구적인 메시지이다. 이 복음을 그는 신령한 복음, 천국 복음이라고도 부른다. 이 복음이 땅 끝까지 전파되면 유대인들과 헬라인들과 인류의 상당수가 회심하게 될 것이다. 영적인 교회가 이뤄낼 것은 교황제와 분리된 교회가 아니라 정결하게 된 교회이다. 영원한 복음은 새로운 수도회 곧 그리스도의 작은 자들에 의해서 선포될 것이다. 요아킴은 「계시록」 (*Apocalypse*)에서 이 새로운 수도회에 속한 두 예언자에 관해서 말한다.[153] 후대 사람들은 이 예언이 프란체스코와 도미니쿠스에게 적용되었다고 말했다.

요아킴의 시대 발전 이론은 이렇게 시기들의 연속뿐 아니라 시기들의 완숙 개념까지 포함한다. 그는 이스라엘사와 기독교 교회사를 비교하면서 각 역사에서 계시록의 일곱 봉인에 해당하는 시기들을 발견했다. 첫째 봉인은 구약에서는 출애굽, 신약에서는 그리스도의 부활에 해당한다. 둘째 봉인은 광야 생활과 니케아 이전 교회의 박해들에 해당한다. 셋째 봉인은 가나안 정복 전쟁과 콘스탄티누스부터 유스티니아누스까지 이단과 벌인 투쟁에 해당한다. 넷째 봉인은 아시리아(앗수르)에 의한 멸망과 그레고리우스 3세(741 죽음)까지 지속된 시기에 해당한다. 다섯째 봉인은 바빌론의 압제와 독일 황제들 치하에서 겪은 고통들에 해당한다. 여섯째 봉인은 바빌론 포로 시대와, 사라센족의 침략과 이단들의 발호를 포함하여 온갖 재앙이 발생했던 12세기에 해당한다. 일곱째 봉인은 장차 개봉될 것이며, 그 뒤에는 대 안식일이 임할 것이다.

요아킴은 분리주의자가 아니었다. 더욱이 개혁자도 아니었다. 당대의 많은 사람들과 마찬가지로 성직자들의 악을 준열하게 비판했다. "어디에 분쟁이 있고 어디에 사기가 있는가? 다름 아닌 유다의 자손들, 주님의 성직자들에게 있지 아니한가? 범죄와 야심이 어디에 있는가? 다름 아닌 주님의 성직자들에게 있지 아니한가?" 하고 그는 외쳤다.[154] 그가 제시한 유일한 해결책은 자신이 고지한 셋째 시대가 도래하는 것뿐이었다. 그는 교황제에 대항하여 싸우지 않고, 다만 자신의 삶과 저서들을 충직하게 그리스도께 바쳤으며, 베드로의 교회를 그리스도의 보좌라고 불렀다. 그는 인내하며 성경을 연구한 신비주의적 예언자였으며, 장래에 그리스도께서 터를 놓으신 영적 교회가 좀 더 완전하게 실현될 것을 내다보았으며, 그날이 오면 공허한 형식주의와 격렬한 분쟁이 사라질 것이라고 했다.

요아킴의 견해에 대한 교회의 평가는 프란체스코회 수사인 보르고 산 도니노의 게라르두스(Gerardus)로 인해 촉진되었다. 그는 「영원한 복음에 대한 서론」(*ntroduction to the Eternal Gospel*)에서 자신이 요아킴의 교훈이라고 간주한 것을 해설했다. 그는 요아킴의 저서들 자체가 영원한 복음의 성문법으로서 — 마치 구약과 신약이 성부의 시대와 성자의 시대에 권위를 행사했듯이 — 장차

---

153) 몇 대목에서 요아킴은 두 수도회에 관해서도 말한다.
154) 참조. Schott, 175.

올 셋째 시대에 권위를 행사하게 될 것이라고 주장했다. 피오레의 대수도원장은 이 마지막 시대의 도래를 선포한 전도자였다고 했다.

게라르두스의 저서는 1254년에 발표되면서 큰 물의를 일으켰고, 프란체스코회의 적들인 생 아무르의 기욤을 비롯한 파리 대학교 교수들에게 단죄를 당했다. 프란체스코회의 엄수파인 신령파(Spirituals)는 요아킴의 견해 중 일부를 채택했고, 그를 자기들 수도회의 예언자로 대했다. 요아킴의 정적들은 그에 대한 고소장을 교황 인노켄티우스 4세에게 전달했다. 그의 계승자 알렉산더 4세는 1255년에 게라르두스와 그의 저서를 단죄했으나, 하지만 요아킴에 대해서는 판결을 내리지 않았다.[155] 게라르두스와 그 밖의 신령파 수사들은 수감되었고, 게라르두스는 18년 뒤에 옥사했다. 파르마의 요한은 요아킴의 사상을 지지했다는 이유로 프란체스코회 총장직에서 파면되었다. 프란체스코회 연대기 저자 살림베네(Salimbene)도 한동안 요아킴의 제자였으며, 설교자들의 수도회[도미니쿠스회]가 망해서 사라지는 동안 프란체스코회는 끝까지 견딜 것이라고 요아킴이 예언했다고 전한다. 1263년에 아를 교회회의는 요아킴의 저서들을 단죄했다. 요아킴이 죽은지 한 세기가 지난 뒤에 프란체스코회 신령파 수사들인 요한 페트루스 올리비(John Peter Olivi)와 우베르티노 다 카살레(Ubertino da Cassale)는 그의 견해를 지지했다. 요하킴주의에 관한 소책자들은 그것이 소멸된 중세 말까지 내내 발견된다. 요아킴은 중세의 천년왕국 예언자였다.

68. 탁발수도회들

수도원주의와 중세 교회의 삶에 대단히 큰 자극과 파장을 일으킨 집단들이 등장했는데, 그들이 두 개의 대규모 탁발수도회들인 도미니쿠스회와 프란체스코회였다. 두 수도회는 1216년과 1223년에 각각 교황의 승인을 받았다. 초창기에 이들은 학자들과 제후들과 교황들에게 한결같이 호평을 받았으며, 비록 갈등이 없지 않았으나 대중으로부터도 존경을 받았다.[156] 단테는 그들을 격찬했고, 그로

---

155) 실질을 중시한 영국의 수사 매튜 패리스는 요아킴의 교리들을 "새롭고 허황되다"고 평가했다. III. p. 206.

스테스트 같은 고위 성직자들은 그들이 잉글랜드에 들어오는 것을 새 시대의 도래로 평가해가면서 환영했다. 루이 9세는 두 수도회 중 어느 하나를 택하기 어려워 차라리 몸을 둘로 쪼개 주고 싶은 심정이라고 했다. 그러나 이들이 초창기에 끼친 유익이 후기의 해악과 저울질할 때 과연 남는 것이 있을지 의문이 든다. 후기에 그들은 게으름과 오만과 무지의 대명사였다.

이 두 조직의 출현은 의문의 여지 없이 중세의 가장 중대한 사건들의 하나였으며,[157] 기독교 교회사에서 일어난 중요한 부흥운동들 가운데 한 자리를 차지한다. 이들은 13세기의 구세군이었으며, 오늘날까지 강력한 조직을 유지하고 있다. 십자군 정신이 퇴조하고 이단이 비록 성직위계제도의 존립 자체는 아닐지라도 그 권위를 무너뜨리려고 위협하던 시기에, 이탈리아인인 아시시의 프란체스코와 스페인인 구츠만의 도미니쿠스가 서로 힘을 결집하여 서방 교회의 신앙 역량을 되살리고 교회 조직을 강화하는 데 크게 이바지했다. 인간사가 다 그렇듯이 두 사람이 위대한 지도자들이 될 수 있었던 것은 수도회칙을 엄격히 준수하는 차원을 넘어서는 강력한 인품이 있었기 때문이다. 이들은 수도원주의를 전혀 새로운 지평에 올려놓고 시작시켰다. 기독교의 자선을 구현하여 새로운 면모를 띠게 하였다. 이들은 당대의 사회 개혁가들이었다. 대학교들과 스콜라 신학에 대단히 밝은 빛을 비추어 주었다. 사람들은 피오레의 요아킴이 던진 예언들이 프란체스코와 도미니쿠스에게서 성취되었다고 간주했다. 그들이 세상을 잠에서 깨운 모세의 두 나팔이고, 교회를 떠받치도록 정해진 두 기둥이라고 생각했다. 두 수도회는 얼마 전에 제4차 라테란 공의회가 수도회 신설을 금지하는 법령을 통과시킨 상황에서 교황의 승인을 받았다.

이 세상에 아무리 기질이 서로 다른 사람들도 프란체스코와 도미니쿠스만큼 서로 다를 수는 없었을 것이다. 단테는 프란체스코를 사랑으로 세상을 타오르게

---

156) 탁발 방식은 그 후 1245년에 카르멜회가, 1256년에 아우구스티누스 탁발수도회가, 그리고 이어서 여러 수도회들이 채택했다. 1274년에 그레고리우스 10세는 프란체스코회와 도미니쿠스회, 카르멜회를 제외한 모든 탁발수도회들을 해산시켰다.

157) Wilhelm Kothe는 스트라스부르에서는 탁발수사들이 처음부터 불신을 당했고, 따라서 도미니쿠스회는 1250년까지 그 도시에 진입하지 못했으며, 중간에 그 도시에 자신들의 예배당을 건축하려고 몇 번 시도했으나 번번이 격렬한 저항을 받았다고 말한다.

한 열정(Ardor)으로, 도니미쿠스를 세상에 빛을 가득 채운 광명으로 묘사했다.

> 전자는 스랍과 같은 열정이 있었고
> 후자는 땅에 널리 베푼 지혜로써
> 빛의 그룹(천사)과 같은 광채가 있었다.

하지만 두 사람 모두 베르나르처럼 삶의 여러 면들을 건드리지는 못했다. 그들은 국가의 정책에 개입하지 않았다. 교황청의 분열을 치유해달라는 요청을 받지도 않았고, 교황의 정책에 영향을 줄 위치에 오르지도 않았다. 하지만 각자가 잘 훈련되고 항구성을 갖춘 조직들의 설립자들로서는 클레르보의 수사를 능가했다.

프란체스코는 수도원이 배출한 성인들 가운데서도 가장 온유하고 점잖고 사랑이 많았다.[158] 도미니쿠스는 냉철하고 조직적이고 근엄했다. 프란체스코는 자신의 수도회보다 더 위대했으며, 자신의 인격을 통해서 활동했다. 도미니쿠스는 대단한 훈련가로서, 자기가 세운 수도회의 수도회칙을 통해서 영향력을 행사했다. 프란체스코는 사도의 면모를, 도미니쿠스는 교회 정치가의 면모를 지녔다. 프란체스코를 생각하면 민중 안에 들어가 전원의 자유로운 공기를 호흡하는 모습이 저절로 떠오른다. 도미니쿠스에 관해서는 여러 왕들의 궁정에 머물고 교황의 가족들을 돌보는 모습을 쉽게 연상할 수 있다. 프란체스코가 일생을 바쳐 수행한 사역은 인간들의 영혼들을 구원하는 것이었고, 도미니쿠스의 사역은 교회의 권력을 신장하는 것이었다. 전자가 일반 대중을 복음으로 가르치고 보살폈다면, 후자는 가톨릭 교리의 원상을 유지 보존했다. 프란체스코는 생각과 행동이 겸손한 것으로 유명했던 반면에, 도미니쿠스는 이단들을 때려잡는 망치라 불렸다. 두 사람은 적어도 세 번 직접 대면했을 것으로 추정된다. 1217년에 두 사람은 모두 로마에 있었으며, 교황청은 두 수도회를 하나의 조직으로 통합할 것을 제의했다. 도미니쿠스는 프란체스코에게 허리띠를 풀어달라고 청한 다음 그것으로 자신을 묶고는, 이렇게 두 수도회가 하나가 되면 좋겠다고 말했다. 그 다음

---

158) Harnack은 이렇게 말한다. "만약 설교한 대로 실천한 사람이 있다면 그가 바로 프란체스코였다." *Monachism*, p. 68.

1218년에 두 사람은 프란체스코가 아끼던 아시시의 포르티운쿨라 교회에서 다시 만났고, 도미니쿠스는 그곳에서 자신이 직접 견학한 것을 토대로 탁발 관습을 채택하기로 작정하고는 1220년에 그것을 자신의 수도회에 도입했다. 1221년에도 두 사람은 로마에서 만났는데, 그때에 추기경 우골리노(Ugolino)는 두 수도회를 성직위계제도에 유리하게 조종해보려고 했다. 이런 시도에 프란체스코는 분개했으나 별다른 조치를 취하지 못했다.

프란체스코든 도미니쿠스든 기존 수도회들을 개혁할 뜻이 아니었고, 대강 준수되던 엄격한 수도회칙들을 되살리려는 뜻도 아니었다. 프란체스코의 경우는 과연 애초부터 어떤 조직을 결성할 의도조차 있었는지 의심스럽다. 오히려 그의 목적은 누룩으로 반죽을 부풀리듯 세상을 변화시키는 운동을 시작하려는 것이었다. 두 사람은 사도들의 신행(信行)을 되살리고자 노력했다.

프란체스코회와 도미니쿠스회는 다섯 가지 중요한 점에서 기존 수도회들과 달랐다.

첫째 특징은 절대 청빈이었다. 탁발(托鉢, 구걸)이 그들의 주요 강령이었다. 프란체스코회가 먼저 길을 닦았으나, 두 수도회의 수도회칙들은 다 같이 재산 소유를 금지했다. 수사 개인뿐 아니라 집단이 가난하게 살기로 서약했다. 프란체스코의 의도는 추종자들이 사유 재산뿐 아니라 법인 재산까지도 영구히 소유하지 못하도록 하려는 데 있었다.[159]

절대 청빈은 프란체스코와 도미니쿠스가 등장하던 세기에 그들이 사역을 시작하기 전에 설교자들과 분파들도 강조했고, 그들이 사역을 하고 있던 시기에도 겸손파(the Humiliati), 롬바르디아의 가난한 자들(the Poor Men of Lombardy), 리옹의 가난한 자들(the Poor Men of Lyons) 같은 분파들이 절대 가난을 가르치고 실천하고 있었다. 로버트 다브리셀(Robert dAbrissel)(1117 죽음)은 "재산이라곤 전혀 없이 맨몸으로 십자가에 달리신 그리스도"를 따르는 것을 자신의 이상으로 삼았다. 티론의 베르나르드(1117 죽음)의 전기작가들 가운데 한 사람은 그를 가리켜 그리스도의 가난한 이(pauper Christi)이라고 부르면서, "심령이 가난한 이 사람이 가난하신 주님을 죽기까지 따랐다"고 말한다. 마찬가지로 프레몽

---

159) 이것은 프란체스코회가 초창기에는 게으른 자들이었다는 뜻이 아니다. 그들은 일하도록 지도를 받았다.

트레회의 설립자 노르베르트(Norbert)의 추종자들도 그리스도의 가난한 사람들 (pauperes Christi)이라 불렸다. 동시대에 살았던 또 다른 순회 설교자 사비니의 비탈리스(Vitalis)에 관해서 그의 전기작가는 그가 사도들의 발자취를 따름으로써 그리스도의 가벼운 멍에를 메기로 결심했다고 말했다. 생각이 깨인 13세기의 소수 개인들과 집단들은 사도들의 발자취를 따르려는 깊은 각성이 있었는데, 이들은 그리스도께서 절대 가난을 가르치고 실천하셨다고 여겼다. 브레시아의 아르놀드(Arnold)도 같은 생각을 품었고, 그런가 하면 프랑스 남부와 이탈리아 북부의 이단 분파들도 같은 생각을 품었다. 그리스도를 본받고자 하는 열정이 그들 마음에 있었으며, 이러한 13세기의 경건의 이상을 가장 충만하게 실현하는 몫이 아시시의 프란체스코에게 남겨져 있었다.

프란체스코회와 도미니쿠스회가 다른 수도회들과 달리 공유한 두 번째 특징은 **실천적 사회 참여**였다. 과거에는 성 안토니우스가 테베 광야로 물러나 은거할 때부터 수사가 되면 으레 사회를 등지게 되어 있었다. 하지만 검정 수사회와 잿빛 수사회, 즉 도미니쿠스회와 프란체스코회는 바쁘게 돌아가는 세상의 물결에 뛰어들었다. 사색과 명상에도 힘썼지만 장터와 한길을 두루 다니면서 설교도 했다.[160] 그들은 자기들의 육체와 전쟁을 벌이는 것으로 만족하지 않았다. 세상과 전면전을 벌였다. 평민들을 찾아다니며 설교했다. 가난을 구제했다. 억눌린 자들의 하소연을 들어주었다.[161]

두 수도회의 세 번째 특징은 그들이 발전시킨 **평신도 형제회**였다. 이 집단을 가리켜 제3수도회들(Tertiaries)들 혹은 참회 수도회(fratres de poenitentia)라고 한다.[162] 과거에도 히르샤우 같은 수도원들이 평신도들을 수사로 받아들인 적이 있었다. 그러나 프란체스코회와 도미니쿠스회의 제3수도회는 자신들의 본업을 계속해서 수행하면서 복음의 주요 덕목들을 준수하겠다는 서약에 매인 평신도

---

160) 헤르겐뢰터는 이렇게 말한다. "기사도가 그들에게서 새로운 형태로 되살아났다. 행복한 조화 속에 평화와 전투, 사색과 적극적 생활, 믿음과 사랑, 현명한 절제와 타오르는 열정이 뒤섞여 있었다." *Kirchengeschichte*, II. 369.

161) Trevelyan은 이렇게 말한다. "한 가지 점에 관해서는 탁발수사들이 비판을 받지 않았다. 그들은 수도원에 갇혀 지냄으로써 영혼들이 양식이 없어 주려 죽도록 방치했다는 비판을 받지 않은 것이다." *England in the Age of Wycliffe*, p. 144.

162) 1228년의 그레고리우스 9세의 대칙서에 그렇게 표기되었다.

집단이었다. 이로써 과거에는 반드시 수사가 되어야만 기대할 수 있었던 더 높은 차원의 공로를 쌓을 수 있는 기회가 평신도들에게도 열렸다. 종교가 일상 생활의 장으로 되돌려진 것이다.

네 번째 특징은 그들이 대학교들에 들어가 펼친 **교육 활동**이었다. 그들은 대학교라는 새로운 교육 중심들이 강력한 영향력의 중심임을 인식하고서 그 상황에 적응했다. 프란체스코회와 도미니쿠스회는 설립된 지 20년이 채 되지 않아 대학교들에서 두드러진 사역을 펼치고 있었다. 물론 프란체스코가 학문에 짐짓 담을 쌓았고, 귀신들이 인간들보다 별들에 관한 지식을 더 많이 갖고 있다고 말한 것이 사실이다. 그는 지식이 허영을 일으키지만 사랑(charity)은 덕을 세운다고 말했다. 어느 수련수사에게 그는 이렇게 말했다. "시편 찬송을 갖게 되면 성무일과서를 갖고 싶을 것이고, 성무일과서를 갖게 되면 고위 성직자처럼 높은 자리에 앉아 형제에게 성무일과서 한 권 갖다 주게 하고 말하게 될 것입니다." 또 어떤 사람에게는 이렇게 말했다. "장차 책이 쓸모없게 되어 다들 내버리는 환난의 때가 올 것입니다."[163]

그러나 교황 알렉산더 4세와 그의 계승자들에게 프란체스코회는 학교 설립을 위한 특별한 권한을 받았으며, 주위의 강력한 반대에도 불구하고 두 수도회는 파리 대학교에 진입했다. 먼저 길을 개척한 진영은 도미니쿠스회로서, 이들은 일찌감치 유럽 대륙의 상위 대학교들인 파리 대학교와 볼로냐 대학교에 교수들을 심어두었다. 그들은 1217년에 파리에 세운 생 자케 수도원을 신학교로 변경했다. 교황 호노리우스 3세에게 추천장을 받아 가지고 교육 사역을 시작한 이들은 처음에는 파리 대학교 당국으로부터 호의적인 대우를 받았다. 프란체스코회는 1230년에 파리에 자신들의 수도원을 설립했다. 양 수도회는 파리 대학교 총장에게 학위 수여권을 받았으나, 태도가 거만하고 대학교의 규율에 복종하지 않음으로써 오래 가지 못하고서 격렬한 반대에 부닥치게 되었다. 이에 교황들이 개입했고, 알렉산더 4세는 대학교 당국자들에게 그들을 교수회에 받아들이라고 명령했다. 대학교 당국자들로서는 이 대칙서에 순응하는 것이 여간 못마땅하지 않았다. 탁발 수사들이 대학교 당국보다 자기 집단의 수위권을 인정했기 때문이

---

163) 참조. Seppelt, pp. 234 sqq.에 인용된 Celano의 *Speculum*과 *Vita secunda*의 글들.

다. 파리 주민들과 학생들은 거리에서 그들을 만나면 야유를 보냈고 심하면 돌팔매질까지 했다. 도미니쿠스회 총장 훔베르트가 보기에는 마치 사탄과 리워야단과 벨리알이 한꺼번에 풀려나 공모한 뒤 탁발 수사들을 포위한 채 도미니쿠스가 교회의 밭에 심어 풍성하게 자라게 한 올리브 실과들을 망치려 하는 듯이 보였다. 결국 1257년에야 알렉산더 4세는 모든 세력들이 평온을 되찾은 데 대해서 축하할 수 있었다.

파리와 옥스퍼드, 쾰른과 그 밖의 대학교들에 두 수도회는 탁월한 역량의 스콜라 학자들을 공급했다. 토마스 아퀴나스·알베르투스 마그누스·두란두스가 도미니쿠스회 소속이었고, 생 질의 장, 알렉산더 헤일스, 아담 마쉬, 보나벤투라, 둔스 스코투스, 오컴, 로저 베이컨이 프란체스코회 소속이었다. 그 밖에 중세의 유명한 프란체스코회 학자들 가운데 성경 해석학자로는 리라의 니콜라우스, 설교자들로는 파두아의 안토니우스, 아우크스부르크의 다비드, 시에나의 베르나르디노, 레겐스부르크의 베르톨트(1272 죽음), 선교사들로는 루브루퀴스와 몬테 카시노의 요한, 찬송가 저자로서는 첼라노의 토마스와 야코포네 다 토디가 있었다. 도미니쿠스회에는 신비주의자들인 에크하르트와 타울러, 멕시코 선교사인 라스 카사스, 그리고 사보나롤라가 있었다.

다섯 번째 큰 특징은 두 수도회가 **교황청에 직속되었다**는 점이다. 프란체스코회와 도미니쿠스회는 교황에게 직접 충성을 서약한 수도회들이었다. 어떠한 주교도 대수도원장도 혹은 참사 수도회도 두 수도회와 교황 사이에 끼어들지 않았다. 두 수도회는 교황의 친위대가 되어주었고, 교황제의 보루임을 입증했다. 이렇게 조직적인 후원 세력을 교황제가 일찍이 보유한 적이 없었다. 전설에 따르면 인노켄티우스 3세가 환상에서 라테란 궁을 두 수사가 떠받치고 있는 모습을 보았다고 한다.[164] 이들이 프란체스코와 도미니쿠스였으며, 역사 사실이 그 전설을 입증했다. 두 사람은 교황이 주교들에 대해 권위를 수립하는 데 이바지했다.[165] 유럽 대륙 곳곳에 거점을 확보한 두 수도회는 교황이 군주들과 국가들에

---

164) Villani(V. 25)는 이렇게 말한다. "이 환상은 사실이었다. 하나님의 교회가 하나님을 경외하지 않음으로써 방종과 그 밖의 여러 오류들로 인해 타락하고 있는 것이 분명했기 때문이다."

165) 주교 Creighton(*Hist. Lectures*, p. 122)은 이렇게 말한다. "탁발수사들은 오늘날 지각 있는 성직자의 영향을 받은 여느 비국교 집단 못지않게 교회 법 체제에 파괴

대해 수위권을 지닌다는 원리를 확고히 다지는 것을 자신들의 과업으로 삼았으며, 교황권 수위권 강화에 실제로 크게 이바지했다. 제국이 교황청과 투쟁을 벌일 때 두 수도회는 프리드리히 2세의 집요한 적대 세력이 되었으며, 그로 인해 프리드리히는 일찍이 1229년에 프란체스코회를 나폴리에서 추방했다. 1239년에 그레고리우스 9세는 프리드리히를 파문에 처한 뒤, 프란체스코회에게 주일과 축일마다 종을 쳐서 그 법령을 널리 공포하는 임무를 맡겼다. 1245년에 인노켄티우스 4세가 프리드리히를 제재했을 때는 그 법령을 공포할 책임을 도미니쿠스회에게 위임했다.

로마 교황청은 두 수도회에 거듭 호의를 베풀었다. 1222년에 호노리우스 3세는 처음에는 도미니쿠스회에게, 다음에는 프란체스코회에게 성무중지령이 발효 중인 지역에서도 자체 교회 안에서 예배를 드릴 수 있는 특권을 부여했다.[166] 교황에게 호의를 얻는 데 마음을 두지 말라고 한 프란체스코의 유언은 도외시되었다. 1227년에 그레고리우스 9세는 자신이 몸담았던 수도회에 산하 교회들의 묘지에 일반인들도 매장할 수 있는 권한을 부여했고, 일년 뒤에는 과거에 호노리우스가 승인했던 권한, 즉 그들의 모든 기도소들과 예배당들에서 미사를 집례할 수 있는 권한을 거듭 부여했다. 두 수도회는 주교의 통제를 받지 않았고, 어느 곳에서든 고해를 들을 수 있었다. 막강한 권력을 행사한 그레고리우스 9세는 재위 초반부터 두 수도회에게 큰 호의를 베풀었다.

이제는 정통신앙이 프란체스코회와 도미니쿠스회보다 더 열정적인 투사들을 갖지 못했다. 두 수도회는 종교적 박해를 자행하고 이단들을 사냥하는 면에서 다른 모든 수도회들을 능가했다. 프랑스 남부에서 그들은 광적인 십자군 열정에 희생된 자들이 흘린 피의 강물로 이단의 얼룩을 닦았다. 그들은 종교재판소의 수족 역할을 했다. 대 종교재판관 토르케마다(Torquemada)는 도미니쿠스회 사람이었고, 마르부르크의 콘라트도 마찬가지였다. 일찍이 1232년 초에 그레고리우스 9세는 종교재판소의 사형집행을 도미니쿠스회에 위임했으나, 프란체스코회가 그 섬뜩한 일의 지분을 요구하여 관철했다. 프란체스코회는 둔스 스코투스

───────────────

적이었다." 그는 영국 국교회를 염두에 두고 이 말을 한 것이다.

166) 그 대칙서는 3월 7일과 29일자로 되어 있다. 1229년 4월 9일에는 카르멜회에게도 동일한 특권이 부여되었다.

의 지도하에 마리아의 무원죄 잉태 교리를 강력하게 옹호했고, 그 결과 1854년에 그것이 교의로 결정되기에 이르렀는데, 이는 후대에 설립된 예수회가 교황무류설을 교의로 관철시킨 사례와 유사하다.

두 수도회는 수와 영향력에서 급속한 성장을 기록하면서 서로 치열하게 경쟁했다. 두 수도회 간의 분쟁이 워낙 심한 나머지 1255년에는 총장들이 나서서 수사들에게 분쟁을 피하라고 요청할 정도였다. 교황의 특권이 불화의 가장 큰 원인이었는데, 한 쪽이 다른 쪽에 대해서 교황에게 더 큰 호의를 받고 있지나 않은지 항상 의심했던 것이다.

두 수도회의 권력 남용도 위험 수위를 넘나들었고, 결국 교황들이 나서서 그들의 특권을 제한하는 내용의 교서를 발행하기에 이르렀다. 1254년에 인노켄티우스 4세는 수도회들 사이에 끔찍한 대칙서로 알려지고 있는 문서를 발행하여, 두 수도회에게 회원이 아닌 사람들에게도 축일들과 주일들에 그들의 예배에 참석할 수 있도록 허용한 것과, 교구 사제의 동의 없이도 고해를 받을 수 있는 특권을 철회했다.[167] 하지만 인노켄티우스가 눈을 감자마자 후임자 알렉산더 4세는 자신을 두 수도회의 친구로 표명하고서 전임자가 철회했던 특권들을 돌려주었다.

탁발 수사들의 세도가 곧 일반 교회가 감내할 수 없는 수위에 이르렀다. 그들은 소교구에 함부로 들어가서 재속 사제의 권리를 침해하여 강한 반발을 불러일으켰고, 자기들 마음대로 신자들에게 고해를 듣고 사면을 베풀었다. 초서(Chaucer)가 「캔터베리 이야기」에서 프란체스코회 수사에 관해서 "그가 고해하기에 편한 사람이었다"고 말한 것은 결코 칭찬이 아니었다.

이 수사들은 그러면서 교회에 대한 철저한 개혁을 미루었다. 처음에는 참신한 개혁자들로 등장했고, 사도적 자기 부인과 인간애에 힘입어 카타리파와 리옹의 가난한 사람들을 자신들의 그림자로 덮어버렸던 그들이었다. 그러나 그들이 신학과 문화의 진보를 가로막는 수구 세력으로 변질되었다. 그들은 학문의 옹호자들이 되어 지식인 사회에 치중한 반면에, 민중을 무지한 상태로 방기해 두었

---

167) Potthast, II. 1280. 인노켄티우스는 이 대칙서를 발행하고나서 몇 주 뒤에 세상을 떠났는데, 전하는 바로는 탁발수사들의 기도 응답으로 그렇게 되었다고 한다. 그런 이유로 "선하신 주님, 설교자들의 기도로부터 저희를 건지소서"라는 말이 생겼다.

다. 청빈의 미덕을 저속한 게으름의, 탁발을 오만의 가리개로 삼았다.

이러한 변화는 두 수도회가 설립된 그 세기가 저물기 오래 전부터 시작되었다. 주교들은 그들을 반대했다. 재속 사제들도 그들에 대한 불만이 이만저만이 아니었다. 대학교들은 그들의 위선적인 경건과 악들을 조소하고 손가락질했다. 생 아무르의 기욤이 파리에서 두 수도회에 대한 반대 운동을 주도했다. 그는 날카로운 펜으로 탁발 수사들을 바리새인들과 서기관들에 비유했으며, 그리스도와 그분의 사도들은 구걸하며 다니신 적이 없다고 주장했다. 구걸보다 노동이 성경의 교훈에 더 부합하다고 했다.[168] 그들은 위선자들이므로 주교들은 마땅히 교구에서 그들을 몰아내야 한다고 주장했다. 그 뒤에도 오랫동안 성직자들과 주교들과 제후들은 탁발 수사들의 오만 방자함을 막아달라는 호소문을 교황들에게 보냈으나, 대체로 교황들은 그들 편이었다.

그러다가 마침내 15세기 초반에 제르송(Gerson)이라는 위대한 교사가 대중 앞에서 행한 설교에서, 교회를 박해하는 네 장본인들로 독재자들과 이단들, 적그리스도, 그리고 탁발 수도회들을 열거하기에 이르렀다.[169]

69. 프란체스코회에 관한 참고문헌

168) 기욤은 *de periculis novissorum temporum*("종말에 닥칠 위기들", Basel, 1555)이란 논문에서 사용한 예리한 풍자 때문에 라블레(Rabelais)와 파스칼(Pascal)의 선구자로 평가를 받았다. 그의 견해는 보나벤투라와 토마스 아퀴나스에게 논박을 당했다. 알렉산더 4세는 그의 논문을 소각하도록 명령했으며, 1256년 10월 5일의 대칙서에서는 그 논문이 "지극히 위험하고 혐오스럽다"고 주장했다. 1632년에 기욤의 논문이 파리에서 출판되었을 때 탁발수사들이 루이 13세에게 권한을 부여받고서 그것을 규제했다. 기욤은 설교와 교육 활동을 금지당한 채 프랑셰 콩트로 은퇴한 뒤 그곳에서 숨을 거두었다.

169) 매튜 패리스는 1200-1250년의 주요사건들을 다룬 저서에서 이 점을 들어 수도회들의 쇠퇴를 말한다. "도미니쿠스회와 프란체스코회는 초기에는 가난과 위대한 경건을 실천하고 설교와 고해와 교회의 의무들과 독서와 연구에 헌신하고, 많은 수입을 포기하고, 하나님을 섬기기 위해 자발적 청빈을 실천하고, 오늘 먹을 양식만 있으면 족한 줄을 알았으나, 몇 해도 채 지나기 전에 풍족한 생활을 누리면서 매우 화려한 수도원들을 건축했다." Luard's ed., V. 194.

성 프란체스코에 관한 연구에 큰 자극을 가한 것이 1894년에 발행된 사바티에 (Sabatier)의 전기이다. 이 전기를 카를 뮐러(Karl Müller)는 "현대 사학 업적의 정상"에 올려놓았다(*Lit.-zeitung*, 1895, pp. 179-186). 이 책은 완숙한 문체와 그 이탈리아 성인에 대한 깊은 공감을 보여주었다. 프란체스코에 관한 개신교 교단들의 견해에 일대 변혁을 불러일으켰으며, 실제 프란체스코의 정확한 상을 세상에 제시했다. 개신교 목사인 사바티에가 현대의 프란체스코에 관한 연구를 주도하고, 누구보다도 앞장서서 그를 존경한다는 것은 좀 이상한 일이다. 사바티에는 전기를 내놓은 뒤에도 목사직을 사임하고, 이탈리아를 네 번이나 여행하고, 아시시에서 많은 시간을 보내고, 그곳에서 큰 존경을 받고 그 고장의 주요 인물 가운데 한 사람으로 평가를 받아가면서, 계속해서 성 프란체스코와 프란체스코회에 관한 초기 문헌들과 사료를 연구했다. 그는 뜻밖의 중요한 문헌들을 발견했으며, 편집자로서 새로운 프란체스코회의 문헌을 구축해 놓았다. 그의 열정과 노력이 독일과 이탈리아와 스위스의 많은 학자들에게 자극을 가하여 미노키 (Minocchi), 마도네트(Madonnet), 뮐러(Müller), 렘프(Lempp), 슈뉘러(Schnürer) 같은 프란체스코 전공자들이 많이 등장하게 했다. 그가 쓴 「프란체스코의 생애」는 가톨릭의 관습들을 잘못 전달한다는 이유로 가톨릭 교회의 금서로 규정되었다.

사바티에가 다룬 프란체스코의 생애와 인격은 프란체스코회 수사들을 제외하면 대체로 인정을 받지만, 초기 문헌들의 작성 시기와 원서들의 내용에 관해서는 상당한 견해 차이가 있다. 이 주제의 학문적 측면은 서로 크게 다른 사본들과 학자들의 편차가 심한 비평서들이 발행됨으로써 더욱 복잡하게 되었다. 이러한 혼란을 뮐러(*Lit.-zeitung*, 1902, p. 593)와 렘프(Lempp, *Lit.-zeitung*, 1906, p. 509)는 너무 울창하여 그 너머에 있는 바다가 보이지 않는 숲에 비유했다. 이 혼란은 프란체스코가 수도회 내부의 엄격한 규율에 반대하고 절대 청빈의 규율을 고수했음을 보여주는 모든 자료들을 파기하는 정책을 취한 교황 그레고리우스 9세와 초기 프란체스코회의 콘벤투알파로 인하여 비롯되었다. 1264년에 열린 프란체스코회 총회는 당시까지 기록된 모든 프란체스코의 전기들을 파기하고, 보나벤투라가 쓴 전기만 남기도록 결의했다. 이로써 성 프란체스코가 강조한 절대 청빈의 규율과 초창기의 수도회칙, 그리고 그의 유언은 철저히 삭제되었다. 사바티에의 명쾌한 눈으로 이루어진 새로운 연구는 1264년이라는 연대 이전으로 거슬러 올라가서 프란체스코의 진정한 모습을 복원했다.

학자들의 관심은 주로 사바티에가 1898년에 출판한 「완전의 거울」(*Speculum perfectionis*)과 프란체스코회 제3수도회의 수도회칙에 집중된다. 「완전의 거울」은 프란체스코의 전기로서, 사바티에에 따르면 (*Introd. li.*) 1227년에 집필된 그에 관한 최초의 전기라고 한다. 이 문헌을 발견한 것이 그의 역사에 관한 최근의 연구에서 가장 흥미롭고 괄목할 만한 성과이다. 이 문헌이 발견된 경위는 다음과 같다.

프란체스코의 생애에 관한 자료들은 1504년에 베네치아에서, 1509년에 파리에서 출판된 *Speculum vitae St. Francisci et sociorum ejus*라는 제목이 붙은 단권짜리 책에 실려 있다. 사바티에는 1509년 판을 연구하는 과정에서 118개의 장이 저자도 밝히지 않고 정신과 문체가 다른 부분들과 다르다는 것을 발견했다. 그는 그 문헌을 사용하여 그의 전기를 구성했으며, 그 문헌이 프란체스코의 세 동료 — 레오·안젤로·루피노 — 가 작성한 것일 가능성을 상정했다. 후에 그는 여러 사본들에 이 장들이 독자적인 문헌으로 자리잡고 있는 것을 발견했다. 마자랭 도서관에 소장된 사본에서 그는 124개의 독특한 장들을 발견했다. 이 사본에는 1509년의 파리 판에 속한 16개 장이 포함되어 있었다. 이 장들을 사바티에는 프란체스코의 생애와 교훈을 다룬 초창기의 작품인, 레오가 집필한 「완전의 거울」이라는 별개의 책으로 간주했다. 이 책의 저작 연대는 그 연대를 MCCXXVIII(1228년)으로 밝히는 마자랭 사본에서 유추할 수 있다. 사바티에는 문서 자체에 실린 특징들을 미루어 볼 때 이 연대가 부합하다고 보았다.

이 호소력 있고 명쾌하고 솔직한 이야기는 프란체스코가 그레고리우스 9세의 야심적 구도에 희생당한 것으로 적는다. 프란체스코가 애지중지하던 절대 청빈의 규율을 그레고리우스가 자신의 교황으로서의 관점을 반영한 규율로 대체했다는 것이다. 사바티에의 주장에 따르면, 레오는 코르토나의 엘리아스(Elias)가 작고 가난한 사람 위에 웅장한 주교좌성당을 건립할 의도를 밝힌 직후에 이 책을 집필했다. 레오는 분노를 자제할 수 없었고, 프란체스코의 구도와 기억을 임의로 조작하고 유린하는 행위에 대해서 그런 식으로 저항했던 것이다.

하지만 사바티에가 제시한 「완전의 거울」의 저작 연대에 대해서 중대한 반론이 제기되었다. 미노키의 견해에 동조하여, 틸레만(Tilemann)과 괴츠(Goetz) 등의 학자들은 오니산티 수도원(피렌체 소재) 사본에 제시된 연대, 즉 1317년을 채택했으며, 프란체스코의 다른 전기들을 면밀히 연구한 데 힘입어 「완전의 거울」
이 편집된 자료라는 결론을 내렸다. 뮐러(*Lit.-zeitung*, 1899, 49-52, 1902, p.
598)와 렘프는 1227년이라는 이른 연대를 받아들이지 않으면서도, 13세기 전반
으로 상정하며, 그 글에 최상급의 권위를 매긴다. 렘프는 그 글이 프란체스코의
진정한 정신과 영혼을 깊이 통찰한다고 말한다(*Lit.-zeitung*, 1905, pp. 9 sq.).
틸레만도 그 문헌에 가장 높은 평가를 매긴다.

　만약 사바티에가 실제 역사의 프란체스코를 우리에게 전해주었다면(실제로
그렇게 믿을 만한 이유가 있다), 프란체스코의 권위가 추기경 우골리노와 그레
고리우스 9세의 노회한 기교에 의해 실추된 것이 역사상 가장 가슴아프고 딱한
상황의 하나이며, 프란체스코는 기독교 역사에서 가장 사심 없고 정신이 순결했
던 위인의 대열에 서 있는 셈이다.

70. 아시시의 성 프란체스코

"그 영광스러운 출생이 있고 얼마 되지 않아
　이 기이한 태양은 비범한 덕을 복으로 받아
　세상을 자애롭게 비추기 시작했다.
그는 아직 어릴 때에 아버지의 진노를 샀는데,
　이는 모든 사람이 죽음처럼 혐오하며
　마음에 조금도 들여놓지 않는 여인을 인함이었다.
그는 아버지 앞에서 그랬듯이 하늘 법정에서도
　그 여인을 자기 아내로 취했다.
　그리고는 날이 갈수록 그 여인을 더욱 사랑했다.
여인은 그가 나타날 때까지 천이백 년 동안
　첫 배우자를 빼앗긴 채 버려지고 이름 없이 방치되고
　위로를 받지 못했다.
　　　　　　　　* * * * *
그러나 말이 모호하지 않도록 밝혀두건대,
　내가 말하는 두 연인은

프란체스코와 가난이다."

— 단테, 「신곡」, 낙원편 제11곡.

성인전의 명단에서 상층부에 프란체스코회의 설립자 아시시의 프란체스코라
는 이름이 자리잡고 있다. 이탈리아의 모든 성인들 가운데 그가 이탈리아와 세
계 다른 나라들에서 가장 유명하다.[170]

프란체스코 베르나르도네(Francesco Bernardone, 1182-1226)는 아시시에서
태어나 그곳에서 죽었다. 그의 세례명은 조반니(Giovanni, John)였으며, 프란체
스코라는 이름은 아버지 피에트로 베르나르도네가 붙여준 것인 듯하다. 아버지
는 프랑스를 왕래하면서 옷감을 판매하던 부유한 상인이었다. 프란체스코는 라
틴어를 배웠고, 불완전하게나마 글쓰기도 익혔다. 수중에 돈이 많았던 그는 돈
으로 인생을 흥청망청 소진하며 보냈다. 그 때 마침 아시시와 페루자 사이에 전
쟁이 일어났고, 그는 이 전쟁에 참전했다가 포로로 잡혔다. 석방되었을 때 그의
나이 스물두 살이었다. 석방되면서 병을 얻어 고생하는 동안 그의 종교적 본성
이 꿈틀거리며 일어나기 시작했다. 그는 자신을 철저히 혐오하고 세상에 환멸을
느낀 채 침상에서 일어났다. 그리고는 다시 군인이 되기 위해서 이탈리아 남부
에 있던 브리엔의 월터의 부대에 입대했고, 부대를 따라서 스폴레토까지 진격했
다. 하지만 그의 앞에는 군인이 아닌 다른 길이 기다리고 있었다. 그는 군인 생

---

170) 과거의 개신교 사가들은 프란체스코에 관해서 부정적인 평가를 내렸으나, 이
견해는 더 이상 받아들여지지 않는다. Hallam(*Middle Age*, II. 197)은 그가 "경건하고
진실한 열정가이긴 하지만 정신이 온전하지는 못했다"고 말했다. Lea는 오늘날의 평
가를 반영하여 "그리스도 이후의 어떠한 인간도 프란체스코만큼 기독교의 이상을 온
전히 구현하지 못했다"고 말한다(*Hist, of Inquis,*, I, 260), Harnack은 "설교한 대로 실
천한 사람이 있다면 그가 바로 성 프란체스코였다"고 말했다. 어느 익명의 저자는
Independent, 1901, p. 2044에서 프란체스코회의 문헌들을 서평하는 가운데 다음과
같이 진지한 평가를 내린다. "사도들 이래로 프란체스코는 누구보다도 인간들과 하위
피조물들을 향한 그리스도의 사랑을 자신의 존재 안으로 받아들였으며, 그의 등장은
영적 역사에 신약 복음의 등장에 버금갈 만큼 중요한 획을 그었다." 좀 더 냉정한 평
가는 Sabatier의 *Vie de S. Franc.*, p. viii에 실려 있다. "프란체스코는 탁월한 중세의
성인이다. 당대의 교회에 아무것도 빚진 것이 없었던 그는 참으로 하늘이 내리신 선
생이었다."

활을 청산하고 고향으로 돌아와 심한 죄책감에 시달리던 끝에 아시시 근처에 있던 작은 동굴로 들어가 혼자 지냈다. 그 뒤 로마로 순례를 나섰는데, 고해를 하기 위함이었는지는 알려지지 않는다. 순례 길에 그는 빈민들을 바라보면서 동정을 느끼기 시작했다. 하루는 문둥병자를 만났는데, 처음에는 혐오감과 두려움에 움찔 물러섰으나, 다시 돌아서서 그의 손에 입을 맞추고 자기가 가진 돈을 전부 주었다. 고향에서 지낼 때 근교에 세워진 성인들의 기념 예배당들을 자주 찾았으나, 그 중에서도 성 다미아누스 예배당에서 가장 오래 머물렀다. 그곳은 다 허물어져 가고 내부 장식도 형편 없고 사제 혼자서 사역하던 예배당이었다. 이곳이 그의 영혼에 벧엘과 같은 곳이 되었다. 그 예배당의 조야한 제단에서 그는 그리스도의 음성을 들은 듯하다. 그는 열정에 사로잡혀 아버지한테 재산을 받아 그것을 사제에게 바쳤다. 우리가 아는 한 프란체스코는 이 행위에 대해서 결코 후회하지 않았다. 이 점에서도 그는 우리와 다른 도덕 표준을 갖고 있었다. 얼마나 달랐는가 하면, 예를 들어 새뮤얼 존슨 박사(Dr. Samuel Johnson)는 성인이 된 나이에 아버지에게 불순종한 데 대한 반성의 표시로 비가 퍼붓는 리치필드의 광장에 서서 머리에 아무것도 쓰지 않은 채 비를 맞았던 것이다!

쾌락에 탐닉하던 생활을 과감히 청산한 젊은 프란체스코에게 돌아온 대가는 아시시 주민들의 손가락질과 아버지의 주체할 수 없는 노여움이었다. 결국 그는 집에서 쫓겨났다. 우리라면 유사한 상황에서 아들이 나타냈음직한 뉘우침의 기색이 전혀 없이, 그는 다음과 같은 말로써 자식으로서의 의무를 공개적으로 포기했다. "지금까지 저는 피에트로 베르나르도네를 아버지라고 불렀으나, 이제부터는 하나님을 섬기기를 원하며, 하늘에 계신 우리 아버지 외에는 아버지라는 말을 사용하지 않을 것입니다." 이때부터 프란체스코는 수도 생활에 헌신했다. 맨살이 드러날 정도로 허름한 곳을 입고, 문둥병자들이 사는 곳에서 지내면서 그들의 환부를 씻겨주고, 당국자들을 찾아가 간청하여 아시시 시의 광장들과 거리들에 있던 돌들을 가져다가 성 다미아누스 예배당을 개축했다. 이것이 1208년에 이루어진 일이다.

그 뒤에 프란체스코는 수바소에 자리잡은 베네딕투스회 수도원의 대수도원장에게 산타 마리아 델리 안젤리라는 작은 예배당을 선물로 받았다.[171] 이 예배당

---

171) *Speculum perfectionis*, pp. 94 sqq.는 프란체스코가 교회를 선물로 받았다는

은 포르티운쿨라(the Portiuncula, 작은 부분)라는 이름으로 그 성인과 그의 초창기 동료들이 좋아하는 성소가 되었다. 이곳에서 프란체스코는 자신이 평생 보았던 환상들 가운데 대부분을 보았으며, 이곳에서 생을 마쳤다.[172] 훗날 그는 교황 호노리우스 3세에게 매년 8월 1일 저녁기도 시간부터 8월 2일 저녁 기도 시간까지 이 예배당을 방문하는 모든 사람에게 완전 사죄를 베풀 수 있는 대단한 권한을 부여받았다. 이 일로 인하여 포르티운쿨라는 1등급 성소가 되었다.

1209년에 프란체스코는 다음과 같은 말을 들었다. "천국이 가까이 왔다고 전파하고, 병자를 고치고, 문둥병자들을 깨끗하게 하고, 귀신들을 쫓아내라. 네 전대에 금이나 은이나 동을 넣어두지 말아라." 이 말을 듣고서 지팡이와 전대와 신발을 버리고는 위와 같은 사도적인 명령을 자기 인생의 규율로 삼았다. 그는 회개하라고 외치고 다녔으며, 그 과정에서 베르나르도 디 퀸타발로(Bernardo di Quintavallo)와 에지도(Egidio) 같은 동료들을 얻었다. 이들은 가난하게 살고 십자가를 지라고 명령하는 세 단락(마 16:24-26; 19:21; 눅 9:1-6)을 자신들의 수도회칙으로 정했다.[173] 이 수도회칙은 복음에 온전히 순종하겠다는 것에 다름 아니었다. 곧 작은 형제들(fratres minores)이라 불리게 된 이들은 맨발로 집집마다 다니면서 밥을 구걸하여 먹었고, 잠도 건초더미나 문둥병자 보호소 등 지친 몸을 뉠 수 있는 곳이면 어디든지 가리지 않고 잤다.

이들의 본무는 설교였고, 특히 복음의 규례를 삶으로 실천하여 모범을 보여야 했다. 삶이 가장 중요한 관심사였고, 설교나 학문보다 더 중요했다. 학문이 겸손을 와해시킬까봐 프란체스코는 두려워했다. 자신에게 구걸하러 온 여인에게 그는 신약성경 사본을 한 권 주었는데, 그것이 당시 그의 수도원에 있던 유일한 책으로서 아침 기도 시간에 함께 읽던 것이었다. 그의 수도원은 성무일과서조차 갖고 있지 않았다.[174] 선행을 하고 동정을 베푸는 삶이야말로 프란체스코가 힘써

말에 대해서 의심의 여지를 남기지 않는다. 선물의 조건은 예배당을 항상 형제회의 중심에 두어야 한다는 것이었다.

172) 그곳은 포르티운쿨라에서 조금 떨어진 암자이다. 포르티운쿨라와 훗날 예배당으로 바뀐 그 암자는 오늘날 바실리카의 지붕 아래 놓여 있다.

173) Sabatier는 수도회칙을 이 성구들로 한정한다. 첼라노의 토마스(*Vita sec.*, II. 10)는 프란체스코가 "주로 거룩한 복음의 말씀을 사용했다"고 말하면서도, 더 나아가 "그가 거룩한 생활에 필요한 몇 가지를 더 보태었다"고 말한다.

강조한 삶이었다. 그는 유언에서 자신을 가리켜 이디오타(idiota) 곧 무학자(無學者)라고 부른다. 토마스 아 첼라노(Thomas á Celano)도 그를 같은 방식으로 소개한다. 그 단어는 아예 교육을 받지 못한 사람과 그저 글이나 읽고 쓸 줄 아는 사람을 가리키는 이중의 의미를 지녔던 것으로 보인다. 성직자들과 대조하여 평신도들을 가리키는 데도 이 단어가 쓰였다. 프란체스코가 받은 교육은 초등 과목들에 한정되었으며, 따라서 그의 전기작가들은 한결같이 그가 하나님에게 직접 배웠다고 강조한다.[175] 프란체스코의 친필 저서가 두 권 현존하는데, 한 권은 아시시에, 다른 한 권은 스폴레토에 보관되어 있다.

1210년에 프란체스코와 몇몇 그의 동료들은 로마로 가서 교황 인노켄티우스 3세의 영접을 받았다.[176] 잉글랜드의 연대기 저자는 그 교황이 프란체스코의 신실성을 떠보기 위해서 다음과 같이 말했다고 전한다. "형제, 돼지들한테나 가보시오. 당신은 사람들보다 돼지들이 더 잘 어울리니 그들과 함께 구르며, 당신이 그렇게 훌륭하게 만들어놓은 수도회칙을 돼지들에게 설파해 보시오." 프란체스코는 그렇게 하겠다고 대답하고 나간 다음 나중에 돌아와서 "성하께서 말씀하신 대로 했습니다" 하고 대답했다.[177] 그러자 교황은 그 형제회를 축복하고 그들의 수도회칙을 공식적으로 승인한 다음 그들에게 체발식을 거행해 주고, 가서 회개를 전하라고 하며 그들을 보냈다.

형제회는 급속히 증가했다. 회원들은 의무적으로 노동을 해야 했다. 프란체스코는 유언에서 형제들이 자기가 했던 것처럼 무슨 일이든 맡아서 수행하라고 당부했다.[178] 형제들은 병자들, 특히 문둥병자들을 방문했고, 점점 범위를 확대해

---

174) *Speculum*, 38; 2 *Cel*. 3, 35.

175) idiota의 의미에 관해서는 Felder, p. 61와 Boehmer, p. xi을 참조하라.

176) Giotto는 인노켄티우스가 권좌에 앉아 그들을 만나는 장면을 프레스코화의 주제로 삼았다. 왕들의 주군인 베드로의 계승자가 장차 자신과 동등한 명성을 지니게 될 이 비천한 사람의 인물됨을 알아보는 이 대목이 묘한 대조를 이룬다. 이 일이 있은 연대는 대개 1209년으로 간주된다. 사바티에는 그 연대를 1210년으로 표기한 몇 가지 이유를 제시한다. *St. Franco is*, p. 100.

177) M. Paris, Luard's ed., III. 132.

178) *Speculum*, p. 49. 사바티에는 프란체스코가 "탁발수도회를 설립할 의도가 없었고, 노동 수도회를 만들려 했다"고 주장한다. *St. Franco is*, p. 138.

가면서 설교했으며, 해외로 나가 선교 여행을 하기도 했다. 프란체스코는 딱한 사람의 도움 요청을 외면하기보다 차라리 제단의 장신구까지도 처분할 준비가 되어 있었다. 자기보다 더 가난한 사람들을 만나면 부끄러움을 느꼈다.[179]

그 시기에 프란체스코의 일생에 가장 괄목할 만한 일화들 가운데 하나가 발생했다. 그가 '청빈'(Poverty)과 결혼한 것이다. 그는 '청빈'을 자기 신부요 어머니요 누이라고 불렀고, 기사의 충절로써 그녀에게 헌신을 바쳤다.[180] 그 이야기는 다음과 같이 전개된다. 프란체스코가 몇몇 동료들과 함께 '청빈'을 찾아 나섰다. 두 노인이 높은 산에 가면 그 여성이 살고 있다고 일러주었다. 그곳에서 '청빈'은 궁핍의 보좌에 앉은 채 그들을 맞이해 주었고, 프란체스코는 그 여성을 주님의 긴밀한 동역자이자 덕목들의 안주인이자 여왕이라고 칭송했다. '청빈'은 자신이 낙원에서 아담과 함께 있었으나, 아담이 타락한 뒤로 주님께서 오셔서 자신을 당신의 택함받은 자들에게 넘겨주실 때까지 집을 잃고 방랑했었노라고 대답했다. 그 여성의 사역에 힘입어 신자들의 수가 크게 증가했으나, 얼마 후에 그 여성의 자매 박해 아가씨(Lady Persecution)가 자신을 떠났고, 신자들은 인내할 줄 아는 법을 잃었다고 했다. 그러던 차에 수사들이 찾아와 자신과 합류했으나, 자신의 원수 탐욕(Avarice)이 자유 재량(Discretion)이라는 이름으로 수사들을 부유하게 만들었다. 마침내 수도원주의가 철저히 세속성에 무릎을 꿇었고, '청빈'은 수도원주의를 완전히 떠났다. 프란체스코가 이제 '청빈'과 합류한 것인데, '청빈'은 프란체스코와 그의 동료들에게 평화의 입맞춤을 해주고는 그들과 함께 산에서 내려왔다. 새 시대가 시작되었다. 이 후로 친구들의 베개는 돌이었고, 그들의 음식은 빵과 물이었으며, 그들의 수도원은 세상이었다.

1212년에 스키피의 클라라(Clara)가 프란체스코의 생의 지평에 들어왔다. 이 여성은 그보다 12살 연하로서, 아시시 주교좌성당에서 프란체스코의 설교를 들을 때 나이가 열여섯이었다. 그 설교가 그 영혼에 파고 들어갔다. 클라라는 프란체스코의 도움을 받아 아버지의 집을 도망쳐 나온 뒤 그 앞에서 수녀 서약을 했

---

179) *Speculum*, xvii.

180) Celano는 첫 번째 전기에서 프란체스코와 '거룩한 청빈'이 나눈 대화를 소개한다. *Sacrum commercum*이란 제목이 붙은 저서는 프란체스코가 청빈을 숭상하게 된 동기를 소상하게 소개한다.

다.[181] 프란체스코는 클라라가 베네딕투스회 수녀원에 들어가도록 주선해 주었다. 좀 더 어린 소녀 아녜스(Agnes)가 클라라를 따라 수녀원에 들어갔다. 그 뒤 프란체스코는 성 다미아누스 예배당을 그들의 거처로 내주었고, 이 시설을 거점으로 클라라회(the order of Clarisses)가 출범했다. 클라라는 프란체스코보다 오래 살다가 1253년에 수사들인 레오와 안젤로, 지네프로 곁에서 숨을 거두었다.

1217년에 프란체스코는 교황청을 찾아가 교황 호노리우스 3세를 알현했다. 훗날 그레고리우스 9세가 된 추기경 우골리노(Ugolino)의 조언에 따라, 그는 교황 앞에 나갈 때 설교를 준비하고 그것을 외워두었다. 그런데 교황 앞에 서자 준비했던 설교가 하나도 기억나지 않아 즉흥 설교를 하게 되었는데, 그 설교가 그 자리에 참석한 회중을 사로잡았다.

프란체스코는 이탈리아를 두루 다니면서 전도했고, 1219년에는 이집트와 시리아까지 가서 복음을 전했다. 동방에서 돌아온 작고 가난한 자(il poverello)는 엄격한 규율주의자인 우골리노의 영향으로 자신의 형제회에 새로운 요소가 도입되어 있는 것을 발견했다. 비록 내색은 하지 않았으나 이 과격한 변화로 인해 그는 여생을 몹시 우울하게 보냈다. 1220년에 볼로냐를 지나다가 형제들을 위해서 지어진 수도원을 보고서 형언할 수 없이 깊은 고통을 느꼈다. 추기경 우골리노가 교황청을 위해 자신이 수도회를 이용하기로 작정했다는 사실을 들여다본 것이다. 우골리노는 프란체스코에게 도움을 제공했고, 프란체스코는 그것을 받았었다. 그런데 이 추기경의 영향으로 1221년에 새로운 수도회칙이 채택되었고, 1223년에는 세 번째의 수도회칙이 채택되었는데, 이번 것은 프란체스코 고유의 소망 사항들이 배제되어 있었다. '청빈'을 중시한 원래의 수도회칙이 수정되고, 기존의 수도회칙들의 정신이 도입되고, 교황에게 절대 복종한다는 새로운 규정이 추가되었다. 프란체스코는 교회의 노회한 지도자가 되기에는 정신이 너무나 단순하고 세련되지 않은 사람이었다. 세 번째 수도회칙이 채택된 뒤로는 교회의 정책이 수도회를 주관했다.[182] 프란체스코는 주변부로 밀려나고, 법학박사이자 귀족 출신인 피에트로 디 카타나(Pietro di Catana)가 수도회 총장이 되었

---

181) 프란체스코는 부제였으며, 사제가 되지 않았다. 토마스 아 첼라노에 따르면 프란체스코는 여성들과의 관계에 엄격했으며, 직접 쳐다본 여성들은 두 명뿐이었다고 한다.

다. 이것이 프란체스코가 시리아에서 귀국했을 때 접한 상황이었다. 그는 이 상황을 받아들이면서 형제들에게 "이제부터 나는 여러분에 대해서 죽은 사람입니다. 여기 피에트로 디 카타나 수사에게 여러분과 나는 순종하게 될 것입니다" 하고 말했고, 자신의 자리를 차지한 그 사람 앞에서 엎드려 절하면서 순종을 약속했다.[183]

프란체스코가 보인 이 자기 비하야말로 중세 성인전에서 가장 감동을 주는 장면 가운데 하나이다. 그는 처음부터 교황이 하사한 특권들을 마다해 왔다. 오히려 자유롭게 사역하기를 더 좋아했다. 우골리노는 노회한 지략을 발휘하여 이 자유로운 활동을 수도원의 엄격한 순종으로 대체했다. 조직이 자발적 헌신의 자리를 차지하게 되었다. 우골리노는 본인 스스로도 말했듯이 프란체스코의 진실한 친구였다. 프란체스코를 기리기 위한 아시시의 주교좌성당 기초 공사를 했고, 그가 죽은 지 2년 뒤에는 그를 성인의 반열에 올려놓았다. 그러나 프란체스코의 정신을 그는 이해하지 못했다. 프란체스코는 지도자의 자리를 내준 뒤로 자신이 처음에 품었던 이상들을 실현할 길을 잃어버렸으나, 그럼에도 불구하고 겉으로 불순종의 기색을 드러내지 않은 채 원래의 이상들을 끝까지 투철하게 견지했다.

이 이상들이 프란체스코의 유명한 유언장에서 재확인된다. 기독교 문학에서 가장 감동적인 글에 해당되는 이 문서에서 프란체스코는 자신을 가리켜 작은 형제(frater parvulus)라고 부른다. 그가 형제들에게 남긴 것은 축복과, 수도회의 초창기 시절의 기억, 그리고 첫 번째 수도회칙에 담았던 조언들이 전부였다. 그는

---

182) *Speculum*, pp. 1-4, 76에 따르면 프란체스코는 세 가지 수도회칙을 작성했다고 한다. 사바티에는 그 세 가지를, 인노켄티우스 3세에게 승인을 받은 1210년의 수도회칙, 호노리우스 3세에게 승인을 받은 1221년의 수도회칙(이것은 프란체스코의 견해를 다소 왜곡했다), 그리고 1223년의 수도회칙으로 규명한다. 세 번째 수도회칙은 프란체스코의 의도에서 더 빗나가 그의 원래 의도를 완전히 뒤집었다. 1223년의 수도회칙 첫 구절은 "형제 프란체스코는 주군이신 교황 호노리우스와 그의 계승자들에게 순종과 존경을 약속한다." 이 수도회칙은 오늘날도 프란체스코회 제1수도회에서 여전히 사용된다.

183) 참조. Sabatier, *St. Francis*, p. 23. 카타나의 피에트로는 총장의 지위에 오른 지 일년 뒤인 1221년 3월 10일에 죽었다.

이 수도회칙을 어느 인간 스승한테서도 받지 않았다. 전능하신 하나님께서 친히 거룩한 복음의 교훈에 따라 살아야 한다고 그에게 가르쳐 주셨다. 그는 형제들에게 초창기 형제들이 가난하고 버려진 교회들에서 지내기를 얼마나 사랑했는가를 환기시켜 주었다. 만약 자신들이 고백한 거룩한 복음의 규율에 부합하지 않는다면 남들이 어떠한 교회들이나 수도원들을 내준다고 해도 받지 말라고 당부했다. 동시에 그는 자신의 총장(minister general)에게 순종하겠다고 서약하면서, "그분이 나의 주(主)이기 때문에" 그의 뜻에 어긋나면 아무 데도 가지 않고 아무 일도 하지 않겠다고 말했다. 유언장에는 내내 고뇌의 정서가 흐른다.

유언장을 쓸 당시에 프란체스코의 마음은 몹시 상해 있었다. 원래 건강한 체질이 아니었던 그는 말년에 들어서 온갖 질환을 안고 지냈다. 거처를 바꾸어 봐도 효과는 잠시뿐이었다. 의사가 그 시대에 알려진 온갖 처방을 다 사용했다. 하얗게 달군 쇠를 프란체스코의 이마에 갖다 댔다. 그는 처음에는 몸을 움츠렸으나 이내 자세를 가다듬고는 "불 형제, 당신은 모든 피조물들보다 빼어나게 아름다운데, 이 시간에는 내게 유익을 주는군요" 하고 말하면서 순순히 치료에 응했다. 그는 익살맞게도 자신의 몸을 가리켜 엉덩이 형제라고 불렀다.[184] 그가 죽었을 때 그에 대한 사람들의 신앙은 상상을 넘어서는 것이었다. 그들은 그의 옷조각이라도 차지하려고 서로 치고 받았고, 머리에서 머리카락을 잘라갔고, 심지어 손톱과 발톱마저 빼내갔다.

프란체스코는 숨을 거두기 2년 전에 태양에 관한 아가(雅歌)(the Canticle of the Sun)를 썼는데, 이 글을 르낭(Renan)은 현대의 종교적 정서를 가장 완벽하게 표현한 글이라 불렀다. 이 글은 그가 여러 가지 유혹을 당하여 마음에 어둠이 드리울 당시에 썼다. 이 찬가는 자연에 대한 뜨거운 사랑을 경건한 심정으로 담아낸 것이다. 중세의 여느 목가(牧歌)를 능가하고도 남는 작품이다. 실로 프란체스코의 자연 사랑은 그 시대의 기록에서 비슷한 예를 찾아볼 수 없으며, 이러한 면모는 그를 구름에서 시심을 얻고 꽃들에서 아름다운 화성을 듣는 현대의 많은 시인들과 동렬에 서게 한다. 그는 나무들과 돌들과 새들과 들판의 식물들을 사랑했다. 무엇보다도 낮에 우리 눈을 밝게 하도록 지어진 태양과, 밤에 광명을 주

---

184) 이렇게 부른 것은 프란체스코가 처음이 아니었다. 4세기에 힐라리온은 자신의 몸을 가리켜 알곡은 없고 쭉정이만 있는 게 분명한 엉덩이라고 불렀다.

는 불을 사랑했으며, "하나님께서 우리 눈을 이 두 가지 우리 형제로 밝혀 오셨다"고 했다.

프란체스코는 맹수들과 새들에게 설교했다. "형제 새들이여, 너희들은 너희의 창조주를 매우 사랑하고 높이 찬송해야 마땅하다. 그분이 너희에게 깃털을 주어 옷을 삼게 하시고, 날개를 주어 날 수 있게 하시고, 너희에게 필요한 모든 것을 다 주시지 않았느냐. 너희는 심지도 않고 거두지도 않지만, 그분이 너희를 돌보신다." 설교를 마치자 새들이 그의 목을 에워싸고서 마치 감사하다는 듯이 그를 쳐다보았다. 그는 황제에게 부탁하여, "우리 자매들인 새들"을 죽이거나 상해를 입히는 행위를 금하는 특별법을 제정하고 싶어했다.

후대의 전승은 그가 구비오 지방의 사나운 늑대를 길들이는 등 자연에 대해서 기이한 능력을 발휘했다고 전한다.[185] 그 늑대는 그 고장 사람들에게 공포의 대상이었다. 한번은 이 짐승이 프란체스코를 물려고 달려들다가 "형제 늑대여, 예수 그리스도의 이름으로 명하노니, 내게든 어느 사람에게든 해를 끼치지 말라"는 그의 말을 듣고는 순한 양처럼 그의 발에 엎드렸다. 프란체스코는 앞으로 인간에게 해를 끼치지 않는 조건으로 그에게 과거의 모든 죄를 용서해 주었다. 이 짐승은 고개를 끄덕이고 그 앞에 꿇어앉음으로써 그 계약에 동의했다. 그 뒤 그 늑대는 보비오 사람들의 귀염둥이가 되었다.

프란체스코는 생애의 마지막 주간에 "보라 내가 소리내어 여호와께 부르짖으며"라는 말로 시작하는 시편 142장을 거듭 읽었고, 태양에 관한 아가도 거듭 낭송했다. 형제들인 안젤로와 레오를 오게 하여 죽음 자매에 관해 노래해 달라고 청했다. 과거에 교황청의 입장에 서서 프란체스코의 원래 수도회칙을 폐기하는 데 일조했던 코르토나의 엘리아스(Elias)가 이 말을 듣고는, 죽음을 앞두고 그런 노래를 했다는 사실을 민중이 알면 성인 자격이 없다고 생각할 것이라고 이의를

---

185) *Little Flowers of Francis*, 93-99. 같은 저자에 따르면, 역시 프란체스코회 수사였던 파두아의 안토니우스는 물고기들이 홍수에도 살아남았고 훗날 요나를 구해준 것을 생각하고서, 리미니에서 물고기들에게 설교하면서 그들에게 하나님을 찬양하라고 권유했다고 한다. 그러자 물고기들이 수면 위로 올라와 입을 열고 고개를 숙였다고 한다. 그 일이 알려져 도시 사람들을 매료시켰으며, 안토니우스는 그 기회를 잡아 강력한 설교를 했다.

제기했다. 그러자 프란체스코는 자신이 2년 동안 죽음에 관해서 생각해 왔는데, 지금은 주님과 온전히 연합해 있으므로 그분 안에서 얼마든지 기뻐할 수 있다고 대답했다. 그리고는 토마스 아 첼라노가 전하는 대로 "그는 노래하면서 죽음을 맞이했다." 사람들은 그가 요청한 대로 포르티운쿨라 예배당으로 그를 실어갔다. 가는 길에 그는 아시시를 한 번만 더 보고 싶으니 침상을 돌려달라고 부탁했다. 그는 더 이상 볼 수는 없었으나 기도는 할 수 있었던 까닭에, 그 도시를 위해서 하늘을 향해 간구했다. 포르티운쿨라 교회에서 그는 형제들과 떡을 떼면서, 입을 벌려 사제의 직무를 수행했다. 1226년 10월 3일에 형제 레오의 말을 빌자면 그는 "자신이 마음을 다해 사랑하고 너무나 온전하게 따랐던 주 예수 그리스도에게 옮겨갔다."

그의 관을 닫기도 전에 많은 사람들이 그를 성인으로 여겨 공경하는 행위가 시작되었다. 아시시 시민들은 그의 시신을 차지했고, 그 이래로 프란체스코라는 이름은 그 아름답고 엄숙한 고도(古都)의 가장 큰 매력이 되었다. 2년 뒤에 그는 시성되었다. 시성식은 1228년 7월 26일에 아시시에서 거행되었고, 이 자리에는 교황 그레고리우스 9세가 참석했다. 다음 날 교황은 프란체스코를 기리기 위해서 새 주교좌성당의 초석을 놓았다. 이렇게 해서 건립된 성당이 1243년에 교황 인노켄티우스 4세에 의해 봉헌되었고, 프란체스코의 유골이 대 제단 밑에 안치되었다.[186] 치마부에(Cimabue)와 조토(Giotto)의 그림이 성당 내부를 장식하고 있다. 전면에는 그 위대한 탁발 수사가 자기 수도회의 옷을 입고 팔짱을 낀 채 고개를 숙이고 있는 모습을 묘사한 현대의 조각가 뒤프레(Dupre)의 조각이 서 있다. 프란체스코가 채 숨을 거두기도 전에 코르토나의 엘리아스가 성흔(聖痕, stigmata)이 나타났다는 놀라운 선언을 했다. 십자가에 달리신 그리스도의 몸에 생긴 다섯 부위의 상처가 프란체스코의 몸에 그대로 생겼다는 것이었다. 다만 그의 경우에는 피는 흐르지 않고 상처만 생겼다고 했다. 그 이야기를 자세히 소개하자면 다음과 같다. 프란체스코가 금식하며 집중적으로 기도하던 중 성 십자가 축일 아침에 그리스도께서 날개를 펼친 천사의 형상으로 십자가에 못 박힌 형태로 떠오르는 태양 속에서 프란체스코에게 나타나셨다. 환상이 사라질 무렵

186) 많은 조사 끝에 1818년에 그곳에서 발견되었다고 한다. 1822년에 피우스 7세는 그것이 진짜 프란체스코의 유골이라고 선언했다.

프란체스코는 두 손과 옆구리에 통증을 느꼈다. 성흔을 받은 것이다. 이 일은 1224년에 아르노 강 상류에 솟아 있는 해발 900m의 베르나 산에서 발생했다.

이 흔적들의 진실성을 뒷받침하는 역사적 증거는 다음과 같다. 프란체스코가 죽은 다음 날 그 수도회의 총장 대리 코르토나의 엘리아스가 각 지역의 프란체스코회 수도원들에 편지를 보내 자신이 프란체스코의 몸에서 성흔을 보았다고 발표했다. 그의 편지에는 이러한 내용이 실려 있었다. "이 세상에 하나님의 아들 외에 그러한 표적을 지닌 사람은 아무도 없었습니다. 우리 형제는 숨을 거두기 오래 전부터 몸에 다섯 개의 상처를 가지고 있었는데, 그것은 그리스도의 성흔들임에 틀림없었습니다. 그의 손과 발에 위 아래로 관통하는 못자국과 같은 상처에 딱지가 앉아 있었고, 옆구리에는 마치 창에 찔린 듯 피가 약간 스며나오고 있었던 것입니다."

프란체스코의 첫 전기로 간주되는 「완전의 거울」은 프란체스코가 당한 심한 유혹들을 묘사하는 대목에서 담담하게 하지만 분명하게 성흔들을 언급한다.[187] 토마스 아 첼라노는 1230년 이전에 성흔들을 좀 더 자세히 묘사하며, 프란체스코가 살아 있는 동안 몇몇 사람들이 그것들을 보았다고 주장한다. 1237년에 그레고리우스 9세는 온 교회에 그 성흔들을 사실로 받아들이도록 권고하면서, 그 진실성에 의문을 제기한 베네딕투스회를 단죄했다.[188] 1236년 이후에 제작된 것으로 추정되는 프란체스코의 첫 초상화에는 성흔들이 묘사되어 있다.

반면에 성흔들의 진정성을 의심하게 만드는 강력한 근거는 그레고리우스 9세가 프란체스코의 시성(諡聖)을 공표한 1228년의 대칙서에 성흔들에 관한 언급이 전혀 없다는 사실이다. 우리가 생각하기에는 성흔만큼 프란체스코의 성인 자격을 뒷받침할 만한 좋은 근거가 없었을 것 같은데, 그 내용이 대칙서에 빠져 있다는 것은 설명하기가 쉽지 않다.[189]

---

187) p. 194. 저자가 이 놀라운 사건을 구체적으로 전하지 않는 것이 얼른 보면 이상하게 보인다. 하지만 다른 시각에서 생각하면 그렇게 지나가는 말로 한 것이 그 사실성을 더 강하게 증거한 것으로 받아들일 수도 있다. 참조. 사바티에가 관찰한 것들, *Speculum*, pp. lxvi. sqq. 사바티에가 이 글을 프란체스코가 죽은 지 불과 7개월밖에 지나지 않은 1227년에 작성했다고 주장하는 사실을 기억해야 한다.

188) 그들을 단죄하느라 세 가지 대칙서를 공표했다.

프란체스코의 몸에 실제로 딱지가 생겼다는 전제를 토대로 성흔들을 설명한 세 가지 견해가 있다. 1. 성흔들은 초자연적 기적의 산물이었다. 이것이 가톨릭 교회의 견해이다. 1203년에 베네딕투스 11세는 성흔들을 기념하는 축일을 제정했다. 2. 성흔들은 십자가에 달리신 그리스도를 명상하면서 정신이 매우 고양된 상태에서 생긴 산물이다. 이것은 사바티에의 견해이다.[190] 3. 세 번째 설명은 성흔들을 프란체스코 자신이 신앙의 동기로 꾸며낸 거짓이다. 그는 그리스도께서 느끼셨던 고통을 자기도 느껴보고 싶어서 제 손으로 상처를 냈다.[191] 이 견해는 개연성이 낮아 보인다. 굳이 성흔들을 지녀야 할 도덕적 이유가 충분치 않은 상태에서는 냉철한 판단으로 성흔들을 사실로 받아들이기가 어렵다. 하지만 역사적 증거가 워낙 강하므로 성흔들을 부정하려면 그만한 노력이 필요하다. 우리가 아는 한에는 프란체스코가 자신의 사명을 입증하기 위해서 성흔을 이용한 적이 없었다.[192]

아시시의 프란체스코의 생애를 당대인들의 증언과 그의 유언에 담긴 그의 정신을 토대로 연구해 보면 그의 목적이 참 순수했고 그가 진실로 겸손한 사람이었다는, 과연 성인이 될 자격이 있다는 인상을 받게 된다. 그는 명예도 지위도 구하지 않았다. 단순한 정신으로 복음의 계명을 다시 알려서 동료 인간들을 돕고, 그러기 위해 직접 삶으로써 본을 보이고자 힘썼다. 복음을 보통 사람들에게

---

189) 사바티에는 그것의 진정성을 받아들인다. 그는 여러 가지 증거들 가운데 프란체스코가 직접 작성한(아시시의 고문서 보관소에서 발견된) 레오에 대한 축복 기도를 덧붙여 제시한다. 레오는 이 글을 받아본 뒤 문서의 여백에 자신의 서명을 남겼다. 그는 베르나 산에 나타난 광경과 성흔을 사실로 인정한다. 만약 이 문서가 사바티에의 주장대로 진본이라면 여러 가지 증거들 가운데 가장 강력한 것이 될 것이다.

190) 사바티에는 그것들을 기적으로 간주하지 않고, 이를테면 어린 천재들이 발휘하는 수학 실력이나 음악적 재능 같은 특이한 경우로 간주한다.

191) 이것은 Hausrath의 설명이다. 최초의 프란체스코회 연대기 저자 Salimbene(1287 죽음)는 "프란체스코를 제외한 지상의 어떤 사람도 그리스도의 다섯 상처를 지닌 적이 없었다"고 말하는데, 이것은 당대의 정서를 표현한 것임에 틀림없다. 도미니쿠스회도 시에나의 성 카테리나가 성흔을 받았다고 주장했으나, 1475년에 식스투스 4세는 카테리나에 관련하여 그러한 주장을 하는 것을 금지했다.

192) 보나벤투라의 전설적인 전기는 프란체스코를 성흔의 증인으로 소개하지만, 그가 성흔의 사실성을 강조하는 데 역점을 두고 있는 것이 분명하다.

되돌려주기 위해서 힘썼으며, 이에 부응하여 보통 사람들도 그의 설교를 기쁘게 들었다. 그의 지적 능력이 뛰어나지 않았을 수도 있다. 교회 정치가로서의 재능도 없었다. 하지만 뜨겁게 타오르는 마음과 사람들을 끌어당기는 인격을 갖고 있었는데, 이것은 주로 사람들을 뜨겁게 사랑한 데서 나온 것이었다. 그는 신학적 사상가가 아니라, 행동으로 뒷받침되는 신앙적 연민을 지닌 사람이었다. 자신이 신적 사명을 받았다는 굳은 신념을 가지고 말도 하고 행동도 했다.[193] 교회에 대해서 그렇게 큰 확신을 가지고 말한 사람은 훗날 루터가 등장하기까지는 아무도 없었다.

역사상 프란체스코만큼 깊은 인상을 남긴 인물을 찾아보기 어렵다. 그의 인격은 당대의 원근 각처에 빛을 환하게 비추었다. 하지만 그의 사명은 시대를 넘어서서 계속되고 있다. 그는 당대에도 의식이나 교의 문제로 비판하고 저항하여 이단아가 되지 않았으며, 사도적 겸손과 거짓 없는 온유함으로 대대로 사랑을 받고 있다. 우리가 프란체스코를 존경하는 것은 그가 이상적 삶이 무엇인지 보여준 완전한 모범이기 때문이 아니다. 그의 경건이 아무리 뛰어나다 하더라도 그것은 결국 중세의 것일 뿐이다. 하지만 우리가 알 수 있는 한도에서 그는 그리스도의 말씀의 의미를 깨닫고 그분의 정신을 내쉰 역사의 인물들의 대열에 넉넉히 끼고도 남을 만하다. 따라서 하르낙(Harnack)은 그를 가리켜 "아시시의 놀라운 성인"이라고 부를 수 있었고, 사바티에는 "영적 사제직이 더 우월하다는 것을 내다볼 만한 지혜를 그가 받았다"고 극찬을 아끼지 않았다.

태양에 관한 아가 (Canticle of the Sun)

지극히 높으시고 전능하시고 선하신 주 하나님, 당신께 찬송과 영광과 존경과 모든 감사를 드리나이다!

주님의 모든 피조물, 그 중에서도 특히 우리 형제 태양을 인하여 내 주 하나님께 찬양을 드리나이다. 태양은 우리에게 날을 가져다 주고 빛을 비춰주나이다. 그는 아름답고 위대한 광채로 빛나나이다. 주여, 그가 우리에게 당신을 상징하옵나이다!

---

193) 그는 유언에서 자신이 신적 부르심을 받은 사실을 거듭 언급한다. "Deus mihi dedit"("하나님께서 나를 보내셨다").

우리 자매 달과 별들을 인하여 내 주님께 찬송을 드리나이다. 달과 별들을 주님께서는 하늘에 밝고 사랑스럽게 배치해 놓으셨나이다.

우리 형제 바람과 공기와 구름, 개인 날씨와 모든 날씨를 인하여 내 주님께 찬송을 드리나이다. 주님께서 그것들을 쓰셔서 모든 피조물들의 생명을 붙드시나이다.

우리 자매 물을 인하여 내 주님께 찬송을 드리나이다. 물은 우리에게 매우 유익하며, 겸손하고 소중하고 정결하나이다.

우리 형제 불을 인하여 내 주님께 찬송을 드리나이다. 불을 통해서 당신이 우리에게 어둠 가운데 빛을 주시나이다. 불은 밝고 유쾌하고 매우 강하나이다.

우리 어머니인 대지를 인하여 내 주님께 찬송을 드리나이다. 대지는 우리를 보존하고 유지해 주며, 형형색색의 과실들과 열매들 그리고 초목을 내어주나이다.

주님의 사랑을 생각하고서 서로를 용서하는 모든 이들과 연약함과 환난에서 인내하는 모든 이들을 인하여 내 주님께 찬송을 드리나이다. 평화로이 인내하는 자들은 복이 있나이다. 지극히 높으신 하나님이신 주님께서 그들에게 면류관을 주실 것이기 때문이로소이다.

아무도 피할 수 없는 우리 자매 육체의 죽음을 인하여 내 주님께 찬송을 드리나이다. 대죄를 짓고 죽는 자에게는 화가 있으리로다! 지극히 거룩한 뜻을 품고 살았음이 드러난 자들은 복이 있나이다. 이는 둘째 사망이 그들에게 해를 끼칠 권세가 없기 때문이로소이다.

주님께 찬송과 영광을 돌리오며, 당신께 감사를 바치고 마음을 극진히 겸비하여 당신께 경배하나이다.

71. 프란체스코회

"정겨운 아시시의 프란체스코, 그가 이곳에 다시 있게 된다면!"　　― 테니슨

작은 형제들(the Brethren Minor, fratres minores, 혹은 Minorites) ― 프란체스코회의 공식 명칭 ― 은 아시시의 귀족파와 대립하던 상태에서 프란체스코의

중재로 그들과 화해하게 된 그 도시의 민주적 집단인 소장파(the Minors)에게서 이름을 따왔다. 프란체스코는 로마 교황청에서 자신의 수사들이 높은 지위를 탐하지 말도록 경고의 뜻으로 그 이름을 사용해달라고 주장했다. 이 수도회는 이탈리아와 그 너머로 급속히 확산되었다. 하지만 프란체스코가 살았던 세대가 채 지나가기도 전에 이 수도회는 애당초 프란체스코가 제시한 원칙들을 고수하려는 시도에서 불거진 내부 갈등으로 분열을 겪었다. 원칙 문제로 이렇게 오랫동안 내부 갈등을 겪어온 수도회는 다시없었다. 그 지루한 분쟁이 중세의 논쟁 신학에서 거의 독보적인 위치를 차지한다.

1210년의 수도회칙과 프란체스코의 유언에 따르면 프란체스코회 수사들은 구체적인 규율들로 얽매인 폐쇄 조직이 되기보다, 복음적 청빈과 사도적 실천에 헌신하는 자유로운 형제회가 되도록 규정되어 있었다. 교황 인노켄티우스 3세는 프란체스코에게 기존의 다른 수도회들의 수도회칙을 모델로 삼으라고 권유했으나, 프란체스코는 거절하고서 자기 길을 갔다. 그는 성경의 몇몇 본문들을 토대로 자신의 수도회칙을 작성했다. 추기경 우골리노가 후원자와 고문의 자격으로 그 수도회에 관여하기 시작한 1216년부터 새로운 영향이 나타났고, 프란체스코의 자유로운 조직 대신에 엄격한 규율이 채택되었다.

1217년 총회는 이탈리아 바깥 지역들에 선교사들을 파송하기로 결의했다. 과거에 아시시에서 침대 요 제조업을 했고 훗날 프란체스코의 원 계획을 배척한 일로 악명을 안게 된 코르토나의 엘리아스가 선교사들을 이끌고 시리아로 갔다. 다른 선교사들은 독일과 헝가리, 프랑스, 스페인, 잉글랜드로 갔다. 선교사로서 해외로 나간 프란체스코회 수사들은 남쪽으로는 모로코와 동쪽으로는 중국 베이징에까지 진출할 정도로 두려움을 모르고 사역했다. 그들은 두 번째 신대륙 여행길에 오른 콜럼버스를 따라갔고, 훗날 플로리다에서 캘리포니아까지, 퀘벡에서 세인트 로렌스 강과 오대호를 따라 내려와 남쪽으로 멕시코 만까지 이루어진 초기 아메리카 선교에 가장 적극적으로 가담했다.

1221년의 수도회칙은 통일성과 결의가 없는 점으로 미루어 우골리노 측과 프란체스코 측에서 동시에 영향력이 작용했다는 것을 알 수 있다. 이미 수년 전부터 시작된 투쟁의 징후들이 보인다. 이 수도회칙은 수도회의 우두머리로 총장을 세웠고, 산하 수도원들의 원장들로 구성된 통치 기구를 세웠다. 하지만 여전히 청빈의 실천을 명령하고, 수사들이 게으르게 되지 않도록 노동의 의무를 강조했다. 노동하여 생산한 물품들은 병자들을 돕는 목적 이외에는 판매하지 못하도록 했다.

열두 장에 걸쳐서 좀 더 간결하게 작성된 1223년의 수도회칙은 기존의 수도회칙을 그대로 답습했으며, 같은 해 11월 29일에 교황에게 엄숙히 재가를 받았다. 이 수도회칙은 훨씬 노골적으로 프란체스코의 유명한 유언을 배척한다. 그 수도회의 탁발적 성격을 크게 강조한다. 하지만 교황에게 순종을 바친다는 규정을 새로 도입했고, 추기경을 수도회의 보호자로 세웠다. 로마의 성무일과서를 일일 예배서로 사용하도록 규정했다. 수도원의 규율로 성경적 자유를 대체했다. 성직 위계제도의 강력한 개입이 분명하게 나타나 있다. 1210년의 수도회칙에 담겼던 자유가 자취를 감추었다. 피에트로 디 카타나가 프란체스코회 총장이 되었으나, 몇 달 뒤에 코르토나의 엘리아스에게 자리를 넘겨주었다. 프란체스코는 유언을 통해 자신의 수도회가 초창기부터 힘썼던 자유를 역설하고 새로운 질서에 반대했으나, 교황파는 세력을 총동원하여 그의 주장을 묵살했다.

프란체스코회 수녀회인 클라라회(the Clarisses)는 1255년에 시성된 스키피의 클라라에게서 이름을 땄으며, 성 다미아누스 교회가 그들의 거점이었던 까닭에 성 다미아누스의 수녀회라고도 불렸다. 프란체스코는 그들을 위해서 청빈을 의무로 규정한 수도회칙을 작성해 주었으며, 클라라에게 유언을 남겼는데 그 문서는 현존하지 않는다. 클라라회는 처음에는 자기들의 손으로 수고하여 생계를 꾸려간 듯한데, 하지만 프란체스코의 권유로 곧 구걸에 의존하게 되었다. 그들의 수도회칙은 1219년에 수정되었고, 클라라회는 훗날 어쩔 수 없는 상황에서 베네딕투스회 수도회칙을 채택하게 되었다.[194]

제3수도회들(the Tertiaries)인 참회 형제회와 자매회는 성 프란체스코의 제3수도회로서(클라라회가 제2수도회였음), 1289년에 교황 니콜라우스가 발행한 대칙서로써 최초로 승인을 받았다. 프란체스코가 그들을 위해서 특정 수도회칙을 작성해 주었는지는 확실치 않다. 그의 생시에 제3수도회가 존재했다는 데에는 의심의 여지가 없다. 1228년에 그레고리우스 9세는 그들을 성 프란체스코 제3수도회 형제들(the Brothers of the Third Order of St. Francis)라 불렀다. 1289년의 수도회칙은 평신도 집단과, 기혼자들이 배제된 일종의 수사 집단을 위해 작성된

---

194) 마침내 1263년에 우르바누스 4세에 의해 그렇게 되었다.

것이다. 프란체스코가 품은 목적은 남자와 여자, 기혼자와 미혼자 모두를 포함시키는 것이었다. 평신도들도 수도원 생활이 줄 수 있는 고도의 덕과 공로에 이를 수 있게 하는 것이 그의 목표였다. 프란체스코가 롬바르디아의 가난한 사람들(Pauperes Lombardici)로 알려진 겸손파(the Humiliati)에게서, 혹은 그가 살아 있던 당시에 이탈리아 북부에도 알려진 리옹의 가난한 사람들 곧 발도파(the Waldenses)에게서 자신의 이상을 취했을 가능성이 매우 높다. 겸손파는 12세기에 수도회칙에 버금가는 규율에 따라 생활하던 평신도 집단들을 보유했다. 1184년에 그들은 교황 루키우스 3세에게 단죄를 당했다. 이 집단에는 적어도 세 등급이 있었던 것으로 보인다. 첫째 등급은 일상에서 구체적인 금욕 규율을 지키고 살던 평신도 겸손파였고, 둘째 등급은 수도원에서 수사들이나 수녀들처럼 살던 무리들이었으며, 셋째 등급은 사제들로서 자기들끼리 공동 생활을 하던 참사회 원들이었다. 이 세 등급은 1201년에 교황 인노켄티우스 3세에게 승인을 받았고, 인노켄티우스 4세를 비롯한 후대의 교황들에게 보호를 받았다.

프란체스코가 최초로 세웠던 계획이 평신도 조직이었고, 수사들의 조직은 후기에 그의 생각에서 발전된 것이었을 가능성이 있다. 프란체스코회가 세 등급으로 구분된 것이 1221년의 총회에 의해 항구적으로 확정되었다. 모두 13장으로 되어 있는 최초의 제3수도회 회칙은 그들이 착용해야 할 복장, 그들이 실천해야 할 금욕 생활, 그리고 그들이 지켜야 할 그 밖의 규율들을 제시한다. 그들은 교황이 요구하는 특수한 경우를 제외하고는 서약을 일절 삼가야 했고, 일년에 세 번 고해를 해야 했고, 유서를 작성할 때 될 수 있는 대로 주교의 조언을 받아야 했고, 이단으로 고소된 사람을 회원으로 받아들여서는 안 되었으며, 살상 무기를 사용하거나 휴대해서도 안 되었다.[195] 여성들은 기혼자일 경우에는 남편의 동의 없이는 가입을 허락지 않았고, 가족이 있는 사람들에게는 가족을 잘 부양하는 것이 하나님을 섬기는 도리라고 훈계했다(VI. 6). 제3수도회는 로마 가톨릭

---

195) VI. 3. 1289년에 교황 니콜라우스 4세는 이 흥미로운 진술을 다음과 같이 수정하게 했다. "수사들은 로마 교회와 기독교 신앙, 자기들의 나라를 보호하기 위한 경우를 제외하고는, 혹은 상급자들의 승인을 받지 않은 상태에서는 공격 무기를 휴대해서는 안 된다." 겸손파는 호노리우스 3세에게 참전의 의무를 면제받았다. 참조. Sabatier, *Regula antiq.*, p. 22, note.

교회에 여전히 존속한다.

프란체스코회의 역사를 1223년부터 추적해 내려오자면, 프란체스코가 실천한 엄격한 사도적 청빈과 그의 유언에 실린 견해들을 충실히 견지하고자 노력한 집단은 엄수파(the Observants) 혹은 신령파(the Spirituals) 혹은 열심파(the Zealots)로 알려졌다. 프란체스코의 규율을 완화하여 준수하고 그레고리우스 9세의 지지를 받은 집단은 자신들의 수도원들을 확보하고 특히 도시들에 웅장한 건물을 짓는 데 치중했다는 이유로 콘벤투알파(the Conventuals, 수도원파)라 불렸다. 두 집단은 서로 번갈아 가면서 우위를 점했다. 교황들은 엄수파를 우호적으로 대하지 않았다. 이러한 내부 갈등이 13세기 내내 계속되다가 14세기까지 이어졌으며, 프란체스코회를 두 개의 수도회로 구분한 레오 10세에 의해서 최초로 탄압을 받았다. 그동안 엄수파는 성 프란체스코의 구도를 꾸준히 견지했으며, 그들 중 더러는 원칙을 지키기 위해서 순교자의 죽음을 당하였다.

프란체스코회 내부의 쟁점은 수도회가 과연 법인체로서 재산 상속권을 지니는가 하는 것이었다. 교황이 재산 보유를 지지하는 방향으로 판결을 내리기 시작한 것은 1230년에 그레고리우스 9세가 대칙서를 발행하면서부터였다. 이 대칙서는 프란체스코회가 지역별로 선정된 신실한 사람들에게 돈을 모금할 수 있도록 허용했고, 이렇게 모금한 금액을 수도원 건축과 선교, 그리고 그 밖의 사업에 쓸 수 있도록 했으며, 기부자를 위해 신탁금으로 보관할 수도 있게 했다. 이 특권은 1245년에 인노켄티우스 4세가 부여했으며, 재산 목록에 서적과 연장, 가옥과 토지가 포함되었다. 인노켄티우스는 상속을 위한 보유와 사용을 위한 보유를 명백하게 구분하여 사용을 위한 보유권을 부여한 것이다. 이것은 수도회가 예물과 유증(遺贈)을 받아서 이를테면 기부자를 위해 보유하는 것처럼 막연하게 보유할 수 있었음을 뜻했다. 이것은 항구적 소유와 다름없었으며, 현대에 등장한 천년 간의 임대와 비교할 만한 것이었다. 인노켄티우스는 수도회의 모든 재산권을 교황의 직접 관리하에 두었다.

이러한 교황의 결정에 엄수파는 단호하게 저항했으며, 그 이유로 교황청 정책을 철저히 추구한 코르토나의 엘리아스에게 박해를 받았다. 그러나 그들의 저항이 만만치 않았으며, 결국 엘리아스는 1227년 총회에서 수도회 총장직을 상실했다. 그는 1232년에 총장직에 복귀했으나, 1239년에 다시 면직을 당했다. 그는 프리드리히 2세의 주장을 지지했으며, 1253년에 죽었다.

프란체스코의 교훈에 충실했던 집단의 지도자들 가운데 한 사람이 프란체스코의 첫 전기로 추정되는 「완전의 거울」(*Speculum Perfectionis*)의 저자인 수사 레오(Brother Leo)였다. 그는 아시시에 있는 프란체스코의 유적지에 대규모 교회당이 들어설 계획이라는 소문이 나돌고, 실제로 엘리아스가 기금을 마련하기 위해서 그 터에 대리석 그릇을 가져다 놓자, 그 사업이 성인의 기억을 더럽히는 행위라고 판단하고서 그릇을 내동댕이쳐서 깨뜨려 버렸다. 이 행위로 인해 레오는 큰 물의를 빚은 뒤에 아시시에서 추방되었다.

그 뒤로 한동안은 어느 집단이 우위를 점할는지 불투명해 보였다. 엄수파는 파르마의 요한이 10년간 총장 자리에 있을 때(1247-1257) 권력을 행사했다. (요한은 결국 총장직을 강제로 사임하고서 은퇴하여 엄격한 수도 생활을 했다.) 요한의 뒤를 이은 사람은 위대한 스콜라 학자 보나벤투라(Bonaventura, 1257-1274 재위)로서, 그는 콘벤투알파 진영에 서서 영향력을 행사했다. 엄수파는 피오레의 요아킴이 꾼 꿈을 받아들였고, 새로운 수도회에 관한 그의 예언을 자신들에게 적용했다. 이러한 견해가 새로운 불화와 투쟁의 불씨가 되어서 한 세기 이상 뜨겁게 타오르게 했다. 보나벤투라는 게라르도 보르고(Gerardo Borgo)가 요아킴의 저서에 붙인 서론을 단죄함으로써 요아킴의 견해를 채택한 엄수파를 비판했다. 보나벤투라가 1260년에 나르본 총회의 지시를 받아 작성하여 1263년 총회에서 그 성인의 권위 있는 전기로 승인을 받은 「성 프란체스코의 생애」는 프란체스코의 유언장을 비롯하여 엄수파의 주장에 유리한 모든 문헌들을 비판 내지 호도했고, 프란체스코회의 교회적이고 규율적인 요소들을 강조했다. 이때부터 엄수파는 용감하지만 희망이 없는 투쟁을 벌였다. 교황청이 추진하는 정책에 맞서서 승산 있는 전투를 벌일 수 없었던 것이다.

그리고레우스 10세가 1274년 리옹 공의회의 법령을 통해서 프란체스코회에게 재산 소유를 강요하려 했다는 소문이 놀자 반대가 들불처럼 번졌으며, 이 일로 인하여 엄수파의 많은 수가 투옥되었는데, 그 중에는 유력한 저자 안젤로 클라레노(Angelo Clareno)도 포함되어 있었다. 교황 니콜라우스 3세는 1279년의 대칙서(Exiit qui seminat)에서 세습을 위한 재산 소유와 사용을 위한 소유를 다시 한번 분명히 구분한 다음 후자의 권리를 승인했다. 그는 교황이 프란체스코회 재산의 궁극적인 소유자라는 원칙을 천명했다. 그 대칙서는 수도회가 교황에게 특권을 얻으려고 시도하지 못하도록 규정한 성 프란체스코의 금령을 명백히 무효로 만들었다. 프란체스코회 총장 보나그라티아(Bonagratia)와 그의 두 계승자들은 대칙서를 받아들였으나, 저서들을 통해서 광범위한 영향력을 행사한 피에트로 올리비(Peter Olivi, 1298 죽음)는 그것을 격렬하게 반대했다. 교황 켈레스티누스 5세(Celestin V)는 엄수파 수사들에게 자신이 설립한 켈레스티누스 은수자 수도회와 통합하라고 권유함으로써 분열을 치유해보려고 했고, 감옥에서 풀려난 안젤로 클라레노가 나서서 통합을 위한 수순을 밟아나갔다. 하지만 올리비와 엄수파 설교자 우베르티노 다 카살레(Ubertino da Casale, 1330 이후 죽음)가 통합안에 반대했다. 이들은 많은 박해를 견뎌가면서 프란체스코가 제시한 원래의 원칙들을 끝까지 고수했다.

그렇게 해서 프란체스코가 태어난 세기가, 지금도 식지 않은 열기로 지속되고 있는 논쟁과 더불어 저물어 갔다. 14세기에는 논쟁이 다소 새로운 면을 띠었다. 이제는 그리스도와 그분의 사도들이 절대 청빈을 실천했는가의 여부에 관한 교의 논쟁이 전면으로 대두한 것이다. 1323년에 교황 요한 22세는 그분들이 절대 청빈을 실천하지 않았다는 진술에 교황의 권위를 실어줌으로써 분열에 종지부를 찍으려고 했다. 이렇게 해서 엄격한 프란체스코의 수도회칙을 떠받치고 있던 토대가 제거되었다.

또 다른 점에서 프란체스코회는 설립자의 정신에서 이탈했다. 프란체스코는 학문을 폄하했다. 1220년에 그는 법학박사 피에트로 스타치아(Pietro Staccia)가 볼로냐에 프란체스코회 학교를 설립했다는 이유로 그를 꾸짖은 다음 저주했다. 어느 유명한 박사가 자신의 수도회에 가입했다는 이야기를 전해들었을 때는 다음과 같이 말했다고 한다. "나는 그러한 박사들이 내가 가꿔온 포도원을 망쳐 놓을까봐 두렵습니다. 진정한 박사들이란 지혜의 온유함을 가지고 이웃의 유익을 위해 선행을 하는 이들입니다."

파두아의 안토니우스에게 그는 이렇게 편지했다(이 편지는 진정성이 의심받지 않는다). "나는 당신이 형제들에게 신학을 강의하는 것에 동의합니다. 단, 그러려면 그런 유의 공부가 겸손과 기도의 정신을 소멸하는 일이 없어야 합니다."[196] 그러나 프란체스코의 추종자들은 그의 가르침에서 벗어나, 13세기에 흐르기 시작한 놀라운 사조에 순응하여 수도원들에 학교들을 설립했고, 그리하여 그 세

---

196) Lempp, *Anthony of Padua*, p. 439.

기가 절반이 채 지나기 전에 대학 문화의 주요 중심지들로 확고히 자리를 잡았다. 1255년에는 어떤 수도회가 프란체스코회에 대해서 선교사들을 보내 헬라어·아랍어·히브리어 등의 언어들을 배워오도록 하라고 요청했다.

프란체스코회는 팔레스타인에서 아일랜드까지 급속하게 퍼졌다.[197] 프랑스에는 파치피코(Pacifico)와 프랑스 국왕의 이복형제 보졸레의 귀샤르(Guichard)가 이 수도회를 도입했다. 독일에서는 1221년에 슈파이어의 카이사르가 최초로 이 수도회의 지부들을 설립하는 데 성공했다. 그는 시리아로 여행을 갔다가 코르토나의 엘리아스를 만나 회심한 사람이다. 카이사르는 사제 열두 명과 평신도 열세 명의 일행과 함께 여행을 했는데, 그 중에는 첼라노의 토마스와 지아노의 조르단(Jordan)이 있었으며, 이 두 사람이 남긴 기록 덕분에 우리가 사실 확인을 할 수 있다. 일행은 트렌트에서 헤어진 뒤 아우크스부르크에서 다시 만났고, 그곳에서 다시 헤어져 라인 강 유역과 독일의 다른 지역들을 다니면서 자신들의 뜻을 알렸다. 그 결과 마인츠·보름스·슈파이어·쾰른에 수도원이 설립되었고, 1522년에 이 수도원들이 하나의 조직으로 통합되었다. 다음 해에 독일의 네 수도원이 이 조직에 합류했다. 독일 프란체스코회의 열렬한 사도 슈파이어의 카이사르는 엄수파 소속이었고, 그로 인하여 혹독한 박해를 당한 뒤 옥사하고 말았다.

잉글랜드의 경우에는 프란체스코회 수사 아홉 명 — 그 중 네 명이 성직자였고, 그 중 한 명만이 사제였다 — 이 1224년에 도버에 상륙하여 캔터베리로 갔고, 거기서 다시 런던으로 갔다. 그들이 초창기에 잉글랜드에서 벌인 사역을 동시대인인 에클레스턴의 토머스가 글로 남겼는데, 중세의 잉글랜드 상황을 매우 신선하고 흥미롭게 소개한 글이다.[198] 캔터베리에서 그들은 페스캄프 수도원의

---

197) 프란체스코회는 팔레스타인 성지의 보호자들이 되었다. 나사렛의 어느 프란체스코회 수사에게 그곳에 세워진 수태고지 교회가 정말로 마리아가 천사에게 수태고지를 받았던 장소인가를 물었더니 그는 이렇게 대답했다. "물론 그렇습니다. 우리 프란체스코회는 600년간 이곳에 있으면서 이 모든 문제들을 철저히 조사했습니다."

198) 우리가 그의 생애에 관해서 알고 있는 모든 내용은 그가 잉글랜드 프란체스코회에 관해 남긴 기록에서 얻은 것이다. 그는 1260년경에 죽었다. Eccleston은 그 아홉 명에게 초대 선교사들이라는 이름을 붙였다. *Mon. Franc.*, pp. 5 sqq. 피사의 아그넬루스가 그들의 대표격이었다. 성직자들 가운데 세 명이 영국인들이었다.

수사들에게 환대를 받았고, 런던에서는 검정 탁발수도회[도미니쿠스회]에게 환대를 받았다. 옥스퍼드에 가서도 따뜻한 영접을 받았다. 그로스테스트는 "흑암에 앉은 백성이 큰 빛을 보았고"라는 구절을 본문으로 삼아 설교하면서 그들의 도착을 알렸다. 마치 새로운 종교의 시대로 들어가는 문이 열린 듯했다. 그들이 옥스퍼드의 세인트 에브 소교구에 정착한 일에 관해서는 "장차 모든 나무들보다 더 크게 자라날 겨자씨 한 알이 땅에 심겨졌다"고들 했다. 그들은 케임브리지·노리치·노샘프턴·야마우스 등의 중심 도시들에 빠른 속도로 정착했다. 잉글랜드 최초의 대중 설교자들이었으며, 인류애를 최초로 실천으로 옮긴 사람들이었다. 당시 잉글랜드 농촌과 도시의 형편은 몹시 열악했다. 문둥병을 포함한 각종 피부병이 창궐하여 큰 피해를 주었다. 목숨을 앗아가는 전염병들이 빠른 속도로 번졌다. 그런데도 위생상의 예방 조치에 대해서는 다들 무지했다. 곳곳에 고인 물 웅덩이들과 쓰레기더미들이 방치되어 있었다.

열정적인 프란체스코회 수사들은 절반은 어쩔 수 없는 형편 때문에, 절반은 순수한 동기로 도시들 가운데서도 극빈자들이 사는 가장 방치된 지역들에 거점을 정했다. 노리치에서는 도시 하수가 흘러가는 습지에 정착했다. 오늘날 런던의 일부가 된 뉴게이트에서는 악취가 진동하는 길가에 자리를 잡았다. 케임브리지에서는 흉가로 변한 옛 교도소 건물을 차지했다.

이러한 열정이 높은 평가를 받았다는 것은 이상한 일이 아니다. 사람들은 곧 그들을 새로운 사도들로 존경하게 되었다. 아담 마쉬(Adam Marsh)가 그들과 합류했고, 당시 잉글랜드 교계에서 가장 영향력이 있었던 그와 그로스테스트가 옥스퍼드의 프란체스코회 학교에서 강의했다. 런던과 그 외 자치도시 당국자들은 그들에게 슈루즈버리의 토지를 주었다. 1256년에는 잉글랜드의 탁발수사들의 수가 1242명으로 늘어났고, 이들이 49개 지역에 정착해 있었다. 프란체스코회 수사들은 학문에도 자극을 주었다. 옥스퍼드에서 그랬듯이 여러 지역에 학교들을 세웠고, 로버트 그로스테스트가 그 학교들을 다니며 강의했다. 잉글랜드의 대표적인 스콜라 학자들의 대다수가 프란체스코회 소속이었다. 에클레스턴(Eccleston)은 초기 잉글랜드의 프란체스코회 수사들의 경건한 삶과 절제, 밝고 따뜻한 태도를 글로 남겼다.[199] 그들이 들어온 지 50년이 채 안 되어 그들 중 한

199) 그는 옥스퍼드의 Willam de Madeley에 관한 우스운 이야기를 전한다. 그는 신

사람인 로버트 킬워비(Robert Kilwarby)가 캔터베리 대주교가 되었다. 또 다른 프란체스코회 수사인 보나벤투라가 요크 대주교직을 제의받았으나 그가 받아들이지 않았다.

그 뒤 프란체스코회의 역사는 여느 인간 조직과 같은 길을 걸었다. 세월이 흐른 뒤에는 초창기에 누렸던 신망을 잃어버렸다.[200] 명예와 토지가 도덕적 부패를 가져왔다. 돈을 거두어다 교황청에 바치는 자들이라는 오명을 얻었다. 매튜 패리스가 그들의 오만을 질책한 것이 1235년의 일인데, 그는 인노켄티우스 4세가 사람을 낚는 어부들이었던 그들을 돈 낚는 자들로 타락시켰다고 개탄했다. 헨리 8세가 영국에서 수도원들을 해산시킬 때 런던 크라이스트처치에 있는 프란체스코회 수도원이 1532년에 처음으로 해산되었다.[201]

72. 성 도미니쿠스와 도미니쿠스회

대개 도미니쿠스회(the Dominicans)라 불리는 설교자들의 수도회 설립자 스페인 사람 도미니쿠스(Dominic, 도미니크)는 아시시의 성인이 지닌 따뜻한 정이

발 한 켤레를 발견하고는 그것을 신고 조과(朝課)를 드리러 갔다. 다녀와서 잠이 들었는데, 꿈에서 도둑들을 만나게 되었다. 자신이 탁발수사임을 증명하기 위해서 발을 내밀었는데, 신발이 여전히 신겨져 있는 것을 보고서 깜짝 놀라 잠에서 깬 뒤에 황급히 신을 벗어 창문 밖으로 내던졌다. 또 다른 가련한 탁발수사 길버트 드 비즈(Gilbert de Vyz)는 마귀에게 심하게 괴롭힘을 당했다. 콘힐에서 벌어진 일이었다. 마귀가 마지막으로 나타나서는 "선생님, 당신이 나를 피했다고 생각하십니까?" 하고 말하자, 드 비즈가 쌀을 한 움큼 집어들어 마귀에게 던졌더니 마귀가 사라졌다. p. 13.

200) John L'Estrange는 자신들이 인기를 잃고 있을 당시에 유언을 하는 영국인들 가운데 1/3만이 프란체스코회에 재산을 유증했다고 말한다.

201) Gasquet(p. 237)에 따르면 당시에 66개의 프란체스코회 수도원이 있었다고 한다. 최초의 프란체스코회 수녀원 곧 가난한 클라라 수녀원은 1293년에 런던 올드게이트 외곽에 세워졌고 "the Minories"(작은 자들)라 불렸는데, 그 지역에는 이 이름이 여전히 남아 있다. 해산될 당시에 영국에는 그런 수녀원이 세 곳 있었다.

202) 도미니쿠스회의 명칭은 교황의 교서들과 수도회 헌장에 표기된 대로 Ordo praedicatorum, fratres praedicatores, 혹은 단순히 praedicatores이다.

없었고, 그 성인과 같은 전설적 특징에 상응하는 것이 전혀 없었다.[202] 그는 불굴의 목표가 있었고, 정통 신앙을 전파하는 데 열성을 다했으며, 교회와 성직위계제도를 위해서 헌신했다. 그의 영향은 그의 인격 발휘나 당대인들과의 접촉을 통해서가 아닌 그가 세운 조직을 통해서 전파되었다. 프란체스코의 전기가 많이 저작된 데 비해 그의 전기가 몇 권 되지 않는 것은 다 이런 이유 때문이다.

도밍고(Domingo) 혹은 도미니쿠스는 1170년에 스페인 칼라로가에서 태어나 1221년 8월 6일에 볼로냐에서 죽었다.[203] 그의 어머니 아차의 후아나(Juana)는 도미니쿠스회의 전례에서 성인으로 숭앙을 받는다. 그는 아들이 일곱 살 때 삼촌에게 맡겨 사제가 되기 위한 교육을 받게 했다. 그 뒤 도미니쿠스는 10년 동안 팔렌시아에서 철학과 신학을 공부했는데, 우수한 학생이었다고 전해진다. 1195년경에 그는 오스마 주교좌성당의 참사회원이 되었다. 1203년에는 카스티야의 왕 알폰소 8세(Alfonso VIII)의 며느리를 구하기 위해서 자신의 주교 디에고 다체베다(Diego dAzeveda)를 수행하여 프랑스를 방문했다. 이번과 그 뒤 몇 차례에 걸쳐 피레네 산맥을 넘으면서, 그는 알비파를 접촉하게 되었고, 교황 인노켄티우스 3세가 프랑스 남부의 이단을 진압하기 위해 파견한 특사들도 만났다.

도미니쿠스는 이단 진압 운동에 뛰어들면서 설교 여행을 시작했다. 알비파가 세운 학교들을 상쇄하기 위해서 툴루즈 교구에 자리잡은 프루일에 소녀원을 세우고 그곳에서 가난하게 된 귀족들의 딸들을 모아 가르쳤다. 시몽 드 몽포르(Simon de Montfort)와 친밀한 관계를 유지했으나, 알려진 한도에서는 알비파 십자군 원정에 영적 고문 역할을 수행한 것 외에는 적극 참여하지 않았다. 이단 개종을 위한 선교회를 설립하려는 그의 노력에 대해서 툴루즈의 주교 풀크가 지원에 나서서 1215년에 그에게 자신의 교구 십일조의 1/6을 주었다. 초창기에 그에게 합류한 사람들 가운데는 그에게 저택을 내준 툴루즈의 시민 피에르 첼라니(Peter Cellani)가 있었다.

도미니쿠스의 생애에서 새로운 획을 긋게 된 계기는 제4차 라테란 공의회가 개회중인 로마를 방문하여 인노켄티우스 3세에게 격려를 받은 것이었다. 그 자리에서 교황은 새로운 수도회를 설립하겠다는 그의 계획에 동의하지 않고, 대신에 기존 수도회들 가운데 한 곳을 택하라고 했다. 도미니쿠스는 성 아우구스티

---

203) 그가 귀족 가문인 구스만 가 출신이라는 주장은 볼란드파에 의해 논박당했다.

누스 참사수도회의 수도회칙과 아우구스티누스회의 검정 수도복을 채택하고, 툴루즈에 성 로마누스 수도원을 건립했다. 그리고 1216년 9월부터 1217년 부활절까지 다시 로마를 방문했다. 1216년에 교황 호노리우스 3세는 그의 조직을 승인하고, 그 수도회가 재산과 건물을 소유할 수 있도록 허락했다. 신뢰도가 떨어지는 전승에 따르면, 호노리우스가 그 자리에서 도미니쿠스에게 궁정장(magister palatii)이라는 중요한 직위도 하사했다고 한다. 그 직위는 그레고리우스 9세 이전에 존재했을 리가 없다.

전설 차원에서 전해지는 그의 생애 이야기에 따르면, 당시 이 성인이 끊임없이 스스로 채찍질하고 그 밖의 엄격한 금욕을 실천했다고 한다. 기적들도 많이 일으켰고, 심지어 죽은 자까지도 살려냈다고 한다.

1217년에 도미니쿠스는 수사들을 보내 수도원을 세우도록 했다. 얼마 지나지 않아 그의 수도회는 파리와 볼로냐, 로마 같은 대도시들에 뿌리를 내렸으며, 파리 대학교의 유명한 교회법 교수 레지날(Reginald)이 그 수도회에 가입했다. 도미니쿠스 자신은 1218년에 스페인 마드리드에 여성들을 위한 수도원 한 곳, 세비야에 남성들을 위한 수도원 한 곳, 이렇게 두 수도원을 설립했다. 파리의 첫 도미니쿠스회 수도원인 생 자케 수도원은 프랑스 도미니쿠스회에 자코뱅(Jacobins)이라는 이름을 붙였고, 프랑스 대혁명 때 그 도시에서 집회를 가졌던 정파에는 자코뱅당(Jacobites)이라는 이름이 붙었다. 1224년에 성 자케 수도원에는 120명의 수사들이 있었다. 도미니쿠스회는 프랑스적 요소를 강하게 띠었으며, 기도문 가운데 프랑스 왕을 위해 드리는 기도가 포함되어 있었다. 프랑스에 뿌리를 내린 도미니쿠스회는 독일로 갔다. 그 나라에서도 주교들의 각종 금지 처분과 다른 수도원들의 반대에도 불구하고 쾰른·보름스·스트라스부르·바젤 등의 도시들에 빠른 속도로 자리를 잡았다. 1221년에 이 수도회는 잉글랜드에 들어갔고, 즉시 옥스퍼드에 터전을 마련했다.[204] 런던의 블랙프라이어스 다리(the Blackfriars Bridge)는 그 도시에서 활동했던 위대한 탁발수도회의 기억을 그 이름에 간직하고 있다.

---

204) 헨리 8세 치하에서 수도원들이 탄압을 받을 때 도미니쿠스회는 영국에 58개의 수도원을 보유하고 있었다(Gasquet, p. 237). Addis와 Scannell에 따르면 57개라고 한다.

도미니쿠스회의 첫 총회는 1220년에 볼로냐에서 열렸다. 도미니쿠스는 이탈리아 북부에서 뜨거운 열정으로 전도하다가 1221년 8월 6일에 볼로냐에서 재 위에 누워 숨을 거두었고, 그곳의 성 니콜라우스 수도원에 묻혔으며, 그의 묘지는 피사의 니콜라우스와 미켈란젤로가 그림으로 장식했다. 프란체스코와 파두아의 안토니우스가 죽은 뒤 즉시 시성되었던 것과 달리, 도미니쿠스의 시성은 그가 죽은지 13년 뒤인 1234년 7월 13일에 이루어졌다.

도미니쿠스가 세상을 떠났을 당시에 그의 설교 탁발수사들은 프로방스·프랑스 북부·스페인·롬바르디아·이탈리아·잉글랜드·독일·헝가리에 수도원들을 두고 있었으며, 각 지역은 해마다 자체적으로 대회를 열었다. 1228년에는 위의 여덟 개 관구에 새로운 네 관구 — 폴란드·덴마크·그리스·예루살렘 — 가 덧붙었다. 이 관구들이 모여서 총회를 구성했다. 각 관구는 관구장(provincial prior)이 관장했으며, 수도원들은 소수도원장(prior) 혹은 부수도원장(sub prior)이 관장했다. 대수도원장이라는 직함과 권위는 취하지 않았다. 조직 전체는 총장(grand master)이 주관했다.[205] 교황청은 이 수도회에 모든 곳에서 설교할 수 있는 중요한 권한을 포함한 여러 가지 특권을 잇달아 부여했다(1227년 5월 16일). 1228년의 수도회칙이 우리가 보유하고 있는 최초의 도미니쿠스회 수도회칙이지만, 그것이 실제로 최초의 것은 아니다. 이 회칙은 제3대 총장인 레몽 드 페냐포르트(Raymund de Penaforte) 때 개정되었다.

탁발(托鉢, mendicancy)은 1220년 제1차 총회에서 수도회의 규율로 규정되었다.[206] 성 프란체스코의 본을 따랐으며, 수사 개인뿐 아니라 수도회 전체가 모든

---

205) Magister generalis. 1862년에 피우스 9세는 총장의 임기를 12년으로 제한했다. 1272년 이래로 총장은 로마의 산타 마리아 소프라 미네르바에 거주했다.

206) Denifle(pp. 181 sqq.)는 호노리우스가 그 수도회에 명령하기 전부터 도미니쿠스의 마음에는 청빈 사상이 있었으며, 그것이 프란체스코의 경우와 마찬가지로 그에게도 독창적인 것이었다고 진술한다. 이 견해는 도미니쿠스와 그의 추종자들에게 재산 보유를 승인한 호노리우스의 1216년 대칙서와 모순되는 듯하다. 조르다누스(c. 27)는 청빈의 원리를 채택한 목적이 설교자들에게 세상 재물에 대한 염려를 벗겨주기 위함이었다고 진술한다. 프란체스코는 개인의 성화(聖化) 수단으로 이 원리를 채택했고, 도미니쿠스는 자신과 추종자들이 아무 염려 없이 영혼 구원 사역에 매진할 수 있기 위한 방편으로 채택했다.

재산권을 포기했다. 하지만 프란체스코회만큼 탁발을 크게 강조하지는 않았다. 도미니쿠스회 수사들에게는 탁발이 양심의 문제였으며, 도미니쿠스회는 재산 소유 문제를 둘러싼 내분을 겪지 않았다. 수도회가 청빈을 유지해야 한다는 규정은 1477년에 교황 식스투스 4세에 의해서 완전히 폐지되었다. 도미니쿠스가 추종자들에게 마지막으로 남긴 권고는 "사랑을 잃지 말고, 겸손하게 봉사하고, 자발적으로 가난하게 살아야 합니다"라는 것이었다. 그러나 후대의 역사를 보면 이 권고가 그들의 마음에 그다지 깊이 박히지 않은 듯하다.

도미니쿠스는 프란체스코와는 달리 노동을 수사들의 과업과 연계하지 않았다. 그는 노동을 연구와 설교로 대체했다. 도미니쿠스회는 연구를 분명한 과업으로 채택한 최초의 수도회였다. 도미니쿠스는 파리에 생 자케 수도원을 설립하고 자신의 수사들 17인을 그곳으로 파견하여 운영하도록 하면서 그들에게 "연구하고 설교하라"고 당부했다. 툴루즈 수도원에는 수사들이 공부할 수 있도록 독방들을 마련했다. 4년 과정의 철학과 신학 수업을 받은 수사들에게 설교할 자격을 부여했으며, 그 뒤에도 3년간 신학을 더 공부하도록 했다.

설교와 영혼 구원이 그 수도회의 주된 목표로 규정되었다. 제5대 총장인 훔베르트 데 로마니스(Humbert de Romanis)는 도미니쿠스회의 목표가 연구에 있는 게 아니라고 말하면서도, 연구가 설교와 영혼 구원에 가장 필요하다고 주장했다. 또 다른 총장은 연구는 설교를 위해 있고, 설교는 영혼 구원을 위해 있으며, 이것이 최종 목표라고 말했다. 수사가 스물다섯 살이 되기 전에는 수도원 밖으로 나가 설교하는 것을 허락하지 않았다. 그리고 설교한 대가로 음식을 제외한 돈이나 그 밖의 선물을 받지 못하도록 했다. 뱅상 페레(Vincent Ferrer)와 사보나롤라(Savonarola)가 중세 도미니쿠스회 설교자들 가운데 가장 유명한 인물이었듯이, 19세기에는 라코르데르(Lacordaire)가 그 수도회의 가장 유명한 연설가였다. 도미니쿠스회는 주로 상류층을 대상으로 사역했다. 수도회들 가운데 귀족적 요소를 대변한 셈이다.

종교재판소의 역사는 도미니쿠스회에 많은 지면을 할애한다. 도미니쿠스회 수사들이 이단의 부패를 척결하는 가장 유력하고 열정적인 재판관들이었다. 단테가 도미니쿠스를 "친구들에게는 선량하고 원수들에게는 두려운" 인물로 묘사했을 때 염두에 둔 것이 바로 이러한 그 수도회 수사들의 특징이었다.

1232년에 종교재판소의 업무가 대부분 도미니쿠스회의 관할로 넘어갔다. 프랑스 북부와 스페인, 독일이 그들의 담당 지역이었다.[207] 엄격한 종교재판관 토르케마다(Torquemada)가 도미니쿠스회 수사였으며, 훗날 로마 교회의 비판 세력을 염탐하고 처벌할 때 가혹한 방법들을 동원한 사실이 그 수도회의 이름에 지울 수 없는 얼룩을 남겨 놓았다. 역사학도라면 그런 방법들을 동원해서 정통 신앙을 유지하려고 했던 시도들을 매정한 태도로 간주해야 마땅할 것이다. 도미니쿠스회의 문장(紋章)은 교황 호노리우스가 하사한 것으로서, 타오르는 횃불을 입에 물고 세상을 관찰하고 세상을 밝히는 개였다. 피렌체에 서 있는 그들의 수도원 산타 마리아 노벨라에 있는 그림은 그 수도회가 이단 사냥꾼들로서 차지하게 된 지위를 묘사한다. 이 그림에는 개들이 도미니쿠스회의 색깔들인 흰색과 검정색 옷을 입고서 이단들을 상징하는 여우들을 추격하고 있는 동안, 교황과 황제는 고문단에 둘러싸인 채 권좌에 앉아 만족스럽게 그 광경을 지켜보고 있다. 도미니쿠스가 1220년에 기혼자와 미혼자를 망라한 남녀들을 대상으로 그리스도의 군대를 설립한 것도 이단을 뿌리뽑으려는 그의 노력의 일환이었다. 훗날 이 집단은 참회 형제 자매회(the Brothers and Sisters of Penitence) 혹은 도미니쿠스 제3수도회라 불렸다. 프란체스코회 제3수도회의 경우와 마찬가지로 수사들 중 더러는 수도원 생활을 했다.

로자리오(Rosary, 묵주)도 도미니쿠스회의 역사에서 중요한 자리를 차지했다. 신뢰성이 떨어지는 전승에 따르면 도미니쿠스회가 이것을 처음으로 사용했다고 한다. 그 전승에 따르면, 알비파 원정이 감행되는 동안 성모 마리아가 도미니쿠스에게 나타나 이단들을 회심시킬 때 로자리오를 사용하라고 명령했다고 한다. 로자리오 기도는 묵주를 굴려가며 파테르 노스테르(우리 아버지)를 15번, 아베 마리아를 150번 외우는 것으로 이루어진다. 도미니쿠스회는 일찍부터 로자리오 기도에 열중했으나, 최초의 사용자라는 명예를 놓고 카르멜회와 경쟁을 벌이게 되었다.

악명 높은 도미니쿠스회 종교재판관이자 마녀 사냥꾼인 야콥 슈프렝거(Jacob Sprenger)가 최초의 로자리오회를 설립했다. 교황 피우스 5세는 1571년에 레판토 해전에서 승리하게 된 비결을 로자리오 덕분으로 돌렸다. 최근에 피우스 9세

---

207) 참조. Potthast, II. 9386, 9388 (그레고리우스 9세, 1234), etc. 프란체스코회 수사들은 이탈리아와 프랑스 남부에서 종교재판관들이 되었다.

와 레오 13세는 로자리오 기도에 큰 비중을 두고 시행했다. 레오는 1883년 9월 1일에 발행한 회칙에서, 위대한 도미니쿠스가 당대인들의 상처를 고치는 치유제로서 로자리오를 도입했다고 말했다. 이 회칙은 마리아가 "하늘의 가장 높은 영광과 권력의 지위에 있으며 …… 마리아를 향해서 그 거룩하신 아드님을 달래어 우리를 고통으로 짓누르는 악들을 덜어달라고 대신 빌어달라고 구해야 할 것"이라고 밝힌다.[208]

레오 13세는 토마스 아퀴나스를 가톨릭 신학과 도덕의 권위 있는 스승이자 가톨릭 학교들의 수호성인으로 선포함으로써 도미니쿠스회에게 최고의 영예를 안겨주었다.

---

208) 레오는 거듭 발행한 회칙들(1884년 8월 30일, 1891년 등)에서 로자리오 기도를 권하면서, 그것을 완전한 사죄와 연관지었다. 그는 로레토 전례에 "지극히 거룩한 로자리오의 여왕"이란 문구를 넣도록 지시했다. 로자리오의 역사에 관해서는 Lea, *Hist. of Auric. Conf.*, III. 484 sqq.와 특히 프란체스코회 학자 Heribert Holzapfel의 논문 *St. Dominikus und der Rosenkranz*를 참조하라. 이 저자는 도미니쿠스가 로자리오를 고안하거나 선전하지 않았다고 주장한다. 성모에 대한 기도와 경배에 관한 자세한 규정이 실린 1228년의 원래 헌장에 로자리오가 언급되지 않았고, 13세기에 작성된 18편의 전기적 글에도 그것이 언급되지 않았다. Holzapfel은 13, 14세기를 통틀어 성 도미니쿠스와 로자리오를 관련지은 사례가 전혀 없다고 진술한다(p. 12). 1478년에 식스투스 4세가 교황으로서는 처음으로 로자리오 기도를 권장했다. 그러나 식스투스는 그것을 도미니쿠스와 관련짓지 않는다. 그것은 레오 10세와 더불어 시작되었다. 레오 13세가 10년 전인 1883년 9월의 회칙에서 분명하게 진술한 내용을 이렇게 과감하게 부정한 저자가 그 뒤에 어떻게 되었는지 나는 잘 모른다. Holzapfel은 로자리오에 대한 교황의 진술에 대해 다음과 같이 분명하게 반대했다(p. 37). "가톨릭 교도들이 종교 문제에서 베드로의 계승자들의 권위를 아무리 높여 주장할지라도, 가능한 모든 질문들에 대해서까지 그들의 권위를 확대하는 것은 견제해야 한다." 아마도 Holzapfel 신부의 글은 토마스주의자들과 스코투스주의자들 사이에 존재하곤 하던 격렬한 정서가 남아 있다는 반증일 것이다.

제 9 장

선교

73. 개관

이 시기에 이루어진 선교 사역에서는 아우구스티누스·콜롬바·보니파키우스의 위대한 선교 시대에 나타났던 열정을 찾아볼 수 없다. 왜 이렇게 되었는가 하는 설명은 중세 교회를 지배한 야심과, 유럽이 외부로부터 위협을 받던 상황에서 찾아볼 수 있다. 십자군들은 비기독교인들에 대한 개종 사업 대신에 성소라 불리던 지역들을 이단들에게서 되찾는 데 주력했다. 서방 기독교 세계의 모든 세속사를 장악하고 주관하려는 교황청의 노력도 교회로 하여금 다른 데 눈을 돌리지 못하게 만들었다. 이 두 가지 운동이 로마 교회의 정력을 거의 소진시켰다. 반면에 몽고족 혹은 타타르족이 저녁 늑대들과 같은 사나운 기세로 중앙 아시아를 뚫고 나와 유럽 전역을 공포의 도가니로 몰아넣었으며, 따라서 13세기의 주된 관심사의 하나는 그들이 유럽 대륙의 한복판으로 뚫고 들어오는 것을 저지하는 것이었다. 프랑스 남부의 이단 분파들은 교회의 통일을 위협했고, 다른 상황이었다면 이교도 개종에 쏟아부었을 분량의 노력을 앗아갔다.

이 무렵에 상인들과 식민지 개척자들이라는 두 집단이 등장했는데, 이들은 금세기에 아프리카와 그 외의 대륙들에서 활동하고 있는 상인들과 탐험가들에 해당하는 사람들이었다. 발트 해 연안을 따라서, 그리고 때로는 아시아에서 상인들과 탐험가들은 선교사들보다 먼저 혹은 함께 들어갔다. 그리고 독일 북동부의 야만적인 부족들을 기독교 세계의 통치에 굴복시키기 위해서 칼과 식민지 건설이 영적 무기만큼이나 중요하게 사용되었다.

이 시기의 선교 역사는 세 장으로 이루어졌다. 첫 장은 독일 북동부와 리가까지 이르는 발트 해 연안의 이교도들을 대상으로 한 선교였고, 둘째 장은 아프리카 북부의 이슬람교도들을 대상으로 한 선교였으며, 셋째 장은 아시아 중부와 동부의 몽고족을 대상으로 한 선교였다. 아직도 이름이 남아 있는 이 시기의 주요 선교사들은 유럽 북동부에서 사역한 밤베르크의 오토(Otto)와 비켈리누스(Vicelinus), 뤼브뤼키(Rubruquis)와 아시아를 두루 여행하며 복음을 전한 몬테카시노의 요한, 아시시의 프란체스코와 아프리카에서 복음을 전한 라이문두스 룰루스(Raymundus Lullus)이다.

유대인들이 교회로부터 받은 대우도 이 장에서 다뤄야 할 주제이다.

74. 독일 북동부에서 전개된 선교

이 시기의 초반에 슬라브족에서 파생한 벤드족(the Wends)이 뤼벡에서 리가에 이르는 발트 해 연안(오늘날 포메라니아, 브란덴부르크, 그리고 작센의 일부 지역에 해당하는)을 차지하고 다스린 지배 민족이었다.[1] 이들은 독일인들도 슬라브인들도 아닌 리투아니아인들이었다.[2] 샤를마뉴는 엘베 강 너머 지역에 대해서는 정복을 시도하지 않았다. 이 부족이 거주하는 영토에 접경을 마주한 뷔르츠부르크·마인츠·할버슈타트·베르덴·브레멘-함부르크 교구들은 그들을 개종시키려는 노력을 아예 하지 않았거나 했더라도 그 정도가 변변치 않았다. 그러던 중 오토 1세 때에는 그들에게 복음을 전하려는 목적으로 하벨베르크·마이센·메르세부르크 등의 교구들이 설립되었다. 967년의 라벤나 교회회의에서 오토는 벤드족이 이미 회심했다고 섣불리 자랑했다.

벤드족의 단조로운 역사에서 크게 부각되는 유일한 인물은 고트샬크

---

1) 참조. 60. 타키투스는 벤드족을 Venedi라고 부르는데, 이 이름은 '물'을 뜻하는, 그리고 그들이 거주하던 저지대(많은 경우 습지)를 가리키는 슬라브어 voda나 라틴어 wandu에서 유래한 듯하다.

2) 루터의 요리문답을 이 부족의 언어로 옮긴 두 번역서(1545, 1561)는 이 부족이 리투아니아 출신임을 가리키는 듯하다.

(Gottschalk)였다. 잉글랜드에서 회심한 그는 하나의 방대한 제국 안에 거주하던 여러 부족들을 하나로 결집했다. 그는 자기 민족을 기독교로 개종시키려는 열망을 품고서 메클렌부르크와 뤼벡, 올덴부르크 같은 중심 도시들에 수도원들을 건립했다. 그러나 1066년에 고트샬크가 살해되면서 그 지역은 다시 여러 갈래로 분할되었으며, 그때부터 벤드족은 폴란드와 작센의 공작들에게 정복의 대상이 되었다. 그들에게 복음을 전하려는 시도가 있었으나 번번이 격렬한 저항에 부닥쳤다. 벤드족과 게르만족은 서로를 미워했다.[3] 이 야만적인 부족들은 일부다처제와 영아 살해를 시행했고,[4] 죽은 자를 화장했으며, 종교적으로 신성시하는 우물들과 숲들과 우상들을 두고 있었다.

독일 북동부에 이 부족들이 거주하기까지는 두 세기가 걸렸는데, 이번에는 대부분 교회의 주도하에 게르만족이 차지했다. 이때 교회가 사용한 방법은 선교사들을 통한 교육과, 튜턴 기사회의 무력, 독일 식민지 개척자들에 의한 정착촌 개발 등이었다. 교회는 성사들과 의식을 교회와 연합하는 조건으로 전면에 내세웠다. 야만적 관습들을 폐지할 것도 요구했다. 새로 복음을 전한 이 지역들에 주교구와 수도원을 영적 보루들로 삼았다.

벤드족 가운데 들어가 사역한 최초의 선교사는 순수한 선교 열정을 품고 사역한 스페인의 시토회 수사 베르나르드(Bernard)였다. 그는 벤드족의 언어를 전혀 모른 데다가 맨발에 조야한 수사복을 입고 다닌 까닭에 그곳 민중들에게 마음을 얻지도 못했고 그들 사회로 뚫고 들어가지도 못했다. 그들의 성직자들은 근사한 복장을 갖추고 있었던 것이다.

베르나르드에 이어서 사역한 사람은 밤베르크의 주교 오토(1102-1139 재위)로서, 베르나르드의 권유를 받고서 선교 여행을 하게 되었다. 그는 포메라니아의 사도라는 칭호를 얻었다. 1124년에 그는 교황 호노리우스 2세의 축복을 받은 뒤 자신을 도울 성직자들을 넉넉히 지원을 받은 채 그 지역으로 향했다. 그곳에 도착한 그는 포메라니아의 공작 프라티슬라브(Wratislaw)에게 따뜻한 영접을 받았

---

3) Hauck은 전시에 두 부족이 보여준 잔인한 면모들을 구체적인 사례로 소개한다. III. 90 sqq.

4) 그들은 자식이 많은 집안에 딸이 태어나면 질식시켜 죽이는 것을 아무렇지도 않게 생각했다.

는데, 공작 자신이 젊었을 때 전쟁 포로로 잡혔다가 세례를 받은 적이 있는 사람이었다. 오토는 피리츠에서 7천 명에게 세례를 주게 되었는데, 이 일은 당시의 관습대로 침례의 방식으로 이루어졌다는 점에서 특별한 관심을 끈다. 물통을 여러 개 준비하여 가장자리가 무릎 높이까지 올라오도록 땅에 묻었다. 연대기 저자에 따르면, 세례를 받기 위해 그 안으로 들어가기가 쉬웠다고 한다.[5] 물통들에는 천막을 쳐서 지붕을 만들었다. 오토는 민중에게 칠성사(七聖事)를 가르쳤고, 일부다처제와 영아 살해 관습을 버려야 한다고 강조했다.

스테틴에서 그는 트리글라르(Triglar) 신전을 부쉈고, 십자가가 승리했다는 신호로 그 우상의 삼중 머리를 로마로 보냈다.

1128년에 오토는 포메라니아를 두 번째로 여행했다. 통역관을 데리고 다닌 그는 설교를 한 다음에는 신전을 부수고 그 자리에 교회를 짓는 방식으로 일을 해나갔다. 그 지역 민중의 영적 안전 못지않게 물질적 형편에도 관심을 보인 그는 그 일환으로 그 지역에 처음으로 포도원을 도입했다. 그의 사역을 마그데부르크의 노르베르트(Norbert)와 프레몽트레회가 이어받아 수행했다.

벤드족 선교사에 그 다음으로 중요한 인물인 비켈리누스(Vicelinus, 1154 죽음)는 오늘날 홀슈타인과 그 일대에 해당하는 지역에서 전도했다. 그는 이곳으로 오기 전에 파리 대학교에서 3년간 공부했고, 브레멘-함부르크의 대주교 아달베르트(Adalbert)에게 사역을 위임받았다. 이 지역에서는 곰이라는 별명을 지닌 작센 북부의 제후 알베르트(Albert, 1133-1170)와 사자라는 별명을 지닌 하인리히(1142-1163)가 원주민들인 바그리안족(the Wagrians)과 아보트족(Abotrites)과 격렬한 전투를 벌여온 까닭에 기독교가 들어갈 준비가 전혀 되어 있지 않았다. 그런 상황에서 비켈리누스는 제게베르크에 중요한 수도원을 세웠는데, 이곳이 선교사 훈련 센터가 되었다. 뤼벡 지방이 기독교를 받아들였고, 1148년에 비켈리누스는 올덴부르크의 주교가 되었다.

독일 선교사들은 멀리 리가(Riga)까지 갔다. 지역 부족들을 굴복시키는 데는 칼이 중요한 역할을 했다. 교황의 승인하에 십자군이 거듭 파견되었다. 리보니안족(the Livonians)은 제게베르크에서 훈련받은 마인하르트(Meinhard, 1196 죽

---

5) Herbord, II. 16. 세례 장면을 구체적으로 묘사해 놓은 글을 보면 침례를 시행했다는 데 한 점 의문도 남지 않는다.

음)를 통해서 기독교에 관한 최초의 지식을 얻었다. 그는 자기보다 먼저 그들에게 들어가 왕래하던 브레멘 상인들의 배를 타고 그들에게 들어갔다. 그는 윅스쿨 신설 교구의 주교가 되었다. 이 교구는 1202년에 리가 교구로 명칭이 바뀌었다.

마인하르트의 후임자인 시토회 수사 베르톨트(Berthold)는 처음에는 설교와 자선 사업에 의존하여 선교를 해나갔으나, 결국 폭력에 의해 쫓겨나고 말았다. 1198년에 그는 교황 켈레스티누스가 파견한 십자군을 이끌고 그 지역으로 돌아갔다. 그가 전쟁터에서 목숨을 잃은 뒤에 그의 후임자인 아펠데른의 주교 알베르트가 1199년에 또 다른 군대를 이끌고 그 지역으로 들어갔다. 그 뒤에 그 지역은 식민지 개척자들에게 열리게 되었다. 알베르트는 교황 인노켄티우스 3세의 승인을 받아 '칼의 형제회'(the Brothers of the Sword)라는 수도회를 설립했다. 이들이 벌인 원정들로 에스타오니아와 세네갈렌 지역들이 교회에 문을 열었다 1224년에 도르파트 교구가 설립되었는데, 그 명칭이 도르파트 대학교에 남아 전해져 내려온다.

비스와비슬라, 바이크셀] 강 유역에 펼쳐진 프로이센 동부는 1207년에 독일의 대수도원장 고트프리트(Gottfried)의 방문을 받았다. 그 지역의 제후들 가운데 두 명이 포메라니아에서 온 수사 크리스티안(Christian)의 전도로 회심하고서 토지를 교회에 기부했으며, 로마로 여행하여 그곳에서 세례를 받았다. 크리스티안은 1212년과 1215년 사이에 프로이센의 주교가 되었다. 그가 튜턴 기사회에게 전갈을 보내 그 지역 선교를 지원해달라고 요청하자, 1228년에 그 기사회 단장 살차의 헤르만이 그 요청을 받아들였다. 그 이전인 1217년에 교황 호노리우스 3세가 그 지역에 대한 십자군 원정을 지시한 바 있는데, 1230년에 그레고리우스 9세가 같은 지시를 다시 내렸다.

튜턴 기사회는 칼로 선교를 수행해 나갈 충분한 준비가 되어 있었으며, 정복지에 대한 적지 않은 지분을 약속받았다. 1230-1283년에 그들은 쉬지 않고 전쟁을 수행했다. 그 결과 1231년에 쿨름과 토른, 1255년에 쾨니히스베르크 같은 요새 도시들을 건설함으로써 탄탄한 교두보를 확보했다. 튜턴 기사회가 정복한 지역들에는 독일 식민지 개척자들이 밀려들어갔다. 1243년에 교황 인노켄티우스 4세는 프로이센을 네 교구 — 쿨름·포메라니아·사멜란트·에르멜란트 — 로 분할했다. 그리고 주교들이 정복지의 1/3을 차지하도록 했다. 1308년에 독일 기

사회(the German Knights)sms 비스와 강 어귀의 단치히를 점령했고, 일년 뒤에
는 마리엔부르크에 본부를 설립했다.[6] 그들은 1410년의 탄넨베르크 전투와 1466
년의 토른 평화조약으로 인하여 프로이센의 비스와 강 서부 지역을 상실했고,
그 뒤로 그들의 영토는 프로이센 동부로 국한되었다. 이 수도회의 역사는 훗날
그들의 단장 브란덴부르크의 알브레히트가 종교개혁을 받아들이고 공국(公國)
을 자기 가문의 세습 재산으로 만드는 것으로 막을 내리게 된다.

75. 이슬람교도들에 대한 선교

이슬람권 선교와 관련해서는 아시시의 프란체스코와 라이문두스 룰루스
(Raymundus Lullus) 두 사람이 중요한 자리를 차지하며, 이렇다 할 항구적인 결
과를 내지 못한 그들의 노력과 더불어 그 주제도 고갈된다. 십자군 원정들은 그
리스도인들과 이슬람교도들 사이에 깊은 심연을 형성해 놓았고, 그 거짓 예언자
의 추종자들로 하여금 기독교 선교사들의 호소에 더욱 귀를 닫게 만들었다.

프란체스코회 탁발수사들은 1213년에 모로코에 갔다가 순교자의 면류관을 썼
으나, 이슬람교도들에게는 깊은 인상을 남기지 못했다. 성 프란체스코는 열한
명의 동료들을 데리고 1219년에 시리아와 이집트를 여행했다. 이 일에 관한 기
록은 퍽 빈약하고 내용도 확실치 않다.[7] 프란체스코는 아크레에 상륙하여 다미
에타 성벽 아래 주둔하고 있던 십자군 진영으로 갔고, 그곳에서 십자군을 대표
하여 술탄과 이슬람 병사들을 향해서 설교했다. 그때의 이야기에 따르면 술탄이
프란체스코의 설교에 크게 감동되어 프란체스코회 탁발수사들에게 통행료 없이
성묘를 방문할 수 있도록 허락했다고 한다.

라이문두스 룰루스(1235?-1315)는 일생을 이슬람권 선교에 바쳤고, 순교자의

---

6) Ranke(VIII. 469)는 튜턴 기사 수도회의 조직이 중앙 유럽 진출 시도를 시도하던
몽고족에 대한 유일한 저지 세력이었다고 간주한다.

7) Jacob of Vitry(*Hist. Occ.*, 32)와 Giordano di Giano가 우리의 주된 전거이다. 사
바티에는 *Life of Francis*에서 그 증거를 받아들이지만, 여행 사실에 대해서는 단 몇
줄로 처리한다.

죽음으로써 자신의 열정을 입증했다. 그는 중세 유럽의 남서부에서 배출된 가장 주목할 만한 인물의 한 사람이었다. 아프리카에 세 번 선교 여행을 했고, 대학교들에 동방의 언어들을 가르치고 선교사들을 양성할 학과들을 설치하는 계획을 최초로 제안했다. 또한 불신자들에게 기독교 진리를 깨우쳐 주려는 목표로 소책자도 많이 썼다.

룰루스는 지중해 마요르카 섬의 팔마에서 태어났다. 아버지는 발레아레스 제도(諸島)를 사라센족에게서 구출하는 데 이바지한 일로 명성을 얻은 인물이었다. 룰루스는 결혼하여 자녀들을 두었으나, 궁정에서 방탕한 생활에 탐닉하면서 시재(詩才)를 연애시에 바쳤다. 그러다가 서른한 살에 인생의 방향을 완전히 바꾸어 좁은 길로 들어가게 되는데, 자신이 연정을 품은 여성들 중 하나를 좇아 교회당 안으로 들어갔다가 거기서 그 여성이 갑자기 열어 보여준, 가슴까지 자라난 암덩어리를 보게 된 것이 그 계기가 되었다. 그 일을 겪은 뒤 그는 캄포스텔라로 순례했고, 고향 섬에 있는 란다 산으로 들어가 은둔 생활을 했다. 그곳에서 5년간 혼자 지내다가 1272년에 성 프란체스코회 제3수도회에 들어갔다. 이슬람교도들과 그 밖의 이교도들을 개종시키는 일에 관심을 갖게 된 그는 자신이 노예에서 속량해준 무어족 사람에게 아랍어를 배웠다. 그는 계시를 통해서 특정 지식 체계를 받았는데, 이것에 보편 학문(ars magna 혹은 ars generalis)이라는 이름을 붙였다. 1276년에는 아라곤 왕의 지원을 받아 마요르카 섬에 아랍어와 시리아어로 선교사들을 양성할, 프란체스코회 부설 대학을 세웠다.

룰루스는 파리로 가서 유학하면서 자신의 보편 학문을 발전시켰다. 훗날 그는 그 대학교로 돌아가 강의했다. 1286년에는 로마를 방문하여 자신이 품고 있는 선교 계획을 펼쳐 보였으나, 교황의 호의를 얻는 데 실패했다. 1292년에는 제노바에서 배를 타고 아프리카로 선교 여행길에 올랐다. 튀니스에서 무슬림 학자들과 공개 토론을 벌여 보려고 했으나 뜻을 이루지 못했다. 오히려 폭동이 일어나 가까스로 목숨을 건졌을 뿐이다. 유럽으로 돌아온 그는 다시 교황의 호의를 얻어보려고 노력했으나 결국 성과를 거두지 못했다. 1309년에 두 번째로 튀니스로 가서 이슬람교 신자들과의 토론을 시도했다. 혹시 이슬람교로 개종한다면 큰 명예를 선사하겠다는 제의를 받은 그는 "저도 여러분에게 약속 드리건대, 만약 돌이켜서 예수 그리스도를 믿으신다면 풍성한 재물과 영생을 받게 될 것입니다" 하고 말했다.

이번에도 폭력에 의해 아프리카를 떠나게 된 룰루스는 교황 클레멘스 5세와 1311년의 비엔 공의회 앞에서 자신의 계획을 설명했다. 그 자리에서 아랍 철학자 아베로에스(Averhoes)가 누리던 명성을 소개하고, 동방 언어들을 연구하고 가르칠 학과들을 설치해야 할 필요를 역설했다. 그의 뜻이 관철되어서 결국 아비뇽·파리·옥스퍼드·살라망카·볼로냐에 헬라어와 히브리어, 갈대아어, 아랍어를 가르칠 학과들이 설치되었다.

몸은 거의 여든이 다 된 노인이었으나 지칠 줄 몰랐던 그 불굴의 선교사는 다시 튀니스를 향해 떠났다. 하지만 부지아에서 전도를 하다가 전과 같이 폭동이 일어났으며, 이번에는 성 밖으로 끌려나가 돌에 맞았다. 거반 죽게 된 상태에서 기독교인 선원들에게 구출된 그는 배를 타고 돌아가다가 도중에 숨을 거두었다. 그의 유골은 팔마에 보관되어 있다.

이 노인은 거의 50년이란 세월 동안 이슬람교도들에게 복음을 전하기 위해 여러 가지 방법을 주창했다. 우리가 아는 한도에서 그의 설교나 변증서들이 불신자들과 유대인들과 이슬람교도들에게 별다른 감흥을 일으키지 않았을지라도, 그의 이름은 선교사로 헌신하고자 하는 사람들을 선교지의 언어들로 훈련해야 한다고 제안함으로써 선교사 학교라는 새로운 개념과 항상 연관된 채 길이 남을 것이다. 그러나 룰루스는 단지 뜨거운 열정으로 선교를 옹호하는 데 그치지 않았다. 그는 시인이자 전문적인 스콜라 사상가였다.[8] 스페인이 그처럼 유명한 스콜라 학자를 배출한 적이 없었다. 그는 많은 글을 남긴 저자였으며, 자신의 사상을 자연 과학에 적용함으로써 동료 프란체스코회 학자인 로저 베이컨(Roger Bacon)과 항상 비교되었다.

그는 자신의 보편 학문을 신학의 제문제를 해결하는 데 적용했을 뿐 아니라, 의학과 법학, 천문학과 지리학, 문법과 수사학에도 적용했다.[9] 그것이 그에게는 천상과 지상을 아우르는 모든 사상 분야들을 이해하는 열쇠였다. 그는 원형들이

---

8) D. Arias de Loyola가 작성한 Escurial 안의 목록에 따르면 Lullus가 410편의 소책자를 썼다고 한다. 이 책들은 대부분 사본으로 현존하며, 유럽의 도서관들에 배포되어 있다.

9) 그는 하늘과 땅의 기적들에 관한 저서(*de miraculis coeli et mundi*)에서 아버지가 아들을 데리고 삼림을 뚫고 들판을 건너고 사막을 넘고 도시들을 지나고, 각종 식물들과 동물들을 겪은 뒤 천국과 지옥을 두루 살펴본 다음 자신들이 본 경이로운 광

나 그 밖의 수학 도표들로 배열한 알파벳 문자들로 개념들을 표현했다. 원형들을 돌리고 행(行)들을 바꾸는 방식으로 이 개념들을 진리의 체계를 나타내는 관계들에 대입하였다. 예를 들어 하나님이라는 단어를 그런 방법으로 다음과 같은 아홉 가지 덕들을 대표하는 아홉 개 문자(B-K)와의 관계에 대입하였다: 선함·위대함·영원함·권능·지혜·의지·순결·진리·영광. 혹은 B에서 K에 이르는 아홉 가지 문자들은 무엇을(quid)·무엇으로부터(de quo)·왜(quare)·얼마나(quantum) 같은 아홉 가지 질문을 대표했다. 이 내용을 하나님께 적용하면 이를테면 "하나님의 존재가 필연이다"라는 식의 정당한 정의들이 세워진다. 이 만화경 같은 방법을 룰루스가 유대인들과 아랍인들에게서 배워왔을 가능성이 없지 않으며, 그 자신은 이것을 가리켜 카발라(Cabala, 유대교 신비주의) 풍이라고 불렀다.

룰루스의 철학은 룰루스파라 불린 많은 수의 추종자들을 얻었다. 그 철학을 발렌시아와 아라곤 같은 대학교들에서 가르쳤다. 조르다노 브루노(Giordano Bruno)가 그 철학에 영향을 받았다. 종교재판관 에이메리쿠스(Eymericus)는 룰루스파의 철저한 대적이 되어서 그 지도자들의 가르침을 로마 법정에 회부했으며, 그들을 이단으로 단죄한 그레고리우스 11세의 대칙서를 공시(公示)했다(1372).[10] 스페인 왕 필리페 2세는 그 마요르카인의 저서들을 몇 권 읽고서 주석을 단 사본들을 에스코리알 왕궁 도서관에 남겼다. 룰루스의 저서들은 교황 파울루스 4세가 1559년에 공포한 금서목록에 포함되었으나, 트렌트 공의회의 판결로 목록에서 배제되었다. 1619년에 내려진 교황의 판결은 룰루스의 교리를 위험한 것으로 간주하여 가르치고 배우는 것을 금지했다. 1847년에 피우스 9세는 마요르카 섬에서 성인으로 존경을 받고 있는 거룩한 라이문두스 룰루스의 업적을 관장하는 부서 설립을 승인했다. 프란체스코회는 레오 10세 이래로 자신들의 성

경들을 말하는 내용을 소개한다. 그는 *Blanquerna magister christianae perfectionis*라는 저서에서 도덕극을 소개하는데, 이 극에서 주인공은 수사·대수도원장·주교·추기경·교황 등 모든 성직을 두루 겸은 뒤 마침내 교황관을 벗고 수도원에 들어가 수도 생활에 정진한다.

10) 이 대칙서의 진정성은 많은 논쟁의 주제가 되었다. 후대의 교황들은 심지어 그 문제를 조사할 위원회를 선임했는데 대칙서뿐 아니라 그레고리우스가 발행한 다른 문서들까지도 발견되지 않았다.

무일과서에 그 스페인 성인의 기억을 담아 기념해오고 있다.

76. 몽고족에 대한 선교

중앙 아시아와 오늘날 중국 제국이라 불리는 지역은 12세기의 서유럽 사회에는 거의 알려지지 않았다. 이것은 중앙 아프리카의 빅토리아 호수가 스페크(Speke) · 리빙스턴(Livingstone) · 스탠리(Stanley)의 탐험이 있기 전에는 유럽 사회에 알려지지 않았던 것과 같은 이치이다. 에데사와 니시비스에 학교들을 운영한 네스토피우스파가 자연스럽게 아시아의 중부와 동부에 복음을 전파하는 과업을 떠맡았다. 그들은 멀리 중국까지 갔으나, 9세기 이후에 그들의 학교들이 쇠퇴하면서부터는 답보 상태에서 벗어나지 못했다. 네스토리우스파의 개인들이 아시아 여러 왕궁에 들어가 고문이나 의사로서 유력한 지위에 오르고, 네스토리우스파 여성들이 몽고족 추장들의 어머니들이 되는 일이 있었다. 그러나 아시아의 어느 부족도 그들의 신조를 받아들이지 않았다.

12세기에 접어들면서 중앙 아시아에 대개 프레스터 존(Prester-John)이라 부르는 장로 요한이 다스리는 강력한 기독교 왕국이 존재한다는 기발한 거짓 소문이 유럽 전역에 퍼졌다. 왕인 동시에 사제라고 하던 이 신비에 싸인 인물에 관하여 황당한 소문들이 퍼져나갔다. 프라이징겐의 오토에 따르면, 1145년에 자신을 가발라의 주교라고 밝힌 어떤 사람이 교황 유게니우스 3세를 찾아와 자신이 네스토리우스파 그리스도인으로서 동방 박사 3인 중 한 사람의 후손이며, 무슬림들과 대 전쟁을 벌여 그들을 물리쳤다는 이야기를 전해주었다고 한다.[11] 이 군주가 콘스탄티노플 황제 마누엘에게 보낸 것으로 된 서신의 내용은 요한이 칠십 인의 왕에게 조공을 받고 있고, 그의 백성들 가운데 이스라엘의 열 지파를 거느리고 있고, 날마다 열두 명의 대주교들과 스무 명의 주교들에게 식사를 대접하

---

11) *Chroni* n, VII. 33. 오토는 가발라의 주교의 말을 전하면서, 요한이 구주의 요람을 찾아가 경배했던 동방박사들 곧 자기 조상들을 존경하는 심정으로 군대를 이끌고 예루살렘을 구출하기 위해서 나섰으나, 선박이 부족하여 티그리스 강까지밖에 진격하지 못했다고 말한다.

며, 그의 왕국에 젖과 꿀이 흐른다는 것이었다.[12] 소문이 불어나면서 그의 영토도 아비시니아와 인도까지 확대되었다.

이 기이한 인물을 어떻게든 한 번 만나보고 그를 로마에 종속시키는 것이 여러 교황들의 진지한 관심사였다. 1177년에 교황 알렉산더 3세는 자신의 주치의 필립에게 수행원들을 붙여서 그 왕에게 보내면서, 서방 기독교 세계의 신앙에 관해서 알리고 돌아오라고 했다. 자신이 직접 쓴 친서도 그들 편에 보냈는데, 서신 문두에는 "인도 제도(諸島)의 왕이요 사제들 가운데 지극히 거룩한 사제인 요한, 그리스도 안에서 지극히 존귀한 [나의] 아들에게"라는 글귀가 있었다. 하지만 그 왕국을 찾으려는 진지한 노력이 수 차례 이루어지는 과정에서 그에 관한 망상이 수그러들었다. 뤼브뤼키(Rubruquis)는 요한이 다스린다고 알려진 지역을 방문한 뒤 그곳에서 유럽에 보낸 보고서에서 전하기를, 프레스터 존에 관해서 아는 사람을 찾아볼 수 없었고, 유럽에 전해진 이야기들은 크게 과장된 것이었다고 했다. 그러면서 덧붙이기를, 코이르칸(Coirchan)이라고 하는 군주가 요한이라고 하는 네스토리우스파 목동을 곁에 두고 있다고 했다. 이에 대해서 오페르트(Oppert)는 코이르칸이라는 단어가 시리아어의 유카난(Juchanan)을 거쳐 유럽에 요한으로 알려지게 되었을 가능성이 있다고 추정했다. 중국어로 툴리우 타샤(Tuliu Tasha)라고 하는 그 이름의 군주가 중국에서 서쪽으로 도피하여 중앙 아시아에 왕국을 세웠다. 네스토리우스파가 그의 다스림을 받는 백성들 가운데 포함되어 있었다. 중국의 전승은 그 군주가 불교 신자였다고 전한다. 기번(Gibbon)의 말을 빌자면, 이렇게 해서 "아무 말이나 쉽게 믿던 유럽인들을 즐겁게 하던" 전설이 점차 자취를 감추게 되었다.

12, 13세기에 아시아에는 방대한 몽고 제국이 수립되었다. 문화가 없던 민족들 가운데 그 제국의 설립자들인 칭기즈 칸과 그의 계승자들, 특히 쿠빌라이와 망구만큼 위대한 군사적 재능을 발휘한 사람들은 다시없었다.[13] 그 제국은 중국

---

12) 그 서신은 100편이 넘는 사본으로 현존하는 점으로 미루어 매우 광범위한 지역에 유포되었음에 틀림없다. (파리에 13편, 뮌헨에 15편, 대영박물관에 8편이 보관되어 있다.)

13) 마르코 폴로가 (1324년경에) 여러 해를 머문 곳이 쿠빌라이의 궁전이었다. 몽고족의 기원은 전설로만 전해진다. 몽고족 사가 Sanang Setzen은 그 기원을 푸른 늑대로 간주한다. 칭기즈 칸(1162-1227)은 중국인들 사이에 Ching-sze, 즉 완벽한 전사(戰士)

해에서 드니페르 강까지, 바그다드에서 북극 지방까지 광활하게 뻗어 있었다. 그들의 군대는 유럽에 공포의 대상이었다. 무슬림들이 스페인에 끼친 두려운 일을 몽고족이 유럽 대륙 전체에 끼칠 수도 있다는 우려가 팽배했다. 그들은 모스크바를 파괴하고 폴란드의 크라코프까지 진격했으며, 1241년에는 헝가리 부다페스트까지 진격했다. 하지만 그 제국은 급속히 해체되어 네 개의 큰 부분으로 분열되었다. 첫째는 중국과 티벳을 포함하는 대 칸(the Great Khan)의 제국이었고, 둘째는 중앙 아시아 제국이었고, 셋째는 코카서스 산맥까지 뻗은 페르시아 제국이었으며, 넷째는 러시아와 시베리아의 황금 군단(the Golden Horde)이라고 하는 느슨한 왕국이었다.[14] 1245년의 제1차 리옹 공의회는 주요 의제 중 한 가지로 이 타타르족(the Tartars, 몽고족 전체가 이 이름으로 불렸다)의 임박한 침공을 방어하는 것으로 정했으며, 1274년의 제2차 리옹 공의회에는 사라센족의 위협에 공동 대처하는 방안을 논의하기 위해 타타르족이 파견한 16인 사절단이 참석했다.

교회는 이 부족들에게 여러 선교사단을 파견하였고, 그들 중 더러는 대 칸의 궁정에서 환대를 받았다. 그들에게 들어간 선교사들 가운데 가장 용감하고 모험심이 강했던 사람은 그 시대의 리빙스턴이라고 할 만한 기욤 뤼브뤼키로서, 그는 자신이 보고 겪은 바를 생생한 기록으로 남겼다. 몬테 카시노의 요한은 베이징까지 가는 모험을 감행했다. (당시 베이징은 유럽 사회에 캄발룩<Cambaluc>으로 알려졌고, 몽고족에게는 칸의 도시라는 뜻의 칸발리그<Khanbaligh>로 알려졌다.)

몽고족은 전장에서는 무자비했으나 신앙에 대해서는 관용을 베풀었다. 그 이유는 그들 사이에 정제된 예배 제도가 없었기 때문이기도 했다. 망구 칸은 뤼브뤼키의 호소에 답변하면서 다음과 같이 말했다. "우리 몽고인들은 신이 오직 한 분이시며, 그분 안에서 우리가 살고 숙한다고 믿는다오. 그러나 하나님께서 손에 각기 다른 손가락들을 주셨듯이, 인간들에게도 당신에게 나아가는 각기 다른

로 알려진다. '몽고'라는 단어는 용감하다는 뜻의 mong에서 유래했다.

14) 망구의 형제들 가운데 한 사람인 Hulagu는 1258년에 바그다드의 칼리프 직을 포기하고서 페르시아의 몽고 제국을 수립했다. 그는 비잔틴 황제 미카엘 팔라이올로구스의 딸과 결혼했다.

길들을 주셨지요. 여러분 그리스도인들에게는 성경을 주셨고, 우리에게는 예언자들과 점술가들을 주신 겁니다."

쿠빌라이도 마르코 폴로에게 다음과 같이 말할 때 같은 정신을 드러냈다. "세상에 사는 네 부족들에게 숭배를 받는 예언자들이 넷 있소. 그리스도인들은 그리스도를 자기들의 신으로 우러르고, 사라센족은 마호메트를, 유대인들은 모세를, 이교도들은 소고몸바르-칸(부처)을 숭배하지요. 나는 넷을 모두 존중하고 존경하며, 그들 가운데 뛰어나신 신께서 저에게 도움을 베푸시기를 기도하고 있소." 알렉산더 세베루스(Alexander Severus)가 아브라함과 그리스도, 오르페우스와 그 밖의 이교 신들의 상들을 나란히 배치해 놓은 것도 그보다 조금도 더 나을 게 없다. 선교사들이 몽고족과 접촉한 뒤에야 비로소 동방의 칸(Khan)들이 불교를 받아들인 반면에, 페르시아와 서쪽의 부족들은 이슬람교의 의식들을 받아들였다.

1245년에 교황 인노켄티우스 4세는 도미니쿠스회 수사 네 명을 페르시아의 몽고족 수장에게, 프란체스코회 수사 세 명을 대 칸에게 파견했다. 그 다음 번 시도는 제1차 십자군 원정에 참여하고 있던 프랑스 왕 루이 9세에 의해서 이루어졌다. 타타르의 몽고족 수장이 보낸 대사들이 키프로스에서 그 프랑스 왕을 방문했다. 이에 대해서 루이는 1248년에 도미니쿠스회 수사 두 명을, 2년 뒤에는 프란체스코회 수사 두 명을 보내 답방하게 함으로써 예의를 표시했으며, 타타르족이 회심하는 것을 보려는 경건한 소망을 품고서 성경의 장면들을 수놓고, 펼치면 예배당 모양이 되는 장막을 선물로 보내기도 했다. 이때 몽고족을 방문한 프란체스코회 수사 2인 가운데 한 사람인 뤼브뤼키에게서 우리는 몽고족에 관한 최초의 신뢰할 만한 정보를 얻는다. 그는 네스토리우스파 사제들이 의미도 모른 채 시리아 전례(典禮)를 사용하고 있었고, 이슬람교도들과 불교도들과 함께 칸의 주연(酒宴)에 참석하여 그들과 함께 칸을 축복하는 것을 발견했다.

망구의 비서들 가운데 한 사람은 그리스도인이었고, 두 번째 사람은 이슬람교도였으며, 세 번째 사람은 불교도였다. 칸이 임석한 자리에서 세 종교의 지도자들이 모여 논쟁을 벌였다. 이 논쟁에서 뤼브뤼키가 하나님의 모든 계명들이 성경에 담겨 있다고 주장하자, 다른 두 종교의 지도자들이 과연 망구가 그 계명들을 지키고 있다고 생각하느냐고 질문했다. 선교사는 "나의 소원은 칸 앞에 하나님의 모든 계명들을 놓아두면 칸이 지킬지 안 지킬지를 스스로 판단할 수 있게 되는 것입니다" 하고 노련하게 대답했다.

페르시아의 몽고족 수장들과 그리스도인들은 이집트의 칼리프에 대치하여 공동 전선을 형성했으며, 몽고족이 바그다드의 칼리프령을 정복했을 때는 교황이 페르시아에 사절단을 보냈고, 도미니쿠스회와 프란체스코회가 그 땅에 수도원들을 설립했다. 그러나 14세기에 그 지역의 몽고족이 이슬람교를 받아들이면서 그리스도인들이 박해를 받았고, 수도원들은 파괴되었다.

중앙 아시아에 자리잡은 자가타이 몽고족(the Jagatai Mongols)도 비슷한 길을 걸었다. 초기인 1340년에는 기독교 선교사들에게 자유롭게 선교 활동을 하도록 허용했다. 그 상황에서 마그리골라의 요한이 복음을 전하여 여러 개종자들에게 세례를 주었다. 이 몽고족은 훗날 이슬람교를 받아들이면서 그리스도인들을 박해했다.

중국의 몽고 제국에서 이루어진 선교는 결실의 전망이 더욱 컸다. 니콜로 폴로(Nicolo Polo)와 마페이 폴로(Maffei Polo)는 선교사들을 보내어 자기 백성들에게 기독교와 유럽의 관습을 가르쳐 달라고 한 쿠빌라이 칸의 요청을 그레고리우스 10세에게 전달했다.[15] 폴로 형제가 중국으로 돌아갈 때 두 명의 도미니쿠스회 수사들이 동행했고, 그 일행에는 마르코 폴로도 끼여 있었다. 하지만 선교사들은 애당초 가려던 목적지까지 가지 못했다. 3년 뒤에 프란체스코회 수사들이 중국에 파견되었다. 교황 니콜라우스 4세에게 파견을 받은 프란체스코회 수사인 몬테 코르비노의 요한은 캄발룩에 자리잡은 대 칸의 궁정에 도착했고, 1303년에는 쾰른에서 온 프란체스코회 수사 아르놀트(Arnold)가 그와 합류했다. 두 사람은 신약성경을 중국어로 번역하고, 150명의 청소년들을 가르치고, 교회당 두 곳을 건축하고(한 곳은 궁전 곁에 궁정보다 높게 지었다), 6천 명의 개종자들에게 세례를 주었다. 1307년에 요한은 베이징의 대주교(archiepiscopus Cambalenesis)가 되었으며, 1330년에 세상을 떠났다. 칸들은 결국 불교를 받아들였고, 스스로 권력을 일으킨 명 왕조는 기독교를 폐지했다. 이때로부터 중국은 예수회가 선교

---

15) 니콜로는 마르코 폴로의 아버지였고, 마페이는 마르코의 삼촌이었다. 마르코는 1254년에 태어나 일곱 살 때인 1271년에 아시아를 처음 여행했다. 그의 일행은 먼저 페르시아 만에 자리잡은 오르무스 섬으로 갔는데, 당시에 이 섬은 많은 물품들이 거래되던 중요한 시장이었다.

를 재개할 때까지 3백 년을 기다려야 했다.

77. 유대인들

중세 교회가 유대인들의 옛 터전에 있는 성소들을 되찾는 데 보였던 관심의 1/10만이라도 육신에 따른 그 아브라함의 자손들에게 보였더라면 얼마나 좋았을까 하는 생각이 든다. 교황들과 주교들과 제후들이 각처에서 인간애를 가지고 그들을 대하려고 노력한 일들이 있긴 했으나, 중세 유럽인들이 그들에 대해서 지닌 지배적 정서는 혐오와 경멸이었다. 성묘를 되찾기 위해서 총력을 기울여 군대를 파견했던 민족들이 서로 연대하여 유대인들을 박해했다.

유대인들이 박해를 받게 된 이유에는 그들 자신의 처신 탓도 있었다. 돈을 많이 벌어 부자들이 되긴 하는데 자주 비도덕적이고 비인간적인 방법을 동원하고, 돈 많은 것을 자랑하고, 사회에 대해서 폐쇄적이고, 민족적 자부심이 지나치게 강하고, 자기들끼리 비밀을 간직하는 등의 행위가 기독교 사회를 인내의 극한까지 몰아갔다.[16] 공의회들과 세속 정부들이 공포한 법령들을 살펴보면 유대인들이 기독교 신앙의 의식들과 신조들에 대해서 노골적으로 경멸했던 사실들이 잘 나타난다. 이처럼 그들의 도발이 무시할 수 없이 심했으나, 그럴지라도 보헤미아에서 대서양 연안에 이르는 온 지역에서 인간 보편의 요소들이 결여된 방식으로 유대인들을 다룬 행위가 정당화되는 것은 아니다.

그들을 개종시키려는 적극적인 노력들도 잘 들춰보면 신앙에서 발휘된 진실한 동정도 있었지만, 그에 못지않게 교만한 정신도 있었음을 부정할 수 없다. 가경자 피에르는 유대인들에게 쓴 소책자의 서문에서 이렇게 말했다. "고대 세계를 통틀어 유독 여러분만 그리스도에 대해 무지하지 않았습니다. 그런데 모든 민족이 그리스도에 관해서 듣게 되었는데 유독 여러분만 귀를 닫았습니다. 모든

---

16) William of Newbirgh(Hamilton's ed., I. 282)는 유대인들이 잉글랜드에서 왕의 보호를 받는 분위기에 도취하여 그리스도인들을 거만하게 대했다고 말한다. Green은 잉글랜드 유대인들의 태도가 "거만하고 심지어 무례하고 도전적이기까지 했다"고 말한다. *Hist. of Engl. People*, bk. III. ch. IV.

방언이 그분을 고백했는데 여러분만 유독 여러분만 부정합니다. 다른 사람들은 다들 그분을 보고 듣고 깨닫는데 유독 여러분만 소경과 귀머거리와 돌덩이 같은 마음으로 남아 있습니다."

유대인들이 박해를 받은 이유는 다음 세 가지였다. 1. 그들의 조상들이 그리스도를 십자가에 못 박아 죽였으므로, 죄책과 형벌을 짊어져야 마땅한 그 후손들이 마땅히 받아야 할 몫을 받고 있는 것이다. 2. 그들은 그리스도인들의 자녀들에게 참혹한 만행을 저질렀고, 성체(聖體)와 십자가를 조롱했다. 3. 그들은 그리스도인들에게 돈을 빌려준 뒤 과도한 이자를 받아냈다.

그들은 만민 가운데 이방인들이었고, 어떠한 나라에서도 시민권을 갖지 못했다. 그리스도의 원수들과 배반자들이 그들을 가리키는 공통된 이름이었고, 교회법 학자들과 신학자들은 그들에게 배반자들이라는 이름을 사용했다. 성 금요일의 전례서에는 "배반한 유대인들을 위해서도 기도합시다"라는 문구가 들어 있었다. 그라티아누스 교령집과 제3차와 4차 라테란 공의회, 그리고 그 밖의 공의회들은 유대인들과 사라센족을 동일한 법조항으로 분류한다. 가경자 피에르 같은 덕망 높은 사람들도 유대인들보다는 차라리 사라센족에 대해서 할 말이 더 많았다.

유대인들을 대한 태도를 다룰 때는 세 계층을 고려해야 한다. 첫째는 고위 성직자들을 포함한 교황들이고, 둘째는 제후들이고, 셋째는 사제들과 대다수 민중이다.

교황들을 한 사람씩 떼어놓고 보면 그들이 남긴 발언은 대체로, 유대인들을 비인간적으로 대우하고 그들에게 강제로 세례를 베푸는 행위에 반대하는 것이었다. 대 그레고리우스는 이탈리아 남부에서 발생한 광포한 박해로부터 그들을 보호했다. 1247년에 인노켄티우스 4세는 유대인들에게 둘러씌워진 영아 살해 죄를 부정했고, 그들을 탄압하는 그리스도인들을 파문에 처하겠다고 경고했다. 1419년에 마르티누스 4세는 대칙서를 발행하여, 자신이 전임자들과 마찬가지로 유대인들의 회당 예배를 방해하거나 강제로 세례를 받게 하거나 그리스도인들과 상거래를 했다는 이유로 박해하지 말도록 명령한다고 밝혔다. 반면에 인노켄티우스 3세가 유대인들에게 취한 태도는 몹시 혹독한 것이었으며, 유게니우스 4세도 즉위하자마자 전임 교황 마르티누스 4세의 유대인 정책을 폐기했다.

제후들은 유대인들을 자신들의 고유 관할권 아래 두고서 다스렸다. 마음 내키는 대로 세금을 징수하고 재산을 몰수하고 자신들의 영토에서 추방했다. 제후들이 그들을 붙잡아 두었던 이유는 그들이 솔찮은 수입원이었기 때문이며, 이 이유 때문에 그들이 맹목적인 민중의 편견과 폭력에 희생되지 않도록 보호해 주었다. 프리드리히 2세는 그들이 구주를 십자가에 못 박아 죽였다는 이유로 그들을 종신 노예로 만들었다.

십자군 원정이 시작되면서 유대인들에 대한 분노가 격렬하게 분출되었다. 1216년에 인노켄티우스 3세는 그들을 박해할 수 있는 항구적인 법적 토대를 놓았다. 1492년에 그들이 스페인에서 추방된 사건이 중세에 그들이 연출한 고통의 드라마 가운데 절정의 막에 해당했다. 잉글랜드·독일·프랑스·스페인·포르투갈·헝가리가 그들을 박해하는 데 가담했다. 박해의 강도가 가장 낮았던 나라는 이탈리아였다. 유럽에서 유대인들은 수만 명이 화형이나 그 밖의 방식으로 처형되었다. 거의 모든 나라에서 수없이 추방당했다. 세례와 죽음을 놓고 선택해야 하는 기로에 수없이 섰다. 아마도 그러한 기로에 서서 죽음을 택한 사람들이 세례를 받은 사람들보다 더 많았을 것이다. 하지만 세례를 받은 유대인들도 대부분은 나중에 공개적으로 선조들의 신앙으로 돌아가거나 은밀히 유대교 예배를 드렸다.[17]

흥미로운 것은 수백 년에 걸친 이 박해의 시기에 유대인들, 특히 스페인과 프랑스에 거주하던 이들이 왕성한 학문 활동을 펼쳤다는 사실이다. 게르솜(Gerschom)과 라스키(Raschi), 킴키파(the Kimchis)가 프랑스에서 활동했다. 마이모니데스(Maimonides)와 투델라의 베냐민(Benjamin)은 스페인 유대인 학자들의 긴 목록 서두에 자리잡고 있다. 그라이츠(Graetz)의 글들에는 의학과 그 밖의 학문 분야들에서 저명한 유대인 학자들의 이름들과 그들이 거둔 업적들이 많이 실려 있다.

반(反)유대주의의 길은 일찍이 교회와 기독교 국가가 닦아 놓은 셈이다. 이 문제에 관한 중세의 입법은 과거의 법령들을 토대로 하였다.[18] 306년의 엘비라 공의회는 그리스도인들에게 유대인들과 함께 식사도 하지 말고 결혼도 하지 말도

---

17) 강제 세례에 굴복한 자들의 수가 죽음을 택한 자들의 수에 비하면 매우 미미했다는 될링거의 진술은 Graetz가 제시하는 통계에 의해 정당성을 입증받지 못한다.

18) 참조. art. The Treatment of the Jews, in *Bibl. Sac.*, 1903, 552 sqq.와 거기에 인용된 문헌들.

록 규정했다. 439년에 테오도시우스 2세는 유대인들을 공직에서 내몰았다. 국가가 나서서 유대인들에게 세례와 죽음을 택일하도록 몰아세우는 정책은 스페인 왕 시시부트(Sisibut)가 최초로 문을 열었다. 리옹의 경우처럼 제후들이 유대인 상인들을 보호했을 때, 리옹의 대주교 아고바르(Agobard) 같은 고위 성직자들은 그 정책에 격렬히 항의했다. (아고바르는 몇 가지 점에서는 현대 계몽주의를 예기한 인물이기에 그의 태도가 더욱 두드러진다.)[19] 이 시기에 공포된 법령들을 대략 소개하자면, 유대인들은 그리스도인 산파와 노예 혹은 일꾼을 고용해서는 안 되고, 공식적으로 고기를 판매해서도 안 되고, 주일이나 축일에 일해서도 안 되고, 그리스도인 의사에게 치료를 받아서도 안 되고,[20] 고리대금업을 시행해서도 안 되고, 부활절에는 사제에게 돈을 내야 하고, 의복에 신분을 표시하는 헝겊 조각 같은 것을 붙여야 했다. 반면에 그리스도인들은 유대인의 장례식과 결혼식에 참석할 수 없었고, 유대인들에게 돈이나 물건을 빌리면 처벌을 받았다.

유대인 규제법이 많았으나 신분을 표시하는 옷을 입거나 옷에 헝겊을 달아 유대인 표지를 하도록 강요한 것만큼 비인도적인 법은 없었다. 이 헝겊은 한쪽 가슴이나 양쪽 가슴 혹은 등에 붙이도록 하여 마치 구약시대에 문둥병자가 사람들이 가까이 오려고 하면 "부정하다"고 외침으로써 자신을 알리도록 한 것처럼, 멀리서도 그가 유대인임을 금방 알아볼 수 있도록 하고, 그로써 그리스도인들이 부지중에 그 혐오스러운 사람들과 접촉하는 일을 미연에 방지하도록 하기 위한 방편이었다. 1222년에 옥스퍼드 교회회의는 스티븐 랭턴(Stephen Langton)의 권고로 유대인들에게 양모 조각을 달도록 결의했고, 1275년에 영국 왕 에드워드 1세는 일곱 살 이상의 모든 유대인들에게 노랑 헝겊을 달도록 명령했다. 프랑스 왕 루이 9세는 헝겊 색깔을 빨강이나 노랑으로, 영국 왕은 노랑으로 규정했다. 헝겊 크기와 모양까지 세세히 법으로 규정했다. 제4차 라테란 공의회는 유대인 복장에 관한 이 규정에 큰 권위를 부여하면서, 모든 지역에서 의무적으로 시행

---

19) 아고바르는 유대인들을 비판하는 소책자 다섯 권을 썼다. 그는 유대교와 기독교의 관계가 에발 산과 그리심 산만큼 멀다고 주장했다.

20) 1335년에 살라망카 교회회의가 유대인 의사들을 고용해서는 안 된다고 금지하면서 제시한 이유는 그들이 그리스도인들을 제거하려는 성향을 지니고 있기 때문이라고 했다.

하도록 결의했다. 그라이츠 박사(Dr. Graetz)는 이 법령이야말로 자기 동족에게 가해진 가장 굴욕적인 타격이었다고 평가한다. 그는 교황 인노켄티우스 3세가 이전의 모든 원수들보다 더 유대인들을 비참한 처지에 떨어뜨렸다고 주장하며, 그가 교회로 하여금 유대인들을 비인간적으로 대하도록 선회하게 만든 최초의 교황이었다고 비판한다.[21]

인노켄티우스가 견지했던 입장은, 하나님께서 살인자 가인에게 하셨듯이 유대인들에게도 종말에 그들이 회개할 때가 오기까지 온 땅을 두루 방랑하면서 죄 값을 받도록 하셨다는 것이었다.[22]

신학자들의 견해도 그의 견해와 크게 다르지 않았다. 인노켄티우스가 즉위하기 반 세기 전에 가경자 피에르는 유대인 문제를 그 교황과 같은 시각으로 바라보았으며, 그들에게 두려운 비판과 경고를 퍼부었다. 프랑스 왕 루이 7세에게 보낸 서신에서, 그는 다음과 같이 주장했다. "그리스도를 비방하고 사라센족보다 훨씬 악한 유대인들이 처벌받지 않고 자유롭게 나돌아다니는 판국에, 먼 땅에 가서 십자가의 원수들과 싸워봐야 무슨 소용이 있겠습니까? 유대인들은 사라센족보다 훨씬 더 저주와 혐오를 받아야 마땅한 자들입니다.

사라센족은 적어도 동정녀 탄생을 받아들이는데 유대인들은 부정하며, 그 교리와 기독교의 모든 신비들에 대해 모독적인 발언을 합니다. 하나님께서는 그들을 이 땅에서 모조리 뿌리뽑기를 원치 않으시고, 다만 형제 살해자 가인처럼 심한 고통과 수치 가운데 생존하도록 하셨습니다. 이 방법으로 하나님의 지극히 공의로운 진노가 그리스도께서 고난을 받으실 때부터 그들에게 임해왔으며, 세상 끝날까지 끊임없이 그들에게 임할 것입니다. 그들은 저주받은 자들이며, 그런 취급을 받아 마땅한 자들이기 때문입니다."[23] 그는 유대인들이 불의하게 모은 재산을 몰수하여 그 돈을 사라센족에게서 성소들을 탈환하는 데 사용해야 한다고 주장했다.

하지만 베르나르의 생각은 달랐다. 제2차 십자군 원정의 준비가 진행되고, 수

---

21) VII. 4, 16.

22) 카스티야의 알폰소에게 보낸 서신(1205)과 네버스의 백작에게 보낸 서신(1208)에서.

23) lib. IV. ep. 36; Migne's ed., vol. 189, 365-367.

사 라둘프(Radulf)가 라인 강을 따라 오르내리면서 민중의 반(反) 유대인 정서에 불을 붙이고 있을 때, 클레르보의 그 대수도원장은 훗날 네안더가 라둘프에게 붙인 그 선동가를 비판하는 입장에 섰다.[24] 그는 마인츠 대주교에게 쓴 편지에서, 주님께서 악을 선으로 갚는 자에게 자비를 베푸신다고, 뜨거운 문체로 그에게 환기시켰다. 그는 이렇게 주장했다. "교회가 칼날로 유대인들을 단번에 처형하는 것보다, 좀 더디더라도 날마다 그들을 복음으로 깨닫게 하여 회심케 하는 것이 더 완전한 승리를 거두는 것이 아니겠습니까!" 중세 사회가 유대인들에 대해 얼마나 심한 편견을 갖고 있었는가 하는 것은, 베르나르가 라둘프를 직접 대면하게 되었을 때 마인츠에서 발생한 소요 사태를 진정시키기 위해서 자신의 명예와 신망을 모두 걸어야 했을 정도였다.[25]

잉글랜드로 눈을 돌리면 유대인들을 박해해야 한다고 목청을 높이던 뉴버그의 윌리엄과 로저 드 호브든(Roger de Hoveden) 같은 연대기 저자들을 만나게 된다. 데비즈의 리처드는 "유대인들을 그들의 아비 마귀에게 제사로 드려야 한다"고, "그 흡혈귀들을 지옥으로" 보내야 한다고 말했다. 매튜 패리스는 몇몇 대목을 볼 때 당시 민중의 반 유대인 감정에 전폭적인 지지를 보낸 것 같지 않다.

잉글랜드의 위대한 성직자들 가운데 유대인을 우호적인 입장에서 옹호한 사람들이 적어도 두 명 있는데, 한 사람은 링컨의 휴(Hugh)였고, 다른 한 사람은 로버트 그로스테스트(Grosseteste)였다. 그로스테스트는 유대인들을 멸절해서는 안 된다고 주장했는데, 그가 그 근거로 제시한 것은, 첫째, 율법이 그들을 통해서 자신들에게 전달되었고, 둘째, 그들이 두 번째 포로기를 겪는 동안 로마서 11장에 예언된 대로 결국에는 기독교를 받아들일 것이라는 점이었다. 하지만 그는 아벨이 그리스도의 표상이듯이 가인이 유대인들의 표상이었다고 주장했다. 하나님의 자비를 생각하자면 그들을 살려둠으로써 그리스도께서 영광을 받으시도록 해야 하겠지만, 하나님의 공의를 생각하자면 제후들이 그들을 포로로 붙잡아 둠으로써 가인에 관한 예언이 온전히 이루어져서 그들이 땅에서 유랑하는 자들

---

24) 프라이징의 오토는 "마인츠, 보름스, 슈파이어 등지에서 매우 많은 사람들이 살해되었다"고 말한다. *De gestis Frid.*, I. 37-39.

25) Graetz(VI. 148, 151)는 베르나르를 "참으로 거룩한 사람이요 사도처럼 마음이 가난한 사람"이었다고 평가한다.

이 되게 해야 한다고 주장했다. 유대인들이 고리대금업을 하지 못하도록 강제로 규제해야 한다고 했다.[26] 그 주교가 이 편지를 보낸 사람은 윈체스터의 백작 미망인으로서, 레스터에서 시몽 드 몽포르(Simon de Monfort)에게 추방된 유대인들을 자기 영지에 받아들여 은신처를 제공한 여성이었다. 하지만 그로스테스트도 자기 시대의 편견을 완전히 탈피하지 못했다는 사실이 위의 편지와 같은 해인 1244년에 쓴 편지에서 잘 드러나는데, 이 편지에서 그는 자신의 대부제들에게 유대인들과 그리스도인들이 함께 섞여 살지 못하도록 하라고 지시하는 것이다. 그로스테스트의 전임자 링컨의 휴는 1190년에 유대인들이 약탈과 학살을 당할 때 그들을 보호해 주었고, 유대인들은 훗날 그의 장례식에 참석함으로써 그에 대한 존경을 표시했다.[27]

유대인들의 집 문만큼 심한 욕과 비방이 퍼부어진 곳도 없었다. 1348년에 유럽 전역에 흑사병이 돌았을 때 사라센족 때문에 그 전염병이 돌았다고 생각한 사람은 아무도 없었다. 모든 게 다 유대인 탓이었다. 프랑스 남부와 스페인에 퍼진 소문에 따르면, 유대인이 제조한 독약이 싼 값에 널리 퍼져서 우물들을 오염시키는 데 사용되었다는 것이었다. 바르셀로나와 세비야에서부터 스위스와 독일의 도시들에 이르기까지 무고한 사람들이 근거가 확실치도 않은 그 죄로 인해 무수히 목숨을 잃었다. 1349년에 스트라스부르에서는 2천 명에 달하는 유대인들이 생포되었고, 그들 중 세례받기를 거부한 많은 사람들이 자신들의 무덤에서 화형을 당했으며 재산을 몰수당했다. 에르푸르트와 그 밖의 지역들에서는 유대인 주민들 전체가 방화로 가옥을 잃거나 추방령을 받아 고향을 떠나야 했다.

고리대금업을 금지한 교회법 조항들이 유대인들에게 꾼 빚을 갚지 않아도 되는 편리한 구실로 이용되었다. 테르툴리아누스와 키프리아누스에게 단죄를 당한 고리대금업은 처음에는, 이를테면 엘비라 교회회의에서 성직자들뿐 아니라 평신도들에게도 금지되었으나, 325년의 니케아 공의회는 금지 대상을 성직자들로 한정했다. 후대에 제롬과 아우구스티누스, 레오 1세가 다시 그 금령을 모든 그리스도인들에게로 확대했다. 그라티아누스는 그것을 교회법에 받아들였다. 중세에 고리대금만큼 교회회의들에서 집중적으로 다루어진 주제도 별로 없다.[28]

26) 그로스테스트의 서신들, Luard's ed., 33–39.
27) Thurston, *Life of St. Hugh of Lincoln*, 277 sqq., 547.

1179년의 제3차 라테란 공의회에서 교황 알렉산더 3세는 신약성경뿐 아니라 구약성경도 고리대금업을 금했다고 주장하는 데까지 나아갔다. 클레멘스 5세는 1311년의 비엔 공의회에서 고리대금업을 승인한 기존의 모든 국가와 자치 도시의 법률들이 무효라고 선언하고, 고리대금업이 죄임을 부정하는 행위를 이단으로 규정함으로써 그 주제에 관한 입법에 초석을 놓았다. 이율에 따라 차등을 두지 않았다. 이자를 받고 돈을 빌려주는 행위 자체가 고리대금업이었다. 교회법이 그렇게 규정했는데도 불구하고 중세인들이 유대인에게 돈을 빌려 쓰고서 부담감을 가졌다는 것이 이상한 일이다.

교황 유게니우스 3세는 제2차 십자군 원정에 참여하는 모든 사람들에게 유대인에게 진 빚에 대한 이자를 면제해 주겠다고 제의했다. 그레고리우스 9세도 후대의 십자군 병사들에게 유사한 제의를 했다.

유대인들은 특히 유월절에 의식을 거행할 목적으로 그리스도인 어린이들을 살해하는 죄를 범했다는 비난을 자주 받았다. 도저히 믿기 힘든 이 범죄가 그리스도인들을 몇 번이고 선동하여 흥분으로 몰아넣었고, 이러한 분위기에서 유대인들은 자주 참혹한 박해를 견뎌야만 했다.[29]

프랑스에서는 필립 아우구스투스(Philip Augustus)가 유대인들이 어느 그리스도인 어린이를 십자가에 달아 죽였다는 소문을 구실로 삼아 자신의 영토에서 그들을 추방하고 그들의 재산을 몰수했다. 유대인 추방령은 1306년과 1311년에 공정왕 필립이 마지막 십자군 원정을 떠나기 전에, 그리고 그 밖의 프랑스 군주들이 다시 공포했으나, 스페인에서만큼 엄격하게 집행되지는 않았다. 루이 9세는 탈굼 역 사본들을 모두 소각하도록 명령했다. 1239년에 그레고리우스 9세는 프랑스·카스티야·아라곤·포르투갈·잉글랜드의 대주교들에게 편지를 보내 동일한 조치를 취하도록 명령했다.

녹일에서는 제1차 십자군 원정 때부터 유대인들이 항상 분노와 폭동의 원인이

---

28) 1228년에 스페인 왕은 유대인 대부업자들에게 이자 상한선을 20%로 규제했다. 1368년에 프랑크푸르트 시는 유대인 브로커들에게 1000플로린을 빌린 대가로 52%의 이자를 물었다. 아우크스부르크와 비인 등의 도시들에서는 이율이 86⅔%가 넘는 경우가 적지 않았다.

29) Lea는 *Hist. of Spain*, 437-469에서 최근까지의 많은 사례들을 인용한다.

었으나, 대체로 황제들이 나서서 그들을 보호해 주었다. 1432년에 그들은 작센에서, 1435년에는 슈파이어와 취리히에서, 1438년에는 마인츠와 그 밖의 도시들에서 추방되었다.

잉글랜드에서는 런던과 링컨, 옥스퍼드, 그리고 그 밖의 서너 다른 도시들의 이른바 유대인 거주 구역들에는 그 나라의 다른 법원들과 상관없는 특별 법원들과 조직들이 있었다.[30] 잉글랜드의 유대인들의 삶이 구체적으로 진술되기 시작하는 헨리 2세의 재위(1133-1189) 때부터 주교들과 사제들, 그리고 수도원들이 유대인들에게 돈을 빌려다 써도 된다는 태도를 갖고 있었다. 그 나라의 시토회 수도원 아홉 곳이 링컨의 아론(Aaron, 1187 죽음)이라는 유명한 유대인에게 저당잡혀 있었다. 그는 자기 돈으로 세인트 올번스 주교좌성당을 지었노라고 자랑했는데, 프리먼(Freeman)은 이 자랑을 유대인들의 참을 수 없는 교만을 입증하는 데 사용했다. 피터버러의 성 오스왈드(St. Oswald)의 팔이 유대인에게 저당잡힌 일도 있었다. 유대인들이 부과한 이자는 대체로 1파운드 당 일주일에 2펜스, 즉 연리 43%였다. 이율이 80%까지 치솟은 때도 있었다. 위센덴의 성직자 허버트(Herbert)가 링컨의 아론에게 120파운드를 빌리는 대가로 주당 2펜스의 이자를 지불하겠다고 적은 각서가 현존한다.[31]

유대인들은 국왕이 요구하는 액수만큼 토지 사용료를 냈다. 마치 국유림이 국왕의 소유이듯, 유대인들도 국왕의 소유였다.[32] 잉글랜드 왕 존과 헨리 3세는 유대인들에게 과도한 세금을 수시로 부과한 일로 악명이 높았다. 1210년에 감내하기 어려운 세금이 부과되었을 때 많은 유대인들이 그 나라를 떠났다. 브리스톨의 유대인과 관련한 유명한 사건이 발생한 것이 바로 이때였다. 이미 언급한 대로 국왕 존은 그 유대인이 1만 마르크를 왕실 재정에 납부하기까지 매일 이빨 하나씩 뽑도록 명령했던 것이다. 매튜 패리스가 남긴 기록은 매우 흥미롭긴 하지

---

30) 유대인들이 정복자 윌리엄을 따라 잉글랜드에 처음 들어갔을 가능성이 있다.

31) Jacobs, p. 67, 308. 저당은 cartae debitorum이라 불렸다. M. Paris, Luard's ed., II. 358, etc. Jacobs(p. 381)는 1200년에 잉글랜드에 거주하던 유대인들의 수를 2천 명으로 추산한다. 런던에 100가정, 링컨에 82가정, 노리치에 42가정이 있었다. 가경자 피에르도 수도원들이 유대인들과 돈 거래를 했다고 증언한다. de mirac., II. 15; Migne, 189, 927.

32) Stubbs, Const. Hist., II. 530 sqq.

만, 4세기라는 장구한 세월이 지난 뒤에도 또 다른 사가인 토머스 풀러(Thomas Fuller)가 중세의 치과학에 해당할 만한 이 사건을 논평하면서 다음과 같이 말하는 모습을 보게 된다. "[그 유대인은] 조금 일찍 굴복했더라면 치아를 보존했을 것이고, 조금 더 버텼더라면 돈을 보존했을 것인데, 섣불리 협상하다가 지갑과 치아를 모두 잃어버렸다. 여기서 우리는 인간의 잔혹성을 저주하고, 하늘의 공의를 예찬하게 된다. 왕들이 유대인들에게 받아낸 이 돈들을 모두 그들이 결코 다 갚을 수 없는 부채, 즉 그리스도를 십자가에 못 박아 죽인 죄에 대해서 하나님께 밀린 연체 이자를 갚은 것일 뿐이기 때문이다." 과거의 편견이 조금도 스그러들지 않고 있음을 보여주는 대목이다.

헨리 3세의 과도한 징세를 견디다 못한 유대인들은 1255년에 그의 영토를 떠나도록 허락해달라고 간청하기에 이르렀다. 다시 매튜 패리스의 기록에 의존하자면, 왕은 그들의 간청을 거부하고서 마치 "또 다른 티투스나 베스파시아누스"처럼 그들에 대한 징세권을 부유한 자기 형제 콘월의 백작 리처드에게 도급(倒給)으로 넘겼다. "자기가 그들의 껍질을 벗겼듯이, 리처드가 그들의 내장을 꺼내 먹을 수 있도록."[33]

잉글랜드의 십자군 병사들은 제3차 십자군 원정길에 오르면서 유대인들을 마음대로 약탈했는데, 연대기 저자들에 따르면 그렇게 행한 명분이라는 것이, 자기들은 예루살렘으로 먼 길을 서둘러 가야 하는 처지에서 먹고 입을 것조차 변변치 않은 마당에, 그들이 많은 재산을 가지고 넉넉하게 지내는 것이 못마땅했기 때문이라는 것이었다.[34] 그 상황에서 리처드 1세가 대관식을 치르던 날 저녁에 유대인들을 남녀 가리지 않고 처단하는 대학살이 자행되었다. 요크에서는 유대인 500명이 성에 갇혔는데, 자신들이 살아날 가망성이 없다고 판단한 남자들이 처자식을 죽인 뒤에 모두 불에 타 죽었다.[35]

유대인들이 그리스도인 소년들을 십자가에 달아 죽였다는 근거 없는 소문이

---

33) Ut quos excoriaverat, comes eviscerat. Luard's ed., V. 487 sq.

34) M. Paris, II. 358 sq.

35) 참조. M. Paris, 특히 William of Newburgh, Hamilton's ed., II. 24–28, 그리고 de Hoveden. Matthew와 de Hoveden은 유대인들의 저당 문서들을 그들과 함께 불태웠다고 조심스럽게 말한다.

나돌자 잉글랜드 사회가 흥분의 도가니로 내몰렸다. 이와 관련한 악명 높은 사건들은 1144년에 노리치의 윌리엄, 1168년에 글로스터의 해롤드, 1181년에 에드먼스베리의 로버트, 1255년에 링컨의 휴 같은 어린이들이 관련된 사건들이었다. 이 어린이들은 비록 대중들 사이에서는 성인들로 숭앙을 받지만, 교회의 정식 시성은 받지 못했다. 매튜 패리스가 전하는 바, 링컨의 휴에게 가해진 극악한 행위들은 차마 길게 소개하기 주저될 만큼 충격적이다. 그 연대기 저자는 그 행위가 "발생했었노라고 종종 전해진다"는 말을 끼어넣는다. 어린 휴로 인해 조성된 격앙된 분위기로 인해 유대인 18명이 교수형에 처해졌다.[36] 경이로운 사실은 당시 잉글랜드인들이 그러한 극악한 고소를 사실로 믿었다는 것과, 그때로부터 지금까지 그 신념에 대해 조금치의 비판도 제기되지 않았다는 것이다.

잉글랜드의 유대인들 가운데 더러는 박해의 두려움을 이기지 못하고 굴복하여 세례를 받았으며, 더러는 자진하여 세례를 받았다. 자진하여 세례를받은 첫번째 사례를 필자가 아는 바로는 안셀무스가 소개한다.[37] 그 개종자는 수사가 되었다. 반대로 그리스도인이 유대교로 개종하는 사례도 여기저기에서 일어났다. 어떤 부제는 이 행위로 인하여 교수형에 처해졌다.[38]

중세 잉글랜드의 유대인 역사에서 마지막 장은 1290년에 그들이 에드워드 1세의 명령으로 추방된 사건이다. 그때부터 카롤링거 왕조 때까지 잉글랜드에는 유대인들이 거주하지 않았다. 크롬웰은 런던에서 그들을 보호해 준 일로도 명성을 얻었다.

스페인에서 유대인들이 당한 대접은 중세에 그 민족이 당한 가장 무자비한 대접으로 평가된다. 에드워드 1세는 자신이 잉글랜드에서 쫓아낸 1만6천 명의 유대인들을 약탈의 위기에서 보호해 주었다. 그러나 스페인의 페르난도는 자신의

---

36) M. Paris, Luard's ed., III. 543, IV. 30, 377, V. 516. 늘 그랬듯이 죄를 범한 쪽은 그 지역의 부유한 유대인들이었다. 연대기 저자들은 유대인들이 그러한 살인을 저지르게 된 구체적인 동기에 대해서 일치된 진술을 내놓지 못한다.

37) Jacobs, p. 8. 쾰른의 수사 헤르만은 그가 유대교에서 개종한 이야기를 전한다. Migne, 170, 806 sqq. 마귀가 독일 유대인 소녀가 받은 세례의 흔적을 지워버리려 했던 매우 독특한 사례가 하이스터바흐의 카이사르의 글(*Dial.*, II. 26)에 소개된다. 소녀는 헛간의 구멍을 통해 세 번이나 끌려나갔으나, 세례의 흔적은 여전히 남았다.

38) M. Paris, III. 71.

유대인 백성들에게 스페인을 떠나라는 잔인한 법령을 공포할 때 일말의 동정심도 내비치지 않았다. 스페인은 공의회들을 통해서 유대인 규제법을 제정하는 일에 유럽 모든 나라들보다 앞서 나갔다. 종교재판소 제도가 도입되면서, 비록 종교재판소가 제정한 법령들이 일차적으로 그들을 겨냥한 것은 아니었을지라도 이 나라에 거주하던 유대인들의 삶은 훨씬 더 고단하게 되었다.

페르난도와 이사벨라가 스페인의 유대인들에게 마지막 타격을 가한 것은 신대륙이 발견된 해인 1492년의 일이었다. (신대륙 가운데 일부 지역에서 지상에서 시행되어본 적이 없는 정도의 종교적 관용이 시행되었던 후대의 일을 놓고 볼 때 1492년은 의미가 없지 않은 해였다.) 국왕의 칙령에 의해 세례받지 않은 모든 유대인들이 스페인을 떠나야 했다. 종교적 동기들이 칙령의 배후에 깔려 있었으며, 종교적 대리인들이 그 칙령을 단행했다. 그 칙령이 공포되도록 한 직접적인 계기는 라 후아르디아(La Guardia)라는 어린이가 십자가에 달려 죽었다는 소문으로 극도의 공포 분위기가 조성된 데 있었다. 이 사건은 유대인들이 어린이들을 십자가에 달아 죽였다고 하는 모든 사례들 가운데서도 가장 널리 알려졌다.[39] 로페 데 베가(Lope de Vega)와 그 밖의 스페인 저자들은 그 사건을 스페인 문학에서 유명하게 만들었다.

로렌테(Llorente)에 따르면, 페르난도는 유대인들이 보낸 대표와 스페인의 최고 귀족들의 호소에 감동하여 칙령의 문구를 수정하려고 하던 찰라에, 종교재판관 토르케마다가 왕과 왕비에게 급히 달려가 수난상을 내밀면서 "가룟 유다는 은 삼십 개를 받아먹고 그리스도를 팔았습니다. 폐하 내외께서는 3천 두카트를 받고 그분을 팔려고 하고 계십니다. 여기 그분이 계시니, 그분을 가져다 팔아넘기시지요" 하고 외쳤다.

1492년 여름에 스페인을 떠난 유대인들은 17-40만 명이었던 것으로 추정된다. 그들은 이탈리아와 모로코, 그리고 동방으로 갔으며, 10만 명은 포르투갈 왕 마누엘(Manuel)의 초청으로 그의 나라로 들어갔다. 그러나 포르투갈도 그들이 오래 머물 곳은 못되었다. 1495년에 세례와 죽음 가운데 택일하라는 전형적인 칙

---

39) 참조. Lea가 *Rel. Hist. of Spain*, 437-468에 전하는 상세한 기록. 소년의 시신은 발견되지 않았으나, 종교재판관들은 소년이 살해된 뒤 사흘날에 하늘로 올라갔다는 말로 그 상황을 쉽게 설명하고 넘어갔다.

령이 공포되었고, 열네 살 이하의 어린이들을 부모들에게서 강제로 데려다가 세례식을 집행했다. 그로부터 10년 뒤에 2천 명의 거짓 개종자들이 학살을 당했다.

이러한 것이 중세에 서유럽에 거주하던 유대인들이 겪은 고난의 드라마였다. 이렇게 유대인들을 무지막지하게 다루던 상황에서 복음으로 그들을 얻기 위해 어떠한 노력이 이루어졌을까? 그러나 그렇게 박해의 기운이 팽배하던 상황에서는 어떻게 복음으로 호소해도 그들을 얻을 수 없었을 것이다. 어떻게 사랑과 그런 적대감이 함께 갈 수 있었겠는가? 그들을 복음으로 깨우치려는 시도는 주로 소책자와 논쟁으로 이루어졌다. 안셀무스는 대속에 관한 논문 「하나님은 왜 인간이 되셨는가」(cur deus homo)를 유대인들을 겨냥하여 쓰지는 않았지만, 자신의 논증이 유대인과 이방인을 동시에 설득하기에 충분하다고 말한다. 그로스테스트는 1231년에 쓴 「율법의 성취에 관하여」(de cessatione legalium)라는 논문에서 구약의 율법이 성취되었음을 보이고, 그리스도의 신성을 입증하려고 했다. 이런 성격의 소책자들 가운데 가장 유명한 것은 가경자 피에르가 쓴 것이다. 미뉴(Migne)의 총서에서 그 글은 140개가 넘는 단을 차지하는데, 그 분량은 오늘날 발행되는 300쪽 분량의 보통 저서를 넘어선다. 이 글에는 그 대상인 사람들의 마음을 얻기에 전혀 걸맞지 않게 "유대인들의 만성적 완악함을 책망하는 소책자"라는 표제가 붙어 있다. 저자는 히브리 성경을 토대로 그리스도의 신성을 입증해 나가면서, "소경에게는 빛조차 어둠과 같고, 태양조차 흑암의 그늘과 같다"고 단언한다.

피에르가 어떤 주장을 펼쳤는가 하는 것은 그리스도께서 하나님의 아들이심을 입증하기 위해서 인용한 여러 성경 본문들 가운데 하나만 살펴봐도 금방 알수 있다. 그것은 이사야 66:9이다. "내가 아이를 갖도록 하였은즉 해산하게 하지 아니하겠느냐." 이 구절에 피에르는 이렇게 덧붙인다. "유대인들이여, 이보다 더 하나님의 아들의 탄생을 확연하게 입증해 주는 증거가 어디 있겠는가? 하나님께서 낳으셨다면 낳으신 한에는 필연적으로 아버지이시며, 하나님의 아들은 낳음을 입으신 한에는 필연적으로 아들이시기 때문이다." 메시야가 이미 오셨다는 증거를 제시하면서, 피에르는 고지식하게 다음과 같이 말한다. "만약 유대인이 논증이 다 끝난 뒤에도 여전히 유대인으로서 살아 있다고 감히 생각한다면, 골리앗의 칼이 무릎 꿇은 유대인 앞에 서서 그 칼날로 하나님을 모독하는 그의 머리를 두 쪽으로 갈라놓을 것이다."[40]

성품이 온유했던 클뤼니의 대수도원장 가경자 피에르가 이러한 거만한 어조로 유대인들을 대했다고 한다면, 「유대인들의 배반」(*Perfidy of the Jews*)을 쓴 블루아의 피에르 같은 다른 저자들에게서는 과연 어떠한 태도를 기대할 수 있었을까?

유럽 남서부에서는 유대인 문제로 공개 논쟁이 자주 벌어졌다. 그라이츠의 말을 빌자면 유대인 사회의 적지 않은 "학자들과 의사들과 저자들과 시인들"이 양심의 확신으로 기독교 신앙을 받아들이고 "마치 자신들이 태어날 때부터 도미니쿠스회 수사들이었던 양 유대인 전도에 열성을 다하였다." 공개 논쟁에는 유대인 사회를 대표하는 랍비들과 기독교 사회에서 선정된 논객들이 참여했다. 유대교에서 개종한 사람들이 기독교 논객들로 나오는 경우도 적지 않았다. 이러한 논쟁들 가운데 가장 유명한 것은 토르토사 논쟁으로서, 1413년부터 1414년까지 1년 9개월간 진행되었고, 모두 68회의 모임이 열렸다. 이렇게 논쟁으로 경합을 벌인 뒤에 많은 유대인들이 세례를 받았다고 전해지는데, 교황 베네딕투스 13세는 이 논쟁에 대한 자신의 판단을 담은 대칙서에서 강제 세례가 교회법에 위배되므로 시행해서는 안 된다고 천명했으나, 유대인들에 대해서는 신분을 표시하는 헝겊을 달도록 했고, 일년에 세 번 — 부활절과 대림절과 한여름 — 교회에 나가 설교를 듣도록 했다.

라이문두스 룰루스는 유대인 개종을 염두에 두고서 대학에 히브리어 학과를 설치하자고 역설했으며, 도미니쿠스회 수사 페냐포르테의 라이문두스도 같은 주장을 했다. 15세기 초에 빈켄티우스 페러(Vincent Ferrer)라는 유능한 설교자가 등장하여 유대인 전도에 큰 성과를 거두었는데, 그의 설교를 듣고서 자진하여 세례를 받은 유대인의 수가 적어도 2만 명이 넘었을 것으로 추정된다. 스페인의 유대인 개종자들 가운데 가장 유명한 사람은 랍비 솔로몬 헬레비(Solomon Helevi, 1353-1435)로서, 그는 훗날 부르고스의 대주교가 되었다. 기독교 학자 쿠사의 니콜라우스는 비록 유대인은 아니었으나 먼 인척 관계에 의해 유대인과 관련이 있었다.

런던에서는 유대인 개종자들을 보호하기 위해 일종의 대학촌(domus conversorum)을 세움으로써 유대인들에게 다가가려는 시도가 이루어졌다. 이

---

40) Migne's ed., 189, 553.

시설은 1233년에 세워졌고, 왕실 재무관이 이 시설의 유지를 위해 연간 7백 마르크를 지원하겠다고 약속했으나, 이 시설이 과연 유용했다는 보고는 전해지지 않는다.

이러한 노력들이 유대인들과 관련된 어두운 그림을 다소 환하게 비추어준 것이 사실이지만 그 빛은 매우 희미했을 뿐이다. 오늘날도 유대인들의 인종적 배타성과 기독교 세계가 경제적으로 성공한 유대인들에게서 느끼는 거만함이 기독교를 변증함으로써 그들에게 어떤 영향을 주려는 시도를 여전히 어렵게 만들고 있다. 물론 개종자들도 있었다. 네안더는 태어날 때부터 유대인이었다. 파울루스 카젤(Paulus Cassel)과 아돌프 사피어(Adolf Saphir)도 그랬다. 델리취(Delitzsch)도 부모 중 한 사람이 유대인이었다. 될링거(Döllinger)는 30년 전 베를린에 유대인 출신 그리스도인들이 2천 명이나 살고 있었다는 진술을 뒷받침한다. 다행히도 오늘날은 적어도 서방 교회에서는 중세의 기독교 정신을 지배했던바, 그리스도를 십자가에 달아 죽인 행위에 대한 섭리의 응징을 반드시 도와야한다는 그런 정서가 남아 있지 않다. 중세 교회가 겪었던 일을 되돌아 볼 때, 교회가 유대인들을 대하는 태도가 형제간의 신뢰와 기독교적 사랑이라면 얼마나 좋겠는가.

제 10 장

이단들과 그들에 대한 탄압

78. 참고문헌

GENERAL WORKS : FLACIUS ILLYRICUS : *Catalogus testium veritatis qui ante nostram œtatem reclamarunt papœ*, Basel, 1556. — DU PLESSIS D'ARGEN-TRÉ : *Coll. judiciorum de novis erroribus qui ab initio XII. sœc. usque ad 1632 in ecclesia postscripti sunt et notati*, 3 vols. Paris, 1728. — *DÖLLINGER : *Beiträge zur Sektengesch. des Mittelalters*, Munich, 1890. A most valuable work. Part II., pp. 736, contains original documents, in the collection of which DÖLLINGER spent many years and made many journeys. — PAUL FREDERICQ : *Corpus documentorum hœr. pravitatis Neerlandicœ*, 5 vols. Ghent, 1889 sqq. — CÆSAR OF HEISTERBACH : *Dialogus.* — ETIENNE DE BOURBON : *Anecdotes Historiques*, ed. by LECOY DE LA MARCHE, Paris, 1877. — MAP : *De nugis curialium*, Wright's ed.— *Epp. Innocentii III.*, Migne, 214–216. — JACQUES DE VITRY : *Hist. orientalis*, Douai, 1572, and in MARTÈNE and DURAND, *Thes. anecd.*, 5 vols. Paris, 1717. — ARNOLD : *Unpartheiische Kirchen- und Ketzerhistorie*, Frankf., 1729. — FÜSSLIN : *Kirchen- und Ketzergesch. der mittleren Zeit*, 3 vols. Leipzig, 1770–1774. — MOSHEIM : *Versuch einer unparthei. Ketzergesch.*, Helmstädt, 1746. — HAHN : *Gesch. der Ketzer im Mittelalter*, 3 vols. Stuttg., 1845–1847. — *A. JUNDT : *Hist. du panthéisme pop. au moyen âge*, Paris, 1875. — *LEA : *Hist. of the Inquisition*, 3 vols. N.Y., 1888. On the sects, I. 57–208. — M. F. Tocco : *L'eresia nel medio evo*, Florence, 1884. — P. ALPHANDÉRY : *Les idées morales chez les Hetérédoxes Latins au début du XIII siècle*, Paris, 1903. — HEFELE-KNÖPFLER, . vol. V. — A. H. NEWMAN : *Recent Researches concerning Med. Sects* in Papers of Amer. Soc. of Ch. Hist. 1892, IV. 167–221.

FOR THE CATHARI, § 80: BONACURSUS (at first a Catharañ teacher) : *Vita hœreticorum seu contra Catharos* (1190 ?), Migne, 204. 775–792. — ECBERTUS (canon of Cologne about 1150) : *Sermones XIII. adv. Catha-*

rorum errores, Migne, 195. — ERMENGAUDUS : *Contra hæret.*, Migne, 204, 1235–1275. — MONETA CREMONENSIS (1240) : *Adv. Catharos et Valdenses*, Rome, 1763. — RAINERIUS SACCHONE (d. about 1263, was a leader among the Cathari for seventeen years, then became a Dominican and an active inquisitor): *De Catharibus et Leonistis seu pauperibus de Lugduno* in Martène-Durand, *Thes. Anecd.*, V. 1759–1776. — BERNARDUS GUIDONIS : *Practica inquisitionis hereticæ pravitatis*, ed. by C. DOUAIS, Paris, 1886. — C. DOUAIS, bp. of Beauvais : *Documents pour servir à l'hist. de l'inquis. dans le Languedoc*, 2 vols. Paris, 1900. *Trans. and Reprints*, by Univ. of Phila., III. No. 6. — *C. SCHMIDT : *Hist. et Doctr. de la secte des Cathares ou Albigeois*, 2 vols. Paris, 1849.

FOR THE PETROBRUSIANS, ETC., § 81 : DÖLLINGER : I. 75–110. — PETER VENERABILIS : *Adv. Petrobrusianos*, Migne, 189. 719–850 ; *Acta episc. Cenomannensium*, in Mabillon, *Veter. Analecta*, p. 315, Paris, 1723. — For Henry of Lausanne, GAUFRID : *Vita Bernardi*, Migne, 185. 312 sqq.; *Epp. Bernardi*, 241, Migne, 182, 434 sqq. — *Lives* of St. Bernard. — HAUCK ; art. in Herzog Ency., VII. 606 sq. — J. VON WALTER : *Die ersten Wanderprediger Frankreichs*, II. 130–141, Leipzig, 1906. — For Tanchelm, *Vita Norberti*, cap. 16. — OTTO OF FREISING : *De gestis Frid.*, cap. 54. — HAUCK : IV. 88–92.

FOR THE BEGUINES AND BEGHARDS, § 83 : BERNARDUS GUY : pp. 141 sqq., 264–268. — FREDERICQ, II. 9 sqq., 72 sqq. — DÖLLINGER, II. 378–416, 702 sqq. —*J. L. MOSHEIM : *De Beghardis et Beguinabus*, Leipzig, 1790. — G. UHLHORN : *D. christl. Liebesthätigkeit im Mittelalter*, pp. 376–394. — H. DELACROIX : *Le Mysticisme speculatif en Allemagne au 14ᵉ siècle*, Paris, 1900, pp. 52–134. — ULLMANN : *Reformers before the Reformation.* — LEA : II. 350 sqq.— *HAUPT, art. *Beguinen und Begharden* in Herzog, II. 516–526, and art. *Beguinen* in Wetzer-Welte, II. 204 sqq.

FOR THE WALDENSES, § 84, the works of RAINERIUS, MONETA, BERNARDUS GUY. — DÖLLINGER : *Beiträge.* — BERNARDUS, ABBAS FONTIS CALIDI (d. about 1193) : *Adv. Waldensium sectam*, Migne, 204. 793–840. — ALANUS AB INSULIS (d. about 1202) : *Adv. hæret. Waldenses, Judæos et Paganos*, Migne, 210. 377–399 ; *Rescriptum hæresiarcharum Lombardiæ ad Leonistas in Alemannia*, by the so-called "ANONYMOUS OF PASSAU" (about 1315), ed. by PREGER in *Beiträge zur Gesch. der Waldesier im Mittelalter*, Munich, 1875. GIESELER, in his *De Rainerii Sacchone*, Götting., 1834, recognized this as a distinct work. — *Etienne de Bourbon*, pp. 290–296, etc. — DAVID OF AUGSBURG : *Tractatus de inquis. hæreticorum*, ed. by PREGER, Munich, 1878. Döllinger gives parts of Bernard Guy's *Practica*, II. 6–17, etc., the *Rescriptum*, II. 42–52, and DAVID OF AUGSBURG, II. 315–319. — Also FREDERICQ, vols. I., II.

MOD. WORKS, § 84 : PERRIN : *Hist. des Vaudois*, Geneva, 1619, in three parts, —the Waldenses, the Albigenses, and the Ten Persecutions of the Vaudois. The Phila. ed. (1847) contains an Introd. by PROFESSOR SAMUEL MILLER of Princeton.— GILLES : *Hist. eccles. des églises réf. en quelques vallées de Piémont*, Geneva, 1648. — MORLAND : *Hist. of the evang. Churches of the Valleys of Piedmont*, London,

1658. — LEGER : *Hist. générale des églises evang. des Vallées*, etc., Leyden, 1669, with large maps of the three Waldensian valleys and pictures of the martyrdoms. Leger, a leading Waldensian pastor, took refuge in Leyden from persecution.— PEYRAN : *Hist. Defence of the Waldenses*, London, 1826. — GILLY (canon of Durham): *Waldensian Researches*, London, 1831. — MUSTON : *Hist. des Vaudois*, Paris, 1834 ; *L'Israel des Alpes*, Paris, 1851, Engl. trans., 2 vols. London, 1857.— BLAIR : *Hist. of the Waldenses*, 2 vols. Edinb., 1833. — MONASTIER : *Hist. de l'église vaudoise*, 2 vols. Lausanne, 1847. — *A. W. DIECKHOFF : *Die Waldenser im Mittelalter*, Götting. 1851. — *J. J. HERZOG : *Die romanischen Waldenser*, Halle, 1853. — MAITLAND : *Facts and Documents of the Waldenses*, London, 1862.—F. PALACKY : *Die Beziehungen der Waldenser zu den ehemaligen Sekten in Böhmen*, Prague, 1869. —*JAROSLAV GOLL : *Quellen und Untersuchungen zur Gesch. der Böhmischen Brüder*, Prague, 1878–1882.—* H. HAUPT : *Die relig. Sekten in Franken vor der Reformation*, Würzb. 1882 ; *Die deutsche Bibelübersetzung der mittelalterlichen Waldenser in dem Codex Teplensis*, Würzb., 1885; *Waldenserthum und Inquisition im südöstlichen Deutschland*, Freib., 1890; *Der Waldensische Ursprung d. Codex Teplensis*, Würzb., 1886.— MONTET : *Hist. litt. des Vaudois du Piémont*, Paris, 1885. —*L. KELLER : *Die Waldenser und die deutschen Bibelübersetzungen*, Leipzig, 1886.— * F. JOSTES : *Die Waldenser und die vorluth. deutsche Bibelübersetzung*, Munich, 1885 ; *Die Tepler Bibelübersetzung*, Münster, 1886. —*PREGER : *Das Verhältniss der Taboriten zu den Waldesiern des 14ten Jahrhunderts*, Munich, 1887 ; *Die Verfassung der französ. Waldesier, etc.*, Munich, 1890. —*K. MÜLLER : *Die Waldenser und ihre einzelnen Gruppen bis zum Anfang des 14ten Jahrhunderts*, Gotha, 1886.—*E. COMBA: *Hist. des Vaudois d'Italie avant la Réforme*, Paris, 1887, new ed. 1901, Engl. trans., London, 1889. — SOFIA BOMPIANI : *A Short Hist. of the Ital. Waldenses*, N.Y. 1897. See also LEA : *Inquis.*, vol. II. — E. E. HALE : *In his Name*, Boston, 1887, a chaste tale of the early Waldenses in Lyons. — H. C. VEDDER : *Origin and Early Teachings of the Waldenses* in "Am. Jour. of Theol.," 1900, pp. 465–489.

FOR THE CRUSADES AGAINST THE ALBIGENSES, § 85 : Innocent III.'s *Letters*, Migne, 214–216. The Abbot PIERRE DE VAUX DE CERNAY in *Rec. Hist. de France*, XXI. 7 sqq. — HURTER : *Inn. III.* vol. II. 257–349, 379–389, 413–432. — HEFELE-KNÖPFLER : V. 827–861, etc. — LEA : I. 114–209. — A. LUCHAIRE : *Inn. III. et la croisade des Albigeois*, Paris, 1905. — MANDELL CREIGHTON : *Simon de Montfort*, in *Hist. Biog.*

FOR THE INQUISITION, §§ 86, 87, see DOUAIS, BERNARD GUY, and other sources and the works of DÖLLINGER, SCHMIDT, LEA, HURTER (II. 257–269), HEFELE, etc., as cited above. — MIRBT : *Quellen zur Gesch. des Papstthums*, 2d ed., pp. 125–146 ; — *Doct. de modo proced. c. hæret.*, in MARTÈNE-DURAND, *Thes. anecd.*, V. 1795–1822.— NIC. EYMERICUS (inquis.-general of Spain, d. 1399) : *Directorium inquisitorum*, ed. F. PEGNA, Rome, 1578. For MSS. of Eymericus, see DENIFLE : *Archiv*, 1885, pp. 143 sqq. — P. FREDERICQ : *Corpus documentorum inquis. hær. prav. Neerlandicæ*, 5 vols. Ghent, 1889–1902. Vol. I. opens with the year 1025.

—Lud. a Paramo (a Sicilian inquisitor) : *De orig. et progressu officii s. inquis.*, Madrid, 1598. — P. Limborch : *Hist. inquis.*, Amster., 1692, includes the important *liber sententiarum inquis. Tolosonæ*, Engl. trans., 2 vols. London, 1731. — J. A. Llorente (secretary of the Madrid Inquis. 1789-1791) : *Hist. critique de l'inquis. d'Espagne* (to Ferdinand VII.), 4 vols. Paris, 1817. Condens. Engl. trans., Phil. 1843. — Rule : *Hist. of the Inquis.*, 2 vols. London, 1874. — F. Hoffmann : *Gesch. der Inquis.* (down to the last cent.), 2 vols. Bonn, 1878. — C. Molinier : *L'Inquis. dans le midi de la France au 13ᵉ et 14ᵉ siècle*, Paris, 1881. — Ficker : *Die gesetzl. Einführung der Todesstrafe für Ketzerei* in *Mittheilungen für Oester. Geschichtsforschung*, 1880, pp. 188 sqq. — J. Havet : *L'hérésie et le bras séculier au moyen âge*, Paris, 1881. — Tamburini : *Storia generale dell' Inquisizione*, 4 vols. — L. Tanon : *L'hist. des tribunaux de l'inquis. en France*, Paris, 1893. — Henner : *Beiträge zur Organization und Kompetenz der päpstlichen Ketzergerichte*, Leipzig, 1893. — Graf von Hoensbroech : *Das Papstthum, etc.*, Leipzig, 1900 ; 4th ed., 1901. Chap. on the Papacy and the Inquis., I. 1-206. — P. Flade : *Das römische Inquisitionsverfahren in Deutschland bis zu den Hexenprocessen*, Leipzig, 1902. — Hurter : art. Inquisition in Wetzer-Welte, VI. 765 sqq., and Herzog, IX. 152-167. — E. L. Th. Henke : *Konrad von Marburg*, Marb., 1861. — B. Kaltner : *Konrad v. Marburg u. d. Inquis. in Deutschland*, Prague, 1882. — R. Schmidt : *Die Herkunft des Inquisitionsprocesses*, Freib. i. Breis. 1902. — C. H. Haskins : *Robert le Bougre and the Beginnings of the Inquis. in Northern France* in "Amer. Hist. Rev.," 1902, pp. 421-437, 631-653. —The works on canon law by Hinschius, Friedberg, and Ph. Hergenröther (R.C.), pp. 126, 601-610. — E. Vacandard : *L'inquisition, Etude hist. et crit. sur le pouvoir coercitif de l'église*, Paris, 1907, pp. 340.

79. 중세의 분리파들

교회의 권위가 교황에게 집중되면서 종교적 개인주의와 반대 정서가 널리 확산되었다. 교황 그레고리우스 7세와 인노켄티우스 3세가 신정적(神政的) 계획을 강경하게 밀어붙이던 바로 그 시점에 불길한 영적 반동이 분리파들의 사회에서 고개를 들었다. 십자군이 해외의 이교도들과 전투를 벌이고 있던 동안, 공식적 용어를 사용하자면 이단적 부패가 본국 교회에 발생하여 평화를 깨뜨리기 시작했다.

서유럽 기독교 사회는 거의 5백 년 동안 이단을 모르고 지내왔다. 6세기 후반에 대 그레고리우스가 스페인과 롬바르디아의 아리우스파를 정통신앙으로 회심시키는 것을 끝으로 이단의 마지막 불씨가 꺼졌던 것으로 추정되었다. 그런데 11세기 후반에 들어서면서 밀라노·오를레앙·스트라스부르·쾰른·마인츠 등 여기저기서 이단의 작은 불씨가 되살아나기 시작했다. 하지만 그 불씨들은 금방 꺼졌고, 교회는 곧 평화를 되찾았다. 12세기에 접어들면서 헝가리에서 피레네 산맥까지, 북쪽으로는 브레멘까지 유럽의 여러 지역들에서 동시다발적으로 이단이 다시 고개를 들었다. 이단의 불씨가 맹렬한 불로 번진 두 중심지는 이탈리아 북부의 밀라노와 프랑스 남부의 툴루즈였다. 교회 당국자들은 경각심을 가지고 그 현상을 지켜보다가, 교황의 주도로 위협적인 악을 뿌리뽑기 위한 강경한 조치들을 취하기 시작했다. 비트리의 자크(Jacques)는 밀라노를 방문한 뒤 그 도시를 이단들의 시궁창(fovea haereticorum)이라 불렀고, 영적 반란자들을 제어할 사람이 하나도 남아 있지 않을 만큼 그 도시에 이단의 수가 많았다고 주장했다. 롬바르디아의 여러 지역에서 성직자들이 사실상 쫓겨나다시피 했으며, 피아첸차는 3년간 사제가 한 사람도 없었다. 로마와 아주 가까운 곳에 있는 비테르보에서는 인노켄티우스 3세가 증언하듯이 1205년에 파타리아파(the Patarenes, 이탈리아 밀라노에 거점을 둔 카타리파)가 주류를 이루었다. 그러나 상황이 가장 심각했던 곳은 프랑스 랑그도크였는데, 이 도시에는 이단의 전염병을 박멸하기 위해서 교황 군대가 파견되었다.

분리파 운동은 학자들이나 제후들에게서 시작되지 않고 민중에게서 시작되었다. 물론 제후들이 성직자들의 탐욕과 세속성, 그리고 세속권 침해에 대해서 크게 분개하던 현실이 그 운동에 자극을 준 것은 사실이긴 했다. 하지만 이단으로 몰려 처단된 사람들은 대부분 평민들이었다. 그들은 교회 법원에 끌려가 재판을 받을 때 무식하다는 이유로 항상 비웃음과 조롱을 받았다. 훗날 15세기에 발생한 이단은 학자들 가운데 지지자를 두었으므로 이 점에서는 12세기의 이단과 달랐다.

중세의 분파들과 그들의 삶에 관해서 우리가 알고 있는 지식은 거의 다 그들의 반대편에 섰던 사람들이 남긴 증언들을 토대로 한 것이다. 이러한 증언들이 소책자들과 이단 취급 지침서들, 그리고 살림베네(Salimbene), 비트리(Vitry), 에티엔 드 부르봉(Etienne de Bourbon), 하이스터바흐의 카이사르(Caesar), 매튜 패리스 같은 교회 저자들의 글과 교회회의들의 법령집, 이단들에 대한 재판 기록에 실려 있다. 가톨릭 당국자들이 남긴 마지막 두 증언들은 적지 않은 분량으로 현존한다. 그 증언들은 비록 흥미롭긴 하지만 읽을 때는 이단들과 반대편에 섰던 자들이 남긴 진술이라는 점에 유의해야 한다. 카타리파가 남긴 문헌은 단 한 점이 남아 있을 뿐인데, 종교적 신념 때문에 그토록 많은 사람들이 재산을 빼앗기고 투옥되고 죽임을 당했는데도 그들이 자신들의 신앙과 소망에 관해서 쓴 글이 몇 줄밖에 남아 있지 않다는 것이 가슴아픈 현실이다.

이러한 종교적 반동을 일으킨 원인은 성직자들의 세속성과 교만, 교회 예배의 형식주의, 교황 정책에 깔린 세속적 야심들에서 찾아야 한다. 그들은 교회 법정에 피의자들로 섰을 때 사제들의 교만과 탐욕, 부도덕성을 환기시켰다. 탄켈름(Tanchelm), 로잔의 앙리, 그리고 그 밖의 지도자들은 민중의 유익보다는 권력과 안일을 추구하는 사제들과 주교들에게 독설을 퍼부었다.

이러한 불만의 저변에는 대중의 영적 배고픔이 자리잡고 있었다. 성경이 완전히 잊혀진 책이 아니었다. 민중은 그것을 기억했다. 티론의 베르나르드(Bernard), 아브리셀의 로버트(Robert), 사비니의 비탈리스(Vitalis) 같은 대중 설교가들은 성경의 계명들을 인용하고 성경의 권위에 의존했다. 교회가 가르치지 않는 복음에 대한 갈망이 민중들에게 있었다. 민중은 성직자와 성사들을 넘어서서 그리스도에게 직접 나아가기를 원했고, 그러기 위해 노력하는 과정에서 많은 수의 분파들이 성사들의 외형을 무시하는 극단으로 치달았고, 아예 사제들의 지도와 감독에서 떠나버렸다. 모든 분파들의 목표는 도덕과 신앙의 개혁이었다. 물론 카타리파(the Cathari)가 기존 사회와 철학적 문제에서 달랐고 마니교적인 성격을 갖고 있었던 것이 사실이지만, 실제로 그들이 추구했던 것은 철학적 문제가 아니었다. 그들의 주된 목적은 기성 교회가 추구하는 세속적 목표들에서 벗어나는 것이었으며, 이 점이 롬바르디아와 프랑스 남부에서 그들이 급속히 퍼져나갔던 이유를 설명해 준다.

분리파들에게 가해진 가장 큰 비판은 복음서들과 서신서들을 자의적으로 해석하고, 이 해석을 사용하여 자신들의 체계를 수립한 뒤 가톨릭 성직위계제도를 비판한다는 것이었다. 카타리파는 요한복음을 특별히 중시했고, 발도파 운동은 성경을 민중의 언어로 알리려는 노력과 더불어 시작되었다. 하층민들도 자기들이 보고 듣는 것을 토대로 성직자들의 부패와 월권을 익히 알고 있었다. 하지만 당대를 대표할 만한 사람들이 성직위계제도에 가한 비판도 널리 유포되었는데, 이런 것들이 하층민들의 귀에도 들어가 불만을 더욱 가중시켰음에 틀림없다. 성 베르나르는 성직자들의 야심과 교만과 육욕을 책망했다. 그로스테스트는 성직자들을 적그리스도들과 사귀들이라고 불렀다. 시인들 가운데 발터 폰 데어 포겔바이데(Walter von der Vogelweide)는 사제들을 다음과 같이 격렬히 성토했다.

"미사의 거룩한 제사를 포함한
성사 하나하나로 장사하는 자들."

이 사람들이 뜻했던 것은 사제의 직무 자체를 비판하고자 했던 것이 아니었으나, 일반 민중은 사제의 직무와 그것을 남용하는 사제를 구분하지 못했는데, 이것은 이상한 일이 아니다.

예언자들의 목소리가 수도원 담장 밖에도 울려퍼졌다. 피오레의 요아킴과 힐데가르트가 그들이었다. 그들은 교회를 따로 꾸려나가면서 무엇을 해보려는 생각이 없었다. 그들이 외친 것은 성직자들의 개혁이었고, 민중은 오래 기다려도 개혁의 조짐이 전혀 나타나지 않는 것을 보고는 기성 교회에서 분리된 조직들과 신자들의 집단들에서 소망을 찾았다. 라인 강 유역에서 활동하던 여성 예언자 힐데가르트는 카타리파를 염두에 두고서 모든 왕들과 그리스도인들에게 정욕에 빠져 있는 사두개인들과 이단들을 진압하라고 촉구했으며, 인류가 최초에 받은 "생육하고 번성하라"는 명령을 무시한 채 결혼을 배척했다. 그러나 본과 쾰른에서 이단들이 화형을 당할 때 그 여성 예언자는 아무리 이단이라도 하나님의 형상을 지니고 있으므로 극형에 처해서는 안 된다고 항의하는 긍정적인 모습도 보여주었다. 힐데가르트는 이단의 처벌 방식을 재산 몰수로 제한하기를 바랐다.

이단의 요소들이 동방에서 유럽의 중부와 서부로 도입되었을 가능성도 매우 크다. 비잔틴 제국에서는 초기 이단들의 씨앗이 꾸준히 싹터 나갔으며, 그곳에서 퍼져나간 이단의 씨앗이 마니교적 카타리파와 알비파에 의해 채택된 듯하다. 동방을 여행하거나 비잔틴 군대에서 복무했던 독일 · 덴마크 · 프랑스 · 플랑드르의 상인들과 용병(傭兵)들이 고향으로 돌아가서 이단 사상을 퍼뜨렸을 가능성이 크다.

이단 분파들이 가톨릭 교회와 달랐던 점들은 교회의 교리와 의식과 조직에 관한 것이었다. 그들은 일반적으로 유아세례의 정당성을 부정했고, 카타리파는 물세례까지도 부정했다. 십자가와 그 밖의 상들을 숭배하는 행위를 우상 숭배로 간주했다. 맹세와 심지어 군복무조차 금했다. 툴루즈의 대종교재판관으로서 14세기 프랑스 남부에서 유행하던 이단 사상들에 가장 정통했던 베르나르 귀(Bernard Guy)는, 이단들이 그리스도의 몸이 아무리 크고 높은 산만하더라도 이미 오래 전에 다 소화되었을 것이라는 근거로 화체설 교리를 부정했다고 전한다.[1] 십자가 숭배에 대해서도, 이단들은 그리스도의 몸이 가시면류관과 창으로 상함을 받으셨으니까 가시와 창도 똑같이 숭배해야 하는 것이 아니냐고 비꼬았다. 종교재판소에 희생된 사람들의 증언들은 무학자들의 소박한 진술들이다. 이단들에 관한 현존하는 많은 판례들 가운데 죄목이 불륜인 경우는 찾아보기 어렵다.

이단, 즉 가톨릭 교회의 교의적 신념에서 이탈한 자는 사라센족과 도덕적으로 타락한 자보다 더 악한 자로 간주되었다. 1125년경에 성 블라시우스의 베르너(Werner)가 행한 설교에는 다음과 같은 내용이 실려 있다. "거룩한 가톨릭 교회는 악하게 사는 사람들(male viventes)에 대해서는 인내를 가지고 관용하지만, 그릇된 교훈을 믿는 사람들(male credentes)은 교회에서 쫓아냅니다."[2] 중세 교회는 교부들을 본받아 이단들에게 가장 두렵고 준엄한 이름을 붙이기를 주저하지 않았다. 1163년의 툴루즈 교회회의는 가스코니에서 발생한 이단들을 다루면서 그들을 뱀들이라고 불렀다. 자신들의 정체를 감추고서 주님의 포도원에 몰래 들어와 무고한 사람들을 파멸로 이끌기 때문이라고 했다. 이단들에게 가장 자주 사용된 비유는 아마도 포도원을 망쳐놓는 솔로몬의 여우들이었을 것이다. 페트루스 다미아누스와 그 밖의 사람들은 이단들을 삼손이 블레셋 사람들에게 손해를 입히려고 꼬리를 묶어 보낸 여우들에 비유했다.[3] 교황 인노켄티우스 3세는 이단을 여우에 비유하는 것도 선호했으나, 저주의 살로 타격을 가하는 전갈과, 해충을 지닌 채 땅에 숨는 요엘의 메뚜기떼, 바빌론의 금잔에 담긴 뱀의 독을 내

---

1) 가경자 피에르도 *c. Petrobrus*, Migne, 189, 1185에서 그렇게 말한다. Bernard Guy는 1261년에 프랑스 남부에서 태어났고, 도미니쿠스회에 들어가 16년간 대종교재판관 직을 맡아 카타리파를 비롯한 여러 이단들을 박해했다. 1323년에는 Tuy의 주교가 되었다. 종교재판관들에게 지침서로 쓰인 그의 저서 *Practica inquisitionis*는 매우 흥미롭고 귀중한 문헌이다.

2) *Deflorationes SS. Patrum*, Migne, 157. 1050.

3) Migne, 145. 419.

미는 귀신들에도 비유했으며, 이단설을 계시록에서 마귀가 저울을 든 채 타고 다니는 검정 말이라고 불렀다.[4]

제4차 라테란 공의회도 삼손의 여우들을 비유로 사용하면서, 이단들이 서로 양상은 다르지만 꼬리가 하나로 묶인 채 한 가지 악한 목적을 수행한다고 표현했다. 교황 그레고리우스 9세는 프랑스에 관해 언급하면서, 그 나라에 독사들과 이단의 독이 가득하다고 주장했다.[5] 에티엔 드 부르봉은 12세기 말에 쓴 글에서 이렇게 말했다. "이단들은 썩은 쓰레기들이며, 그 이유에서 신적인 기적이 아니고는 본연의 신앙으로 돌아올 수 없다. 석탄재로 은을 만들 수 없고, 찌끼로 포도주를 만들 수 없는 노릇이다."[6] 성 베르나르는 이단을 무는 개와 속이는 여우에 비유했다.[7] 줄기에서 잘려나가 버림받고 불에 던져지는 요한복음 15:6의 포도나무 가지의 비유와, 가나안 부족들과 고라 자손, 도단, 아비람이 멸망한 역사 사례들도 자유롭게 사용했다. 토마스 아퀴나스는 이단들을 법정에 중죄인으로 서게 되는 화폐 위조범과 같은 부류에 넣었다. 1222년에 롬바르디아에서 발생한 대 지진 같은 자연 재해들을 정통신앙 진영 사람들은 하나님께서 이단에 대해 진노하신 결과로 설명했다.

관용의 원리는 알려지지 않았거나, 힐데가르트와 도이츠의 루페르트(Rupert), 파리의 주교 피에르 캉토(Peter Cantor)가 그랬듯이 사형에 반대하는 산발적인 목소리로 그쳤다. 베르나르는 거기서 더 나아가 교황 유게니우스에게 무력으로 이단을 제재하는 방안이 옳지 못하다고 권고했으며, 아가서 2:15("우리를 위하여 여우 곧 포도원을 허는 작은 여우를 잡아라. 우리의 포도원에 꽃이 피었음이라")을 주해하면서 이단을 무력이 아닌 논리적 설득으로 돌아서게 해야 하며, 모든 사람이 구원에 이르기를 바라시는 하나님의 뜻에 부합하게 그들을 교회로 인도해야 한다고 말했다. 거짓 가톨릭 신자가 공개적인 이단보다 더 큰 해를 끼친다고 덧붙였다.[8] 당시 사회에는 이단이 몸의 질병과 같아서 도려내는 것만이 가

---

4) *Epp. I. 94; II. 99; IX. 208 etc.*, Migne, 241. 81 etc.

5) Gregory의 1235년 대칙서.

6) p. 289.

7) *De consid.* III. 1.

8) *Serm. in Cant.*, 64, 65, Migne, 183. 1086, 1091.

장 좋은 방법이라는 견해가 성행했다. 인간과 신념의 오류를 조금도 구분해서 다루지 않았다. 이러한 정책을 토대로 정책이 펼쳐진 데에는 누구보다도 교황들의 책임이 컸다. 세속 법들은 사형을 이단이 마땅히 받아야 할 보응(poena debita)으로 받아들이고 그렇게 공포했다.[9] 토마스 아퀴나스와 신학자들은 이러한 당시의 법 정신을 여러 가지 논증으로 뒷받침했다. 베르나르 귀(Bernard Guy)가 이단은 그 옹호자들을 개종시키거나 불태워 죽일 때에야 비로소 멸할 수 있다고 주장한 것은 그 시대의 정신을 대변한 것이다. 종교적 반대를 뿌리뽑기 위해서 종교재판소라는 두려운 법원이 설립되었다. 이단 근절에 동원된 마지막 방법은 교황의 깃발을 앞세워 조직적으로 감행된 십자군 원정으로서, 이로 인해 중세의 분리파들이 동방의 사라센족과 마찬가지로 일말의 동정이나 가책도 자아내지 못한 채 피를 흘렸다.

분파들의 다양한 이름들을 대하노라면 교회 당국자들이 분파들로 인해 그리고 분파들 사이에 존재하던 차이로 인해 느꼈을 혼동을 짐작하게 된다. 분파들의 가장 자세한 목록은 1238년에 프리드리히 2세가 공포한 법률에 실려 있는데, 이 목록에는 카타리파·파타리아파·베긴파·아르놀드파·발도파를 포함하여 19개의 분파들이 들어 있다. 그러나 법전은 그것이 철저한 목록이 아님을 밝히면서, "그 외에도 나름대로 어떤 명칭을 가지고 있을 모든 이단들"을 덧붙인다. 실제로 그 목록은 철저한 것이 아니었다. 이탈리아 북부의 겸손파라는 유명한 집단과 스트라스부르의 오르틀리브파, 벨기에의 사도파(Apostolicals)가 포함되지 않았기 때문이다. 어떤 문헌은 적어도 일흔두 개의 이단 집단을 거론하며, 살림베네(Salimbene)는 130개의 집단을 거론한다. 1183년의 베로나 공의회는 "제일 먼저 카타리파와 파타리아파, 그리고 자신들을 거짓되게 겸손파 혹은 리옹의 가난한 자들이라고 부르는 자들, 파사기니파(Passagini), 요세피니파(Josephini), 아르놀드파(Arnoldists)를 들 수 있는데, 우리는 그들을 영원한 저주에 처한다"고 단죄했다. 이단 분파들 사이에 치밀한 조직이 없었던 점이 이렇게 많은 이름이 등장하게 된 이유를 설명하는데, 그 이름들 가운데 더러는 지역이나 도시에서 취한 것으로서 신조나 신념에서 다른 분파들과 달랐음을 뜻하지 않는다. 당시에 존재한 이단들의 수는 대부분 추정치일 수밖에 없다. 이러한 집단들이 곳곳에서

---

9) 이것이 교회와 법률 문서가 일상적으로 사용한 표현이었다.

일어나는 현상 앞에서 교회 당국자들은 큰 두려움과 혼란에 사로잡혔으며, 따라서 인노켄티우스 3세가 남긴 것과 같은 진술들은 과장된 것으로 간주할 수밖에 없다. 이는 공포에 사로잡힌 나라에 적군에 관한 소문들이 큰 파장을 일으키는 것과 같은 이치이다. 인노켄티우스는 프랑스 남부에서 일어난 이단들의 수효가 이루 헤아릴 수 없이 많다고 발표했다.[10] 훗날 화형을 당한 이단적 주교 노이마이스터(Neumeister)의 진술에 따르면 1300년경에 오스트리아에 거주하던 발도파(Waldensian) 이단의 수가 8만 명에 달했다고 한다. 대개 파사우의 무명 인사로 알려지는 저자는 1315년경에 쓴 글에서 발도파가 퍼지지 않은 땅이 없다고 말했다. 프랑스 남부의 카타리파는 대규모 군대를 모집하여 십자군에 저항하다가 무수히 많은 사람들이 살육을 당했다. 이때 생긴 분파들 가운데 오늘날까지 살아 남은 유일한 집단은 발도파라고 알려지는 매우 명예로운 집단이다.

중세의 분리파들은 때로 개신교로 분류되어 왔다. 이렇게 분류하는 것은 그들이 개신교와 마찬가지로 가톨릭 성직위계제도의 멍에를 메기를 거부했다는 광범위한 근거에서만 참일 뿐이다. 분리파들의 교리와 의식 가운데 일부를 개신교 교회들은 중세의 국교회와 마찬가지로 철저히 배격했다. 중세의 이단 분파들은 비록 하나하나의 특성과 그들이 겪어야 했던 두려운 시련 때문에 흥미롭긴 하지만, 가톨릭 교회라는 거대한 물줄기에 비하면 지류들에 지나지 않았다. 가톨릭 교회는 그들이 쌓아온 숱한 부패와 악행에도 불구하고 다른 한편으로는 야만족들을 기독교화하고, 학문을 발전시키고, 대성당들을 건축하고, 예술을 계발하고, 찬송을 짓고, 신학 체계를 수립하고, 그 밖의 여러 가지 방법으로 인류 진보에 이바지했던 것이다. 이단 분파들이 흥미를 끄는 이유는 그들이 한결같이 사제 제도에 반기를 들었다는 점과, 설교와 삶이 순수해야 한다고 강조한 점 때문이다. 그들은 선량한 사람들은 많이 배출했으나 위대한 인물들은 배출하지 못했다. 피에르 발도(Peter Waldo)가 그들의 지도자들 가운데 가장 주목할 만한 인물이다.

중세 이단들을 명쾌하게 분류하기란 아예 불가능하지는 않더라도 쉽지 않은데, 그것은 몇몇 분파들이 주장한 견해들이 불분명하기 때문이기도 하고, 중세의 저자들이 분파들을 혼동하여 소개하는 명백한 오류를 범했기 때문이기도 하

---

10) *Ep.* I. 94, Migne, 214. 81.

다.

카타리파 곧 중세의 마니교적 이단은 그 자체가 하나의 부류를 형성한다. 발도파, 겸손파(Humiliati), 그리고 혹시는 아르놀드파(Arnoldists)가 복음적 분리파들의 집단을 대표한다. 아마우리키우스파(Amauricians)와 혹시는 오르틀리브파(Ortlibenses)는 범신론 집단이었다. 개별적으로 활동한 지도자들인 피에르 드 브뤼(Peter de Bruys)와 로잔의 앙리(Henry), 유도(Eudo), 탄켈름(Tanchelm)은 분파 설립자들이라기보다는 설교자들이자 성상 파괴자들 — 좋은 뜻에서 그 단어를 사용하자면 — 이었다. 베긴회(Beguines)와 베가르회(Beghards)는 교회 내에서 일어난 개혁 운동을 대표했으나, 그 중 전자는 교리적 이설과 불법의 길로 탈선하여 교회 당국자들로부터 아나테마를 받았다.

80. 카타리파

중세의 이단들 가운데 가장 널리 확산된 분파는 카타리파(Cathari)였다. 이 단어는 순수하다는 뜻의 헬라어 카타로스(catharos)에서 유래하여 독일어로는 이단이라는 뜻의 케처(Ketzer)로 굳어졌다. 이 단어는 처음에는 카타리파 자신들이 사용했다.[11] 마귀가 즐겨 취하여 나타난다고 알려진 고양이를 이 분파와 관련지은 괴상한 어원은 반대자들이 만든 것이다.[12] 카타리파는 이원론적 교리로 인하

---

11) Schmidt. II. 276; Döllinger, I. 127. '카타리' 라는 용어는 12세기에 에크베르투스의 글과 1179년의 제3차 라테란 공의회 법령에 나온다. 이 공의회 법령은 프랑스 남부의 이단들을 카타리, 파트리니, 푸블리카니 등의 이름들로 표시한다. 인노켄티우스 3세는 그들을 카타리파와 파타리아파라고 불렀다.

12) Alanus de Insulis(Migne, 210. 266)는 다음과 같이 말한다. "카타리파는 고양이 때문에 그렇게 불리기도 했다. 그들은 고양이의 꽁무니에 입을 맞추었다고 하며, 루시퍼가 고양이 모습으로 그들에게 나타났다고 한다." Jacob de Voragine은 *Legenda aurea*에서 사탄이 이단과 관련하여 고양이를 이용한 일을 거론한다. 그의 글에는 다음과 같은 이야기가 실려 있다. 한번은 이단에 속해 있던 여성들 몇 명이 성 도미니쿠스의 발 앞에 엎드려 "하나님의 종이시여 저희를 도와주십시오' 하고 갑자기 외쳤다. 그러자 도미니쿠스가 '잠깐만 기다리시면 여러분이 그동안 누구를 섬겼는지 보여드리겠습니다' 하고 대답했다. 갑자기 검은 고양이가 긴 꼬리를 바짝 세우고는 여인

여 새 마니교라 불렸다. 혹은 밀라노에서 그들이 거주하던 파타리아 곧 고물상인들의 구역으로 인해 파타리아파(Patarenes)라는 이름도 얻었다.[13]

프랑스 남부에서는 알비 시가 그들의 세력 중심지의 한 곳이었던 까닭에 알비파(Albigenses)라는 이름을 얻었다. 그들의 신학적 교리들이 정립된 유럽 동부에서는 불가리파(Bulgari)·부가레스파(Bugares)·부그레스파(Bugres)로 알려졌다.[14] 그 밖에도 프랑스에서는 그들이 직조공(織造工)들과 노동자 계층에 세력 거점을 두었기 때문에 테사랑파(Tessarants)로 불리거나, 파울루스파(Paulicians)라는 명칭이 와전된 푸블리카니파(Publicani)와 포플리카니파(Poplicani)로 불렸다.

카타리파가 파울루스파와 보고밀파(Bogomili) 같은 동유럽과 동방의 이단 분파들한테서 교리를 이끌어 왔다는 것이 그 시대의 일반적 평가였다. 이것은 법정에 선 그들의 회원들의 증언에서 나왔으며, 동유럽과 보스니아, 콘스탄티노플에서 온 지도자들이 서 유럽의 이단들을 공식적으로 승인한 점에서 잘 나타난다. 파울루스파는 소아시아에서 5세기 이래로 존재해 오면서 콘스탄티노플까지 세력권을 확대했다.[15] 후대에 발생한 보고밀파도 12세기 초반에 콘스탄티노플에서 어느 정도 영향력 있는 지위를 차지했다.[16] 혹시는 이들이 이탈리아와 프랑스 남부에 존재하던 마니교와 아리우스파가 그 지역들에서 뿌리뽑힌 뒤에 그곳에

들 가운데 나타났는데, 두렵고 불쾌한 악취가 풍겼다. 고양이는 잠시 그러고 있다가 종 줄을 타고 첨탑으로 올라갔고, 여인들은 이단을 버리고 개종했다."

13) 주해(II. 275-284)에서 카타리파의 이름들을 상세히 논한 Schmidt는 밀라노의 집단이 18세기까지도 Contrada de' Patari라 불리고 있었다고 말한다. 프리드리히 2세는 자신이 작성한 시칠리아 법전에서 Patarenes라는 이름의 어원을 '고생하다' 라는 뜻의 patior에서 찾았다.

14) M. Paris(Luard's ed,, III, 520)는 'Bugares'를 "Paterini, Jovinians, Albigenses 등의 이단들"을 가리키는 공통된 명칭이라고 말하며, 그들을 이단이었다가 도미니쿠스회 수사가 되어 훗날 유명한 종교재판관이 된 Robert Burgre와 연관짓는다. 'bugger'(남색장이, 녀석)라는 오늘날의 단어는 그의 이름에서 유래했다.

15) Ibid., I. 1-51. 이 책에는 푸블리카니파와 보고밀파를 자세히 설명한다. 그는 파울루스파를 고대 교회의 영지주의와 중세의 분파들 사이에 다리 역할을 한 집단으로 간주한다.

16) Ibid., p. 114. 이 책은 카타리파가 보고밀파에게서 유래했다고 봐도 틀림없을 만큼 두 집단의 교훈이 너무나 비슷하다고 말한다.

남은 씨앗에서 자라난 집단일 가능성도 있다.

파울루스파는 구약성경을 배척하고 엄격한 이원론을 가르쳤다. 보고밀파는 사벨리우스적 삼위일체론을 주장하고, 성찬을 배격하고, 물세례를 기도와 안수로 대체했다. 그들은 결혼을 불결한 관계로 규정했다. 화상 숭배와 십자가 사용도 금했다.

이단이 출현했다는 소문이 이탈리아와 프랑스 남부의 이곳저곳에서 처음 퍼지기 시작한 때는 11세기 초반이었다. 1000년경에 영감을 받았다고 자처하는 뢰타르(Leuthard)라는 사람이 샬롱 교구에 나타나서 십자가 상들을 파괴하고 십일조 제도를 비판했다. 1012년에는 마니교적인 분리파가 독일 마인츠에 처음 나타났고, 1022년에는 오를레앙에 나타났는데, 국왕 로베르와 왕비 콘스탄스가 그들의 재판에 참석했다. 이 재판에서 심문을 받은 15명 가운데 13명이 끝까지 신념을 고집하다가 화형을 당했다. 이때 왕비 콘스탄스가 피의자들 가운데 자신의 고해신부였던 사람을 지팡이로 내리치고 그의 두 눈을 뽑게 했다고 전해진다. 1025년에는 리에주에 이단들이 나타났다. 거의 같은 시기에 트리어에서는 화체설을 부정하고 유아세례를 배격하는 집단이 발견되었다. 뛰랭 근처의 몽포르 성은 그들의 요새가 되었고, 1034년에 밀라노 대주교 헤리베르투스(Heribert)는 그들의 지도자 제라르를 포함한 그 집단의 일부 사람들을 체포했다. 그들은 모두 십자가를 숭배하라는 명령을 거부하고 불에 타 죽는 운명을 받아들였다. 1052년에는 고슬라에 그들이 나타났는데, 그 지역의 당국자들은 닭을 죽이지 못하는 것으로 그들을 식별했다. 이런 정도의 내용으로 이단에 대한 소문이 거의 한 세기 동안 나돌았다.

12세기 중엽에 프랑스 리에주에 다시 이단이 나타났고, 박해가 재개되었다. 1145년에는 쾰른에서 남자 8명과 여자 3명이 화형을 당했다. 이들의 신념이 얼마나 강했는지는 어느 젊은 여성의 경우에서 확실히 볼 수 있는데, 이 여성은 자신의 종교적 신념을 접고 결혼하겠다고 약속했으나 동료가 화형을 당하는 모습을 보고는 간수들을 밀치고 뛰어나가 옷으로 얼굴을 가리고서 불길에 몸을 던졌다. 이 사건을 기록으로 남긴 하이스터바하의 카이사르(Caesar)는 이 여성이 동료 이단들과 함께 지옥으로 내려갔다고 말한다. 1157년에 프랑스 랭스에서, 그리고 1163년에 독일 쾰른에서도 이단 재판과 화형이 있었다고 전해지며, 그 이후에 독일에서는 카타리파에 관한 이야기를 더 이상 들을 수 없었다.

카타리파가 영국에 나타난 것은 1161년에 옥스퍼드에서 서른 명의 남녀 독일인들이 자신들의 오류를 전파하려고 했던 것이 전부였다. 이들은 결혼과 성찬, 세례, 가톨릭 교회를 혐오했다고 하며, 마태복음 5:10("의를 위하여 박해를 받은 자는 복이 있나니 천국이 그들의 것임이라")을 인용했다고 한다. 이들로 인하여 소집된 주교회의는 이들의 이마에 낙인을 찍고 채찍질하도록 했다.[17] 헨리 2세는 삼림법 위반자들에게 눈을 빼고 신체를 절단하는 벌을 가하였으면서도 이단들을 화형에 처하도록 허용하지는 않았다.

프랑스에서는 카타리파가 1167년에 툴루즈 근처의 생 펠릭스 드 카라망에서 공의회를 소집할 정도로 막강한 세력을 지니고 있었다. 이 공의회에는 콘스탄티노플 총대주교 니케타스가 참석했고, 카타리파는 그에게 교황의 칭호를 부여했다. 그는 귀국할 때 카타리파 주교 롬바르디아의 마르쿠스를 데리고 갔다. 당대의 보고 자료들은 그 이단의 수효가 매우 많았다고 전한다. 뉴버러의 윌리엄은 그들을 바다의 모래에 비유했고, 월터 맵(Walter Map)은 특히 아키텐과 부르고뉴에는 헤아릴 수 없을 만큼 많이 거주하고 있었다고 전한다. 12세기 말경에는 그들이 거의 천 개의 도시에 추종자들을 두고 있었다고 한다. 도미니쿠스회 수사 라이네리우스(Rainerius)는 그들의 수가 낮게 잡아도 4백만 명이었다고 하면서, 이 수치가 카타리파 자신들이 행한 인구조사에 따른 결과였다고 전했다. 피오레의 요아킴은 그들이 파견한 전도인단들이 마치 메뚜기떼 같았다고 말했다. 이런 진술들을 너무 진지하게 받아들일 필요까지는 없지만 그래도 당시에 광범위하게 퍼져 있던 종교적 불안이 어느 정도였는가를 알 수 있게 하는 잣대는 된다. 사람들은 이단이 어디까지 자랄 수 있는지 알지 못했다. 프랑스 남부에서는 사제들이 조롱의 대상이었다. 그 지역뿐 아니라 롬바르디아의 여러 도시들에서 카타리파는 소년들과 소녀들을 가르칠 학교들을 운영했다.

카타리파는 기성 교회의 여러 관습과 교리에 반대한 점에서는 일치했으나 내부적으로 여러 분파들로 분열되어 있었는데, 어느 문헌에 따르면 분파가 일흔두 개나 되었다고 한다.[18] 그 중 대표적인 집단은 알바파(Albanenses)와 콘코레초파

---

17) William of Newburgh, Hamilton's ed., pp. 121-123. Walter Map(*De Nugis*, p. 62)은 그들의 수를 16명으로 줄인다. 1260년의 옥스퍼드 공의회는 그들을 푸블리카니파라고 불렀다.

(Concorrezzi)로서, 그 명칭들은 몬차 근처에 있던 롬바르디아의 두 도시 알바와 콘코레초에서 유래했다.[19] 두 집단의 중간 위치를 차지한 집단은 바뇰로파 (Bagnolenses)로서, 그 명칭은 이탈리아 로디 근처의 바뇰로 시에서 유래했다. 이 세 번째 집단은 만투아·브레시아·베르가모의 카타리파가 권위를 인정한 주교를 보유했다.[20]

알바파와 콘코레초파의 차이는 신학적 성격을 띠었고, 하나님의 본성과 물질의 기원에 관련되었다. 알바파는 엄격한 이원론자들이었다. 물질이 영원하고 악한 신의 산물이라고 했다. 사도 바울이 물질들을 가리켜 분뇨라고 하지 않았느냐고 지적했다. 콘코레초파는 이원론을 배격하고, 악을 천사장 루시퍼의 피조물로 간주한 듯하다.

의식과 실천 문제와 기성 교회를 반대하는 문제에서, 카타리파에 속한 모든 집단들은 일치된 견해를 갖고 있었다. 슈미트(Schmidt)가 「카타리파의 역사」 (*History of the Cathari*)를 쓴 이래로 카타리파의 교훈을 철학 체계로 해석하는 것이 일반적인 일이 되었지만, 그 운동을 이런 관점에서 이해하기란 어렵다. 배우지 못한 민중이 어떻게 형이상학적 체계에 가장 큰 관심을 가지고 지낼 수 있었겠는가? 그들의 견해는 철학이 아니라 일상의 신앙과 실천이었다. 이렇게 봐야만 이 운동이 클뤼니회가 거점을 두고서 막강한 영향력을 행사하던 프랑스 남부에서 어떻게 그렇게 빠른 속도로 광범위한 지지를 얻어 나갔는지를 이해할 수 있다.

카타리파는 비판자들의 표현을 빌자면, 기성 교회를 비판하고 그 신자들을 로마파라고 부르는 점에서 일치했다. 두 교회가 있는데 하나는 악하고 다른 하나는 의롭다고 그들은 주장했다. 자신들의 교회는 그리스도와 사도들의 교훈에 따라 안수를 받고 고해를 행한 의인들의 교회이며, 이 교회를 떠나서는 구원이 없

---

18) Döllinger, II. 300.

19) Ibid., I. 117; II. 82. Schmidt는 그들이 알바니아와 달마티아의 코리차에서 왔다고 주장한다.

20) Rainerius가 이 진술에 대해 우리가 전거로 삼는 저자이다. 그는 위와 같이 세 집단으로 구분한 다음, 세 집단이 공통되게 혹은 서로 다르게 범한 교리적·실천적 오류들을 열거한다. 롬바르디아와 그 밖의 지역에 있었던 카타리파의 거점들도 열거한다.

다고 했다. 그들의 주장은 다음과 같이 진행된다. 열매를 보아 판단하건대 기성 교회는 참 교회가 아님이 입증되었다. 참 교회는 박해를 하지 않고 오히려 박해를 견디게 마련이다. 로마 교회는 다스리는 자리에 앉아 자색 옷과 고운 베옷을 입고 있다. 참 교회는 먼저 가르치는 일에 힘쓰는 법인데, 로마 교회는 세례를 앞세운다. 참 교회는 고관들과 고위 성직자들과 추기경들과 대부제들과 수사들을 두지 않는다. 로마 교회는 계시록에 등장하는 여자 곧 창녀이며, 교황은 적그리스도이다.

재판 기록을 보면 카타리파는 성경을 많이 사용했음을 알게 된다. 그들을 비판하기 위해서 보나쿠르수스(Bonacursus)와 에르멘가우두스(Ermengaudus) 같은 저자들이 쓴 논문들에는 성경이 무수히 인용되어 있는데, 이 사실은 카타리파가 성경을 얼마나 중시했는가를 보여준다. 그들은 성경의 기적들을 영적으로 해석했고, 비유들을 자유롭게 알레고리 방식으로 해석했다. 선한 사마리아인의 비유에서 강도를 만난 사람은 아담으로서, 그의 영혼이 하나님의 명령으로 하늘에서 땅에 내려와 이 낮은 세상의 강도들 사이에 떨어졌다고 설명했다.[21] 제사장과 레위인은 멜기세덱과 아론으로서, 이들도 그를 보고 피하여 지나갔다고, 즉 그를 도울 수 없었다고 했다. 그들은 구약성경을 무시하면서, 그것이 마귀의 산물이라고 했다. 구약성경이 가르치는 하나님이 악신이라고 했다.[22]

카타리파의 교리는 그리스도를 매우 높이는 듯 보이지만, 그의 인성의 실재를 온전히 인정하지는 않았다. 그리스도가 하늘에서 창조되시되 땅에서 나시지 않

---

21) Döllinger, II. 322, etc.; Douais, II. 105, etc; Bonacursus, Migne, 204. 777.

22) Döllinger, II. 294, etc; Ermengaudus, 1237. Lea(I. 563~567)는 1300년경에 작성된 것이 분명한 문서를 소개하는데, 이 문서에서 어떤 카타리파 신도가 성경을 사용하여 구약성경의 하나님이 신약성경의 하나님이 아님을 입증하려고 한다. 그는 이렇게 주장한다. "창세기에서 하나님이 사람에게 생명 나무 열매를 따먹지 못하도록 하셨다. 그러나 신약성경의 하나님은 계시록에서 '이기는 그에게는 내가 하나님의 낙원에 있는 생명나무의 열매를 주어 먹게 하리라'고 말씀하신다. 한 분은 금하고 다른 한 분은 약속하시는 것이다. 그러므로 두 분은 서로 대적 관계에 있다." 그리고는 다시 이렇게 주장한다. "창세기는 '내가 너로 여자와 원수가 되게 하고'라고 말한다. 따라서 구약성경의 하나님은 불화와 증오의 씨를 뿌리는 분이다. 그러나 신약성경의 하나님은 평화를 주시는 분이며 만물을 화목시키시는 분이다. 따라서 두 분은 서로 대적 관계에 있다."

았지만, 마치 파이프를 통과하듯 마리아를 통해 세상에 오셨다고 했다. 그리스도가 물질적 음식과 물질적 음료를 드시지 않았다고 했다. 세례 요한은 높은 귀신들 가운데 하나로서, 그리스도에게 사람을 보내어 "오실 그이가 당신이오니이까? 우리가 다른 이를 기다리오리이까?" 하고 질문함으로써 그 의심으로 인하여 저주를 받았다고 했다.

천사들의 타락에 관한 낯선 이야기가 프랑스 남부에 유행했다. 사탄이 하늘로 올라가 32년 동안 받아들여지기를 기다렸으나 감감 무소식이었다. 마침내 문지기가 그를 알아보고는 성문 안으로 들였다. 그는 성부에게 자신의 모습을 드러내지 않은 채 천사들 틈에 끼어 일년을 숨어 지내다가 자신의 특기인 속임수를 사용하기 시작했다. 천사들을 향해서 그들의 영광이나 낙이 자신이 일년 동안 지켜본 것이 고작인가 하고 물었다. 천사들이 그렇다고 대답하자, 만약 자기 세상과 왕국으로 내려온다면 각종 선물과 밭과 포도원과 샘과 목초지와 과실과 금과 은과 여자를 주겠다고 약속했다. 그리고는 여자와 육체의 쾌락을 예찬하기 시작했다. 천사들이 여자에 관해서 좀 더 자세히 묻자, 마귀는 여자를 한 사람 데리고 오겠다고 제안했다. 그리고는 실제로 그렇게 했다. 여자는 아름다운 자태에 각종 보석과 금으로 단장하고 있었다. 천사들이 여자를 보고 정욕에 불타오르는 것을 지켜본 사탄은 여자를 데리고 하늘을 떠났다. 천사들도 그를 따라 하늘을 떠났다. 탈출이 아흐레 밤낮 계속되었고, 마침내 하나님께서 그들이 탈출할 때 이용한 성의 균열부를 막아버리셨다.

카타리파는 완전한 자들(Perfecti)과 신자들(Credentes) 두 계층을 구분했다. 완전한 자들은 위령 안수례(慰靈按手禮, consolamentum)를 받은 자들로서, 선인들(bons hommes) 혹은 선한 그리스도인들이라 불렸고, 혹은 그들이 위령 안수례를 받은 뒤에 자신들을 띠로 묶는 관습을 토대로 띠로 묶인 이들(vestiti)이라고도 불렸다.[23] 라이네리우스는 1250년경에 선인들의 수가 4천 명이었다고 전한다. 신자들은 초기 교회의 교리문답자들에 해당했으며, 장차 받게 될 위령 안수례에 모든 소망을 걸고 지냈다. 카타리파 성직자들은 콘베넨차(convenenza)라고 하

---

23) *Boni homines*, Döllinger II. 22, 27, etc. *Boni Christiani*, II. 4, 17, 25, etc. 프랑스 남부에서 거듭 제기된 비난들 가운데 하나는 고소된 자들이 카타리파를 선인들(bons hommes)이라 부른다는 것이었다.

는 계약에 의하여 신자들의 임종 때에 위령 안수례를 시행하기로 서약했다.

위령 안수례는 기독교 세례에 해당하면서 뜻은 세례보다 더 광범위했다. 가톨릭 당국자들은 이 의식을 이단 가입 의식(haereticatio)과 동등한 것으로 취급했다. 법원이 이단죄를 언도할 때 보통 사용하던 문구가 "아무개가 헤레티카티오에 굴복했다"는 것이었다. 여성들도 받을 수 있었던 이 의식에서는 예비자의 이마나 가슴에 안수를 하고 요한복음서를 얹는 방식이 사용되었다. 예비자는 자신이 생각과 말과 행동과 상상으로 범했던 모든 죄를 자백하고, 자신이 받게 될 위령 안수례와 하나님에게 믿음과 소망을 두었다. 그러면 집례자가 그에게 평화의 입맞춤을 해주었다.

완전한 자들에게 구원의 독점권이 있었다. 위령 안수례를 받지 못한 사람들은 멸망하거나, 죽어서 다른 육체를 입고 다시 세상으로 돌아온다고 했다. 이 의식은 과거에 지은 모든 죄뿐 아니라 장차 지을 수도 있는 모든 죄도 사면했다. 하지만 배교의 가능성도 인정했고, 실제로 그런 사례들이 발생했다.[24] 사람이 죽으면 정신(spirit)이 천국에 남겨두었던 영혼(soul)과 재결합한다고 보았다. 육체의 부활은 없다고 했다. 위령 안수례는 14세기까지는 어른들에게만 시행하다가, 이후에는 병에 걸린 어린이들에게도 시행했다. 이 의식을 받는 자들을 가리켜 "복받고 운명했다"고들 했다.

위령 안수례에는 칠성사를 배격하는 의미가 담겨 있었다. 물세례는 물질적이고 부패할 수 있는 것으로서, 악신이 하는 일이었다. 아기들도 기성 교회에서 사죄와 안수를 받았다면 구원을 받지 못했다. 기성 교회의 세례는 세례 요한의 세례인데, 요한의 세례는 마귀가 고안한 것이었다. 그리스도께서 물세례와 권능의 세례(행 1:5)를 분명히 구분하셨다. 그 능력의 세례를 교회에 주시겠다고 약속하셨다.

성찬에 관하여, 카타리파는 하나님께서 축성된 성체를 은혜의 방도로 정하실 마음도 없으시고 성체 안에 하나님이 계실 수도 없다고 주장했다. 성체는 배로

---

24) 철회한 사람들 가운데는 툴루즈의 부유한 시민 Morand가 있었다. 그는 성 사투르니누스의 제단 곁에서 웃통을 벗은 채 서 있는 방식과 교황특사 앞에서 자진해서 채찍질을 당하는 방식으로 고해를 행했다. 예루살렘으로 순례를 떠나기까지 했으나, 돌아와서는 다시 카타리파에 가입했고, 완전한 자의 지위에 오른 뒤에 죽었다.

들어가 몸의 가장 추한 부분으로 나오기 때문이라고 했다. 미사를 일반 식사 때 감사 기도를 드린 빵으로 대체했다. 이 빵을 종종 여러 달 보관했다. 어떤 지역들에서는 일년에 열두 번 아파렐라멘툼(apparellamentum)이라 부르는 좀 더 엄숙한 의식이 거행되었으며, 고소당한 자들이 이 의식에 참석한다는 비난이 자주 제기되었다. 어떤 이들은 그들이 성경이 낭독되는 동안 그리스도의 살과 피를 먹고 마셨다고 증언했다. 위령 안수례를 받을 사람들에게는 여자를 가까이 하거나 고기를 먹거나 동물을 죽이거나 맹세를 하거나 전쟁과 사형에 찬성하는 등의 행위를 금했다.

부부 관계를 하나님의 법에 위배되는 것이라고 하였고, 더러는 인간 육체를 마귀가 만들었다고 공공연히 말하기까지 했다. 부부가 나눠야 할 사랑은 그리스도께서 교회에게 베푸시는, 정욕이 배제된 그런 사랑이어야 한다고 했다. 마태복음 5:27, 28의 계명을 여자를 쳐다보지도 말라는 뜻으로 받아들였다. 증인들은 결혼을 절대적으로 단죄했고, 성생활을 하며 사는 사람은 남녀를 물론하고 구원을 받을 수 없다고 했다. 적어도 일부 카타리파 집단들 사이에서는 에덴에서 금단의 열매를 따먹은 행위가 육체적 동거였다고 보는 견해가 성행했다.

육식(肉食)에 관한 한, 모든 종류의 고기뿐 아니라 달걀과 치즈까지 금했다. 그이유는 이런 것들이 육체 관계의 산물이기 때문이라는 것이었다. 사도 베드로가지붕에서 받은 말씀(행 10:14)도 인용되었다. 그러나 카타리파는 생선은 먹도록 허용했는데, 이는 그리스도께서 많은 무리에게 생선을 주어 먹게 하신 일과, 부활하신 뒤에 제자들에게 생선을 주어 먹도록 하신 일을 감안한 것이었다. 뱀과 개구리를 제외한 짐승들과 새들과 곤충들을 죽이는 행위도 금지했다. 이렇게 살생을 금지한 궁극적인 이유는 종교재판소의 보고서에 진술된 대로, 죽은 자의 영혼이 동물의 몸으로 환생한다는 윤회 신앙 때문이었다.

카타리파는 사형에 반대하는 근거로 로마서 12:19의 "너희가 친히 원수를 갚지 말고 하나님의 진노하심에 맡기라. 기록되었으되 원수 갚는 것이 내게 있으니 내가 갚으리라고 주께서 말씀하시느니라"는 말씀을 제시했다. 이단과 범죄자를 법으로 처형하는 것이 살인이며, 구약성경의 잔재이자 구약이 숭배한 신의 영향이라고 규정했다. 카타리파는 "눈은 눈으로, 이는 이로 갚으라 하였다는 것을 너희가 들었으나"라는 그리스도의 말씀을 인용했다. 그들이 기성 교회에 던진 비판 가운데 하나는, 교회가 왜 전쟁을 장려하고 군대를 모집하는가 하는 것이었다.

카타리파가 맹세를 금한 이유는 그리스도의 말씀에 순종하고 말의 진실성을 엄격히 유지하고자 함이었다.

카타리파는 사제의 복장과 제단, 십자가상을 우상숭배로 단죄했다. 십자가를 짐승의 표라고 불렀고, 그것이 머리 묶는 리본보다 나을 게 없다고 단정했다. 그것은 그리스도의 수치와 죽음에 쓰인 도구였으므로 사용해서는 안 된다고 보았다. 십자가보다는 차라리 창이나 가시가 신앙의 상징으로 더 적합하다고 보았다.

능히 예상할 수 있는 일이지만, 그들은 또한 연옥과 면죄부 교리도 부정했다.

위령 안수례에 덧붙여서, 카타리파는 멜리오라멘툼과 엔두라라고 하는 두 가지 의식을 실천했다. 판결문에 거듭 언급되는 멜리오라멘툼은 위령 안수례를 집례한 성직자들을 숭배하는 의식으로서 세 번 절하는 방식으로 이루어졌다. 가톨릭 신자들은 이 의식을 성체 거양을 흉내낸 것으로 간주했다.

금욕주의 역사에서 가장 잔인한 의식이라 불린 엔두라는 위령 안수례를 받은 자들이 자발적으로 죽을 때까지 굶는 행위였다. 때로는 이 엄격한 종교가들이 그런 상태로 죽음을 기다리며 열사흘 동안 기다렸으며, 부모들이 병든 자녀들을 그냥 굶도록 방치하거나 어머니들이 아기들에게 끝내 젖을 주지 않았다고 한다. 이러한 종교 의식적 자살에 관한 보고들이 상당한 분량으로 남아 있다.

카타리파가 시행한 교회 정치 형태에 관해서는 우리가 알고 있는 바가 거의 없다. 이탈리아와 랑그도크의 일부 집단들은 주교들을 두었다. 주교는 큰 아들과 작은 아들과 부제 한 사람을 조력자로 두었고, 앞의 두 사람은 주교의 부재시에 그의 지위를 대신했다.[25] 대회들도 열렸는데, 그 중 한 가지 예를 들자면 1241년에 라르네타 강 유역에서 열린 대회는 알비의 이단적 주교 에메리 드 콜레(Aymeri de Collet)가 의장직을 맡았다. 도처에서 자행된 박해만 아니었다면 카타리파가 좀 더 치밀한 조직을 채택했을 가능성이 높다.

카타리파 회원들이 적대적인 법원들과 죽음 앞에서 끝까지 소신을 지킨 태도

---

25) Rainerius, p. 1766; Döllinger II. 82, 278, 295, 324. 니케타스가 방문할 당시에 Bernard Raymund는 툴루즈 주교가 되어 있었고, Guiraud Mercier는 카르카숑의 주교, Raymund of Cassalis는 발다랑의 주교가 되어 있었다.

는 영웅들의 역사에 포함될 만하며, 베르나르 같은 당대인들도 그랬듯이 우리에게도 경이감을 자아낸다. 슈타인펠트의 에버빈(Everwin)은 이렇게 말했다.

"[우리는] 힘겨운 방랑 생활을 하고 있다. 늑대 떼에 에워싸인 양들처럼 이 도시 저 도시를 피해 다닌다. 우리는 우리의 생명이 거룩하고 엄숙한 것이기 때문에 사도들과 순교자들처럼 박해를 당한다. 기도와 금욕과 수고가 따르는 일이긴 하지만, 우리는 이 세상에 속해 있지 않기 때문에 모든 일이 쉽다."

종교재판소에 관한 권위 있는 학자 리 박사(Dr. Lea)는 "이 세상 종교들 가운데 배교 대신에 지극히 참혹한 죽음을 위축됨 없이 즐겁게 받아들인 희생자들의 명단을 카타리파만큼 길게 제시할 만한 종교는 없다"고 말했다(I. 104). 그들이 주장한 몇몇 견해들은 심각한 오류이긴 했으나, 교회가 제시한 것과 다른 방법들로 경건을 연마하고자 기울인 그들의 노력은 동정을 일으킨다. 그들이 기성 교회에서 갈라선 일은 개신교의 관점에서 볼 때 하등 단죄의 대상이 되지 않는다. 게다가 성경을 의존한 태도와 도덕적 성향들은 개신교 신자에게 동질성을 일으킨다. 하지만 개신교는 그들이 세례와 성찬을 배격한 점을 인정할 수 없다. 그들이 법적 선서와 전쟁을 배격한 태도는 퀘이커교와 메노파 같은 후대의 기독교 집단들을 예기한다.

81. 피에르 드 브뤼와 그 밖의 독립적인 종교 지도자들

카타리파와 일정한 거리를 두었으면서도 그들의 일부 견해에 동조하고, 기성 교회의 부패를 비판하는 일에 연대한 피에르 드 브뤼(Peter de Bruys)와 로잔의 앙리(Henry) 같은 지도자들이 있었다. 피에르와 앙리는 프랑스 남부에서 영향력을 행사했다. 탄켈름(Tanchelm)과 유도(Eudo)는 플랑드르와 브르타뉴에서 설교했다. 적어도 그들 중 세 사람은 옥사(獄死)했거나 폭력에 희생되었다. 클레르보의 베르나르와 가경자 피에르, 프라이징의 오토 등 당대의 가톨릭 저자들은 그들을 혹독하게 비판했고, 그들의 추종자들을 무식한 계층 출신들이라고 경멸했다.

탄켈름은 평신도로서 쾰른 교구에서 설교했고, 서쪽으로 앤트워프와 위트레 흐트로 이동했다. 당시에 앤트워프에는 사제가 한 사람밖에 없었는데, 그는 첩을 두고 살았다. 탄켈름은 생활이 부도덕한 사제가 집례하는 성례들이 무효라고 선언했으며, 전하는 바로는 "아주 많은 사람들을 신앙과 성사들에서 돌아서게 만들었다"고 한다.[26] 그는 무장 수행원들을 거느리고서 칼을 차고 깃발을 앞세운 채 나라 곳곳을 다녔다. 성공이 그를 교만하게 만들었다. 당대인인 아벨라르에 따르면, 그는 하나님의 아들로 자처했다고 한다.[27] 뿐만 아니라 성모상을 앞에 놓고서 성모와 결혼하는 공식 행사를 치렀다. 노르베르트의 전기작가에 따르면 사람들이 그가 목욕한 물을 마셨다고 한다. 그는 결국 쾰른 대주교에 의해 투옥된 뒤 탈옥하였다가 1115년에 어느 사제의 손에 살해되었다. 그의 설교에 영향 받아 프레몽트레회 수사 12인이 공동체를 세웠고, 노르베르트 자신이 1124년에 네덜란드에 가서 설교했다.

브르타뉴에서 전개된 운동을 이끈 사람은 스스로 하나님의 아들이라고 주장한 유도 델 레투알(Eudo del lEtoile)이었다. 그는 사도파(the Apostolicals)라는 분파의 일원이었다. (사도파는 육식을 피하고 결혼과 그 밖의 성사들을 배격한 프랑스와 벨기에의 이단 집단들에게 붙은 이름이다.) 유도는 1148년경에 감옥에서 죽었다.

피에르 드 브뤼와 로잔의 앙리가 이끈 운동은 훨씬 더 실제적이었다. 두 지도자는 건실한 상식과 역량을 갖춘 사람들이었다. 피에르의 생애에 관해서는 그가 사제였다는 점과, 1105년경에 프랑스 남부에 개혁자로 등장했다는 점, 그리고 1126년에 화형을 당했다는 점 외에는 알려지지 않는다. 가경자 피에르는 그의 교훈과 그 교훈이 끼친 영향에 관하여 적당히 만족스러운 기록을 남긴다.[28]

피에르의 후계자 로잔의 앙리에 관해서는 조금 더 잘 알 수 있다. 그는 베네딕투스회 수사 출신으로서, 탁월한 웅변 능력이 있었다. 그의 이름에 로잔이라는 지명이 붙은 이유는 베르나르의 설명에 따르면 한때 그곳에서 살았기 때문이다. 그의 출생지는 알려지지 않는다. 그는 수도원을 나온 뒤에 르 망 교구로 가서 그

---

26) Fredericq, *Corpus Inq.*, I. 6.

27) Introd. ad Theol., in Migne, 178. 1058.

28) *Adv. Petrobrusianos*, Migne, 189. 719-850. 아벨라르는 그에 관해서 몇 줄을 할애한다. Migne, 178. 1056.

곳의 주교 일데베르가 로마에 가고 없는 동안에 그의 허락을 받아 설교했다. 앙리는 사람들을 얻었으나 성직자들의 부패상을 비판하다가 그들의 적대감을 일으켰다. 결국 주교가 돌아와서 앙리를 자기 교구에서 쫓아냈다. 전도자는 그 뒤 로잔으로 갔고, 그곳에서 프랑스 남부로 가서 피에르 드 브뤼가 시작시켜 놓은 신앙 운동에 합류했다. 가난을 실천하고 살면서 민중에게도 가난을 설교했다. 그의 설교가 끼친 결과의 한 가지는 도덕심이 해이한 여성들을 회개하게 하고, 청년들을 그 여성들과 결혼하게 한 것이었다. 앙리파 이단을 뿌리뽑기 위해서 파견된 추기경 알베릭(Alberic)은 샤르트르의 주교 성 베르나르와 그 밖의 고위 성직자들에게 도움을 청했다. 베르나르의 전기작가에 따르면 베르나르의 행동에 기적들이 따랐다고 한다.[29] 결국 앙리는 체포되어 투옥되었다. 그가 어떠한 최후를 마쳤는지는 알려지지 않는다.

가경자 피에르는 자신의 논문 서두에 페트로브루시우스파(Petrobrusians, 피에르 드 브뤼파)의 다섯 가지 오류를 제시했다. (1) 스스로 사리를 분별할 수 있는 나이가 되기 전에 받는 세례는 무효이다. 어른 세례는 마가복음 16:16에 근거를 두었고, 어린이들은 자란 뒤에 다시 세례를 주었다. (2) 교회 건축물과 축성된 제단은 불필요한 것들이다. (3) 십자가상들은 파괴하여 태워버려야 한다. (4) 미사는 헛된 것이다. (5) 죽은 자들을 위해 행하는 기도와 구제와 그 밖의 선행은 무익하다. 이 이설들을 클뤼니의 그 선량한 대수도원장은 피에르 드 브뤼가 심어 놓은 다섯 가지 독초(quinque vigulta veneata)라고 불렀다. 그는 자기 저서의 지면 절반을 그 이단의 세례관을 논박하는 데 할애했다.

피에르와 앙리는 경건이 적법한 사제직에 필수적이라는 도나투스파의 견해를 되살려냈다. 그들에게는 교회라는 단어가 신자들의 회중을 뜻하는 것으로서, 건물의 돌들로 구성되는 게 아니라 회집한 신자들의 통일체로 구성되었다. 하나님께는 축성된 건물에서와 다름 없이 장터에서든 마구간에서든 합당한 예배를 드릴 수 있다. 그들은 거리와 개활지에서 설교했다. 십자가상을 숭배할 수 있다면 말과 소의 굴레나 칼도 똑같이 숭배할 수 있다고 했다. 피에르는 론 강 어귀의 생 질에 십자가상들을 모아놓고 불을 지른 다음 그 불에 고기를 구워먹었다고 한다. 그 자리에 사람들이 모여 부른 노래는 찬송이라기보다는 술집에나 적합한

---

29) *Vita S. Bernardi*, Migne, 185. 312 sqq.

것이었다고 한다. 하나님은 마음을 다하여 드리는 예배에 합당한 분이시며, 근사한 노래와 세련된 연주에 감동을 받으실 분이 아니시다.

피에르와 앙리는 화체설 교리를 분명히 배격했고, 성찬마저도 배격한 듯한데, 그들이 내세운 근거는 그리스도께서 잡히시던 밤에 단번에 모든 사람을 위해서 자기 몸을 내어주셨기 때문이라는 것이었다.[30] 피에르는 사제들에게 결혼하라고 권유했을 뿐 아니라, 가경자 피에르에 따르면 원치 않는 사제들에게 아내를 취하도록 강요하기까지 했다고 한다.

성 베르나르와 가경자 피에르는 유아세례에 관한 이단 견해에 반대하면서, 그리스도께서 어린이들이 자기에게로 오는 것을 막지 말라고 하신 말씀과, 천국이 그런 자들의 것이라고 하신 말씀을 강조했다. 피에르는 거의 5백 년 동안 유럽 사회에 유아 때 세례받지 않은 그리스도인이 없었고, 따라서 분파들의 주장에 따르면 유럽 사회에 그리스도인이 아예 없다는 뜻이라고 주장했다. 그리스도인이 없다면 자연히 교회도 없는 것이다. 만약 교회가 없다면 그리스도께서도 계시지 않는 셈이다. 그리고 만약 이것이 현실이라면 우리의 조상들은 모두 다 멸망한 셈이다. 그들이 모두 유아기에 세례를 받았으므로 아예 세례를 받지 않은 것이기 때문이다. 피에르와 앙리는 네 복음서를 주로 강조했으나, 그들이 성경의 특정 부분을 도외시한 것 같지는 않다.

툴루즈 교회회의(1119)는 성찬과 유아세례, 사제 서품을 배격하는 자들을 이단으로 규정하면서, 비록 피에르 드 브뤼를 실명으로 거론하지는 않았으나 페트로브루시우스파를 단죄했다. 이 결정이 있은 뒤로 피에르 드 브뤼와 로잔의 앙리의 설교를 청종하는 자들이 카타리파와 그 밖의 분파들 속으로 들어갔다.[31] 베

---

30) 클뤼니의 피에르가 이 점에 대해서 주장한 말의 의미는 분명하지 않다, pp. 722, 765, 787.

31) 될링거(I. 75 sqq.)는 피에르와 앙리가 카타리파였음을 입증하기 위해서 치밀한 노력을 기울이지만, 두 사람은 가르침의 내용과 행동이 서로 달랐기 때문에 그럴 가능성이 없어 보인다. 피에르와 앙리는 가경자 피에르와 베르나르에게 어디서도 마니교도나 이원론자라 불린 적이 없다. 만약 그렇게 부를 만한 근거가 있었다면 두 사람이 그러한 비판을 빠뜨렸을 리가 없다. 두 사람은 결혼을 권장했는데, 카타리파는 결혼을 배척했다. 두 사람은 어른 세례를 주장했는데, 카타리파는 모든 세례를 배격했다. 카타리파의 독특한 의식들을 피에르와 앙리가 시행한 적이 없다.

르나르가 전하는 당시 프랑스 남부의 종교적 상황은 물론 과장된 것이겠으나, 기성 교회에 대한 반감이 얼마나 폭넓게 퍼져 있었는지 여실히 보여준다. 예배 시간에 교회가 텅 비었고, 민중이 사제들 없이 지냈고, 그리스도인들이 그리스도 없이 지냈다고 그는 말한다. 사람들이 주의 성소와 성사들을 더 이상 신성하게 여기지 않았다. 축일들에도 당연히 있어야 할 엄숙함을 찾아볼 수 없었다. 유아세례를 도외시함으로 어린이들이 생명에 이르지 못했고, 영혼들이 고해성사로 하나님과 화목하거나 성찬으로 사죄를 받지 못한 채 최후의 심판대로 치달았다.

82. 아모리파와 그 밖의 군소 분파들

그 밖에도 나름대로 독자적인 지위를 견지한 분리파 집단들로는 범신론의 성격을 띤 아모리파(Amaurians 혹은 Amauricians)와 오르틀리브파(Ortlibenses)가 있었고, 파사기파(Passagians)와 스페로니스타이파(Speronistae)도 언급할 만하다. 나중의 두 집단은 이름 외에는 알려진 바가 없다.

아모리파는 파리 대학교 교수 베나의 아모리(Amaury)의 사색에서 유래했다 (베나는 샤르트르 교구에 속한 읍이었다). 교황 인노켄티우스 3세는 그를 로마로 출두하도록 명한 뒤 그의 견해를 단죄했다. 그가 파리로 돌아왔을 때 대학교 당국은 그에게 공개적으로 자신의 오류를 자백하라고 요구했다. 그는 1204년경에 죽었다. 그의 추종자들은 1209년에 파리에서 열린 교회회의에서 단죄를 당했다.

하이스터바흐의 카이사르가 남긴 자세한 기록 덕분에 아모리파의 추종자들 중 상당수가 체포되어 주교들에게 심문을 받았다는 사실을 알 수 있다. 그 결과 아모리파 사제 8인과 일곱 사도 가운데 한 사람으로 불린 금세공업자 기욤 (William the Goldsmith)이 화형을 당했다. 그 밖에 사제 4인은 종신형에 처해졌다. 아모리의 유해는 무덤에서 파헤쳐진 뒤 들판에 버려졌다.[32]

아모리파는 존 스코투스 에리게나(John Scotus Erigena)의 범신론적 견해에 의

---

32) *Chartularium*, p. 70. 이 글에서도 불에 타 죽거나 투옥된 사제들의 이름이 열거된다.

존한 듯한데, 그들을 단죄한 1209년의 파리 교회회의는 에리게나의 저서 「자연 구분론」(De divisione naturae)도 함께 단죄했다. 아모리의 체계는 제4차 라테란 공의회에서도 단죄를 당했는데, 그가 신이 곧 만물이다(deus erat omnia)라는 견해를 주장했다고 이 회의는 전한다. 아모리는 그 밖에도 두 가지 교리를 더 주장했다. 하나는 그리스도인이라면 누구나 그리스도의 몸의 지체임을 믿어야 하고, 이 믿음이 그리스도의 탄생과 죽음을 믿는 것 못지않게 구원에 필수적이라는 것이었으며, 다른 하나는 사랑 안에 거하는 사람은 죄인으로 간주되지 않는다는 것이었다. 하나님은 예수의 육신에 성육신하셨듯이 그리스도의 몸의 지체들인 신자들 안에서 성육신하신다. 하나님은 아우구스티누스의 육신에 계셨던 것과 마찬가지로 오비디우스(B.C. 43-A.D. 17, 로마의 시인)의 몸에도 거하셨다. 그리스도께서 축성된 빵에 거하신다는 것은 여느 빵이나 물체에 거하시는 것과 다를 바 없다. 아모리파는 육체의 부활을 부정했고, 천당과 지옥이 영혼의 상태라고 말했다. 입이 충치를 지니듯이, 죄인은 그 안에 지옥을 지니고 다닌다고 했다. 신자 안에 거하시는 성령께서 죄를 지으실 수 없듯이 신자도 죄를 지을 수 없다. 교황은 적그리스도이며, 로마 교회는 바빌론이다. 순교자들의 유골은 먼지와 재일 뿐이다.

이런 진술들을 종합하면 아모리와 그의 추종자들이 성령께서 외적 종교 의식들과 독립해서 역사하시며 신자의 마음에 거하신다고 주장했다는 결론을 내리게 된다. 제4차 라테란 공의회는 법령 제2조에서 거짓의 아비가 아모리의 정신을 눈멀게 한 까닭에 그의 교리는 이단설이라기보다 정신 이상자의 헛소리에 해당한다고 주장했다. 아모리는 요아킴의 사상을 받아들였다고 볼 수 있다. 이는 그가 세 시대 곧 성부와 성자와 성령의 시대가 자신의 시대에 도래했고 만물이 완성될 때까지 계속될 것이라고 말하기 때문이다. 아모리의 추종자들은 자유의 영 형제회(the Brethren of the Free Spirit)에 흡수된 듯하다.[33]

아모리파를 단죄한 파리 교회회의는 디낭의 다비드(David)도 단죄했고, 그의 저서들 가운데 Quarternuli를 소각했다. 그의 저서들은 1215년의 파리 대학교

---

33) Preger(I. 212)가 "파사우의 익명의 저자"에 근거하여 그렇게 추정한다. 자유의 영 형제회가 범했다고 하는 97가지 오류들에 관해서는 Preger, I. 461-469를 참조하라.

학칙으로도 금서가 되었는데, 이 학칙은 아리스토텔레스와 이단 아모리, 스페인의 모리스의 저서들도 함께 금서로 규정했다. 다비드는 파리 대학교 교수로 재직한 듯하며, 1215년 이후에 세상을 떠났다. 그는 아모리의 범신론에 동조했고, 알베르투스 마그누스(Albertus Magnus)에 의해 인용되었으며, 훗날 그의 사변은 스피노자의 체계와 비교되었다.

스트라스부르의 오르틀리브파는 아모리파와 같은 범주에 넣을 수 있는 집단이었다. (이들은 Ortlibebses, Ortilibarii, Oriliwenses, Ortoleni 등의 이름으로 불렸다.[34]) 이 집단의 일부 구성원들이 1212년에 스트라스부르에서 화형당한 많은 이단들 틈에 끼어 있었던 것으로 보인다. 이 집단은 세상이 영원하며 하나님이 만물에 내재하신다는 주장으로 고소를 당했다. 하나님은 요셉과 마리아에게서 예수가 태어나시기 전까지 아들이 없으셨다고 했다. 육체의 부활을 부정했다. 그리스도의 죽음과 부활은 상징적 의미만 가지고 있을 뿐이라고 했다. 그리스도의 몸은 여느 떡과 마찬가지로 성찬의 떡에도 없다고 했다. 기성 교회는 계시록에 등장하는 음녀라고 했다. 네 복음서를 성경의 주요 부분으로 간주했다. 결혼을 용인했으나 육체적 동거는 단죄했다. 오르틀리브파는 아모리파와 마찬가지로 신령파(spiritualists)였으며, 사람이 자기 안에 거하시는 성령의 인도를 따라 살아야 한다고 말했다.[35] 그들은 15세기 말에 매우 광범위한 위치를 차지한 자유의 영 형제회라는 일반적인 이름으로 지칭되던 포괄적인 집단의 일부였다.

파사기파 혹은 파사게니파(the Passageni)는 베로나 교회회의의 법령에 처음으로 언급되는 분파로서, 유대교 안식일과 할례를 포함한 모세 율법의 문자적 준수를 요구한 점에서 독특한 집단으로 평가된다. 그들이 프리드리히 2세의 법전에 언급되는 할례파(Circumcisi)와 동일 집단이었을 가능성이 있다. 1267년과 1274년에 발행된 교황의 대칙서들은 유대교 의식들로 되돌아간 이단들을 처벌하라고 명하는데, 아마도 파사기파를 염두에 두었을 가능성이 크다.

루시퍼파(the Luciferans)가 그런 이름을 갖게 된 이유는 루시퍼를 숭배했기

---

34) 프리드리히 2세의 법전에 열거된 이 이름들은 같은 분파를 가리키는 듯하다. 1316년경에 글을 쓴 "파사우의 익명의 저자"가 우리의 주된 전거이다.

35) Delacroix(p. 73)는 아모리파와 오르틀리브파가 중요한 모든 점들에서 동일했다고 주장한다.

때문이 아니라, 그를 타락한 천사들의 왕이자 물질 세계와 육체의 조물주로 크게 평가했기 때문이다. 그들이 독자적인 분파였는지는 의심스럽다. 정확한 근거 없이, 그들을 루시퍼가 하늘에서 부당하게 추방되었다고 주장한 카타리파와 그 밖의 집단들과 동일시하는 일도 있었다. 이 이름을 지닌 이단들은 1312-1315년과 1338년에 파사우와 잘츠부르크에서, 그리고 세월이 많이 지난 뒤인 1395년에 오스트리아의 다른 지역들에서 화형을 당했다.

프리드리히 2세의 법전에 언급되는 바리니파(Warini), 스페로니스타이파(Speronistae), 요세피니파(Josephini)에 관해서는 이름 말고는 알려진 바가 없다.[36]

83. 베긴회와 베가르회

카타리파와 발도파가 프랑스 남부의 교회 당국자들에게 주목을 받고 있는 동안, 베긴회(Beguines)와 베가르회(Beghards)라 부르는 공동체들이 라인 강 유역과 그 인접 지역들에서 형성되고 있었다. 이들은 평신도 집단들로서, 초기에는 기성 교회에서 볼 수 없는 따뜻한 경건을 고취할 의도로 결성되었다. 이들의 목표는 프란체스코회 제3수도회의 목표와 밀접한 연관을 갖고 있었으며, 후대에 그 수도회에 흡수되었다. 13세기가 저물기 오래 전에 이 집단들 중 일부가 부도덕한 관습과 이단적 교리를 채택했고, 그 결과 교황과 교회회의들에게 단죄를 받았다.

주로 여성들로 구성된 베긴회는 그 기원과 명칭이 1177년경에 죽은 리에주의 사제 람베르 르 베게(Lambert le Begue)에게서 유래한 듯하다.[37] 1177년에 발행된 문헌에 따르면, 람베르 르 베게는 부녀자들에게 말과 행실로 정절의 덕을 가

---

36) Josephini파는 1184년의 베로나 교회회의와 그레고리우스 9세의 1231년 6월 25일자 대칙서에 언급되며, Speronistae파는 Salve Burce, Döllinger, II. 62, 그레고리우스 9세의 1229년 8월 20일과 1231년 6월 25일자 대칙서에 언급된다.

37) 베긴파는 Guy의 Practica, p. 264 등에서 분파(sect)라 불린다. Beguines 혹은 Bequini라는 용어는 '구걸하다'라는 뜻의 beggan에서 유래했다.

르쳤다고 한다. 당시는 홀란드에서 사제들의 축첩이 보편화해 있던 시기였다. 피에르 발도(Peter Valdez)와 마찬가지로 람베르는 가산을 정리한 뒤 민중에게 성경을 깨우치는 사역에 나섰으며, 리에주에 성 크리스토퍼 자선 시설과 여성들을 위한 보호 시설을 설립했는데, 사람들은 이곳을 베게의 여자들의 집(beguinage)이라고 조소했다. 여성들은 재산을 포기하고 수녀원과 유사한 집단을 이루었으나, 서약도 하지 않았고 공인된 어느 수도회칙도 따르지 않았다. 이러한 공동체들이 프랑스의 플랑드르와 특히 독일에 많이 설립되었는데, 예를 들면 1212년에 발렌시에네스, 1219년에 두에이, 1230년에 앤트워프, 1233년에 헨트, 1242년에 프랑크푸르트에 베긴회(會) 공동체들이 들어섰다. 1264년에는 성 루이(St. Louis)가 파리에 베긴회 공동체를 세웠다. 헨트의 베긴회 공동체는 성곽과 진료소, 교회, 공동묘지, 회원들의 숙소 등을 갖춤으로써 그 자체가 하나의 도시를 이루었다. 매튜 패리스가 1250년에 쓴 글에 따르면 독일, 특히 쾰른 일대에서 활동하던 베긴회의 수가 헤아릴 수 없이 많았다고 한다.[38] 그들의 시설들에는 설립자들의 이름이 붙는 경우가 많았는데, 이를테면 쾰른 공동체에는 헤르만 쉘레(Herman Schele)의 이름을 따서 쉘렌하우스, 스트라스부르의 공동체(1292)에는 부르가(Burga)라는 과부의 이름을 따서 부르겐하우스라는 이름이 붙었다. 그 외에도 금 개구리(zum goldenen Frosch), 늑대(zum Wolf), 독수리(zum Adler) 같은 이름들이 있었다.

이 공동체들은 실을 잣고 옷감을 만들고 병자를 간호하는 등의 일을 해서 스스로 생계를 해결했다. 일부 공동체들은 구걸을 금했다. 쾰른의 공동체처럼 더러는 훗날 병원들로 바뀌었다. 이들은 대체로 탁발을 실천했고, 거리로 나가서 "하나님을 위해 적선하십시오"(Brod durch Gott) 하고 외쳤다. 이들은 구별된 옷을 입었다.[39]

우리에게 알려진 최초의 베가르회 공동체는 1220년에 설립된 뢰벤 공동체이다. 베가르회는 탁발을 시행했고, 폴란드와 스위스까지 퍼져 나갔다. 하지만 이들은 오래가지 못해서 품행이 해이하고 성직위계제도를 비판한다는 비판을 받

---

38) Luard's ed., V. 194. 다른 곳(IV. 278)에서 그는 그 수를 2,000명으로 적는다. 또한 그는 그들이 어떠한 교회 규율로도 다스림을 받지 않았다고 진술한다.
39) 보니파키우스 9세의 서신은 "회색과 그 밖의 색깔들"을 언급한다.

앉고, 이단으로 평가받게 되었다. 베긴회든 베가르회든 교황에게 설립 인가를 받은 적이 없다.[40]

두 집단은 일찍이 13세기 중반부터 교회회의들의 제재 대상이었다. 1259년의 마인츠 교회회의는 베가르회에게 거리에서 "하나님을 위해 적선하십시오"라고 외치지 말도록 경고했고, 혐오감을 주는 특징들을 모두 제거하고 베긴회와 합류하지 말라고 훈계했다. 1261년에 마인츠에서 열린 또 다른 교회회의는 베긴회 공동체들에서 불거진 추문들을 거론했다. 일년 뒤에 열린 쾰른 교회회의는 그들이 교회를 떠나 독자적으로 활동하는 것을 단죄했고, 사제들에게 고해하지 않으면 파문에 처하겠다고 경고했다. 1310년에 트리어와 마인츠에서 열린 교회회의들은 성직자들이 어떠한 구실로도 베긴회에 가입하는 행위를 금했고, 베가르회가 무지한 민중에게 성경을 가르치는 행위를 금했다.

두 집단은 갈수록 의혹의 대상이 되다가 결국 1312년에 교황 클레멘스 5세와 비엔 공의회에 의해 치명타를 맞았다. 그 공의회는 그들의 공동 생활을 금했고, 그들을 이단으로 단죄했다. 그들은 성체를 숭배하지 않고, 이 세상에서 완전의 상태에 이를 수 있다고 주장했다는 이유로 고소를 당했다. 그 상태에 이른 사람은 금식과 기도의 의무에서 면제되며, 죄 짓지 않은 채 육체의 모든 욕구를 충족시킬 수 있다고도 주장했다.[41]

교황 클레멘스의 대칙서는 이단 집단과 정통 집단을 구분하지 못하는 오류를 범했으며, 이 오류는 교황 요한 22세에 의해 교정되었다. 이 교황은 정통 신앙을 견지한 공동체들을 분명히 보호해 주었다. 14세기에 독일에서 공동체들의 수가 급증했으며, 1400년에는 독일의 도시 가운데 베긴회 공동체를 두지 않은 도시가 거의 없을 정도였다. 그 시점까지 프랑크푸르트에만 57개의 공동체가 조직되어 있었고, 15세기 중반에는 쾰른에 106개, 스트라스부르에 60개가 있었다. 1368년에 에르푸르트에는 4백 개의 베긴회와 베가르회 공동체들이 있었다.

14세기초에 베긴회가 프랑스 남부에 나타났는데, 그 지역의 종교재판소는 그

---

40) 베지에 교회회의는 교황이 승인하지 않았다는 이유로 남성과 여성 단체 모두를 금했다.

41) 육체의 행위(actus carnis)는 죄가 아니다. 그것은 본능의 충동이기 때문이다. Döllinger, II. 284-407, 702 sqq. 그들은 지옥을 부인한다는 고소도 당했다.

들을 성 프란체스코의 제3수도회와 밀접히 관련된 집단으로 간주했고, 그들이 요한 페트루스 올리비(John Peter Olivi)의 견해를 채택했다는 이유로 고소했다.

14세기 후반에 종교재판소가 독일의 여러 공동체들을 해산시켰는데, 당시 그들의 영향력은 가난한 자들과 도시민들 사이에 고루 미치고 있었다. 1377년에 교황 그레고리우스 11세는 베가르회의 상당수 공동체들이 선한 생활을 하고 있다고 인정했다. 1394년에 보니파키우스 9세는 선량한 공동체들과 그렇지 못한 공동체들을 엄밀히 구분했고, 이단적 베가르회를 롤라드파(the Lollards)와 스베스트리온파(Swestriones)와 유사한 집단으로 분류했다.[42] 그러나 "자발적 가난을 실천하면서" 민중의 유익을 도모하는 데 힘쓰는 그 밖의 "베가르회와 베긴회"에 대해서는 정당성을 인정해 주었다. 두 집단의 많은 공동체들이 박해를 피하기 위해서 프란체스코회로 피신하고, 프란체스코회 제3수도회에 가입했다. 종교개혁이 발생하자 베가르회와 베긴회는 대부분 자취를 감추었다.[43]

이 분파들은 부분적으로는 14, 15세기에 홀란드에서 경건과 자선의 목적으로 생긴, 그리고 독일 신비주의와 밀접히 연관된 다른 공동체들의 선구자들이었으며 동시대 집단들이었다.

84. 발도파

"아름다운 여인이여, 내게는 왕의 숭고한 이마에 얹어진 왕관에 박힌 다이아몬드의 광채보다 더 순결한 빛을 발하는 보석이 있습니다. / 그것은 값을 따질 수 없이 귀한 진주로서, 그 가치는 영원히 쇠하지 않을 것이고, 그 빛은 그대를 떠나지 않을 것이요 그대의 길에 복이 될 것입니다."

— 휘티어(Whittier), 「발도파 교사」(*The Vaudois Teacher*)

---

42) Bernard Guy, 264 sqq.
43) 벨기에와 홀란드에는 여전히 베긴회라 불리는 종교 단체들이 있다. 1896년에는 벨기에와 홀란드에 15개 단체가 있었는데, 하나는 브레다에, 하나는 암스테르담에 있었다. 종종 베가르회와 동일시되는 자유의 영 형제회는 그들과 기원이 다르다.

기원과 교리에서 카타리파와 다른 집단이었는데도 불구하고 카타리파와 함께 기성 교회로부터 단죄를 받은 집단이 발도파(the Waldenses)였다. 카타리파는 가톨릭 교회에서 완전히 이탈한 채 지냈다. 발도파는 성경에 의존하여 사도 시대의 소박한 계명들을 되살리려고 힘썼다. 이들은 중세에 등장한 엄격한 성경적 분파였다. 이들은 이 사실과, 그들이 기나긴 세월 동안 받아야 했던 무자비한 박해로 인해 오래 전부터 개신교 교회들로부터 동정을 얻었다. 이들은 대환난을 견디고 살아남은, 역사상 보기 드문 신자 집단의 모습을 보여준다.

프랑스 남부가 이들의 첫 고향이었으나, 그 지역에서 알비파와 비교할 때 이들은 작은 집단에 불과했다. 이들은 프랑스에서 시작하여 피에몬테(이탈리아 북서부 지방: 역자주)로 퍼져나갔으며, 최근의 연구 결과로 분명히 드러난 것처럼 오스트리아와 독일에도 들어갔다. 이탈리아에서는 이들이 오늘날까지 조상에게 물려받은 계곡들에서 살고 있으며, 1870년 이후로는 완전한 시민권을 누려오고 있다. 오스트리아에서 이들은 수세기 동안 암흑 세계를 비추는 빛으로 존속해 왔고, 후스파(the Hussites)와 보헤미아 형제회(Bohemian Brethren)와 역사적으로 긴밀한 관계를 맺어 왔으며, 어떤 점에서는 종교개혁 시대의 재세례파를 위한 길을 예비했다고 할 수 있다.

발도파는 당시의 저자들이 한결같이 지적한 대로, 그 기원과 이름을 1218년에 죽은 발두스(Waldus) 혹은 발데스(Valdez)에게서 물려받았다. 이들은 론 강 유역의 도시 리옹에서 유래했다는 점에서 리옹의 가난한 이들(Poor Men of Lyons)이라고도 불렸고, 거친 신발을 신고 다녔다는 점에서 신발파(Sandalati 혹은 *Sandalled*)라고도 불렸다.

이들이 스스로를 부를 때 사용한 이름은 '그리스도의 형제들' 혹은 '가난한 이들' 이었는데, 아마도 마태복음 5:3("심령이 가난한 자는 복이 있나니 천국이 그들의 것임이요")에서 그 이름을 취한 듯하다. 14세기 조반에 활봉한 파사우의 익명의 저자에 따르면, 벌써 그의 시대에 일부 발도파 신도들이 자신들의 기원을 사도들에게로 거슬러 올라가 잡았다고 한다. 최근까지도 모든 발도파 저자들은 자신들의 기원을 사도 시대나 적어도 7세기로 거슬러 올라가 잡았다. 피렌체의 발도파 대학 교수 콤바(Comba)는 디에크호프(Dieckhoff)와 헤르초크(Herzog) 등의 독일 학자들의 연구를 존중하여 이 이론을 분명히 포기했다.

발도의 생애에 관해서는 알려진 바가 거의 없다. 경제적으로 성공한 리옹의 상인이었던 그는 그 도시의 유력한 시민이 갑자기 죽는 사건을 직접 목격하면서, 그리고 광장에서 음유시인들이 부르는 노래를 들으면서 신앙적 각성을 하게 되었다. 그 노래는 부잣집 아들 성 알렉시스(St. Alexis)가 결혼식을 마치고 돌아오자마자 독신 생활에 관한 교훈에 감동을 받고서 신부를 버려두고 동방으로 순례를 떠났다는 내용이었다. 알렉시스는 순례를 마치고 돌아온 뒤 친척들을 찾아다니면서 쉴 곳을 구했으나, 친척들은 그가 누군지 알아보지 못하다가 그가 죽고 나서야 알아보게 되었다. 발도가 그 노래 가사에서 얻은 교훈은, 인생은 짧고 시대는 악하므로 천국에 갈 길을 예비하자는 것이었다.

발도는 사제를 찾아가 조언을 구했다. 사제는 천국에 가는 데에는 여러 길이 있으나, 완전해지고 싶으면 그리스도의 계명들에 복종하여 가서 모든 소유를 팔아 가난한 자들에게 주고 그분을 따라야 한다고 일러주었다. 그것은 이집트의 안토니우스를 감동시켜 사회를 등지게 했던 바로 그 본문이었다. 발도는 재산을 포기하고 두 딸을 퐁테브로 수녀원으로 보냈고, 아내에게 재산의 일부를 떼어주고는 나머지를 모두 가난한 자들에게 나눠주었다. 이것이 1170년경에 된 일이다.

발도는 생활 준칙을 성경의 분명한 계명들에서 따왔다. 베르나르 이드로(Bernard Ydros)와 안사의 스테판(Stephen)을 고용하여 복음서들과 성경의 그 외 부분들, 그리고 교부들의 어록을 자국어로 번역하게 했다. 자신을 본받아 살기 위해 모인 추종자들과 함께 둘씩 짝을 지어 거리와 촌락을 다니면서 전도했다. 리옹의 대주교가 그들의 활동을 막으려 하자, 그들은 "사람들의 말을 순종하는 것보다 하나님의 명령에 순종하는 것이 마땅하다"고 대답했다.

발도파는 전혀 뜻밖에 1179년의 제3차 라테란 공의회에 적어도 두 명의 회원을 보냈다. 그들은 교황 알렉산더 3세에게 자신들의 생활 방식을 승인해 줄 것과, 앞으로도 계속해서 전도할 수 있게 해줄 것을 간청했다. 그러면서 교황에게 자신들이 번역한 성경을 선사했다. 교황은 그들의 성경을 조사할 위원회를 선정했다. 위원장을 맡은 웨일스 출신의 영국인으로서 영국 왕의 대리자였던 월터 맵(Walter Map)은 묘한 조사 기록을 남겼다. 그 기록에서 그는 그들의 품행과 일천한 지식을 비웃었다.[44] 자신들이 올무나 그물을 보지 못하는 새들처럼 자신의 질문에 쉽게 걸려들었는데도 자신들이 안전하다고 생각하고 있다고 말했다.

---

44) de nugis, Wright's ed., p. 64 sq. 자신이 그 지위에 선출된 것을 큰 명예로 여긴

귀리를 많이 먹을 수 있는 나귀가 우유 음식을 마다할 리가 없다는 것을 잘 알기 때문에 가장 쉬운 질문으로 시작하겠다고 말했다. 과연 삼위일체의 위격들을 믿느냐는 질문에, 그들은 "믿습니다" 하고 대답했다. 그러면 "그리스도의 어머니를 믿는가(believe in the Mother of Christ)?" 하는 질문에도 "믿습니다" 하고 대답했다. 그러자 위원들이 그들의 무식함에 웃음을 터뜨렸다. 그럴 때는 마리아를 믿는다(believe in)고 해서는 안 되고, 마리아에 관해서 믿는다(believe on)고 해야 옳기 때문이었다. "그들은 가난한 자들이었으므로 가난하셨던 그리스도를 따른다(nudi nudem Christum sequentes). 그들이 더 비천한 곳으로 내려가기란 분명히 불가능하다. 그들은 걷는 것을 배운 적이 없기 때문이다. 만약 우리가 그들을 받아들이면 우리들이 나가지 않을 수 없게 될 것이다." 책 제목에 잘 나타나 있듯이 농담을 즐기던 이 쾌활한 위원은 발도파 신도들이 양가죽 옷을 입고 맨발로 돌아다니며 사도들처럼 모든 것을 공유했다고 말한다.

그 위원회는 발도파를 거론하지 않은 채 그들에게 전도를 금했다. 1184년의 베로나 교회회의는 그들을 "리옹의 겸손한 이들 혹은 가난한 사람들"이라고 불렀으며, 카타리파와 파타리아파(Patarines)와 같은 부류로 분류하고는 아나테마를 내렸다. 주교들의 승낙 없이 전도했다는 것이 죄목이었다.

발도파는 리옹에서 추방되고 교회의 최고 권위에 의하여 파문을 당했는데도 불구하고 가르치고 전도하기를 그치지 않았다. 이들은 나르본(1190)과 그 밖의 지역들에서 벌어진 토론회에 참석하라는 요구를 받았다. 이들은 교회의 당국자들을 거역하고, 평신도들이면서도 감히 설교를 했다는 이유로 고소를 당했다. 한때 발도파에 몸담았던 우에스카(스페인 북동부 도시: 역자주)의 두란두스(Durandus)는 1207년에 그 집단을 탈퇴한 뒤 앞장서서 그들을 비판했다. 그는 로마에 가서 교황에게 가난을 서약하는 가난한 가톨릭 신자들이라는 이름으로 새 수도회 설립 인가를 받았다. 자신이 버렸던 분파에게서 취했을 가능성이 농후한 이름이었다.

롬바르디아로 퍼져 들어간 발도파는 이미 그곳에 존재하던 비슷한 성향의 집단을 만났다. 겸손파(Humiliati)라 불리던 집단이었다. 이들은 소박한 옷을 입고 다녔고, 맹세와 거짓말과 법률 소송을 금했다. 제3차 에큐메니컬 공의회와 베로

맵은 그들을 단순하고 무식한 사람들(idiotae et illiterati)이라고 불렀다.

나 교회회의는 그들을 리옹의 가난한 사람들과 동일시했다.[45] 다른 자료들에서 확인할 수 있는 바로는, 원래 두 집단은 서로 밀접한 유대를 나누었다. 아마도 발도와 그의 추종자들이 롬바르디아를 방문했을 때 그곳에 존재하던 집단이 그에게 강한 호감을 갖게 되면서 그를 지도자로 모셨을 가능성이 크다. 후대에 겸손파의 일부 집단이 수도원 조직들을 갖춘 뒤 교황 인노켄티우스 3세에게 승인을 받았다. 혹시는 이들이 성 프란체스코 제3수도회의 전범이 되었을 가능성도 있다.[46] 겸손파의 일부는 일찍부터 롬바르디아의 가난한 사람들로 알려지게 되었고, 론코의 요한을 지도자의 한 사람으로 모셨다. 겸손파 전부는 아닐지라도 그 일부는 당대인들에게 그의 추종자들로 취급되어 룬카리파(Runcarii)라고 불렸다.[47] 당대의 저자들은 두 집단을 동일 집단의 부분들로 다루며, 그들을 알프스 이남의 가난한 사람들(the Ultramontane Poor Men)과 롬바르디아의 가난한 사람들(the Lombard Poor Men) 혹은 알프스 이남의 형제회와 이탈리아 형제회로 구분한다.[48]

겸손파와 리옹의 가난한 사람들 사이에 서로의 관계와 피에르 발도에 대한 관계를 놓고 분쟁이 생겨서 1218년에 베르가모에서 집담회가 열리게 되었다. 양 진영은 각각 6인의 대표를 파견했다.[49] 쟁점은 성찬에 관한 견해와 당시에 발도가 낙원에 가 있는가 하는 것이었다. 롬바르디아파는 성례의 유효성이 집례자의 선한 인격에 달려 있다고 주장했다. 발도와 비베투스(Vivetus)라는 사람에 관한 문제는 그들이 과연 임종하기 전에 자신들의 모든 죄에 대해 보속을 바치지 않은 채 천국으로 갔겠는가 하는 것이었다. 리옹파는 발도가 낙원에 가 있다고 주장하면서, 이 사실을 인정하는 것을 롬바르디아파와 연합의 조건으로 제시했다.

---

45) 리옹의 가난한 사람들과 겸손파의 정확한 관계는 여전히 쟁점으로 남아 있다. Müller는 *Anfänge de Minoritenordens*라는 저서로써 겸손파에 대한 기존의 견해를 바꿔놓는 데 크게 이바지했다.

46) 참조. p. 411. 사바티에(*Regular Antiqua*, p. 15)는 프란체스코가 우리가 생각하는 것보다 더 많이 그들에게 빚을 졌을 가능성이 있다는 견해를 제시한다.

47) 론코와 친했던 Salve Burce는 그를 가리켜 "교육을 받지 못한 단순한 사람"이라고 부른다.

48) Raimerius는 롬바르디아의 가난한 사람들이 알프스 이남의 가난한 사람들에게서 파생되었다고 말하는 Burce과 사실상 같은 견해를 취한다.

49) 그 기록이 *Rescriptum*에 실려 있다.

베르가모 집담회에서 롬바르디아 발도파는 발도의 지도자 자격을 명백히 부정했다. 1235년에 발도파의 짧은 역사와 적은 규모, 일천한 학문을 들어 그 집단을 조소한 살베 부르케(Salve Burce)는 롬바르디아의 가난한 사람들과 리옹의 가난한 사람들을 카타리파의 두 분파인(롬바르디아의) 알바파와 콘코레초파에 비유하면서, 네 집단이 불과 물처럼 서로 적대적인 관계에 있다고 주장했다. 이것은 독자적인 주장으로서 못 받아들일 만한 것은 아니다. 그러나 그것은 이후로 가톨릭 교회가 자주 제기한 대로, 개신교란 분열과 투쟁을 뜻한다는 유의 비판이다.

프랑스 남부의 이단들에 대해서 십자군 원정이 감행되었을 때 그 대상에 발도파도 포함되었으나, 그들이 당한 고초는 (프랑스 남부의) 알비파(알바파와 다름)가 견뎌야 했던 것에 비교하면 작은 것이었다. 게다가 그들은 14세기에 종교재판소에도 그다지 많은 희생자를 내지 않은 듯하다. 비록 1308년에 베르나르 귀가 재판을 시작하긴 했으나, 1316년에 가서야 발도파 신도가 종신형을 언도받고 또 다른 신도가 화형을 당했다. 3년 뒤에는 발도파 신도 세 사람이 종신형에 처해졌고, 다른 세 사람은 화형을 당했다.[50] 1498년에 루이 12세는 그들에게 제한된 범위 내에서 관용을 베풀었다. 종교개혁이 한창 진행되던 때인 1545년에는 프랑스 발도파가 거주하던 22개 촌락이 프로방스 의회의 명령으로 약탈과 방화를 당했다.

발도파가 순교의 영광스러운 장면을 연출한 곳은 이탈리아와 오스트리아였다. 이 집단은 프랑스에서 피에몬테로 대거 이주했는데, 그 이유 가운데는 산지에서 흘러내리는 페루자 강과 루세르네 강, 앙그로녜 강으로 둘러싸인 고산 지대 계곡을 피난처로 삼았기 때문이다. 코티안 알프스(프랑스와 이탈리아 국경에 있는 알프스의 일부: 역자주)에 해당하는 이 지역에서 발도파는 한동안 방해받지 않으면서 지냈다. 이들은 멀리 남쪽으로 칼라브리아까지 식민 정착촌들을 두었고, 15세기까지 그 방향으로 이주를 계속했다. 그러나 박해의 때가 찾아왔다. 1209년에 오토 4세는 추방령을 공포했고, 1220년에 사보이 백작 토마스는 그들에게 호의를 베푸는 자들에게 벌금을 물리겠다고 협박했다. 그러나 발도파 신도

---

50) 모든 사례들을 Guy에 관한 대목에서 요약하는 Lea(II. 149)는 리옹의 발도파에 대한 적극적인 박해가 없었다고 말한다.

들은 워낙 근면한 사람들이었기 때문에 효용 가치가 높은 백성들이었으며, 그로 인하여 백 년 동안 계곡 지대에서는 죽음에 이르게 하는 박해가 발생하지 않았다. 그러다가 1312년에 최초로 화형을 당하는 일이 발생했다.

마술을 공식 인정한 일로 악명 높은 교황 인노켄티우스 8세는 박해에 잔인한 방법을 동원한 최초의 교황이었다. 1487년에 그는 십자군 원정을 선언하고서 프랑스의 샤를 8세와 사보이의 공작에게 그 법령을 단행하도록 주문했다. 레거(Leger)의 말에 따르면, 과거에 발도파가 겪었던 모든 박해는 이제 겪게 된 것과 비교하면 장미꽃처럼 느긋한 것이었다. 인노켄티우스는 1만8천 명의 군대를 제공했다. 피에몬테의 발도파는 더 높은 계곡 지대를 찾아 올라갈 수밖에 없었으며, 그곳에서 생존하느라 이루 말할 수 없는 고통을 겪었다. 이 알프스의 이스라엘이 감내해야 했던 가장 모진 고통은 그들이 종교개혁을 받아들인 뒤인 16, 17세기를 위해 남겨져 있었다.[51] 밀턴은 그 시기에 자행된 극악무도한 박해에 관해서 이렇게 외쳤다:

"주여, 학살당하는 당신의 성도들을 위해 복수하소서.
저들의 뼈가 추운 알프스 산맥에 널려 있나이다."

독일과 오스트리아에서 전개된 발도파의 역사는 프랑스와 이탈리아에서 전개된 것에 못지않게 관심을 끈다. 독일과 오스트리아의 발도파 운동은 다른 복음주의적 분리파 운동들을 위한 길을 예비했다는 점에서 더 큰 의미를 갖는다. 12세기 말에는 발도파가 번역한 성경의 일부분이 메츠 지방에 유포되었던 것으로 보인다. 하지만 그 성경 사본들은 압수되어 소각되었다. 또한 발도파는 1212년에 스트라스부르에서 대대적인 이단 색출이 단행되어 사제 12명과 부녀자 23명을 포함한 80명이 불에 타 죽을 때 그 대상에 포함되었을 것으로 추정된다. 발도파는 북쪽으로 쾨니히스베르크와 슈테틴까지 퍼져나갔고, 슈바벤과 폴란드, 바

---

51) 1530년부로 그들의 중세사는 막을 내린다. 그 연도에 그 집단 가운데 두 사람인 Morel과 Peter Masson이 부처와 오이콜람파디우스를 비롯한 종교개혁자들에게 자문을 구하도록 파견되었다. 모렐은 돌아오는 길에 붙잡혀 참수형을 당했다. 그가 오이콜람파디우스에게 보낸 서신과 그 종교개혁자의 답장이 Dieckhoff, pp. 364-373에 실려 있다. 발도파는 1532년에 종교개혁을 채택했다.

이에른에서 발견되었으며, 특히 보헤미아와 파사우의 오스트리아 교구에서 적지 않은 신도들이 있었다.

이 집단은 일찍이 1260년부터 박해를 당했다. 50년 뒤에는 오스트리아에 적어도 50개의 발도파 공동체와 많은 수의 발도파 학교가 있었다. 1315년에 다른 많은 신도들과 함께 죽음을 당한 오스트리아 발도파의 주교 노이마이스터 (Neumeister)는 파사우 교구에만 발도파 신도가 8만 명이 넘었다고 증언했다. 1318년에 도미니쿠스회와 프란체스코회 종교재판관들이 보헤미아와 폴란드로 파견되어 그 지역들의 교회 당국자들을 도와 이단을 진압했다. 당시에는 보헤미아가 발도파의 가장 중요한 중심지가 되어 있었다. 롬바르디아의 가난한 사람들은 오스트리아의 이 이단과 서로 교통과 도움을 주고받았다.

독일의 발도파는 박해에도 불구하고 15세기까지 존속했다.

오스트리아의 발도파는 성경 보급 사업을 적극적으로 펼쳤다. 그리고 시인 휘티어(Whittier)가 쓴 '발도파 교사' (Vaudois Teacher)라는 시는 14세기 파사우의 익명의 저자가 남긴 글을 토대로 쓴 것이다. 그는 발도파가 도붓장수들처럼 귀족의 저택들을 찾아다니면서 최상급 보석들과 좋은 물건들을 내민 다음 세상에서 가장 비싼 보석인 하나님의 말씀을 전했다고 말한다. 이 저자는 그들이 대단히 정직하고 근면하고 냉철했다고 극찬을 아끼지 않았다. 그들의 말에는 맹세와 거짓이 없었다고 한다.

이렇게 해서 세 가지 유형의 발도파를 살펴본 셈이다. 첫째는 리옹의 가난한 사람들이었고, 둘째는 롬바르디아의 가난한 사람들, 셋째는 오스트리아의 가난한 사람들이었다.[52] 그들은 기성 교회에 반대한 점에서 후기에 접어들면서 몇 가지 점에서 발전적인 면을 띠었으나, 다른 한편으로는 기성 교회와 다시 가까워지는 경향도 띠었다.[53]

---

52) 대수도원장 베르나르와 알라누스 같은 초기 저자들은 그들을 구분하지 않는다. Rainerius(1260)와 파사우의 발도파를 직접 목격한 *Rescriptum*의 저자, 롬바르디아의 가난한 사람들을 특히 더 많이 언급하는 *Supra Stella*(1235)의 저자 Salve Burce도 같은 태도를 취한다. 종교재판관으로서 높은 신망을 얻었던 아우크스부르크의 다비드 (1256)는 발도파를 하나의 집단으로 여겼다. Bernard Guy(1320)는 리옹의 발도파를 다룬다. 될링거가 제시하는 문헌들은 16세기까지 이어지는데, 그 중 많은 수가 오스트리아의 발도파를 다룬 것들이다.

초창기에 발도파는 비록 "유일하게 그리스도를 닮아가는 이들"이라고 자랑한다는 이유로 비판을 받긴 했으나 이단은 아니었다. 그들은 카타리파와 지리적으로 워낙 연관되어 있었고, 또한 공의회들과 교황들의 법령들, 그리고 이단 논박서들에서 카타리파와 같은 집단으로 분류되긴 했으나, 카타리파와는 근본적으로 달랐다. 발도파는 마니교의 요소들을 채택한 적이 없었다. 게다가 기성 교회의 성사들을 배격하지도 않았고, 자기들만의 새로운 의식을 고안하지도 않았다. 신비주의와도 거리가 멀었으며, 다른 몇몇 분파들과는 달리 독일 신비주의자들과도 연관을 맺지 않았다. 그런가 하면 개신교도 아니었다. 그들이 남긴 문헌에서 이신칭의 교리를 진술한 내용을 아무리 찾으려 해도 한 줄도 찾을 수 없기 때문이다.*그들이 신자들의 보편적 제사장직을 주장했을 가능성은 있다. 드 부르봉(de Bourbon)을 비롯한 그 외 사람들에 따르면, 그들은 모든 선량한 사람들이 사제들이라고 주장했다고 한다. 그들은 사도들의 행동을 따르고 산상수훈의 교훈에 복종하는 것을 강조했으며, 루터가 칭의라는 단어를 규명한 내용을 알지 못했다. 오히려 그들은 선량한 사람들에게서나 의를 찾아볼 수 있다고 말하는, 오늘날 개신교권에서 유행하는 견해에 더 가까웠다.

발도파의 첫 번째 독특한 원리는 일상의 행위에 관한 것으로서, 사도들이 남긴 "하나님 앞에서 우리가 너희의 말을 듣는 것이 하나님의 말씀을 듣는 것보다 옳은가 판단하라"는 말로 요약된다. 이 견해를 가톨릭 당국자들은 교황과 고위 성직자들의 권위에 복종하지 않겠다는 뜻으로 해석했다. 초기에 그들에게 가해진 비판에는 한결같이 이 내용이 실려 있었다.[54] 알라누스(Alanus)는 그리스도께서 빌라도의 권위에 복종하신 일(참조. 요 19:11)을 예로 제시하고, 권세는 하나님께서 세우신 것이라는 주장으로써 그 원리를 논박했다. 아마도 이것이 중세의 분리파 이단들이 추구한 종교적 독립에 대해서 최초로 성경적 근거를 가지고 적극적으로 비판한 사례일 것이다. 그 주장에는 훗날 루터가 보름스에서 공언한 충분한 양심의 자유의 원칙이 씨앗으로 배태되어 있었다.

---

53) Morel에 따르면 종교개혁 시기에 발도파는 활을 비롯한 무기를 제외한 춤과 모든 오락을 금지했다고 한다. Comba(p. 263)는 발도파가 성례 집행에서 기성교회에 더 접근함으로써 이러한 상반된 경향을 띠었음을 인정한다.

54) 대수도원장 베르나르, Migne, 204. 796 sqq., 817 sqq.; 알라누스, Migne, 210. 380 sqq.; de Bourbon, p. 292; Döllinger, II. 6, 51.

발도파가 주장한 두 번째 독특한 원리는 성경의 권위와 민중을 향한 성경 교육이었다. 이 점에서도 발도파는 자신들의 요구에 담긴 충분한 의미를 다 이해하지 못한 채 부지불식간에 개신교 종교개혁을 예기했다. 물론 그 시대에는 아직까지 평신도가 성경 읽는 것이 금지되지는 않았으나, 발도는 성경을 살아 있는 책으로 만들었고, 자국어 번역 성경을 부지런히 가르쳤다. 파사우의 익명의 저자는 어떤 평신도들이 마태복음과 누가복음을 완전히 암기하고 있었던 까닭에 설교자가 그 내용을 충분히 암기하지 않고는 한 마디도 제대로 인용할 수 없던 상황에 대해서 진술했다.

　발도파의 세 번째 독특한 원리는 설교의 중요성과, 평신도들도 설교할 수 있었다는 점이었다. 피에르 발도와 그의 동료들은 평신도 전도자들이었다.* 초기의 모든 문헌들은 그들이 설교하고 있는 사실을 근거로 발도파가 극악한 이단이며, 그들이 교만하고 무례한 집단임에 틀림없다고 주장한다. 알라누스는 그들을 가리켜 거짓 설교자들(pseudo-praedicatores)이라고 부른다. 교황 인노켄티우스 3세는 1199년에 메츠의 이단들에 관해서 쓰면서, 성경을 이해하고 싶어하는 그들의 욕구는 칭찬할 만하나, 그들이 비밀리에 집회를 갖고 사제의 권한을 탈취하여 설교하는 점이 옥의 티라고 말했다. 알라누스는 긴 문단을 할애해 가면서, 그리스도께서도 성부에 의해 보내심을 받으신 뒤에, 그리고 요나와 예레미야 같은 선지자들도 위로부터 권위를 받은 뒤에 비로소 설교를 했다는 점을 지적하며, "보내심을 받지 않았으면 어찌 전파하리요"라는 말씀을 인용해 가면서 발도파를 비판했다. 발도파는 아무에게도 보냄을 받지 않았다는 것이었다. 이 비판에 대해서 발도파는 나르본 논쟁 때와 마찬가지로 모든 그리스도인들이 그리스도의 마지막 명령과 야고보서 4:17("그러므로 사람이 선을 행할 줄 알고도 행하지 아니하면 죄니라")에 순종하여 복음을 전할 의무가 있다고 답변했다.[55] 1179년에 교황 알렉산더 3세는 전도할 권한을 달라는 그들의 요구를 들어주지 않았으나, 발도파는 굴하지 않고 대로와 가옥에서, 그리고 기회가 생기면 교회에서도 전도하기를 그치지 않았다.

　발도파는 구시대 관습을 한층 더 뒤흔들어, 남자들뿐 아니라 여자들도 전도할

---

55) Comba(pp. 47-52)는 나르본에서 벌어진 논쟁 내용을 번역한다. 대수도원장 베르나르(Migne, 204. 805)도 야고보서 4장을 발도파가 답변한 단락으로 인용한다.

수 있다고 주장했으며, 바울 사도가 여자는 교회에서 잠잠하라고 하지 않았느냐는 반론에 대해서는, 자신들이 주장하는 것은 공식적인 설교가 아니라 가르치는 일이라고 답변하면서, 디도서 2:3을 인용했다("늙은 여자로는 …… 선한 것을 가르치는 자들이 되고"). 폰티스 칼리디의 대수도원장 베르나르드는 남녀 평신도의 설교권을 비판하는 과정에서, "나는 당신이 누구인 줄 아노니 하나님의 거룩한 자니이다"(막 1:24) 하고 말하는 귀신에게 잠잠하라고 명령하신 주님의 말씀을 인용했다. 그리스도께서 귀신에게 입을 열도록 허락하지 않으셨는데, 어찌 발도파 신도를 통해서 설교하도록 하실 수 있겠느냐는 것이었다. 발도파에 대해서 매겨진 오류 목록 가운데는 그들이 파리와 프라하, 빈 대학들과 모든 대학 교육을 시간 낭비로 배격했다는 내용도 들어 있다.

발도파가 매고 풀며, 거룩하게 구별하고 축복하는 권한을 부여하는 것이 교회의 임명이 아니라 영적 능력 혹은 공로라고 주장한 것도 지나쳐서 안 될 그들의 독특한 원리였다. 비판자들은 이러한 주장을 성직위계제도의 뿌리 자체를 공격하는 행위로 간주했다. 그들은 발도파가 평신도에게 세례를 베풀고 성찬을 집례할 권한을 확고히 부여한다고 비판했다. 발도파는 사제가 죄를 버리지 못하고 있다면 성찬을 집례할 수 없지만, 선량한 평신도는 집례할 수 있다고 주장했던 것이다. 여성들에게도 성례를 집례할 권한을 부여했다는 점에서도 발도파는 비판을 받았으며, 라이네리우스(Rainerius)는 그 비판을 부정하기 위해서 일어난 사람이 아무도 없었다고 말한다. 또한 발도파가 평신도들에게 고해를 받고 사죄를 베풀 권한을 부여했다는 비판도 제기되었다. 베르가모 집담회에서는 이러한 쟁점들에 대해서 발도파 내부의 견해 차이들이 표출되었다.

세례를 집례하는 문제에 관해서도 이탈리아의 발도파와 프랑스의 발도파 사이에 견해 차이가 있었다. 적어도 일부 지역들에서는 유아세례를 부정하는 경향이 있었는데, 유아들이 세례받지 않고도 구원을 받는다는 견해가 어느 정도 성행한 듯하다.[56] 초기 발도파의 견해가 무엇이었든간에, 모렐(Morel)의 진술에 따르면 종교개혁 시대에 그들은 성례 집례권을 사제들에게 일임했다고 한다. 초기

---

56) Rainerius는 롬바르디아의 가난한 사람들이 세례받지 않은 유아들도 구원받는다고 주장한 사실을 별다른 제한 없이 전하지만, *Rescriptum*은 세례가 모든 이에게 필수적인 것으로 간주되었다고 주장한다. 아우크스부르크의 다비드도 같은 내용을 전한다.

의 문헌들은 발도파가 엄격히 비밀을 지켰다고 말하는데, 이 점을 감안할 때 그들이 공개적으로 지적된 내용 이상으로 비판을 받았을 가능성이 크다.

이러한 근본적인 원리들 외에도, 발도파는 산상수훈에 근거하여 맹세와 사형을 금했고, 더러는 연옥과 죽은 자를 위한 기도도 배격했다.[57] 죽은 뒤에는 천국으로 가거나 아니면 지옥으로 가는 두 가지 길밖에 없다고 발도파는 주장했다.[58]

콤바 교수가 말한 대로, 발도파는 자신들을 교회 내의 교회, 선별된 무리로 간주했다. 그들은 로마 교회를 바빌론의 음녀라고 비판하고 그 교회를 거짓의 집이라고 부르긴 했으나, 그 선에서 더 나아가지는 않은 듯하다.[59] 드 부르봉의 말대로 일찍이 13세기에 발도파가 카타리파처럼 완전한 자들과 신자들로 스스로를 구분했다는 평가가 있으나, 이것은 그릇된 평가일 가능성이 크다. 14세기 초에 프랑스 남부에서 발도파는 마요랄리스 옴니움(Majoralis omnium)이라고 하는 주교를 선출했는데, 베르나르 귀에 따르면 그들은 마치 가톨릭 신자들이 교황에게 하듯 그에게 복종했다고 하며, 그들이 또한 사제들과 부제들도 두었다고 한다. 다른 지역들에서는 발도파가 사제들과 교사들과 주임신부(rector)라는 이름으로 삼중직을 두고 있었다.[60]

리옹의 발도파는 처음부터 자체의 문헌을 보유하고 있었으며, 이 점에서도 카타리파와 명확히 대조된다. 운문 전기체(傳奇體)로 된 초기 발도파 번역 성경 중에서 신약전서와 시편, 잠언, 아가, 전도서가 현존한다. 프랑스어 번역 성경이 이 발도파 번역보다 먼저 이루어졌다.[61] 보헤미아 테벨에서 발견된 독일어 번역 성경도 발도파가 남긴 것일 가능성이 있다.[62]

---

57) 대수도원장 베르나르(Migne, 204, 828, 833).

58) Harnack과 Keller는 두 가지 길에 대한 발도파의 가르침이 *Teaching of the Twelve Apostles*을 연상시킨다고 말한다.

59) Rainerius, p. 1775; Guy, p. 247.

60) Döllinger, II. 92. 후대에 이탈리아 발도파의 성직자는 barba 곧 아저씨라고 불렀다. Comba, p. 147. 모렐은 오이콜람파디우스에게 보낸 서신에서 발도파가 이러한 구분을 유지했다고 주장했다.

61) Romaunt 판 사본들에는 언어 등의 큰 차이가 있다. Comba(pp. 182-185)는 다양한 사본들에서 발췌한 사본들을 수록한다.

62) Jostes는 그 번역본을 가톨릭 교회의 자료로 간주하는데, 필립 샤프 박사도 이 견해를 취하는 경향을 띠었다.

13세기 초반으로 거슬러 올라가는, 그리고 현존하는 발도파 문헌 중에서 번역 성경 다음으로 가장 오래된 저서인 *Nola Leyczon*은 479행으로 된 종교시이다. 이 시는 엄격히 실천적인 목적을 띠고 있다. 세상 종말이 다가왔고, 인간이 타락했고, 노아가 건짐을 받았고, 아브라함이 자기 고향을 떠났고, 이스라엘이 애굽으로 내려간 뒤에 모세에게 구출되었다. 그리스도께서 더 나은 율법을 가르치셨고, 가난의 길을 걸으셨고, 십자가에 못 박히셨고, 다시 살아나셨다. 이 시의 첫 행은 "형제들이여, 고귀한 교훈에 귀를 기울이라"로 시작되며, 최후 심판의 정경과 회개하라는 권고로 마감된다.

발도파는 한 가지 통로를 통해서 가톨릭 교회에 영향을 끼쳤다. 자발적 가난 실천이 그것이었다. 그들은 에티엔 드 부르봉(Etienne de Bourbon)의 표현에 따르면 "가난 서약"을, 베르나르 귀(Bernard Guy)에 따르면 "위선적인 가난 서약"을 했다. 이들 저자들과 그 밖의 저자들이 분명히 지적했듯이, 설교와 가난에 힘입어 복음적 완전을 추구했다. 아시시의 프란체스코가 바로 그 이상을 취했는데, 아마도 그는 아무리 많은 말로 입증할 수 있는 것보다 더 직접적으로 이탈리아 북부의 잘 밝혀지지 않은 발도파의 제자였을 가능성이 크다. 사도적 가난과 실천이라는 이상은 이미 당시에 퍼져 있었으며, 따라서 리옹과 이탈리아의 분리파들이 사실상 반 세기 전부터 그 정신을 따라 움직이고 있었다는 사실을 프란체스코의 제자들이 알았을지라도 그의 사역의 의미가 반감되거나 하는 일은 생기지 않았을 것이다.

특주

초기 발도파에 관한 문헌

발도파의 역사와 사상에 대한 연구는 1851년에 디크호프(Dieckhoff)에 의해 새 시대가 열렸으며, 1853년에 헤르초크(Herzog)가 그 뒤를 이었다. 좀 더 최근에는 프레거(Preger)·카를 뮐러(Karl Müller)·하우프트(Haupt)·켈러(Keller)가 구체적인 지식을 많이 보태고, 쟁점들을 명확하게 정리했다. 피렌체 발도파 대학 교수인 콤바는 현대의 연구 결과를 받아들이고서, 과거의 발도파 저자들이 자신들의 역사를 심지어 사도 시대까지 거슬러 올라가 잡는 것 같은 과도한 주장을 포기했다. 이 분파의 초기 역사를 다룬 주요 전거들은 다음과 같다: 폰티스 칼리디의 대수도원장 베르나르드(1193 죽음); 살베 부르케(Salve Burce, 1235 죽음); 에티엔 드 부르봉(1261 죽음) – 그의 저서는 백과사전의 면모를 지니며, 편리한 참고서이다; 1316년에 파사우의 익명의 저자(the Anonymous of Passau)라고 불린 익명의 사제가 쓴 *Rescriptum haeresiarcharum*; 오스트리아의 신학자 아우크스부르크의 다비드(1271 죽음); 프랑스 남부의 종교재판관 베르나르 귀(Bernard Guy, 1331 죽음). 그 밖의 귀중한 문헌들을 될링거(Döllinger)가 자신의 저서 *Beitr ge*(제2권)에서 소개한다. 이 저자들은 백년이 넘는 시기를 대표한다. 이들은 발도파의 특징으로 거론된 점들을 대부분 동의하며, 그 집단의 주요 이단설들에 대해서 초기 저자들은 후기 저자들과 다름없이 일관된 태도를 취한다.

발도파가 남긴 사본들(그 일부는 13세기에 작성됨)은 주로 케임브리지 · 더블린(트리니티 칼리지) · 파리 · 제네바 · 그르노블 · 리옹 대학교들의 도서관에 주로 보관되어 있다. 더블린 소장본은 대주교 어셔(Ussher)가 1634년에 프랑스의 평신도한테 550프랑을 주고 사들인 여러 권의 희귀본들로 이루어져 있다. 케임브리지 사본들은 발도파에 대한 박해를 중지시키라는 크롬웰의 특별한 지시를 받고서 토리노로 파견된 새뮤얼 몰랜드 경(Sir Samuel Morland)이 구한 것이다.

85. 알비파 정벌을 위한 십자군 전쟁

중세에 이단들을 규제하기 위한 조치들은 종교재판소 제도가 충분히 발전하기 전에 알비파 정벌을 위한 십자군 전쟁으로 조직된 형태를 갖추었다. 이 무자비한 전쟁의 모든 책임은 교황청에 있었다. 프랑스의 도시 툴루즈는 이단의 거점이었다는 이유로 대가를 톡톡히 치렀다.[63] 교황 인노켄티우스 3세에 따르면 그 도시의 귀족들 중 상당수가 이단의 영향을 받은 까닭에, 이단이 농촌 마을들에서 고백되었을 뿐 아니라 성곽 안에서도 보호를 받았다고 한다.[64] 프랑스 최초

---

63) 제4차 라테란 공의회는 그 도시를 "네가 마법적이고 이단적이고 부패한 것들로부터 씻어냈다"(quae magis haeretica laves corrupta)라고 말했다.

64) *Ep*. II. 99; Migne, 214. 647.

의 평신도 귀족으로서 알비파 이단설을 프로방스와 랑그도크에 전파할 임무를 맡았던 툴루즈 백작은 그 집단을 정벌하기 위한 전쟁에 참여하지 않는다는 이유로 교황에게 진노와 형벌을 받았다. 그 가문의 일원이 제1차 예루살렘 십자군 원정을 감행했던 막강한 부대를 지휘했다. 알비파 원정이 감행될 당시에 툴루즈 궁전은 유럽에서 가장 화려한 궁전들 가운데 하나였다. 하지만 원정이 끝날 무렵에는 참담한 폐허로 바뀌어 있었다.

1119년 툴루즈 교회회의와 더불어 시작된 공의회들은 이단을 규제하는 법령들을 공포하고, 세속 권력자들에게 이단을 처벌하도록 독려했다. 처음에는 온건한 조치들이 사용되었으나 효과가 없다는 사실이 입증되었다. 그것이 1147년에 성 베르나르가 행한 설교와 기적들일 수도 있고, 교황 특사들이 행한 외교적 연설일 수도 있다. 베르나르가 죽은지 60년 뒤에 성 도미니쿠스가 툴루즈 일대를 다니며 전도하여 일부 이단들을 정통 신앙으로 돌아서게 했다. 그러나 도미니쿠스의 노력과 교회회의들의 법령들에도 불구하고 이단은 계속 확산되면서 교회의 권위를 무시했다.

마침내 교황 인노켄티우스 3세가 등장하면서 오염의 확산을 막고 이미 에큐메니컬 공의회들과 지역 교회회의들이 엄숙히 공포한 원칙들을 단행하는 데 총력을 기울였다. 그는 이단이 기독교 신앙을 고백한 적이 없는 불신자보다 더 악하다고 보았다. 기독교 세계가 사라센족을 정벌하기 위해 군대를 파견하는 마당에, 집안에서 일어난 영적 반란을 분쇄하기 위해 군대를 파견해서는 안 된다는 법이 어디 있는가? 이러한 교황의 호소에 대해서 적어도 네 무리의 십자군이 결성되어 프랑스 남부의 이단 집단을 향해 진격했다. 이렇게 해서 시작된 종교 전쟁이 삼십년간 계속되었다. 사제들과 대수도원장들이 병력을 진두 지휘했으며, 신앙의 이름으로 지극히 잔인한 만행을 명령하거나 정당화했다. 유럽에서 가장 아름다운 지역이 황무지로 바뀌었고, 툴루즈 백작들은 교황에 의해 권위와 영토를 박탈당했다.

기나길었던 그 전쟁은 인노켄티우스가 프랑스 왕 루이 7세에게 참전을 요청하면서, "주님께서 그에게 칼을 헛되이 주신 게 아님을 입증하라"고 압박하고, 그에게 이단을 두둔한 귀족들의 토지를 넘겨주겠다고 약속하면서부터 본격적인 양상을 띠기 시작했다.[65] 자신의 카타리파 백성들을 진압하는 정책에 반대한 라이문두스 6세는 교황특사 카스텔나우의 페트루스에 의해 파문을 당했고, 그의 토지에는 성무중지령이 내려졌다. 인노켄티우스는 그를 유해한 사람(vir pestilens)이라고 부르면서, 내세에 모든 형벌을 빠짐없이 받게 될 것이라고 협박했다. 제후들을 다 동원하여 그를 공격하고 그의 토지를 몰수하겠다고 위협했다. "주님의 손이 그대에게 더욱 준엄하게 임하여서 그대가 촉발한 주님의 진노 앞에서 도망치려 하는 것이 얼마나 어려운가를 보여주실 것입니다."

1208년에 카스텔나우의 페트루스가 두 명의 자객에게 암살되면서 사태가 중대한 위기 국면으로 돌입했다. 교황은 다시 한 번 툴루즈 백작에게 파문령을 내리면서, 만약 페트루스의 살해를 사주했다는 의혹을 벗으려면 그의 영토에 거주하는 모든 이단을 추방해야 할 것이라고 조건을 제시했다.[66] 인노켄티우스의 대담한 활력이 이보다 더 극명하게 나타난 적이 없었다. 교황은 십자군 전쟁을 선포했다. 그런데 라이문두스가 자신의 백부 루이 7세를 통해서 프랑스와 관계가 있고, 자신의 처남 페드로를 통해서 아라곤과 관계가 있었는데, 이러한 관계가 상황을 어렵게 만들었다. 하지만 십자군 원정은 예정대로 감행되었다. 시토회는 총회를 열어 십자군을 홍보하기로 결의했다. 프랑스와 플랑드르, 심지어 독일에서 무수히 많은 제후들과 민중들이 십자군에 참전하기 위해서 몰려들었다. 교황은 카타리파와 발도파를 진압하기 위해 십자가를 진 사람들에게 성묘를 탈취한 자들과 싸우기 위해 해외 원정을 감행했던 병사들과 똑같은 상을 약속했다.

신자 일반에게 보낸 서신에서 인노켄티우스는 다음과 같이 썼다.

"지극히 강한 그리스도의 병사들, 지극히 용감한 전사들이여! 여러분은 적그리스도의 하수인들을 대적하고 있으며, 옛 뱀의 종들과 싸우고 있습니다. 여러분이 이제까지는 덧없는 영광을 얻기 위해 싸우셨는지 모르지만, 이후로는 영원히 시들지 않을 영광을 얻기 위해 싸우십시오. 이제까지는 육신을 위해 싸우셨다면, 이후로는 영혼을 위해 싸우십시오. 이제까지는 세상을 위해 싸우셨다면, 이후로는 하나님을 위해 싸우십시오. 우리가 여러분에게 하나님을 섬기라고 권고하는 것은 세상의 상을 얻도록 하기 위함이 아니라 하늘 나라를 얻도록 하기 위함이며, 이 이유 때문에 우리는

---

65) *Epp.*, VII. 186, 212; Mgine, 215, pp. 503, 527. 둘째 서신에서 인노켄티우스는 이단들을 삼손의 여우들과 가축들에 비유한다.

66) *Ep.*, XI. 26, 32; Migne, 215. 1354, 1361.

여러분에게 큰 확신으로 약속하는 것입니다."[67]

예사롭지 않은 태풍이 몰려오고 있는 소리에 크게 놀란 라이문두스는 교황에게 복종의 뜻을 밝히면서 이단을 분쇄하겠다고 약속했다. 라이문두스가 굴욕적으로 참회하는 장면이 생 질의 수도원 교회에서 연출되었다. 그는 교회 현관에서 웃통을 벗은 채 교황이 제시한 모든 조건을 이행하겠다고 약속했다. 백작의 가신 16명은 그 엄숙한 약속이 이행되는지 지켜보겠다고 맹세하면서 해마다 그 맹세를 새롭게 하겠다고 약속했으며, 만약 약속을 이행하지 못할 경우 자신들을 이단과 같은 범주로 분류해도 괜찮다고 말했다. 당시에 참회자의 목을 말의 굴레처럼 두른 영대(領帶) 끝자락을 잡고 있던 교황특사는 라이문두스를 데리고 제단 앞으로 갔고, 그 백작은 제단 앞으로 걸어가는 동안 채찍질을 당했다.[68]

하지만 라이문두스가 이렇게 굴복했어도 리옹에 대규모 병력이 끝없이 모여드는 상황을 막지는 못했다. 십자군 막사에는 랭스·상스·루앙의 대주교들과, 오툉·클레르몽·네베르·바쇠(Baseur)·리지외·샤르트르의 주교들, 그리고 무수히 많은 대수도원장들과 그 밖의 성직자들이 모여 있었다. 그들 곁에는 부르고뉴 공작, 네베르·생 폴·오세르·제네바·푸아티에의 백작들과 그 밖의 제후들이 와 있었다. 지휘관으로 선출된 군인은 시몽 드 몽포르(Simon de Montfort)였다. 시몽은 제4차 십자군 원정을 이끈 경력이 있는 유력한 지휘관으로서, 교황의 열렬한 지지자였다. 그는 매일 미사에 빠짐없이 참석했고, 심지어 프랑스 남부에서 피비린내 나는 대 학살을 감행한 뒤에도 미사에 참석했다. 당대인들은 그를 제2의 유다 마카베오로 칭송했으며, 샤를마뉴에 견주기까지 했다.

십자군 부대에 합류한 라이문두스의 항의에도 불구하고 교황특사 시토의 아르놀(Arnold)은 진격을 저지할 의사가 없다고 밝혔다. 프랑스 남부 도시 베지에가 함락되면서 처참한 정경이 뒤따랐다. "한 사람도 남기지 말고 처단하라. 주님께서 자기 백성을 아신다"는 교황특사의 명령에 사나운 병사들은 곧이곧대로 움

---

67) *Ep.*, XI. 230; Migne, 215. 1546. 인노켄티우스는 거듭된 장문의 글로 그 사업을 독려했다.

68) 좀 더 자세한 기록은 Hurter, II. 317 sq.; Lea, I. 150 sq.에 실려 있다.

직였다.[69] 남녀노소를 가리지 않았다. 교회 담장도 아무런 보호가 되지 못하여서 생 막달랭 교회에서만 7천 명이 목숨을 잃었다. 거의 2만 명이 칼에 쓰러졌다. 교황 특사들인 밀로와 아르놀의 보고서에는 이렇게 적혀 있다. "하나님의 응징이 그 도시에 두렵게 임했다 …… 우리 병사들은 여성들과 병자들도 살려두지 않았다. 온 도시가 유린되었고, 살육의 규모가 대단히 컸다."[70]

카르카소네의 경우는 주민들이 도시를 떠나도록 허용되었는데, 연대기 저자에 따르면 남녀 모두 속옷 바람으로 오직 그들의 죄 외에는 아무것도 소지하지 못한 채(nihil secum praeter peccata portantes) 도시를 빠져나갔다. 공포가 프랑스 남부 지방을 뒤덮었으며, 주민들이 앞다투어 고향을 버리고 피난길에 올랐다. 라이문두스는 아비뇽에서 열린 공의회에서 다시 한 번 파문에 처해졌다. 정복된 영토는 몽포르에게 넘겨졌다. 전쟁은 계속되었고, 잔인함도 갈수록 심해졌다. 교황의 새로운 호소에 부응하여 지원 병력이 새로 구성되었는데, 그 중에는 6천 명의 독일인들이 끼여 있었다. 미네르브 요새에서 알비파의 완전한 자들 140명이 화형을 당했다. 포로들은 귀와 코와 입술이 잘리는 조치를 당했다.

1211년에 툴루즈 백작은 교황특사들을 만나 다시 한 번 타협을 시도했다. 그러나 그의 영토에 존재하는 모든 성들을 철거하라는 조건은 너무나 굴욕적인 것이었다. 다시 한 번 십자군 원정이 감행되었다. 툴루즈의 모든 영토가 짓밟혔고, 십자군들이 함락해야 할 곳은 툴루즈 시 한 곳밖에 남지 않았다.

노바스 데 톨로사에서 무어족과 벌인 전쟁에서 갓 승리를 거둔 아라곤의 페드로는 교황에게 자기 처남에게 관용을 베풀어달라고 간청했다. 이에 교황이 그 문제를 논의하기 위해 소집한 라바우르 교회회의(1213)는 아라곤 왕의 제안을 거절했다. 이에 페드로는 라이문두스 편에 가담했으나 그 해에 뮈레에서 벌어진 전투에서 궤멸을 당했다. 바로 일년 전에 가톨릭 신앙의 영웅이라는 최고의 명예를 얻었던 아라곤 왕이 교황권에 반기를 든 부대에 가담하여 전사한 이 사건은 앞뒤가 잘 맞지 않는 이상한 사건이었다.[71] 다음 날 승리자 몽포르는 맨발로

---

69) Caesar of Heisterbach, V. 21. 그리고 나서 카이사르는 "헤아릴 수 없이 많은 사람들이 그 도시에서 살해되었다"고 덧붙인다.

70) *Epp.* Inn., XII. 108, 109; Migne, 216. 137-142.

71) 페드로의 아들 자이메는 아버지가 패배한 원인을 도덕적 방종 탓으로 돌렸다. 알비파의 귀족들은 아내와 딸을 자기들 마음대로 했는데, 전하는 바로는 페드로는 밤

교회로 걸어간 다음, 페드로의 군마와 무구(武具), 재산을 팔아 가난한 사람들에게 나눠주라고 명령했다. 1215년의 몽펠리에 공의회는 툴루즈를 포함한 모든 토지를 몽포르에게 이양하도록 하고, 툴루즈 백작과 베지에와 카르카소네의 자작, 나르본의 공작으로 하여금 몽포르에게 십일조를 바치도록 했다.

프랑스 남부에서 벌어진 사건은 1215년의 제4차 라테란 공의회에서 주요 의제로 다뤄졌다. 라이문두스가 그 회의에 참석하여 자신이 교회에 분명히 복종했던 만큼 영토를 자신에게 돌려달라고 요구했다. 그러나 공의회는 압도적 다수의 표결로 그의 요구를 기각했으며, 정복지에 대한 몽포르의 소유권을 재차 인정했다. 라이문두스의 아들이 아버지를 위해 인노켄티우스에게 선처를 부탁했을 때, 교황은 "무엇보다도 하나님을 사랑하고 충성을 다하여 그분을 섬기며, 다른 사람의 영토에 손을 대지 말라"고 명령하면서, 그가 몽포르에 대해서 제기한 불만들은 훗날 공의회를 열어 심의하도록 하겠다고 차가운 태도로 약속했다.[72]

이후에 알비파 원정이 어떻게 진행되었는가 하는 문제는 여기서는 간단히 언급하고 넘어가기로 한다. 그것이 영토 약탈 전쟁으로 비화했기 때문이다. 1218년에 몽포르는 툴루즈 성곽 밑에서 죽었고, 그의 머리는 돌로 으깨졌다. 호노리우스가 교황으로 재직하던 시기에는 동방에 대한 십자군 원정이 교황청의 주요 현안이었던 까닭에 분파들이 다시 고개를 들었고, 라이문두스는 잃었던 영토를 대부분 되찾았다. 그러나 교황은 매정하게도 툴루즈 가문에 대해서 다시 한 번 파문령을 내렸다.

1226년에 프랑스 왕 루이 8세가 교회뿐 아니라 프랑스 의회의 지원을 받아 십자군 원정을 감행했다. 이로써 십자군 원정의 마지막 장이 시작되었는데, 이번 전쟁은 프랑스 왕이 툴루즈를 장악하기 위한 전쟁이었다. 루이는 몇 달 뒤에 세상을 떠났다. 거의 20년 동안 맹렬하고도 단호하게 십자군을 독려해온 시토의 아르놀도 루이의 뒤를 따랐다. 루이 9세가 선왕의 계획을 이어받았으나, 1229년에 라이문두스가 교황특사의 조건들을 수락함으로써 적대 관계가 막을 내리게

을 방탕하게 지내서 아침에는 미사 시간에 서 있을 힘도 없었다고 한다. Lea, I. 177.

72) 인노켄티우스와 전쟁의 관계를 요약한 단락에서, Hurter(II. 709-711)는 비록 전쟁이 인도애와 정의의 원칙과 무관하게 진행된 면도 있고, 종교 전쟁으로 시작하여 본격적인 전쟁으로 비화했을지라도, 인노켄티우스는 오직 이단의 땅을 정결케 하는 것이었으므로 그에게는 죄가 없었다고 말한다.

되었다.

라이문두스는 자신이 물려받은 영토의 2/3를 프랑스에 내놓았다. 나머지 1/3은 그가 죽으면 루이 9세와 정혼한 그의 딸에게 돌아가게 되어 있었고, 그 결혼에서 상속자가 생기지 않을 경우에는 프랑스 국왕에게 자동 승계되게끔 되어 있었는데, 실제로 툴루즈 가문의 마지막 상속자 진(Jeanne)이 죽었을 때 그대로 되었다. 이로써 프랑스 영토는 피레네 산맥까지 확대되었다.

라이문두스가 자신의 영토에서 이단을 깨끗이 제거하겠다고 약속한 대로, 알비파 이단의 잔당을 제거하기 위한 조치들이 취해졌다. 1229년에 툴루즈 대 공의회가 종교재판소 제도를 도입하면서 종교재판소가 본격 가동되었다. 툴루즈 대학교가 교황의 설립 인가를 받았는데, 이 대학교의 주된 목적의 하나는 "그 지역들의 가톨릭 신앙을 융성한 상태로 끌어올리는 것"이었다. 1244년에 알비파의 마지막 피난처였던 몽세귀 요새가 함락되었다. 그곳에서 2백 명의 완전한 자들이 화형을 당했다.

교황청 정책은 철저한 성공과 아울러 피폐한 결과를 거두었으며, 13세기 이후에는 프랑스 남부의 이단이 거의 지하로 숨어버렸다. 랑그도크는 개전 초기만 해도 유럽에서 가장 번성하고 문화가 발달한 도시의 하나였다. 하지만 전쟁이 끝날 무렵에는 주변 촌락들과 포도원들이 황무지로 변해 있었고, 노동력은 뿔뿔이 흩어졌으며, 인구가 크게 감소해 있었다. 유럽을 지적 문화의 르네상스로 선도할 위치에 있던 도시가 이웃 도시들과의 경쟁에서 한참 뒤처지고 말았다. 훗날 교황청이 계획하고 추진한 그 만행들을 비판적 시각에서 되돌아보게 된 개신교 세대들은 종교적 분리파에 부응하고, 알비파·발도파·피에르 드 브뤼와 그의 추종자들의 따뜻한 피를 물려받은 그 유서 깊은 지역에서 복음의 능력에 힘입어 또 다른 운동이 일어나지 않을는지 주목해왔다.

슈테딩거파(the Stedinger). 알비파 정벌이 감행되고 있는 동안 브레멘과 올덴부르크 근방에 살고 있던 슈테딩거파라는 또 다른 집단도 교황의 십자군에게 공격을 당하고 있었다. 그들은 교리적 반대보다는 민족 독립을 더욱 표방했으며, 그런 동기에서 브레멘 대주교에게 십일조를 내지 않으려고 했다. 어떤 남편이 자기 아내를 모욕한 사제를 죽이자, 대주교 하르트비크 2세(Hartwig II)가 나서서 거듭 형벌을 부과했으나 그들은 요지부동이었다. 하지만 그의 후임자 게르하르트(Gerhard, 1219-1258) 때에는 완강하던 그 농민들이 굴복했다. 1230년의 브레멘 교회회의는 그들을 이단으로 규정했고, 교황 그레고리우스 9세는 그 결정을 받아들이면서 독일의 여러 주교들에게 십자군 전쟁을 모집하고 단행하라고 당부했다. 십자군에 입대하는 병사들에게는 교회를 위해 팔레스타인을 원정했던 병사들에게 부여했던 것과 동일한 면죄부가 제시되었다. 1233년에 감행된 첫 십자군 원정은 실패로 끝났으나, 두 번째 원정은 슈테딩거파가 살던 유럽 동부를 전쟁의 공포로 몰아넣었다. 1234년에 여러 제후들이 이끈 또 다른 병력이 알테네쉬에서 이 용감한 농민들에게 처절한 패배를 안겨주었다. 그들의 토지는 브레멘 대주교와 올덴부르크 백작에게 분할되었다.

86. 종교재판소. 그 기원과 목적

이단을 탄압하고 뿌리뽑기 위한 조치는 종교재판소(the Inquisition)로 알려진 체계적인 조직이 수립되면서 절정에 달했다. 종교재판소의 역사는 유럽 문명사에서 아마도 가장 불쾌했을 장면을 보여준다. 교회의 대표자들이 현세에서 인간의 운명을 좌우할 심판자로 앉아 종교의 이름으로 힘없는 무수한 희생자들과 이단들과 마녀 혐의자들에게 고문을 가하고, 그들에게 종신형이나 화형이 포함된 판결을 선고하는 모습을 드러낸다. 이단의 목숨을 좌우한 그 무자비함과 냉혹함에 대해서 그나마 변명할 수 있는 근거는, 중세의 세속 법원들이 일반 범죄자들에 대해서 형차(刑車)로 사지를 찢고, 끓는 기름 가마에 넣고, 말들에 사지를 묶어 찢고, 산 채로 가죽을 벗기는 형벌을 가했다는 사실과, 가령 정복자 윌리엄이 프랑스 알랑송에서 반란에 가담한 서른두 명의 시민들을 붙잡아 손목과 발목을 끊은 뒤 성벽 아래로 내던진 것 같이, 제후들이 자신들의 뜻에 거역하는 백성들을 무자비하게 다루었다는 사실이다. 아무리 그럴지라도 교회의 권위자들이 그리스도의 자비를 생각하여 그분을 대표해야 마땅한데도 오히려 무자비하고 잔혹한 짓을 서슴지 않았다는 것은 매우 충격적이다. 이 점에서는 오히려 분리파들이 그들보다 훨씬 더 기독교적 자태를 보여주었다고 할 수 있다.

교회가 파문령을 선포하고 종신형을 언도했을지언정 사형은 언도하지 않았으므로 정상 참작의 여지가 있지 않느냐는 주장도 제기되어왔다. 교회가 피를 미워한다(ecclesia non sitit sanguinem)는 오래된 격언도 만대의 교회에 통하는 진실로 인용되었다. 하지만 이러한 주장은 순전히 이론에 근거한 것이다. 교회는 법정에서 이단들을 세속 권력자들에게 넘기되, 자신이 언도한 파문을 근거로 사형 판결이 내려질 것을 뻔히 알면서 넘긴 것이다. 오히려 교회는 교황들과 교회 회의의 법령들을 통해서 제후들과 자치 도시들에게 이단을 처벌하지 않는다는 이유로 불쾌감 표시와 영적 처벌로써 온갖 협박을 마다하지 않았다. 제4차 라테란 공의회는 사제들이 사형을 언도하고 사형 집행에 배석하는 행위를 금했으나, 바로 그 장소에서 교황의 집요한 요구에 의해 프랑스 남부를 알비파의 피로 적실 십자군 원정안을 통과시켰다. 13세기의 어느 저자가 남긴 다음 발언은 사실인 면도 있고 외양만 그럴듯한 면도 있다. "우리의 교황은 아무도 죽이거나 사형 언도를 내리지 않고, 다만 교황이 사형을 용인하는 자들에게 법이 사형을 언도할 뿐이며, 따라서 사형당할 만한 짓을 행한 사람들은 스스로를 죽이는 것이다."[73]

종교재판소 재판의 정식 명칭은 이단적 부패에 대한 심문이었다.[74] 중세 종교재판소 역사는 크게 세 시기로 이루어졌다. 제1기는 1480년까지 이어진 교리적 이단 탄압기였고, 제2기는 14-15세기에 진행된 마녀 박해기였으며, 제3기는 1480년에 조직된 스페인 종교재판소의 활동기였다.[75] 종교재판소와 그 처벌 규정을 가장 열렬히 옹호한 사람들은 당대를 대표하는 지식인들이었던 교황 인노켄티우스 3세·프리드리히 2세·루이 9세·보나벤투라·토마스 아퀴나스였다. 이들과 비슷한 예는 다른 면에서는 훌륭한 황제들로 평가를 받으면서도 초기 교회에 피비린내 나는 박해를 가한 황제들에게서 찾아볼 수 있다. 선량한 왕이었던 성 루이는 어떤 평신도가 신앙을 거슬러 말하는 것을 들었다고 전하자, 그런 자는 칼을 빼서 칼자루까지 박히도록 찔러 죽여야 한다고 단언했다.

종교재판소는 철저히 친교황적 제도로서, 인노켄티우스 3세로부터 시작하여 보니파키우스 8세로 계속된 13세기 교황들에 의해서 철저히 주관되었다. 악역을 맡으면서도 우리의 존경을 이끌어내는 종교재판관 베르나르 귀는 이단 처리법이라는 유명한 지침서에서 "종교재판소 업무는 그 근원으로부터 권위를 부여

73) Martene, *Thes.*, V. 1741.
74) Inquis. haereticae pravitatis. '이단들의 종교재판소'라는 표현을 처음 사용한 것은 필자가 아는 한에는 1229년의 툴루즈 교회회의였다.
75) 이것은 Lea, *Span. Inq.*, I. 161에 제시된 연도이다. 식스투스 4세는 1478년 11월 1일에 스페인 종교재판소를 승인했다.

받는다. 이 기관은 사도 교구에 의해서 유래되었고 명령되었고 제정되었기 때문이다"라고 주장한다. 이것이 그 시대의 정서였다.

국가가 법 집행을 가혹하고 잔인하게 수행한 예는 진작부터 충분히 있었다. 콘스탄티누스는 아리우스파를 추방하고 그들의 저서들을 소각했다. 대 테오도시우스는 이단 죄를 사형으로 다스린다고 규정했다. 385년에는 프리스킬리아누스파가 이단 죄로 처형되었다. 후대의 교회는 아우구스티누스의 큰 권위에 호소했는데, 그가 "사람을 강권하여 데려다가 내 집을 채우라"는 비유의 구절에 가한 치명적인 해석이 교부 자신의 의도를 훨씬 벗어나는 행위를 정당화하는 근거로 이용되었다.[76] 12세기 후반부터 공의회들이 사형을 지지했고, 교황들이 사형을 주장했으며, 토마스 아퀴나스는 세련되게 사형을 변호했다. 이들의 이론과 정의(定義)대로 하자면, 이단은 교회가 절대로 관용해서는 안 될 죄악이었다. 그것은 사탄이 교회에 가하는 치명적인 타격이었다.

인노켄티우스 3세는 반역죄를 사형과 재산 몰수로 벌하는 현실에서, 하나님과 그분의 아들을 훼방하는 자들에게 이런 벌을 더욱 강하게 내리는 것은 참으로 정당한 일이라고 썼다. 하나님을 거스르는 죄악은 세속 권력에 반기를 드는 죄악보다 더 중대한 범죄라는 것이 그의 생각이었다.[77]

토마스 아퀴나스 같은 유력한 신학자들이 이단 문제를 다룰 때 의존한 조용한 논의가, 종교재판소가 충분한 권한을 부여받은 뒤 적어도 25년 동안 진행되었다. 아우구스티누스의 사상과 "사람을 강권하여 데려다가 내 집을 채우라"는 구절에 대한 그의 해석을 판단의 토대로 삼은 아퀴나스는 명쾌한 용어로 이단은 파문에 의해 교회에서 끊어져야 마땅할 뿐 아니라 법 집행에 의한 죽음으로 세상에서도 끊어져야 마땅하다고 주장했다. 지리학에서 범하는 오류는 도덕적 범죄에 해당하지 않지만, 신앙 문제들에서 범하는 오류는 그러한 범죄에 해당한다고 했다. 위조 화폐범들도 사형에 처하는데, 신앙을 부패시키는 더욱 악한 짓을 한 자들을 사형으로 다스리는 것은 훨씬 더 정당한 일이다. 교회가 나서도 교정

---

76) *Cogite intrare, Ep.*, 93, *ad Vincent, contra Gaudent.*, I. 1. 반면에 아우구스티누스는 그들이 당연히 받아야 할 고통을 그들에게 가하는 행위에 대해서 반대 견해를 표시했다. *Ep.*, 100, *ad Donat*, etc.; Migne, 33. 360.

77) *Ep.*, II. 1.

되지 않는 이단은 세속 법정에 넘겨 세상에서 끊어지도록 해야 한다. 그 원리는, 세례받은 자들은 교회의 직접 관할하에 있으므로 교회는 그들을 자신이 적합하다고 판단하는 대로 처분할 수 있다는 것이었다. 교회와 교황의 사법권이 아우구스티누스 트리움푸스(Augustinus Triumphus, 1328 죽음)와 그 밖의 교황청 저자들에 의해서 이교도들에게까지 확대된 것은 14세기에 가서야 비로소 된 일이다. 1312년의 프랑스 비엔 공의회는 세속 군주들이 자신들의 영토에 사는 이슬람교 신자들에게 그들의 신앙 의식을 거행하는 것을 허용해서는 안 된다고 결정했다.

종교재판소를 교회의 제도로 확정하고 그 권한을 구체적으로 명기한 법령은 1163년의 투르 교회회의와 1179년의 에큐메니컬 공의회와 더불어 시작했다. 1184년의 베로나 공의회는 이 면에서 큰 걸음을 내디뎠다. 1215년의 제4차 라테란 공의회와 1229년의 툴루즈 공의회는 공식적으로 종교재판소를 설치하고 조직을 완료했다. 그레고리우스 9세와 인노켄티우스 4세, 알렉산더 4세는 종교재판소 법을 단행하고 법의 내용을 추가했다. 처음부터 끝까지 교황들이 종교재판소의 가장 중요한 후원자들이었다.

1163년의 투르 교회회의는 주교들과 성직자들에게 가톨릭 교도들이 알비파 신도들과 섞여 지내는 것과, 그들과 상거래를 하고 그들에게 은신처를 제공하는 행위를 금지하도록 지시했다. 제후들에게는 그들을 투옥하고 재산을 몰수하라고 당부했다. 1179년의 제3차 라테란 공의회는 처벌의 범위를 이단들과 그들의 친구들을 은닉해 주는 행위로 확대했다. 이 공의회는 제후들이 이단들을 노예로 삼도록 허용했고, 그들을 무력으로 제재할 경우 2년간 고해성사를 면제해 주었다. 1184년의 베로나 공의회에서 교황 루키우스 3세와 황제 프리드리히 바르바로사는 그 신성한 사업에 공동의 보조를 맞추기로 하고, 주교좌성당에서 자신들의 공동 입장을 발표했다. 프리드리히는 제국의 이단 규제법을 낭독하도록 시킨 다음 그 법을 단행하겠다는 증표로 손에서 장갑을 벗어 바닥으로 내던졌다. 그러자 루키우스가 나서서 공의회 법령을 공포했는데, 그 내용은 주교들에게 적어도 일년에 한 번은 의무적으로 교구의 모든 지역을 순방하도록 한 것과, 모든 혐의자들을 조사한 뒤 범죄 사실이 드러나면 세속 당국자들에게 넘기도록 한 것이었다. 제후들에게는 교회의 이단 박멸 사업을 지원하겠다는 맹세를 하도록 했고, 맹세를 어길 경우 직위를 박탈하겠다고 경고했다. 범죄자들을 처벌하기를 거부하는 도시들에 대해서는 다른 도시들로 하여금 관계를 단절하도록 했고, 만약 그 도시가 주교좌 도시일 경우에는 그 명예를 박탈하도록 했다.

교황들 가운데 이단을 가장 열렬히 박해한 인노켄티우스 3세는 권좌에 오르자마자 이단과의 전쟁을 선포했다. 거듭해서 발행한 서신들을 통해서 이단을 비판하고, 이단 박멸을 위해 군사력을 사용하도록 명령했다. 제4차 라테란 공의회는 인노켄티우스의 견해를 공식적이고도 최종적으로 대변했다. 이 공의회의 법령 제3조는 모든 이단들에게 저주를 선언하는 것으로 시작한다. 이 법령은 다시 한 번 제후들에게 신앙을 보호하겠다고 맹세하도록 명령하고, 맹세를 어길 경우 그들의 영토를 박탈당할 것이라고 경고했다. 이단 박멸에 참여하는 모든 사람들에게는(ad haereticorum exterminium) 팔레스타인을 원정한 십자군 병사들에게 부여했던 것과 같은 수준의 면죄부를 약속했다. 이단의 모든 신도들과 그들을 환대하는 자들, 보호해 주는 자들, 친구들은 파문에 처하고 유산 상속권을 박탈하도록 규정했다.[78] 주교들에게는 일년에 한두 번 직접 혹은 대표단을 시켜서 교구를 두루 순방하면서 이단을 색출하도록 지시했고, 지시를 어기는 자는 직위를 박탈한다고 규정했다.

인노켄티우스 이후 한 세기가 넘도록 이단 색출과 처벌 법규를 시행하는 문제가 교황청이 발생한 대칙서들과 특히 프랑스 남부와 스페인에서 열린 교회회의들이 결정한 법령들의 주제였다. 인노켄티우스 4세와 알렉산더 4세 두 교황만 해도 그런 내용의 대칙서를 백 통 이상 발행했다.[79]

주교가 종교재판소를 감독하도록 한 법규는 1229년의 툴루즈 교회회의에서 완성되었다. 법규에 따라 주교들에게 사제 1인과 평신도들을 선임하여 가옥들과 방들을 뒤져 이단을 색출해야 했다. 주교들은 자신의 교구 밖에서도, 그리고 제후들도 자신의 영토 밖에서도 그 일을 수행할 수 있는 권한을 부여받았다. 그러나 이단 혐의자를 주교 법정에서 재판하기 전까지는 처벌하지 못하도록 했다. 제후들에게는 이단의 가옥과 은신처를 파괴하되 그런 것이 지하에 있더라도 파

---

78) 프리드리히 2세는 1220년의 헌법에서 이 용어들을 사용하며, 이 용어들은 공인된 법적 진술 형태가 되었다.

79) Flade(p. 1)에 따르면 1255~1258년에 알렉산더 4세는 이단들을 규제하기 위한 대칙서를 무려 38회가 넘게 발행했다고 한다.

괴하라고 지시했다. 자신의 영토에 이단이 거주하고 있는데도 사전에 인지하지 못한 제후는 처벌을 받도록 했다. 열네살 이상의 남자와 열두살 이상의 여자는 이단을 반드시 신고하겠다는 맹세를 해야 했다. 그리고 이단 죄로 고소당하기를 원치 않는 사람은 적어도 일년에 한 번은 자진해서 고해소를 들러야 했다. 이단의 감염을 막기 위한 조치로서 일곱 살 이상의 소년들은 주일마다 교회에 나가야 했고, 축일들에는 사도신경(credo)과 주기도문(pater noster), 아베 마리아를 배워야 했다.

세속 정부가 제정한 이단 금지법은 교회의 법률과 철저히 일치했다. 1197년에 아라곤의 페드로는 자신의 영토에서 이단들을 추방했고, 이단 죄가 화형에 해당한다고 경고했다. 1226년에 아라곤의 돈 자임(Don Jayme) 1세는 모든 이단들에 대해서 자기 왕국의 입국을 금지했다. 그가 1234년에 자국어 성경인 로망어 성경(Romancia)를 법으로 금지한 최초의 제후이다. 좀 더 합리적인 조치들을 기대함직한 다른 법령들도 지나치게 엄격한 법규들로 일관하기란 마찬가지였다. 프리드리히 2세는 1220년에 즉위할 때 이단들을 사악한 배반자들이라고 말하고는 그들을 제국에서 추방했다. (이 법은 1232년에 라벤나에서, 그리고 1238년과 1239년에 다시 공포되었다.) 이단의 재산은 몰수하도록 했는데, 그 근거로 제시된 이유는 세속 군주의 권위를 침해하는 것보다 영적 영역을 침해하는 것이 훨씬 더 중대한 범죄라는 것이었다. 4년 뒤인 1224년에 황제는 이단들에게 화형을 언도하거나, 판사의 재량에 따라 그들의 혀를 뽑도록 했다.[80] 1231년의 시칠리아 헌법은 교회가 이단으로 판결한 자들을 군중이 보는 앞에서 산 채로 불태우도록 규정했다.[81]

제후들과 이탈리아 도시들은 프리드리히의 선례를 따랐다. 1231년에 로마에서는 그레고리우스 9세의 요청으로 원로원이 종교재판소가 지목한 이단들을 체

---

80) Flade(p. 9)는 프리드리히의 법에서 이단에게 화형을 언도한 최초의 사례가 1238년이었다고 말하는데 이것은 잘못이다.

81) 프리드리히가 이때 사용한 용어들은 사전에 크게 의존한 것이다. 그는 이단들을 사나운 이리떼, 지극히 사악한 천사들, 타락의 자녀들, 비둘기들을 미혹하는 뱀들, 독을 뿜는 독사들이라고 부른다. 그레고로비우스(V. 162)는 프리드리히가 교황과 평화 조약을 체결할 때마다 이단을 규제하는 법령을 공포했다고 말한다. "그의 이단 규제법은 그것만 없었다면 계몽된 법이었을 나머지 법들과 현저한 대조를 이룬다."

포하고, 교회 법원이 판결을 내린 지 8일 내에 사형을 집행하겠다고 서약했다. 베네치아에서는 1249년부터 총독이 자신이 서약서에 이단들을 화형에 처하겠다는 내용을 포함시켰다. 프랑스에서는 종교재판소 법이 루이 9세의 1228년 법령으로 완전한 승인을 받았다. 독일의 위대한 두 법전인 작센슈피겔 법(Sachsenspiegel)과 슈바벤슈피겔 법(Schwabenspiegel)은 이단들을 화형에 처한다고 규정했다.[82] 이단을 화형시키지 않는 군주는 이단으로 취급하도록 규정했다. 잉글랜드에서는 이단 화형 법(de comburendo haeretico)이 한 세기 뒤인 1401년에야 비로소 통과되었다.

교회가 프리드리히의 엄격한 법안을 삭감 없이 받아들였다는 사실은 교황 호노리우스 3세의 행동이 잘 말해준다. 그는 황제의 1220년 칙령을 볼로냐로 보내면서, 그것을 교회법의 일부로 가르치도록 지시했던 것이다. 프리드리히가 그 뒤에 제정한 법들에 대해서도 교황들과 주교들은 높이 평가하면서, 자치 도시들의 법률에 포함시키도록 지시했다.[83]

그레고리우스 9세는 종교재판소의 설립 목적을 좀 더 효과적으로 수행하려는 의도로 이단 재판 및 처벌 권한을 주교들에게서 수도회들에게로 이양했다. 일찍이 1227년에 이 교황은 피렌체의 도미니쿠스회 수사를 선임하여 이단 혐의를 받던 주교 필립 파테르논을 심문하도록 했다. 1232년에는 독일과 아라곤에서 도미니쿠스회 수사들이 처음으로 종교재판관들로 임명되었다.[84] 1233년에는 그레고리우스가 종교재판관들을 주교들에서 도미니쿠스회 수사들로 대체하는 결정적인 조치를 단행했는데, 주교들에게서 과중한 업무를 덜어주고 싶었다는 것이 그가 제시한 이유였다.[85] 종교재판관들은 이로써 영혼들을 보살피는 목자들과 관

---

82) 작센슈피겔 법에 관해서는 Mirbt, 139를 참조하라. 슈바벤슈피겔 법은 다음과 같이 되어 있다. "이단 혐의가 있는 자들은 영적 법정에 고소된다. 거기서 유죄 판결을 받으면 세속 법정에 인도되고, 세속 법정은 그들을 합당한 형, 즉 화형에 처한다."

83) 예를 들어 밀라노 대주교는 1287년의 지역 교회회의에서 그 법을 보강했다. 1233년의 마인츠 교회회의는 주교들에게 황제의 칙령과 교황의 교서를 면밀히 준수하도록 지시했다. Hefele, V. 1027.

84) 프리드리히 2세는 독일의 도미니쿠스회 종교재판관들을 임명하는 데 합세했다.

85) 도미니쿠스회의 관점에서 도미니쿠스가 종교재판소 설립자라는 그릇된 견해가 생겼다. 따라서 Limborch(I. ch. X)은 도미니쿠스를 가리켜 "잔인하고 피를 많이 흘린

계없는 독특한 집단을 이루게 되었다. 탁발수사들이 이단 혐의가 있는 사제들에게서 성직록을 박탈하고, 세속 권력의 지원을 받아 이단을 진압할 수 있는 권한을 부여받았다. 그들이 내린 판결에 대해서는 교황청에 항소하는 것 외에는 재심을 청구할 길이 없었다. 후대에 가서 프란체스코회가 도미니쿠스회와 합류하여 이탈리아의 일부 지역들과 프랑스, 그리고 후에는 사르디니아와 시리아, 팔레스타인에서 종교재판소 업무에 참여했다. 고유 권한을 침해당한 주교들의 입장에서 당연히 비판이 제기되었으며, 1254년에 교황 인노켄티우스 4세가 그들의 비판을 어느 정도 수용하여, 사형의 경우에는 사전에 주교들에게 자문을 구하도록 했다. 비엔 공의회는 이단을 수감하는 감옥에 간수 2인을 배치하도록 규정하면서, 한 사람은 종교재판관이, 다른 한 사람은 주교가 임명하도록 했다.

종교재판소와 관련하여 아직 취해야 할 조치가 한 가지 더 남아 있었다. 1252년의 유명한 대칙서(*ad exstirpanda*)에서 인노켄티우스 4세는 고문을 피의자에게 자백을 받아내는 정당한 방법으로 승인했다. 잔인하게 이 방법을 사용한 것이 종교재판소 역사에서 가장 흉악한 면에 해당한다.

종교재판관들은 교황의 권위와 교회회의의 법령, 그리고 국법의 뒷받침을 받았음에도 불구하고 항상 쉬운 길만 걸었던 것은 아니다. 1235년에 나르본에서 활동하고 있던 그들이 시민들에 의해 도시 밖으로 쫓겨났다. 1242년에는 아비뇽에서 그들이 살해당하는 사건이 발생했다. (1866년에 피우스 9세는 가장 많은 피를 흘린 스페인 종교재판관 아르부에스<Arbues, 1485 죽음>의 경우와 마찬가지로 그들에게도 시성의 영예로 보상했다.) 살림베네(Salimbene)에 따르면 1279년에 파르마 시가 3년간 성무중지령을 당했는데, 그 이유는 어떤 바보 같은 자들이 도미니쿠스회 수도원에 난입하여, 귀족 부인과 시종에 이단죄를 씌워 화형에 처한 데 대한 보복으로 한두 명의 탁발수사들을 살해했기 때문이었다고 한다. 베로나의 페트루스(순교자 페트루스라고도 알려짐)라는 유명한 종교재판관은 1252년에 코모에서 살해되었다. 독일에서는 종교재판소에 저항하는 사건들이

―――――――――――

사람"이라고 부른다. Lacordaire(I. 197 sqq.)는 Limborch의 전거들이 신뢰할 수 없는 것들임을 입증한다. 그러나 웅변력이 탁월했던 그 프랑스 도미니쿠스회 수사는 열정의 도가 지나쳐서 필리페 2세를 종교재판소 설립자라고 주장한다. 필리페 2세는 기존의 죄에 이 죄를 하나 더 얹지 않더라도 이미 충분한 죄를 범한 사람이었다.

자주 발생했으며, 재판관들 중 적어도 한 명 이상이 업무와 관련하여 살해되었다. 독일의 종교재판관들 가운데는 마르부르크의 콘라트가 가장 악명이 높았다.

중세 말기로 다가서면서 역사의 지면이 이단과 마술 혐의자를 사형으로 다스리도록 규정한 교황들과 교회회의들의 법령들로 얼룩졌다. 1415년의 콘스탄츠 대 공의회도 이러한 분위기를 탈피하지 못하여서, 이단들을 심지어 화형으로라도 처벌하도록(puniantur ad ignem) 규정했다. 그리고 1520년에 레오 10세가 발행한 대칙서는 이단을 화형에 처하는 것이 성령의 뜻에 위배된다는 그 종교개혁자(루터)의 진술을 이단으로 저주했다.

개신교 교회들에게 크게 부끄러운 일이지만, 종교적 불관용과 심지어 사형까지도 포함하는 박해가 종교개혁 이후에도 오랫동안 계속되었다. 제네바에서는 교회와 국가가 그 악한 이론을 실행하되 심지어 고문도 사용하고 자녀가 부모를 고소하는 것도 인정했으며, 이러한 일들을 칼빈의 승인을 받아 가지고 수행했다. 불링거(Bullinger)는 제2 스위스 신앙고백서(the second Helvetic Confession)에서 이단을 살인이나 반역과 같은 위치에 놓고 처벌해야 한다는 원리를 공포했다. 개신교가 재세례파를 다룬 방식이 종교개혁사에 큰 오점을 남겼는데, 그들을 관용한 곳은 오직 스트라스부르뿐이었다. 크랜머(Cranmer)는 에드워드 6세에게 이단 혐의가 있는 여성들을 화형에 처하도록 설득했다. 엘리자베스는 청교도들이 사형당하는 것을 묵인했다. 불관용 정신은 해외로까지 번져서, 17-18세기 아메리카 식민지들에서 기승을 부렸는데, 물론 유럽에서와 같이 예외 지역들이 없었던 것은 아니다. 보스턴에서 퀘이커 교도들을 처형한 사건과, 살렘에서 마술죄로 고소된 사람들을 처형한 사건, 그리고 버지니아와 그 밖의 식민지들의 법률들은 중세의 사악한 역사가 죽지 않고 살아남은 불행한 사례들로서, 이는 예루살렘을 바라보고 눈물을 흘리셨던 그리스도의 태도와 "원수 갚는 것이 내게 있으니 내가 갚으리라고 주께서 말씀하시니라"고 한 사도의 교훈을 망각한 소치였다.

우리가 아는 한 로마 가톨릭 교회는 중세 교황들과 공의회들의 이론과 실천을 공식적으로 철회한 적이 없으며, 오히려 피우스 9세와 레오 13세의 발언들에는 개신교 신자들과 사역자들에 대한 강한 적대감이 예전과 다름없이 고스란히 나타나 있다.

87. 종교재판소. 재판 절차와 처벌 방식

종교재판소는 그 업무가 거룩하고 훌륭하다고 간주되어서 성성(聖省, the Holy Office, sanctum officium)이라 불렸다. 주요 관리들인 종교재판관들 (Inquisitors)은 1259년에 교황 알렉산더 4세에 의해서, 1262년에 우르바누스 4세에 의해서 교황의 사법권을 제외한 주교와 대주교 혹은 교황특사 등 교회의 모든 사법권과 세속 권력의 간섭을 받지 않았다. 게다가 파문을 선포하고, 성무중지령을 내릴 권한과, 폭력 행위에 대한 면책 특권을 부여받았다.[86] 종교재판소의 절차와 처벌 방식은 오늘날 우리의 법 정서를 크게 거스른다. 아내와 자녀의 증언도 유효하게 여기거나 그것을 강요했고, 범죄자들의 증언마저 유효하게 여겼다. 재판관의 의심과 항간의 소문만으로도 고소와 체포와 심문의 충분한 근거가 되었는데, 이것은 1229년의 툴루즈 공의회가 법령 제18조로 분명히 진술하고 국가가 인정한 원칙이었다. 1231년의 시칠리아 헌법은 이단들을 철저히 색출해야 한다고 규정하면서, "조금이라도 범죄 혐의가 의심되면" 체포하여 주교에게 넘기도록 했다. 겉으로 드러난 행동이 어떻든 의도만 확인되어도 고소할 수 있었다. 종교재판관은 경찰과 검사와 판사의 직무를 동시에 수행했다.

이렇게 된 데에는 인노켄티우스 3세의 영향이 컸다. 그는 종교재판소의 운영 방식이 자신이 처음 창안한 것이 아니라 이미 국가에 널리 통용되고 있는 관행에서 이끌어낸 것이라고 말했던 것이다.[87]

---

86) *A d exstirpanda*, 1252, 알렉산더 4세가 공포한 두 대 칙서(1257, 1260), 비엔 공의회(1312).

87) Schmidt는 「종교재판소 과정의 원천」(*Herkunft d. Inquisitionsprocesses*)에서 종교재판소 소송 절차의 연원을 샤를마뉴의 법에서 찾는다. '이단 심문'(inquisitio)의 요소가 영국을 제외한 서유럽 모든 국가들의 법 절차에서 지배적인 위치를 차지하게 되었다. 그 주된 특징은 공적 명성이나 의심이 행정관들에게 혐의자를 체포하여 소송을 제기할 수 있는 권한을 부여했다. 노르만족이 이 요소를 영국에 도입하려고 시도했으나, 이 나라에는 마그나 카르타가 그와 다른 원리를 확립해 놓은 상태였기 때문에 성사되지 않았다. 하지만 노르만족은 이탈리아 남부에 종교재판소를 보급했다. 법률학자였던 인노켄티우스는 종교재판소의 소송 절차를 채택하는 것이 자신의 목적에 정확히 부합한다는 것을 발견했다.

어느 집단이 종교재판소의 소환 명령에 일년 이내에 응하지 않으면 설혹 증거가 없을지라도 그들을 이단으로 판결했다. 마찬가지로 이단으로 공고된 사람을 공고된 지 40일 이후까지도 숨겨주는 사람도 이단으로 취급되었다.[88] 종교재판소 심의는 철저히 비밀리에 진행되었고, 고소자의 이름이 누설되지 않았다. 파라모 (Paramo)는 이러한 비밀 원칙을 높이 평가하면서, 이 방식은 하나님께서 에덴 동산에서 최초의 종교재판을 진행하실 때 사탄의 간계를 물리치시기 위해서 취하신 것이었다고 주장했다. 이 방식이 아니었다면 사탄이 아담과 하와를 찾아가 내통할 수 있었다는 것이다.

이단이 참회의 뜻을 보일지라도 그 진실성에 조금이라도 의심이 가면 거주지를 옮기도록 했고, 툴루즈 교회회의에 따르면 완전한 자들의 그룹에 속한 사람일 경우에는 어떠한 경우든 반드시 거주지를 옮기도록 했다. 참회의 뜻을 보이는 이단에게 부과한 고행에는 벌금(이것은 일찍이 1237년과 1245년의 교황청 법령에 의해 허용되었다)과 순례, 좌우측 옆구리에 십자가를 차고 다니는 것 (poena confusibilis라 불림)이 있었다.

1243년의 나르본 교회회의는 참회하는 이단이 예루살렘을 순례하는 것을 금지했다. 성지가 이단으로 오염되는 것을 막아야 한다는 것이 그 이유였다. 젊은 여성들에게는 혹시 결혼하는 데 지장을 줄 것을 감안하여 옆구리에 십자가를 차고 다니는 고행을 면제해 주었다. 프랑스 종교재판소 법은 임산부가 사형 언도를 받으면 출산할 때까지 형 집행을 유예하도록 했다.

프랑스 남부의 지역 교회회의들은 주일마다 이단들과 그들을 은닉해준 자들에게 파문을 선포하되, 파문을 선포할 때는 종을 울리고 촛불을 끄도록 명령했다. 그리고 이단을 막기 위한 방법으로 저녁마다 종을 울리도록 했다.

종신형은 1229년에 그레고리우스 9세가 사형이 두려워 신앙으로 돌아오기로 결심한 모든 이들에 대해서 부과하도록 명령했다.[89] 프랑스의 감옥들은 작은 독방들로 구성되었다. 감옥을 건축하고 확장하는 비용은 주교와 종교재판관들이

---

88) 의사들이 이단 의심을 받는 사람들을 치료하는 것이 금지되었으며, 이단을 보호하지 않겠다고 의무적으로 서약해야 했다. 툴루즈 교회회의(1229), 베지에 교회회의(1246), 알비 교회회의(1254).

89) Potthast, 8445. 툴루즈 교회회의의 법령 11조는 유죄 판결을 받은 자가 재산이 없을 경우 주교가 수감에 따른 비용을 지불하도록 규정했다.

부담했다. 프랑스의 교회회의들은 종신형을 언도받은 사람들이 워낙 많아서 감옥을 짓기 위한 석재를 조달하기가 어려울 정도라고 언급했다.[90] 세속 권력자들은 이단들에 대해서 가옥들을 철거하고 재산을 몰수하고 사형을 언도했다.

몰수 재산을 분할하는 법규는 지역마다 달랐다. 베네치아 시는 교황과 오래 협상한 끝에 몰수 재산을 국고에 귀속시키기로 결정했다. 이탈리아의 나머지 지역들에서는 국가와 종교재판소, 교황청이 같은 비율로 나눠 가졌다. 종교재판소의 운영비는 몰수 재산으로 충당했다. 약탈 본능만으로도 이단 혐의자들을 감시할 만한 충분한 근거가 되었다. 일단 이단으로 고소되면 꼼짝없이 당할 수밖에 없었다. 교회회의들은 이단 색출을 장려하기 위해서 신고자들에게 일정한 보상을 제공했다.

종교재판소는 살아 있는 사람들에게 사형을 집행하는 것으로 만족하지 못하고 죽은 자들에게까지 전쟁을 선포했다. 죽은 뒤에 이단 죄가 드러난 사람들은 무덤을 파헤쳐 시신을 끄집어낸 뒤 화형에 처했다.[91] 이러한 야만적 태도는 카를 5세가 했다고 전해지는 말을 생각나게 한다. 그는 루터의 무덤 앞에 섰을 때 그의 유골을 파헤치기를 거부한 채 "나의 전쟁 상대는 죽은 자들이 아니라 산 자들이다"라고 말했다고 한다. 1184년의 베로나 공의회는 죽은 이단들의 시체를 파헤쳐 세속 당국자들에게 넘기도록 명령했다.[92]

1840년 이전에는 종교재판소에 희생된 사람들이 대부분 프랑스 남부 사람들

---

90) 나르본 교회회의(1243) 등. 두 유형의 수감이 있었는데, 하나는 죄수에게 자유를 보장하는 murus largus(커다란 벽)였고, 다른 하나는 독방에 수감하는 murus strictus(좁은 벽)였다.

91) 이 일이 종종 시행되었다. 가장 유명한 사례가 위클리프의 경우로서, 콘스탄츠 공의회의 지시에 의해 그의 유골이 파헤쳐진 뒤 불태워졌다. 또 한 가지 유명한 사례는 선량자라는 별명을 지닌 푸아의 백작 로게르의 경우이다. 그의 아내와 누이는 발도파였고, 또 다른 누이는 카타리파였다. 백작이 죽고 여러 해가 지난 뒤인 1263년에 그에 관한 소송이 시작되었다. 참조. Lea, II. 53 sqq.

92) Lea(I. 533)는 그 주제를 길게 다룬 뒤에 이렇게 말한다. "자신 있게 말할 수 있는 것은, 만약 벌금과 재산 몰수로 인한 경제적 이득이 없었다면 종교재판소의 활동이 훨씬 덜 철저했을 것이며, 초기의 광적 열기가 식자마자 곧 무의미한 일로 전락하고 말았을 것이라는 점이다." 베지에 교회회의(1233)와 알비 교회회의(1254) 등은 이단 색출의 대가로 은 마르크를 지급하도록 했다. Hefele, V. 1035; VI. 50.

이었다. 두에(Douais)는 1229-1329년에 재직한 대종교재판관 17인의 명단을 기록으로 남겼다.[93] 이단들의 망치라고 불린 베르나르 드 코(Bernard de Caux, 1244-1248 재직)는 재산 몰수형이나 종신형 혹은 그 두 가지 벌을 다 언도받은 100명의 명단을 기록으로 남겼다.[94]

베르나르 귀(Bernard Guy)가 툴루즈의 종교재판관으로 재직하는 동안(1306-1323) 42명이 화형을, 69구의 시신이 무덤에서 파헤쳐진 뒤 화형을, 307명이 투옥을, 143명이 십자가를 차고 다니는 벌을 받았다. 한 가지 사례만 소개해도 당시 종교재판소가 어떤 만행을 저질렀는지 충분히 알 수 있다. 1234년 5월 12일 하루동안 툴루즈에서 청년 6명, 장년 12명, 여성 11명이 화형을 당했다.

프랑스의 다른 지역들에서는 종교재판소의 활동이 그다지 왕성하지 않았다. 앞서 살펴본 대로 종교재판소가 탄압한 대상에는 성전 기사단도 포함되었다. 1253년에는 도미니쿠스회 파리 관구장이 대종교재판관이 되었다. 프랑스의 강경파 종교재판관들 가운데는 파타리니파에 가담했던 전력 때문에 Le Bougre(평민, 놈, 자식)로 알려진 도미니쿠스회 수사 로베르 르 페티(Robert le Petit)가 있었다. 1233년에 그레고리우스 9세는 그를 대종교재판관으로 임명하면서, 하나님께서 "그에게 모든 사냥꾼이 그의 뿔을 두려워하는 특별한 은총을 내리셨다"고 선언했다.[95] 프랑스 왕은 그에게 각별한 지원과 왕실 친위대 병력을 보내 그를 호위하도록 했다. 그는 부르고뉴와 인근 지역에서 무수히 많은 희생자들을 냈다. 한번은 두세 달 동안 50명의 남녀를 불태워 죽였다.[96] 캉브레에서는 스무 명을, 두에에서는 열 명을 태워 죽였다. 그의 마지막 행위는 1239년에 에메 산에서 스물일곱 명을 태워 죽인 것이다. 다른 기록에 따르면 그 자리에서 180명이 불에 타 죽었다고 하는데, 연대기 저자는 그 사건이 "대단히 위대하고 하나님께 기쁨을 드린 대학살"이었다고 기록한다.[97] 1239년에 그는 여러 가지 비위 사실로 인

---

93) *Documents*, etc., I. CXXIX–CCVI.

94) Douais, II. 1–89. Molinier는 Lea(II. 45)가 인용한 바에 따르면 2년간 이 종교재판소에서 심문을 받은 사람의 수가 8천 내지 1만 명쯤 된다고 추산한다.

95) 1235년 8월 22일 대칙서, Portland, 9994.

96) M. Paris에 따르면 그는 사람들을 생매장하여 죽이기도 했다고 한다.

97) Haskins(p. 635)는 그 수를 좀 더 늘려 잡는다. 알베리쿠스는 이렇게 말했다. "이야기에 따르면 개들이 사방에서 몰려와 그들을 찢어 죽였다고 한다. 그렇게 되리

하여 그 자신이 종신형에 처해졌다.

스페인의 아라곤 왕국에서는 이단의 수가 그다지 많지 않았던 것으로 보인다. 1232년에 타라고나의 대주교는 그레고리우스 9세에게 도미니쿠스회 수사들과 연계된 이단들을 색출하라고 명령을 받았다. 종교재판관들 중에서 가장 유명한 인물의 하나로 손꼽히는 스페인 도미니쿠스회의 에이메리쿠스(Eymericus)는 1357년에 대종교재판관으로 임명되었다가 1360년에 면직을 당했고, 1366년에 다시 임명되었다. 그는 유배지에서 숨을 거두었다. 1376년에 집필한 그의 「종교재판소 지침서」(Directorium inquisitorum)는 이단을 취급하는 방법을 다룬 유명한 논문이다. 그는 이단들에게 굴복과 화형 중에서 택일하도록 정당한 제시를 했다. 스페인 종교재판소 역사의 초기에는 희생자 수가 미미했으나, 1480년에 페르난도 치하에 시작된 몇 차례에 걸친 대학살로 인해 그 수가 차고 넘치게 되었다.

이탈리아 북부와 중부에서는 종교재판소가 충분히 발달했는데, 1224년에 교황이 임명한 초대 재판관들이 브레시아와 모데나의 주교들이었다. 이탈리아 남부의 경우는 이단 재판 건수가 거의 없었을 뿐 아니라 산발적이었다. 로마에서는 1231년에 산타 마리아 마조레 성당 앞에서 최초로 화형 장작에 불이 붙었다. 그 해부터 그레고리우스 9세의 요구로 로마 원로원 의원은 교회 법원이 형을 언도한 지 8일 이내에 이단을 처형하겠다고 서약했다. 이단이 숨었던 가옥들은 철거하도록 규정되었다. 이단들을 단죄하는 선고문은 카피톨리누스 언덕의 계단에서 원로원 의원이 배석한 가운데 낭독되었다.[98] 훗날 산 조반니 데콜라토(San Giovanni Decollato, 참수된 요한)의 수도회라는 특별한 집단이 로마에서 조직되었으며, 그 회원들은 단죄받은 자가 형장으로 압송되는 동안 내내 그 뒤를 따라갔다.

독일에서는 마녀에 대한 탄압이 시작되기 전까지는 종교재판소가 본격적인 활동을 벌이지 않았다. 1248년에 도미니쿠스회 수사들이 종교재판관들로 정식으로 임명되었다. 이름이 알려진, 교황이 임명한 종교재판관들 가운데 10명이

라고 미리 알린 예언대로 개들보다 못했던 버거파는 하루에 멸절되어 거룩한 교회에 승리를 안겨주었다."

98) 그레고로비우스, V. 156-161.

프란체스코회 소속이었고, 2명이 아우구스티누스회 소속, 1명이 켈레스티누스회 소속, 나머지가 도미니쿠스회 소속이었다. 프리드리히 2세의 법률이 1292년에 황제 루돌프에 의해, 그리고 이후에 다른 황제들에 의해 재발효되거나 더 구체화되었으며, 교회의 법률은 여러 지역 교회회의들에 의해서 구체화되었다.[99] 트레브(트리어)·마인츠·쾰른의 주교들이 베가르회와 베긴회의 박해에 가끔 개입했으며, 교황이 임명한 종교재판관들에 대항하여 1259년과 1320년에 교황의 대칙서들로 인정된 자신들의 권리들을 주장했다. 마르부르크의 콘라트가 살해된 뒤에 그레고리우스 9세는 주교들에게 이단 색출에 열성을 다하라고 촉구했으나 성과를 거두지 못했다. 사실상 독일인들은 종교재판소에 대해서 거듭 반감을 표시하고 종교재판관들을 살해했다.

독일의 이단 중심지들은 스트라스부르(일찍이 1212년부터)와 쾰른, 그리고 에르푸르트였다. 독일에서 이단의 죄목으로 희생된 사람들의 수도 매우 많아서, 화형을 당했다고 전해지는 사람들의 수를 적어도 5백 명으로 추산할 수 있을 정도이다.[100] 화형 외에도 추방과 교수형, 익사시키는 형벌도 사용되었다. 1368년에는 종교재판관 발터 켈링거(Walter Kerlinger)가 에르푸르트에서만 2백 세대를 추방했다. 이단들을 수감한 감옥들은 오물과 해충과 뱀이 득실거리는 혐오스러운 장소였다.

토르케마다(Torquemada)가 스페인 종교재판소에서 비인간성의 총화로 우뚝 서 있듯이, 독일에서는 마르부르크의 콘라트가 그 위치에 서 있다.

그레고리우스 9세가 주님의 경비견이라고 부른 이 도미니쿠스회 수사는 튀링겐의 바르트부르크 성에 자리잡은 루이스 4세의 궁전에서 처음 두각을 나타냈다. (이 성은 중세 독일 서정시인들의 경연장이었고, 훗날 루터가 1521년에 보름스 제국의회가 끝난 뒤 감금됨으로써 유명하게 된 곳이다.) 콘라트는 루이스의 아내인 젊고 경건한 엘리자베트의 고해신부가 되었다. 헝가리 왕 안드레아스 2

---

99) 하인리히 7세(1312)와 샤를 4세(1369, 1371, 1373). 샤를의 법에 따르면 이단들에게서 몰수한 재산을 세 부분으로 나누어 각각 구제와 종교재판관들의 사례금, 그리고 도로와 건물 보수를 위한 기금으로 지불하도록 규정되었다.

100) Flade, p. 116. 이 저자의 글은 독일 종교재판소에 대한 공포감 없이는 읽기가 어렵다. 그는 독일 종교재판소가 프랑스 남부의 종교재판소보다 훨씬 더 많은 피를 흐르게 했다고 주장한다.

세의 딸이었던 이 여성은 열네 살이던 1221년에 튀링겐의 영주와 결혼했다. 그가 1227년에 성지를 다녀오다가 브린디시에서 죽자, 엘리자베트는 더욱 콘라트의 권력에 예속되었다. 기독교 역사에서 이 경우처럼 영적 후견인이 온순한 여성을 방자하고 무자비하게 대한 사례는 다시 찾아볼 수 없을 것이다. 엘리자베트는 바르트부르트에서 자선과 선행에 힘입어 주민들에게 존경과 흠모를 받았으나, 그곳에서 마르부르크로 거처를 옮겼다. 그곳에서 콘라트는 그녀를 날마다 견책하고 허드렛일을 시켰으며, 시종들도 하나둘씩 빼앗았으며, 세 자녀마저 떨어져 지내게 했다. 한번은 엘리자베트가 올덴부르크의 수녀원을 방문했다가 무심코 그 수녀원의 엄격한 규율을 범하자, 콘라트는 그녀와 시종을 땅에 엎드리게 한 뒤 탁발수사 게하르트를 시켜 채찍질을 하게 했으며, 그동안 자신은 그들을 바라보면서 "주여, 우리를 불쌍히 여기소서"라는 찬송을 불렀다. 중세 독일의 가장 고상한 이 여성은 1231년에 징계를 받다가 숨을 거두었다. 4년 뒤에 이 여성은 시성되었으며, 그때 세워진 성 엘리자베트 교회가 마르부르크에 여전히 남아서 그녀를 기념하고 있다.

엘리자베트가 죽은 해에 그레고리우스 9세는 콘라트를 대종교재판관으로 임명하고, 그에게 직접 신하들을 선임하고 세속 권력에게 지원을 요청할 권한을 부여했다. 그는 이른바 루시퍼파와 그 밖의 이단들을 마음껏 화형에 처했다. 콘라트의 습관은 혐의자들을 형이 확정된 당일에 화형시키는 것이었다.[101] 그가 가는 곳마다 공포 정치가 시행되었다. 그러다가 마침내 그는 1233년에 마인츠의 제국의회에 참석한 뒤 마르부르크로 돌아가던 길에 살해되었다. 그가 죽은 뒤 그레고리우스는 그를 완전한 덕을 갖춘 인물이자 기독교 신앙의 포고자로 선포했다. 콘라트는 엘리자베트 곁에 묻혔으나, 독일의 종교재판소는 그의 무자비한 활동으로 받은 타격으로부터 오랫동안 정상을 회복하지 못했다. 그리고 보름스 연대기가 진술하듯이 그로써 "독일은 그 인간의 가증스럽고 전례 없는 법정에서 해방되었다."[102]

저지대에서는 앤트워프와 브뤼셀 등의 도시들이 이단의 활발한 거점들로서

---

101) 최근의 로마 가톨릭 저자들은 콘라트의 희생자들이 무수히 많았다는 인상을 제거하기 위해서 노력해왔다.

102) Wagenmann, *Herzog*, 2d, VIII. 192에서 인용.

종교재판관의 좋은 활동 무대가 되었다. 이단으로 고소되어 화형이나 그 밖의 방법으로 처형된 사람들의 목록에는 발도파와 베긴회, 사도파, 롤라드파 등의 분파들이 포함되었다. 그들이 당한 고초가 프레데리크(Fredericq)의 저서들에 훌륭하게 소개되어 있다. 홀란드는 필리페 2세의 재위 기간과 16세기의 알바 공작 때 대규모 유혈 사태를 겪었다.

잉글랜드에서는 종교재판소의 방법들이 한 번도 제대로 사용된 적이 없었다. 교황의 대리인들이 성전 기사단을 색출하기 위해 잉글랜드에 상륙했을 때, 왕 에드워드는 고문이 그 나라의 관습법에 위배되므로 사용하지 말도록 지시했다. 단 한 사람의 잉글랜드인을 개종시키는 데 그쳤다고 전해지는 푸블리카니파가 채찍질 형을 당했다는 이야기는 앞서 언급한 바 있다. 1222년에는 유대교로 개종한 부제가 교수형을 당했다. 1401년에 의회가 이단을 화형할 수 있도록 통과시킨 법안은 위클리프의 추종자들과 롤라드파를 겨냥한 것이었다. 잉글랜드에서 이단 색출과 화형이 본격적으로 자행된 것은 헨리 8세 때부터 비로소 시작된 일이다.

제 11 장

대학교와 주교좌성당

88. 학교들

　교육과 참 신앙의 증진은 서로 뗄 수 없는 관계를 맺고 있다. 이 시기의 학문 역사에서 가장 두드러지는 사건은 11세기 후반에 서유럽이 학문에 크게 눈을 뜨기 시작한 것과, 12세기에 대학교들이 등장한 것을 들 수 있다. 대학교들의 등장은 12세기의 지식 발전에서 가장 중요했던 사건의 하나였다. 11세기의 르네상스는 학교에 대한 관심이 비약적으로 증가하고, 유능한 교사들이 출현하고, 고전 연구가 재개되고, 인간 정신의 폭이 크게 넓어지는 것으로 나타났다.

　로마 제국에 퍼져 있던 자치 도시의 학교들은 4, 5세기의 야만족 침공으로 인해 미미한 흔적만 남긴 채 자취를 감추었다. 테르툴리아누스와 제롬 시대부터 교회는 이교 학문을 적대시했는데, 이러한 분위기는 아테네 대학교의 폐교를 결정한 유스티니아누스 법전으로 절정에 달했다. 그러나 설혹 교회의 교사들이 이교 고전 학문을 우호적으로 대했다 할지라도 과연 옛 로마 학교들이 고트족과 반달족, 훈족의 침략으로 인한 충격을 견디고 살아남았을는지 의심스럽다.

　중세 초기의 학교들은 수도원들 및 주교좌성당들과 관련을 맺고 있었으며, 자치 도시 학교가 다시 모습을 드러낸 것은 13세기 이후의 일로서, 그때에도 주로 유럽 북단에 해당하는 독일과 저지에서 그런 학교들이 등장했다. 유럽이 기독교 세계로 재편된 이후 새로 시작된 교육의 역사에서 가장 먼저 대두하는 이름은 404년에 마르세유에 생 빅토르 수도원 학교를 설립한 카시아누스(Cassian)이다.

하지만 서유럽 사회가 영속적으로 학교들을 견지해 갈 수 있는 자극을 준 사람은 누르시아의 베네딕투스였다. 베네딕투스회 수도회칙은 교육을 신앙의 부가물로 규정하고, 수사들에게 어린이 교육을 담당하도록 하고, 사본 필사에 힘썼다. 오늘날 우리가 고전과 교부 시대의 저서들을 접할 수 있는 것은 베네딕투스회, 특히 그 수도회에서 파생된 시토회 덕분이다.

샤를마뉴가 독일 제국을 위한 표준 학교로서 궁정 학교를 세우고, 「법령집」(*Capitularies*)에 교육에 관한 조항들을 포함시켜 공포한 지혜로운 정책과, 잉글랜드 왕 알프레드의 정책은 왕실의 후원에 의해 학문에 신선한 자극을 주었다. 우리가 다루는 시기에는 샤를마뉴의 궁정에서 활동하던 앨퀸, 잉글랜드의 애서(Asser), 대머리 샤를의 궁정에서 활동하던 존 스코투스 에리게나가 대표적인 교사들이었다. 이 시기의 교육이 성직자들에게 국한되지 않았을 가능성이 있다. 이는 수도원들이 학교를 수사 지망자들을 위한 내부 학교와 좀 더 일반적 성격을 띠었을 외부 학교로 이원화하여 운영했기 때문이다. 주교좌성당들은 교회에서 봉직할 젊은이들(canonici puri)만을 주로 가르친 것은 아닐지라도 그들이 주요 교육의 대상이었다. 이처럼 교육의 주된 목적이 사제와 수사가 될 사람들을 양성하는 데 있었다. 11세기에는 독일의 모든 수도원들과 주교좌성당들이 학교를 운영했다. 독일 베저 강 유역의 코르비와 힐데스하임은 이미 언급했고, 이탈리아에서는 밀라노와 파르마의 학교들이 유명했다.

그러나 11세기에는 교육의 중심지 프랑스로 이동해 있었다. 베크·랭스·오를레앙·랑·파리의 학교들은 경쟁 상대가 없었으며, 그 명성에 힘입어 잉글랜드와 독일로부터 무수한 학생들, 수사들과 사제들, 심지어 주교들까지 끌어들였다. 훗날 교황 실베스터 2세가 된 게르베르투스(1003 죽음)가 학문의 회복자라는 명성을 얻은 곳인 랭스는 훗날 란프랑쿠스와 안셀무스가 가르친 베크에 명예로운 지위를 넘겨주었다. 이 학교에서 배우기 위해 먼 나라에서 학생들이 몰려왔으며, 란프랑쿠스에 관해 열정적인 찬사를 쓴 아테네의 오르데리쿠스 비탈리스(Ordericus Vitalis)는 그를 모든 학문 분야에서 최고의 위치에 두고 싶어했다.[1] 이두 수도원장들 이후에는 오르데리쿠스가 "신중한 키잡이와 노련한 전차 기수

---

1) *Ord. Vit.*, IV. 7, 11; Bohn's ed., II. 40, 68. 그는 란프랑쿠스가 뿌린 학문의 씨앗에 관해서 말한다.

들"이라고 표현한 교사들이 연속해서 등장했다. 유력한 지위에 오른 인물이 교사에게 바친 찬사 가운데 교황 알렉산더 2세가, 캔터베리 대주교가 된 뒤 로마를 방문한 란프랑쿠스에게 바친 것만큼 지대한 찬사는 다시없을 것이다. 교황은 자신을 방문한 란프랑쿠스를 양팔을 벌려 환영하면서, 주위에 있던 사람들에게 그를 대주교로 영접하는 것이 아니라 자신이 그 발 아래 앉아 배워야 할 스승으로 영접하는 것이라고 말했다. 1120년경에 죽은 노장의 기베르(Guibert)는 자신이 어렸을 때는 프랑스에 교사들이 거의 없다시피 했으나, 자신이 글을 쓰고 있는 당시에는 프랑스에서 어느 정도 규모를 갖춘 도시에는 모두 교사를 두고 있다고 진술했다.[2] 그 시대의 어머니들이 아들들의 교육에 큰 관심을 기울였다는 것은 기베르가 자기 어머니에 관해서 진술한 내용에 잘 나타나 있다.

중세 초기와 마찬가지로 중기에도 보통 교육에 관한 이상이 아직은 대두하지 않았다. 오늘날 우리가 순문학(純文學)과 일반 학문이라고 부르는 그런 것이 당시에는 없었다.[3] 모든 학문 활동이 종교적 주제들에 직접 관련을 갖고 있었다. 현대의 학문 개념에 가장 근접한 사고를 지녔던 월터 맵(Walter Map)과 솔즈베리의 존은 성직자들이었다. 베크 수도원 설립자인 엘루앵(Herlouin) 같은 수도원 설립자들이 읽지도 쓰지도 못하는 사람들인 경우가 많았다. 오르데리쿠스는 란프랑쿠스가 베크 수도원으로 가기 전에 여섯 명의 공작이 재위하는 동안 노르망디 사람들 가운데 공부에 전념한 사람이 하나도 없었다고 한다. 하지만 아키텐의 공작 기욤(1030 죽음)은 어릴 때부터 교육을 받았고, 밤에는 잠이 밀려올 때까지 책을 읽었으며, 장서를 보유하고 있었다고 한다.

이 시기에 가장 탁월한 교사들은 랑의 안셀무스, 샹포의 기욤, 샤르트르의 베르나르, 콩셰의 기욤, 그리고 특히 아벨라르였다. 이들은 모두 프랑스 사람들이었다. 이들의 경우에는 학교가 교사 다음이었으며, 학생들도 지역보다는 교육자를 보고서 갔다. 하지만 시대가 흐를수록 파리에 관심이 집중되었는데, 이 도시에는 주교좌성당 학교와 생 베네비브 학교, 생 빅토르 학교, 생 드니 학교 같은 여러 학교들이 있었던 것이다. 우리가 이 교사들에 관해서 갖고 있는 지식은 주로 아벨라르와 솔즈베리의 존에게서 나온 것이다. 존은 프랑스에서 12년간

---

2) *De vita sua*, Migne, 156, 844.

3) Guizot, *Hist. of Civilization*, Bohn's ed., II. 22 sqq.

(1137-1149) 유학하면서 앞서 언급한 교사들 모두에게서 배웠다. 그가 당대의 학문 상황과 교사들의 방법과 경쟁에 관해서 소개한 내용이 「초논리학」(*Metalogicus*)에 실려 있다.

샹포의 기욤(William, 1121 죽음)은 랑의 안셀무스에게 배운 사람으로서, 파리 주교좌성당 학교에서 명성을 얻었으나 아벨라르의 탁월한 역량에 부닥쳐 지위를 잃었다. 그는 생 빅토르로 은퇴했고, 인생의 마지막 8년을 샬롱 교구를 돌보면서 보냈다. 그는 극단적인 실재론자(realist)였다.

랑의 안셀무스와 그의 형제 랄프는 교사로서의 명성에 힘입어 남으로는 밀라노에서, 북으로는 브레멘에서까지 학생들을 불러모았다. 이 형제를 솔즈베리의 존은 갈리아를 환히 비추는 광명들이라고 불렀고, 박사들의 박사가 안셀무스의 공인된 명칭이었다. 랑의 안셀무스(1117 죽음)는 베크의 안셀무스에게 배운 듯하며, 여러 학생들 가운데 아벨라르를 가르쳤고, 그의 오만불손한 태도를 눌렀다. 그러나 우리가 그를 평가할 때는 아벨라르의 경멸보다 솔즈베리의 존의 찬사를 더 참조해야 옳을 것이다. 그가 불가타 성경을 에둘러 주석해 놓은 행간 주(*glossa interlinearis*)는 여러 세기를 지나는 동안 높은 평가를 받았다.[4]

1140년경에 샤르트르의 베르나르는 솔즈베리의 존에게 "최근 갈리아에서 가장 왕성하게 흘러 넘치는 학문의 샘"과 "우리 시대의 가장 완벽한 플라톤주의자"라는 찬사를 받았다. 베르나르는 다음과 같은 말로 자신이 고대의 저자들에게 영향을 받았음을 인정했다. "우리는 거인들의 등에 올라탄 난쟁이들이어서 그들보다 더 많이 더 멀리 볼 수 있다. 하지만 이것은 우리의 통찰력이 그만큼 예리하기 때문도 아니고 우리의 신장이 그만큼 크기 때문도 아니며, 다만 그 거인들의 등에 올라탔기 때문일 뿐이다. 우리 시대는 옛 시대들이 남긴 선물을 누리고 있으며, 우리가 옛 시대보다 더 많이 알고 있는 이유는 우리가 재능이 뛰어나기 때문이 아니라 우리보다 먼저 살다 간 사람들이 남겨놓은 것들을 사용하기 때문이다."[5]

콩셰의 기욤(1152? 죽음)은 그가 태어난 노르망디의 작은 마을에서 그 이름을

---

4) 그는 아가서, 마태복음, 계시록에 관한 알레고리적 주해를 쓰기도 했다. Migne, vol. 162.

5) *Metal.*, III. 4; Migne, 199. 900.

얻었다. 그는 스승 샤르트르의 베르나르와 마찬가지로 철저한 문법 지식이 모든 학문의 토대라고 강조했으며, 솔즈베리의 존은 자기 스승들이 변증학에 대립하여 이 학문의 근본적 중요성을 역설한 내용을 뒷받침할 목적으로 *Metalogicus*를 썼다. 그러나 그는 패색이 짙은 진영을 옹호하고 있었다. 스콜라주의가 인문학의 어린 싹들을 짓밟고 있었던 것이다. 콩셰의 기욤은 기존의 견해들을 자기 주관대로 바꾸어 해석했는데, 하와가 아담의 갈빗대에서 창조되었다는 구절을 문자적으로 받아들이기를 거부한 것이 그 대표적인 예다. 풀(Poole)은 기욤의 사상의 뿌리를 "피조물에 관한 지식을 통해서 창조주에 관한 지식을 얻는다"는 기욤 자신의 말에서 발견한다.[6]

당시의 학문은 적어도 이론상으로는 삼학(三學, trivium. 문법・수사학・변증학)과 사과(四科, quadrivium. 수학・지리학・천문학・음악)의 구도를 계속해서 따랐다. 이 학과들의 범위는 오늘날 우리가 각각의 명칭과 결부시켜 생각하는 것보다 더 포괄적이었다. 예를 들어 샤르트르의 베르나르는 문법을 단어의 기술적 규칙과 근본 특징을 넘어서는 범위까지 포함시켜 다루었다. 말의 수식과 상징을 다루고, 저자의 사고 체계를 분석하고, 자연과 과학과 윤리적 문제들에 관한 인유(引喩)를 밝혀냈다. 교육 수준도 샤를마뉴의 「법령집」(*Capitulares*)을 가르치는 수준을 훨씬 넘어섰다. 그럴지라도 이 모든 학과들은 신학의 접근로였고, 신학의 서론으로서만 가치가 있었다. 비트리의 야콥(Jacob, 1244 죽음)은 자유7과를 신학과 비교하면서 다음과 같이 말했다. "논리학은 오류에서 진리를 가려내는 법을 가르치므로 유익하고, 문법은 정확히 말하고 쓰는 법을 가르치므로 유익하고, 수사학은 세련되고 설득력 있게 말하는 법을 가르치므로 유익하다. 마찬가지로 지리학은 땅을 측량하는 법을 가르치는 점에서, 수학은 짧은 인생을 헤아리는 법을 가르치는 점에서, 음악은 복된 이들의 찬송을 일깨워 주는 점에서, 천문학은 하나님 앞에서 찬란히 빛나는 천체를 생각하도록 이끄는 점에서 유익하다. 그러나 훨씬 더 유익한 것은 신학이다. 이 학과만이 인간들을 불행과 고통에서 건져내기 때문에 유일한 자유 학예라고 부를 수 있다."[7]

인노켄티우스 3세는 제4차 라테란 공의회의 법령을 통해서 모든 주교좌성당

---

6) 참조. Poole's art. in Herzog, 2d ed., XVIII. 132 sqq.
7) Compayre, p. 200에 인용됨.

들에게 문법 교사와 신학 강사를 두도록 명령했고, 이마에 땀을 흘려가면서 열심히 공부한 사람들에게만 고위직의 상을 주도록 규정했다. 이 말은 신학생들만 염두에 두고 한 것이다.

수세기 동안 사용되었던 교과서들이 이 시기에도 여전히 인기를 누렸는데, 이를테면 카시오도루스의 저서, 포르피리오스의 「입문」(*Isagoge*), 아리스토텔레스의 「범주론」(*Categories*)과 「해석론」(*De Interpretatione*), 보에티우스의 「음악」(*Music*)과 「철학의 위안」(*Consolations of Philosophy*), 마르티아누스 카펠라의 저서, 프리스키아누스와 도나투스의 문법서들이다. 하지만 새로운 운동이 일어나고 있음이 완연히 감지되었는데, 그것의 가장 확실한 증거는 지도적인 교사들이 강의 시간과 저서에 고전을 공개적으로 사용하기 시작한 것이었다.

이교의 고전에 대한 제롬의 비판이 카시아누스에 의해 채택되었고, 이 견해가 후대로 전수되었다. 계몽 반대론자들은 수세기 동안 거의 예외 없이 이 견해를 고수했다. 앨퀸이 말년에 베르길리우스의 글들을 거짓 우화들의 잡동사니로 규정하고는 다시는 집어들지 않고, 어느 수련수사에게 쓴 편지에서 그 시인의 지나친 사치스러움으로 정신을 오염시키지 말라고 조언한 것은 그가 처음 내린 단언이 아니었던 것이다. 교황 레오는 991년에 오를레앙의 아르둘프에게 쓴 답장에서 주장하기를, 사도 베드로는 플라톤 · 베르길리우스 · 테렌티우스 같은 저자들이나 사이비 철학자들의 글을 읽어본 적이 없었으며, 하나님께서는 처음부터 웅변가들과 철학자들이 아닌 무지하고 세련되지 않은 사람들을 당신의 사역자들로 선택하셨다고 했다.[8] 가경자 피에르도 그 저자들을 맹렬히 비판했다. 그러나 이만한 경고들로는 모든 사람들을 라틴 저자들의 매혹에서 초연하게 떨어져 지내도록 하기에 충분하지 않았다.

게르베르투스는 베르길리우스 · 스타티우스 · 테렌티우스 · 유베날리스 · 호라티우스 · 루카누스를 가르쳤다. 그리고 관심을 이 저자들에게서 철학 분야로 옮겼다. 페트루스 다미아누스는 시인들과 철학자들을 공부하는 것을 출애굽 때 이스라엘 자손이 애굽인들에게 받은 물품들로 비유했다. 그러한 공부는 이해력을 예리하게 하는 데 도움이 된다고 하면서, 하지만 교회 저자들을 공부하는 것은 하나님께 성막을 지어드리는 일과 같다고 했다. 베크의 안셀무스는 베르길리우

---

8) Migne, 139. 337 sq.

스 같은 고전 저자들을 공부해야 한다고 권장하면서, 그런 저자들을 다루지 못하게 하는 것은 악을 조장하는 행위라고 지적했다.[9] 솔즈베리의 존을 가르친 교사들은 그런 저자들의 글을 부지런히 탐독했다.

존은 「초논리학」(Metalogicus)이라는 적은 분량의 글에서 고전 시인들을 무려 일곱 명이나 인용하며(스타티우스 · 마르티아누스 · 베르길리우스 · 호라티우스 · 오비디우스 · 카툴루스 · 페르시우스), 베르길리우스와 루카누스를 부지런히 읽으면 어떠한 철학을 표방하든 철학의 진수를 발견하게 될 것이라고 말한다.[10] 존은 과거의 학교에서 고전 시인들과 사가들을 공부하는 학생을 게을리 움직이는 나귀에 비유하고, 돌보다 더 둔한 자라고 비웃은 일을 언급하면서, 그것이 매우 잘못된 태도라고 비판한다.[11] 아벨라르는 베르길리우스를 예언자와 같은 수준에 올려놓았다. 잉글랜드의 대부제를 지낸 블루아의 피에르(1204 죽음)는 키케로 · 살루스티우스 · 리비우스 · 쿠르티우스 · 타키투스 · 수에토니우스 · 세네카 등의 저자들을 인용한다. 그로스테스트는 오비디우스 · 세네카 · 호라티우스 등의 고전 저자들의 저서들을 친숙히 알았다. 그러나 온전한 르네상스의 시대는 아직 도래하지 않았다. 파리 대학교 최초의 학칙에는 고전학이 교과과정에서 제외되었다. 치밀한 성공을 이루어간 스콜라 학자들은 고전 저작들을 완전히 무시하지는 않았을지라도, 그리고 아리스토텔레스의 사상에 크게 의존했을지라도, 그 저작들의 도움 없이 위대한 신학 체계를 수립할 수 있었다.

학교들의 교칙은 엄격했다. 채찍질을 건강한 교육 수단으로 간주했다. 채찍질이 지적 둔감과 침체라는 악한 정신을 몰아낸다고 믿었다. 데게레 숩 비르가(degere sub virga) 곧 회초리를 맞는다는 표현이 교육을 받는다는 또 다른 표현이었다. 후대에 적어도 잉글랜드에서는 교사가 임직할 때 그에게 회초리를 전달하고, 잘못한 소년을 공식적으로 매질하도록 시켰다. 만약 노장의 기베르의 사례가 전형적인 것이었다면, 교육을 받는 과정이 육체적으로 몹시 고달픈 일이었던 셈이다.

---

9) *Ep.*, I. 55.

10) Migne, 199. 854. *Polycraticus*에서는 시인들의 글을 더 많이 인용한다. 존은 역사가들인 살루스티우스, 수에토니우스, 발레리우스, 막시무스 등의 글도 인용했으나, 리비우스와 카이사르, 타키투스는 이름만 언급하고 지나간다.

11) *Metal.*, I. 3; Migne, 199. 830.

기베르가 자신의 경험을 소개한 글은 중세의 학교 생활을 묘사한 현존하는 자료들 가운데 가장 상세한 것으로서, 학동이 공부하면서 겪었던 일을 매우 재미있게 소개한다.[12] 홀어머니에 의해 어린 나이에 학교에 위탁된 어린이가 문법교사에게 무자비하게 주먹질과 매질을 당한다. 그 교사는 문법 실력이 출중하지는 않지만 도덕의 열정은 강렬하여서 학생들에게 건전한 도덕성을 심어주었다고 기베르는 증거한다. 매질은 하루도 빠짐없이 이루어진다. 하지만 어린이의 배움에 대한 욕구는 식지 않는다. 하루는 공부를 마치고 저녁에 집으로 돌아와 옷을 벗는 아들의 모습을 본 어머니는 아들의 어깨에 심한 매자국이 있는 것을 발견한다. 그날 멍이 들도록 맞고 돌아온 것이다. 화가 나기도 하고 안쓰럽기도 한 어머니는 아들에게 사제의 길을 포기하고 기사가 되는 것이 어떠냐고 제안한다. 하지만 기베르는 몹시 화를 내면서 다시는 그런 소리를 하지 말라고 대답한다.

클뤼니 수도원에서는 학생들이 교사들 곁에서 잠을 잤으며, 밤중에 잠자리에서 일어나려면 교사의 허락을 받아야 했다. 학생들이 시편 찬송이나 다른 찬송을 부를 때, 잠자리에 들 때, 혹은 다른 일에 무슨 잘못을 범하면 겉옷을 벗은 채 미리 준비해 놓은 회초리로 수도원장이나 다른 교사에게 매를 맞았다.[13]

그러나 이러한 교육 방법에 항의하는 교사들도 없지 않았다. 안셀무스는 학생들을 애정과 신뢰로 대하라고 촉구하고, 노련한 세공인은 금 그릇을 때리는 방법으로만 만들지 않고, 지혜롭고 자상한 손길로 그것을 다듬는다고 말했다. 무조건 때리기만 하면 학생들의 심성이 사나워진다고 했다. 어느 대수도원장이 "저희에게 위탁된 아이들을 밤낮 쉬지 않고 징계하는데도 아이들은 갈수록 품행이 나빠지기만 합니다" 하고 말하자, 안셀무스는 이렇게 대답했다. "그렇습니다! 그렇게 자란 아이들이 커서 어떻게 되겠습니까? 미련하고 멍청한 자들이 되고 맙니다. 좋은 교육이라고 하면서 짐승 같은 자들을 길러내는 것입니다! …… 정원에 나무를 심어놓고 사방을 꽉 막아버려 가지가 뻗을 수 없게 한다면, 여러 해가 지나서 막아버린 것을 치워버릴 때 그 나무의 몰골이 어떻겠습니까? 가지가 휘고 앙상한 그런 모습일 텐데, 이렇게 된 것이 생각 없이 가둬놓기만 한 탓이 아니겠습니까?"[14]

---

12) *De vita sua*, I. 4–6; Migne, 156. 843–848.

13) *Ibid.*, 156. 847.

14) Compayre, p. 303에 인용됨.

당시에는 수업료를 낼 능력이 없는 모든 학생들이 무료로 교육을 받을 수 있다는 원리가 통했다. 물론 능력이 되는 학생들은 수업료를 냈다. 샤르트르의 풀베르(Pulbert)는 수가 갑자기 불어난 학생들에게 철학 수업료를 곧이곧대로 받았다. 하지만 이것은 예외적인 행위로서 비판을 받았다. "공부하고 싶은 의지가 있다면 돈이 없어도 추구하는 바를 얻을 것이다"라는 앨퀸의 말이 잘츠부르크의 성 베드로 수도원 건물에 새겨져 있다. 클뤼니 수도원은 자기들이 가르치는 학생들 가운데 지극히 비천하고 가난한 소년들조차 왕궁에서 배우는 소년들보다 더 세심하고 풍족한 배려를 받는다고 자랑했다.

89. 책들과 도서관들

책들과 학교들은 함께 가게 마련이며, 둘 다 교회의 지적 발전에 필수적이다. 중세 무리(Muri) 수도원의 편람은 지적 생활과 신앙 생활이 긴밀히 연관되어 있음을 강하게 역설한다. 편람의 주장에 따르면, 책들을 필사(筆寫)하고 장식하고 개량하고 주해를 다는 것이 우리의 중요한 일이라고 하면서, 이는 책이 없다면 영적인 생활을 할 수 없기 때문이라고 설명한다.

장서를 몇 권이라도 보유한 수도원은 그것을 자랑스럽게 여겼다. 책이 보존될수 있었던 곳은 수도원과 주교좌성당이 전부였다. 이곳들에서는 중세에 빈번히 자행된 침략자들의 약탈과 방화로부터 책들이 거의 안전히 보존되었다. 게다가 항상 읽을 수 있는 상태를 유지했다. 생 바르방오즈의 참사회원 고트프리트가 처음 했다고 전해지는 당시의 유행어로, 도서관 없는 수도원은 무기 없는 요새와 같다는 말이 있었다. 중세 초반에는 요크 · 풀다 · 몬테 카시노 등의 수도원들에 소규모 장서들이 갖춰져 있었다. 이 수도원들은 책들로 인해 널리 명성을 누렸으며, 성직자들이 책을 보기 위해서 먼 지역에서 방문했다. 예를 들어 잉글랜드 웨어마우스의 대수도원장 비스콥(Biscop)은 그 목적으로 이탈리아를 다섯 번이나 여행했다. 그레고리우스 7세 이후로 두 세기가 넘는 세월이 지나면서 책들의 용도와 수효가 증가했다. 그러나 도서관의 역사에 새 시대를 여는 일은 14세기의 페트라르카의 몫으로 남아 있었다. 그 뒤에 온 르네상스 시대에는 옛 사본들에 대한 욕구가 크게 확산되었는데, 콘스탄티노플에서 유럽으로 이주해온 학자들 덕분에 그 욕구가 충족되었다.

기독교 학문과 신앙은 서유럽의 수도원들에게 이루 말할 수 없이 큰 빚을 졌다. 수도원들이 책들을 보존했을 뿐 아니라 크게 증식시켰기 때문이다. 베네딕투스회 수사들이 도서관 설립과 교부 및 고전 학문의 보호자들로서 맨 앞자리를 차지한다. 그들의 수도회칙은 날마다 일정한 분량의 독서를 하도록 규정했고, 사순절이 시작되면 수도원 장서에서 모든 수사들에게 책 한 권을 나눠주고는 "한번에 끝까지" 읽도록 했다. 비록 일부 수도원은 장서를 한 권도 보유하지 못했고 책의 가치를 낮게 평가한 경우도 있었겠지만, 위와 같은 수도원 역사에서 빛처럼 찬란하게 빛난다.

당시로서는 한 도서관에 수백 권의 책을 보유하는 것이 오늘날 수십만 권의 책을 보유하는 것보다 오히려 큰 일이었다. 12세기에 플뢰리 수도원은 238권, 생 리키에 수도원은 258권의 장서를 보유했다. 11세기에 잉글랜드의 크로일랜드 수도원이 파괴되었을 때는 "300편의 원본들과 400권이 넘는 저서들"도 함께 망실되었다. 그 수도원의 건물들은 밤에 방화에 의해 파괴되었다. 대수도원장 잉굴프(Ingulph)가 그 재난을 보고한 흥미로운 편지에서 삽화들이 수록되고 금 십자가들로 장식된 아름다운 사본들에 관해서 말한다. 그 선량한 대수도원장은 예배당과 진료소와 그 밖의 건물들이 화재로 소실된 것을 전한 뒤에, "우리의 지하실과 포도주가 가득 담긴 통들까지도 다 타버렸다"고 전한다.[15]

이 시기부터 장서 목록이 보존되었다. 에드워즈는 중세 잉글랜드 도서관들의 33가지 장서 목록을 열거한다. 1158년에 "철저한 사서"가 작성한 잘츠부르크 프뤼페닝 도서관의 장서 목록은 도서를 성경 사본들과 교부들의 사본들, 당대의 저자들의 사본, 이 세 가지로 구분했다. 장서 목록들에서 가장 빈번히 발견되는 서적은 성경전서 혹은 성경 낱권들과 전례서들 — 아우구스티누스 · 대 그레고리우스 · 제롬 · 암브로시우스가 작성한 — 이며, 카롤링거 왕조 시대의 저자들 가운데는 비드와 앨퀸의 저서가 가장 자주 발견된다. 12세기에 작성된 것으로 보이는 키파르디 지방 코르비 수도원의 장서 목록은 아우구스티누스의 사본 39권, 제롬의 사본 16권, 비드의 사본 13권, 보에티우스의 사본 15권, 키케로의 사본 5권, 그리고 테렌티우스 · 리비우스 · 플리니우스 · 세네카의 사본들을 소개한

---

15) Maitland, pp. 286 sqq.

다. 중세 후기 저자들 가운데는 안셀무스 · 베르나르 · 위그 · 아벨라르의 저서들이 가장 자주 발견되지만, 당대 저자들의 저서를 한 권도 수록하지 않은 장서 목록들도 수두룩하다. 밤베르크의 미켈스베르크 수도원의 장서 목록은 당대의 저서로는 안셀무스의 「명상록」(*Meditations*) 한 권만 수록하는데, 혹시 당대의 저서들을 충실히 소개했다면 매우 풍성한 목록이 될 뻔했다. 프뤼페닝 수도원의 장서는 안셀무스 · 위그 · 아벨라르 · 롬바르두스 · 그라티아누스의 저서 사본을 한 편씩 수록한다. 장서 목록들에 수록된 고전 저자들은 한결같다. 잉글랜드 더럼 수도원 도서관은 키케로 · 테렌티우스 · 베르길리우스 · 호라티우스 · 클라우디우스 · 스타티우스 · 살루스티우스 · 수에토니우스 · 퀸틸리아누스 등의 라틴 저자들의 저서들을 소장했다. 간혹 노이뮌스터 수도원의 경우처럼 고전 저자들의 목록을 따로 작성한 경우도 있다.

당시에는 책 선물이 매우 값진 시혜였다. 파리의 주교 피에르는 성지로 출발하기 전에 자신의 장서 3백 권을 생 빅토르 수도원에 위탁했다. 그로스테스트는 자신의 책들을 옥스퍼드의 프란체스코회에 유증(遺贈)했다. 훗날 교황 실베스터 2세가 된 게르베르투스는 자신이 부유한 친구들 덕택에 로마와 이탈리아, 플랑드르에서 책을 많이 구입할 수 있었다고 말한다.[16] 어느 연대기 저자는 테오도릭(Theodoric)이 자신의 성 에브룰트 대수도원을 위해서 구약성경과 신약성경의 사본들, 대 그레고리우스의 총서를 구한 것을 대단한 치적으로 기록한다. 그 소문을 들은 다른 수도원장들도 앞다퉈 제롬 · 아우구스티누스 · 암브로시우스 등 교부들의 저서들을 확보했다. 가경자 피에르는 클뤼니 수도원에서는 서적들, 특히 아우구스티누스의 저서들이 금보다 더 귀하다고 주장했다.

장서 목록 가운데 도서를 대여해야 한다는 규정이 실린 경우가 간혹 있었다. 카르나리우스의 야콥이 그 경우에 해당하는데, 그는 1234년에 이 조건으로 자신의 장서를 베르첼리의 도미니쿠스회 수사들에게 빌려주었다. 한때 캔터베리의 대부제를 지낸 스티븐(Stephen)은 1270년에 가난한 신학생들에게 빌려주는 것을 조건으로 파리 노트르담 수도원에 자신의 장서를 기증했으며, 주아니의 피에르는 1297년에 자신의 장서를 가난한 학생들에게 직접 물려주었다. 다음 세기에 페트라르카는 자신의 책들을 베네치아의 산 마르코 수도원에 기증했으며, 보카

---

16) *Ep.*, 44; Migne, 139. 214.

치오는 피렌체의 아우구스티누스회 탁발수사들에게 기증했다.

책을 기증하되, 기증자의 영혼을 치유하기 위한 예물로 제단이나 성인의 성소에서 전달하는 경우가 간혹 있었다. 반면에 상황이 다급하면 책을 저당잡히거나 팔아 넘겼다. 1190년에 잉글랜드 일리의 주교 롱챔스의 윌리엄은 국왕 리처드 1세의 몸값을 지불하기 위해서 복음서들의 사본 13권을 저당잡혔다. 1139년에 로쉬의 대수도원장 디에모(Diemo)는 군사 장비를 마련하기 위한 돈이 필요하여 금과 보석으로 장식된 책 세 권을 팔았다. 장서로 챙긴 이득에 세금을 부과하는 사례들이 여기저기서 발생했는데, 1215년에 잉글랜드 이브섬에서 있었던 일이 대표적인 사례이며, 같은 해에 리옹 교회회의도 유사한 방법을 채택했다. 1240년에 독일 로스톡의 제후 보르빈(Borwin)이 다르군 수도원에 1하이드(옛날의 지적<地積> 단위. 지역의 관례에 따라 60-120에이커: 역자주)의 토지를 주어 그 수입으로 도서관에 필요한 비용을 충당하도록 했다.

책들을 통틀어 성경이 가장 가치 있게 여겨졌다. 표지를 금과 은으로 세공한 성경 사본들이 적지 않았고, 귀금속과 화려한 삽화로 장식한 책들도 많았다. 세인트 올번스의 대수도원장 폴은 대수도원 도서관에 시편 찬송가 8권, 금과 보석으로 잔뜩 치장한 복음서 두 권, 서신들 사본 한 권, 그 밖의 책 스물여덟 권을 비치했다. 1295년에는 세인트 폴 주교좌성당 주임사제가 성당에서 보석으로 장식한 복음서들 사본 12권과, 성유물들과 함께 함에 보관된 열세 번째 사본을 발견했다.[17]

초기에는 책들을 아르마리아(armaria)라고 하는 수평 압착기에 보관했으며, 그 이유에서 사서(司書)를 아르마리우스(armarius)라고 불렀다. 그러다가 14세기경에는 수도원 담장을 따라 서가(書架)를 설치하는 방식이 도입되었다. 일찍이 13세기부터 책을 애독자들이 훔쳐가지 못하도록 사슬로 고정시켜 놓는 방식이 등장했다.[18] 케임브리지 대학교 트리니티 칼리지의 1350년 학칙은 특정 도서들의 경우 동료들이 사용하도록 일정한 장소에 사슬로 고정시켜 도서관에 항상 남아 있도록 규정했다. 이 관습은 잉글랜드에서 16세기에 가서도 여전히 유행하여

---

17) Maitland, p. 242.

18) 소르본 대학에서는 1289년부터 그렇게 사슬로 묶어놓은 책들에 "형제들이 공동으로 사용하기 위함"이라는 이유를 달아놓았다.

서, 영어 성경의 사본을 교회의 독서대에 사슬로 고정시켰다. 도서 배포에 대해서는 베네딕투스의 수도회칙이 여전히 효력을 발휘했다. 1070년에 란프랑쿠스가 잉글랜드의 베네딕투스회 수도원들을 위해 작성한 규율들은 수사들이 사순절 첫 주일에 책을 반환하도록 규정했다. 반환된 책들은 마루에 펼쳐놓고 수사 일인당 한 권씩 다음 한 해 동안 빌려가도록 했다. 빌려간 책을 읽지 못한 사람은 고개를 숙이고 자신의 태만을 자백해야 했다.[19] 책을 빌려주는 일도 드물지 않았다. 베르나르는 가경자 피에르와 마찬가지로 책을 빌리기도 하고 빌려주기도 했다. 시토회는 수도원 바깥 사회에 책을 빌려주었으며, 1212년에 파리 교회회의는 그러한 행위를 자선으로 규명한 뒤 그러한 선한 행위를 중단해서는 안 될 것이라고 주장했다.

문서실 곧 스크립토리움(scriptorium)은 정식 수도원 건물의 한 부분이었다. 이 공간은 책을 읽고 사본들을 필사하는 곳으로 사용되었다. 혹시는 수사가 스크립토리올룸(scriptoriolum)이라고 하는 작은 개인 열람실을 갖고 있는 경우도 있었고, 그렇지 않으면 자신의 독방에 책을 보관하기도 했다. 베르나르의 비서 니콜라우스는 진료소 다음에 있는 자신의 작은 열람실에 "귀중하고 신적인 책들이 가득하다"고 진술했다.[20] 솔즈베리의 후임으로 샤르트르 주교가 된 첼르의 피에르는 자신의 스크립토리올룸에 책들이 가득하며, 그곳에 있으면 세상의 허영과 번뇌를 다 잊을 수 있다고 말했다. 그 공간이 읽고 쓰고 묵상하고 기도하고 주님을 경배하도록 자신에게 부여되었다고 그는 말했다.[21]

대수도원장들도 고유 업무 외에 필사(筆寫)의 일에도 가담했다. 성 에브룰트의 테오도릭이 대표적인 예였는데, 노련한 필사자였던 그는 ― 오르데리쿠스 비탈리스에 따르면 ― 수도원 도서관에 보관된 본기도(the Collects), 층계송(Graduals), 교송(Antiphonary)을 필사하는 일에 "기념비적인 훌륭한 필체"를 남겼다고 한다.[22] 테오도릭은 그 외에도 수석늘과 구약성경 저음 일곱 권의 책늘

---

19) Putnam, I. 152. 옥스퍼드 오리엘 대학의 학칙(1329)은 매년 11월 2일에 각 사람이 나이순으로 한 권씩 책을 가져가도록 규정했다. Clark, p. 34.

20) Ep., 35; Migne, 196. 1626.

21) Maitland, p. 442.

22) III. 3; Engl. trans., I. 406. 오르데리쿠스는 필사자들에 관해서 자주 언급한다. III. 5, IV. 19, etc.

(heptateuch)을 필사함으로써 다른 수사들의 수고를 덜어주었다. 수도원들은 전문 필사자들을 확보하기 위해 노력을 기울였다. 잉글랜드의 세인트 올번스 대수도원장 폴(1077-1093 재위)은 필사를 자기 수도원의 특별한 과업으로 정했다. 스크립토리움을 짓기 위해서 자금을 마련했고, 멀리서 필사자들을 고용했다. 11세기 후반에 독일 남부의 히르샤우 수도원은 훈련을 통해서 열두 명의 필사자들을 확보한 대수도원장 빌헬름의 노력에 힘입어 이 방면에서 명성을 얻었다. 이 필사자들이 많은 사본들을 남겼으며, 빌헬름은 자신이 개혁해 놓은 모든 수도원들에 사본들을 증정했다고 한다. 같은 세기에 활동한 필사자 에메람의 오틀로(Othlo)는 자신이 필사한 책들의 목록을 남겼다.[23]

수사들은 필사자로서 근면하게 활동한 데 힘입어 내세에 서게 되었을 때 적지 않은 혜택을 받았다. 오르데리쿠스는 그 경우에 해당하는 수사 한 사람을 소개한다.[24] 이 수사는 자기 손으로 성경의 많은 부분을 필사했으나, 그는 도덕적으로 많은 흠결이 있는 사람이었다. 악령들이 그의 영혼을 차지하겠다고 요구했을 때, 천사들이 가로막고서서 그가 필사한 성경을 내밀었다. 그리고는 그가 필사한 글자를 그가 범한 죄와 하나씩 상쇄해 나갔다. 마침내 글자가 더 많이 남은 사실이 확인되었다. 귀신들이 또 다른 죄를 긁어모으려고 하다가 포기하자, 주님께서 그 수사에게 육체로 다시 들어가 적절한 고해를 하라고 지시하셨다.

필사가 수도원에서 저지른 범죄에 대한 벌로 부과되는 경우도 있었으며, 카르투지오회의 수도회칙은 필사할 능력이 있으면서도 손을 놓고 있는 수사에게 포도주를 금하는 벌을 부과했다. 필사가 때로는 몹시 갑갑하고 진력나는 일이었던 것 같다. 바이에른 베소브룬의 수사 루이스(Lewis)가 제롬의 다니엘서 주석을 필사한 뒤에 맨 끝에 다음과 같은 문장을 덧붙이면서 독자들에게 기도를 부탁하는 모습에서 그런 것을 강하게 느끼게 된다.

"Dum scripsit friguit, et quod cum lumine solis
Scribere non poluit, perfecit lumine noctis."
("그는 필사할 때에 돌처럼 굳었고, 낮의 볕이 있을 때

---

23) 참조. 그 자신의 기술, Maitland, pp. 454 sqq.
24) III. 3; Engl. trans., I. 407.

완성하지 못한 것은 밤의 조명에 의지하여 완성했다."[25])

　책값은 인쇄술이 발명되기까지는 꾸준히 상승했다. 앙주의 백작은 할버슈타트의 하이모(Haimo)가 쓴 설교집 사본을 한 권 구입하기 위해서 양 2백 마리와 많은 식량을 지불했다. 1274년에 정교한 필체로 작성된 성경이 50마르크에 팔렸다(참고로 당시 노동자의 일당이 1실링이었다). 마이틀란트(Maitland)는 추산하기를, 수사 한 사람이 성경전서를 필사하는 데는 열 달쯤 걸렸는데 그 품삯을 오늘날(19세기 말)의 기준으로 환산하면 60내지 70파운드쯤 된다고 했다. 하지만 책값을 크게 깎는 경우도 많았으며, 예를 들어 베리의 리처드는 자신의 저서 「애서」(*Philobiblion*)에서 그가 세인트 올번스 수도원에서 32권의 책을 50파운드에 구입했다고 말한다.

　필사자들은 주교좌성당 건축가들과 마찬가지로 대개 자신들의 이름을 감추었다. 필사를 다 마친 뒤에 신앙적인 정서나 재담을 간략히 후기로 넣는 것이 그들의 관행이었다. 가장 빈번하게 붙은 후기는 "책이 끝났다. 그리스도께 찬양과 존귀를 돌리자"(finito libro, sit laus et gloria Christo)라는 문장이었다. 필사를 마쳤을 때 느낀 기쁨을 어떤 필사자는 이렇게 표현했다. "이제 책이 끝났으니 필사자는 기쁜 발놀림으로 춤을 춘다"(libro completo, saltat scriptor pede leto). 어떤 사람은 작업을 마친 뒤에 자신의 심정을 경건하게 표현했다. "깃펜으로 작업을 한 필사자에게 하늘의 상을 내리소서"(dentur pro penna scriptori caelica regna).[26]

　조용한 도서관에서 책과 대화를 나누는 즐거움을 어느 중세 신학자는 다른 수사들이 기분 전환을 위해 모두 빠져나간 수도원에 홀로 남아 다음과 같이 아름답게 묘사했다.

　"우리 수도원은 지금 텅 비어서 나와 쥐들밖에 남아 있지 않다. 집회실에서 아무 소리도 들려오지 않고, 계단을 오르내리는 소리도 없다. 나는 이곳에 오직 책들하고만 앉아서 향기로운 학문의 꿀을 찍어 먹는다. 세상의 학문을 선도해온 모든 지식인

25) Maitland, p. 444.
26) Wattenbach., pp. 471-534.

들이 이곳 도서관에 다 모여 있다. 이곳이 세상 나라와 그 영광의 전모를 볼 수 있는 성전의 첨탑이다. 나는 창문 바로 곁에서 애굽과 성지를 바라본다. 그 곁에는 아테네 인들과 로마 제국이 있다. 세상 아무도 결집해 보지 못한 큰 군대를 나는 이곳에 모 아놓고 있는 것이다. 세상의 어느 장군도 나처럼 많은 병력을 거느리지 못했다. 세상 의 어떤 왕국도 나처럼 우수한 혹은 잘 훈련된 백성을 갖지 못했다. 나는 높고 거만 한 백성들을 내 마음대로 세우기도 하고 넘어뜨리기도 한다 …… 내가 플라톤을 부 르면 그가 여기 있습니다 하고 대답한다. 참 고상하고 강건한 병사이다. 아리스토텔 레스 하고 부르면 여기 있습니다 하고 대답한다. 그는 자체가 군대와 같은 인물이다. 데모스테네스 · 플리니우스 · 키케로 · 타키투스 · 카이사르, 그들이 다 '여기 있습니 다' 하고 대답하며, 불후의 젊음이 담긴 미소를 내게 보낸다. 그들은 지극히 겸손하 게도 내가 묻지 않으면 입을 여는 법이 없다. 저마다 마음이 넉넉하여서 대답을 거 절하는 법이 없다. 게다가 모두 평화롭다 …… 온 세상이 내 주위에 있고, 인간들의 마음을 격동시키고 상상을 불타오르게 했던 모든 것이 이곳에 안전하게 자리잡고 있 다. 내 도서관 서가들은 시간의 거리들이다. 이곳에서 시대들이 왔다가 가고, 세대들 이 차오르고, 모든 꽃들이 진다. 이곳은 개도 용도 침범하지 못하는 불멸의 열매들이 맺히는 낙원이다."

90. 대학교들

대학교가 유럽 사회에 확립된 기관으로 등장한 때는 12세기이다. 이 기관은 곧 지적·학문적 생활의 분주한 중심지이자, 지적·학문적 진보의 작업장이 되 었다. 민주적 구조와 성격을 지니고 있었던 까닭에 모든 계층 사람들을 끌어들 였고, 그들을 새로운 사상과 그 시도를 이끌 만한 역량으로 무장시켜 다시 내보 냈다.

기원. 대학들은 고대 세계의 어떠한 요소도 적절하게 상통할 만한 것이 없는 중세적 정신의 산물이었다. 물론 주교좌성당 학교와 수도원 학교의 토양에서 자 라났으나, 그 학교들과 유기적인 연속성이 있었던 것이 아니다. 대학교들은 시 대의 요구에 부응하여, 그리고 유럽의 변화된 생활 환경과 지식의 부흥에 자극 을 받아 독자적으로 태동하여 발전해 나갔다. 어떠한 소음이나 신호도 그들의 도래를 알리지 않았다. 그들은 다만 불완전했던 초기 단계에서 철저히 조직된 학문 집단들로 점차 발전했을 뿐이다.

대학교들이 교회의 직접적인 산물이었던 것도 아니다. 십자군들과는 달리 교회의 권위가 그들을 존재케 하지 않았다. 다만 교회와 관련지어 말할 수 있는 것은, 그들의 토대와 하부 구조를 수립한 사람들이 성직자들이었다는 점과, 교황들이 일찍부터 그들의 후원자들이 될 만큼 통찰력을 가지고 있었고, 따라서 파리 대학교의 경우처럼 대학교들의 행정 전반을 직접 장악했다는 점이 전부이다. 예술과 법학과 의학과 신학(비트리의 야콥은 신학을 "오직 그것만이 인간 영혼을 저주에서 건져내기 때문에 유일하게 자유 학예라 불릴 수 있다"고 평가했다) 등 인간 지식의 분야들 안에서 학과들을 더욱 세분화할 때가 도래했다.

대학교들이 등장하는 데에는 변증 역량과 인간적 매력으로 가는 곳마다 학생들을 끌어 모은 개별적인 교사들의 열정이 큰 역할을 했다.[27] 볼로냐 대학교는 이네리우스(Inerius)와 그 외의 교사들을 통해서, 파리 대학교는 아벨라르 같은 탁월한 인물이 포함된 일군의 학자들을 통해서 대학교의 이상이 최초로 가장 본질적으로 실현되는 중심지들이 되었다. 이 교사들은 교육을 전문화해야 한다는 요구를 충족시키면서 그러한 요구를 더욱 불러일으켰다.

길드동업조합들이 그 조직으로써 대학교, 특히 볼로냐 대학교에 모델을 제공함으로써 대학교들의 등장에 이바지한 점도 간과해서는 안 된다. 대학교는 뜻을 같이하는 지식 노동자 공동체를 대변하는 학문 길드였다. 혹시는 살레르모 의과대학의 경우처럼 아랍의 영향도 어느 정도 높이 평가할 수 있겠다.

최초의 대학교들은 이탈리아에서 등장했는데, 그 중에서도 가장 오래된 것이 살레르모와 볼로냐 대학교들이다. 이탈리아의 대학교들에 뒤이어서 파리 대학교와 그 밖의 프랑스 대학교들이 설립되었다. 잉글랜드가 그 다음이고, 스페인은 잉글랜드 다음이다. 프라하는 중부 유럽에서 대학교 이상을 실현한 최초의 대학교였다. 독일의 특성을 지닌 독일의 대학교들은 14세기 후반에야 비로소 등장했는데, 빈 대학교가 1365년에, 에르푸르트 대학교가 1379년에, 하이델베르크

---

27) "교육에 대한 애정이 각별한 교사는 주변에 기꺼이 배우고자 하는 학생들을 불러모았다. 다른 교사들도 그렇게 하여 학생수가 크게 증가했으며, 내적인 필요에 의해 항구적인 학교가 설립되었다." Savigny, XX. 58.

대학교가 1385년에, 쾰른 대학교가 1388년에 각각 설립되었다. 스코틀랜드의 세 대학교들인 세인트 앤드루스·글래스고·애버딘 대학교들은 15세기에 설립되었다. 그 세기에는 북유럽에 코펜하겐과 웁살라 대학교들도 설립되었다. 15세기 말에 이르면 이러한 학문 기관들이 거의 80여 개나 되었다. 이들 중 더러는 자취를 감추었고, 더러는 지역의 명성을 넘어서지 못했다.

살레르모·볼로냐·파리·파두아·옥스퍼드·캐임브리지 등의 대학교들은 교황이나 국왕의 설립 허가에 힘입지 않았다. 툴루즈 대학교(1229)와 로마 대학교(1244)가 교황의 대칙서들에 의해 설립된 최초의 대학교들이다. 나폴리 대학교는 황제 프리드리히 2세가 1224년에 설립했다. 스페인의 팔렌시아 대학교(1212)·살라망카 대학교(1230)·세비야 대학교(1254)는 카스티야 왕국의 왕들이 설립했다. 프라하 대학교(1347)는 교황과 카를 4세에게 설립 허가를 동시에 받았다. 몇몇 대학교들은 기존에 설립된 대학교들에 대한 불만이 팽배한 결과로 존재하게 되었는데, 파두아는 볼로냐에 불만을 품은 학생들을 주축으로, 케임브리지는 1209년에 옥스퍼드에 불만을 품은 학생들을 주축으로, 라이프치히는 1409년에 프라하에서 독일 민족을 대하는 태도에 불만이 불거져 시작되었다. 하이델베르크는 교황이 설립했음에도 종교개혁 이후까지 존속한 대학교들 가운데 가장 역사가 깊다.[28]

조직. 대학교란 원래 학문 단체나 학문을 수행하는 장소를 뜻하지 않고, 교사들과 학생들의 집단(universitas magistrorum et scholarium)을 뜻했다. 대학교(university)라는 용어는 사람들의 여느 집단에나 사용되었으며, 여러분의 집단 혹은 여러분 전체(universitas vestra)을 뜻하는 일반적인 표현이었다.[29] 이 단어가 12-13세기에는 길드들을 가리키는 데 자주 적용되었다. 학문 길드 혹은 대학교란 학문 연구를 수행하는 사람들의 집단을 뜻했다. 중세에 대학교에 해당하는 동의어는 연구(studium) 혹은 일반적[총체적] 연구(studium generale)였다. 따라서 볼로냐 대학교는 스투디움 보노니에 혹은 보노니엔세라 불렸고, 지금도 이탈

---

28) Denifle에 따르면 13세기 중반 이후에는 교황의 대칙서 없이는 대학교가 설립될 수 없었다고 한다(I. 777).

29) 1205년에 인노켄티우스 3세는 파리 대학교 교수들에게 이런 표현을 사용하여 서신을 보냈다.

리아에서는 스투디움 볼로녜세라고 부른다. 파리 대학교는 스투디움 파리시엔세, 옥스퍼드 대학교는 스투디움 옥소니엔세라 불렸다. 일반적[총체적]이라는 수식어는 다양한 지식 분야들이 아닌 학생들을 가리켰으며, 스투디움이 모든 지역의 학생들에게 열려 있음을 뜻했다.[30] 15세기에 이르러서는 대학교라는 용어가 현재의 의미로 쓰이고 있었다. 알마(alma) 혹은 알마 마테르(alma mater)처럼 배움의 장소를 가리키는 명칭은 13세기부터 유래했다.

정규 대학교가 되려면 적어도 네 개의 학부(faculty), 즉 인문학부 — 오늘날 독일의 대학교들에서는 철학부로 알려짐 — 법학부, 의학부, 신학부가 있어야 한다. 초창기 대학교들은 이러한 개념이 구현되지 않았으며, 일부 대학교들은 지금까지 존립해오는 동안 불완전한 상태를 유지했다. 살레르노는 의과 대학교였다. 볼로냐는 한 세기가 넘도록 오로지 법과 대학교였다. 스페인의 교육 기관들 가운데 가장 높은 평가를 받는 살라망카는 14세기 말까지도 신학부를 두지 않았다.[31] 신학의 중심지로 출발한 파리 대학교는 비록 1219년 이전에는 민법을 가르치긴 했지만, 17세기가 되도록 민법 연구를 위한 공식적인 규정이 없었다.[32] 대학교들 가운데 거의 절반이 신학을 교과 과정에 포함시키지 않았다. 이탈리아의 대학교들은 초기에는 거의 예외 없이 법학과 의학에 치중했다.

그렇게 한 이유는 이미 사제 훈련을 위해 존재하던 주교좌성당 학교 및 수도원 학교와 충돌을 피하기 위함이었다. 가장 낮은 학부인 인문학부(the faculty of arts)는 삼학(三學, trivium)과 사과(四科, quadrivium)로 망라되는 일곱 과목을 포함했지만, 후대에는 형이상학과 언어학, 역사학, 그리고 법학·의학·신학에 저촉되지 않는 다른 학과들을 포함할 정도로 확대되었다. 신학은 가장 높은 우두머리 학과로 알려졌다. 교황 알렉산더 4세는 1256년에 파리 대학교에 쓴 서신에서 신학이 여왕처럼 다른 학과들을 지배하며, 다른 학과들은 신학을 종처럼 따

---

30) Rashdall, I. 8. 'general study'는 신학부(studium generale in theologica facultate) 같은 개별 학부를 위해 세워질 수 있었다.

31) '학부'라는 용어는 초기에는 '학문'(science) 곧 지식 분야와 동의어였던 것을 보인다. 예를 들어 프리드리히 2세는 나폴리 대학의 설립 인가를 내주면서 외과학을 가르치는 사람들을 가리켜 chirurgiae facultatem instruunt라고 했다.

32) 1219년에 호노리우스 3세는 파리에서 민법을 가르치는 행위를 금지했다. *Chart.*, I. p. xxviii, 92.

른다고 말했다.

대학교들은 자체 정부와 재산, 특권들을 보유했다. 이 특권들 곧 권리 장전들은 교사와 학생 집단에게 자치도시들이 일상적으로 시행하던 경찰 감시로부터 보호를 베풀고, 조세의 의무와 평상시 병역의 의무, 그리고 시 당국 앞에서 재판을 받는 일반적 방식에서 면제해 주는 등 그 가치가 적지 않았다. 파리 대학교 구성원들에게 제기된 소송은 파리 주교 앞에서 재판이 이루어졌다. 볼로냐에서는 고소당한 학생의 담당 교수나 주교가 재판을 주관했다. 1200년에는 공정왕 필립이 부여한 특권에 의하여 파리 대학교 학생들의 소지품을 시 관리가 압수하지 못하도록 되었다. 대학교는 국가 내의 작은 국가이자 자유로운 학문 공화국이었다.[33] 사실상 교수와 학생들이 따로 구별된 계급을 형성했다. 그들은 자신들의 권리가 침해당한다고 느낄 때는 이른바 세사티오(cessatio) 곧 대학 업무를 중지하거나 다른 지역으로 이전하는 조치도 불사했다. 1229년에 파리 대학교는 축제 기간에 학생 두 명이 폭력으로 살해된 사건에 대해서 여왕 블랑셰가 보상을 지체하자 2년 동안 업무를 중지했다. 교수들이 하나둘씩 파리를 떠나 결국 이름 있는 교수가 하나도 남지 않게 되었다. 파리의 주교는 시위 주범들에 대해서 파문을 선포했다. 하지만 결국 대학교가 승리를 거두었고, 국왕이 폭력 사태에 대해 사과하고, 교황이 대학교에 내렸던 징계를 철회했다. 1231년에 그레고리우스 9세는 강의를 중단하는 이러한 특권을 승인했다. 이러한 특징은 교수가 국가의 간섭을 두려워하지 않고 양심의 요구에 따라 가르칠 수 있는 자유(Lehrfreiheit)를 고수하고 있는 독일의 대학교들에 여전히 살아 남아 있다.

모델이 된 대학교들. 대학교들은 학사 행정에서 볼로냐와 파리를 모델로 삼았다. 볼로냐에서는 학생들이, 파리에서는 교수들과 학생들이 학사 행정에 참여했다. 교황과 교회 당국자와의 관계에서, 볼로냐는 파리의 어린 자매 학교와 비교할 때 항상 자유롭고 반(反)교황적이고 반성직제도적이었다. 민주적 원리를 크게 존중했다. 가장 먼저 주목할 만한 요소는 여러 학부들이 수행한 역할이다. 파리에서는 학부들이 13세기 중반에 충분히 조직되었다. 1281년에 그 대학교는 전체적인 차원에서 각 학부를 서로 보호하기로 약속했다.[34] 그 이전에는 각 학부가

---

33) 케임브리지 대학교는 자체적으로 발행하는 달력에 지금도 '학문 공화국'이라고 표기한다.

자체적으로 학위를 수여하고 강의를 조정하고 그 밖의 특수한 업무를 수행했다.

두 번째로 주목해야 할 요소는 이른바 민족들이 대학 행정에서 수행한 역할이다. 볼로냐에는 이탈리아·잉글랜드·프로방스·독일 등 네 개의 민족이 있었다.[35] 파리의 학생들도 프랑스·피카르디(네덜란드를 포함한)·노르망디·잉글랜드 출신의 네 집단으로 구분되어 있었다(그 중 잉글랜드는 1430년에 독일에 의해 밀려났다). 파리의 독특한 조직이 갖춰진 것은 13세기 초였다.[36] 초기에 유동적인 식민 정착촌들이 민족과 언어의 동질성을 토대로 결집한 각 민족 출신의 학생들이 저마다 자체적인 규약을 지닌 법인 조직으로 발전했다. 이들이 다시 지방 조직들로 구분되었다. 렉터(rector, 총장)로 알려진, 선거에 의한 관리가 법인 조직 전체의 우두머리가 되었다. 볼로냐에서는 일찍이 1194년에 그를 가리켜 협회들의 렉터(rector societatum)라고 했다. 그는 지방 조직들을 대표하는 광범위한 자문단과 협력하여 대학교의 업무를 감독했다.

기록상 파리 대학교의 수장을 렉터라고 부른 최초의 예는 교황 알렉산더 4세의 1259년 대칙서에 나타나지만,[37] 그 직위는 의심할 여지없이 오래 전부터 존재했다. 그는 네 민족의 대표자들 곧 회장들에 의해 선출되었다. 렉터는 인문학부의 교수여야 했고 평신도여도 괜찮았지만, 반드시 독신이어야 했다. 그는 크고 중요한 행사들을 주관했고, 눈에 띄는 의상을 입었다. 그는 자신이 속한 집단에 책임을 졌다. 파리 대학교 렉터에게는 각하(vestra amplitudo, your amplitude)라는 호칭이 붙었다.

파리 대학교에는 명예총장(chancellor)도 있었는데, 연로한 교수가 이 직책을 맡았다. 그는 노르트담 주교좌성당 참사회장을 맡았으며, 따라서 주교좌성당 종교법 고문과 파리 대학교 명예총장이라는 이중 직함을 지녔다. 교수들에게 강의와 학위 수여의 면허를 부여하는 권한이 그에게 있었다. 그의 권한은 역대 교황

---

34) *Chart.*, I. 590. '학부'라는 용어는 호노리우스 3세가 1219년에 파리 대학교에 처음 사용했다.

35) 영국의 대부제들은 선출된 뒤 볼로냐 대학교에 가서 교회법을 배우고 와야 했다. 참조. Capes, *Hist. of the Eng. Church*, p. 240.

36) *Chart.* I. 215. 호노리우스 3세는 1222년에 '민족들'에 관해서 말하지만, 정확한 수는 언급하지 않는다.

37) *Chart.*, I. pp. xxiii, 379.

들에 의해서 거듭 인정되었으며, 또한 교황의 법령으로 규제도 되어서 그가 상실한 권한이 렉터에게 돌아갔다.[38] 볼로냐에서는 교황 호노리우스 3세의 1219년 법령에 의해 그 교구의 대부제가 학위 수여권을 갖게 되었다.[39]

학위. 1264년에 이르면 파리 대학교의 각 학부가 학장을 두고 있으면서, 자체의 학부에서 가르칠 수 있는 면허를 부여했다. 그러한 면허(jus docendi 혹은 legendi)를 볼로냐나 파리에서 받으면 어느 대학교들에서나 가르칠 수 있는 권한(jus ubique docendi)이 생겼다. 1233년에 그레고리우스 9세와 이후의 교황들은 툴루즈와 그 밖의 대학교들의 교수들에게도 같은 권한을 부여했으나, 그들의 학위가 실제로 보편적으로 존중되었는지는 의심스럽다. 심지어 옥스퍼드에서 학위를 받았더라도 파리 대학교에서 강의를 하려면 재시험을 치러야 했다. 교황 알렉산더 4세가 살라망카의 교수들에게 어느 곳에서나 가르칠 권한을 부여할 때도 볼로냐와 파리는 명시적으로 제외시켰다.[40]

중세의 학위 제도는 여러 모로 난해한 구석을 갖고 있다. 중세의 학위는 세 단계 — 학사(baccalaureus) · 석사(licentiate) · 박사(doctor 혹은 master) — 로 이루어진 듯하다. 이 세 단계는 길드의 세 등급, 즉 도제(apprentice) · 조수(assistant) · 장인(master)에 해당했다. 학사는 시험을 치른 뒤 학위를 받았고, 가벼운 강의를 맡아 수행했다. 학사 학위는 단순히 과정을 이수했음을 입증하는 증명서의 차원을 넘어서서 연구하고 가르치는 직업을 정식으로 수행할 수 있는 권한을 주는 자격증이기도 했다. 장인(magister) · 박사(dominus) · 교수(scholasticus)라는 칭호들은 다 같은 뜻이었다. 박사는 볼로냐에서 일상적으로 통용되던 칭호였고, 장인은 파리에서 그런 뜻으로 쓰였으나, 점차 박사라는 칭호는 파리 대학교에서 교회법을 전공한 졸업자들을, 장인이라는 칭호는 그 대학교에서 신학을 전공한 졸업자들을 가리키는 뜻으로 주로 쓰이게 되었다.[41] 황제 프리드리히는 1224년의 설립 허가서에서 "각 학부의 박사들과 장인들"에 관해

38) *Ibid.*, I. p. xix.
39) *Ibid.*, I. 90 sqq.
40) Rashdall, I. 16.
41) 15세기의 독일에서는 '박사'라는 칭호가 주로 신학자들을 가리키게 되었다. 모든 상급 학부들에도 이 칭호가 적용되었다. '장인'이라는 칭호는 점차 인문학부에 제한되어 쓰였으며, 독일에서는 더 이상 쓰이지 않게 되었다.

서 언급하는데, 두 단어를 같은 뜻으로 사용했음에 의심의 여지가 없다. 학위 취득 시험은 판결(determination, determinance)이라고 했으며, 그 방식은 어떤 명제를 제시하고서 모든 참석자들의 반론에 대해서 그 명제를 변호하도록 하는 식으로 이루어졌다.

1215년에 로베르 드 쿠르콩(Robert de Courcon)은 신학박사 학위 취득 준비 기간을 8년으로 규정했으나, 14세기 초에는 그 기간이 14년으로 연장되었다. 법학부에서는 8년 과정을, 의학부에서는 6년 과정을 요구했다.

교수와 강의. 초기에는 강의가 수도원과 개인 숙소에서 이루어졌다. 1253년에 파리 대학교에는 12명의 신학교수들이 있었는데, 그 중 9명은 수도회들에 소속된 사람들로서 수도원에서 강의했다. 대학교 건물은 아주 더디게 건축되었으며, 오늘날 존스 홉킨스·코넬·시카고 같은 대규모 대학교들이 건물과 시설을 완벽히 갖춘 채 시작한 것과 같은 현상이 중세에는 존재하지 않았다. 교수들과 학생들이 장소와 시설을 마련해야 했고, 초기에는 왕이나 자치 도시가 급여 대책을 마련해 주지도 않았다. 교수들은 수업료와 부유한 학생들의 선물을 가지고 생활했다. 기부금이 들어오거나 도시 당국이 교수들의 급여를 위해 기금을 마련한 것은 후대의 일이다.[42] 단과대학들(colleges)은 처음에는 학생들이 무료 숙식을 제공받으며 함께 생활하는 합숙소(bursaries 혹은 hostels)였다.[43] 이렇게 최초로 기부에 의해서 시작되어 지금까지 존속하는 대학은 1257년에 소르본의 로베르가 각 민족에서 네 명씩 선발한 16명의 재속(在俗) 학생들을 위해서 설립한 파리의 소르본 대학이다. 재속(secular)이라는 표현은 수도원과 구분되는 의미로 사용되었다. 이런 형태로 설립된 또 다른 유명한 대학이 1304년에 공정왕 필립의 아내 나바르의 잔(Jeanne)이 생 제네비브에 설립한 나바르 대학이다. 래쉬덜(Rashdall, I. 478-517)은 1500년 이전에 파리에 설립된 60개 이상의 대학들의 명단을 소개한다. 가난한 학생들의 거처로 출발한 대학들이 교수들을 포함시키게 되었는데, 그 대표적인 예가 옥스퍼드와 케임브리지였다. 볼로냐에서는 대학 체제가 파리와 잉글랜드와 같은 규모로 발전한 적이 없다.

---

42) 14세기에 이르면 볼로냐 대학교의 대다수 교수들이 자치 도시로부터 봉급을 받았다.

43) 파리 대학교의 bursa는 주마다 위원회에 지급되는 금액이었다.

소수의 드문 경우를 제외하고는 모든 학부들의 교수들은 성직자들이었고, 혹시 평신도들일지라도 독신자들이었다. 교황 요한 22세는 1331년에 결혼한 사람에게도 파리 대학교에서 의학을 가르칠 수 있는 자격을 부여했으나, 그것은 예외적인 경우였다. 1452년까지는 파리 대학교 의학부 교수 자격에 독신의 조건이 포함되어 있었고, 하이델베르크 대학교는 1479년까지 그 규정을 유지했다. 그리고 아주 오랜 후까지도 파리와 볼로냐의 법학 교수들은 이 규정에서 벗어나지 못했다. 그러다가 종교개혁이 일어나 개신교의 영향하에 대학교들에 일거에 변화를 일으켰다.[44]

강의는 라틴어로 이루어졌고, 교수들뿐 아니라 학생들도 의무적으로 라틴어를 사용해야 했다. 어떤 종류의 배움도 유럽의 통속적 방언들로 전달하기에는 너무나 신성한 것으로 간주했던 것이다.[45] 1215년에 로베르 드 쿠르콩은 교황특사의 직권으로 파리 대학교의 교과 과정을 공시했다. 1231년에 그레고리우스 9세도 교과서 선정에 개입했다. 그는 이교 고전을 교과목에서 아예 배제했다. 아리스토텔레스의 특정 저서들, 그리고 약간 후대에는 베나의 아모리(Amauri), 디낭의 다비드, 그리고 그 밖에 이단이거나 이단 혐의를 받던 사람들의 저서들도 금지했다. 그레고리우스 9세는 신학부 학생들에게 철학에 마음을 쓰지 말고 신학박사들(theodocts)이 되는 것으로 만족해야 할 것이라고 경고했다.[46]

학생수와 학칙. 중세 대학교들의 학생수는 대대로 많은 논란을 일으킨 쟁점이었다. 몇몇 자료에 진술된 학생수는 믿기 힘들 정도로 많은 듯하다. 초기 대학교들의 입학 관련 자료들은 현존하지 않으며, 14세기 말에 이르러서야 비로소 파리 대학교의 졸업생 수를 기록한 구체적인 자료가 등장한다. 13세기의 저자 오데프리두스(Odefridus)는 두 세대 전의 볼로냐 대학교 학생수를 10,000명으로 진술한다. 파리 대학교의 학생수는 25,000명, 옥스퍼드는 30,000명이었다고 하

---

44) 참조. Rashdall, II. 647 sqq.

45) 학생들이 라틴어를 사용한 좋은 사례는 비텐베르크로 돌아가던 두 학생의 매우 흥미로운 대화에 잘 나타나 있다. 그 대화록의 사본을 Haussleiter 교수가 예나 대학교에서 발견하여 출판했다.

46) *Chart.*, I. 138. 학생들은 필독서들에 대한 강의를 '들었음을' 서약해야 했다.

47) 아마 대주교 Richard Fitz-Ralph는 1330년경에 쓴 글에서 당시의 학생수를 6천 명으로 표기한다.

며,[47] 한때는 위클리프에게 배우러 모인 학생수가 60,000명에 달했다고 한다. 하지만 위클리프 자신은 그 숫자를 좀 더 합리적으로 3000명으로 진술한다. 아벨라르는 무명 교수 시절에 3000명의 학생들 앞에서 강의했는데, 이 숫자는 그의 대단한 인격적 매력을 감안할 때 과장된 것으로 보기 어렵다. 당시의 학생수를 추산해 놓은 기록을 대할 때는 학생들이 청소년들과 장년들로 구성되었다는 점을 유념해야 한다. 래쉬덜은 당시 옥스퍼드 대학교의 재학생 수를 최소 1500명에서 최대 3000명으로 추산한다.

13세기의 중세 대학교들에는 우리가 알고 있는 학칙 같은 것이 없었다. 당시의 증언들은 한결같이 학생들의 품행이 거칠었다고 전한다. 학생들 중 많은 수가 그냥 인문학부에서 공부하는 소년들이었다. 기숙사가 없었고, 당시의 교통 상황이 오늘날 부모처럼 자녀를 지도하기가 어렵게 만들었다. 펠릭스 플라터 (Felix Platter, 1614 죽음)는 자서전에서 16세기 중엽에도 바젤에서 몽펠리에 학교까지 가려면 스무날이나 걸렸다고 전한다. 파리 대학교는 아주 먼 지역에서 온 학생들에게는 수업료를 면제해 주었다. 오가는데 일곱 달씩 걸리는 경우도 적지 않았고, 도중에 강도를 만날 위험도 있었던 점을 감안한 것이다. 1218년에 파리에서는 학생들이 가정집에 침입하여 부녀자들을 납치한 일로 시끄러운 상황이 벌어졌고, 1269년에는 가정집에 침입하여 부녀자를 겁탈하고 강도짓을 일삼는 비행 학생들과 "하나님 앞에 몹시 가증스러운 그 밖의 많은 자들"을 질책하는 공식 포고문이 발표되었다.[48] 파리에는 주막(tabernae)이 많았다. 잉글랜드의 학생들은 술을 잘 마시기로 유명하였으며, "잉글랜드인처럼 술을 마시고 노르만인처럼 노래한다"는 것이 격언이 되었다.[49] 분쟁을 가라앉히는 방법으로 결투가 흔히 사용되었으며, 1231년에 그레고리우스 9세는 학생들이 무기를 들고 거리로 나서는 행위를 금지했다.

1158년에 프리드리히 바르바로사가 볼로냐 대학교에 보낸 답서에는 학생들이 "학문을 사랑하여 스스로 유배 생활과 가난을 자처하는" 자들로 묘사되어 있다. 당시의 현실은 오늘날 우리가 이상적 민주 사회에서 기대함직한 사회적 형평이 보장되는 장밋빛 그림을 전혀 뒷받침하지 못한다. 모험과 새로움을 좋아한 나머

---

48) *Chart.*, I. 426.
49) *Auctar.*, I. p. lvi.

지 대학교에 몸담게 된 사람들의 수가 틀림없이 많았을 것이다. 이렇게 해서 함께 대학교에 들어왔을지라도 귀족은 자신의 특별한 공간과 시종들을 보유한 반면에 가난한 학생은 그에게 밥을 얻어먹었다. 옥스퍼드의 명예총장이 가난한 학생들에게 구걸할 수 있는 면허를 내주는 것이 관습이었다.[50] 볼로냐에서는 부유한 학생이 강의실에서 좋은 자리를 차지했다. 쿠르숑의 로베르는 옷가지와 그밖의 물품들을 가난한 학생들에게 선물하도록 권장했다.

중세의 대학교들은 젊은 세대의 이상과 희망의 중심지였다. 이곳에서 보수적 집단들이 학문적 전위와 교리적 이단으로 평가한 후대의 교회적·지적 운동들과 숱한 혁명들의 씨앗이 뿌려졌다.

중세의 어느 저자는 가톨릭 신앙이 유지될 수 있게 한 세 가지 원동력을 사제 제도와 제국, 그리고 대학교로 꼽았다. 하지만 항상 그랬던 것만은 아니다. 교황 절대주의에 가장 강력한 타격을 가한 집단이 파리 대학교였고, 한 세기 뒤에는 그곳에서 제르송(Gerson)과 다이(D'Ailly) 같은 종교개혁자들이 배출되었으니 말이다. 후스파는 프라하 대학교에서 태동했다. 위클리프의 가르침이 옥스퍼드를 이단의 좌소로 만들었다. 중세 대학교들 가운데 마지막으로 개교한 비텐베르크는 루터를 보호하고 추종했다. 교황 피우스 2세가 설립한 바젤·하이델베르크·옥스퍼드·케임브리지·세인트 앤드루스, 그리고 그 밖의 대학교들이 새로운 사상들의 보루가 되었다. 반면에 소르본·루뱅·쾰른은 루터의 저서들을 공식적으로 소각했다. 중세가 문화와 인류 진보의 대리인으로서 현대에 끼친 이로운 영향 중에서 대학교에 비견할 만한 것이 없다.

91. 볼로냐 대학교

볼로냐는 유럽의 대학교들 가운데 가장 유서 깊은 대학교이다. 좀 더 앞서 설립된 살레르노가 페트라르카에게서 의학의 근원(fons medicinae)이라는 칭송을 받긴 했으나 그 역사는 두 세기를 넘지 못했다. 살레르노의 기원은 모호하게 남아 있다. 그 학교가 약 130km나 떨어진 몬테 카시노 수도원의 후원으로 설립되

---

50) Rashdall, II. 656 sqq.

었음을 입증할 충분한 증거도 없다. 이 학교는 이탈리아 남부에서 일어난 의학에 대한 관심에 그리스와 아랍의 영향이 가세하여 이루어진 결실이다.

1888년에 볼로냐는 설립 8백 주년을 기념했으며, 지금도 유럽 남부에서 가장 번영을 구가하고 있는 대학교의 하나이다. 일찍이 13세기부터 테오도시우스 2세가 433년에 이 학교에 설립 허가를 내주었다는 전승이 나돌았다. 하지만 이 학교의 설립 연대는 11세기 말이나 12세기 초를 넘어서지 못한다. 그 시기에 이르네리우스(Irnerius, 1130경 죽음)가 볼로냐에서 유스티니아누스 법전을 강의했고, 조금 뒤에는 카말돌리회 수사 그라티아누스(Gratian)가 성 펠릭스 수도원에서 교회법을 가르쳤다. 민법과 교회법의 이 두 거장이 볼로냐 대학교의 설립자들로 간주된다.

볼로냐는 유럽에서 법률의 두 분야를 연구하고 가르치는 주요 학교가 되었다. 인문학부는 1221년에, 의학부는 1260년에, 신학부는 인노켄티우스 6세의 대칙서에 의해 1360년에 도입되었으나, 법학부만큼 중요한 지위에 올라서지는 못했다.

프리드리히 바르바로사는 1155년에 볼로냐 시를 방문했을 때 그 대학교를 승인했고, 1158년에는 론칼리아 평지에서 처음으로 설립 허가서를 내주었다.[51] 이 문서가 대학교 관련 입법 문서 가운데 가장 오래된 것이다. 그 뒤에 볼로냐는 두 번째이자 더 나은 베리투스(Berytus) 곧 법학의 유모(legum nutrix)가 되었으며, 볼로냐 도체트(Bolonia docet, 볼로냐가 가르친다)라는 거만한 제호를 채택했다. 교황의 후원에 조금도 기대지 않았으며, 이 점에서 이 대학교의 역사는 다른 대학교들과 마찬가지로 파리 대학교와 평행선을 긋지 않았다.[52] 서유럽 각처에서 무수히 많은 학생들이 이곳으로 몰려들었다.

학생회는 초기에는 네 대학교들 혹은 길드들로 구분되었다. 그 중에서 독일 민족의 학생회 규칙이 그 뒤로도 보존되었는데, 학생회의 목적을 형제끼리 서로 사랑하고, 서로 연합하고, 병든 동료를 간호하고, 가난한 동료를 지원하고, 죽은 동료의 장례를 치러주고, 박사학위 시험을 앞둔 동료를 적절히 보호해 주는 것이 그 골자였다.[53] 14세기에 이르면 네 대학교들이 알프스 이남회

---

51) 1155년의 문서는 *Authentica Hobita*로 알려진다.

52) 대학교와 관련한 최초의 교황 교서는 클레멘스 3세가 1189년에 교수들과 학생들에게 이미 다른 학생들이 차지하고 있는 집을 요구하는 행위를 금지하는 것이었다.

(Ultramontanes)와 알프스 이북회(Cismontanes)로 통합되었으며, 두 집단은 협의회들(conciliarii)이 지도하는 소규모 집단들로 세분되었다.

학부장들은 임기 2년의 선출직으로서 결혼하지 않은 재속 성직자여야 했으며, 성직자 복장을 갖추어야 했다. 임명식에는 그들의 머리에 고깔 모자를 씌워주는 의식이 포함되었다. 처음에는 교회법과 민법 두 학부가 각각 학부장을 두었으나, 14세기 중반 이후에는 한 사람이 두 분야를 통합해서 관할했다.

교수들은 학생회에게 그들의 규칙을 따르겠다고 서약했다. 그 규칙에 따라 결근을 해야 할 일이 생기면 학부장에게 허락을 받아야 했다. 수업종에 따라 정확히 수업을 시작하고 마치지 않으면 벌금을 내야 했으며, 교과서의 일부분을 건너뛰거나 학생의 질문에 대답을 강의 시간 끝으로 미뤄서는 안 되었다. 규칙의 또 다른 조항은 주어진 기간에 일정 분량의 범위를 다루도록 요구했다.[54] 교수들은 학생회가 불만을 느낄 만한 원인에 대해서 계속 그렇게 하면 떠날 수도 있다는 경고를 두렵게 여겼다. 이런 종류의 보이코트가 여러 번 시행되었는데, 볼로냐의 학생들이 짐을 싸들고 1204년에는 비첸차로, 1222년에는 파두아로, 마지막에 1321년에는 시에나로 떠난 일들이 대표적인 경우들이다.

교수들은 처음에는 수업료에 의존했고, 학생들이 수업료를 내지 않는다는 이유로 강의를 중단하기도 했다. 볼로냐의 법학자 오데프리두스(Odefridus)는 한 번은 "학생들이 이득만 챙기고 돈은 내지 않는다"는 이유로 다음 학기의 오후 시간 강의를 하지 않겠다고 통보했다. 교수 임명은 초기에는 학생회가 수행하다가, 후에는 자치도시의 권한이 되었다. 이러한 변화가 생기게 된 이유는 시 정부가 교수들에게 일정한 급여를 지불할 책임을 떠맡은 데에도 있었다.[55] 이상하게 들릴지 모르지만, 13세기 중엽에는 볼로냐 대학교 교수직이 대부분 세습되었다.

---

53) Denifle(p. 130)는 학생 길드들이 독일인들에게서 시작했다고 본다. 볼로냐에서는 상업 조직으로서의 길드가 그 학교에 학생들이 많이 몰리기 시작하기 전부터 존재했다. 그곳에 거주하던 외국 상인들은 각자의 단체들을 두고 있었다.

54) 이것을 가리켜 일정한 '지점'(point, punctum)에 도달하는 것이라 불렀다. punctum은 일반 교과서와 그라티아누스의 「교령집」(Decretum)에서 구분 단위였다.

55) 강사가 지정된 급여를 받은 최초의 사례는 법학교수 가르시아스로서, 그는 150 파운드를 약속받았다. 1289년에 두 교수직에 각각 150파운드와 100파운드가 지급되었다.

볼로냐 대학교의 현저한 특징은 여성 학자들에게 교수직을 허용한 것이었다. (물론 이것이 이 대학교만의 유일한 특징은 아니었다.) 저명한 법학자 조반니 단드레아(Giovanni d'Andrea)의 딸 노벨라 단드레아(Novella d'Andrea, 1312-1366)가 이 학교에서 철학과 법학을 가르쳤는데, 하지만 학생들이 얼굴을 보고 딴생각을 하지 못하도록 앞에 커튼을 쳐놓고 강의했다. 그 밖의 여성 교수들 가운데는 철학과 수학을 가르친 라우라 바시(Laura Bassi, 1778 죽음), 그리스 고전을 강의한 클로틸다 탐브로니(Chlotilda Tambroni, 1794-1817 재직), 그리고 탐브로니보다 몇년 전에 병리학을 가르친 주세피나 카타니(Giuseppina Cattani)가 있었다. 살레르노에서도 여성들이 의사로서 활동하고 의학을 강의했는데, 대표적인 경우가 1059년에 여성 질환들에 관한 책을 쓴 트로툴라(Trotula)이다. 파리에서는 데니플레(Denifle)가 환기시키듯이 망골(Mangold)라는 사람의 딸들이 11세기 후반에 신학을 가르쳤다.[56]

반면에 볼로냐 학생들을 여성들로 인한 해악에서 보호하기 위한 대책들도 시행되었다. 1367년에 추기경 알보르노즈(Albornoz)가 스페인 학생들을 위해 볼로냐 대학교 내에 설립한 대학의 학칙은 "마귀가 이 유희를 통해서 남자들을 쉽게 악에 빠지도록 시험한다"는 이유로 춤을 금했으며, "여성은 죄의 머리이고, 마귀의 오른손이고, 인류가 낙원에서 쫓겨나게 만든 장본인"이라는 이유로 여성들이 대학 구내에 출입하는 것을 금했다.[57]

볼로냐 대학교에서는 민법 전공자들은 7년, 교회법 전공자들은 6년을 이수하도록 했다. 두 분야의 박사(utriusque juris)가 되기 위해서는 10년 과정을 이수해야 했다. 1292년에 교황 니콜라우스 4세는 볼로냐의 박사들에게 어느 지역에서든 강의할 수 있는 권한을 공식적으로 부여했는데, 이것은 그들이 과거부터 시행해오던 권한이었다. 박사 학위 수여식은 매우 성대하게 거행되었으며, 학위를

---

56) Denifle, I, 233. 오데리쿠스 비탈리스는 여성 변호사들에 관해서 말하며, 한 사람은 팔레르모에서 공부한 사실과 함께 실명으로 거론한다. 14세기의 파리 대학교에는 여성 의사들이 있었는데, 그 중 한 사람인 야코바는 왕실 대법관을 치료해 주었다. *Chart.*, II. 263 sqq. 중세 파리대학교 의학부는 다른 의사에게 치료비를 지불하지 않은 환자를 치료하는 행위를 금지했고, 유대인이나 여성 의사를 치료하지 못하도록 했다.

57) Rashdall, I. 204.

받는 사람이 선물과 잔치를 준비하느라 많은 비용을 써야 했다.

볼로냐 대학교의 교회법과 민법 강의실들에서 이루어지는 강의 내용은 전통적인 견해들 일색이었다. 독창성을 권장하지 않았다. 미리 나눠준 교과서의 내용을 해석하고 나면 교수의 할 일은 그것으로 끝이었다. 단테가 볼로냐에서는 오직 「교령집」(*Decretals*)만 연구한다고 비판했을 때는 이러한 보수성을 염두에 둔 것일는지도 모른다. 로저 베이컨(Roger Bacon)은 "법학 연구가 지난 40년간 지혜[즉 철학과 과학과 신학]의 연구를, 사실상 교회 자체와 모든 학과들을 파괴해 왔다"고 주장했다.[58] 르네상스가 도래했을 때 그것은 볼로냐나 그 밖의 이탈리아 대학교들에서 시작되지 않고, 제후들과 교황들의 궁정, 특히 피렌체 시에서 시작되었다. 대학교들은 사보나롤라 같은 인물을 배출하지 못했고, 신앙적·교리적 개혁도 자극하지 못했다.

특주

필립 샤프는 1888년에 볼로냐 대학교 설립 8백 주년 기념식에 참석하여 인상적인 축하 연설을 했는데, 그 내용이 The University, etc., in *Lit. and Poetry*, pp. 265-278에 수록되어 있다. 그 기념식에 샤프 박사는 뉴욕 대학교를 대표하여 참석했다. 훔베르트(Humbert)와 이탈리아의 왕비도 참석하여 그 자리를 빛내주었다. 불행한 독일의 프리드리히 3세는 병상에서 축하 편지를 보냈는데, 어떤 의미에서는 프리드리히 바르바로사의 계승자로서 쓴 글이기도 했다. 성직자들이 기념식에 참석하지 않은 사실이 크게 눈길을 끌었다. 하지만 하객들 가운데는 전직 바르나바회 탁발수사 가바치(Gavazzi) 신부가 끼여 있었는데, 그는 1848년에 이탈리아의 자유와 통일을 외침으로써 자신의 동료 시민들인 볼로냐인들의 마음을 뜨겁게 타오르게 했고, 후에는 국내외를 오가면서 이탈리아에서 새로 일어난 복음적 운동을 강력히 옹호했다. 이와 현저한 차이를 보였던 것이 1886년에 거행된 하이델베르크 대학교 5백 주년 기념식이었는데, 샤프 박사도 참석한 이 행사는 엄숙한 예배와 설교로 시작했다.

---

58) Brewer's ed., p. 418.

92. 파리 대학교

파리 대학교의 광채는 일찍이 13세기 초부터 서유럽 전역을 환하게 비추었다. 그 뒤에도 종교개혁 때까지 신학과 일반 학문의 주요 좌소가 되었다. 1231년에 그레고리우스 9세는 파리 대학교에 대해서, '[그곳은] 학문들의 부모이자 또 하나의 학문의 도시 케리스 세페르(Kerieth Sepher)로서, 이 안에서는 마치 지혜의 공장처럼 귀금속과 금 같은 지혜가 그리스도의 교회를 위해서 제련되고 연마된다"고 평가했다.[59] 1256년에 교황 알렉산더 4세도 같은 기조로 이 대학교를 다음과 같이 예찬했다. "지극히 탁월한 학문의 전당, 인문학의 유명한 도시, 학문의 폭이 넓기로 유명한 학교, 가장 훌륭한 지혜의 공장(officina sapientiae), 가장 유익한 학문의 체육관. 이곳에서는 학문들의 가장 신선한 샘이 흘러 넘쳐서 만민으로 마시게 한다."[60] 3백 년 뒤인 1518년에 루터는 카예타누스(Cajetan)를 비판하면서 파리 대학교로 가서 자신의 견해를 피력하겠다는 의사를 밝혔는데, 그 과정에서 그 대학교를 "학문들의 부모이자 고대부터 가장 훌륭한 기독교 대학이며, 특히 신학을 발전시킨" 곳이라고 언급했다.

파리 대학교의 기원을 샤를마뉴 때로 거슬러 올라가 잡는 옛 전승을 자존심 강한 프랑스인들은 아직까지도 포기하지 않는다. 뒤 불레(Du Boulay)는 이 대학교가 1000년 이전에 설립되었음을 입증하는 주제에 책 한 권을 할애했다. 실은 아벨라르조차 이 대학교의 설립자가 아니었다. 그 탁월한 교사는 새로운 학교를 위한 길을 예비했을 뿐이며, 그 학교가 시작된 시기는 1150-1170년이라고 보는 것이 가장 타당한 견해이다.

파리 대학교는 초창기부터 국왕의 승인과 교황들의 호의를 받았는데, 그들은 이 대학교가 미래에 수행할 중요한 역할을 신속히 간파했던 것이다. 1200년에 프랑스 국왕 필립 아우구스투스(Philip Augustus)는 이 대학교의 학생들과 교수진에게 자치 정부의 간섭을 받지 않아도 되는 독립적인 권리들을 부여함으로써 귀중한 특권을 하사했다. 이 대학교가 보물처럼 간직하고 있는 문서들 가운데는 교황 인노켄티우스 3세와 그의 특사 쿠르콩의 로베르의 서신들, 그리고 교황 호

---

59) *Chart.*, I. 137.

60) *Ibid.*, I. 343.

노리우스 3세와 그레고리우스 9세(1231)의 서신들이 있다. 그때부터 이 대학교의 문서 보관소에는 교황의 서신들과 대학교 당국자들이 교황들에게 보낸 서신들이 수두룩하게 쌓여 갔다.

앞서 언급한 바와 같이, 파리 대학교에서는 교수들이 학사 운영을 주도했다. "교수들과 학생들의 대학교"라는 표현은 1221년에 처음 사용되었다.[61] 최초의 학칙은 1209년경에 작성된 인노켄티우스 3세의 대칙서에서 발견된다. 훗날 인노켄티우스는 이 대학교에게 로마에 대표부를 두도록 허락하고 추방된 바 있는 교수를 복직시킬 것을 명함으로써 대학교를 법인체로 승인했다. 1215년에 쿠르콩의 로베르가 작성한 학칙은 교과서들과 그 밖의 규율들을 규정했다. 대학교 직인은 일찍이 1221년부터 사용되었다.[62] 파리 대학교와 주교좌성당 종교법 고문(chancellor)과 파리의 그 밖의 교회 당국자들 간의 분쟁들은 1213년까지 거슬러올라간다.

파리 대학교 초창기 조직 규범이 무엇이었는지에 대해서는 많은 논란이 있었다. 오늘날 이 분야의 권위자인 데니플레(Denifle)는 뒤 불레의 견해를 비판하면서, 그 규범이 네 민족이 아닌 네 학부였다고 주장하며, 학부들이 13세기 초부터 발전했다고 지적한다. 교수 단체는 일찍이 1170년에 존재해 있었는데, 그 무렵에 세인트 올번스의 대수도원장 첼레의 존이 그 단체에 합류했다.[63] 1207년에는 인노켄티우스 3세가 교수회(body of masters)를 언급했고, 1213년에는 자신들이 가르친 학생들에게 교수 면허를 수여하게 해달라던 교수들의 주장을 승인해 주었다. 명예총장이 이 일에 개입할 여지가 없어졌다. 13세기 중반에는 일부 교수들이 강의를 중단하고서 센 강 서쪽 연안에 솟아 있는 생 제네비브 언덕으로 물러난 사건으로 명예총장의 권한이 한층 더 삭감되었다. 1255년부터 '생 제네비브의 명예총장'이라는 칭호를 얻기 시작한 생 제네비브의 대수도원장은 교수 면허나 학위를 수여할 권한을 맡았고, 그 권한은 교황의 법령으로 승인되었다.

네 민족 집단들은 동향 출신 학생들이 규율을 제정할 필요와, 서로 연대하여

---

61) *Ibid.*, I. 98 sq.

62) *Ibid.*, I. 100.

63) 존의 연대기 저자 월싱엄의 토마스는 존이 "젊었을 때" 파리 대학교에서 근면한 학생이었으며, "교수회에 초빙되었다"고 말한다.

세속 당국자들로부터 자신들을 보호할 필요를 느낀 데서 발전한 듯하다. 볼로냐의 사례가 파리에도 어느 정도 영향을 끼쳤을 가능성이 있다.

데니플레가 "대학교의 마그나 카르타"라고 부른 그레고리우스 9세의 1231년 대칙서[parens scientiarum]는 파리 대학교의 자유로운 권한들을 승인하고 보증했다. 이 대칙서가 발행된 계기는 2년간 계속된 교수들의 강의 중단 사태 때문이었다. 문제의 발단은 주막에서 벌어진 싸움이었는데, 그것이 대학교와 도시간의 싸움으로 비화되었다. 파리 시경이 여왕 블랑셰의 동의를 받아 개입하여 여러 명의 학생들을 죽였다. 교수들이 나서서 중단을 명령했으나 법이 공정하게 시행되지 않자 6년 동안 휴교를 단행했다. 교수들 가운데 더러는 잉글랜드로 건너가 옥스퍼드와 케임브리지에서 교편을 잡았다.[64] 프랑스의 다른 도시들로 가서 정착한 사람들도 있었다. 사태는 그레고리우스 9세가 나섬으로써 진화되었다. 교황은 교수들의 강의 중단권을 승인하고, 블랑셰에게 학생들을 죽인 관리들을 처벌하도록 당부하고, 명예총장에게는 이 사건과 관련하여 아무도 감옥에 넣지 말라고 지시하고, 주교에게는 학생들에게 벌금을 받거나 감옥에 넣지 말라고 지시했다.

총장(렉터)의 직위는 어느 관리가 "파리 학생들의 수장"이라고 불렸던 1200년으로 거슬러 올라갈 가능성이 있다. 일찍이 1245년에 렉터(rector)라는 칭호가 분명하게 등장하며, 이 칭호가 학생감(proctor)와 구분되어 사용된다.[65] 후대에는 파리 대학교에 서신을 보낼 때 "총장(렉터)과 교수들" 앞으로 보내는 것이 정규 관습이 되었다. 총장과 다른 고위직들(이를테면 파리의 주교와 명예총장) 가운데 어느 것이 먼저 생겼는가 하는 질문은 많은 논란을 일으켰다. 총장을 역임한 뒤 불레는 총장이 대주교들과 추기경들, 교황 공사들, 프랑스의 귀족들, 그리고 어지간한 관리들보다 높은 지위를 인정받았던 사례를 자랑스럽게 소개한다.

학부들은 학장(dean)들이, 민족별 학생회들은 학생감(proctor)들이 주관했다. 대학교 전체 업무의 방향은 학부들의 투표로 결정되었다.

파리 대학교가 초기에 누리던 여러 가지 자유가 15세기 후반에 루이 9세와 그의 후임자들에 의해 크게 삭감되었다. 대학교 당국이 자체의 권한에 벗어나는

---

64) 참조. 헨리 3세의 서신, *Chart.*, I. 119.

65) *Chart.*, I. 179, 379.

문제들에 간섭하려고 하다가 심한 견책을 당한 것이다. 강의 중단권이 폐지되었고, 총장 자유 선출권도 박탈되었다.[66] 파리 시경에 더 큰 권한이 부여되었으며, 군주의 의지가 대학교의 운영에 중요한 비중을 차지하게 되었다.

파리 대학교의 명성은 인문학부와 신학부에서 비롯되었다. 소르본 대학은 원래 가난한 신학생들을 위한 숙소로 시작했다가 후에는 신학부에 그 이름을 실어주었다. 이 대학은 국왕 성 루이의 전속사제인 소르본의 로베르가 설립했고, 국왕도 대학 건물 신축을 위한 터를 일부 제공했다. 세월이 흐르면서 소르본 대학의 집회실이 각종 논쟁의 장소로 쓰였으며, 학부의 결정이 유럽 차원의 명성을 얻었다. 6년 과정을 수료하고 시험에 통과한, 나이 스물다섯 이상의 신학생들은 학사로서 강의 면허를 취득할 수 있었다. 이들은 6년 과정 중에서 처음 3년 동안은 성경을 배웠고, 다음 3년 동안은 롬바르두스의 「신학명제집」(Sentences)을 배웠다. 두 과정을 수료한 학생들을 가리켜 각각 성경 학도(Biblici)와 신학명제 학도(Sententiarii)라고 불렀다. 박사 학위를 취득할 수 있는 나이는 서른다섯 살이었다.

파리 대학교 역사에서 가장 흥미로운 부분의 하나는 13세기 중반에 탁발수사들을 교수로 받아들일 것인가의 여부를 놓고 벌어진 투쟁이었다. 이 투쟁에 교황청이 개입하여 탁발수사들의 손을 들어주었다. 대학교는 마지못해서 그들을 교수진의 일부로 받아들였다.

그 투쟁이 처음 불거진 것은 1229년의 강의 중단 때였다. 예상할 수 있는 일이겠지만, 이때 도미니쿠스회는 은밀히 대학교 당국과 대립해 있던 관리들의 편을 들었고, 국왕과 신료들이 대학교에 등을 돌리도록 막후에서 손을 썼다. 도미니쿠스회는 1217년에, 프란체스코회는 1220년에 파리 대학교에 교수들을 파견했는데, 두 수도회의 교수들 모두가 교황 호노리우스 3세의 추천장을 들고 가서 처음에는 성대한 환영을 받았다. 1254년으로 연대가 표기된 문서에 두 수도회 교수들이 직접 그 사실을 진술해 놓았다.[67] 그러나 그들은 곧 거만한 태도를 드러내어, 대학교 학칙에 복종하겠다는 약속을 하지 않고도 자기 학생들에게 학위를 수여할 권한을 달라고 요구했다. 파리에 처음으로 교수로 파견된 도미니쿠스회

---

66) *Amer. Hist. Rev.*, 1901, p. 442.

67) *Chart.*, I. 253.

수사들 가운데 한 사람은 잉글랜드인인 자일스의 존이었다. 그는 생 자케 주교 좌성당에서 가난에 관하여 설교한 뒤에 강단에서 내려와 도미니쿠스회 복장으로 갈아입었다.

1251년의 강의 거부 때 대학교에 의해 교수들로 승인된 도미니쿠스회 수사 두 명과 프란체스코회 수사 한 명이 강의 거부에 합류하기를 거부했으며, 문제가 해결되었을 때 도미니쿠스회 수사 두 명이 대학교 당국에 의해 재임용이 거부되었다. 학칙에 순종하기를 거부하는 자들에 대해서는 대학교의 교수회(consortium)에 받아들이지 않는다는 조항이 학칙에 추가되었다. 탁발수사들은 그 조항에 복종하기를 거부한 채 교황 알렉산더 4세에게 대학교 당국으로 하여금 자신들을 받아들이고, 자신들에게 내려진 모든 처벌과 규제를 해제하라는 명령을 얻어냈다.

알력은 계속되었고, 대학교 당국자들은 피오레의 요아킴의 이단설을 지적함으로써 프란체스코회의 영향력을 차단해 보려고 했다. 탁발수사들은 「말세의 위기들」(The Periles of the Last Times)이라는 저서에서 탁발이 사도의 교훈에 위배되는 행위라고 맹공을 가한 생 아무르의 기욤을 공격함으로써 대응했다. 기욤의 저서는 토마스 아퀴나스와 보나벤투라로부터 논박을 받은 뒤에 소각되었으며, 저자는 견해를 철회하기를 거부한 채 교수직을 정지당한 뒤 프랑스에서 추방되었다.[68] 탁발수사들은 거리에서 야유와 돌팔매질을 당했다. 알렉산더 4세의 말을 곧이곧대로 믿는다면, 1257년에는 파리가 다시 평온을 되찾은 상태였다. 이로써 교황청은 오래 전부터 기꺼이 자신의 지도를 받아온 파리 대학교에게 기존의 자유들을 박탈하는 방식으로 되갚았다.[69]

14세기 중반부터 파리 대학교는 프랑스 정치 문제에 이렇다 할 역할을 수행하지 못했다. 한 번 이상 왕궁과 지역 귀족들 앞에서 발언했으며, 한 번 이상 불필요한 열정으로 인하여 질책을 받았다. 프랑스 왕들은 파리 대학교를 국왕의 딸이라고 표현했다. 이 대학교는 잔다르크를 박해하는 데 적극 앞장섰다.

유럽 종교사를 움직인 동인으로서, 파리 대학교가 가장 인상적으로 활약한 때는 서유럽이 분열된 1378-1418년이었다. 이 대학교는 분열을 봉합하기 위한 세

---

68) *Ibid.*, I. 362, 363, 367, 404, etc.

69) 참조. Rashdall, I. 391.

가지 방안을 제시했으며, 그 목적을 위해서 대표단을 서유럽 전역으로 파견하여 왕들과 그 밖의 권력자들과 협의하도록 했다. 총장들인 제르송과 다이(D'Ailly) 의 주도하에 개혁적 성격을 띤 피사와 콘스탄츠 공의회들을 주관했으며, 그로써 교황청의 분열을 종식시켰다. 콘스탄츠에서 민족들의 투표를 이끌어낸 것이 파 리 대학교의 승리였던 것이다.

명백히 교리 문제들을 놓고 벌어진 분쟁들에 대해서 파리 대학교는 요한 22세 가 주장한 지복직관(beatific vision)을 부정함으로써 그와 그의 이단설을 비판했 다. 1497년에는 모든 학위 지원자들에게 성모 무원죄 잉태설 교의에 동의한다는 서약을 받아냈다. 개신교 종교개혁이 일어났을 때는 그 운동에 반대하고, 루터 의 저서들을 소각하도록 명령했다.

93. 옥스퍼드와 케임브리지

철학과 신학의 전당으로서 연륜과 중요도에서 파리 대학교에 버금가는 것이 옥스퍼드 대학교인데, 전승은 이 학교의 설립자를 잉글랜드 왕 알프레드로 잘못 전한다. 역사에 옥센퍼드(Oxenford) 혹은 옥스퍼드가 처음 언급된 것은 912년이 다. 그 해에 그 도시에 세 개의 종교 기관들이 설립되었는데, 그 중 어느 기관 혹 은 그 모든 기관에서 옥스퍼드 대학교가 태동했을 가능성이 있다. 세 기관은 성 프리드스와이드 소수도원, 오세니 대수도원, 그리고 성 안에 있던 세인트 조지 재속 참사회 교회였다. 가장 널리 받아들여지는 견해는 성 프리드스와이드 소수 도원과 옥스퍼드 대학교를 관련짓는다. 그러나 이 대학교의 실제 설립 연도는 파리에서 이주한 1167년일 가능성이 있다. 이 견해는 솔즈베리의 존이 남긴 발 언에 토대를 둔 것으로서, 존은 프랑스가 외국인 학생들을 추방했고, 영국 왕 헨 리 2세도 성직자들에게 최고사법관의 허가증을 받지 않고는 대륙으로 건너가거 나 대륙에서 돌아올 수 없다고 공포했다고 진술한다. 하지만 그 이전부터 옥스 퍼드에서는 강의가 시행되고 있었다.

초창기 교수들 가운데 티보 데스탕페(Thibaut d'Estampes)와 테오발두스 스탬 펜시스(Theobaldus Stampensis)는 프랑스 북부 도시 캉의 생 스테팽 대수도원에 서 와서 1117-1121년에 옥스퍼드에서 가르쳤다. 그는 60-100명의 학생들을 지도

했으며, 자신을 옥스퍼드 교수(magister oxenfordiae)라고 불렀다. 어느 수사는 그가 "떠돌이 신부로서 턱수염이 뾰족하고 머리는 곱슬곱슬하고 옷을 여자 같이 입고 다니고, 성직자의 정식 복장과 체발을 부끄러워한 시시한 성직자(tantillus clericellus)"라고 조롱하면서, "세속 학문에 빠져 지낸다"고도 비판했다.

역사 기록에 1209년에 처음 분명하게 등장하는 케임브리지 대학교는 15세기 이전에는 이렇다 할 명성을 얻지 못했고, 유력한 교수도 배출하지 못했다.[70] 그 레고리우스 9세의 1233년 대칙서가 이 대학교에 대한 첫 인가로 간주되는데, 이 문서에는 명예총장에 관한 언급이 실려 있다.[71]

종교개혁 시대에 케임브리지는 명성과 영향력에서 옥스퍼드와 대등한 지위를 유지했다. 지극히 자유로운 학문의 후원자로서 헨리 8세에게 순교를 당한 로체스터의 주교 피셔(Fisher)가 케임브리지의 두 대학, 크라이스트 칼리지(1505)와 세인트 존 칼리지(1511) 설립에 견인차 역할을 했다. 이 대학교의 교수들 가운데는 에라스무스(Erasmus)와 대륙의 종교개혁자들인 부처(Bucer)와 파기우스(Fagius)가 있었다. 최초의 인쇄본 영어성경 번역자 틴들(Tyndale)과 토머스 빌니(Thomas Bilney)가 이 대학교 출신들이다(두 사람 모두 순교했다). 크랜머(Cranmer)·래티머(Latimer)·리들리(Ridley), 세 사람도 비록 옥스퍼드에서 화형을 당하긴 했지만 모두 케임브리지 출신이다. 엘리자베스 시대에 이 대학교는 카트라이트(Cartwright)와 트래버스(Travers)가 교단을 지킨 청교도주의의 요새였다. 커드워스(Cudworth)와 신플라톤주의자들이 이곳에서 왕성한 활동을 벌였다. 최근에는 더럼의 주교 라이트푸트(Lightfoot), 그의 후임자 웨스트콧(Westcott), 글로스터와 브리스톨의 주교 엘리커트(Ellicott), 존 앤서니 호르트(John Anthony Hort) 같은 역사와 해석학 분야의 교수들이 이 대학교를 이끌어가고 있다.

---

70) Mullinger를 비롯한 학자들은 반웰 소수도원이 12세기 초반에 그 대학교의 모체가 되었다고 주장한다. Rashdall(II. 545)은 이 주장을 부정한다. 전설에 따르면, 이 대학교는 스페인의 왕자 칸타베르가 확실하지 않은 어느 시기에, 혹은 왕 아서 혹은 11세기의 색슨 왕 지게베르트가 설립했다고 한다.

71) 그레고리우스 9세의 대칙서는 바티칸 문서 보관소에 보관되어 있으며, 데니플레에 의해서 출판되었다. 그 대학교의 문서 보관소는 1261년과 1322년에 발생한 주민 폭동에 의해 소각되었다.

옥스퍼드와 케임브리지는 학부 과정을 중시하는 점과, 칼리지(college)와 홀 (hall)의 체계를 견지하는 점, 그리고 교회와 긴밀한 관계를 맺고 있는 점에서 대륙의 대학교들과 차이가 난다.

1149년에 이탈리아인 바카리우스(Vacarius)가 옥스퍼드에 민법 학부를 도입했다고 전해진다. 이것은 캔터베리의 저바이스(Gervaise)가 남긴 확실치 않은 증언에 따른 것으로서, 오히려 그가 캔터베리 대주교 시어볼드(Theobald)의 집에서 강의했을 가능성이 더 크다.[72] 그는 "학교들에서 자주 논의되는 모든 법률 문제들을 판결하기에 충분한" 법률 요강을 썼다고 전해진다.

옥스퍼드를 학문의 전당으로 언급한 최초의 사례 중 하나는 웨일스의 여행가 겸 역사가 기랄두스 캄브렌시스(Giraldus Cambrensis)의 글에서 발견된다. 그는 1185년경에 그 도시를 방문하여 "학부들과 교수들과 학생들 앞에서" 자신의 저서 「아일랜드의 지형학」(*Topography of Ireland*)을 낭독했다. 이것은 옥스퍼드가 그러한 인물을 불러들일 만큼 어느 정도 중요성을 띠었음을 분명히 보여주는 증거이다. 기랄두스는 옥스퍼드의 대부제 월터 맵(Walter Map)을 가리켜 옥스퍼드의 교수라고 부른다. 이 학교가 최초로 수여한 것으로 알려진 학위는 훗날 캔터베리 대주교가 된 에드먼드 리치(Edmund Rich)가 받았다. 기랄두스의 글을 보면 교수들이 학부별로 구분되어 있었음이 분명하다. 일찍이 1209년에 옥스퍼드 시장이 그 대학교 학생 세 명을 교수형에 처한 사건의 여파로 교수들과 학생들의 이탈이 있었는데, 그 수가 3천 명으로 전해지며, 이들이 주축이 되어 케임브리지 대학교가 시작되었다고 한다.[73]

옥스퍼드 대학교는 파리 대학교에 비해 교회 권력의 간섭을 덜 받았다. 옥스퍼드는 링컨 교구에 속해 있었는데, 링컨의 주교가 이 대학교에 감독권을 행사하려고 했으나 뜻을 이루지 못했다. 1254년에 발행된 인노켄티우스 4세의 대칙서는 교황의 설립 인가에 가장 근접한 문서로서, 이 대학교의 "면책 특권들과 유서 깊은 관습"을 승인했다. 명예총장이 최초로 언급된 때는 1201년이다. 처음부

---

72) Gervaise에게서 인용한 글은 Rashdall, II. 336을 참조하라. 솔즈베리의 존은 대주교의 집에서 교육이 이루어졌다고 말한다.

73) Roger of Wendover(*anno* 1290)는 옥스퍼드가 더러는 케임브리지로, 더러는 리딩으로 떠난 교수들과 학생들을 모두 잃어버렸다고 말한다.

터 이 직위는 대학교에 의해 선출되었던 것으로 보인다. 원래 그의 임기는 2년이었다. 오늘날 옥스퍼드 명예총장은 굳이 옥스퍼드에 거주하지 않아도 되는 명예직이다.

1395년에 옥스퍼드 대학교는 교황의 대칙서에 의하여 주교들의 모든 통제(legati nati)에서 면제되었다. 이 법령은 위클리프와 그 추종자들로 인한 분란으로 인해 1411년에 철회되었다가, 1490년에 식스투스 4세가 교회의 권위로부터 다시 벗어나게 해주었다.

이 대학교는 옥스퍼드 시와 그 당국자들과 끊임없는 마찰을 겪었다. 가장 현저한 사건이 1354년에 발생했다. 늘 그랬듯이 이 사건도 주막에서 발생한 시비에서 불거졌는데, 주막 주인이 동료 시민들뿐 아니라 인근 지역에서 수천 명을 데리고 왔다. 명예총장은 도망쳤다. 탁발수사들이 성체를 들고 나와 양 진영 사이에 놓았으나 이내 땅에 떨어져 짓밟혔고, 탁발수사 곁에서 그것을 들고 있던 학생도 살해를 당했다. 많은 사람들이 그곳에서 피를 흘렸다. 과거에 진 빚을 갚기로 단단히 별러온 시민들은 20개 동의 대학 건물과 기숙사에 난입하여 닥치는 대로 약탈했다. 심지어 신성한 예배당까지 존중되지 않았으며, 그곳으로 피신한 많은 학생들이 잡혀 죽었다. 학생들은 그 도시를 떠났다. 명예총장은 그 사건을 국왕에게 호소했으며, 국왕의 권위와 주교의 영적 권위에 눌린 옥스퍼드 시 당국은 대학교에 배상금을 물었다. 그 도시에는 일년간 성무중지령이 내려졌다. 관리들이 처벌을 받았고, 학생들은 빼앗긴 물품에 대해 배상을 받았다. 성무중지령의 철회 조건은, 시장과 법 집행관들, 60명의 중산층 시민들이 폭동 기념일인 성 스콜라스티카 축일에 세인트 메리 교회에 모여 학살당한 학생들을 위해 고행을 하고, 중산층 시민 1인당 1페니씩 대제단에 바쳐서 그 돈으로 가난한 학생들과 보좌신부에게 배분하도록 하는 것이었다. 1825년에야 비로소 옥스퍼드 대학교는 거의 다섯 세기 동안 시행되어 온 이 연례 고행을 면제해 주는 데 동의했다. 폭동이 있은 뒤 대학교는 여러 해 동안 예전의 모습을 되찾지 못했다.[74] 학생들의 사회도 항상 평화로웠던 것만은 아니다. 1413년에는 아일랜드 출신 학생들이 소요 사태로 인하여 의회의 법령으로 추방되었다.

---

74) Rashdall(II. 411)은 15세기 중반에 이르면 "그 도시가 거의 완전히 대학교의 권위에 복종했다"고 말한다.

도미니쿠스회와 프란체스코회의 탁발수사들이 교수들로 부임한 사건은 다른 대학교들과 마찬가지로 옥스퍼드에서도 지대한 관심을 불러일으켰으나, 두 수도회의 교수들은 파리에서 확보했던 것만큼 독립적인 세력을 얻지 못했다. 그들의 뒤를 이어 카르멜회와 아우구스티누스회, 그리고 그 밖의 수도회들이 이 대학교에 교수들을 파견했다.

　다음으로 중요한 사건은 14세기 후반과 그 이후를 채운 위클리프와 롤라드파를 둘러싼 논쟁이었다.

　영국의 대학교들에서는 칼리지 체제가 항구적으로 발달했다. 주교들과 국왕들을 비롯한 개인의 후원으로 형성된 기부금이 저마다 다소간에 독특한 성격을 띠고서 운영되던 교수들과 학생들로 구성된 칼리지들과 홀(hall)들의 토대가 되었다. 이 칼리지들과 홀들 가운데 스물한 개가 옥스퍼드에 남았다. 그 중 가장 오래된 것들은 더럼의 윌리엄이 죽으면서 기증한 유니버시티 칼리지(1249); 머튼(1264); 스코틀랜드 왕의 아버지가 설립한 베일리얼(1266); 엑서터(1314); 오리얼(1324); 퀸스 칼리지(1340); 윈체스터 주교 위큰햄의 윌리엄이 설립한 뉴 칼리지(1379); 올 소울즈(1438); 울지(Wolsey)가 특별연구원으로 몸담았던 모들린(1448)이다. 초창기 옥스퍼드 대학교에서 가르친 유명 인사들 가운데는 에드먼드 리치(Edmund Rich), 로저 베이컨(Roger Bacon), 그로스테스트(Grosseteste), 애덤 마쉬(Adam Marsh), 둔스 스코투스(Duns Scotus), 오컴(Ockam), 브래드워딘(Bradwardine), 아마의 리처드(Richard), 위클리프(Wyclif)가 있었다.

　신학 교육의 중심지로서, 옥스퍼드는 영국 종교사에서 발생한 몇몇 중요한 사건들과 밀접히 연관되었다. 이 대학교에서 위클리프가 자신의 교리와 실천적 개혁안을 외쳤다. 이곳에서 그로신(Grocyn), 콜릿(Colet), 리너커(Linacre) 같은 인문주의자들이 가르쳤다. 이 대학교는 종교개혁기와 자유공화국 시기, 그리고 왕정복고 시기에 중요한 종교 중심지였다. 이 학교에서 웨슬리 형제와 횟필드(Whitfield)가 공부했고, 메서디스트(Methodist: 감리교) 운동이 태동했고, 18세기 초반에는 퓨지(Pusey), 케블(Keble), 뉴먼(Newman)이 영향력을 행사했으며, 소책자 운동이 시작되어 촉진되었다. 1854년 이래로 옥스퍼드와 케임브리지는 국교 반대파에 문호를 개방했다. 1871년에는 종교와 관련된 모든 시험이 폐지되었다. 1885년에는 청교도의 영적 후손들인 독립파가 옥스퍼드에 목회자 훈련을 위해 맨스필드 칼리지를 설립했다.

중세 대학교 목록

1100년 이전, 살레르노.

1100-1200. 볼로냐, 1150?; 파리, 1160?; 옥스퍼드, 1170; 레조와 모데나.

1200-1300. 비첸차, 1204; 케임브리지, 1209; 팔렌시아(스페인), 1212-카스티야의 알폰소 8세가 설립; 아레초, 1215; 파두아, 1222; 나폴리, 1224; 베르첼리, 1228; 툴루즈, 1229-그레고리우스 9세가 설립; 살라망카, 1230-카스티야의 페르난도 3세가 설립하고 알렉산더 4세가 1254년에 인가; 쿠리아 로마나, 1244-교황 인노켄티우스 4세가 설립; 이탈리아 피아첸차, 1248; 세비야, 1254-카스티야의 알폰소 10세가 설립; 몽펠리에, 1289-니콜라우스 5세가 설립; 알칼라, 1293- 아라곤의 산초가 설립했고, 1837년에 마드리드로 이양; 프랑스 파미에, 1295-보니파키우스 8세가 설립.

1300-1400. 레리다, 1300-아라곤과 시칠리아의 제임스 2세가 설립; 로마, 1303-보니파키우스 8세가 설립; 앙제르, 1305; 오를레앙, 1306-공정왕 필립과 교황 클레멘스 5세가 설립; 페루자, 1308-클레멘스 5세가 설립; 리스본, 1309-왕 디니츠가 설립했고, 코임브라로 이양; 더블린, 1312-클레멘스 5세에게 인가를 받았으나 조직되지 않음; 트레비소, 1318; 카호스, 1332-교황 요한 22세가 설립; 그르노블, 1339-베네딕투스 12세가 설립; 베로나, 1339-베네딕투스 12세가 설립; 피사, 1343-교황 클레멘스 6세가 설립; 발라돌리드, 1346-클레멘스 6세가 설립; 프라하, 1347-클레멘스 6세와 카를 4세가 설립; 페르피냔, 1349-아라곤의 페트로 4세가 설립했고, 1379년에 교황 클레멘스 7세가 인가; 피렌체, 1349-카를 4세가 설립; 시에나, 1357-카를 4세가 설립; 우에스카(스페인), 1359; 파비아, 1361-카를 4세가 설립했고, 1389년에 보니파키우스 8세가 인가; 빈, 1365-루돌프 4세와 우르바누스 5세가 설립; 오랑주, 1365; 크라코프, 1364-폴란드의 카시미르 3세가 설립했고 우르바누스 5세가 인가; 핀프 키르헨(헝가리), 1365-우르바누스 5세가 설립; 오르비에토, 1377; 에르푸르트, 1379-클레멘스 7세가 설립; 쾰른, 1385-우르바누스 6세가 설립; 하이델베르크, 1386- 선제후 팔츠의 루프레히트와 우르바누스 6세가 설립; 루카, 1387; 페라라, 1391; 페르모, 1398.

1400-1500. 뷔르츠부르크, 1402; 토리노, 1405; 엑스(프로방스), 1409; 라이프

치히, 1409; 세인트 앤드루스, 1411; 로스톡, 1419; 돌, 1423; 루뱅(벨기에), 1425; 푸아티에, 1431; 캉(프랑스), 1437; 카타나(시칠리아), 1444; 바르셀로나, 1450; 발랑스(프랑스), 1452; 글래스고, 1453; 그라이프스발트, 1455; 프라이부르크 임 브라이스가우, 1455; 바젤, 1459; 낭트, 1460; 프레스부르크, 1465; 잉골슈타트, 1472; 사라고사, 1474; 코펜하겐, 1475; 마인츠, 1476; 웁살라, 1477; 튀빙겐, 1477; 파르마, 1482; 브장송, 1485; 애버딘, 1494; 비텐베르크, 1502-작센의 선제후 지혜자 프리드리히가 설립.

94. 주교좌성당들

중세의 주교좌성당들은 신앙적 찬미와 기도의 표현으로서 철저히 교회의 산물이었다. 다른 요소가 그 건축에 끼여들지 않았다. 주교좌성당들은 돌들로 쌓아 올린 찬송이었고, 대학교들 다음으로 중세가 후대에 영향을 끼치는 데 크게 이바지했다. 십자군은 정복지에 대성당을 건축하려 하였으나 뜻을 이루지 못했다. 십자군이 원정을 감행하는 동안 유럽의 건축가들은 만대의 사람들의 경건을 훈육하고 경탄을 자아낼 만한 건축물들을 지었다. 주교좌성당들이 세워지게 한 동인은 교황청이 아니라 도시들과 귀족들과 민중의 신앙심이었다.

초기 그리스도인들이 모여 예배를 드리던 개인 집들과 지하묘지들의 트리클리니아(triclinia, 방들)에서, 유스티니아누스가 준공식에 참석하여 "솔로몬이여, 내가 당신을 이겼소" 하고 말했다고 하는 성 소피아 대성당으로 이어진 것은 대단한 발전이었다. 그리고 유럽 중부와 북부의 허술한 신전들에서 캔터베리의 아우구스티누스와 보니파키우스, 그리고 성 안스가르가 북부의 야만족들 사회에 도입한 기독교적 예배에 바쳐진 웅장한 건축물들로 이어진 것이 얼마나 비약적인 발전이었던가!

중세의 대규모 건축물들이 궁전이나 상업적 건물이 아니었다는 점 또한 눈길을 끈다. 물론 베네치아의 총독들이 거주하던 고딕 양식의 궁전과, 벨기에와 홀란드의 브뤼셀과 루뱅과 그 밖의 도시들의 시청 건물들은 예외적으로 웅장하고 화려했다. 중세의 웅장한 건물들은 주교좌성당이든 수도원 건물이든 종교적 목적에 바쳐졌다. 그런 건물들은 프랑스에서 볼 수 있듯이 도시의 높은 곳이나 중심부에 서 있는 경우가 많았으며, 주변에는 마치 그 건물들을 보호하기나 하듯이 주거 지역이 에워싸고 있었다.

거대한 주교좌성당들은 그 자체가 하나님의 임재와 그리스도의 부활을 증거하는 일상의 설교가 되었다. 이 건물들은 민중에게 성경의 핵심적 교훈들을 눈으로 볼 수 있게 함으로써 성경의 역할을 수행했다. 벽들과 솟아오르는 첨탑들을 바라봄으로써 민중의 생각도 영적인 일들로 솟아올랐다. 성당 내부의 넓은 공간에 스테인드 글라스를 뚫고 들어온 햇살이 환하게 혹은 은은하게 퍼져 있는 정경을 바라보면서, 사람들은 지상의 고독하고 막막한 존재에 다양한 계시들을 통해 제 모습을 드러내는 천상의 영광스러운 삶을 생각했다. 견고한 토대와 웅장한 기둥들과 부벽(扶壁)들은 요동하는 일이 없는 하나님의 보좌와, 그분이 말씀과 당신의 권능으로 만물을 지으셨다는 사실을 예시했다.

주교좌성당은 오랜 세월에 걸쳐 건축되었으며, 완공하는 데 수 세기가 걸리기도 했다. 첫 돌을 쌓을 때부터 탑에 마지막 돌을 올려놓을 때까지 얼마만한 기도와 신심이 끊임없이 드려졌겠는가? 성당의 조각과 스테인드 글라스 창, 프레스코화, 그림들은 성경과 교회사의 장면들을 묘사했다. 왕들과 왕비들, 전사들, 그리고 그 시대가 위대한 신앙인들로 존경한 인물들이 그곳의 묘지에 안치되었으며, 이러한 관습은 근대가 시작된 뒤에도 계속되어, 루터와 멜란히톤 같은 인물들도 비텐베르크 성채 교회에 유골로 누워 있다. 화재가 자주 발생하여 대규모 교회당들의 일부나 전부를 태웠음에도 불구하고, 샤르트르·캔터베리·노리치 주교좌성당들의 경우처럼 여러 번 복원되거나 재건축되었다. 윈체스터·피터버러·링컨 등 잉글랜드의 주교좌성당들의 경우처럼 한복판의 탑이 붕괴되었더라도 곧 재건되었다. 주교좌성당 건축에는 제후들과 민중이 힘을 합쳤으며, 건축을 진전시키기 위해서 재산과 노동력을 내놓았다. 울름의 여성들은 그 도시의 주교좌성당 건립 사업을 위해 장신구들을 내놓았으며, 쾰른의 주교좌성당 건립을 위해서 독일 각처의 사람들이 기부금을 냈다.

11세기에는 세계사에서 가장 주목할 만한 건축기가 시작되어 거의 3세기 동안 계속되었다. 이 시기의 건축은 나름대로 독특한 특징을 갖고 있었으며, 수준 높은 역량이 발휘되었다. 수사들이 강하고 웅장하고 아름다운 수도원 건물들을 짓고자 하는 열정으로 이 시기의 건축을 선도했다고 할 수 있다. 프랑스에서는 이러한 수사들의 노력이 그것을 능가하려는 주교들의 야심을 이끌어냈다. 이 시기의 건축 양식은 크게 둘로 구분되는데, 하나는 로마네스크 양식(영국에서는 노르만 양식이라고도 함)이고, 다른 하나는 고딕 양식이다. 건축 관련 저자들은 둘 이상으로 세분하며, 그들 중 더러는 12-15세기의 모든 건축 양식들을 고딕 곧 기독교 첨탑 양식(Christian Pointed)이라는 한 가지 명칭으로 포괄한다. 이 시기에 유럽에는 남부로부터 스코틀랜드와 스웨덴의 북단에 이르기까지 한편으로는 콘스탄티노플의 성 소피아 성당과 경쟁하고, 다른 한편으로는 이후로 끊임없이 모방의 대상이 되었으나 경쟁 상대가 없었던 인상적인 건축물들이 곳곳에 들어섰다.

로마에는 호노리우스 3세가 산 로렌초 성당을 착공한 13세기까지도 과거의 바실리카 양식이 주조를 이루고 있었다. 로마네스크 양식은 이탈리아 북부에서 시작했고, 11세기 초에 알프스를 넘어 이북 지역에서 꽃을 활짝 피웠다. 이탈리아에서는 피사 주교좌성당이 옛 양식과 새 양식인 십자가 형태와 돔 형태가 혼합된 모습을 보여준다. 독일에서는 슈파이어 · 보름스 · 마인츠 주교좌성당들이 이 시기에 건축된 것들이며, 잉글랜드에서는 기존의 주교좌성당들 혹은 그 일부가 이 시기에 건축된 것들이다. 예를 들면, 윈체스터 대성당은 1120년경, 우스터 대성당은 1084년경, 피터버러 대성당은 1120년경, 노리치 대성당은 1096년경, 일리 대성당은 1083년경, 더럼 대성당은 1099년에 착공되었다.

바실리카의 평면도가 십자가 형태로 대체되었다. 성가대석이 규모도 커지고, 바닥에서 어느 정도 올라갔다. 당시는 사제들의 시대였으므로, 제단의 면적을 넓히고 성직자석을 화려하게 장식하고 제단 뒤의 공간을 넓히는 데서 사제중심주의(sacerdotalism)가 잘 나타났다. 이런 특징들은 과거에도 없지 않았으나 새로 크게 강조되었다. 십자가의 넓은 끝 부분, 즉 신랑(身廊, nave, 회중석)을 특히 영국의 주교좌성당들에서는 크게 확장함으로써 제단과 그 기구들을 멀리서도 볼 수 있게 했다. 주 출입문이 신랑 끝에 서쪽을 바라보도록 나 있었기 때문이다. 잉글랜드에서는 수랑(袖廊, transept, 십자가의 양쪽 팔)이 길고 넉넉한 모양을 띠었다. 탑이 성당의 현저한 특징이 되었으며, 벽들에 부벽(扶壁, buttress)들이 덧붙었다. 이탈리아에서는 탑이 돔(dome) 위로 덧붙어 종탑의 형태를 띠었으며, 때로는 건물의 본체와 떨어진 별개의 건물인 경우도 있었다. 아치형에 궁륭(穹窿)으로 이루어진 천장이 평면 천장을 대체했다.

고딕 양식(이탈리아에서 야만족인 고트족의 유명한 특징을 따서 그렇게 부름)

은 유럽 북부에서 가장 크게 발전했으며, 프랑스 북부에서 시작했다. 이것이 역사상 가장 웅장한 교회 건축 양식이었다. 높이 치솟은 벽들과 하나님의 보좌에까지 닿을 듯이 올라간 첨탑이 이 양식의 특징이다. 아미앵 주교좌성당의 둥근 천장(vault)은 높이가 44미터였고, 보베 주교좌성당은 47미터, 쾰른 주교좌성당은 46미터였다. 이 양식은 끝이 뾰족한 아치, 수직으로 뻗은 선들, 그리고 예첨창(銳尖窓, 끝이 뾰족하고 높고 좁은 창)을 발달시켰다. 마치 롬바르디아의 포플라나무처럼 높고 강인하고 엄숙한 특징을 갖고 있었다. 강인한 부벽, 탑, 웅장한 기둥은 북유럽의 강인한 힘을 대변했다. 뾰족한 지붕들은 눈보라가 자주 발생하는 북유럽의 기후를 감안한 것이다. 특히 프랑스의 주교좌성당들이 지닌 플라잉 버트레스(부벽과 주 건물을 연결한 아치형 벽받이: 역자주)와 거기에 가해진 정교한 조각, 화려한 현관은 기독교의 약속과 소망의 풍성함을 상징했다.

고딕 양식은 13세기에 **프랑스**에서 시작했다. 그 대표적인 예를 1211년에 착공된 랭스 주교좌성당과 1163년에 착공된 아미앵·랑·노트르담 주교좌성당들에서 볼 수 있다. 프랑스의 아치들은 잉글랜드에 비해 덜 뾰족했으며, 현관들은 규모가 더욱 웅장하고 화려하게 장식되었다. 노트르담 대성당에는 가장 훌륭한 플라잉 버트레스가 있다. 프랑스의 고딕 양식 건축물들에는 탑들이 있다. 파리·아미앵·랭스의 주교좌성당들은 탑들이 완공되지 않은 상태로 있다. 파리의 생 샤펠 대성당은 순수한 고딕 양식을 간직한 훌륭한 건축물이다.

독일에서 고딕 양식으로 건축된 훌륭한 대성당들은 성 엘리자베트에게 봉헌된 마르부르크 주교좌성당과 뉘른베르크·밤베르크·프라이부르크·스트라스부르 등의 주교좌성당들이다. 쾰른 주교좌성당은 현존하는 고딕 양식 건축물들 가운데 최고라는 평가를 받는다. 이 대성당의 성가대석은 1248년에 착공되었는데, 호흐슈테덴의 콘라트가 새로 선출된 황제 홀란드의 빌헬름과 그 밖의 여러 제후들이 참석한 가운데 초석을 놓았다. 그 성가대석은 1322년에 봉헌되었다. 1437년에는 탑들 가운데 하나가 현재의 1/3의 높이로 완공되었다. 종교개혁 시대에는 천장에 판넬이 부착되었다. 19세기에는 원 설계도가 발견된 데 힘입어 두 개의 첨탑을 포함한 건물의 완공이 민족적 과업이 되었다. 이 공사는 1880년에 끝났다.

잉글랜드에는 노르만족의 도래와 함께 시작된 중세 건축의 기념비적 건물들이 많이 남아 있다. 이 민족의 삶은 그러한 건물들과 긴밀한 관계를 맺고 있는데,

웨스트민스터 사원(Westminster Abbey)은 아마도 지상에서 가장 위엄있는 묘지일 것이다. 앞서 언급한 주교좌성당들 외에도 링컨·캔터베리·요크·솔즈베리 등의 대성당들이 이 시기에 착공되었다. 잉글랜드의 웅장한 대성당들은 이런저런 요소들이 계속해서 덧붙다가 마침내 나름대로의 정형을 갖게 되었다. 잉글랜드 대성당들의 가장 두드러지는 특징들 가운데 하나는 아무래도 탑인 듯한데, 리치필드 주교좌성당이 첨탑에서는 가장 중요한 건축물로 평가된다. 가장 유려한 외관은 솔즈베리와 링컨 대성당이 이루어낸다. 이 대성당들 가운데 캔터베리·더럼·엘리(Ely)를 비롯한 상당수가 베네딕투스회 수사들에 의해 건축되었고, 칼라일과 브리스톨 같이 아우구스티누스회 재속 참사회 수사들에 의해 건축된 것들도 많다. 링컨·치체스터·솔즈베라·요크·세인트 데이비드 같은 대성당들은 재속 사제들이 건축했다.

스코틀랜드의 건축은 잉글랜드에서 수입되어 잉글랜드의 양식에 따라 이루어진 듯하다. 중세 스코틀랜드의 건축물 가운데 가장 고상한 것은 글래스고·세인트 앤드루스·덤블린·엘진 주교좌성당들이고, 수도원 중에는 켈소·드라이버러·홀리루드·멜로스를 꼽을 수 있다.

스페인에서는 13세기에 톨레도와 부르고스 같은 도시들의 대성당이 고딕 양식으로 건축되었고, 전세계 기독교 교회당 가운데 바닥 면적이 가장 넓은데다 고딕 양식으로 된 세비야 대성당은 1401년에 착공되어 1520년에 완공되었다.

이탈리아에서는 고딕 양식이 충분히 뿌리를 내리지 못했다. 밀라노·피렌체·시에나의 주교좌성당들이 이 양식을 지닌 비교적 훌륭한 건축물들로 꼽힌다. 시에나는 1243년에 착공되었다. 밀라노 대성당은 1385년 이후에야 비로소 착공되었다. 이 대성당이 세비야와 성 베드로 성당 다음으로 가장 규모가 큰 기독교 교회당이다. 이 건물은 서쪽 면만 순수한 고딕 양식으로 되어 있어서 건물의 나머지 부분과 조화를 이루지 못한다. 이 건물은 흰 대리석으로 지어졌고, 수백 개의 첨탑들이 구름까지 솟아오르는 듯한 인상을 준다. 밀라노 대성당의 배경에는 눈이 하얗게 덮인 채 인간 세상의 번잡함과 소음으로부터 높이 초월해 있는 알프스 산맥이 버티고 있다. 하나님이 지으시는 크고 웅장한 대성당들과 비교할 때, 인간이 지어놓은 대성당들은 인간 자신이 창조주 앞에 설 때와 같이 왜소함을 면할 길이 없다.

제 12 장

스콜라 신학과 신비주의 신학

95. 개관적 서론

스콜라주의(scholasticism)는 중세의 신학에 붙는 용어이다. 이것은 교부들의 저서들과 종교개혁자들의 저서들이 그렇듯이 나름대로 독특한 사변 체계를 형성한다. 교부들은 성경을 전거(典據)로 활동했고, 이단들과 투쟁하는 과정에서 자신들의 가르침을 하나씩 교의(敎義) 진술로 정리했다. 스콜라 학자들은 그 교의 진술들을 수집하고 분석하고 체계화하였고, 개연성 있는 모든 반론들에 대해서 그 합리성을 변증했다. 종교개혁자들은 인간 권위의 멍에를 벗어버리고, 스콜라주의자들을 비판하면서 다시 성경의 샘으로 돌아갔으며, 성경이 가르치는 진리들을 다시 진술했다.

스콜라주의의 대표적인 특징은 이성을 교회의 권위에 복종시키고, 교회의 교의들을 변증의 방법으로 독자적으로 증명하고자 한 데 있다. 성경에 관하여, 스콜라 학자들은 그 권위를 인정했고, 창세기부터 계시록까지 성경의 내용을 친숙히 알고 있음을 드러낸다. 아벨라르 같은 드문 경우를 제외하고는 대부분 교부들의 교훈이 성경을 정확하게 반영한 것이라고 인정했다. 헤일스의 알렉산더 (Alexander)와 그 밖의 학자들은 성경을 진리(veritas)로, 교부들의 교훈을 권위 (auctoritas)로 규명하면서 둘을 구분했다.

그들의 관심사는 성경에서 새로운 진리를 찾아내거나 어떤 의미에서 성경을 재조사하는 데 있지 않았다. 그들이 수행한 과업은 자신들이 유산으로 물려받은 것을 확증하는 것이었다. 이런 이유에서 그들은 해석학과 성경신학에 독창적으로 기여하지 못했다. 자신들이 무슨 새로운 교의들을 발견한 것처럼 행세하지 않았다. 그들은 교부들에게 물려받은 교의를 당대와 후대에 전달한 사람들이었다.

스콜라 학자들이 성취하고자 했던 과업은 두 가지였다. 하나는 교리와 이성을 조화시키는 것이었고, 다른 하나는 교회의 교리들을 신학대전(summa theologiae)이라 부르는 질서정연한 체계로 배열하는 것이었다. 이 체계들은 오늘날 우리의 백과사전들과 같이 전체 내용을 망라하는 데 목표를 두었다. 인간의 지성을 그만큼 신뢰했기에 종교와 윤리의 영역에서 제기된 모든 진지한 질문들을 지적으로 조사하려 한 것이다. 하지만 스콜라 학자들은 극단으로 치달아, 상상 가능한 모든 질문들, 즉 대답을 하더라도 불건전한 호기심을 충족시키는 것 외에는 아무 유익도 되지 못하는 질문들을 논의에 끌어들였다. 안셀무스(Anselm)는 하나님의 존재·성육신의 필연성·마귀의 타락 같은 독특한 주제들에 관하여 훌륭한 논문들을 썼다. 페트루스 롬바르두스(Peter the Lombard)는 대단히 명확한 신학 체계를 제시했고, 토마스 아퀴나스(Thomas Aquinas)는 그 것을 가장 완벽한 형태로 완성했다.

이 왕성한 사상가들은 대범한 확신을 가지고 지극히 숭고한 주제들을 놓고 사색했고, 온갖 종류의 의심들을 제기하고 답했으며, 당위로 받아들여온 모든 교의에 철저한 시죄법을 가한 뒤에 논박할 수 없는 성격을 입증했다. 그들은 신학의 기사들로서, 그 분야의 고드프루아와 탕크레드였다. 그들에게는 철학이 시녀(ancilla)였으며, 변증학은 칼과 창이었다.

이렇게 엄격한 변증적 잣대 아래서, 기독교 교의들은 신선함과 생명력을 상실하고 신학의 시체가 되고 말 위기에 처했다. 중세의 위대한 신학자들은 뜨거운 신앙 열정으로 이러한 결과를 피했다. 안셀무스·토마스 아퀴나스·보나벤투라는 따뜻한 경건의 소유자들로서, 아우구스티누스와 마찬가지로 형이상학적 요소에 신비주의적인 요소를, 사색적 기질에 묵상과 기도의 습관을 겸비한 사람들이었다.

중세의 사색들을 단순히 거창한 기구 비행 경기나 지적 장기 대회쯤으로 생각한다면 그것은 사실과 한참 거리가 먼 것이다. 정반대로 중세의 사색들은 숭엄한 목적을 가지고 진지하게 수행해 나간 연구였다. 스콜라 학자들은 하나님의 임재와 십자가 희생에 대한 진지한 자각을 품고 있었으며, 토마스 아퀴나스의 저서들 가운데 윤리학에 관한 부분들에는 인간 행위 영역에 대한 깊은 관심이 묻어난다. 스콜라 학자들의 저서들은 바로 이런 이유에서, 그리고 그 저서들이 두 세기가 넘도록 신학을 대변했다는 점에서 아직까지도 살아 있고 앞으로도 틀림없이 살아남을 것이다.[1]

스콜라 학자들은 아우구스티누스의 노선을 따라 '신앙이 지식에 앞선다' (fides praecedit intellectum)는 원리를 가지고 출발했다. 안셀무스는 그 원리를 이렇게 표현했다. "나는 믿기 위하여 이해하는 것이 아니라, 이해하기 위하여 믿는다" (credo ut intelligam, non intelligo ut credam). 그들은 이사야 7:9을 증거본문으로 인용했다. "만일 너희가 굳게 믿지 아니하면 너희는 굳게 서지 못하리라." 아벨라르(Abaelard)는 예외여서 그 순서를 뒤바꾸어 지식이 신앙에 앞서도록 해놓았다. 그러나 그를 포함한 모든 스콜라 학자들이 동일한 결론에 도달했다. 계시와 이성, 신앙과 학문, 신학과 철학은 일치한다. 그것들은 스스로 모순되실 수 없는 한 분 하나님에게서 나왔기 때문이다.

스콜라주의는 독특한 지적 노력 체계로서도 주목을 받지만, 오늘날까지 로마 가톨릭 교회의 지배적 신학으로서 지니는 중요성 때문에도 주목을 받는다. 스콜라 학자들이 진술해 놓은 이단 처리법, 국가에 대한 교회의 수위성, 성모의 무원죄 잉태, 칠성사 같은 교의들이 여전히 구속력을 갖고 있거나 공식적으로 폐기되지 않고 있다. 교황 레오 13세는 1879년 8월 4일에 발행한 회칙(encyclical)에서 토마스 아퀴나스의 신학을 가톨릭 정통신앙의 표준이자, 19세기의 회의주의에 대한 신앙의 전투에서 기독교 철학의 가장 안전한 안내자로 천명함으로써 이 점을 새롭게 증언했다.

스콜라주의 체계들은 중세의 모든 독특한 제도들이나 운동들과 마찬가지로 대단히 인상적이다. 저자들의 근면이 경탄을 자아낸다. 진술 하나하나마다 지루하긴 하나 결론적 필연성이 따르고, 그런 진술들이 모여 장을 이루고 권을 이루

---

1) Milman(*Hist. of Lat. Christianity*, VIII. 257)의 다음과 같은 발언은 철저히 부당한 것이다. "스콜라 학자들은 온갖 심오한 문제들을 깊이 파헤쳤음에도 불구하고 아무것도 찾아내지 못했다. 논리적 장치들을 방대하게 고안했음에도 불구하고 어떤 문제도 만족스러울 만큼 입증하지 못했다." 안셀무스의 존재론적 논쟁과 토마스 아퀴나스의 우주론적 논증, 그리고 그리스도께서 이루신 만족(satisfaction)에 관한 진술들만 생각해 봐도 밀먼의 주장이 사실이 아님을 금방 느낄 수 있다.

며, 주제를 다룰 때도 가능한 모든 측면에서 철저히 고찰한다. 둔스 스코투스는 저서를 열세 권 남겼는데, 놀랍게도 불과 서른넷의 나이에 세상을 떠난 듯하다. 알베르투스 마그누스의 저서들은 이보다 더 방대하다. 이들이 수립한 신학 체계들은 매우 인상적이고 중후하고 강력한 받침을 받은 중세의 교황제와 고딕 건축 양식에 비견해도 조금도 손색이 없다. 교황제는 모든 왕국들을 자신의 신적 권위 아래 굴복시켰다. 건축은 모든 자재들과 기술을 끌어다 예배에 기여하게 만들었다. 스콜라 학자들은 논리학과 철학의 모든 힘을 사용하여 신학의 정통 체계를 입증했다. 하지만 종교개혁자들과 후대의 학자들이 내놓은 좀 더 건실한 해석학과 좀 더 성경적인 신학에 비추어 볼 때, 스콜라 학자들은 건물을 짓는 과정에서 나무와 밀짚을 너무 많이 사용했다.

96. 스콜라주의의 원천과 발전

스콜라주의의 주요 젖줄은 아우구스티누스와 아리스토텔레스의 저서들이었다. 전자는 질료를 후자는 형식을 제공했고, 전자는 교의적 원리들을 후자는 변증 방법을 제공했다.

중세의 사상을 지배한 아우구스티누스는 교회 중심적, 성례 중심적, 반(反)마니교적, 반(反)도나투스적 신학자였다. 훗날 루터와 칼빈이 자신들의 죄와 은혜 교리의 전거로 호소한 사람도 다름 아닌 아우구스티누스였다. 스콜라 신학의 틀을 수립하는 데 도움을 준 그 위대한 지식인이 과연 어떻게 해서 그것을 부수고 좀 더 성경적이고 실생활에 부합한 다른 틀을 수립한 종교개혁자들에게 도움을 줄 수 있었는지 매우 이상한 일이다!

아리스토텔레스는 중세의 평가에서는 가장 위대한 철학적 사상가였다. 스콜라 학자들은 그를 거듭해서 그 철학자라고 부름으로써 그에 대한 극진한 평가를 나타냈다. 단테는 그와 베르길리우스를 이교도로 규정하고는 낙원도 연옥도 아닌 지옥의 입구에 배치하되, 실질적인 고통은 면하게 해준다. 아리스토텔레스는 기독교 진리의 선구자, 자연 만물에 대한 방법과 지식에서 세례자 요한과 같은 인물(precursor Christi in naturalibus)로 평가받았다. 그의 저서들은 13세기까지 유럽 사회에 일부밖에 알려져 있지 않았다. 「범주론」(*Categories*)과 「형이상학」

(*Metaphysics*)은 보에티우스의 라틴어 번역서를 통해 아벨라르와 그 밖의 스콜라 학자들에게 알려졌으며, 세 권으로 된 「오르가논」(*Organon*)은 솔즈베리의 존에게 알려졌다. 「물리학」(*Physics*)과 「형이상학」(*Metaphysics*)은 1200년경에 소개되었으며, 나머지 저서들은 모두 13세기 초에 아랍 철학자들인 아비세나(Avicenna, 1037 죽음), 아베로에스(Averrhoes, 1198 죽음), 아부아케르(Abuacer, 1185 죽음)의 명상 자료들과 유대교의 자료들을 통해서만 접할 수 있었다. 로저 베이컨은 아랍인들과 미카엘 스코트(Michael Scot), 크레모나의 게라르두스(Gerard), 그리고 그 밖의 사람들이 번역해 놓은 아리스토텔레스의 저서들에 오역이 심한 사실을 개탄한다.

초기에 교황들과 교회회의들은 그 스타게이로스의 주민(the Stagyrite, 아리스토텔레스의 속칭: 역자주)이 이단과 영적 교만을 조장할 것을 우려하여 의심하기도 했고 심지어는 그의 저서들을 금하기도 했다.[2] 그러나 1250년부터 그의 권위는 최상의 자리를 빼앗기지 않았다. 당시에 파리에는 생 빅토르의 고트프리트(Gottfried)의 말이 유행했다.

아리스토텔레스의 갑옷을 입지 않고 오는 자는
누구나 배제되고 추방된다.[3]

종교개혁자들은 그의 멍에를 벗어버렸다. 루터는 당대의 로마 교회 학자들을 가리켜 "저주받은 이교도 아리스토텔레스"라고 비판했고, 「바빌론 유수」(*Babylonish Captivity*)에서는 중세 교회를 가리켜 "토마스적 혹은 아리스토텔레스적 교회"라고 불렀다.

스콜라 학자들의 계보는 11세기 말의 로스켈리누스(Roscellinus)와 안셀무스와 더불어 시작한다. 두 세기 전에 존 스코투스 에리게나는 훗날 스콜라 학자들이 근본적 화두로 삼게 될 몇몇 주제들을 예기했고, 참된 철학과 참된 신앙은 하나

---

2) 1209년의 파리 공의회는 그의 「자연 철학」(*Natural Philosophy*)을 사용하는 것을 금지했다. 1231년에 그레고리우스 9세는 「물리학」(*Physics*)을 단죄했으나, 1254년에 파리 대학교는 아리스토텔레스의 저서들을 강해하는 데 많은 시간을 할애했다.

3) *Chart.*, I. p. xviii.

라는 원리를 제시했다. 하지만 그는 스콜라주의에 이렇다 할 영향을 끼치지 못한 듯하다. 스콜라주의의 역사는 세 시기로 구분된다. 제1기는 스콜라주의의 태동기이고, 제2기는 개화기이고, 제3기는 쇠퇴기이다.[4] 제1기에 속한 학자들은 안셀무스(1109 죽음), 로스켈리누스(1125경 죽음), 아벨라르(1142 죽음), 베르나르(1153 죽음), 생 빅토르의 위그(1154 죽음), 생 빅토르의 리처드(1173 죽음), 푸아티에의 질베르(Gilbert, 1154 죽음)이다. 제2기의 주요 학자들은 페트루스 롬바르두스(1160 죽음), 헤일스의 알렉산더(1243 죽음), 알베르투스 마그누스(1280 죽음), 토마스 아퀴나스(1274 죽음), 보나벤투라(1274 죽음), 로저 베이컨(1294 죽음), 둔스 스코투스(1308 죽음)였다. 쇠퇴기의 대표적인 학자들은 두란두스(Durandus, 1334 죽음), 브래드워딘(Bradwardine, 1349 죽음), 오컴(Ockam, 1367 죽음)이었다. 잉글랜드 · 프랑스 · 독일 · 이탈리아 · 스페인이 이런 기라성 같은 인물들을 배출했다. 튀빙겐 대학교 교수 가브리엘 비엘(Gabriel Biel, 1495 죽음)이 대체로 마지막 스콜라 학자라고 불린다. 위대한 스콜라 학자들은 거의 다 수사들이었다.

안셀무스와 둔스 스코투스 사이에 끼인 두 세기 동안, 성모 무원죄 잉태 같은 중요한 쟁점들과, 성육신과 삼위일체 같은 교리들을 순수 이성을 사용하여 증명할 수 있는가 하는 문제를 바라보는 시각에 중대한 변화가 새겼다. 이 두 교리에 대해서 둔스 스코투스와 오컴뿐 아니라 토마스 아퀴나스도 순수 이성의 영역을 벗어나는 주제라고 주장했다. 하나님의 존재와 영혼 불멸에 대해서도 둔스 스코투스와 후대의 스콜라 학자들은 오직 교회의 권위에 의거하여 받아들여야 하는 신비들로 간주하게 되었다. 스콜라주의의 역사 마지막 단계에서는 과거와는 달리 개연성을 토대로 한 논증이 강조되었다.

스콜라 학자들은 사고의 상세한 내용을 구분해서 표현하기 위해서 고전 라틴어에 없던 새로운 어휘들을 고안해 냈는데, 이를테면 ens, absolutum, identitas, quidditas, haecceitas, aliquiditas, aleitas 같은 단어들이다.[5] 그들이 스스로 관용한

---

4) Cousin은 세 시기로 구분하는데, 첫째 시기는 철학이 신학에 종속되었던 시기였고, 둘째 시기는 두 과목이 결합한 시기였으며, 셋째 시기는 두 과목이 분리된 시기였다.

5) Rich. de St. Victor는 '타자성'(otherness)을 삼위일체 내면의 구분에 적용했다.

궤변적 사색들은 대부분 천사들과 성모 마리아, 마귀, 창조, 부활의 몸 같은 주제들에 관련되었다. 다음에 소개할 그런 질문들을 대표적인 스콜라 학자들이 엄숙하게 제기하고 변론했다. 알베르투스 마그누스는 하나님께서 우주를 창조하시는 것과 인간을 창조하시는 것 가운데 어느 것이 더 어려웠는지, 그리고 천사들의 이해력이 아침에 더 밝은지 아니면 저녁에 더 밝은지 질문을 제기했다. "아담과 하와 중에서 누구의 죄가 더 큰가?" 하는 질문은 안셀무스와 생 빅토르의 위그, 그리고 그 밖의 스콜라 학자들이 즐겨 다룬 질문이었다. 헤일스의 알렉산더는 아담이 범죄한 시각을 추론하려고 시도하여 긴 변론 끝에 그 시각이 그리스도께서 숨을 거두신 제9시였다고 결론지었다. 보나벤투라는 한 장소에 얼마나 많은 천사들이 동시에 있을 수 있으며, 한 천사가 동시에 얼마나 많은 장소에 있을 수 있는지, 그리고 하나님께서 그리스도를 사랑하신 것보다 더 인류를 사랑하시는지를 논했다. 안셀무스는 삼위일체에 관한 저서에서, 하나님께서 과연 여성이실 수 있으셨는지, 그리고 성령께서는 왜 육신이 되지 않으셨는지 하는 질문을 다루었다. 앞의 질문에 대해서 생 빅토르의 월터는 페트루스 롬바르두스에 관해서 말하면서, 자기로서는 그 롬바르드인이 하나님께서 여성으로 성육신하실 수 있었는가를 묻는 것보다 그 롬바르드인이 왜 세상에 나귀로 태어나지 않았는가를 묻는 것이 더 합리적일 것이라고 매우 현명하게 말했다. 쥐가 성체를 먹으면 어떻게 될까 하는 유명한 논쟁은 성찬을 다루는 부분에서 소개할 것이다. 알베르투스 마그누스·보나벤투라·토마스 아퀴나스 등의 학자들은 그 문제를 놓고 진지하게 생각했다. 풀렌(Robert Pullen)은 남자가 부활할 때 에덴에서 잃은 갈빗대를 돌려받을 것인지, 생시에 잘라버린 손톱을 도로 찾게 될 것인지를 물었다.

이런 끝없는 질문들은 앞서 언급한 대로 비록 철저를 기하고자 하는 욕구에서 비롯된 것이라 하더라도 철없고 경박한 것으로 조소를 받았다. 당연한 결과이지만, 마침내 이러한 질문들 때문에 스콜라주의는 신망을 잃게 되었다. 스콜라주의는 초월적인 것들의 구름과 안개 속을 헤매는 동안 발 밑에 있는 땅의 것들을 잃어버렸던 것이다. 교황제가 과도한 야심 때문에 스스로 파멸의 길을 걸었던 것처럼, 스콜라주의도 지적 궤변으로 스스로 권위를 깎아먹었으며, 르네상스와 인문주의의 실제적 관심사들과, 성경을 상고함으로써 그리스도의 심정에 이르고자 한 단순한 신앙에 의해서 무시되었다.[6]

97. 실재론과 유명론

스콜라주의의 저변에 깔린 철학적 문제는 보편자들(universals, universalia)이라고 하는 일반적 혹은 총괄적 개념들이 실제적이고도 독립적으로 존재하는가 하는 것이었다. 보편자들이 필연적으로 실체적 존재(substantial being)를 내포하는가? 이 질문에 대해서 스콜라 학자들은 실재론파(實在論派, the Realists)와 유명론파(唯名論派, the Nominalists)로 양분되었다. 이 질문은 오늘날은 주목을 받지 못하지만, 중세에는 가장 중요한 쟁점이었다.

실재론은 보편자들이 단지 정신의 일반적 개념들이 아니라 실재적 존재를 갖고 있다고 가르쳤다. 실재론파의 한 집단은 플라톤의 주장(아리스토텔레스가 전한)에 따라서, 보편자들이 신적 정신 안에 있는 창조적 모형들이자 견본들이라고 주장했다. 이들의 견해는 우니베르살리아 안테 렘(universalia ante rem), 즉 보편자들은 개별자 곧 구체적 대상에 앞서 존재한다는 표현으로 진술되었다. 아리스토텔레스 계열의 실재론파는 보편자들이 실재적 존재를 지니긴 하지만, 개별적 사물들로만 존재한다고 주장했다. 이것이 우니베르살리아 인 레(universalia in re)의 교리였다. 예를 들어 인간(humanity, 인간성)은 실재적 존재를 지닌 보편자이다. 소크라테스는 그것을 지니고 있었고, 따라서 그는 다른 사람들과 구분되는 개별적 인간이라고 했다. 플라톤 학파를 대변한 안셀무스는 보편적 인간성이 그 자체로 독립적 존재를 지닌다고 주장했다. 둘째 이론을 대변한 둔스 스코투스는 보편자 안에서 모든 분류(classification)의 근거를 발견했으며, 이런 의미로만 보편자에게 실재적 존재를 부여했다.

유명론파는 보편자들 혹은 총괄적 개념들이 선행적(先行的) 존재를 갖지 않는다고 가르쳤다. 그것들은 단순히 이름들(nomina, flatus vocis, voces), 개별적 사물들과 그 특성들을 비교하는 데서 생긴다고 했다. 예를 들어, 아름다움은 아름다운 대상들을 봄으로써 마음에 생기는 개념이다. 개별적인 것들이 먼저 관찰되고, 보편적인 것들 곧 추상적 개념들은 관찰 결과로 생긴다. 이 교리는 우니베

---

6) Thomas Fuller는 스콜라 학자들을 런던의 좁디좁은 대지들에 건물들을 세우는 자들에 비유하면서, 그들이 "탑처럼 사색을 쌓아올려 좁은 바닥 면적을 벌충했다"고 말한다.

르살리아 포스트 렘(universalia post rem), 즉 보편자들은 개별자들 다음에 알려진다는 표현으로 진술된다. 이 견해의 수정안은 개념론(Conceptualism), 즉 보편자들이 정신에는 개념들로 존재해왔으나 실재적 존재는 지니지 않는다는 교리이다.[7]

이 변증법적 구분은·보에티우스가 전한 바 포르피리오스의 「입문」(Isagoge)의 한 단락에서 출발했을 가능성이 크다. 그 질문을 가지고 논쟁하기를 거부한 포르피리오스는, 보편자들을 만질 수 있는 사물들과 동떨어진 독특한 실재적 존재를 지닌 것들로 간주해야 하는지, 아니면 다만 만질 수 있는 것들 안에서만 실재적 존재를 지니는 정신의 개념들인지를 묻는다. 이 구분은 삼위일체·속죄·원죄 같은 신학 교리들에 적용되면서 실제적인 중요성을 띠게 되었다.

실재론은 11세기에 안셀무스와 동시대인이자 아벨라르의 스승이었던 로스켈리누스에 의해 쟁점이 되었는데, 그는 아마도 유명론을 옹호한 듯하다.[8] 우리가 그의 견해에 관해서 알고 있는 지식은 거의 대부분 그의 비판자들인 안셀무스와 아벨라르의 진술에서 얻은 것이다. 로스켈리누스는 1092년에 프랑스 수아송 교구의 콩피뉴 주교좌성당의 참사회원으로 일하던 중, 자신이 삼위일체 교리의 대안으로 제시했던 삼신론(tritheism)을 교회 당국의 압력에 의해 철회했다.

이 신학자의 견해가 안셀무스의 삼위일체 관련 논문을 이끌어냈으며, 아벨라르는 그를 엉터리 변증가라고 조소했다.[9] 안셀무스는 로스켈리누스의 이단적 삼위일체론이 그의 잘못된 철학 원리, 즉 보편자들이 실재적 존재를 갖는다는 것을 부정한 견해에서 곧바로 나온 결론이라고 주장했다. 로스켈리누스는 과거에 스코투스 에리게나가 그랬던 것처럼, 신성의 세 위격을 세 실체라고 불렀다. 이 세 위격은 권능과 의지가 동등한 세 분의 독특한 존재들이지만, 마치 사람들이나 천사들처럼 각 위격이 서로에게서 분리되어 철저히 독립된 존재로 계신다고

---

7) 솔즈베리의 존에 따르면 그 주제에 대해서 적어도 13가지가 넘는 다양한 견해가 있었다고 한다.

8) 프라이징의 오토(de gest. Frid., I. 47)는 그가 그 시대의 유명론 창시자였다고 말한다. 솔즈베리의 존에 따르면 유명론은 로스켈리누스와 더불어 거의 사라졌다고 한다.

9) Ep., 21.

주장했다. 이 세 위격은 동일한 본질을 지닌 분이라는 의미로 한 분 하나님이실 수가 없다고 하면서, 만약 그렇다면 성부와 성령께서 성자와 마찬가지로 성육신 하셨어야 마땅하게 되기 때문이라고 했다.

안셀무스는 정통 삼위일체론을 변호하는 과정에서 엄격한 실재론을 토대로 논리를 전개해 나가며, 세 위격이 세 실체가 아닌 세 관계를 대표한다고 주장했다. 샘과 개천과 연못은 셋이지만 각각 안에 있는 물은 동일한 물이며, 그럴지라도 개천을 샘이라 할 수 없고, 샘을 연못이라 할 수 없다고 했다. 개천의 물을 수도관을 통해서 옮길 수 있지만, 그 경우에 옮겨진 것은 샘도 아니고 연못도 아니라고 했다. 마찬가지로 신성은 성부와 성령의 성육신을 내포하지 않은 채 육신이 되셨다고 했다.

결국 수아송 교회회의의 결정과 안셀무스의 논증이 유명론을 무대에서 몰아냈으며, 이후로 유명론은 공식적으로 주장되지 못하다가, 14세기에 들어서 오컴의 열정적이고 실천적인 정신, 그리고 두란두스와 그 밖의 학자들에 의해서 되살아났다. 그 뒤로 이 이론은 공의회들과 프랑스 국왕 루이 11세에 의해 격렬한 쟁점으로 비화했다가, 결국 14, 15세기의 여러 위대한 교사들에 의해서 채택되었다.

98. 캔터베리의 안셀무스

위대한 스콜라 학자들 가운데 최초의 인물인 캔터베리의 안셀무스(1033-1109)는 중세 교회가 배출한 유능하고 순수한 사람들 가운데 하나였다. 그는 당대의 역사를 여러 관점에서 다루었다. 수도원주의를 열정적으로 옹호했다. 캔터베리 대주교였으며, 잉글랜드 정부에 맞서서 힐데브란트의 성직위계제도를 위해 투쟁했다. 신앙 명상록을 남김으로써 기독교 경건의 역사에서 높은 지위에 올랐다. 심오한 사색으로 신학의 역사에 중요한 획을 그었으며, 교회 박사의 반열에 올랐다. 베르나르가 수사로서 가장 위대한 인물이었다면, 안셀무스는 신학자로서 가장 위대한 인물이었다. 그는 아우구스티누스 이래로 교회가 배출한 가장 독창적인 사상가였다.[10]

생애. 안셀무스는 이탈리아와 스위스 서부를 구분하는 생 베르나르 고개 아래 펼쳐진 이탈리아 피에몬테 지방의 아오스타에서 태어났다.[11] 그의 어머니 에르멘베르가(Ermenberga)는 경건한 여성이었다. 아버지 군둘프(Gundulf)는 현세적이고 거친 귀족으로서 아들의 신앙적 열망에 반대하여 폭력도 휘둘렀으나, 임종 때에는 멸망에 떨어지는 신세를 면하기 위해서 자진하여 수사복을 입었다.

안셀무스는 어릴 때 환상을 보았다. 전능하신 하나님께서 알프스 정상에 놓인 보좌에 앉아 계셨으며, 그는 환상 중에 하나님을 만나기 위해서 산으로 올라갔다. 때는 가을이었는데, 가는 길에 왕의 시녀들이 추수 밭에서 일들은 하지 않고 게으름을 피는 모습을 본 그는 왕에게 가서 다 이르고 말겠다고 결심했다. 왕은 소년을 친절하게 맞아주면서 어디서 왔으며 소원이 무엇이냐고 물었다. 왕이 하도 친절하게 대해주는 바람에 소년은 시녀들을 이르기로 했던 생각을 까맣게 잊어버렸다. 소년은 태어나서 한 번도 본 적이 없는 새하얀 빵을 받아먹고 기운을 차린 뒤 다시 계곡으로 내려왔다. 다음 날 소년은 자기가 실제로 하늘에 올라갔었으며, 거기서 주님의 상에서 식사를 했었다고 굳게 믿었다. 이것은 훗날 그가 캔터베리 대주교가 되고 나서 술회한 이야기이다.

안셀무스는 아버지와 대판 다툰 뒤에 집을 나왔다. 무작정 서쪽으로 걷다가 마침내 노르만 계열의 르 베크 대수도원에 정착하게 되었는데, 이 수도원은 당시 그의 유명한 동향인인 란프랑쿠스가 지도하고 있었다. 안셀무스는 이곳에서 공부한 뒤 수사가 되었으며, 1063년에 란프랑쿠스가 프랑스 캉의 생 스테펭 수도원으로 자리를 옮기면서 부수도원장이 되었고, 1078년에는 대수도원장이 되었다. 그는 베크 수도원에서 자신의 거의 모든 저서들을 집필했다. 그가 수도 생활에 얼마나 뜨겁게 정진했는가 하는 것은 서신들에 자주 반복되는 언급들과, 훗날 대주교가 되었을 때 수도원으로 돌아가기를 간절히 열망하던 태도에서 잘 나타난다.

1093년에 그는 란프랑쿠스를 계승하여 캔터베리 대수교가 되었다. 그가 윌리엄 루푸스와 영국 왕 헨리 1세와 더불어 서임권 문제로 갈등을 겪은 일에 관해서

---

10) Loofs는 "그는 아마도 중세 신학자들 가운데 가장 중요한 인물인 듯하다"고 말한다.

11) Church는 "알프스에서 흘러내리는 계곡 물들이 다독이는 거친 아오스타"의 모습을 생생하게 묘사한다. 아오스타는 Augusta Praetoria라는 이름을 지닌 로마인 정착촌이었으며, 5세기경에 주교구가 되었다.

는 이미 소개한 바 있다(참조. 23). 그는 대륙에서 유배 생활을 하는 동안 바리 (Bari) 교회회의에 참석했으며, 함께 회의에 참석한 그리스 주교들에 대항하여 라틴 교회의 성령 발출 교리를 변호했다.[12]

그는 결국 대주교로서 잉글랜드에서 고요한 말년을 보내다가 평안히 숨을 거두었다. 사람들이 그를 침상에서 일으켜 바닥의 재에 뉘었다. 대주교 재위 16년째이자 세상에 태어난 지 76년째가 되던 1109년 4월 21일 "부활절 앞 수요일의 동이 터오를 때" 그는 그렇게 바닥의 재 위에 누워 "자기 영혼을 창조주의 손에 맡긴 채"(그의 전기작가 이드머〈Eadmer〉에 따르면) 평안히 잠들었다. 그는 캔터베리 주교좌성당의 란프랑쿠스 무덤 곁에 묻혔다.

안셀무스는 한마음으로 진리와 의에 헌신하고 고난을 견뎌낸 무흠한 인격의 소유자로서, 1494년에 공식적으로 시성되기 전에 이미 성인으로 존경을 받았다.[13] 단테는 그가 선지자 나단과 크리소스토무스(두 사람 모두 권력자들의 악을 질책한 일로 유명하다), 그리고 칼라브리아의 예언자 요아킴과 함께 낙원에 있는 것으로 묘사한다.[14]

저서. 안셀무스가 남긴 신학 분야의 저서들은 하나님의 존재의 증거들을 제시하는 「모놀로기온」(*Monologion*)과 「프로슬로기온」(*Proslogion*), 속죄에 관한 논문인 「하나님은 왜 인간이 되셨는가?」(*Cur Deus homo*)이다. 그는 그 외에도 삼위일체에 관하여 로스켈리누스를 비판한 논문, 원죄·자유의지·예지와 예정의 조화·마귀의 타락에 관한 논문들을 썼다. 이들 신학 논문들 외에도 좀 더 실천적 성격을 띤 여러 편의 글들과 설교들, 명상록들, 그리고 고위 성직자와 목회자와 교사와 친구로서 그가 맺은 다양한 인간 관계들을 통해서 그의 모습을 보게 해주는 412통의 편지들이 있다. 그의 서신들은 그가 맺은 인간 관계들을 보여준다. 그의 명상록들과 기도문들은 경건의 깊이를, 신학 논문들은 비상한 지적 재능을 보여준다. 그의 저서는 분량 면에서 토마스 아퀴나스와 후기의 다른 스콜라 학자들의 저서들에 비해 훨씬 못 미친다.

---

12) 그의 견해들은 「성령의 발출론」(*de processione Spiritus Sancti*)에 제시되었다. 그는 성령께서 아버지가 아닌 하나님으로서의 성부에게서 발출하셨다고 주장했다. 그러므로 성령은 하나님이신 성자에게서도 발출하심에 틀림없다고 했다.

13) 참조. Freeman, *W. Rufus*, II. 661에 실린 인용문들.

14) 낙원편, 12장 137.

신학. 안셀무스는 숭고한 이성과 순수한 신앙이 완벽한 조화를 이룬, 어지간 해서는 만나기 힘든 인격자였다. 하나님을 사랑하는 것이 그의 생활의 핵심이자 신학의 중심이었다. 그가 사색을 하게 된 동기는 의심이 아니라 진리를 향한 열정과 하나님에 대한 헌신이었다. 그의 유명한 명제는 훗날 슐라이어마허가 자기 신학의 좌우명으로 채택한 것으로서, '신앙이 지식에 앞선다'(fides praecedit intellectum)는 것이었다. 신적인 것들은 지성으로 이해할 수 있기 이전에 경험의 문제임에 틀림없다고 그는 생각했다. "믿지 않는 사람은 느끼지 못했고, 느끼지 못한 사람은 이해하지 못한다"고 그는 말했다.[15] 그리스도께서는 지성의 길을 통해서 신앙에 임하시지 않고, 신앙의 길을 통해서 지성에 임하신다고 했다.

초자연주의와 합리주의가 혼재된 이 견해들이 안셀무스 신학을 이끌어 가는 원리를 형성한다. 지식의 두 근원은 성경과 교회의 가르침으로서, 이 둘은 서로 완벽히 일치하며 참된 철학과 하나이다. 안셀무스는 아프리카의 위대한 스승 아우구스티누스를 깊이 존경했으며, 사상과 방법에서 워낙 그를 철저히 따랐기 때문에 제2의 아우구스티누스와 아우구스티누스의 입이라는 칭호를 얻기도 했다.

안셀무스는 두 가지로 신학에 항구적으로 이바지했는데, 하나는 하나님의 존재를 뒷받침하는 논증이고, 다른 하나는 속죄 이론이다.

존재론적 논증(ontological argument)은 하나님의 존재에 관한 논의의 역사에 새로운 획을 긋는다고 그는 진술했다. 이 논증은 그가 신앙의 합리성에 관한 묵상의 단편이라고 부른 「모놀로기온」은 처음으로 제시되었지만, 이 글들에는 존재론적 논증 외에도 우주론적 논증(cosmological argument)의 요소들도 뒤섞여 있다. 선과 진리가 구체적 사물들로부터 독립된 존재를 지닌다는 개념에서 출발한 안셀무스는 상대적으로 선하고 위대한 것의 개념을 넘어서서 절대적으로 선하고 위대한 분에게로 올라간다.

「프로슬로기온」에는 존재론적 논증이 가장 순수한 형태로 제시된다. 안셀무스는 자체적으로 신 존재(神存在)를 증명하기에 충분한 단일 논증을 발견하려는 의욕을 가지고 이 책을 썼다. 존재론적 논증은 오랜 사색의 결과로서, 경건과 기도에 뿌리를 둔 것이었다. 저자는 밤낮 하나님의 살아 계심을 그런 방법으로 증명할 수 있다는 생각을 놓지 않고 지냈다. 워낙 이 문제를 골몰히 생각한 까닭에

---

15) Migne, 158. 264.

간혹 불면증에 시달리거나 식사를 제대로 하지 못하는 때도 있었다. 마침내 어느 날 밤 잠 못든 채 골똘히 생각하고 있는데, 존재론적 논증이 온전한 형태로 머릿속에 선연히 떠올랐다. 안셀무스는 생각이 아직 생생히 남아 있는 동안 그것을 기록으로 남겼다. 그 글의 원본은 유실되었고, 사본마저 어떻게 하다가 갈가리 찢어지고 말았다.

안셀무스의 논증은 종교적 명상과 스콜라주의적 사유의 가장 숭고한 예로서, 다음과 같은 권고의 말로 시작한다. "나는 믿기 위하여 이해를 추구하지 않고, 이해하기 위해서 믿는다. 만약 내가 믿지 않는다면 이해하지 못하게 될 것을 분명히 확신하기 때문이다."

그의 사유(思惟)는 인간 정신이 지니고 있는 신 개념으로부터 출발하여, 하나님의 객관적 존재의 필연성을 확증하는 데로 나아간다. 인간 정신은 더 위대한 어떤 것을 생각할 수 없는 어떤 존재에 대한 개념을 갖고 있다. 이것은 심지어 어리석은 자가 "그의 마음에 이르기를 하나님이 없다"(시 14:1)라고 말할 때조차 마찬가지이다. 그는 들을 때 그 개념을 파악하며, 자신이 파악하는 것을 마음에 둔다. 더 위대한 다른 것을 생각할 수 없는 이 어떤 것은 오직 정신에만 존재할 수 없다. 이는 만약 그것이 오직 정신에만 존재한다면 그것이 실재 안에서도(즉 객관적으로도) 존재한다고 생각할 수 있게 되며, 그러면 그것이 더 위대한 것이 될 것이기 때문이다. 이것은 불가능하다. 그러므로 더 위대한 다른 것을 생각할 수 없는 이것은 정신과 실재에 모두 존재한다. 이 분이 하나님이시다.

안셀무스는 이렇게 외친다. "주 하나님, 당신이 존재하신다는 것이 너무나 확실히 참되기 때문에, 당신이 존재하지 않으신다고 생각하는 것은 불가능하옵나이다. 이는 만약 어떤 정신이 당신보다 더 훌륭한 어떤 존재를 인식할 수 있다면 피조물이 창조주 위에 올라서서 창조주의 판단자가 될 것인데, 이것은 지극히 불합리한 생각이기 때문이옵나이다. 당신을 두고 생각하자면 다른 모든 것은 존재하지 않는다고 생각할 수 있사옵나이다."

이 삼단논법은 표현과 방식이 치밀하게 보이긴 하나 그럼에도 불구하고 논리적 진술로는 결함이 있다. 이 논법은 질문을 회피한다. 어떤 정의(定義)로부터 연역한 내용은 그렇게 정의된 어떤 것이 존재한다는 전제에서만 유효하다는 원리를 무시한다. 하나님의 존재에 관한 정의와 진술은 "더 위대한 어떤 것을 생각할 수 없는 어떤 것이 있다"라는 대전제에 속해 있다. 그럼에도 불구하고 안셀무스가 증명하고자 하는 것은 바로 이 존재의 객관적 존재이다. 이 반론을 제쳐두더라도, 객관적 존재가 빈사(賓辭, predicate)가 아니라는 또 다른 중대한 반론이 기다리고 있다. 객관적 존재는 우리가 어떤 것을 긍정할 때 거기에 내포되는 것이다. 이 반론을 제기한 사람이 칸트였다. 또한 안셀무스는 어떤 것을 이해하는 일과 이해 속에서 개념을 취하는 일을 동일한 것으로 혼동했다.

「프로슬로기온」의 논식은 베크 근처 마르몬티에의 수사 가우닐로(Gaunilo)가 쓴 「어떤 사람이 어리석은 자를 위해 이에 대해 무엇이라고 대답할 것인가?」(*Liber pro insipiente*)라는 저서로 비판을 받았다. 그는 주관적 개념을 토대로 객관적 실재를 추론하는 방식을 비판하면서, 만약 똑같은 방식을 사용한다면 전설의 섬 아틀란티스의 존재를 주장하는 사람처럼, 자신이 갖고 있는 개념을 토대로 자기가 인식한 어떤 것의 실재를 주장할 수 있게 되지 않겠느냐고 주장했다. 그 전설의 섬의 이상형이 정신에 존재하지 않는 것과 마찬가지로, "더 위대한 다른 것을 생각할 수 없는 어떤 것"도 정신에 존재하지 않는다고 했다. 어떤 것의 실제 존재는 우리가 그것의 어떤 점을 설명할 수 있기 전에 알려져야 한다. 이러한 가우닐로의 반론에 대해서, 안셀무스는 전설의 섬에 대한 생각이 필연적 개념이 아닌 반면에, 지고의 존재에 대한 생각은 필연적 개념이며, 자신의 논증이 적용되는 대상은 오직 그 지고의 존재라고 답변했다.

안셀무스의 논증은 비록 논리적으로는 성립되기 어려운 점이 있으나 강한 매력을 갖고 있고, 위대한 진리를 내포하고 있다. 하나님의 존재는 정신의 직관으로서, 하나님의 객관적 존재로만 설명할 수 있다. 현대의 상관관계 이론이 결국 안셀무스의 이론의 근본이 무엇이었는지 설명하는 데 도움을 준다. 즉, 인간 정신에 있는 하나님 개념은 그것에 대응하는 실제로 존재하시는 하나님을 가져야 한다는 것이다. 그렇지 않다면 우리는 어떤 것이 더욱 큰 존재인지, 어떻게 그 개념이 인간 정신을 확고하고도 보편적으로 장악할 수 있을지 미궁에 떨어지게 된다.

속죄 교리. 「하나님은 왜 인간이 되셨는가?」(*Cur Deus homo*)라는 저서로써 속죄 교리의 발전에 새로운 장이 열린다. 대화체로 된 이 논문은 저자의 가장 정교한 작품으로서, 저자는 이 논문을 통해서 유대인들과 이교도들이 기독교 체계에 제기해온 반론들을 충분히 분쇄할 수 있는 논증을 제시하고자 했다.

안셀무스는 순수 이성으로써 하나님의 아들의 성육신과 죽음의 필연성을 증명하려고 시도한 최초의 인물이다. 그는 세상이 하나님의 임의적 작정에 의해서도, 인간이나 천사를 통해서도 구속될 수 없다고 주장했다. 인간은 마귀의 지배 아래 있고, 형벌을 받아야 할 처지이고, 당연히 받아야 할 형벌을 받고 있다. 그러나 마귀는 아무런 권리도 없이 인간에게 고통을 준다. 마귀가 이 일을 하는 것은 하나님의 권위에 의한 것이 아니라 순전히 자신의 악의에서 나온 것이기 때문이다. "우리를 거스르고 불리하게 하는 법조문으로 쓴 증서"(골 2:14)는 마귀에 해당되는 말씀이 아니라, 죄를 범하는 자는 죄의 종이라는 하나님의 선고이다.

하나님은 창조의 목적이 방해받는 것을 용인하실 수 없다. 죄를 용서하셔야 하는데 하지만 어떻게 해야 하는가? 인간은 하나님의 뜻에 복종할 의무가 있다. 죄는 하나님께 드려야 할 존귀를 드리기를 거부하는 것이다. 따라서 사죄가 있으려면 공의를 만족시키는 일이 먼저 있어야 한다. 하지만 단순 배상은 충분한 만족(satisfaction, 보속〈補贖〉)이 될 수 없다. 이는 인간이 자신의 오만불손 때문에 자신이 취한 것보다 더 많은 것을 돌려드려야 하기 때문이다. 하나님의 훼손된 명예를 회복해 드려야 한다. 마치 남에게 상해를 입힌 사람이 상처를 낫게 해 줄 뿐 아니라 그 사람의 훼손된 명예를 회복시킬 만한 값을 지불해야 하는 것과 같은 이치이다.

그렇다면 모든 죄는 형벌을 받거나 만족(satisfaction)으로써 가려져야 한다. 인간이 이러한 만족을 이룰 수 있는가? 그렇지 않다. 인간은 설혹 자신의 부채를 인식한 순간부터 완전히 거룩한 생활을 할 수 있게 될지라도, 그저 주어진 시기에 대한 자신의 의무를 수행하고 살 수밖에 없다. 과거의 부채는 그대로 남는다. 하지만 죄는 인간 존재의 뿌리를 공격하므로 인간은 완전한 생활을 할 수 없다.

그렇다면 인간은 하나님의 공의를 만족시킬 수 없는 셈이다. 어떻게 해서라도 만족을 시켜야 하지만 그렇게 할 능력이 없다. 하나님은 구태여 공의의 만족을 요구하실 필요가 없으시지만 요구하신다. 이는 하나님께서 당신이 지으신 피조물들 가운데 가장 고귀한 인간이 멸망하도록 버려 두시는 것이 하나님으로서는 생각할 수 없는 일이기 때문이다. 그러나 하나님께서 친히 만족을 이루셔야 하고 인간도 당연히 그래야 하므로, 만족은 하나님이신 동시에 사람이신 분 곧 신인(神人)에 의하여 이루어질 수밖에 없다.

만족을 이루기 위해서는 신인께서 굳이 자신이 드리지 않아도 되는 것을 하나님께 드려야 한다. 그래서 그분은 완전한 순종의 삶을 의무로 떠맡으신다. 죽음은 그분의 몫이 아니다. 죽음은 죄의 삯인데 그분에게는 죄가 없기 때문이다. 그런데 죽음을 당하심으로써 공로를 얻으신다. 이 공로는 무한하신 하나님의 아들과 관련되므로 가치가 무한하기 때문에 죄인들의 무한한 죄책을 덮으며, 필요한 만족을 이룬다.

안셀무스는 마귀와 그의 사자들이 왜 그리스도에 의해 구원을 받지 못하는가 하는 질문으로 논문을 매듭짓는다. 그의 대답은, 인간들은 아담에게서 죄책과 죄의 세력을 물려받지만, 마귀와 그의 사자들은 한 개인을 통해서 그것을 받지 않기 때문이라는 것이다. 그들은 각자 스스로 죄를 범했다. 이 이유 때문에 만약 그들이 구원을 받으려면 그들 하나하나마다 하나님이신 동시에 천사인 존재가 와서 구원해 주어야 한다. 따라서 타락한 천사들은 구원받을 수 없다고 주장한 안셀무스는, 다음과 같은 내용으로 결론을 내린다. "타락한 천사들이 구원받을 수 없다는 내 말의 뜻은 그리스도의 죽으심의 공로가 인간들과 타락한 천사들의 모든 죄를 사하기에 충분하지 않기 때문이 아니라, 만물의 불변의 이치가 타락한 천사들의 구원을 가로막고 있기 때문이다."[16]

이러한 안셀무스의 주장의 가치는, 아타나시우스와 아우구스티누스가 그리스도의 고난을 통해서 속죄가 이루어졌다는 결과를 강조한 데 반해, 안셀무스는 그 고난의 필요성을 설명했다는 점에 있다. 그는 이 점 외에도 교부들로부터 전해져 내려온 견해, 즉 그리스도의 죽음이 사탄에게 지불된 속전(贖錢)이었다는 견해를 배척한 점에서도 크게 이바지했다. 아우구스티누스조차 사탄의 권리들을 주장한 바 있다. 더 나아가 안셀무스는 죄책을 강조하는 바른 태도를 취했다. 죄책을 진지하게 다룬 그는 그것이 단순한 과오가 아니라 율법을 범한 것이며, 하나님께 마땅히 드려야 할 명예를 훼손한 것이라고 주장했다.

「하나님은 왜 인간이 되셨는가?」(Cur Deus homo)라는 한 편의 논문에 속죄 주제가 철저히 다 다뤄진 것은 아니다. 어떠한 이론이라도 그 하나만으로 속죄의 모든 의미를 포괄할 수는 없다. 그 이래로 안셀무스가 강조하지 않은 성경의 특정한 면들이 부각되었다. 각 시대마다 속죄에 관하여 나름대로 독특한 신학적

---

16) II. 22; Migne, 158. 341.

진술을 가지며, 그로써 불변의 성경 진리를 놓고 이 시대에는 이런 면이, 저 시대에는 저런 면이 부각된다. 이만한 정도의 차이를 내는 이론들은 진리의 온전한 진술의 단편들로서 제 위치에 두어야 마땅하다. 안셀무스는 속죄를 설명할 때 신적 본성의 도덕적 측면보다 법적 측면에서 다루었다. 따라서 공의의 속성을 지나치게 강조했다. 인간이 하나님과 맺고 있는 관계를 오로지 상급자에 종속되는 관계로만 설명했다. 하나님의 부성을 제대로 고려하지 않았다. 인간 구속을 이루신 분이 주권자와 재판장이신 하나님임을 강조했다. 안셀무스는 요한복음 3:16과 탕자의 비유를 생략했다.[17]

신비주의자로서의 안셀무스. 안셀무스에게는 신비주의와 스콜라주의, 경건한 신심과 숭고한 사색, 기도와 논리적 분석이 혼합되어 있었다. 그의 깊은 영적 본성은 그의 모든 저서들에 두루 나타나지만, 특히 엄격히 경건에 초점을 둔 「명상록」(*Meditations*)과 「기도」(*Prayers*)에서 가장 명확히 나타난다.[18] 두 권은 안셀무스의 신학적 논의에 집중된 관심을 앗아갈 만한 저서들이다.

스콜라 학자 안셀무스가 남긴 이 영적 성찰들은 마음의 지성소에서 뜨겁게 타오른 발언들로 충만하다. 하나님의 속성들을 깊이 명상하기도 하고, 인간의 무감각과 고집을 한탄하기도 한다. 찬송과 경모의 심정에 몰입되어 높이 솟아오르기도 하고, 고개를 깊이 떨구고서 자비와 사죄를 간곡히 구하기도 한다. 십자가의 처참함이나 구속받은 자들의 기쁨을 묘사하기도 하고, 심판의 공포와 멸망받은 자들의 절망적인 상태를 그리기도 한다. 이렇게 부드럽고 아름다운 정서가 숭고한 사색들과 혼합된 글은 다른 데서 찾아보기 힘들다. 베르나르를 제외한

---

17) Harnack은 안셀무스의 주장을 길게 다루면서(*Dogmengesch.*, III. 341-358), 그 장단점을 평가하는 가운데 단점이 장점보다 훨씬 많다고 주장한다. 안셀무스의 이론은 전혀 채택할 가치가 없다고 한다. 만약 오늘날의 신학이 전통주의에 세워져 있으면서 복음의 모든 법령들 — 윤리학·논리학·문화 — 을 무시하지 않는다면 그 단점들을 설명하는 데 긴 말이 필요없을 것이라고 한다. 하나님께서 순수한 사랑으로 죄를 용서하시지 않고, 제물에 의해 명예를 배상받으셔야 한다는 생각은 참으로 두려운 것이라고 한다. 하지만 안셀무스의 주장은 그 자체를 놓고 볼 때 그러한 신랄한 비판을 정당화하지 않으며, 그의 다른 저서들과 그의 인격을 고려하면 위에 언급한 비난들이 그와 무관함을 알게 될 것이다.

18) Migne, 158. 709-1014.

중세의 어떠한 위인도 신비주의적 요소에서 그를 능가하지 못한다.

과연 그는 베르나르를 종종 회상하게 하는 식으로 글을 쓰는데, 다음이 그 중한 가지 예다. "선하신 예수여, 당신을 생각하고 당신을 사랑하는 이의 마음에 당신은 얼마나 감미로운 분이신지요."[19] 열 번째 명상에서는 이렇게 쓴다. "인자하신 예수시여, 당신은 자신을 낮추신 주(主)이시고, 거룩하신 주인이시고, 입이 다정하시고, 마음이 감미로우시고, 귀가 부드러우시고, 헤아릴 수도 표현할 수도 없이 온유하시고, 친히 희생하시고, 자비로우시고, 지혜로우시고, 권능이 크시고, 지극히 자애롭고 사랑이 많으신 분이옵나이다." 한없이 높이 솟아오르는 안셀무스의 장중한 생각은 그의 고향에 우뚝 솟은 알프스 산맥에 견줄 수 있으며, 순수하고 풍성한 그의 영적 정서는 고향의 계곡을 적시던 개천들과 한없이 펼쳐진 목초지에 견줄 수 있다. 그는 성경을 거듭해서 인용하며, 성경의 언어가 그의 사고를 전달하는 주요 매체가 된다.

첫 번째 명상에서 안셀무스는 인간의 삶을 바닥에 온갖 사악하고 섬뜩한 것들이 득실거리는 깊고 어두컴컴한 심연 위에 가냘프게 놓인 다리를 지나가는 일에 비유한다. 다리가 너무 좁아 두 발을 다 딛지를 못하고 한쪽 발만 겨우 디딘다. 그런 다리를 앞에 두고서 두 눈을 가리고 팔을 묶고 심지어 지팡이로 앞을 두드려 볼 수도 없는 상태로 건너야 하는 자의 고뇌가 얼마나 크겠는가! 그런데다가 위에는 큰 새들이 휘휘 날아다니면서 다리를 건너는 자를 떨어뜨리고 말겠다는 기세로 덤빈다면 얼마나 두렵고 막막하겠는가! 설상가상으로 한 번 디딘 자리가 허물어져 내린다면 어떻겠는가! 그 협곡은 지옥으로서, 너무나 깊어 바닥이 보이지 않으며, 어두컴컴한 밑에서 기분 나쁜 김이 피어올라 공포를 심히 조장한다! 이 위태로운 다리가 현세이다. 누구든 제대로 살지 못하면 나락으로 떨어진다. 한 번 디디는 자리는 인간이 이 아래 세상에서 보내는 하루이다. 새들은 악한 영들이다. 그 다리를 건너가는 우리는 눈이 무지로 가려져 있고 팔은 무능이라는 쇠사슬에 묶여 있다. 이러므로 우리가 "나의 빛이요 나의 구원"(시 27:1)이신 주님을 앙망해야 하지 않는가?

명상록에서 안셀무스는 기도를 성부에게 뿐 아니라 성자와 성령에게도 드린다. 삼위 하나님 외에도 성모에게도 간구하는데, 안셀무스는 성모와 성인들에

---

19) Migne, 158, 770.

게 과도한 호칭들을 아끼지 않는다.

안셀무스의 영혼이 담긴 전례(典禮)라고 할 만한 이 경건한 명상들은 지금까지 제대로 된 평가를 받지 못한 경건한 사고의 보고(寶庫)이다. 그가 남긴 신학 논문들도 나름대로 숭고하고 중요하지만, 그를 진정으로 높이 끌어올리는 것은 그런 논문들보다 신비주의적 요소이다.[20]

99. 피에르 아벨라르

12세기 전반에 피에르 아벨라르(Peter Abelard, 1079-1142)는 유럽의 대표적 지식인의 한 사람이었다. 그의 명성은 지적 재능에서 비롯되었다. 그는 안셀무스와 사뭇 달랐다. 안셀무스가 사려 깊은 사람이었다면, 아벨라르는 충동적이고 성급했다. 안셀무스가 은둔을 좋아했다면, 아벨라르는 사람들 앞에 서기를 좋아했다. 그는 청중을 매료시킬 줄 아는 연설가였으며, 아마도 프랑스에서 그를 능가하는 연설가는 지금까지 아무도 없었을 것이다. 그가 남긴 신학적 사색들 가운데 몇몇은 시대를 앞선 것이었다. 개인적으로 불행했던 인생이 그의 전기에 다른 스콜라 학자들에게는 없던 로맨스적[傳奇的] 풍미를 더하여준다. 그는 과감하게 사고하고 거침없이 행동한 만큼 정신적 신념이 불안정했고 도덕적으로도 신뢰성이 희박했다. 그의 생애에 관해 우리가 지니고 있는 주요 전거는 그가 편지 형식으로 직접 집필한 「불행 이야기」(*Story of Misfortunes, Hiatoria calamitatum*)이다.

아벨라르는 프랑스 낭트에서 몇 km 떨어지지 않은 팔레 혹은 르 팔레라는 마을에서 기사의 맏아들로 태어났다. 원명은 피에르 드 팔레(Pierre de Palais)였다. 그의 부모는 수도원에 들어갔다. 아벨라르는 맨 처음에 로스켈리누스에게 배웠다. 그 뒤 당시 파리 주교좌성당 학교 교장이던 샹포의 기욤에게 배웠는데, 얼마 지나지 않아 기욤의 주장들을 소신 있게 논박했다.[21] 그 뒤 그는 멜룅과 코르베유

---

20) 후대의 스콜라 학자들은 예상과 달리 안셀무스의 신학에 의존하지 않았다. 하지만 그는 토마스 아퀴나스와 알베르투스 마그누스를 비롯한 여러 학자들에 의해 자주 인용되었다. 예. *Summa*, I. 3, 13.

에 독자적인 학교들을 세웠다. 한 차례 병치레를 하는 동안 아버지 집에서 지낸 뒤에 파리로 돌아갔다. 그곳에서 다시 기욤의 논리학 강의를 들었으나, 그의 철저한 비판자가 되어 그의 견해를 논박했으며, 당시 포도밭으로 덮여 있던 제네비브 산지로 자리를 옮겨 그곳에서 가르쳤다. 아벨라르는 거의 마지막 학생까지 주교좌성당에서 제네비브로 데려왔다고 술회한다. 훗날 그는 랑의 안셀무스에게 배우게 되는데, 그는 자기 형제 라둘프와 함께 랑의 학교를 유명하게 만든 사람이었다. 아벨라르는 이번에도 스승을 비판하고 나섰다. 그가 말은 청산유수이지만 생각이 없다고 했다. 그가 불을 붙이면 집구석이 연기로 꽉 찬다고 했다. 열매 맺지 못하는 무화과나무 같아서 잎만 무성하고, 그것이 전부라고 했다. 아벨라르는 랑에서 안셀무스에 대립하여 에스겔서를 강의함으로써 교사 생활을 시작했다.

그러던 중에 큰 기회가 찾아와 파리의 주교좌성당 학교 교장으로 초빙을 받게 되었다. 샹포의 기욤은 생 빅토르로 은퇴하여 그곳의 주교가 되어 있었다. 교장이 된 뒤의 몇 해가 아벨라르의 생애에서 가장 화려한 시절이었다. 온 세상이 그에게 경의를 표하는 것만 같았다. 그의 강의를 듣기 위해서 각처에서 학생들이 몰려들었다. 그는 철학과 신학을 강의했다. 고전 지식에 해박했고, 신학의 공부 폭도 넓었다. 변증 능력이 한껏 무르익어 있었으며, 논리에서 밀리면 상상과 수사(修辭)의 역량으로 만회했다. 그의 저서들은 학교와 수도원에서 뿐 아니라 가정과 일터에서도 읽혔다. 티에리의 기욤은 그의 저서들이 바다를 건너고 알프스를 넘었다고 말했다.[22] 그가 도시들을 방문할 때면 사람들이 거리로 몰려나와 그의 얼굴이라도 보려고 아우성이었다. 그가 사람들에게 행사한 영향력은 지식의 깊이보다는 과단성 있는 성격과 학문적 재능에서 비롯된 면이 많았다. 그는 사람들의 마음을 사로잡는 매력이 있었는데, 베르나르가 그를 가리켜 마음은 헤롯이지만 외모는 요한이라고 했던 것도 이런 점을 염두에 둔 평가일 것이다.[23] 그의 진술들은 명쾌했다. 상황에 적합한 유추들을 사용했고, 호라티우스와 오비디우

21) 그는 기욤의 반감을 산 이 시점부터 자신의 불행이 시작되었다고 말한다. Migne, p. 116.

22) *Ep.*, 326; 성 베르나르의 저서들, Migne, 182. 531.

23) Remusat는 그의 외모를 매력적으로 묘사한다. I. 43 sq.

스 같은 라틴 시인들의 작품을 수시로 인용했다. 이러한 특장들에다가 성격도 무척 쾌활하여서 노래를 직접 지어 부르기도 했으며, 훗날 엘로이스(Heloise)가 회상하듯이 그런 면으로 인해 여성들에게 많은 사랑을 받았다.[24]

이렇게 한창 인기를 누리고 있던 그가 "여성들 가운데 으뜸"으로 평가받던 엘로이스와의 관계로 인하여 갑작스러운 비극에 휘말리게 되었다. 결론부터 말하면, 엘로이스는 중세 프랑스 제일의 여성으로서 여왕의 기품이 느껴지는 후광을 두르게 된 반면에, 그녀를 유혹한 아벨라르는 그녀를 대한 태도로 인하여 아무리 뛰어난 지적 재능보다 남자다운 힘과 충절을 더 좋아하는 모든 사람들의 신뢰를 저버렸다.

엘로이스는 주교좌성당 참사회원의 딸로 추정되며, 역시 참사회원인 숙부 풀베르(Fulbert)와 함께 파리에서 살았다. 아벨라르가 엘로이스를 알게 되었을 때 그녀의 나이는 열일곱으로서, 매력적인 인격에 지적 재능도 뛰어난 여성이었다. 아벨라르는 풀베르를 설득하여 그의 집에 들어가 엘로이스의 가정교사가 되었다. 엘로이스는 아르장퇴유 수녀원에서 지낸 바 있었다. 학생과 가정교사의 만남이 곧 연인 간의 만남이 되었다. 아벨라르의 글에 따르면, 책을 펼쳐 놓고는 논의보다 사랑의 말이, 강의보다 입맞춤이 더 많이 오갔다고 한다. 두 사람의 관계가 심상치 않다는 사실이 파리에 은밀히 나돌았다. 풀베르는 격노했다. 아벨라르는 엘로이스를 브르타뉴에 있는 누이의 집으로 보냈고, 엘로이스는 그 집에서 아들을 낳아 아스트랄라비우스(Astralabius)라는 이름을 지어주었다.[25] 아벨라르는 풀베르의 분노를 가라앉히기 위해서 비밀리에라도 결혼식을 치르고 싶다는 뜻을 전했다. 그가 공개 결혼을 하지 않은 이유는 본인 입으로도 분명히 밝힌 대로 그로 인해 자신의 명성에 금이 갈 우려가 있다고 생각했기 때문이다.

「불행 이야기」에는 그가 하고자 했던 것이 두려움에서 비롯된 것이었다는 점과, 엘로이스를 존중하려는 심정이나 여성 혹은 결혼에 대한 올바른 생각에서 그렇게 한 것이 아니었다는 점이 분명히 나타난다. 그는 이렇게 썼다. "학문과 아이 키우기, 글쓰기와 요람, 책과 물레, 펜과 잉크와 바늘이 도대체 어떻게 조

---

24) *Ep.*, II; Migne, 178. 188.
25) 아벨라르가 자기 아들에게 쓴 편지가 현존한다. 그 편지에는 아들에 대한 사랑이 배여 있다 아버지는 아들에게 성경을 공부하라고 권한다.

화를 이룬단 말인가! 신앙적이고 철학적인 성찰에 힘써야 할 사람이 아이들 우는 소리와 유모의 자장가 소리와 사람들의 왁자지껄한 소리를 어떻게 참아낼 수 있겠는가! 어린애들이 시도때도 없이 어지럽히고 더럽히는 것을 어찌 참아내겠는가!"

아벨라르는 엘로이스의 친척들의 요구를 존중하여 비밀 결혼을 치렀다고 발표했다. 하지만 그것은 기껏해야 요식 행위였을 뿐이다. 엘로이스는 자신이 아벨라르의 아내임을 한사코 부인했기 때문이다. 그녀는 결혼이 아벨라르의 경력에 지장을 줄 것이라고 믿고서, 그릇되긴 하지만 당당한 신앙으로 그와 결혼하기를 거부했던 것이다.

아벨라르에게 쓴 편지에서 엘로이스는 이렇게 썼다. "당신에게는 아내라는 이름이 더 적합하게 보일지 모르지만, 제게는 항상 친구라는 수수한 호칭이 더 귀했습니다. 혹시 그 호칭이 적절치 않으시다면 첩이나 기생(concubina vel scortum)이라는 호칭도 괜찮습니다. 하나님을 증인으로 불러 맹세하건대, 만약 아우구스투스가 온 세상의 통치권을 주면서 내게 청혼할지라도, 나는 그의 황후(imperatrix)가 되기보다 당신의 정부(meretrix)가 되겠습니다. 당신의 우정보다는 열정이, 사랑보다는 뜨거운 욕구가 당신을 내게 더 가까이 이끌어 옵니다."[26]

아벨라르는 엘로이스를 아르장퇴유 수녀원으로 보냈고, 그녀는 그곳에서 수녀가 되었다. 그리고는 은밀히 그녀를 찾아가 만났는데, 이쯤 되자 풀베르가 보복에 나섰다. 아벨라르의 하인과 다투고 돌아온 그는 밤에 아벨라르를 기습하여 그를 거세해 버렸다. 거세를 당한 아벨라르는 1118년에 생 드니 수도원에 들어갔다. 갑자기 무슨 신앙적 각성이 생겨서 그런 것이 아니라 임시 방편으로 그런 것이다. 그 후로 그는 엘로이스에게 무관심하게 되었다.

그의 파란만장한 생애에 새로운 시련이 다가왔다. 이번에는 이단으로 고소를 당한 것이다. 1121년의 수아송 공의회에서 그는 삼위일체에 관한 사벨리우스적 견해를 주장했다는 이유로 교황특사 앞에서 심문을 받았다. 그의 옛 스승 로스켈리누스가 고소의 포문을 열었다. 아벨라르는 랭스의 교사들인 알베릭(Alberic)과 로툴프(Lotulf)라는 두 원수가 재판과 판결을 자신에게 불리하게 이끌고 갔다고 불평한다. 재판 결과 그는 자신의 저서들을 소각하고 공개적으로

---

26) *Ep.*, II.; Migne, p. 186.

아타나시우스 신조를 낭독해야 했다.[27]

　다음 번 시련은 그가 자초한 것이었다. 당시에는 디오니시우스 곧 프랑스의 수호성인 생 드니(St. Denis)가 아테네에서 바울의 전도를 받고 회심한 아레오바고 관원 디오니시우스였다는 견해가 널리 퍼져 있었는데, 아벨라르가 비드(Bede)의 진술을 토대로 그 견해를 비판한 것이다. 생 드니 수도원의 수사들은 그를 좌시하지 않았다. 그는 자신의 발언을 철회하고는 수도원을 도망쳐 나와 샹파뉴의 황무지 지대로 가서 그곳에 수도원을 짓고는 삼위일체의 제3위의 이름을 따서 보혜사 예배당이라고 이름을 붙였다. 학생들이 다시 그에게 몰려들었으며, 갈대와 밀짚으로 지었던 원 건물이 헐리고 견고한 석재 건물이 들어섰다.

　그러나 그에 따르면 마치 과거에 이단들이 연로한 아타나시우스를 고소했듯이 옛 경쟁자들이 다시 자신을 고소하기 시작했으며, "일부 성직자들" — 아마도 프레몽트레회 설립자 노베르와 클레르보의 베르나르를 가리킨 듯함 — 은 자신을 격렬히 비난했다고 한다. 아벨라르는 아마도 실제로는 그다지 크게 낙심하지 않은 채, 그들과 비교할 때 자신은 사자 앞의 개미 한 마리와 같았다고 말한다. 이런 상황에서 그는 고향 브르타뉴의 생 질다 수도원의 대수도원장으로 선출되었다는 기별을 받았다. 결국 그는 "로마인들의 질투가 제롬을 동방으로 밀어냈듯이, 프란체스코회 사람들의 질투가 나를 서방으로 밀어냈다"는 말을 남기고는 그리로 떠났다.

　아벨라르는 생 질다의 수사들을 순 깡패 집단으로 묘사한다. 그들은 저마다 수도원 부근에 아내와 자식들을 두고 살았다. 새로 부임한 대수도원장에게 경멸과 폭력을 삼가지 않았으며, 그로 인해 아벨라르는 적어도 두 번 죽을 고비를 넘겼다. 성찬의 잔에 독을 탄 것이 그 중 한 가지이다. 아벨라르는 주변 환경이 너무 황량하다고 불평했다. 베르나르는 그를 기강과 거리가 먼 대수도원장이라고 묘사했다. 큰 실의에 빠져 지내던 아벨라르는 마침내 그 수도원을 도망쳐 나왔다. "이리를 피하려다가 곰을 만난 격"이라고 그는 당시의 정황을 말했다. 이 시점에서 그의 자서전이 끝나는데, 따라서 우리는 1136년까지밖에 저자에 관해서 알지를 못한다.[28]

---

　27) 그 재판에 관해서는 아벨라르의 글이 유일한 전거이다. *Hist. Calam.*, Migne, pp. 141–150.

그러는 동안 아르장퇴유의 수녀들이 수녀원에서 쫓겨나는 사건이 있었다. 1127년에 아벨라르는 엘로이스에게 보혜사 예배당을 맡겼으며, 그녀의 감독하에 수녀원이 번창하게 되었다. 그는 오랫동안 침묵을 지키며 지냈으나, 이제는 보혜사 수녀원을 자주 방문하면서 그곳의 수녀들에게 설교를 했다. 엘로이스는 「불행 이야기」를 건네받고는 답장을 썼는데, 답장에 "주(主) 아니 차라리 아버지, 남편 아니 차라리 오빠에게. 당신의 시녀 아니 차라리 딸, 당신의 배우자 아니 차라리 누이동생이"라고 썼다. 엘로이스의 처음 두 편지는 마음을 철저히 비우고 신앙의 열의만 강렬히 타오르는 점에서 역사상 능가할 편지가 없다. 엘로이스는 아벨라르에게 자신이 보냈던 편지들을 돌려달라고 간청했다. 그리고 이렇게 말했다: 자신이 그를 위해서 자기를 제단에 바치지 않았다면! 매사에 그에게 복종하지 않았더라면, 또한 그의 비위를 조금도 건드리지 않았다면!

아벨라르는 엘로이스를 보혜사 수녀원장이라 표현하며 답장을 보냈다. 그에게는 엘로이스가 그 이상의 존재가 아니었다. 답장에서 그는 엘로이스에게 기도에 관해서 설교한 다음, 수녀들에게 자신을 위한 기도를 부탁해달라고 청했고, 자기가 죽으면 보혜사 수녀원에 묻어달라고 부탁했다. 엘로이스가 자신과 그만한 관계를 나눈 덕택에 결혼도 하지 않았고 자녀들을 계속해서 낳지 않을 수 있었던 것을 기쁘게 생각한다고 말했다. 오히려 자기 때문에 더 숭고한 인생을 살게 되었고, 많은 영적인 딸들의 어머니가 되지 않았느냐고 했다. 엘로이스는 아벨라르에게 이해하기 어려운 성경 단락들에 관해서 여러 가지를 질문하고, 일상생활과 수녀들의 복장에 관한 실제적인 문제들에 관해서 묻는데, 아마도 편지 왕래를 계속하기 위한 방법이 아니었나 싶다.

아벨라르는 수녀들을 위해 길고 엄격한 규율을 답장으로 적어 보냈다. 수녀들에게 무엇보다도 성경 공부에 힘쓰라고 당부했고, 말년에 히브리어를 배운 제롬을 본받으라고 했다. 그들에게 설교를 작성하여 보냈는데, 그 중 일곱 편은 과거에 보혜사 수녀원에서 전한 내용이었다. 그는 보혜사 수녀원 곁에 수사들을 위한 수도원을 건립했으면 좋겠다고 제안했다. 그러면 수사들과 수녀들이 서로를

---

28) 아벨라르는 자신이 또 다른 가인처럼 세상을 유리했다고 주장함으로써 자서전을 매듭짓지만, 그것과 아울러 하나님을 사랑하는 자들에게는 모든 것이 합력하여 선을 이루게 하는 하나님의 섭리에 관한 성구들을 인용한다.

도울 수 있을 것이라고 했다. 대수도원장이 두 기관의 수장이 되도록 하자고 했고, 수녀들은 수사들을 위해서 세탁과 조리를 하고, 소젖을 짜고, 닭과 거위를 기르면 좋겠다고 했다.

아벨라르는 1137년과 그 후 1139년에 다시 갑자기 생 제네비브의 수도원장이 되어 잠깐동안 인기를 누렸다. 솔즈베리의 존이 이때 그에게 배웠다. 어떻게 해서 그런 변화가 발생했는지 확실하지 않다. 그러나 아벨라르는 끝까지 평안을 누릴 운명이 못 되었다. 고단했던 그의 인생의 마지막 시기가 이제 시작되었다. 당시의 유럽에서는 베르나르가 가장 대표적인 성직자였으며, 아벨라르가 가장 예리한 철학 사상가였다. 전자는 성직자의 인품과 교회 권위를 대표했으며, 후자는 학문의 자유를 대표했다. 이 두 인물이 서로 충돌할 날이 다가오고 있었다. 이 두 사람이 공개 논쟁과 교회회의들에서 만난 일을 역사적 불행으로 간주할 수는 없는 일이다. 역사는 사람들로 하여금 있는 그대로 드러나도록 할 때 가장 자신에게 참되다. 역사가 사람들로 하여금 그들의 훌륭한 점뿐 아니라 부족한 점까지도 드러내도록 할 기회를 얻지 못하면 형편없는 선생이 된다.

베르나르가 불필요하게 아벨라르의 영역을 침범한 잘못을 범했다면, 아벨라르는 주제넘은 태도로 투쟁을 초래한, 훨씬 더 큰 잘못을 범했다. 생 티에리의 대수도원장 기욤은 베르나르와 샬롱의 주교 제프리(Geoffrey)에게 편지를 보내어, 아벨라르가 다시 이상한 교리를 가르치고 집필하고 있다고 알렸다. 그 교리가 시시한 내용이 아니라, 삼위일체·그리스도의 위격·성령·하나님의 은혜에 관한 교리라고 하며 우려를 표시했다. 그의 교리가 심지어 교황청에서까지 호평을 받고 있다고 주장했다. 기욤은 아벨라르의 오류를 열세 가지나 적어 보냈다.[29]

대립의 징후가 처음으로 불거져 나온 것은 자부심이 가득 담긴 아벨라르의 편지였다. 베르나르는 과거에 보혜사 수녀원을 찾아가 엘로이스를 만났을 때 주기도문을 누가복음대로 "일용할 양식" 대신 "초실체적인 빵"(supersubstantial bread)이라는 예외적인 표현을 사용한 바 있었다. 아벨라르는 엘로이스가 그 표현에 반대했다는 이야기를 듣고는 마치 베르나르와 일전을 불사하려는 듯이 그

---

29) *Ep. Bernardi*, 326; Migne, 132. 531 sqq. 기욤은 아벨라르를 고소하는 데 유용하게 사용하도록 그의 「신학」(*Theologia*)과 그 밖의 저서들을 베르나르에게 보냈다. 그는 아벨라르가 아무도 멸할 수 없는 '용'이 될까봐 우려했다.

가 오류를 범했다는 내용으로 글을 보냈다. 그는 냉소적인 어조로 클레르보 수도원에서 교회에 알려진 바 없는 이상한 의식들이 시행되고 있다고 지적했다. 새로운 찬송들이 불리고, 마치 시토회 수사들은 중보기도가 필요 없는 것처럼 몇몇 중보기도가 폐지되었다고 주장했다.[30]

우리가 아는 한 베르나르는 이 서신에 답변하지 않았다. 그는 어느 정도 지체하다가 티에리의 기욤의 요구를 받고서 행동에 나섰다. 파리로 가서 아벨라르를 만난 뒤 그에게 오류를 철회하겠다는 약속을 받아내려고 했다.[31]

두 사람은 1141년 상스 교회회의에서 공식적으로 충돌했다. 아벨라르는 자신의 견해를 정식으로 발표할 수 있도록 해줄 것과, 베르나르와 공개 논쟁을 벌일 수 있도록 해줄 것을 요구했다. 참석자들 가운데는 브레시아의 아르놀드도 있었던 것으로 보인다. 베르나르는 친구들과 지지자들에게 둘러싸여 있었다. 아벨라르는 친구가 없었으며, 처음부터 의심과 경원을 당했다. 베르나르는 역량을 총동원하여 아벨라르를 처단할 목적으로 회의에 참석해 있었다. 그는 주교들에게 그리스도의 친구들이라는 칭호를 사용하여 그들을 교회회의로 소집하면서, 그리스도의 신부[교회]가 그들을 이단의 숲을 빠져나오라고 부른다고 했다. 추기경들과 교황 인노켄티우스 2세에게 쓴 편지에서 아벨라르를 굶주린 사자와 용으로 규정했다. 아벨라르가 아르놀드에게 병기를 들고 곁에 대기시킨 채 이스라엘 군대를 향해 고함을 지르는 또 다른 골리앗이라면, 베르나르 자신은 변증 역량에서 젊은이라고 묘사했다.

주교들이 참석한 예비 모임에서 베르나르는 그 안건을 상정했으며, 그 자리에서 적어도 비공식적으로는 아벨라르를 단죄하기로 결론이 내려진 듯하다.[32] 다음 날 베르나르는 아벨라르에 대한 고소안을 정식으로 제출했으나, 뜻밖에도 아벨라르는 변론을 포기한 채 교황에게 항소했다. 그는 푸아티에의 질베르 곁을 지나가면서 호라티우스의 시구를 나직하게 읊었다고 한다.

---

30) *Ep. Abael.*, X; Migne, 178. 335.

31) 베르나르의 전기작가 Gaufrid는 아벨라르가 개선을 다짐했다고 진술한다. 하지만 상스에서 제시된 고소 문안에는 그러한 약속이 언급되지 않는데, 만약 정말로 그런 약속이 있었다면 그 점이 누락된 것을 이해하기 어렵다.

32) 이 예비 모임은 베렌가리우스의 증언과 솔즈베리의 존의 저서 *Hist. Pontif.*, chap. VIII. 9 가운데 한 단락에 의존한다.

"이웃집에 불이 붙었으니 그대의 일을 잘 살피라."

(Nam tua res agitur, paries cum proximus ardet.)

아벨라르는 자신의 문제를 반드시 교황에게 항소해야 한다고 생각했다. 고위 성직자들에게는 더 이상 기대할 것이 없다고 느꼈음에 틀림없다.[33] 자신이 대립 교황 아나클레투스(Anacletus)와 대치해 있던 인노켄티우스 2세를 지지해 왔으니 교황이 자신에게 호의를 베풀 것이고, 교황청에 자신을 지지하는 세력이 있을 것으로 기대했다. 상스 교회회의는 교황 앞으로 아벨라르의 이단설에 영원한 단죄(perpetua damnatione)를 내려줄 것과, 그를 변호하는 자들을 처벌해 줄 것을 요구하는 공식 서한을 보냈다. 고소장은 삼위일체 · 신앙의 본질 · 그리스도의 권능과 사역 · 죄의 본질에 관한 14개 조항으로 이루어져 있었다.[34] 베르나르는 공식 서한 외에 교황에게 보내는 서신(미뉴〈Migne〉의 총서에 14개 단으로 수록됨)과 추기경들에게 보내는 서신들(피고소인을 격렬하게 비판한 내용)을 첨부했다.

그 내용을 대략 정리하자면 다음과 같다. 아벨라르와 브레시아의 아르놀드 사이에는 견해 차이가 있다. 아벨라르는 삼위일체 안에 서열이 있다고 말함으로써 아리우스의 입장에 섰고, 자유의지를 은혜에 앞세움으로써 펠라기우스의 입장에 섰으며, 그리스도의 위격을 구분함으로써 네스토리우스의 입장에 섰다. 직함과 외양은 수사였으나 마음은 이단이었다. 그는 브르타뉴의 뱀굴에서 기어나온 독사로서, 원래 하나였던 머리에 히드라처럼 머리가 일곱 개 생겼다.[35] 베르나르는 교황에게 보낸 서신에서 아벨라르가 모르는 한 가지는 네스키오(nescio), 즉 "나는 모른다"라는 말뿐이라고 주장했다.

교황은 신속히 회답을 보냈고, 그 내용은 강경한 것이었다. 열흘 안으로 모든 것이 정리되었다. 교황은 14개 조항을 받아보고는 그것을 성 베드로 성당 앞에

---

33) 그 진술은 사심 없이 그 사건을 보고하는 프라이징의 오토의 글, 즉 그가 민란을 우려해서 진술을 거부했다는 글과 모순되지 않는다.

34) Migne, 182. 1049–1051.

35) Ep., 331; Migne, 182. 537. 추기경들에게 보낸 서신들 가운데 아홉 통이 현존한다(188, 192, 193, 331–335, 338). 가장 긴 서신은 교황에게 보낸 것이다(190; Migne, 182. 1051–1071).

서 추기경들이 지켜보는 가운데 불태워 버렸다. 아벨라르를 이단으로 단죄하고, 영구적인 침묵과 유폐를 언도했다. 그 불행한 사람은 로마를 향해 길을 나선 참이었는데, 얼마 가지도 못한 상태에서 판결문이 도착한 것이다. 그는 클뤼니에서 걸음을 멈추었다. 그리고 그곳에서 자기 인생을 통틀어 가장 좋은 친구 가경자 피에르를 만났다. 피에르의 중재에 힘입어 그 오갈 데 없는 학자는 인노켄티우스에게 클뤼니에 머물러도 좋다는 허락을 받았다. 그곳은 교황 자신이 몸담았던 수도원이었다.

피에르의 권고에 따라 아벨라르는 다시 베르나르를 대면했다. 그는 엘로이스에게 보낸 편지에서 자신의 정통신앙을 변호하면서, 자신이 삼위일체 조항부터 죽은 자의 부활 조항에 이르기까지 교회의 모든 신조를 다 받아들였다고 밝혔다. 제롬도 그랬듯이, 사람이 의심을 받고 있는 상태에서는 소신을 충분히 밝히지 못하는 법이라고 말했다.

그러나 그의 파란만장했던 생애에 막이 내리고 있었다. 피에르는 그의 건강을 염려하여 샬롱 근처의 생 마르켈루스 수도원으로 보냈는데, 결국 그는 1142년 4월 21일에 예순셋의 나이로 그곳에서 숨을 거두었다. 그가 클뤼니에서 보낸 마지막 나날들을 피에르가 엘로이스에게 적어 보낸 글에는 그리스도인다운 진실한 동정이 잘 배어 있다. 그는 아벨라르를 그리스도의 참된 철학자라고 불렀다. 그렇게 겸손한 사람을 자신은 만나본 적이 없다고 했다. 고기와 술을 절제했다고 했다. 항상 책을 곁에 끼고 다녔고, 기도에 열심이었다고 했다. 그리고는 몸과 영혼을 영원히 자신의 구주에게 진실히 의탁했다고 했다. "아벨라르 선생은 이렇게 생애를 정리했으며, 위대한 학식과 교사로서의 역량으로 온 세상의 모든 이치를 거의 통달했던 그가, 나는 온유하고 겸손하니 내게 배우라고 하셨던 주님 안에서 평온히 죽었는데, 우리는 그가 주님 곁으로 갔다고 확신한다."

아벨라르의 시신은 보혜사 수녀원으로 운구되어 그곳에 안장되었다. 22년 뒤에 엘로이스도 그의 곁에 누웠다. 그 무덤에는 다음과 같은 글이 새겨졌다. "갈리아의 소크라테스, 서방 세계의 위대한 플라톤, 우리의 아리스토텔레스. 논리학자들 가운데 누가 그보다 위대하거나 대등했던가! 아벨라르는 재능이 다양하고, 섬세하고 예리하고, 지적 능력으로 만물을 정복한, 온 세상 학자들의 제왕이었다. 그리고 그는 클뤼니에 들어가서 그리스도의 참된 철학을 전수했을 때 비로소 정복자가 되었다."[36] 훗날 이 걸출하면서도 불행했던 두 사람의 합장 묘에는 다음과 같은 글이 적힌 비석이 세워졌다. "이 대리석 아래에는 이 수녀원의 설립자와 초대 수녀원장 엘로이스가 누워 있다. 두 사람은 한때 학문과 정신과 사랑과 금지된 결혼(infaustis nuptiis)과 고행에 함께했으며, 이제는 영원한 복락을 누리고 있기를 우리는 소망한다."

프랑스 대혁명이 진행되던 1792년에 보혜사 수녀원이 파괴될 때 두 사람의 대리석관은 파리로 옮겨졌고, 1816년에는 페르 라 셰스 묘지로 옮겨졌다. 죽은 자들이 잠든 그 엄숙한 공간에서, 그들의 묘는 프랑스와 외국 여러 나라들에서 찾아와 그 불행했던 연인들을 생각하며 동정의 눈물을 흘리고 그들의 과오에 대해서 기도해주는 중요한 대상으로 남아 있다.

100. 아벨라르의 가르침과 신학

아벨라르는 탁월한 재능들에 힘입어 프랑스가 배출한 교사들 가운데 맨 앞자리를 차지한다. 그러나 그는 충동에 휘둘렸고, 자신의 재능과 업적을 지나치게 의식했다. 위인이 되는 데 필요한 겸손과 평정이 그에게는 없었다. 운명의 채찍과 살이 닿지 않을 만큼, 혹은 재앙을 자초하는 상황에 빠지지 않을 만큼 스스로를 높은 데로 끌어올리는 도덕적 힘이 없었다. 자신의 이기적 야망이 전부였을 뿐, 그것을 넘어서는 확고한 목표가 그에게는 없었던 것 같다. 네안더(Neander)가 말했듯이, 만약 그가 도덕적으로 순수한 사람이었다면 학문 영역에서 훨씬 더 큰 업적을 남겼을 것이다. 도덕적으로 고상한 학자였다면 「불행 이야기」를 그의 어조로 쓸 수 없었을 것이다. 그는 엘로이스를 대한 태도에 대해서 하나님 앞에 조금도 회개하는 기색을 보이지 않았다. 훗날 그 사건을 회상한 것도 자신의 과오를 뉘우치거나 엘로이스에게 사과하기 위한 것이 아니었다.

아벨라르가 자신의 스승들을 비판하고 그들 앞에서 불손한 발언을 삼가지 않되, 질투심에서 그런 행동을 취했다는 것은 그의 도덕적 정조(情操)가 숭고하지 않았음을 말해준다. 그가 항상 생각하고 애석해했던 것은 명성과 지위를 잃으면 어떻게 하나 하는 것이었다. 그는 자신의 불행이 자신의 잘못과 못된 성격 때문

---

36) Migne, 178, 103.

이라고 생각하지를 않고, 남들이 자신을 이기려 하고 질투하기 때문이라고 생각했다.[37] 아마도 고통 속에서도 놓지 않았던 한 가지 목표는 어떻게든 과거의 인기를 만회하려는 것이었던 듯하다.

아벨라르의 저서들은 변증학·윤리학·신학 분야의 논문들과, 엘로이스에게 보낸 여러 편의 시와 편지, 그리고 그의 자서전이다. 신학 분야의 주요 저서들은 「로마서 주석」(Commentary on the Romans), 「신학 서론」(Introduction to Theology), 「기독교 신학」(Christian Theology) — 뒤의 두 권은 주로 삼위일체의 주제를 놓고 철학자와 유대인과 그리스도인이 나누는 대화 형식으로 되어 있다 — 그리고 「긍정과 부정」(Sic et Non)이다. 마지막에 언급한 저서에서 저자는 교부들의 저서 가운데 모순처럼 보이거나 실제로 모순인 내용들을 158장에 걸쳐 차례로 인용한다. 그리고 인용된 내용들에 대해서 대신 해명해 주려는 시도를 하지 않는다. 다양한 견해들을 분류하는 근거가 된 주제들은 삼위일체와 그리스도의 위격 같은 난해한 문제에서부터, 하와 혼자 시험을 받았는지 아니면 아담과 함께 시험을 받았는지, 아담이 골고다에 묻혔는지(암브로시우스와 제롬의 견해) 그렇지 않았는지(세비야의 이시도루스의 견해), 아담이 구원을 받았는지 못받았는지 같은 문제들에 이르기까지 다양했다. 윤리학 분야의 주요 저서는 「너자신을 알라」(Scito te ipsum)였다.

아벨라르는 자신이 사용한 몇 가지 신학 개념들에서 시대를 앞섰다. 그가 그 개념들로 뿌려놓은 사상의 씨앗들이 오늘날에야 비로소 싹을 틔우고 있다. 그의 저서들은 12세기에도 그가 대표할 만한 비평 정신이 있었음을 보여준다.

1. 실재론과 유명론의 대립에서 아벨라르는 중도적 위치를 견지했다. 한편으로는 로스켈리누스의 유명론을 조소했고, 다른 한편으로는 샹포의 기욤의 엄격한 실재론을 논박했다. 보편자가 말(vox, 단어) 이상의 것이라고 가르쳤다. 그것이 긍정(sermo)이라고 했다.[38] 인간들이 공통된다고 생각하는 것이 실재하는 것이라고 했고, 사물들의 형태들은 창조 전에 하나님의 정신에 존재했다고 했다.

2. 더욱 관심을 끄는 것은 종교적 권위와 영감(靈感)의 궁극적 좌소(座所)에 관한 아벨라르의 견해이다. 이 주제에 관해 그가 남긴 진술들은 간혹 모순되는 것

---

37) 「불행 이야기」는 그가 생 질다의 대수도원장으로 재직하는 동안 썼다.

38) 프랑스 저자들은 아벨라르의 이론을 개념론(Conceptualism)이라고 부르며, 그가 voces[말]를 conceptus[개념]로 대체했다고 주장한다.

처럼 보이지만, 정당하게 내릴 수 있는 결론은 그가 비평과 연구의 자유를 옹호하되 그 결과가 교회의 권위에 위배될지라도 옹호했다는 것이다. 그는 영감의 원리를 인정했지만, 그것은 대 그레고리우스가 가르친 대로 성경 저자들이 철저히 피동적이었다는 뜻은 아니었다. 성경 저자들은 일정한 독립을 행사했으며, 그런 상태에서 모든 실수에서 보호되었다고 했다.

아벨라르가 교부들과 성경을 다룰 때 사용한 잣대는 「긍정과 부정」의 서론에 제시된다. 그는 교부들의 모순된 견해들을 제시함으로써 자신의 지적 자유를 과시한다. 교부들의 진술들은 반드시 일치한다는 것이 통념이었기 때문이다. 아벨라르는 그러한 통념이 잘못된 것이라고 비판했다. 아우구스티누스가 초기의 몇몇 진술들을 철회하지 않았던가? 하지만 교부들의 실수들과 성경에서 실수로 여겨지는 대목들은 우리가 그들의 말을 이해하지 못하는 데서 생기는 가상적인 것일 수도 있다. 사도 바울은 멜기세덱이 아버지도 어머니도 없었다고 말할 때 다만 부모의 이름이 구약성경에 소개되지 않았다는 뜻으로 그렇게 말했을 뿐이다. 사무엘이 엔돌의 무당을 통해서 사울에게 나타난 것도 실재가 아닌 가상이었을 뿐이다. 선지자들이 언제나 성령의 감동을 받아 말한 것만은 아니며, 베드로도 실수를 범했다. 하물며 교부들이 어찌 실수하지 않았겠는가? 성경과 교부들의 권위는 비평적 조사를 배제하지 않는다. 정반대로 비평 정신이야말로 성경과 교부들을 접근할 때 취해야 할 올바른 정신이다. "우리는 회의(懷疑)의 정신으로 연구에 임하며, 연구로써 진리를 발견한다. 몸소 진리이신 분께서도 구하라 그리하면 찾을 것이요 문을 두드리라 그리하면 너희에게 열릴 것이다 하고 말씀하셨다."[39]

안셀무스에게서는 결합되었던 신비적이고 철학적인 요소들이 아벨라르에게서는 구분되었다. 그러나 아벨라르는 안셀무스보다 더 철학적 원리를 추구했다. 그는 정신이 쉼을 모른 채 혁신을 이뤄내는 데 조바심을 낸, 타고난 비평가였다. 신앙적 기질보다 탐구적 기질이 앞선 사람이었다. 심지어 어떤 저자들은 그를 근대 합리주의의 선구자로 평가한다. 그는 적어도 겉으로는 안셀무스와 상반되는 원리("이해될 때까지는 어떤 것도 믿어서는 안 된다")로부터 출발했다.[40] 그

39) Migne, p. 1349.
40) *Hist. Calam.*, Migne, 178. 142.

는 신앙을 보이지 않는 것들에 대한 추정으로 정의했는데,[41] 베르나르와 당대의 학자들은 그것을 신앙이 불확실한 견해라는 뜻으로 해석했다. 아마도 아벨라르가 뜻했던 것은, 신앙이 권위가 아닌 연구와 경험에 토대를 둔다는 것이었으리라. 하지만 아벨라르가 스스로 모순을 범하여 상반된 원리를 제시한 때도 간혹 있었다. 그는 "우리는 알기 위해서 믿는데, 믿지 않는다면 알 길이 없다"고 말한다. 당대의 학자들은 그의 생각이 건실치 못하며, 그의 견해가 교회의 권위를 뒤 엎는 것이라고 느꼈다.[42]

삼위일체와 하나님의 존재라는 더 큰 교리들은 필연으로 증명할 수 없고 다만 개연으로 증명할 수 있을 뿐이라고 아벨라르는 주장했다. 스콜라주의가 호기심으로 치닫는 데 반대하여, 하나님에 관한 많은 생각들은 굳이 믿을 필요도 없고 부정할 필요도 없다고 하면서, 그 생각들은 믿든 부정하든 위험이 따르지 않기 때문이라고 했다.[43] 하나님이 내일 비를 내리실지 안 내리실지, 하나님이 지극히 악한 특정인에게 긍휼을 베푸실지 안 베푸실지 같은 질문을 그런 생각들의 예로 제시한다. 반면에 그는 우리가 삼위일체에 관해 배워온 내용을 이해할 수 없다고 시인하는 것은 성경 저자들 자신들이 스스로 가르친 내용을 이해하지 못했다고 말하는 것과 같다고 주장했다.[44] 가톨릭 신앙에 관한 한 그것은 모든 사람들에게 필요하며, 정신이 온전한 사람들 가운데 그것 없이 구원받을 수 있는 사람은 아무도 없다.[45]

3. 삼위일체 교리를 진술하는 과정에서, 아벨라르는 양태론(modalism)과 아리우스주의로 비판받을 소지를 남겼다. 이런 태도가 베르나르의 몹시 신랄한 고소를 자극했다. 아벨라르는 삼위일체 교리에 조금도 기여하지 못했다. 그는 삼위일체 개념을 하나님의 절대 완전한 속성들로부터 이끌어냈다. 하나님은 권능으로서는 성부이시고, 지혜로서는 성자이시고, 사랑으로서는 성령이시라고 했고, 이 견해를 입증하기 위해서 성경을 근거로 제시했다. 성부는 만물을 권능으로 장악하고 계신다(행 1:7). 성자는 로고스로서 지혜이다. 성령은 선하신 분이

---

41) *Introd. ad Theol.*, Migne, p. 1051, also p. 959.
42) 베르나르와 상스 교회회의, 프라이징의 오토가 제기한 비판들이 그러하다.
43) *Introd. ad Theol.*, Migne, p. 986.
44) *Introd. ad Theol.*, Migne, p. 1052.
45) Migne, p. 986.

며(시 143:10), 영적인 은사들을 부여하신다. 아벨라르는 삼위일체의 세 위격을 도장의 재료인 놋쇠와 도장의 형태, 그리고 놋쇠에 형태를 입혀 만든 도장 자체에 비유했는데, 이 비유는 대단히 불쾌한 반응을 얻었다. "놋쇠 도장의 실체인 놋쇠 자체와 놋쇠를 실체로 삼는 도장 자체는 본질상 하나이다. 그럴지라도 놋쇠와 도장은 특성이 사뭇 달라서 놋쇠는 놋쇠이고 도장은 도장이다." 놋쇠(aes)와, 도장으로 쓰일 수 있는(sigillabile) 놋쇠와, 도장으로 쓰이는(sigillans) 놋쇠는 궁극적으로 세 가지 별개의 것이다.

4. 속죄에 관한 아벨라르의 견해에는 독창적이고 귀중한 요소들이 실려 있다.[46] 이상하게도 그는 안셀무스의 위대한 논문을 참고하지 않는다. 그는 말하기를, 인간은 마귀의 권세 아래 놓여 있으나, 마귀는 이 권세를 사용할 권한이 없다고 한다. 노예가 다른 노예를 그릇된 길로 인도한다 한들 그에게 무슨 권리가 있단 말인가? 그리스도는 인간 구속을 위해 마귀에게 어떠한 속전도 지불하지 않으셨을 뿐 아니라, 하나님의 공의를 만족시키거나 하나님의 진노를 누그러뜨리는 일도 하시지 않았다. 만약 아담의 타락이 어떤 이의 죽음에 의한 만족을 필요로 했다면, 그리스도의 죽음에 대해서 만족시킬 자가 과연 누구인가? 구주의 삶과 죽음에 담긴 하나님의 목적은 당신의 사랑을 나타내어 인간의 가슴에 사랑을 일으키고, 사랑으로 인간을 다시 당신에게로 이끄시려는 것이었다. 하나님은 말씀 한 마디로도 인간을 구속하실 수 있었으나, 자신이 그리스도 안에서 나타내신 사랑을 인간 앞에 드러내는 방식을 택하셨다. 그리스도의 사랑이 곧 그분의 공로이다. 이러한 아벨라르의 이론은 오늘날 속죄를 도덕적 감화로 설명하는 이론을 예기한다.

5. 아벨라르의 죄론(罪論)도 당대에 유행하던 것과 다른 특징을 드러낸다.[47] 타락은 하와가 금단의 과실을 따먹기로 결심할 때, 즉 실제로 과실을 따먹기 전에 욕구가 생겼을 때 발생했다.[48]

---

46) 그런 요소들이 그의 로마서 주석과 *Introd. ad Theol.*, 그리고 *Sermons*, V., X., XII에서 발견된다.

47) 그 주제는 윤리학적 논문인 *Scito te ipsum*과 *Com. on Romans* 제5장의 원죄에 관한 부록(Migne, pp. 866-874)에 특히 더 제시된다.

48) 그는 과실이 성적 욕구를 자극한 나무가 포도나무였다고 생각한다. *Hexaemeron*, Migne, p. 777.

죄의 좌소(座所)는 의도(intentio)이며, 그것이 선하고 악한 과실을 맺게 하는 뿌리이다. 욕구 혹은 정욕은 죄가 아니다. 이 의도는 단순한 목적이 아니다. 예를 들어 사전 계획 없이 그를 죽이는 그런 것과 정반대로 살인하는 것이다. 죄의 좌소가 되는 의도란 선행을 하거나 악행을 하는 데 밑바탕이 되는 목적이다. 여기서는 옳고 그릇됨을 인식하는 데 죄책이 있다. 그리스도를 죽이면서 자신들이 옳은 일을 하고 있다고 생각한 자들은 죄를 짓지 않은 것이거나, 혹시 죄를 지었다 할지라도 양심을 거슬러가면서 그분을 죽인 자들보다 죄가 훨씬 약하다. 그렇다면 그리스도께서 자기를 십자가에 못 박은 자들을 용서해달라고 기도하신 뜻은 무엇인가? 이 질문에 대해서 아벨라르는 그리스도께서 용서를 구하신 그 형벌은 성격상 현세적인 것이었다는 말로 대답한다.

아벨라르의 전제들을 논리적으로 연역해 보면, 죄를 범했을지라도 죄에 자발적으로 동의한 사람들 외에는 아무도 벌을 받지 않는다는 뜻이 된다. 그러나 그는 이러한 결론 앞에서 몸을 움츠린다. 하나님 없이 지내는 이교도들의 상태를 그는 지극히 어두운 색채로 그린다. 하지만 이교 철학자들에 대해서는 높이 평가하며, 그들이 「시빌레 서」나 그 밖의 방법을 통해서 신적 통일성에 관한 지식과 심지어 삼위일체에 관한 지식까지도 깨달았으리라고 생각한다.[49] 베르나르는 인노켄티우스 2세에게 쓴 편지에서, 아벨라르가 플라톤이 그리스도인이었음을 증명하려고 하는 과정에서 자신이 이교도임을 증명했다고 말했다. 아벨라르는 몇 가지 교리적 견해에서 자유로웠던 것이 사실이지만, 성사들, 특히 세례와 성찬의 효과를 강조한 점에서는 교회와 철저히 같은 노선에 섰다.

아벨라르는 당대 신학자들의 주류 사회에서 벗어나 있었기 때문에 앞으로도 늘 중세의 가장 흥미를 끄는 인물의 하나로 남을 것이다. 그의 결함은 도덕적 능력이 부족한 데 있었다. 그렇기 때문에 그의 진술들이 과연 진실한 소신에서 나온 것인가 하는 의문이 자주 든다. 그가 만약 도덕적으로 건실했다면 아마도 사고의 진취성과 독창성에서 견줄 대상이 없는 중세의 테르툴리아누스와 같은 인물이 되었을 것이다. 하지만 도덕적 능력에서 매우 탁월했던 그 아프리카의 교부도 라틴 교회는 교회 정책에 반기를 들었다는 이유로 성인의 반열에서 제외시켰다. 아벨라르는 도덕적 취약성 때문에 성인의 명단에 포함시킬 수 없었다.[50]

---

49) *Introd. ad Theol.*, Migne, p. 1008.

만약 그가 어떠한 고난도 감수할 의지가 있었다면, 자신에게 가해진 모든 비난과 고소에 대해서 끝까지 사상을 철회하지 않았다면, 아마도 그는 사상의 순교자들의 반열에 올랐을 것이다.[50] 그가 당한 불행들은 우리가 인간으로서 공동으로 안고 있는 연약함으로 인하여 동정을 자아내지만, 그의 신학과 인격은 우리의 존경을 일으키지 못한다.

101. 아벨라르 당대의 손아래 학자들

아벨라르의 제자들과 당대의 손아래 학자들 가운데는 푸아티에의 질베르(Gilbert), 솔즈베리의 존, 로버트 풀렌(Robert Pullen)이 있었는데, 이들은 아벨라르의 자유로운 학문 정신에 다소 영향을 받은 신학자들이었다. 페트루스 롬바르두스(1164 죽음)도 특히 그리스도론에서 아벨라르에게 강한 영향을 받은 흔적을 보여준다.

푸아티에의 질베르(1070-1154)는 저서들 혹은 신학에 끼친 항구적인 영향보다는 재판으로 더 잘 알려진 인물이다. 프랑스 푸아티에에서 태어난 그는 샤르트르의 베르나르, 샹포의 기욤, 랑의 안셀무스, 그리고 아벨라르에게 배웠다. 샤르트르 주교좌성당 학교 교장직을 10년간 역임했고, 1137년에는 파리 대학교에서 가르치기 시작했다. 1142년에는 푸아티에의 주교가 되었다. 주요 저서로는 아리스토텔레스가 해설을 남기지 않은 마지막 여섯 가지 범주를 설명한 「여섯 가지 원리」(*De sex principiis*)와, 보에티우스의 저서로 추정되는 삼위일체 관련 저서에 대한 주석이 있다. 이 두 권은 일부분밖에 인쇄되지 않았다.

질베르는 삼위일체 관련 저서로 인하여 이단 재판을 받았는데, 이 재판도 베

---

50) Hausrath는 아벨라르를 그러한 순교자들 가운데 맨 앞 자리에 배치한다. 그는 아벨라르가 자신의 결론을 고수하기를 거부한 것을 다음과 같은 말로 정당화한다. "그만큼 상황의 압박에 짓눌린 학자에게 머슴의 용기를 발휘하라거나 정치가처럼 자신의 견해를 논리적 결론까지 끌어내라고 요구하는 것은 불공정한 일일 것이다."

51) 아벨라르는 훌륭한 제자들을 남겼는데, 그 중 옴니베네 같은 사람은 스승의 「신학」를 토대로 신학명제에 관한 저서들을 썼으며, 스승의 방식대로 신앙과 성례들과 사랑의 삼중 구분을 따랐다.

르나르가 주도했다.[52] 그 재판이 1147년의 파리 교회회의와 1148년의 랭스 교회회의에서 진행되었다. 프라이징의 오토에 따르면, 질베르는 의도가 진실한 사람이었다고 한다. 그가 이단으로 몰린 이유는 모호하고 난해한 진술 방식과 강렬한 실재론 때문이었다.

질베르의 제자들 몇몇이 고소인의 입장에서 증언을 했으나, 그의 견해를 삼신론으로 규정할 만한 충분한 근거가 파리 교회회의와 교황 앞에 제출되지 않음으로써 재판을 랭스 교회회의로 연기했다. 랭스에서 검사로 지명된 베르나르는 재판을 진행하는 태도로 인하여 일부 추기경들의 비위를 거슬렀다. 프라이징의 오토와 솔즈베리의 존의 일치된 진술에 따르면, 그로 인해 조성된 분열의 위기를 교황 유게니우스의 지혜롭고 상식적인 대처로 겨우 모면했다고 한다.

교회회의에서 진행된 재판에서, 삼위일체의 세 위격이 각각 하나님이실 수 있게 하는 지고의 본질 그 자체가 하나님이심을 믿느냐는 교황의 질문에 대해서, 질베르는 아니라고 대답했다. 이어진 진술에서 질베르는 교부들에 대한 철저하고도 해박한 지식으로 좌중을 압도했다. 결국 그에 대한 고소는 근거 없는 것으로 기각되었고, 질베르는 의심을 일으킬 소지가 있는 진술들을 베르나르가 제시한 네 번째 명제에 비추어 수정하라는 명령을 받았다. 결국 질베르는 죽을 때까지 주교직을 유지했다. 프라이징의 오토는 베르나르가 마치 다윗이 므비보셋의 마음을 오해한 것처럼(참조. 삼하 9:19 이하) 질베르의 교훈의 본질을 오해했거나, 아니면 질베르가 교회의 처벌을 피하기 위해서 현란한 수사(修辭)로 자신의 진정한 의도를 가렸거나 둘 중 하나였다는 말로써 그에 관한 기록을 매듭짓는다. 지혜와 말(words)을 혼동하는 질베르의 습관과 관련하여, 생 빅토르의 월터는 그를 프랑스의 네 미궁(迷宮)들 가운데 하나라고 불렀다.

솔즈베리의 존(1115-1180)은 12세기 영국의 대표적인 저자와 학자였으며, 그의 저서들은 후기 영국 철학의 실천적 경향을 드러낸다.[53] 그는 솔즈베리에서 서민의 가정에서 태어났다. 대륙으로 건너가 10-12년간 다양한 학문을 섭렵했고, 1136년에는 제네비브 산에서 아벨라르에게 배웠으며, 푸아티에의 질베르 · 콩셰

---

52) Neander-Deutsch, *St. Bernard*, II. 131.

53) Stephens는 그를 가리켜 "그 세기의 가장 유명한 영국 학자"라고 부른다. *Hist. of the Engl. Ch.*, pp. 320 sqq.

의 기욤·로버트 풀렌 등의 저명한 학자들의 강의를 들었다. 그의 학창 시절에 관한 자세한 기록은 *Metalogicus*에 실려 있다. 그는 영국으로 돌아간 뒤 대주교 시어볼드(Theobald)와 두터운 신뢰의 관계를 유지했다. 후에는 베켓을 지지했고, 그 대주교가 살해당할 때 주교좌성당에 함께 있었다. 그는 대주교가 살해당하기 전에 성당에 들어가지 말라고 당부했었다. 1176년에 그는 샤르트르의 주교가 되었다. 그는 자신이 교회 업무로 알프스 산맥을 열 번도 넘게 넘었다고 말한다.

당대의 다른 저자들과 달리, 존은 회고록과 문집을 통해서 자신이 살던 당대에 관한 지식을 우리에게 전해준다. 그는 인문주의자로서의 감각이 있었는데, 만약 몇 세기 뒤에 살았다면 르네상스에 충분히 동조했을 것이다. 주요 저서들은 「초논리학」(*Metalogicus*), 「폴리크라티쿠스」(*Polycraticus*), 「교황의 역사」(*Historia pontificalis*)이다. 「폴리크라티쿠스」는 정부와 철학의 원리들을 다룬 논문으로서, 하찮은 분쟁들과 세상일에서 눈길을 돌려 교회를 생각하고 인생을 선용하도록 할 목적으로 썼다.[54] 그는 성경과 고전 저자들을 인용함으로써 자신의 입장을 강화하고, 교회가 진정한 도덕의 수호자이자 국가 공의의 보호자임을 보여준다. 그는 당대 학자들 가운데 고전 지식에 가장 해박했던 사람들 가운데 하나였다.[55]

「초논리학」에서 존은 스콜라주의에 대해서 결의론(決疑論)을 중단하라고 요구하고, 이성이 감각들 못지않게 쉽게 오류를 범한다고 주장한다. 변증학이 지적 역량을 과시하는 용도로 쓰이게 되었고, 아당 뒤 페티 퐁(Adam du Petit Pont) 같은 사람들은 학생들을 많이 끌어 모을 속셈으로 강의를 될 수 있는 대로 복잡하고 모호하게 하여 심오하다는 인상을 심어주려고 했다고 지적한다. 존은 논리가 수단이 되지 않고 그 자체가 목적이 되면 헛것이 된다고 주장하면서, 논리란 그 자체로는 피그미족의 손에 들린 헤라클레스의 칼처럼 무용하다고 말한다. 그는 활용할 수 있는 지식의 중요성을 강조했으며, 지혜로운 사람이면 의심

---

54) Schaarschmidt는 그것을 "중세 문학에서 최초의 위대한 국가 이론"이라고 부른다. Poole(p. 218)은 그 내용의 다양성을 감안하여 "그것이 어느 정도는 12세기 교양 있는 중세 사상의 백과사전에 해당한다"고 말한다.
55) Poole은 "그 시대의 어떠한 저자도 고전 지식의 폭과 깊이에서 그와 대등한 위치에 놓을 수 없다"고 말한다. *Dict. of Natl. Biog.*, XXIX. 441.

해 볼 수 있는 것들의 목록을 길게 열거했다. 그 예를 몇 가지 들자면, 섭리와 인간의 운명, 영혼의 기원, 운동(motion)의 기원, 그리고 모든 죄가 다 똑같고 똑같은 형벌을 받는 것인가 하는 점 등이다. 그는 하나님께서 인간 정신이 인식할 수 있는 것보다 높이 계시며, 우리의 추론 역량을 초월해 계신다고 주장했다.[56) 「교황의 역사」는 1148년의 랭스 공의회부터 1152년까지 존 자신이 지켜본 교회의 사건들을 기록한 책이다.

102. 페트루스 롬바르두스와 신학대전 저자들

롬바르디아인 페트루스는 가톨릭 교회 조직신학의 아버지이다. 토마스 아퀴나스가 중세의 가장 완벽한 신학 체계를 이룩해 냈듯이, 그는 중세의 가장 유용하고 인기 있는 신학 교과서를 써냈다. 방법 면에서 그는 스콜라주의가 절정에 이른 13세기의 위대한 신학자들의 시대에 속한다. 시기면에서는 베르나르 · 아벨라르 · 질베르 · 생 빅토르의 위그, 그리고 그와 개인적으로 친했던 그 밖의 학자들과 함께 12세기에 자리를 차지한다.

페트루스는 이탈리아 북부 노바라에서 태어나 1164년경에 파리에서 숨을 거두었다.[57) 그는 볼로냐 대학교에서 공부한 뒤 프랑스로 가서 생 빅토르 수도원 학교와 파리 주교좌성당 학교를 다녔으며, 아벨라르에게 영향을 받았다. 훗날 교수가 되어 파리 대학교에서 가르쳤다. 월터 맵은 그의 파리 시절을 소개하면서 그를 유명한 신학자라고 부른다. 1159년에 그는 파리의 주교가 되었다.

그의 기념비적 저서인 「네 권으로 된 신학명제집」(*libri quatuor sententiarum*)은, 4백 년 전에 다마스쿠스의 요한이 정통신앙을 집대성해 놓았던 것과 마찬가지로 체계적인 방식으로 교의 신학 분야를 망라한다. 이 저서는 저자에게 신학명제의 거장(magister sententiarum)이라는 칭호를 안겨주었다. 롬바르두스의

---

56) *Metalog.*, VII. 2.

57) 이것은 파리에서 발견된 고대의 비명(碑銘)에 표기된 연도이지만, 파리 주교가 1160년에 롬바르두스의 계승자로 임명된 사실로 인해 불확실하게 된다. 생 빅토르의 발터는 그가 성직매매 죄로 면직되었다고 말하는데, 만약 그가 그 죄로 면직되지 않았다면 이것은 그가 그 연도에 죽었음을 암시하는 듯하다. Migne, 199. 1140.

논문이 나오기 전에도 신학명제라는 이름으로 된 신학 체계들이 있었다. 성 베르나르는 그 중 한 권의 저서를 아벨라르의 것으로 돌린다. 하지만 이것은 잘못된 판단인 듯하다. 하지만 분명한 것은 아벨라르의 제자들, 즉 롤란드(Roland, 훗날 교황 알렉산더 3세)가 1142년에 볼로냐 대학교 교수 시절에, 그리고 옴네베네(Omnebene)가 그런 성격의 저서들을 집필했으며, 신앙·자선·성례로 이루어진 아벨라르의 3중 구분법을 따랐다. 좀 더 중요한 것은 롬바르두스에 앞서 발표된 랑의 안셀무스와 로버트 풀렌, 그리고 생 빅토르의 위그의 논문들이다. 1147년경에 죽은 로버트 풀렌은 잉글랜드인으로서 설립 초기의 옥스퍼드 대학교에서 가르치다가 파리 대학교로 자리를 옮겼고, 1142년경에는 솔즈베리의 존이 포함된 학생들을 가르쳤고, 성 베르나르와 교분을 나누었고, 교황의 총애를 받았으며, 교황 켈레스티누스 2세에게 추기경으로 임명되었다.

롬바르두스의 저서는 명쾌하고 치밀하고 간결하고 중용적이고 법 정신에 토대를 두고 있고, 결의론에 속한 불필요한 질문들에는 관심을 두지 않는다. 이 책은 신앙의 정통성 면에서 다소 공격을 받았음에도 불구하고 널리 인정을 받았으며, 칼빈의 「기독교 강요」처럼 교회들에서 수 세기 동안 교과서로 사용되었다. 나중에는 개신교에서도 사용되었다. 16세기까지 파리 대학교의 모든 학부 학생들은 이 책의 시험을 통과해야만 졸업을 할 수 있었다. 이 책만큼 방대한 분량의 주석서들이 기록된 예는 거의 없다. 영국의 학자들 160명, 도미니쿠스회 수사들 152명이 이 책의 주석을 썼다. 이 책을 강의하고 주석을 쓴 대표적인 스콜라 학자들은 알렉산더 헤일스·알베르투스 마그누스·보나벤투라·토마스 아퀴나스·두란두스·오컴이다.

아벨라르의 「긍정과 부정」에 쓰인 방법에 적지 않게 영향을 받은 롬바르두스는 교부들의 저서들에서 진술들을 수집함으로써 학생들이 직접 찾는 수고와 불편을 덜어주었다. 그가 수집한 진술들 가운데 아우구스티누스의 것이 다른 교부들을 다 합친 것의 두 배가 넘었다. 롬바르두스는 아벨라르보다 한 걸음 더 나아가 교부들의 진술들 사이에 일관성이 존재한다는 점을 증명하고자 했다. 자료를 확보하고 배열하는 작업에서 아벨라르와 그라티아누스, 생 빅토르의 위그에게 크게 의존하지만, 그들을 실명으로 언급하지는 않는다. 위그의 글은 문단들 전체를 가져다 썼다.

「신학명제집」은 네 부분으로 나뉘며, 각각 삼위일체 하나님·피조물들과 죄·성육신·기독교 도덕과 십계명, 성례들과 종말론에 관한 몇가지 질문들을 다룬다. 저자의 방법은 교회가 가르친 교리를 진술하고, 성경을 토대로 그것을 확증하고, 그런 뒤 교부들의 견해를 인증하고, 혹시 그들의 견해가 교회의 교리와 모순되는 듯이 보이면 실은 일치된다는 것을 해명했다. 그의 궁극적 구도는 진리의 횃불을 높이 드는 것이었는데, 그의 저서를 읽어 보면 많은 수고와 노력을 기울인 증거가 역력히 드러난다.

롬바르두스가 하나님의 존재에 대해서 제시하는 논증은 주로 우주론적 논증이다. 하나님이 선택된 자들을 예정하셨기 때문에 그들에게서 선행이 나타나는 것이며, 그들이 가질 수도 있는 선행을 예지하고서 예정이 이루어진 것은 아니다. 선택된 자들의 수는 늘어날 수도 줄어들 수도 없다. 반면에 하나님은 유기된 자들을 먼저 단죄하시지 않으신다. 그들의 유기는 하나님께서 그들에게서 악을 예지하신 결과에 따른 것이다.

둘째 권에서 롬바르두스는 아우구스티누스를 인용하여 유명한 진술을 하는데, 종종 매튜 헨리(Matthew Henry)의 독창적인 진술로 오인되어온 이 진술의 내용은, 하나님께서 여자를 남자의 머리에서 취하시지 않은 이유는 여자가 남자를 다스리도록 하지 못하게 함이고, 발에서 취하시지 않은 이유는 남자의 노예가 되지 않도록 함이며, 다만 옆구리에서 취하심으로써 그의 배우자가 되도록 하셨다는 것이다. 인간은 타락으로 인하여 상처(vulneratio)를 당하듯 상해를 입었을 뿐 모든 덕을 박탈당한 것은 아니다. 원죄는 육체를 매개로 전달되었고, 영혼이 육체에 접촉함으로써 영혼에도 작용하게 되었다. 죄의 뿌리는 정욕(concupiscentia)이다. 롬바르두스는 영혼 창조론자(creationist)였다.[58] 하나님께서 인간이 타락할 줄을 알고 계셨다고 그는 생각했다. 하지만 왜 미리 막지 않으셨는지는 알 수 없다고 했다.

속죄를 다루는 과정에서, 롬바르두스는 그리스도의 죽으심이 마귀에게 지불된 죗값이라는 생각을 부인했다. 그것은 하나님의 사랑의 표현이었으며, 십자가로 나타난 그리스도의 사랑에 의하여 우리 속에서도 사랑이 불붙는다고 했다. 이 점에서 롬바르두스는 아벨라르의 견해에 근접한다. 그리스도의 죽음이 하나님의 호의를 얻기 위한 속전이었다는 안셀무스의 견해에 관해서 그는 아무 말도

---

58) II. 31; Migne, p. 211.

하지 않는다.

　성례 문제에서, 롬바르두스는 3회든 단회든 침수(浸水)를 올바른 세례 방식으로 권장한다.[59] 세례는 원죄의 죄책을 없앤다. 성찬은 제사이며, 성찬의 성물들이 그리스도의 살과 피로 변화한다. 성찬의 포도주에는 물을 섞어야 하며, 물은 그리스도의 수난으로 구속을 받은 사람들을 뜻한다.

　이렇게 보편적으로 인정을 받고, 아우구스티누스를 인용해 가며 신중을 기한 저서가 투르 교회회의(1163)와 제3차 라테란 공의회(1179) 등에 의하여 거듭 이단으로 단죄를 당했다는 것은 주목할 만한 일이다. 하지만 구체적인 제재 조치가 취해진 적은 없었다. 1215년의 제4차 라테란 공의회에서도 롬바르두스의 삼위일체 진술이 비판을 받았다. 그는 성부와 성자와 성령께서 "지극히 숭엄한 한 분"이시며, 본질은 낳지도, 낳음을 입지도, 어느 것에서 발출하지도 않는다고 말한 바 있다. 요아킴은 그가 삼위일체를 사위일체로 대체했다고 비판하면서 그를 이단이라고 불렀으나, 제4차 라테란 공의회는 시각을 달리하여 그의 정통신앙을 인정해 주었다. 생 빅토르의 월터는 「신학명제집」의 저자에게 사벨리우스주의와 아리우스주의, 그리고 새로운 이단이라는 비난을 퍼부었다.[60] 이런 비판들에도 불구하고 보나벤투라의 「개요」(Breviloquium)를 제외하곤 아무도 페트루스 롬바르두스만큼 중세 신학 사상을 간명하게 소개한 학자가 없었다.

특주

　12세기의 신학대전 저자들 가운데 마지막이자 매우 명쾌했던 인물은 플랑드르 지방 릴에서 태어나 1202년경에 죽은 알라누스 데 인술리스(Alanus de Insulis)이다. 그의 저서들 가운데 특히 알레고리적인 시들인 *Anticlaudianus*와 *De planctu naturae*는 널리 읽혔다. 「신학의 규칙」(*Rules of Sacred Theology*)에서 알라누스

---

59) IV. 3; Migne, p. 335.

60) 롬바르두스의 글에서 미심쩍은 조항들이 끊임없이 제기되었다. 13세기 중반에는 교회 교리와 다른 그런 조항의 수가 8가지로 제시되었다. 파리 대학교 교수들이 그 수를 늘려놓았다. Eymeric은 그러한 이단적 진술 스물두 가지를 다룬 논문을 썼다. 롬바르두스의 「신학명제집」 말미에는 열다섯 가지가 제시되어 있다.

는 신학 명제들에 관하여 125가지 간략한 해설을 제시한다. 다섯 권으로 된 「가톨릭 신앙」(*Catholic Faith*)에서는 하나님, 창조와 구속, 성례, 종말에 관한 교리를 다룬다. 교회를 그리스도를 고백하는 신자들의 회중과 성례들의 병기고로 정의한다. 알라누스의 저서 「이단 논박서」(*Against Heretics*)는 카타리파와 발도파를 다룬 장들에서 이미 살펴보았다.

여기서 언급할 만한 또 다른 이름은 생 빅토르의 월터로서, 그는 주로 아벨라르, 푸아티에의 질베르, 페트루스 롬바르두스, 롬바르두스의 제자 푸아티에의 피에르(훗날 파리 대학교 명예총장)를 프랑스의 네 명의 미궁으로 표현한 일로 주로 알려져 있다. 그는 그들의 사유(思惟)를 개구리들의 소란(ranarum garrulitas)에 비유했으며, 그들이 궤변론자들처럼 질문과 역질문으로써 신앙을 불안하게 뒤흔들었다고 주장했다. 월터의 저서는 인쇄된 적이 없다. 그는 리처드의 뒤를 이어 생 빅토르 수도원의 원장이 되었고, 1180년경에 죽었다.[61]

103. 신비주의

중세 신학의 스콜라주의적 요소와 나란히 발전한 것이 신비주의적 요소이다. 신비주의는 영혼이 내면의 기도와 영적 열망을 통해서 무한하신 성령과 직접적인 인격적 사귐을 나누는 데 목표를 두되, 논리적 분석보다는 추상적 사고, 논증보다는 경배, 머리보다는 가슴을 앞세우고, 지적 역량보다는 영적 정서를, 의식과 행사보다는 영혼이 하나님을 직접 대면하는 방식을 사용한다. 스콜라 학자의 활동을 특징적으로 가리킬 수 있는 단어가 사색이라면, 신비주의자의 활동을 가리킬 수 있는 단어는 경건(devotion, 기도·헌신·신심)이다. 신비주의는 바깥에 계시하는 하나님을 덜 바라보고, 가슴 안에 계시는 하나님을 더 바라본다. 정의(定義)보다는 체험에 의존한다.[62] 신비주의는 합리주의와 의식적(儀式的) 형식

---

61) 월터는 네 미궁에 대해서 "스콜라주의의 경솔함으로 삼위일체와 성육신의 신비를 다루고, 많은 이단설을 토해내었다"고 평가한다.

62) Harnack(*Dogmengesch.*, III. 314 sqq., 373 sqq.)은 이른바 스콜라주의와 신비주의의 차이라고 제기된 점들에 대해서 일축해 버린다. 정서적 혹은 경건주의적 유형의

주의에 모두 반대된다.

사도 요한과 바울에게서 신비주의의 요소를 발견하게 된다. 요한 신학의 중심은 하나님이 사랑이시라는 교훈이다. 신자의 목표가 그리스도 안에 거하고 그리스도께서 그 안에 거하시도록 하는 것이다. 진정한 신비주의자는 가슴으로 느꼈다. 그는 공상가도 아니고 비교(秘敎)의 경계를 드나드는 사람도 아니다. 그런가 하면 은둔자도 아니다. 이 시기의 신비주의자들도, 후기의 에크하르트와 타울러도 인간 사회를 등지지 않았다. 베르나르와 생 빅토르 계열의 신학자들도 물론 그리스도를 향한 사랑과 영적인 것들에 대한 순수한 묵상을 통해서 영혼의 온전한 평정을 얻고자 힘쓰긴 했으나 입신(入神)을 위한 행위에 몰입하지는 않았다. 성 베르나르는 "하나님은 논쟁보다는 기도로 더 쉽게 구하고 찾을 수 있다"고 말했다. 베르나르와 생 빅토르는 한결같이 "하나님은 우리가 그분을 사랑하는 만큼 알 수 있다"고 말했다. 단테는 베르나르를 스콜라주의의 거장 토마스 아퀴나스보다 높은 지위에 두었으며, 그의 기도에 힘입어 성 삼위일체에 대한 지복직관에 도달함으로써 「신곡」의 대미를 장식했다.[63]

아우구스티누스는 스콜라 학자들에게도 그랬듯이 중세의 신비주의자들에게도 중요한 자료를 제공했다. "당신은 당신 자신을 위해서 저희를 지으셨사오며, 저희 마음은 당신 안에서 안식을 누리기 전에는 안식하지 못하나이다"라고 말한 사람이 그였다. 신비주의자들은 아리스토텔레스 대신에 기독교 신플라톤주의자인 아레오바고 관원 디오니시우스를 내세웠다. 스코투스 에리게나의 번역으로

신앙, 즉 독일인들이 '가슴의 신학'이라고 부르는 것에 대해서 그는 공감하지 않는다. 경건이란 양자의 출발점이며, 온전한 지식이 그 목표라고 말한다. "로마 가톨릭 신도가 되지 않은 신비주의자란 아마추어일 뿐이다" 하고 그는 잘라말한다(p. 373). 그 이전에 Ritschl은 "정규적인 신비주의치고 은둔 생활에 몸담지 않은 것이란 없다. 복음주의 그리스도인들 사이에 널리 성행하고 있는 신비주의에 대한 애정은 아마추어적 도락일 뿐이다" 하고 말했다(*Pietismus*, II. 12). 하지만 하르낙은 용어상의 구분은 기꺼이 인정하면서, 하나님과 우주의 관계를 다루는 것이 스콜라주의라면 영혼과 하나님의 합일을 모색하는 것이 신비주의라고 말한다.

63) 낙원편, XXXI. 130, XXXIII. 49, etc. 필립 샤프 박사(*Lit. and Poetry*, p. 232)는 이렇게 말한다. "베르나르는 피에르 아벨라르와 대조적으로 사변적 합리주의와 지성의 신학에 대해서 정통신앙 범위 내의 신비주의와 마음의 신학을 변호했다."

그의 저서들을 라틴어로 접할 수 있었다. 신비주의의 요소는 안셀무스·토마스 아퀴나스·보나벤투라 같은 위대한 스콜라 학자들에게서 강하게 나타났다.

중세는 라헬과 레아, 마리아와 마르다를 사변적인 삶과 적극적인 삶, 수도원 생활과 세속 생활, 신비주의와 스콜라주의의 대표자들로 삼았다. 페트루스 다미아누스는 야곱이 라헬을 얻기 위해서 7년 기간을 두 번씩이나 섬겼다고 말한다.[64] 모든 회심자는 유혹과의 싸움을 견뎌내야 하지만, 숭고한 사색의 기쁨 안에서 쉼을 얻을 일을 기대해야 한다. 그것이 사실상 아름다운 라헬을 품에 안게 되는 것이다. 이 두 시기는 구약과 신약, 율법과 복음의 은혜를 대표한다. 두 언약의 계명을 지키는 사람은 마침내 오래 사모해온 라헬을 품에 안게 된다.

생 빅토르의 리처드는 논문 한 편을 할애하여 라헬과 레아를 비교한다. 레아는 자식을 많이 낳았지만 라헬은 아름다웠다. 레아는 도덕의 기율을, 라헬은 진리의 교훈을 대표했다. 라헬이 묵상과 명상과 영적 자각과 통찰을 대표한다면, 레아는 울음과 애곡과 한탄과 슬픔을 대표한다. 라헬은 베냐민을 낳으면서 죽었다. 마찬가지로 이성은 추론의 고통을 겪은 뒤에 종교적 경건과 열정을 낳으면서 죽는다.[65]

이 비유는 아우구스티누스에게서 취한 것으로서, 그는 라헬이 진리를 깨닫는 기쁨을 상징하며, 그 이유에서 외모가 아름다웠다고 했던 것이라고 말했다.[66] 성 베르나르는 적극적인 삶과 사변적인 삶의 교제를 마리아와 마르다처럼 한 집에서 사는 집안 식구라고 말했다.[67]

스콜라 신학이 학교와 대학교에 거점을 두고 발전했다면, 신비주의는 수도원에 거점을 두고 발전했다. 클레르보와 파리 근처의 생 빅토르 수도원들이 신비주의를 길러낸 가정이었다. 수도원 경내 안에서 중세의 열정적인 찬송들이 작곡되었고, 토마스 아퀴나스의 성찬 찬송들도 스콜라 학자가 아닌 신비주의자의 표현이다.

---

64) *De perf. monachi*, VIII; Migne, 145. 303.

65) *De preparat. ad contemplationem sive Benjamin minor*, I. 73; Migne, 196. 52.

66) *C. Faus. Man.*, XXII. 52.

67) *Sermo in Cant.*, 51, 2. 참조. *De consid.*, I. 1.

이 시기를 이끌어간 신비주의자들은 베르나르와 위그, 생 빅토르의 리처드, 도이츠의 루페르트였다. 피오레의 요아킴과 힐데가르트, 쇠나우의 엘리자베트도 성향 전체가 신비주의적이었던 사람들로서, 나름대로 하나의 무리를 이룬다.

104. 신비주의자로서의 성 베르나르

신비주의적 신학을 소개하는 베르나르의 저서들은「겸손과 교만의 등급」(*Degrees of Humility and Pride*), 성직자들에게 전한 설교인「회심」(*Conversion*),「아가서 설교집」(*Sermons on the Canticles*), 그리고 찬송들이다. 저자가 성경을 친숙히 알았다는 것은 그의 저서의 모든 부분에서 나타난다. 그는 성경전서를 훤히 알고 있는 터에서 쉴새없이 성구를 인용한다. 베르나르는 질문을 받고 답변하기 위해 쓴 편지들에 잘 나타나듯이 당대의 사람들에게 내면생활의 해설자로 가장 높은 명성을 얻었다. 하르낙은 그를 12세기의 종교적 천재이자 그 시대의 지도자, 독일이 들었던 가장 위대한 설교자라고 부른다. 종교적 명상에서 그를 새로운 아우구스티누스(Augustinus redivivus)라고 부른다.[68]

아벨라르가 세속적 야망으로 인해 신비주의적 요소를 도외시했듯이, 베르나르는 실사구시를 중시함으로써 사변적 요소를 배제했다. 베르나르는 사도 바울을 뜨겁게 존경했고, 아우구스티누스를 "이단들에게 가장 가공스러웠던 망치"와 "교회의 기둥"으로 높이 평가했다.[69] 베르나르는 사랑이 왜 가장 뛰어난 덕목인가를 설명하고, 정통신앙의 수호를 강조하기보다 "고전 16:14"의 바울의 교훈을 거듭 강조하고, "일치가 깨지는 것보다 한 사람이 제거되는 것이 더 낫다"고 쓰는 등,[70] 경건을 중시하는 신학자로서 훨씬 더 큰 매력을 지녔다.

베르나르에 따르면, 기도와 개인의 거룩성이라는 길은 논쟁으로 이어지지 않고 하나님을 아는 지식으로 이어진다고 한다. 성인은 논쟁가가 아니라 하나님을

---

68) *Dogmengesch.*, III. 301, 305.

69) Ries, pp. 9, 15.

70) Omnia vestra in caritate fiant, *Ep.*, 221. Melius est ut unus pereat quam unitas, *Ep.*, 102; Migne, 182. 257.

깨달은 사람이다.[71] 겸손과 사랑이 신학의 근본적인 윤리 원칙이다. 철야와 금식에 힘쓰는 수도원 생활은 그 자체가 목적이 아니라 이 두 가지 기독교 근본 덕목을 계발하기 위한 방법이다.[72] 그는 모든 수도원을 완전한 자들의 집단(collegium perfectorum)으로 간주했으나, 모든 수사들이 완전하다는 뜻에서 그런 것은 아니었다.[73]

하나님을 사랑하는 일에 관해서 쓴 논문에서, 그는 우리가 하나님을 사랑하는 정도만큼 하나님을 알게 된다고 말한다. "하나님을 왜 사랑해야 하며 어떻게 사랑할 수 있습니까?" 하고 묻는 추기경 하이메릭(Heimeric)에게, 그는 이렇게 답변한다. "하나님을 사랑하게 만드는 요인은 하나님 자신입니다. 자연과 영혼에 부여된 선물들을 생각하고 그것들을 주신 하나님을 사랑하는 마음을 갖는 것이 중요합니다. 하지만 영혼이 성부와 성자와 성령과 맺고 있는 관계, 불신자가 도무지 알 수 없는 그 관계에 내포된 선물들은 이루 말할 수 없이 더욱 소중하며, 인간에게 무한하고 측량할 수 없는 사랑을 내놓도록 요구합니다. 하나님은 무한하시고 측량할 수 없는 분이시기 때문입니다. 영혼은 하나님을 사랑하는 정도만큼 위대합니다."[74]

사랑은 우리가 하나님의 사랑을 깨닫는 것만큼 자라난다. 영혼은 십자가를 명상할 때 사랑의 칼로 찔리는 아픔을 느끼는데, 이는 "내가 사랑하므로 병이 생겼음이라"라는 아가서 2:5의 말씀과 같다. 하나님을 사랑하면 결코 상을 잃지 않지만, 사랑은 상을 바라지 않는 법이다. 참 사랑은 그 자체로 충족하다. 사랑에 온전히 함몰되는 것이 신의 성품에 참여하는 길이다.[75] 물방울이 포도주에 떨어지면 빛깔과 맛을 잃듯이, 쇠가 풀무에 들어가면 예전의 형태를 잃고 불처럼 타오르듯이, 공기가 햇빛에 투영되면 그 자체가 빛처럼 되고 태양 자체처럼 보이듯이, 성인의 모든 정서도 하나님의 뜻에 의해 온전히 투영되며, 그로써 하나

---

71) Non et disputatio comprehendit sed sanctitas, quoting *Eph.*, III, 18. Sancti comprehendunt. *De Consid.* V. 14; Migne, 182. 804.

72) *Ep.*, 142, 2; Migne, 182, 297. 필립 샤프 박사는 "사랑과 겸손이 베르나르의 인격의 특징이었다"고 말한다. *Lit. and Poetry*, p. 232.

73) Ries, pp. 35, sqq.

74) *In Cant.*, p. 919.

75) Sic affici deificari est. 베르나르는 그 단어나 헬라어 동의어를 사용하는 데 주저

님이 만유가 되시고 만유 안에 계시게 된다.

베르나르가 아가서에 관하여 행한 86편의 설교에는 하나님의 사랑과 영혼이 하나님을 향해 품는 사랑 등 사랑이 끊임없이 강조된다. 이 설교들은 프랑스의 위대한 설교들 가운데 마시옹(Massillon)의 「*Petite Careme*」 못지않게 찬란히 빛난다. 베르나르는 3장 첫절에서 멈춘다. 라틴어로 기록된 그의 강해는 중세인들이 사랑한 이 책의 열정적 이미지에 깊이 몰입한다. 모든 것을 알레고리로 풀어낸다. 단어 하나하나가 모두 풍성한 알레고리들이다. 그러면서도 그의 강해에는 감각적이거나 정숙하지 못한 요소가 전혀 없다. 역사적·문학적 의미에 대해서, 베르나르는 이 책이 성경이 될 가치가 없고 다만 얼굴에 이러한 수건을 쓰고 지내는 유대인들에게나 의미가 있다는 모든 주장을 배격한다.[76] 술람미 여인과 그 배우자의 사랑은 교회와 그리스도간의 사랑을 나타내는 표상이다. 물론 술람미 여인을 영혼과 심지어는 성모 마리아로 풀어내는 경우도 없지 않지만. 1:2의 입맞춤은 삼위일체의 제2위가 계시하시는 성령이다.[77] 신부의 가슴(4:5)은 그리스도께서 느끼시고 베푸시는 선행과 참음이다(참조. 롬 2:4). 아가는 거룩한 연정의 아름다움과 영원한 결혼의 성례를 기리는 노래이다.[78] 이 책은 결혼을 축하하는 찬송이다. 사랑하지 않는 사람은 이 찬송을 들을 수 없다. 마치 그리스인이 아닌 사람에게 그리스어가 야만스럽게 들리듯이, 사랑하지 않는 사람에게는 사랑의 언어가 야만스럽게 들리기 때문이다.[79] 사랑은 그 자체 외에 다른 자극제를 필요로 하지 않는다. 사랑은 다시 사랑받게 될 것만을 사랑한다.

베르나르가 클레르보 수도원에서 하루의 각기 다른 시간에 청중에게 전한 설교에는 이러한 열정적인 표현들이 가득 담겨 있다. 이런 표현들에는 사상이 전개되는 법이 없다. 금언적인 진술이 논리를 대체한다. 비슷한 영적 체험들이 거듭해서 소개된다. 그러나 그 기조는 언제나 경건하고 감동이 가득하며, 그 열정적인 설교자에게 붙은 "꿀이 흐르는 박사"(doctor mellifluus)라는 칭호가 과연

하지 않은 오리게네스와 니사의 그레고리우스를 비롯한 교부들과 마찬가지로 이 단어를 사용하는 일에 위축되지 않았다.

76) *Serm.*, LXXV. 2; LXIII. 1; LXXIII. 1, 2.

77) *Serm.*, VIII. Migne, p. 810.

78) *Serm.*, I. 8; Migne, p. 788.

79) *Serm.*, LXXIX. 1; Migne, p. 1163.

적합하다는 인상을 준다.

성 베르나르의 신비주의는 그리스도 안에 중심을 둔다. 그분을 명상함으로써 영혼이 지식과 큰 기쁨에 사로잡힌다. 영혼이 도달하고자 열망하는 목표는 그리스도께서 우리 안에 거하시는 것이며, 하나님에 대한 우리의 사랑이 모든 것을 아우르는 정서가 되는 것이다. 그리스도는 정신을 환하게 밝히시는 골짜기의 순결한 백합이시다. 백합의 노란 꽃가루가 새하얀 꽃잎 속에서 빛나듯이, 그리스도의 신성의 빛은 그분의 인성을 통해서 찬란하게 빛난다. 베들레헴과 골고다 곧 그리스도의 탄생과 수난이 이 설교자의 생각을 주관한다. 십자가에 달려 죽으신 그리스도가 그의 철학의 총화였다.[80] 예수라는 이름은 등불로 어둠을 밝히고 인간에게 자양을 공급하고 상처를 치유하는 기름과 같다. 그 이름은 빛이요 음식이요 약이다. 예수는 입의 꿀이요, 귀의 선율이요, 마음의 기쁨이다.[81]

베르나르는 에크하르트의 범신론적 자기 망각과 성 테레사의 공상적인 무절제에서 벗어나 있었다. 17세기의 마담 귀용(Madame Guyon)과 정적주의자들(the Quietists)과 비교하더라도, 그는 현세에서 온전히 순수한 사랑의 상태에 들어갈 수 있음을 믿지 않은 점에서 그들과 달랐다. 이 세상에서 사랑의 율법에 온전히 순종한다는 것은 몇몇 순교자들 외에는 불가능하다.[82] 베르나르는 실질을 중시하는 성향과 상식에 힘입어 자기 만족에 몰입하는 명상 생활을 탈피했다. 하나님과 그리스도와 연합하는 일은 사도행전 4:32에 묘사된 대로 초대 교회의 제자들이 한 마음과 한 뜻이 되어 서로 간에 나눈 사귐과 같다고 그는 보았다. 그 연합은 본성들의 혼합으로 이루어지는 것이 아니라 의지들이 일치하여 이루어진다고 보았다.[83]

---

80) *Serm.*, XLIII. 4; Migne, p. 995.

81) *Serm.*, XV. 6; Migne, p. 847.

82) 참조. Vacandard, *Vie de S. Bernard*, II. 497, and Ries, pp. 198 sqq.

83) *Serm. in Cant.* LXXI. 7; Migne, 183. 1124. 하르낙은 *Hist. of Doctrine*에서 성 베르나르에게 매우 감동적인 몇 장을 할애하면서도, III. 304에서는 부당하게도 베르나르의 신비주의가 자연스럽게 범신론으로 이어졌다고 말한다. 베르나르 자신에게는 범신론의 흔적이 없다. 참조. Ries, pp. 190 sq.

105. 생 빅토르의 위그와 리처드

생 빅토르의 위그(1141 죽음)에게서, 그리고 그의 제자 생 빅토르의 리처드(1173 죽음)에게서 좀 더 충분하게, 신비주의적 요소는 강력한 스콜라주의의 사조에 의해서 수정을 겪게 된다. 베르나르에게는 신비주의가 고도로 발달한 인격적 경험이었다. 그런데 생 빅토르 수도원 사람들은 그것을 조심스럽게 정의하고 학문 체계로 수립하고자 했다. 위그와 리처드는 당대의 공적 논쟁들에는 일절 가담하지 않은 채 활동 범위를 수도원으로 국한시켰다.[84]

독일 최초의 위대한 신학자 위그는 1097년경에 작센에서 태어났다. 1115년경에 그는 숙부의 일행에 끼여 파리로 갔으며, 생 빅토르의 수사가 되었다. 성 베르나르와 친구가 되었으며, 많은 저서들을 남겼다. 독립적이고 사려가 깊은 사상가였으며, 당대의 저자들이 그의 글을 자주 인용하는 데서 나타나듯이 그들에게 큰 영향을 끼쳤다. 주요 저서로는 학문에 관한 저서, 성사들을 다룬 저서, 「대전」(Summa), 아레오바고 관원 디오니시우스의 「천상적 위계제도」에 관한 주석이 있다.[85] 로마서와 전도서를 비롯한 성경의 여러 책들에 대한 주석도 썼고, 오늘날 성경 서론이라고 부를 만한 논문도 썼다.[86] 그는 성경의 의미를 역사적·알레고리적·신비적 의미 세 가지로 이해했고, 당시의 추세에 비해서 역사적 의미를 강조하는 경향이 있었다. 이 세 가지 의미를 잘 드러내는 책이 욥기라고 했다. 욥은 우스 땅에서 살았고, 부자였고, 불행을 당했으며, 거름더미에 앉아 몸이 가려워 긁고 있었다. 이것이 역사적 의미이다. 욥은 그 이름이 고난당하는 자(dolens)로서, 하늘의 영광을 버리고 비천한 세상에 들어오셔서 이 세상의

---

84) 샹포의 기욤과 위그, 리처드 같은 인물들을 배출한 생 빅토르 수도원은 프랑스뿐 아니라 아일랜드에서 자매 수도원들을 두었다. 프랑스 대혁명이 일어나면서 이 수도원과 그 터전은 자취를 감추었다.

85) *Summa Sententiarum*, Migne, 176. 42-172. 위그는 이 책을 세 가지 핵심 덕목인 믿음과 소망과 사랑을 다룸으로써 시작하며, 계속해서 삼위일체·창조·다섯 가지 성례·결혼을 논한다.

86) 그는 성경의 의미들, 책의 수효, 외경, 성경 번역, 성경의 역사적 난제들 등을 논한다. 참조. Migne, 175. 9-28. 학문에 관한 논문에서도 그는 같은 주제들을 다룬다. Migne, 176. 778-811.

거름더미에 앉아 우리의 약함과 슬픔을 함께 겪으신 그리스도를 상징한다. 이것이 알레고리적 의미이다. 욥은 거름더미와 같은 자신의 모든 죄를 기억하고서 여전히 그 자리에 앉아 명상하며 눈물을 흘리는 참회하는 영혼을 상징한다. 이것이 신비적 의미이다.

성례[성사]를 아우구스티누스의 정의에 기초하여 보이지 않는 은혜의 보이는 상징으로 주의깊게 다루기 시작한 사람이 위그이다. 이 분야에 관한 그의 견해는 성례 제도에 관한 장에서 소개하기로 한다.

위그의 저서들에는 신비적 요소가 두드러진다.[87] 영혼에는 사물을 바라보고 이해하는 세 가지 기능이 있는데, 그것은 육체의 눈과 이성의 눈과 명상의 눈이다. 명상의 기능은 신적인 것들에 관련되지만, 인간은 타락할 때 이 기능을 상실했다. 반면에 이성의 눈은 손상을 입었고, 육체의 눈은 전혀 손상을 입지 않았다. 구속의 은혜가 명상의 눈을 회복해 준다. 이 기능은 세 단계의 행위를 할 수 있다. 첫째는 코기타티오(cogitatio), 즉 사물을 외형으로 인식하는 것이다. 둘째는 메디타티오(meditatio), 즉 사물의 내적 의미와 본질을 궁구하는 것이다. 셋째는 콘템플라티오(contemplatio), 즉 아무런 방해도 받지 않고 진리를 깨닫고 하나님을 바라보는 것이다. 이 세 단계를 위그는 마르지 않은 장작에 붙은 불에 비유한다. 마르지 않은 장작에 불이 붙어 불과 연기가 뒤섞인 채 불꽃이 간간이 솟아오르는 단계가 코기타티오에 해당한다. 불꽃이 불길로 타오르되 연기가 아직 피어오르는 단계가 메디타티오에 해당한다. 연기가 나지 않은 채 밝게 타오르는 불길이 콘템플라티오에 해당한다. 육체적인 마음은 정욕이 아직 가시지 않은, 마르지 않은 장작이다.

다른 곳에서 위그는 하나님에 대한 사모로 타오르는 정신을 공중으로 올라갈수록 옅어지는 연기 기둥에 비유한다. 위로 올라가 정욕의 연기가 사라지면 주님의 얼굴에서 발산되는 빛에 투영되며, 주님을 바라보게 된다.[88] 마음이 사랑의

---

87) 그의 신비주의 저서들에는 *de arca Noe morali*, Migne, 176. 619-680; *de arca mystica*, Migne, 176. 681-703; *de vanitate mundi*가 있다. 그는 노아의 방주를 영적 집의 상징으로 보고, 그리스도를 "대장, 위대한 노아"라고 부른다. 방주에 쓰인 나무와 창들과 그 밖의 부분들을 모두 영적으로 해석한다. 두 번째 논문에서는 방주를 십자가로 해석한다.

88) *De arca morali*, III. 7; Migne, 176. 654.

불길로 완전히 바뀔 때 우리는 하나님이 만유 안의 만유이심을 알게 된다. 사랑은 하나님을 소유하고 하나님을 안다. 사랑하는 것과 바라보는 것이 동시에 이루어진다.

위그에 따르면 신앙 생활은 독서와 반성과 기도와 행위와 명상이라는 다섯 부분으로 이루어진다고 한다.[89] 사랑이라는 단어가 위그의 펜에서는 성 베르나르의 경우만큼 자주 나오지 않는다. 그가 자신의 사상을 표현하기 위해 가장 많이 사용하는 단어들은 명상과 직관(vision)이며, 그는 영혼의 환희(excessus 혹은 raptus)에 관해서 많은 이야기를 한다. "마음이 청결한 자는 복이 있나니 그들이 하나님을 볼 것임이요"라는 지복(至福)이 그가 애송하는 구절로서, 그는 미래에 있을 지복직관(veatific vision)과 영혼이 현세에서도 오를 수 있는 직관의 상태를 가리킬 때 자주 인용한다. 첫 인류는 무죄 상태에서는 늘 하나님을 바라보며 살았다.

하나님의 영을 지닌 사람들은 하나님을 지닌 셈이다. 그들은 하나님을 본다. 눈이 환한 빛으로 비침을 받기 때문에 그들은 다른 것에 방해받지 않고서 하나님을 계신 그대로 본다. 이렇게 하나님을 보는 복에 참여하는 사람이 지식인이며, 그는 하나님을 더 많이 이해할수록 그분을 더 많이 소유한다. 하나님은 인간을 이성적 피조물로 지으셔서 깨달을 수 있도록 하셨고, 깨달음으로써 사랑할 수 있게 하셨고, 사랑함으로써 소유하도록 하셨고, 소유함으로써 기쁨을 누릴 수 있게 하셨다.[90]

위그에 비해서 변증학적 방법에 더욱 치중하고 성경을 다룰 때 알레고리적 방법을 더 많이 사용한 사람이 생 빅토르의 리처드였다. 리처드는 위그가 신중하게 지적 기능을 사용하는 곳에서 공상적인 태도를 취하고, 위그가 절제하는 곳에서 도를 넘고, 위그가 차분한 곳에서 들뜬다. 그러나 그는 언제나 활기가 넘친다. 그의 저서들 가운데 많은 수가 현존하지만, 그의 생애는 별로 알려진 바가 없다. 그는 스코틀랜드 출신으로서 1162년에 생 빅토르의 부수도원장이 된 뒤에 훗날 수도원장이 되었다. 그가 그 수도원에 몸담고 있을 당시에 교황 알렉산더 3세와 토머스 아 베켓이 그곳을 방문했다. 그가 알레고리 해석법을 동원하여 쓴

---

89) *de erud. didasc.*, Migne, 176. 797.
90) *Summa*, II. 1; Migne, 176. 79.

아가·계시록·에스겔에 대한 주해서들은 대단히 공상적이다. 그는 전도서가 자연적 생활을, 잠언이 도덕적 생활을 제시하는 것과 달리, 아가서는 명상적 생활을 제시한다고 말한다. 야곱은 하늘과 땅을 오르락내리락 하는 천사들을 보았으므로 아가에 해당하고, 아브라함은 잠언, 이삭은 전도서에 해당한다고 말한다.[91] 아가서는 주님의 강림을 갈망한다는 점에서 명상적 생활을 제시한다고 한다.

교의학 분야에서 리처드는 유대인들을 겨냥한 「임마누엘」(Emmanuel)과,[92] 성 베르나르 앞으로 쓴 「성육신」(Incarnation)을 남겼는데,[93] 후자에서 그는 아우구스티누스의 견해를 따서 죄가 구주의 성육신을 초래했으므로 행복한 잘못(felix culpa)이라고 예찬한다. 그의 대표적인 신학서는 삼위일체에 관한 책이다. 이 책에서 그는 모든 지식이 경험과 추론과 신앙에서 유래한다는 말로 시작한다. 변증학이 지식과 신앙의 결합을 도모한다는 근거로 그 학문을 충분히 인정한다. 리처드는, 그리스도보다 아리스토텔레스에게 더욱 의존하고, 이미 확립된 진리를 옹호하기보다 새 것을 발견한 자로 인정받기를 원하는 사이비 철학자들을 비판했다. 그는 신앙을 기독교 지식의 선결 요건들로 제시한다. 신앙이 출발점이자 토대라고 한다.[94] 저자는 하나님께서 삼위일체로 계신다는 교리를 사랑의 개념에 의해 증명한다. 사랑이 성립되려면 한 위(位)만 가지고 되지 않으며, 굳이 세 위가 필요한 이유는 서로를 사랑하시는 두 위가 함께 공동으로 사랑할 세 번째 위를 바라시기 때문이라고 한다.

리처드는 매우 신비적 성격을 띤 저서들로 인하여 위대한 명상가(magnus contemplator)라는 이름을 얻었다. 「명상을 위한 정신의 준비」(Preparation of the Mind for Contemplation) 혹은 「소 베냐민」(Benjamin the Less)이란 저서에서는 앞서 언급한 해묵은 레아와 라헬 비유를 동원한다. 그들의 두 몸종과 그들의 자녀들의 영적 의미를 베냐민에게 귀속되게 한다. 리처드는 심지어 베냐민이 자연적 이성을 딛고 일어서기 위해서 어머니를 죽였다는 과감한 표현까지 사용

---

91) Migne, 196. 409.

92) De Emmanuele, Migne, 196. 601–665.

93) Migne, 196. 995–1011.

94) Migne, 196. 889.

한다.[95]

「대 베냐민」(*Benjamin the Greater*) 혹은 「명상의 은혜」(*Grace of Contemplation*)에서는 영혼이 "자아를 통과하고 솟아올라" 하나님을 바라보는 지복에 이르는 과정들을 언급한다. 리처드는 영혼이 모든 죄에서 자신을 정결케 하는 것이 하나님을 알 수 있는 조건이라고 주장한다. 마음에 덕들(리처드가 제시하는)이 배여 있어야만 지고한 상태에 오를 수 있으며, 지고한 지식으로 오르고자 하면 자신을 온전히 아는 것을 가장 우선되고 중요한 과업으로 삼아야 한다고 말한다.[96]

리처드는 위그가 구분해 놓은 코기타티오·메디타티오·콘템플라티오를 반복한다. 명상은 정신이 신적인 지혜에서 비롯된 경이로운 것들을 자유롭고 명쾌하고 존경스럽게 바라보는 것이다.[97] 명상은 여섯 단계로 이루어지며, 그 중 마지막 단계는 "이성을 넘어서고 벗어나는 명상"으로서, 이 단계에 이르러 삼위일체의 신비들을 이해하게 된다. 영혼은 자신의 한계를 넘어섬으로써 환희의 상태에 들어가 환상들을 보며, 숭고한 예배와 지극히 감미로운 체험을 누리게 된다. 이것이 하나님과 직접 사귐을 갖는 것이다. 바울이 올라갔던 삼층천(三層天)은 이성을 넘어선 경지로서, 정신이 황홀경에 싸여 옮겨짐으로써만(per mentis excessum) 도달할 수 있는 것이다. 그곳은 "이성을 넘어서고 벗어나" 있다.[98] 사랑은 명상의 전체 과정을 이끌어 가는 주된 동기이며, "명상은 모든 세상적 철학 위에 솟아 있는 산이다." 아리스토텔레스도 플라톤도 어떠한 철학자 무리도 그것을 발견하지 못했다.[99]

리처드는 성경을 중시하며 그것을 영적 상태의 잣대로 삼는다. 성경의 문자에 부합하지 않는 것은 무엇이든 일단 의심한다.[100]

이 두 교사가 가르친 대표적인 개념은, 영혼이 황홀경과 명상의 평온 곧 하나

---

95) *De prep.*, 86; Migne, 196. 62, etc.

96) *De prep.*, 75; Migne, 196. 54.

97) *De gratia*, I. 5; Migne, 196. 67. 다른 곳에서와 마찬가지로 여기서도 리처드는 스승 위그의 글을 인용한다.

98) *De prep.*, 86; Migne, 196. 61.

99) *De prep.*, 74; Migne, p. 54.

100) *De prep.*, 81; Migne, 196. 57.

님을 아는 지식에 도달하려면 먼저 믿고 사랑하고 자신을 성결케 해야 한다는 것이었다. 성경은 최고의 인도자이며, 영혼은 명상에 힘입어 지적 논증으로는 결코 도달할 수 없는 영적 상태에 이르게 된다.

특주

도이츠의 루페르트(Rupert of Deutz). 12세기의 신비주의자들 가운데 도이츠의 루페르트가 차지하는 지위는 결코 작지 않다.[101] 그는 독일 출신으로서, 1120년경에 쾰른 근처 도이츠의 베네딕투스회 대수도원 원장이 되었으며, 1135년에 세상을 떠났다. 그는 랑의 안셀무스와 샹포의 기욤이 하나님께서 악을 작정하셨고, 아담이 죄를 범한 것은 하나님의 뜻에 따른 결과였다고 주장했다는 보고서로 인하여 그 두 사람과 투쟁하게 되었다. 루페르트는 「하나님의 의지」(*Will of God*)와 「하나님의 전능」(*Omnipotence of God*)이라는 두 권의 저서로써 그 오류들을 논박했다. 심지어 프랑스로 직접 찾아가 이 유명한 교사들과 논쟁을 벌였다.[102] 랑의 안셀무스를 만나러 갔을 때는 임종 상태에 있었다. 기욤과는 공개 논쟁을 벌였다.

루페르트가 주로 업적을 남긴 분야는 해석학이다. 그는 당대에 성경 주석을 가장 많이 남긴 저자였다. 성경을 크게 중시한 그는 연속 저작 중 한 권을 할애하여 창세기부터 역대기에 이르는 구약성경 책들과 대선지서 네 권, 복음서 네 권을 주석했다.[103] 미뉴의 판본에 수록된 그의 책에서 창세기 한 권만 해도 무려 4백 단을 차지한다. 그가 남긴 그 밖의 해석학 저서들 가운데는 요한복음과 계시록, 소선지서들, 전도서 특히 아가와 마태복음에 관한 주석들이 있다. 이 주석들은 본문을 한 절씩 성실하고 꼼꼼히 해설해 나간다. 루페르트는 아가를 성모 마리아를 기리는 노래로 간주했으나, 그럼에도 불구하고 성모가 죄 없이 잉태되었다는 교리를 부정했다. 그 주석은 1장 2절에 대한 해석으로 시작한다. "그에게 그의 입술의 입맞

---

101) 그의 전집이 Migne, vols. 167-170에 실려 있다.

102) 루페르트는 자신이 프랑스로 여행하여 기욤과 안셀무스를 만나 논쟁을 벌인 이야기를 *De regula Benedicti*, I. 1; Migne, 170. 482 sq.에서 소개한다.

103) 그 저서의 이름은 *De operibus sanctae trinitatis*이다. Migne, 167, 199-1827. 처음 두 부분은 성부와 성자의 사역을, 세 번째 부분은 성령의 사역을 나타낸다(pp. 1571-1827).

춤으로 내게 입맞추게 하옵소서(Let him kiss me with the kiss of his mouse, 한글 개정판: 내게 입맞추기를 원하니). 이 외침이 왜 그렇게 위대하고 돌출적인가? 성모 마리아여, 충만한 기쁨과 사랑의 힘과 복락의 강수가 당신을 가득 채우고 온전히 취하게 하였으므로, 당신은 인간이 눈으로 보지 못하고 귀로 듣지 못하고 마음으로 깨닫지 못한 것을 깨달으셨으며, 당신이 '그에게 그의 입술의 입맞춤으로 내게 입맞추게 하옵소서'라고 말씀하신 것은 '주의 여종이오니 말씀대로 내게 이루어지이다' 하고 말씀하셨기 때문이옵니다. 그 말씀이 무엇이었나이까? 그가 당신에게 뭐라고 말했나이까? '은혜를 받은 자여 평안할지어다. 주께서 너와 함께 하시도다' 하고 그는 말했나이다. 이것이 천사의 말이 아니었사오며, 주께서 이미 주고자 예비하신 그 입의 입맞춤의 말과 약속이 아니었나이까?"[104]

루페르트는 성찬 교리의 역사에서도 한 자리를 차지하며, 그가 과연 화체설을 공재설(共在說, impanation)로 대체한 것이 아닌가 하는 것이 지금도 쟁점으로 남아 있다.[105]

---

104) Migne, 168. 841.

105) *De operibus S. trinitatis*, II. 10. 벨라르민은 루페르트의 성찬관을 들어 그를 이단이라고 평가했다.

제 13 장

절정에 이른 스콜라주의

106. 헤일스의 알렉산더

스콜라주의는 13세기에 절정을 맞이한다. 이 시기의 스콜라주의는 안셀무스와 아벨라르가 활동하던 백 년 전과 같이 이성의 힘으로 모든 신학 쟁점들을 증명할 수 있다는 자신 있는 모습을 보이지 않는다. 윤리적 요소가 크게 부각된다. 수정된 실재론이 성행한다. 삼단논법이 치밀해진다. 신학이 과연 학문인가 하는 질문이 논의된다. 아리스토텔레스의 권위가 좀 더 구속력을 지닌다. 그의 모든 저서들이 번역을 통해서 접근할 수 있게 된다. 아베로에스(Averrhoes)와 아비세나(Avicenna) 같은 아랍 철학자들의 교훈이 널리 소개된다. 주요 스콜라 학자들이 두 대규모 탁발 수도회들 중 어느 한 곳에 속한다. 프란체스코회에는 헤일스의 알렉산더·보나벤투라·둔스 스코투스·로저 베이컨·라이문두스 룰루스가 속했다. 알베르투스 마그누스와 토마스 아퀴나스는 도미니쿠스회 소속이었다. 이들은 모두 대학교들에 연고를 두고 활동했다.

제자들에게 논박할 수 없는 박사(doctor irrefragabilis)와 신학자들의 제왕(monarcha theologorum)이라 불린 헤일스의 알렉산더는 잉글랜드 글로스터셔 헤일스에서 태어나 1245년에 파리에서 숨을 거두었다. 그는 대부제의 지위에 오른 뒤에 공부를 계속하기 위해 파리로 유학했다. 1222년에 프란체스코회에 가입했고, 그 수도회 역사상 처음으로 박사학위를 받고서 파리 대학교에서 가르쳤으며, 숨을 거두게 된 1238년까지 그 지위를 유지했다.

알렉산더는 아리스토텔레스의 모든 저서들을 접한 최초의 스콜라 학자였다. 그의 주요 저서 「보편 신학의 체계」(*System of Universal Theology*)는 1252년에 그의 제자에 의해 완성되었다.[1] 그의 방법은 어떤 질문에 대해 긍정과 부정을 진술한 다음 결론을 내리는 것이었다. 현세에 속한 일들에서는 이성적 확신에서 지식이 나오지만, 영적인 일들에서는 신앙이 지식에 앞선다. 그러므로 신학은 학문이라기보다 지혜(sapientia)의 체계이다. 연구에서 도출된 지식이라기보다 경험에서 나온 지식이다. 알렉산더는 중세의 몇 가지 특징적 교의들을 정의하는 데 대단히 중요한 역할을 수행했으며, 그가 정의한 교의들이 로마 가톨릭 교회의 교리 체계에 편입되었다. 그는 세례와 서품(敍品, 성직 임명)의 지울 수 없는 특성을 주장했다. 정교한 논리에 의해 평신도가 성찬의 잔을 받지 못하는 관행을 정당화하고, 새로운 고해 교리를 진술했다. 그는 공로의 기금(thesaurus meritorum)을 정의한 일로 특히 유명한데, 이것은 면죄부 분배와 판매의 근거가 된 악한 교리이다. 그는 두려움으로 인한 불완전한 회개(attritio)과 숭고한 동기에 근거한 완전한 회개(contritio)를 구분한 최초의 인물에 해당한다. 이런 사항들에서 그는 후기 스콜라주의에 지대한 영향을 끼쳤다.

107. 알베르투스 마그누스

13세기에 가장 박식하고 널리 읽힌 사람은 알베르투스 마그누스(Albert Magnus) 곧 대 알베르투스(Albert the Great)이다. 그의 백과사전적 지식은 중세에 따라올 사람이 없었으며, 그로 인해 보편적 박사(doctor universalis)라는 칭호가 그에게 붙었다. 그는 이 시기 독일의 학자들과 사상가들 가운데 가장 탁월한 인물이었다.

알베르투스(1193-1280)는 바이에른의 라우잉겐에서 태어나 파두아에서 공부했고, 1223년경에 도미니쿠스회에 가입한 뒤 그 수도회의 제2대 총장 요르다누스(Jordanus)의 설교에 영향을 받았다. 그는 프라이부르크 · 힐데스하임 · 스트라

---

1) 로저 베이컨은 이 책이 말 한 필보다 무게가 더 나간다고 경멸조로 평가한다. *Natl. Dict. of Biogf.*, I. 273.

스부르크·레겐스부르크 등의 도시들에서 가르쳤다. 그의 주요 거점이었던 쾰른에서는 토마스 아퀴나스를 비롯한 학생들을 가르쳤다.[2] 1245년경에는 파리 대학교에서 3년간 가르치고 있던 중이었던 듯하다. 1254년에 그는 도미니쿠스회 독일 관구장으로 선출되었다. 2년 뒤에는 교황 알렉산더 4세의 부름을 받고 로마로 가서 탁발 수도회들과 생 아무르의 기욤 간의 투쟁을 해결하는 문제로 자문을 제공했다.

그는 1262년에 자진 사임했던 레겐스부르크의 주교직을 다시 맡았다.[3] 그가 1274년 리옹 공의회에 참석했는지는 불확실하다.[4] 그가 마지막으로 취한 행동의 하나는 토마스 아퀴나스가 죽은 뒤에 파리로 가서 그 신학자의 사상을 변호한 것이었다. 그는 쾰른에서 여든일곱의 나이에 세상을 떠나 성 안드레아스 교회에 묻혔다.

알베르투스는 키가 작았는데, 이 점과 관련하여 그가 처음으로 교황 앞에 섰을 때, 교황이 그가 무릎을 꿇고 있다고 느끼고서 일어서라고 명령했다는 이야기가 전해진다. 죽기 몇년 전에는 아이처럼 유치하게 되었는데, 하루는 대주교 지그프리트가 그의 독방 문을 두드리면서 "알베르트님, 계신가요?" 하고 물었더니, "알베르트는 여기 없어요. 늘 여기 있곤 했는데 이제는 여기 없어요"라는 대답이 들리더라는 이야기가 전해진다. 어린 시절에 알베르투스는 배우는 속도가 너무 더뎌서 벙어리 황소라고 놀림을 받았다. 그랬던 그가 지적인 면에서 겪은 변화가 "알베르투스는 노새였다가 철학자로 변했고, 철학자였다가 노새로

---

2) 그는 유서에서 자신이 생애의 대부분을 쾰른 수도원에서 보냈다고 말한다.

3) Sighart는 그가 사임한 것을 통렬한 비난 탓으로 돌리면서, 그가 아리스토텔레스의 「정치학」(Politics)에 대한 주해를 쓸 때 이러한 비난을 염두에 두었다고 생각한다. 알베르투스는 게으른 자들이 탁월한 자들에게서 흠을 찾아내는 법이라고 말한다. 그들이 소크라테스를 죽였고, 플라톤을 아테네에서 쫓아냈고, 아리스토텔레스를 추방했다고 한다. 이 사람들은 마치 육체에서 간이 수행하는 것과 같은 역할을 학문 분야에서 수행한다. 누구나 간에 모여 몸 전체에 퍼져 온 몸을 고통스럽게 하는 담즙을 갖고 있다. 학문 분야에서도 담즙으로 가득 찬 사람들이 있는데, 이들은 다른 모든 사람들을 고통스럽게 하기를 좋아하며, 그들이 즐거운 분위기에서 진리를 추구하는 모습을 그냥 놔두지를 못한다.

4) 공의회 기록에는 그의 이름이 언급되어 있지 않다.

변했다"는 재미있는 말에 잘 담겨 있다. 그의 서거 600주년을 기념하게 된 1880년에 그의 출생지에 그의 동상이 세워졌다.

알베르투스 마그누스는 철학자이자 동[식]물 학자이자 신학자였다. 하나님과 자연과 인간을 연구하는 학자였던 셈이다. 그는 헬라어를 몰랐으나 교부들뿐 아니라 라틴 고전들을 폭넓게 이해했다. 아리스토텔레스의 총서를 활용했고, 아랍 철학자들을 친숙히 알았으며, 때때로 그들을 논박했다.[5] 뿐만 아니라 히브리 학자들인 이삭 이스라엘리(Isaac Israeli)·마이모니데스(Maimonides)·가비롤(Gabirol)의 저서들도 활용했다. 그는 아리스토텔레스를 크게 의존한 일로 인해 아리스토텔레스의 원숭이(simia Aristotelis)라는 별명을 얻었으나, 실은 그가 아리스토텔레스에 대해서 자주 이견을 제시한 점을 감안할 때 이것은 정당하지 못한 별명이다.[6]

그는 자연과학에 포함되는 모든 분야를 섭렵했다. 여러 세기 동안 자연을 그렇게 방대하게 연구한 학자가 없었다. 그는 식물계·지리·광물학·동물학·천문학·인체의 소화 기관에 관한 글을 썼다. 이런 주제들을 다룬 저서들은 호기심을 자극하는 온갖 지식들과 자연 현상에 관한 설명들로 가득하다. 예를 들어 그가 「운석(隕石)에 관하여 쓴 논문」(De meteororibus)(Borgnet의 판본에 3백 쪽이 넘는 분량을 차지함. IV. 477-808)은 혜성·은하수·빛이 대기 하층부까지 뚫고 내려오는 원인·강들의 근원·바람·번개·천둥과 태풍·무지개 등의 주제들을 길게 다룬다. 알베르투스는 강들을 다루는 과정에서 얇은 지각 밑에 거대한 동공(洞空)들과 작은 구멍이 뚫린 지대들을 언급한다. 창조의 첫날에 "아침과 저녁"을 말할 수 있을 정도로 사전에 충분한 빛이 있었다면, 왜 굳이 태양이 창조되었을까 하는 질문에 대해서 그는 다음과 같이 대답한다. "이전의 빛이 우주의 상층부를 널리 비추었듯이, 태양은 하층부를 비추는 데 적합하도록, 혹은

---

5) 아베로에스, 아비세나, 알가젤 등. 아리스토텔레스의 저서들을 통달하여 그것을 기독교 철학 발전에 사용한 최초의 인물이라는 명예는 알베르투스에게 돌아간다고 Schwane는 말한다(p. 40).

6) 그는 "아리스토텔레스가 오류를 범했다"고 자주 말한다. 예. Borgnet's ed., III. 545, etc. 그는 이렇게 말한다. "아리스토텔레스가 신이었다고 믿는 사람은 그가 오류를 범하지 않았다고 믿을 수 있다. 그러나 그가 사람이라면 우리들과 마찬가지로 오류를 범할 수 있다." Borgnet's ed., III. 553.

그보다는 태양으로 낮이 더 밝아지도록 지어졌다. 그러면 이전의 빛은 어떻게 되었는가 하고 묻는다면, 그 대답은 태양의 몸체(corpus solis)가 그 빛의 일부로 지어졌다는 것이거나, 혹은 어쨌든 이전의 빛이 태양이 위치한 천체와 동일한 부분에 있었다는 것이다. 물론 그것은 이전의 빛이 태양이었다는 의미가 아니라, 이제는 태양과 합해져서 더 이상 태양과 구분되지 않는다는 의미이다."[7]

알베르트는 새로운 세계를 내다보았다. 그의 지식은 적지 않은 경우 오류이지만, 근대에 이루어진 발견을 예언하는 듯한 진술들도 가끔 나온다. 예를 들어 그는 땅의 양 극지방이 너무나 추워서 거주할 수 없다고 말했다. 그는 식물들이 잠을 잔다는 것을 알았고, 식물 세계의 법칙들 가운데 상당 부분을 알았다. 실험에 지칠 줄 몰랐고, 현대 실험실 연구원의 선구자였으며, 비소와 유황 등 화학 물질들을 매우 친숙히 알았다. 화약도 알았으나 그 지식은 다른 사람들에게서 얻은 것이다.[8] 후 세대 사람들은 그의 이름을 로저 베이컨의 이름과 함께 마술과 관련지었으나, 그럴 만한 충분한 이유는 없어 보인다.

역사상 알베르투스 마그누스처럼 많은 저작을 남긴 인물은 별로 없다. 38권으로 구성된 보르그넷(Borgnet) 판에는 각각 두 단으로 구성된 27,014쪽이 넘는 분량이 유용한 색인과 함께 수록되어 있다. 이 저작들은 자연과학의 모든 주제를 빠짐없이 다루었다기보다는 종교와 철학에서 생각할 수 있는 모든 주제를 논했다고 할 수 있다. 보르그넷 판에서 열두 권은 철학과 자연과학, 한 권은 설교, 한 권은 아레오바고 관원 디오니시우스, 열 권은 구약과 신약 성경 주석, 열네 권은 신학을 다룬다. 그는 안셀무스·베르나르·생 빅토르의 위그와 리처드 같은 선대의 스콜라 학자들뿐 아니라 교부들과 그리스 및 아랍 철학자들의 글도 자유롭게 활용한다.

알베르투스가 남긴 주요 신학 저서로는 롬바르두스의 신학명제에 관한 주석, 피조물들에 관한 연구서,[9] 그리고 독자적인 신학 대전을 꼽을 수 있는데, 신학 대전은 완성되지 못한 채 죄론 부분에서 중단된다. 이 세 권의 저서는 저마다 많

---

7) *Sent.*, II. xiii., F. Borgnet's ed., XXVII. 249 sq.

8) 알베르투스의 자연 지식에 대한 흥미로운 개관이 Sighart, pp. 302-356에 실려 있다.

9) *Summa de creaturis*, vols. XXXIV., XXXV., in Borgnet's ed.

은 주제들을 다루는 점에서 대등하다. 하지만 각 권이 새롭고 정교하며, 나름대로 독특한 배열을 갖추고 있다. 「피조물에 대한 연구」(*Study of Created Things*) 혹은 「자연의 체계」(*System of Nature*)는 하늘과 땅에 펼쳐지는 가시적 우주의 거대한 현상들, 영원과 시간, 별들과 천체의 운동, 천사들과 마귀들, 인간, 그의 영혼과 육체, 인간의 영양 법칙, 수면, 이성, 지성, 그 밖의 인간의 다른 부분들, 인간이 당하는 사건들을 전례 없이 과감한 방법으로 설명하려는 시도이다.

알베르투스의 주석들은 세 권에 걸쳐 다룬 시편·예레미야 애가·다니엘·소선지서들·바룩서·복음서들·계시록을 포괄한다. 잠언 31:10-30의 현숙한 여인이라는 한 주제를 놓고 그는 각각 두 단으로 구성된 2백 쪽 분량의 주석을 남겼다.

알베르투스는 신학을 진정한 의미의 학문이요, 더 나아가 지혜라고 정의했다. 신학은 구원을 포함하는 주제들을 다루는 실제적 학문이다. 하나님의 존재는 적극적인 선험적(혹은 연역적) 증명이 불가능하다. 그 문제는 그것을 부정했을 때 따라올 성립 불가능한 모순들을 상정하는 간접적 방법으로 증명할 수 있다.[10] 하나님의 존재는 올바로 말하자면 신학의 한 항목이 아니라, 신학이 다루는 모든 항목들의 전제이다. 알베르투스는 자신의 「신학대전」(*Summa*)에서 "하나님은 인간이 인식할 수 있는 다른 무엇보다 크시다"는 안셀무스의 정의를 인용한다. 인간은 인식 범위를 넘어선 것을 이해할 수 없는 것이 아니냐는 반론에 대해서, 그는 인간이 하나님을 알 수 있음을 적극적인 긍정과 부정의 방식으로 입증함으로써 논박했다. 그의 정신에 가장 크게 자리잡은 것이 우주론적 논증으로서, 그는 운동이 가능하려면 그 운동이 있게 한 이전의 동인이 있어야 한다는 명제를 길게 주장했다. 물질은 스스로 운동을 시작할 수 없다고 했다.[11]

삼위일체는 계시의 문제이다. 철학은 그것을 발견하지 못했다.[12] 하지만 알베르투스 자신도 그 주제를 치밀한 사변적 논리로 다루는 상황을 피하지 못했다.

그는 아우구스티누스·안셀무스·생 빅토르의 리처드를 따라서 성령이 성부와 성자로부터 발출하셨다고 보는 것이 필연적 결과라고 주장했고, 하나님의 위

---

10) *Summa*, I. 3, q. 17; Borgnet's ed., XXXI. 116.

11) *Physic*, VII; Borgnet's ed., III. 483-502.

12) Borgnet, XXXI. 60.

격들 안에서 사랑이 주된 원리라고 강조했다.

스콜라 학자들이 일반적 차원에서 다룬 천사들과 선악에 관한 질문들을 알베르투스는 매우 상세하게 다루었다. 여러 천사들이 동시에 한자리에 있을 수 없다고 주장하면서, 그 이유에 대해서는 그런 상황으로 초래된 공간의 불편성 때문이 아니라, 활동에 혼선이 빚어질 가능성 때문이라고 설명했다. 동시에 그는 천사 한 명이 동시에 다른 장소에 있는 것이 불가능하다고 결론지었다. 천사들의 언어와 음성 기관들을 길게 논했다.[13] 유난히 자세하게 다루는 주제는 타락, 그리고 루시퍼와 귀신들의 활동과 거처이다. 그의 호기심은 다른 스콜라 학자들에게 결코 뒤지지 않았다. 생각에 스쳐 지나갈 만한 모든 질문을 상정해 놓고 거기에 대답했다. 그러한 질문 몇 가지를 소개하자면 이런 것들이다. "멸망한 자들이 지옥에서 죄를 지을까?" "그들이 조금이라도 선을 바랄까?" "안개가 자욱한 날씨가 귀신들이 활동하기에 좋은 환경인가?" "부활의 날에 사람들의 나이와 신장이 어떠할까?" "멸망한 자들의 처참한 모습에 천사들의 영광이 감소할까?" 이 마지막 질문에 대해서, 그는 천사들이 그런 모습을 보면 오히려 자기들이 구속받은 사실에 더욱 감사의 심정이 차올라 기쁨이 커질 것이라고 대답한다.[14] 마귀가 어디로 떨어졌는가 하는 진지한 문제가 여러 번 알베르투스의 신중하고도 긴 논증을 이끌어 낸다.[15] 이 보편적 박사의 귀신론에 대한 견해는 다른 장에서 다룰 것이다. 다른 장에서는 쥐가 성찬의 떡을 먹을 경우 어떤 결과가 초래되는가 하는 질문에 대한 그의 대답도 살펴볼 것이다.

인간 창조의 가장 중요하고 궁극적인 목적은 그의 활동으로써 하나님을 섬기고, 입으로 하나님을 찬송하고, 존재 전체로 하나님을 즐거워하도록 하려는 것이다. 두 번째 목적은 일부 천사들의 이탈로 생긴 공백을 메우도록 하려는 것이다.[16] 다른 곳에서 알베르투스는 인간과 천사들의 창조를 하나님의 선하심에서

---

13) *De locutione angelorum. Summa*, II. 9, p. 35; Borgnet, XXXII. 376-387. 그는 자신의 논의에 아우구스티누스, 성 바실리우스, 다마스쿠스의 요한을 끌어들인다.

14) *Sent.*, IV. 50; Borgnet's ed., XXX. 699. 알베르투스는 심지어 낙태로 인해 태어나지도 못한 채 죽은 아이들이 죽은 자 가운데서 살아날 것인가 하는 문제까지도 논한다.

15) *Suma de creaturis*, IX. 67; Borgnet's ed., XXXII. 266-286.

16) *Suma*, II. 12 sq., 74; Borgnet's ed., XXXII. 57.

비롯된 산물로 설명한다.[17]

알폰소 다 리구오리(Alphonso da Liguori) 이후의 성모 마리아 예찬자들을 통틀어 알베르투스만큼 심하고 정교한 아첨을 바친 사람은 없었다. 그의 유명한 논문 「마리아의 찬송들」(de laudibus B. Mariae Virginis) — 보르그넷의 판본에서 841쪽을 차지함 — 의 내용에 관해서는 뒤에서 마리아 숭배라는 주제를 다룰 때 소개하기로 한다. 알베르투스는 이 주제를 다룰 때 아가서에서 60개가 넘는 단락들을 마리아에게 적용한다. 그는 마리아가 승천할 때 면류관을 썼다고 말한다. 이 지칠 줄 모르는 신학자가 자신감을 가지고 소상히 궁구한 질문은 하와의 범죄 전 잉태였다.

중세의 교회 조직에 대해서, 알베르투스는 교황이 전권을 부여받은 하나님의 대리자라고 보았다.[18]

알베르투스는 신학적 사고의 근면성과 범위, 그리고 지적 노력과 재능으로 우리를 놀라게 한다. 다른 스콜라 학자들과 마찬가지로 그도 자신이 논하는 화두들을 철저히 다루고자 했으며, 인식 가능한 모든 측면에서 그것들을 바라보았다. 그가 어떤 주제를 설명하는 내용을 읽어보면 다소 혼란스러움을 느끼게도 되지만, 그럴지라도 상당한 자극을 주는 것이 사실이다. 그가 방대하게 끄집어낸 신학 문제들을 명쾌하고 간결하게 정리하는 임무는 그의 위대한 제자 토마스 아퀴나스의 몫으로 남았다. 알베르투스는 학생의 채워지지 않는 호기심과 철학자의 심오함, 독서의 폭이 넓은 학자의 역량을 가지고 그 문제들을 대했다. 그의 업적에다 토마스는 변증가로서의 역량과 실제적이고 윤리적인 목적을 덧붙였다.

108. 토마스 아퀴나스

트라이니(Traini)가 1341년에 피사의 산 카테리나 교회의 제단 뒤에 그려놓은 그림에서, 토마스 아퀴나스는 앞에 책을 펴놓은 채 중앙에 앉아 있는 모습을 하

---

17) *Sent.*, II. 1, E.; Borgnet's ed., XXVII. 35.
18) *Summa*, II. q. 141, 3; Borgnet, XXXIII. 484.

고 있다. 맨 위에는 그리스도께서 좌정하고 계시고, 그분의 한쪽 곁에는 마태와 누가와 바울, 다른 쪽 곁에는 모세와 요한과 마가가 자리잡고 있다. 토마스 아퀴나스의 좌하단에는 아리스토텔레스가 서서 토마스를 바라보는 모습을 하고 있다. 아리스토텔레스는 책을 중앙의 인물을 향해 펼쳐들고 있다. 오른쪽에는 플라톤이 역시 서서 책을 펴든 채 토마스를 바라보고 있다. 하단에는 세 집단이 있다. 양쪽 가장자리의 집단들은 존경의 눈빛으로 토마스를 바라보는 수사들로 구성되어 있다. 그들 중간에는 아베로에스가 책을 덮은 채 기대앉아 있다. 이 비상한 그림은 중세에 토마스 아퀴나스가 중앙의 위치를 차지했던 사실을 정확하게 묘사한다. 아랍의 철학자는 이제 기독교 신학의 위대한 해석자가 등장했으므로 제 소임을 접는다. 독자적 이성으로 정상에 올라선 두 위대한 철학자들이 자신들의 사색 결과를 바치면서 그에게 존경을 표시한다. 수사들이 그를 존경하고, 그리스도께서 사실상 그를 칭찬하고 계신 셈이다.

천사 박사(doctor angelicus, 1225-1274)라 불리는 토마스 아퀴나스는 스콜라 학자들의 제왕이자, 성 아우구스티누스 이래로 라틴 교회의 가장 유력한 신학자이다. 그는 재능과 지혜가 탁월한데다 삶도 매우 순수한 사람이었다. 체계와 열정을 갖추어 진술하는 점에서 그는 타의 추종을 불허했다. 그의 손끝에서 스콜라주의 교리들이 완벽하고 최종적인 체계로 조직되었다. 그는 그 교리들을 명쾌하게 해설했고, 성경과 전승과 이성에서 이끌어낸 강력한 논증들로써 그 교리들을 변호했다. 신비주의적 경건과 견고한 이성이 그 안에 결합되었다. 다른 여러 스콜라 학자들, 특히 둔스 스코투스와 비교할 때, 토마스는 사변적이라기보다 실천적인 사람이었다. 교황들과 공의회들이 가톨릭 신학 교사로서의 그의 권위를 거듭 인정했다. 토마스는 1323년에 요한 22세에 의해 시성되었고, 1567년에는 교회 박사의 지위에 올랐다. 1879년에 레오 13세는 그를 모든 스콜라 학자들의 합창대 수석가수(corypheus)와 제왕으로 칭송했고, 19세기의 회의주의적이고 혁명적인 사조에 대치한 신앙과 이성의 전투에서 기독교 철학을 가장 안전하게 안내해 주는 학자로 평가했다. "그는 신앙과 이성의 권위를 각각 드높이면서도 둘을 친하게 결합시킴으로써 신앙과 이성 사이에 존재하는 모든 불화를 일거에 해소했다."[19] 1880년에 이 교황은 그를 가톨릭 학교들의 수호성인으로 공포

---

19) *Encyclical*, Aug. 4, 1879.

했다. 토마스 아퀴나스의 교훈들에서는 한두 가지 예외를 제외하면 트렌트 공의회의 법령으로 최종적으로 진술된 라틴 교회의 교리들을 고스란히 보게 된다.

아퀴노의 토마스(Thomas of Aquino)는 1225년경 나폴리의 아퀴노 근처 로카 시카 성(오늘날은 폐허로 존재함)에서 태어났다. 그는 아퀴노의 백작인 아버지를 통해서 롬바르디아 왕조의 혈통을 물려받았다. 노르만족 혈통을 지닌 어머니는 유명한 십자군 지도자 탕크레드의 손녀였다. 그는 다섯 살 때 인그의 몬테 카시노 수도원에 들어가 교육을 받았고, 후에 나폴리 대학교에 입학했다. 1243년에는 가문의 심한 반대를 무릅쓰고 도미니쿠스회에 가입했다. 당시 황제 프리드리히 2세를 섬기고 있던 그의 형들이 수련수사이던 그를 강제로 데려다가 아버지의 성에 일년 넘도록 가둬두었다. 토마스는 성에 갇혀 지내는 동안 성경과 롬바르두스의 「신학명제」, 아리스토텔레스의 저서들을 탐독했다.

그 뒤 토마스는 퀼른에 가서 알베르투스 마그누스에게 배웠다. 그 위대한 스콜라 학자는 제자의 재능을 알아보고서 "장차 그가 신학으로 온 땅에 울려퍼질 만한 포효를 하게 될 것"이라고 말했다고 한다.[20] 토마스는 알베르투스를 따라 파리로 갔다가 1248년에 교수가 되어 퀼른으로 돌아갔다. 그 뒤 다시 파리 대학교로 가서 박사학위를 받았다. 기욤 드 생 아무르가 수도회들을 비판하고 나섰을 때, 토마스는 보나벤투라와 마찬가지로 수도회들을 변호했다. 수도회들의 대표 자격으로 아나니 회의에 참석했다. 회의에서 행한 연설로 교황 알렉산더 4세에게 호평을 받았는데, 교황은 파리 대학교 명예총장에게 보낸 서신에서 토마스를 인격과 백과사전식 지식이 돋보이는 사람이라고 평가했다. 1261년에 토마스는 파리 대학교 교수직을 사임하고서 볼로냐와 로마를 비롯한 이탈리아의 도시들을 다니면서 가르쳤다. 우르바누스 4세와 클레멘스 4세는 그에게 각별한 신뢰를 표시했다. 1272-1274년에 나폴리에서 지낸 그는 1274년 4월 7일에 리옹에서 열릴 에큐메니컬 공의회에 참석하러 가던 길에 불과 마흔여덟의 나이로 테라치나 근처 포사 누오바의 시토회 수도원에서 숨을 거두었다. 단테와 빌라니는 그가 앙주의 샤를의 지시로 독살되었다고 전하지만, 당시의 기록들에는 그런 언급이 전혀 없다. 그 위대한 교사의 시신은 툴루즈로 이장되었으나, 오른쪽 팔은 파리의 도미니쿠스회 생 자크 수도원으로 보내졌다가, 훗날 로마로 옮겨졌다.

---

20) William of Thoco.

토마스 아퀴나스의 친필 저서들은 예순 권이 넘으며, 크게 네 부류로 나뉜다. 철학 저서들은 아리스토텔레스의 윤리학·형이상학·정치학 등 분야의 논문들에 대한 주석들이다. 해석학 저서들에는 욥기·시편 처음 50편·아가·이사야·예레미야 애가·복음서들·바울 서신들에 대한 주석들이 포함되어 있다. 황금 사슬(aurea catena)로 알려진 복음서들 강해서는 교부들을 발췌하는 식으로 이루어져 있다.[21] 토마스의 설교들 가운데 상당수도 현존한다. 더 중요한 것은 그의 변증서들이다. 그 중에서 대표적인 것들은 이슬람교 신도들과 그 밖의 불신자들을 깨우치고, 그리스인들과 라틴인들의 연합을 독려하기 위한 저서들과,[22] 아베로에스의 제자들을 논박한 논문이다[23]

교의학과 윤리학에 관한 토마스의 저서들이 그의 저서들 가운데 가장 중요하다. 그 가운데 가장 먼저 집필한 것은 페트루스 롬바르두스의 「신학명제집」에 대한 주석이었다. 이 주석에는 사도신경·주기도문·십계명·천사의 고지·성례에 관한 주해들이 실려 있다. 토마스는 「신학 대요」(*Compendium theologiae*)에서 처음으로 신학의 전체 영역을 독자적인 관점에서 체계적으로 다루었다. 이 책은 주제를 세 가지 주요 덕목인 믿음과 소망과 사랑이란 표제로 구분하여 다룬다. 그의 걸작은 「신학대전」(*Summa theologica*)으로서, 그가 다 완성하지 못하고 죽은 부분은 편집자들이 저자의 롬바르두스 주석을 참고하여 보완했다. 토마스는 전례(典禮)와 찬송학에도 중요하게 이바지했다. 1264년에는 우르바누스 4세의 요청을 받고서 코르푸스 크리스티(Corpus Christi) 축일[성체 축일]에 사용할 전례를 작성하게 되었는데, 이 전례에 Pange lingua(내 혀여 노래할지어다)와 Lauda Sion(시온이여 찬송하라) 같은 찬송들이 수록되었다.

아우구스티누스와 존 칼빈과 더불어, 토마스 아퀴나스는 서방 세계의 신학적

---

21) 이 제목은 토마스가 죽은 뒤에 그 책에 붙었다. 토마스는 우르바누스 4세에게 헌정할 때 *expositio continua*라고 불렀다. *Catena*는 발췌문들을 문맥에 맞도록 이어 맞춰서 연속 주석이 되도록 고안한 것이다. 편집자는 자신의 글은 넣지 않고 연결 부분들로만 글을 이어갔다.

22) *Summa de veritate Catholicoe fidei contra Gentiles.* 처음 세 권은 이성을 토대로 한 주장들을, 넷째 권은 계시를 토대로 한 주장을 포함한다.

23) *Contra errores Graecorum*과 *de unitate intellectus contra Averrhoistas.*

거장 3인에 포함된다. 다마스쿠스의 요한이 그리스 교회의 신학에 남긴 업적을 토마스는 중세 교회의 신학을 위해서 남겼다. 그는 중세 교회의 신학에 가장 완벽한 형태를 부여했다. 그가 큰 명성을 누리게 된 비결은 독창적 사고보다는 명쾌한 방법과 균형 잡힌 판단 때문이었다. 그는 위대한 학자가 아니었으며, 아우구스티누스와 마찬가지로 히브리어는 전혀 몰랐고, 헬라어도 거의 몰랐다. 오히려 아벨라르 · 보나벤투라 · 알베르투스 마그누스가 이교와 기독교의 고전 저자들을 더 폭넓고 친숙하게 알았다는 인상을 준다. 토마스는 알베르투스 마그누스에게 많은 것을 배웠다. 알베르투스가 자연에 관한 저서들에 더 눈길을 주었다면, 토마스는 도덕적 행위에 더 큰 관심을 기울였다. 다른 스콜라 학자들과 마찬가지로 토마스도 아우구스티누스와 아리스토텔레스를 주요 전거로 삼았으며, 아리스토텔레스에 대해서는 그 철학자라고 불러가며 그의 글을 인용했다. 중세 교회의 성직위계제도와 신학에 전적으로 동의했으며, 어느 한 점에서도 이견을 드러내지 않았다.

「신학대전」은 저자의 약속대로 선대와 동시대의 학자들의 한가한 담론을 상당 부분 회피한다. 학교와 교회의 보물들이 이 책에서 모두 걸러진 뒤 정교하면서도 영감이 번득이고 단순한 구조물로 정리되었다. 세 권으로 된 이 저서는 각각 하나님과 인간, 구주를 다루며, 성례는 구주를 다루는 권에 포함된다. 책의 내용이 질문들이라고 하는 518개 주제로 구분되고, 이 주제들이 다시 2652개 항목들로 구분된다. 각 항목은 논의되는 명제의 부정적인 면과 긍정적인 면, 지지 견해들과 반대 견해들을 진술한 다음 저자의 결론을 밝히는 식으로 진행된다. 이 삼중 방식이 일관되게 적용된다. 이 방식은 만약 토마스의 진술이 정확하지 않거나 내용이 흥미롭지 않다면 퍽 단조로울 뻔했다. 각 항목은 그 자체로 완전한 글이다.

일례로 하나님의 단순성에 관한 논문을 살펴보자.[24] 이 논문에서 그는 하나님이 육체이신가(utrum Deus sit corpus) 하는 질문을 던진 다음 우선 긍정적인 답변을 제시한다. 1. 하나님이 육체를 지니신다고 생각할 수 있는 근거는 육체에 세 가지 차원이 있는데 성경이 하나님에게 높이와 깊이와 길이를 적용하기 때문이다(참조. 욥 11:8). 2. 형상이 있는 존재는 육체를 지니게 마련이다. 하나님이

---

24) *De Dei simplicitate*, I. q. 3; Migne, I. 626 sqq.

형상을 지니신다고 생각할 수 있는 근거는 창세기 1:26에서 "하나님이 이르시되 우리의 형상을 따라 우리의 모양대로 우리가 사람을 만들고"라고 친히 말씀하셨기 때문이다. 3. 부분들을 지닌 모든 것은 하나의 몸을 지닌다. 손(욥 40:4)과 눈(시 24:15)이 하나님에게 있다고 표현된다. 4. 하나님은 자리와 보좌를 두고 계신다(사 6:1). 5. 하나님은 인간들이 접근할 수 있는 공간의 끝이시다(시 24:5).

그러나 반대로 요한복음 4:24에 언급된 "하나님은 영이시라"는 말씀에 유의해야 한다. 그러므로 절대이신 하나님은 육체가 아니시다. 1. 과거에 움직여지지 않았던 육체는 운동하지 않는 법인데, 하나님은 제1동인이시다. 2. 하나님은 제1의 영원자(primum ens)이시다. 3. 하나님은 실체들 가운데 가장 숭고하시다.

반론들에 대한 답은 다음과 같다. 1. 성경이 하나님에게 육체의 부분들이 있는 것처럼 말하는 예들은 비유적 표현들이다. 2. 하나님의 형상이라는 표현은 주로 하나님이 인간보다 월등히 뛰어나시고 인간이 짐승들보다 뛰어난 점을 가리키는 데 사용된다. 3. 시력 같은 육체의 감각들을 하나님에게 적용하는 것은 하나님의 지성을 표현하는 방법이다.

토마스에게는 신학적 사색이 신학적 재능을 과시하는 것이 아니라, 하나님을 알고 예배하려는 경건한 목적으로 수행하는 과업이다. 그는 파리로 가면서 도시 전체를 다 주어도 크리소스토무스의 마태복음 강해서와 바꾸지 않겠다고 말했다고 전해지는데, 이것이 그러한 태도를 단적으로 보여주는 예다. 또한 그가 나폴리에서 말년을 보내고 있을 때 주님께서 그에게 나타나셔서 무슨 상을 받고 싶은가 하고 물으시자, 그가 "주님 외에는 다른 아무 상도 필요 없습니다" 하고 대답했다고 전해진다.

토마스는 철학과 종교, 이성과 계시를 여느 스콜라 학자들보다 뚜렷하게 구분했다. 이성은 그 자체의 힘으로는 삼위일체 교리 같은 하나님에 관한 고등한 진리들을 발견할 능력이 없다.[25] 자연인이 도달할 수 있는 개념들은 프라이암불라 피데이(praeambula fidei), 즉 신앙의 진입로에 해당하는 것들이다. 신학이 이성을 활용하는 목적은 신앙을 증명하기 위함이 아니다. 그렇다고 한다면 신앙의 공로가 사라질 것이다. 오히려 그 목적은 계시에 의해 제시된 교리들에 이성의 빛을 비추기 위함이다.[26] 신학이 고등 학문인 이유는 그 자료들이 확실한데다 주

---

25) *Summa*, I. 32, 1; Migne, I. 888, I. 1, 1; Migne, I. 607.

제가 탁월하기 때문이다.[27] 철학과 신학 사이에는 모순이 없다. 둘 다 지식의 샘이다. 둘 다 동일한 하나님에게서 나온다.

토마스는 성경과 교부들을 분명히 구분한다. 교회는 진리에 도달하고 해명하기 위해서 그 둘을 모두 사용한다. 성경은 필수적이고 최종적이다. 교부들의 증거는 그럴 수도 있고 그렇지 않을 수도 있다. 토마스의 일관된 목적은 교회의 신학을 자신이 발견한 대로만 제대로 전달하는 데 있었다.

철학과 신학은 서로 다른 방법을 사용하여 진리를 추구한다. 철학에서는 보이는 대상에 입각한 지식이 신앙에 앞선다. 신학 곧 신앙의 교리들(doctrina fidei)에서는 신앙이 하나님을 계신 그대로 바라봄으로써 지식에 앞선다. 하나님의 존재는 오로지 신앙의 문제만은 아니다. 그 문제는 철학자들이 논박할 수 없는 증거들로 증명해왔다. 안셀무스의 존재론적 논증을 토마스는 인간 정신의 어떤 개념(esse in intellectu)이 실제 존재와 다른 어떤 것(esse in re)이라는 근거로 배격했다. 그는 네 가지 우주론적 논증들과 계획론(argument from design)을 예로 제시했다. 우주론적 논증들은 다음과 같다. 1. 운동은 최초의 운동자를 전제한다. 2. 무한정 연속되는 원인들이란 생각할 수 없다. 그러므로 제1원인(a First Cause)이 있어야 한다. 3. 조건적이고 가정적인 것은 절대적인 것을 요구한다. 4. 불완전한 것은 완전한 것을 표준으로 내포한다. 그가 제시한 목적론적 논증(teleological argument)은, 대상들과 사건들이 궁사가 쏘는 화살처럼 뚜렷한 계획에 의해 진행된다는 인상을 준다는 것이다.[28]

하나님에게는 창조가 내부적으로 무슨 결핍이 있어서 불가피하게 이루신 일이 아니었다. 그것은 하나님의 사랑과 선하심의 표현이었다. 아리스토텔레스와 마찬가지로 토마스는 자연적 이성으로는 세계가 시초를 지녔음을 증명할 수 없다는 데 동의한다.[29] 처음 창조된 네 가지는 영들의 영역과 궁창과 시간과 지상의 물질이었다. 에덴 동산은 실제로 존재했던 장소였다. 지리학자들은 그 지점을 파악하지 못한다. 오늘날 그곳은 산들과 바다들로 둘러싸인 기후 변화가 극

---

26) *Summa*, I. 1. 8; Migne, I. 615.

27) *Summa*, I. 1. 5; Migne, I. 610.

28) *Summa*, I. 2. 3; Migne, I. 622 sqq.

29) *Summa*, I. 46; Migne, I. 1088.

심한 지대이다.[30)

악의 기원을 논하면서, 토마스는 완전한 세계가 오면 가능한 모든 존재의 등급들이 있게 될 것이라고 말한다. 전체의 행복이 어느 부분의 행복보다 더 중요하다. 악이 허용됨으로써 전체의 선이 촉진된다. 악이 없었다면 많은 선한 것들도 존재하지 않았을 것이다. 자연 세계에서 삶이 타락에 의해 증진되듯이, 박해로 인하여 인내가 계발된다.

자연 질서가 하나님을 구속하지 못한다. 하나님의 의지는 자유롭다. 하나님은 자연 질서에 위배되는 일을 하시지 않지만, 그 바깥에서 일하신다(praeter ordinem).[31) 하나님의 섭리는 우리에게 우연하게 보이는 것도 내포한다. 예를 들어 땅을 파는 사람이 보물을 발견한다고 할 때, 그에게는 발견이 우연한 것[偶有性, accident]이다. 그러나 그를 특정 지역에 두어서 땅을 파게 하는 주인은 처음부터 그 결과를 내다보고 있었다.

토마스는 하나님의 섭리를 출발점으로 삼아 예정 교리를 상술해 나간다. 그가 제시하는 것은 반(半)펠라기우스적 관점이다. 유대인들의 자리를 이방인들이 차지하듯이, 첫 지위를 상실한 천사들의 자리를 선택된 자들이 차지한다.[32) 선택된 자들의 수는 알 수 없으나, 인류의 소수임에는 틀림없다. 유기(遺棄)는 하나님의 적극적인 행위가 아니다. 이 점에 관한 하나님의 작정은 허용적이다. 하나님은 만민을 사랑하신다. 인간들을 그대로 놔두시며, 그 가운데 멸망하는 자들은 자신들의 죄 때문에 멸망한다. 선택에 관한 하나님의 작정은 은혜와 영광을 베푸시려는 목적을 내포한다.

천사들을 다루는 대목에서, 토마스는 보나벤투라와 그 밖의 신학대전 저자들과 비교할 때 상당한 자제의 태도를 보인다.

인간을 다루는 대목에서는 스콜라 학자들을 통틀어 가장 치밀한 모습을 보인다. 인간의 원래의 환경과 타락 이후의 상태를 다루는 과정에서, 그 천사적 학자는 성경의 침묵을 감안할 때 답변에 변증적 역량이 요구되는 여러 가지 질문을 던진다. 예를 들면 다음과 같다. 아담이 무죄 상태에서는 천사들을 볼 수 있었을

---

30) *Summa*, I. 102, 1; Migne, I. 1433.

31) *Summa*, I. 103, 7; Migne, I. 1446.

32) *Summa*, I. 23, 6; Migne, I. 828.

까? 그가 만물에 관한 지식을 갖고 있었을까? 그에게 양식이 필요했을까? 만약 그가 무죄 상태에서 자식을 낳았다면 그 자식은 완전한 것을 아는 지식을 갖게 되었을까? 만약 아담이 하와와 함께 범죄에 동참하기를 거부했다면 원죄가 아담의 후손에게 전가되었을까?[33]

토마스는 영혼 창조론자로서, 영혼유전론(traducianism)을 배격했다.[34] 페트루스 롬바르두스의 노선을 따라서, 그는 은혜가 아담의 영혼과 육체의 자연적 기능들과 능력들 위에 부가된 선물이라고 주장했다.[35] 이 선물이 인간에게 다른 모든 것보다 하나님을 사랑할 마음을 갖게 했다고 한다.[36]

타락이 없었다면 인간의 원시의(原始義)가 아담의 후손에게 전가되었을 것이다. 죄의 원인은 과도하게 자신을 사랑한 데에 있었다.[37] 원죄는 도덕 구조가 붕괴된 것이며, 비이성적 정욕인 색욕으로 나타난다. 질병이 육체의 부패한 상태이듯이, 영혼의 부패한 성향(habitus corruptus), 그것이 인류의 고착된 상태가 되었다. 하지만 자연의 부패는 부분적이다. 그것은 도덕적 자연의 치명적 죽음이 아닌 부상이다.

토마스는 그리스도와 구속의 주제를 다음과 같은 말로써 접근한다. "우리 구주 예수 그리스도는 우리에게 몸소 진리의 길을 보여주셨으며, 그 길에 힘입어 우리는 부활을 통해 불멸의 생명이라는 복락에 이를 수 있다."[38] 이 주제에 관해서 그는 세 가지 큰 질문을 던진다. 첫째는 구주의 위격에 관한 것이고, 둘째는 구원의 통로가 되는 성례들, 셋째는 목표 곧 불멸의 생명에 관한 것이다. 그는 안셀무스의 속죄관을 취한다. 인간의 죄책이 무한하기에 속죄를 이루려면 하나님의 아들이 나서야만 한다. 그런데 하나님은 이 방법을 거부하지 않으셨다. 하

---

33) *Summa*, I. 2, p. 72, 5; Migne, II. 633 sq. 토마스는 이 경우 원죄가 아담의 후손에게 전가되지 않았을 것이라고 대답하면서, 철학자들에 따르면 생식의 능동적 원리가 아버지이기 때문이라고 그 이유를 설명한다. 그러나 아담이 죄를 짓고 하와가 죄를 짓지 않았다면 원죄는 아담의 후손들에게 전가되었을 것이라고 한다.

34) *Summa*, I. 118, 2; Migne, I. 1556.

35) *Summa*, I. 95, 1; Migne, I. 1405 sq.

36) Migne, II. 909.

37) Migne, II. 603.

38) *Summa*, III. *Prologus* Migne, IV. 10.

나님은 원하시기만 하면 얼마든지 죄를 사하실 수 있다. 토마스는 그리스도의 잉태에서부터 십자가의 죽음에 이르기까지 그분의 생애에 관한 모든 주요 자료들을 취합한다. 칭의(稱義)는 점진적인 과정이 아니라 단회적이고 즉각적인 행위이다.[39] 사랑으로 역사하는 믿음이 이 은혜를 받는다.

이 시기의 기독교 신학에서 유아 때 세례받지 않고 죽은 아이들의 운명에 관한 교훈만큼 아우구스티누스와 토마스 아퀴나스의 교훈이 심한 반발에 부닥친 예는 없었다. 두 신학자는 그런 상태로 죽은 아이들이 장래에 복을 받을 가능성을 철저히 부정했다. 그런 아이들은 세례받은 자들과 구약의 족장들처럼 믿음과 사랑을 발휘함으로써 그리스도의 고난과 죽음에 동참하고 그와 연합하는 일이 없으므로, 아담의 죄로 인하여 지옥에 떨어져 있다. 믿음의 성례 곧 세례가 그들에게 시행되지 않았으므로 그들은 영원히 멸망에 처한다. 세례는 원죄로부터 해방시키며, 세례 없이는 구원도 없다.[40]

토마스가 설명하는 성사[성례] 교리는 모든 각론에 이르기까지 가톨릭 교회의 교리가 되었다. 그리스도께서 은혜를 획득하셨다. 교회는 그것에 참여한다. 성사는 아우구스티누스가 정의한 대로 보이지 않는 것들에 대한 보이는 표(sign)들이다. 성사의 수는 일곱 가지 주요 덕목과 일곱 가지 대죄에 해당하게 일곱 가지이다. 성례는 죄의 치료제로서, 인간을 의(義)로써 완전하게 한다.[41] 성사의 효력은 성례 자체에 구유된 덕에 있으며, 받는 사람의 믿음에 좌우되지 않는다. 성사 가운데 세 가지 — 세례·견신례·서품 — 는 지울 수 없는 성격을 지닌다. 토마스는 성사에 관하여 제기할 수 있는 모든 질문들을 제기한 뒤 대답해 나간다. 세례와 성찬을 다룬 분량만 해도 미뉴(Migne)의 판본 가운데 무려 250쪽(IV. 600-852)을 차지한다.

원래 침수 형식으로 거행된 세례는 원죄를 씻고 그리스도의 몸에 연합하게 해 준다. 유대인들과 불신자들의 자녀들에게는 부모의 동의 없이 세례를 주어서는 안 된다.[42] 서품은 교회가 존재하는 데 없어서는 안 될 것이다. 성찬에서 구주의

---

39) *Summa*, I. 2, p. 113, 7 sqq. Migne, II. 955. 그는 칭의를 "자유의지를 움직이고 죄책이 사유받게 하는 은혜의 주입"으로 정의한다.

40) *Summa*, III. 57, 7; Migne, IV. 485, 486.

41) *Summa*, III. 65, 1; Migne, IV. 595.

42) *Summa*, II. (2), 10, 12; Migne, III. 101 sqq.

영화롭게 된 몸이 임재하시되, 양적으로가 아닌 본질적으로 임재하신다. "이것은 내 몸이라"는 그리스도의 말씀은 성물들이 그리스도의 실제 몸과 피로 변한다는 한 가지 해석만 가능하다. 떡의 실체가 변화한다. 떡의 부피와 그 밖의 우유성들은 그대로 남는다. 몸 전체가 포도주 안에 있듯이, 몸 전체가 떡 안에 있다.[43]

고해성사는 세례받은 뒤에 범한 죄를 제거하는 데 효력이 있다. 면죄부는 살아 있는 사람들뿐 아니라 죽은 사람들에게도 효력이 있다. 면죄부의 권한은 교회의 머리인 교황에게 있다. 공로의 기금은 주로 그리스도의 넘치는 공로로 비롯된 산물이지만, 성인들의 여공적(餘功的) 행위들의 산물이기도 하다.[44]

종말론에서, 그는 지옥의 불이 물리적인 것이라고 주장했다. 복받은 자들은 멸망당한 자들이 고통당하는 모습을 슬픔 없이 관조할 수 있을 것이며, 알베르투스가 말했듯이 이 고통을 보고서 자신들을 구원해 주신 하나님을 찬송하게 될 것이다. 그 광경을 보았다고 해서 그들의 복이 증가되지는 않는다. 부활의 몸은 장기(臟器)들까지도 현세의 몸과 같을 것이다.[45]

윤리학에서, 토마스 아퀴나스는 중세의 다른 저자들을 크게 능가하며, 그 주제에서 새로운 획을 긋는다. 이 분야에 거의 2백 가지 질문들을 할애하는데, 그것은 그의 전체 신학 체계의 1/3에 해당하는 분량이다. 이 부분에서 그는 그 철학자(아리스토텔레스)를 아주 자주 언급한다.[46] 일상 생활의 행동을 소상히 분석하는 것이 토마스의 장점이다.[47] 예를 들어, 그는 술 취함의 질문을 논하면서, 아리스토텔레스와 마찬가지로 그것이 범죄의 핑계가 되지 못한다고 결론을 내린다.[48] 하지만 토마스는 "사람이 아버지보다 자식을 더 사랑해야 하는가" 혹은 "아버지보다 어머니를 더 사랑해야 하는가" 같은 질문들에 대답할 때처럼 궤변

---

43) *Summa*, III. 76, 2; Migne, IV. 734.

44) Supplem., XXV. 1; Migne, IV. 1014.

45) *Summa*, III. 94; Migne, IV. 1343 sqq.

46) 한 쪽에 아리스토텔레스가 두세 번 언급되는 경우가 드물지 않다. 예. I. (2), 2, 2; I. (2), 4, 2; Migne, II. 22, 46.

47) Baur(pp. 429 sqq.)는 토마스의 방법이 결론적이기보다 기술적이라고 평가한다. 그 체계가 근본적인 원리들에서 발전한 것이 아니라고 한다.

48) *Summa*, II. (2), 150, 4; Migne, III. 1051.

을 한껏 발휘하는 대목에서는 그 자신도 쓸데없는 논의에 빠져든다.

토마스는 최고선에 관한 논의로 윤리 문제를 다루기 시작한다. 그가 말하는 최고선은 부와 명예와 인기와 권력과 쾌락으로는 얻을 수 없는 지복(至福, beatitudo)이다.[49] 부는 육체에만 도움이 될 뿐이며, 인간의 곤궁을 충족시키기에 충분하지 못하기 때문에 많이 소유할수록 경멸을 받는다. 이는 우리 주님이 말씀하신 것과 같이 누구든 마셔도 또 목이 마르는 세상의 물과 같다(참조. 요 4:13). 지복은 다름 아닌 하나님을 계신 그대로 보는 것으로 이루어진다.[50] 불에 따뜻함이 따르듯이, 지복에는 필연적으로 만족이 따른다.

덕들은 하나님이 불어넣어 주신 세 가지 신앙의 덕(믿음·소망·사랑)과 네 가지 철학적 혹은 기본적 덕(사려분별·의·인내·절제)이다. 이 덕들이 매우 길게 다뤄진다.[51] 윤리 부분은 성직자 복장에 관한 논의로 마감된다. 성직자들이 평신도들과 동일한 죄를 범하면 벌이 더 무겁다. "성직자들이 연보를 받아 생활해야 하는가?" 이 질문과 이와 유사한 질문들을 매우 진지하고 형이상학적인 치밀함으로 다룬다. 기독교적 완전의 본질은 사랑이다.[52]

교회와 국가에 관한 논의에서도 토마스는 자기 시대의 한계를 벗어나지 못했다. 그는 영적 영역의 수위성, 교황의 수위성, 이단을 사형에 처하는 행위의 정당성에 관한 신학적 진술을 확정지었다. 이 주제들에 관한 그의 견해가 「신학대전」과 「군주들의 규율」(Rule of Princes),[53] 「그리스인들의 오류」(Errors of the Greeks), 「이교도 비판서」(contra Gentes)에 제시되어 있다. 토마스는 국가가 존립하는 목적이 인간으로 하여금 가장 숭엄한 자신의 존재 목적을 성취하고, 자신의 영혼을 구원하고, 현세에서도 그 물질적인 복지를 누릴 수 있도록 보호하는 데 있다고 주장했다. 그는 유럽의 개별적인 국가들과 민족들에는 관심을 나

---

49) *Summa*, I. (2), 1 sqq.; Migne, II. 19-37.

50) Migne, II. 43.

51) 46개 이상의 질문이 신앙적 덕들에 할애되며(Migne, III. 9-375) 124개의 질문이 철학적 덕들에 할애된다(Migne, III. 375-1194).

52) *Summa*, II. (2), 84, 3; Migne, III. 1295.

53) *De regimine principum ad regem Cypri*. 이 유명한 저서의 네 권 가운데 두 권은 틀림없이 진본이다. 나머지 두 권은 토마스의 제자 루카의 프톨레미가 작성한 것으로 추정된다.

타내지 않는다. 교황은 마치 인간의 영적 본질이 육체적 본질보다 우월한 것처럼, 그리스도의 신비로운 몸의 머리로서 세속 국가보다 우월하다. 기독교 국가의 왕들은 그리스도에게 복종하듯 교황에게 복종해야 한다. 이는 교황이 베드로의 계승자이자 그리스도의 대리자이기 때문이다.[54] 그리스도의 군주정(monarchia Christi)이 옛 로마의 제정(imperium)을 대체한 셈이다.

교회 자체를 놓고 볼 때, 로마는 모든 교회들의 여왕이자 어머니이다. 로마에 순종하는 것이 곧 그리스도에게 순종하는 것이다. 이것은 거룩한 공의회들과 거룩한 교부들의 결정에 따른 것이다. 교회의 통일성은 권위의 최고 정점을 전제한다.[55] 신앙에 관한 사항을 결정할 권한은 교황에게 있다. 과연 그에게 복종하는 것이 구원에 필수적이다.[56] 이보다 더 고교회적 견해가 있을 수 없었다.

이단과 그에 대한 대처를 논하는 과정에서, 토마스는 이단을 사형으로 규제하는 방식이 사실상 교회와 국가의 정책으로 확립되도록 하는 데 이바지했다. 어쨌든 그는 이단들을 제거하는 데 장애가 되는 모든 반대들을 제거했다. 앞서 언급한 대로, 그는 이단이 화폐 위조 행위처럼 처벌받아야 할 범죄라고 가르쳤다. 아무도 교회에 강제로 가입시킬 수는 없지만, 한번 교회에 들어온 뒤에 이단으로 전향한 사람은 필요할 경우 강압적 방법을 통해서라도 신앙에 복종하도록 만들어야 한다고 주장했다. 이상의 개괄적 설명과 앞으로 살펴보게 될 성사·미래의 상태·마리아 숭배에 관한 장들을 토대로 놓고 판단할 때, 천사 박사[토마스]의 신학과 로마 가톨릭 교회의 신학이 성모 무원죄 잉태 견해를 제외하고는 모든 각론에서 동일하다는 것을 확인하게 될 것이다. 토마스를 이해하면 중세의 신학을 잘 이해하는 것이고, 로마 교회의 교리 체계를 파악하고 있는 것이다.

1286년에 토마스 아퀴나스는 도미니쿠스회에 의해 권위 있는 교사의 지위에 올랐다. 그의 제자들은 많았으나, 그의 신학은 보편적인 지지를 받지 못했다.

그의 진술들 가운데 일부 내용은 일찍이 1277년에 파리 대학교에 의해서 단죄를 받았으며, 1285년경에 프란체스코회의 본산인 옥스퍼드에서 공부한 웨어의 윌리엄은 그 유력한 도미니쿠스회 학자를 비판하는 글을 썼다. 프란체스코회의

---

54) *De reg. principum*, I. 14.

55) *Summa*, Supplem, 40, 7; Migne, IV. 1075.

56) *contra errores Graecorum*.

둔스 스코투스가 죽은 직후부터 그와 토마스의 차이점들이 강조되었고, 그 결과 두 수도회가 여러 세기에 걸친 논쟁에 휘말리게 되었다. 두 교사간의 신학적 차이점들이 무려 여든여섯 가지 이상 제기되었다.

토마스 아퀴나스의 신학은 단테를 사로잡았다. 「신학대전」의 최초 인쇄본 주석은 추기경 카예타누스(Cajetan)가 1507-1522년에 베네치아에서 발행했다. 토마스주의자들은 1854년에 마리아의 무원죄 잉태설이 정식 교리로 공포됨으로써 패배를 맛보았다. 그 교리는 그들과 프란체스코회 사이의 해묵은 주요 쟁점이었다. 하지만 토마스의 신학과 철학을 모든 가톨릭 교훈의 표준으로 삼은 레오 13세의 결정은 사실상 논쟁의 결과를 무승부로 되돌려 놓았다.

개신교 종교개혁자들은 스콜라 신학에 분개한 나머지 토마스 아퀴나스를 공정하게 평가할 수 없었다. 루터는 토마스의 「신학대전」을 심지어 모든 이단들의 진수라고 불렀다. 그를 가리켜 "그의 저서들이 증거하듯이 모든 이단과 오류와 복음의 파괴의 샘이요 원초적 음식"이라고 말했다.[57] 그는 프리에리아스(Prierias)에게 이렇게 말했다. "당신은 그 죽은 사람 토마스의 견해와 그의 그릇된 결론들을 신앙의 조항들로서 우리에게 감히 강요한 이유로 크게 단죄받아 마땅합니다." 한번은 토마스를 계시록에 나오는 하늘에서 떨어진 별로 비유하고, 아리스토텔레스의 공허한 사색들을 무저갱에서 피어오르는 연기로, 대학교들을 황충의 떼로, 아리스토텔레스를 그의 스승 아폴리온으로 비유했다.

이러한 과도한 비판들은 오랜 후에야 비로소 이 비범한 인물의 좀 더 공정하고 역사에 토대를 둔 평가에 의해 교정되었다. 토마스는 조직신학자로서는 공정하고 명쾌한 점에서, 윤리적 사상가로서는 진실함과 순수함으로 뭇사람의 경탄을 자아낼 만하다. 기독교 교리 체계의 중요한 대본들에서 그는 성경적이고 과연 가톨릭적[보편적]이다. 그의 오류들은 그가 초월할 수 없었던 자기 시대의 오류들이었다. 이는 3세기 뒤에 등장한 명쾌하고 논리적인 개신교 신학자 존 칼빈이 성경을 부지런히 연구하고 그 교훈을 폭넓고 친숙히 깨달았음에도 불구하고 몇몇 중요한 각론들에서는 자기 시대에 유행하던 신조들을 초월하지 못했던 것과 다를 바 없다.

레오 13세가 회칙에서 표현한 것과 같은 교황들의 평가는 13세기 이래로 신학

---

57) Erl. ed., 24. 240.

에 사실상 실제적인 진보가 없었다는 것이고, 이후 시대의 학문적 발견들을 사실상 무시한다는 것이다. 레오는 불변의 가톨릭 정통신앙의 관점에서 토마스 아퀴나스를 확고하게 기독교 교리의 모범적 해설자로 평가했다. 개신교 교회들은 사도들 이후의 어떠한 신학자도 무오하다고 간주하지 않음으로써 다른 평가를 내놓는다. 그 위대한 스콜라 학자가 꿈도 꿔보지 못한 성경 이론들과 학문적·종교적 연구 결과들에서 기인한 오늘날의 신학적·종교적 불안과, 그의 뇌리를 한 번도 스쳐본 적이 없는 범세계적 문제들에 대해서 그의 사상 체계가 어떤 해결책을 제시할 것이라고 개신교 교회들은 기대하지 않는다.

현대는 토마스와 그 밖의 스콜라 학자들이 제기했던 호기심을 끄는 많은 질문들에 전혀 관심을 두지 않는다. 각 시대를 진지하게 살아가는 사람마다 나름대로 해결해야 할 자기 시대의 문제들이 있으며, 근본적인 교훈으로 바로잡아야 할 자기 시대의 종교적 회의(懷疑)가 있는 법이다. 중세에 크라시 전투에서 사용했던 대포를 현대전에 사용할 수 없는 것과 마찬가지로, 중세의 체계들로 현대의 신학 논쟁에 따른 요구들을 충족시키기를 기대한다는 것은 무망한 일이다.[58] 오늘날은 개인적 판단의 권리가 갈수록 강조되는 추세이며, 이러한 추세가 심지어 로마 교회의 울타리 안에서도 감지된다. 온 교회라는 광범위한 집단을 놓고 바라볼 때, 우리는 지혜로운 교황 레오 13세와 명쾌한 통찰력을 지닌 스콜라 학자 토마스 아퀴나스가 만대의 유력한 신자들의 무리 가운데 높은 지위를 차지하는 것을 기쁘게 생각한다. 하지만 이것은 그들이 유한한 인간 본성에 따른 오류들에서 벗어났기 때문이 아니라, 기독교적 삶의 본질적인 문제들에서 그들이 복음의 해설자들이었기 때문에 그렇다.

109. 보나벤투라

---

58) Eicken은 *Thomas von Aquino und Kant*에서 토마스와 칸트를 서로 반대되는 두 가지 사고와 연구 유형 곧 기계적이고 외부의 권위에 종속되는 중세적 유형과, 개인적이고 주관적이며 결정 원리들로서 제 위치를 차지하는 근대적 유형으로 대비한다. 칸트가 개념들의 창시자요 사상가라면, 토마스는 이미 발표되었던 개념들을 종합하고 체계화한 인물이라고 한다.

토마스 아퀴나스와 동시대 사람이자 심지어 같은 해에 세상을 떠난 사람이 보나벤투라(Bonaventura)였다. 토마스를 우리는 신학자로만 생각한다. 그런데 보나벤투라는 신학자이자 자기 수도회인 프란체스코회를 이끈 저명한 행정가였다. 토마스가 정확한 진술이 돋보인다면, 보나벤투라는 시적 이미지가 돋보인다. 스랍(천사) 박사(doctor seraphicus)라 불린 보나벤투라(1221-1274)는 이탈리아 토스카나에서 태어났다. 원명은 조반니 피단차(Giovanni di Fidanza)였는데 보나벤투라로 바뀐 이유는 네 살 때 아시시의 프란체스코의 기도로 병에서 회복되었기 때문이다. 아이가 회복의 기미를 보이기 시작하자, 그의 어머니가 "오 부온 벤투라!"(O buon ventura, 얼마나 다행인가!)라고 외쳤다는 것이다. 이것은 그 성인이 직접 남긴 이야기이다.[59]

소년은 1238년에 프란체스코회 수도원에 들어갔다. 훗날 파리 대학교에서 헤일스의 알렉산더에게 3년을 배웠는데, 그 교수는 "보나벤투라 형제를 보면 아담이 범죄하지 않았다는 인상을 갖게 됩니다" 하고 말했다고 한다. 보나벤투라는 1247년에 파르마의 요한이 프란체스코회 총장으로 승진하자, 그의 후임으로 파리 대학교 교수가 되었다. 그는 파리 대학교와 탁발수도회들 간에 치열한 투쟁이 벌어지는 상황에서 지냈으며, 탁발 원리를 공격한 생 아무르의 논문 (*de periculis novissimorum temporum*)에 대해서 「그리스도의 가난에 대하여」라는 논문을 써서 반박했다.[60]

1257년에 그는 파르마의 요한에 이어 프란체스코회 총장으로 선출되었다. 프란체스코회 내부에서 서로 투쟁하던 두 집단 사이에서 중도적 위치를 견지했으며, 그 수도회의 두 번째 설립자라 불렸다. 그가 1260년에 나르본에서 열린 제1차 프란체스코회 총회의 지시를 받고서 쓴 「성 프란체스코의 전설」(*Legenda S. Francisci*)은 그 성인에 관한 권위 있는 전기이다. 이 책에는 크고 작은 기적들이 많이 소개되어 있다. 「수도회칙에 관한 질문들」(*Quaestiones circa regulam*)과 서신들에서 그는 프란체스코회 수사들이 설립자들의 이상에서 얼마나 타락했는가를 고발한다. 그는 1265년에 잉글랜드 요크의 주교직을 제의받았으나 고사함으로써 영국 교회사와 긴밀히 연관되는 상황을 간신히 면했다. 1273년에 그는

---

59) 그의 *Life of St. Francis*에 대한 서론.

60) *De paupertate Christi*.

알바노의 추기경주교가 되었다. 그는 리옹 공의회를 앞두고 준비 작업의 한 축을 맡았으나 공의회가 열린 직후인 1274년 7월 14일에 숨을 거두고 말았다. 종부성사를 교황이 집례했고, 장례식은 기독교 세계 각지에서 모인 고관 대작들의 엄숙한 무리 앞에서 거행되었다. 그는 리옹에 묻혔다.[61] 1482년에 시성되었으며, 1587년에 교회 박사로 공포되었다.

보나벤투라의 송덕문을 쓴 제르송(Gerson)은 그가 박사들 가운데 가장 유익하고, 가르침이 안전하고 듬직하며, 경건하고 독실한 인물이었다고 말했다. 그는 호기심을 위해 봉사하지도 않았고, 신학적 논의에 세속적 변증학과 자연과학을 뒤섞지도 않았다.[62] 단테는 그를 토마스 아퀴나스 곁에 둔다.

"순수한 생각을 가진 사람은
지상적 목표보다 천상적 목표를 더 좋아한다."[63]

이 두 저명한 인물은 언제나 벗으로 함께 인용될 것이다.[64] 중세 신학의 역사가 슈퇴클(Stückl)은 두 사람을 13세기의 지평에 떠있던 밝은 별들이라고 부른다.[65] 그들 중 누구도 백년 전에 베르나르가 그랬던 것처럼 자기 시대 위에 우뚝 솟지 못했다. 하지만 두 사람 모두 자기들의 시대를 비추었으며, 프란체스코와 도미니쿠스 이후에 그들의 수도회들이 배출한 가장 빛나는 이름들이 되었다. 토마스는 정신이 예리하고 분석력이 탁월했다. 보나벤투라는 치밀하고 꼼꼼했다. 토마스에게는 윤리적 요소가, 보나벤투라에게는 신비적 요소가 두드러졌다. 토마스가 권위 있는 교수였다면, 보나벤투라는 융통성과 재능이 많은 저자였다. 두 사람 모두 중세 교회의 신학과 조직을 지켜낸 사람들이다.

---

61) 그의 유골은 1562년에 칼빈파에 의해 불태워진 듯하다. 오직 머리만 남았다. 오른팔은 진작에 보나벤투라의 출생지로 옮겨져 있었다.

62) Quae veritatis sunt credenda de necessitate salutis.

63) 낙원편, XII. 127.

64) 식스투스 5세는 보나벤투라를 교회 박사의 반열에 올리는 것을 허용하는 회칙에서 두 사람을 나란히 소개하며, 그들의 독특한 특징을 언급한다. 그는 두 사람을 "지극히 빛나는[저명한] 교사들"이라고 부른다.

65) Stöckl, II. 882.

보나벤투라는 설교자로서 폭넓은 명성을 누렸다. 시인이기도 했으며, 산문뿐 아니라 시편의 형식을 빌어서 쓴 마리아를 향한 매우 강렬한 찬사를 남겼다.

신학 저서들 가운데 가장 주목할 만한 것은 「롬바르두스의 신학명제에 관한 주석」(*Commentary on the Sentences of the Lombard*)이다.[66] 「개요」 (*Breviloquium*)와 「모음집」(*Centiloquium*)은 그 다음으로 중요한 저서들이다. 푼크(Funk)가 중세 신학을 가장 잘 잘 간추린 저서로 평가한 「개요」 (*Breviloquium*)는 일곱 가지 질문들을 다룬다: 삼위일체·창조·죄·성육신· 성령의 은혜·성례적 매체·최후의 상태.[67] 그 책의 서문은 성경을 예찬하고 저 자의 성경 해석관을 진술한다. 스콜라 학자들이 다 그랬지만, 보나벤투라도 성 경을 폭넓게 이해했고, 교리 진술에서 지나침을 막아주는 균형 잡힌 판단력을 보여주었다. 하지만 그는 그의 시대를 넘어서지 못하고서 천사들과 선악에 관한 질문들에 한껏 몰입하는데, 우리가 볼 때 이런 질문들이란 매우 하찮으며, 실천 적 신앙에 아무런 의미도 갖지 않는다. 그는 이런 질문들을 무려 백여 가지가 넘 게 상정한 뒤 답변하며, 펠티에(Peltier) 판본에서는 그의 천사론과 귀신론이 2단 편집으로 2백 쪽이 넘는 지면을 차지한다.[68] 거기서 논한 질문들은 다음과 같은 것들이다: 하나님이 더 나은 세상을 창조하실 수 있었을까? 좀 더 일찍 세상을 창조하실 수 있었을까? 여러 천사들이 동시에 한 장소에 있을 수 있을까?[69] 루 시퍼가 지음을 받을 때 의지가 타락한 상태였을까? 그가 천사들의 계층에 속했 을까? 타락한 천사들 사이에도 위계 제도가 있을까? 귀신들이 앞일을 미리 아

---

66) 한때 보나벤투라의 것으로 간주되던 많은 저서들이 오늘날은 다른 저자의 것으 로 간주된다.

67) Peltier's ed., VII. 240-343.

68) II. 296-520.

69) Peltier's ed., II. 298 sqq. 이 질문에 긍정적인 대답으로 제시된 주장들은 천사들 이 "육체적인 형식이 아닌 영적 형식으로" 한 장소에 있다는 것이다. 천사들은 아레오 바고 관원이 말했듯이 영적인 빛들이며, 따라서 공간에 예속되지 않는다. 하지만 보 나벤투라는 그 질문에 부정적으로 대답한다.

70) Peltier's ed., II. 415 sqq. 보나벤투라는 예지의 능력은 오직 하나님에게만 있지 만, 귀신들은 지적 예리함과 오랜 경험을 통해서 때로는 임박한 사건들을 정확하게 예측하기도 한다고 대답한다.

는 능력이 있을까?[70] 보나벤투라는 인간의 영역으로 내려와서, 성 접촉이 타락 전에 발생했는지, 남녀가 동일한 수로 증가하도록 되어 있었는지, 남자와 여자 가운데 누구의 죄가 더 큰지 등의 질문들을 논한다.

보나벤투라는 세상이 영원하지 않다는 증거를 제시하는 점에서 토마스와 다르다. 발과 발자국의 관계를 예로 들자면, 창조된 물질을 상징하는 발자국이 존재해온 기간은 발 자체가 존재해온 기관과 같지 않다. 발자국은 어느 시점에 발에 의해 이루어졌기 때문이다. 그리고 보나벤투라는 아리스토텔레스에 반대하고 플라톤에 찬성하는 입장에서, 물질이 현재의 형태뿐 아니라 그 본질에서도 영원하지 않다고 주장했다. 사람이 없는 세상은 생각할 수 없다. 세상 만물이 인간이 거하고 살기에 적합한 흔적들을 갖고 있기 때문이다. 인간이 죄를 범하지 않았다면 그리스도께서 굳이 성육신하시지 않았을 것이다.

성모의 무원죄 잉태 교리에 대해서, 보나벤투라는 마리아가 원죄로부터 자유로웠다는 생각을 부정하는 점에서는 토마스와 같았고, 로마 가톨릭 교회의 교의가 된 내용을 가르친 동료 프란체스코회 학자 둔스 스코투스와는 달랐다.

보나벤투라가 스콜라 학자들 가운데 독특한 위치를 차지하게 된 것은 교의학자로서가 아니라, 신비주의자와 성 프란체스코의 전기작가로서였다. 그는 분명히 생 빅토르 수도원의 신비주의자들에게 영향을 받았고, 그들의 용어를 사용했으며,[71] 그들의 한계를 벗어나지 않았다. 그의 신비주의는 「하나님을 향한 마음의 여행」(*Journey of the Mind to God*)에 가장 잘 소개되어 있다.[72] 영혼이 가장 숭고한 신적 신비들을 찾아 올라가는 이 여행은 위로부터 은혜를 받지 못하면 시작할 수 없다. 게다가 이 여행은 진실한 기도와 순수한 명상과 거룩한 생활이 없이는 지속할 수 없다. 경건한 기도가 하나님을 향해 위로 올라가는 이 여행의 모태이자 시작이다. 명상은 먼저 자신에게서 벗어나 보이는 세상에 나타나 있는 하나님의 하신 일들을 바라보게 한다. 그런 다음에는 다시 눈길을 내면으로 돌려 우리 안에 있는 하나님의 형상을 바라보게 하며, 마침내 우리는 자신을 벗어나 하나님을 계신 그대로 바라보게 된다.[73] 이 행위들은 각각 이중으로 이루어지

---

71) 예. cogitatio, meditatio, contemplatio, ascendere 등.

72) *Itinerarium mentis in Deum.* Peltier's ed., XII. 1–22.

73) 이 세 가지 활동이 theologia symbolica, theol. propria, theol. mystica를 구성

며, 따라서 영혼의 길에는 여섯 단계가 있는 셈이다. 마지막 단계에 이르면 영혼은 삼위일체 하나님과 하나님의 절대 선하심을 명상한다.

이 여섯 단계를 넘어서면 마치 노동의 엿새 뒤에 안식의 날이 오듯이 황홀경 속에서 하나님을 바라보는 상태가 임한다. 이 신비로운 생명에 들어가는 문은 그리스도이다. 영혼이 이후에 맞이하게 될 경험은 지복(至福)의 환희가 넘치는 바다이다. 이것은 직접 받는 사람 외에는 아무도 알 수 없고, 받기를 사모하는 사람만 받으며, 성령의 세례의 불에 타오르는 사람만 그것을 사모한다. 그것은 교리가 아닌 은혜요, 개념이 아닌 소망이요, 힘써 수행해야 할 과업이 아닌 기도의 습관이요, 교사가 아니라 신부이다. 그것은 사람이 아닌 하나님에 관한 것이며, 우리를 하나님의 임재와 존재 안으로 들어가게 해주는 뜨거운 사랑의 불이다.[74] 베르나르와 마찬가지로 보나벤투라도 이러한 신비주의적 경향을 경건한 찬송으로 담아냈다.

110. 둔스 스코투스

일류 스콜라 사상가들 가운데 마지막 학자이자 중세 논리학자들 가운데 가장 대담했던 인물이 존 둔스 스코투스(John Duns Scotus)이다. 그가 죽으면서 스콜라 신학도 붕괴되기 시작했다. 인류가 배출한 천재들 가운데 하나로 꼽히는 그는 죽음이 그를 덮칠 때 마흔도 채 되지 않았던 것으로 보인다. 그는 변증 능력과 독창적 사고로 미묘한 박사(doctor subtilis)라는 칭호를 얻었다. 그의 지적 독립성은 선배 학자들의 사상을 자신의 연구와 종종 궤변적 비평에 자유롭게 가져다 쓰는 데에서 잘 나타난다. 안셀무스 · 생 빅토르의 학자들 · 알베르투스 마그누스 · 보나벤투라 · 토마스 아퀴나스 · 헨트의 앙리 등의 스콜라 학자들을 그는 서슴없이 인용해 가면서 그들의 견해를 공격한다. 토마스 아퀴나스의 주장들이 빈번히 그의 공격의 대상이 되었다. 둔스는 프란체스코회의 대표적 신학자가 되었으며, 그의 신학은 그의 이름을 딴 스코투스 학파(the Scotists)가 앞장서서 변

한다.

74) *Itin.*, 7.

호했다. 이 학파와 토마스 아퀴나스의 사상을 추종한 토마스 학파(the Thomists)가 중세에 등장하여 서로 격렬히 논쟁을 벌인 주요 신학파들이다.

둔스의 정신은 건설적이라기보다 비평적이었다. 그의 난해한 문체는 오늘날 학생에게 거의 이해할 수 없을 정도의 어려움을 안겨준다. 그는 완벽한 사상 체계를 수립하지 않았다. 그의 특징은 신앙을 가로막고, 과거에 토마스 아퀴나스와 그 밖의 스콜라 학자들이 최후 진술을 제시했다고 생각해오던 질문들을 다시 끄집어내는 것이었다. 그는 신앙과 지식, 교의와 이성을 예리하게 구분하고, 침묵과 개연성을 토대로 한 논증들을 사용함으로써 교회의 무류성에 대한 확신을 뒤흔들었고, 스콜라주의가 악평을 받게 되는 길을 열어놓았다. 둔스는 하나님의 존재와 그 밖의 교의들을 이성으로 증명할 수 있다는 생각을 부정했고, 그 교의들은 오직 교회의 권위에 근거해서만 받아들일 수 있다고 주장했다. 토마스 아퀴나스와 페트루스 롬바르두스의 명쾌한 진술들뿐 아니라 치밀한 분석도 이 미묘한 박사에게는 없었으며, 안셀무스와 토마스, 보나벤투라의 저서들에서 볼 수 있는 신비주의적 요소도 순전히 사변적인 관심에 자리를 내주었다.

둔스는 단순한 믿음과 신조, 대중 연설과 사역의 사람이었던 자기 수도회 설립자 아시시의 프란체스코와 얼마나 대조적인 사람이었던가! 모든 스콜라 학자들 가운데 둔스는 형이상학의 미로에서 가장 심하게 방황했으며, 중세 신학과 공상적 사변을 동의어로 받아들이는 현대인들의 생각에 가장 큰 원인을 제공한 장본인이다. 그가 외양만 그럴듯한 논리로 얻은 명성으로 둔스(dunce, 열등생)라는 단어가 생겼다.[75]

그의 개인 생애는 알려진 것이 별로 없는데, 그의 방대한 저서들에서도 실마리 하나 발견되지 않는다. 심지어 그가 프란체스코회에 가입한 연대와 장소마저 불분명하다. 그의 생애에서 확실한 연대라고는 세상을 떠난 때 하나뿐이다. 그는 1308년 11월 8일에 쾰른에서 죽었다. 출생 연도는 1265-1274년의 어느 시점이다.[76]

---

75) 틴들(Tyndale)은 이렇게 말한다. "삼십 년도 채 못 되는 기간에 늘 짖어대는 늙은 개들 곧 둔스의 제자들, 스코투스파라 불리는 찌끼들, 어둠의 자식들이 모든 강단을 차지한 채 헬라어와 라틴어와 히브리어에 담을 쌓은 채 기승을 부렸던 일을 여러분은 기억하십니까?" Trench가 인용함. *The Study of Words*, p. 91.

76) 1274년은 Wadding, Cavellus, Schwane가 받아들인다. Döllinger, Rigg, Seeberg

잉글랜드와 스코틀랜드, 아일랜드는 그 스콜라 학자의 고향이라는 명예를 놓고 서로 다투어왔는데, 아마도 잉글랜드가 그의 고향일 가능성이 커보인다. 아일랜드인들은 15세기 이래로 얼스터의 둔(Dun) 혹은 다운(Down)을 그의 고향으로 내세웠다. 스코틀랜드인들은 버윅셔의 둔스(Dunse)를 내세우는 반면에, 애국심에 흔들리지 않는 저자들은 대부분 잉글랜드 노섬벌랜드의 둔스탄을 지목한다. 그가 옥스퍼드 머튼 칼리지에서 공부했으며, 웨어의 윌리엄이 파리 대학교로 자리를 옮기면서 그 대학의 교수가 되었다는 확실치 않은 전승이 전해져 내려온다. 1304년에 그는 프랑스의 수도에서 박사학위를 받았다. 1308년에는 수도회 총장의 지시를 받고 쾰른으로 자리를 옮겼으며, 그곳에서 곧 숨을 거두었다. 그가 산 채로 매장당했다는 이야기도 전해진다.[77] 1707년에 프란체스코회는 그의 시성을 추진했으나 뜻을 이루지 못했다. 1513년에 쾰른의 프란체스코회 교회에 둔스를 위해 세워진 기념비에는 다음과 같은 글이 새겨졌다:

> 스코티아는 나를 낳아 주었고, 잉글랜드는 길러 주었고,
> 갈리아는 교육시켜 주었으며, 쾰른은 내 뼈를 간직하고 있다.

둔스 스코투스에 관한 이야기들 가운데는 그가 공들여 써놓은 글들을 다 합친 것보다 더 큰 지혜가 배후에 감춰진 이야기가 있다. 어느 날 길을 가다가 잉글랜드의 어느 농부를 만난 그는 걸음을 멈추고는 신앙 주제로 말을 걸었다. 농부는 씨를 뿌리다가 돌아서서 이렇게 말했다. "왜 나한테 말을 거십니까? 만약 하나님이 나를 구원하기로 예정하셨다면 나는 선을 행하든 악을 행하든 구원받을 것입니다." 둔스는 이렇게 대답했다. "당신의 논리대로 만약 하나님이 이 땅에서 곡식이 나도록 예정하셨다면 당신이 씨를 뿌리든 손을 거두든 곡식이 자라겠지요. 차라리 일을 그만두시는 게 낫겠네요."

는 그 이전으로 받아들인다. Seeberg(pp. 36 sqq.)는 1300년에 링컨의 주교가 둔스에게 고해를 청취할 권한을 부여하기를 거부한 사실을 강조한다. 1292년의 프란체스코회 규율은 고해 청취의 자격 연령을 서른 살 이상으로 규정했다. 이 경우를 놓고 볼 때 둔스는 1270년 이전에 태어난 셈이다.

77) Seeberg, pp. 46 sqq.

둔스 스코투스의 저서에는 아리스토텔레스 주석들, 롬바르두스의 신학명제에 대한 확대 주석서인 *Opus oxoniense*, 파리 대학교에서 행한 신학 강의집인 *Reportata parisiensia*, 신학과 철학 문제들을 다양하게 논의한 「자유토론집」(*Quaestiones quodlibetales*)이 있다. 창세기 주석과 복음서들 주석, 진정성이 의심받거나 부인되는 설교들과 그 밖의 저서들이 둔스의 저서들로 평가된다.[78]

철학에서 둔스는 온건한 실재론자였다. 보편자들(universals)은 지적 허구들(fictiones intellectus)이 아니다. 우리의 개념들이 그들의 실재를 전제한다. 보편자는 추상에 의해서, 개별자들(individuals) 안의 중요한 일치점들에 의해서 파악되며, 어떤 의미에서는 정신의 산물이다. 개별자가 자체의 개별성(haeceitas)을 갖는 것은 다른 것과의 차이 때문이 아니라 자체의 진정한 본질(quidditas) 때문이다. 돌은 자체에 내재된 긍정적인 어떤 것에 의해서 개별자이다. 개별자가 존재의 궁극적 형태(ultima realitas entis)이다.

신학은 실제적 학문이며, 그 주된 가치는 의지에 신앙의 자료들을 부여하여 지식을 가지고 신앙의 길을 걷게 하는 데 있다.

성경은 믿어야 할 진리들을 담고 있지만, 무엇이 그 진리들인가를 결정한 권위는 교회에 있다. 신앙의 조항들을 받아들여야 하는 이유는 그것들이 이성으로 증명할 수 있기 때문이 아니다. 이성은 신뢰할 수 없거나 기껏해야 모호하며, 영혼 불멸·하나님의 일치성·화체설 같은 많은 진리들은 이성으로 증명할 수 없다. 그리스도께서 지옥에 내려가셨다는 등의 교리가 성경에 나오지 않는데도 불구하고 그것을 진리로 받아들여야 할 이유는 그것이 사도신경에 나오기 때문이다. 그 밖에도 성경에 나오지 않지만 교회가 받아들이는 진리들이 있다. 성경에 대한 우리의 믿음은 궁극적으로 교회의 권위에 토대를 둔다.[79]

둔스가 전대의 대다수 스콜라 학자들과 다르게 주장한 교리는 하나님과 화체설에 관한 교리들이었다. 신론에서 둔스는 매우 적극적인 결정론자의 모습을 보인다. 신적 본질에서 지배적인 요소는 하나님의 의지이며, 하나님의 의지에 순종하는 것이 인간 의지가 도달할 수 있는 가장 높은 목표이다. 이 점에서 그는 하나님의 지성을 인간의 의지 위에 둔 토마스 아퀴나스와 크게 다르다. 하나님

---

78) 1495년에 Thithemius는 둔스의 설교집 두 권에 관해서 분명하게 말한다.

79) Seeberg, p. 120.

의 행동에 대한 충분한 설명이 그분의 절대 의지이다. 하나님이 선하신 이유는 선한 의지를 품으시기 때문이다. 하나님이 만약 그렇게 작정하셨다면, 하나님의 의지는 지금 악한 것을 선하게 만드실 수 있었다. 하나님은 논리적으로 불합리한 것을 제외하고는 모든 일을 하실 수 있다.[80] 하나님은 유다가 단죄를 받은 뒤에 그를 구원하실 수도 있었지만, 돌을 거룩하게 만드시거나 일단 발생한 사건을 변경시키실 수는 없다.

하나님의 의지가 인간들의 구원을 결정한다. 선택된 자들에 대한 예정은 순전히 하나님의 작정 행위이다. 선택되지 않은 자들은 하나님이 미리 예지하신 그들의 악행을 근거로 유기(遺棄)된다. 반면에 둔스는 선택된 자들이 선행으로써 영원한 상을 받을 만한 공로를 쌓는다는 교리를 확고히 견지한 듯하다. 하나님의 예정과 인간의 책임 사이의 명백한 모순을 철저히 해소하려는 노력을 하지 않은 채, 그는 그 주제에 신비스러운 요소가 있음을 고백한다.[81]

죄는 유한한 존재들과 결부되어 있기 때문에 무한하지 않다. 원시의(original righteousness)는 첫 범죄로 말미암아 사라진 부가적 선물이었다. 하와의 죄는 아담의 죄보다 컸다. 이는 아담이 하와에게 범죄하지 말도록 당부한 반면에, 하와는 하나님과 같게 되고자 했기 때문이다. 인간의 자유는 정반대 것을 택하는 능력으로 나타난다. 원죄는 아담이 하나님에게 받은 원시의를 상실한 데서 생긴다. 죄는 감염의 방식으로 아담의 후손들에게 전가되지 않는다. 둔스는 도덕적 무능(servum arbitrium) 교리를 부인함으로써 아우구스티누스와 다른 위치에 섰다. 그것은 자유롭게 되어야 할 의지의 본성 자체에 속한다. 하지만 의지는 반복되는 결심으로써 이 자유를 잃을 수 있다. 죄는 의지로만 물려받으며, 정욕은 쾌락의 대상을 무절제하게 탐하는 의지의 성향일 뿐이다.

---

80) Harnack(*Dogmengesch.*, III. 446)은 토마스 아퀴나스와 둔스 스코투스가 하나님을 아는 지식으로 이어지는 좁은 길, 즉 역사적 그리스도의 인격을 통하는 길을 추구할 마음이 없었음을 강경한 표현들을 사용하여 입증했다. Seeberg(p. 671)는 둔스가 하나님을 영혼 가까이 임하도록 하시는 데 실패했음을 강조한다. 하나님은 멀리 떨어져 계신 하나님으로 남아 계셨다. 이 두 현대 교의학자들에 따르면 하나님을 영혼 가까이 오시도록 하는 과업은 살아 있는 믿음과 하나님의 사랑이라는 원리를 내세운 종교개혁의 몫으로 남아 있었다고 한다.

81) Seeberg, *Dogmengesch.*, II. 135, *Theologie*, etc., 227 sq., 293 sqq., 666 sq.

하나님이 왜 악을 허용하셨으며, 악을 사전에 작정하시지 않았다면 어떻게 악이 발생할 것을 미리 아셨는가 하는 궁극적인 질문들은 하나님의 절대 의지 안에서만 대답을 찾을 수 있다. 하나님이 작정하셨으며, 그것이 충분한 이유가 된다.

속죄의 무한한 가치도 하나님의 절대 의지 안에서 설명을 찾는다. 그리스도는 인간으로서 죽으셨고, 그 이유에서 그분의 공로 자체는 무한하지 않다. 원죄가 없는 천사나 인간도 만약 하나님께서 그렇게 작정하셨다면 효과적인 속죄를 이룰 수 있었을 것이다. 죄책 안에 있는 어느 것도 하나님의 아들이 필연적으로 죽으셔야 하도록 만들지 않았다. 하나님께서 그리스도의 순종을 받으시기로 작정하시고, 그 순종을 감안하여 죄인들에게 은혜를 베푸시기로 작정하신 것이다. 둔스는 안셀무스의 이론을 면밀하게 추종하며, 그의 원리들을 세심하게 진술한다.[82]

화체설을 논하면서, 둔스는 토마스 아퀴나스의 견해가 그리스도의 몸을 떡으로 둔갑시킨 행위라고 맹렬히 공격했다. 그는 만약 그런 변화가 있다면 그리스도께서 무덤에 들어가 계셨던 사흘 동안 성찬을 거행했을 경우 떡과 포도주가 그리스도의 몸으로 변했을 것이라고 주장했다. 이런 난제를 피하기 위해서, 그는 그리스도의 몸이 모든 사람의 몸과 마찬가지로 이성적 영혼 외에 한 가지 형태(forma mixti sive corporeitatis)를 더 지니며, 그것이 물질과 결합하여 인간 육체를 이룬다. 그리스도의 이 육체적 형태(corporeitas)로 성물들이 변화하며, 이 형태가 무덤에 들어가신 그리스도의 몸과 함께 남아 있었다. 둔스는 화체설 교리가 성경으로도 이성으로도 확실하게 증명할 수 없다고 주장했다. 그런 다음 교회가 이 교리를 받아들여왔고, 이 교의가 하나님의 전능하심과 가장 잘 부합하기 때문에 이 교리가 다른 어떤 이론보다 개연성이 높다고 주장했다. 이 교의를 교회의 권위에 근거하여 받아들여야 한다고 했다.[83]

미묘한 박사가 발전에 가장 큰 영향을 발휘한 교리는 성모의 무원죄 잉태 교리로서, 그는 1854년에 교황 피우스 9세가 교의로 공포한 형태로 그것을 가르쳤

---

82) 그는 자신이 안셀무스에게 도움을 받았음을 시인하는 말로써 안셀무스의 강해에 대한 이야기를 마무리짓는다.

83) Seeberg는 둔스의 정의 안에서 화체설 교리를 발견한다.

다. 그는 안셀무스·베르나르·토마스 아퀴나스·보나벤투라의 진술들을 벗어나 마리아가 죄 없이 잉태되었다고 가르쳤다. 그의 이론은 성모 마리아에 관한 장에서 길게 다룰 것이다. 전해지는 이야기로는, 파리에서 공개 논쟁이 벌어졌을 때 그가 이 이론을 옹호하는 과정에서 2백 가지가 넘는 논증을 동원하여 토마스의 견해를 논박했다고 한다.[84] 둔스가 토마스의 진술들을 빈번히 공격한 것은 두 학자의 추종자들 사이에 논쟁이 벌어질 만한 충분한 이유가 되었으며, 이 논쟁이 로마 가톨릭 교회 내부에서 벌어진 치열한 여러 논쟁들의 한 축을 이룬다. 하지만 이 논쟁은 정통신앙과 이단의 논쟁이 아니라 동등한 명망을 지닌 두 유력한 학자들 사이에서, 그리고 그들이 대표한 두 수도회들 사이에서 벌어진 논쟁이었다.

될링거(Döllinger)는 이 논쟁이 한편으로는 신학의 "침체와 경색"을 막아주고, 다른 한편으로는 교회가 두 체계를 동시에 보호함으로써 어느 한 쪽이 거만하게 최종 권위를 주장하지 못하도록 한 점에서 유익을 끼쳤다고 평가했다.

둔스 스코투스가 교리사에서 차지하는 지위에 대해서는 그가 평화를 깨뜨렸다고 보는 것이 공통된 견해이다. 신학 사상에 어떤 항구적으로 가치 있는 요소를 보태지 못한 그는, 오히려 안셀무스와 토마스 아퀴나스 같은 신학자들이 거의 두 세기에 걸쳐 이룩해 놓은 스콜라주의를 뿌리째 뒤흔들어 놓았다. 따라서 둔스가 지적 재능은 탁월했으나 판단은 건실치 못했다는 견해가 앞으로도 우세할 것이 틀림없다. 하지만 베를린의 제베르크(Seeberg)가 최근에 발표한 둔스 스코투스 신학에 대한 치밀한 논문에서 제시한 완전히 다른 견해도 소개하는 것이 공정할 것이다. 그는 둔스가 신학 사상을 어지럽힌 사람이 아니라 새로운 시대를 이끈 선도자였고, 따라서 토마스 아퀴나스와 동등한 존경을 받을 자격이 있다고 보았다. 오히려 토마스보다 그가 신학에 더 심오하고 폭넓은 영향을 끼쳤다고 보았다. 그가 새 길을 개척했으며, "시대의 획을 그은 역사적인 인물"이었다고 평가했다.[85]

둔스는 한편으로는 예리한 사변으로 유럽의 특정 집단들에게 좀 더 건전하고

---

84) Döllinger는 논쟁이 시작되었을 당시에 두 수도회 사이에 아무런 분쟁이 없었기 때문에 그 이야기가 크게 의심을 받을 만한 것이라고 간주한다.

85) pp. 33, 668, 672, 677.

합리적인 방법으로 신학을 논하고자 하는 욕구를 자극했으며, 다른 한편으로는 타울러(Tauler)와 독일 신비주의자들처럼 라인 강 지대에 거주하던 경건한 사람들에게 좀 더 나은 방법으로 개인의 경건을 추구하도록 자극했다. 이후 세대의 스콜라 학자들은 그의 영향을 받아 논쟁적인 태도를 취하게 되었다. 둔스가 토마스 아퀴나스와 알베르투스 마그누스의 근본 원리들에 등을 돌린 채 어떤 것이 철학에서는 참인데 신학에서는 오류일 수 있다고 과감하게 주장한 판국에 다른 무엇을 기대할 수 있었겠는가?

둔스의 결정론에 동조한 오컴(Ockam)은 그를 "우리 수도회의 박사"라고 불렀다. 15세기에 성모 무원죄 잉태설을 둘러싸고 논쟁이 벌어졌을 때 둔스만큼 많이 인용된 학자가 없었다. 한 세기 뒤에 대주교 맥커윌(MacCaghwell)을 비롯한 아일랜드 신학자들은 그의 역량을 따뜻하게 평가하고 그의 전기를 집필하고 그의 저서들을 편집했다.

하지만 종교개혁의 작업 가운데 하나는 둔스 스코투스를 권위 있는 교수의 지위에서 끌어내린 것이었다. 리처드 레이턴(Richard Layton)은 1535년에 크롬웰에게 쓴 편지에서 이렇게 말했다. "우리는 둔스를 옥스퍼드에서 영구히 추방했습니다. 이제 그는 모든 선술집 기둥에 단단히 박힌 채 모든 사람의 시종이 되어 있습니다."[86] 루터는 그를 "가장 터무니없는 궤변가"라고 불렀고, 그가 펠라기우스주의를 되살리고 의지의 자유와 자연인의 능력을 강조함으로써 선행의 가치를 실제 이상으로 드높인 장본인이라고 주장했다.[87] 둔스는 교황제 이외의 다른 질서를 예견하지 않았으며, 교리의 개혁을 내다보는 발언을 전혀 남기지 않았다.

특주

둔스가 신학적으로 친근감을 표시했던 당대의 학자들 가운데는 헨트의 앙리(Henry)와 영국인 리처드 미들턴(Richard Middleton)이 있었다. 헨트의 앙리는 엄

---

86) *Dict. of Natl. Biog.* XVI. 219에서 인용.

87) 루터의 이러한 평가에도 불구하고 제베르크9Seeberg)는 루터가 신론(神論)에서는 '부정적으로' 둔스의 신적 의지 개념에 영향을 받았음을 입증하고자 노력한다. 루터는 자신이 둔스에게 그렇게 영향을 받았다는 말을 인정하지 않았다.

숙한 박사(doctor solemnis)로 불린 파리 대학교의 유명한 교수로서, 플랑드르 지방 헨트에서 태어나 1293년에 파리 혹은 투르네에서 숨을 거두었다. 그의 *Quodlibeta*와 *Summa*는 1518년과 1520년에 파리에서 출판되었다. 몇 가지 점에서 토마스 아퀴나스와 논쟁을 벌였으며, 둔스 스코투스를 위해 길을 닦아 놓았다. 실제로 둔스는 앙리의 견해 중 일부를 채택했다. 앙리의 논의들은 난해한 형이상학의 영역으로 깊숙이 들어갔다. 그는 플라톤주의에 의존했고, 실재론자였다.

리처드 미들턴은 둔스의 옥스퍼드 대학교 전임 교수였던 것으로 추정된다. 그의 생애에 관해서는 알려진 바가 거의 없다. 프란체스코회 소속이었고, 파리 대학교에서 공부했으며, 1278-1288년에는 프란체스코회 총장의 명을 받아 페트루스 올리비(Peter Olivi)의 교리들을 조사했다. 그리고 1307년경에 세상을 떠났다. 롬바르두스의 「신학명제」에 대한 주석을 남겼다. 미들턴은 파리에서 견고한 박사(doctor solidus)로 알려졌다. 콘스탄츠 공의회에서는 그가 위클리프를 비판하기 위한 전거로 인용되었다. 쾰른에 있는 둔스 스코투스의 묘비에 그의 이름이 적혀 있으며, 둔스가 그의 제자였다는 이야기가 전해 내려온다. 그는 의지가 영혼의 기능들 가운데 가장 고귀하다고 정의했는데, 제베르크가 증명하려고 시도한 대로 이와 관련한 그의 가르침이 둔스에게 영향을 주었을 가능성이 있다. 미들턴은 정신(mind)을, 상전 앞에서 등불을 들고서 오직 그의 길을 비춰주면서 상전이 시키는 대로 이런저런 일을 하는 하인에 비유했다.

111. 로저 베이컨

둔스 스코투스는 스콜라 학자였을 뿐 그 이상도 이하도 아니었다. 그와 동시대를 살았던 로저 베이컨(Roger Bacon)은 당대의 위대한 사상가 중 한 사람이었으나, 둔스와 다른 길을 걸었다. 그는 거대한 신학 문제들을 취하여 변증의 과정으로 그 문제들을 증명하려는 시도를 하지 않았다. 그가 한 일이란 신학 연구를 위한 원리들을 제시한 것이 고작이었다. 이러한 그가 중세의 위대한 지식인들의 반열에 오를 수 있었던 것은 근대 학문의 선구자로서 과학적 실험 방식을 제시했기 때문이다. 그가 과감한 발언으로 옥고를 치르고 강의 활동을 중지당한 사실이 그의 사상에 대한 관심을 증폭시킨다. 그의 사유(思惟) 방법은 당대에 유행하던 방법과 달랐다. 시대를 훨씬 앞서나갔으며, 자연 과학이 제 위치를 인정받고 신학이 가장 우수한 변증 역량을 필요로 하는 분야로 더 이상 취급을 받지 않게 될 또 다른 시대를 예견했다.

'훌륭한 박사'(mirabilis doctor)라 불린 로저 베이컨(1214?-1294)은 잉글랜드 서머셋셔에서 태어났고, 옥스퍼드 대학교에서 공부했으며, 그곳에서 그가 존경 어린 표현으로 자주 언급하는 로버트 그로스테스트(Robert Grosseteste)와 애덤 마쉬(Adam Marsh)를 절친한 친구로 사귀었다. 1240년경에는 파리 대학교로 가서 공부를 계속했으며, 프란체스코회에 가입했다. 「제3저작」(Opus tertium)이란 저서에서 그는 자신이 20년이 넘게 여러 언어들과 과학을 공부한 사실과, 공부와 도서 및 자재 구입에 2천 파운드를 사용한 사실을 언급하는데, 이 금액은 오늘날의 화폐 가치로 6백 내지 7백 파운드에 해당한다.[88] 그는 옥스퍼드로 돌아갔으나, 1257년에 당시 보나벤투라가 총장으로 있던 수도회의 지시로 다시 파리로 돌아와 다소 엄격한 거주 제한을 당했다. 초기에는 집필 자격을 인정받지 못하다가, 저학년 학생들에게 언어들을 가르치도록 허락받았다.

클레멘스 4세가 교황이 되기 전에 교황특사로 잉글랜드에 가 있던 시기에 베이컨의 친구였던 교황으로부터 그의 저서들의 사본들을 보내달라는 요청을 받은 베이컨은 1264-1266년의 18개월에 걸쳐 「대저작」(Opus majus)을 집필하고 그 뒤 그 책의 부록에 해당하는 「소저작」(Opus minus)과 「제3저작」(Opus tertium)을 집필한 다음 그 책들을 교황에게 보냈다. 1268년에 그는 다시 옥스퍼드로 갔다. 1278년에는 "의심스러운 몇 가지 새로운 사상"으로 인해 먼젓번보다 더 심한 주거 제한 조치를 당했다. 우리가 구체적으로 알 수 없는 그 의심스러운 사상에 제재를 가한 사람은 당시 프란체스코회 총장으로서 훗날 교황 니콜라우스 4세가 된 아스콜리의 제롬이다. 우리가 아는 한 베이컨은 1292년에 다시 풀려났다. 그의 시신은 옥스퍼드의 프란체스코회 교회에 묻혀 있다. 전하는 바로는 그의 저서들이 옥스퍼드 도서관 담벼락에 못으로 박힌 채 폐휴지가 되도록 방치되었다고 한다. 이 이야기가 사실일 가능성은 없으나, 베이컨의 저서들이 당대에 어떤 평가를 받았는지 시사하는 바가 없지 않다.

베이컨이 당대에 끼친 영향에 근거하여 그를 평가하고자 하면 그는 설자리가

---

88) Bridges' ed., p. xxiii.

없게 된다. 그는 기껏해야 마술의 영역을 넘나드는 학자 정도로 취급을 당했다. 당대인들에게 권위를 인정받지 못했으며, 그 뒤 수 세기 동안 그가 언급되는 사례도 극히 드물다. 다이(D'Ailly)는 그의 이름을 언급하지 않은 채 그의 저서에서 스페인과 인도가 가까운 거리에 있다는 내용의 긴 단락(1498년에 콜럼버스가 스페인 왕 페르난도에게 쓴 편지에 사용한)을 복사했다. 그의 이름이 다시 사용되기 시작한 것은 르네상스 이후의 일이다.

1733년에 새뮤얼 젭(Samuel Jebb)이 그의 저서들을 출판한 이래로, 그는 스콜라주의의 공상적이고 지엽적인 문제들을 밀어내고 사물들을 우리가 보고 아는 대로 합리적으로 다룬 학자로, 그리고 근대의 실험과 발명의 과학적 선구자로 갈수록 명성을 얻어나갔다. 심지어 근세에 이루어진 몇 가지 발명들을 그가 예견했다는 주장까지 있으나 그것은 지나친 평가이다. 하지만 그는 빛에 광선들이 있다는 이론을 설명했고, 아무리 작은 별도 지구보다 크다고 단언했다.[89] 아낙사고라스(Anaxagoras, 500?-428 B.C.)에 동조하여 나일 강이 에디오피아의 눈이 녹아서 형성되었다고 주장했다.[90] 일부에서 제기된 바와 달리, 그는 화약 발명자가 아니었다. 화약에 관해서는 이미 아랍인들이 알고 있었다.

베이컨의 저서들은 출판된 것들만 놓고 볼 때 신학과 철학, 그리고 자연과학이라고 부를 수 있는 것을 망라한다. 일곱 권으로 된 「대저작」(Opus majus)과 「소저작」, 「제3저작」은 다소 완전한 형식을 갖추고 있다. 이 저서들에 자주 언급되는 「성경의 원리」(Scriptum principale) 혹은 「철학개론」(Compendium studii philosophiae)은 단편들만 집필되었고, 그 중에서 일부분만 현존한다. 원래 그가 이 책을 계획할 때는 문법·논리학·수학·물리학·형이상학·윤리학을 네 권에 나누어 다루려고 했다. 「자연철학의 일반원리」(Communio naturalium)와 그 밖의 논문들은 사본으로만 현존한다.

「대저작」(Opus majus)은 주제 목록으로 인하여 중세의 가장 백과사전적인 저서이다. 철학과 신학의 관계, 지리를 포함한 천문학, 점성술, 중량학(重量學), 연금술, 농학(農學), 광학(光學) 혹은 원근법, 도덕 철학, 의학과 실험 과학(scientia experimentalis)을 개별적으로 다룬다.

---

89) *Opus majus*, Bridges' ed., I. 152, 175.

90) I. 323.

그가 말한 농학(agriculture)이란 동·식물계에 대한 연구와, 각기 다른 부류의 식물들에게 알맞은 토양을 파악하는 일을 뜻했다. 광학에서는 눈의 얼개와 시각의 법칙들을 소개한다. 수학에 대해서는 그 학문이 모든 학문의 기초이며 교회에 큰 가치가 있다고 말한다. 연금술은 액체와 기체와 고체, 그리고 그것들의 생성을 다룬다. 그 시대의 아들이었던 베이컨은 금속들이 서로 구분할 수 있는 요소들로 이루어진 합성체들이라고 주장했다.[91] 점성술 분야에서는 당대에 성행하던 견해와 일치하게, 항성들과 행성들이 지구의 모든 조건들과 인간을 포함한 대상들에게 영향을 준다고 주장했다. 기후와 기온과 대기나 해류의 이동이 모두 항성들과 행성들의 힘에 다소간에 좌우된다. 달이 조수(潮水)에 영향을 주듯이, 별들도 선하거나 악한 기운을 보낸다. 하지만 이러한 기운이 인간의 자유 의지를 강요하지는 않는다. 1264년의 혜성은 군신(軍神, Mars) 때문에 잉글랜드와 스페인, 이탈리아에 전쟁이 일어나게 했다.[92] 광학 분야와 힘에 관한 가르침에서, 그는 자기 시대를 훨씬 앞서 나갔으며, 모든 대상들은 사방으로 힘을 발산한다고 가르쳤다. 실험 과학이 앞서 말한 모든 학문들을 지배한다. 지식은 사유와 경험에 의해서 생긴다. 사유에 의해 남겨진 의심들은 진리의 궁극적인 잣대인 경험에 의해서 시험된다.

베이컨의 정신이 지닌 실제적 경향이 도처에서 명확하게 나타난다. 그는 상식을 크게 강조했다. 달리는 알려졌을 가능성이 없는 파리 대학교 교수 마리쿠르의 피에르(Peter of Maricourt)에 관해서 말하면서, 그는 그가 실험 과학에서 거둔 업적들을 높이 평가하면서 다음과 같이 말했다. "그는 담론들과 말다툼에 신경을 쓰지 않았다. 자연의 사물들에 대한 지식과, 의학적·화학적 지식, 실로 하늘과 땅의 만물에 대한 지식을 실험을 통해서 얻었다. 그는 자신이 잘 모르는 내용을 평신도와 노파와 군인과 농부에게 알려주기를 부끄러워했다." 또한 그는 자신이 매우 유명한 교수들에게 배운 것보다 제도 교육을 받지 못한 무학자들에

---

91) 베이컨이 화학과 의학 분야에서 제시한 조언을 예로 들면 다음과 같다. 그는 금·진주·바닷가 이슬이 내린 꽃·경랍(鯨蠟)·알로에·수사슴 가슴뼈·두로 산(産) 뱀·에디오피아의 용을 적절한 비율로 섞어서 끓이면 지금까지 생각지 못한 정도만큼 수명을 연장할 수 있다고 말한다. *Op. maj.*, II. 206.

92) *Op. maj.*, I. 385 sqq.

게 배운 것이 훨씬 더 많다고 털어놓았다.[93]

베이컨은 현학적인 학문 방법과, 이성으로도 파악할 수 없고 계시로도 가르쳐지지 않은 질문들을 놓고 벌이는 경박하고 무익한 언쟁을 공격했다. 자기 시대의 신학 저자들, 특히 헤일스의 알렉산더와 알베르투스 마그누스, 토마스 아퀴나스의 거만하고 형이상학적인 난해한 주장들을 거듭 비판했다. 아리스토텔레스뿐 아니라 알파라비우스(Alfarabius)·아비세나(Avicenna)·알가젤(Algazel) 등의 아랍 철학자들의 글을 길게 활용했다. 성직자들의 교만과 탐욕과 무지를 신랄하게 비판했으며, 세네카와 그 시대가 그리스도께서 가르치신 믿음과 소망과 사랑의 덕을 몰랐던 점을 제외하면 13세기에 비해 도덕 수준이 훨씬 높았다고 주장했다.[94] 그는 세네카를 길게 인용했다. 이런 비판들이 영국의 그 프란체스코회 학자가 받았던 대우를 충분히 설명하고도 남는다.

이 13세기 철학자는 보편자들과 개별자들에 관한 논의가 어리석고 부질없는 것이라고 주장했다. 하나의 개별자가 세상에 있는 모든 보편자들보다 더 귀중하다. 보편자는 여러 대상들 사이의 일치에 다름 아니다. 두 사람 사이에 공통되지만 나귀나 돼지에게는 없는 것이 그들의 보편자이다.

문헌학 분야에서,[95] 그리고 불가타 성경을 교정하고 아리스토텔레스의 저작들을 새로 번역하는 작업에서, 그는 아랍어와 히브리어, 헬라어를 공부해야 할 필요를 역설했다. 제롬까지 이어진 성경 번역의 역사를 소개했다.

그는 비교 종교를 여섯 부류(이교도·우상숭배자·타타르족<불교도>·사라센족·유대교·기독교)로 구분한 다음 이 종교들의 연구를 권장하면서, 하나님이 오직 한 분뿐이시므로 계시도 하나이고 교회도 하나일 수밖에 없다고 주장했다. 그는 기적들에서 특히 그리스도의 신성의 중요한 증거인 사죄의 능력을 발견하며, 기독교 저자들의 증언을 받아들여야 할 이유를 여섯 가지로 제시한다. 거룩함·지혜·기적의 능력·박해 아래서의 견고함·신앙의 통일성·비천한 기원을 극복하고 이룩한 성공이 그것이다. 이 철학자의 특징은 이 점을 다룰 때 기욤 뤼브뤼키(William Rubruquis)가 유럽에 소개한 정보를 그의 글을 인용해 가

---

93) Bridges' ed., *Op. maj.*, I. pp. XXV., 23.

94) *Op. maj.*, II. 303 sqq.

95) Bridges' ed., *Op. maj.*, I. 66-96.

며 활용하는 것이다.[96]

그는 철학이 유대교 족장들에게 계시되었다고 간주했으며, 아우구스티누스가 소크라테스에 관해서 말했듯이 그리스 철학이 섭리의 인도를 받아 이루어졌다고 주장했다.[97] 아리스토텔레스는 위대한 철학자이고, 철학은 계시된 진리의 문턱까지 인도하며, 그것을 활용하는 것이 그리스도인의 의무이다.[98] 그리스도의 예표였던 솔로몬이 성전을 건축할 때 히람을 비롯한 외국 노동자들을 고용했듯이, 교회도 이교 철학자들을 활용해야 한다.[99] 그는 초대 교회가 달력과 음악을 제외하고는 그리스 철학을 활용하지 않았던 다섯 가지 이유를 제시하는데,[100] 이것은 사도적 저자들이 헬레니즘의 사고 유형을 활용했다는 견해를 옹호하는 오늘날 학자들에게는 몹시 조야한 주장으로 비친다. 베이컨은 성경이야말로 그 안에 담긴 모든 진리가 본질을 다루고 평신도들도 읽을 수 있다는 점을 들어 성경의 권위를 가장 높은 위치에 둔다. 모든 학문과 지식은 인간 관심사들의 안내자로 정해진 가톨릭 교회에 종속되어야 한다. 신학은 다른 모든 학문을 주관하는 학문이다.[101] 베이컨이 제단의 성사 자체에 최고선 곧 하나님과 인간의 연합이 담겨 있다는 주장으로 자신의 「대저작」(Opus majus)을 마감한 것은 매우 모순된 태도로 보인다. 그는 성체에 신성의 전체가 담겨 있다고 주장했다.

베이컨의 「대저작」을 훌륭하게 편집해낸 브리지스 박사(Dr. Bridges)는 그의 사유 절차를 설명하면서, 신세계를 여행하는 사람이 본국의 당국자들에게 좀 더 체계적인 탐험의 필요를 설득하기 위해서 그 지방의 특산품들을 가지고 귀국하는 것에 비유한다.[102] 베이컨은 다른 스콜라 학자들이 즐겨 다루었던 큰 주제들을 논하지 않은 채, 일상 생활이나 개인의 신앙에 직접 관계되지 않는 주제들을 길게 논의하는 것을 배제하는 신학 연구 원칙을 주장했고, 명쾌하고 영적인 목적보다는 인간의 말재간의 산물에 더 가까운 지루한 사상 체계들을 쓸데없는 것으

---

96) I. 303, II. 367 sq.

97) I. 41.

98) I. 56-59.

99) I. 37.

100) I. 28-30.

101) I. 33.

102) I. p. lxxxix.

로 일축했다. 아벨라르가 주로 스콜라주의적 형이상학자였다면, 베이컨은 자연 관찰자였다. 아벨라르가 스콜라주의의 헛된 명예를 추구했다는 인상을 주는 것과 달리, 베이컨은 성실하고 세심한 조사자의 인상을 준다.

베이컨을 연구한 대표적인 두 학자 애덤슨(Adamson) 교수와 브리지스 박사는 로저 베이컨을 알베르투스 마그누스와 토마스 아퀴나스에 준하는 사상가로 평가했다. 치밀한 중세 학자 쿨턴(Coulton)은 최근에 그를 토마스 아퀴나스보다 더 위대한 지식인으로 평가했다.[103] 오늘날 과학계가 그에게 바치는 존경은 가톨릭 교회가 천사적 박사에게 바치는 존경 못지않게 진실되다. 그를 지나치게 높게 평가하는 것은 금물이다. 그럴지라도 현대 과학의 선구자인 베이컨은 비록 당대에는 인정을 받지 못했으나 당대부터 권위를 인정받은 형이상학적 미묘함의 대가인 둔스 스코투스보다 인류에게 더 큰 유익을 끼친 인물로 평가받을 만한 자격이 있다.

---

103) *St. Francis to Dante*, p. 293에서.

제 14 장

성례의 체계

112. 성례에 관한 참고문헌

LITERATURE : — GENERAL WORKS : The Writings of Abælard, Hugo of St. Victor, Peter Lombard, Alb. Magnus, Th. Aquinas, Bonaventura, Duns Scotus, and other Schoolmen. — G. L. HAHN : *Lehre von d. Sakramenten*, Breslau, 1864. — *J. SCHWANE : *Dogmengesch. der mittleren Zeit*, 787–1517, Freib. 1882, pp. 579–693. — J. H. OSWALD : *D. dogmatische Lehre von d. hl. Sakramenten d. kathol. Kirche*, 5th ed., Munich, 1894. — The Histories of Christ. Doctr. of FISHER, pp. 254–263 ; HARNACK, II. 462–562 ; LOOFS, pp. 298–304 ; SEEBERG, II. 107 sqq. — HERGENRÖTHER-KIRSCH : *Kirchengesch.*, II. 682–701. The works on Canon Law of HINSCHIUS ; P. HERGENRÖTHER (Rom. Cath.), pp. 667–684 ; FRIEDBERG, pp. 374–495. — HEFELE-KNÖPFLER, V. VI. — The art. *Sakrament* in Wetzer-Welte and Herzog. — D. S. SCHAFF : *The Sacramental Theory of the Med. Ch.* in " Princeton Rev.," 1906, pp. 206–236.

ON THE EUCHARIST, §§ 115, 116 : DALGAIRNS : *The Holy Communion, its Philos., Theol., and Practice*, Dublin, 1861. — F. S. RENZ : *D. Gesch. d. Messopfer-Begriffs*, etc., 1st vol., *Alterthum und Mittelalter*, Munich, 1901. — J. SMEND : *Kelchversagung und Kelchspendung in d. abendländ. Kirche*, Götting., 1898. — A. FRANZ : *D. Messe im deutschen Mittelalter*, Freib., 1902. — Artt. *Communion, Messe, Transubstantiation* in Wetzer-Welte and *Abendmahl* and *Kindercommunion* in Herzog.

ON PENANCE AND INDULGENCES, §§ 117, 118 : JOAN MORINUS : *Comment. hist. de disciplina in administratione sacr. pœnitentiæ*, Paris, 1651. — F. BERINGER, S.J., transl. fr. the French by J. SCHNEIDER : *D. Ablässe, ihr Wesen und Gebrauch*, 12th ed., Paderb., 1900. — *K. MÜLLER : *D. Umschwung in der Lehre von d. Busse während d. 12ten Jahrhunderts*, Freib., 1892. — H. C. LEA : *A Formulary of the Papal Penitentiary in the 13th Century*, Phil., 1892 ; * *A Hist. of Auricular Confession and Indulgences*, 3 vols. Phil., 1896. — *TH. BRIEGER : *D. Wesen des Ablasses am Ausgange des Mittelalters*, Leipzig., 1897. — A. KURTZ : *D. kathol. Lehre*

vom Ablass vor und nach dem Auftreten Luthers, Paderb., 1900. — C. M.
ROBERTS : *Hist. of Confession until it developed into Auric. Conf. A.D.
1215*, London, 1901. — * W. KÖHLER : *Dokumente zum Ablassstreit vom
1517*, Tübing., 1902. Very convenient, containing thirty-two of the
most important documents on the subject and including Jacob von
Juterbocks, *Tract. de indulgentiis*, c. 1451, and excerpts from the *Cœli-
fodina*, 1502. — *A. GOTTLOB : *Kreuzablass u. Almosenablass*, Stuttg.,
1906. — A. M. KOENIGER : *D. Beicht nach Cæsarius von Heisterbach*,
Mun., 1906. — Artt. *Ablass*, * *Bussdisciplin* by FUNK, II. 1562–1590, and
Busse, II. 1590–1614, in Wetzer-Welte and * *Indulgenzen* by TH. BRIEGER
in Herzog, IX. 76–94. For other lit. see Brieger's art. in Herzog.
ON EXTREME UNCTION, ETC., § 119 : See artt. *Oelung* and *Ordo* in Wetzer-
Welte, IX. 716 sqq., 1027 sqq., and *Oelung* by KATTENBUSCH and *Pries-
terweihe* in Herzog, XIV. 304 sqq., XVI. 47 sqq. For marriage, the
works on Christian Ethics. — VON EICKEN : *Gesch. u. System der mittel-
alterl. Weltanschauung*, pp. 437–487, Stuttg., 1887. — The artt. *Ehe* in
Herzog, V. 182 sqq. and Wetzer-Welte, IV. 142–231 (including a number
of subjects pertaining to marriage).
ON GRACE AND THE FUTURE STATE, §§ 120, 121 : ANSELM : *De conceptu vir-
ginali et originale peccato*, Migne, 158. 431–467. — P. LOMBARDUS : *Sent.*,
II.31, etc. — H. OF ST. VICTOR : *De sacramentis*, I. 7, Migne, 176. 287–306.
— ALB. MAGNUS : *In Sent.*, II. 31 sqq., etc., Borgnet's ed., XXVII. — BONA-
VENTURA : *In Sent.*, II., etc.; Peltier's ed., III. — TH. AQUINAS : *Summa*,
II. 71–90, III. 52 sqq.; *Supplem.*, LXIX. sqq., Migne, IV. 1215–1459. —
DUNS SCOTUS : *Reportata*, XXIV.–XXVI., etc. The Histories of Doc-
trine of SCHWANE, pp. 393–493, HARNACK, LOOFS, SEEBERG, SHELDON.

113. 칠성사(七聖事)

　삼위일체와 그리스도의 위격 교리들이 니케아와 니케아 이후 시대에 작성되
었듯이, 12–13세기의 스콜라 학자들은 가톨릭 교회의 성례[성사] 교리를 작성했
다. 이 분야만큼 중세의 신학자들이 더 근면하거나 사색 능력이 예리한 분야가
없었다. 이 분야에 대한 그들의 사색의 결과가 로마 가톨릭 교회에 여전히 압도
적인 권위를 행사하고 있기 때문이다. 성사 체계의 발전에 가장 크게 이바지한
신학자들은 생 빅토르의 위그, 페트루스 롬바르두스, 헤일스의 알렉산더, 토마
스 아퀴나스이다. 위그는 스콜라 학자들 중에서 성사에 관한 최초의 논문인 「성
례론」(*De sacramentis*)을 썼다. 토마스 아퀴나스는 위그와 페트루스 롬바르두
스, 그리고 특히 헤일스의 알렉산더가 주장한 견해들을 명확한 진술로 정리했을
뿐이며, 그와 더불어 성사 체계의 발전도 마무리되었다.[1] 그의 진술이 1439년의

페라라 공의회와 1560년의 트렌트 공의회에 의해 채택되었다.

페트루스 롬바르두스와 토마스 아퀴나스의 영향을 통해서, 성사의 수가 일곱 개로 고정되었다(세례 · 견신례 · 성찬<성체성사> · 고해성사 · 종부성사 · 서품<신품성사> · 혼인). 이전에 베르나르는 여러 가지 성사들을 언급하면서 그 수를 세족례와 주교 및 대수도원장 임명식까지 포함하여 열 가지로 열거한 바 있다. 아벨라르는 다섯 가지로 열거한다(세례 · 견신례 · 성체성사 · 고해성사 · 종부성사). 생 빅토르의 위그도 「신학대전」(Summa)에서 성사의 수를 다섯 가지로만 한정한 듯한 인상을 주지만(세례 · 견신례 · 성체성사 · 고해성사 · 종부성사), 성사를 다룬 저서에서는 다른 저서들에서 언급한 것들을 모두 취합하여 그 수를 서른 가지로 열거한다. 물론 매우 포괄적인 의미로, 사실상 종교 의식과 동일한 뜻으로 그렇게 한 것이다. 위그는 성사를 세 부류로 구분한다. 첫째는 구원에 필요한 성사로서 세례와 성찬이고, 둘째는 거룩하게 한 성사로서 성수(聖水) 사용와 재의 수요일에 재를 사용하는 것이며, 셋째는 다른 성사들을 준비하는 데 목적이 있는 성사들이다. 그는 물을 뿌리는 의식을 성사라고 불렀다.[2] 토마스 아퀴나스도 그런 의식들에 성사에 준하는 특성(quaedam sacramentalia)을 부여했다.[3]

이렇게 성사의 수가 불확실했던 것은 교부들에게서 물려받은 유산이었다. 아우구스티누스는 모든 종교 의식을 성사라고 정의했다. 1179년의 제3차 라테란 공의회는 그 단어를 포괄적인 의미로 사용하여서 주교 임명과 장례도 성사에 포함시켰다. 오늘날 가톨릭 교회는 이른바 사크라멘탈리아(sacramentalia)라고 하는 특정 종교 의식들과 칠성사를 구분한다. 토마스는 성사를 일곱 가지로 정한

---

1) 성례라는 주제가 얼마만큼 중요하게 다루어졌는가 하는 것은 스콜라 학자들이 그 주제를 다룬 지면의 분량에서 유추해 볼 수 있다. 생 빅토르의 위그는 440단 (column)(Migne's ed., 176. 183-617), 롬바르두스는 「신학명제집」의 452단 가운데 90 단, 보나벤투라는 「신학의 체계」(Paltier's ed.)의 3875쪽 가운데 1003쪽, 토마스 아퀴나스는 「신학대전」(Migne, IV. 543-1217)의 4854단 가운데 670단을 할애한다.

2) De sacr., II. 9, Migne, 176. 473. 소금 섞은 물을 뿌리는 의식(aqua aspersionis)을 위그는 베드로부터 다섯 번째 교황인 알렉산더에게서 연원을 찾았다. 그는 머리에 재를 뿌리는 의식(susceptio cineris)을 "하위 성사들"에 두지만, 그것과 함께 종려주일에 종려 가지를 사용하는 의식을 '교회의 의식'으로 정의한다. Migne, 176. 423.

3) Migne, IV. 597, 1025.

이유에 대해서, 3은 하나님의 숫자이고, 4는 창조의 숫자이며, 7은 하나님과 사람의 연합을 상징하기 때문이라고 설명했다.

7성사를 인간의 모든 영적 질병과 관련짓고, 성사들이 타락한 그리고 구속받은 인간 본성의 모든 필요에 부합함을 입증하기 위해서 독창적이고 치밀한 노력이 많이 이루어졌다.[4] 세례는 영적 생활의 결함에 부합하고, 견신례는 태어난 지 얼마 되지 않는 아기들이 지닌 정신적 연약함에 부합하고, 성찬은 죄에 빠질 수도 있는 시험에, 고해성사는 세례받은 후에 범하는 죄에, 종부성사는 고해성사로도 씻기지 않는 남은 죄에, 신품성사[서품]는 인류의 멸망한 상태에, 혼인은 육체의 정욕과 인류가 자연사로 인하여 멸절될 수 있는 상황에 각각 부합한다.

일곱이라는 수는 일곱 개의 덕목에도 부합한다. 세례와 종부성사와 성찬은 믿음과 소망과 사랑, 서품은 교화(敎化), 고해성사는 의(義), 혼인은 절제, 견신례는 인내에 각각 해당한다. 보나벤투라는 장문의 글로써 성사들을 군인의 직업에 비유한다. 성사들은 영적 전투를 수행할 수 있는 은혜를 부여하고, 다양한 단계의 전투 과정에서 군인에게 힘을 더하여준다. 세례는 군인에게 전투에 참여할 자격을 주고, 견신례는 전투를 계속 수행해 나갈 용기를 주고, 종부성사는 전투를 끝내도록 도와주고, 성찬과 고해성사는 새로운 힘을 공급하고, 서품은 장교직에 새로운 요원을 충원함, 결혼은 그런 요원이 될 수 있도록 준비시킨다. 아우구스티누스는 성사들을 군인에게 수여되는 기장들과 계급들에 비유했으며, 토마스 아퀴나스는 이 비유를 그대로 채택했다.[5]

성사들은 인간이 무죄한 상태에는 필요하지 않았다. 그 상태에서 제정된 혼인은 자연의 기능이었을 뿐이다. 새 언약뿐 아니라 옛 언약에도 성사들이 있었다. 스콜라 학자들은 아우구스티누스를 따라서 구약의 성사들이 장차 올 임할 은혜와 신약의 성례들을 예표한다고 주장했다.[6] 알베르투스 마그누스와 그 밖의 스콜라 학자들에게는 여성이 왜 할례를 받지 않았는가 하는 것이 매우 인기 있는 질문이었다.[7]

---

4) 참조. Bonaventura, *Brevil.*, V. 3, Peltier's ed., V. 314; Thomas Aq., *Summa*, Migne's ed., IV. 594 sq.

5) Bonaventura, *Brevil.*, VI. 3; Thomas Aq., *Summa*, III. 63. 1, Migne's ed., IV. 571 sq.

6) Th. Aq., *Summa*, III. 62. 6, Migne, IV. 569.

성사가 무엇인가(quid est sacramentum)를 규명하는 일에서, 스콜라 학자들은 성사가 보이지 않는 은혜의 보이는 상징이라는 아우구스티누스의 정의를 가지고 출발했으나,[8] 성사가 끼치는 효과에 대해서는 그를 훨씬 넘어섰다. 위그 이후의 스콜라 학자들은 성사들 곧 외적인 상징들이 은혜를 내포하며 수여한다(continere et conferre gratiam)고 확고하게 주장했으며, 이 표현을 훗날 트렌트 공의회가 그대로 이용한다. 성사들은 자체에 덕을 구유하고 있다. 성사들의 작용을 묘사하는 데 자주 사용된 것이 약이다. 위그는 하나님이 의사이시고, 인간은 병자이고, 사제는 간호사 혹은 심부름꾼이고, 은혜는 해독제이고, 성사는 해독제를 담은 그릇이라고 말했다.[9] 병자들을 고치는 영적 약을 의사는 주고, 간호사는 나눠주고, 그릇에 그것이 담긴다. 그러므로 성사가 영적 은혜를 담은 그릇이라면 그 자체로는 병을 고치지 못한다. 그릇이 아닌 약이 병자를 치유한다. 보나벤투라는 자신의 저서에서 성사를 다룬 장들에 성사의 약(Sacramental Medicine)이라는 제목을 붙였다.[10]

성사들은 선한 사마리아인이 원죄와 자범죄의 상처에 부은 기름 곧 치료약이다. 외적인 상징들을 넘어서서 은혜의 통로들이다. 상징 이상의 실질을 지니고 있다. 성사들은 거룩하게 한다. 그것은 받는 사람에게 은혜가 작용하도록 하는 효과적인 원인이다. 토마스 아퀴나스는 성사의 내적 효과가 그리스도 덕분이라고 말하며,[11] 혹은 다른 곳에서는 그리스도께서 베푸시는 복과 사제가 그리스도의 명령에 따라 집례하는 데 따른 결과라고 말한다. 성사가 효력을 발휘하는 형태는 엑스 오페레 오페라토(ex opere operato, 사효적<事效的>)이다. 토마스 아퀴나스는 오세르의 기욤과 헤일스의 알렉산더가 사용한 이 표현을 채택하여, 성사들이 엑스 오페레 오페라토의 방식으로, 즉 그 자체들에 구유된 덕에 의하여 의롭게 하고 은혜를 부여한다고 거듭 말한다.

---

7) In IV. *Sent.*, I. 21, vol. XXIX. 37.

8) Abelard(*Introd. ad Theol.*, Migne's ed., p. 984)가 정의를 인용했다.

9) *De sacr.*, I. 9. 4, Migne, 176. 325.

10) *Brevil.*, VI., Peltier's ed., V. 311-330. 롬바르두스와 알베르투스 마그누스, 토마스 아퀴나스 등도 약의 예를 사용한다.

11) Interiorem sacramentorum effectum operatur Christus, II. 64. 3, Migne, IV. 583.

토마스 아퀴나스가 이 말을 한 것은 받는 자의 신앙 상태가 전혀 문제되지 않는다는 뜻이 아니라, 성사가 혹시 필요할 경우에는 받는 자의 적극적인 신앙의 발휘 없이도 자체의 덕을 부여한다는 뜻이었다. 개신교 저자들은 스콜라 학자들이 가시적 성례의 상징에 마술적인 효험이 있어서, 그것을 집례하는 사제들의 경우는 그렇지 않을지라도 받는 자들의 태도와는 확실히 무관하다고 주장한 것처럼 소개하는 경향이 있는데, 스콜라 학자들의 견해는 그런 것이 아니었다. 토마스 아퀴나스는 은혜의 주원인인 하나님과 수단적 원인인 성사를 구분한다. 성사가 효력이 있으려면 하나님의 구속과 역사가 있어야 한다.[12] 그리스도께서 이루신 구속의 유익들이 믿음과 성례들을 통해서 신자들에게 전달된다.[13] 보나벤투라는 교회가 그리스도에게 성사들을 받아 신자들에게 나누어줌으로써 그들에게 구원을 베푼다고 말했다.[14] 성사들은 마음에 믿음이 있는 사람들에게만 효력이 있다.

페라라 공의회에서 토마스 아퀴나스의 견해에 밀려난 둔스 스코투스의 견해는, 하나님께서 성사들 없이도 은혜를 베푸실 수 있으며, 성사들의 효력은 받는 자의 의지 작용에 달려 있다고 주장했다. 성사들은 직접으로 작용하지 않고 간접으로 작용한다. 둔스는 토마스의 견해, 즉 성사가 절대적으로 그 자체에 초자연적 덕을 담은 가시적 상징이라는 견해를 비판했다.[15] 성사들은 영혼에서 이루어지는 심리적 과정을 내포한다. 상징들로서 영혼에게 하나님의 은혜를 상기시키고, 그 은혜에 마음이 끌리게 한다. 하지만 마음의 좋은 상태가 곧 성사들이 효력을 발휘하는 원인인 것은 아니다. 그것을 받는 데에는 도덕적 방해(obex), 즉 거부감만 없으면 충분하다. 둔스는 성사들을 받는 행위 자체가 은혜를 받는 데 필요한 충분한 성향이 된다는 것이 새 언약에 속한 성사들의 우수한 면이라고 말한다.

사제와 성사들의 관계는 매우 중요하며, 부득이한 경우가 아니라면 사제가 집례하는 것이 필수적이다. 성사들의 효과는 사제가 교회의 법규에 따라 집례할

---

12) Sacr. justificant et gratiam conferunt ex opere operato.

13) Migne, IV. 568 sq.

14) *Breviloq.*, VI. 5, Peltier's ed., VI. 316.

15) 참조. Seeberg, *Duns Scotus*, pp. 356-358.

16) Th. Aq., Migne's ed., IV. 586, 821, 824.

경우 사제 개인의 인격에 좌우되지 않는다.[16] 부도덕한 사제라도 성사의 은혜를 수여할 수 있다. 중세의 예화를 사용해서 말하자면, 은 파이프를 통해서든 동 파이프를 통해서든 깨끗한 물을 전달할 수 있는 것이다. 설혹 집례하는 사제의 마음에 은혜를 수여할 의도가 없을지라도 성사의 효력은 훼손되지 않는다. 사제는 교회의 이름으로 행동하므로, 성사 제정의 말을 선언함으로써 교회의 뜻을 전하는 것이다. 이 만한 의도가 있다면 어떤 상황에서도 성사가 온전히 거행되는 데 충분하다. 궁극적으로 성사의 효력을 내시는 분은 그리스도이시며, 사제가 자신의 무슨 덕에 힘입어 성사를 효력 있게 만드는 것이 아니다.[17] 이 점에서도 토마스는 아우구스티누스를 따랐다.

둔스 스코투스는 집례자의 실제적 의도가 성사의 효과에 필수적이라고 주장함으로써 이 점에서도 그 위대한 도미니쿠스회 학자와 다른 입장에 섰다. 그는 성 야고보의 성소를 찾아 길을 나선 순례자를 예로 들어가면서 자신의 견해를 설명한다. 순례자는 길을 가는 동안 내내 그 성인을 생각하지 않을 수도 있지만, 떠날 때는 성소로 가겠다는 실제적 의도를 품으며, 그것을 내내 간직한다. 마찬가지로 사제도 성사를 집례하는 동안에 딴 생각을 할 수도 있고 자기가 무엇을 하는지 잊을 수도 있지만, 의식을 거행하는 실제적 의도를 품고 있다.[18]

보나벤투라는 받는 자가 나중에 "거룩한 어머니 교회"에 들어온다는 전제하에 교회 밖에서 성사를 받았을 경우 그 성사가 "유용"할 수 있다고 말했다. 그러면서 그 근거로 제시한 것이 성사들을 낙원을 적시던 네 강에 빗댄 아우구스티누스의 비유였다. 낙원을 적신 강들은 각기 다른 땅으로 흘러들어갔다. 그러나 그 강들은 비록 유용했을지라도 메소포타미아에도 이집트에도 지복(至福)의 생명을 전달해 주지 않았다. 참 교회 밖에서 집례되는 성사들도 그와 같다.

성사들은 다 똑같이 필수적이지 않다. 영생에 반드시 필요한 것은 오직 세례뿐이다. 세례와 성찬이 가장 강력한 성사이지만, 그 중에서도 더 강력한 것 (potissimum)은 성찬인데, 그 이유는 세 가지이다. 1. 성찬에는 그리스도께서 실제적인 방법으로 친히 포함되어 계시다. 2. 다른 성사들은 이 성사를 예비하는 성격을 띤다. 3. 모든 신자 곧 성직자들뿐 아니라 세례받은 어른들이 이 성사에

---

17) Th. Aq., III. 64. 5, Migne, IV. 586.
18) Seeberg, p. 350.

참여한다. 세 가지 성사가 지울 수 없는 성격을 지닌다. 그것은 세례와 서품과 견신례이다. 이 성사들의 표지는 지울 수 없으며, 이 성사들은 반복해서 받을 수 없다. 음식이 생명과 직결되듯이 이 성사들은 구원에 직결된다. 나머지 네 성사들도 구원에 필요하지만, 마치 말이 여행에 필요한 정도로만 필요하다.[19]

스콜라 학자들은 몇몇 성사들의 주체에 대해서 의견이 온전히 일치하지 않았다. 페트루스 롬바르두스는 종부성사가 사도들에 의해 제정되었다고 분명히 말했다. 헤일스의 알렉산더와 알베르투스 마그누스, 토마스 아퀴나스는 성사들이 모두 그리스도에 의해 제정되었다고 말했다.

생 빅토르의 위그는 하나님께서 성사들 없이도 인간을 구원하실 수 있지만, 성사들을 배격하는 사람은 아무도 구원을 받을 수 없다고 말했다.[20] 중세적 사고에 성사들은 신앙 생활을 지탱해 주는 필수적인 양식이었으며, 중세의 신학자들은 성사 제도를 확립하는 것을 교회의 구조 자체를 강화하는 것으로 여겼다. 사제들이 천국을 여닫고, 현세와 내세에 대해서 복과 저주를 선포할 수 있는 권세도 성사 집행권에 놓여 있었다. 더러는 성경을 그릇되게 해석한 데에, 그리고 더러는 편향되게 해석한 데에 토대를 둔 채 논증으로 치밀하게 결합된 이 성사 이론은 영혼이 통회하는 마음과 기도로써 직접 그 앞에 나아갈 수 있는 구주를 제쳐놓고, 성사를 받으면 무조건 은혜를 받는다는 생각만 부각시켜 놓았다. 이로써 성례 제도가, 루터가 자신의 유명한 논문에서 말한 대로, 기독교 신자의 권리와 자유가 인간 전승들에 의해 예속당하는 교회의 바빌론 유수(幽囚)에 처하게 되었다.

114. 세례와 견신례

세례는 다른 성사들과 천국에 들어가는 문이다.[21] 이것은 세례를 받고 싶어하

---

19) Th. Aq., III. 65. 4,Migne, IV. 601.

20) De sacr., II. 9, 5, Migne, 176. 325.

21) Bonavent., *Brevil.* VII., Pelier's ed., p. 318; Th. Aq., *Summa*, III. 62. 6, Migne, IV. 569; *Supplem.* XXXV. 1, Migne, IV. 1047.

지만 그럴 기회를 갖지 못하는 사람들을 제외하고는 구원에 필수적이다. 물과 성령으로 거듭나기를 바라는 마음의 소원이 있다면, 그것은 이미 거듭났다는 확실한 증거이다. 세례의 필수성에 대해서, 토마스 아퀴나스를 비롯한 스콜라 학자들은 요한복음 3:5을 근거로 제시한다. "사람이 물과 성령으로 나지 아니하면 하나님의 나라에 들어갈 수 없느니라." 모든 성사들 중에서 가장 필수적인 세례는 중생의 효과를 끼친다. 아니 세례 자체가 중생이다.[22] 세례는 원죄와 자범죄로 인한 죄책과 형벌을 제거한다.[23] 물의 씻음은 죄책의 씻음을 상징하며, 토마스 아퀴나스의 이상한 표현을 사용하자면, 물의 동결은 모든 형벌을 공제한다. 세례에는 은혜를 부여하는 적극적인 효과도 있는데, 이 효과를 물의 정결함이 상징한다.

세례가 유효하려면 삼위일체의 삼중 이름을 충분히 사용해야 한다. 생 빅토르의 위그는 비록 그리스도의 이름만 혹은 하나님의 이름만 사용해도 충분하지 않은지 확신하지는 못하지만, 그의 세례관은 후기 스콜라 학자들과 다르다. 베르나르는 "나는 성부의 이름과 참되고 거룩한 십자가의 이름으로 그대에게 세례 주노라"라는 문구를 사용하는 것을 허용한 바 있다. 이 학자들은 제4차 라테란 공의회 이전에 글을 썼다. 일찍이 보나벤투라와 토마스는 삼위일체를 이해하는 경우에는 그리스도의 이름 안으로 세례를 주는 것으로 종종 만족했다고 인정했다. 그러나 제4차 라테란 공의회의 결정이 내려진 이후에는 삼위일체의 문구에서 한 자만 빼도 세례가 무효가 되었다.[24] 공의회는 세례를 더 엄숙하게 하기 위해서 귀신을 쫓고 기름을 붓고 소금을 뿌리는 등의 의식을 거행하도록 규정했다. 귀신을 쫓는 의식은 세례받을 사람이 구원을 받지 못하도록 귀신이 방해하는 것을 막는 데 뜻이 있었다. 귀에 뿌리는 소금은 새 교리를 받음을, 코에 뿌리는 소금은 그 교리에 동의함을, 입에 뿌리는 소금은 그 교리를 고백함을 뜻했다. 기름은 그것을 받는 사람이 귀신들과 싸울 자격을 얻음을 뜻했다.

세례의 주 집례자는 사제이지만, 필요한 경우에는 남자든 여자든 평신도가 세례를 베풀 수 있었으며, 부모가 자기 자녀들에게 베풀 수도 있었다.[25] 이는 천국

---

22) Th. Aq., III. 66. 9; 67. 3; 68. 9; 72. 1, Migne, IV. 617, 626, 646, 678.

23) Th. Aq., 69. 1, Migne, p. 652.

24) *Brevil.* VI., Peltier's ed., p. 318; Th. Aq., III. 66. 6, Migne, p. 611.

에 남자와 여자의 구분이 없기 때문이다. 그러나 여자는 공식석상에서 말하는 것이 허락되지 않듯이 세례를 베풀 때도 사적으로 해야 한다. 토마스 아퀴나스는 거기서 더 나아가 세례받지 않은 사람도 필요할 경우에는 세례를 합법적으로 거행할 수 있다고 주장했다. 이는 그리스도께서 기쁘신 뜻대로 대리자를 자유롭게 사용하시기 때문이며, 내적으로 세례를 베푸는 분이 그리스도이기 때문이라고 했다(참조. 요 1:33). 이러한 세례를 허용하는 주된 이유는 구원의 울타리를 될 수 있는 대로 확장하기 위함이다.[26]

어린이들이 세례의 주 대상이 되는 이유는 그들이 아담의 저주 아래 놓여 있기 때문이다. 아이가 자라서 자립할 수 있을 때까지 어머니가 자식을 양육하듯이, 그리스도 안의 유아들도 어머니 교회의 품에서 양육을 받으며, 교회의 사역을 통해서 구원을 받는다.[27] 태에 있는 아기에게는 세례를 줄 수 없다. 육체에 물을 사용하는 것이 세례의 본질이다.[28] 유대인들과 이교도들의 자녀들에게 부모의 동의 없이 세례를 주는 것은 불법이라는 것이 토마스 아퀴나스와 대다수 스콜라 학자들의 견해였다. 둔스 스코투스는 예외여서 유대인들의 자녀와 심지어는 어른 유대인들에게도 강제로 세례를 주는 것을 인정했다.[29]

세례의 정의가 세례받지 않은 채 죽은 모든 어린이들을 천국에서 배제한다. 신비주의적이고 매력적이었던 신학자 생 빅토르의 위그는 기독교인 부모의 자녀들이 이교도들의 포위 공격을 받던 도시에서 세례받지 않은 채 죽을 경우 구

25) 부모들이 세례를 베풀 경우 자국어를 사용하는 것이 허용되었다. 1227년의 트리어 교회회의와 1233년의 마인츠 교회회의가 그렇게 의결했다. 사제들에게는 평신도들에게 자국어로 세례 집례 방법을 지도하여 위급한 상황이 발생하면 직접 집례할 수 있도록 했다. 산모가 죽고 아이도 죽을 경우 그 아이는 축성되지 않은 땅에 묻도록 했다. 1310년의 트리어 교회회의.

26) Th. Aq., III. 67. 4 sq., Migne, IV. 628 sq.

27) Th. Aq., III. 68. 9, Migne, 646; Bonavent., *Brevil.* VII. Peltier's ed., VII. 320.

28) P. Lomb., IV. 6. 2, Migne, II. 853. 토마스 아퀴나스와 둔스 스코투스는 만약 아기의 머리가 태 밖으로 나올 경우 머리는 불멸의 기관[영혼]의 좌소이므로 세례를 줄 수 있다는 데 동의했다.

29) Th. Aq., Migne, IV. 648. 둔스가 제시하는 한 가지 이유는 그런 유대인들의 자녀들을 향후에 제대로 교육한다면 제3대와 4대에서는 선량한 그리스도인들로 만들 수 있기 때문이라는 것이었다. Seeberg, p. 364.

원을 받을 수 있는가 하는 질문을 논했다. 그는 "그 아이들이 어떻게 될 것인지 말해 줄 아무 권위가 없다"고만 말하고 그 질문에 대답을 하지 않는다.[30] 둔스 스코투스는 아직 태어나지 않은 아기들이 죄의 법 아래 있다고 분명히 밝히고는, 그들이 어머니의 육체에 연결되어 있기 때문이 아니라, 그들 자신의 육체 때문이라고 그 이유를 설명한다. 그는 관대하게도 어머니가 순교 곧 피의 세례를 받을 경우 태에 있는 아기를 멸망의 법칙에서 제외시킨다.[31]

종교개혁자 츠빙글리는 세례받지 않고 죽은 아이들이 멸망한다는 중세 신학의 견해에 동조했다. 훗날 1740년경에 아이작 워츠(Isaac Watts)를 비롯한 개신교 신학자들은 유아기에 죽은 비기독교인 부모의 자녀들이 멸망에 떨어져서 의식적 고통을 당한다는 고통스러운 생각을 덜어줄 목적으로 그들의 존재가 지워진다는 견해를 주장했다. 속죄의 넘치는 충만함과 "하나님의 나라가 이런 자의 것이니라"는 우리 주님의 말씀에 비추어 그런 처지에 떨어진 모든 어린이들에게 구원을 선포하게 된 것은 개신교 역사가 훨씬 진척된 후대의 일이다.

물이 세례에 필수적이다. 스콜라 학자들은 포도주와 기름 같은 액체를 세례에 사용할 수 없다는 데 일치했다. 둔스 스코투스는 맥주로 세례를 주는 행위에 관하여, 그 유효성은 맥주가 계속해서 물로 남아 있을 것인가에 관한 과학적 테스트에 달려 있다고 말했다.[32] 페트루스 롬바르두스는 부연 설명 없이 침례를 올바른 세례 방법으로 주장했다. 토마스 아퀴나스는 침례가 당대의 좀 더 일반적인 관행이라고 말하면서 그것을 좀 더 안전한 방법으로 인정하는데, 보나벤투라와 둔스 스코투스도 견해가 같았다. 어떤 방식이든 세례를 줄 때는 머리에 물이 묻도록 해야 한다. 머리가 영혼을 대표하는 인간의 가장 중요한 부분이기 때문이다. 그리스 교회의 관행인 삼중 침례와 단회 침례 모두가 유효하다. 삼중 침례는

---

30) *Summa*, V. 6, Migne, 176. 132.

31) In *Sent.*, IV. 4, 3. 3, Paris ed., XVI. 406, 410.

32) Seeberg, p. 359, *Summa*, III. 66. 7, Migne, IV. 613 sq.; P. Lomb., IV. 3, 8, Migne, II. 845; Bonav., *Brevil.* VII., Peltier's ed., p. 319, Duns Scotus. In IV. *Sent.*, vol. XVI. 272. 그레고리우스 9세는 드론트하임의 대주교에게 '물이 없을 경우 맥주로 세례를 줘도 유효한가" 하는 질문을 받고는 유효하지 않다고 대답했다. Potthast, 11,048. 1278년의 오릴락 교회회의는 달고 염분이 있는 혹은 눈 녹은 물이 세례에 사용하기에 적합한 물이라고 규정했다.

삼위일체의 세 위격과 주님이 무덤에 계셨던 사흘을 상징하고, 단회 침례는 신성의 단일성과 그리스도의 죽음의 유일성을 상징한다. 멀게는 1391년의 타라고나 교회회의와 같은 교회회의들은 아기들에게 세례를 줄 때 물에 담갔다고 말했다.

세례가 유아기에 해당한다면, 견신례(堅信禮, confirmation)는 성년기에 해당한다(참조. 고전 13:11). 이 의식은 이전에 베풀었던 세례를 완성하며, 힘과 담대함의 은혜를 부여한다. 세례를 받았던 사람이 견신례로써 온전한 그리스도인이 된다.[33] 스콜라 학자들은 견신례를 제정한 주체가 그리스도인지 사도들인지 아니면 교회 공의회들인지를 놓고 의견이 엇갈렸다. 토마스 아퀴나스는 이 성사가 그리스도께서 성령을 보내시겠다고 하신 약속(참조. 요 16:7)에 내포되어 있으므로 그리스도께서 제정하신 것이라고 주장했다.

견신례는 사도들의 계승자인 주교가 집례한다. 그는 의식을 거행할 때 이런 문구를 사용한다. "나는 그대에게 십자가 성호로 인을 치며, 아버지와 아들과 성령의 이름으로 구원의 기름으로 그대를 굳게 세우노라." 이 의식에는 성령을 상징하는 성유(聖油)를 사용하며, 육체의 가장 현저한 부분인 이마에 십자가 성호를 긋는다.[34] 젊은 그리스도인들이 사람들 앞에서 믿는다고 인정할 용기가 없을 때 수치가 나타나는 부분이 이마이다.

115. 성찬

스콜라 학자들이 성사들의 면류관이요 제단의 성사라고 부른 성찬(eucharist, 성체성사)은 성사라고도 했고 제사라고도 했다. 스콜라 신학은 교리 진술 과정에서 성찬에 대한 가장 높은 사색에 도달했다. 알베르투스 마그누스는 논문 한

---

33) Th. Aq., III. 72. 11, Migne, IV. 693.

34) Th. Aq., III. 73. 9, 에스겔서 3:8 인용: "내가 그들의 얼굴을 마주보도록 네 얼굴을 굳게 하였고 그들의 이마를 마주보도록 네 이마를 굳게 하였으되." 그는 견신례 후보자가 다른 사람의 지원을 받는 관습을 권하면서, "그가 비록 육체로는 어른일지라도 영적으로는 아직 어른이 아니기 때문"이라고 설명한다.

편을 따로 써서 이 주제를 다루었고, 토마스 아퀴나스는 「신학대전」에서 거의 4 백 단을 이 주제에 할애한다. 실제로도 이 성사는 교회의 주된 종교적 기능이 되었다. 이 성사를 기념하는 코르푸스 크리스티 축일(성체 축일)이 대단히 성대하게 거행되었다. 성물들이 변형된다는 이론과 평신도에게 성찬의 잔을 주어서는 안 된다는 이론이 종교개혁자들에게 가장 큰 공격의 표적이 되었다.

성찬을 가장 풍성하고도 명쾌하게 설명한 사람은 토마스 아퀴나스였다. 그는 모든 가능한 측면에서 이 성사를 논했다. 성경이 침묵하고 아우구스티누스가 확실한 의견을 내놓지 않은 부분에서 스콜라 학자들의 사변적 역량은 조금도 당황하지 않았다. 교회는 화체설 교리와 성찬을 제사로 해석한 교리를 받아들였으며, 스콜라 학자들은 자신들이 사용할 수 있었던 모든 형이상학적 무기를 동원하여 이 교리들을 확립해 놓았다. 우리는 성경의 침묵이나 명백한 의미에 의해서 그들의 논의를 헛된 지적 재능 발휘로 간주하지 않을 수 없는 부분에서라도 그들의 마음을 움직였던 엄숙한 종교적 목적에 대해서만큼은 인정해 줄 수 있다. 자기 영혼을 제단의 제물로 올려놓는 토마스 아퀴나스의 경건한 찬송을 읽고서 이 점을 감히 부인할 사람이 어디 있겠는가?

> Pange lingua gloriosi corporis mysterium.
> (내 혀여 저 신비의 말함을 노래할지어다.)[35]

성찬에 관한 중세 교리사의 정점은 1215년의 제4차 라테란 공의회가 화체설을 교의로 확정한 사건이었다. 그 이후로 화체설이 아닌 다른 것을 믿는 행위는 이단이었다. 라테란 공의회가 내린 정의는 이와 같다. "그리스도의 살과 피는 신적인 능력으로 떡이 살로, 포도주가 피로 변함으로써 떡과 포도주의 형태로 제단의 제물에 참되게 담겨 있다." 라테란 공의회가 교회에 새로운 교리를 슬그머니 부과한 것이 아니다. 그것은 당시 널리 받아들여지던 신조를 공포한 것일 뿐이다.

화체설(transubstantion)이라는 단어를 생 빅토르의 위그와 그 이전의 스콜라 학자들은 사용하지 않았다. 그들은 변화(transition)과 전환(conversion)이라는 표

---

35) 참조. Schaff's *Christ in Song*, pp. 465 sqq.

현을 사용했는데, 후자가 널리 애용되던 단어였다. 화체설이라는 단어는 투르의 일데베르(Hildebert, 1134 죽음)가 처음 사용했던 것으로 추정된다. 둔스 스코투스는 그 교리를 성경으로부터 확실하게 증명할 수 없으며, 반드시 교회의 결정을 토대로 받아들여야 한다고 주장했다.[36] 화체설을 뒷받침하기 위해 주로 사용되는 성구들은 요한복음 6장과 "이것은 내 몸이라"는 성찬 제정의 말씀으로서, 이 말씀에 사용된 동사를 문자적인 의미로 받아들인 것이다. 12-13세기의 스콜라 학자들을 통틀어 화체설 교리에 반대한 사람은 도이츠의 루페르트(Rupert)뿐이다. 그는 공재설(共在說, impanation)을 가르친 듯하다.[37]

성찬에 사용된 세 가지 이름들에는 특별한 의미가 붙어 있었다.[38] 성찬은 그리스도께서 십자가에서 자신을 드리신 일을 반복하기 때문에 제사(sacrifice)이다. 교회의 통일성을 표시하기 때문에 사귐(communion)이다. 천성을 향해 가는 순례자들에게 하늘의 만나가 되기 때문에 여행 공물(viaticum)이다. 토마스 아퀴나스는 성찬이 우리를 그리스도의 신성으로 이끌어 올리기 때문에 다마스쿠스의 요한이 사용한 승천(assumption)이라는 표현도 사용하고, 성찬이 우리 구속을 위한 제물이신 그리스도 자신을 담기 때문에 성체(hostia)라고도 부른다.[39]

성찬에 사용한 성물은 누룩을 넣거나 넣지 않은 밀가루 빵이다. 포도주에는 물을 넣어야 한다. 그리스도께서 팔레스타인의 관습에 따라 포도주에 물을 섞으셨을 것으로 추정되기 때문이다. 물은 회중을, 포도주는 그리스도를 상징하며, 물과 포도주가 섞인 것은 회중이 그리스도와 연합된 것을 상징한다. 물과 포도주의 혼합은 수난의 장면을 연상시키기도 한다. 토마스 아퀴나스는 광야에서 솟아 나왔던 물(참조. 고전 10:4)을 이 관습의 표상으로 이해하기도 하다. 알베르투스 마그누스도 그랬듯이, 그도 잠언 9:5("너는 와서 내 식물을 먹으며 내 혼합한 포도주를 마시고") 말씀에 크게 의존한다.[40] 그러나 포도주와 물을 혼합하는 것

---

36) Migne, 171. 776.

37) Schwane, p. 641.

38) Th. Aq., III. 73. 4, Migne, IV. 701; Bonaventura, *Brev.* VI. 9, Peltier's ed., 322.

39) Hostia salutaris. 불가타에서 성체(host)라는 단어가 그리스도의 제사를 가리키는 데 사용될 경우에는 에베소서 5:2이 인용된다.

40) *De euchar.* vol. XIII. 668.

이 필수적인 것은 아니다. 1279년의 쾰른 교회회의와 1281년의 램버스 교회회의 등은 물을 두세 방울만 떨어뜨리는 것으로도 충분하다고 규정했다.

사제가 축성(祝聖, 축사)하는 순간에 떡과 포도주는 그리스도의 살과 피로 변화한다. 떡과 포도주의 본질이 사라진다. 맛과 빛깔과 부피와 무게 같은 우유성(偶有性, accident)들(species sensibiles)은 그대로 남는다. 페트루스 롬바르두스는 두 성물의 본질이 무엇이 되는가 하고 묻는다. 가능한 대답은 세 가지이다. 첫째, 본질이 네 가지 원래의 성물들로 혹은 그리스도의 살과 피로 변화한다. 둘째, 본질이 사라진다. 셋째, 본질이 부분으로든 전체로든 남는다. 둔스 스코투스는 본질이 사라진다는 둘째 설명을 채택했다. 롬바르두스·보나벤투라·토마스 아퀴나스는 본질이 그리스도의 살과 피로 변화한다는 견해를 채택했다. 토마스 아퀴나스는 본질이 사라진다는 이론에 반대하여, 불을 발생시키는 공기가 두 성물에 없기 때문에 두 성물이 사라지는 일은 생기지 않는다는 예화를 사용했다. 제단에서 발생하는 변화는 완전히 초자연적이다. 그리스도의 몸은 질량으로(per modum quantitatis)가 아닌 본질로 성찬에 거하며, 부피가 아닌 성사의 효력으로 (ex vi sacramenti), 즉 이 성사에 독특한 방식으로 거한다. 그리스도의 몸은 제단 위에 있으며, 오직 믿음으로만 이해된다.[41]

본질(substance)과 우유성들(accidents)의 구별된 존재를 토대로 스콜라 학자들은 자신들의 이론을 완성해 나갔다. 떡의 본질이란 자양을 공급하는 힘이 아니면 무엇이며, 그것을 우리에게 떡으로 만들어 주는 특성들이 없는 떡을 어떻게 생각할 수 있는가? 정신이 실제적인 사람은 그것을 이해할 수 없다. 스콜라 학자들은 그것을 이해할 수 있다고 자인했으나, 그들이 제시한 진술들은 신비주의적 요소가 가미된 표현들과 근거 없는 추론들의 직조물에 불과하다. 위클리프는 그들의 추론이 허위에 가득 차 있음을 들춰냈다.

토마스 아퀴나스는 떡과 포도주의 본질이 사라지긴 하지만 이 성물들이 본질의 효력(virtue)을 그대로 간직한다고 주장하는 데까지 나갔다.[42] 루터는 스콜라 학자들이 화체설 곧 본질 전환(transubstantiation)뿐 아니라 우유성 전환 (tranaccidentation)까지 주장했으면 좋을 뻔했다고 말했다. 토마스 아퀴나스는

---

41) Th. Aq., III. 75. 1, Migne, IV. 716.
42) Th. Aq., III. 77. 6, Migne, IV. 755.

그러한 반론을 예견하고서, 섭리적 조치에 의해 그런 일이 발생하지 않은 이유를 세 가지로 제시했다. 1. 사람의 살과 피를 먹고 마시는 것은 사람들의 관습이 아니며, 떡과 포도주의 형태로 된 그리스도의 살과 피를 먹는다면 당장 거부감이 생길 것이다. 2. 만약 그리스도를 그분의 형태대로 먹는다면 이교도들에게 웃음거리가 될 것이다. 3. 주님을 떡과 포도주의 형태로 가림으로써 믿음을 발휘하게 한다. 그리스도의 살은 성례적 방법이 아니고는 입에 들어가 부서지거나 나눠지지 않는다.[43] 이 위대한 스콜라 학자는 화체설보다 차라리 창조를 이해하는 편이 더 쉽다고 말하면서, 창조는 아무것도 없는 데서 이루어졌지만, 성찬에서는 떡과 포도주의 우유성들은 남아 있는데 본질은 사라지기 때문이라고 했다.

스콜라 학자들이 제시한 두 번째 진술은, 성찬에 그리스도의 전체 곧 신성과 인성(살 · 뼈 · 신경 등 모든 조직들)이 담겨 있지만, 그럼에도 불구하고 그리스도의 몸은 장소로든 부피로든 거기에 있지 않다는 것이다.[44]

이것이 헤일스의 알렉산더와 토마스 아퀴나스 등의 스콜라 학자들이 매우 난해하게 설명해 놓은 이른바 병존설(竝存說, concomitance)이다. 이 교리에 따르면, 그리스도의 신성과 그분의 몸은 결코 구분되지 않는다고 한다. 하늘이든 제단이든 몸이 있는 곳에는 신성도 있다는 것이다. 이 점을 결정하는 것이 중요했던 이유는 성찬 제정의 말씀에 그리스도의 몸만 언급되기 때문이다.

스콜라 학자들이 성찬을 다루면서 보여준 세 번째 중요한 부분은 성찬의 두 성물 각각에 그리스도 전체가 담겨 있다는 주장으로서, 이 주장은 평신도에게 잔을 주지 않는 충분한 근거를 제공했다. 안셀무스가 각 성물에 그리스도 전체가 계시다는 이 견해를 주장한 바 있으나, 그는 평신도에게 잔을 금하는 문제에 관해 언급하지 않았다.[45]

---

43) Th. Aq., III. 77. 1, Migne, IV. 756; Bonaventura, Brevil., 322.

44) Th. Aq., 76. 1, Migne, IV. 732. 토마스는 구성 요소들로 이루어진 '몸'이라는 단어를 강조하며, 요한복음 6:56에 사용된 '살'이라는 단어에 대해서 그는 몸의 상징어로 설명한다. 토마스(Migne, IV. 726)와 그 밖의 스콜라 학자들은 실체(substance)와 형상(form)을 구분한 아리스토텔레스의 관점에 따라서 떡과 포도주의 형상도 그리스도의 살과 피로 변한다고 주장했다. forma란 단어와 species란 단어를 구분한다. 떡과 포도주의 species는 남고, forma는 사라진다고 한다. 둔스 스코투스는 실체가 다양한 형상들을 지닐 수 있음을 입증하는 데 많은 지면을 할애한다.

이 정의에 대해서 두 가지 진지한 질문이 제기되었다. 하나는 우리 주님이 잡히시던 밤에 축사하신 성물들이 그분 자신의 살과 피였는가 하는 것이었고, 다른 하나는 우리 주님이 무덤에 들어가 계신 동안 제자들이 성찬을 거행할 때 먹은 것이 무엇이었는가 하는 것이었다. 둘째 질문에 대해서 제시된 답변은, 만약 제자들이 이 기간에 성찬을 거행했다면 그들이 실제 몸을 먹었다는 것이었다. 이 점에 관해서 둔스 스코투스가 제시한 이론은, 한 가지 사물이 여러 형태를 띨 수 있다는 것과, 하나님께서는 우리 눈에 매우 불합리하게 보이는 일도 하실 수 있다는 것이었다. 생 빅토르의 위그는 첫째 질문에 대해서, 그런 신적인 신비들 앞에서는 토론보다 경배가 더 합당하다는 현명한 이유를 내세워 논의를 자제했다.[46] 다른 스콜라 학자들은 그리스도께서 자신의 살과 피를 취하시고 그것을 제자들에게도 주셨다고 과감하게 주장했다. "그분은 그것들을 자신의 손으로 집어 입에 넣으셨다." 토마스에 따르면 이 몸이 "불멸하며, 고통을 느끼지 않았다"고 한다.[47] 토마스는 다음의 시를 찬동의 뜻을 실어 인용했다.

식탁에서 열두 제자와 함께 앉으신 왕께서
자신의 손으로 당신 자신을 취하신다.
양식이신 그분이 친히 자신을 먹이신다.

이 기괴한 개념은 또 다른 질문을 일으킨다. 유다가 주님의 참된 살과 피에 참여했는가? 이 질문에 스콜라 학자들은 그렇지 않았다고 대답했다. 그 배반자는 자연적이고 축성되지 않은 떡만 먹었다고 했다. 성 아우구스티누스의 견해에 기댄 그들은, 누가복음 22장과 요한복음 13장을 자의로 해석하여 유다가 떡을 받기 전에 제자들에게 미리 떡과 포도주를 나눠주셨으며, 유다가 받은 떡은 가짜였다고 주장했다. 유다가 속아넘어갔다는 것이다.[48]

---

45) *Ep.* 4:107, Migne, vol. 159, p. 255. 안셀무스는 그리스도의 몸과 영혼을 구분하면서, 영혼이 피와 포도주로써 대표되고, 몸은 떡과 살로 대표된다고 주장했다.

46) *Summa*, II. VIII., Migne, 176. 462.

47) *Summa*, 81. 3, Migne, IV. 810-813. 안셀무스도 같은 단어들을 사용했다. Migne, 159. 255.

48) 다음의 스콜라 학자들도 그렇게 주장했다. Hugo, II. 8. 4; the Lombard, XI. 8;

호기심 차원에서 제시되었으나 영향은 훨씬 더 컸던 또 다른 질문이 알베르투스 마그누스 · 보나벤투라 · 토마스 아퀴나스 등의 스콜라 학자들의 관심을 사로잡았다. 쥐가 축성된 성체(聖體)를 먹으면 축성된 그 실체에 참여하게 되는가? 토마스는 다음과 같이 대답했다. 혹시 축성된 성체가 진흙탕에 떨어지더라도 그리스도의 살과 피는 사라지지 않는다. 이는 하나님께서 그리스도의 몸을 심지어 십자가에 못 박히는 데까지 내주셨기 때문이다. 쥐들은 떡을 성찬으로 사용하도록 지음을 받지 않았으므로 떡을 먹더라도 성례적인 방법으로(sacramentaliter) 먹을 수 없고 다만 요소들의 우유성들만(per accidens) 먹을 뿐이다. 이는 사람이 축성된 성체를 먹었으면서도 그것이 축성되었는지 알지 못하는 것과 같다.[49] 보나벤투라는 인노켄티우스 3세의 주장을 인용하여, 그런 상황에서는 그리스도의 몸이 물러난다는 좀 더 합리적인 견해를 취했다. 페트루스 롬바르두스는 동물이 떡을 먹더라도 그리스도의 몸을 취하게 되지는 않는다고 말한 바 있다. 그러나 동물이 무엇을 취하여 먹는가 하는 것은 오직 하나님만 아신다고 했다.

둔스 스코투스도 이와 유사하게, 나귀가 세례에 쓰기 위해 축성한 물을 마시면 어떻게 될까 하는 질문을 제기한 다음, 그것이 그럴싸해 보이나 나귀처럼 어리석은 질문(subtilitas asinina)이라고 하면서, 그러한 물에 있는 씻는 효력을 나귀가 마실 수 없기 때문이라고 대답했다.[50] 도이츠의 루페르트는 화체설을 인정하지 않았다고 전해진다. 파리의 장(Jean)은 그리스도의 살과 떡의 결합을 그리스도의 위격에 신성과 인성이 공재하는 것에 비유했다가 파리 대학교 교수직을 박탈당했다. 그는 자신의 소송이 로마에서 진행되고 있던 1306년에 숨을 거두었다. 오컴은 그리스도의 살과 떡이 하나의 본질로 연합한다는 공재설을 모호하게 전개했으나, 언제든 교회의 교의에 승복할 용의가 있음을 비추었다.

성찬의 제사적 양상도 교리로 매우 충분하게 발전했다. 생 빅토르의 위그는 십자가상에서 치러진 제사의 반복에 관해서 아무런 말도 남기지 않았다. 그는

Thomas Aquinas, 81. 2, Migne, pp. 811 sq. 그 미혹이 fictio라 불리며, '유다의 성찬'이라고도 불린다. 1175년의 런던 교회회의. 하지만 그 주장은 복음 기사들에 밝히 나타난 의미에 명백히 위배된다.

49) 이러한 신학적 · 형이상학적 난제에 대해서는 Th. Aq., 80. 3, Migne, 789를 참조하라.

50) Seeberg, p. 360.

미사가 우리의 기도와 서원과 예물(oblationes)을 하나님께 전달하는 것이라고 말했다.[51] 페트루스 롬바르두스는 제단에서 드리는 제사가 비록 참 제사이긴 하지만 십자가에서 드려진 제사와 성격이 다르다고 말했다. 이후의 스콜라 학자들은 헤일스의 알렉산더를 따라서 제사적 요소를 강조했다. 성찬이 피는 흘리지 않으나 사제가 드리는 실제 제물이라고 보았다.

제단은 십자가를 상징하고, 사제는 그리스도를 상징하여 그분의 인격과 능력으로 축성의 말을 선언하며,[52] 축성은 십자가의 고난을 상징한다. 사제의 주된 기능은 그리스도의 살과 피를 축성하는 것이다.[53]

제사는 날마다 드릴 수 있다. 이는 우리가 날마다 그리스도의 죽으심의 열매를 필요로 하는 것과, 따라서 일용할 양식을 구하는 것과 같은 이치이다. 그리고 그리스도께서 오전 9시부터 오후 3시까지 십자가에 달려 계셨기 때문에, 제사도 이 시간대에 드리는 것이 합당하다. 어쨌든 밤보다 낮이 제사 시간에 더 합당하다. 이는 그리스도께서 "때가 아직 낮이매 나를 보내신 이의 일을 우리가 하리라. 밤이 오리니 그때는 아무도 일할 수 없느니라" 하고 말씀하셨기 때문이다(요 9:4).

성찬이 성사와 제사로서 지니는 이중의 효과에 대해서도 스콜라 학자들은 많은 관심을 기울인다. 다른 성사들과 마찬가지로 성찬도 그 자체로서 은혜를 수여하는 효력을 지닌다.[54] 성사로서는 우리가 그리스도 안에서 자라서 완전해지도록 양육하며, 제사로서는 경미한 죄와 대죄를 제거한다. 성사로서는 참여하는 자들에게 유익을 끼치고, 제사로서는 살아 있는 자와 죽은 자를 망라하여 참여하지 않는 자들에게도 유익을 끼친다.[55] 토마스 아퀴나스는 이 견해를 뒷받침하기 위해서 누가복음 22장과 마태복음 26장에 기록된 우리 주님의 말씀을 나란히 인용한다. "너희를 위하여 붓는 것이라", "이것은 죄 사함을 얻게 하려고 많은 사람을 위하여 흘리는 바 나의 피 곧 언약의 피니라." 마태복음 26장을 제단의

---

51) 사제가 중보자 역할을 수행한다. *Summa*, Migne, 176. 472.
52) Th. Aq., III. 83. 1, Migne, IV. 830.
53) Th. Aq., *Supplem*, 37. 5, Migne, IV. 1062.
54) Th. Aq., III. 79. 1, Migne, IV. 774.
55) Th. Aq., 79. 7, *Supplem*. III. 71. 10, Migne, IV. 782, 1246 sq.

제사가 끼치는 유익에 참여하지 않는 사람들도 포함하는 뜻으로 해석한다.

116. 성찬과 미신

성찬 집례가 라틴 교회 예배식의 중심 부분이다. 토마스 아퀴나스는 성찬에 우리 구원의 모든 신비가 담겨 있기 때문에 다른 성사들보다 더 엄숙하게 거행해야 한다고 말했다. 그는 성찬 집례와 관련하여 다양한 행위들의 의미를 설명한다. 이를테면 십자가 성호를 긋는 행위, 그리스도께서 부활하신 뒤에 나타나신 횟수만큼 얼굴을 회중에게 돌리는 행위, 향을 사용하는 행위, 사제가 팔을 내미는 행위, 떡을 떼는 행위, 포도주를 마신 뒤에 입을 헹구는 행위 등이다. 이런 행위들에 대한 규정이 얼마나 중요하게 다루어졌는가 하는 것은 이 위대한 스콜라 학자가 주도면밀한 관심을 기울이는 데서 넉넉히 확인할 수 있다. 그는 만약 파리나 거미가 축성된 포도주에서 발견되면 그것을 집어내어 조심스럽게 물로 씻은 다음 불에 태워 버리고, 물은 재를 타서 성수반에 버려야 한다고 말한다. 만약 축성된 포도주에서 독이 발견되면 잔에 든 내용물을 다른 용기에 붓고 그것을 성유물들 틈에 넣어 보관하라고 말한다.[56]

사제가 성물들을 축성할 자격은 서품 때 그에게 수여된 제사권에 근거한다. 그는 성물들을 축성할 때 자기의 이름으로 하지 않고 그리스도의 사역자의 자격으로 하며, 품행이 악하다고(malus)고 해서 사역자의 기능이 중단되지 않는다.[57] 오직 사제만 하나님과 사람 사이의 중보자이며, 따라서 성찬을 거행할 자격이 평신도에게는 없다. 그 천사적 박사는 다른 성사들에서는 성물들을 사용함으로써 유익이 발생하지만, 성찬에서는 회중이 성물들을 사용하는 데서 유익이 발생하지 않고 사제가 성물들을 축성함으로써 발생한다고 주장한다.[58]

우리 주님이 제정하신 단순한 기념 식사에서 신자와 구주의 직접적 사귐의 요소를 벗겨내고, 그것을 사실상 마술적 부적으로 바꿔놓는 일에 교회의 분석과

---

56) Th. Aq., III. 83. 5, Migne, IV. 850.

57) Th. Aq., 82. 5, 7, Migne, IV. 821, 824.

58) Th. Aq., III. 80. 12, Migne, IV. 809.

정의가 이보다 더 깊숙이 개입할 수 없었다. 스콜라 학자들이 성찬을 다룰 때 경건을 가장 먼저 고려했다는 점을 무시한다면 그것은 정직한 태도가 아닐 것이다. 특히 그들이 성찬을 제사로 다룰 때에는 참여자들의 경건을 크게 강조한다.[59] 그러나 개신교 신자가 이 점을 인정해놓고서도 여전히 드는 생각은, 그들이 신적 은혜를 받는 데 필요한 기관인 신앙의 자리가 이 거룩한 의식을 통해서 확대되는 것을 제대로 이해하지 못했다는 것이다. 중세 신학자들이 교회에 제시한 정의와, 그들이 사제직으로써 행사한 중보자의 권한이 신앙의 진정한 가치를 제대로 평가하지 못하도록 가로막았다.[60]

미사가 제사로서의 효력을 지닌다는 이론은 미신을 조장했다. 사제의 제사권을 지나치게 높인 나머지, 그가 천성을 바라보고 여행하는 순례자들을 위한 영적 양식인 노자(路資, viaticum)를 금할 수도 있고 줄 수도 있는 권한을 가진 것처럼 만들어 놓았다. 그 결과 신자들이 그리스도보다 오히려 사제를 바라보게 되었다. 사제란 십자가의 두려운 제사를 말로써 반복할 수 있는 그런 사람이 아니던가! 미사를 무수히 반복하는 것은 불만의 표적이 되었다. 알베르투스 마그누스는 진실한 경건과는 거리가 먼 경거망동한 태도로 날마다 미사에 참석하는 여자들을 책망해야 한다고 말했다.[61] 공의회들은 성탄절과 부활절, 그리고 장례식이 있는 날을 제외하고는 동일한 사제가 하루에 한 번 이상 미사를 거행하는 행위를 거듭해서 금했다. 미사에 참석하려면 돈을 내야 했는데, 이를 이용하여 신자들을 위협하여 돈을 버는 방법을 아는 사제들이 있었다.[62]

성체를 높이 치켜들고[거양(擧揚)] 숭배하는 행위는 이르면 일찍이 12세기부터 라틴 교회에서 시행되었다. 1217년에 교황 호노리우스 3세는 성찬 제정의 말씀을 낭독할 때 종을 울려서 예배자들이 무릎을 꿇고 성체에 공경을 표하도록 의무화했다. 1281년의 램버스 교회회의는 축성할 때 교회의 종들을 울리게 하여

---

59) Th. Aq., III. 80. 10, *Supplem.* III, 32. 4, Migne, IV. 805, 1038.

60) Harnack의 다음과 같은 말에 공감을 강하게 느끼지 않을 수 없다. "교회는 성찬 교리로써 자신이 귀중하게 여기는 모든 것 — 신학, 그리스도와의 신비스러운 관계, 신자들의 사귐, 사제직, 제사 등 — 을 설명했으나, 다만 확신을 구하여 받는 믿음에 대해서만큼은 설명하지 않았다. *Dogmengesch.*, II. 489 sq.

61) *De euchar.* VI. 3.

62) 1287년의 뷔르츠부르크 공의회, 1212년의 파리 공의회 등.

일터에서 일하는 남자들과 집안에 있는 여자들이 고개를 숙이고 경배하도록 규정했다. 교회회의들은 성체함(pyx)을 금과 은과 상아 혹은 적어도 광택을 낸 구리로 만들도록 규정했다. 성체 앞에는 항상 등불을 켜두었다. 성체 부스러기나 포도주 방울이 탁자보나 사제의 옷에 떨어질 경우 그 부분을 베어내 불태우고 재를 성수반에 버리도록 했다. 그리고 만약 아마포로 만든 제단보(corporale)가 피에 젖으면 물에 세 번 빨고 그 물은 사제가 마시도록 했다. 혹시 포도주가 돌이나 나뭇조각이나 땅바닥에 한두 방울 떨어지면 사제나 신앙이 깊은 사람이 그것을 핥아먹도록 했다.

성찬을 기리는 축일인 성체 축일(Corpus Christi)은 삼위일체 주일 이후 첫 번째 목요일에 거행하는데, 이 축일의 기원은 프랑스 리에주의 수녀 줄리아나(Juliana)가 교회력을 상징하는 만월(滿月)의 표면에서 점 하나를 발견한 일에서 비롯되었다. 이 점은 교회가 그리스도께서 성찬에 실제로 임재하시는 것을 제대로 존중하는 데 게을렀음을 암시했다. 줄리아나는 자기가 본 환상을 리에주 주교와 대부제 제임스 판탈레온(James Pantaleon)에게 알렸다. 리에주 교구가 먼저 이 일을 기념하게 되었고, 제임스가 훗날 우르바누스 4세라는 이름으로 교황이 된 뒤인 1264년에 그 축일을 로마 교회 전체가 지키도록 명령했다. 교황 요한 23세는 성체 축일에 엄숙한 대열을 갖추어 성체를 들고 거리들을 다니는 행렬을 시작시켰다.[63] 성체 축일에 사용하는 전례(典禮)는 토마스 아퀴나스가 우르바누스 4세의 부탁을 받고서 작성했다. 이 시기에 성찬의 성물들을 배분하는 방식에 두 가지 중요한 변화가 일어났다. 하나는 어린이들에게 성찬의 떡을 주지 않는 것이었고, 다른 하나는 평신도에게 잔을 주지 않는 것이었다.

초기 교회는 어린이들도 성찬에 참석시켰다. 아우구스티누스도 이 사실을 전하며, 그리스 교회에서는 오늘날도 여전히 이 관습을 유지해 오고 있는데, 라틴 교회에서도 교황 파스칼리스 2세가 재위할 때까지도 보편적으로 이 관습을 시행한 듯하다. 1118년에 쓴 글에서 파스칼리스는 아기들과 병자들은 떡을 잘 소화하지 못하므로 그들에게는 포도주만 주어도 충분하다고 말했다. 굳이 떡을 주려면 포도주에 적셔 주도록 했다.[64] 그런데 어떻게 해서 이 관습에 변화가 생겼는

---

63) 이것이 루터의 항의를 불러일으킨 의식들 가운데 하나였다.

64) *Ep.*, 535, Migne, 163. 442.

지는 분명치 않다. 1175년에 파리 대주교 오도(Odo)는 어린이들의 성찬 참석을 금했다. 1227년의 트리어 교회회의는 어린이들에게 떡을 금했고, 1255년의 보르도 교회회의는 떡뿐 아니라 포도주도 금했다. 대표적인 스콜라 학자들은 이 주제를 다루지 않는다. 토마스 아퀴나스의 「신학대전」 가운데 부록(Supplement)은 종부성사와 성찬을 어린이들에게 행하지 말라고 하면서, 그 이유에 대해서 두 성사가 모두 받는 자의 실제적인 경건을 요구하기 때문이라고 했다.[65]

오늘날 로마 가톨릭 교회의 관습으로 굳어진 평신도에게 잔을 주지 않도록 한 규정은 13세기에 보편화했다. 처음에는 그리스도의 거룩한 피를 흘려 속되게 할까봐 우려하여 그렇게 한 것이었다. 동시에 평신도에게 떡만 허용한 조치를 그리스도 전부가 각 요소에 다 담겨 있음을 민중에게 가르치는 유익한 방법으로 간주해서 그런 것이었다. 12세기에 평신도들에게도 떡과 포도주를 주었음을 증거한 그 밖의 저자들 가운데는 도이츠의 루페르트와 교황 파스칼리스 2세가 있었다. 파스칼리스는 이 관습을 영구히 존속시켜야 한다고 주장했다. 그러나 이미 당시에 관습의 차이가 있었음이 분명하다. 잉글랜드인 로버트 풀렌(1150경 죽음)은 그러한 상황을 언급하면서, 성체를 포도주에 찍어서 주는 행위를 요한복음 13:26과 관련된 유다의 성찬으로 비판했다.[66]

13세기 중반에는 헤일스의 알렉산더 같은 위대한 학자가 성찬의 각 요소에 다 그리스도 전부가 담겨 있다는 교리를 근거로 평신도에게 잔을 주는 행위를 단죄할 정도로 그런 관행을 중시하는 정서가 무르익어 있었다. 알렉산더는 민중에게 이 교리를 가르치는 수단으로 잔을 주지 말 것을 촉구했다. 그러나 그와 동시대 학자인 알베르투스 마그누스는 그 관행을 정당화하는 암시를 조금도 남기지 않는다.[67] 토마스 아퀴나스는 알렉산더와 같은 노선에 섰는데, 그의 주된 논지는 잔에 담긴 거룩한 내용물을 쏟음으로써 거룩한 것을 훼손하는 위험을 없애자는 것

65) *Suppl*, XXXII. 4, Migne, IV. 1038. 트렌트 공의회는 어린이들도 성찬을 받아야 한다고 주장하는 자들에게 아나테마를 선언했다.

66) intinctio라고 부름. 생 빅토르의 위그와 페트루스 롬바르두스가 그런 관행을 맨 처음으로 단죄한 학자들로 꼽힌다. 1175년의 런던 교회회의도 같은 입장을 표명했다.

67) 알베르투스는 *De eucharistia*와 *Sentences*에 대한 주석에서 그 문제를 언급하지 않는다. 15세기의 바젤 공의회에서 Peter Rokyzana는 그의 권위에 근거하여 평신도들에게도 잔을 주어야 한다고 주장했다.

이었다. 그는 사제가 잔만 받음으로써 단일 요소에 참여하는 것(communio sub una specie)으로도 충분한 유익을 받을 수 있다고 말했다.[68] 그리스도께서도 오천 명에게 떡만 주시고 음료는 주시지 않았다고 그는 말했다.

이 관행이 점차 확산되었다. 시토회의 1261년 총회는 수사들과 수녀들과 평수사들이 잔을 받는 것을 금했다. 그 주제를 의제로 다룬 몇몇 공의회들은 견해가 엇갈렸다.[69]

콘스탄츠 공의회는 평신도에게 포도주를 분배하는 행위를 파문으로 처벌한다고 경고했다. 평신도에게 포도주를 배분하는 데는 많은 "위험과 추문"이 따른다고 말했다. 공의회에 참석하여 그 법안에 찬성표를 던진 제르송(Gerson)은 포도주를 쏟을지도 모를 위험과, 거룩한 그릇이 평신도들의 손과 입술, 긴 턱수염에 닿아 오염될 위험, 그리고 포도주를 병자에게 전달하는 과정에서 쉬어버리게 될 가능성, 파리가 빠져 부패할 가능성, 추위에 얼어버릴 가능성, 포도주를 항상 구입하는 데 따르는 어려움, 부활절에 참석하는 수천 수만의 회중들이 사용할 잔을 확보할 수 없는 어려움을 강조했다. 트렌트 공의회는 교회가 평신도에게 잔을 주지 않기로 한 결정을 재인준했다. 그레고리우스 2세는 성찬 때 하나의 잔[성배<聖杯>]을 사용하도록 명한 바 있다.[70]

성찬의 포도주를 분배하는 방법으로 갈대나 밀짚을 사용하는 등의 몇 가지 이상한 관습이 유행하게 되었는데, 그것은 그 거룩한 성물을 숭배하는 태도에서 비롯되었다. 이 도구에는 fistula, tuba, canna, siphon, pipa, calamus 같은 여러 가지 명칭이 붙었다. 전례의 지침들은 교황에게 세족례 목요일과 성 금요일에는 fistula로 포도주를 마시도록 규정했다. 오늘날도 교황은 공적 미사 때 이 관습을 따른다. 이 관습은 18세기까지 루터교 가운데 함부르크와 그 일대, 그리고 브란덴부르크에서도 유지되었다.

---

68) Th. Aq., III. 80. 12, Migne, IV. 808 sq.

69) 1281년의 램버스 교회회의는 평신도들에게 잔을 금한 듯하다. 1287년의 엑서터 교회회의는 평신도들에게 잔을 베풀도록 적극 명령했다.

70) 참조. Migne, 89. 525. 성배의 다양한 형태에 관한 흥미로운 기록에 대해서는 브리태니커 백과사전의 해당 항목을 참조하라. 초기의 성배는 손잡이 두 개와 작은 받침대가 있었고, 13-14세기의 성배는 손잡이가 없고 넓은 받침대가 있었다. 후대의 성배들은 용량이 커졌다.

또 한 가지 관습은 떡과 포도주 가운데 둘 다 혹은 어느 한 가지를 받은 후에 축성되지 않은 포도주를 담은 잔으로 입을 헹궈내는 것으로서, 독일어로 슈퓔켈크(Spülkelch)라고 했다. 12세기에 수아송에서 열린 교회회의는 떡과 포도주를 받은 뒤에 반드시 입을 헹궈내도록 규정했다. 1281년에 캔터베리 대주교 페컴(Peckham)은 사제들에게 내린 지침에서, 평신도들에게 그들이 받아먹는 떡에 그리스도 전부가 담겨 있다는 점과, 그들에게 잔에 담아 주는 것은 거룩한 몸을 좀 더 쉽게 삼킬 수 있도록 하기 위한 보통 포도주라는 점을 가르치라고 지시했다. 성찬 직후에 일상의 식사를 하는 관습은 5세기에 시작된 것으로 추정되는데, 그것이 이 시기에서도 발견된다.[71]

중세의 성찬 이야기를 이것으로 마치고, 거룩한 성체와 피에 바쳐진 과도한 숭배를 전하는 진기한 이야기들을 몇 개라도 소개하지 않고 지나가면 중세의 성찬을 충분히 다루었다고 할 수 없을 것이다. 대표적인 이야기는 성체에서 피가 스며나오는 것을 봄으로써 의심을 버리게 된 수사에 관한 것으로서, 헤일스의 알렉산더와 보나벤투라 같은 사람들이 전한다.[72] 성배에서 진짜 피를 본 사례들이 적지 않았다. 교회당에 화재가 발생하여 다 타고 재만 남았는데 성체가 손상되지 않고 고스란히 보존된 경우들도 있었다.[73] 하이스터바흐의 카이사르(Caesar)는 미사를 거행할 때 눈처럼 흰 비둘기가 성배 곁에 내려와 앉은 사례들과, 성체를 들고 축성하는 사제의 손에 그리스도께서 보이는 형태로 나타나신 사례들을 많이 언급한다. 예를 들어 어느 수사는 힘멜로드의 대수도원장 헤르만(Herman)이 집례하는 미사에 참석했다가 성체가 축성된 뒤에 그리스도께서 아기의 형체로 대수도원장의 손에 계신 것을 보았다. 아기는 십자가상으로 높이 올라간 다음 다시 성체의 크기로 작아진 뒤에 대수도원장의 입으로 들어갔다.[74] 같은 저자는 네덜란드의 아돌프(Adolf)라는 수사가 성체를 축성한 뒤에 자기 손에 성모가 아기 그리스도를 품에 안은 채 앉아 있는 것을 보았다고 기록한다. 성체를 반대쪽으로 돌려보니 어린양이 있었다. 그리고는 빵의 형태만 보이게 되었

---

71) 그 목적은 거룩한 성물을 뱉거나 토하여 조금이라도 잃는 것을 막기 위함이었다. 크리소스토무스가 이런 방식을 권장한 바 있다.

72) *Sent.*, IV. 11, 2, 2, Peltier's ed., V. 496.

73) Caesar of Heisterb., *Dial.*, IV. 16.

74) *Dial.*, IX. 29, Stange's ed., II. 186.

고, 경건한 수사는 그것을 입에 넣었다. 저자는 아돌프가 첩을 두고 있었기 때문에 이 환상을 보고서 그저 기쁘기만 하지 않았다는 말을 덧붙이고 지나간다.[75] 플랑드르 지방 토렝베 읍에 살던 어느 여인은 사제로부터 성체를 주지 못하겠다는 통보를 받고 집으로 돌아왔다가, 그날 밤에 그리스도께서 나타나셔서 친히 성체를 건네주셨다고 한다.[76]

앙로드에서 교회 헌당식이 있던 날 여러 지역에서 초대받은 사제들이 흥에 겨워 제단을 돌며 춤을 추다가 그만 성체함을 떨어뜨리고 말았는데, 성체함이 바닥에 떨어지면서 그 안에 담겨 있던 성체 다섯 개가 사방으로 흩어졌다. 즉시 음악이 중단되고 성체를 주우려고 했으나 하나도 눈에 띄지 않았다. 사람들을 다 내보낸 뒤 건물 구석구석 뒤진 끝에 결국 찾게 되었는데, 천사가 한쪽 벽 선반에 성체들을 보관하고 있었던 것이다.[77]

하이스터바흐의 연대기 저자가 소개한 가장 인상적인 사례는 아마도 벨기에의 성 트롱 성당에서 성체가 피를 흘렸다고 하는 사건일 것이다. 저자는 자신이 직접 그것을 보았다고 하면서, 후대의 많은 사람들의 유익을 위해서 기록으로 남겨둘 가치가 있는 기적으로 소개한다. 1223년에 프랑스 리에주 교구의 하르베에 살던 어느 여인이 애인의 마음을 확고히 얻을 생각으로 성체를 입에 넣은 채 입을 맞추었다. 입을 맞춘 뒤에 성체를 삼키려 했는데 넘어가지 않자 그것을 손수건에 정성스럽게 싸서 보관해 두었다. 시간이 흐를수록 커져만가는 죄책감과 불안감을 이기지 못한 여인은 마침내 사제에게 그 사실을 털어놓았고, 사제는 마침 그 읍에 와 있던 리브란드의 주교에게 그 사실을 보고했다. 사제와 주교가 여인을 따라 성체를 감춰둔 곳에 가보니, 놀랍게도 성체를 싸두었던 손수건에 방금 흘린 듯한 피가 세 방울 맺혀 있었다. 두 사람은 트롱의 대수도원장을 불러 함께 손수건을 풀어보았더니 성체의 반은 살이었고 반은 빵이었다. 주교는 그것이 대단한 성유물이겠다 싶어 피 두 방울을 가지고 가려고 했으나, 주민 예순 명이 무기를 들고 나와 그를 가로막았다. 결국 그 피는 용기에 담겨 생 트롱 교회

75) IX. 3.
76) IX. 35, Strange's ed., pp. 266 sq.
77) 참조. Kaufman, trans. of Caesar, II. 208-210.
78) De la Marche's ed., pp. 266 sq.

의 성유물함에 보관되었다.[78] 카이사르는 이 이야기를 완전한 사실로 믿었고, 자신이 전한 그 밖의 여러 사례들에 대해서 조금도 의심을 나타내지 않았다.

부르봉의 에티엔(Etienne)이 전한 또 다른 사례는, 부자가 되고 싶었던 어느 농부가 친구의 조언에 따라 성체를 자기 집의 꿀벌통에 둔 이야기이다. 나중에 꿀벌통을 들여다보니 벌들이 아주 정성스럽게 축소형 교회당을 지어놓았고, 그 안의 제단에 성체를 놓아두고 있었다. 주변의 벌들이 모두 그곳으로 모여들어 아름다운 노래를 불렀다. 농부는 벌들이 이렇게 많이 모였으므로 꿀벌통들에 꿀이 가득 찼으리라 잔뜩 기대하고서 가보았더니, 실망스럽게도 성체를 넣은 통을 제외하고는 죄다 텅텅 비어 있었다. 게다가 벌들이 농부에게 달려들어 마구 공격했다. 농부는 사제를 찾아가 그 이야기를 전했고, 사제는 주교에게 자문을 구한 뒤에 행렬을 벌여 꿀벌통으로 가서 제단이 설치된 축소형 교회를 발견하고는 그것을 들고 마을 교회로 돌아갔는데, 가는 길에 벌들이 따라오면서 노래를 불렀다.

크게 부풀려졌을 소지가 많은 이런 이야기들은 성체가 사람들에게 얼마나 크게 숭배되었는지, 그리고 수도원들과 민중들 사이에서 성체를 둘러싸고 얼마나 조야한 미신들이 발생했는지 여실히 보여준다. 중세의 신학과 관습은 신약성경에 기록된 단순하고 교훈적인 성찬을 도외시한 채 비이성적이고 기괴한 교회적 관습을 조장한 것이다.

117. 고해성사와 면죄부

스콜라 학자들은 고해성사(penance)를 세례와 밀접한 관계에 두었으며, 훗날 트렌트 공의회도 같은 입장을 취하여 이 성사를 "노력을 요하는 일종의 세례"라고 표현했다.[79] 세례는 원죄를 씻어주고, 고해성사는 세례 후에 범한 대죄들을 씻어준다고 보았다. 스콜라 학자들은 테르툴리아누스의 비유를 사용하여, 배가 파선할 때 처음 던져주는 널빤지가 세례라면, 고해성사는 두 번째로 던져주는 널빤지에 해당한다고 말했다.[80] 일상의 종교 생활에서 고해성사는 사람들의 주

---

79) 둔스 스코투스는 "근실히 수행하는 행위인 보속"에 관해서 말한 바 있다.

된 관심사가 되었으며, 사제들이 권위를 확보하고 강화하는 주요 수단이 되었다. 스콜라 학자들이 고해성사를 다룬 방식은 성찬을 다룬 방식에 비해 훨씬 더 상세하고 치밀했다.[81] 이 성사가 다른 성사와 다른 점은 성사에 담긴 은혜를 받으려 하는 사람들에게 요구하는 적극적인 태도의 강도이다. 죄를 통회하고, 사제를 찾아가 자백하고, 사제가 명령하는 선행을 행하는 것이 이 은혜를 받을 수 있는 조건이다. 모든 것이 하나님에게 달려 있으면서도 역시 모든 것이 참회자가 사제와 그의 명령에 복종하는 태도에 달려 있다. 천국 열쇠의 교리는 이 성사와 관련하여 충분한 권리를 도출해 냈다. 사제가 사용하는 열쇠의 권위를 통해서 죄 사함을 받고 교회에 다시 연합되며 그리스도와 화목하게 되는 것이 고해성사의 요체이다.

공로를 토대로 한 고해성사 이론이 발전하는 데 가장 큰 요인이 된 것은 성경에 대한 곡해였다. 첫째 곡해는 요한복음 20:23("너희가 누구의 죄든지 사하면 사하여질 것이요 누구의 죄든지 그대로 두면 그대로 있으리라")에 대한 그릇된 해석이었다. 이 단락을 그리스도께서 사도들과 교회에게 죄를 사할 수 있는 사법적 권위를 수여하셨다는 뜻으로 해석했다. 개신교의 이론은 이 권위가 선언적이라는 것이다. 둘째 요인은 불가타 라틴어 성경이 신약성경의 회개하다(repent, poenitentiam agite)라는 단어를 고해하다(do penance)로 번역하여서 마치 회개가 마음의 변화가 아닌 공로를 쌓는 외적인 행위인 것처럼 옮겨놓은 것이다. (회개하다에 해당하는 헬라어 메타노에오 <μετανοέω>의 분명한 의미는 마음을 바꾸다이다.)[82]

회개에 대한 신약성경의 개념과 교회의 교리가 뒤섞였다는 것은 페트루스 롬

---

80) Tertullian, *de Poen*, XII. 제롬도 그렇게 말했다.

81) 롬바르두스는 성찬에 할애한 지면의 2.5배 분량을 고해성사에 할애한다. Migne' ed., pp. 868-899(비교. 성찬, pp. 856-868). 생 빅토르의 위그, Migne's ed., 550-578(비교. 성찬, 426-471); 토마스 아퀴나스, Migne's ed., 852-1023(비교. 성찬, 695-852). 보나벤투라는 성찬의 네 배나 되는 지면을 고해성사에 할애한다. Peltier's ed., vol. V. 533-709, vol. VI. 1-129(비교. 성찬, vol. V. 415-533).

82) the Rheims Version은 그 단어를 '고해하다'(do penance)로 번역함으로써(비록 획일적으로 그렇게 하지는 않지만) 영어권 독자들에게 혼동을 일으켜, 무심코 신약성경의 그 단어를 교회가 고안해낸 성례 제도로 해석해서 읽게 만든다.

바르두스와 토마스 아퀴나스가 고해성사라고 부르는 것에 관해서 제시한 이중적 의미에서 분명해진다. 그들은 세례가 그냥 성사라면, 고해성사는 성사인 동시에 마음의 덕스러운 상태이기도 하다고 말했다. 신약성경이 의도하는 것은 물론 마음의 덕스러운 상태이다. 그 신학자들은 고해성사의 모든 절차를 덧붙여 놓았다.[83]

12세기 말에 이르러 고해성사 교리에 완전한 변화가 일어났다. 테르툴리아누스를 비롯한 교부들이 설명해 놓은 초기 교회의 이론은 세례 후에 범한 죄를 용서받는 데는 고해로 충분하며, 고해는 기도와 구제 같은 행위로 이루어진다는 것이었다. 이 설명에 중세의 고해성사 제도가 덧붙인 내용은, 사제에 대한 자백과 사제의 면죄가 사죄의 필수 조건이라는 것이었다. 페트루스 롬바르두스는 사제의 중재를 필수 요건으로 삼지 않고, 하나님을 향해 자백하는 것으로 충분하다고 주장했다. 그는 당대에 고해성사의 세 가지 양상에 대해 합의가 이루어지지 않았다고 말한다. 첫째는 죄를 통회하는 것이 사죄에 필요한 전부가 아니라는 것이고, 둘째는 사제에게 죄를 자백하는 일이 필수적이라는 것이며, 셋째는 평신도에게 죄를 자백해서는 충분하지 않다는 것이다. 그는 교부들로부터 전해진 견해들이 서로 모순되지는 않을지라도 다양하다고 주장한다.[84]

헤일스의 알렉산더는 교리사에 새로운 시대를 열었다. 그는 이 세 가지 질문에 명쾌하게 대답한 최초의 스콜라 학자였으며, 가톨릭 교회는 어느 신학자보다도 그에게 고해성사 교리 수립에 도움을 받았다. 토마스 아퀴나스는 알렉산더가 가르친 내용을 확립했다.

---

83) Lombard XIV. 1, p. 869; Th. Aq., Migne, IV. 850 sqq. 우리는 '회개'와 '고해성사'라는 두 단어를 사용하지만, 스콜라 학자들은 poenitentia라는 한 가지 단어만 사용하며, 그로써 마치 마음의 회개(메타노이아)가 원래 단어의 전체 의미를 포함하지 않는 것 같이 생각하도록 호도한다.

84) *Sent.*, XVII. 1, Migne, p. 880. 완성된 고해성사 이론은 아우구스티누스의 이름을 도용하여 12세기에 작성한 듯한 *de vera et falsa poenitentia*라는 논문에 적지 않게 힘입었다. 그라티아누스는 자신의 「교령집」(*Decretals*)에 그 논문을 거의 다 전재했고, 페트루스 롬바르두스도 그러했다. Lea(I. 210)에 따르면 그 논문은 17세기에까지도 아우구스티누스의 저작으로 인용되었다고 한다. Lea는 그것이 5세기와 12세기의 두 저자들의 글을 합성해 놓은 것으로 간주한다.

토마스 아퀴나스는 고해성사가 중생과 관련되는 세례와 달리 건강을 회복하는 것이라고 주장했으며, 그와 보나벤투라는 이 성사가 대죄들을 용서받는 데 효력이 있다는 데 동의했다. 토마스는 이 제도의 기원을 "또 그의 이름으로 죄 사함을 받게 하는 회개가 예루살렘에서 시작하여 모든 족속에게 전파될 것이 기록되었으니"(눅 24:47)라는 말씀을 남기신 그리스도에게로 거슬러 올라가 찾았다. 야고보가 그리스도인들에게 서로에게 죄를 자백하라고 당부했을 때 이 제도를 염두에 둔 것이었다고 그는 주장했다.[85] 고해성사는 반복될 수 있으며, 이는 우리가 하나님에 대한 사랑을 자주 잃을 수 있기 때문이라고 했다.

고해성사는 네 가지 요소, 즉 마음의 통회, 입을 통한 자백, 행위에 의한 보속(補贖), 사제에 의한 사죄로 이루어진다. 처음 세 요소가 회개의 내용이라 불리며, 그 세 가지가 죄 범한 자가 내놓는 행동이다. 사제의 사죄는 회개의 형식이라 불린다.[86]

1. 통회(contrition). 이것은 영혼이 죄를 범한 데 대해서 슬퍼하고 후회하며 그 죄를 다시는 짓지 않겠다고 결심하는 행위로 정의되었다. 롬바르두스와 그라티아누스는 통회가 사랑에 뿌리를 두고 있으므로 사제를 찾아가 자백하거나 사제에게 사죄를 받지 않아도 하나님께 사죄를 받기에 적합하다고 가르쳤다.

헤일스의 알렉산더를 비롯한 스콜라 학자들은 통회 교리 곁에 '불완전(하등)통회'(attrition)라는 진기한 교리를 덧붙였으며, 이것을 가장 강조한 학자가 둔스 스코투스였다. 불완전 통회는 통회에 내포된 부정적 요소로서, 절반의 회개이자 형벌에 대한 두려움이며, 독일인들의 표현에 따르면 '단두대 회개'(Galgenreue)이다.[87] 스콜라 학자들은 탕자가 밖에 나와 기다리다가 자기를 품에 안아주시는 아버지를 경험하는 순간에서 통회의 상태를 발견했다. 이 교리에 따르면, 단지 지옥과 형벌에 대한 두려움에 떠밀려 뉘우치되 마음으로 믿거나 자식으로서의 사랑을 품는 일이 없는 사람도 사죄와 구원을 받을 수 있게 되는 셈이다. 사죄를 받고자 하는 사람은 고해성사의 과정을 근실하게 이행하면 그만이고, 그러면 사

---

85) *Summa*, III. 84. 7; *Supplem.*, VIII. 1, Migne, IV. 864, 943.

86) Lombard, XVI. 1, Migne, p. 877; Alb. Magnus, Borgnet's ed., XXIX. 536. Th. Aq., 90. 1, 2, Migne, IV. 921 sq. Bonaventura, *Brevil.*, VI. 10, Peltier's ed., VII. 323.

87) Schwane, p. 664에 인용된 Alex. of Hales의 글.

제에게 사죄를 받게 되는 것이다.[88]

2. **자백**(confession). 고해성사의 둘째 요소로서 사제에게 행하는 이 행위를 토마스 아퀴나스는 사죄에 대한 소망을 품고 감춰놓았던 죄의 질병을 알리는 일로 정의한다.[89] 큰 권세를 지닌 교황일지라도 세례 없이 원죄로부터의 구원을 베풀수 없듯이, 자백 없이 사죄를 베풀 권한이 없다.[90] 대죄(mortal sin)들도 자백의 범위에 포함된다. 경미한 죄들은 고해성사가 필요치 않다. 교회가 신자들이 범할 경미한 죄들을 위해서 날마다 간구하며, 그것으로 충분하다. 경미한 죄는 영혼을 하나님 혹은 교회로부터 분리시키지 않는다.[91] 경미한 죄는 하나님이 싫어서 등지는 것이 아니라, 하나님을 사랑하긴 하되 마음이 더딘 것뿐이다. 그런 죄는 성수와 그 밖의 소소한 의식들로 제거된다.

1215년의 제4차 라테란 공의회는 적어도 일년에 한 번 사제를 찾아가 죄를 자백하는 것을 정통신앙의 잣대로 규정했다. 헤일스의 알렉산더를 비롯한 스콜라 학자들은 자백이 효과가 있으려면 사제에게 해야 한다는 것과, 사제가 베푸는 사죄가 죄 사함의 필수 요건이라는 입장을 옹호했다. 보나벤투라는 "우리 죄를 하나님께 자백하는 것으로 충분한가?" 하는 질문을 길게 논한 뒤에 충분하지 않다고 답변했다. 페트루스 롬바르두스보다 자세히 이 문제를 다룬 그는 교부들을 인용하여 그들 사이에 이 문제에 대한 일치된 견해가 없었음을 입증했다. 그러나 그런 다음에 주장하기를, 제4차 라테란 공의회 이후부터는 사제에게 자백하는 행위를 회개의 본질로 인정하지 않을 경우 이단으로 규정된다고 주장했다. 그 결정 이전에는 그것이 이단이 아니었다고 했다.[92]

---

88) 트렌트 공의회 법령 제14조 4항(Schaff's *Creeds*, II. 145 sq.)은 'attrition'이라는 단어를 채택하고 그것을 불완전(하등) 통회로 정의했다. attritio 교리는 얀센의 저서로 시작되어 Kolde, Kawerau, Diekhoff 등이 참여한 온건한 논쟁에서 논의의 중심을 이루었다. Harnack은 그 교리를 가톨릭 체계에서 무미건조한 헛소리라고 신랄하게 비판한다. *Dogmengesch.*, II. 482, 504 sqq.

89) 아퀴나스는 아우구스티누스의 정의를 인용한다. *Supplem.*, VII. 1, IX. 3, Migne, IV. 940, 954.

90) Migne, IV. 939.

91) Th. Aq., III. 87. 1, Migne, IV. 890; *Supplem.*, VI. 1, 3, VIII. 3, Migne, IV. 934, 936, 945. 토마스는 특유의 치밀함을 발휘하여 사람이 범하지도 않은 죄를 자백할 수 있는가 하는 문제를 파고든다. Migne, IV. 936.

자백은 그리스도의 대리자인 사제에게 해야 한다. 다급한 상황에서 사제를 만날 수 없을 때는 평신도도 자백을 들을 수 있다.[93] 평신도에게 자백하면 하나님과 화목할 수는 있어도 교회와는 화목할 수 없으며, 교회와 화목하여 다른 성사들도 받기 위해서는 기회가 생길 때 사제를 찾아가 다시 자백해야 한다.

사제들은 고해소에서 여성의 얼굴을 쳐다봐서는 안 되었으며, 자신이 들은 자백을 누설하면 면직과 수도원 종신 유폐 같은 중벌에 처해졌다.[94] 교황 클레멘스 4세와 마르티누스 4세는 탁발수사들이 어느 곳에서든 고해를 듣고 죄를 용서할 수 있는 권한을 부여했다. 당대의 어떤 사람은 요단 강 물 전체가 그들의 입으로 흘러 들어갔다고 말했다.[95]

3. **보속**(補贖, satisfaction, 만족). 고해성사의 세 번째 요소는 하나님의 사역자인 사제가 부여하는 것으로서, 기도 · 순례 · 금식 · 속전(贖錢) · 그 밖의 선행들로 구성되었다. 토마스 아퀴나스가 안셀무스를 인용하여 가르친 대로, 이러한 벌(罰)들은 영혼의 상처를 치유하는 약이며, 하나님을 거슬러 범한 잘못들에 대해서 하나님께 바치는 배상이다.[96] 사제는 보속의 내용을 언도하는 판사이다. 고해가 공적 차원에서 이루어진 유명한 사례들 가운데는 베켓이 죽은 뒤 잉글랜드 왕 헨리 2세가 행한 고해, 프랑스 왕 필립 1세, 툴루즈의 라이문드의 고해를 들 수 있다.

보속은 다른 사람에게 시행할 수 있다는 아주 중요한 점에서 통회와 자백과 다르다. 이 점을 입증하기 위해서 토마스 아퀴나스는 "너희가 짐을 서로 지라. 그리하여 그리스도의 법을 성취하라"(갈 6:2)는 사도의 말을 사용했다.

4. 고해성사의 네 번째 요소는 사제가 공식적으로 선포하는 **사죄**(absolution)였다. 슈바네(Schwane)가 고해성사의 주요부 혹은 열쇠의 권세(potestas clavium)

---

92) In *Sent.*, IV. 17. 2, Peltier's ed., V. 674. 알베르투스 마그누스도 하나님에게만 자백하는 것으로는 충분하지 않다고 주장했다. Borgnet's ed. XXIX. 603.

93) Th. Aq., *Supplem.*, VII. 1, 2, Migne, IV. 943 sq. Bonaventura, Sent., XVII. 3. 1, Peltier's ed., V. 695.

94) 제4차 라테란 공의회 법령 21조, 트리어 교회회의(1227), 캔터베리 교회회의(1236) 등.

95) 참조. Hefele, VI. 30.

96) *Supplem.*, XV. 3, Migne, IV. 978.

라 부른 이 기능은 주로 교황에게 속하며, 그 다음에 주교들과 사제들에게 분배된다. 이 기능을 사용하는 데에 따라서 불멸의 영혼들에게 천국 문이 열리기도 하고 닫히기도 한다.

118. 고해성사와 대사(大赦, 면죄부)

1200년이라는 해는 사죄가 선포하는 사죄의 의미를 놓고 서로 크게 달랐던 견해들 사이에 선이 뚜렷하게 그어진 해였다. 페트루스 롬바르두스는 사제의 사면(absolution)을 선언적 선포라고 주장함으로써 이전 시대에 성행하던 견해를 대변했다. 헤일스의 알렉산더는 사법적 판결이라고 주장함으로써 후대에 유행하게 될 견해를 대변했다. 롬바르두스는 오직 하나님만 죄를 사하실 수 있다고 했다. 문둥병자들을 낫게 하신 분은 주님이시며, 주님이 보내신 사제들[제사장들]이 그들을 낫게 하지 않았다. 사제들은 문둥병자들이 깨끗하게 된 상태를 확인해 주는 일을 했을 뿐이다. 사제들의 권한은 "매이게 된 자들과 풀리게 된 자들을 공시하거나 고지"하는 것으로 끝난다.[97] 신학명제의 대가가 제시한 이 견해를 후대 로마 교회의 신학은 도외시했다.

13세기 이전에는 기원 형식의 사면이 비록 절대적이지는 않으나 널리 사용되었으며, 사제가 범죄자를 앞에 두고 그를 위해 사죄의 은혜를 구했다. 이후에는 적극적인 법정적 형식으로 대체되었다. 이를테면 "나는 성부와 성자와 성령의 이름으로 그대를 사면하노라"라는 문구가 토마스 아퀴나스가 다른 모든 사면 방식을 배척하고서 옹호한 형식이다.[98] 생 빅토르의 위그도 이 형식을 옹호하면서, 기원 형식의 사면에 대해서는 논박할 만한 것이라기보다 부실한 것이라고 평가했다. 생 빅토르의 리처드도 위그의 노선에 서서, 죄에 대한 형벌을 면제할 수 있는 사제의 권한과 죄책을 사하실 수 있는 하나님의 대권의 차이를 강조했다.[99]

---

97) IV. 18, 6, Migne, p. 887.

98) *Summa*, III. 84, 3, Migne, IV. 857. "전능하신 하나님이 그대를 사죄하노라" 혹은 "하나님께서 그대에게 사죄를 베푸시느니라"고 말하는 것으로는 충분하지 않았다.

사제의 사면은 죄를 말소하는 효력을 발휘한다. 사제가 죄인에게 하는 행위는 그리스도께서 나사로를 향해서 "그를 풀어주어 다니게 하라"고 말씀하신 것과 유사한 점이 있다.

특정 범죄들에 대한 사면권은 주교들에게 넘겼는데, 이를테면 살인이나 성체 혹은 세례의 물을 사용한 신성모독, 위증, 독극물 투여, 그리고 유아를 세례 받지 않은 채 죽도록 방기하는 행위가 이에 해당했다.[100] 교황만 사면할 수 있는 죄들도 있었다. 사제나 수사의 인격 모독, 예배당 방화, 교황청 문서 위조가 그에 해당했다.

죽음을 앞둔 사람에게는 어떤 경우에든 고해성사를 거절할 수 없다. 그런 상황에서는 십자가에 달린 강도가 보속을 요구받지 않았듯이 보속을 요구할 수 없다.

사면이 효력을 발휘하는 범위에 대해서 신중한 논의와 진술이 이루어졌다. 사면이 형벌뿐 아니라 죄책도 포함하며, 연옥의 형벌에까지 확대되는가? 이 질문에 대한 답변도 헤일스의 알렉산더가 살던 시대와 달리 적극적이었다. 스콜라 학자들 가운데 사제가 죄책까지 사면하지는 못한다고 주장한 사람은 페트루스 롬바르두스가 마지막이었다. 후대의 스콜라 학자들은 한 목소리로 이 점에서 그를 반대하면서, 사제가 현세뿐 아니라 연옥에서도 죄의 책임과 형벌을 모두 사면한다고 가르쳤다. 토마스 아퀴나스는 이렇게 주장했다. "만약 사제가 이러한 현세적 형벌들을 면제해줄 수 없다면 ─ 연옥의 형벌은 현세적인 것이므로 ─ 아예 죄를 사면할 수 없는 것과 같으며, 이것은 베드로가 무엇이든 땅에서 풀면 하늘에서도 풀리리라는 복음의 말씀에 위배된다."[101]

가장 궁극적이고, 가장 유해한 것으로 입증된 사제의 사면 방식이 대사(大赦, indulgence, 면죄부)였다. 대사는 평상의 경우라면 반드시 이행해야 하는 보속 행위들을 일부 혹은 전부 면제해 줌으로써 죄의 책임과 형벌을 면제해 주는 조치이다. 대사는 무거운 벌을 가벼운 벌로 대체해 주었다.[102] 최근에 고틀롭

---

99) *De sacr.*, II. 14, 8, Migne, 176. 568.

100) 트리어 교회회의(1227), 캔터베리 교회회의(1236), 런던 교회회의(1237) 등이 그렇게 결의했다.

101) *Supplem.*, VIII. 2, Migne, IV. 988; Sent., IV. 20, 1, 1-5.

102) 대사(大赦)에 관한 로마 가톨릭 교회의 대표적인 저자 Beringer-Schneider는

(Gottlob)은 대사를 세 부류로 구분했다. (1) 십자군 원정에 참여함으로써 얻는 대사; (2) 교회의 특정 사업을 위해서 기금을 바침으로써 얻는 대사; (3) 특정 교회들을 순례함으로써 얻는 대사.[103]

이 책에서 우리가 다루는 시기가 끝나갈 무렵에는 대사가 대체로 돈을 바치는 형태로 굳어져 있었다. 중죄를 사면 받으려면 그만큼 많은 돈을 내야 했다. 이것이 교회들과 교황청에 큰 유혹거리가 되어서 돈이 필요할 경우 이 방법에 쉽게 의존하게 만들었다. 대사라는 사면 방식을 교의적으로 정당화하는 작업은 이 관행이 보편화하기 전에 확고하게 이루어져 있었다. 헤일스의 알렉산더가 스콜라 학자들 가운데 처음으로 이 주제를 심도 있게 규명하고 그 중요성을 크게 강조했다. 토마스 아퀴나스와 보나벤투라를 비롯한 그 밖의 스콜라 학자들은 그의 견해를 그대로 받아들이고 조금도 덧붙이지 않았다. 토마스 아퀴나스는 교회가 대사를 베풀 수 없다고 말하는 것은 경건치 못한 행위라고 주장했다.[104]

알려진 사례들 가운데, 대사를 최초로 시행한 예는 1016년에 프랑스 아를의 대주교가 교회 건축에 참여하는 사람들에게 1년간의 대사를 베푼 것이다. 몇 차례에 걸친 십자군 원정들은 교황들에게 대사를 대규모로 시행할 기회를 주었다. 1095년에 우르바누스 2세가 예루살렘을 순례하는 모든 사람들에게 완전한 사죄를 부여한 것이 여러 번에 걸친 교황의 대규모 대사들 가운데 첫 번째 것이었다. 우르바누스는 예루살렘 순례가 모든 고해 의무를 대체한다고 말했다. 처음에는 성지로 가서 이교도들과 전쟁하는 군인들에게 부여되었던 대사가 세월이 가면서 슬라브족과의 전쟁에 참여하는 사람들(1147년에 유게니우스 3세가 내린 대사), 슈테딩거파(the Stedinger), 알비파, 후스파 정벌에 참여하는, 그리고 독일 황제 프리드리히 2세와 만프레드(Manfred) 같은 교황청의 원수들에 대립하는 사람들에게까지 확대되었다. 1135년에 인노켄티우스 2세는 시칠리아의 로저와 대립 교황 아나클레투스 2세에 대항하여 교황을 위해 싸우는 사람들에게 완전한 사죄

대사를 "자비와 인자의 행위요, 교회의 명령에 의한 구원이요, 은혜의 사죄의 행위"라고 정의한다.

103) Kreuzablass, etc., pp. 10 sqq. Gottlob(p. xv)은 대사가 중세의 마지막 3세기의 정치·종교 생활에서 중심을 차지한다고 말한다.

104) *Supplem.*, xxv-xxvii, Migne, IV. 1013 sqq.

를 약속했다. 이런 경우들에는 각종 고해의 면제와 대사, 기존에 부과된 고해의 경감이나 면제, 부과된 보속의 완화, 죄의 경감이나 면제 같은 표현들이 사용되었다.

주교들이 자기 재량대로 이런 권한을 남발하는 것이 사회적으로 큰 문제가 되자, 1215년의 라테란 공의회는 그런 행위를 견제하기 위한 강경한 법령을 공포했다. 약 반 세기 전인 1140년에 아벨라르는 주교들과 사제들이 더러운 탐욕에 끌려 이 권한을 남발하는 행위를 비판한 바 있었다.[105]

강에 다리를 놓거나 예배당을 건축하거나 성소를 순례하는 것이 대사의 선물을 받을 수 있는 유리한 조건이었다. 1209년에 인노켄티우스 3세는 론 강의 교량 건축 사업, 인노켄티우스 4세는 1248년의 쾰른 주교좌성당 재건 사업과 1250년의 웁살라 주교좌성당 재건 사업(두 성당은 화재를 당한 바 있다)에 참여한 사람들에게 완전 면죄를 부여했다.[106] 매튜 패리스에 따르면, 교황 그레고리우스 9세가 1241년에 파리의 예배당에 전시된 가시면류관과 십자가를 찾아가 공경을 표시하는 모든 사람들에게 40일간의 대사를 부여했으며, 1247년에 노리치의 주교가 영국의 고위 성직자들을 대변하여 말하는 과정에서 웨스트민스터에 보관된 성혈(聖血)에 공경을 표시하는 자들에게 6년 140일간 모든 고해에 대해 사죄해 주었다고 한다.[107]

1300년에는 보니파키우스 8세가 희년(禧年)과 관련하여 대사를 선포했다. 개별적인 집단과 지역에 대사를 선포한 유명한 사례들에는 한 해의 특정일에 프란체스코의 유명한 성소가 있는 아시시를 방문하는 모든 사람들에게 부여한 포르티운쿨라 대사(the Portiuncula indulgence)와, 카르멜회에 가입하는 모든 사람들에게 죽은 뒤 다음 토요일에 연옥에서 구출될 것을 약속한 사바티나(Sabbatina) 대사가 있었다.

세월이 흐를수록 대사를 부여하는 일이 점차 많아졌다. 인노켄티우스 3세는 교황으로 재위하는 동안 대사를 다섯 번 부여했는데, 그 뒤로 백년이 채 못되어 니콜라우스 4세는 2년의 재위 기간(1288-1290) 동안 무려 4백 번이나 대사를 부

---

105) *Ethica*, XL.
106) *Potthast*, 3799, 12938, 14122.
107) Luard's ed., IV. 90, 643.

여했다. 그 무렵에는 대사가 교황청 재정에 기여하는 중요한 항목이 되어 있었다.

그렇다면 과연 교회가 무슨 근거로 죄에 대한 고해 행위를 면제할 권리를, 혹은 헤일스의 알렉산더의 말을 빌자면, 죄로 인한 형벌을 완화할 권리를 주장했던가?[108] 스콜라 학자들의 설명은 이와 같았다. 즉, 그리스도의 수난은 무한한 공로가 있다. 마리아와 성인들도 생시에 인내하며 수행한 행위들로 자기 한 몸이 천국에 들어가는 데 필요한 분량을 넘어서는 공로를 쌓았다. 성인들과 그리스도가 쌓아놓은 이 잉여 행위 혹은 잉여 공로(餘功)는 살아 있는 모든 사람들의 빚을 다 탕감해 주고도 남을 만큼 풍성하다.[109] 그 공로들이 합하여 테사우루스 메리토룸(thesaurus meritorum) 곧 공로 기금을 형성한다. 그리고 이 공로를 교회가 그리스도와 맺은 혼인의 결합(참조. 골 1:24)에 힘입어 사람들에게 베푼다. 이 공로 기금은 은행 계좌와 같아서, 교회가 마음대로 꺼내 쓸 수 있다. 그리스도께서는 간음하다가 붙잡혀 온 여인에게 일상적인 상황이었다면 마땅히 지불했어야 할 죄에 상응하는 보속을 요구하지 않으시고 벌을 면제해 주셨다. 마찬가지로 그리스도의 대리자인 교황도 공로 기금을 활용하여 죄를 면제해 줄 수 있다. 이렇게 해서 대사가 고해성사의 세 번째 요소인 보속 행위를 대체한다.

스콜라 학자들의 이러한 설명은 1343년에 교황 클레멘스 6세에 의해서 명백한 재가를 받았다. 이 교황은 하나님의 복되신 어머니와 성인들의 공로들로 이루어진 이 '보물더미'(cumulus thesauri)가 베드로의 계승자들의 수중에 있다고 공포했을 뿐 아니라, 이 보물 창고는 거기서 보물을 많이 꺼내 쓸수록 보물이 늘어간다고 파격적인 주장을 했다. 참 십자가의 나무와 마찬가지로 이 보물들도 스스로 무한히 번식해 가는 힘이 있다고 했다. 하지만 이러한 구원의 은혜를 거의 틀림없이 부여하는 교황의 문서들도 죄인이 죄를 통회하고 자백하는 조건하에 부여되었다고 말해야 타당할 것이다.

13세기 후반에 이르러서는 대사가 일상적인 고해 행위를 다른 행위로 대체해 준다는 이론이 성행했다. 14세기로 접어들기 전에 거기서 한 계단 더 올라간 견해가 대두했는데, 그것은 대사가 죄에 대한 책임과 형벌을 면제해 준다고 보는 견해였다. 이제는 대사가 더 이상 기존에 부과된 고해를 경감하거나 면제하는

---

108) *Summa*, IV. 83. 1.

109) Th. Aq. *Summa*, III. 83. 1.

차원에 머물지 않았다. 고해로써 제거해야 할 것들, 즉 죄책과 형벌을 곧장 면제하거나 경감해 주었다. 교회로서는 죄가 사해졌다고 공포만 하면 됐다. 위클리프는 「십자군」(Cruciata)이라는 책에서, 대사에 의해 죄책과 형벌로부터(a culpa et poena) 면제한다는 주장을 거침없이 비판했다. 오늘날은 교황의 그러한 황당한 주장을 더 이상 견지할 수 없게 된 까닭에, 몇몇 로마 가톨릭 저자들은 그 거슬리는 문구를 "죄책의 형벌로부터"(a poena culpae)라는 뜻으로 해석한다.

1294년에 교황 켈레스티누스 5세가 연중 특정일에 자신이 축성한 산 마리아 데 콜레마요 성당에 들어가는 모든 사람들에게 부여한 것이 바로 그러한 총괄적인 대사였다. 이 견해는 이미 30년 전에 샹탱프레의 토마스가 진술해 놓은 것이었다. 그리고 1280년경에 올리비의 페트루스는 푸르티운쿨라 교회에 부여된 대사가 "모든 죄와 모든 죄책과 형벌로부터의 대사"라고 주장했다. 이상의 문서들을 종합해 볼 때, 13세기 말경에는 '아 쿨파 엣 포에나'(a culpa et poena, 죄책과 형벌로부터)라는 문구가 매우 친숙히 쓰이고 있었음을 분명히 알 수 있다.

보니파키우스 8세는 "모든 죄에 대한 완전한 사죄"를 선포할 때 아마도 죄책을 포함한 듯하며, 이후의 교황들은 항상 그 문구를 사용했다. 15세기 초에 요한 23세는 이런 종류의 대사를 유난히 많이 발행했으며, 콘스탄츠 공의회는 교황의 권한 남발을 막으려고 시도했으나 성과를 거두지 못했다. 테첼(Tetzel)이 "죄책과 형벌의 면제와 대사"(remission and indulgence of *guilt* and penalty)를 주고 다닌 것은 두 세기 동안 이어져온 관행을 따른 것이었다.

고해성사를 연옥에 가 있을 영혼들에게 적용하는 문제에 대해서, 헤일스의 알렉산더는 만약 그 성사가 그들에게 효력을 끼치지 못한다면 교회가 죽은 자들을 위해 기도하는 것도 헛되다고 주장했다. 그 영혼들도 여전히 교회의 인지 범위 곧 관할권(de foro ecclesiae)에 들어 있다고 했다.[110] 이러한 견해의 결과로 세워진 것이 제단들과 소(小) 예배당들(chapels, 교회의 부속 예배당으로 영국에서는 chantries라고 함: 역자 주)이다. 개인들이 기부금을 내어 교회 내에 세운 이 부속 시설들은 그들이 죽은 뒤 사제가 그곳에 들러 자기들의 영혼을 위해 기도하고 미사를 드려주도록 하는 데 목적이 있었다. 이 주제를 본격적으로 다루는 일은 종교개혁 직전의 시기로 미뤄두는 것이 적절할 것이다. 다만 여기서는 1476년에

---

110) 하나님의 법정(de fore dei)와 대조되는.

교황 식스투스 4세가 돈을 내는 행위와 대사를 분명히 관련지었다는 점과, 교황청이 파견한 징수관들에게 일정 금액을 냄으로써 땅에 거하는 사람이 연옥에 가 있는 친족을 구속할 수 있다는 주장을 법으로 공포했다는 점만 언급하고 지나가는 것으로 충분하다. 이로써 돈만 내면 아무리 고질적인 죄인이라도 연옥에 있는 아버지나 어머니를 구출해 낼 수 있었고, 그 과정에서 본인의 통회나 자백이 필요하지 않게 되었다. 이러한 것이 스콜라 학자들이 가장 많은 시간과 노력을 쏟아부어 성립시킨 고해성사 교리의 궁극적 결론이었다. 트렌트 공의회는 교회가 대사를 부여할 권한이 있음을 재천명했다.[111] 그러나 "내게 오는 자는 내가 결코 내쫓지 아니하리라" 하고 말씀하신 그리스도 앞에 신자가 누구라도 직접 나아갈 수 있다는 성경의 분명한 말씀보다 더 타당하고 좋은 것이 어디 있으며, 사제에게 죄를 자백하고 그의 사면을 받아야 사죄를 받을 수 있다고 하는 로마 교회의 가르침보다 더 모순되고 싫은 것이 어디 있겠는가!

이러한 중세의 지극히 비성경적인 회개 이론에서 자라난 미신적이고 터무니없는 관행들이 하이스터바흐의 카이사르(Caesar)와 야콥 데 보라진(Jacob de Voragine) 같은 당대의 인기 작가들의 글에 실려 있는데, 이들은 그 병적인 이야기들을 거부감 없이 적어 내려간다. 여기서 간단하게 소개할 보라진의 두 가지 이야기는 방대한 분량의 그런 유의 이야기들을 대표할 만한 것이다. 첫째 이야기는 어느 주교가 연옥에서 얼음덩이에 갇혀 있던 불쌍한 영혼을 위해 미사를 서른 번 드림으로써 그를 풀려나게 했다는 것이다. 둘째 이야기는 어느 여인이 죽기 전에 사제에게 고해하는 것을 시시하게 생각하고 죽었다가, 그를 불쌍하게 여긴 아시시의 성 프란체스코의 기도로 관에서 일어났다는 것이다. 여인은 곧장 사제를 찾아가 죄를 자백하고 사제가 내린 보속을 이행한 뒤에 다시 죽었다고 한다.

119. 종부성사 · 서품 · 혼인

---

111) Schaff, *Creeds*, II. 205. Harnack(*Hist. of Doctr.*, II. 511 sqq.)은 중세의 고해성사 교리에 대해서 도덕적으로 분개한다. "불완전 통회, 고해성사, 대사, 그것이 가톨릭의 삼중 체계이다"라고 말한다.

성사 목록에서 다섯 번째 자리를 차지하는 **종부성사**(終傅聖事, extreme unction, unctio infirmorum)는 죽음 앞에 서는 사람들에게 집례하며, 야고보서 5:14에 근거를 둔 듯하다("너희 중에 병든 자가 있느냐 그는 교회의 장로들을 청할 것이요 그들은 주의 이름으로 기름을 바르며 그를 위하여 기도할지니라"). 초기의 견해, 즉 생 빅토르의 위그와 페트루스 롬바르두스, 보나벤투라가 주장한 견해는 이 성사를 사도들이 제정했다는 것이었다. 그러나 토마스 아퀴나스는 그리스도가 이 성사를 직접 제정하셨다고 주장했다. 복음서들에는 그리스도가 사도들에게 해주신 말씀 가운데 많은 내용이 기록되지 않았다고 그는 말했다.[112] 토마스의 견해를 둔스 스코투스와 트렌트 공의회가 추종했다. 종부성사의 목적은 경미한 죄와 고해성사 이후에 남아 있는 죄를 제거하고 육신의 병을 치유하는 데 있었다. 이 성사는 반복할 수 있었다. 어린이들에게는 성찬과 마찬가지로 종부성사를 베풀지 않았는데, 그 이유는 그들의 육체적 질병이 죄로 말미암지 않았다는 것이었다.[113] 몇몇 공의회들은 이 성사를 받을 수 있는 연령을 14살 이상으로 규정했다.[114] 종부성사에 사용하는 요소는 주교가 축성한 기름으로서, 눈·귀·코·입·손·발·허리에 바를 수 있었다.

서품(敍品, ordination)은 일곱 등급의 성직에 성례적 은혜를 부여한다. (일곱 등급의 성직은 사제<presbyter>·부제<deacon>·차부제<subdeacon>·시종<acolyte>·구마사<exorcist>·독서자<lector>·문지기<ostiarii>이다.) 이 일곱 직위가 고린도전서 12장에 언급된 성령의 일곱 가지 은사에 해당한다. 처음 세 직위는 그리스도께서 제정하셨고, 나머지 네 직위는 교회가 제정했다.[115] 주교들은 독자적인 직위가 아니라 사제직에 속한다. 주교직은 기능이며, 페트루스 롬바르두스와 토마스 아퀴나스가 거듭 말하듯이 독립된 직위가 아니다. 따라서 주교 축성도 성례적 성격을 지니지 않는다. 스콜라 학자들이 주교의 우월한 권위를 주장하지 않은 것은 아니지만, 성례적 은혜가 사제로 하여금 미사를 집례할

---

112) *Supplem.*, XXIX. 3, Migne, IV. 1027.

113) Th. Aq., *Supplem.*, XXXII. 4, Migne, IV. 1038; Bonaventura, *Brevil.*, VI, 11, Peltier's ed., VII. 326.

114) 1279년의 쾰른 공의회와 1330년의 램버스 공의회 등.

115) P. Lombardus, *Sent.*, IV. XXIV. 9; Hugo of St. Victor, *De sacr.*, II. 2, 5; Th. Aq., *Supplem.*, XXXVII. 2, Migne, IV. 1056; Bonavent., *Brevil.*, VI. 12.

권한을 부여하는 데서 가장 숭고한 형태로 나타난다는 점을 강조했다. 다만 온전을 기하기 위해서 사제 위에 주교와 총대주교와 교황의 직위들을 둔다고 했다.[116]

성직에 임하는 자가 갖춰야 할 요건인 체발(剃髮)은 둥근 모양으로 시행하는 데서 나타나듯이 다스림과 완전의 상징이다. 이 의식은 마음이 현세적인 것들로부터 떠나 하나님에게 속한 것들을 명상하는 데 고정되어 있음을 가리킨다.[117]

토마스 아퀴나스는 서품을 성사로 간주하는 데에는 나머지 여섯 성사들을 성사로 간주하는 것보다 더 큰 이유가 있다고 하면서, 서품은 나머지 성사들을 집례할 수 있는 권한을 부여하기 때문이라고 설명했다. 서품의 효력은 주로 성사를 집례하는 사람에게 거한다.[118] 그에게서 은혜가 다른 사람들에게 전달된다. 의식에 사용되는 형식 혹은 상징들은 부차적이거나 무의미하다. 실제로 우리가 다루는 시기의 공의회들이나 스콜라 학자들은 서품과 관련한 상징들을 언급하지 않는다.[119]

---

116) Bonavent., *Brevil.*, VI. 12. 페트루스 롬바르두스(*Sent.*, XXIV. 9, Migne, p. 904)는 주교들의 네 등급, 즉 총대주교 · 대주교 · 수도대주교 · 주교에 관해서 말한다. 그는 이 등급들이 서열이 아니라 "권위와 직무의 칭호"일 뿐이라고 말한다. 둔스 스코투스의 가르침은 불확실하다. 한 곳에서는 주교만이 성사들 가운데 여러 가지를 집례할 수 있으므로 주교직이 하나의 엄연한 직위로서 여덟 번째 직위라고 주장하지만(참조. Seeberg, p. 441), 다른 곳에서는 제롬을 인용하여 주교직이 교회에 의해 제정된 것일 뿐 신적 법률의 문제가 아님을 입증한다. 트렌트 공의회는 주교 · 사제 · 부제로 구성되는 성직위계제도에 관해서 말하긴 하지만, 그 문제에 대해서 공식적인 결정을 내리지는 않았다. 참조. Schaff, *Creeds*, II. 186 sqq. 인노켄티우스 3세는 차부제를 대품에 포함시켰다(Friedberg, p. 150). Philip Hergenröther, *Kathol. Kirchenrecht*, pp. 208 sq.에 따르면 오늘날 로마 가톨릭 교회에서는 주교직이 독립된 지위로 간주된다고 한다.

117) Th. Aq., *Supplem.*, XL. 1, Migne, 1071; Bonaventura, *Brevil.*, VI. 12, Pelter's ed., 327. 런던 교회회의(1102), 수아송 교회회의(1078), 루앙 교회회의(1190), 제4차 라테란 공의회(1215) 등의 회의들은 체발을 감추어서는 안 된다고 결의했다.

118) Th. Aq., *Supplem.*, XXXIV, 4, 5, Migne, 1045 sq.

119) Schwane(p. 681)는 중세에는 서품 의식에 이렇다 할 발전이 없었다고 말한다. 토마스 아퀴나스는 고해성사를 다루는 장들에서 우발적으로 안수를 언급할 뿐이다. *Summa*, III. 84, 3, Migne, IV. 850. 1438년의 피렌체 공의회는 서품식 때 서품을 받는

서품은 그 대상이 되는 사람에게 지울 수 없는 특성(an indelible character)을 부여한다. 서품의 효과는 사람의 인격에 좌우되지 않는다.

이단과 분리파 성직자가 집례한 서품의 성사적 효과에 대해서는 견해 차이가 매우 컸다. 그것이 너무나 어려운 문제였던 까닭에 그라티아누스와 페트루스 롬바르두스조차 해결할 수 없는 난제로 여겼다. 이 문제는 대립교황들이나 그들에게 임명된 주교들이 집례한 서품을 무효로 규정한 공의회들의 결정 때문에 더욱 어렵고 복잡하게 되었다.[120] 토마스 아퀴나스가 이 문제에 대해서 남긴 진술들은 이해하기가 어렵다. 그는 서품의 능력(potestas)과 그 성사를 집례할 법적 권한(jurisdiction)을 구분했다. 분리파 혹은 이단의 주교들도 서품의 능력은 보유하고 있다. 만약 그렇지 않다면 그러한 주교가 회개하고 교회로 돌아오면 서품을 다시 받아야 할 텐데, 실은 그렇지 않다.[121] 그러나 그들은 법적 권한이 없다. 주교로 승진해도 성사적 은혜를 받지 못하기 때문에 지울 수 없는 특성도 지니지 못한다. 주교는 직접 하나님을 위해서 서품을 받지 않고 그리스도의 신비한 몸을 위해서 받는다. 그리고 분리파 주교에게 서품을 받은 사람들은 사실상 서품을 받지 않은 것과 같다. 교회의 금령을 어기고서 서품을 받았기 때문이다.

우리가 이해할 수 있는 한도 내에서 그 천사적 박사의 견해를 정리하자면, 교회가 주교에게서 성직 임명권을 박탈할 수 있으나, 그럴지라도 그는 성직을 임명할 능력은 그대로 보유한다는 것이다. 토마스는 축성 때 받은 주교의 능력이 영구한 것이라고 강하게 주장했다. 이 문제를 해결하는 것이 대단히 중요하다. 왜냐하면 라틴 교회와 갈라선 많은 사제들의 활동과, 구(舊) 가톨릭 교회(the Old-Catholics)와 네덜란드의 얀센파 교회(the Jansenist Church) 같은 분리파 집단들의 교회적 권리에 이 문제가 당장 결부되기 때문이다.

혼인(결혼)이 성사들 가운데 맨 마지막 자리를 차지하는 이유는 영적 특성이 가장 적기 때문이다.[122] 시초에는 침상이 더럽혀지지도 않았고, 정욕 없이 수태

자에게 성배와 성반을 주도록 규정했다.

120) 예를 들어 9차와 10차 에큐메니컬 공의회들이 대립교황들의 이름을 거론하면서 그러한 판결을 내렸다. 1095년의 피아첸차 교회회의도 같은 이유로 비베르트를 비롯한 여러 주교들의 임명을 무효로 공포했다.

121) Th. Aq., *Supplem*,, XXXIX. 2, Migne, 1065.

122) Th. Aq., *Supplem.*, III. 65, 2, Migne, IV. 598.

가 이루어졌고, 해산에 고통이 따르지 않았다. 그러나 타락 이후에는 결혼이 정욕을 치유하는 약이자 거룩하지 못한 욕구를 다스리는 방책이 되었다.[123] 처음에는 결혼이 영혼과 하나님의 연합을 상징했다. 하지만 성사가 된 이후에는 그것에 덧붙여 그리스도와 교회의 연합, 한 위격 안에 거하는 두 본성의 연합을 상징했다. 에베소서 5:31("그러므로 사람이 부모를 떠나 그의 아내와 합하여 그 둘이 한 육체가 될지니")을 "이것이 위대한 성사라"(this is a great sacrament)고 옮긴 불가타 성경의 틀린 번역이 스콜라 학자들로 하여금 결혼을 성사의 반열에 오르게 만들었다. 결혼의 성례적 요소를 구성하는 것은 남녀 배우자 상호간의 구두 서약과, 토마스 아퀴나스가 생각한 대로 사제의 축복이다.[124]

토마스는 소년의 경우 열네 살, 소녀의 경우 열두 살 이상이면 결혼을 허락해도 된다고 생각했다.[125] 그는 자녀들이 어머니의 사회적 지위를 따라야 한다고 주장했다.[126] 결혼할 수 없는 요건들을 세심하게 열거하고 논의했다. 그 수는 근족(近族) · 판단 착오 · 독신 서약 · 속임 등 열두 가지이다.

제4차 라테란 공의회는 지나치게 엄격한 근족의 범위를 일정한 선에서 수정했으나, 금혼 촌수 내에서 태어난 자녀들에 대해서는 비록 그 결혼이 교회에서 이루어졌을지라도 사생아들로 규정했다. 13-14세기의 공의회들은 결혼에 관한 규율을 자주 제정했다. 결혼을 교회 앞에서 거행해야 하고, 결혼 사실을 공식적으로 알린 뒤에 해야 한다고 했다. 불신자나 근족과 결혼하여 낳은 자녀들은 사생아들로 규정했다.[127]

---

123) Abelard, *Theol. Christ.*, 31.

124) Th. Aq., *Supplem.*, XLII. 1, Migne, IV. 1083.

125) 이 연령들이 '사리를 분별할 수 있는 나이들'로 간주되었다. *Supplem.*, LVIII. 5, Migne, IV. 1165. 1096의 님 교회회의는 12살 이하 소녀들의 결혼을 금지했다.

126) "짐승의 새끼들이 어미의 본성을 따르듯이." 토마스는 노새를 예로 든다. *Supplem.*, LII. 4, Migne, 1127.

127) 런던 교회회의들(1102, 1125, 1200), 제4차 라테란 공의회(1215), 트리어 교회회의(1227), 마그데부르크 교회회의(1261) 등. 1200년의 런던 교회회의는 남편이나 아내가 서로 동의하지 않은 채 혼자서 장거리 여행을 하는 것을 금지했다. 토마스 아퀴나스는 신자와 불신자 간의 결혼을 허용해서는 안 된다는 입장을 취했다. 결혼이 성사로서 지니는 주된 목적 가운데 하나가 자녀들을 하나님을 경외하도록 양육하는 것인데, 그러한 결혼으로는 그 목적을 이룰 수 없기 때문이라고 했다. *Supplem.*, LIX. 1,

결혼은 죽음으로 해산되며, 홀로 된 사람은 네 번 혹은 다섯 번 재혼할 권리가 있다. 죽음 외에는 결혼이 항구적인 구속력(vinculum matrimonii est perpetuum)을 지닌다. 이것은 두 가지 고려에서 나온 것이다. 하나는 결혼이 자녀 양육을 내포한다는 것이고, 다른 하나는 결혼이 그리스도와 교회의 연합을 상징한다는 것이다. 결혼은 성 접촉에 의해서만 절대적 구속력을 갖게 된다. 성 접촉을 갖기 전에는 어느 한 쪽이 수도원에 들어갈 수가 있으며, 이 경우에 남은 한 쪽은 다시 결혼할 권한을 갖는다.

이혼은 음행이라는 한 가지 이유에 대해서만 허용되었다. 스콜라 학자들은 그리스도의 말씀을 토대로 이 견해를 주장했다. 하지만 이혼은 별거일 뿐, 마음대로 다시 결혼해도 되는 해방이 아니다. 하나님이 묶어놓으신 것을 사람이 끊을 수 없다.[128] 음행을 범한 사람이 죽은 뒤에야 비로소 무고한 사람이 재혼할 수 있다.[129] 초혼이 성사이듯이 합법적인 재혼과 그 이상의 혼인도 성사이다.

120. 죄와 은혜

죄. 스콜라 학자들은 원죄의 감염이 아담의 모든 후손들에게 전가되어 오면서 그들을 죄책과 영원한 죽음에 들어가게 했다는 데 한 목소리를 낸다. 안셀무스는 아우구스티누스를 인용하여 인류를 죄 짓는 덩어리(a sinning mass, peccatrix massa)라고 불렀다. 타락으로 인간의 육체는 짐승처럼 육체의 정욕에 예속되었고, 정신도 이러한 욕구들에 감염되었다. 만약 타락하지 않았다면 인간의 본성이 원래 하나님이 창조해 놓으신 대로 번식되었을 것이다. 1141년의 상스 교회회의는 아벨라르를 단죄하면서, 아담의 죄책이 그의 후손들에게 전가되지 않았다고

Migne, IV. 1167.

128) Th. Aq., *Supplem.*, LXI. 2, Migne, IV. 1177. 토마스는 육체적 결합(carnalis copula)이 발생하기 전에는 그 유대가 영적인 것이며, 배우자 가운데 한 쪽이 영적으로 죽거나, 혹은 수도원에 들어감으로써 세상에 대해서 죽고 하나님에 대해서 삶으로써 파기될 수 있다고 주장한다.

129) Th. Aq., *Supplem.*, LXII. 5, Migne, IV. 1184. 하지만 부부 가운데 어느 쪽이든 상대의 동의를 받지 않은 채 수도원에 들어갈 수 있다.

주장하는 이단을 단죄했다.

인간이 죄악된 본성을 얻게 된 것은 아담을 모방했기 때문이 아니라, 아담의 혈통을 이어받았기 때문이다. 육체는 정욕 가운데 잉태되었으므로 오염되었으며, 정욕은 오염인 동시에 죄책(guilt)이다. 게다가 그것은 롬바르두스가 말하듯이 원죄이다. 첫 범죄가 있기 전에 남자와 여자는 서로 정욕 없이 지냈으며, 침상을 더럽히지 않았다. 그러나 타락 후에는 정욕 없이 부부 관계를 맺을 수 없게 되었다. 이상이 스콜라 학자들의 견해인데, 하지만 그들은 영혼 유전설 (traducianism, 영혼 전이설)에 대해서는 한 목소리로 반대한다. 육체만 부모에게서 아이에게 전이될 뿐, 정신(spirit)은 그렇지 않다고 한다.

원죄를 헤일스의 알렉산더와 토마스 아퀴나스는 "원시의(原始義, original righteousness)의 결핍"으로 규명한다.[130] 원죄는 부가적 은혜의 상실과 생득적 능력들의 상처를 내포한다. 이 상처 곧 원죄가 육체의 질병과 마찬가지로 타락의 항구적인 특성 혹은 상태(habitus corruptionis 혹은 vitium)이다. 원죄는 단순한 결핍이 아니다. 그것은 부패한 성향(inordinata dispositio)이다. 다른 곳에서 토마스는 원죄가 내용으로는 정욕 혹은 육욕이고, 형식으로는 원시의의 결핍이라고 정의한다. 죄는 질서를 깨뜨리는 것이기 때문에 하나님은 죄를 지으신 분이실 수 없다.

토마스는 원죄의 오염이 어머니가 아닌 생식의 적극적 주체인 아버지를 통해서 전가된다고 가르쳤다. 만약 하와만 범죄하고 아담은 그렇지 않았다면 어린이들이 오염을 물려받지 않았을 것이라고 했다. 반대로 만약 아담이 범죄하고 하와는 무흠하게 남아 있었다면 그들의 후손은 원죄를 물려받았을 것이라고 했다. 페트루스 롬바르두스와 알베르투스 마그누스 같은 학자들에 따르면 교만이 원죄의 뿌리였다고 한다.

스콜라 학자들은 성령을 거스르는 죄와 일곱 가지 대죄를 매우 길게 설명하는데, 대죄를 일곱 가지로 지적한 것은 잠언 6:16("여호와께서 미워하시는 것 곧 그의 마음에 싫어하시는 것이 예닐곱 가지이니")에 근거한 것이다. 아담이 범죄하지 않았을지라도 성 접촉이 이루어졌을까 하는 질문에 대해서, 그들은 생육하고 번성하여 땅에 충만하라는 명령을 감안하여 긍정적으로 대답한다. 보나벤투라는

---

130) Schwane, p. 401; Th. Aq., *Summa*, II. 81. 5.

만약 인간이 범죄하지 않았다면 남녀 후손들의 수가 똑같았을 것인가 하는 질문도 상세하게 다루었다. 이 질문에 그는 긍정적으로 대답하면서, 낙원에는 일부다처도 일처다부도 없을 것이므로 남편 없는 여성도 아내 없는 남성도 없을 것이기 때문에 그렇다고 설명한다. 그는 또한 오늘날은 부모 어느 한 쪽의 열성이나 우성 때문으로 설명되는 남녀 성비의 불균형 문제에 대해서 아리스토텔레스의 설명을 토대로 결론을 내린다.[131] 만약 시조가 범죄하지 않았다면 출산의 궁극적 목적이 타락한 천사들로 인해 생긴 공백을 채우도록 하는 것이 되었으리라고 주장한다.

매우 열정적으로 다뤄진 또 한 가지 질문은 아담과 하와 중에서 누구의 죄가 더 크냐 하는 것으로서, 생 빅토르의 위그 · 페트루스 롬바르두스 · 알베르투스 마그누스 · 보나벤투라 등의 위대한 스콜라 학자들이 이 문제를 풀려고 시도했다. 이것은 사도 바울이 디모데전서 2:14에서 범죄한 사람이 남자가 아닌 여자라고 말한 데서 자연히 생긴 질문이었다. 그들이 내린 결론은 하와의 죄가 더 크다는 것이었다. 롬바르두스는 아담을 관대하게 생각한 인상을 준다. 그는 아담이 아내의 처지를 불쌍하게 생각했고, 따라서 아내의 권유를 거부하여 고통을 안겨 줄 마음이 없었기 때문에 권유를 받아들인 것이라고 설명했다. 하나님의 엄위가 얼마나 두려운 것인가를 몰랐고, 그 죄가 대죄가 아닌 경미한 것인 줄로 알았을 것이라고 했다. 실제로 이 신학자는 만약 마귀가 아담을 직접 시험했다면 아담이 거기에 넘어가지 않았을 것이라는 자신의 소신을 분명히 밝힌다. 하와는 하나님과 같이 되고 싶은 교만한 마음에서 죄를 범했다. 아담은 마귀에게 조금도 유혹을 받지 않았고, 범죄에 참여한 뒤에도 하나님의 자비를 마음에 두고 후에 죄를 자백하여 용서를 받을 생각이었다. 하와는 자신과 하나님과 이웃을 거슬러 죄를 범했기 때문에 그 죄가 더욱 무거웠다. 생 빅토르의 위그는, 여자가 하나님께서 질투심에서 자기들에게 나무 실과를 먹지 말라 하신 것이라고 믿었다고 말했다. 아담은 이것이 잘못된 생각인 줄을 알았다. 그의 죄는 아내의 생각을 바로잡아 주지 않고, 후에 범죄했을 때 동참한 데 있었다.

알베르투스 마그누스는 좀 더 균형 잡힌 시각으로 바라본 듯하다. 죄의 본질에 관한 한 하와가 더 큰 죄를 범했으나, 아담이 받은 은사와 그가 처했던 여러 정황

---

131) In *Sent.*, II. 20, 2, Peltier's ed., III. 85.

들을 감안하면 그의 죄가 더 컸다고 그는 말했다. 보나벤투라는 세 가지 기준 — 배은망덕 · 정욕 · 죄의 행위에 따른 부패 — 으로 죄의 경중을 따질 수 있다고 주장했다. 이 세 가지 기준을 타락에 적용하면서, 그는 배은망덕에 관한 한 아담의 죄가 더욱 컸고, 정욕에 관한 한 여자의 죄가 더 컸다고 말한다. 죄로 인한 악의 결과에 관한 한 자기 후손을 멸망에 밀어 넣은 원인(cause)으로서는 아담의 죄가 컸고, 그러한 저주에 계기(occasion)가 된 점에서는 하와의 죄가 컸다. 그러나 하와는 아담이 죄를 짓는 데에도 계기가 되었으므로 그녀의 죄와 죄책이 더 크다고 봐야 마땅하다.

은혜. 은혜 교리에서 중세 신학은 아우구스티누스의 용어를 사용했으나, 반(半)펠라기우스주의를 지향함으로써 그에게서 이탈한 인상을 준다. 토마스 아퀴나스가 그 아프리카 교부에게서 두 가지 요소, 즉 자유의지와 공로 교리를 다루는 방식을 보면 탈 아우구스티누스적 경향을 발견하게 된다. 실제로 토마스는 인간에게 있는 선한 것은 모두 하나님에게서 온 것이며, 인간은 신적 작정에 의한 예정이 아니었다면 하나님 앞에서 아무런 공로도 가질 수 없다고 가르쳤다.[132] 의로운 행동은 우리의 당위이므로 그것을 어떠한 의미에서도 공로의 행동이라고 부를 수 없다고 했다. 성령의 은혜가 아니면 영생에 이를 만한 공로를 얻을 수 없다. 인간은 심지어 은혜의 빛을 받는 데 필요한 준비조차 할 능력이 없다. 인간 안에 거룩함을 향하는 성향(interior voluntas)이 생기려면 선행적 은혜(prevenient grace)가 반드시 있어야 한다. 선택받은 자들의 수는 구원받은 자들의 수로 고정되며, 견인(堅忍, persevering)의 은혜는 끝까지 견고히 남는 사람들에게 부여된다. 인간은 위로부터의 도움이 없으면 진리를 알 수도 없다.

토마스는 두 종류의 공로 혹은 공로의 행동을 구분했다. 하나는 우리의 본성적 은사들을 적합하게 사용하는 데서 오는 공로(meritum de congruo)이고, 다른 하나는 은혜로 부여된 은사들을 올바로 사용하는 데서 오는 공로(meritam de condigno)이다. 원시 상태에서 인간은 위로부터 온 은혜의 선물에 힘입어 하나님을 가장 사랑할 수 있었다. 하지만 타락한 상태에서는 은혜가 있어야 이 능력을 되찾을 수 있으며, 성령께서 도우시지 않으면 이 두 번째 종류의 행위를 인간은 내놓을 수 없다. 이와 같은 진술들을 다 소개하자면 끝이 없을 것이다. 그러나 이

---

132) *Summa*, II. 114, I. Migne, II. 960.

러한 분명한 진술들에도 불구하고 토마스 아퀴나스의 글에는 그가 엄격한 아우구스티누스주의를 수정했고, 행위로 말미암는 공로가 들어설 여지를 마련했다는 인상을 주는 논조가 발견되는데, 이 점에서 가톨릭 교회는 그를 추종하고 있다.

그리스도께서 이루신 만족(satisfaction)에 대해서 토마스 아퀴나스는 그리스도의 죽음이 마귀에게 바쳐진 값이 아니었다는 안셀무스의 견해를 따랐다. 그는 속죄가 효과 있게 이루어진 방법을 아주 구체적으로 정의하지는 않았으나, 그리스도께서 자진해서 하나님의 뜻에 동의하심으로써 얻으신 공로를 강조했다. 그는 아벨라르와 페트루스 롬바르두스처럼 그리스도의 속죄가 인간을 하나님께로 이끄는 사랑의 발휘였다고 말하지 않았다. 그리스도의 사랑과 순종이 친히 십자가에서 참으신 고난을 통해서 인간을 하나님과 화목하게 하고 인간을 마귀의 권세에서 구속하시기에 충분하다고 했다.

토마스는 그리스도의 속죄가 끼친 결과들을 아주 명쾌하게 진술한다. 첫째는 그로써 인간이 하나님의 사랑이 얼마나 큰가를 알게 되어 그 대가로 하나님을 사랑하게 되는 것이다. 그리스도는 십자가로써 겸손과 의와 그 밖의 덕들의 모범을 보이셨다. 또한 인간들에게 죄에서 해방되고 마귀를 이기고 죄와 세상에 대해 죽음으로써 죽음을 정복할 필요를 가르치셨다. 하나님은 십자가의 만족 없이도 인간을 사죄하실 수 있으셨다. 하나님에게는 모든 것이 가능하기 때문이다. 이것은 하나님이 십자가 외에 다른 방식으로는 인간을 구속하실 수 없었다는 안셀무스의 견해와 상반된 것이었다.

보나벤투라는 좀 더 적극적으로 안셀무스를 비판하면서, 하나님께서 다른 방식으로도 인간을 해방시키시고 구원하실 수 있었다고 분명히 주장했다. 공의를 집행하는 방법이 아닌 긍휼을 베푸는 방법으로(per viam misericordiae) 인류를 구원하실 수도 있었다고 했다. 그리고 이 방법을 택하셨더라도 공의의 요구에 아무런 손상도 입히지 않으셨을 것이라고 했다. 그는 이 주제를 다룬 장을 다음과 같은 말로 매듭짓는다. "내가 하나님이 구속하실 수 있는 능력에 제한을 두는 것은 위험한 일이 될 것이다. 하나님께서는 우리가 생각할 수 있는 것을 넘어서는 일도 하실 수 있기 때문이다."

중세의 신학자들은 칭의 교리와 성화 교리를 후대의 개신교 신학자들처럼 구분하지 않았다. 그들은 칭의를 죄인을 의롭게 만드는 과정의 일부로 다루었을 뿐, 인간을 의롭다고 선언하는 법적 판결로는 다루지 않았다. 칭의가 성사 제도와 너무나 철저히 연결되어 있었기 때문에, 그 주제는 칠성사와 칭의의 방편들을 다루는 장에서 관련 주제들과 함께 살펴봐야 한다. 혹은 보나벤투라의 방식대로 기독교의 덕목들인 믿음과 소망과 사랑과 함께 다루는 것이 적합할 수도 있다. 토마스 아퀴나스는 칭의를 속죄라는 주제와 은혜의 구분이라는 특별한 장들에서 논한다. 그가 말한 은혜의 구분이란 선행적 혹은 예비적 은혜와 협력적 은혜, 즉 그라티아 그라티스 다타(gratia gratis data, 값없이 베푸신 은혜)와 그라티스 그라툼 파키엔스(gratis gratum faciens, 죄인을 의인으로 만드는 은혜)를 가리킨다.

토마스는 칭의가 은혜의 주입이라고 말한다. 죄인이 의롭다 함을 받으려면 네 가지 요건이 필요하다. 첫째가 은혜의 주입이고, 둘째가 믿음으로 자유의지를 발휘하여 하나님을 섬기는 것이고, 셋째가 자유의지를 발휘하여 죄에 대항하는 것이며, 넷째가 죄가 사면되는 것이다. 사람이 한 곳에서 등을 돌리고 나와 다른 곳으로 가듯이, 칭의를 받으면 의지가 즉각 자유롭게 되어 죄를 미워하고 하나님을 향해 돌아서게 된다.

칭의와 성화를 구분하는 문제를 제외하면, 구속의 은혜가 그리스도의 죽음에 나타난 대로 처음부터 끝까지 하나님의 은혜의 행위로 보는 점에서 스콜라 학자들의 제왕인 토마스 아퀴나스와 우리의 개신교 사이에는 완전한 신앙적 일치가 있는 듯하다. 물론 그의 성례 이론은 이러한 입장을 수정하는 것처럼 보인다. 그러나 이것은 실재라기보다 외형이다. 이는 성사들이 효력을 갖는 이유도 하나님께서 사전에 은혜로 미리 그렇게 효력을 갖도록 하셨기 때문이다.

믿음. 중세 신학이 정의해 놓은 믿음은 종교개혁자들에 현저히 미치지 못한다. 스콜라 학자들은 믿음이 바라는 것들의 실상이라는 히브리서 11:1로써 논의를 시작하며, 믿음을 보지 못하는 것들을 믿게 하는 은혜로 정의한다.[133] 그들은 거의 이 정의를 벗어나지 않았다. 토마스 아퀴나스가 사도 바울의 로마서를 상당 부분 인용하긴 했으나, 그를 비롯한 여느 스콜라 학자도 사람이 의롭다 함을 받는 것이 믿음으로 말미암는다는 인식으로 올라서지 못했다. 그들은 믿음을 의롭게 하

133) Hugo of St. Victor, *De sacr.* I. 10, 9, Migne, 176. 341 sqq.; P. Lombardus, *Sent.*, III. 23, 24, Migne, pp. 295 sqq; Bonavent., *In Sent.*, III. 23, 24, Peltier's ed., IV. 475 sqq.; Th. Aquinas, IV. 1-5, Migne, IV. 12 sqq.; Alb. Magnus, *In Sent.*, III. 23, 24, Borgnet's ed., XXVI. 408 sqq.

는 원리가 아닌 덕목으로 바라보았고, 소망과 사랑과 나란히 놓고 다루었다. 그리고 이 덕목들이 하나님에게 직결되어 있고 궁극적으로 하나님의 말씀의 증거에만 토대를 두고 있다는 이유로 "신학적 덕목들"(theological virtues)이라고 불렀다. 기독교 신앙은 사랑으로 역사하며, 사랑과 함께 발휘되지 않으면 은혜가 아니다. 사랑이 담기지 않은 지적 신앙은 귀신들도 지니고 있다. 그들도 믿고 떨기 때문이다.

믿음은 하나님을 믿고 신뢰하고 의지하는 세 가지 방법으로 표현된다. 하나님을 믿는 것은 그분이 계신 것을 믿는 것이고, 신뢰하는 것은 그분 말씀을 사실로 받아들이는 것이고, 의지하는 것은 그분을 사랑하고 믿음으로 그분에게 나아가고 믿음으로 그분에게 자신을 드리고, 그분의 백성들과 연합하는 것이다. 믿음에 관한 이러한 지식이 다른 지식보다 확실한 이유는 하나님의 말씀에 토대를 두고 있고, 말씀에서 나오는 빛으로 조명을 받기 때문이다.

스콜라 학자들은 믿음이 없이는 하나님을 기쁘시게 해드릴 수 없다고 주장했으며, 오퇭의 호노리우스 같은 설교가들은 고기가 물을 떠나 살 수 없듯이 사람도 믿음을 떠나서는 구원받을 수 없다고 주장했다. 그런데도 토마스 아퀴나스는 믿음이 지적 동의(assensus intellectus)라는 정의를 좀처럼 넘어서지 못한다. 하지만 그는 사랑과 믿음이 워낙 긴밀히 결합되어 있으므로 사랑도 믿음의 한 가지 형태이자 믿음을 표시하는 한 가지 양태라고 할 수 있으며, 사랑이 없는 믿음은 죽은 믿음이라고 말한다. 그리스도를 온전히 믿으려면 네 가지가 필요하다고 롬바르두스는 말했다. 네 가지란 그리스도의 탄생과 죽음과 부활과 심판을 위한 재림에 동의하는 것이다. 토마스는 삼위일체 교리를 분명히 받아들이는 것을 믿음의 요건으로 제시하면서, 구약의 성도들도 예외로 두지 않는다. 삼위일체 교리는 이미 태초에 하나님께서 "우리의 형상을 따라 사람을 만들자"라고 말씀하신 데서 계시되었기 때문이다. 삼위일체를 믿지 못하면 성육신도 믿을 수 없다. 신앙의 단 한 가지 조항이라도 수긍하지 못하면 믿음은 중단된다.[134] 사도신경의 한 가지 조항이라도 믿지 않으면 믿음이 아예 없는 것이다. 이 위대한 신학자는 로마서 4:5을 인용한 뒤에, 칭의를 받기 위해서는 하나님이 그리스도의 속죄를 통해서 인간들을 의롭다 하시는 분임을 믿는 데까지 믿음이 발휘되어야 한다고 말한다.

---

134) *Summa*, IV. 5, 3, I. 7 sqq., Migne, III. 63 sq.

스콜라 학자들은 사도 바울을 이해하지 못했다. 따라서 종교개혁자들은 로마서와 갈라디아서에서 사도가 가르친 의롭다 함을 받게 하는 믿음 교리를 다시 선포하지 않으면 안 되었다. 반면에 믿음의 교리에 스콜라 학자들이 이바지한 바가 없지 않은데, 그것은 참 믿음이 사랑으로 역사하게 마련이며, 사랑으로 역사하지 않는 믿음은 헛되다(inanis)는 원리를 강조한 점이다. 개신교 신학자들은 이 원리를 항상 부각시키지 못함으로써 마치 개신교의 칭의 교리가, 믿음만 있으면 비록 선행 곧 하나님과 사람을 향한 사랑의 행위가 따르지 않을지라도 충분하다는 것인 양 비판을 받게 만들었다.[135] 스콜라 학자들의 오류는 주로 성례적 은혜를 비성경적이고 위험한 이론으로 해명함으로써, 그리스도께서 값없이 베푸시는 은혜를 단순한 마음으로 신뢰하기보다 사제가 권장하는 일련의 외적 행위들을 힘쓰도록 조장한 데 있다.

121. 내세의 상태

영들의 보이지 않는 세계를 중세 신학은 다섯 개의 영역 혹은 거처(토마스 아퀴나스의 표현을 빌자면, receptacula animarum)로 구분했다. 천국·지옥·연옥·조상들의 림보(limbus patrum, 구약의 성도들이 부활 때까지 일시적으로 거하는 거처)·유아들의 림보(limbus infantum, 세례받지 않고 죽은 유아들의 거처)가 그것이다.

형벌과 영원한 슬픔의 거처인 **지옥**은 유황과 불이 타오르는 못으로서, 멸망한 사람들과 귀신들이 이곳에서 영원한 고통을 당한다.[136] 칠흑같이 어두운 지대요 하늘과 비교할 때 깊은 감옥인 이곳에 귀신들이 던져진다. 갇힌 자들의 갈망과 격정이 끊임없이 타오르며, 채워지는 법이 없다. 불이 타오르되 태우지는 않는다. 어떠한 열기도 이 불의 열기에 비교가 되지 않는다. 스콜라 학자들은 지옥 불

---

135) 이 점 때문에 Denifle는 루터와 종교개혁을 맹렬하게 비판했다. *Luther und Lutherthum*, I. 374-456. 루터는 믿음과 그 필연적 결과인 선한 생활을 구분할 의도가 없었는데도, 데니플레는 그를 오해했거나 짐짓 곡해한 것이다.

136) 토마스 아퀴나스는 그것을 locus dolorum 혹은 infernum damnatorum이라고 부른다.

에 관해서 말하는 성경의 단락들이 비유가 아니라는 데 동의한다. 그 불은 멸망한 자들의 영혼과 육체를 동시에 고통스럽게 하는 물리적인 불이다. 고통의 정도는 개인의 죄의 무게에 상응한다.

조상들의 림보는 부자와 나사로의 비유에서 아브라함의 품에 해당하는 곳으로서, 구약 시대의 성도들이 그리스도께서 음부에 내려오셔서 그들을 구해주실 때까지 거했던 장소였다. 그 이전까지 그들은 음부에 있었을지라도 고통을 면제받았고, 이후에는 천상의 복을 누리게 되었다. 할례가 그들을 원죄에서 풀어주었다. 지옥과 이 장소는 아마도 같거나 어쨌든 인접한 곳이었을 것이다.[137] 족장들이 그리스도께서 죽으시기 전까지 음부에 머물러 있었다는 이러한 견해는 헤르마스와 알렉산드리아의 클레멘스에게로 거슬러 올라간다.

유아들의 림보(limbus puerorum 혹은 infantum)는 세례받지 않고 죽은 유아들이 거하는 장소이다. 이들이 그곳에 있는 이유는 세례를 받아야만 씻어낼 수 있는 원죄를 그대로 지니고 있기 때문이다. 토마스 아퀴나스는 이곳이 조상들의 림보보다 약간 낮은 곳에 있다고 추정했다. 이 아이들은 비록 고통에서는 벗어나 있지만, 멸망한 자들과 마찬가지로 하나님을 볼 수 있는 자격과 육체적 시력을 박탈당한다. 이들의 몫이 영원한 죽음의 형벌(supplicium mortis aeternae)이긴 하지만, 그래도 이들이 받는 저주가 모든 저주 가운데 가장 가벼운 것이다. 이들에게는 지복직관(至福直觀, beatitude)의 소망이 없다. 하나님께서 공의롭게 이들이 진보도 퇴보도 없도록, 기쁨도 슬픔도 느끼지 못하도록 처분하신다. 이들은 영원히 변하지 않은 상태로 존재한다. 이러한 절망적인 상태가 중세의 위대한 도미니쿠스회 신학자와 프란체스코회 신학자가 세례받지 못하고 죽은 유아들에게 매겨놓은 운명이다. 좀 더 자비로운 교리에 관심이 있었던 스콜라 학자들이 이상하게도 "어린 아이들이 내게 오는 것을 용납하고 금하지 말라. 하나님의 나라가 이런 자의 것이니라"는 그리스도의 복된 말씀을 사용하지 않았다. 원죄 교리와 물세례가 구원에 반드시 필요하다는 교리를 확립하느라 하나님의 넘치는 은혜에 마음을 기울이지 않은 채 이렇게 극단적인 논리적 결론을 내리게 된 것이다. 아

---

137) Th. Aq., Migne, IV. 1222. 토마스는 지옥의 영역을 infernus와 inferni로 번갈아 가며 부르며, 알베르투스 마그누스는 중성형 복수인 inferna라고 부른다. *In Sent*, III, 25, C. 392.

우구스티누스도 그렇게 가르쳤고, 후대의 대다수 종교개혁자들도 그렇게 가르쳤다.

그리스도께서 음부에 내려가신 일을 스콜라 학자들은 진지하게 논했다. 그 일이 그리스도께서 운명하실 때 영혼이 육체를 떠난 즉시 발생했다고 보았다. 그리스도는 무덤에 계시는 동안 지옥에 내려가셨으나 고통을 당하지는 않으셨다. 그분이 지옥을 방문하신 이유는 두 가지였다. 하나는 구약의 성도들을 풀어주려는 것이었고, 다른 하나는 복음의 원수들인 귀신들을 좌절시키려는 것이었다. 토마스 아퀴나스는 욥이 "우리가 흙 속에서 쉴 때에는 희망이 스올의 문으로 내려갈 뿐이니라"(17:16) 혹은 불가타의 번역대로는 "가장 깊은 지옥으로"라고 말했을 때 그가 말한 곳은 조상들의 림보까지일 뿐 멸망한 자들의 거처는 아니었음을 입증하려고 했다. 토마스에 따르면 그리스도는 세 가지 목적을 가지고 음부에 내려가셨다고 한다. 첫째는 우리 자신이 그곳으로 내려가야 할 운명을 제해 주시려는 것이었고, 둘째는 지옥의 문을 부숴뜨리심으로, 그리고 "통치자들과 권세들을 무력화하여 드러내어"(골 2:15) 구약의 성도들을 풀어주시려는 것이었으며, 셋째는 귀신들에게 말씀을 전하심으로써(벧전 3:19), 그리고 시편 24:7 말씀("문들아 너희 머리를 들지어다. 영원한 문들아 들릴지어다. 영광의 왕이 들어가시리로다")처럼 그 흑암의 영역을 당신의 임재로 환하게 비춰주심으로써 당신의 신성을 널리 증거하시려는 것이었다. 이 점에서도 불가타는 문들(gates)을 군왕들(princes)로 번역함으로써 오해의 소지를 제공했다. 그리스도께서 음부에 내려가신 일이 세례 받지 못하고 죽은 유아들에게는 도움이 되지 않았다. 이생을 떠나면 은혜받을 기회를 놓치게 되는 것이다.

연옥은 세례는 받았으나 죽어서 곧장 천국에 들어갈 만큼 행실이 바르지 못한 가톨릭 신자들이 연단을 받는 일종의 학교이다. 이들이 그 중간 지대에 들어가게 된 이유는 고해성사와 종부성사로 충분히 제거하지 못한 실제적인 죄악들 때문이다. 연옥의 존재는 주로 마카베오하 12:40과 교회의 보편적 가르침에 토대를 둔다. 이곳에 거하는 사람들도 성도의 사귐에 속해 있으며, 땅에서 살고 있는 사람들의 중보기도의 효력이 닿는 범위 안에 있다. 이들을 위해서 죽은 자를 위한 미사가 제정되었다. 유아들의 림보에 들어간 유아들에게는 그러한 중보 노력이 소용없다. 그러나 유아 때 혹은 어른이 되어서 세례를 받은 사람은 아무리 악한 생애를 살았을지라도 장차 연옥에서 벗어나 복 받은 자들의 대열에 합류할 희망확실성이 아닌]이 있다.

　천국에는 세 종류의 상이 있다고 보나벤투라는 말했다. 첫째는 본질적인 (substantial) 상, 즉 하나님을 직접 뵐 수 있는 상이다. 둘째는 동질적인 (consubstantial) 상, 즉 몸이 영화롭게 되는 상이다. 몸이 영화롭게 될 때, 이 땅에서 사랑을 발휘한 정도에 따라 투명함과 광채와 민첩함과 고통을 느끼지 않는 상태가 각기 결정된다. 셋째는 비본질적인(accidental) 상, 즉 복음을 전하여 다른 사람들을 구원으로 인도하고, 정절을 지키고, 순교를 감내한 사람들에게 부여되는 후광(後光)이다.

　토마스 아퀴나스는 천상의 복락이 하나님을 직접 뵙는 데 있다고 말했다. 이것은 더 이상 오류와 타락이 없는 상태이다. 이 복에 들어간 사람들은 땅에서 벌어지고 있는 일들을 알고, 자기들에게 드려지는 기도를 들으며, 자신들의 공로를 사용하여 땅에 있는 형제들을 위해 기도한다. 성 베르나르와 안셀무스는 천국의 복락을 숭고하게 묘사한다. 천국에 들어간 영혼이 그곳에서 누리는 만족과 영광을 클뤼니의 베르나르가 남긴 시만큼 훌륭하게 묘사한 것도 없다.

> 즐겁고 복된 나라, 택함받은 이들의 본향이여,
> 즐겁고 복된 나라, 우리가 뜨겁게 사모하는 곳이여,
> 예수시여, 저희를 그 즐거운 안식의 땅으로 인도하사,
> 성부와 성령과 함께 거하며 영원한 복락을 누리게 하옵소서.

　스콜라 학자들이 두려움을 자아내는 어조로 가르친 연옥과 지하 세계들의 교리를 시 형식과 이미지로 생생하게 묘사하고, 낙원의 지복직관도 그렇게 묘사하는 과업은 단테의 몫으로 남겨졌다.

특주

　터칠(Turchill)이라는 영국인이 내세에 관하여 보았다는 놀라운 환상을 웬도버의 로저(Roger)를 비롯한 저자들이 길게 소개하는데, 그 내용은 당시 민중의 천박한 내세관을 고스란히 드러낸다. 하루는 성 율리아누스가 이 정직한 노동자에게 나타

나 그를 중간 세계로 데리고 갔다. 두 사람은 그곳에 서 있던 교회에 들어갔는데, 방금 죽은 사람들의 영혼들이 모두 그곳으로 온다고 했다. 마리아의 중보기도에 힘입어 거듭난 사람들의 영혼들이 육신을 떠나자마자 이 교회로 안내되어 귀신들의 공격을 면하게 되었다는 것이다. 교회의 한쪽 담벼락 곁에는 지옥으로 통하는 입구가 있었는데, 그곳에서 참기 힘든 악취가 스며 나왔다. 다른 쪽 벽에는 연옥의 불이 타오르는 거대한 연못이 이어져 있었는데, 영혼들이 불못 속에서 더러는 무릎까지, 더러는 목까지 잠겨 있었다. 불못 위로는 다리가 놓여 있었고, 누구든 그 다리를 건너야 기쁨의 동산에 도달할 수 있었다. 미사의 지원을 받지 못하는 사람들은 아주 더딘 속도로 큰 공포와 고통에 휩싸인 채 다리를 건너고 있었다. 동산에는 세상의 모든 사람들을 다 수용할 만큼 거대하고 훌륭한 교회당이 서 있었다. 성 니콜라우스와 성 야고보, 그리고 그 밖의 성인들이 마리아 교회와 연옥의 불못과 다리를 관장하고 있었다.

터칠은 마리아 교회에서 사도 베드로도 만나보았는데, 그 앞에서 모든 영혼들이 판결을 받았다. 마귀와 그의 사자들도 악행으로 인하여 영원한 저주의 판결을 받는 자들을 서둘러 지옥으로 데려가기 위해서 그곳에 와 있었다. 터칠은 또한 성 돔니누스라는 사람에게 이끌려 귀신들이 여러 가지 오락에 탐닉하고 있는 모습을 보게 되었다. 지옥의 영역에 다다른 터칠 일행은 흰 빛이 날 정도로 달구고 바닥에는 못이 숭숭 나 있는 철의자들에 헤아릴 수 없이 많은 사람들이 앉아 있는 정경을 보았다. 귀신들이 담장 안쪽으로 빙 둘러앉아서 그 불행한 자들을 희롱하며 마구 찔러댔다. 군인 · 상인 · 성직자 · 간음자 · 도둑 · 고리대금업자 등 다양한 직종에 종사하면서 죄악을 범한 자들이 앞으로 불려나와 세상에서 범했던 악행들을 고스란히 재연하고는 귀신들에게 붙잡혀 육체가 찢기고 불태워진 뒤에 다시 회복되었다. 단테가 묘사한 지옥의 입구를 형성하는 것도 이렇게 민간에 널리 알려진 그림들이다.

중세의 이야기들 가운데 가장 소름끼치는 것은 귀신이 벌거벗은 영혼을 고문하는 내용을 전하는 이야기이다. 중세 사람들은 스콜라 학자들이 규명한 대로 형태를 지닌 실체인 영혼이 죽을 때 육체와 분리된다고 믿었다. 하이스터바흐의 카이사르는 모리몽의 어느 대수도원장이 예전에 죽었을 때 귀신들이 그의 영혼을 공처럼 둥글게 말아 가지고 이 산 저 산 굴려가며 놀다가 하나님께서 그의 영혼이 다시 육체로 들어가게 하셨다고 말한다. 그 대수도원장이 수사가 되기 전에 그런 일을 겪었다고 한다.

하이스터바흐의 카이사르가 전하는 또 다른 이야기는 어느 학생이 귀신에게 돌을 건네받은 이야기이다.[138] 학생은 돌을 쥐고 있는 동안에는 초자연적 지식을 발휘했다. 그가 죽어 시신이 교회로 운구되고 동료 학생들이 둘러서서 찬송을 부르고 있을 때, 귀신이 그의 영혼을 지옥으로 데려갔다. 그곳에서 귀신들이 그의 영혼을 공처럼 말아서 가지고 놀았다. 날카로운 이빨로 마구 물어서 견딜 수 없는 고통을 가했다. 그러나 성인들이 그를 위해서 대신 빌어주자, 주님이 그 영혼을 구해내셔서 다시 육체와 결합하게 하시므로 그 청년은 관에서 벌떡 일어나게 되었다. 그는 자기가 겪은 일을 전하면서, 자기 영혼이 마치 둥근 유리처럼 되어 사방을 한번에 볼 수 있었다고 했다. 다행히도 이 청년은 상처가 그다지 심하지 않아서 수도원에 들어가 철저한 고해를 할 수 있었다. 티롱의 베르나르는 귀신들이 신실치 않은 수사의 영혼을 데리고 창문 밖으로 가는 것을 보았다고 증언한다.

샹탱프레의 토마스는 연옥의 고통이 얼마나 심한가 하는 이야기를 전했으며, 그의 이야기를 알베르투스 마그누스가 인용한다. 어느 선량한 사람은 일년간 심한 병치레를 한 뒤에 천사에게, 연옥에 가서 사흘간 고통을 당하는 것과 일년 더 병치레를 하다가 곧장 영광으로 들어가는 것 중 택일하라는 제안을 받았다. 그는 앞의 안을 택했다. 따라서 그의 영혼이 죽어 연옥에 들어가게 되었는데, 하루 동안 당한 연옥의 고통과 번민이 수천 년의 고통처럼 느껴졌다. 그는 돌아갈 기회가 주어지자 아직 매장되지 않은 육체로 기쁘게 돌아갔고, 일년을 더 병고를 겪었다.

이러한 이야기들이 헤아릴 수 없이 많이 남아 있는데, 모두가 수도원과 마을에 널리 퍼져 있던 신학이 얼마나 심하게 왜곡되었는지를 드러낸다.

---

138) *Dial.*, I. 32, Strange's ed., I. 36-39.

제 15 장

교황과 성직자들

122. 교회법

중세 교회가 남긴 전형적이고 대단히 인상적인 산물이 거대한 교회법 체계이다.[1] 중세의 교회법은 12세기에 그라티아누스가 편찬한 교회법전에서부터 14세기에 요한 22세가 공포한 교령(敎令)들에 이르기까지 공의회들이 결정한 법령들과 교황들이 내린 교령들에 구현되어 있다. 교회법은 교황의 신정(神政) 체제를 지지해준 법적 버팀목이었고, 종교개혁 때까지 통치 규범으로 남아 있었다.

교회법을 학문으로 수립한 사람은 그라티아누스였으며, 볼로냐 대학이 교회법 연구의 중심지였다. 교회법을 주제로 다룬 저서들이 다른 나라들에서도 많이 나왔지만, 특히 이탈리아가 여러 대학교들을 통해서 15세기 말까지 교회법 집필을 선도했다.

로마 제국 시절에는 종교 관련 법률들(jus sacrum, jus pontificium)이 독특한 법 체계가 아니었다. 하지만 기독교 교회에서는 처음부터 독특하면서도 우월한 신적 법 개념이 존재했다. 기독교 교회회의들이 소집되어 결의한 내용이 법령으로 작성되어 공포되었다. 성직위계제도의 사법권과 중세 교황제가 발달함에 따라 교회가 공포하는 법률에 사회적 의무들과 사형을 제외한 그 밖의 모든 처벌

---

1) Jus canonicum 혹은 ecclesiastica constitutio. (세속 법은 jus civile.) 'canones' 라는 단어가 널리 쓰이다가 12세기에 접어들면서 jus canonicum라는 표현이 일반적으로 쓰이게 되었다.

조항들이 실리게 되었다. 교회가 갈수록 민간 법정의 관할권을 침해했다. 투쟁이 불가피하게 되었다. 나름대로 독특한 법 절차를 지닌 민법의 독립성이 위협을 받았을 뿐 아니라 존립마저도 흔들렸다. 14세기 이후에야 비로소 세속 정부들이 그러한 침해를 뿌리치고 민간 법원이 교회 법원에 빼앗겼던 본연의 권한들 중 일부를 되찾을 수 있었다. 13세기에 집필 활동을 한 로저 베이컨은 "교회법에서 민법에 속한 웃가지들을 정리하고 신학으로 교회법을 정비할 수 있으면 얼마나 좋겠는가? 그렇게 되면 교회 정부가 명예롭고도 적합하게 본연의 숭고한 지위에 오를 수 있을 것이다" 하고 말했다.[2]

그라티아누스의 저서가 등장하기 전에는 참회 규정서(the Penitential Book)들과 여러 편의 불완전한 교회 판례집들이 있었는데, 그 중 대표적인 것이 레지노(Regino, 915 죽음)가 두 권으로 작성한 교회회의 판례집, 보름스의 주교 부르카르트(Burchard, 1025 죽음)·루카의 안셀무스(Anselm, 1086 죽음)·추기경 데우스데디트(Deusdedit, 1087경), 샤르트르의 이보(Ivo, 1117 죽음)가 작성한 판례집들이다. 가짜 이시도루스의 교령집도 이 부류에 속하는데, 이 문헌은 특히 부르카르트가 많이 활용했다.

그라티아누스의 저서는 이러한 과거의 편집들보다 우수했으며, 교회법 분야의 기념비적 저서라는 명예를 누린다. 카말돌리회 수사이자 이탈리아 출신인 그라티아누스는 이르네리우스(Irnerius)가 볼로냐 대학교에서 민법을 가르치던 시기에 그 도시의 성 펠릭스 수도원에서 가르쳤다. 그의 구체적인 생애는 전해지지 않는다. 1140-1150년경에 편집한 방대한 법전이 곧 그의 전기이다. 이 책의 원명은 「상이한 교회법들의 조화」(*concordantia canonum discordantium*)였으나, 「교령집」(*Decretum*)이라는 간단한 칭호로 바뀌었다. 일종의 법률 백과사전인 이 책은 마치 그라티아누스와 동시대인이었던 롬바르두스의 「신학명제집」(*Sentences*)이 신학 지침서가 되었던 것처럼 법률 분야의 지침서가 되었다.[3] 그라티아누스의 책이 이 만한 인정을 받은 것은 교황이든 교회회의든 공식적인 승인

---

2) Bridges's ed., I. p. lxxxiii.

3) 페트루스 롬바르두스는 그라티아누스의 글에서 많은 내용을 끌어다 썼다. 특히 「신학명제집」에서는 더욱 그러한데, 그 책에서는 그라티아누스의 distinctiones(항목) 전부를 전재한다.

이 있었기 때문이 아니다. 이 책은 양자로부터 승인을 받은 적이 없다. 이 책은 학문성을 갖춘 주석가들에 의해서 거듭 발행되었는데, 가장 먼저 발행한 사람은 그의 제자 파우카팔레아(Paucapalea)였다. 이 책의 편집자들과 주석가들은 대전(大全) 집필자(Summist) 혹은 어휘 주석가(Glossarist)라 불렸다. 로마 교회의 공식 판본은 교황의 위임을 받은 35인 위원회가 제작했고, 그레고리우스 13세가 1582년에 발행했다. 그레고리우스는 그 본문이 영구적으로 권위를 지닌다고 주장했으나, 그 책의 내용에 관해서는 평가를 내리지 않았다.

그라티아누스의 목표는 교회에서 유행하던 관습들과 규례들 사이에 존재하는 모든 실제적 혹은 외관상 모순들을 제거하거나 설명하는 저서를 집필하는 것이었다. 이 목표를 그는 삭제의 방식과 그라티아누스의 어록(dicta Gratiani)이라 불린 평론의 방식으로 성취했다. 이 책은 세 부분으로 구분된다. 101개 항목(distinctiones)으로 구성된 제1부는 교회법과 공의회들의 전거(典據)들, 공의회들의 소집 양태, 교령(敎令)들의 권위, 로마 교황 선출, 주교들의 선출과 축성, 교황의 권한, 교황특사들, 성직 임명, 성직자 독신제도 등의 주제들을 다룬다. 제2부는 36항목(causae)으로 되어 있으며, 주교들과 하급 성직자들에 임명과 재판, 파문, 성직매매, 성직자와 교회의 재산, 결혼, 이단, 마술, 고해 등을 다룬다. 제3부는 성찬과 세례, 교회의 축성(祝聖)을 다룬다. 이러한 주제들을 다룰 때 스콜라적인 방법을 사용한다. 진술을 하고 혹시 반론이 있으면 제기한 다음, 교회회의 법령과 교부들·교황들·그 밖의 신학자들의 증언을 인용하여 반론을 논박한다. 제1항은 인류가 자연법과 관습이라는 두 가지 원리에 의해 지배된다는 진술로 논의의 문을 연다. 그런 다음 법이란 무엇인가?, 관습이란 무엇인가?, 법에는 어떤 종류가 있는가?, 자연법이란 무엇인가?, 민법이란 무엇인가?, 국제법이란 무엇인가 같은 여러 질문들을 해설한다.

그라티아누스의 저서는 곧 증보(增補)할 필요가 있게 되었다. 이 책이 발행된 뒤에 흘러간 두 세기 동안 교황들이 많은 양의 법령을 공포했는데, 특히 알렉산더 3세·인노켄티우스 3세·그레고리우스 9세의 재위 기간에 그러한 현상이 두드러졌다. 이 시기에는 라테란 공의회를 비롯한 중요한 공의회들이 개최되기도 했다. 그라티아누스의 시대에 교황들과 교회회의들이 내린 판결들은 여분의 법령들(extravagantes) 혹은 일시적 법령들(fugitives)이라 불렸다.[4] 구(舊) 편집본들이라 불리는 다섯 편의 편집본들이 1191-1226년에 제작되었다. 그 중 인노켄티우스 3세의 승인하에 그의 교령들을 수록한 세 번째 편집본은 그 교황에 의해 볼로냐 대학교로 보내져 수업에 사용되었다. 이 편집본이 교황의 승인을 받은 첫 교회법 저서였다.

교회법 자료들을 좀 더 완벽하게 취합할 필요를 느낀 교황 그레고리우스 9세는 자신의 상서국장 레몽 드 페나포르트(Raymund de Pennaforte)를 시켜 그 자료들을 단권으로 정리하도록 했다. 대개 「그레고리우스 9세의 교령집」(*Decretales Gregorii* IX)이라 불린 이 저서는 1234년에 완성된 뒤 교육과 재판에 사용하라는 지침이 붙은 채 파리 대학교와 볼로냐 대학교로 보내졌다. 다른 교회법 편찬 작업은 엄격히 금지되었다. 그레고리우스의 편집본은 185개의 표제와 1871개의 교령들을 수록하며, 파비아의 베르나르의 저서가 표방한 5중 구분 방식을 따른다.

제6서(liber sextus. 영국의 저자들은 Sext라 표기함)라 불리는 새로운 모음집은 1298년에 보니파키우스 8세의 승인을 받아 발행되었으며, 그라티아누스와 그레고리우스 9세의 모음집들을 보니파키우스의 교황 정부에 맞게 수록하였다. 1314년에 클레멘스 5세가 발행한 또 다른 모음집에는 그 교황 자신의 교령들과 비엔 공의회 법령들이 수록되었으며, 제7서(liber septimus) 혹은 「클레멘스 교령집」(*Clementines*)이라 불렀다. 1317년에 요한 22세는 클레멘스의 모음집을 공식적으로 볼로냐 대학교와 파리 대학교로 보냈다. 그는 클레멘스의 교령집에 자신이 제정한 교령 20개 항목을 첨가했다. 1500년에 요한 카푸이스(John Chappuis)는 제6서와 클레멘스 교령집을 한 권으로 편찬하면서, 요한의 교령들과 그 밖의 교황들이 제정한 71개 항목을 추가했다. 이렇게 연이어 발행된 교회법 모음집들인 그라티아누스의 「교령집」, 그레고리우스 9세의 「교령집」, 「제6서」, 「클레멘스의 교령집」, 그리고 요한 22세의 「추가 교령들」(*Extravagantes*)이 공식적인 교회법 총서(corpus juris canonici)를 구성하며, 그레고리우스 13세의 편집본에 함께 실려 출판되었다.

교회법은 사제의 성사적(聖事的) 결정에 의해 요람에서 무덤에 이르는 인간 생활의 모든 국면들 — 성직과 교회, 사회와 가정 — 을 상세하게 법으로 규정하는

---

4) Friedberg's ed., *Quinque compilationes antiquae*, Leip., 1882. Bernard of Pavia 가 1191년에 *Breviarium extravagantium*에 수록한 최초의 편집본은 내용을 다음 다섯 주제로 배열한다: 심판, 판결, 성직자, 결혼, 범죄.

과업을 수행했다. 따라서 민법의 영역을 침범했으며, 민법을 철저히 도태시킬 수도 있는 상황이었다. 교회가 자체의 법전과 형벌 체계를 지니고 있었을 뿐 아니라, 자체의 감옥도 운영하고 있었다.

교회법은 제후들의 독단적이고 야만적인 잔학 행위를 제재하는 역할을 수행했다. 적어도 이 법은 정의와 인간애의 원리에서 출발했다. 그러나 이 법은 마치 바리새인들이 유대인들의 삶을 세세하게 규제하려고 했던 것처럼, 기독교 세계에서 발생하는 모든 개별적 행위를 세세하게 규제하려고 하는 데로 변질되었다. 그로써 포괄적이고 종합적인 도덕 원리들을 도외시한 채, 많은 경우 결의론(決疑論)의 범주에서 벗어나지 않는 법규들을 끊임없이 제정하는 큰 오류를 범했다. 사고의 발전을 크게 저해했으며, 사람들의 목에 너무나 무거운 멍에를 씌웠다. 중세의 교회법은 교황 제도가 지니는 장단점을 고스란히 가지고 있었다. 성직자들이 무슨 죄를 범하든 교회 법정에서 재판을 받게 함으로써 그들을 보호해 주었다. 교황의 권리 주장들을 뒷받침하는 막강한 근거가 되었다. 가짜 이시도루스의 교령들의 허구를 사실로 확증하고 영속화했으며, 새로운 위조 문서들이 나올 수 있도록 조장했다. 로마의 판결이 최종적이라고 가르쳤다. 그리스도가 법 위에 계시듯이, 교황도 그러하다고 했다.[5] 될링거(Döllinger)는 「교령집」에 대한 연구를 마감하면서 그 문헌이 "처음부터 끝까지 날조와 오류"로 가득하다고 단언한 뒤에 "그것이 강력한 쐐기처럼 교회의 옛 조직에 들어와 그 조직을 동강냈다"고 말한다.

교회법은 분리파를 위협하고 제재하는 데 군사력을 사용해야 한다고 규정한 교회의 악마적인 원리에 대해서도 재가했다. 천상적 예루살렘의 예표인 사라가 몸종 하갈을 박해했듯이, 종교적 원수들에 대해 전쟁을 벌이고 이단을 박해하는 행위를 정당화했다. 그리고 우르바누스 2세의 입을 통해서, 파문에 처해진 자를 죽여도 살인으로 간주되지 않는다고 공포했다. 명쾌한 진술들로 제시된 이러한

---

5) Causa, XXV. I. 16. 그라티아누스는 제6차 에큐메니컬 공의회 법령 제36조(콘스탄티노플 총대주교에게 로마의 총대주교와 동등한 권한을 부여하는 내용)를 잘못 인용하여 정반대 내용을 말하도록 만들었다. 그는 418년의 카르타고 교회회의(해외의 교회에 항소하는 행위를 금지함)의 법령을 잘못 인용함으로써 그 교회회의가 정반대 내용을 말하도록 만들기도 했다. Causa, II. 6, 37. 그는 위(僞) 이시도루스에 근거하여 주교들이 교황의 동의를 받아 교구를 옮기는 것을 허용했다. Causa, VII. I. 34.

원리들을 토마스 아퀴나스를 비롯한 스콜라 학자들이 옹호했고, 위대하다고 하는 교황들이 주장했다.

예루살렘 공의회에서 베드로에게, 서신서들에서 바울에게 비판을 받은 사도 시대의 의식법(儀式法)이 그랬던 것처럼, 교회법의 독재성이 마침내 유럽의 지식 인들이 감내할 수 없을 정도로 심해졌다. 종교개혁자들은 중세의 교회법에 대해서 비판의 소리를 높였다. 루터는 1520년에 비텐베르크에서 교황의 대칙서를 소 각해 버린 열정으로 교회법 사본을 던져버렸는데, 전자(대칙서)가 무류(無謬)한 교황의 뻔뻔스러움을 대표했다면, 후자(교회법)는 신앙 문제에서 인간 입법자의 감내할 수 없는 오만을 대표했으며, 둘 다 개인의 자유를 크게 침해했다. 「기독교 귀족들에게 고함」(*Address to the Christian Nobles*)이라는 책에서, 루터는 교회법 이 신앙인을 교육하는 데 유익한 내용을 단 두 행도 싣고 있지 않으며, 위험한 규율들이 너무나 많아서 그것을 아무리 근사하게 편집해 본들 분뇨더미나 될 뿐이라고 주장했다.

가톨릭 세계에서조차 중세 교회법은, 트렌트 공의회의 법령들과 그 이후에 발 행된 교황의 교령들, 그리고 가톨릭 제후들과 교황청 사이에 체결된 정교조약(政 敎條約, concordat)으로 대체되었다. 교황은 자신의 공식적 무류성에 힘입어 어 느 때고 교회법을 자신의 판결과 규정으로 대체할 수 있다.

123. 교회와 국가에서 교황의 수위권

그레고리우스 7세와 인노켄티우스 3세가 주장한 교황권에 대해서는 이미 언급 했다(참조. 27, 36). 이 시기의 상당 부분은 그레고리우스 7세와 하인리히 4세 사 이의 투쟁으로부터 시작하여 호엔슈타우펜 왕조의 콘라딘이 죽을 때까지 교황 신정정치의 이상을 실현하려고 한 교황들의 노력으로 채워진다. 이 시기에 교황 들이 열정적으로 쏟아낸 발언들은 개인들과 국가들에게 기독교적 자비를 실천하 도록 독려하는 것이 아니라, 교황의 사법권을 강행하기 위한 것이었다. 이 항목 을 따로 마련한 이유는 앞서 언급한 내용을 다시 소개하려는 것이 아니고, 교황 제라는 제도를 현실에 구현된 대로 소개하고, 스콜라 학자들과 민중이 그 제도를 어떻게 평가했는지를 알리려는 것이다.

그레고리우스 7세부터 보니파키우스 8세까지 베드로의 권좌를 차지한 교황들 41인 가운데 더러는 역량이 탁월한 사람들이었으며, 세속 군주로서도 최상급의 지위를 차지할 만한 사람들이었다. 이전 시대에 볼 수 있었던 그런 추문들이 이 시기의 교황들에게는 없었다. 교황이 어리거나 방탕하다는 이유로 북유럽에서 황제가 군대를 끌고 내려와 무능한 교황을 교체하는 그런 일이 이 시기에는 발생하지 않았다. 반면에 로마는 신앙의 중심지도 학문의 중심지도 아니었다. 신앙 열정에서는 수도원들이 유명했고, 지적 문화에서는 볼로냐와 파리 같은 지역들이 유명했으나, 로마는 오로지 교회들을 다스리는 권좌로서만 명성을 유지했다.

교황들의 죄는 성직위계제도에 바탕을 둔 교만이었으나, 그럴지라도 세계를 지배하고자 하는 야심에서는 과거의 위대한 로마 황제들에 조금도 못지않고, 다만 도덕적 성품을 품었다는 점에서 크게 달랐던 위대한 교황들에게 매료되지 않을 수 없다.[6]

교황제와 관련하여 제기되었던 가장 거만한 주장들이 이 시기에 서유럽에서 실현되었다. 교황이 교회에서 모든 주교들 위에 군림하는 직분으로 인정을 받았으며, 몇몇 경우를 제외하고는 세속 사회에서도 가장 높은 통치자로 인정을 받았다. 교황이 교회와 세속 사회에 모두 대권을 행사하는 데 대해 비판이 없지 않았으나, 유럽의 보편적 정서는 교황의 그러한 대권을 뒷받침했다. 이로써 교황이 두 영역에 걸쳐 완전한 권위(plenitudo potestatis)를 행사했다.

교황과 교회. 인노켄티우스 3세가 교회에서 교황의 수위권(首位權)을 뒷받침하기 위해서 즐겨 사용한 비유는 머리와 몸의 관계였다. 머리가 몸의 모든 힘을 주관하고 제어하듯이, 베드로의 계승자도 교회의 머리로서 교회를 다스릴 전권을 지닌다. 교황은 다른 사람들을 불러서 교회를 돌보도록 하되, 머리의 권위가 손상되지 않는 방식으로 한다.[7] 인노켄티우스 2세는 제2차 라테란 공의회 개막 연설에서 같은 비유를 사용하면서, 로마 교황의 허가 없이는 어떠한 교직도 합법적

---

6) Ranke는 *Weltgesch.*, VIII. 410에서, 자신이 교황제를 신적 제도로 간주하지 않았다는 이유로 로마 당국자들이 자신의 저서들을 금서목록에 올려놓았다고 썼다. 그럴지라도 그는 이렇게 말했다. "나는 교황제가 역사에 등장했던 제도들 가운데 가장 강력한 제도의 하나이며, 경이와 감탄을 자아내는 매우 가치 있는 제도라고 주장한다."

7) 참조. *Decr. Greg.*, III. 8, 5, Friedberg's ed., II. 489에 실린 인노켄티우스의 서신.

으로 취득할 수 없다고 주장했다. 그레고리우스 7세는 교황이 자기 뜻대로 주교들을 폐하기도 하고 세우기도 할 수 있다고 말했다. 교황이 인간의 어떠한 사법권에도 종속되지 않는다는 원리는 일찍이 493년에 겔라시우스(Gelasius)가 주장했던 것으로서, 베르나르에 의해 재천명되었다. 하지만 베르나르는 교황이 자신의 독단적인 의지를 교회법으로 삼는 행위에 항의했다. 1072년에 란프랑쿠스는 로마 교회가 사실상 모든 교회의 총합이며, 다른 교회들은 사실상 로마 교회의 부분들이라고 말했다. 모든 교회 문제들의 처리는 베드로의 계승자들에게 승인을 받을 때에만 권위를 지닌다고 했다.

제4차 라테란 공의회는 로마 교회를 모든 신자들의 어머니와 스승으로 공식적으로 선포했으며, 로마의 주교가 콘스탄티노플 · 예루살렘 · 안디옥 · 알렉산드리아의 총대주교들보다 지위와 권위에서 우월하다고 주장했다. 레오 9세(1054 죽음)는 이러한 결의를 토대로 콘스탄티노플 총대주교 카이룰라리우스(Caerularius)를 고압적으로 대했다. 인노켄티우스 3세는 그리스 총대주교를 라틴인으로 대체함으로써 그 주장을 옹호했다. 1274년의 제2차 리옹 공의회는 그리스인들에게 로마 교황의 완전 수위권과 보편 교회를 다스릴 권한을 인정하는 문서에 서명하도록 요구했다.

이러한 교황 절대주의 이론을 신학과 교회법으로 충분히 뒷받침한 사람이 토마스 아퀴나스와 그라티아누스이다. 그라티아누스는 교황을 거역하는 것이 곧 하나님을 거역하는 것이라고 주장했다. 토마스는 주교가 교구의 머리이듯이, 모든 교구들을 하나로 아우르고 교회 안에 순수한 도덕과 교훈을 보장하는 머리가 반드시 있어야 한다고 생각했다. 승리의 교회(the Church triumphant)가 한 분의 통치자를 모시듯이, 전투의 교회(the Church militant)도 한 사람의 통치자 곧 교황을 두어야 한다고 했다. 그는 교황에게 온 교회를 다스릴 전권이 있다고 주장했다. 신앙의 문제에 관해 판결할 권한이 교황에게 있다.

보나벤투라도 같은 입장을 취했다. 교황은 교회에 관련된 모든 문제들에 대해 수장이다. 그는 교회 감독에 속하는 모든 문제들에 권위의 근원이며, 그의 권위는 교회의 가장 높은 지체에서부터 가장 낮은 지체에까지 해당된다.[8] 주교들이 교황과 견해의 차이를 가질 수 있으나, 결국에는 교황의 수위권에 복종해야 한

---

8) *Brevil.*, VI. 12, Peltier's ed., VII. 327.

다. 링컨의 주교 그로스테스트의 입장도 같았다. 그는 "우리의 주군(主君)이신 교황이 교회의 모든 성직록들을 자유롭게 처분할 권위가 있음을 잘 알고 있습니다" 하고 말했다.[9]

클레멘스 4세가 로마 교황에 대해서 "모든 교회들과 고위 성직들과 하위 성직들과 성직록들을 폐할 완전한 권한"을 주장한 것은 라틴 기독교 세계에 퍼져 있던 보편적 견해를 대변한 것일 뿐이다.

이론적으로는 에큐메니컬 공의회와 교황 가운데 어느 쪽에 수위권이 있는가 하는 것이 쟁점이다. 그러나 이 책에서 우리가 다루는 시기에는 교황들이 총공의회들의 입법을 통제했으며, 그레고리우스 9세의 경우가 단적으로 보여주듯이 교회의 입법을 교황들이 확정지었다. 교황과 공의회의 상대적 권위가 뜨거운 쟁점이 된 것은 13세기 이후의 일이다.

교황은 모든 지역 교회들에게 임의로 세금을 징수할 권한도 주장했다. 13세기 후반의 교황들이 노골적으로 표명한 이 주장이 14세기 교황청의 부패로 이어졌고, 그것이 기독교 세계의 도덕 의식에 충격을 준 결과 피사 · 콘스탄츠 · 바젤 같은 개혁적 공의회들이 소집되는 계기를 제공했다.

교황이 그리스도의 대리자와 하나님의 대리자로 자임하는 것이 인노켄티우스 3세 때부터 관습으로 고착되었다. 이후로 교황에게는 성하(聖下, sanctitas 혹은 sanctissimus)라는 칭호가 붙었다.

교황과 개인. 키프리아누스의 구호가 "교회 밖에는 구원이 없다"는 것이었으나, 이것이 이 시기에 와서는 로마 교회 밖에는 구원이 없다는 것으로 대체되었다. 교황에게 복종하기를 거부하는 모든 사람들은 이단으로 규정되었다. 매고 푸는 교황의 권세로부터 어떠한 인간도 제외되지 않았다. 어떤 것도 교황의 사법권에서 면제되지 않았다.

교황과 국가. 이탈리아 중부는 말할 것도 없고 잉글랜드 · 폴란드 · 노르웨이 · 스웨덴 · 포르투갈 · 아라곤 · 나폴리 · 사르디니아 · 코르시카 · 시칠리아가 이 시기에 교황의 봉토(封土)들이었다. 1299년에는 스코틀랜드도 같은 상황에 들어갔다. 남북으로는 에데사에서 스코틀랜드까지, 동서로는 카스티야에서 리가까지 펼쳐진 나라들에 대해 교황청은 로마가 신적 권위를 물려받은 권위의 심장임을

---

9) *Ep.*, 49.

주지시켰다. 서부의 섬들은 교황이 임의로 증여할 수 있는 재산이었다. 인노켄티우스가 썼듯이, 베드로에게는 보편 교회만 부여된 것이 아니라, 온 땅이 부여되었다는 것이 그 시대의 정서였다.[10] 앞서 살펴본 대로 그는 이러한 원리를 천명한 뒤에 그것을 행동으로 옮겼다. 593년에 대 그레고리우스가 그랬듯이, 교황이 황제의 수위권을 인정한 때가 있었다. 그레고리우스 7세의 시대에 글을 쓴 페트루스 다미아니는 두 권력과 두 영역의 구분과 협력을 인정했다.

그러나 모든 세속 권력이 교황에게 종속된다는 또 다른 개념이 대두했다. 세속 군주를 폐위하고, 백성에게 세속 군주에 대한 충성 의무를 면제해 주고, 황제 프리드리히 2세에게 했듯이 세속 군주에 대한 반란을 적극적으로 조장하고, 프랑스 남부에서 그랬듯이 토지를 전용하고, 임의로 왕을 세우고, 가장 무거운 교회의 형벌로 위협하여 조공을 받아내고, 종교적 반대파를 영구히 투옥하거나 세속 권력 기관에 넘겨 사형을 받게 하고, 십자군 부대를 파병하고 축성하고, 민간 법원의 영역을 침범하고, 그 권위를 탈취하고, 마그나 카르타에 대해서 그랬듯이 국가의 법률에 대해서 무효라고 선언하는 등의 고압적 대권들을 교황들이 실제로 행사했다. 볼로냐의 법률가들이 황제의 독립된 권리를 내세워 론칼리아의 임야에 대해 내린 판결은 일과성 사건에 지나지 않았으며, 교황들은 그들의 학문적 교만을 무참히 꺾어 버렸다. 삼중관을 쓴 자들(교황들)이 패배를 한 적도 가끔 있었지만, 그들은 신적 권위를 한 번도 포기하지 않았다. 프리드리히 2세 같은 황제들이 성경을 근거로 제시하면서, 교황들이 왕들을 처벌하고 그들에게서 왕국을 빼앗을 수 있다는 원리가 성립될 수 없다고 주장해 보았으나 아무런 성과도 거두지 못했다.

교황들의 주장은 명쾌하고 단호했다. 그레고리우스 7세가 교황청과 국가라는 두 영역을 금과 납, 해와 달, 영혼과 육체로 비유한 것을 인노켄티우스는 더욱 정교하고 강경하게 만들었다. 그레고리우스는 자신이 하나님 앞에서 모든 왕국들에 대해 회계(會計)해야 한다고 주장했다.[11] 교황에게 보편적 통치권(regimen universale)이 위임되었다고 했다.[12] 인노켄티우스 3세는 사제직과 왕직을 겸직한

---

10) *Ep.* I, 401.

11) *Reg.*, I, 63, Migne, 148. 569.

12) *Reg.*, II, 51.

멜기세덱이 사제와 왕의 기능을 겸비한 교황의 훌륭한 예표라고 주장했다.

　독창성과 도덕적 능력이 떨어지는 사람들은 이 두 위대한 교황들이 해놓은 주장을 답습하고 그들의 비유를 반복하는 선을 넘어설 수 없었다. 그들 가운데 그레고리우스 9세만큼 뚜렷한 소신을 가지고 행동한 교황은 없었다. 그는 대다수 사람들이 황제의 권력에 위축되어 지내던 시기에 콘스탄티누스의 증여가 허구임을 부각시키려던 프리드리히 2세의 계획에 대항하여 교황권을 강력히 주장했다. 로마의 홀(笏)이 초대 기독교 황제에 의해 사도 교구에 위임되지 않았으며, 사도 교구가 제국을 그리스인들에게서 독일인들에게로 옮긴 결과 샤를마뉴와 프리드리히 자신이 아르카디우스와 발렌티니아누스, 테오도시우스 같은 기독교 로마 황제들의 계승자들이 되지 않았느냐고 반문했다.[13] 그러나 1254년에 인노켄티우스 4세는 힐데브란트가 취했던 입장으로 다시 돌아가서, 베드로가 세속 권력을 하나님으로부터 직접 받았기 때문에 교황이 콘스탄티누스에 근거하여 세속 권력을 지니는 게 아니라고 주장했다.[14]

　교황청과 호엔슈타우펜 가와의 투쟁이 끝나고, 합스부르크 가의 루돌프가 제위에 오름으로써 평화가 정착되었을 때, 그레고리우스 10세는 루돌프에게 이렇게 썼다. "만약 신성한 권좌가 비게 되면 제국은 어디 가서 구원을 받을 길이 없게 됩니다. 만약 황제의 권좌가 비게 되면 교회가 박해자들 앞에서 보호막을 잃게 됩니다. 왕들이 직무를 수행하도록 하는 것이 교회의 통치자의 의무이고, 교회의 권리를 보호하는 것이 왕들의 의무입니다." 이것은 교황의 수위권을 온건하게 진술한 것이었다. 그러다가 마침내 보니파키우스 8세가 저 유명한 대칙서 우남 상탐(unam sanctam, 1302)에서 힐데브란트 이후의 전임자들이, 실상은 니콜라우스 1세가 주장했던 바를 다소 단호한 어조로 정확하게 진술하게 되었는데, 그것은 교황이 인간 영혼들을 다스리는 영적 권력과 그들의 세속적 문제를 다스리는 현세적 권력에 대해 동시에 수위권을 지닌다는 주장이었다.

　이러한 주장들을 기독교 역사를 통틀어 가장 유력한 성직자와 신학자의 대열에 포함시킬 수 있는 베르나르와 토마스 아퀴나스가 각자 따로 논문을 써서 옹호

---

13) *Brebolles*, IV. 914-923.

14) 레오 10세가 루터를 제재하기 위해서 발행한 대칙서는 교황이 제국을 그리스인들에게서 독일인들에게로 옮겼다는 이 허구를 재차 강조했다.

했다. 베르나르는 인노켄티우스 2세와 유게니우스 3세가 재위하던 시기에 교황들의 친구이자 유럽의 기독교 사회를 이끌어간 정신적 지주였으며, 당대를 군림한 도덕적 힘이었다. 토마스 아퀴나스는 신학자로서 글을 썼으며, 그와 더불어 교황제라는 주제가 신학의 체계에서 개별적으로 다루어지기 시작했다. 「군주들의 통치」(Rule of Princes)와 「그리스인들의 오류들」(Errors of the Greeks)에서, 토마스는 교황이 보편 교회뿐 아니라 국가에 대해서도 수위권을 지닌다고 명확하게 주장한다. 베르나르는 교황지상주의(Ultramontane)와 갈리아주의(Gallicanism)를 동시에 주장했으나, 그가 유게니우스 3세에게 보낸 「숙고에 관하여」(De consideratione)라는 서신에는 교황이 두 영역에서 수위권을 지닌다는 것 외에 달리 해석할 수 없는 표현들이 실려 있다.

미뉴(Migne)의 판본에 여든 개의 조밀한 단을 채우고 있는 베르나르의 논문은 영적 아들 유게니우스에게 네 방향에서, 즉 자기 자신과 자기 아래 있는 것과 자기 주위에 있는 것과 자기 위에 있는 것을 생각해 보라고 권고한다. 교황의 권좌에 앉은 사람이 이러한 경고와 훈계를 들은 경우란 그 전례를 찾아볼 수 없는 것이었다. 저자는 아마도 지긋한 말년에 이 글을 쓴 듯하다.

글의 내용은 대략 다음과 같다: 교황은 자기 자신에 관하여 생각할 때, 자신이 교황으로 세움을 받은 목적이 통치하라는 것이 아니라 선지자가 되라는 것이며, 권세를 부리라는 것이 아니라 교회들을 보살피라는 것임을 기억해야 한다. 교황은 종으로서 자처할 때에야 비로소 가장 위대하다. 교황으로서 그는 사도들의 계승자이자 주교들의 군주이다. 그는 아벨 · 아브라함 · 멜기세덱 · 모세 · 아론 · 사무엘 · 베드로가 견지했던 수위권의 맥을 잇는다. 그에게는 열쇠들이 부여된다. 다른 주교들에게는 한 무리의 양떼가 맡겨지지만, 교황은 모든 양들의 목자이고 목자들의 목자이다. 심지어 주교들을 폐위할 수 있으며, 천국에서 쫓아낼 수도 있다. 그럴지라도 유게니우스는 한 사람일 뿐이다. 비록 교황이긴 하지만 재요 먼지에 지나지 않는다. 지위가 바뀌었다고 인간이 바뀌는 것은 아니다. 다윗은 왕이 되었어도 후에 어리석은 짓을 했다.

교황 아래 있는 것들은 교회와 복음 전파의 대상이 되는 만민이다.

교황 주위에 있는 것들은 추기경들과 교황청의 모든 식솔들이다. 이들에 대해서는 탐욕과 야심을 책망해야 하고, 소란스러운 법률 분쟁을 잠재워야 하고, 자격 있는 자들을 관리로 선발해야 한다. 로마인들은 교황에게 아첨하여 자신들의 뜻을 관철시키려 하는 못된 사람들이다. 그들은 거룩하게 살려는 사람을 위선자로 간주한다.

베르나르는 이렇게 신실한 조언을 해나가는 중에 이상적 교황상을 웅변으로 묘사한다. 교황은 주교들의 한 사람일 뿐 그들의 군주가 아니다. 그는 하나님을 사랑하는 모든 사람들의 형제이다. 그는 의의 모범, 진리의 수호자, 가난한 자의 신원자, 압제당하는 자의 보호자가 되어야 한다. 그는 지극히 높으신 이의 사제, 그리스도의 대리자, 주의 기름 부음 받은 자, 바로(파라오)의 하나님, 즉 불순종하는 모든 군주들을 제재하는 권위이다.

베르나르는 교황이 두 개의 검을 지닌다고 분명하게 밝힌다. 한 자루는 교황이 직접 휘두르며, 다른 한 자루는 세속 권력자들에게 의사를 전달하여 휘두르게 한다.[15] 물론 베르나르가 베드로의 사도적 단순함과 가난을 강조하는 것이 사실이다. 베드로는 귀금속을 착용하지 않았고, 호위병을 두지 않았으며, 백마를 타지 않았다. 교황들이 그런 외장(外裝)을 갖추는 것은 사도를 따르는 게 아니라 콘스탄티누스를 따르는 것이다. 그러면서도 베르나르는 자기 시대의 정서에 따라 교황을 지상에서 하나님의 대리자라고 부른다.

토마스 아퀴나스의 견해는 이미 앞에서 살펴보았다(참조. 108). 그의 진술들은 의미에 관해 조금도 논란을 허용하지 않을 만큼 분명하다. 교황에게는 전권이 있다. 로마 교회에는 그리스도에게 바치는 것과 같은 순종을 바쳐야 한다. 이러한 주장들이 제2차 리옹 공의회를 목전에 두고서 동방과 서방의 분열을 치유하기 위한 조치들이 모색되던 시기에 그리스인들의 오류들을 지적한 그의 논문에 실린 내용이다. 교황은 왕인 동시에 사제이며, 세속 군주는 베드로와 그의 계승자들에게 권위를 얻는다.

토마스는 거기서 한 걸음 더 나아가서 교황의 무류성(無謬性)을 주장했다. 이 주장을 뒷받침하기 위해서 진위가 의심스러운 키릴루스의 저서들을 인용했으나, 실제로 교부들이 써놓은 글들도 많이 인용했다.

당시에 사제들과 수사들 사이에 널리 퍼져 있던 견해는 12세기 초에 하이스터바흐의 카이사르가 정확하게 전달한다. 그는 교회를 창공에, 교황을 태양에, 황제를 달에, 주교들을 별들에, 성직자들을 낮에, 평신도들을 밤에 비유한다.

---

15) *De consid.*, IV. 3, Migne, 82, 776.

입이 다물어지지 않을 만큼 지나치게 방대한 주장들이지만, 그런 주장을 한 교황들이나 신학자들과 민중이 다같이 진지하게 그런 주장들을 믿었다는 데에는 의심의 여지가 없다. 교회와 국가에 대한 교황의 수위권은 고정된 확신이었다. 오늘날 교회와 국가의 분리의 근거로 인용되는 "가이사의 것은 가이사에게, 하나님의 것은 하나님에게"라는 구절이 당시에는 좀 다른 해석이 붙은 채 인용되었다. 생 빅토르의 위그는 일찍이 아우구스티누스가 정의한 대로 교회를 신자들의 대학교(universitas fidelium)로 정의했고,[16] 알라누스 데 인술리스(Alanus de Insulis)는 그리스도를 고백하는 신자들의 회중과 성사들의 곳간으로 정의했다.[17] 그러나 그리스도인의 개인적 자유와 그가 그리스도에게 직접 책임진다는, 신약성경 도처에 나타나 있는 사상이 당시에는 설 자리가 없었다. 교황이 교회와 세속 사회를 모두 다스리는 군주라는 허구는 분열과 전쟁으로 얼룩진 당시 유럽 사회를 하나로 묶어놓는 데 어느 정도 이바지한 일시적 미봉책이었다. 교황이 절대 군주의 지위에서 내리는 두려운 판결이 거칠고 무법한 세속 군주들을 제어했다. 그러나 그 이론은 신적 임명과 항구적 적용의 원리로서는 견지할 수 없는 사악한 것이다. 유럽의 국가들은 이미 오래 전에 그 원리에서 벗어났으며, 기독교 세계의 개신교 교회들이 비록 레오 13세에게 했듯이 그리스도의 정신을 발휘하는 로마 주교에 대해서 존경을 표시할 수는 있어도, 그리스도의 대리자로 자임하는 자에게 복종하는 경우란 결코 없을 것이다.

124. 교황과 교황청

교황청(curia)은 교황의 식솔을 이루는 추기경들과 하위 관리들에게 붙는 명칭이다. 이 책에서 우리가 다루는 시기에는 갈수록 권력이 로마에 집중된 까닭에 교황청의 중요성도 갈수록 커져갔다. 교황이 산적한 업무를 수행하기 위해서 어쩔 수 없이 공증인들과 변호사들, 소송 대리인들 같은 관리들을 고용할 수밖에 없었다.

---

16) *De sacr.*, II. 1, 2, Migne, 176. 141, etc.

17) Migne, 210. 613.

엄격한 의미에서 교황청이라는 단어는 추기경회에 적용된다. 이 집단이 교황과 맺고 있는 관계는 참사회가 주교와, 내각이 군주와 맺고 있는 관계와 유사하다. 1245년과 1274년의 리옹 에큐메니컬 공의회들은 추기경들에게 모든 고위 성직자들보다 우월한 권한을 주었다.

교황 선출 방식을 확정한 입법은 이 시기에 니콜라우스 2세가 1059년에 로마 공의회에서 행한 연설과 1274년에 그레고리우스 10세가 제2차 리옹 공의회에서 행한 연설에 힘입어 이루어졌다. 9세기부터 황제가 교황 선출을 재가하거나 거부할 수 있는 권한을 주장했으나, 그레고리우스 7세의 영향으로 이러한 주장이 자취를 감추게 되었다. 니콜라우스 2세가 제정한 법은 그레고리우스의 견해를 구현한 것으로서, 선출권을 추기경들에게만 주었고, 이것이 그들의 주된 기능이 되도록 했다. 이 법은 비록 1179년의 제3차 라테란 공의회에서 알렉산더 3세가 정식으로 공포하기 전까지는 엄격히 실행되지 않았으나, 그럴지라도 교황제의 완전 독립에 중요한 단계가 되었다. 교황 선출에는 추기경들의 2/3의 찬성이 필요했다. 이 법에는 로마 시 바깥에서 이루어진 교황 선출도 유효하다는 중요한 조항이 포함되었다.

클레멘스 4세(1268 죽음)가 죽은 뒤 거의 3년 동안 교황직이 공석으로 남아 있는 상황이 발생하면서 좀 더 구체적인 규정을 마련한 필요가 제기되었다. 이러한 필요에 부응하여 그레고리우스 10세의 주관하에 완성된 법은 기존의 법을 약간 수정한 것으로서 오늘날까지 효력을 발휘하고 있다. 이 법은 교황이 죽은 지 열흘 내에 그가 죽은 건물 안에서 추기경들이 모여 후임자를 선출하도록 규정한다. 교황 선거 회의(conclave, 열쇠라는 뜻의 clavis에서 유래) 혹은 회의실이 그 모임 자체의 이름으로 굳어졌다. 투표 과정에서 추기경들은 외부 세계로부터 차단되며, 음식도 창문을 통해서 전달된다. 만약 사흘 안에 결론을 내지 못하면 식사가 정찬(正餐) 한 접시, 석식 한 접시로 줄어든다. 여드레가 될 때까지도 결론이 나지 않으면 빵과 포도주만 제공된다. 투표가 폭력 등의 방해로 중단되는 사태를 예방하기 위해서 세속 권력자들에게 교황 선거회에 대한 경호 책임을 위임한다.

오늘날 추기경들이 소속되어 있는 교황청의 성성(聖省, congregation)들은 후대에 생겼다. 가장 오래된 종교재판소 성성(Holy Office or Congregation of the Inquisition)은 1542년에 수립되었다. 빨간 모자는 1245년에 인노켄티우스 4세가 그들의 직무의 상징으로, 자색 망토는 2백 년 뒤인 1464년에 파울루스 2세가 수여했다. 추기경들은 사파이어 반지를 착용하며, 1630년에 우르바누스 8세가 제정한 법에 의해 전하(殿下, Eminence)라는 칭호로 불린다. 그들의 수는 1586년에 식스투스 5세에 의해 70인으로 한정되었다. 70인 내에서의 정확한 인원은 당대 교황의 재량에 맡겨진다. 추기경의 수가 가장 많았던 때는 피우스 4세 때인 1559년으로서, 당시에는 무려 76명이나 되었다. 13세기 후반에는 그 수가 매우 적은 경우가 적지 않았는데, 어떤 때에는 일곱 명으로 줄어든 적도 있다. 우르바누스 6세(1378-1382 재위) 이래로는 추기경들 가운데서만 교황이 선출되었다. 교황의 자진 사임권은 그레고리우스 6세(1046), 켈레스티누스 5세(1294), 그레고리우스 12세(1415)의 전례에 근거를 둔다.

교황의 대관식과 즉위식은 갈수록 화려하고 성대한 행사가 되었는데, 행사는 대체로 성 베드로의 도시를 관통하여 라테란 궁까지 행렬을 벌이는 식으로 진행되었으며, 행렬에는 교황과 고위 및 하위 성직자들뿐 아니라 귀족들과 세속 군주들도 참여했다. 삼중관(tiara)은 우르바누스 5세(1362-1372 재위) 이전에는 사용되지 않은 듯하다. 이 교황관은 교황이 하늘과 땅과 지하 세계를 다스리는 상징으로 간주된다. 혹은 세속권과 현세뿐 아니라 내세에서도 매고 푸는 권세를 상징하기도 하고, 서방의 총대주교구인 로마와 온 세상을 상징하기도 한다.

이 시기에 교황특사(papal legate) 제도가 수립되어 교황권 신장에 견인차 역할을 하게 되었다. 그레고리우스 7세의 재위 기간부터 이 관리들이 항상 등장한다. 클레멘스 4세는 그들을 로마 제국의 총독들에 비유했다. 그들은 특별한 사건들에 대해서 교황의 대리자로 임명되었고, 그들이 파견되는 지역에서 주교들보다 높은 권위를 행사했고, 교회회의들을 주재했으며, 교황에게 바쳐야 할 존경을 자임했다.

그레고리우스 7세는 교황특사를 천거하면서 누가복음 10:16을 인용했다. "너희 말을 듣는 자는 곧 내 말을 듣는 것이요."[18] 그는 스페인에 추기경 휴고(Hugo)를 파견했고, 사르디니아 · 프랑스 · 덴마크 · 폴란드 · 잉글랜드에 다른 교황특사들을 파견했다.[19] 힐데브란트 자신이 교황이 되기 전에 교황들을 대리하여 특별한

---

18) *Reg.*, II. 44, Migne, 148. 392.

19) *Reg.*, I. 7; I. 29, VIII. 10; II. 32; II. 51; II. 73; I. 70, Migne, 148. 290, 312, 387, 405, 423, 345.

사건들을 처리했으며, 하드리아누스 4세는 북유럽에서 교황특사의 직무를 성공적으로 수행하여 명망을 쌓았다. 1070년에 거행된 정복자 윌리엄의 대관식에 교황특사들이 참석했다.

교황특사들은 마치 군주들처럼 지낸다는 평판을 얻었고, 자신들이 파견받은 나라들로부터 재정 지원을 받았다. 그들이 주교들의 권한을 침해하고 돈을 요구하는 폐단으로 인하여 유럽 전역에서 심한 불만과 비판이 제기되었다. 바르바로사는 하드리아누스 4세에게 쓴 서신에서, 교황특사들이 사제들로서 오지 않고 약탈자들로서 왔기 때문에 그들을 받아들이지 않겠다고 했다.[20] 솔즈베리의 존과 매튜 패리스는 성 베르나르와 같은 노선에 서서 그들의 권력 남용과 흉포함을 비판했다. 베르나르는 원칙대로 직무를 수행한 교황특사를 단 두 사람밖에 찾아내지 못했다. 그 중 한 사람인 마르티누스는 다키아로 파견되었다가 대단히 가난한 상태로 귀국하였는데, 여비가 없어서 피렌체에도 가까스로 도착했고, 그곳에서 로마로 갈 때에도 만약 말 한 필을 빌리지 않았다면 걸어갈 수밖에 없는 처지였다. 베르나르는 교황특사가 금의 땅에 갔다가 금을 가지지 않고 돌아오고, 은의 땅을 두루 다녔으나 은 없이 돌아왔다는 자신의 이야기가 그저 한가한 이야기로 취급될 것이라고 느꼈다. 또 다른 교황특사는 아키텐의 고프리(Gaufrid)로서, 그는 생선과 채소조차 공짜로 받기를 거부하고 꼭 돈을 내고 삼으로써 아무도 "내가 아브람으로 치부하게 하였다"(창 14:23) 하고 말할 수 없게 만들었다.[21]

프란체스코회의 연대기 저자 살림베네(Salimbene)도 이탈리아 북부에서 활동하던 교황특사들을 어두운 어조로 소개한다. 열두 명의 이름을 거론하면서, 훗날 교황 그레고리우스 9세가 된 우골리노(Ugolino)를 포함한 네 명은 특히 불륜죄를 범했다고 하면서, 그들이 낳은 자녀들 몇몇의 이름을 기록한다. 열두 명 중 두 명은 술을 지나치게 많이 마셨다고 적으며, 교황특사들 전반에 대해서 "교회들을 강탈하고 마음 내키는 대로 행동했다"고 평가한다.[22]

교황청은 서유럽의 최고 재판소가 되면서 과거에는 꿈도 꿔보지 못했던 중요

---

20) Hefele, V. 565. 항구적 모습을 갖춘 가톨릭 법원들은 16세기에 최초로 설립되었다. 오늘날도 그런 법원들이 뮌헨 · 빈 · 리스본 · 마드리드 · 브뤼셀에 있다.

21) *De consid.*, IV. 5.

22) Coulton, *From St. Francis to Dante*, pp. 252 sqq.

한 지위를 차지하게 되었다. 무수히 많은 항소건이 교황청에 답지했다. 항소자들이 돈과 시간만 있으면 아무리 하찮은 사건이라도 로마에 가서 재판을 받을 수 있었다. 제후들과 왕들, 참사회들과 주교들, 수도원들과 대수도원장들로부터 항소가 쏟아졌다. 어스펙의 버처드(Burchard)는 로마에 항소하지 않은 교구나 소교구가 한 곳도 없었으며, 소송 당사자들이 돈을 싸짊어진 채 로마로 갔다고 전한다. 그 영원한 도성을 향한 소송 행렬이 끊일 줄을 몰랐기 때문에, 모든 길은 로마로 통한다는 말이 다시 한 번 사실로 입증될 지경이었다. 베르나르가 한탄했듯이, 소송을 하기에 낮 시간으로 충분하지 않았기 때문에 밤 시간으로 연장할 수밖에 없었다. 이러한 상황은 교황청이 조장한 면이 없지 않았다. 항소건을 가지고 끊임없이 밀려오는 사람들에게서 마르지 않는 수입원을 발견한 것이다. 베르나르는 교황 유게니우스에게 쓴 서신에서 기독교 세계를 대표하는 주교가 본무를 제쳐두고 재판을 하거나 개인들의 불평을 들어주는 데 시간을 빼앗기는 현실에 유감을 표시했다. 교황청의 홀들에 주님의 계명보다 유스티니아누스의 법조문이 더 많이 울려퍼졌다. 베르나르 자신도 항소권을 침해할 수 없는 특권으로 인정했지만, 그 범위를 과부들과 고아들의 억울한 사정으로 제한하고 재산권 분쟁은 배제하기를 바랐다.[23]

항소와 관련하여 소송 당사자들 중 어느 한 쪽이 죽거나 기다리다가 지치거나 오랜 재판으로 인해 재산을 탕진할 때까지 판결이 나지 않음으로써 로마에서는 그리스인들의 달력대로(ad calendas Graecas, 그리스인들은 달력이 없었으므로 '결코 안된다'는 뜻. 역자주)라는 표현이 속담이 되었다. 다음 사례는 베르나르가 소개한 것으로서 항소권이 어느 정도까지 시행되었는지 여실히 보여준다. 파리에서 결혼식이 거행되는 도중에 갑자기 어떤 사내가 제단 앞으로 나와 신부가 자기와 결혼을 약속했다고 하면서 로마에 결혼 무효 소송을 내겠다고 주장했다. 사제는 결혼식을 더 진행시킬 수 없었으며, 신부와 신랑은 교황청의 판결이 날 때까지 별거할 수밖에 없었다. 교황청의 권한이 워낙 막강해져 있었기 때문에 그 판결이 건실한 교리와 이단을 결정짓는 잣대로 간주되었다.[24]

13세기에 교황청 재무관이 과중한 세금 징수로 인하여 악명이 높았는데, 하지

---

23) *De consid.*, I. 4–6; II. 2.
24) 솔즈베리의 존, *Polycrat.*, VI. 64.

만 유럽 전역에서 엄청난 비판과 항의를 초래한 것은 14세기의 아비뇽 유수 때였다. 교황청의 규모가 커지면서 필요한 경비도 크게 증가했다. 교황은 자신이 통솔하는 기독교 세계 전체에 대해서 권리를 주장했고, 교회는 그것을 정당한 일로 받아들였다. 이 점이 1101년에 교황 파스칼리스 2세가 캔터베리의 안셀무스에게 쓴 서신에 잘 나타나 있다. "귀하는 우리 교황청의 일상적 필요들과 재정 결핍을 알고 계십니다. 로마 교회의 사업은 모든 교회들에게 유익을 끼치며, 로마 교회에 예물을 보내는 모든 교회는 자신들이 로마 교회뿐 아니라 기독교 세계 전체에도 빚을 지고 있다는 것을 알고 있습니다."[25] 교황청이 격렬한 비판에 부닥친 이유는 이러한 정당한 주장을 과도하게 남용했기 때문이다.

13세기 초에 훗날 추기경이 된 재무관 켄키우스(Cencius)가 작성한 인노켄티우스 3세의 수입원장이 전해져 내려온다. 그 장부에 열거된 633개 교구들 가운데 330개 교구가 이런저런 유형의 세금을 로마에 바쳤다. 현금 외에도 채소·포도주·곡물·생선·나무·밀랍·린넨·소·말 같은 다양한 품목들이 빼곡히 적혀 있다. 수도원들과 교회들과 자선 시설들이 교황의 필요에 따라 예물을 바쳤다. 라이헤나우의 대수도원장은 교황청 재무관의 권유에 따라 백마 두 필과 성무일과서 한 부, 복음서들 사본 한 부를 보냈다. 테루앙 교구에 있던 어느 자선 시설은 청어 백 마리를, 로마의 성 바실리우스 수도원은 두 마차 분량의 생선을 보냈다.

13세기 말에는 교황청 재무 행정이 시스템으로 정착되어서, 교황과 추기경회의 세입이 분명한 원칙에 따라 구분해서 다뤄졌다. 우리가 다루는 시기에는 세금 목록이 한 부밖에 남아 있지 않는 반면에, 14세기 초반에는 교황청이 부여한 온갖 특권들에 대해 정확한 수수료들을 기재한 구체적이고도 매우 흥미로운 장부들이 여러 부 남아 있다.[26] 장부에는 고위 성직자들과 교황청 관리들 사이에 작성된 재무 계약서들과 세심한 은행 체제에서나 볼 수 있는 영수증들이 수록되어 있다. 이런 목록들과 그 밖의 자료들은 1250~1300년에 어떠한 방법들이 사용되었는지 결론을 내릴 수 있게 해준다.

---

25) Jensen이 인용함(p. 42).

26) Tangl, pp. 7 sqq. 교황청 재정이라는 주제를 충분하게 다루기 시작한 것은 교황청의 아비뇽 유수 시기였다.

교황청의 수입원에는 봉건 국가들이 해마다 바치는 조세(census)와, 고위 성직자들과 그 밖의 성직록 보유자들이 바치는 세금(servitia, visitationes, annates), 십자군 원정과 그 밖의 교회 사업을 위해 전체 교회나 일부 교회에서 징수한 특별세들이 있었다. 이러한 정규 수입원들 외에도 인허가와 관련한 다양한 세금들과 면죄부 판매에 따른 수입들이 있었다.[27]

세르비티아,[28] 비지타티오네스, 아나테스는 원래 성직자들이 자발적으로 내는 예물이었으나, 13세기 말엽에 와서는 의무적인 세금이 되었다. 아나테스는 prebend와 canonry 등 교황이 직접 맡아야 하는 성직록들의 연간 수입의 일부를 교황의 재산권 관리자가 내는 세금이었다. 세율은 보통 1/2이었다. 비지타티오네스는 고위 성직자들, 즉 대주교들과 주교들과 대수도원장들이 로마를 방문할 때 내는 세금이었다.[29] 이들의 방문은 일정한 시기에 이루어졌고, 그 시간이 법으로 정해졌다. 고위 성직자들은 임직하고 나서 로마를 방문해야 했다.

세르비티아는 대주교들과 주교들과 대수도원장들이 직위에 대해 교황의 재가를 받을 때 예물로 내는 현금이었다. 이것이 교황청에는 막대한 수입원이었다. 예물의 액수는 연간 수입을 토대로 산정되었다. 액수가 한번 고정되면 새로운 평가가 이루어질 때까지 의무적으로 내야 했다. 세율은 비록 일정하지는 않았으나 대체로 한해 수입의 1/3이었다. 이 형식의 공물의 정확한 유래는 알려지지 않지만, 니콜라우스 3세(1277-1280 재위) 이전부터 법의 효력을 지닌 관습으로 시행되었다.[30] 이 세금은 대개 고위 성직자들이 로마를 방문하여 교황으로부터 임명에 대한 승인을 받을 때 납부했다. 때로는 납부의 의무가 거래소(commercial house)

---

27) 이러한 수입원들에서 거둬들인 재정을 '추기경회의 재정'(pecuniae collegi)라 불렀으며, 추기경회의 저서들에 servitia, visitatione, proventus라는 제목하에 자주 기록되었다.

28) servitia와 annatae라는 용어들은 서로 번갈아가며 쓰이긴 했으나, 대체로는 전자가 고위 성직자들이 내는 예물을 가리켰고, 후자가 하위 성직자들이 내는 돈을 가리켰다.

29) 그러한 방문은 visitatio ad limina apostolorum이라 불렸으며, 로마 시에 한정되지 않았다. 세금이 부과되는 방문들은 visitationes verbales라 불리는 다른 세금들과 구분하여 visitationes reales라 불렸다.

30) 세인트 에드먼즈베리 대수도원장의 경우가 여기에 속하는 듯하다. 1248년에 그는 교황청에 800마르크를 납부했다. M. Paris, Luard's ed., V. 40; Tangl, p. 6.

를 통해서 이루어지기도 했다.[31]

켄수스(census)는 교황령 국가가 지불하는 세금과, 교황의 특별한 보호를 받는 수도원들과 교회들이 내는 세금, 나폴리·시칠리아·코르시카·사르디니아·잉글랜드 같은 교황의 봉건 신하 국가들이 내는 공물과 베드로의 은전(Peters Pence, 교황청 연공. 집집마다 교황청에 바친 세금)으로 구성되었다. 잉글랜드와 아일랜드의 존이 약속한 1천 마르크의 공물이 교황청 연공으로 거둬들인 금액보다 많았다. 1272년에 시칠리아가 교황청에 바친 금 8천 파운드의 세금을 그레고리우스 10세는 두 부분으로 균등하게 나누어져 절반을 추기경들에게 주었다. 1307년에 교황청은 나폴리 왕 Charles II에게 이 세금으로 금 93,340 파운드라는 막대한 금액을 납부하라고 요구했다. 1350년에 그 왕국이 바쳐야 했던 금액은 88,852파운드였다.

베드로의 은전(교황청 연공)을 납부하는 관습은 잉글랜드·스웨덴·덴마크·노르웨이·독일 북부·폴란드에서 유행했으나, 프랑스에는 도입된 적이 없다. 그레고리우스 7세가 프랑스에서도 이 세금을 받아내려고 했으나 뜻을 이루지 못했다. 1059년에 로베르 기스카르(Robert Guiscard)는 황소 한 겨리 당 12데나리우스를 영구적으로 납부하겠다고 약속했다. 멀리 떨어진 그린란드에서도 가다르의 주교 올라프(Olaf)가 재위하던 1246년에 이 세금을 거두어 납부했다.

13세기 후반에는 비지타티오네스, 세르비티아, 켄수스로 거둔 세입을 교황과 추기경회 사이에 배분하는 관습이 정착되었다. 그때까지는 추기경들이 자신들의 명의로 된 성직록들과, 교황이 교황령 가운데 자신들 앞으로 떼어준 성들과 읍들의 세금에 의존하여 살았다. 13세기에는 이러한 수입원들 외에도 그들이 혹시는 대리인들을 통해서 관리하던 해외 성직록들이 추가되었다. 교황청 관리가 한꺼번에 여러 개의 성직록을 차지한 경우도 적지 않았으나, 복수 성직록 보유의 남용이 15세기 후반 이전에는 그다지 심한 경지에 이르지는 않았다. 1291년에 카르세레의 성 니콜라우스 교회의 추기경 베네딕트 가에타니(Benedict Gaetani, 보니파키우스 8세)는 그 성직록 외에도 프랑스에 대부제직 두 곳과 두 교회, 로마에 세 교회, 랑그르·샤르트르·리옹·파리·아냐니·토디·테루앙·로마의 성 베

---

31) 납부하겠다는 약속들은 obligationes라 불렸다. 교황 재무관 혹은 추기경회 재무관, 혹은 두 사람 모두 영수증(quitationes)을 발급했다.

드로 성당에 성직록을 보유하고 있었다.

추기경들에게 배분된 절반은 그들 사이에 공평하게 분배되었다. 추기경이 직무 정지 상태에 있는 경우에는 그의 몫이 교황청 재정과 나머지 추기경들 사이에 공평하게 분할되었다. 13세기 말에는 추기경을 임명할 때 그가 세르비티아의 지분을 지니고 있음을 고지하는 것이 관례가 되었다.[32] 추기경이 교황특사나 그 밖의 일로 자리를 비우는 동안에는 지분에서 배제되었다.

교황청 수입은 교황 재무관(chamberlain)과 추기경회 재무관이 관리했다.[33] 추기경회 재무관은 종신직이었다. 두 직위를 동일인이 맡은 경우는 없었다. 각 재무관은 적어도 14세기 베네딕투스 12세 때부터는 각자의 장부를 보관했으며, 때로는 교황청 수입원장 사본을 작성하여 추기경들에게 전달했다. 교황청 재무가 이러한 시스템으로 정착된 데 힘입어 일찍이 보니파키우스 8세의 재위 기간에 전임 교황들의 회계 장부를 조회하는 일이 있었다. 1295-1298년에는 추기경회가 자신들의 지분으로 85,431 피렌체 금화(19세기 말의 액면가로 2십만 달러)를 받았다.

교황 재무관의 장부에는 위에 설명한 아나테스의 세금 외에도 교황이 임의로 부과한 특별세, 그리고 교황의 호의에 답례로 보낸 예물들이 기재되었다. 사라센족과 프리드리히 2세에 대한 십자군 원정은 특별세를 위한 좋은 구실이었다. 이러한 조세들이 특히 프랑스와 잉글랜드에서 끊임없는 불화의 원인이 되었는데, 이 나라들에서는 교황청이 빈번하게 부과한 벌금들이 심한 불만을 조성했다. 교황청이 수입을 얻기 위해 프랑스에 최초로 세금을 부과한 것은 1188년의 일이었던 것으로 추정된다. 1247년에 그러한 용도로 교회 재산에 부과된 세금이 강력한 저항을 일으켰다. 1269년에 프랑스 왕 루이 9세는 교황청이 국왕의 동의 없이 프랑스 교회 재산에 세금을 부과하는 것을 금하는 실용적인 법을 공포했다. 중세 잉글랜드에서 가장 유명했던 세금의 하나는 사라센족 정벌 십자군 원정을 위해

---

32) 1296년으로 거슬러 올라가는 그러한 문서를 Kirsch가 제시한다(p. 58). 추기경들의 수가 장부에 명료하게 기록되어 있으며, 면직에 의해 권리를 포기한 추기경들의 이름도 적혀 있다.

33) 이름이 알려진 초대 재무관은 산 마르코 교회의 추기경 사제 William de Bray 였다(1272-1282 재직).

부과된 살라딘 세금이었다.

교황청은 이미 성 베르나르 시대에 탐욕으로 악명이 높았다. 그 탐욕은 아무리 많이 걷힌 세금으로도 채워지지 못했으며, 게다가 로마가 끊임없이 쏟아낸 요구들로 인하여 원성이 깊어만 갔다. 베르나르는 탐욕에 굶주린 교황청 관리들의 모습을 묘사하는데, 비록 과장된 면이 없지 않겠지만 그 내용이 대단히 적나라하다. "로마가 언제 금을 거절해 본 적이 있던가? 로마는 이교 신전에서 장터로 탈바꿈했다. 게르만 사람들이 가축들에 보화를 잔뜩 실은 채 로마로 여행한다. 은은 건초더미처럼 흔하게 된 지 오래이다. 그러한 예물들을 외면한 것이 유게니우스의 치적이다. 교황청의 책임이 크다. 그들은 로마를 장터로 만들었다. 로마인들 — 이것이 그 관료 집단에 붙는 독특한 이름이다 — 은 후안무치한 거지떼로서 돈을 사양할 줄을 모른다. 그들은 양들이 아니라 용들이요 전갈들이다."[34]

한 세기 뒤에 활동한 잉글랜드의 연대기 저자 매튜 패리스는 자신의 연대기 거의 모든 면에 걸쳐서 교황청 세금 징수원들의 가혹한 징수를 힐난하는 내용을 싣는다. 그의 연대기를 읽으면 누구나 영국 교회와 민중이 주로 로마에 돈을 대주기 위해 존재했다는 인상을 쉽게 받을 수 있다. 그는 교황청이 모든 계층 사람들의 자산과 주교들과 대수도원장들의 수입을 통째로 삼기는 심연과 같다고 말한다. 당대의 이탈리아 연대기 저자 살림베네는 추기경들의 사치와 나태를 꼬집으며, 위그 드 디녜(Huge de Digne)가 1245년의 리옹 공의회에서 그들에게 퍼부은 독설을 소개한다.

클뤼니의 베르나르를 비롯한 당대의 시인들은 교황청의 성직매매 행위를 신랄하게 비판했다. 로마에서는 모든 것의 가치가 돈으로 매겨진다는 것이 비판의 골자였다. 월터 맵의 작품으로 간주되는 시들은 오직 돈으로만 채울 수 있는 추기경들의 탐욕스러운 입에 심한 욕을 쏟아 붓는다. 그 중 한 편인 "로마의 폐허"(Ruin of Rome)는 로마 시를, 잦은 파선으로 인하여 "선박들보다 금이 더 많다"고 하는 스킬라 섬과 카리브디스 소용돌이 사이의 바다에 비유한다.

---

34) *De consid.*, III. 1, 3. 베르나르는 교황청이 뇌물에 취약한 점을 몇 번이고 거듭해서 지적한다(*de consid.*, I. 11; IV. 4, etc., 그리고 그의 서신들). 그는 심지어 유게니우스가 부패한 교황청을 벗어나기 위해서 로마를 떠날 수도 있다고 제안했다. *De consid.*, IV. 3.

그곳이 "우리 해적들 곧 추기경들의 회동 장소"이다.

인간의 입에 마귀의 심장을 지닌 이 깊은 심연에는 온 세상을 파선으로 위협하는 Syrte(모래 수렁)들과 사이렌(Siren, 그리스 신화에서 아름다운 목소리로 뱃사람을 유혹하여 조난시킨 반인반조의 바다 요정: 역자주)들이 버티고 있다. 이곳에서 추기경들이 교회 재산을 팔고 있는데, 그들의 외양은 베드로이지만 심장은 네로이며, 양들처럼 보이지만 이리의 본성을 지니고 있다.[35] 토마스 아퀴나스와 교황이 주고받는 형식을 갖춘 대화에서, 교황이 그 신학자에게 교황청 보물 창고를 보여주면서, "토마스, 이제는 베드로께서도 일전에 앉은뱅이에게 하셨던, 은과 금은 내게 없으나라는 말씀을 더 이상 하실 수 없게 되었소" 하고 말하자, 토마스는 이렇게 대답했다. "하지만 그의 계승자는 이제 앉은뱅이에게 손을 내밀어 고쳐줄 능력이 없지요."

125. 주교들

교황청에 권력이 집중되면서 주교들이 예전의 세도를 다소 상실한 것이 사실이지만, 그럴지라도 큰 교구를 성직록으로 보유한 자들은 세속 군주들 못지않게 권력이 막강했다. 하지만 주교는 모두 베드로의 계승자들이라는 오래된 이론을 공개적으로 옹호해 줄 사람들의 수는 갈수록 줄어들었다. 베르나르는 주교들이 교황과 마찬가지로 목자들이요 천국의 문지기들이요 권위의 근원들이지만, 권세와 지위에서는 사도들의 제왕의 직계 계승자인 교황보다 열등하다고 말했다.

교황 그레고리우스 9세는 대주교들이 교황에게 충성을 서약하도록 법으로 규정했으며, 마르티누스 5세(1417-1431 재위)는 그 대상을 모든 주교들에게로 확대했다. 그레고리우스 9세와 그 이후의 교황들은 이 서약을 근거로 주교들에게 군사력 제공을 요구했다. 이런 일이 있기 오래 전인 1139년에 인노켄티우스 2세는 주교들과 교황의 관계가 봉신(封臣)들과 주군의 관계와 같다고 말했다. 그들이 "하나님과 사도좌의 은혜로 말미암은 주교들"임을 알아야 한다고 했다.[36] 인노켄

---

35) *Latin Poems of Walter Mapes.*, ed. by T. Wright, London, 1841, p. 218.
36) 인노켄티우스에게 보낸 열정적인 서신에서, 베르나르는 주교들이 자기들의 교

티우스 3세는 주교들이 충만한 권위를 지닌 교황의 은덕으로 권위를 받는다고 분명히 진술했다. 니콜라우스 3세(1277-1280 재위)는 주교들이 취임 전에 교황의 재가를 받도록 법으로 규정해 놓았다. 그리고 주교들이 교구를 포기할 수 있었던 오래된 권한이 이제는 부정되고, 교황이 임의로 처분할 수 있는 특권이 되었다.

1122년에 보름스 정교조약이 체결된 이후로 제후들을 비롯한 평신도 성직 수여권자들이 주교들을 임명하는 관행이 이론상으로는 중단되었다. 교황들이 거듭해서 주교 선출권이 주교좌성당 참사회에 있다고 천명했다. 그러나 실제로는 주교 선출이 자유롭지 못했다. 제후들이 참사회의 권한을 무시하고 자신들이 원하는 후보자를 지명하거나, 혹시 참사회의 결정이 만족스럽지 않으면 교황청에 항소하는 방식으로 그 결정을 무산시켰다. 프랑스와 스페인에서는 주교 후보자들에게 국왕의 허가서를 받아오도록 요구했고, 국왕의 동의가 축성의 전제 조건으로 삽입되었다. 잉글랜드에서는 안셀무스와 헨리 1세의 협약에도 불구하고 참사회의 권한이 끊임없이 무시되었고, 주교 선출을 둘러싸고 시비가 끊이질 않았다. 이 나라에서는 국왕 존의 헌장에 따라 주교 선출이 주교좌성당 참사회실에서 이루어졌으며, 국왕이 지명과 재가의 권한을 행사할 수 있었다. 분쟁을 일으킨 선출에 대해서는 교황이 심판자로 나서서 기존의 후보자들의 자격을 모두 박탈하고, 새로운 후보자들을 대상으로 주교 선출을 처음부터 다시 하도록 지시할 수 있었는데, 인노켄티우스 3세가 스티븐 랭턴(Stephen Langton)의 건에 대해 재선출을 명령한 것이 대표적인 사례이다. 제4차 라테란 공의회는 참사회가 석 달 안에 주교를 선출하지 못하면 선출권을 포기하는 것으로 간주한다는 법규를 제정했다.

주교 자격을 서른 살 이상에 적자(嫡子)일 것을 요구한 법규는 자주 무시되었다. 영국 왕 헨리 2세의 적자 제프리(Geoffrey)는 스무 살도 되기 전에 링컨의 주교로 임명되었으며, 더욱이 사제 임명조차 받지 않은 채 그 교구의 수입을 6년간 받아 누렸다. 훗날 그는 요크의 대주교가 되었다. 나소의 게를라흐(Gerlach)는 스무 살에 대주교가 되었다. 이 시기에 이 문제와 관련하여 베르낭두아의 위그의 경우만큼 악명 높은 사례는 찾아보기 힘들다. 그는 930년경에 랭스의 대주교를

구에서 잘못을 바로잡고 열쇠의 기능을 수행할 권한을 교황청에게 빼앗기고 있다고 항의했다. *Ep.*, 178, Migne, 182. 310.

독살한 뒤 다섯 살밖에 되지 않은 자기 아들을 그 직위에 임명했다. 나이 제한 규정을 무시하는 관행은 15세기 후반에 이르러 극에 달했다. 비교적 큰 교구들은 귀족들이 탐낼 만한 요직이었으며, 따라서 인노켄티우스 3세는 귀족 출신이 아닌 공훈이 주교의 자격임을 강조했다.

시성(諡聖)이라는 중요한 권리가 원래는 주교에게 속해 있었으나, 1181년에 교황 알렉산더 3세는 그 권리를 주교들에게서 박탈한 뒤 교황의 고유 권한으로 제한했다. 주교들은 어지간해서는 성인의 반열에 오르지 못했다. 밤베르크의 주교 오토가 빛나는 예외에 해당한다.

오토 대제(Otto the Great) 때부터 독일의 주교들은 제후에 해당하는 지위를 누렸다. 프랑스와 잉글랜드, 그리고 그 밖의 나라들에서는 주교들이 귀족의 지위로 격상되었다. 독일의 세 교구 트리어·마인츠·쾰른은 서방 기독교 세계의 여느 교구들보다 더 큰 수입과 권위를 누렸다. 이 교구들로 인하여 라인 강변의 지역들에 사제들의 오솔길이라는 이름이 붙었다. 이 교구들의 세 고위 성직자들은 제국의 일곱 선제후들에 포함되었다. 독일 북부에서는 브레멘 교구가 상대적으로 중요한 위치를 차지했다. 룬트는 덴마크와 스칸디나비아의 수도 교구였다. 프랑스에서는 리옹과 랭스라는 유서 깊은 대주교구들이 기존의 지위와 영향력을 이어갔다. 잉글랜드에서는 캔터베리 다음으로 링컨이 가장 유력한 교구였다.

주교좌성당과 주교좌성당 참사회도 갈수록 중요성이 증가했다. 우리가 다루는 시기의 초반에는 참사회에 속한 참사회원들이 과거와 다름없이 한 지붕 아래서 먹고 자는 것이 관행이었다. 그런데 13세기에 접어들면서 커다란 변화가 발생했다. 교회들이 부유해지면서 참사회들이 독립 법인의 권한을 주장하면서 사실상 주교들에게서 독립하기 시작했다.[37] prebends 혹은 성직자석(stall, stallum in choro)이 그들 앞으로 들어온 기부금으로 마련되었다. 귀족들의 아들들은 일하지 않고도 고소득과 사회적 영향력이 보장되는 이 지위들을 탐하여 얻었다. 참사회원들은 자기들끼리 따로 거주하면서 자신들의 성직자석을 통해 들어오는 수입과 주교좌성당 수입 가운데 자신들의 몫을 가지고 생활했다. 교황의 임명을 받는 직위들 가운데 임명 과정에 이처럼 보류와 기대가 뒤얽힌 직위들은 다시없었다.

오늘날도 여전히 주교의 눈이라 불리는 대부제(大副祭, archdeacon, 부주교)는

---

37) capitula clausa. Hurter(III. 355)는 그러한 변화를 부패의 전조라고 평가했다.

주교를 도와 교구 행정을 관장하고, 교회들을 방문하고, 성직복과 의식용 용기(用器)들의 실태를 조사하고, 분쟁을 조정하고, 교회회의들을 주재하고, 오토(Otho)의 영국 헌장(the English Constitutions)이 규정한 바와 같이 성사들과 그 밖의 주제들을 가지고 성직자들을 교육했다. 이 직위는 보좌 주교의 권한을 내세울 만큼, 심지어는 주교로부터의 독립을 모색할 만큼 영향력이 커졌다.[38] 대부제의 의무를 잉글랜드와 독일과 프랑스의 교회회의들은 자주 의제로 다루었다. 큰 교구들은 대부제들을 여러 명 두었는데, 일찍이 11세기에 트리어 교구는 다섯 명, 쾰른 교구는 여섯 명, 할버슈타트는 서른 명을 두었다. 영국의 교구들은 노르만족의 정복 이후에 그 제도를 채택했다. 링컨 교구는 링컨·레스터·스토우·버킹엄·헌팅던·노샘프턴·옥스퍼드·베드퍼드의 대부제들을 관할했다. 대부제들은 종종 어린 나이에 임명되었으며, 임명을 받은 뒤 외국에 가서 교회법을 공부하고 온 뒤에 취임하는 것이 관행이 되었다. 그들은 다른 성직자들에 비해 좀 더 많은 자유를 누리는 경향이 있었는데, 이를테면 솔즈베리의 존 같은 사람은 대부제가 과연 구원을 받을 수 있겠는가 하는 질문을 던질 정도였다. 영국의 잘 알려진 대부제들 중에는 토마스 아 베켓, 옥스퍼드의 대부제 월터 맵, 런던의 대부제 블루아의 피에르가 있었다. 피에르는 인노켄티우스 3세에게 자신이 런던의 120개 교회로부터 아무런 재정 지원도 받지 못한다고 불만을 토로했다.

교회는 세속 권력이 자체의 재정에서 손을 떼도록 하기 위해서 치열한 투쟁을 벌였다. 지역 교회회의들과 에큐메니컬 교회회의들이 이런 유의 간섭을 중벌로써 경고했다. 1209년에 오토 4세는 세속 군주가 궐석으로 남아 있는 주교구들과 성직록들의 수입을 전용해온 오래된 권한(jus spolii 혹은 jus exuviarum)을 중단시켰다. 인노켄티우스 3세는 세속 군주가 교회에 부과하는 각종 세금에 대해서 교황과 주교들의 승인을 거친 것 외에는 교회가 납부하지 않아도 된다고 규정했으며, 평신도 성직 임명권자들에 대해서는 성직록들을 개인적 목적으로 임명을 보류하거나 차지하는 행위를 금했다.[39] 성직자들이 자신들의 성직록에서 포기한

---

38) 제3차 라테란 공의회 법령 제6조, Friedberg, pp. 188 sqq. 인노켄티우스 3세는 대부제를 주교의 대표로 인정했다.

39) 제3차 라테란 공의회 법령 제19조, 제4차 라테란 공의회 법령 제46조. 이 원리는 프리드리히 2세에 의해 승인되었다(1220).

재산은 교회의 소유가 되었으며,[40] 사제가 유언을 남기지 않은 채 죽은 경우에는 주교가 그의 재산권을 집행할 수 있었다. 사제들은 개인적 조세의 의무에서 면제되었다. 규정된 세금들 대신에 이른바 자발적 예물들을 바치면 그만이었다. 블루아의 피에르는 이를테면 성벽 보수 같은 다급한 필요가 있는데도 불구하고 교회들과 그 밖의 교회 기관들에 세금을 부과하지 않고, 대신에 적들에게서 빼앗은 전리품으로 필요를 충당한 몇몇 제후들의 신앙심을 높이 평가했다.[41]

주교는 토지와 십일조에서 나오는 일상적인 수입말고도 다른 수입원을 가지고 있었다. 교구의 영적 필요가 생기면 임의로 세금을 부과할 수 있었고, 새로 임명된 사제들의 첫해 수입을 전유할 수 있었다. 그 밖에도 11세기부터는 면죄부에 대한 사례금과 교회당 및 제단 봉헌, 그리고 묘지 강복에 대한 예물도 주교의 수입으로 들어갔다. 아벨라르는 그런 행사 때 모인 무리들과, 고해의 벌을 완화하는 대가로 거둬들인 막대한 예물들에 관해서 말한다.[42]

목회자로서 주교들이 지녔던 충절과 도덕성에 관해서는 불평이 쏟아질 만한 근거들이 많았으나, 반면에 모범적인 고위 성직자들에 관한 기록도 없지 않다. 고위 성직자들은 대부분 군사적 계층이었다. 이 시기의 교황들 가운데는 비록 신앙의 이름으로 전쟁을 독려하지 않은 사람은 거의 없었으나, 요한 12세와 후대의 율리우스 2세처럼 직접 무기를 들고 전장에 나선 사람은 없었다. 주교들과 대수도원장들이 군대를 이끌고 유럽의 벌판과 시리아의 작열하는 태양 아래서 치열한 전투를 벌인 대단히 용맹스러운 전사(戰士)들이었던 경우가 적지 않았다. 수사들과 사제들도 무장을 갖추고 전쟁에 참여했다. 전쟁에 나섰다가 포로가 된 프랑스 보베의 주교를 풀어달라고 교황이 요청했을 때, 사자의 심장 리처드는 주교의 갑옷에 피를 묻힌 다음 요셉 이야기에 나오는 말을 인용하여 "이것이 당신 아들의 옷이 아닙니까?"라는 내용의 글과 함께 교황에게 보냈다. 마인츠 대주교 크리스티안(1183 죽음)은 롬바르디아 전쟁에서 적군 아홉 명을 자기 손으로 베어 넘어뜨렸고, 적군 서른 명의 이빨을 부러뜨렸다고 한다. 룬트의 주교들인 압살롬과 안드레도 유명한 전사들이었다. 베외의 오도와 요크의 로저, 그의 후임 주교

---

40) 제3차 라테란 공의회 법령 제15조.
41) *Epp.*, 112, 121.
42) *Ethica*, 25, Migne, 178. 672 sq.

제프리 등 영국의 많은 고위 성직자들도 다를 바 없었다. 훗날 나르본의 대주교가 된 대수도원장 앙리는 알비파 정벌을 위해 파견된 부대를 진두 지휘했으며, 거기서 한 걸음 더 나아가 군복 대신 수사복을 입은 채 살육을 독려한 경우가 더 많았다.

주교들의 정절이 사회적인 의심을 받은 경우가 적지 않다. 황제 바르바로사의 충직한 후원자였던 마인츠 대주교 크리스티안은 여자들을 여럿 거느리고 살았다.[43] 제프리 리델(Geoffrey Riddel)을 엘리 주교로 재가하기 위한 심의가 교황청에서 진행되는데 정작 제프리 자신이 로마에 오지 않자, 오를레앙의 주교는 익살맞게도 "그에게는 결혼한 아내가 있으므로 올 수 없습니다" 하고 그가 오지 않은 이유를 설명했다. 리에주의 영주와 주교를 겸임한 리에주의 앙리가 아마도 가장 악명 높은 경우가 아닌가 싶다. 그는 결국 제2차 리옹 공의회에서 그레고리우스 10세 앞에 소환되어 주교직을 잃고 말았다. 문맹이었던 그는 교황이 자기 앞에 내민 책을 읽을 수 없었다. 그는 30년 동안 참으로 파렴치한 생활을 했다. 대수녀원장 두 명과 수녀 한 명이 그의 첩들에 속해 있었으며, 22개월만에 자녀를 14명이나 낳은 것을 자랑처럼 떠벌였다. 몹시 악한 행위들은 그가 사제가 되기 전에 저지른 것들이었다. 교황 인노켄티우스 4세가 한때 그의 절친한 친구였었다. 살림베네는 당대의 유명한 이야기를 전하는데, 살아 있는 성인으로 존경을 받던 시토회의 제프루아 드 페론(Geoffroi de Peronne)이 저승에 갔다가 살아와서는, 만약 자기가 교황의 권고대로 투르네 교구를 맡았다면 지옥에 떨어져 뜨거운 맛을 보고 있었을 것이라고 말했다는 것이다. 이 연대기 저자의 글에서 우리는 술과 쾌락에 탐닉했던 무자격한 고위 성직자들을 많이 접할 수 있다. 하지만 모범적인 목회자들도 더러 만나게 된다.

독일의 고위 성직자들도 이탈리아의 고위 성직자들보다 평판이 나을 게 없었는데, 하이스터바흐의 카이사르는 "모든 것은 다 믿을 수 있어도 독일의 어느 주교가 구원을 받았다는 것은 절대로 믿을 수 없다"고 한 어느 성직자의 말을 전한다.[44] 왜 그런 판단을 내리게 되었느냐고 묻자, 그 성직자는 대답하기를, 독일의 고위 성직자들은 칼을 차고 다니고 전쟁을 벌이며, 자신들을 의존하는 영혼들을

---

43) Gregorovius, IV. 610.

44) *Dial.*, II. 27, Strange's ed., I. 99.

구원하는 일보다 병사들에게 급료를 주는 일에 더 관심이 많기 때문이라고 했다.

이런 그림의 반대면을 제시하기란 쉽지 않다. 연대기 저자들은 모범적인 성직자들을 찾아 소개하기보다 추문으로 얼룩진 그들의 생활상을 꼬집는 데 더욱 치중했기 때문이다. 당시에도 신실하고 선량한 주교들과 대수도원장들이 있었다. 그 시대 성직자들이 죄다 무자격하고 방탕했다는 섣부른 판단을 경계하기 위해서는 캔터베리의 안셀무스, 링컨의 휴, 베르나르와 가경자 피에르 같은 이름들만 거론해도 충분할 것이다.

126. 하위 성직자들

제4차 라테란 공의회는 대 그레고리우스의 교훈을 토대로 영혼들을 치유하는 일(regimen animarum)을 가장 위대한 의술이라 선포하고서, 주교들에게 지식과 도덕성을 갖춘 적임자들을 성직록들에 임명하도록 당부했다. 민중에게는 사제가 거룩한 직분을 맡은 자라는 사실을 생각하고서 그를 존경하라고 명령했으며, 사제에게 복종해야 할 신적 권위로서 제5계명을 인용했다.[45]

사제직에 임할 수 있는 법적 연령을 스물다섯살로 정한 과거의 규정이 반복되었다. 공의회들과 교황들은 사제가 이를테면 정직하고, 독주를 삼가고,[46] 음식과 복장에 검소하고, 고리대금을 삼가는 등의 도덕적 의무를 충실히 이행할 것을 항상 강조했다.[47] 사제는 술집을 자주 드나들어서는 안 되고, 노름을 해서도 안 되고, 연극과 광대극을 관람해서도 안 되고, 교회 건물과 마당에서 춤을 추도록 허용해서도 안 되었다.

신체에 결함이 있는 사람이 사제가 되지 못하게 한 기존의 규율들이 그대로 유지되었는데, 일례로 인노켄티우스 3세는 프랑스 앙굴렘의 주교가 엄지 손가락을 잃은 사람을 사제로 임명한 일을 놓고 불만을 표시했다.[48]

---

45) 인노켄티우스 3세, Ep., II. 142.
46) 제4차 라테란 공의회 법령 제15조.
47) 사제들에게 빈번히 금지되었던 고리대금 행위가 평신도들에게도 금지되었다. *Gratiani Decr. causa*, XIV. 4, 9, Friedberg's ed., I. 737.
48) *Ep.*, I. 231.

12세기부터 농촌과 도시의 차이 없이 소교구들의 수가 급증하기 시작했다. 프라이부르크·마인츠·보름스·뤼벡 같은 독일의 도시들에서는 시민들의 요구에 의해 소교구 분할 작업이 촉진되었으며, 시민들이 자신들의 목회자를 선출할 권리를 주장했다. 반면에 수도원들은 교회 설립에 여념이 없었으며, 독일에만 수도원들이 운영하는 교회가 3천 개가 넘었다.[49] 11, 12세기는 교회 설립으로 바쁜 시기였다.

그 시기에 독일에서 발생한 상황이 영국에서도 발생했다. 하지만 잉글랜드에서는 독실하고 부유한 평신도들의 기부에 의해 교회들과 소예배당들이 설립되는 예가 빈번했다. 이렇게 해서 설립된 소교구들이 수도회들의 관할로 들어간 경우도 많았지만, 또한 적지 않은 수가 주교좌성당 참사회와 주교들의 관할로 들어갔다.

성직자들의 수입은 오늘날과 다름없이 당시에도 천차만별이었다. 독일의 가난한 사제들이 좀 더 유복한 주임신부들과 참사회원들의 수입에 1/10 내지 1/20을 받았다.[50] 제4차 라테란 공의회는 교육을 적게 받은 성직자에게 급여도 적게 주도록 규정했다.

하위 성직자들은 주로 토지와 십일조 수입에 의존하여 살았다. 그 이론적 근거는 "땅과 거기에 충만한 것과 세계와 그 가운데 사는 자들은 다 여호와의 것이로다"이므로 십일조가 교회의 몫이라는 것이었다. 이 원리가 낚시와 사냥으로 잡은 것의 십일조와 장사하여 남긴 이윤의 십일조를 포함하는 데까지 확대되었다.[51] 그 밖에도 성직자들은 세례부터 장례, 그리고 죽은 뒤 영혼을 위해 치러주는 의식에 이르기까지 다양한 의식을 집례해준 대가로 사례금을 받았다. 이러한 사례금이 12세기 이후에 보편화했으나, 이에 대한 격렬한 저항이 없지 않았다. 제2차 라테란 공의회를 비롯한 교회회의들은 사제들이 세례·결혼·종부성사와 장례 등의 의식들을 집례하는 대가로 돈을 받는 것을 금했다.[52] 인노켄티우스 3세가 제시한

---

49) 그레고리우스의 「교령집」(*Decretals*)은 수사들이 관장하던 예배당들을 논한다. Friedberg's ed., II. 607 sqq.

50) 어떤 교구들에서는 사제들이 마땅히 받아야 할 십일조의 1/16밖에 받지 못했고, 나머지는 평신도 서임권자나 주교가 가로챘다고 한다.

51) 마지막 주장은 베르겐의 대주교가 한 것으로서, 인노켄티우스 3세에 의해 배격을 당했다. *Ep.*, I. 217.

그 근거는 비록 그런 의식들을 집례해준 보답으로 받는 선물은 정당하지만, 그것이 강요된 것이 아닌 자발적인 선물이어야 한다는 것이었다. 제4차 라테란 공의회는 평신도들에게 그러한 자발적 선물에 소홀하지 말아야 한다고 당부했다.

평신도들에게 성직록을 받은 사제들은 문으로 들어오지 않고 다른 데로 기어들어온 도둑들에 비유되었다. 평신도 성직 임명권자는 지명권(presentatio)을 갖고 있었고, 주교에게는 승인권(concessio)이 있었다. 주교에게 승인을 받지 않고 성직록을 수여한 평신도들은 파문을 받게끔 되어 있었다. 돈을 주고 성직과 성직록을 얻은 성직자들이 주교의 승인을 받지 못해 두고두고 후회했다는 이야기들이 당시 사회에 유행했다. 에큐메니컬 공의회들과 지역 교회회의들의 금령들에도 불구하고 성직 겸임 제도가 널리 시행되었다.[53]

신실한 사제의 이상형은 설교가가 아니라 살아 있는 자들과 죽은 자들에게 성사들과 그 밖의 엄숙한 의식들을 집례해 주는 성직자였다. 사제 교육은 물론 한계가 있긴 했으나 평신도의 교육 수준을 훨씬 뛰어넘었고, 자주 묘사되는 것처럼 빈약하지 않았다. 성직자들의 무지를 조소한 저자들이 있었으나, 그런 진술들을 당시의 전체 성직자 사회에 보편적으로 적용하는 것은 위험한 일이다. 시대의 한계가 허락하는 한도 내에서 학문에 폭넓은 관심을 기울인 사제들의 계층이 있었음을 또 다른 유형의 진술들을 인용하여 입증할 수 있다. 당시의 학교들은 성직자들을 양성하기 위한 기관들이었다. 교회회의들은 사제들이 글을 읽을 수 있어야 한다고 주장하고, 여행하는 동안에도 성무일과서를 읽을 수 있을 정도가 되어야 한다고 규정했다.

블루아의 피에르는 성직자들에게 성경을 읽도록 권장하면서, 성경을 가리켜 다윗의 수금, 마음의 묵은 밭을 갈아엎는 쟁기, 음료, 약, 연고, 무기라고 했다. 또한 사제들에게 "이교 문학의 유치한 이야기들과 철학자들이 지어낸 공교한 이론들에 미혹되지 말도록" 경고했다. 대학교들이 등장하면서 교육의 기회도 크게 증가했는데, 대학교에 들어가 공부한 학생들은 성직자들이거나, 성직자가 되기

---

52) 피아첸차, 1095; 런던, 1138, 1175; 옥스퍼드, 1222; 트리어, 1227 등. 하이스터바흐의 카이사르(*Dial.*, II. 7)는 교회에 나오지 않는 사람들에게 뇌물을 받고 매장지를 내준 사제들에 관해서 말한다.

53) Hurter, III. 395.

위해 준비하던 사람들이었다. 1260년의 쾰른 교회회의는 성직자들에게 높은 수준의 학문을 요구하지는 않되 교회 예배 시간에 읽고 노래할 정도는 될 것을 요구함으로써 성직자들의 교양에 대해 중간 정도의 표준을 설정했다.

설교의 기능이 완전히 무시된 것만은 아니었다. 제4차 라테란 공의회는 주교들에게 모든 주교좌성당과 수도원 교회들에서 설교할 수 있는 사람을 사제로 임명하라고 당부했다. 11세기에는 독일에서 연중에 몇 차례라도 설교가 행해지지 않는 소교구가 하나도 없었으며, 그 이후에는 설교가 주기적으로 행해졌다. 설교는 때로는 라틴어로, 때로는 독일어로 행해졌다. 이야기들과 실제적인 교훈들로 풍성하게 보존되어 있는 당시의 설교들은 성경보다 교부들의 교훈에 크게 의존하는 면모를 보여준다. 영국과 유럽의 다른 나라들에서는 설교가 그다지 보편적인 관습이 아니었다. 영국의 사제들은 사도신경과 십계명, 복음서들의 계명들, 일곱 가지 자비의 행위, 일곱 가지 주요 덕목, 칠성사를 강해하되, 한 분기에 이 주제들을 모두 다뤄야 했다. 그로스테스트는 영국의 사제들이 밤에는 병자들을 심방하고 낮에는 설교하고 성경을 주의해서 읽음으로써 자기들 안에 있는 소망의 이유를 능히 말할 수 있었다고 전한다.[54] 알비파 이단으로 오염된 지역들에서는 사제들이 어린이들에게 가톨릭 신앙 조항들을 가르치라는 명령을 받았다. 탁발수사들은 설교가들로서 길을 나서서 대중의 필요를 채워주었다. 때로는 사제들의 무지로 인한 부작용을 우려하여 설교를 금하기도 했는데, 1281년의 옥스퍼드 교회회의의 결정이 대표적인 경우이다.

사제들의 여러 기능들 가운데 적지 않게 중요한 것이 유언장 작성을 관장하는 일이었다. 국법 가운데 이 관습과 상충되는 조항들이 삭제되었다. 이 관습과 결부된 남용들을 교회회의들이 인정했고, 1212년의 파리 교회회의는 평신도들에게 사후 서른 번의 미사에 대한 사례금을 지불하겠다는 항목을 유언장에 기재하도록 강요하는 행위를 금지했다. 사제의 서명이 있어야 유언장이 법적 효력을 지녔으며, 몇몇 교회회의들은 유언장의 진위를 입증할 사제를 부르지 못할 경우 파문에 처하도록 규정했다.[55]

사제의 법적 지위와 관련하여, 교회는 일관된 태도로 사제가 세속 법정으로부

54) 오토의 헌장, 1237. Grosseteste, Letters, LII., Luard's ed., p. 154 sqq.

55) 카셀 교회회의, 1171; 나르본 교회회의, 1127; 루앙 교회회의, 1231 등.

터 독립해 있음을 강조했다. 7세기에 헤라클리우스(Heraclius)는 사제가 범죄를 저지른 경우에도 교회 법원에서 재판을 받을 권리가 있다고 인정한 바 있다. 이시도루스의 위조 문서도 이 이론을 충분히 진술했다. 이런 특권을 비롯한 여러 가지 특권들을 바라보고서, 적지 않은 사람들이 성직의 기능들을 수행할 마음도 없으면서 하위 성직자들이 되었다. 공의회들이 앞다투어 사제의 인격의 불가침성을 선언했으며, 인노켄티우스 3세는 다른 어떤 문제보다 이 점을 집요하게 강조했다.[56] 사제를 폭행하면 아나테마[저주]의 형벌을 받았고, 세속 관리들이 성직자들에게 소환을 명령해도 같은 형벌을 받았다.[57] 하지만 이러한 법령이 교회 재산을 침해나 약탈로부터 완전히 보호하지는 못했다.

잉글랜드에서는 토머스 아 베켓이 가장 주목할 만한 인물이다. 스코틀랜드 케이스네스의 주교는 세속 군주에게 혀가 잘리는 수모를 당했다. 스페인의 어느 주교도 아라곤 왕에게 같은 취급을 받았다. 독일에서는 나움부르크의 지식인 주교 디트리히(Dietrich)가 1123년에 살해당했다. 그 전인 1099년에 위트레흐트의 주교 콘라트가 살해당한 일이 있었고, 1126년에는 메르세부르크의 주교 아르놀트와 그 밖의 주교들이 살해당했다. 요크의 대부제 로렌스는 자신의 교회 현관에서 기사에게 살해당했다. 마그데부르크의 노르베르트는 두 번이나 살해당할 위기를 넘겼다.[58] 성직자 범죄에 대한 처벌을 인정한 원리는 1192년에 켈레스티누스 3세가 최초로 공포했다. 그 결과 도둑질과 살인, 위증 등 중죄들을 범한 성직자는 면직 처분을 당했다. 사제가 계속해서 범죄를 저지르면 파문을 당했고, 마지막에는 국가에 넘겨 처벌을 받게 했다.[59]

교회법 적용에 반발하는 여론도 만만치 않았다. 로저 베이컨은 볼로냐 대학교의 교과과정에서 교회법에 지나치게 많은 학점이 배정된 데 대해 격렬히 비판했다. 교회법 강좌가 성직자 수업을 받는 학생들과 평신도로 지낼 학생들의 차이를

---

56) *Ep.*, VI. 199, etc. 그는 피사의 대주교에게 쓴 서신에서 대주교가 평신도에게 상해를 입은 성직자에게 평신도 법정에 가서 재판을 받으라고 결정한 것에 대해서 놀라움을 표시했다. Ep., IX. 63.

57) 클레르몽, 1095; 랭스, 1131, 1148; 제2차, 제3차 라테란 공의회 법령 제12조 등.

58) 인노켄티우스 3세, *Ep.*, V. 79; M. Paris, IV. 578. 살림베네는 만투아의 주교가 정치 분쟁에 휘말려 살해당한 일을 전한다.

59) Greg., *Decret.*, II. 1, 10, Friedberg's ed., II. 242.

전혀 인정하지 않고 있다고 주장했다. 교회법 교수들이 체발을 하지 않고 아내를 두고 살면서도 자신들을 성직자들이라고 부르는 관행을 지적했다. 베이컨은 만약 성직자들과 평신도들이 동일한 법의 규제를 받아야 한다면, 영국인들에게는 영국 법이, 프랑스인들에게는 프랑스 법이 필요하지, 롬바르디아의 법이 필요하지는 않다고 주장했다.

성직자들의 품행도 교회회의들의 단골 의제였다. 서품을 받았다고 해서 마음껏 허영과 과시를 부려도 되는 것이 아니었다. 하지만 주교들을 비롯한 성직자들의 사치스러운 복장과 장신구가 많은 반감과 조소를 일으켰다. 제3차 라테란 공의회는 고위 성직자들의 허세를 규제하기 위해서 수행원 수를 대주교는 말 40-50필, 추기경은 25필, 주교는 20-30필의 규모를 넘지 못하도록 했다. 대부제들은 말 5-7필, 부제는 2필로 축소되었다. 정규 경찰 조직이 없이 폭력에 노출된 시대였으므로 그 만한 규모의 수행원이 필요한 점이 없지 않았다. 사냥이 독특한 매력을 지닌 귀족 스포츠였기 때문에 주교들이 교구 순방 길에 사냥개와 매를 데리고 가는 것을 금했다. 아예 성직자들에게 개 사육과 사냥을 금지한 지역들이 많았다.

성직자들이 화사한 옷을 즐겨 입는 행위도 자주 비난을 받았다. 프랑스 남부에서는 성직자들이 대범하게도 빨강색과 초록색 옷을 입었고, 몸에 딱 맞는 긴 옷옷보다 품이 넉넉하고 헐거운 긴 옷을 입었다. 시대의 유행을 좇아 금은으로 장식한 벨트를 착용했으며, 머리를 길러 체발을 가렸다. 유행하는 신발을 구해 신었고, 행렬을 벌일 때도 모두 금박을 입힌 가슴 띠와 안장과 박차로 말들을 장식했으며, 은 장갑을 착용했다.[60]

시대의 분위기가 워낙 전쟁으로 소란스러웠던 데다가 고위 성직자들의 상당수가 호전적이었기 때문에, 교회법도 자연히 싸우는 성직자들을 규제하는 방향으로 제정되었다. 성직자들이 장검과 단검을 착용하고 군복을 입는 행위를 거듭 금지했다. 하지만 이단을 뿌리뽑기 위한 전쟁은 가톨릭 신자들 상호간의 다툼과 사뭇 다른 범주에서 다뤘다. 윈체스터의 주교 피터 데스 로체스(Peter des Roches)

---

60) 제4차 라테란 공의회 법령 16조; 수아송, 1079; 런던, 1102, 1175; 랭스, 1171; 파리, 1212; 몽펠리에, 1215 등. 인노켄티우스의 서신들은 사제들이 세속인들의 복장을 착용하는 행위에 대해서도 언급한다.

가 남긴 다음 발언은 이단 전쟁을 염두에 둔 것이다. "그리스도의 원수들에 대해서는 그들을 제거하여 지면을 정결케 함으로써 온 세계가 하나의 가톨릭 교회에 속하고 하나의 우리와 한 분 목자만 계시도록 해야 할 것이다."[61] 사제들이 사형 집행에 배석하는 행위를 금지했으며, 마상 시합과 결투에 참관하는 것에 대해서도 이런 행사들이 결국에는 경쟁 당사자들이 죽을 가능성도 전제한 것이라는 이유에서 금지했다. 그런 행사에서 치명상을 당한 사람에게 성사(聖事)는 허용했으나 교회의 장례는 거부했다.[62] 제4차 라테란 공의회는 성직자들이 사형을 언도하거나 집행하는 행위를 엄히 금했으며, 사제들뿐 아니라 부제들과 차부제들에 대해서도 신체 부위를 절단하고 태우는 행위가 필요한 외과 수술을 금지했다.

우리가 다루는 시기(1049-1294)는 페트루스 다미아니가 성직자들의 도덕상을 소돔과 고모라의 상태에 빗대어 칙칙하게 묘사해 놓은 그림으로 시작한다. 백년 뒤에 베르나르는 성직자들의 군복을 입는 행위를 비난하면서, 그들이 군인의 용기도 성직자의 덕성도 없는 자들이라고 주장했다.[63] 그로부터 백년 뒤에는 그로스테스트가 영국인들의 저급한 도덕과 신앙 상태를 묘사하면서, 그 원인으로 성직자들의 부도덕한 생활을 지목했다.

파리 노르트담 성당에서는 심지어 성직자들이 제단에서 주사위 노름을 했는데, 교회회의들이 사제들에 대해 주사위 노름을 금지한 경우가 적지 않다.[64] 과다한 음주도 비난을 받았는데, 연대기 저자 살림베네는 이탈리아의 성직자들이 술을 팔고 여관을 운영한 사례들을 소개한다. 하이스터바흐의 카이사르에 따르면 교회당 봉헌식이 있는 날이면 온통 술로 흥청댔다고 한다. 영국 데본셔의 어느 사제는 평소에 교회당에서 맥주를 빚었다.

성직자들의 저급한 도덕 수준을 고발한 가장 유명한 글은 파리의 성직자들의 상태를 소개한 자콥 드 비트리(Jacob de Vitry)의 글이다. 성직자들 사이에서 간음이 죄로 간주되지 않았다고 그는 말한다. 품행이 단정치 않은 여인들이 거리를

---

61) M. Paris, an. 1238.

62) 루앙, 1083; 수아송, 1079; 클레르몽, 1095; 제4차 라테란; 트리어, 1227; 루앙, 1231. 오토의 헌장, 1237 등.

63) *De consid.*, III. 5.

64) *Chart. univ. Paris*, I. No. 470.

배회하면서 성직자들을 집안으로 강제로 끌어들였다. 들어가지 않겠다고 거부하면 여인들이 그들을 향해서 손가락질을 하면서 소돔 사람들이라고 소리쳤다. 이러한 악한 상태를 도저히 치유할 수 없었기 때문에, 차라리 첩을 한둘 데리고 사는 성직자가 건실하다는 평판을 받았다. 같은 건물 내에서 위층이 학교인데 아래층에서 매춘부들이 살았다. 위층에서 선생들이 강의를 하는 동안 아래층에서 타락한 여인들이 몸을 팔았다. 건물 한쪽에서 여인들과 그들을 돈으로 산 자들이 욕설을 주고받으며 싸우는 동안 다른 쪽에서는 성직자들이 논쟁을 벌였다.

제4차 라테란 공의회는 주교들이 밤 시간을 술과 방탕으로 지내는 행위를 비난했다. 루앙 대주교구는 113년 동안 각종 추문을 일으킨 세 명의 고위 성직자들이 번갈아 가며 맡았다. 그들 중 두 사람은 공작 가문의 서자들이었으며, 세 사람 모두가 사납고 문란한 점에서 귀족들과 대등하거나 그들을 능가했다. 이런 면에서 악명 높았던 고위 성직자 중 한 사람이 교황특사를 지낸 추기경 크레마의 요한이었다. 그는 자신이 주재한 교회회의에서 사제들과 하위 성직자들에게 아내나 첩을 두어서는 안 된다고 엄히 금했다. 그런데 주교 관저에서 주색잡기를 일삼던 더럼의 주교를 견책할 임무를 띠고 그곳에 파견된 추기경이 주교가 제공한 여인에게 넘어가 몸을 내맡기고 말았다. 추기경이 주교에게 견책을 통보했을 때, 주교는 추기경의 간음 사실을 환기시키면서 그 통보를 농담으로 간주했다.

힐데브란트의 법에도 아랑곳없이 결혼과 축첩이 계속해서 시행되었다. 인노켄티우스 3세는 사제가 가정이 있으면 마음이 갈려서 하나님과 교회에 자신의 시간과 정신적 노력을 온전히 바칠 수 없다고 본 힐데브란트의 견해에 동의했다.[65] 살림베네와 하이스터바흐의 카이사르 같은 저자들은 결혼한 사제들을 심하게 비난했다. 제4차 라테란 공의회에 따르면, 주교들이 그레고리우스 7세가 말한 육체의 죄를 범하여서 스스로 교회법을 어길 뿐 아니라, 사제들이 그러한 죄를 범하여도 돈을 받고 묵인해 주었다고 한다. 당시 사제들 가운데는 "시 논 카스테, 카우테"(si non caste, caute)라는 말이 유행했다. "정절을 지키지 못할 경우에는 적어도 조심하라"는 뜻이다. 이런 식으로 "절제할 수 없거든 결혼하라"(고전 7:9)라는 사도 바울의 말을 왜곡했다. 이런 정황을 잘 알았던 보나벤투라는 "아주 많은 수의 사제들이 집안과 다른 곳에 첩을 두고 지내는 등 몹시 방탕하며, 이곳저곳에서

---

65) *Ep.*, I. 469, VI. 103, etc., Migne, 214. 436; 215. 110.

많은 사람들과 결탁하여 죄를 짓는다"고 주장했다.

만약 당시 상황이 14세기 사제들의 관습과 같았거나 15세기 후반 교황들의 품행과 같았다면 틀림없이 매우 악했음에 틀림없다. 패트릭 해밀턴(Patrick Hamilton)과 위셔트(Wishart)에게 사형을 언도한 스코틀랜드 최초이자 유일한 추기경인 대주교 비튼(Beaton)의 행실과 여러 정부(情婦)들을 과연 누가 잊겠는가! 스위스 종교개혁자들인 불링거(Bullinger)와 레오 유트(Leo Jud)가 사제의 아들들이 아니었던가! 츠빙글리(Zwingli)가 독신법을 어겼음에도 불구하고 로마 교회에 남아 있는 동안에도 좋은 평판을 유지하지 않았던가!

하지만 성직자 독신법을 어겼다고 해서 모두 도덕법을 범한 것은 아니었다. 결혼식만 올리지 않았을 뿐, 많은 사제들이 자신이 선택한 여성과 함께 명예롭게 살면서 가정을 보살피고 보호했다. 전능하신 분께서 정하신 제도를 폐기한 로마 교황의 규례들이야말로 교황청 법률 가운데 가장 죄악적인 것들이며, 교회에 이루 말할 수 없이 큰 해악을 끼쳤다.

127. 공의회들

이 시기의 에큐메니컬 공의회들과 지역 교회회의들의 법령들은 교회가 어떠한 도덕적 이상을 견지했고, 도덕 개혁을 이루기 위해 어떤 노력을 기울였는지 가장 인상적인 증거를 제시한다. 1050년 이전에 비해 많은 수의 공의회가 열렸다는 것은 건강한 징후였다. 공의회들의 의제가 주로 권징과 도덕에 관한 것들이었다. 공의회들은 교회와 제국의 관계, 교황 선출, 성직매매와 성직자 결혼 규제, 이단과 그것을 뿌리뽑을 방책들, 십자군 원정들과 하나님의 휴전(the truce of God), 성직자들이 견지해야 할 세세한 품행과 복장, 예배식들에 관하여 법령을 제정했다. 교리는 제4차 라테란 공의회가 정의한 화체설 교리가 초기 교회부터 전승된 주요 교의 목록에 덧붙은 유일한 것이었다.

공의회마다 주요 의제가 각기 달랐다. 법령의 성격도 지역에 따라 달랐다. 11세기 후반에 로마에서 열린 교회회의들은 성직자 독신제도·성직 매매·평신도 서임을 논의했다. 1200년부터 프랑스 남부와 스페인에서 열린 교회회의들은 이단에 관한 법령들이 주종을 이루었다. 영국과 독일의 교회회의들은 예배와 성직자들의 품행에 좀 더 치중했다.

이와 관련하여 주목할 만한 특징은 교황들이 로마 바깥에서 열린 교회회의들에 참석했다는 사실이다. 레오 9세는 이탈리아뿐 아니라 프랑스와 독일에서 열린 교회회의들에 참석했다. 우르바누스 2세는 1095년의 클레르몽 대 교회회의를 주재했다. 인노켄티우스 2세는 로마 바깥에서 열린 여러 교회회의들에 참석했다. 알렉산더 3세는 중요한 의미를 지녔던 투르 교회회의에 참석했는데, 그의 오른편에 토머스 아 베켓이 앉았다. 루키우스 3세는 1184년의 베로나 공의회를 주재했다. 인노켄티우스 4세와 그레고리우스 10세는 제1차와 2차 리옹 공의회에 참석했다. 이런 교회회의들은 기독교 세계의 수장이 참석했다는 사실로 인하여 중요성이 배가되었다. 이 시기의 교회회의들은 세 부류로 구분할 수 있다.

I. 지역 교회회의들(1050-1122). 힐데브란트 계열 교황들이 다스린 이 시기에 열린 교회회의들은 기독교 역사에서 새로운 시대를 예고한 징후였다. 주요 교회회의들은 로마에서 열렸는데, 1049년부터 시작된 이 회의들은 성직자 독신주의 의무화와 성직매매 금지를 골자로 한 입법을 관철시켰다. 평신도 서임권 금지 입법은 그레고리우스 7세가 주재한 1074년과 1075년의 사순절에 로마에서 열린 교회회의들에서 완성되었다. 지역 교회회의들, 특히 프랑스와 영국의 교회회의들은 이 입법을 답습했다. 교황 선출 방식은 교황 니콜라우스가 소집한 로마 교회회의에서 결정되고, 1179년에 제3차 라테란 공의회에서 인준되었다. 베렌가리우스(1088 죽음)가 주장한 성찬 교리는 1050년에 로마와 베르첼리에서 저항을 일으켰고, 1059년과 1079년에 다시 단죄를 받았다. 성지 정복에 관한 입법은 1095년의 피아첸차 교회회의에서 시작되어 그 해에 클레르몽에서 열린 교회회의에서 좀 더 심도 있게 다뤄졌다.

II. 에큐메니컬 공의회들. 1123년부터 1274년까지 120년의 시기에 모두 여섯 차례의 총공의회가 열렸는데, 이것은 325년부터 869년까지 5백 여년 동안 여덟 번의 총공의회가 열렸던 것과 좋은 대비가 된다. 처음 네 회의는 로마의 라테란 궁에서 열렸다는 점에서 라테란 공의회라는 이름이 붙는다. 나중 두 회의는 리옹에서 열렸다. 이 회의들은 교황들이 소집했으며, 세속 군주들은 회의 소집에 아무런 역할도 하지 않았다. 모두 교황이 주재했으며, 의제도 교황이 결정했다. 공의회들의 법령도 교황이 재가했다. 제1차 라테란 공의회의 법령 1조는 "사도 교구의 권위에 의거하여 우리는 …… 금한다"(auctoritate sedis apostol. prohibemus)

라고 되어 있다. 물론 회의에 참석한 고위 성직자들의 동의가 전제된 것이 사실이다. 좀 더 명시적으로 언급하자면, 공의회 법령에 다음 구절이 실려 있다. "거룩한 교회회의의 동의를 받아" 혹은 "회기 중인 거룩한 교회회의의 동의를 받아" (sacro approbante concilio 혹은 sacro proesente concilio). 제4차 라테란 공의회 법령이 그렇게 되어 있다. 여섯 번의 에큐메니컬 공의회를 소개하자면 다음과 같다.

1. **제1차 라테란 공의회**(1123). 교황 칼리스투스 2세가 소집했으며, 라틴 교회는 제9차 에큐메니컬 공의회로 간주한다. 주요 의제는 보름스 정교조약을 비준하는 것이었다. 에큐메니컬 공의회로서는 최초로 사제들의 결혼을 금지했다. 십자군 병사들에게 면죄부 부여를 결정한 우르바누스 2세의 입법을 갱신했다.

2. **제2차 라테란 공의회**(1139). 인노켄티우스 2세의 연설로 개회했고, 교황청 분열을 종식시켰으며, 브레시아의 아르놀드의 오류들을 단죄했다.

3. **제3차 라테란 공의회**(1179). 알렉산더 3세가 주재했고, 교회와 제국의 화해를 축하했고, 제2차 라테란 공의회에 의거하여 프랑스와 이탈리아의 카타리파에 대한 제재를 결의했다. 문둥병 환자들을 위해 교회와 묘지를 따로 구분해서 짓도록 명령했다. 287명 혹은 어떤 보고서들에 따르면 300명 또는 390명의 주교들이 참석했다.

4. **제4차 라테란 공의회** 혹은 제12차 에큐메니컬 공의회(1215). 이 회의가 중세에 새로운 시대를 열었다. 종교재판소를 설치했고, 화체설 교리를 확정했다. 이 두 결정이 다른 어떤 교회회의의 법령들보다 중세 교회에 가장 심원한 영향을 주었다. 인노켄티우스 3세가 주재했으며, 이 회의가 결정한 권징과 도덕 관련 법령들은 매우 수준이 높아서 이 점만 가지고도 매우 고상하고 중요한 회의가 되었을 것이다. 이 회의가 툴루즈의 레몽 문제를 조정했으며, 훗날 프리드리히 2세와 인노켄티우스의 두 직계 계승자들에게 큰 분란을 안겨준 1217년의 십자군 원정을 결의했다. 이 회의의 새로운 특징은 동방의 라틴인 총대주교들이 여럿 참석한 것이다. 이들은 비록 권위는 미약하지만 칭호만큼은 굉장했다. 이 공의회의 결정들을 보나벤투라와 토마스 아퀴나스는 권위 있게 인용했다.[66]

5. **제1차 리옹 공의회**(1245). 인노켄티우스 4세가 주재했으며, 황제 프리드리

---

66) *Summa, supplem.*, VIII. 4, Migne, IV. 946, etc.

히 2세를 기소하고 폐위한 일로 유명하다. 예루살렘의 고통스런 현실과 동유럽이 타타르족에게 위협을 당하던 상황도 의제로 다루었다.

6. **제2차 리옹 공의회** 혹은 **제14차 에큐메니컬 공의회**(1274). 그레고리우스 10세가 소집했으며, 주교 500명과 기타 성직자 1000명이 참석했다. 인노켄티우스 3세가 제4차 라테란 공의회에서, 인노켄티우스 4세가 제1차 리옹 공의회에서 그랬듯이, 그레고리우스가 개회 연설을 했다. 이 공의회가 결의한 법령 31개 조항 가운데 1조는 성령이 성자로부터 발출하셨다는 교리를 재확인한 것이다. 이 법령은 제4차 라테란 공의회의 법령을 답습하여 수도회 신설을 금지했다. 이 공의회의 주된 의의는 인상적인 대표단을 파견한 동방 교회와 서방 교회의 재통일을 모색한 점에 있다.

이상의 에큐메니컬 공의회들은 의제들과 참석자들에 중요성이 있다. 이 회의들은 서방 기독교 세계의 모든 부분들을 연합시키고, 사도 교구에 귀속하는 것을 교회 일치의 표준으로 부각시킨 면에서 중요한 영향을 끼쳤다.

III. **지역 교회회의들**(1122-1294). 12-13세기의 지역 교회회의들 가운데 더러는 같은 시기에 열린 몇몇 에큐메니컬 공의회들보다 훨씬 더 중요한 의의를 지닌다. 이 회의들이 다룬 가장 대표적인 의제를 꼽자면 이단 탄압이다. 지역적 성격을 훨씬 넘어선 회의들도 더러 있었는데, 대표적인 경우가 프랑스뿐 아니라 스페인 · 시칠리아 · 이탈리아 · 잉글랜드 · 스코틀랜드 · 아일랜드에서도 대표를 파견한 1163년의 투르 교회회의이다. 알렉산더 3세와 추기경 17명이 참석했다. 이 회의는 이단 규제법을 제정했다.

베로나 교회회의(1184)는 이단 재판과 처벌에 관한 길고 유명한 법령을 통과시켰다. 발도파의 항변을 청취했으나 그 집단을 끝내 법적으로 인정하지 않았다.

트리어 교회회의(1227)는 성사 집례에 관한 중요한 법령들을 통과시켰다

툴루즈 교회회의(1229)는 교황특사가 주재했고, 알비파 정벌을 위한 십자군 원정의 완료를 축하했으며, 종교재판소 법을 완성했다. 평신도에게 성경 소지를 금지한 법령으로 인하여 오명을 갖고 있다.

이상의 교회회의들은 시대를 밝히고 사상을 일깨운 대 사건들이었다. 교회의 반대파를 진압하는 일과 그 밖의 몇몇 주제들에 대해 바람직하지 않은 수단을 동원한 점을 제외한다면, 이 회의들이 채택한 법령들은 대체로 도덕적 순결과 인권 옹호라는 올바른 방향을 지향했다.

128. 영국의 교회와 성직자들

  노르만족의 정복과 더불어 로마 교황청은 영국 교회에 대해서 불안감을 표시하는 동시에 세금을 거두는 일에 박차를 가하기 시작했다. 색슨족 왕들은 로마를 방문하고 교황청 연공(Peters Pence)을 납부한 데서 잘 나타나듯이 교황에게 존경을 표시했으나, 데인족의 침략으로 나라가 황폐해진 탓에 남유럽의 교회 지도자들에게 관심을 기울일 여력이 없었다. 헌팅턴의 헨리는 자기 시대(12세기)의 영국을 가리켜 유쾌한 잉글랜드라고 불렀으며,[67] 영국인들이 생각과 말에 자유로운 사람들이며, 스스로도 풍족할 뿐 아니라 해외의 이웃들에게도 즐겨 베푸는 점에서 특히 자유로운 사람들이라고 말했다. 로마인들은 이 점을 재빨리 간파하고서 영국 교회를 풍부한 광산처럼 대했다. 기독교 세계 가운데 영국만큼 교황청으로부터 지원 요청을 끊임없이 당당하게 받은 나라는 없을 것이다. 반면에 교황과 국왕의 강요와 압제에 맞서서 교회와 국가 두 영역에서 민중의 권리를 확립하기 위해 영국만큼 집요하게 투쟁한 나라도 없었다.

  교황이 영국 교회의 자유를 침해한 초기의 뚜렷한 사례들 가운데는 교황특사들을 파견한 것과, 대주교에게 로마로 가서 팔리움[영대]을 받아오도록 요구한 것이 있었다. 영국에 처음 파견된 교황특사들은 1070년에 정복자 윌리엄이 대립교황을 편든 색슨족 캔터베리 대주교 스티건드(Stigand)를 제재하기 위해서 초대한 듯하다. 하지만 오래가지 못해서 외국의 교황특사들이 배척을 당했고, 교황은 자신이 파견한 여러 대표들이 줄줄이 거부당하는 수모를 겪은 끝에 결국 굴복하고서 교황특사의 권위를 캔터베리와 요크의 대주교들과 동등시하는 규정을 제정했다. 하지만 이 규정에는 많은 예외가 있었다. 영국 출신의 교황특사들은 외국인 지명자들('전권 사절': legati a latere)과 구분하여 '상주 사절'(legati nati)이라 불렀다.

  정복자 윌리엄이 죽자마자 교황은 영국의 주교 임명에 간여하고 성직록들을 임명하는 권리를 내세웠다. 이 점에서 국왕도 교황 못지않게 적극적이었다. 참사회들이 선출한 주교들에 대해서 교황은 자신의 의견이든 국왕의 항소든 근거로

---

  67) Anglia plena jocis. William Fitzsphen(quoted by Traill, I. 377 sq.)은 영국인들이 축구와 보트 경기, 궁술 등 스포츠를 좋아하는 점을 길게 소개한다.

내세워 거듭 승인을 거부했다. 교황 유게니우스 3세는 교회법 절차에 부합하게 선출된 요크의 대주교 윌리엄을 배척했다. 캔터베리 대주교들인 스티븐 랭턴(1207), 에드먼드 리치(1234), 프란체스코회 출신 킬워드비(1273), 페컴(1279), 레이놀즈(1313)가 모두 교회법에 따라 선출된 후보들 대신에 임명된 사람들이다. 보나벤투라는 1264년에 윌리엄 랭턴 대신에 요크 주교로 선출되었다. 이런 상황이 계속해서 반복되고 있었다. 이미 축성까지 받은 주교들이 전권을 내세운 교황에 의해 주교로 취임하지 못했다. 대표적인 사례가 로버트 그레이스테인스를 대신하여 더럼의 주교로 선출된 리처드 드 베리(Richard de Bury, 1345 죽음)였다.

참사회들의 권한을 짓밟은 이런 횡포가 무수한 법률 소송으로 이어졌다. 영국의 거의 모든 주교가 주교직을 얻기 위해서 로마에 가서 싸움을 벌여야 했다. 1215-1264년에는 주교 선출 문제로 로마로 찾아가 항소한 경우가 서른 건도 넘었다. 이 시기는 교황이나 국왕이 참사회들에서 소수의 반대파조차 찾지 못함으로써 항소를 통하여 로마에서 재판을 하여 참사회의 결정을 결국 뒤엎어야 했던 불편한 시기였다. 교황 알렉산더 3세가 공포한 470개의 교령들 가운데 약 180개가 영국에 대한 것이었다.

정상적인 절차에 따라 성직록을 부여하는 행위조차 교황의 유보라는 악습 때문에 무효가 되었는데, 이 시기 영국 교회의 거의 모든 고위직이 이러한 악습으로 인해 위협을 받았다. 얼마 후인 1317년에 교황은 우스터 · 헤리퍼드 · 더럼 · 로체스터 교구들에 자신이 직접 주교들을 임명할 속셈으로 승인을 유보했다. 1320년에는 링컨과 윈체스터가, 1322, 1323년에는 리치필드와 윈체스터가, 1325년에는 칼라일과 노리치가, 1327년에는 우스터 · 엑서터 · 헤리퍼드가 동일한 대접을 받았다.

교황이 영국 교회에 주권을 행사할 때 사용한 또 다른 방법은 주교를 이 교구에서 저 교구로 이동시키는 것이었다. 매튜 패리스(V. 228)는 이것이 "관습으로 굳어져서 이 교회가 저 교회의 정부(情婦)처럼 보였다"고 말했다.

영국의 성직자들과 귀족들은 교황의 이러한 태도를 불쾌하게 받아들였으며, 그 결과 1258년의 진흙 의회(the Mad Parliament) 같은 데서는 참사회가 주교를 선출할 자유를 요구했다. 1164년의 클래런던 헌장(the Constitutions of Clarendon)은 교황에 대한 민족 차원의 반감을 분명히 표현했으나, 교황은 조금도 뜻을 굽히지 않았다.

수도원들은 대부분 대수도원장 선출에 교황의 간섭을 받지 않았다. 그 이유는 주교들을 굴복시키려던 교황의 노력을 수도회들이 지원해 준 데서 찾아야 할 것이다. 왕도 감히 개입하려 하지 않았는데, 이는 어느 한 수도회가 공격을 당하면 모든 수도회가 일제히 나서서 방어하는 치밀한 조직 때문이었음에 틀림없다.

영국의 주교들이 하원에 참여하게 된 근거를 제공한 것은 병역 면제세였다. 주교들은 이 세금을 내면서 귀족들과 함께 국사를 심의할 동등한 권리를 요구했다. 영국 상원에 평신도 귀족이 마흔 명도 채 되지 않던 시기에, 주교들은 스무 명, 대수도원장들은 스물여섯 명이나 되었다. 주교들과 대수도원장들의 대다수는 당시에 윈체스터를 대신하여 국가 생활의 중심지 역할을 한 런던에 자택들을 두고 있었을 것이다. 고위 성직자들의 급여 수준이 높아지면서, 귀족들과 왕족들은 자녀들에게 고위 성직자가 되는 교육을 받게 했다. 베외의 주교 오도(1097 죽음)는 정복자 윌리엄의 형제였다. 스티븐의 조카들 가운데 두 사람은 각각 더럼의 주교와 요크의 대주교였다. 헨리 3세의 형제 에텔마르(Ethelmar)는 1250년에 윈체스터 주교가 되었고,[68] 헨리의 아저씨뻘인 보니파키우스에게는 캔터베리 대주교직이 수여되었다. 헨리 2세의 아들 제프리는 어린 나이에 링컨의 주교가 되었으며, 훗날 요크로 교구를 옮겼다. 출신 성분이 보잘것없는 데서 고위 성직자가 된 사람들 가운데는 에드먼드 리치와 로버트 킬워드비가 있었다.

영국인들 가운데 성인의 반열에 오른 사람들로는 안셀무스와 토머스 아 베켓은 두말할 것도 없고, 링컨의 휴 · 캔터베리의 리치 · 치체스터의 주교였던 위치의 리처드가 있었다. 거만하고 호전적인 고위 성직자들도 무수히 많았으며, 주교들이 왕궁에서 고위 관료가 되는 관습은 신앙의 덕을 계발하는 데 도움이 되지 않았다. 윌리엄 루푸스 때 더럼의 주교를 지낸 리처드 플램바드(Richard Flambard), 리치필드의 주교 휴(Hugh, 1188-1195 재위), 국왕 존의 지지자 윈체스터의 주교 피터 드 로체스(Peter des Roches, 1205-1238 재위)가 성직에 아무런 덕도 쌓지 못한 악명 높은 고위 성직자들로 꼽힌다. 엘리의 주교로서 국왕 리처드 1세의 총애를 받은 윌리엄 롱챔프(William Longchamp)는 수행원을 천 명이나

---

68) 왕이 참사회에 들어가 그를 선출하도록 강요했다. 교황은 양보했으나, "황량한 해안에 씨를 뿌린 데 대해서 총신을 위해 단번에 5천 마르크를 요구하는 풍성한 수확을 거두었다." M. Paris, V. 179 sqq.

거느리고 살았다.[69] 추기경 겸 교황특사 오토가 주재한 1237년의 런던 교회회의는 주교들에게 "주님의 밭에 생명의 씨를 뿌려야 할" 그들 본연의 의무를 환기시켰다. 그리고 주교들이 자신들의 책임을 잊지 않도록 하기 위해서 주교 축성을 받을 때 그들이 행한 서약을 일년에 두 번 그들에게 들려주도록 했다.

영국의 참사회들은 두 계층의 성직자들인 수사들과 재속(교구) 사제들로 거의 동일하게 구분되었다. 수사들로 구성된 참사회들에는 캔터베리 · 윈체스터 · 더럼 · 노리치 · 코벤트리 · 로체스터 · 우스터 · 엘리 · 배스가 속해 있었고, 재속 사제들로 구성된 참사회들에는 요크 · 런던 · 엑서터 · 리치필드 · 웰스 · 헤리퍼드 · 링컨 · 솔즈베리 · 란다프 · 세인트 아사프 · 세인트 데이비드 · 치체스터가 속해 있었다. 참사회들이 독립 법인들로서의 권리를 주장함에 따라 토지 재산도 주교의 재산과 독립된 것으로 취급받았다. 그 결과 주교가 자신의 참사회에서 모든 영향력을 상실하는 경우가 적지 않았다. 이렇게 주교와 참사회가 대립할 때는 참사회원들이 재속 사제들인 경우에는 주임사제가, 수사들일 경우에는 소수도원장이 주교좌성당을 감독했다. 하지만 제4차 라테란 공의회는 교회에 들어가 의식을 집례할 우선권이 주교에게 있다고 결정했다. 제3차 라테란 공의회는 참사회 내부의 문제들은 전통적 관습과 상관없이 다수결로 해결하도록 명령했다.

교황과 영국의 군주는 영국 교회의 수입을 놓고 경쟁을 벌였으나, 아마도 교황이 왕을 능가했을 것이다. 윌리엄 루푸스의 재위 기간에는 고위 성직자가 죽으면 즉시 국왕의 관리가 그의 재산과 임차 목록을 가져다가 국왕의 소유로 귀속시켰다. 스티븐의 재위 때는 "그리스도와 그분의 성인들이 잠자고 있었다"는 말이 유행할 정도로 그런 악이 심하게 자행되었다. 왕이 재산을 압류할 수 있도록 주교구들을 공석으로 방치해 두었다. 교회 재산에 세금을 부과한다고 해서 비판할 수는 없는 일이다. 병역 면제의 대가로 군사 장비들을 세금으로 내게 한 관행은 색슨족 시대로 거슬러 올라간다. 12세기 후반에는 새로운 제도가 유행하게 되어 일정액을 납부하는 것으로 대체되었다. 십일조와 그 밖의 예물을 포함한 성직자들의 동산(動産)에 부과된 영적 세(spiritualis)라는 세금은 1188년에 헨리 2세가 최초로 부과한 듯하다. 이것이 터키족 정벌 자금을 마련하기 위해 부과된 저 유명

---

69) Hurter(III. 331 sqq.)는 인노켄티우스 3세 당시의 영국 주교들이 극도로 타락했다고 말한다.

한 살라딘 세였다. 리처드 1세의 몸값을 마련하기 위해서 심지어 교회의 그릇들과 성직자들의 책들에도 세금이 매겨졌다. 존의 재위 기간에는 세금이 좀 더 치밀하게 부과되었지만, 헨리 3세(1216-1272 재위) 때에는 훨씬 착취적인 성격을 띠었다. 1294년에 에드워드 1세는 프랑스 전쟁 비용을 마련하기 위해서 성직자들에게 수입의 절반을 납부하지 않으면 법의 보호를 박탈하겠다고 위협했다. 세인트 폴 교회의 주임사제는 이런 전례 없는 요구에 대해서 왕에게 항의하러 갔다가, 왕이 퍼붓는 진노에 충격을 받고서 그 자리에서 쓰러져 죽었다. 성직자들은 이런 유의 세금을 낼 마음이 없었으나, 의회가 적정 세율로 결의한 1/10에 대해서는 거부한 적이 없다고 한다. 십자군 원정을 위한 세금은 교황이 직접 징수했으며, 세속 군주의 힘을 빌리기도 했다. 1288년에 교황 니콜라우스 4세는 에드워드 1세에게 6년간 십자군 원정을 위해 거둔 세금의 1/10을 주었다.[70]

교황이 영국으로부터 받은 세금은 크게 세 가지, 즉 교황 연공과 국왕 존의 공물, 그리고 특별세들이었다. 베드로의 은전이라고도 하는 교황 연공(年貢)은 8세기에 머시아(영국 중부의 옛 왕조: 역자주)의 왕 오파 2세(Offa II) 때 시작된 것으로 추정되며, 영국인들이 로마에 바친 최초의 화폐 공물이었는데, 원래는 자발적인 선물이었던 것이 세월이 가면서 부채로 간주되었다. 교황은 세금을 제때 보내지 않는 왕과 주교들에게 자주 불만을 토로했다. 교황 파스칼리스는 1115년에 헨리 1세와 캔터베리 대주교에게 보낸 서신들에서 예물의 절반이 아직 성 베드로에게 납부되지 않은 사실을 그들에게 환기시켰다. 인노켄티우스 3세는 자신의 특사에게 반드시 세금을 다 받아내라고 심하게 재촉하면서, 주교들이 세금을 빼내어 전용하고 있다고 불평했다. 한 가족 당 1페니였던 세금이 201.7파운드로 뒤섞였다. 그러나 1306년에 교황특사 윌리엄 데 테스타(William de Testa)는 변화된 금액을 무시하고 원래의 금액을 징수하라는 명령을 받았다.

13세기부터는 세금 징수 업무가 주교에게서 교황특사에게 넘어갔다. 그레고리우스 10세의 법으로 각 교구에 보조 징수관 두 명이 배치되고 이들에게 하루 3솔리두스[실링]의 급료를 지급했는데, 훗날 급료가 5솔리두스, 그리고 8솔리두스로 인상되었다. 교황 연공은 로마에 바친 다른 공물들과 함께 1534년에 헨리 8세의

---

70) 1291년의 화폐 가치로 판단하건대, 성직자들의 세금이 2만 파운드에 육박했음에 틀림없다. Stubbs, III. 350.

법으로 폐지되었다.

영국 왕 존이 약속한 천 마르크의 공물을 영국 정부는 될 수 있는 대로 납부하지 않으려 하거나 아예 납부하지 않았다. 1275년에 교황 요한 21세가 영국 왕에게 상기시킨 대로 그 세금을 7년이나 납부하지 않고 있었다. 1301년에는 밀린 액수가 1만2천 마르크나 되었다. 1334년 이후에는 납부가 아예 중단된 듯하며, 1366년에 의회는 1344년 이후의 체납액을 일괄 정리하면서 더 이상의 납부를 금지했다. 하지만 교황들은 계속해서 국왕 존의 공물을 계속해서 요구했으며, 영국 정부도 일부 혹은 전부를 납부했다.

교황들이 징수한 특별세들은 동방과 프리드리히 2세에 대한 십자군 원정과, 교황청 재정을 위한 것이었다. 1229년에 교황 그레고리우스 9세는 영국 왕의 동의를 받아 1/10세를 부과했다. 1246년에 인노켄티우스 4세는 영국의 모든 성직자들에게 3년 반 동안 수입의 1/3을 납부하라는 과중한 요구를 했는데, 이 요구는 리딩에서 모인 주교들과 대수도원장들의 모임에서 거부되었고, 교황은 총공의회를 소집하여 이 문제를 심의하도록 했다.

로마가 영국 교회의 수입을 받아낼 때 사용한 가장 효과적인 방법은 그 교회의 성직록들을 요구하고, 주교들을 비롯한 고위 성직자들에게 특별세를 부과하는 것이었다. 로마 총독들의 횡포가 되살아난 듯했다. 로마가 영국 교회에 성직록을 공식적으로 요구한 것은 1226년에 호노리우스 3세가 처음인데, 그는 각 주교좌성당에서 참사회원 자리 두 개와 각 수도회에서 두 직위를 교황이 자기 사람들로 임명하도록 해줄 것을 요구했다. 그러기 전부터 이탈리아인들이 영국의 성직록들을 보유하고 있었다.

1231년에 그레고리우스 9세는 영국의 주교들이 로마인 다섯 명에게 수여할 직위를 남겨놓지 않은 채 성직록을 수여하지 못하도록 금했다. 1240년에 같은 교황은 염치없게도 캔터베리 대주교와 런던과 솔즈베리의 주교들에게 이탈리아인 3백 명에게 줄 자리를 확보하라고 명령했다.[71] 이탈리아인의 자리는 꼭 이탈리아인이 물려받는다는 불평이 끊이지 않았다. 이로 인한 심한 반감이 「왕 존」(*King John*) 3막 1장에서 셰익스피어가 해놓은 표현에 잘 나타나 있다.

---

71) M. Paris, IV. 32. 연대기 저자는 캔터베리 대주교 에드먼드가 이러한 요구들에 너무 시달린 나머지 끝내 좌절한 채 왕국을 떠났다고 말한다.

"이탈리아 사제 중에서 우리 땅에서
십일조를 내거나 땀흘려 일하는 자는 아무도 없다."

인노켄티우스 4세가 이 면에서 가장 뻔뻔한 교황이었을 것이다. 그는 소년들을 솔즈베리 등지의 성직록 보유자들로 임명했는데, 그로스테스트는 그 교황이 임명한 자들 가운데 일부가 어린이들(parvuli)이었다고 말했다. 영국인들이 교황에게 항의한 것 가운데 하나는 "헤아릴 수 없이 많은 이탈리아인들"이 영국에서 성직자로 임명된다는 것과, 그들이 해마다 국왕이 인지하는 것보다 배나 더 많은 6천 마르크를 이탈리아로 빼돌린다는 것이었다.

일찍이 1256년에 교황은 주교구들에 5년간 첫 열매들을 바치라고 요구했다. 후에는 이것이 규율로 고착되었다. 교황특사들이 몰염치한 그들의 주인들(교황)보다 나았을 리가 없다. 마르티누스는 1244년에 영국에 도착한 뒤 3만 마르크를 요구했고, 한 해에 3천 마르크 이상 수익이 보장된 성직록들을 가로챘다. 이런 관리들을 영국인들은 지독한 착취자들, 흡혈귀들, "선혈 낭자한 이빨로 영국 성직자들을 삼키는 늑대들"이라고 불렀다.[72] 스코틀랜드에 파견된 교황의 대표들 역시 세금을 거둬가는 것이 가장 주된 업무였다.[73] 매튜 패리스는 "흡혈귀적 착취"를 저속하고 수치도 모른 채 자신을 모든 사람에게 내어주면서 영국 교회의 순결을 더럽히는 창녀 짓에 비유했다. 그는 민중이 계부의 정신으로 행동하는 교황과 마치 계모처럼 영국을 다루는 로마 교회에서 비록 마음은 아닐지언정 몸으로는 멀어져 있다고 말한다. 민중은 때때로 말보다 더 의미심장한 방식으로 분노를 표출했다. 교황특사 마르티누스는 금과 은뿐 아니라 직물과 자기, 가구, 말 등을 세금으로 받은 뒤에 귀족들의 호위를 받아 황급히 왕국을 빠져나갔다. 그가 왕에게 안전통행권을 신청했을 때, 왕은 "마귀가 당신에게 지옥으로 가는 모든 길에 안전통행권을 줄 것이오" 하고 대답했다.

노르만족의 정복은 영국 교회에 건전한 영향을 끼쳤으며, 교회당들이 건축되

---

72) M. Paris, II. 229, IV. 60, 100, 136, 160, 284, 626, etc.

73) M. Paris(II. 210, IV. 610)는 베들레헴의 주교이자 스코틀랜드 주재 교황특사인 제프리에 대해서, 금강석이 쇠를 잡아끌듯이, 그도 많이들 탐내는 스코틀랜드의 돈을 빨아들이곤 했다고 말한다.

고 수도원들이 설립되고 교회 의식이 교회법에 의거하여 정규적으로 거행되는 새로운 시대를 열었다. 13세기는 영국에 교세가 크게 확장된 시기였다. 재산을 보유한 주교대리구(vicarage) 제도가 이 시기에 발달했다.

휴 드 웰스(Hugh de Wells)는 수백 개의 주교대리구를 설치했고, 그로스테스트는 그 정책을 계승하면서 먼저 설립된 교회들의 수입에 의존하여 그들을 지원했다. 미사로써 죽은 영혼들의 영면을 빌어줄 소예배당들(chantries)이 개인들의 기부에 의해 건립되었으며, 시간이 지나면 이 예배당들이 독립된 주교대리구들이나 소교구들로 통폐합되는 경우가 많았다. 1102년의 웨스트민스터 교회회의는 급여를 제대로 받지 못하는 주교대리들을 좀 더 제대로 대우하기 위한 법안을 통과시켰다. 오토의 헌장은 주교의 동의가 없이는 역사적 가치가 있는 건물을 철거하고 새 건물을 짓는 행위를 금지했다.

노르만족은 성직자 교육에도 새로운 시대를 도입했다. 맘스베리의 윌리엄은 노르만족이 영국에 들어오기 전에는 성직자들이 적당히 배우고 말아서 성사들의 문구를 더듬거리며 읽지조차 못했다고 말한다. 당대 영국의 성직자들의 교육 수준이 어느 정도였는지는 명쾌하게 드러나 있지 않다. 그 시대의 전문가 스텁스 박사(Dr. Stubbs)는 하위 성직자들조차 읽고 쓰는 기능은 틀림없이 갖추고 있었을 것이라는, 선뜻 신뢰가 가지 않는 발언을 한다. 설교에 관한 한, 중세 영국 소교구의 사제가 설교하는 경우란 아주 드문 일이었을 것이다. 하지만 영국 성직자들 가운데는 학문적 역량이 뛰어난 사람들이 항상 있었다. 이 점은 연대기 저자들과, 솔즈베리의 존·월터 맵·블루아의 피에르(프랑스에서 건너온 인물) 같은 저자들, 그리고 초창기부터 옥스퍼드 대학교에서 가르친 스콜라 학자들이 입증한다.

안셀무스를 비롯한 고위 성직자들의 조치에도 불구하고 성직자들의 결혼과 축첩 관행은 영국에서 계속되었다. 파스칼리스 2세는 안셀무스에게 쓴 서신에서 영국 사제들 대다수가 결혼 생활을 한다고 말했다. 그런 사제들이 집례하는 미사에 평신도들이 참석하는 것을 금하는 법률들이 제정되었으며, 사제의 집에 발길을 끊지 않는 여인들은 간통자들로 간주되어 교회 묘지에 장사되는 것이 금지되었다. 교황 하드리아누스 4세 때 영국의 어느 사제는 교황 자신이 사제의 아들임을 상기시키기 위해서 자기 딸의 이름을 하드리아나(Hadriana)라고 지었다.[74] 상황을 조금 개선하기 위해서 사제들에게 공동 생활을 하도록 한 아우구스티누스회 수도회칙을 도입하려는 시도도 있었으나, 이 수도회칙을 채택한 교회는 영국에서는 칼라일 주교좌성당 한 곳과 스코틀랜드의 몇몇 교회들뿐이었다. 법정 기록들은 당시 성직자 집단에 얼마나 심한 악이 성행했었는가를 잘 말해준다. 12세기 이후에도 많은 수의 주교들이 결혼을 했거나 결혼에 준한 생활을 했다. 매튜 패리스에 따르면, 그로스테스트는 휘하 성직자들의 도덕적으로 저급한 생활에 비관하여 사직을 결심하기까지 했다.

그라티아누스의 교회법을 영국에 도입하려던 시도는 한 번도 제대로 성공을 거둔 적이 없었다. 대주교 아룬델(Arundel)은 다음과 같이 주장할 수 있었다. "모든 경우에 교회법과 국법이 권위가 있는 이유는, 그 법들이 하나님의 보좌에 앉아서 영원한 생명과 죽음을 결정하는, 그리고 하나님께서 신적 영역의 법을 맡기신 문지기에게서 나왔기 때문이다." 그러나 귀족들은 1236년의 머튼 의회에서 표명했듯이 외국의 주장을 배격했다. 정복자 윌리엄은 교회 법정들을 설치하고 그 감독을 주교들과 대부제들에게 맡겼으며, 이 법정들이 군(郡) 법원(the hundred court)의 지위를 대신했다.

하지만 성직자들의 재산에 관한 소송은 세속 법정들이 담당했으며, 삼림법과 사냥법을 위반한 사건들도 마찬가지였다. 하지만 유언과 결혼에 관한 문제들은 모두 교회 법정에서 다루었다. 이러한 규정들이 교회에 방대한 권한을 부여했다. 하지만 불가피하게 두 법정 사이에 관할권 충돌이 발생했으며, 성직록 수여권과 십일조 등의 문제를 놓고 분쟁이 끊이지 않았다. 성직자들이 일반인들과 같은 죄를 지어도 비교적 가벼운 처벌을 받게 되자, 적어도 하위 성직들에 많은 사람들이 몰렸으며, 이들은 성직자의 삶을 살 생각이 추호도 없으면서 성직자 명단에 이름들을 올렸다.

이 시기의 영국 교회에 관련하여 좀 더 중요했던 조치들로는 세속 법정과 교회 법정을 구분한 윌리엄의 정책 외에도, 1108년의 런던 공의회 법령, 1164년의 클래런던 헌장, 1213년에 국왕 존이 왕국을 잠시 양도했던 사건, 1237년의 오토의 헌장, 1279년의 영구양도법(the Mortmain Act)을 꼽을 수 있다. 중세의 영국 의회가 제정한 주요 법령들 가운데 하나였던 영구양도법은 국가의 세금을 면제받기 위한 목적으로 토지를 교회에 양도하는 행위를 금지했다.

---

74) John of Salisbury, *Ep.* 27, Migne, 199. 18.

129. 영국의 두 주교

이 시기의 영국 주교들 가운데 교구를 충성스럽게 감독한 점에서 가장 두드러진 인물들은 휴(Hugh)와 로버트 그로스테스트(Robert Grosseteste)로서, 두 사람 모두 링컨의 주교들이었다.[75]

아발론의 휴라고도 불리는 링컨의 휴(1140-1200)를 러스킨(Ruskin)은 역사상 가장 매력적인 성직자로 평가했다. 프루드(Froude)는 그가 "인간으로 태어난 지극히 아름다운 영혼들 가운데 하나로서, 그의 이야기가 모든 영국 소년들에게 친숙히 알려져 있다"는 말로써 찬사를 보냈다.

프랑스 그르노블 근처에서 태어난 휴는 아홉 살에 어머니를 여의면서 수도원에 의탁되었다. 그는 커서 샤르트르 대수도원에 들어갔으며, 1180년경에 영국 왕 헨리 2세의 청빙을 받아 카르투지오회 소속 세인트 위섬 수도원장이 되었다. 그곳은 몇 년 전에 왕이 설립한 수도원이었다. 1186년에는 잉글랜드에서 가장 큰 교구이던 링컨의 주교로 선출되었다.[76]

휴는 헨리와 막역한 사이였음에도 불구하고 왕이 교구 일에 간섭할 때 단호히 거부했다. 왕이 자신의 신하를 링컨 교구 참사회원으로 세우려 하자, 주교는 "지금부터는 주교구의 성직록들이 궁정인들이 아닌 성직자들에게 수여될 것이라고 가서 왕에게 전하라"고 말했다. 그는 삼림 담당 대신을 민중의 권익을 침해한 죄로 파문에 처했다. 이에 왕이 격분했으나, 주교는 요지부동이었다. 당시에 국왕은 사냥을 보호하기 위해서, 그리고 추측건대는 색슨인들이 오지로 피신하는 것을 막기 위해서 민간인들의 삼림 출입을 엄격히 제한했다. 삼림관들과 삼림 경비원들이 민중들에게 혐오와 분노의 대상이었다. 삼림 침해 행위가 눈을 빼거나 기타의 신체 부위를 절단하는 방식으로 처벌되었다.

휴는 후임 왕들인 리처드와 존에 대해서도 헨리에게 취했던 것과 똑같이 독립적인 태도를 취했다. 1197년의 옥스퍼드 공의회에서 그는 돈을 요구하는 리처드

---

75) Stubbs(*Const. Hist.*, II. 313)는 13세기가 "영국 성직자들의 황금 시대"였다고 평가하면서, 주교들이 영국 헌법 형성에 행사한 영향력을 각별하게 언급한다.

76) Cencio의 등기부는 베드로의 은전(Peter's Pence)를 내야 했던 세대수가 링컨 10,080세대, 윈체스터 4160세대, 런던 2960세대, 캔터베리 1896세대로 기재했다.

의 요구를 전례 없는 행위라고 몰아세우면서 단호히 거부했다.[77] 왕은 대노했으나, 그 고위 성직자가 앤들리 바위에 세워진 왕의 성을 방문하여 왕이 요구한 금액을 지불함으로써 사태가 무마되었다. 이곳은 일년만에 건축된 유명한 성으로서, 필립이 "그것이 철옹성이라도 내가 차지하겠다"고 말했을 때 리처드가 "그것이 버터라도 나는 반드시 지킨다"고 대답했다는 성이다. 휴가 떠나자 리처드는 "모든 고위 성직자들이 링컨의 주교와 같다면 우리 같은 군주들은 그들 앞에서 고개도 들지 못할 것이다" 하고 말했다고 전해진다.

휴가 유대인들을 어떻게 지혜롭게 대했는가 하는 것은 이미 언급한 바 있다. 그는 문둥병 환자들에게 관심을 가지고서 그들을 위해 집을 지어주었고, 손수 그들을 보살펴 주었으며, 그들을 가리켜 "낙원의 꽃들이요 천국 면류관의 보석들"이라고 불렀다. 제3차 라테란 공의회는 문둥병 환자들을 위해 교회당들과 묘지들을 따로 마련하도록 규정했다. 그가 로자먼드(Fair Rosamonde, 1140?-76, 헨리 2세의 총애를 받다가 왕비 엘레오노르의 질투로 살해당했다고 함: 역자주)의 무덤을 대한 태도는 우리 시대의 정신보다는 그 시대의 교회법에 더 일치한다. 그는 개드스토우를 방문했을 때 그녀의 시신이 그곳 수녀원 교회에 묻혀 있고, 시신 위에 등불이 항상 밝혀져 있는 것을 발견하고는 추문으로 얼룩진 생을 살았던 여성이니 시신을 다른 곳으로 이장하라고 명령하면서, 이렇게 해야 다른 사람들이 경각심을 가지고 정숙한 생활을 할 것이라고 말했다. 임종의 순간에 그는 재의 십자가 위에 눕혀졌다. 마침 링컨에서 공의회를 주재하고 있던 국왕 존이 그의 시신을 매장지까지 운구하는 일을 도왔다. 캔터베리 대주교와 많은 주교들이 장례식에 참석했다. 유대인들도 그의 죽음을 애도했다. 휴는 1220년에 시성되었으며, 그의 성소는 순례지가 되었다.

휴에 관한 대표적인 이야기들 가운데 하나는 백조 이야기로서, 백조의 움직임을 지켜본 그의 전속사제와 기랄두스 캄브렌시스(Giraldus Cambrensis)가 사실로 입증한 것이다. 주교의 장원 가운데 한 곳인 스토우에 둥지를 튼 백조는 휴가 처음 볼 때까지만 해도 사납고 제어하기 어려웠다. 이 새가 휴를 처음 만난 다음부터는 유순해져서 주교가 시키는 대로 했고, 그의 손에서 먹이를 받아먹었으며,

---

77) Stubbs(ed. of Hoveden, IV. p. xcii)는 이것을 "국왕이 직접 요구하는 돈을 거부한 최초의 뚜렷한 사례로서 영국 헌정사의 이정표"였다고 평가한다.

부리로 그의 소매를 붙잡고 다녔다. 주교가 그곳을 방문할 때는 본능적으로 미리 알고 있는 듯이 여러 날 전부터 호수를 쉴새없이 오르내렸다. 주교가 잠든 시간에는 곁에서 그를 지켜주었다.

로버트 그로스테스트(1175-1253)는 휴보다 폭넓은 영향력을 행사했으며, 아마도 당대의 영국인들 가운데 가장 주목할 만한 인물인 듯하다.[78] 그 세기의 어떤 고위 성직자도 교황 앞에서 그처럼 교황의 본분에 관하여 담대하게 직언을 하지 못했다. 그는 여러 가지 특장에다 학자의 취향과 식견도 갖추었다. 교회의 부패를 개혁했으며, 성경을 사용한 점에서 위클리프의 선구자였다. 그를 깊이 존경한 로저 베이컨은 링컨의 로버트만큼 학문들을 참되게 알고 있는 사람이 없었다고 말했다. 그의 영향력이 얼마나 컸는가 하는 것은 수세기 동안 그가 "링컨의 그분"(Lincolniensis)으로 불렸던 사실로 잘 입증된다.

잉글랜드에서 미천한 가정에서 태어난 그는(이 점 때문에 그는 링컨의 수사들에게 조소를 당하기도 했다) 옥스퍼드와 파리에서 공부했고, 훗날 옥스퍼드의 명예총장(chancellor)이 되었다. 그리스어를 잘 알았고, 히브리어도 조금 알았다. 많은 글을 남긴 저자였으며, 애덤 마쉬(Adam Marsh)와 절친한 사이였다.

탁발수도회들이 잉글랜드에 진출한 일을 그로스테스트만큼 열렬히 환영한 사람이 없었다. 그 일을 새 시대의 도래로 간주한 그는 그들이 옥스퍼드 대학교에서 개설한 강좌들의 첫 수업을 맡아 진행했으며, 자신의 도서관을 그들에게 넘겨주었다. 하지만 애덤 마쉬처럼 직접 그 수도회들에 가입하지는 않았다.

1235년에 링컨 교구를 맡게 되면서, 그로스테스트는 수사들과 성직자들의 부패를 개혁하는 작업에 착수했으며, 이 일로 인하여 죽는 날까지 불편과 괴로움을 겪었다. 솔선수범하여 술을 입에 대지 않았고, 교회당과 교회 뜰에서 오락을 금했으며, 주교가 방문할 때 소교구들이 행렬을 벌이는 관행을 폐지했다. 이렇게 교구를 철저히 감독한 것은 당시 사회에서 새로운 시도였다. 매튜 패리스는 그가 망치로 못을 박듯 수사들을 엄중하게 대했으며, 부임 첫 해에 대수도원장 일곱 명과 소수도원장 네 명을 해임시켰다고 전한다. 램지를 방문했을 때는 수사들의 침대까지 샅샅이 조사했으며, "강도처럼" 그들의 돈궤들을 열어제치고, 은 기구

---

78) 그의 이름은 Grosseteste, Grosthead, Greathead 등으로 표기한다. 라틴어 표기인 Grossum Caput와 Capito도 사용되었다.

들과 장신구들을 부숴버렸다. 대수도원장 선출을 앞둔 수사들에게 그는 다음과 같은 내용의 서신을 보냈다. "여러분은 돼지를 쳐줄 사람을 고를 때도 적절한 자격을 갖춘 사람을 부지런히 물색합니다. 찾으면 그에게 묻습니다. 그 일을 할 만큼 신체적으로 건장한가? 그런 일을 해본 경험이 있는가? 마침마다 돼지들을 적절한 초지로 데리고 나가고, 강도들과 들짐승들에게서 보호해주고, 밤에도 지켜줄 용의가 있는가? 그런데 여러분의 영혼은 돼지들보다 더 귀하지 않습니까?"

그를 가장 오래 괴롭힌 문제는 주교의 방문권을 놓고 그의 수석사제 및 참사회와 대립한 일이었다. 참사회원들이 그의 주교좌성당에서 그를 비판하는 설교를 했다. 그러나 그로스테스트는 벧엘과 길갈과 미스바를 방문했던 사무엘과 아버지의 양들을 보살핀 다윗의 예를 인용했다. 이 문제에 관해 결국 그가 교황의 지지를 받았다.

이 위대한 주교가 역사에 확고한 자리를 차지하도록 만든 계기는 무엇보다도 무자격한 이탈리아인들을 영국의 성직록들에 임명하는 것을 비롯한 교황의 조치들에 격렬히 반대한 것이었다. 1252년에 그는 교황이 승인한 십자군 원정을 위한 십일조 모금에 반대했다. 결혼 전에 태어난 아이들을 적자(嫡子)들로 인정하라는 왕의 명령을 거부했다. 그가 이탈리아인을 영국의 성직자로 임명하기를 거부한 가장 유명한 사례는 교황의 조카 라바냐의 프레데릭(Frederick)의 건이었다. 교황은 그에게 보낸 서신에서, 누구든 그 젊은이의 취임에 감히 반대하는 자는 파문에 처할 것이라고 협박했다. 당시 일흔다섯의 노인이던 그로스테스트는 "나는 불순종하고 거부하고 반대합니다"라고 담대하게 답변했다.[79] 매튜 패리스(III. 393)는 그의 답장이 공개되었을 때 교황청의 분위기를 전한다고 밝히면서, 인노켄티우스 4세가 '[주교 주제에] 교황인 자신의 명령에 대해 무엄하게도 감히 재단하려고 한 앞뒤 꽉 막힌 노망난 늙은이를 향해 정신없이 소리를 질러댔다"고 전한다. 주교는 자격 없는 이탈리아인들을 성직에 임명하는 행위에는 이런 태도를 취했지만, 교회의 모든 성직록들에 대한 임명권이 교황에게 있다는 원리를 인정했다.

1250년에 그로스테스트는 리옹을 방문했을 때 성직자들의 부패 사실들을 기록해 놓은 비망록을 교황 앞에서 읽었다. 성직자들의 본무가 "미사를 집례하는 것이 아니라 생명의 진리를 전하는 것이며, 성직자들의 삶이 평신도들이 배워야 할

---

79) *Ep.* 128.

책"이라고 그는 주장했다. 곁에 서 있던 애덤 마쉬는 그 비판 연설이 엘리야 · 세례 요한 · 바울 · 아타나시우스 · 히포의 아우구스티누스를 연상케 했다고 말했다.

매튜 패리스에 따르면, 그로스테스트가 죽던 날 밤에 이상한 종소리가 들렸다고 한다. 그의 묘지에서 기적들이 발생했다는 이야기가 급속히 전파되었으며, 인노켄티우스가 그 주교의 시신을 주교좌성당 묘지에서 이장하라고 지시했을 때, 그로스테스트가 그 교황의 꿈에 나타나 단호히 질책하는 바람에 그가 초죽음 상태가 되었다는 소문이 퍼졌다. 인노켄티우스 4세가 죽던 날 밤에 그 주교가 그에게 나타나 "가련한 자여, 일어나 당신의 유택(幽宅)으로 가시오"(Aryse, wretch, and come to thy dome)라고 말했다는 전설에는 그에 대한 민중의 존경이 잘 반영되어 있다.

그로스테스트는 사역 초반에는 라틴어로 설교를 했으나, 후반에는 자국어를 자주 사용했다. 그는 당대의 가장 위대한 영어 설교자였다. 하지만 당대의 미신들을 초월하지 못했으며, 그의 유명한 설교들 가운데 한 편이 이른바 그리스도의 성혈(聖血)이 영국에 들어온 것을 기념하여 헨리 3세 앞에서 행한 설교였다.[80] 그의 저서들에는 성경 인용구들로 가득하며, 대학교에서 학생들에게 연설할 때도 성경 공부가 대단히 중요하다는 점과 아침마다 시간을 내어 성경을 읽어야 한다는 점을 역설했으며, 성경의 권위를 강조했다.[81] 위클리프는 로마의 폐습을 비판한 그의 글들을 인용했으며, 이 점에서 그는 영국 종교개혁의 선구자로 간주되어 왔다.

그로스테스트의 저서들 가운데 가장 잘 알려진 것은 아마도 유대인들을 기독교 신앙으로 설득하기 위해서 쓴 「율법의 목적」(de cessatione legalium)일 것이다. 그는 베이싱스토크의 존이 콘스탄티노플에서 발견한 「열두 족장의 유언」(the Testament of the Twelve Patriarchs)을 존의 도움을 받아 영어로 번역했다. 그가 다른 사람들에게 해준 조언을 감안할 때 그는 상식이 뛰어난 사람이었던 듯하다. 어느 탁발수사에게 그는 이렇게 말했다. "지상에서 행복하게 살기 위해서는 세

---

80) M. Paris, IV. 643 sqq., VI. 138−144.

81) 주교 Hall은 그로스테스트의 성경관을 소개하기 위해서 그를 인용했고, Field(Of the Church, IV. 384 sqq.)는 교황의 수위권 주장을 비판하기 위해서 그를 인용했으나, 올바로 인용하지 못한다.

가지 것이 필요하지요. 그것은 잘 먹고 잘 자고 기쁘게 지내는 것입니다." 우울증에 빠진 다른 탁발수사에게는 최상급 포도주를 한 잔 가득 따라 마시는 것을 고해의 벌로 내렸다. 그가 포도주를 다 마신 뒤에 그로스테스트는 "형제, 이런 고해를 자주 하고 싶으면 양심을 좀 더 잘 정비해야 할 것 같군요" 하고 말했다.[82]

매튜 패리스(V. 407)는 그 주교의 생애를 다음과 같은 말로 정리했다:

"그는 교황과 왕을 모두 논박했고, 수사들의 기강을 바로잡았고, 사제들을 감독했고, 하위 성직자들을 가르쳤고, 학자들을 후원했고, 민중을 설교로 깨우쳤고, 무절제한 자들을 그대로 놔두지 않았고, 성경을 부단히 연구했고, 로마인들을 억압하고 경멸했다. 육체의 식탁에서는 도량이 넓고 말로 사람을 감동시키고 겸양과 붙임성이 있었으며, 영적인 식탁에서는 한없이 경건하고 늘 눈물을 흘리며 통회했다. 자신이 맡은 주교직을 근면하고 기품 있고 지칠 줄 모르는 열의로 수행했다."

---

82) *Mon. Franc.*, P. 64.

제 16 장

민간 신앙과 미신

130. 마리아 숭배

"오소서, 하늘의 백합이여, 오소서, 지극히 우아한 장미여,

오소서, 높은 곳 신성의 침상에서 다스리시는 낮은 자들의 어머니여,

이 눈물 골짜기에서 저희에게 힘을 주옵시고

죄의 짐을 덜어주옵소서."

— 보나벤투라, 성모 마리아 찬가(Laus Beatae Virginis Mariae).[1]

성모 마리아 숭배는 중세 신앙의 중심에 자리잡은 이래로 성모 무원죄 잉태 교리에서 절정에 도달했다. 교의 논문을 쓴 근엄한 신학자들과 열정적인 찬송가 작가들 및 가수들, 설교자들과 인기 산문 작가들이 한결같은 어조로 마리아가 땅에서 베푼 순결과 은혜, 하늘에서 발휘하는 아름다움과 중보의 능력을 길게 다루었다. 마리아 숭배에는 기사도와 신앙이 결합되어 있었다. 경건하고 정중한 언사가 그녀에게 여성으로서의 모든 매력과 천상의 지복(至福)을 부여했다. 한없이 엄격하고 고달팠을 수도원 생활이 마리아의 후견과 자상한 인도에 대한 기대로 완화되었으며, 여성의 무리 앞에서 주눅들기 십상이었던 수사들이 마리아와 정신적 결혼의 유대 관계를 맺고 지냈다. 그들은 사탄이 일으킨 질병들에 대해서 마리아의 기적적 도움으로 끊임없이 대처했다. 스콜라 학자들은 마리아의 무원죄 잉태

---

1) Peltier's ed., XIV. 181.

를 다룰 때 오늘날 단순한 사람이 대화에 사용하지 않는 섬세한 용어들을 거듭 사용했다.[2]

카르투지오회 · 시토회 · 카르멜회 같은 수도회들이 마리아에게 헌신하여 설립되었으며, 밀라노 주교좌성당과 파리의 노트르담 성당 같은 기독교 세계의 몇몇 대표적인 교회들도 마리아에게 봉헌되었다.

마리아에게 부여된 칭호가 그리스도에게 부여된 칭호보다 훨씬 많았으며, 그 전부가 동정녀라는 단어를 제외하면 모두 성경에 근거를 두지 않은 것들이다. 다양한 본문들에서 정작 저자들은 꿈에도 생각하지 않은 개념들이 알레고리의 방식으로 인증되었다. 구약성경에서 단지 인간에 적용할 수 있는 거의 모든 수사적인 표현들이 마리아를 가리킨 것으로 해석되었다. 모든 스콜라 학자들에게 마리아는 하나님의 어머니 · 하늘의 여왕 · 온화한 여왕 · 세상의 여왕 · 세상의 황후 · 중보자 · 만대의 여왕 · 천사들과 사람들과 귀신들을 다스리는 여왕 · 모든 덕들의 모델이었으며, 심지어 다미아니는 "영원한 황제의 어머니"라고 불렀다.[3]

수사들과 신학자들과 시인들이 마리아의 아름다움과 자비, 정절과 천상의 영광에 존경을 표하기 위해서 라틴어를 무리하게 동원했다. 마리아의 모성과 동정녀성이 모두 예찬의 주제였다. 생 갈의 대(the older) 노트케르(Notker)는 마리아를 "모든 동정녀들 가운데 가장 아름다운 여성"이라고 표현했는데, 이 표현에 담긴 육체적 우아함의 개념이 스콜라 학자들과 농부들의 생각을 채웠다. 알베르투스 마그누스는 2단 편집으로 서른 쪽이 넘는 분량의 한 장 전체를 할애하여 마리아의 육체적 아름다움을 예찬한다. 아가서 1:15("내 사랑아 너는 어여쁘고 어여쁘다. 네 눈이 비둘기 같구나")에 대한 주해에서, 그는 마리아의 머릿결과 어깨, 입술 · 코 · 발 등의 신체 부위들의 아름다움을 설명한다. 마리아를 찬미한 보나벤투라의 시는 "그이는 장미보다 붉고 백합보다 희다" 같은 열정적인 표현들로 가득하다. 1173년경에 테게른제의 베르너(Werner of Tegernsee)는 이렇게 노래했다.

"그 얼굴은 몹시 고결하고, 그 눈은 몹시 밝으며,

---

2) sinus, 품; pectus, 가슴; viscera, 배; ubera, 유방; uterus, 모태(자궁) 등.
3) Migne, 145. 566.

그 몸가짐은 너무 순결하여서,

여인 중에 비견될 자 없다."[4]

베르나르는 마리아가 천상에서 아름다운 자태로 이목을 집중시킨 끝에 결국 왕조차 그녀를 사모하게 되었다고 진술한다.[5] 한 세기가 훨씬 지난 후에 단테는 낙원에서 베르나르를 만나 즐거움을 나누면서 마리아를 본 소감을 이렇게 묘사했다:

미소짓는 동정녀를 나는 보았는데,

그녀의 환희를 바라보는 모든 복받은 무리의 눈에 기쁨이 반사되었다.

내가 비록 상상을 따라잡을 만한 어휘를 가지고 있다 하더라도

그녀의 아름다움의 한 자락이라도 표현할 엄두를 낼 수 없다.

— 낙원편 31곡.

아가서가 마리아의 육체와 영혼의 뛰어난 점들을 예찬한 글로 간주되었다. 다미아니는, 마리아를 향한 사랑으로 뜨겁게 타오르시어 마리아를 예찬한 시를 읊으시는 하나님의 모습을 묘사한다. 마리아는 하나님께서 인간들과 천사들을 위해 일하시느라 지치신 몸을 뉘어 쉬시는 황금 침상이었다. 후대에 제기된 해석은 아가서가 성령과 성모의 결혼을 노래한 결혼 송가라는 것이었다. 베르나르가 성경 이 부분에 대해서 행한 설교들은 중세의 가장 유명한 설교집으로 손꼽힌다. 마리아를 "하나님의 장막, 천상 임금의 궁전"이라고 부른 알라누스 압 인술리스 (Alanus ab Insulis)는 아가서가 교회를 가리키지만, 특별하고도 지극히 영적인 의미에서는 영광스러운 동정녀를 가리킨다고 말한다. 저자들과 설교자들이 앞다투어 구약성경의 이 부분을 즐겨 사용했다. 어느 대수녀원장은 성모가 성령을 향해서 "내 사랑하는 자는 내게 속하였고 나는 그에게 속하였도다"고 노래했고, 이에 성령께서 "네 가슴은 꿀보다 달다"고 대답하신 것이라고 해석했다.[6]

---

4) von Eicken이 인용(p. 477).

5) conspiscentia라는 단어가 욕정을 가리키는 일반적인 단어로 쓰였다. Migne, 183. 62.

마리아에게는 죄인들과 불행한 이들의 친구이자 영혼들을 천국으로 안내하시는 그리스도와 동등하거나 우월한 지위가 부여되었다. 다미아니는 마리아를 "천국의 문", 낙원의 창문이라 불렀다. 안셀무스는 마리아에 대해서 "보편 속죄의 전실(前室), 보편 화목의 원인, 세상을 위한 생명과 구원의 그릇과 성전"이라고 말했다.[7] 사람들이 즐겨 사용한 표현이 잠언 3,8에 근거한 "생명나무"(lignum vitae)였다. 알베르투스 마그누스는 마리아의 덕목들을 다룬 방대한 분량의 한 권에서 마리아가 숭배받아야 할 이유를 마흔 가지 넘게 제시하면서, 각각의 이유에 대해서 성경 본문으로 근거를 댄다. 첫 번째 이유는 하나님의 아들이 마리아를 높이시기 때문이라는 것이다. 이것은 제5계명과 부합하며, 그리스도께서도 친히 당신의 모친에 관해서 "내가 내 영광의 집을 영화롭게 하리라"(사 60,7)고 말씀하셨는데, 스콜라 학자들에 따르면 집이 마리아를 가리킨 것이라고 한다. 성경은 마리아를 명시적으로 암시적으로 언급한 예들로 가득하다고 보았다.

알베르투스는 마리아의 덕들을 아주 길게 설명하는데, 겸손·진실·인자·전능·정숙을 비롯하여 서른 다섯 가지 덕이 그녀에게 있다고 말한다. 그는 성경에 나오는 여든한 가지 이름들이 마리아의 기능들과 기품들을 암시한다고 해석한다. 그 중 열두 가지는 천상에 속한 것들에게서 취한 것이다. 그 중 대표적인 것이 마리아가 해·달·빛·구름·지평선·오로라라는 것이다. 여덟 가지는 지상의 것들에게서 취한 것이다. 마리아는 들판·산·언덕·돌이다. 스물한 가지는 물에 속한 것들로 상징된다. 마리아는 강·샘·호수·양어장·저수지·급류·조가비이다. 서른한 가지는 성경의 예표들에서 취했다. 마리아는 언약궤·의자·집·침대·둥지·풀무·서재이다. 아홉 가지는 군대 생활과 결혼 생활에서 취했다. 마리아는 성채·탑·담장이다. 마리아가 서재의 기능을 어떻게 수행하는지 해놓은 설명이 재미있다.

그 독창적인 스콜라 학자는 마리아 안에서 구약성경 모든 책들을 발견할 수 있으며, 마리아가 그 책들에 관해서 완전한 지식을 가지고 있었는데, 이 점이 "우리

---

6) 참조. von Eicken, p. 481. 13세기의 도미니쿠스회 수사 Eberhard of Saxony가 쓴 마리아 찬송에는 다음과 같은 내용이 실려 있다. "보좌에 앉으신 하나님이 그대의 아름다움을 사모하시고 여성의 면류관인 그대를 열정적으로 보고 싶어하신다."

7) *Orationes*, LII., Migne, 158. 954.

조상에게 말씀하신 것과 같이"라는 그녀의 노래 가사에 잘 나타나 있다고 말했다. 마리아는 누가복음 2:19("마리아는 이 모든 말을 마음에 새기어 생각하니라")에 잘 나타나 있듯이 복음서들에 관해서도 완전한 지식을 갖고 있었다. 그러나 마리아의 특성들이 가장 풍성하게 감춰져 있는 곳은 아가서가 그토록 자주 인용한 동산의 비유이다. 이 점을 설명하기 위해서 알베르투스는 240쪽 분량을 할애하며, 그 글을 "내 누이, 내 신부는 잠근 동산이요 덮은 우물이요 봉한 샘이로구나"(아 4:12)라는 구절로 시작한다.[8]

보나벤투라도 알베르투스와 마찬가지로 마리아의 영광을 표현하기 위해서 하늘과 땅과 바다를 샅샅이 뒤지는데, 그의 주해들에는 모든 사람의 마음을 감동시키고 독자들을 단순한 성경적 진술에서 벗어나게 하는 자상한 신비주의적 정서가 흐른다. 이 열정적인 프란체스코회 수사는 이 주제로 자주 회귀하면서, 마리아를 시와 설교의 주제로 삼는다.[9] 자신이 알고 있는 모든 어휘를 동원하여 마리아를 예찬한다. 마리아가 야곱의 사닥다리·노아의 방주·놋뱀·아론의 지팡이·발람의 별·만나 항아리·기드온의 양각나팔 등의 히브리 역사의 소재들에 예표되어 있다고 한다. 「성모 마리아 찬미」(*Praise of the Blessed Virgin Mary*)에서 그는 때로는 백 행이 넘을 정도로 긴 분량에다 독자들을 매료시키는 끝없는 상상력과 아름다운 운율로 이 소재들 각각을 다룬다.

보나벤투라는 성경의 시편을 모방하여 각각 150편으로 이루어진 시편을 두 권 썼다. 소 시편(the Minor Psaltery)의 각 편은 네 행으로 구성되며, 도입부에 다음 시가 실려 있다. "오소서 생명나무이신 성모여; 오소서 자유의 문이신 성모여; 오소서 하나님의 사랑이신 성모여; 오소서 세상의 빛이신 성모여; 오소서 생명의 항구이신 성모여; 오소서 지극히 아름다우신 성모여." 대 시편(the Greater Psaltery)에서 보나벤투라는 150개의 시편을 석의(釋義)하며, 각 시를 마리아의 이름과 덕들을 기리는 내용으로 시작하는데, 마리아가 인간들과 천사들보다 크게 뛰어나다는 것이 주종을 이룬다. 몇 가지 예를 소개하겠는데, 하지만 어느 것도 성경에서 얻게 되는 적절한 자유의 개념을 내놓지 못한다. 첫 시편은 "복 있는 자는 성

---

8) *De laud. Mariae*, Borgnet's ed., XXXVI. 600-840.

9) 이 저서들은 모두 진본이 아닐 가능성이 있다. 이 저서들은 적어도 보나벤투라의 시대에 속한다.

모 마리아 당신을 사랑하는 자이다. 당신의 은총이 그의 영혼을 위로할 것이다"
라는 내용으로 시작한다. 23편은 이러하다. "하나님의 어머니(genetrix dei) 성모
시여, 주님께서 저를 인도하시나이다. 이는 당신이 저를 주님의 인자하신 낯을
향하도록 돌이키셨기 때문이옵나이다." 121편의 첫 절은 "내가 그리스도의 어머
니인 당신을 향해 눈을 들리이다. 당신에게서 모든 육체에게 위로가 임하나이다"
라고 되어 있다.

베르나르는 그리스도와 그분의 사역을 묘사하는 데도 퍽 자상하지만, 그러면
서도 마리아를 영혼과 구주 사이의 중보자 위치에 세운다. 마리아에게는 엄하거
나 두려운 구석이 없다. 만민에게 자애로워서 우유와 양털을 제공한다. 성부의
우레가 두렵거든 예수에게로 가고, 예수에게 가기가 무섭거든 마리아에게 달려
가라고 한다. 죄인들의 간구를 들은 마리아는 마치 성부에게 성자의 상처를 보여
주었듯이, 성자에게 자신의 가슴과 품을 보여준다. 그러니 마리아가 마음에서 떠
나지 않도록 해야 한다. 마리아를 따라가면 실족하는 일이 없을 것이다. 마리아
에게 간구하면 결코 실망하지 않을 것이다. 마리아를 늘 생각하고 지내면 오류에
빠지지 않을 것이다.[10]

보나벤투라도 마리아가 우리와 그리스도 사이의 중보자라고 주장한다.[11] 하나
님께서 복수의 주(dominus ultionum)이신 데 반해, 마리아는 자비의 어머니라고
자신의 「대 시편」에서 말한다. 마리아는 사멸자들(mortals)의 간구를 가지고 삼위
일체의 제2위에게 전달하여 그의 진노를 누그러뜨리고, 다른 방법으로는 얻을 수
없는 호의를 얻는다.

우리가 동료 스콜라 학자들보다 냉철한 신학자라고 생각하는 경향이 있는 안
셀무스도 마리아의 중보적 권한을 옹호하는 데 결코 뒤지지 않았다. 마리아에게
거듭 기도를 올리는데, 모두가 뜨거운 신심으로 타오른다. "당신의 죽으심과 당
신의 승천으로 저를 도우소서"라고 기도하며, "오셔서 저를 도우소서. 하나님의
어머니시여, 죄인인 저를 위해서 당신의 사랑스러우신 아드님에게 빌어주소서"
라고 부르짖는다.[12]

---

10) *De assump.*, Migne, 183. 430; *De nativ. Mariae*, Migne, 183. 441; *Super missus*, III., Migne, 183. 70.

11) *In Sent.*, III. 1, 2, Peltier's ed., IV. 63.

중세의 시에는 마리아에 대한 경배의 심정이 매우 파격적으로 표현되어 있다. 드레베스(Dreves)가 펴내고 오늘날까지 열다섯 권으로 이루어져 있는 중세의 가장 방대한 시집 「찬송 부스러기」(*Analecta bymnica*)는 성모의 공로와 영광을 기리는 종교시들을 무수히 수록하고 있다. 이 시들에 흐르는 애처롭고 섬세한 어조는 아무리 완악한 마음이라도 감동시킬 만하게 되어 있다. 물론 성경에 그것을 입증할 만한 것이 아무것도 없는 묘사들로 가득하지만 말이다. 수천 편의 시 가운데 무작위로 두 편을 골라 소개해 본다.

> Ave Maria, Angelorum dia
> Coeli rectrx, Virgo Maria
> (오소서 하나님의 어머니, 천상의 주재이신 동정녀 마리아여)

> Ave maris stella, Lucens miseris
> Deitatis cella, Porta principis.
> (오소서 하나님의 비참한 감옥을 비추는 바다의 별, 왕의 문이시여)

당대를 이끌어간 사상가들과 음악가들이 이 정도로 마리아 숭배에 몰입했다면, 수사들과 민중들이야 어떠했겠는가! 예를 조금만 들어도 마리아의 중보기도와 기적 능력에 집중된 맹목적 신앙의 정도를 알 수 있을 것이다.

페트루스 다미아니는 어떤 여인의 이야기를 전하는데, 일년 전에 죽었던 여인이 로마의 어떤 교회에 나타나서 마리아가 그 교회 교인의 기도를 듣고는 자신을 비롯한 여러 사람들을 연옥에서 구해주었다고 말했다는 것이었다. 또한 그는 신도들이 성모상 앞에서 인사하지 않고 지나치지 못하도록 꼼꼼히 지도한 성직자를 면직시킨 주교에게 그 여인이 상당한 타격을 안겨주었다고 말한다.

하이스터바흐의 카이사르는 마리아가 수도원 안팎에서 자비로운 일들을 수행했다는 이야기를 무수히 수록한다. 수사들이 잠든 동안에 마리아가 수도원 경내를 다니는 모습이 빈번히 목격되었다. 카이사르는 그런 사례를 소개할 때에는 반드시 마리아의 아름다운 자태를 언급하고 지나간다. 가끔 마리아는 돌아서서 규

---

12) *Orat.*, LVII, LX. Migne, 158, 964, 966.

율대로 잠자리에 들지 않고 밖에 나와 있는 수사를 매서운 눈초리로 쏘아보았다. 이런 경우에 카이사르는 그 수사가 무언의 책망을 받은 이유가 허리띠를 풀고 있었기 때문이었는지, 신발을 벗고 있었기 때문이었는지 몰랐다고 전한다. 마리아는 죽어가는 수사들 곁에 서서 그들의 영혼을 받아주었고, 그들에게 천상에서 자기 발 아래의 자리들을 주었고, 때로는 탁발수사들이 졸기 시작할 때 그들의 기도를 받아줌으로써 도와주었고, 때로는 교회의 성가대석을 두루 다니면서 조는 자들을 흔들어 깨우고, 때로는 자신의 제단에서 팔을 내밀어 둔감한 예배자들의 귀를 때렸으며, 때로는 총애하는 수사들이 대수도원장들로 선출되기 전에 그들에게 지팡이를 주었다. 쾰른 대주교로 선출될 때 도와준 디트리히(Dietrich)가 면직당할 때 그랬던 것처럼, 때로는 선출될 때 해준 일을 취소하기도 했다.[13]

하이스터바흐의 카이사르에 따르면, 마리아는 수사들보다는 경건한 기사들에게 더 큰 은총을 베풀었다고 한다. 심지어는 마상시합 때 선수의 자리에 서기도 했다. 비르바흐의 발터(Walter)가 그런 경우였는데, 그는 선수 명단에 포함되었으나 경기 당일에 성당에 가서 마리아에게 예배를 드리느라 정해진 시간에 경기장에 도착하지 못했다. 그러나 관람객들은 그가 불참한 것을 의식하지 못했다. 마상시합이 시작되었고, 시합이 막바지를 거치면서 모든 사람이 발터가 우승했다고 생각했다. 그러나 사실은 마리아가 그 기사 대신에 시합에 참석하여 싸워준 것이었다. 발터가 뒤늦게 경기장에 도착했을 때 모든 사람이 그에게 달려와 우승을 축하해 주었다.[14] 샹탱프레의 토마스는 머리가 잘린 채 계곡으로 굴러떨어진 강도 이야기를 전한다.[15] 그는 그 상태에서 성모에게 고해성사를 하게 해달라고 부르짖었다. 마침 근처를 지나던 사제가 사람들을 시켜 머리를 주워다 몸통에 붙이게 했다. 그러자 강도가 다시 살아나 사제에게 고해를 하면서, 자신이 젊었을 때 성모로부터 이 세상을 떠날 때 고해를 할 기회를 주겠다는 약속을 받고는 매주 수요일과 토요일에 성모를 위하여 금식했었노라고 말했다.

이런 유의 이야기책들은 성모가 마귀를 만나서 엄히 책망하고 벌을 주었다는 내용을 자주 싣는다. 보라진의 야콥에 따르면 어느 농부가 마귀에게 만약 자신을

---

13) *Dial.*, VII. 13, 19, XI. 12, VII. 12, 39, 40, 51, etc.

14) *Dial.*, VII. 38.

15) II. 264.

부자로 만들어 주면 아내를 바치겠다고 약속했다고 한다.[16] 농부가 아내를 데리고 약속 장소로 길을 나설 때, 아내는 무슨 흑막이 있다는 것을 눈치채고는 곧장 예배당으로 달려가 마리아에게 도움을 청했다. 마리아는 여인을 잠들게 하고서 몸소 여인으로 가장하고는 농부에게로 가서 함께 말을 타고 갔으나, 농부는 그 사실을 알아채지 못했다. 마침내 마귀를 만나게 되었을 때 하나님의 어머니는 마귀를 단단히 책망한 뒤에 그를 다시 지옥을 던져버렸다.

마리아의 인자함과 엄격한 성자를 감동시키는 능력이 중세의 기적극들(Miracle Plays)에 잘 나타난다. 지혜로운 처녀들과 미련한 처녀들을 주제로 한 연극에서, 지혜로운 처녀들은 하나님께 힘써 자비를 구해보았으나 성과가 없자 성모를 향해서 이렇게 간구한다.

> 하나님께서 저희의 간구를 외면하시므로
> 저희는 인자하신 마리아,
> 자비의 어머니께 기도합니다.
> 저희의 큰 고통에 긍휼을 베풀어 주옵시고,
> 가련한 저희 죄인들을 위해
> 당신의 사랑하는 아드님께 자비를 빌어주옵소서.[17]

교회는 성자가 엄하시다는 민간 신앙에 공식적인 승인의 도장을 찍어준 적이 없다. 그런데도 종교개혁의 전야까지도 엄하신 그리스도를 마리아의 자비로 누그러뜨려야 한다는 신앙이 민간에 널리 퍼져 있었다.

그리스도의 동정녀 탄생. 최근에 성경에 가해진 문서 비평은 중세에는 마치 증기선이나 전화처럼 꿈도 꿀 수 없는 것이었다. 스콜라 학자든 사제든 사도신경의 "성령으로 잉태하사 동정녀 마리아에게서 나시고"라는 조항을 거듭 암송할 때 그 내용을 추호도 의심하지 않았을 것이다. 설교와 신학 논문이 이사야 7:14의 "보라 처녀가 잉태하여 아들을 낳을 것이요"라는 구절과 천사의 수태고지의 내용을 길게 반복해서 다루었다. 수태와 동정녀 탄생을, 그 사건에서 성령께서 수행하신

---

16) *The Assumption of Mary*, Temple Classics, IV. 249.

17) Hase, *Miracle Plays*, 31.

역할과 마리아 자신이 수행한 역할로 나누어 철저히 가능한 측면에서 논했다. 이 주제와 관련하여 토마스 아퀴나스는 다음과 같은 질문들을 제기했다. 요셉과 마리아 사이에 실제 혼인 관계가 있었는가? 천사가 육체의 형태로 나타날 필요가 있었는가? 그리스도의 육체가 아담에게서 취한 것인가, 다윗에게서 취한 것인가? 그분의 육체가 마리아의 가장 순수한 피에서 조성되었는가? 그리스도가 잉태되신 일에 성령께서 주된 역할을 하셨는가? 잉태되신 순간에 그리스도의 육체에 영혼이 깃들었는가?

예수의 잉태에 성령이 수행하신 역할에 관한 문제를 생 빅토르의 위그만큼 철저히 다룬 스콜라 학자는 없었다. 그는 많은 수고 끝에 성령께서 마리아의 수태에 영향을 주시긴 했으나 그분이 예수의 아버지이지는 않으셨다고 주장했다. 성령은 자신의 본질로부터 나온 씨를 마리아에게 주시지 않고, 자신의 능력과 사랑으로써 마리아 자신의 육체를 쓰셔서 그녀 안에 본질을 발전시키셨다.[18]

안셀무스에 따르면 하나님은 인간을 네 가지 방법으로 만드실 수 있다고 한다. 첫째는 남자와 여자가 협력하는 방법이고, 둘째는 아담의 경우처럼 어느 한 쪽의 협력 없이 만드시는 방법이고, 셋째는 하와의 경우처럼 오직 남자만의 협력으로 만드시는 방법이며, 넷째는 남자 없이 여자만의 협력으로 만드시는 방법이다. 하나님은 앞의 세 가지 방법으로 사람들을 만드셨으므로, 예수의 경우에는 네 번째 방법을 사용하시는 것이 가장 적합했다. 다른 저서에서 그는 하나님이 첫사람을 흙으로 지으신 것과 둘째 사람을 남자의 협력 없이 여자에게서 지으신 일을 비교한다.[19]

토마스 아퀴나스는 마리아의 동정녀성을 매우 상세하게 다룬다. "마리아는 동정녀로서 임신했고, 동정녀로서 출산했으며, 영원히 동정녀로 남아 있다." 마리아가 다른 자녀들도 낳았다는 추측은 그녀의 신성을 훼손한다. 이는 하나님의 어머니가 된 마리아가 만약 그러한 아들로 만족하지 않고 다른 자녀들을 더 낳았다면 그것은 몹시 배은망덕한 일이 될 것이기 때문이다. 게다가 천사로부터 수태고지를 받은 요셉이 마리아를 범했다고 생각하는 것은 지극히 외람된 태도이다. 토

---

18) *De Mariae virg.*, Migne, 176. 872. 베르나르는 성령의 영향을 지적하기 위해서 심지어 '수태시키다'라는 단어까지 사용했다. Migne, 183. 59.

19) *Cur Deus homo*, II. 8; *De concept. virg.*, Migne, 158. 445.

마스 아퀴나스는 그리스도의 육체가 잉태되실 때 삼위일체 전체가 능동적인 역할을 수행하셨으므로 마리아를 가리켜 "게네트릭스 데이(genetrix Dei, 하나님의 어머니)라고 부르는 것이 정당하고 참되고 경건한 태도이다"라고 가르쳤다.[20]

마리아에 대한 중세의 평가는 마리아 자신이 원죄 없이 잉태되었다는 마리아 무원죄 잉태(immaculate conception) 교리에서 가장 과도하게 표현되었다. 스콜라 학자들은 마리아가 모든 자범죄들에서 벗어났다는 데 동의했다. 하지만 마리아가 죄 없이 잉태되었는지, 아니면 원죄에 오염된 상태로 잉태되었으나 여전히 모태에 있는 동안 그 죄에서 건짐을 받았는지에 관해서는 의견이 일치하지 않았다. 후자의 견해는 안셀무스 · 생 빅토르의 위그 · 알베르투스 마그누스 · 토마스 아퀴나스, 심지어 보나벤투라까지도 주장했다.[21] 마리아가 죄 없이 잉태되었고 따라서 원죄에 감염된 적이 없다는 견해는 둔스 스코투스가 주장했다. 하지만 그는 그랬을 것이라고 개연성을 주장하는 차원을 넘어서지 않았다. 베르나르는 리옹의 교회에 보낸 서신에서, 교회와 이성과 전승의 뒷받침을 충분히 받지도 못한 마리아 무원죄 잉태 축일을 그 교회가 도입한 것이 큰 잘못이라고 비판했다. 그는 만약 마리아가 죄 없이 잉태되었다면 마리아의 부모와 조부모와 먼 조상에 대해서도 그 상태를 인정해야 옳지 않은가 하고 반문했다. 하지만 베르나르는 만약 교회가 무원죄 잉태 축일을 지정한다면 자신은 승복하겠다고 말했다.[22]

보나벤투라는 마리아를 원죄에서 제외시키는 교리에 대해서 세 가지 이유, 즉 보편적 동의와 이성과 사려분별을 근거로 비판했다. 보편적 동의에 따르면, 마리아는 나머지 인류와 여러 가지 슬픔과 고통을 함께 당했는데, 그것은 아담에게 물려받은 본인 자신의 죄에 대한 형벌이었음에 틀림없다. 이성에 따르면 잉태된 뒤에 영혼을 입는 일(animation)이 이루어졌는데, 이는 스콜라 학자들이 사용한 영혼을 입는 일이라는 용어가 영혼이 육체와 결합하는 것을 가리켰기 때문이다. 육체를 잉태하는 일에는 반드시 육욕이 따르게 마련이다. 사려분별이란 논거는 그리스도가 세상에서 유일하게 죄가 없는 분이라는 데 동의한 교부들에 근거한 것이다. 보나벤투라는 마리아가 완전하게 된 시점을 정확하게 지적하지 않고, 다

---

20) *Summa*, III. 28, 1, etc., Migne, IV. 258, 262, 294, 298, etc.

21) *In Sent.*, III. 5, IV. 3, 1, Peltier's ed., IV. 53 sqq., V. 59.

22) *Ep.*, 174, Migne, 332-336.

만 잉태된 직후에 정욕 곧 죄의 불길(fomes peccati)이 소멸된 뒤에 발생했을 것이라고 말했다.

토마스 아퀴나스는 이 견해를 확고하게 취하면서, 성모가 도덕적인 죄든 경미한 죄든 자범죄를 범하지 않았다고 고백하는 것으로 충분하다고 주장했다. "나의 사랑 너는 어여쁘고 아무 흠이 없구나"(아 4:7).[23]

둔스 스코투스는 마리아가 흠없이 잉태되어 원죄에 감염되지 않았다는 주장을 전개하는 대목에서는 다른 데서 찾아볼 수 없는 치밀하고 궤변적인 면모를 드러내며, 이 교리만큼 그의 이름과 밀접하게 관련된 것도 없다. 그의 주장은 추측의 연속이다. 마리아의 죄 없는 잉태가 개연성의 문제일 뿐이지만, 동시에 가능성이 높고 적합하다고 그는 말했다. 그의 주장은 다음과 같이 삼중으로 전개된다. 1. 한 개인을 처음부터 원죄의 오염에서 면제시킴으로써 하나님의 영광이 높아질 것이다. 2. 그리스도는 이 은혜를 부여하심으로써 마리아를 가장 강력한 끈으로 자신과 연결시키시는 셈이 된다. 3. 마리아가 처음부터 죄 없는 상태로 보존될 경우 하늘에서 타락한 천사들에 의해 남겨진 공백이 채워지게 된다. 둘째 아담이 죄 없는 상태로 보존되셨던 것과 같이, 둘째 하와도 그렇게 되는 것이 적합하다. 둔스는 이런 말로 결론을 내렸다. "만약 그것이 교회와 성경에 위배되지 않는다면 실제로 그랬으리라고 볼 만한 개연성이 높은 셈이다. 왜냐하면 마리아가 죄 없이 잉태되엇다고 주장하는 것이 그렇지 않다고 주장하는 것보다 더 훌륭하기 때문이다."[24]

토마스파와 스코투스파가 무원죄 잉태를 놓고 벌인 온건한 논쟁은 다른 부분에서 소개한 바 있다. 성인들도 이 논쟁에 가담했다. 스웨덴의 성 브리젯(St. Bridget)은 환상을 통해서 마리아가 죄 없이 잉태되었다는 것을 알았다. 반면에 도미니쿠스회 소속이었던 시에나의 성 카테리나(St. Catherine)는 마리아가 잉태되고 세 시간이 지난 뒤에야 거룩하게 되었다고 예언했다. 1387년의 파리 교회회의는 스코투스파의 손을 들어주었으나, 1483년에 교황 식스투스 4세는 어느 집단이든 상대방의 견해를 배척할 경우 파문에 처하겠다고 경고했다. 하지만 마침내 둔스 스코투스가 승리를 거두게 되었다. 마리아가 잉태된 순간부터 원죄의 모든

---

23) *Summa*, III. 27, 4, Migne, IV. 252.
24) *Sent.*, III. 3, Paris ed., XIV. 165.

오염에서 면제되었다는 견해를 1854년에 피우스 9세가 교회의 교의로 선포한 것이다.[25]

1263년에 프란체스코회는 피사에서 열린 수도회 총회에서 마리아 무원죄 잉태 축일을 12월 8일에 기념하기로 결의하고, 수도회에 속한 모든 교회들에게 축일 준수를 의무화했다.

주님의 겸손한 어머니 마리아를 한 번 더 드높인 주장이 있는데, 그것은 마리아의 몸이 썩지 않고 승천했다는 것으로서, 아직 로마 교회에 의해 교의로 채택되지는 않았다. 이것은 경건한 견해로 간주되고 있으며, 성 베르나르 · 오툉의 호노리우스 · 아드민트의 고트프리트 · 성 블라시우스의 베르너 같은 설교자들이 마리아의 승천을 거듭 역설했다. 이 신념은 451년의 칼케돈 공의회에서 예루살렘의 유베날리스가 황제 마르키아누스에게 해준 이야기, 즉 마리아가 예루살렘에 장사된 지 사흘만에 사도들이 관을 열어보니 시신이 없었다는 이야기에 근거를 두고 있다. 훗날 유베날리스는 성유물로 보관되어온 관을 황제에게 보냈다. 심지어 아우구스티누스도 우리 주님의 모친의 시신이 썩었다고 믿어서는 안 된다고 주장했다. 마리아 승천 축일은 일찍이 11세기 중반에 로마에서 기념되었다.[26] 1229년의 툴루즈 교회회의는 이 축일을 성탄절과 부활절에 버금가는 축일로 공포했다. 토마스 아퀴나스는 이 축일을 교회가 강요하지는 않고 관용했다고 말했다.

아베 마리아(Ave Maria) 곧 "오소서 마리아여, 당신은 크게 은혜를 입은 여인이며 주께서 당신과 함께하십니다. 여인들 가운데 당신이 복되며 당신의 태의 열매가 복이 있나이다"라는 찬송은 누가복음 1:28, 42에 기록된 천사의 수태고지와 엘리사벳의 문안으로 구성된 것으로서, 페트루스 다미아니 때 기도로 사용되었으며,[27] 보나벤투라와 토마스 아퀴나스에 의해 각별히 해설되었다. "하나님의 어머니이신 거룩하신 마리아시여, 지금과 죽음의 시간에 저희 죄인들을 위해서 빌어주소서"라는 기도는 16세기에 등장하여 1568년의 로마 성무일과서에 실렸다.[28] 요한 22세(1334 죽음)는 이른바 아베(Ave)의 종 혹은 안젤루스 종(Angellus bell,

---

25) Schaff, *Creeds of Christendom*, II. 211.

26) Damiani, *De Mirac.*, Migne, 145. 586.

27) *De bono suffr.*, Migne, 145. 564.

수태고지를 기념하는 종)을 하루 세 번 치도록 명령했다. 종소리가 울려퍼지면 가정이나 들판에 있는 여인들이 머리를 숙이고 마리아에게 기도를 하도록 했다.

마리아에 대한 중세의 예배와 교육은 몇 가지 점에서 개신교 교회들과 사뭇 다르다. 피우스 9세와 레오 13세의 발언과 행동으로 판단해도 된다면 중세의 마리아 숭배가 로마 교회에서 변함없이 계속되고 있다고 봐도 무방하다. 비교적 최근에 피우스 10세는 자신이 마리아에 관한 선조들의 신행(信行)을 투철하게 따르고 있음을 보여주었다. 프랑스 주교들에게 보낸 1907년 1월 15일자 회칙에서 그는 이렇게 말한다. "우리 천부의 따님, 말씀의 어머니, 성령의 배우자이신 무죄의 동정녀께서 지극히 거룩하시고 경배받아 마땅하신 삼위일체 하나님께 간구하여 여러분에게 복된 날이 임하도록 하실 것을 확신하면서, 본인은 여러분에게 사도적 강복을 내리는 바입니다."

중세의 신학자들이 제롬을 비롯한 초기 교회 교부들의 마리아 예찬과 숭배를 상속한 것은 대단히 불행한 일이었다. 그들은 과거로부터 알레고리 해석법도 물려받아 맹목적으로 추종했다. 그들이 마리아가 무죄하다고 주장한 데에는 그리스도의 영광과 신성을 드높이려는 진지한 의도도 한켠에 자리잡고 있었다. 하지만 마리아를 그리스도와 죄인들 중간에 서서 죄인들에 대한 그리스도의 엄한 태도를 대도(代禱)로써 누그러뜨려주는 여신의 지위로 격상시킨 것은 기사도의 형태를 빌린 이교적 미신이었다. "이 동정녀가 뉘시기에 천사들에게 문안을 받을 정도로 존귀하고, 목수의 아내가 될 정도로 비천하신가?" 하는 성 베르나르의 감탄에 대해서 중세 교회가 내놓은 반응이 바로 그것이었다.[30] 중세의 지극히 섬세한 경건이 마리아를 지향했으며, 그러한 정서가 「고난의 성모」(Mater dolorosa)와 「빛나는 성모」(Mater speciosa) 같은 찬송들로 표현되어 있다. 그러나 이러한 경

---

28) Caesar of Heisterbach에 따르면 수녀들이 날마다 50번씩 무릎을 꿇고 Ave Maria를 반복하면서 꿀을 먹듯이 감미로워했기 때문에 그 찬송이 수녀들의 입에서 설탕과 꿀을 대신했다고 한다. 어떤 사제는 그 찬송을 여섯 주 동안 계속 불렀더니 침이 꿀로 변했다는 것을 발견했다.

29) *De laude virginis*, Migne, 183. 58.

30) Th. Aq., *Summa*, III. 25, 6, Migne, IV. 240 sq.; Bonavent., Peltier's ed., IV. 206 sq., VIII. 196. 토마스는 성유물이라는 주제에 짧은 장 하나를 할애하며, 그 근거로 성경이 아닌 아우구스티누스의 저서들을 인용한다.

건은 여성적 성향을 부각시키는 데 이바지한 것이 사실이지만, 사회의 도덕적 기강을 느슨하게 풀어놓은 것도 사실이다. 마리아 숭배에서는 회개의 결심보다 동정의 눈물이 앞서기 때문이다.

131. 성유물 숭배

토마스 아퀴나스는 죽은 친구들의 시신들과 그들이 극진히 아꼈던 물건들에 대해서 본능적으로 갖게 되는 존중심을 성유물 숭배의 근거로 제시했다. 성인들의 유골을 존경해야 하는 이유는 그것이 특별한 방법으로 성령의 전(殿)이기 때문이다. 그들에게 바쳐야 할 존경은 예배의 가장 낮은 형식인 공경지례(恭敬之禮, dulia)이다. 조금 더 높은 형식인 숭경지례(崇敬之禮, hyperdulia)는 그리스도가 달리셨던 원 십자가에 바쳐야 한다. 이 경우에 숭배의 대상은 나무가 아니라 십자가에 달리신 분이다. 최고의 숭배 형식인 흠숭지례(欽崇之禮, latreia)는 오직 하나님에게만 속한다.[30] 스콜라 학자들은 제7차 에큐메니컬 공의회를 근거로 화상(畵像)들, 예를 들어 베드로의 화상을 숭배할 때 화상 자체에 숭배가 바쳐진다는 생각을 부정했다. 숭배는 화상이 대표하는 원형에게 바쳐지는 것이라고 했다.[31]

중세 초반에는 이탈리아가 가장 비옥한 성유물의 본산이었다. 그런데 십자군 원정이 시작되면서 교회는 동방으로 눈을 돌리게 되었고, 그곳에서 많은 성유물들을 확보했다. 십자군 병사들이 가지고 돌아온 거룩한 물건들을 서방 세계는 경탄과 맹신으로 받아들였다. 서방 세계가 콘스탄티노플을 약탈할 때도 성유물의 비옥한 광맥이 파헤쳐졌다는 점은 앞에서 언급했다. 성인의 유골이나 유품 가운데 한 부분이라도 확보하기 위해서 도둑질도 승인했다. 수사 군터(Gunther)는 대수도원장 마르티누스와 그의 공모자들이 비잔틴 시에 소재한 어느 교회의 성유물함에서 훔쳐온 헤아릴 수 없이 많은 품목들을 일일이 소개한다. 살림베네는 라벤나의 어느 교회가 자신에게 엘리사의 유골 중 두개골을 제외한 모든 부분을 선물로 보냈는데, 그것은 아우구스티누스회 탁발수사들이 훔쳐온 것이었다고 언급

---

31) Bonavent., III. 27, 2, Peltier's ed., IV. 619.

한다.

구주의 허리를 찌른 창은 안디옥 공략의 중대한 시점에 발견되었다. 성배(聖杯)는 1101년에 가이사랴에서 발견되었다. 구유에 예물을 바친 동방박사들로 알려진 세 왕 카스파르·멜키오르·발타자르의 유골들은 밀라노에서 쾰른으로 옮겨졌으며, 오늘날까지 그곳에 있다. 1156년에는 쾰른에서 훈족에게 목숨을 잃은 우르술라와 동정녀 순교자들의 유골들이 발견되었는데, 그 진정성이 쇠나우의 엘리자베트가 본 환상으로 입증되었다. 동방에서 서유럽으로 들어온 무수한 품목들 가운데는 노아의 턱수염, 모세의 양각나팔, 야곱이 벧엘에서 베고 잔 돌, 압살롬이 매달린 나뭇가지, 우리 주님의 양피, 그분의 탯줄, 그분의 겉옷, 그분이 나사로에서 흘리신 눈물, 마리아의 가슴에서 나온 모유, 최후의 만찬이 거행된 식탁, 그리스도의 무덤을 막았던 돌, 바울을 찌른 육체의 가시, 성 라우렌티우스의 치아가 있었다. 생 메다르의 수사들이 보관하고 있다고 주장한 그리스도의 치아에 대해서 노장의 기베르는 그리스도께서 죽은 자 가운데서 살아나셨을 때 육체의 모든 부분을 지니셨다는 점을 근거로 비판했다. 그는 그리스도의 탯줄의 진정성에 대해서도 공격했다.[32] 프레텔샤임의 수녀원장은 그리스도께서 예루살렘에 입성하실 때 타셨던 나귀 두 마리의 유골을 보관하고 있다고 주장했다.

그리스도의 겉옷, 성혈, 십자가가 아마도 성유물을 소재로 한 문학에서 가장 큰 부분을 차지했을 것이다. 그리스도의 겉옷은 트리어와 아르장퇴유를 비롯한 여러 도시들이 보관하고 있다고 주장했다. 그것은 마리아가 통으로 짠 옷(tunica inconsutilis)으로서, 그리스도께서 자라실 때 함께 늘어났고, 이 옷을 그분이 십자가에 달리실 때 입으셨다고 한다.[33] 「트리어의 공적」(Gesta Trevirorum)(1105-1124)에 실린 언급은 콘스탄티누스의 어머니 헬레나가 그것을 트리어로 가져다 주었다고 한다. 프리드리히 바르바로사 때에는 이 옷이 그 도시의 자랑거리 중 하나였다. 종교개혁 전야에 이 옷이 황제 막시밀리안 1세와 함께 모인 독일 제후

---

32) *De pignoribus*, Migne, 156. 649 sqq.

33) 그 겉옷을 발견한 일에 관련된 전설들 가운데는 다음과 같은 것이 있다. 겉옷에서 핏방울들이 빠져나오지 않자, 헤롯은 그 옷을 어느 유대인에게 주었다. 그 유대인은 그것을 바다에 던져 버렸다. 고래가 그것을 삼켰고, 트리어의 군주 오렌델이 예루살렘으로 가던 길에 그 고기를 잡았다가 겉옷을 확보하게 되었다. 겉옷은 길이가 약 153cm에 해면 색깔이었다고 한다.

들에게 엄숙한 의식을 갖추어 공개되었다. 다양한 시기에 수많은 순례자들이 이 옷을 보려고 그 도시를 방문했다. 1891년에는 가장 많은 수인 1,925,130명이 이 옷을 구경하려고 쾰른 주교좌성당을 들렀다. 이 옷과 관련하여 기적이 많이 일어났다고 전해진다.

1247년 10월 13일에 그리스도의 성혈 중 일부가 잉글랜드에 들어왔는데, 국왕이 성유물을 맞이하여 친히 엄숙히 거행한 의식은 중세 영국사에서 가장 진기하고도 재미있는 정경을 연출했다. 그 상황을 자세히 기록한 매튜 패리스는 이 유물을 가리켜 "하늘에서 내려온 거룩한 복"이라고 한다.[34] 이 유물의 진정성은 성전 기사단과 자선 기사단 단장들의 확인과 예루살렘 총대주교와 성지의 대주교들과 그 밖의 고위 성직자들의 인증에 의해서 보증되었다. 국왕 헨리 3세는 하루 전날 금식과 철야를 한 뒤 성장(盛裝)을 갖추고 저마다 촛불을 켜든 런던의 사제단을 거느리고서 성혈이 담긴 용기를 들고 세인트 폴 교회에서 웨스트민스터 교회로 행렬을 벌였으며, 그 교회와 왕궁과 왕 자신의 저택을 선회했다. 왕은 행렬을 벌이는 동안 내내 거룩한 용기를 머리 위로 든 채 맨발로 걸었다. 노리치의 주교가 그날 행사에서 설교를 했으며, 후대에 로버트 그로스테스트는 스콜라 학자다운 기발함을 발휘해가며 그 성유물의 진정성을 변호하는 설교를 했다.

원(原) 십자가는 한 번 이상 발견되었고 조각들은 많이 발견되었는데, 그 수가 워낙 많아서 원 십자가가 자체를 무수히 복제하는 효능이 있다는 허구를 만들어내지 않으면 안 될 정도였다. 십자가 발견에 관한 이야기도 많아서 그 중 하나를 택하지 않으면 안 된다. 제1차 십자군 원정에 참여했던 병사들은 예루살렘에서 원 십자가를 발견했다. 리처드 1세는 제3차 십자군 원정 때 성 엘리의 연로한 대수도원장에게 십자가 조각을 받았는데, 노인이 그것을 살라딘에게 내주고 싶지 않아 땅에 묻어둔 것이라고 하며, 리처드조차 노인을 결박하고 협박해서야 겨우 받아냈다. 리처드와 그의 군대는 십자가 조각에 경건하게 입을 맞추었다. 대수도원장 마르티누스가 콘스탄티노플에서 획득한 물품들 가운데는 원 십자가의 조각과 주님의 성혈 한 방울이 있었다. 하지만 이곳에서 발견한 원 십자가는 훨씬 더 온전한 것이었으며, 이것이 1241년에 파리로 옮겨졌다. 원래 이것은 베네치아 사람들이 예루살렘 왕에게 2만 파운드에 구입했던 것인데, 프랑스 왕 루이 9세가

---

34) Luard's ed., IV. 641–643.

황제 볼드윈에게 구입했다. 프랑스 왕은 맨발에 왕관까지 벗은 자세로 대비 블랑셰와 왕비, 자신의 형제들, 그리고 많은 수의 귀족들과 성직자들을 배석시킨 채 성대한 의식을 갖추어 그 유물을 수도로 맞아들였다. 가시 면류관도 같은 행렬을 통해서 운반되었다. 후대에 이 유물들은 루이가 건축한 새롭고 아름다운 예배당에 안치되었는데, 그 곁에 그리스도의 거룩한 겉옷과 그분의 허리를 찌른 창의 자루, 그리고 그분이 십자가에 달리셨을 때 사람들이 내민 해면도 함께 보관되었다.

이 사건을 전하는 영국의 연대기 저자의 열정은 자기 나라의 브롬홀 대수도원에도 원 십자가가 있다는 사실에 조금도 위축되지 않는 듯이 보인다. 이 유물은 황제 볼드윈이 전쟁에 패한 뒤에 이것이 그의 궁전에 보관되어 있는 것을 발견한 수사를 통해서 1247년에 영국으로 반입되었다. 그 수사는 유물을 옷으로 둘둘 말아 가지고 자신의 두 자녀와 함께 수도원에 나타났다. 수사들은 그의 이야기를 귀담아 들은 뒤 그를 안으로 맞아들였다. 즉시 기적들이 발생했으며, 심지어 문둥병자들이 깨끗함을 받고 죽은 자들이 살아났다.[35]

당시 사회가 성유물들의 가치를 평가한 한 단면은 하이스터바흐의 카이사르가 자기 수도원에 소속된 베르나르트라는 수사와 관련하여 소개하는 이야기에서 볼 수 있다.[36] 베르나르트는 성 베드로와 바울의 성유물들이 담긴 상자를 옮기고 있었다. 그 상태에서 잠시 관능적인 생각에 빠졌는데, 두 성인이 그의 옆구리를 가격했다. 깜짝 놀란 베르나르트가 정신을 차리자 가격도 중단되었는데, 얼마 후에 다시 불순한 생각에 빠지자 다시 가격이 시작되었다. 베르나르트는 그 뜻을 알아차리고서 마침내 불순한 생각을 말끔히 씻어버렸다. 카이사르는 베르나르트가 이 경험을 했을 때 아직 수사가 아니었다는 사실을 알고는 크게 만족했다.

카이사르는 성유물이 홀대를 당한 데에 분개한 사례들도 자주 경험했다. 브라우바일러에 보관된 성 니콜라우스의 치아 한 개는 사람들이 자신을 무시하는 데 분개하여 자신을 담고 있던 유리함에서 튀어나왔다. 또 다른 사례는 두 동정녀의 유골들에 관한 것으로서, 전쟁이 시작되자 사람들이 이것들을 감춰두었다가 전쟁이 끝나자 다른 성유물들은 꺼내어 성유물함에 다시 전시했으나 이것들만은

---

35) Luard's ed., III. 30 sq.

36) *Dial.*, VIII. 67, Strange's ed., II. 138.

어두운 데 그냥 방치해 두었다. 이 유골들은 홀대를 참지 못하고서 자신들을 가둔 상자들 속에서 계속해서 힘껏 부닥쳤는데, 그 소리가 수도원에 널리 울려퍼진 덕택에 결국 상자에서 나올 수 있었다.[37]

성유물 매매는 신자들의 맹신을 이용하여 돈을 벌려고 나선 파렴치한 상인들에 의해서 조직적으로 이루어졌다. 제4차 라테란 공의회는 교황의 승인 없이는 새로운 성유물들을 숭배하는 행위를 금지한다고 공포했다. 노장의 기베르에 따르면, 성유물을 끔찍히 숭배하던 어떤 사람이 가짜 성유물을 자기가 숭배하고 싶어하던 성인의 것인 줄로 알고 속아서 샀으나, 그것으로도 자신이 기대하던 유익을 조금도 잃지 않았다고 한다.[38] 그는 모든 성인들이 그리스도 안에서 한 몸이며 (요 17:22), 따라서 성인 한 사람을 숭배하는 것은 성인 전체를 숭배하는 것과 같다고 말했다.

때로는 마귀가 개입하여 성유물의 진정성을 입증해 주었다. 쾰른의 성유물함에 보관되어 있던 어떤 못은 아무도 출처를 모르고 있던 상황에서 마귀가 나서서 친절히 설명해 주는 바람에 그것이 구주를 십자가에 박았던 못이라는 사실이 발견되었다. 물론 이런 사례는 아주 희귀한 축에 속한다. 바이마르의 궁정 설교자 이레나이우스(1566-1570 재직)는 바이마르의 공작부인과 함께 일행을 데리고 트리어를 방문했을 때 그곳의 교회에서 마귀의 발톱을 발견했다. 그곳 사람들의 말에 따르면, 새 제단을 건립할 때 마귀가 분노를 참지 못하여 제단을 발로 걷어차다가 발톱이 나무에 박힌 채 남아 있게 되었다고 했다.[39]

개신교 교회들이 성유물에 대해서 취한 태도는 루터가 대요리문답에 "성유물

---

37) *Dial.*, VIII. 68. 85.

38) Migne, 156. 627.

39) 트리어, 쾰른, 아헨은 다량의 성유물을 보관하고 있는 것으로 유명했다. 겔레니우스라는 쾰른의 사제는 1645년에 쓴 *de admiranda sacra et civili magnitudine*라는 저서에서 쾰른에서 볼 수 있는 매우 많은 분량의 성유물들을 열거하는데, 그 중에는 참 십자가, 구유, 마리아가 수태고지를 받을 때 딛고 서 있던 땅의 흙, 세례 요한의 치아 중 하나, 그의 겉옷 한 점, 바돌로매의 머리에서 취한 머리카락, 베들레헴에서 학살된 어린이들의 유골들이 있었다고 한다. 1898년 11월 30일에 쾰른 대주교는 성 안드레의 팔 한 쪽이 백년간 안치되어 있다가 공개될 예정이라고 발표했다. 그것은 프랑스 대혁명 때 치워두었던 다른 성유물함에서 발견되었다.

들은 생명이 없고 죽은 것들이어서 사람을 거룩하게 만들 수 없다"고 진술해 놓은 데서 잘 나타난다.

132. 설교

중세에는 설교자의 기능이 사제의 기능에 가리긴 했으나, 그것 자체가 완전히 무시된 것은 아니었다. 12, 13세기는 각각 적어도 최상급의 설교자를 배출했다. 한 사람은 우리가 수도원 설교자이자 십자군의 설교자로 알고 있는 성 베르나르이고, 다른 한 사람은 실제적인 설교로 허다한 회중을 감동시킨 당대의 횟필드(Whitefield), 레겐스부르크의 베르톨트(Berthold)이다.

두 가지 운동이 침체된 강단을 흔들어 깨웠다. 12세기의 십자군 원정과 13세기의 탁발 수도회들의 등장이 그것이었다. 대로와 노변에서 전도한 이단 분파들의 활동도 기성 교회에 강한 자극을 주었다.

일찍이 암브로시우스는 주교의 주된 기능이 설교라고 정의한 바 있다. 우리가 다루는 시기에 이 정의에 가장 근접하게 다가선 것이 제4차 라테란 공의회 법령 제10조이다. 공의회는 하나님의 말씀을 알아야 할 절대적 필요성을 강조한 뒤에 주교들에게 만약 직접 설교할 역량이 되지 못하면 적임자들을 세워 그들 대신에 설교하도록 명했다. 교황 인노켄티우스 3세는 직접 설교를 했으며, 그가 남긴 설교가 58편 현존한다. 이 시기의 공의회가 이렇게 법령으로 설교에 관해서 다룬 예는 찾아보기 힘들고, 다만 저자나 설교자가 자주 설교해야 할 필요성을 역설하는 내용을 간혹 접하게 된다. 예를 들어, 오툉의 주교 호노리우스는 사제들에게 행한 연설에서, 그들이 생활은 선량한데 공적으로 가르치거나 설교하지 않는다면 맹인이요 다 무지한 파수꾼들과 벙어리 개들과 같으며(참조. 사 56:9), 설교는 하는데 생활은 건실하지 않으면 소경이 되어 소경을 인도하는 지도자와 같다고 주장했다.[40] 에티엔 드 부르봉(Etienne de Bourbon)은 도미니쿠스회 수련수사를 칭찬하는데, 그 수사는 다른 수도회로 옮기라는 권고를 받고는 이렇게 대답했다고 한다. "저는 성경에서 예수 그리스도가 혹 수사이셨는지 아니면 백 수사이셨

---

40) *Spec. eccles.*, Migne, 172. 862.

는지 기록한 것을 읽은 적이 없고, 다만 가난한 설교자이셨다는 것만 알고 있습니다."

당시에 소교구 교회들에서 설교가 어느 정도의 빈도로 행해졌는지는 자세히 알 수 없다. 다만 12세기 독일의 사제들 가운데 절반은 아예 설교하지 않았을 것으로 추정된다. 1227년의 트리어 교회회의는 글을 읽거나 쓸 줄 모르는 사제들이 설교하는 행위를 금지했다. 영국에서도 탁발수사들이 들어오기 전까지는 설교가 희귀했다. 교구사제가 설교를 한 번도 하지 않고서도 성직록을 보유할 수 있었다. 당시 영국 교회들에는 어지간해서는 강단이 마련되어 있지 않았다.

13세기에 들어서면서 탁발수사들로 인하여 중대한 변화가 일기 시작했다. 그들은 설교자들이었으며 민중들 틈으로 들어가 사역했다. 파두아의 안토니우스와 레겐스부르크의 베르톨트 같은 유명 설교자가 와서 설교를 하면 들판과 거리에 청중이 구름처럼 몰렸다. 14세기 초반에 프란체스코회는 교황 클레멘스 5세에게 "거리에서 하나님의 말씀을 전하도록" 공식적인 승낙을 받았다.

수사들만 설교를 한 것은 아니었다. 이단 분파들과 정통신앙 진영의 평신도들과 채찍질 고행파(Flagellants)도 설교의 은사를 활용했다. 인노켄티우스 3세는 1199년에 메츠의 주교에게 보낸 서신에서, 그리고 그레고리우스 9세는 1235년에 작성한 서신에서 평신도들이 교회의 정식 승낙 없이 설교하는 행위를 단죄했다. 당시에는 소년 설교자들도 있었다.

설교에는 자국어가 라틴어와 함께 사용되었다. 영국 베리 세인트 에드먼즈(Bury St. Edmunds)의 대수도원장 샘슨은 영어로 설교했고, 그로스테스트도 말년에 영어로 설교했다. 프라하의 주교 헤르만(1122 죽음)은 보헤미아어로 설교했다. 현존하는 베르톨트의 설교들 가운데 5백 편은 라틴어로, 71편은 독일어로 되어 있다. 회중들은 오늘날과 마찬가지로 설교에 큰 영향을 받았다. 본인이 설교자이기도 했던 하이스터바흐의 카이사르는 어느 교회에서 설교 시간에 있었던 일을 소개한다. 설교자가 열심히 설교를 하는 동안 회중이 거반 졸거나 코를 골고 있었다. 강단에서 그 모습을 내려다 보던 설교자가 갑자기 설교를 멈추고는 큰 소리로 "형제 여러분, 새롭고 이상한 이야기를 들려드릴 테니 한번 들어보십시오. 옛날에 아르투스라는 왕이 살았습니다" 하고 말했다. 졸음의 안개가 순식간에 걷혔고, 설교자는 계속 이야기를 해나갔다. "보십시오, 형제 여러분, 제가 하나님에 관해서 말씀드릴 때 여러분은 졸았습니다. 그런데 시시한 이야기를 시

작하니까 모두들 귀를 쫑긋 세우시는군요."[41] 카이사르도 당시에 회중석에 앉아
있었다. 당대의 기록들을 살펴보면 허다한 청중이 설교에 큰 감동을 받은 사례들
이 분명히 있었음을 알게 된다. 현존하는 당대의 설교들은 한결같이 성경의 절이
나 단락에 토대를 두고 있고, 성경적 교훈과 교리적 추론, 도덕적 적용으로 가득
하다. 설교자의 인격이 설교의 감화력과 지대한 상관 관계가 있다는 사실이 당시
에도 상식으로 통했다. 라인 강 지역의 사람들은 성 베르나르의 말을 알아듣지
못했는데도 그의 설교에 깊은 감동을 받았다. 그의 말이 통역될 때는 별다른 감
흥을 일으키지 못했다.

이 시기에 설교와 강단의 주제를 다룬 논문 네 편이 오늘날까지 전해져오는데,
저자들은 노장의 기베르(Guibert) · 알라누스 압 인술리스(Alanus ab Insulis) · 훔
베르트 데 로마니스(Humbert de Romanis) · 위그 드 상 셰르(Hugo de St. Cher)
였다. 이들의 조언은 오늘날 이 주제를 다룬 저자들의 조언과 크게 다르지 않다.
기베르는 「설교의 규칙」(*What Order a Sermon should Follow*)에서 사제들에게
평소에 연구를 하고, 기도로써 설교를 준비하고, 눈에 보이는 모든 것을 종교적
진리의 상징으로 활용하는 습관을 배양할 것을 당부한다.[42] 그는 과시욕에서부터
성경을 쉽게 풀어 가르치려는 정직한 의도에 이르기까지 설교자들의 마음에서
움직이는 여러 가지 동기들을 지적한다.

알라누스는 「설교의 기술」(*Art of Preaching*)에서 설교자가 겸손하게 처신하고
유익한 교훈을 베풂으로써 청중의 호의적 반응을 일으켜야 한다고 조언한다. 청
중이 설교를 들으면서 설교자 자신을 생각하지 않고 설교 내용을 생각하도록 깊
은 인상을 심어주어야 한다고 말한다. 사도 바울의 예를 따라 이방 저자들의 글
도 인용하라고 조언한다. 그 밖의 여러 가지 조언을 한 다음에는 47장에 걸쳐서
세상을 초연하게 바라보는 태도 · 사치 · 탐식 · 거룩한 슬픔 · 기쁨 · 인내 · 신앙
같은 여러 주제들을 다룬 사례들을 소개한다. 그런 다음에는 제후들 · 법률가
들 · 수사들 · 기혼자들 · 과부들 · 처녀들 · 조는 사람들 같은 다양한 부류의 청중
을 대상으로 한 설교의 견본들을 소개한다.

도미니쿠스회 총장 훔베르트 데 로마니스(1277 죽음)는 훨씬 공을 많이 들인

---

41) *Dial.*, IV. 36.
42) *Quo ordine sermo fieri debeat*, Migne, 157. 20-34.

저서에서 설교를 수사의 기능들 가운데 가장 뛰어난 것으로 꼽으면서, 회중이 알아듣지 못하는 라틴어 예배식보다 더 중요하게 평가했다.[43] 설교가 미사보다 훨씬 좋은 것이라고 하면서, 이는 그리스도께서 미사는 한 번 거행하셨지만 설교는 쉬지 않고 하셨기 때문이라고 했다. 연구의 필요성을 역설했고, 우아하고 세련된 문장이 접시라면 깊은 통찰은 접시에 담을 음식과 같다고 하면서 깊은 통찰에 힘쓰라고 당부했다.

이러한 설교의 규칙들과 제안들에 빼놓아서는 안 될 것은 오팅의 호노리우스와 하이스터바흐의 카이사르 같은 설교자들의 설교들에 산발적으로 실려 있는 언급들이다. 카이사르는 설교가 성경 본문들로 구성된 그물과 같아야 하고, 청중의 마음을 꿰뚫을 만큼 예리한 화살과 같아야 하고, 거짓 교리가 배제된 정직한 것이어야 하며, 날개가 달려야, 즉 이해하기 쉬워야 한다고 말했다. 활은 하나님의 말씀이다.

1050-1200년에 활동한 유력한 설교자들 가운데 설교를 남긴 사람들로는 페트루스 다미아니(1072 죽음)·샤르트르의 이보(1116 죽음)·투르의 일데베르(1133 죽음)·아벨라르(1142 죽음)·성 베르나르(1153 죽음)·파리 대주교 모리스(1196 죽음)를 꼽을 수 있다. 브레시아의 아르놀드, 프레몽트레회 설립자 노베르, 십자군 원정을 열정적으로 홍보한 뇌일의 풀크도 대단한 웅변가들이었다고 하는데, 이들의 설교는 남아 있지 않다.

또 다른 계층을 이루고 있는 이들은 순회 설교자들로서, 이들 가운데 더러는 교황들의 명을 받고 활동한 사람들도 있었는데, 그 중에서 아브리셀의 로베르트, 티롱의 베르나르는 허름한 옷을 걸치고 수염을 길게 기른 채 허다한 군중 앞에서 설교했다. 이들은 회개하라고 외쳤고, 성직자들의 세속적인 생활 행태를 신랄하게 비판했는데, 울면서 그런 설교를 했기 때문에 청중도 울면서 설교를 들었다.

성 베르나르는 당대에 대 그레고리우스 이후로 가장 빛나는 설교자라는 명성을 누렸다. 루터는 그의 설교를 높이 평가하면서 그를 "황금 설교자"라고 불렀다. 그는 프랑스 설교자들 가운데 부르달루(Bourdaloue)와 보쉬에(Bossuet)와 대등한 평가를 받는다. 특정 성경 본문들과 주제들을 가지고 행한 250편의 설교들 외에도 아가에 대한 86편의 설교를 남겼다. 성경 본문들을 토대로 행한 설교들에는

---

43) *De eruditione praedicatorum.*

다윗이 시냇가에서 주운 물맷돌 다섯 개에서부터 그리스도의 생애와 사역에 관련된 지극히 숭고한 신비들에 이르기까지 다양한 것들이 있다. 그는 설교문을 미리 작성하지 않고, 간단한 메모를 토대로 전하거나, 아니면 수도원 정원에서 묵상한 내용을 즉흥적으로 전했다. 그의 설교들은 근실한 도덕성과 비약적 상상, 경건한 독백, 신앙적 주제에 대한 열정적인 헌신에서 최상급의 지위를 차지한다. "영원한 것들의 그림자가 그의 모든 설교들에 항상 덮여 있다"고, 본인 자신이 지난 세기 미국의 고상한 설교자들 중 한 사람으로 평가되는 스토스 박사(Dr. Storrs)는 말했다. 베르나르의 권위자인 도이치(Deutsch)는 베르나르가 하나님의 은혜에 대한 생생한 자각과 청중에게 도움을 주려는 깊은 열망, 인간 심정에 대한 철저한 지식, 해박한 성경 지식, 풍부한 안목, 마음을 사로잡는 표현력 등 훌륭한 설교자가 갖춰야 할 자질을 두루 갖추었다고 평가했다.[44]

파리 근처 뇌일의 성직자 풀크는 성 베르나르와 기질이 달랐으나, 그와 마찬가지로 십자군 모집을 독려하는 설교를 했다. 그는 타고난 웅변가였다. 그가 노트르담 교회와 파리의 거리에서 설교를 하면 청중이 땅에 쓰러져 울며 죄를 자책했다. "마귀만 만들어낼 수 있는" 고리대금업자들과 타락한 여인들과 그 밖의 죄인들이 그의 설교를 듣고 악한 생활을 청산했다. 교황 인노켄티우스 3세에게 제4차 십자군 원정을 선포하라는 명령을 받은 풀크는 스스로 평가하듯이 2백만 명 이상을 십자군에 입대하도록 만들었다. 그는 십자군이 콘스탄티노플을 함락했다는 소식을 듣지 못한 채 숨을 거두었는데, 본인도 전혀 예상하지 못한 채 그 사건에 크게 이바지한 셈이 되었다.

13세기의 위대한 설교자들은 탁발수사들이었거나 혹은 그로스테스트처럼 그들의 대의와 방법에 공감한 사람들이었다. 이 수도회들에 속했던 스콜라 학자들은 모두가 설교자들이었던 것으로 보이며, 이들이 수도원들에서 행한 설교(collations, 상당수가 현존함)는 당대인들에게 상당히 높은 평가를 받았으나 스콜라주의적 방법이 사용되었다. 알베르투스 마그누스·토마스 아퀴나스·보나벤투라가 모두 설교자들이었는데, 그 중 보나벤투라는 과연 위대한 설교자였다. 알베르투스가 잠언 9:5을 본문으로 성찬에 관하여 행한 서른두 편의 설교들은 중세 최초의 연속 강해 설교에 해당한다.

---

44) Art. Bernard, in Herzog, II. 634.

탁발수도회들에는 파두아의 안토니우스 · 비첸차의 요한 · 레겐스부르크의 베르톨트 같은 유명한 대중 설교자들도 포함되어 있었다. 파두아의 안토니우스(1195-1231)는 리스본에서 태어나 프란체스코회에 가입했으며, 이탈리아 북부에서 사역했다. 그는 제도 교육을 충분히 받은 점에서 프란체스코와 달랐다. 코르토나의 엘리아스가 수장으로 있던 프란체스코회의 콘벤투알파에 속해 있었으며, 프란체스코와 마찬가지로 자연을 끔찍이 사랑했고, 물고기들을 향해서 설교했다. 그는 들판과 광장에서 설교했다. 그의 설교를 들으려고 3만 명이 운집했다고 한다. 그는 자신에게 기적을 행할 능력이 없다고 분명히 밝혔는데도, 전설은 그가 생시뿐 아니라 무덤에서까지도 기적을 일으켰다고 전한다. 현존하는 그의 설교의 단편들은 간단한 초안들로서, 인쇄되어 책으로 나온 휫필드의 설교들과 마찬가지로 설교자의 감화력이 별로 느껴지지 않는다. 안토니우스는 죽은 지 일년 뒤에 그레고리우스 9세에 의해 시성되었다. 그의 유해와 유품은 1263년에 파두아 교회에 안치되었다. 그의 장례에 보나벤투라도 참석했다. 그의 시신은 혀를 제외하고는 완전히 썩어 분해된 것으로 발견되었다.

레겐스부르크의 베르톨트(1272 죽음)는 역시 설교자로서 명성을 누린 스승 아우크스부르크의 다비트(David, 1271 죽음)에게 배웠다. 프란체스코회 소속이었던 베르톨트는 튀링겐에서 보헤미아까지, 슈파이어에서 멀리 스위스의 주(州)인 그리손에 이르는 라인 강 고지대에 이르는 광할한 지역을 순회하며 사역했다. 사람들은 그를 야외 설교자(rusticanus)라고 불렀다. 당대인들의 증언에 따르면, 그가 설교할 때 한 번에 6만 명의 군중이 운집하여 경청한 경우도 있었다고 한다. 그의 설교들은 다른 사람들이 받아적었는데, 잘못 적은 내용들을 바로잡기 위해서 그가 직접 설교집을 펴낼 수밖에 없었다.

이 유명한 설교자의 표현법은 대단히 회화적이다. 별들과 들판, 삼림과 강이나 바다에서 예화의 소재를 취한다. 인간들이 마음 깊숙이 감춰두고 있는 은밀한 동기들도 그 앞에서는 벌거벗은 것처럼 드러난다. 중세 독일 설교사학자 크루엘(Cruel)은 그의 감화력의 세 가지 비결을, 첫째, 평신도들도 쉽게 이해할 수 있었던 대중적 언어, 둘째, 남의 훌륭한 예를 인용하면서 뒤로 감추지 않았던 인격, 셋째, 하나님과 인간을 향한 뜨거운 사랑으로 들었다. 그는 고리대금업 · 탐욕 · 불륜 · 술취함 · 춤 · 마상시합 같은 당대의 악들과 가정의 신성함을 파괴하는 모든 것들을 가차없이 비판했다.

하나님이 우리의 아버지이시고 인간이 우리의 형제라는 사실을 모든 행동의 동기로 권장했다. 그러나 그가 특히 강조한 것은 지옥의 불과 거기서 받게 될 고통이었다. 온 몸이 뜨겁게 달궈지고 온 세상이 불에 휩싸인다 할지라도, 멸망당할 자들이 받을 고통은 그보다 훨씬 크며, 영혼이 지옥에서 육체와 결합되면 이슬이었다가 활활 타오르는 산으로 변하는 것과 같게 될 것이라고 말했다. 그의 설교들은 마귀가 주인공으로 등장하는 생생한 대화들로 더욱 활력을 지닌다. 베르톨트는 고해 행위뿐 아니라 마음의 통회도 요구했다. 그러나 그 역시 시대의 아들이었던지라 이단들을 대단히 모질게 대했고, 당시에 받아들여지던 교의들에 대해 조금도 비평을 가하지 않았다.

설교가 가장 유행한 곳은 중세 독일이었던 것으로 추정되는데, 당시에 독일에서 행해진 많은 수의 설교들이 익명으로 오늘날까지 전해진다. 당시 독일에서 활동한 설교자들 가운데는 아드몬트(Admont)의 대수도원장 고트프리트(Gottfried, 1165 죽음), 오팅의 호노리우스(1152 죽음), 독일 남서부 삼림지대의 성 블라시우스의 베르너(Werner, 1126 죽음)가 있었다. 약 2백 편이 현존하는 고트프리트의 설교들은 미뉴(Migne)의 총서에 천 개의 단이 넘는 분량을 차지하고 있으며(174. 21-1133), 중세의 다른 설교들과 마찬가지로 성경 해석과 덕행을 권하는 내용으로 가득하다.

호노리우스와 베르너 두 사람은 저마다 다른 설교자들이 사용할 수 있도록 설교집(homiliaria)을 작성했다. 호노리우스의 설교집인 「교회의 거울」(Speculum ecclesiae)은 그 자신의 설교들로 구성되어 있고, 대부분 시편을 본문으로 삼는다.[45] 설교를 배열하는 방식으로는 36주일 혹은 축일의 순서에 맞춰서 각 주일(혹은 축일)마다 서너 편의 설교를 수록하는 방식을 취했다. 그 중 한 편에서는 각 계층들의 이름을 불러가면서 차례로 설교한다. 이 모델 설교집에서 발견하게 되는 흥미로운 점은 다른 설교자들을 염두에 두고서 여기저기에 설교에 관련된 단상들을 심어놓았다는 것이다. 다음 두 문장은 당시에도 청중의 인내의 한계를 고려하여 설교 시간을 조정할 필요가 있었음을 보여준다. "그래도 좋다는 생각이 들면 여기서 멈춰도 좋고, 혹시 시간 여유가 있으면 다음 내용을 계속 전해도 무방하다." "설교를 간략하게 해야 할 필요가 있다면 이 내용을 줄여도 괜찮으며,

---

45) Migne, vol. 172.

혹시 여유가 있으면 내용을 첨가해서 더 길게 전해도 좋다."

베르너의 설교집인 「교부들이 전해준 꽃들」(*Deflorationes sanctorum patrum*)은 미뉴의 총서에 5백 단이 넘는 분량을 차지하며(151. 734-1294), 교부 시대의 설교들과 그 밖의 설교들을 함께 수록하는데, 그 중 더러는 베르너 자신이 작성한 것으로 보인다. 13편은 오툉의 호노리우스의 것을 수록한 것이다. 지면의 제약을 받지 않아도 되었다면 여기서 이 설교집들에 수록된 설교들을 대표적인 것 몇 가지만이라도 소개하는 것이 흥미롭고 유익했을 것이다.

영국의 강단에 관해서는 할 이야기가 그다지 많지 않다. 당시 이 나라에는 독일과 이탈리아의 설교자들에 견줄 만한 유명한 설교자들이 없었다. 우리가 가지고 있는 주된 자료는 모리스가 작성한 「고대 영국 설교들」(*Old English Homilies*)로서, 색슨어 옆에 영어 번역을 병기해 놓았다. 설교자들의 이름은 남아 있지 않다. 이 책에 수록된 설교들은 성경과 사도신경, 주기도문을 간략하게 강해한 것들과 마리아와 사도들에 관한 것들이며, 신자의 일상적 결핍과 유혹을 감안하여 작성되었다.

사도신경 설교에는 오늘날 지혜로운 설교자에게서 기대할 만한 다음과 같은 일반적 서론이 실려 있다. "그리스도인답게 살고자 할 때 반드시 따라야 할 세 가지는 바른 믿음, 바른 세례, 그리고 합당한 생활이다. 이 세 가지에 결핍이 있으면 온전한 그리스도인이 아니다." 어떤 설교는 마귀가 네 가지 함정에 놓은 덫들을 다룬 약간 기묘한 내용으로서, 첫째가 오락 곧 게으름의 덫이고, 둘째가 술 취함 곧 비행(非行)의 덫이고, 셋째가 장터 곧 속임의 덫이고, 넷째가 교회 곧 교만의 덫이다. 넷째 덫에는 사제들이 의식과 설교의 의무를 게을리 수행하거나 여인들의 귀를 사로잡기 위해서 노래를 할 때 걸린다.

중세 이 시기의 설교들에 대해서 내릴 수 있는 개괄적인 결론은 인간적 열정이 부각되고, 종교적 의무를 기피하는 경향, 즉 실재보다 외양을 중시하는 경향이 있다는 점에서 오늘날의 설교들과 대동소이했다는 것이다. 또 한 가지 결론은 호소 방식이 우리 시대의 진지한 설교자가 사용하는 것과 비슷했다는 점인데, 다만 당시의 설교들은 장래에 받을 형벌의 고통을 훨씬 더 강조했다는 점에서 우리 시대와 달랐다.

133. 찬송과 종교시

  예수회 회원들인 드레베스(Dreves)와 블루메(Blume)가 작성한 라틴 찬송가는 근면과 학문성이 이룩해낸 역작이다. 당시까지 출판되지 않은 시들이 몇 가지를 제외하고는 이 책에 다 실려 있다. 원래 모든 시들을 망라하기 위해서 이 찬송집을 작성하게 된 것이며, 이 자료를 살펴본 사람들은 중세 종교시의 범위가 예상보다 넓다는 데 놀라움을 표시한다. 모두 7백 쪽 분량으로 되어 있으며, 각 권에 평균 1100수의 시가 실려 있다. 저자들은 이 찬송의 보화들을 발굴하기 위해서 서유럽 전역의 수도원들을 답사하고 각 지역의 성무일과서들을 찾아보았다. 경우에 따라서는 일련번호 전체(Heft. 각 권에 일련번호가 매겨져 있음)가 단일 수도원에서 발견된 시들(예. No. VII. pp. 282)과 리모주의 생 마르티아(St. Martial) 수도원에서 발견된 산문들에 매겨지기도 한다. No. XL은 솔즈베리 · 요크 · 캔터베리 · 윈체스터의 미사경본(missal)들 같은 영어 사본들에서 취한 부속가(附屬歌, sequence)들을 수록하고 있으며, 1902년에 배니스터(H. M. Bannister)가 편집했다. 좀 더 호기심을 끄는 부분인 No. XXVII(pp. 287)은 모자라베 곧 고딕 전례에 속한 종교시들을 수록하고 있다. 만약 드레베스가 모네와 다니엘의 판본들과 그 밖의 표준 모음집들에 실린 중세 라틴 시들의 인쇄본들을 추가한다면 그의 모음집은 전대의 모든 모음집들을 대체하게 될 것이다.

  중세의 설교는 기껏해야 학자들이 호기심을 가지고 가끔 찾아보는 주제에 지나지 않는다. 하지만 중세의 찬송은 전혀 딴판이다. 중세의 찬송들은 만대의 위대한 찬송들 가운데서도 단연 돋보인다. 이 시기의 찬송들은 서방 모든 교회들의 예배에 사용되었으며, 오늘날까지도 종교적인 임무를 수행하고 있다. 이 찬송들은 어느 한 교단이나 시대에 국한되지 않는 만대의 기독교 신자들을 위한 것이다.
  수천 편이 남아 있는 중세의 라틴 종교시들은 대부분 수도원 담장 안에서 작성된 것들로서, 생 갈 · 리모주의 생 마르티아(Martial) · 클뤼니 · 클레르보 · 파리 근처의 생 빅토르 같은 수도원들이 특히 중요한 산실 역할을 했다. 이 시들 가운데 교회 예배식에 공식적으로 사용되거나 노래로 불린 예는 거의 없다. 이들은 신앙 배양을 위한 독서에 사용되었다. 1150년 이후에는 라임(rhyme, 韻) 형식이 사용되었다.

중세의 라틴 종교시들에는 전례적(典禮的) 산문들, 찬송들, 부속가들, 트로프 (tropes, 미사 전례문 속에 장식적으로 삽입한 어귀: 역자주), 시편송들, 운(韻)의 형식을 취한 묵주기도(rosaria)가 포함된다. 시편을 모방한 시편송들(psalteria rhythmica)은 150부분으로 구분되며, 삼위일체 · 예수 · 마리아에게 바쳐지는데, 마리아에게 바쳐진 것이 가장 많다.[46] 부속가(sequence)는 원래 특정 멜로디를 가리키던 용어였으나 종교시의 뜻으로도 사용되기 시작했다. 생 갈의 노트케르 (Notker)가 최초로 종교시들을 부속가들 혹은 멜로디들에 적용했다. 트로프는 전례 기도문들에 삽입된 절들로서, 글로리아, 호산나 등의 부분들에 결합되었다. 이것은 프랑스에서 시작되었고, 그 나라와 영국에서 가장 큰 인기를 누렸다.[47]

중세 라틴 종교시의 저자들은 주로 프랑스와 독일 사람들이었다. 영국은 소수를 내놓았을 뿐이며, 최상급 시인도 배출하지 못했다. 당대 최고의 작품은 대주교 페컴(Peckham, 1292 죽음)이 운(韻)의 형식을 사용하여 삼위일체에게 바친 기도문으로서, 이 시에서 세 편의 찬송이 유래했다. 시의 한 절을 소개하자면 다음과 같다.

Adesto, sancta trinitas	가까이 오소서, 성 삼위일체시여,
Par splendor, una deitas,	영광과 신성이 동등하시도다.
Qui exstas rerum omnium	존재하는 만물 가운데
Sine fine principium.	처음이요 끝이 없으시도다.[48]

독일 중세 찬송들의 수도 무시할 수 없을 정도로 많다. 동일 찬송에 독일어와 라틴어를 섞는 관습도 특히 다음 세대에 가면 매우 널리 사용되었다. 색슨 찬송들, 즉 잉글랜드에서 배출된 찬송들의 수는 극히 적었다.

전례 찬송은 사제들이 영창(詠唱, chant)하는 것이 관례였으나, 특히 이탈리아

---

46) In No. XXXV., 254-270.

47) Blume는 *Anal. Hymn*에서 백 편이 넘는 trope를 수집했다. trope들은 두세 행에서 많으면 50줄까지 길이가 다양하다. Gautier가 잊혀졌던 이 중세 시 형식을 오늘날 학도들에게 다시 일깨워주었다.

48) 이 시들은 1400년경에 작성된 the Primer of Sarum에서 산문으로 옮긴 형태로 발견된다(ed. by Maskell, Mon. ritualia, Vol. III).

북부와 독일에서는 회중이 함께 부르는 방식도 널리 유행했다. 채찍질 고행파 (Flagellants)는 회중이 찬송을 불렀다. 라이헤르스베르크의 게로(Gerhoh, 1169 죽음)는 모든 사람들이 구주 앞에서 우렁찬 찬송을 불렀다고 말했다. 투스쿨룸 전투(1168)에서는 병사들이 함께 "당신은 육신으로 나신 그리스도이십니다" (Christ der du geboren bist)라는 찬송을 불렀다.

성 베르나르는 독일을 떠나면서 벗들과 함께 불렀던 독일 찬송들을 잊지 못할 것이라고 말했다. 대중 신앙 집회에서는 회중도 어느 정도 찬송에 참여했다. 독일에서는 찬송들을 가리켜 라이젠(Leisen)이라고 했으며, 레겐스부르크의 베르톨트는 설교를 마칠 때마다 회중에게 함께 찬송하자고 청하곤 했다. 그는 이단들이 노래들로써 자녀들을 빼앗아 간다고 비판했다. 오텡의 호노리우스는 회중이 찬송에 참여하도록 지침을 제시하는데, 이를테면 "이제 음을 높여 부르시오" 혹은 "우리 함께 목소리를 높여서 하나님의 아들을 찬송합시다" 하는 것이 그 예다.

암브로시우스의 찬송들과 프루덴티우스의 찬송들과 비교할 때, 중세의 종교시들은 강하고 승리의 확신에 찬 어조가 미약하다. 단조를 취하고 있으며, 마음의 여린 정서들과 두려움과 불안을 드러낸다. 십자가와 성찬의 성체를 맴돌며, 마리아의 대도(代禱)를 간절히 염원하거나, 그녀의 속성에 머무르며, 심판의 두려움과 낙원의 영광을 묘사하기도 한다. 시인의 신학에는 공감이 가지 않아도 그 기도의 부드러운 억양과 다감함에는 감동하지 않을 재간이 없다.

우리가 다루는 시기의 초반에 활동한 시인들 가운데는 페트루스 다미아니(그의 종교시들 가운데 몇 편이 성무일과서에 수록되었다)와[49] 캔터베리의 안셀무스, 그리고 투르의 대주교 일데베르(1134 죽음)가 있었다. 일데베르의 시들 가운데 몇 행은 롱펠로(Longfellow)가 "황금 전설"이라는 시에 사용했다. 아벨라르도 찬송시들을 썼는데, 그 가운데 창조에 관한 시는 트렌치(Trench)에 의해 번역되었다.

클레르보의 베르나르(1090-1153)는 아벨라르의 제자 베렌가리우스에 따르면 어렸을 때부터 시작(詩作)에 힘썼다고 한다.[50] 다섯 편의 긴 종교시들이 그의 저

---

49) Migne, 145. 930 sqq.

50) Causin은 자신이 편집한 아벨라르의 저서들(1849)에서 이 시들을 97편 소개한다.

51) *Apol, pro Abaelardo*, Migne, 178. 1857.

작으로 간주된다.[51] 그가 지은 "예수의 이름에 관한 음율이 있는 노래"(Jubilus rhythmicus de nomine Jesu)에서 로마 성무일과서(the Roman Breviary)는 세 편의 찬송을 발췌했는데, 이 찬송들은 그리스도의 이름 축일에 사용된다. 그 제목들을 소개하자면 다음과 같다.

예수, 당신을 생각만 해도 (Jesus, dulcis memoria)
예수, 지극히 기이하신 왕 (Jesus, rex admirabilis)
예수여, 당신은 아름다움이십니다 (Jesus, decus angelicum).

첫 번째 찬송에 대해서 필립 샤프 박사는 "중세의 찬송들 가운데 가장 감미롭고 가장 복음적인 찬송"이라고 평가했다.

레이 팔머(Ray Palmer)가 의역해 놓은 시가 미국 교회들에서 사용되는 베르나르의 시들 가운데 가장 유명하다.

예수, 당신은 사랑을 아는 마음들의 기쁨,
　당신은 생명의 샘, 인간들의 빛이시오니,
세상이 주는 가장 좋은 복에도
　저희는 여전히 배고파 당신에게 다시 향하나이다.

"십자가에 달린 그리스도의 몸의 지체들"(Rhythmica oratio ad unum quodlibet membrorum Christi patientis)이라는 시는 십자가에 달리신 구주의 발과 무릎과 손과 옆구리와 가슴과 심장과 얼굴을 생각하며 쓴 연속 신앙 시들이다. 우리 주님의 얼굴을 생각하며 쓴 시(Salve caput cruentatum)를 토대로 1656년에 요한 게르하르트(John Gerhardt)가 다음과 같은 시를 썼다.

O Haupt voll Blut und Wunden.
오 거룩하신 머리, 이제 상함을 받아,
슬픔과 수욕으로 떨궈지셨네.

베르나르는 당대에도 여러 가지 방식으로 영향을 끼쳤으나, 이제는 주로 찬송시들로써 우리에게도 영향을 끼치고 있는 것이다.

클뤼니의 베르나르(1150경 죽음)는 천국에 관한 지극히 아름답고 매우 널리 불리는 "예루살렘 금성아"(Jerusalem the Golden)라는 찬송으로 불후의 이름을 얻었다. 그는 가경자 피에르가 대수도원장으로 재직할 때(1122-1156) 그 수도원의 수사였다. 그의 출생지가 브르타뉴의 모를레(Morlaix)로 추정되는 까닭에, 그는 때로 모를레의 베르나르라고도 불린다. 그의 생애에 관해서는 알려진 바가 없다. 그는 "세상에 대한 경멸"(de contemptu mundi)이라는 시로 살아 남아 있다. 이 시에서 그의 이름으로 된 찬송이 취해졌다.[52] 이 시는 거의 3천 행으로 되어 있으며, 가경자 피에르에게 헌정되었다. 끝없이 반복되는 천국에 대한 찬란한 묘사들 곁에 그 시대의 어리석음과 로마 교황청의 탐욕을 풍자한 내용이 실려 있다. 장단단격(長短短格, dactylic)에 6보격(hexameter)을 취하고 있는데다 레오식의 압운을 사용한 이 시는 해석하기가 매우 까다롭다.

중세 라틴 시인들 가운데 가장 많은 작품을 남긴 작가는 생 빅토르의 아당(Adam, 1180경 죽음)이다. 그는 생 빅토르 수도원을 유명하게 만든 사람들의 하나이다. 해석학과 심리학 분야의 글들을 썼으나, 시인으로 불후의 명성을 얻었다. 고티에(Gautier) · 닐(Neale) · 트렌치(Trench)는 한 목소리로 그를 "중세 라틴 종교시인들 가운데 거두"라고 평가하지만, 그의 찬송들 가운데 베르나르의 찬송들과 "슬픔의 성모"(Stabat mater) 혹은 "진노의 날"(Dies irae)에 버금가는 것이 한 편도 없다. 아당의 시들 가운데 상당수는 마리아와 토머스 아 베켓 같은 성인들에게 바친 것들이다. 그의 시들에는 한결같이 깊은 경건이 흐른다.

신앙심이 가득 실려 있는 격조 있는 찬송들을 유력한 신학자들인 보나벤투라와 토마스 아퀴나스도 남겼다. 보나벤투라의 종교시들 중에서 다음 찬송이 여러 찬송가들에 수록되었다.

Recordare sanctoe crucis
qui perfectam viam ducis.

---

52) 96행으로 된 원래의 시가 Trench에 의해 영어권 독자들에게 소개되었다. Neale의 번역은 *Libr. of Rel. Peotry*, pp. 981-985에 수록되어 있고, Dr. S. M. Jackson의 산문 번역은 *A m. Journ. of Theo.*, 1906에 수록되어 있다. 참조. Schaff's *Christ in Song*, Lond. ed., pp. 511 sq.

(예수, 거룩한 십자가, 그리고 죽음.)

토마스 아퀴나스의 찬송들 가운데 세 편이 로마 성무일과서(the Roman Breviary)에 수록되었다. 그 중 다음 두 편은 6백 년 동안 성체 축일 전례의 일부가 되었다.

Pange, lingua, gloriosi corporis mysterium,
(내 혀여, 저 신비한 말씀을 노래하라.)

Lauda, Zion, salvatorem.
(시온아, 네 구주께 찬송하라.)[53]

훌륭한 두 시 모두 화체설을 충분히 표현한다.

고대와 중세의 찬송들을 통틀어 "진노의 날"과 "슬픔의 성모"만큼 많은 주목을 받은 것은 없었다. 두 찬송은 초창기 프란체스코회를 지배한 뜨거운 신앙 열정의 산물이었으며, 전자는 엄숙하고 장엄한 점에서, 후자는 자애롭고 가슴 뭉클한 비애에서 타의 추종을 불허했다.

"진노의 날"의 작가인 첼라노의 토마스는 1200년경에 나폴리 근처 첼라노에서 태어났고, 아시시의 프란체스코가 사역을 시작할 당시부터 그와 함께했다.[54] 1221년에 그는 슈파이어의 카이사르를 따라 독일로 갔고, 몇년 뒤에 보름스·슈파이어·마인츠·쾰른의 프란체스코회 수도원들의 수도원장(custos)이 되었다. 훗날 아시시로 돌아온 뒤에는 교황 그레고리우스 9세의 부탁을 받고서 「성 프란체스코의 생애」(*Life of St. Fancis*) 전편을 썼고, 후에 수도회 총장의 부탁을 받고서 후편을 썼다.

"진노의 날"은 다음과 같은 행들로 시작한다.

---

53) Julian, pp. 662 sqq., 878 sqq. 참조. *Christ in Song*, Engl. ed., pp. 467 sqq.

54) 그가 저자로 소개한 첫 번째 사례는 1380년경에 작성된 *liber conformitatum*에 실려 있다.

Dies irae, dies illa

solvet soeclum in favilla,

teste David cum sibylla.

이 찬송의 가장 유명한 영어 번역시를 남긴 월터 스콧 경(Sir Walter Scott)은 위의 부분을 다음과 같이 의역했다.

진노의 날, 그 두려운 날,

그날 하늘과 땅이 사라지고 나면

죄인이 무슨 힘으로 견디겠나?

그가 어찌 그 두려운 날을 맞이하겠나?

이 엄숙한 시는 세상이 해체되고 죄인이 두려워 벌벌 떠는 모습을 마치 자신이 종말의 두려운 광경을 지켜보듯이 묘사하면서 자비를 호소한다. 필립 샤프 박사는 이 시의 특징에 대해서 "라틴 교회 시의 공인된 걸작이자 만대의 가장 위대한 찬송"으로 평가했다.[55] 시인은 홀로 무대에 오르는 배우이다. 그는 세상의 심판이 다가오고 있음을 깨닫고, 천사장의 나팔소리가 열린 무덤을 뚫고 울려퍼지는 소리를 듣고, 깊은 죄책감과 절망을 표시하며, 구주께서 막달라 마리아와 십자가에 달린 강도에게 보이셨던 것과 같은 자비를 간구하는 기도로 맺는다. 연(聯)들이 오르간의 울림과 같이 진행되면서, 어느 때는 천둥치는 듯이 두렵고 장엄하게 울려퍼지다가도, 텅 빈 대성당 공간에 나직이 퍼지는 휘파람소리처럼 부드럽고 가냘프게 떨린다. 첫 대목은 스바냐 1:15에서 취했다. 저자는 교부들과 미켈란젤로와 르네상스 시대 화가들처럼 이교 시빌레서의 예언들과 구약성경의 예언들을 일치시킨다.

이 찬송은 모든 영혼들의 축일(11월 2일)에 사용된다. 모차르트가 이 시를 자신의 레퀴엠 미사곡에 포함시켰다. 이 시는 여느 라틴 시보다 자주 번역되었다. 월터 스콧은 이 시를 「마지막 음유시인의 시」(The Lay of the Last Minstrel)에 수록했고, 괴테는 그레첸(Gretchen, 「파우스트」 제1부의 여주인공 : 역자주)으로 하여

---

55) Lit. and Poetry, pp. 135-186.

금 이 시를 대성당에서 듣게 하여 절망에 사로잡혀 떨게 만들었다.

중세의 가장 자애로운 시는 "슬픔의 성모"이다. 이 시의 첫 부분은 다음과 같이 시작한다.

Stabat mater dolorosa	십자가 곁에서 떠나지 않고
juxta crucem lachrymosa	슬픔에 싸인 어머니 울며 서 있네
dum pendebat filius;	끝까지 예수 곁에 남아.
cujus animam gementem	그의 슬픔이 그녀의 마음을 찌르고
contristatam ac dolentem	그의 심한 고뇌가 그 마음 짓누르나
pertransivit gladius.	이제 마침내 칼이 지나갔도다.

이 찬송은 중세에 마리아에게 바쳐진 많은 찬송들 가운데 선도적 위치를 차지하며, 마리아 숭배의 비난에도 불구하고 인간의 깊은 정서를 자극한다. 이 시에서 흘러 넘친 열정이 팔레스트리나(Palestrina)·아스토르가(Astorga)·페르골레지(Pergolesi)·하이든(Haydn)·벨리니(Bellini)·로시니(Rossini) 같은 작곡가들의 작품에 흘러 들어갔다.

이 시는 십자가에 달려 죽어가는 아들의 모습을 지켜보면서 고통스러워하는 마리아를 묘사한다. 앞서 소개한 첫 부분은 요한복음 19:25에서 취한 것이다. 시인은 마리아를 향해서 그 슬픔에 자신도 동참하게 해달라고 하며, 심판 날에 자신을 보호하여 영광에 이르게 해달라고 간구한다. 이 찬송은 모든 미사경본들에 수록되었으며, 14세기 말에는 이탈리아에서 채찍질 고행파들이 불렀다.[56]

이 찬송을 지은 야코포네 다 토디(Jacopone da Todi, 베네딕투스회 수사 야코부스라고도 불림, 1306 죽음)는 인생을 방탕하게 살다가 아내가 극장 난간에서 떨어져 죽는 갑작스러운 사건을 겪으면서 회심했다. 법률가의 지위와 볼로냐 대학교에서 받은 학위들을 모두 포기한 뒤 프란체스코회에 들어갔다. 극단적 금욕 생활에 자신을 내던졌으며, 한번은 시내 광장에 나타나 말처럼 굴레와 고삐를 두

---

56) 같은 부류의 찬송인 Stabat mater speciosa("아름다운 어머니가 서 계신다")도 같은 저자의 작품으로 간주되는데, 이것은 1852년에 발견되었다. 참조. *Lit. and Poetry*, pp. 219-230.

른 뒤 네 발로 기어다녔다. 민중의 언어로 많은 양의 시를 써서 시대의 악들을 들춰냈으며, 보니파키우스 8세의 탐욕을 비판했다. 콜로나 家(the Colonna)가 교황에 대립했을 때 그들을 옹호해 주었다. 보니파키우스는 그를 옥에 던져 넣었는데, 전해지는 이야기로는 교황이 그에게 언제 나가고 싶으냐고 묻자 야코포네는 "당신이 이곳에 들어올 때"라고 대답했다고 한다. 보니파키우스가 죽던 1303년까지 시인은 풀려나지 못했다. 그는 말년을 이탈리아 콜라초네의 수도원에서 보냈다. 말년에 그에게 위안을 준 것은 자신이 지은 찬송인 "예수, 우리의 신뢰와 확신"(Giesu nostra fidanza)이었다.

134. 종교극

중세의 민중 신앙에 크게 이바지한 것이 종교극(religious drama)이다. 이것은 성직자들이 육성했으며, 초기에는 교회당이나 교회 경내에서 공연되었다. 중세에는 이것이 설교와 주일학교의 기능을 어느 정도 수행했다. 고대 로마의 연극은 테르툴리아누스를 비롯한 기독교 교부들에게 철퇴를 맞았으며, 교회회의들은 배우가 그리스도인의 직업에 합당치 않다고 규정했다. 한편으로는 이러한 반감 때문에, 또 다른 한편으로는 연극이 실제로 외설로 전락한 상황 때문에, 로마에서 연극 공연이 폐지되었다. 독일 제국의 두 가지 법인 작센 법(the Sachsenspiegel)과 슈바벤 법(the Schwabenspigel)에 따라서 배우들은 법적 권리들을 상실했다. 그러나 연극에 대한 본능이 죽지 않고 잠복해 있다가 세월이 흐르자 서유럽에서 다시 등장하게 되었다.

중세의 연극은 수도원들과 사제들이 내놓은 독립된 산물이었으며, 공적 예배 의식과 긴밀한 관계가 있었다. 중세 연극의 역사는 얼추 13세기 후반을 기점으로 크게 두 시기로 구분된다. 전기는 주로 사제들이 연출을 관장했다. 사제들이 배역을 맡았으며, 연극의 목적도 다분히 종교적이었다. 후기에는 판토마임과 광대극의 요소들이 자유롭게 도입되었으며, 사제들이 더 이상 연출을 주관하지 않았다. 현대의 연극은 셰익스피어의 시대인 16세기에 시작된다.

중세의 극에는 루디(ludi), 연극(plays) · 미스테리극(mysteries, 신비극) · 기적극(miracle-plays) · 교훈극(moralities) 같은 이름들이 붙었다. 교훈극은 덕목들

(virtues)과 악들(vices)을 의인화하여 등장시키고, 그들로 대화를 엮어가게 하는 방식으로 삶의 지혜와 신앙에 관해 유익한 교훈을 주고자 한 연극을 가리킨다. 미스테리극은 성직을 뜻하는 미니스테리움(ministerium)에서 유래했다.[57] 종교극이 등장하기 시작한 시기는 대중에게 즐거움과 교훈을 주는 것을 임무로 삼은 순회 가수들과 어릿광대들이 활동하던 시기이기도 했다. 프로방스와 이탈리아 북부의 음유시인들(troubadours), 그리고 이야기체 노래(chansons de geste)를 부른 프랑스의 joculatores와 jougleurs가 그런 사람들이었다. 독일의 연애[서정]시인들(minnesingers)과 영국의 음유시인들(minstrels)이 크게 보아 같은 부류에 속했다. 종교극과 음유시인들의 활동이 서로에게 얼마나 깊은 영향을 끼쳤는가 하는 것은 단언하기가 어렵다. 다만 종교극이 수도원에서 시작되었고 엄격히 종교적 의미를 띠었던 반면에, 음유시인들의 활동은 민중에게서 시작되었고 유흥에 주된 목적이 있었다고 말할 수 있다.

중세의 연극이 최초로 희곡으로 표현된 사례는 간더샤임의 작센족 수녀원에 소속된 수녀로서 980년경에 죽은 흐로스비타(Hroswitha)의 단막극 여섯 편이었다. 이 희곡들은 테렌티우스의 작품을 모방했으며, 순교와 독신의 정절을 예찬했다. 그 중 한 편은 그리스도인 동정녀들을 붙잡아 자기 궁전의 주방에 가둬놓은 뒤 접근하는 로마 총독을 묘사한다. 다행히도 총독은 갑자기 정신이 돌아서 항아리와 솥을 껴안았고, 검댕과 재를 뒤집어썼으며, 마귀에게 떠밀려 나뒹굴었다. 이 희곡들이 공연되었는지의 여부는 알려지지 않는다.[58]

흐로스비타는 섬처럼 고립된 작가로서, 중세 연극은 그 여성에게서 시작되지 않고 부활절과 성 금요일, 성탄절 같은 종교 축일들의 행사에서 시작되었다. 예배 시간에 성경 낭독이나 영창(詠唱, chanting)보다 더 생생한 인상을 심어주기 위해서 연극적 요소들이 도입되었는데, 초기에는 지극히 단순한 활인화(活人畵, tableaux vivants. 살아 있는 사람이 분장하여 정지된 모습으로 명화나 역사적 장

---

57) 그 단어는 mysterium에서 유래한 것이 아니다. 초기 프랑스어 단어는 misterre였다. 'mystery'라는 표현은 영국에서는 쓰이지 않았다. 영국에서 쓰인 표현들은 plays, miracles, miracle-plays였다.

58) 본문은 Migne, 137. 975-1062에 Hroswitha의 작품으로 간주되는 시 몇 편과 함께 실렸는데, 그 중 한 편인 "성 테오필루스의 타락과 회심"은 파우스트 이야기의 원본으로 종종 간주되었다.

면 등을 연출하기: 역자주)의 수준을 넘지 않았다. 예배에 연극적 요소들이 등장한 것은 11세기로 거슬러 올라가며, 그 뿌리는 문채(文彩, trope) 곧 미사의 한 부분에 시 한 구절을 넣어 회중의 마음을 사로잡는 방식에 있었다.

초기의 연극 행위는 성 금요일과 부활절 행사와 관련하여 시작되었다. 성 금요일에 십자가를 천에 싸서 감춰두거나, 벽감(壁龕)이나 나무 담장 뒤에 감춰두었다. 무덤이라 불린 그러한 벽감들을 오늘날도 노스월드와 네이븐비 같은 영국 교회들에 가면 볼 수 있다. 부활절이 되면 감춰두었던 십자가를 엄숙한 의식을 갖추어 꺼내온다. 데이비스(Davis)의 「고대 더럼의 의식들」(*Ancient Rites of Durham*)에는 그 의식이 이렇게 묘사되어 있다.

"더럼 교회는 성 금요일에 경이롭고 엄숙한 의식을 거행하는데, 옛날 복장을 갖춘 수사 두 사람이 십자가에 못 박히신 우리 구주의 모습을 온통 금으로 장식한 큼직한 수난상을 집어든다 …… 의식은 앞서 말한 두 수사가 십자가를 극진한 예를 갖추어 무덤으로 옮기고(무덤은 그날 아침에 의식이 거행되기 전에 성가대석 북편 대제단 가까운 곳에 설치한다), 대단히 경건한 태도로 그것을 무덤에 안치한다."

회중의 상상을 자극하기 위해 도입한 이 간단한 의식에 곧 다른 실제적인 요소들이 덧붙기 시작했는데, 이를테면 천사들과 여인들이 무덤에 나타나도록 하고, 베드로와 요한이 앞다투어 무덤을 달려오게 하고, 마리아와 동산지기가 서로 대화를 나누게 하는 것들이었다. 대화들은 성경에 기록된 내용으로 이루어졌으며, 초창기에 도입된 대화는 여인들과 천사들이 다음과 같이 주고받는 식으로 되어 있었다.

그리스도를 믿는 자들이여, 그대들은 무덤에서 누구를 찾는가?
나사렛 예수, 십자가에 못 박히신 천상의 인물을 찾고 있습니다.

성탄절에는 천사들과 동방박사들, 그리고 그 밖의 배역들이 연극에 등장했으며, 실제 요람 혹은 구유도 사용되었다. 사제들이 목자들로 분장하고서 마구간에 찾아왔다가 이런 질문을 받는다.

목자들이여, 그대들은 마구간에서 누구를 찾는가?

이 질문에 그들은 이렇게 대답한다.

강보에 싸인 아기 곧 구주이신 주 그리스도를 찾습니다.

이렇게 시작한 종교극은 아담의 타락에서부터 최후 심판에 이르기까지 성경의 모든 주제들을 포함할 정도로 쉽게 확대되었다.

영국에서 최초로 등장한 기적극은 1100년 직후에 던스테이블 대수도원의 학동들이 공연한 성 카테리나에 관한 연극이다.[59] 윌리엄 피츠 스티븐(William Fitz-Stephen)은 1180년경에 쓴 글에서 당대에 런던에서 공연된 종교극들과 이교 로마에서 공연되었던 연극들을 대조했다.

13세기 독일에서 공연된 어떤 야심찬 연극은 아우구스티누스를 교회의 중앙에 앉히고, 그의 우편에 이사야와 다니엘 등의 선지자들을, 좌편에 대제사장들과 유대인들을 배치한다. 이사야가 메시야에 관해 예언을 하자, 아폴로 신전의 여사제가 별을 가리킨다. 아론이 싹난 지팡이를 들고 들어온다. 그런 다음 발람과 그의 나귀가 자신들의 배역을 연기한다. 천사가 길을 가로막고 선다. 나귀가 말한다. 발람이 야곱의 별에 관한 예언을 낭송한다. 예언들이 공포되는 동안 대제사장이 등장하여 여러 가지 이야기를 하며, 선지자들과 아우구스티누스가 그와 변론을 벌인다. 무대가 바뀌면서 천사가 구주의 탄생을 고지한다. 아기가 태어난다. 세 왕과 목자들이 무대에 등장한다. 애굽으로의 피신이 이루어지고, 애굽의 왕이 이 거룩한 가족을 영접한다. 헤롯이 벌레에 먹혀 죽는다. 이런 식으로 연극이 계속 진행되다가 마침내 적그리스도가 등장한다. 이쯤 되면 연극이 한 세기 전의 소박한 연극적 행사들에서 크게 진척된 셈이고, 후대의 치밀한 연극의 씨앗이 된 셈이다. 하지만 소재는 모두 종교적인 것들이다.

연극에 대한 본능은 성경적 주제들을 진지하게 다루는 것으로 충족되지 않았다. 풍자와 해학이 요구되었다. 가롯 유다와 유대인들과 마귀가 무대에서 한껏 조소를 받으면서 이러한 요소들을 제공했다. 유다가 구주를 팔아 넘기고 돈을 받

---

59) Pollard, p. xix. M. Paris는 그것을 '기적'이라고 부른다.

는데, 알고보니 위조화폐이다. 마귀는 이중의 배역을 맡는다. 감언이설로 하와를 유혹하고, 막달라 마리아가 춤추러 가기 전에 화장을 하는 동안 곁에서 거울을 들고 서 있으며, 그녀에게 걸린 불행한 자를 일륜차(一輪車)에 태워 지옥으로 데려가며, 그렇게 끌려온 자를 조롱조의 의식을 갖추어 자신의 영역으로 맞아들인다. 그러나 마귀는 실수투성이인 멍청한 존재로 자주 등장한다. 중세에 마귀는 어릿광대이다. 무대에서 객석으로 내려가 꼬마 관객들을 놀라게 하고, 나이 든 관객들에게 비웃음과 조롱을 당한다.

연극을 교회와 결부시키려는 시도가 보편적인 승인을 받은 것은 아니다. 라이 케르스페르크의 게로(Gerhoh)은 교회에서 그런 연극을 하는 것을 신성모독으로 간주했다. 1210년에 교황 인노켄티우스 3세는 비록 연극 자체를 단죄하지는 않았지만 남용에 대해서는 단죄했다.[60] 1227년의 트리어 교회회의와 그 밖의 교회회의들은 사제들이 교회 건물 내에서 연극적 놀이에 참여하는 행위를 금지했다. 하이스터바흐의 카이사르는 연극 도중에 무대에 벼락이 떨어져서 남자 스무 명이 타 죽었다는 소식을 사제에게 전해 듣고는 그것이 경박한 무리에 대한 정당한 형벌이었으며, 그 자리에 있던 사제가 살아 돌아온 것이 경이로운 일이라고 말함으로써 연극에 대한 완고한 입장을 표시했다.[61]

13세기 말에 이르면 연극이 더 이상 교회에서 공연되지 않고 광장을 비롯한 개활지에 무대가 마련되었다. 배우들의 길드들과 극단들이 그 역할을 떠맡았고, 배우라는 직업이 다시 정식 직업으로 인정받기 시작했다. 하지만 종교적 요소가 여전히 남아 있었으며, 종교적·도덕적 주제들이 계속해서 모든 연극의 토대가 되었다. 광장에서 공연되기 시작한 후에도 오늘날(19세기 말)의 정치 집회에서처럼 연극을 시작하기 전에 기도를 드렸고, "창조의 영이여 오시옵소서"(Veni creator spiritus)를 불렀다. 직업 차원에서 연극을 공연한 초창기 극단들 가운데는 깃발회(the confraternity of the Gonfalone)가 있었다. 그 단체가 세운 예배당인 로마 콜로세움의 산타 마리아 델라 피에타 예배당에서 일찍이 1250년에 연극이 공연된

---

60) 인노켄티우스의 교서의 의미는 쟁점으로 남아 있다. 그것이 바보들의 축제만을 언급한 것일 수도 있다. 본문은 *Decretals*, III. 1, 12, Friedberg's ed., II. 452에 실려 있다.

61) *Dial.*, X. 28, Strange's ed., II. 238.

62) Gregorovius, *Hist. of the City of Rome*, VI. 712.

듯하다. 수난 주간에는 예배당 지붕을 무대로 꾸며놓고 수난극을 공연했다.[62] 파리의 첫 극단은 수난 형제회(confrerie de la passion)라 불렸다.

바보들의 축일과 나귀의 축일. 11세기로 거슬러 올라가는 이 이상한 축일들에 사제들이 해학을 바라는 민중의 요구를 충족하게 채워주었다. 이 연극은 처음에는 재미라고는 조금도 없이 늘 진지한 분위기에서 살아가는 성직자들에게 위안을 제공할 목적으로 도입되었으며, 종교 제도들을 풍자할 때도 그 의도가 신성모독에 있지 않고 순수한 재미를 제공하는 데 있었다. 하지만 후에는 과도한 면들을 드러내면서 사방에서 지탄을 받게 되었다. 그러나 이미 이 시기에 교회들과 주교좌성당들에서 연극이 공연될 때 주연(酒宴)이 함께 열린 일로 주교 그로스테스트가 심한 질책을 가한 예가 있었으며, 두 세기 뒤에는 얀 후스가 그런 관행을 비판했다. 두 축일은 성탄절 기간과 정월 초반에 거행되었다. 하지만 관련 문헌들의 내용이 혼동스러워서 두 축일의 명확한 개념을 파악하기가 쉽지 않다.

바보들의 축일(festum stultorum)에는 부제들과 차부제들이 소년을 주교나 교황으로 선출하고, 장난으로 그가 주교의 기능들을 수행하도록 허용했다.[63] 소년 주교의 복장에 대한 규정이 세인트 폴 · 요크 · 링컨 주교좌성당들의 연대기에서 발견되는데, 흰 삼중관과 지팡이가 포함되어 있다. 그 의식은 이튼에서 거행되었다. 하지만 이 축일은 프랑스에서 가장 인기를 누렸다. 고위 성직자로 선출된 소년이 종교 행렬을 거느린 채 나귀를 타고 교회에 도착하면 일제히 종들이 울리고 악기들이 연주된다. 소년은 그곳에서 나귀에서 내려 주교복을 입고 연단에 앉는다. 잔치와 종교 의식이 거행되고 춤과 그 밖의 여흥이 뒤따른다. 이 행사는 지역들마다 모습이 달랐으며, 여러 유형으로 오늘날까지 이어져 내려온다.

나귀의 축일(festum asinorum)에는 발람이 탔던 짐승이 주인공(dramatis persona)이다. 실제로 발람이 탔던 나귀의 가죽이라고 하는 것이 베로나 수도원의 귀중한 보물로 간직되어 있다. 이 연극의 목표는 성경 진리를 극으로 표현하는 것이었으며, 혹시는 기억이 닿지 않는 옛날부터 인간과 짐을 실어나르느라 큰 수고를 한 이 유익한 가축에게 감사를 표시하려는 뜻도 있었는지 모른다. 루앙에서는 성탄절에 이 연극이 공연되었다. 모세 · 아론 · 세례 요한 · 아폴로 신전의

---

63) Luard's ed., pp. 118, 161.

무녀들 · 베르길리우스 · 풀무불에 던져진 소년들 · 그 밖의 고대의 인물들이 등장한다. 발에 박차를 달고 나귀에 앉은 발람이 중심을 차지한다. 교회 한복판에 불이 지펴지고, 주위에 유대인들과 이방인들이 여섯 명 둘러서 있다. 그들을 회심시키기 위해서 선지자들이 한 사람씩 번갈아 가면서 연설을 한다. 나귀는 천사가 길을 가로막자 말을 하고, 발람은 별에 관한 예언을 한다. 그 뒤에 나귀를 제단 곁에 세워놓고 망토를 입혀준다. 그리고는 장엄미사가 거행된다.

프랑스 보베에서는 이 축일이 구주의 가족이 애굽으로 피신한 일을 기념하는 1월 14일에 거행되었다. 나귀가 아기를 품에 안은 "지극히 아름다운 안주인"을 태우고서 교회에 들어가서 미사가 거행되는 제단 곁에 선다. 의식이 끝날 때 사제는 평소와 달리 미사 폐회 선언(ite, missa est)을 하지 않고 나귀 울음 같은 소리를 세 번 내며(sacerdos tres hinhannabit), 회중도 세 번 응답한다(hinham).

이 행사와 결부되어 거행된 문란한 행위들과 술잔치로 인해 신앙이 훼방을 당하게 되자 인노켄티우스 3세와 4세가 질책을 했는데, 인노켄티우스 4세는 어떤 소년 주교를 실명으로 거론하면서 그런 행사가 진지한 주제들을 희화화한다고 비판했다. 1444년에 파리 대학교 신학부는 이 행사들과 관련하여 이를테면 익살스러운 노래를 하고, 남자들이 여장을 하고, 제단에서 기름기 많은 케익을 먹는 등의 행위들이 자행된다고 말했다. 1584년의 교회회의 같은 후대의 교회회의들은 한 목소리로 이 행사들을 단죄했다. 영국에서는 헨리 8세의 재위 말기에 대주교 크랜머의 제안으로 이 축일들이 금지되었다.

135. 채찍질 고행파

정통신앙의 권역에서 당시의 민중이 신앙에 대해 품고 있었던 관심을 적나라하게 보여준 사례가 채찍질 고행파(the Fragellants)라는 이상한 운동이다. 그레고로비우스는 그들의 등장을 "중세의 가장 파격적인 현상들의 하나"로까지 평가했다.[64] 이 운동은 교회 안에서 시작되었고 따라서 중세의 분파들과 같은 범주에 놓을 수 없지만, 후대에 가서는 분파로 의심을 받고서 콘스탄츠 공의회에 의해 공

---

64) *Hist. of City of Rome*, V. 333.

식적인 단죄를 받았으며, 심지어는 교회로부터 박해를 당하기까지 했다. 이들은 1259년에 최초로 등장했다가 1333년, 1349년, 1399년에 다시 등장했으며, 마침내 콘스탄츠 공의회 때에 자취를 감추었다. 가장 두드러진 것은 유럽 전역에 흑사병이 돌던 1349년의 사례이다.

이 운동은 간헐적으로 일어난 점에서 잘 나타나듯이 치밀한 조직이 없었다. 교회에 대한 불만과 참된 회개와 개과천선에 대한 갈망에서 자라난 운동이었다. 1260년에 적그리스도가 출현할 것이라고 한 요아킴의 예언이 이 운동의 발생과 어떤 연관이 있었을 가능성도 있다. 그 밖에도 1258년에 이탈리아에서 발생한 기근과 그에 잇따라 번진 신체 마비 등의 이상한 질병들도 원인이 되었을 가능성이 있다. 살림베네는 병자들에게 공포감을 일으키지 않기 위해서 장례식 때 종을 치지 않았다고 전한다. 이 열정적인 운동은 행렬과 채찍질, 그리고 진기하고 이상한 의식들의 형식을 띠었다. 전도의 일종이었으며, 십자군 원정들이 동방의 사라센족을 격퇴하는 데 목표를 두었듯이 육체적인 죄악들을 정벌하려는 목표를 지니고 있었다. 수도원에서 시행되던 채찍질 권징을 민중에게 널리 보급하여 참회의 결과를 얻어내고자 했다.

수도원 채찍질 고행의 가장 유명한 달인은 도미니쿠스 로리카투스(Dominicus Loricatus, 1060 죽음)로서, 맨살에 속옷 대신에 쇠옷을 입음으로써 이 이름을 갖게 되었다. 그는 시편을 낭독할 때 한 편에 백 대씩 가죽 채찍으로 자신의 등을 후려쳤다. 3천 번의 매질이 일년 분량의 고행이었다. 그러나 로리카투스는 그 규정을 넘어서서 시편 전체를 엿새 동안 스무 번 읽었으므로 백년 분량의 고행을 엿새 동안 한 셈이다. 그에 관한 자료를 남긴 페트루스 다미아니는 이 열정적인 고행자가 하루 동안 시편 아홉편을 읽으면서 그에 준한 횟수의 채찍질을 한 다음 정확한 횟수를 채웠는지 확인하러 독방으로 갔다고 전한다. 독방에 들어가 쇠옷을 벗은 뒤 양손에 채찍을 들고서 그 아홉 편의 시편을 밤새 낭독했는데, 열두 번이 지나서야 채찍질을 멈추었으므로 실제로 열세 번이나 그 일을 반복한 셈이다.

다미아니가 그에게 "당신의 몸이 대체 무엇입니까?" 하고 외쳤다. 다미아니는 수사들에게 하루에 40편으로 규정하는 것으로 만족했다. "당신의 몸이 대체 무엇입니까? 그것이 썩은 고기가 아니며, 부패한 덩어리와 먼지와 재가 아닙니까? 벌레들이 그것을 먹게 되어 얼마나 감사하겠습니까?"[65]

뇌일의 풀크와 파두아의 안토니우스 같은 설교자들의 간곡한 호소에 감동을 받은 청중들 사이에 특이한 신체적 현상들이 나타나면서 스스로 채찍질하기 시작했다.

채찍질 고행 운동은 1259년에 페루자에서 시작되어 전염병처럼 확산되었다. 노소(老少)를 가리지 않고 모든 계층이 이 운동의 열기에 사로잡혔다. 큰 무리가 상체를 벗어젖힌 채 십자가와 깃발을 들고 찬송을 부르면서 자신들에게 채찍질을 해가면서 거리를 돌아다녔다. 사제들과 수사들도 참회자들의 대열에 합류했다. 파격적인 도덕 개혁의 장면들이 연출되었다. 고리대금업자들이 부당하게 취득한 재물을 내놓았고, 살인자들이 죄를 자백하면서 칼끝을 자신들의 목에 겨눈 채 당국에 자수했다. 원수처럼 등지고 살던 사람들이 서로 화해했다. 말이 많은 연대기 저자 살림베네에 따르면 채찍질에 동참하지 않는 자들은 사탄의 수족으로 의심받았다. 게다가 그런 의심을 받는 자들이 필경은 병에 걸리거나 지레 죽었다. 2만 명이 모데나에서 볼로냐로 행진했다. 레조와 파르마 등의 도시들에서 주요 관리들이 그들의 대열에 합류했다. 그러나 모든 사람들이 한결같이 이 운동에 호의적이지는 않아서, 크레모나 시의 당국자들과 만프레드(Manfred)는 그들이 자신들의 영토에 들어오는 것을 금했다.

이 운동의 열기가 이탈리아에서는 곧 식어버렸으나, 알프스 이북 지역들에는 확산되어 나갔다. 1천2백 명의 채찍질 고행자들이 스트라스부르에 나타났으며, 그 열기가 폴란드와 보헤미아에까지 퍼져나갔다. 독일의 참회자들은 그리스도의 생애 연수를 기념하여 33일 동안 고행을 계속했다. 이들은 스스로를 학대하면서 찬송을 불렀다. 하지만 독일에서도 열정이 쉽게 타오른 것만큼 쉽게 식어버렸다. 이 운동이 되살아나 반복된 것은 다음 시기에 발생한 일이다.

136. 마귀론과 흑마술(黑魔術, Dark Arts)

우리 시대의 신념과 경험이 중세와 가장 달랐던 분야를 꼽자면 마귀의 활동과 악령들의 영역이라고 할 수 있다. 이 주제는 이미 수도원주의와 장래의 상태에 관한 장들에서 다룬 바 있지만, 개별적으로 다루지 않고는 그 전모를 다 파악할

---

65) Migne, 144. 1017.

수 없을 것이다. 사탄의 왕국이 결박이 풀려 인류에게 임했다는 신념은 수도원주의의 정신보다 혹은 십자군 원정을 가능케 한 정신보다 더 영향력이 컸다.

수사들과 민중의 경신(輕信)과 스콜라 학자들의 신학이 땅과 공중에 온통 악령들로 가득차게 만들었다. 대중적 저자들의 글들에도 그들이 직접 나타나 해를 입혔다는 이야기들이 가득하며, 스콜라주의의 정의들도 사탄론 분야에서만큼 훨씬 더 상세하고 세심하다. 기독교 문화가 시작된지 오랜 세월이 지난 뒤인 13세기 전반에 악령들에 대한 두려움이 유럽 전역을 휩쓸었으며, 이러한 분위기가 종교 개혁 시대를 훨씬 넘어서까지 계속해서 강력한 영향력을 행사했다. 마귀론으로 촉발된 박해가 인류 역사에서 보기 드물게 무자비하게 자행되었다. 마녀들을 색출하여 처형한 일들이 역사의 특별한 장을 구성하는데, 하지만 그런 일들이 본격적으로 자행된 것은 15세기 이후였다. 우리가 다루는 시기에는 마녀 열풍이 불기 시작하기 전에 마귀와 그의 사역에 관한 민중과 스콜라 학자들의 개념이 형성되었다.

중세가 마귀의 세계에 관한 개념을 끌어온 전거들은 이교 고전 체계와 북유럽 신화, 그리고 아우구스티누스와 대 그레고리우스가 해석한 방식의 성경적 교훈이었다. 중세가 이 주제에 대한 지극히 거친 공상들을 펼친 것도 그 두 거장을 추종한 것에 지나지 않는다.

흑마술 곧 사탄의 사주를 받아 이루어지는 마술을 가리킨 일반적인 용어는 로마인들에게서 물려받은 말레피키움(maleficium)이란 단어였다. 이 행위를 가리킨 특별한 이름들에는 마술·점술·강신술 등이 있었다. 점성술도 이 범주에 포함되곤 했다.[66]

I. 민간 신앙. 이 시기의 민간 신앙은 페트루스 다미아니·가경자 피에르·하이스터바흐의 카이사르·보라진의 야콥·상탱프레의 토마스·에티엔 드 부르봉 같은 저자들과 프랑스 시인들에 의해 소개된다. 세상을 두루 여행하여 물정에 밝았던 월터 맵과 솔즈베리의 존 같은 영국 저자들도 민중의 견해를 약간 수정하여 받아들였다. 맵은 케레스(Ceres, 그리스 신화에 나오는 풍작의 여신)·바코스

---

66) Alex. of Hales는 마귀가 인간을 수단으로 사용하는 여덟 가지 행위를 구분해서 말한다. mantic(점술), sortilegium(제비뽑기 방식의 점), maleficium(사기), augurium(새점), prestigium(눈속임), mathesis(점성술), ariolatio(신탁), 그리고 해몽.

(Bacchos, 술의 신)·판(Pan, 숲·들·목양의 그리스 신)·사티로스(satyr, 바코스를 따르는 숲의 신)·드리아드(dryads, 나무의 님프)·파우누스(faunus, 양의 귀·뿔·뒷다리를 지닌 목축의 로마 신)를 귀신들로 다루며, 존은 여섯 장에 걸쳐 귀신들과 사람들이 크게 해로울 정도로 맺고 있는 친숙한 관계(pestifera familiaritas daemonum et hominum)를 논한다.

힐데브란트와 동시대 사람인 페트루스 다미아니는 자기가 두 눈으로 공중에 있는 귀신들의 군대를 보았으며, 그들이 아주 다채로운 형상을 지니고 있었다고 말한다.

하이스터바흐의 카이사르는 많은 이야기들을 전하면서, 마치 오늘날 우리가 스탠리(Stanley)나 스피크(Speke)가 전하는 검은 대륙 이야기를 받아들이는 것처럼 그 이야기들을 다분히 사실로 간주한다. 이 상냥한 저자는 어느 늙은 수사가 수련수사를 앞에 세워놓고 자신이 무어족·황소·개·두꺼비·원숭이·돼지, 심지어 수녀와 수도원장으로 가장한 마귀를 직접 보았다고 말하면서 그의 의심을 해소해 주려고 노력하는 모습을 소개한다. 가경자 피에르도 사탄이 곰의 형태를 취하고 있다고 말한다.[67] 사탄은 흑마와 당까마귀 같은 동물들의 형태를 취하기도 했다. 프랑스의 시들과 민간 전설에는 그가 뿔과 발톱과 꼬리를 달고 있는 모습으로 나타난다.[68]

마귀는 밤이든 낮이든 건강할 때든 죽을 때든 아무 때나 나타났다. 수사도 다름 아닌 기도를 하고 있는 동안에도 마귀의 유혹에서 면제되지 않았다. 악령들이 즐겨 찾아 장난을 치는 장소는 수사들이 조과(朝課)와 그 밖의 의식을 위해 모이는 성가대석이었다. 이곳에서 그들은 촛불을 불어 끄거나 책을 엉뚱한 곳에 펼쳐 놓거나 공동 찬송을 할 때 엉뚱한 음을 내서 조화를 깨뜨리는 방식으로 수사들을 괴롭혔다.

마리엔슈타트의 헤르만(Herman)은 악령 셋이 가까이 다가와 있는 것을 보았는데, 마음만 먹었으면 손으로 만질 수도 있을 정도였다고 말했다. 그들은 발이 바닥에 닿지 않은 채 서 있었고, 그 중 하나는 여성의 얼굴을 지닌 채 베일로 가리

---

67) *De mir.*, Migne, 189. 883.

68) Romana de la Rose(1280)는 예외적으로 꼬리와 뿔을 경시하며, 여성들을 밤에 공중으로 데려다닌다는 민간 신앙을 무시한다.

고 있었다. 때로는 악령들이 무리를 지어 나타나 일부가 성가대석의 한쪽에서 소란을 피고, 나머지 한쪽에서 찬송을 부를 때 그 쪽으로도 넘어와 소란을 피워서 성가대 양쪽에서 불협화음이 울려 퍼지도록 만들었다.[69]

헤르만이 대수도원장이 되었을 때, 카이사르에게 경건이 깊은 인물로 평가를 받은 수사가 교회 창문에 걸터앉아 있는 무어족의 모습으로 나타난 마귀를 보았다. 그의 몰골은 지옥 불에서 방금 나온 것 같았으나 수사가 바라보자 황급히 사라졌다. 헤르만이 그러한 환상에 시달리지 않도록 기도하자, 마귀가 마지막 기회를 잡아 대수도원장 앞에 주먹만큼 크고 밝은 눈으로 나타났는데, 마치 "이번이 마지막이니 나를 똑바로 쳐다보라"고 말하는 것 같았다. 그런데도 대수도원장은 마귀를 다시 한 번 보게 되었는데, 이번에 그를 만난 곳은 프로이스베르크의 백작부인 알레이디스(Aleidis)의 무덤이었다. 백작부인의 시신이 수의에 싸여 누워 있는데, 마귀가 마치 무엇을 잃어버린 듯이 시신을 샅샅이 뒤지고 있었다.

수사가 수도원에서 마귀를 보되 자주 벌거벗은 여인의 모습을 하고 있었다면 수사의 정신 상태가 좋지 못하다는 징후였다. 때로는 수사들이 그를 보고 싶어서 여러 날 식음을 전폐하고 불면에 시달렸다. 때로는 같은 이유로 정신 착란에 빠지고, 다시 회복하지 못한 채 세상을 떠나는 경우도 있었다. 하지만 수도 생활에 정진하는 수녀들은 마귀의 따귀를 갈길 수 있었다. 어떤 남편이 아내에게 "마귀 한테나 가라"고 말하자, 귀신이 그의 귀에 들어간 일도 있었다. 어린이들이 우유에 들어가 있는 마귀를 마시는 일도 있었는데, 어떤 아이는 그런 우유를 마신 결과 30년간 귀신들린 채 지내야 했다. 쉽게 예상할 수 있는 대로 마귀는 노름을 좋아했다. 그가 팀(Thieme)이라는 기사와 함께 밤새 노름을 하다가 그를 지붕으로 끌고 올라갔는데, 기사 아들의 증언에 따르면 아버지를 다시는 볼 수 없었다고 한다. 성 베르나르는 자신이 직접 귀신들을 쫓아냈다고 진술하며, 이런 일은 노베르를 비롯한 중세의 성인들도 할 수 있었다. 프레몽트레회 설립자 노베르의 전기작가는 마귀가 자신의 꼬리로 프레몽트레회의 몇몇 수사들을 찔렀다고 전한다. 어떤 때는 수사 행세를 하고 다니는 자들에게 마귀가 비범한 설교와 성경 강해 능력을 넣어 주었는데, 프레몽트레회 수도원이 그런 자들을 정식으로 받아주려고 하는 순간에 속임수가 발각되었다. 또 한번은 노베르가 소년에게서 귀신을

---

69) *Dial.*, V. 5, Strange's ed., I. 287 sqq.

쫓아내려고 하는 순간 귀신이 완두콩 모양을 하고서 소년의 혀에 앉아 건방지게도 자신의 거처를 포기할 수 없다고 버텼다. 그러자 노베르는 "너는 거짓말쟁이이며 처음부터 거짓말쟁이였다"고 말했다. 마귀는 그 사실을 부정할 수 없었던 까닭에 사라져 버렸지만, 순순히 떠나지 않고 악취를 남기고 소년에게 병을 안겨 주었다[70]

하지만 마귀가 악인들에게 진리를 말해서 그들을 당황하게 만들기도 했다. 노베르가 마스트리히트에서 이런 일을 겪었다. 그가 귀신들린 사람을 고치려 하자 많은 사람들이 몰려들었는데, 마귀가 구경꾼들을 하나하나 지목하면서 그들이 범해놓고도 고해하지 않은 간음과 그 밖의 죄들을 적나라하게 밝혔다. 구경꾼들이 당황하여 앞다투어 도망친 것은 당연한 결과였다. 마귀는 주기도문을 암송했으나 틀리게 암송하여 쉽게 발각되었다. 일단 그의 정체가 발각되면 그를 물리치기란 어려운 일이 아니었다. 십자가 성호를 긋고 침을 뱉고 아베 마리아를 외치면 그를 넉넉히 쫓아낼 수 있었다. 가경자 피에르는 저주의 자녀들과 영혼들의 해묵은 원수(antiquus hostis)에게 불의의 공격을 당한 수사들을 수난상과 성체, 성수가 보호해 준 사례들을 많이 소개한다. 때로는 소독을 하듯이 방과 그 안에 있는 모든 가구들에 성수를 뿌리면 귀신들이 사라지곤 했다.

보라진의 야콥이 전하는 이야기에 따르면, 성 루페(St. Lupe)가 어느 날 밤 기도를 하고 있는데 갑자기 목이 말랐다. 그것이 마귀의 장난이라고 생각한 성인은 동료에게 물을 가져다달라고 부탁했다. 물을 가져오자 그는 "마귀가 도망치지 못하도록" 뚜껑을 꽉 덮었다. 그릇에 갇힌 마귀는 밤새 울부짖었으나 빠져나올 수 없었다.[71]

살림베네는 마귀가 농부에게 들어가 라틴어를 말할 수 있게 한 우스운 사례를 전한다. 하지만 농부의 라틴어가 어법에 맞지 않자 "우리의 주임신부께서는 그 말을 듣고 웃으셨다." 그러자 마귀가 언성을 높이면서 "나는 라틴어를 잘하는데 이 촌뜨기의 혀가 워낙 두꺼워서 제대로 놀리게 하기가 쉽지 않다"고 말했다.[72] 루터가 쥐와 벼룩 같은 해충을 마귀의 피조물들이라고 간단히 설명해 놓은 말은 다음 이야기를 생각나게 한다. 13세기에 리칼무스라는 시토회 수사는 마귀의 간

---

70) *Vita Norb.*, XIII.

71) Temple ed., V. 88.

72) Coulton, From St. Francis, etc., p. 298.

계를 다룬 책에서 이렇게 말했다. "도저히 믿기지 않는 사실이 있는데, 우리를 무는 것은 벼룩과 이가 아니라 실은 귀신들이다. 그 작은 해충들은 사람의 피를 먹고살지 않고 땀을 먹고살며, 그런 해충들이 없는데도 가끔 무엇이 무는 것 같은 느낌이 들 때가 있는 것은 다 그들 때문이다."[73]

이런 사례들을 정리해 줄 만한 재미있는 이야기를 하이스터바흐의 카이사르가 전해준다. 심하게 다투는 두 여인에게 두 악령이 들어간 이야기이다. "루시퍼 편에 붙지 않았더라면 얼마나 좋았을까! 그러면 천국에서 쫓겨나지 않았을 텐데!" 하고 한 악령이 말하자, 다른 악령이 이렇게 대답했다. "침착하게. 이젠 회개해도 때가 늦었어. 돌아가고 싶어도 갈 수 없다네." 그러자 첫 번째 악령이 이렇게 말했다. "하늘에 닿은 쇠기둥이라도 하나 있으면, 그래서 그것을 타고 영광으로 도로 올라갈 수만 있다면 거기에 예리한 칼과 톱날이 잔뜩 붙어있더라도 최후 심판 날까지 어떻게든 올라가 볼 텐데."

이런 이야기들은 저자들이 실제 사건들로 믿고서 적어놓은 것들이다. 지하 세계의 악령들이 도처에 퍼져 보이는 형태와 보이지 않는 형태로 성인들과 죄인들의 육체와 영혼을 괴롭히고 고통스럽게 했다. 그런데 이러한 신념이 잘못되었다고 비판하는 소리가 들리지 않는다. 하지만 그런 데 대해서 회의적인 태도를 나타낸 사례가 적어도 한 가지 이상 있어서 읽는 이들에게 신선감을 준다. 이를테면 보베의 뱅상(Vincent)은 어느 여인이 사제를 찾아가 자신과 다른 여인들이 마녀의 마법에 걸려 어느 날 밤에 열쇠 구멍을 통해 사제의 침실에 들어간 적이 있었다고 말하면서, 그것이 사실이니 제발 믿어달라고 했다. 사제는 여인이 망상에 빠져 있으니 그런 쓸데없는 생각을 다 지워버리라고 여러 모로 타이르고 설득했으나 소용이 없자, 문을 잠그고 열쇠를 주머니에 넣고는 작대기로 여인을 때리면서 "그 말이 정말로 사실이라면 지금 당장 열쇠 구멍으로 나가시오" 하고 소리쳤다.

II. 신학적 진술. 악령들에 관한 매우 조야한 민간 신앙이 페트루스 롬바르두스 · 알베르투스 마그누스 · 보나벤투라 · 토마스 아퀴나스 같은 신학자들의 신학적 정의로써 확증된다. 중세의 신학은 마귀가 선한 천사들과 마찬가지로 높은 지

---

73) Lib. revelationum de insidiis et versutiis daemonum, quoted by Cruel, *Deutsche Predigt*, p. 268.

위들과 그 밑의 위계(位階) 체제로 조직된 귀신들의 영역의 수장이라고 보았다.

마귀와 그의 사자들이 던져진 곳은 어둡고 음침한 공중이다. 흑암의 수렁인 이 곳에서 마귀와 그의 추종 세력은 최후 심판 날까지 보존된다. 모든 고통이 쏟아 부어질 날이 그들을 기다리고 있다. 그동안 그들은 인간들에게 괴로움과 고통을 가하도록 허용된다.[74] 이 견해를 뒷받침하는 본문으로 마태복음 8:29과 누가복음 8:31이 인용된다.

스콜라 학자들 가운데 이 주제를 가장 정교하게 다룬 알베르투스 마그누스는 마귀와 추종 세력들이 거하는 공중의 영역을 구체적으로 제시했다. 그는 철학자 들의 추론을 토대로 천상의 공간을 세 영역으로 구분했다.[75] 높은 영역은 공기가 희박하고 매우 뜨거운 밝고 조용한 곳이다. 그 빛은 별들의 그 영역이 별들에 가 까울수록 강렬하며, 그 이유는 태양 광선이 그 영역을 더 오래 비추기 때문이다. 낮은 영역은 견고한 흙을 감싸고 있으며, 태양 광선이 강렬하게 반사되어 빛난 다. 중간 영역은 매우 춥고 어둡다. 이곳에는 항상 폭풍이 몰아치고, 우박과 눈이 내린다. 이곳이 악령들의 거처인데, 그들은 이곳에서 구름을 몰고 다니고 천둥 번개를 치고 그 밖의 두려운 자연 현상을 일으켜 인간들을 공포에 몰아넣고 피해 를 입힌다. 철학자들은 이 영역과 지상 간의 정확한 거리를 측정했으나, 알베르 투스는 그런 시도를 하지 않는다.

토마스 아퀴나스와 그 밖의 스콜라 학자들은 악령들의 정신력과 영향력을 규 명할 때 비록 저마다 자세한 설명을 덧붙이긴 하지만, 기본적으로는 아우구스티 누스의 견해를 그대로 따른다. 귀신들은 타락했음에도 불구하고 지적인 예리함 을 잃지 않았다.[76] 지적 예리함과 오랜 경험에 힘입어 미래를 예언할 능력이 있 다. 알베르투스 마그누스는 천문학자들이 출생시의 별자리를 가지고 미래 사건 들을 예견할 수 있다면, 귀신들은 별들을 훨씬 더 예리하게 관찰하기 때문에 예 견 능력이 더욱 뛰어나다고 말했다. 이와 달리 선지자들은 하나님에게 계시를 받 았다고 말했다.

악령들이 일으키는 기적들은 대부분 마술적인 것들이다.[77] 하지만 토마스 아퀴

---

74) Th. Aq., *Summa*, I. 64, 4; P. Lomb., II. 7, 6.

75) Zonas, interstitia. *In Sent.*, II. 6, 5, Borgnet's ed., XXVII. 132.

76) 아퀴나스가 이 주제를 다뤄놓은 내용은 *Summa*, I. 51 sqq., II. 94~96, Migne,

나스는 그들이 일으키는 기적들에 초자연적 성격이 있다고 주장한다. 애굽의 술객들이 마귀의 도움을 받아 개구리들을 만들었던 것처럼, 혹은 욥의 자녀들에게 하늘에서 불이 내렸던 것처럼, 그 기적들이 때로는 속임수가 아니라 진짜이다. 악령들은 아무것도 없는 데서 무엇을 창조할 수 없고, 대신에 씨앗들과 감춰진 잠재력을 발전시키고, 추수를 망치고, 기후에 영향을 주고, 질병과 죽음을 일으키는 등의 능력이 있다고 토마스는 주장했다.

악령들이 마술과 점술에서 인간들에게 발휘하는 특별한 영향력은 그들이 그 일을 하는 사람들과 맺은 계약 때문이다. 이사야 28:18, "너희가 사망과 더불어 세운 언약이 폐하며 스올과 더불어 맺은 맹약이 서지 못하며 넘치는 재앙이 밀려올 때에 너희가 그것에게 밟힘을 당할 것이라." 이런 행위들 가운데 가장 악마적이면서도 빈번하게 자행된 것은 가정의 화목을 깨뜨리는 것이다. 그들은 남성들을 무능하게 만들고, 여성들을 불임으로 만든다. 이교 신화에서 유래한 것을 아우구스티누스가 채택한 수쿠부스(succubus, 잠자는 남자와 정을 통한다고 하는 악령)와 인쿠부스(inccubus, 잠자는 여자를 범한다고 하는 악령)를 중세는 완전한 사실로 받아들였다. 귀신들이 남자들과 동거하고 여자들과 잠자리를 함께한다는 것은 충격적인 신념이었다. 스콜라 학자들은 거기서 더 나아가 귀신들이 직계 자손들은 없지만, 남자들과 잠자리를 함께한 뒤에 즉시 변모하고, 여성들과 한 몸이 된 뒤에 자기들의 씨를 전한다고까지 주장했다.[78]

스콜라 학자들이 주장한 이 견해가 중세의 보편적 신념이었다. 인쿠부스와 수녀 사이에 낳은 아들 메를린(Merlin)의 이야기가 중세에 큰 인기를 끌었다. 노장의 기베르는 자기 부모가 인쿠부스 때문에 부부 생활에 방해를 받다가 마침내 선한 천사가 와서 그를 쫓아내 주었다고 기록한다. 매튜 패리스는 어떤 아이가 인쿠부스의 자식으로 알려진 이야기를 전한다.[79] 중세 유럽인들은 훈족이 귀신들과 버림받은 고트족 여인들 사이에 생긴 자식들이라고 믿었다.[80] 프랑스 왕 루이 7세

I. 893 sqq., II. 718 sqq.에 실려 있다. 참조. P. Lombard, Sent., II. 7 sqq.

77) praestigia는 알베르투스 마그누스와 솔즈베리의 존 등의 학자들이 사용한 단어이다.

78) 이러한 내용이 토마스 아퀴나스의 *Summa*, I. 51, 3에 길게 진술된다.

79) an., 1249. 그 아기는 생후 여섯 달이 되었을 때 벌써 이가 다 자라 있었고, 키도 열일곱 살 청소년만큼 자랐으며, 아이를 키우느라 어머니가 기진한 끝에 숨을 거두었

의 아내였다가 영국 왕 헨리 2세와 결혼한 엘레오노르도 귀신의 자녀였다고 전해진다. 하이스터바흐의 카이사르는 귀신들이 사제들과 여인들을 상대로 동거한 이야기들을 많이 전한다.[81]

악령이 결혼 관계에 끼친 이런 악영향을 토마스 아퀴나스는 정당한 이혼 사유로 인정했다.[82] 남자들과 여자들이 악령에 의해 공중을 지나 다른 장소로 옮겨졌다는 이야기도 이 신학자는 사실로 인정했으며, 월터 맵에 따르면 일찍이 12세기에 파타리아파(the Patarenes, 이탈리아 밀라노에 거점을 둔 카타리파)는 후대의 마술과 관련된 행위로 인해 고소를 당했다고 한다. 그들은 자신들의 회당에 모여 문을 잠근 다음 모든 조명을 끄면 마귀가 고양이 형상으로 밧줄을 타고 나타난다. 그런 다음에는 난잡한 성행위가 자행된다. 월터 맵은 심지어 그 이단들이 고양이의 꼬리 밑에 입을 맞추었다는 소문도 기꺼이 사실로 믿었다.

유럽인들의 정서가 귀신들림의 문제를 진지하게 받아들인 것은 이단이 출현하고 그들을 제거하기 위한 조치들이 이루어지면서부터였다. 제4차 라테란 공의회는 흑마술을 언급하지 않는데, 그 이유는 기독교 세계의 정서가 아직 조성되지 않았기 때문이었다는 말로밖에 설명할 수 없다. 하지만 오래가지 않아서 어둠의 세력이 크게 준동하자 교회가 크게 각성하게 되었으며, 그레고리우스 9세 때부터는 악령들과 이단을 긴밀한 관계에 놓고 보기 시작했다. 이 교황은 슈테딩거파(the Stedinger)를 진압하자는 취지로 연설하는 가운데 이단들이 마술사들에게 자문을 구하고, 귀신들과 사귐을 갖고, 귀신들과 난교를 벌이며, 마귀가 큰 두꺼비와 검은 고양이의 형상으로 그들을 만난다는 민간 신앙을 사실로 인정했다. 하늘의 별들과 자연 세력들이 힘을 합쳐서 그 사람들을 나이와 성별 구분 없이 멸한다 하더라도 충분한 형벌이 되지 못할 것이라고 주장했다.

1250년 이후에는 이단을 교리적 오류로 인한 박해의 경우는 줄어든 대신에 마술 등 마귀와 관련된 죄로 그들을 재판하는 경우가 크게 늘어났다. 1252년에 인

다.

80) *Dial.*, V. 12.

81) 때로는 귀신들이 도덕적으로 해이한 여성들 속에 들어가 사제들과 함께 밀회를 나누도록 했다. *Did.*, III. 10. 카이사르는 어떤 여인이 귀신과 7년간 동거하다가 사제를 찾아가 죄를 자백하는 순간에 쓰러져 죽었다고 전한다.

82) 그는 그 주제에 한 장 전부를 할애한다. *In Sent.*, IV. 34, 1.

노켄티우스 4세는 대칙서(ad exstirpanda)에서 제후들에게 이단들을 마술사들과 같이 취급하라고 당부했고, 1258년에 알렉산더 4세는 이단들이 마술사들과 같은 인상을 풍긴다고 말했다. 그 전까지는 마술과 점술이 오직 국가 사법권의 통제만 받았다.

이러한 미묘한 시점에 토마스 아퀴나스와 동시대의 위대한 신학자들이 교황들의 그러한 견해를 뒷받침하고 나선 것이다. 따라서 교회와 국가 당국자들로서는 점쟁이들과 마술사들, 그리고 마귀와 상습적으로 은밀한 관계를 맺어온 모든 자들을 아무런 부담 없이 색출할 수 있었다. 기독교 세계에서 악령들과 귀신들린 남자들 특히 여자들의 가상적인 군대들을 제거하려는 광적인 열기가 교회를 사로잡았다. 이런 상황에서 교황들이 앞다투어 명령을 내렸는데, 그 내용은 마귀와 결탁된 자들을 보호하라는 것이 아니라 그들을 고문하고 불에 던져 넣으라는 것이었다. 종교재판소가 최초로 마술사들을 재판한 사례는 1250년경에 프랑스 남부에서 이루어졌으며, 그 문제에 관해 종교재판소가 남긴 가장 오래된 심문 조서들은 그로부터 25년 뒤에 작성되었다. 종교재판소의 이러한 활동은 15세기에 절정에 달했으며, 교황청의 강경한 입장은 1484년에 인노켄티우스 8세가 마술사들을 뿌리뽑기 위해서 공포한 대칙서에 가장 확실하게 표현되었다.

항간에는 알베르투스 마그누스와 로저 베이컨 같은 사람들이 마술사들이라는 소문이 나돌았다. 시대를 앞서 나갔던 베이컨은 민간 신앙의 내용 가운데 일부를 망상이라고 일축했으나, 그 역시 마술과 점술의 실재를 부정하지 않고, 오히려 주문과 부적이 천기(天氣)가 상서로울 때 만들어졌다는 이유로 효력이 있다고 두둔했다.

137. 심판을 자초한 시대

지금까지 우리는 힐데브란트가 레오 9세와 함께 로마에 입성한 1049년부터 켈레스티누스라는 단순한 인물이 교황직을 사임한 1294년까지 여러 세기를 채웠던 사건들과 운동들, 인물들과 사상들의 중요한 특징을 살펴보았다. 우리 세대는 지난 반 세기 동안 발생한 사건들을 가장 크게 생각한다. 마찬가지로 매튜 패리스도 자신이 지켜본 1200-1250년의 반 세기를 그렇게 평가했다. 이 시기는 19세기 후반에 이루어졌던 유용한 발명들과 발견들 같은 것들이 없었지만, 그럼에도 지대한 관심과 깊은 사색을 자극할 만한 많은 사건들이 일어나고 많은 조치들이 취해졌다. 영국의 그 명석한 수사가 자신의 연대기에 정리해 놓은 50년 세월은 중세 문학의 가장 교훈적 대목들 가운데 하나를 제공한다.

매튜 패리스의 진술을 잠깐 소개해 본다: 이 시기에는 전에 본 적도 없고 교부들의 저서들에서도 나오지 않는 특이하고 이상한 사건들이 벌어졌다. 그리스도인들이 거주하는 나라들을 타타르족이 침략했다. 다미에타가 두 번이나 점령되었다가 탈환되었으며, 예루살렘이 이교도들에게 두 번이나 초토화되었다. 프랑스 왕 성 루이가 동방에 갔다가 자기 형제들과 함께 포로로 붙잡혔다. 웨일스가 잉글랜드의 지배를 받게 되었다. 세계의 경이(the Wonder of the World) 프리드리히가 생애를 마감했다. 십자군 원정들이 허다한 사람들에게 영광스러운 죽음을 안겨주었다. 자연에 나타난 경이로운 사건들을 보자면, 3년 동안 개기일식이 두 번 발생했고, 잉글랜드가 지진으로 여러 번 흔들렸고, 과거에 볼 수 없었던 큰 해일이 발생했다. 어느 날 밤에는 하늘에서 별들이 무수히 쏟아졌는데, 그 이유는 「유성의 책」(*The Book of Meteores*)을 아무리 뒤져도 나오지 않고, 다만 "일월성신에는 징조가 있겠고"라고 말씀하신 대로 그리스도의 재림이 임박했기 때문이라고 밖에 볼 수 없다.

종교 분야에서 독특한 사건들로, 어느 영국의 추기경이 자신의 궁전에서 질식한 채 숨을 거두었는데, 연대기 저자는 아마도 교황 자리를 탐했기 때문으로 추정한다. 독일의 하늘에서는 그리스도의 형상이 나타나서 모든 사람들이 똑똑히 보았다. 헝가리의 엘리자베트와 성 힐데가르트가 이 시기에 활동했다. 불과 물의 시죄법이 폐지되었다. 세비야와 코르도바를 비롯한 스페인의 도시들이 무어족에게서 구출되었다. 프란체스코회와 도미니쿠스회가 출현하여 경건과 헌신으로 세상을 깜짝 놀라게 했다가 급속한 몰락으로 큰 혐오감을 안겨주었다. 그리스도의 성혈 몇 방울과 그리스도의 발자국이 찍힌 돌이 잉글랜드에 도착했다.

이런 것들이 생기 넘치는 영국 사가의 눈에 경이롭게 비친 사건들이었다. 만약 그가 우리처럼 자신의 연대기를 통독했다면 위에 언급한 것들 말고도 얼마나 많은 사건들을 더 선별해서 언급할 수 있었겠는가? 이를테면 프랑스 왕이 잉글랜드 왕에게 선물한 코끼리가 잉글랜드 땅을 밟은 사건을 두고서 그는 그것이 잉글랜드 최초의 일이었다고 기술한다. 또한 노리치에 바다 괴물이 출현한 사건을 놓고서, 그것을 교황들과 황제들의 학정과 그에 대한 영국민들의 분노 탓으로 돌렸다.

십자군 원정과 인노켄티우스 3세의 시대를 살았던 사람들에게는 인생이 결코 단조롭고 지루한 것이 아니었다. 오히려 교황청과 제국의 모든 국면에서부터 십자군 원정들과, 마르코 폴로와 뤼브뤼키(Rubruquis)의 여행기들에 이르기까지 놀라운 일들과 마음을 사로잡는 운동들로 넘쳐났다.

역사 기록은 당대 사람들의 판단과 후 세대들의 판단에 의해서 평가를 받는 법이다. 그렇다면 1050-1294년의 시기는 당대를 살던 사람들에게 어떤 주목할 만한 면을 보여주었으며, 인류의 진보에 어떻게 이바지했을까? 첫 번째 질문은 당대를 살았던 세대의 평가에서 대답을 찾을 수 있고, 두 번째 질문은 후 세대들의 평가에서 대답을 찾을 수 있다.

중세를 예찬하는 학파가 내놓는 평가는 이 시기가 신앙과 도덕과 조리 있는 신조 체계의 황금 시대였고, 하나님의 율법이 가장 철저히 순종된 시대였고, 신앙의 문제들에 적합한 관심을 기울인 시대였으며, 숭고한 이상과 영적 평안의 시대였다는 것이다. 이 평가가 정당한가, 아니면 초기 개신교의 견해, 즉 중세가 항구적 가치를 지닌 독특한 것을 아무것도 남기지 못한 시대였다는 평가가 정당한가? 초기 개신교는 오늘날 교회에 만연해 있는 수많은 미신들과 거짓 교리들이 중세의 유산이며, 따라서 교회가 교부 시대에서 중세를 건너뛰었더라면 더 좋았을 뻔했다고 보았다.[83]

하지만 두 평가 모두 정당하지 않다. 좀 더 정당한 견해는 최근에 널리 인정받기 시작한 것으로서, 이 주제에 대한 개신교 진영과 로마 가톨릭 진영의 극단적 견해들을 수정하는 데에 서방 교회들이 좀 더 친밀한 교제를 나눌 수 있는 가능성이 달려 있다. 많은 가라지가 알곡 사이에 섞여 있는 것이 발견될 것이다. 하지만 중세의 이 시기에는, 오늘 그 꽃이 활짝 피었거나 결실의 순간을 기다리고 있는 사상들과 제도들의 씨앗들이 뿌려지기도 했다.

교황청의 절대 권력 확보는 과연 대단한 일이긴 했으나, 철저히 실패로 끝난 이상을 반영한다. 이것은 성경의 가르침에 비추어 보든, 오늘날 지배적인 평가에

---

83) 중세 영국의 사회적·종교적·도덕적 상태와 질병이 만연하던 환경에 대한 간결한 서술이 Jessopp, *Coming of the Friars*, p. 111, etc에 실려 있다.

비추어보든 사실이다. 교황들에게는 로마 교구가 사도로부터 모든 영역에 대한 완전한 권위를 물려받았다는 진지한 신념과 나란히 야심과 교만과 탐욕이 뒤섞여 있었다. 생각이 좀 더 깨인 유럽은 교황들의 그러한 주장을 받아들일 수 없었으며, 다음 시대에 불거진 교황들의 도덕적 타락과 영적 무능력 자체가 그 이론이 잘못된 것이었다는 생생한 증거가 되었다.

사제 제도와 성직위계제도를 놓고 보자면, 사제 임명이 경건과 고매한 인격을 보증하지 않았다는 증거가 충분히 제시되었다. 단테의 지옥에는 이 시기의 교황이 한 명 이상 들어가 있다. 로마에 가까이 접근할수록 추문들이 훨씬 더 많다. 로마인들이라는 용어가 후안무치한 탐욕과 동의어였다. 1274년에 그레고리우스 10세는 "고위 성직자들이 기독교 세계를 다 망쳐놓고 있다"고 주장했다. 프리드리히 2세는 가련한 신자라는 평가를 받긴 했으나 당시 교회의 상황을 예리하게 관찰했으며, 만약 성직자들이 생활 방식을 고치면 세상이 옛날처럼 기적들을 다시 볼 수 있게 될 것이라고 주장한 것도 성직자들의 부패에 불만이 팽배해 있던 상황을 지적한 것임에 틀림없다.[84]

중세의 독특한 종교 생활의 이상은 오늘날 별로 매력을 끌지 못한다. 수도원의 은둔 생활이 오늘날 그리스도인들에게 요구되는 적극적인 활동과 크게 대조된다. 성 베르나르의 생애와 그가 다른 저자들과 함께 수도원 제도를 예찬해 놓은 사실이 워낙 비중이 크기 때문에 당대에 가장 양식 있는 사람들이 수도원 은둔 생활을 가장 숭고하게 여겼다는 사실을 아무도 부정할 수 없다. 수도원 제도는 아직 정착되지 않은 당시 사회에서 누룩과 같은 유익한 역할을 수행했다. 그러나 수도회들이 초창기에 기치로 내건 기강과 열정이 아시시의 프란체스코를 비롯한 수도회 설립자들의 노력에도 불구하고 곧 시들어 버렸다. 단순함이 사치에 자리를 내주었고, 경건이 나태와 교만에 짓눌렸다. 열렬한 프란체스코회 수사 보나벤투라는 자신의 수도회에 스며들어온 악들을 열거하면서 비판했고, 추기경 주교 자케 드 비트리(Jacques de Vitry, 1240 죽음)는 시토회를 제외하고는 어떤 수도회에서도 소녀의 정절이 안전하지 않다고 말했다. 제노바의 대주교 야콥 데 보라진(Jacob de Voragine, 1298 죽음)이 전하는 비슷한 많은 이야기들은 말할 것도 없고, 성 브랜던(St. Brandon)의 이야기에 제시된 인간의 삶의 이상에 대해서 과연

---

84) M. Paris, Luard's ed., IV. 538 sq.

무슨 말을 할 수 있겠는가! 프란체스코회의 수많은 작가들이 그토록 존경하고 칭송한 폴리뇨의 성 안젤라의 행동을 도대체 어떻게 생각해야 할 것인가? 그녀는 회심할 때 남편에 대한 복종과 모친에 대한 존경과 자녀들을 보살필 책임이라는 장애물들을 벗어나게 해달라고 기도했다가 그들이 죽자 기뻐하지 않았던가!

혹시 사제들의 지배를 동경하는 사람이 있다면 그런 사례들은 물릴 정도로 많이 있었다. 그러나 사제들이 지배하면서 개인의 자유가 말살되었고, 영혼이 창조주 앞에서 자기 운명을 결정할 권리도 사라졌다. 야콥 데 보라진은 토머스 아 베켓이 철저한 금욕으로 몸은 야위고 영혼을 살찌게 했다고 말했다. 베켓은 과연 경건이 깊은 사람이었다. 그러나 바로 그 고위 성직자가 영국 왕 앞에서 사제가 왕의 아버지와 주군이라고 주장함으로써 성직위계제도에 바탕을 둔 당대의 교만을 드러냈다. 앞서 인용했듯이, 하이스터바흐의 카이사르는 평신도들이 밤으로, 성직자들이 낮으로 비유되었다고 말한다. 설교자 성 블라시우스의 베르너(Werner)는 농부들을 육체 가운데 발에 비유하면서, 그들이 더 귀중한 부분들 곧 주교들과 사제들과 수사들을 떠받치기 위해 수고하도록 정해졌다고 말했다.[85] 이 시기의 사상가들은 종교개혁에 대한 비전이 조금도 없었다.

중세는 종교적으로 만족하고 분파적 투쟁에서 자유로웠던 시기로 칭송을 받아 왔다. 하지만 사실은 정반대였다. 탁발수사들과 교구 성직자들 간의 투쟁, 그리고 경우에 따라서는 수도회 내부에서 벌어진 투쟁이 치열함과 신랄함에서 훗날 개신교 교단들 사이에 벌어지게 된 투쟁들에 못지않았다. 브레시아의 아르놀드 시대 이후부터 쟁점이 된 것은 종교적 불안이 있는가의 여부가 아니라 교회가 어떻게 하면 이단의 반동을 분쇄할 수 있을까 하는 것이었다. 수사들 사회에서도 신앙적 회의가 있었으며, 하이스터바흐의 카이사르가 알려주듯이 하와가 선악을 알게 하는 나무의 실과로 유혹을 받은 사실을 부정하는 여자들이 있었다.

당대에 성행한 미신들은 대부분 선대로부터 물려받은 것들이었다. 마리아 숭배가 그리스도의 공로를 가렸다. 목이 잘린 강도가 언덕에서 굴러떨어지면서 성모에게 간구한 결과 마침내 어느 사제가 그의 목과 몸을 붙여 주었다고 전하는 샹탱프레의 토마스(1263 죽음)의 글에 대해서 무슨 말을 할 수 있겠는가? 목숨을 건진 강도는 자신이 소년 시절에 토요일과 수요일마다 성모에게 경배했고, 성모

---

85) Migne, 157. 1047.

가 그에게 고해를 할 기회가 주어지기 전까지는 절대로 죽지 않게 해주겠다고 약속했다고 말했다. 그래서 그는 고해를 한 뒤에 다시 죽었으며, 독자들에게 그 말을 믿으라고 하고서 자신은 다른 세상으로 들어가 복락을 누렸다.

귀신들이 출현하여 악한 영향력을 끼쳤다는 음울한 이야기들은 우리가 그 상태에서 건짐을 받은 것을 깊이 감사드리지 않을 수 없을 만큼 어두운 정신 상태를 암시한다. 영국의 덕망 높은 도미니쿠스회 수사 세인트 자일스의 존은 하루 일과를 마치고 자신의 독방에 들어가면서 "이제 순교할 일이 남았군" 하고 말하곤 했는데, 그것은 마귀에게 시달릴 것을 가리키는 말이었다. 무쇠라는 별명을 지닌 루드비히(Ludwig the Iron, 1100-1172)가 지옥을 방문하여 구석구석을 다 구경한 뒤 꺼지지 않는 불에 무자비하게 던져졌다는 두려운 이야기는 단테가 기록한 환상에 비해 더 심한 것이 없지만, 남들이 당하는 고통을 너무나 무덤덤하게 대하는 태도에 오늘날 그 글을 읽는 사람조차 진저리를 치지 않을 수가 없다.[86]

하지만 이러한 평가들이 당시 사회에 인간애가 완전히 자취를 감추었다는 결론을 뒷받침하는 것은 아니다. 성 프란체스코와 링컨의 휴는 문둥병자들의 손에 입을 맞추었다. 성 나사로회의 기사들은 프랑스 왕 루이 9세에게 문둥병자들을 보살피는 임무를 맡았다. 문둥병자들을 위한 시설들이 란프랑쿠스와 헨리의 왕비 마틸다, 왕 스티븐 등의 인물들에 의해서 영국에 설립되었다. 마틸다는 그리스도의 발을 씻겨드린다는 생각을 가지고 문둥병자들의 발을 씻겨주었다. 가장 오래된 기사 수도회[성전 기사회]와 튜턴 기사회, 그리고 그 밖의 수도회들이 병들고 억눌린 사람들을 보살피기 위해서 조직되었다.

다른 한 편으로 그 시기는 몇 가지 점에서 위대한 경건의 모범을 수립했고, 대학교들과 주교좌성당들을 후대에 물려주었으며, 지극히 감미로운 찬송들과 심오한 신학 체계들을 남겼다. 그리고 무엇보다도 그리스도의 나라를 확장하는 데 뜻을 둔 모든 시대의 그리스도인들에게 큰 자극과 격려가 되는 고귀한 인물들을 많이 배출했다.

그러나 바로 그 인물들을 평가할 때, 그 시기는 도덕과 신앙 어느 면에서도 이상적인 시대가 아니었다. 레겐스부르크의 베르톨트 같은 설교자들에게 가보면

---

86) Heisterbach, *Dial.*, XII. 2, Stange's ed., II. 316.

모든 계층에 악과 불신앙이 만연해 있었던 증거를 보게 된다. 교황들과 스콜라 학자들에게 가보면 당대의 심한 악들과 인간의 비참한 운명에 대해 통렬한 비판을 듣게 되는데, 그것은 우리 시대의 가장 염세적인 철학에 버금가는 것이다. 인노켄티우스 2세는 「세상에 대한 경멸」(De contemptu mundi)라는 저서에서 가장 황폐해지고 버림받은 사람들에서나 나올 법한 처참한 애가를 토해냈다. 안셀무스는 같은 제목으로 긴 글을 쓰며, 생 빅토르의 위그도 같은 노선에서 「세상의 허영」(De vanitate mundi)이라는 책을 써내려간다.[87] 월터 맵은 세상의 비참함을 다룬 책(de mundi miseria)에서, 말세가 가까워졌으므로 "정의가 사회에서 쫓겨나고 그리스도를 경배하는 일도 끝나간다"(Exulat justitia, cessat Christi cultus)고 주장했다.

이 시기의 장편 시들 가운데 가장 유명한 시는 인노켄티우스의 제목을 반복하는데, 그 저자인 클뤼니의 베르나르는 교회와 사회에 만연한 부패를 몹시 혹독하게 비판한다. 그 시는 우울한 어조로 시작한다.

> 마지막 때, 최악의 때가 왔으니, 경성(警醒)하라.
> 보라, 지엄하신 재판장이 진노하신 채 다가오신다.
> 그가 여기, 그가 여기 계신다. 그가 악의 뿌리를 뽑으시고,
> 의로운 자에게 상을 내리시리라.
> (Hora novissima, tempora pessima sunt, vigilemus
> Ecce minaciter, imminet arbiter ille supremus.
> Imminet, imminet, et mala terminet, aequa coronet.)

더 위대했던 클레르보의 베르나르는 이렇게 외쳤다. "죽기 전에 하나님의 교회가 초창기의 이상적 상태로 돌아가는 모습을 볼 수 있다면! 당시에는 돈을 벌려고 그물을 던지지 않고 영혼들을 구원하려고 그물을 던졌다. 위기의 순간은 목전에 임박해 있는 것이 아니라 지금 이미 와 있다. 폭력이 온 땅에 성행한다."[88]

영국인 애덤 마쉬(Adam Marsh)는 그로스테스트에게 쓴 편지에서 "이 망할 세

---

87) Migne, 158. 705 sqq., 176. 703-739.
88) Ep., 238, to Eugenius, Migne, 182. 430. De consid. I. 10.

상"(his diebus damnatissimis)이라고 말했다.[89] 캔터베리 대주교 애빙던의 에드먼드(Admund)는 유배지인 포티니에서 숨을 거두면서 "내가 너무 오래 산 게 한스럽다. 살아서 모든 것이 파멸되는 것을 보다니. 주 하나님이시여 제 영혼을 받아주옵소서" 하고 호소했다.[90] 로저 베이컨은 모든 곳에 썩어 문드러진 것을 발견했으며, 당대의 양식 있는 다른 사람들과 마찬가지로 만연한 부패의 가장 큰 책임을 성직자들에게 돌렸다. 성직자들 전체가 "교만과 탐욕과 자기 탐닉에 젖어 있다. 파리와 옥스퍼드처럼 성직자들이 모인 곳에서는 불화와 투쟁과 악행들로 인해 평신도들에게 손가락질을 당한다."[91]

우리가 다뤄온 시기의 문을 열었던 힐데브란트도 같은 비애감을 가지고 교황의 의무들을 수행했다.

예언자 요아킴은 새로운 시대가 도래해야만 살 길이 있다고 내다보았다.

이 시기의 진정한 위대함은 우리 시대와 비교할 때 상대적으로 도덕적이고 종교적이었던 상태에 있지 않고, 십자군 원정들과 주교좌성당들, 스콜라주의, 심지어 교황 수위권이라는 그릇된 이상에서 나타난 거대한 발상과 신앙에 있다. 이 시기의 제도들은 아직 정착되지 못했으며, 종교 생활도 안정되다고 보기 어려웠다. 엄청난 투쟁이 진행되고 있었다. 수면도 동요했으나 수면 밑에는 강한 불안의 조류가 흐르고 있었다. 12, 13세기보다 무려 두 배가 넘는 세월 동안 기독교 교육의 유산을 물려받은 우리 세대로서는 이제야 비로소 기독교적 자선과 도덕성과 경건이 활짝 꽃필 수 있는 날이 도래했다고 자랑한다면 그것은 배은망덕하고 미련한 짓이다. 중세 가운데 1050-1300년의 시기는 사상과 행동으로 종교적 목표들에 뜨겁게 헌신한 숭엄한 모습을 보여준다.

---

89) Mon. Franc., *Ep.* XXVI. p. 116.

90) Creighton, *Hist. Lectures*, p. 132.

91) Brewer's ed., pp. 299 sqq.

● **독자 여러분들께 알립니다!**

'**CH북스**'는 기존 '**크리스천다이제스트**'의 영문명 앞 2글자와
도서를 의미하는 '**북스**'를 결합한 출판사의 새로운 이름입니다.

필립 샤프 교회사전집 5

그레고리우스 7세부터 보니파키우스 8세까지

1판 1쇄 발행 2004년 9월 25일
1판 중쇄 발행 2019년 12월 26일

발행인 박명곤
사업총괄 박지성
편집 신안나, 임여진, 이은빈
디자인 구경표, 한승주
마케팅 김민지, 유진선
재무 김영은
펴낸곳 CH북스
출판등록 제406-1999-000038호
전화 031-911-9864 **팩스** 031-944-9820
주소 경기도 파주시 회동길 37-20
홈페이지 www.chbooks.co.kr **이메일** ch@chbooks.co.kr
페이스북 | 인스타그램 @chbooks1984
네이버 밴드 @chbooks

ⓒ CH북스 2004

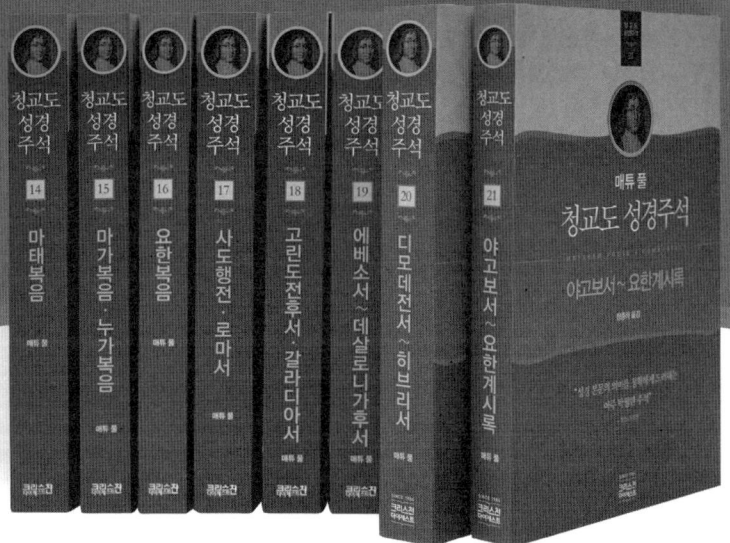

세계기독교고전 목록